中国信息产业年鉴

YEARBOOK OF CHINA INFORMATION INDUSTRY

(2009)

《中国信息产业年鉴》编委会 编

電子工業出版社
Publishing House of Electronics Industry
北京·BEIJING

内容简介

本书主要反映了2008年中国电子信息产业的发展情况和所取得的成就，较全面地展示了中国电子信息产业发展的技术现状和经济运行数据等。

本年鉴首次出版于1986年（原名《中国电子工业年鉴》），2009年版为第24卷，并更名为《中国信息产业年鉴》，主要提供给关注中国电子信息产业发展的各级领导，以及从事电子信息产业科研、生产、进出口贸易及市场营销的有关人员参考。

图书在版编目（CIP）数据

中国信息产业年鉴.2009/《中国信息产业年鉴》编委会编.—北京：电子工业出版社，2009.12
ISBN 978-7-121-09974-8

I. 中… II. 中… III. 信息工业-中国-2009-年鉴
IV.F49-54

中国版本图书馆CIP数据核字（2009）第217930号

责任编辑：沈艳波　特邀编辑：闫德明
印　　刷：北京金特印刷有限责任公司
出版发行：电子工业出版社
　　　　　北京市海淀区万寿路173信箱　邮编：100036
经　　销：各地新华书店
开　　本：889×1 194　1/16　印张：46.75　插页：13　字数：1503千字
版　　次：2009年12月第1次印刷
定　　价：398.00元

ISBN 978-7-121-09974-8
9 787121 099748 >

凡所购买电子工业出版社的图书有缺损问题，请向购买书店调换。若书店售缺，请与本社发行部联系，联系电话：（010）88254888。

质量投诉请发邮件至zlts@phei.com.cn，盗版侵权举报请发邮件至dbqq@phei.com.cn。

服务热线：（010）88258888。

中国信息产业年鉴

（2009）

主办　工业和信息化部

承办　工业和信息化部电子科学技术情报研究所

《中国信息产业年鉴》
编　委　会

刁石京　工业和信息化部电子信息司副司长

王秉科　工业和信息化部财务司副司长

王　静　海南省工业和信息化厅副厅长

韦　俊　工业和信息化部规划司副司长

卢增荣　福建省信息产业厅厅长

史晓光　工业和信息化部人事教育司副司长

申晓庆　贵州省信息产业厅厅长

刘小平　山西省机械电子工业行业管理办公室主任

刘伟华　四川省信息产业厅副厅长

刘红旗　工业和信息化部办公厅副主任

孙志恒　山东省信息产业厅厅长

孙　珅　黑龙江省信息产业厅厅长

庄建武　新疆生产建设兵团信息化工作办公室党组书记、主任

毕开春　工业和信息化部电子科学技术情报研究所副所长

许蒲生　陕西省信息产业厅副厅长

吴　洪　云南省工业和信息化委员会巡视员

张旭光　天津市中环电子信息集团有限公司总经理

张　洪　湖北省信息产业厅厅长

张铁网　内蒙古自治区人民政府信息化工作办公室主任

张新生　工业和信息化部科技司副司长

李　平　甘肃省经济委员会主任

李　兵　辽宁省信息产业厅厅长

李国斌　工业和信息化部政策法规司副司长

李春燕　江西省信息产业厅厅长

杨盛道　河南省信息产业厅厅长

沐华平　重庆市信息产业局局长

苏国平　新疆维吾尔自治区信息产业厅厅长

陈　英　工业和信息化部软件服务业司副司长

周　峰　吉林省工业和信息化厅副厅长

洪京一　工业和信息化部信息化推进司副司长

胡　燕　工业和信息化部电子工业标准化研究所所长

贺仁雨　湖南省信息产业厅党组书记、厅长

贺　凌　安徽省信息产业厅厅长

赵文智　工业和信息化部国际合作司副司长

赵　波　工业和信息化部电子信息司副司长

赵晓晨　中国航天科技集团公司总经理助理兼办公厅主任

郭大建　河北省信息产业厅厅长

郭建兵　工业和信息化部软件服务业司副司长

郭福华　工业和信息化部政策法规司副司长

陶少华　工业和信息化部办公厅副主任

高鹰忠　浙江省信息产业厅厅长

康　萍　宁夏回族自治区机械电子行业管理办公室副主任

梁　胜　北京市经济和信息化委员会副主任

黄冠英　广西壮族自治区信息产业局副巡视员

彭　平　广东省信息产业厅副厅长

焦自纯　长江计算机（集团）公司董事长

蒋青波　青海省信息产业办公室主任

谢正义　江苏省信息产业厅厅长

韩　俊　工业和信息化部科技司副司长

《中国信息产业年鉴》编辑部

《中国信息产业年鉴》特约编辑

(按姓氏笔画排序)

编写说明

本年鉴原名《中国电子工业年鉴》，曾更名为《中国信息产业年鉴（电子卷）》，从2009年起更名为《中国信息产业年鉴》。《中国信息产业年鉴》由工业和信息化部主办，《中国信息产业年鉴》编委会编，工业和信息化部电子科学技术情报研究所承办。

《中国信息产业年鉴》创刊于1986年，2009年版为第24卷。

2009年版《中国信息产业年鉴》主要反映了2008年中国电子信息产业的发展情况和所取得的成就。本书较全面地展示了中国电子信息产业发展的技术现状和经济运行数据等。2009年版《中国信息产业年鉴》的内容包括12个部分：

第1部分　总论；

第2部分　专论；

第3部分　电子信息产业概况；

第4部分　电子信息产业经济运行综合统计资料；

第5部分　信息化建设；

第6部分　科技进步；

第7部分　市场运行；

第8部分　国际合作与产品进出口贸易；

第9部分　地区电子信息产业概况；

第10部分　政策环境；

第11部分　大事记；

第12部分　附录。

2009年版《中国信息产业年鉴》的结构和体例与往年各卷基本相同。

为本书提供数据和报告的有工业和信息化部的有关单位、中国航天科技集团公司、海关总署、中国广播电视设备工业协会、中国电子元件行业协会、中国电子仪器行业协会、中国电子专用设备工业协会、中国真空电子行业协会、中国电子材料行业协会、中国光学光电子行业协会等，以及各省、自治区、直辖市。其中《电子信息产业经济运行综合统计资料》栏目的各项统计数据由工业和信息化部运行监测协调局提供并核准。其他系统的有关数据，均由各系统主管部门审核提供。

2009年版《中国信息产业年鉴》中的综合统计数据未包括西藏自治区、台湾地区、香港特别行政区、澳门特别行政区的数据。

2009年版《中国信息产业年鉴》在编辑加工和印装等方面尚有许多不足，敬请广大读者批评指正。

《中国信息产业年鉴》编辑部

2009年11月

目　录

第1部分　总　论

第2部分　专　论

第3部分　电子信息产业概况

第4部分　电子信息产业经济运行综合统计资料

第 5 部分　信息化建设

第 6 部分　科技进步

第 7 部分　市场运行

第 8 部分　国际合作与产品进出口贸易

第 9 部分　地区电子信息产业概况

第10部分　政策环境

第11部分　大事记

第12部分　附　录

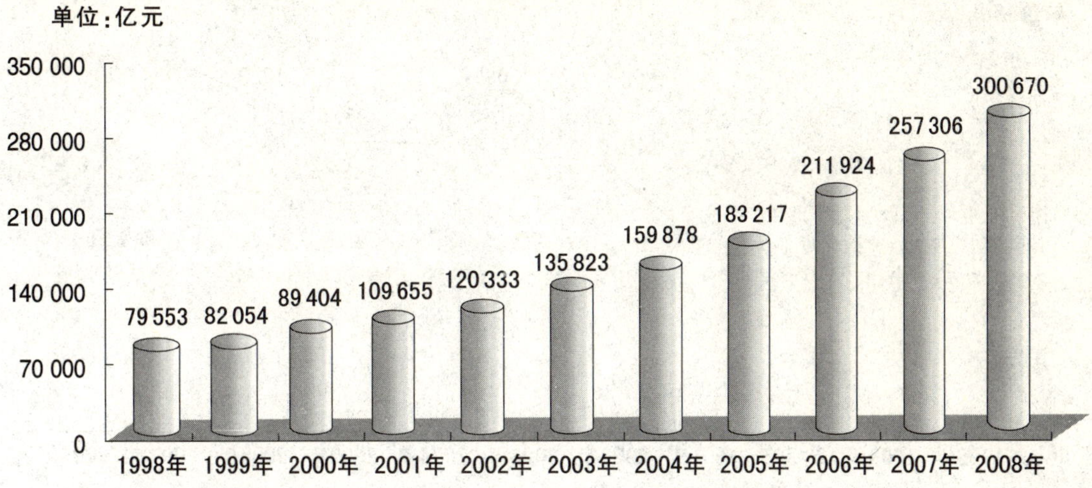

图 1　1998 年—2008 年中国国内生产总值情况

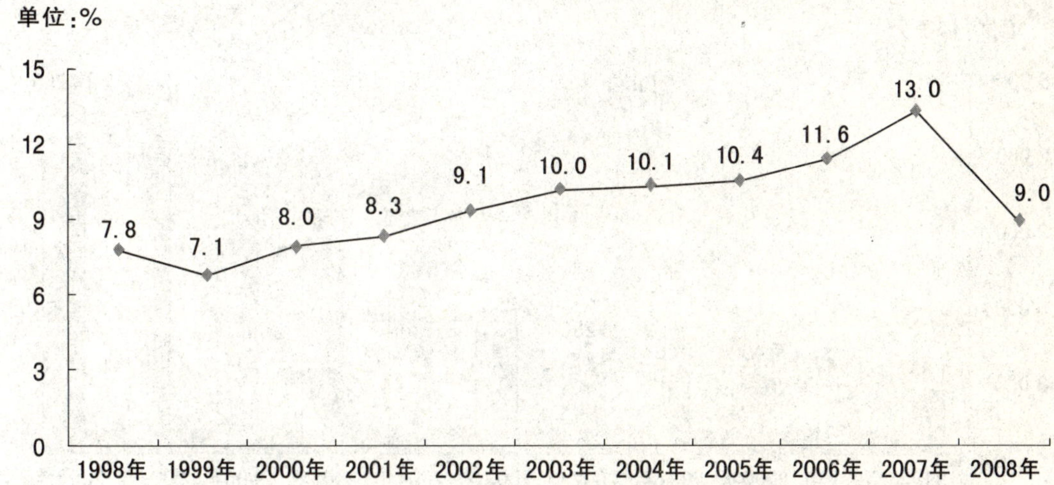

图 2　1998 年—2008 年中国国内生产总值增长情况

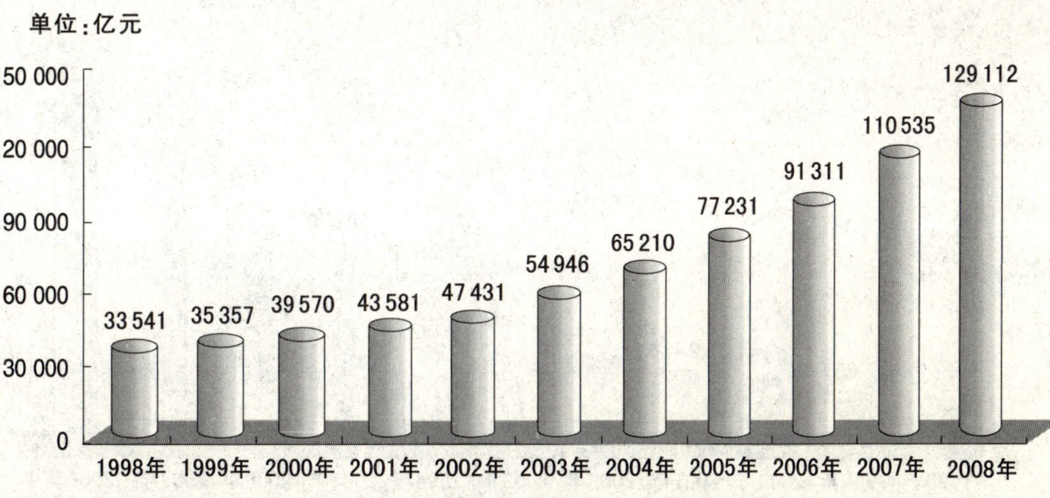

图 3　1998 年—2008 年中国全部工业增加值情况

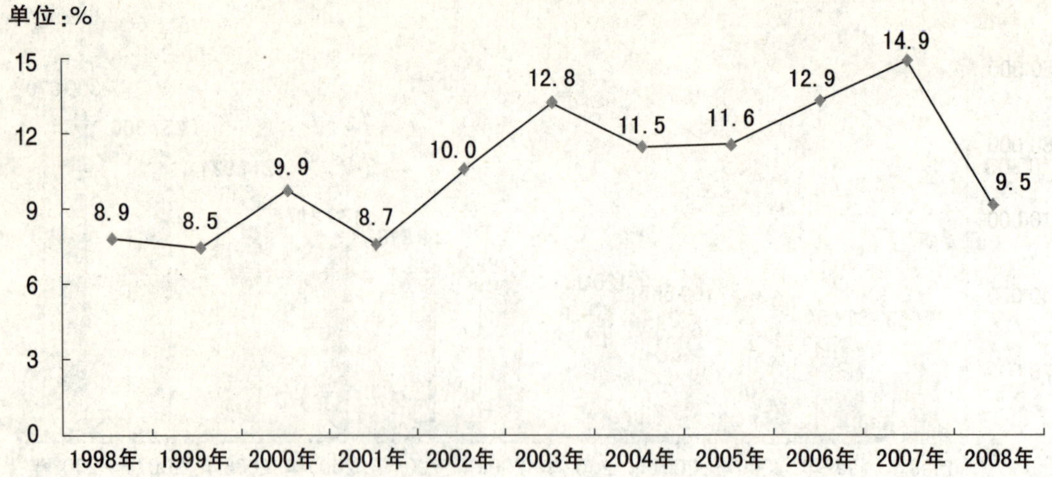

图 4　1998 年—2008 年中国全部工业增加值增长情况

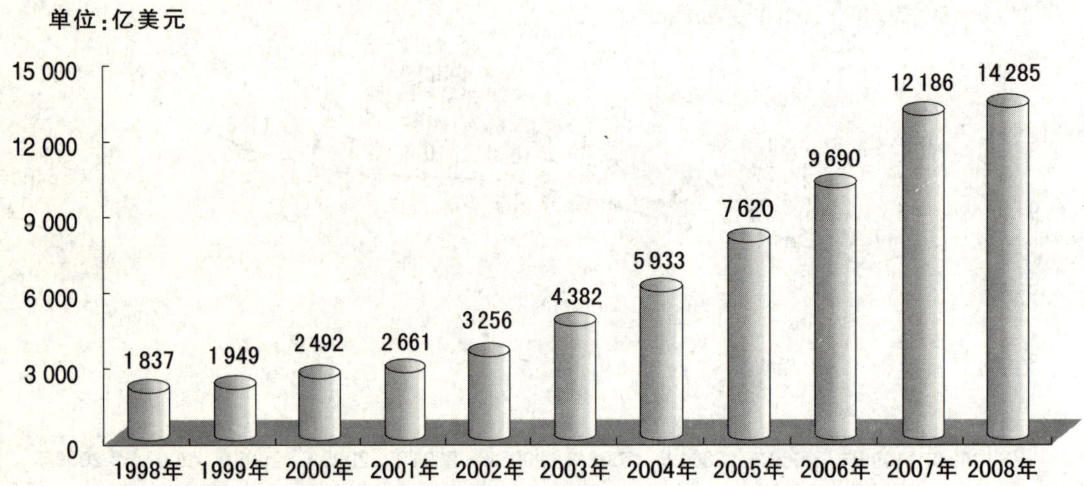

图 5　1998 年—2008 年全国货物出口总额情况

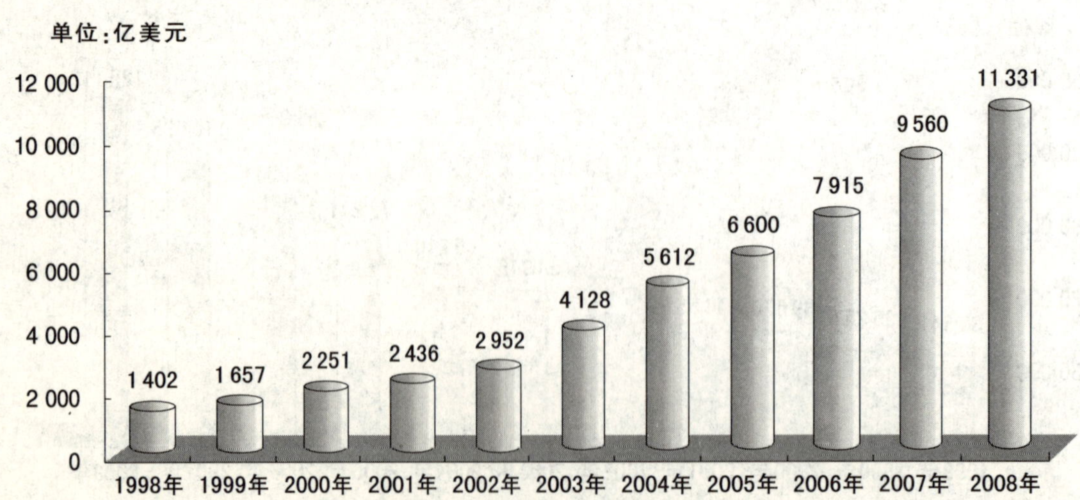

图 6　1998 年—2008 年全国货物进口总额情况

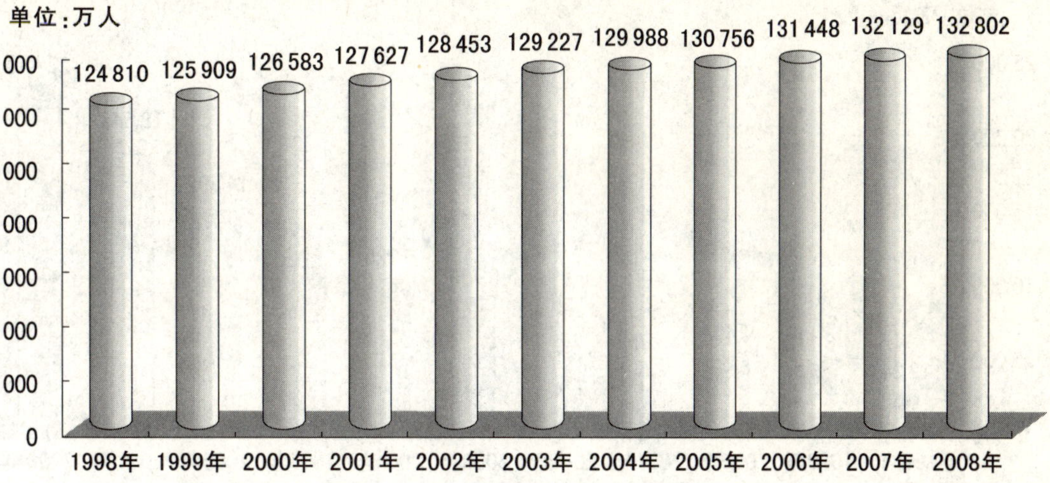

图 7　1998 年—2008 年全国人口情况

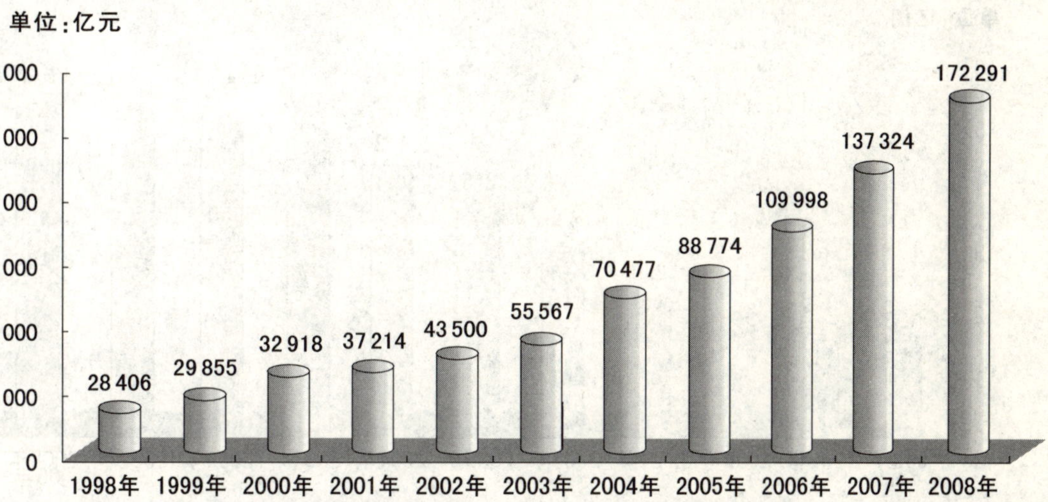

图 8　1998 年—2008 年全社会固定资产投资情况

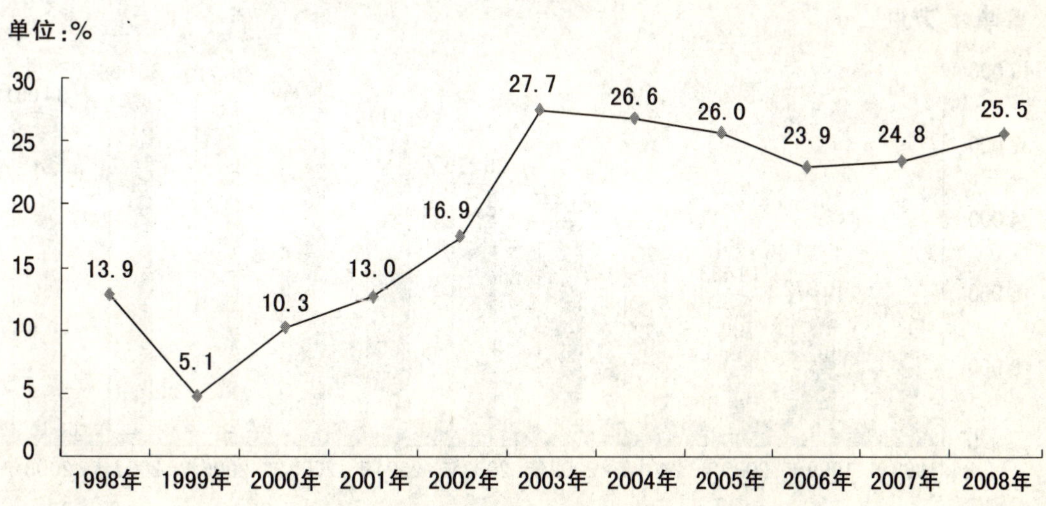

图 9　1998 年—2008 年全社会固定资产投资所占比例情况

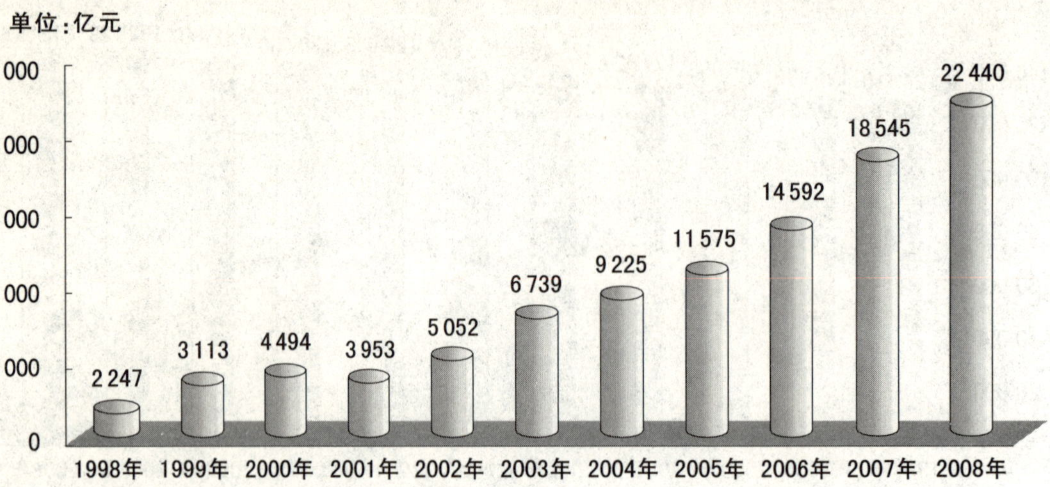

图 10　1998 年—2008 年全国电信业务总值完成情况

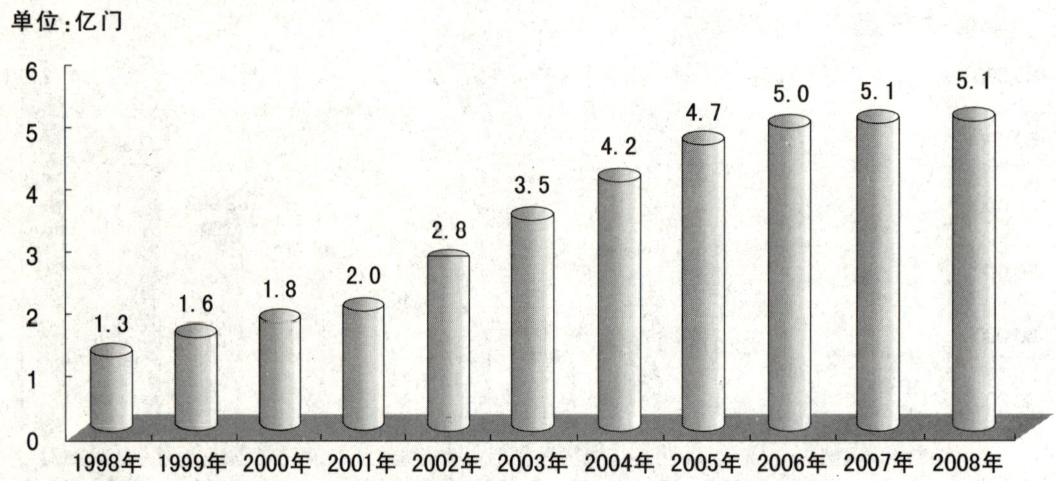

图 11　1998 年—2008 年全国局用交换机总容量发展情况

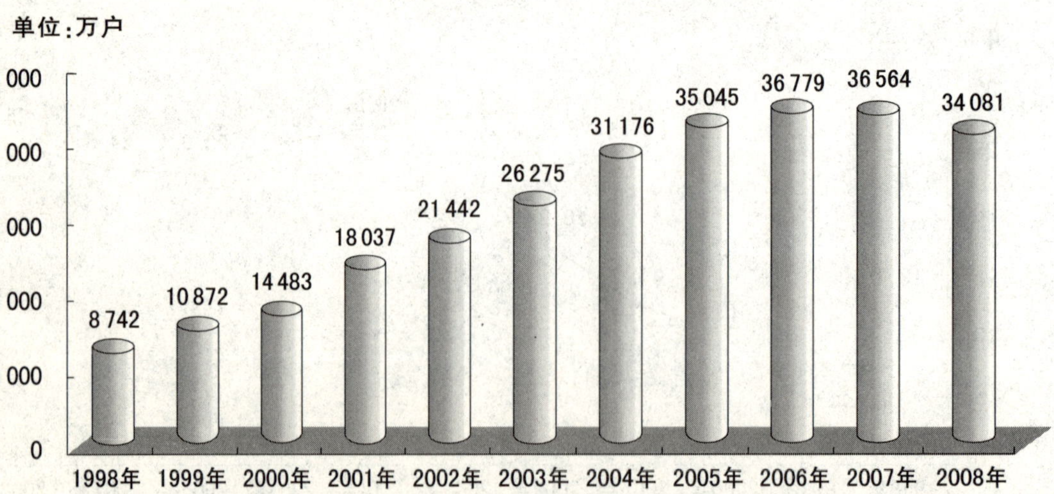

图 12　1998 年—2008 年全国固定电话用户数量发展情况

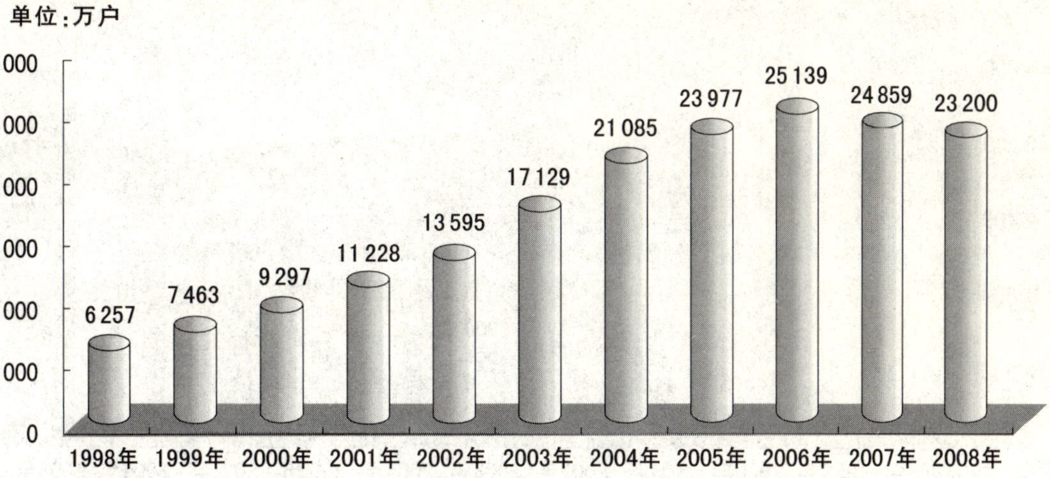

图 13　1998 年—2008 年全国城市固定电话用户数量发展情况

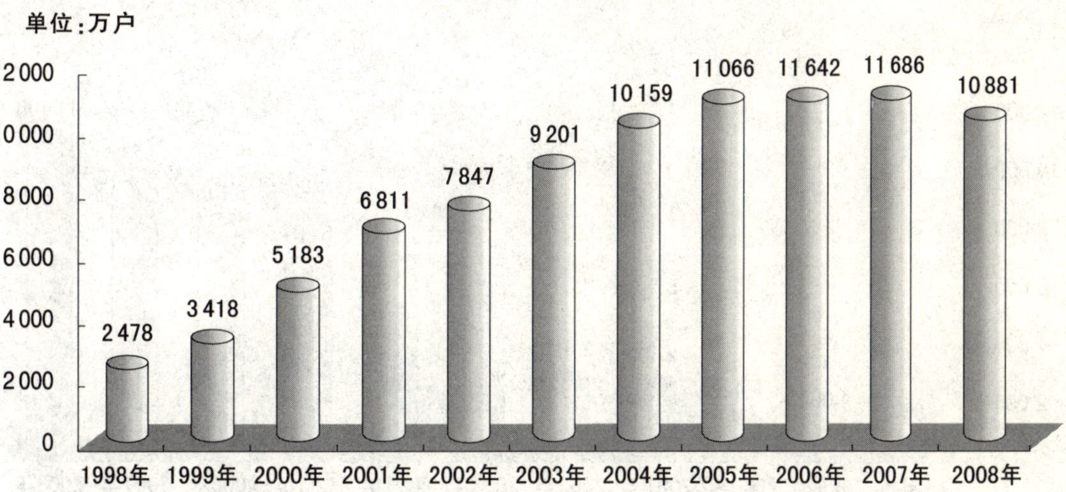

图 14　1998 年—2008 年全国农村固定电话用户数量发展情况

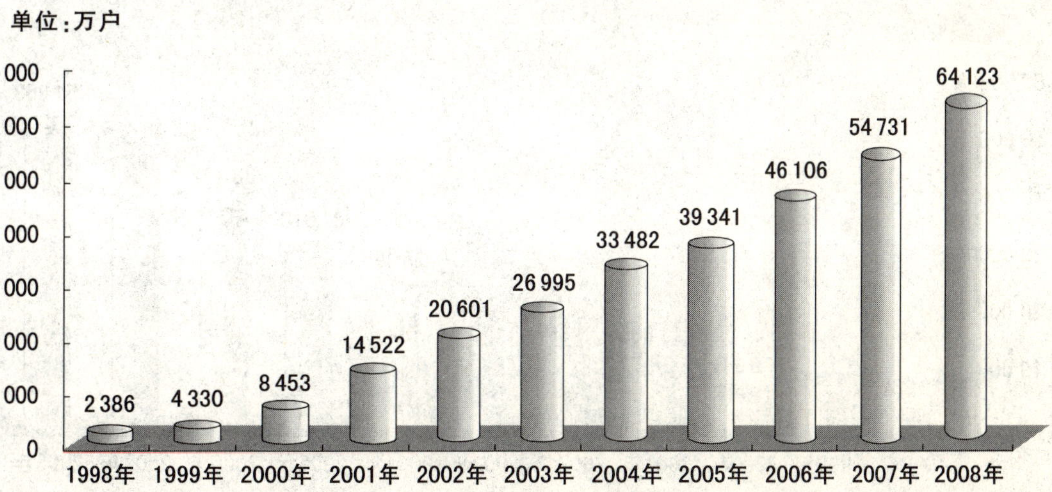

图 15　1998 年—2008 年全国移动电话用户发展情况

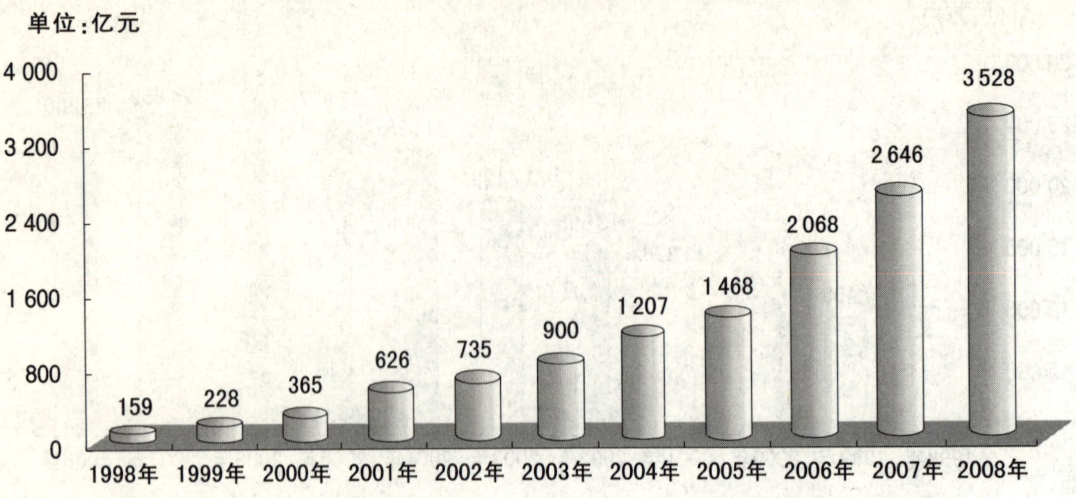

图 16　1998 年—2008 年电子信息产业固定资产投资情况

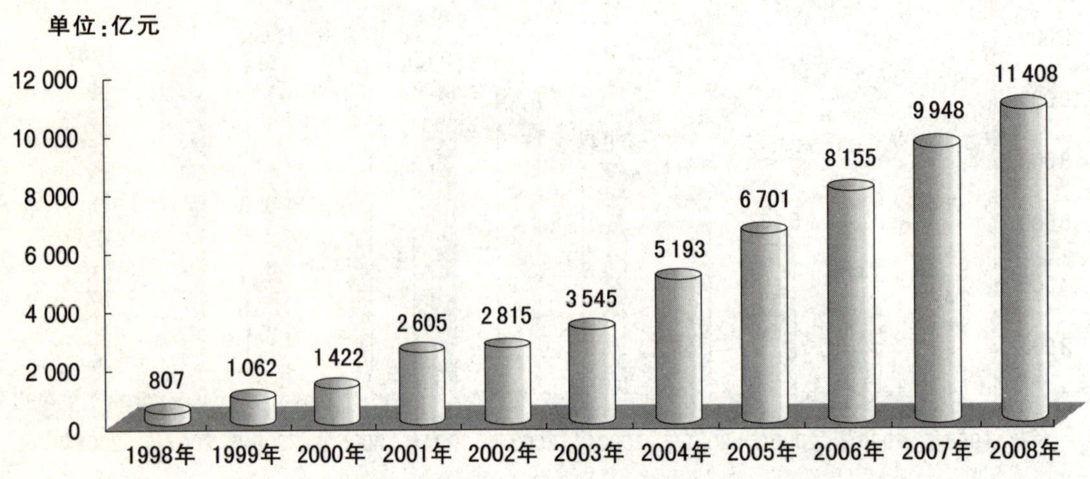

图 17　1998 年—2008 年电子信息产业制造业工业增加值完成情况

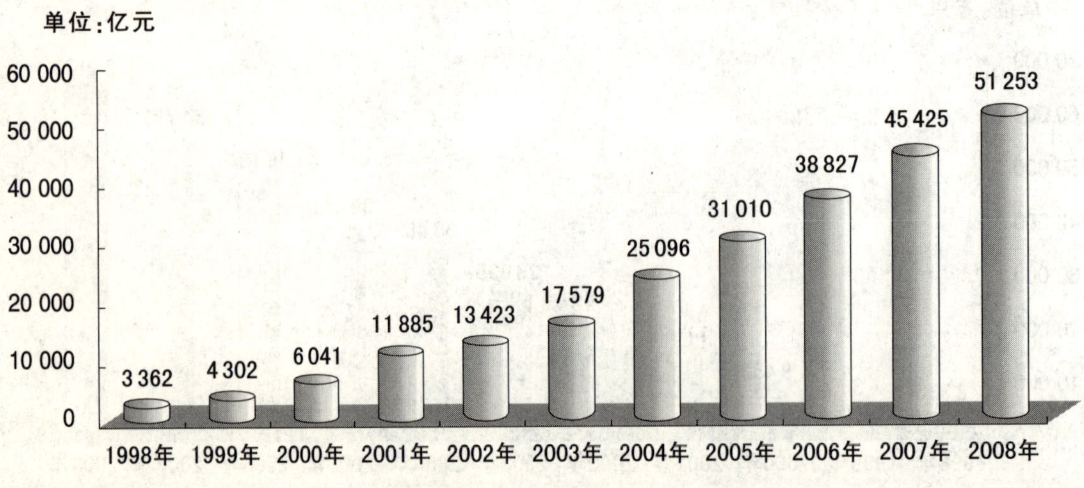

图 18　1998 年—2008 年电子信息产业制造业完成主营业务收入情况

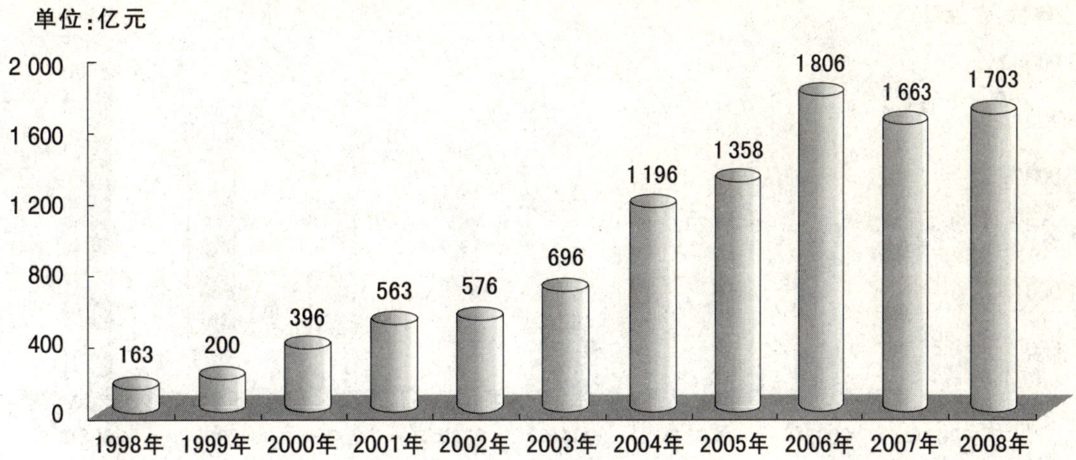

图 19　1998 年—2008 年电子信息产业制造业完成利润总额情况

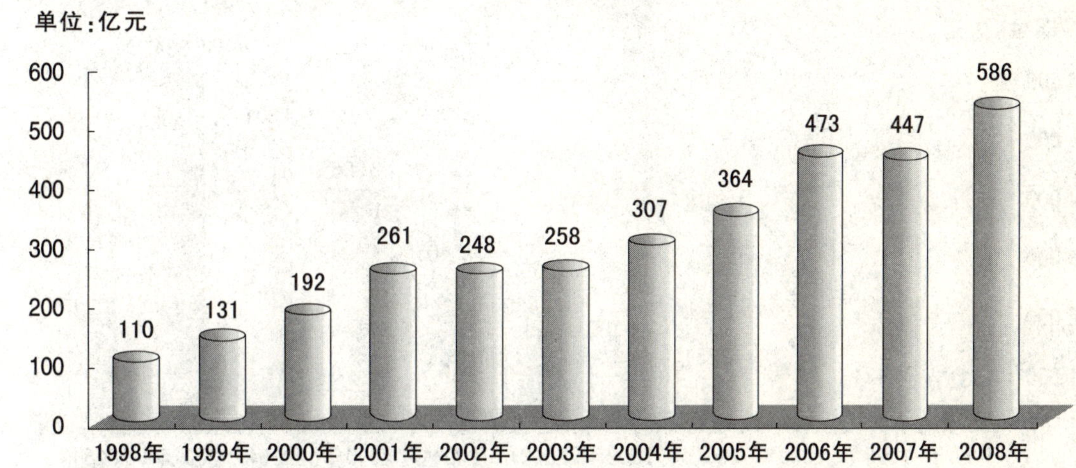

图 20　1998 年—2008 年电子信息产业制造业完成税金总额情况

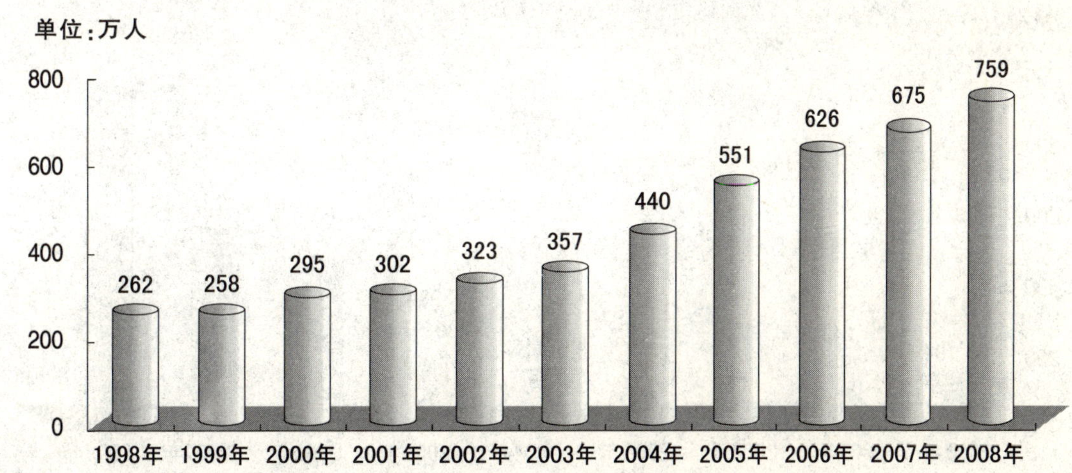

图 21　1998 年—2008 年电子信息产业制造业从业人员情况

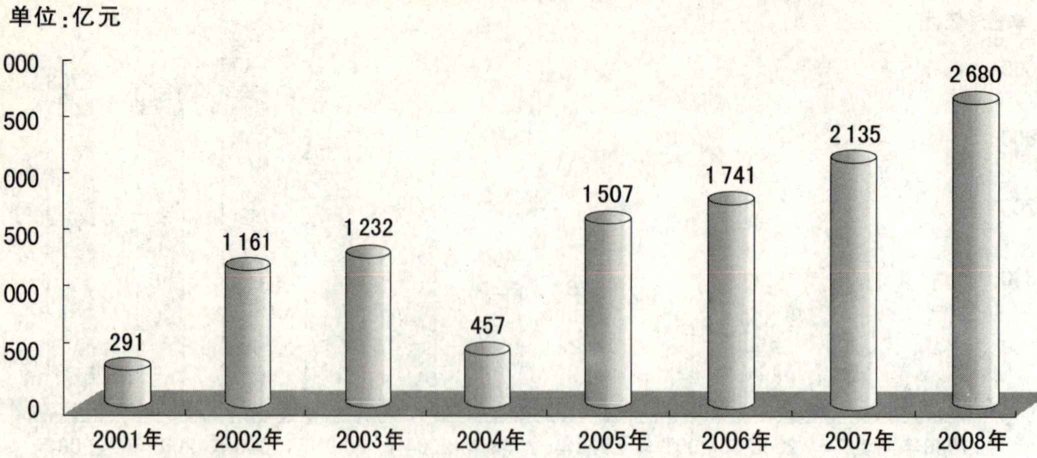

图 22　2001 年—2008 年软件业完成工业增加值情况

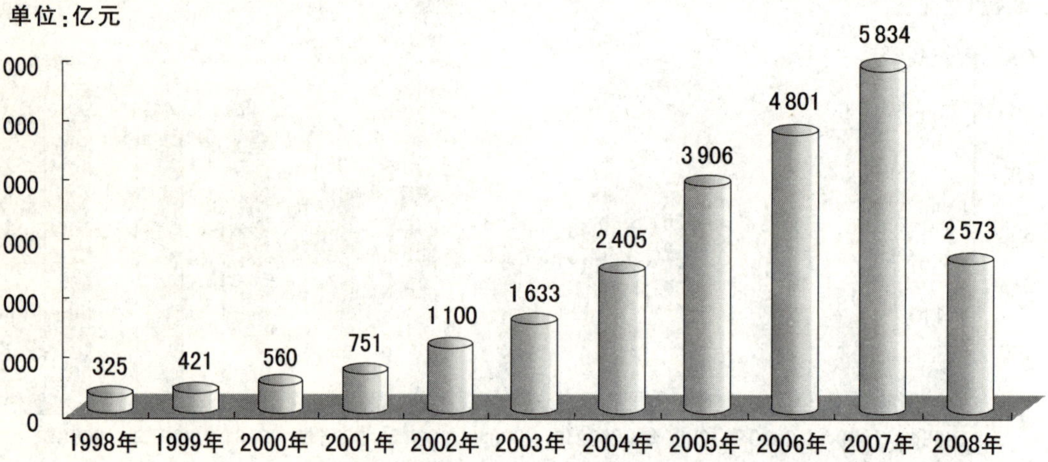

图 23　1998 年—2008 年软件业实现业务收入情况

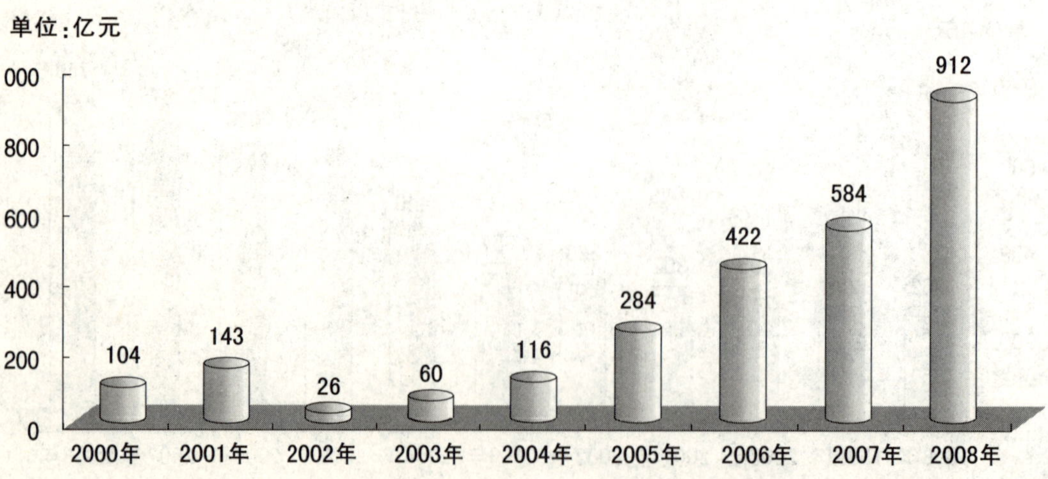

图 24　2000 年—2008 年软件业实现利润总额情况

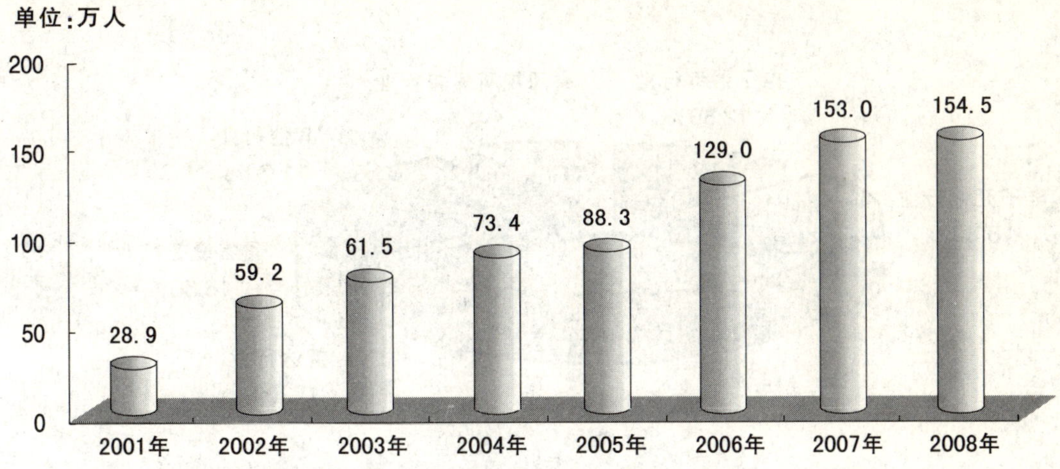

图 25　2001 年—2008 年软件业从业人员情况

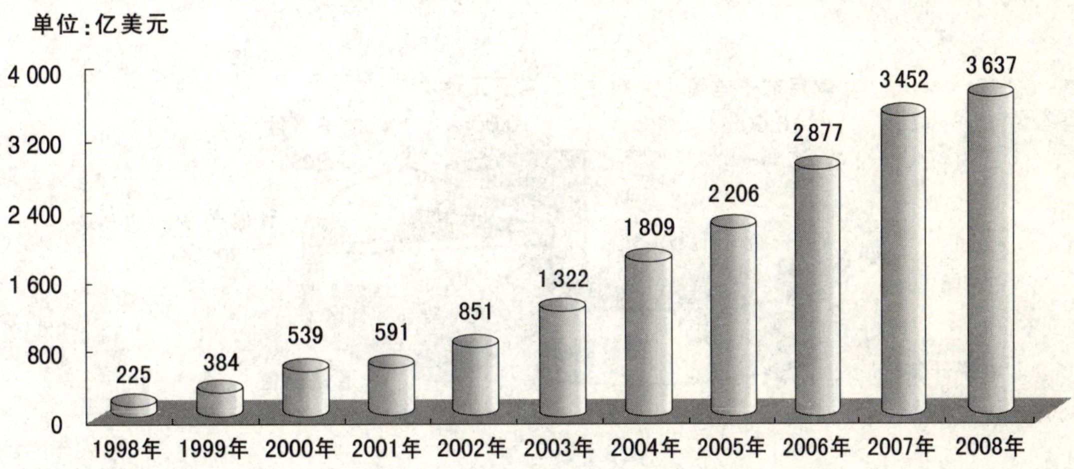

图 26　1998 年—2008 年电子信息产品进口情况

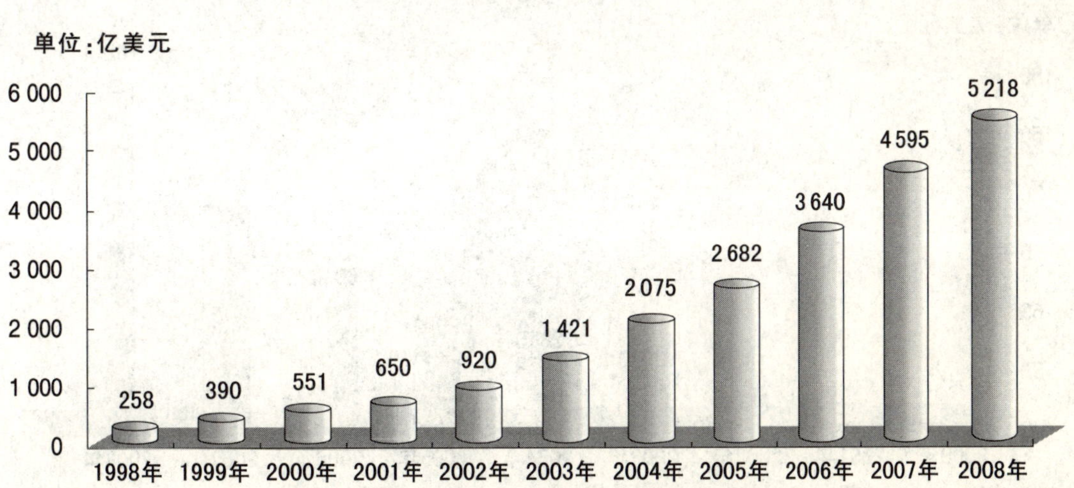

图 27　1998 年—2008 年电子信息产品出口情况

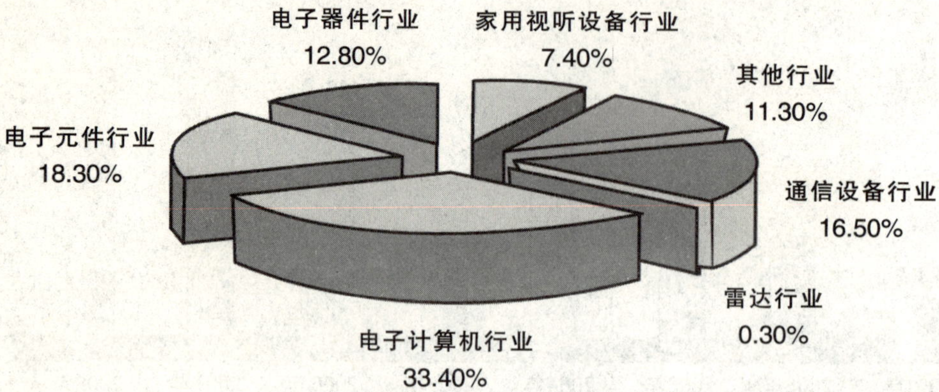

图 28　2008 年电子信息产业主要行业实现主营业务收入所占份额情况

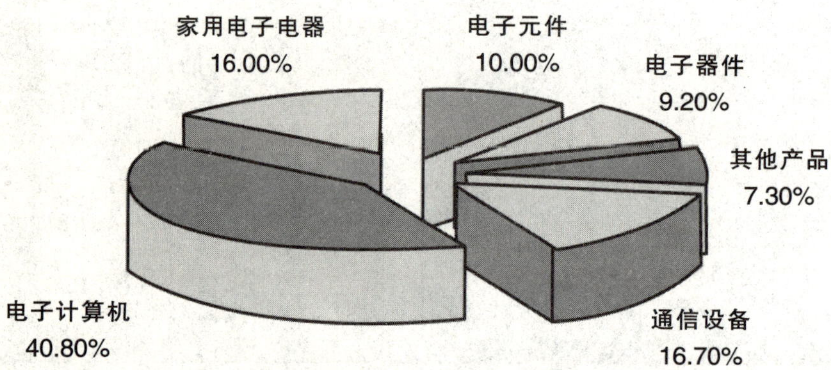

图 29　2008 年主要电子信息产品在出口总额中所占份额情况

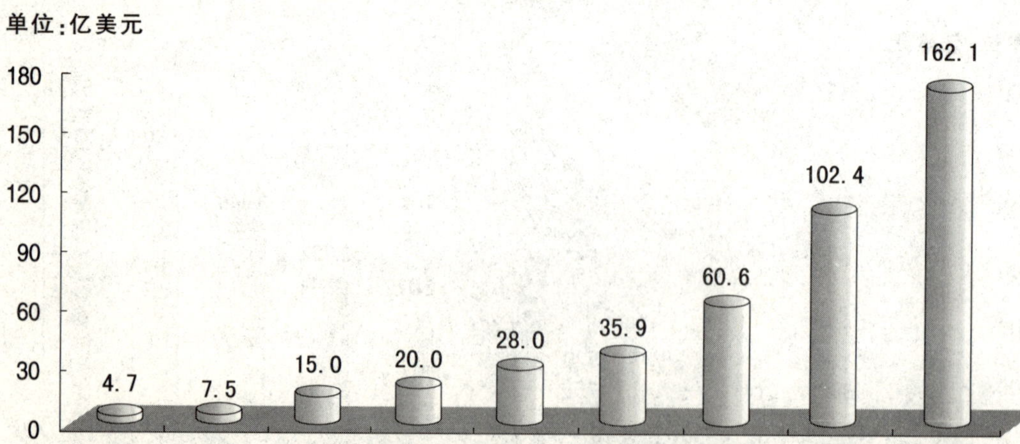

图 30　2000 年—2008 年软件产品出口情况

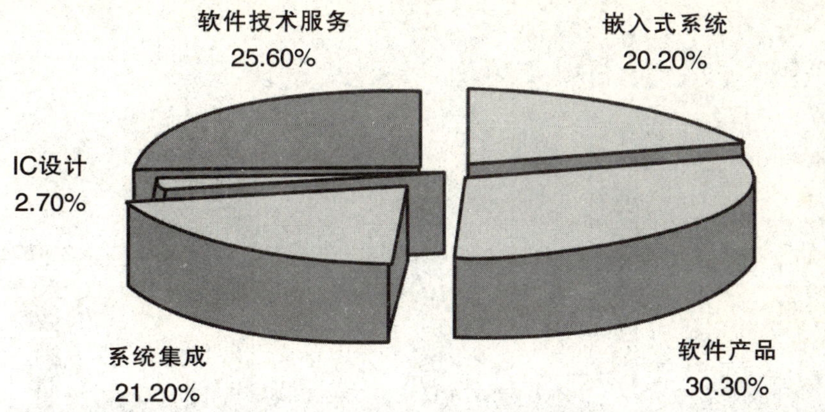

图 31　2008 年软件与信息服务业各类产品实现业务收入所占份额情况

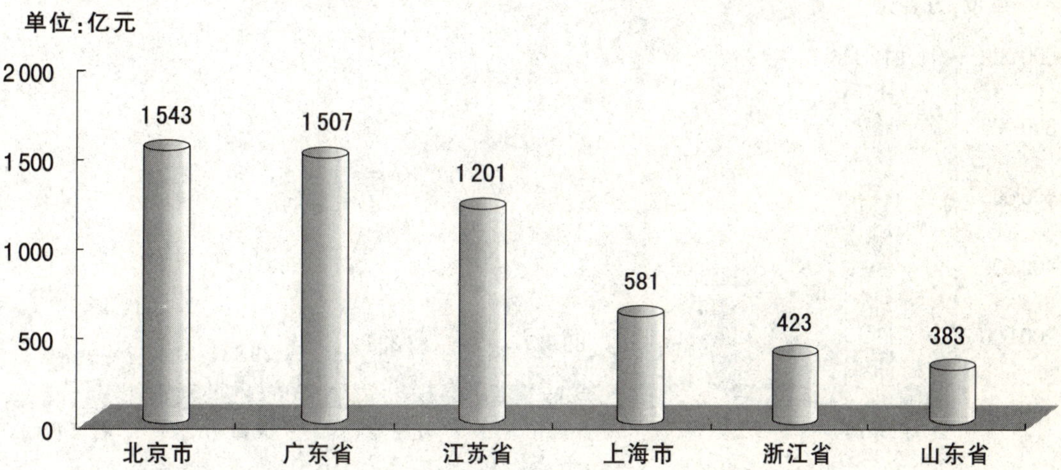

图 32　2008 年软件业务收入排前 6 名的省、直辖市情况

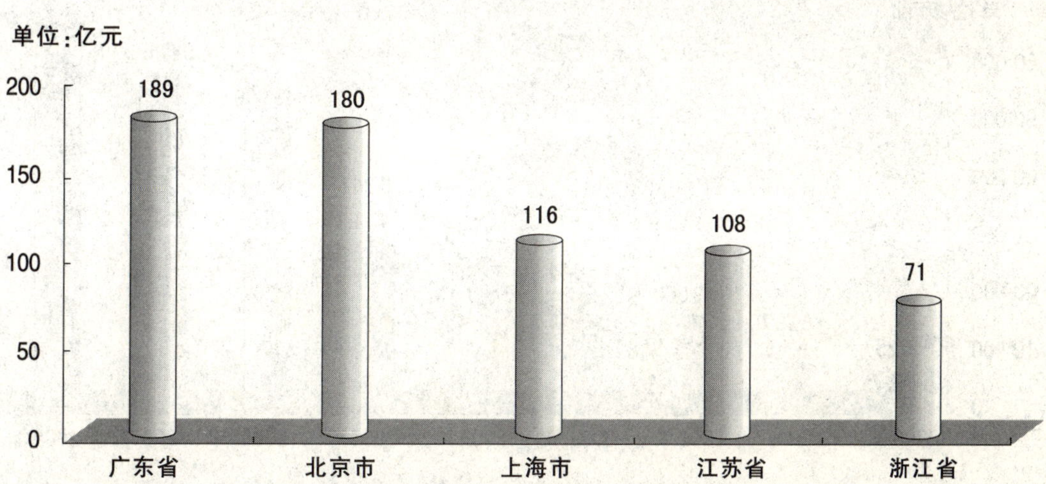

图 33　2008 年软件利润总额排前 5 名的省、直辖市情况

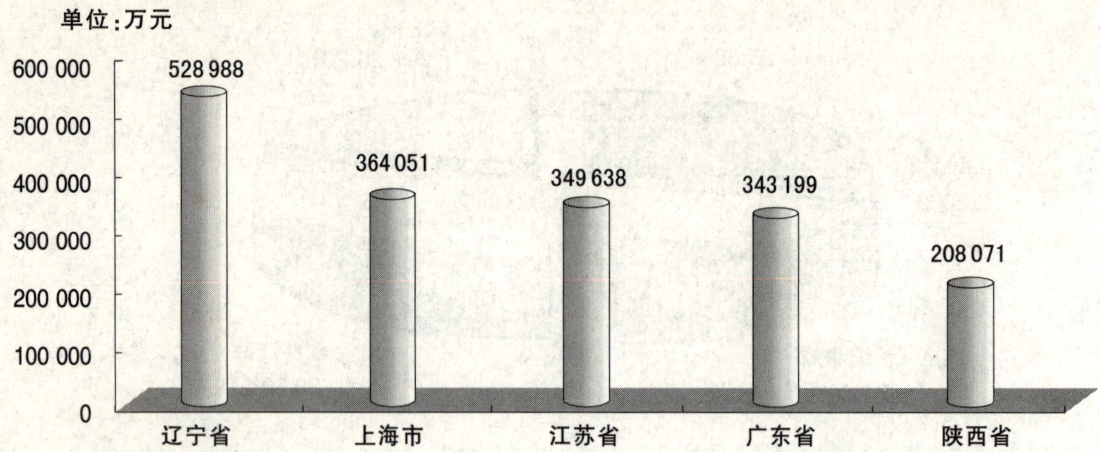

图 34　2008 年软件外包服务收入排前 5 名的省、直辖市情况

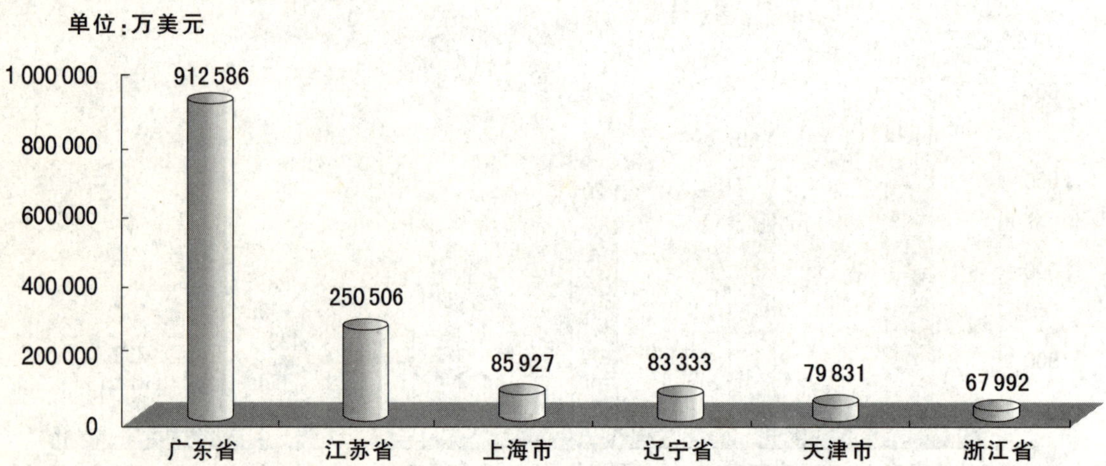

图 35　2008 年软件业务出口收入排前 6 名的省、直辖市情况

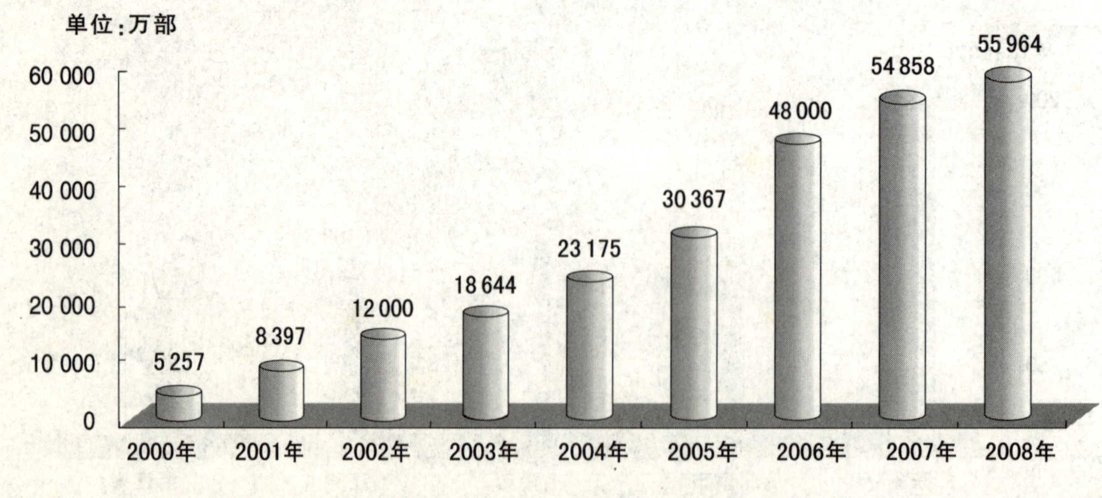

图 36　2000 年—2008 年手机产量情况

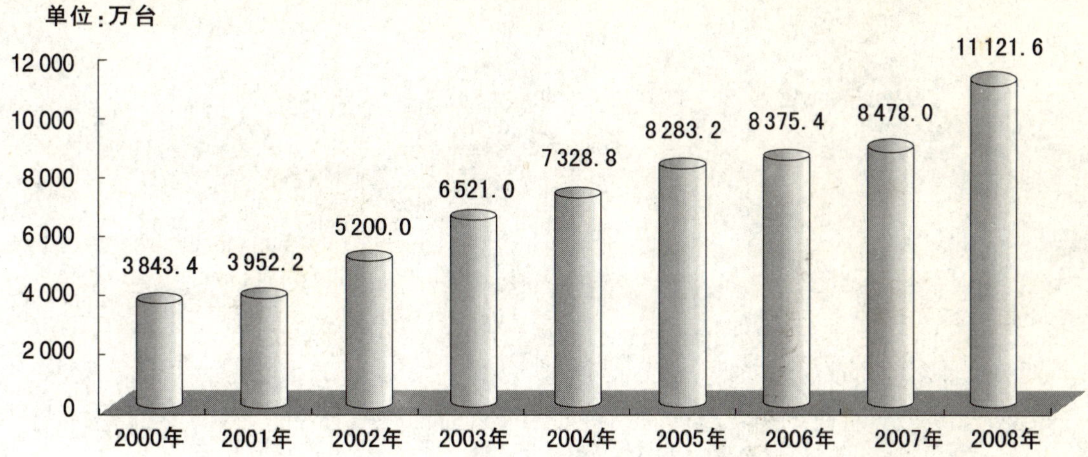

图 37　2000 年—2008 年彩色电视机产量情况

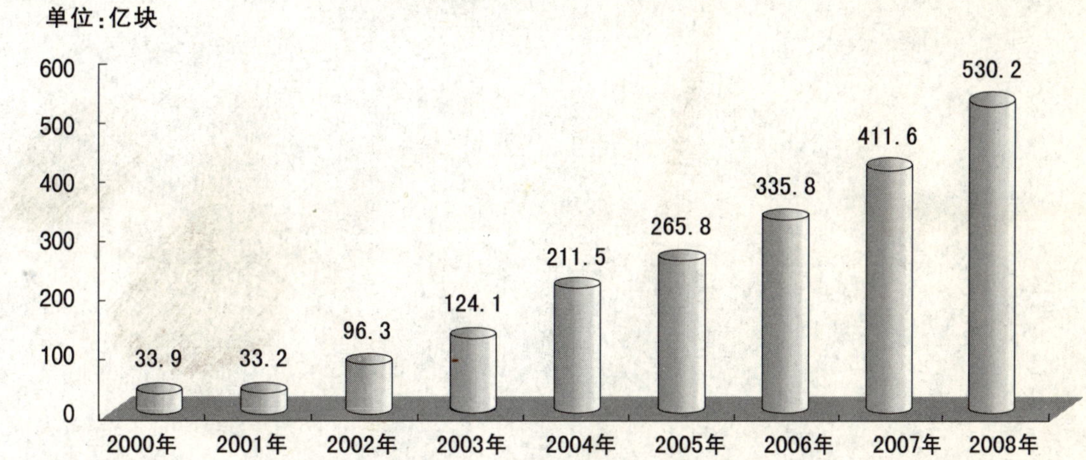

图 38　2000 年—2008 年集成电路产量情况

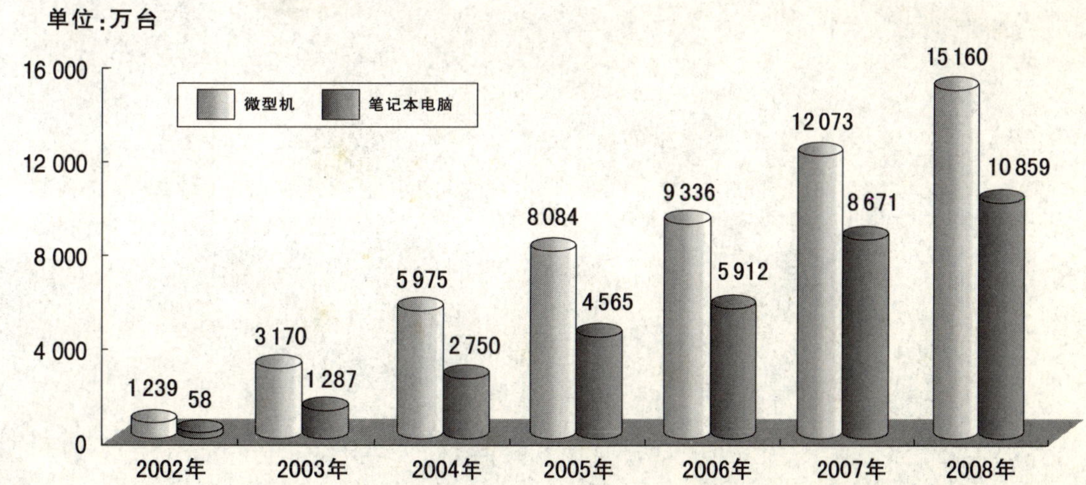

图 39　2002 年—2008 年计算机产量情况

第1部分　总　论

应对困难和挑战　确保平稳较快发展
坚定不移走中国特色新型工业化道路

——工业和信息化部部长李毅中在全国工业和信息化工作会议上的报告（节选）

（2008年12月19日）

一、2008年的主要工作

2008年是中国经济社会发展经受多方面严峻挑战并取得重大胜利的一年。

工业经济总体上增长较快。2008年1月—11月，规模以上工业实现工业增加值同比增长13.7%，完成出口交货值增长13.0%。其中，原材料工业、装备工业、消费品工业、电子制造业实现工业增加值分别增长12.6%、18.2%、14.0%和13.0%。烟草行业总收入增长15.3%。

结构调整取得积极进展。2008年1月—11月，高新技术产业工业增加值增长14.8%，在全行业工业增加值中所占比重达到10.0%。新产品产值增长19.6%。软件产业收入增长31.0%。产业向中西部地区转移的步伐加快。钢铁、石化、建材等行业的集中度明显提高。

工业节能减排成效明显。前三季度，规模以上工业单位实现增加值能耗同比下降6.19%。钢铁、有色金属、化工、建材等行业实现单位增加值综合能耗分别减少3.9%、3.1%、5.0%、10.0%。电石、焦炭、水泥、平板玻璃等行业全面完成淘汰落后产能目标。

国防科技工业全面发展。2008年1月—11月，军工经济增加值增长17.1%，其中工业增加值增长14.1%。民用航天、民用航空、民用船舶、民用核能等军民结合产业产值增长35.6%。

通信业运行态势良好。2008年1月—11月，电信业务总量、业务收入分别增长21.7%、7.6%。全国电话用户总数和互联网网民人数分别达到9.8亿户、2.9亿人，行政村通电话比重达到99.6%，非话音业务和移动业务快速发展，综合价格水平降低11.5%。

2008年，重点抓了以下工作。

（一）在大事、难事持续不断的情况下完成工业和信息化部的组建工作

工业和信息化部的组建，是本届政府机构改革的重点，也是难点。部党组认真贯彻中央的部署和要求，克服诸多不利因素，一边抓事关全局的大事，应对复杂的难事，较好地完成了党中央、国务院交办的各项任务；一边抓好机构组建，在中央编办及有关部门的支持下，确定“三定”方案，推动各项职责逐步到位，密切与地方、行业、企业的联系，开展工业情况调查摸底，建立行业基础数据库，健全工作机制。国防科工局组建完成，烟草专卖管理得到加强。工业行业管理体系构架初步建立。

（二）抗击特大自然灾害取得重大胜利

按照中央的统一部署，迅速启动应急机制，抗击雨雪冰冻灾害，工业生产和受损通信设施及时得到恢复。四川汶川特大地震发生后，在部机构人员未到位、基本条件尚不具备的情况下，承担了抢险应急及国务院抗震救灾指挥部生产恢复组织的工作，依靠地方、企业、协会，开展抗震救灾活动；先后组织调运了18类物资、工具以及千余部卫星电话设备，启用应急无线电频率，保障了救灾应急需求；及时排除治理隐患，保障了军工重要设施的安全；制定了关于地震灾区恢复生产的指导意见，工业和信息化部与三省发布了通信基础设施和工业生产力布局重建规划；组织了中小企业项目对接，合作金额达到338亿元。各省市经委等相关部门在地方政府的领导下，开展了恢复重建和对口支援工作。目前，灾区规模以上工业企业恢复生产的比例达到97%。

（三）应对国内外经济形势

针对工业下滑的严峻形势，贯彻落实中央的各项政策措施，加强运行监测和协调，推动提高了劳动密集型和高附加值产品的出口退税率。在地方经委和行业协会的支持下，工业和信息化部会同相关部门向国务院汇报，研究提出了扶持轻工、纺织、钢铁等9个行业发展的政策措施，支持中小企业发展的专项政策；适应新形势的要求，研究制定了工业技术改造的举措。各地出台了扩内需、保增长的一系列措施，组织实施了一批重要工业项目；加强对安全生产的行业指导；配合有关单位处置三鹿奶粉事件，整顿和规范了乳制品行业，帮助乳制品企业尽快恢复生产。

（四）扎实推进技术创新

组织实施了科技重大专项、重大装备、关键工艺、重点产品研发和产业化项目，“核高基”、新一代宽带无线移动通信网、大型飞机、高分辨率对地观测系统等科技重大专项进展顺利，新支线飞机ARJ21-700首飞成功。大型液化天然气船、大型露天矿成套设备、电动汽车、下一代网络等取得重大突破。完善了标准制定机制，全年公布标准1 676项，淘汰落后标准445项；开展对外经济技术合作与交流，参与信息产业有关国际标准的制定。各地支持企业技术改造和技术进步，建设了一批企业技术中心和行业重点实验室。截至2008年11月底，通过国家认定的企业技术中心达到575家，建立了一批产业联盟和公共技术平台。

（五）通信业改革发展和奥运保障取得成效

实施电信体制改革，基础电信市场三家骨干企业实现了平稳重组，配套政策逐步推开。TD-SCDMA发展取得阶段性成果，为奥运会提供商用服务；36项扶持措施已落实21项；二期网络建设全面启动，三年发展规划已经确定。电信市场监管得到加强，一些服务热点问题得到解决，加强无线电集中统一管理，维护了空中电波秩序。有关单位和企业做好奥运科技研发，通信保障，无线电、信息安全以及部属高校场馆运行等工作，为举办北京奥运会、残奥会做出了贡献。

（六）完成国防科技工业任务

密切与部队用户的沟通，加强了武器装备科研生产重大事项的协调。军工企事业单位保质保量完成了重点科研生产任务，高新武器装备研制取得进展，一批新装备按计划交付部队。加快推进系统研发平台与保障条件的建设，强化质量、安全和保密管理，重点工程保障能力显著提高。航空工业体制改革完成。神舟七号载人航天飞行任务和首次探月工程取得成功，探月二期工程正式启动，新一代大型运载火箭研制工作全面展开。

（七）深入推进信息化建设

贯彻国家信息化发展战略，应用信息技术改造提升传统产业。信息技术在钢铁、石化、烟草等行业得到广泛的应用，在上海、江苏、广东等省的产业升级中作用明显。电子政务、电子商务稳步开展，有98.5%以上的地市级政府、85%以上的县级政府建立了政府网站。农村信息化广泛开展，涌现出宁夏等一批典型地区。加强应急协调管理和技术手段的建设，信息安全保障体系完善，保障能力提高。

（八）加强政府部门自身建设

地方机构改革稳步推进，上海市率先成立了经济和信息化委员会，工业和信息化部与省、市的工作联系更加密切。

二、关于当前的经济形势

（一）把握国内外经济形势

当前国际金融危机蔓延迅速，波及广泛，世界经济严重受挫。金融体系融资功能严重失效、流动性资金大量短缺，全球主要原材料和运输价格大幅跌落，实体经济增速大幅下滑。2008 年第三季度，美国、欧洲、日本经济全面下降，一些新兴国家经济增速显著放缓。根据国际货币基金组织预测：2009 年，世界经济增幅为 2.2%，同比回落 1.5 个百分点，其中美国、欧盟、日本均为负增长，同比分别减少 0.7%、0.5%、0.2%。

国际环境恶化对中国经济的影响明显，在工业领域尤为突出。一是工业增长明显放缓，下行压力加大。工业增长速度呈下降趋势，2008 年 6 月工业增长 16%，7 月工业增长 14.7%，8 月工业增长 12.8%、9 月工业增长 11.4%、10 月工业增长 8.2%、11 月工业增长 5.4%。出口增速减缓，2008 年 1 月—11 月，出口交货值增幅同比回落 8.4 个百分点，11 月同比减少 5.2%。2008 年 10 月—11 月，全国铁路货运总周转量同比减少 1.3%和 6.1%。二是原材料市场价格大幅下降。受国际市场初级产品价格大跌的影响，国内主要钢材品种市场的价格比 2008 年最高时约减少一半，铜、铝、铅、锌、镍价格近两个月减少 20%—46%，化工产品价格减少 40%—70%。三是部分行业的产量减少，出现亏损。2008 年 11 月，粗钢产量减少 12.4%，汽车产量减少 15.9%，乙烯产量减少 12.2%，发电量减少 9.6%。钢铁、有色、石化等行业受到当前产品出厂价大幅下跌和前期高价原材料库存的双重压力，出现全面亏损。四是企业困难程度加深。订单明显减少，库存大幅增加，资金严重短缺，限产、半停产、停产、减薪减员、农民工返乡增多。一大批中小企业陷入困境，一些大企业严重受创。五是投资增速下滑。2008 年 1 月—11 月，城镇新开工项目大幅减少，新开工计划总投资同比增长 2.1%，回落 22.5 个百分点。

（二）把握挑战和机遇，增强忧患和责任意识

从行业层面看，一是盲目发展，产能过剩问题暴露。市场需求旺盛时，各类企业都能赚钱，一旦市场需求下降，不少企业就立即出现开工不足、停产、关闭现象。二是缺乏核心技术和关键技术。处于产业链低端的企业多，缺乏竞争实力，抗风险能力弱。三是产业集中度低。行业缺乏龙头企业、骨干企业，市场控制力弱。四是大量落后生产能力需要淘汰，市场竞争秩序有待整顿规范。

从企业层面上看，一些竞争力不强的企业普遍存在诸多问题。一是普遍缺少自主知识产权品牌，许多产品是贴牌生产，产品质量不高，市场占有率低，不适应市场和消费者的要求。二是能源资源消耗过大，成本偏高，产品缺乏竞争力。三是污染环境，破坏生态，甚至造成社会危害。四是装备水平不高或者更新不及时，新度系数低，技术含量不高。五是安全生产保障能力差，事故频发，危害人民生命和健康。六是管理方式粗放，经不起劳动力价格、原材料价格上涨等因素的冲击。

以上问题都是工业发展的软肋，必须采取有针对性的措施，尽快改变。工业和信息化系统要增强忧患意识，把应对措施考虑得周密一些。

虽然工业发展面临严峻的形势，但中国经济发展的基本态势没有改变，保持经济平稳发展具备很多有利条件。一是工业化、城镇化快速发展。安居工程、农村民生工程、社会事业、重大基础设施建设等，将对工业经济形成拉动。二是中国综合实力不断增强。2007 年，中国 GDP 总量达 24.95 万亿元。其中工业增加值达到 10 万亿元，是 1978 年的 24 倍。三是中国金融体系总体稳定，国民储蓄率高，外汇储备充足，国内市场广阔，宏观调控余地较大。市场基础性作用得到发挥，企业应对市场变化的意识和能力提高，产业配套体系较为完善，具有较强的对外竞争力和国内供给能力。

（三）执行中央的一系列决策部署，坚定战胜困难的信心和决心

针对国际金融危机的冲击，中央实施积极的财政政策和适度宽松的货币政策，采取了扩大内需、促进经济增长的 10 项措施。2008 年四季度增加安排中央财政资金1 000 亿元，带动地方和社会资金，总规模达到 4 000 亿元。明后两年中央拟安排 1.18 万亿元，总投资达到 4 万亿元。国务院第 37 次常务会议通过了帮助企业克服困难、促进工业经济发展的政策措施。包括支持重点产业的发展；加快推进企业技术改造、自主创新和兼并重组；加大重要物资资源的国家收储和商业收储力度；支持中小企业发展；加快生产性服务业发展；加大就业和社会保障支持力度等六项举措。

预计，2009 年，中国 GDP 增长 8%左右。应对危机、扩大内需、促进经济发展，重点是工业，难点是企

业。中央经济工作会议对工业极其关注，强调针对存在的深层次矛盾与问题，制定实施工业振兴规划，尽快形成新的增长点，促进工业由大变强；引导企业把技术改造同结构调整、产业升级、兼并重组结合起来，围绕改进质量、增加品种、降低消耗、提高效益，推动工业整体水平和竞争力跃上新台阶。

三、2009年重点工作

2009年，做好工业和信息化工作，对战胜国际金融危机的冲击，保增长、保发展、保稳定，意义重大。总体要求是，全面贯彻落实党的十七大、十七届二中、三中全会和中央经济工作会议精神，以邓小平理论、“三个代表”重要思想为指导，深入贯彻落实科学发展观，坚持走中国特色新型工业化道路。着力保增长，积极应对国际金融危机带来的挑战，扭转工业增速下滑势头；着力调结构，推进技术改造和自主创新，加快结构调整和发展方式转变；着力促融合，推进信息化与工业化融合，加强对传统产业改造提升。认真落实中央各项政策措施，全面履行行业管理职责，促进工业、通信业平稳较快发展。

全年重点抓好以下9个方面的工作。

（一）落实中央各项政策措施，立足扩大内需促进工业平稳较快增长

落实重点行业支持政策。在中央经济工作会议之前，工业和信息化部会同相关部门和行业协会，就轻工、纺织、钢铁、有色金属、汽车、石化、船舶、电子、通信等受金融危机冲击严重的9个行业，以及乳制品产业的发展情况向国务院作了汇报。国务院就以上行业陆续出台了有针对性的扶持政策。主要包括，全面实施增值税转型改革，调整进出口税率；建立专项资金，支持企业技术改造，增大对有关行业的支持力度；扩大信贷规模，尤其是解决中小企业资金困难；促进工业产品的市场营销，扩大政府采购范围；增加重要原材料战略物资的储备；实施油气、化肥等工业产品定价机制的改革；支持企业兼并重组，鼓励企业“走出去”，开拓国际市场等。此外，国务院明确要求工业和信息化部牵头制定拉动汽车消费，促进汽车产业发展的综合性政策。这些政策覆盖面广，针对性强，调控作用明显。工业和信息化系统要加强与相关部门的沟通与协调，制定出具体的细则办法，逐项落实，将政策转化为生产力，帮助企业渡过难关。在实施过程中，要跟踪政策变化带来的影响，统筹研究政策组合，不断改进完善。

在当前国际市场收缩、贸易保护主义抬头的情况下，要坚持对外开放；要配合有关部门，综合运用关税和贸易政策，扩大拥有核心技术和劳动密集型工业产品的出口，妥善应对贸易摩擦，开拓国际市场；要鼓励有实力的企业“走出去”，开展跨国并购。

抓好工业新开工项目的建设。切实履行工业固定资产投资职责，按照国务院规定权限审批、核准国家规划内和年度计划规模内固定资产投资项目。尽快启动一批后续重要工程，抓紧储备一批产业链长、带动作用明显的重点项目，确保工业固定资产投资增幅不低于2008年。各地要抓住时机，继续推进重大项目的建设，严格把好节能、环保、安全等市场准入关，重点支持节能减排、自主创新和产业升级的项目，防止出现低水平重复建设，防止高耗能、高污染项目搭车。

抓好地震灾区恢复重建工作。落实通信基础设施和工业生产力布局的重建规划，完善配套政策。做好中央财政资金支持项目的筛选、审核工作，协调落实灾后重建资金，尽快启动具备条件的项目开工建设。各地要继续组织好对口支援项目，协调安排重建物资的生产调运，鼓励东部地区企业以多种形式参与重建。

支持“三农”发展，开拓农村市场。加大“以工促农、以城带乡”的力度，加快发展农产品加工业，提高农产品深加工的水平。规范生产经营行为，带动和促进农牧业的发展。落实奶业整顿和振兴规划纲要，完善相关的标准，督促企业严格管理，保障质量安全。加大对化肥、农药、农膜等农资生产的支持，保障农资市场的供应。国务院决定将“家电下乡”在全国推广，把彩色电视机、电冰箱、手机、洗衣机四类产品纳入其中，决定将农机具购置补贴从40亿元提高到100亿元。工业和信息化部要配合有关部门做好实施工作，选好定点企业，督促企业保障和改进产品质量，搞好售后服务，让广大农民得到实惠。

引导企业、行业提升自身素质。一批企业之所以具有较强的抗风险能力，主要是掌握了高技术或本行业的先进技术，具有自主知识产权和品牌；或者产品占有一定市场比例，专业化程度高，产品具有特色；或者在工业园区、科技园区实现了集聚发展。同样，危机的冲击也暴露了行业和企业管理的薄弱环节与突出问题。要总结反思，采取针对性措施，深化改革、改善管理、夯实基础、练好内功、降本增效，提高企业自身素质和应变能力。要注重技术改造和自主创新，突出研发、品牌和营销，提高产品质量和附加值，拓展市场。工业和信息化部、各地工业管理部门、行业协会都要结合行业和本地实际，加强对行业、企业管理的指导帮助。

（二）把技术改造放在工业发展的突出位置，促进工业内涵式发展

国务院在第 37 次常务会议通过的解决企业困难、促进经济发展的若干政策措施中提出，要加快推进企业技术改造。中央经济工作会议提出中央财政要安排用于工业技术改造贴息的专项资金，支持企业技改项目。实践证明，技术改造具有技术新、投资省、周期短、见效快、效益好的特点。一般来说，企业技改项目自有资金较充足，如果对贷款给予贴息补助，用少量的投入能够带动企业和社会大量的投入，拉动效应明显，起到“四两拨千斤”的作用。技术改造不仅是当前用投资拉动经济促进增长的措施，而且是调整产业产品结构、提高企业竞争力的有效途径。

技术改造不是低水平的扩张，而是注重质的提高。技术改造以质量品种、节能降耗、环境保护、改善装备、安全生产等为重点，消除产业发展的薄弱环节和瓶颈制约。企业是技术进步的主体，也是投资的主体。只有坚持技术改造，不断用新技术、新工艺、新设备、新材料改造提升，才能在市场竞争中立于不败之地，取得行业的领先地位。当前是实施技术改造的有利时机，要抓住原材料和设备价格下跌的机会，加快技术改造，为下一个周期的经济发展打基础。

用财政贷款贴息的办法支持企业技术改造。中央财政将每年安排一定数额的工业技术改造专项资金。专项资金主要采用贷款贴息的办法，支持产业政策鼓励类的技改项目；重点支持国计民生重要行业和关键领域，产业关联度高的大企业、大集团和龙头企业；有基础、有市场，目前面临特殊困难的企业；属于“专、精、特、新”的中小企业等。工业和信息化部正在制定技术改造的指导意见，拟定出技术改造投资指南；对于重点突出、示范带动作用明显的项目，采取全额贴息，其他需要支持的项目采取半额贴息。要统筹规划，按照“改造一批、投产一批、储备一批”的思路，搞好技改项目的策划、储备，建立并完善重点项目库；推行项目法人责任制、工程建设监理制、招标投标制和竣工验收等制度；加强审计监督，适时开展专项检查，确保专款专用；发挥地方主管部门和行业协会的作用，共同做好技术改造工作。

（三）支持重点产业发展，调整优化产业结构

制定实施重点行业振兴规划。按照国务院部署，工业和信息化部正与国家发展和改革委员会共同制定钢铁、汽车、船舶、石化、轻工、纺织、有色金属、装备制造和电子信息等 9 个重点产业的振兴规划。规划围绕控制总量、淘汰落后、产业集聚、提升技术水平、创新自主品牌、开发高端产品，兼顾较长时间发展需要，优选一批科技攻关和投资项目，力争在短时间内有所突破，形成新的增长点，带动行业发展上台阶。2009 年，要完成 27 个“十一五”专项规划的中期评估，启动“十二五”规划的前期研究，修订产业结构调整指导目录，完善汽车、钢铁等产业的政策。

优化产业组织结构，淘汰落后生产能力。制定促进企业兼并重组的指导意见，重点推动钢铁、电解铝、汽车、水泥、纺织、烟草等行业的兼并重组，淘汰落后产能，发展先进产能，提高行业集中度。用好淘汰落后产能的奖励资金，继续淘汰一批小钢铁、小水泥、小化工、小造纸等，加快电石、铁合金、铅锌等行业的技术升级步伐，修订钛、镁、焦化等行业的准入条件，提高进入门槛。加强对已淘汰企业的“后管理”，防止死灰复燃。各地探索了一些经验，如上大关小、异地改造扩建等，对此要总结推广，形成落后的生产能力的退出机制。推进盐业管理体制、核工业体制、烟草行业改革，推进卷烟工业跨省重组，规范卷烟市场秩序，促进烟草行业的平稳增长。

加强重点企业监管，全力推进节能减排。工业能耗占全国能耗的 70%以上，化学需氧量占全国化学需氧量的 37%，二氧化硫排放量占全国二氧化硫排放量的 87%。在加大工业投资的情况下，工业节能减排的压力很大。要强化年耗能 5 000 吨标煤以上重点用能企业的节能管理，加强能耗监测和能源审计，推广高效节能产品。推动有色、化工等行业的循环经济改造，抓好尾矿等大宗工业固体废物的综合利用，实施汽车零部件再制造的试点工程。加强重点工业污染源的治理，建立工业环评预审制度，全面推行清洁生产，扩展电子产品污染的控制范围。对照国内外同行业的先进指标，修订并完善高耗能产品的能耗限额强制性国家标准，以及重点行业的物耗指标和环境控制指标，指导重点行业、重点企业落实达标措施。

发展工业服务业，推进服务业与制造业有机融合、互动发展。落实鼓励服务业发展的各项政策措施，发展研发设计、技术咨询、现代物流、融资信贷等工业服务业，促进软件和信息服务业、软件外包等新兴产业的发展。引导制造企业加快技术进步，改造业务流程，扩展服务外包，开拓市场，改善管理。支持地方对列入鼓励类的工业服务业，在用水、用电、用气、用热等方面与工业同价。加大投入力度，对服务业的创新活动提供研发资助。

加快区域布局调整，推进产业集聚。要鼓励各地发挥比较优势，发展特色产业，形成具有竞争力的产业集群。做好工业园区和产业集中区的规划，制定园区的建设标准，节约使用土地，集约利用资源，综合治理污染，规范园区管理。重点建设一批具有优势的工业园区，在自主创新、节能减排、产业链延伸和产业融合方面发挥示范作用。研究制定促进产业转移、提高产业承接能力的政策措施，鼓励东部地区的制造业向中西部地区梯度转移。

（四）加强运行监测和协调保障，做好预测预警预防和信息引导工作

加强运行监测分析。加大投入，利用信息化手段，力争在2009年内建立政府、协会、科研院所、地方、企业之间的信息沟通网络。继续发挥好中心城市、副省级城市等在工业经济运行分析方面的作用。建立工业行业的运行指数体系，选择指数企业，确定信息目录，完善基础数据库，适时做好分析、研究判断、预测和预警、预防。坚持和完善季度、月度分析制度，尤其是把握原材料和产品的产销情况、价格趋势、进出口数据等敏感信息，及时报送并提出有针对性的措施建议。定期组织新闻信息发布会，引导企业合理组织生产，把握投资方向，增加社会有效供给。

抓好工业经济运行组织协调。各级工业主管部门要强化经济运行的协调职能，协调和推动解决工业、通信业运行中的重大问题。加强与能源、铁路、交通等部门的沟通，帮助解决如能源供给、铁矿石压港、大型机械产品运输等问题。工业和信息化部要加入煤、电、油、气、运保障工作部际协调机制中，做好重要生产要素的保障；开展工业行业电力需求的管理。总结推广市场对接、银行和企业间的对话、劳动力转移等方面的有效做法，帮助企业解决实际困难。

抓紧建立应急管理工作体系。制定工业应急管理工作指导意见，完善突发事件综合应急预案。加强重要应急工业品保障能力的建设，做好重要工业品进出口的协调，抓紧形成重大产业损害应对预案，并纳入到各级政府的总体方案中，落实到基层和企业。完善通信应急管理体制，加强能力建设，确保通信安全畅通。总结应对雨、雪、冰冻和地震灾害的经验，建立重要应急工业品的企业数据库，做好医药等物资的储备，提升工业、通信业灾害储备应急能力。

强化安全生产管理。各地经委等相关部门要树立安全发展的理念，在地方政府的领导下，承担起指导行业安全生产管理的职责，抓源头治理和基础管理，通过技术改造，提高企业的本质安全水平。对钢铁、有色金属、石化、化工等高危行业的重点隐患要心中有数，加强指导和管理，有针对性地开展安全生产专项整治。加强对食品加工安全工作的指导和监管，组织安全生产重大科技攻关。强化民爆行业的准入管理，推动企业重组整合，提升整体技术水平，预防和减少事故发生。

（五）优化发展环境，促进中小企业和非公有制经济的发展

突出解决中小企业融资难、担保难的问题。配合有关部门抓紧完善中小企业担保体系，继续对符合条件的担保机构给予营业税减免，协助落实各级财政对担保机构的资金注入。加快建立国家和省级中小企业信用再担保机构，力争担保业务规模达到1万亿元。继续推动金融机构落实信贷责任，创新中小企业金融产品，推动扩大试点，支持股权质押、权利和票据质押等形式的贷款，支持小额贷款公司的发展。扩大短期融资券、集合债的发行范围和规模。加快建立国家中小企业发展基金，推动建立创业板市场，鼓励各类创业投资基金增加对中小企业的投资。

推动中小企业结构调整和产业升级。在2008年51亿元的基础上，扩大中央财政对中小企业发展专项资金的规模。重点支持一批产业集群龙头骨干企业和具有自主知识产权、自主品牌的中小企业的技术改造。支持中小企业采用先进技术、工艺和设备，走“专、精、特、新”和与大企业协作配套的发展道路。实施100个产业集群示范工程，研究建立中小企业产业转移退出资金。

建立健全中小企业社会化服务体系。完善实施规划，支持建立一批中小企业公共服务平台和创业基地，鼓励创办小企业，吸纳就业。贯彻执行好国家政策，继续加大对中小企业培训工作的力度，每年培训100万人次。推动提高对中小企业产品和服务的政府采购比重，帮助企业开拓市场；推进中小企业信用制度的建设。贯彻落实中小企业促进法和“非公经济36条”，扩大中小企业的市场准入范围；继续推动企业减负工作。

（六）抓好科技重大专项和重大装备的发展，推动技术进步和成果转化

加强重点领域技术攻关，抓好科技成果转化。推动落实国家鼓励自主创新的各项政策，支持企业自主研发和联合攻关，支持跨行业、跨领域的集成创新，促进产学研用相结合，加快科技成果向现实生产力的转化。在原材料领域，重点支持钢铁、有色金属、建材、化工行业新材料和新产品的研发，满足市场需求。在装备领域，重点支持冶金、石化等先进成套设备，超超临界火电机组，新能源汽车，新型多用途中型直升机等，抓好大型铸锻件、高档轴承等关键零部件和制造工艺的攻关，加快制定重大装备产业政策和首台套应用政策。在消费品领域，重点支持高技术功能性差别化纤维、工业用纺织品、高附加值轻工产品、食品安全检测仪器设备的研发。在电子信息领域，重点支持软件、集成电路、新型平板显示器件、半导体照明器件、下一代网络等关键技术的研发与产业化，推动出台新的软件与集成电路产业政策。认定一批国家重大装备工程中心、企业技术中心和行业重点实验室，建立重点产业共性技术服务平台，支持产业联盟、专利池等创新形式。扩大和深化对外经济技术合作；在引进消化吸收的基础上，实现再创新。

组织实施科技重大专项，突破一批核心技术。在16个国家科技重大专项中，工业和信息化部组织实施或参与的有9个，包括“核高基”、极大规模集成电路制造装备与成套工艺、新一代宽带无线移动通信网、大型飞机、高档数控机床与基础制造装备、载人航天与探月工程、高分辨率对地观测系统等。在专项实施中，要以企业为主体，引导创新要素向企业集聚。整合科技资源，优化组织管理体系，加强部门、地方的协调配合，形成工作合力。

强化标准管理，扭转工作滞后局面。要根据产业发展和行业管理的急需，完善工业标准化运行机制，做好标准与规划、产业政策的协同，促进国家标准与国际标准的衔接。目前，工业标准的标龄过长问题突出。2009年，要全面开展标准清理工作，重点清理标龄超过10年的标准；扭转标准严重滞后于产业发展的局面。加快制定轨道交通装备、民用船舶、节能和安全生产等一批重点标准，做好4G标准国际化工作。选择重点行业、重点领域定期发布知识产权预警，促进技术创新、标准与知识产权的互动。

加强产品质量管理，促进自主品牌建设。在当前经济形势下，提高产品质量、增强产品竞争力，对扩大需求具有重要意义。要把提高产品质量、培育自主品牌作为工作重点，制定提高工业产品质量的指导意见，着力抓规划、抓标准、抓研发、抓监管，推广先进的管理理念和方法。实施行业重点产品质量工程，改善质量评价指标，加强计量、检测和试验能力的建设。实施服装、家电等行业的品牌建设工程，培育国际名牌。

（七）推进传统产业改造提升，促进信息化与工业化融合

应用高新技术和先进适用技术改造提升传统产业。发挥信息技术覆盖面广、渗透力强、带动作用明显的优势，找准切入点，围绕工业产品研发设计、流程控制、企业管理、市场营销、人力资源开发等环节，提升自动化、智能化和管理现代化水平，促进传统产业结构调整和改造升级。要结合工业技术改造，继续实施信息技术应用“倍增计划”，发展应用电子技术、工业软件、行业应用解决方案，为技术改造和“两化融合”提供支撑。研究建立工业行业信息化分析统计制度，开展重点行业的信息化评估工作。推动面向企业电子商务服务的公共服务平台建设，继续实施中小企业信息化工程。推进信息化与工业化融合专项行动计划，选择一批基础好的企业和地区，开展融合试点和示范。

指导推进信息化建设。加强国家信息化顶层设计、规划指导和协调服务。深化电子政务应用，提高已建重点业务系统的应用水平，推动系统间业务协同，推进政府信息共享；继续开展政府网站绩效评估和试点工作。总结推广各地经验，推进农村信息化向纵深开展，加快推进村级信息服务站和信息员队伍的建设，继续实施“村村通电话”工程。加快发展融合性业务，推进通信网、互联网、广播电视网的“三网融合”。

协调维护国家信息安全。推进国家信息安全保障体系的建设，强化信息安全等级保护等基础性工作，实施政府部门互联网安全接入工程。加强对政府部门、重点行业信息系统信息安全工作的协调、督促和检查，贯彻落实国家信息安全应急预案。加强信息安全的战略研究，制定信息安全服务管理政策，发展信息安全产业，推广国产信息安全产品。规范电子认证服务市场的秩序。

（八）推进通信业改革和监管，抓好 TD-SCDMA 发展

通信业正在发生深刻变化，移动化、宽带化、IP化、融合化趋势日益明显，传统话音业务向综合信息服务转型步伐加快，市场竞争格局出现新变化。要主动应对金融危机带来的不利影响，深化电信体制改革，创新业务模式，推广新技术、新业务，拓展行业应用市场，提升产业链，促进转型发展。2009 年，争取业务总量增长 15%，业务收入增长 6%。

以发放 3G 牌照、深化电信体制改革为契机，加快 TD-SCDMA 发展。中国发展 3G 的条件已经成熟。预计，2008 年底或 2009 年初将发放 3G 牌照。各运营企业要根据各自的发展规划，加快 3G 网的建设。预计，2009 年至 2010 年将完成 3G 投资 2 800 亿元；要抓紧制定出台并实施电信体制改革配套监管政策，优化竞争格局。2008 年，TD-SCDMA 发展到了最关键的时候，政府部门要继续给予支持，逐项落实扶持措施。强化运营业与制造业的互动，发挥产业联盟的作用，推进核心芯片、终端及测试设备的产业化，加强增强型技术的研发。运营企业要做好二期网络的建设，扩大网络覆盖，准确市场定位，丰富业务应用，实现大规模商用。

服务社会、服务民生，加强新形势下的电信监管。针对电信重组后的新情况，引导企业规范市场行为，促进公平有序竞争。推进电信基础设施的共建共享，减少和避免重复建设，规范通信建设市场招投标行为。抓紧出台扶持增值电信业务发展的指导意见，实施分类管理，促进规范发展。以市场化为导向，推进电信资费管理方式的改革，继续加强服务质量的监管，解决互联网间架构、网络互通等热点和难点问题，依法查处和打击各种侵害用户权益的违规行为，维护消费者权益。加强网络与信息安全的管理，完善工作机制和保障体系，落实企业的责任，强化技术手段，净化网络环境。提升党政专用通信的服务能力和服务水平。加大无线电管理的力度，统筹保障各种业务频谱的需求，规范台站设置与使用，强化无线电监测。

（九）完成重点科研生产任务，推进军民结合产业发展

确保重点科研生产任务的完成。做好重大事项的组织协调，加强与部队用户的协作配合，及时跟踪掌握重点武器装备型号的研制进展，确保重点科研试验任务按计划完成。推动产、学、研、用相结合，加强核心元器件、关键材料、军用动力等关键技术的攻关，解决制约发展的瓶颈问题。统筹军工核心能力的建设，加快系统研发平台、军工核心能力基地、关键基础产品研发条件的建设，加快传统工艺、设备和生产线的升级改造。加强质量、市场监督管理。

推进军民结合、寓军于民。研究提出推进军民结合的发展战略，做好规划、政策、标准的衔接，出台推进军民结合产业发展的指导意见。探索军民结合的市场化途径，支持和配合军队装备采购制度改革，有序开放军品市场，完善竞争和退出机制，使具备条件的民用单位公平合法参与军品市场。利用军工技术和能力，发挥军民两用科研实验设施的效能，促进资源共享。发挥部属高校的国防特色和科技人才优势，加强基础性、前沿性的探索研究，支持高校参与国家基础研究计划和科技重大专项工作。

四、做好当前工作的几点要求

第一，全面落实部“三定”职责。国务院赋予工业和信息化部 6 个方面的职责，从国家发展和改革委员会划入 11 项职责，在“三定”规定中具体细化为 15 项主要职责。这些职责能否真正落实，不仅是坚决贯彻国务院机构改革方案的大事，也是工业和信息化部在新型工业化道路中正确履职的最基本条件。面对任务，只能迎难而上，不能临阵退却。工业和信息化部将责无旁贷地承担起工业发展和行业管理的重任。“三定”规定来之不易，已定的职责落实到实际工作中还要付出极大努力。目前相关职责还没有完全到位，包括基本制度、详细职责、信息网络、行政许可、基金资金等。要坚持不懈，积极进取，加快磨合，理顺与各方面的工作渠道和流程。“有为才能有位”，只有在应对金融危机的考验中，通过努力取得良好的工作业绩，才能真正使工业和信息化部“三定”规定落实到位。

工业和信息化系统的各项工作要置于经济社会发展大格局之中，自觉服从宏观调控，加强行业管理。要从习惯于干预微观经济的思维定势中解放出来，恪守“不干预企业”、“不走老路”，推动政府部门职能转变，加快政企分开、政资分开、政事分开、政府与市场中介组织分开，维护企业市场主体地位。坚持依法行政，加快推进制定电信法、船舶生产管理条例、信息安全条例等法律法规，完善工业、通信业和信息化法律制度。推行政务公开，办好门户网站，加强网络化条件下的保密管理。加强机关党的建设和队伍建设，深化学习实践活动，解决突出问题，提高队伍素质，促进业务工作。加强党风廉政建设。强化财务管理和审计监督。进一步做好机关后勤和离退休干部工作。

第二，加强与地方经委等相关部门的工作联系和业务指导。地方经委、信息产业厅、中小企业局、信息化办、通信管理局、国防科工办和烟草局，是工业和信息化部在各地必须紧紧依靠的基本力量。当前，地方机构改革正在进行，上海等地已经开展了有益探索。我们支持地方从实际出发，因地制宜，合理设置，不强求完全一致。落实中央的精神，各地要加强对工业和信息化的统筹协调，建立体系完整、权责一致、运作顺畅的行业管理体系。地方经委已经具有的投资管理、经济运行协调等职责，改革中不要再分散。省市各相关部门要主动向地方党委、政府汇报，提出合理建议，推动科学设置组织机构。各相关部门之间在工作中要加强协同配合，形成合力，树立工业和信息化系统的良好形象。

第三，充分发挥部属单位的支撑作用。部属各单位要紧紧围绕部的中心工作，建立决策咨询支撑和运作体系，加强前瞻性、方向性重大课题的研究，要加强解决实践性、针对性问题的研究，完成部交付的工作任务，确保决策、措施执行顺畅有效。抓好科研、标准、咨询服务及新闻出版等业务，改革创新，转换机制，严格管理，提高服务能力。部属高校要稳定办学规模，加强专业学科和师资队伍建设，提高教学质量，自觉推进产学研合作，加强高层次人才培养。部机关要重视各单位的班子建设，密切业务指导，加大对直属单位管理、改革、发展、队伍建设各项工作的支持。

第四，充分发挥行业协会等中介组织的服务功能。行业协会等中介组织是行业管理体系的重要组成部分，是部履行职责必须依靠的支撑力量。部有关司局要加强筹划和组织，通过委托服务、购买服务等方式，密切与协会的联系，加大支持，加强指导。各协会要切实履行好服务企业的宗旨，发挥自身优势，协助政府加强和改善工业行业管理。注重重大问题的调查研究，做好信息收集、分析预测等工作，当前尤其要加强产业运行态势的跟踪分析，及时提出促进平稳较快增长的政策措施建议。切实加强行业自律，确立市场诚信体系，规范企业市场行为，防止同业恶性竞争。进一步转变观念，改革体制，创新机制，加强自身建设，探索形成符合社会主义市场经济要求的中介组织行为规范。

第2部分　专　论

坚定不移地走中国特色新型工业化道路（节选）

工业和信息化部部长　李毅中

2008年

走新型工业化道路，推进信息化与工业化融合，是党和国家在中国工业化加速发展的关键时期做出的重大战略决策。新组建的工业和信息化部肩负着实施这一战略决策的历史使命。我们要深入贯彻落实科学发展观，严格按照国务院机构改革方案的要求，努力探索中国特色新型工业化道路的实现途径。

一、深刻理解新型工业化道路的内涵

新中国成立以来，特别是改革开放30年，中国工业实现了跨越式发展，建立了独立完整的工业体系，中国已成为全球制造业大国。2007年，全国工业实现工业增加值107 367亿元，占国内生产总值的43.5%；原煤、钢、水泥、化肥、微型计算机、彩色电视机等主要工业产品产量以及固定电话、移动电话和互联网用户数均居世界首位；轻工、纺织、机械、家电、成品油、乙烯、部分有色金属产量位居世界前列。航空、航天、船舶等国防科技工业发展取得举世瞩目的成就。

但是与发达国家相比，中国工业化水平尚有差距。

一是工业大而不强，核心技术和关键技术受制于人。2007年，中国高新技术产业的产值仅占工业产值的8%，而发达国家高新技术产业的产值约占工业产值的40%；研发投入占国内生产总值的1.44%，而发达国家的研发投入平均占国内生产总值的2.5%，美国研发投入占国内生产总值的3.2%；虽然国内服装类产品占世界服装贸易的25%，但拥有自主知识产权的产品仅占1%。

二是资源和环境约束日益突出，工业发展方式迫切需要转型。2007年，中国万元国内生产总值能耗降至1.16吨标准煤，但仍是发达国家的3至4倍；国内生产总值占世界的比重不到7%，但消耗的煤炭占世界的30%、钢铁占世界的26%、水泥占世界的50%；化学耗氧量、二氧化硫、二氧化碳排量居世界前列。

三是利用高新技术改造提升传统产业的任务繁重。工业生产技术整体水平不高，生产效率和产品附加值较低，众多传统产业急需利用包括信息技术在内的高新技术进行改造提升，大量落后产能亟待淘汰。

四是工业行业管理分散，一些行业管理弱化、缺

位，严格的市场规范和诚信体系尚未完全建立起来。这种形势要求中国工业化不能再走发达国家先工业化后信息化的老路。为此，我们必须根据中国的实际情况，求索新的发展模式。

党的十六大提出走新型工业化道路，党的十七大强调推进信息化与工业化的融合，这是党中央、国务院的重大战略部署。走新型工业化道路，就是要坚持把经济发展建立在科技进步的基础上，带动工业化在高起点上迅速发展；坚持注重经济发展的质量和效益，优化资源配置，提高投入产出效率和经济回报；坚持推广应用先进适用技术，千方百计提高能源资源利用效率，突破能源资源约束；坚持防治污染、保护生态环境，使经济建设和生态建设和谐发展；坚持以人为本，提高劳动者素质，发挥人力资源优势，注重改善民生，保障劳动者生命和健康安全。

迄今为止，世界工业化经历了蒸汽机革命、电气革命和信息技术革命三个主要发展阶段。蒸汽机革命和电气革命主要依靠资源等要素的投入，实现了生产方式和经济发展方式的飞跃。20 世纪 70 年代末开始的信息技术革命，则是以知识和信息作为推动经济发展的要素，对人类经济社会发展产生了更为深刻、更为广泛的影响。发达国家在实现工业化后，利用在信息技术领域的领先优势，加快向信息社会迈进。中国工业化的加速期，正逢信息技术的快速发展与广泛渗透，这为中国发挥后发优势、缩短工业化进程提供了难得机遇。

二、组建工业和信息化部，为走新型工业化道路提供了体制保障

《国务院机构改革方案》决定组建工业和信息化部，明确规定了拟订并组织实施工业行业规划、产业政策和标准，监测工业行业日常运行，推动重大技术装备发展和自主创新，管理通信业，指导推进信息化建设，协调维护国家信息安全等六项职责。国务院印发的工业和信息化部“三定”规定又将这些职责细化为十五项主要职责。这既是行政管理体制改革的深化，也是建立职能有机统一的大部门体制的实践。我们在以下环节做了有益探索。

切实转变职能，创新管理方式。加强和改善社会主义市场经济条件下的工业行业管理，推进政企、政资、政事、政府与中介“四分开”，把该管的事项切实管好，把不该管的事项交给企业、交给市场。要坚决做到：不干涉企业的生产经营活动，确保企业的市场经济主体地位，通过管规划、管政策、管标准，规范企业生产经营行为，指导行业发展。要坚持改革，决不走老路，加强和改善工业行业管理绝不是过去管理模式的回归，对于改革中出现的问题，只能通过深化改革来解决。必须从社会主义初级阶段的国情出发，把握市场规律，研究大问题，谋划大思路，主要运用法律的、经济的手段，加强工业行业的整体规划、统筹协调和发展指导。

整合管理职能，科学设置机构。按照国务院机构改革方案的规定，将国家发展和改革委员会工业行业管理和信息化的相关职责、原国防科工委除核电管理以外的职责，以及原信息产业部和原国务院信息办的职能划入整合。我们按照“大部门”改革的思路，理顺职责关系，精简机构数量，顺延出“大司局”的构架，该大则大，该精则精。设立了 24 个司局，其中综合司局设置体现了职能的融合；专业司局设置了原材料、装备、消费品等工业大司局；为适应节能减排、新兴产业发展的要求，设置了节能和综合利用、安全生产、软件服务业、通信保障等司局。

积极探索，健全工业和信息化管理体制。工业和信息化部的组建运行，没有经验可循，没有现成模式可以借鉴。要把“三定”规定落到实处，在职能、机构和人员基本到位的基础上，理顺关系、打通流程、畅通渠道，建立工作秩序，确保各项职能落到实处；要加强与综合部委、专业部委和监督部门的协调配合；要依靠地方经委、信息产业厅局、国防工办、中小企业局、烟草专卖局等相关部门，密切联系沟通，形成工作合力；要发挥各行业协会、社会中介组织和业界专家的作用，建立决策咨询支撑体系。

三、肩负使命，加快推进各项重点工作

加大产业结构调整力度，促进工业经济发展方式转变。一是加强工业产业结构的调整。加快提出利用高新技术改造传统产业的目标和措施，修订完善工业结构调整目录，严格高耗能、高污染行业的准入条件，坚决淘

汰落后生产能力。鼓励发展新兴产业和工业服务业。二是引导和鼓励中小企业调整结构，优化升级。为中小企业融资、技术创新、市场开拓等提供支持。三是落实节能减排，发展循环经济。要修订完善技术标准，推进企业落实节能减排。协调推进重大工业节能项目，推进重大工业污染源治理，加强产品回收利用和可再生资源开发。

加强自主创新，提高工业整体竞争力。要以市场为导向、产学研用相结合，引导创新要素向企业聚集，通过产业联盟等方式，加强产业链上各环节的合作创新，推动形成企业创新的协作机制和有效持续的内在动力。要加强科技创新园区建设，提升科技创新园区在企业、人才和产学研用结合等方面的集聚创新能力，搭建共性技术和公共服务平台。要以实施大型飞机、探月工程、新一代宽带无线移动通信、高档数控机床和基础制造装备等重大专题项目为契机，整合科技资源，突破制约工业发展的核心技术和关键技术。

推动产业升级，加快向制造业强国迈进。一是搞好整体谋划，合理布局。抓住国际制造业转移的机遇，拓展发展空间，提高参与国际分工的能力和水平，推进国内相关产业的梯次转移。二是加快提高行业综合竞争能力。鼓励企业加大研发投入和市场开拓，加快向产业研发、设计、标准、营销等价值链高端发展，培育行业龙头骨干企业，带动中小企业发展。三是以国家重点工程为依托，加快重大技术装备研发。组织科技联合攻关，提高重大装备、关键零部件及元器件的国产化水平，鼓励用户购买和使用国产设备和产品，积极创造有利于制造业发展的政策环境。

找准切入点，推进信息化与工业化融合。一是工业产品研发设计的信息化。加快推广应用计算机辅助设计、个性化定制等技术，将电子信息技术嵌入工业产品，促进产品的更新换代。二是工业生产过程自动化。在工业行业中推广应用电子信息技术，改进生产方式，提高效率、降低成本。三是企业和行业管理信息化。推广应用企业资源计划、业务流程管理等信息系统，强化生产经营各环节的管理，促进企业资源优化和产业链的合理化。四是产品流通和市场的信息化。推广供应链管理，加强产品市场营销的信息化建设，建立完善工业现代流通体系。五是培育新一代产业大军。六是推动工业经济延伸发展。此外，还要注重发挥信息化在经济和社会发展中的作用，大力推进电子政务、电子商务、农村信息化，促进电信、广播电视和计算机网络的逐步融合。

突破核心技术，提升信息产业水平。信息产业是先导性和战略性产业。必须紧贴国家战略需求，立足自主创新，以突破瓶颈和满足重大应用为主要着力点，集中资源，提高核心技术创新能力。要推动产业集聚式发展，围绕产业链条上的核心环节，引导产业整合。要统筹协调信息基础设施建设，提高信息保障水平和应急能力。要继续深化电信体制改革，优化资源配置，完善市场竞争格局，加强电信市场监管，着力解决群众关心的通信服务问题。

发挥体制优势，加快推进军民结合、寓军于民。要特别强化顶层设计和统筹规划。研究拟定促进军民结合的发展战略和规划，建立国家层面的促进军民结合的政策和协调机制，加强规划衔接、供需对接和资源共享，实现国防科技工业与民用科技工业相互促进、协调发展。同时，要探索军民结合的市场化途径；推进军民两用高新技术双向转移；全面加强军工核心能力建设。着眼于军工和民用两个方面，统筹安排，全面提升国防科技工业重大工程项目的保障能力，进而增强平战转换和国防动员能力，确保国家安全。

改革开放 30 年电子信息产业实现跨越式发展（节选）

工业和信息化部副部长　娄勤俭

2008 年

改革开放 30 年来，中国电子信息产业取得举世瞩目的成就。2007 年与 1977 年相比，在 30 年的进程中，中国电子信息产业规模翻了 12 番多，居国内工业部门首位，实现工业增加值 13 083 亿元，相当于 30 年前的 472 倍，年均增长 22.8%；完成利税总额 3 127 亿元，相当于 30 年前的 1 421 倍；完成出口额 4 595 亿美元，占全国出口总额的 37.7%；工业增加值占全国 GDP 的比重由 1977 年的 0.7%上升到 2007 年的 5.3%。经过 30 年的改革、开放和发展，中国电子信息产业已初步建成了专业门类相对齐全、产业链条基本完善、产业基础扎实雄厚、产业结构不断优化、创新能力日益提升、宏观调控科学规范的产业体系，国际竞争力明显增强，已成为电子信息产业大国，并正在向电子强国迈进。

一、产业规模位居工业行业首位

在改革开放的基本国策指引下，在党中央和国务院高度重视下，在历届部党组的科学决策下，经过 30 年的持续快速发展，电子信息产业已发展成为国民经济的基础产业、先导产业和支柱产业。

经过 30 年的改革、开放和发展，中国电子信息产业制造业规模居全球第二，软件业快速发展，信息化有序推进，从材料、元器件、专用设备、测试仪器到整机的产业链条和价值链条不断完善，主要产品产量居全球首位。2007 年，中国境内生产的移动电话手持机占全球总量的 48%，PC 机占全球总量的 46%，彩色电视机占全球总量的 42%，显示器占全球总量的 65%，程控交换机占全球总量的 58%，数码照相机占全球总量的 57%，上述产品产量均居全球同类产品产量的首位。

中国制造在引领全球的同时，研究开发水平日益提高。2007 年，全行业研究开发投入资金超过 1 000 亿元，占销售收入的 1.74%，占全国 R&D 经费支出的 27%。截至 2007 年底，中国本土电子信息企业申请技术专利 254 301 件，其中发明专利 125 762 件；获专利授权的有 153 483 件，其中发明专利 24 943 件。

据国家知识产权局统计，深圳华为技术有限公司 PCT（专利合作条约）申请量为 1 544 件，在全球排名第四，是中国企业有史以来的最高排名。截至 2007 年底，中国软件类著作权登记约有 12 万件，集成电路布图设计专有权登记 1 550 件。在 2001 年—2007 年期间，信息产业重大技术发明 46 项；截至 2007 年底，共颁布技术标准 6 876 项，其中国家标准 2 158 项，行业标准 4 718 项，取得了以超级 VCP、数字集群移动通信(GoTa)、AVS、WAPI、TD-SCDMA 等为代表的具有自主知识产权的标准 21 项，其中 TD-SCDMA 成为 ITU 公布的 3G 国际标准之一。

1993 年，按照中央指示精神，电子工业部开始实施“金卡”、“金关”、“金税”等重大信息化工程，揭开了国民经济和社会信息化快速发展的序幕。十六大提出：“坚持以信息化带动工业化，以工业化促进信息化，走出一条科技含量高、经济效益好、资源消耗低、环境污染少、人力资源得到充分发挥的新型工业化路子。”[①] 党的十七大提出：“加快转变经济发展方式，推动产业结构优化升级。这是关系国民经济全局紧迫而重大的战略任务。要坚持走中国特色新型工业化道路，坚持扩大国内需求特别是消费需求的方针，促进经济增长由主要依靠投资、出口拉动向依靠消费、投资、出口协调拉动转变，由主要依靠第二产业带动向依靠第一、第二、第三产业协同带动转变，由主要依靠增加物质资源

注：①引自 2002 年 11 月 8 日江泽民同志在中国共产党第十六次全国代表大会上的报告《全面建设小康社会，开创中国特色社会主义事业新局面》。

消耗向主要依靠科技进步、劳动者素质提高、管理创新转变。发展现代产业体系，大力推进信息化与工业化融合，促进工业由大变强，振兴装备制造业，淘汰落后生产能力；提升高新技术产业，发展信息、生物、新材料、航空航天、海洋等产业；发展现代服务业，提高服务业比重和水平；加强基础产业基础设施建设，加快发展现代能源产业和综合运输体系。确保产品质量和安全。鼓励发展具有国际竞争力的大企业集团。”①当前，在电子政务、改造提升传统产业、农村信息化、电子商务等领域信息化应用成果显著，信息化环境日益改善，信息技术应用不断深化，信息化成效显著增强，已进入全方位、多层次推进的新阶段。

在支柱产业崛起的同时，通过实施大公司战略，一批民族品牌开始走向国际舞台。1987 年,首届电子信息百强企业排名第一的上海电视机一厂年营业收入为 5.76 亿元，1997 年排名第一的四川长虹电子集团公司营业收入首次超过 100 亿元，2007 年排名第一的联想控股有限公司营业收入 1 462 亿元，进入财富全球 500 强；在这届电子信息百强企业中有 23 家企业的营业收入超过 100 亿元。

由世界品牌实验室编制的 2008 年“世界品牌 500 强”中，有 15 家中国企业入围，其中海尔集团公司排第 104 名、联想控股有限公司排第 129 名、四川长虹电子集团有限公司排第 293 名、清华同方股份有限公司排第 498 名。

二、改革开放是活力之源

改革开放引领中国电子信息产业快速发展。按照党中央关于深化改革、扩大开放的战略思想，电子信息产业以改革促业绩，以开放促发展，始终走在改革开放的前列。

改革开放 30 年来，中国电子信息产业的行业管理部门进行了 5 次机构改革：1981 年成立“电子工业部”，1988 年变更为“机械电子工业部”，1993 年重建“电子工业部”，1998 年组建“信息产业部”，2008 年新建“工业和信息化部”。与此同时，产业发展也经历了几次重大战略转型：20 世纪 80 年代初军转民，上世纪 80 年代中期优先发展消费类电子，上世纪 90 年代从单一产品制造业向现代电子信息产业转变，新世纪以来，以信息化带动工业化，推进从电子大国向电子强国的战略转型。

中国电子信息产业是最早实行有限领域市场开放、引进外资、引导内资企业走向市场的产业。上世纪 80 年代初，四川长虹电子集团有限公司从日本松下公司引进黑白电视机生产线，上海金星电视机厂从日立公司引进彩色电视机生产线，天津市计算中心从富士通引进电子计算机 F160，日本三洋公司在北京设立了办事处。从 1987 年起，全国先后引进和改造彩色电视机整机生产线 113 条，配套件生产线 800 多条，元器件的生产技术、工艺装备、检测手段、生产规模都发生了重大的变革，产品质量达到了上世纪 80 年代初国际先进水平，推进了彩色电视机国产化的进程。2001 年 12 月 11 日，中国正式加入 WTO，同时参加《信息技术协议》(信息技术产品实行零关税)。这标志着中国扩大开放、融入国际经济体系进入一个新阶段。

30 年来，电子信息企业参与国际分工与合作，大体上经历了“三来一补”、加工出口 (OEM)、科技兴贸 (ODM)、境外办厂 (OBM)、境外合资合作、设立研发机构、开展跨国并购 7 个阶段，已全方位参与国际竞争，对于拉动行业经济增长、缓解国内需求不足、提高企业综合竞争力起到了作用。

通过实施“走出去”战略，大批国内企业凭借自身实力在国际舞台上打拼。2007 年，华为技术有限公司实现海外销售收入超过 90 亿美元；海尔集团公司建立了全球设计、采购、制造、营销和服务网络，2004 年入选世界品牌 100 强；TCL 集团股份有限公司以彩色电视机为主打产品，先进入东南亚，后扩展到印度、俄罗斯、澳大利亚等国家，建立了全球的销售网络，扩大了境外市场份额，TCL 品牌在越南市场排名第二，在新加坡和菲律宾市场排名前四位；2004 年，联想控股有限公司收购 IBM 公司在全球的 PC 业务，经过 3 年的整合，国际并购初见成效，已成为全球三大微机制造商之一，进入财富全球 500 强企业行列。

扩大开放，促进中国电子信息产业更好地参与国际分工和合作，加快了国内产业规模的扩大和技术水平的提升。截至 2007 年底，电子信息产业利用外资超过

注：①引自 2007 年 10 月 15 日胡锦涛同志在中国共产党第十七次全国代表大会上的报告《高举中国特色社会主义伟大旗帜，为夺取全面建设小康社会主义新胜利而奋斗》。

1 300 亿美元。

三、行业发展经验总结

总结改革开放 30 年来中国电子信息产业得以快速发展的经验是：

第一，始终坚持以邓小平理论和“三个代表”重要思想为指导，全面贯彻落实科学发展观，以经济建设为中心，坚持用深化改革、解放思想解决前进中的问题，这是发展产业的基本指导思想。

第二，党中央、国务院高度重视发展电子信息产业，自 1992 年起就把电子信息产业列为国民经济支柱产业，并通过实施彩色电视机、集成电路、移动通信、数字电视、TD-SCDMA 产业化等一批重大专项，推动电子信息产业加快发展；与此同时，提出推进国民经济和社会信息化，以信息化带动工业化，以工业化促进信息化，推进信息化和工业化融合，为电子信息产业提供了广阔的发展空间。

第三，历届部党组制定适合中国国情的发展战略，包括优先发展消费类电子，实行加工组装与自行生产相结合，引进、消化、吸收国外先进技术与再创新相结合，倡导原始创新、支持集成创新和鼓励学习型创新相结合，扩大产业规模与提升经济发展的质量和效益相结合，实施建设电子强国战略等。坚持制造业、运营业、软件业互动发展，软件与硬件融合发展，网络与服务融合发展，形成了一系列新的经济增长点。

第四，坚持在发展中调整结构，在调整中加快发展。通过宏观指导、产业政策来调节和规范市场；通过用好电子发展基金，实施彩色电视机专项、移动通信专项、软件和集成电路专项、“908”和“909”工程，推动落实出口退税机制等产业政策，贯彻落实 5 号文件和 18 号文件等加快结构调整。经过多年的努力，电子信息产业经济结构有了根本的改善。截至 2007 年底，计算机产业和通信产业在行业总量中所占比重达到 60%，软件和集成电路产业以年均增长 35%的速度发展，平板电视、数字电视、3C 产品正在取代传统电视。

第五，坚持政府职能转变，抓好行业管理。政府已从过去直接介入经济活动转向行业宏观调控，把工作重心放到加强统计分析、强化经济调节、实施市场监管、抓好百强企业、调整产业结构、深化国企改革等宏观调控方面，建立健全行业管理体系，对产业的快速发展起到了推动作用。

第六，解放思想，推进制度创新、环境创新、管理创新和发展模式创新，这是电子信息产业持续快速发展的不竭源泉。扩大开放，全面参与国际分工与合作，坚持“引进来，走出去”的发展战略，使得企业的整体素质和综合实力明显提高。

第 3 部分　电子信息产业概况

通信设备工业

【综述】

2008 年是中国通信设备制造业发展历程中不寻常的一年。改革开放 30 年来，通信设备制造业经历了从小到大、从极端落后到世界前列的巨大变化。在突如其来的四川汶川大地震、南方雨雪冰冻等特大自然灾害面前，中国通信设备制造业为重要部门和救灾指挥通信提供了大量的通信设备，在抗震救灾、维护社会稳定方面发挥了积极作用。北京奥运会期间，中国通信设备制造业鼎力服务“科技奥运”，包括 TD-SCDMA 在内的大量新服务、新技术、新系统、新装备在奥运会期间大显身手，成为本届奥运会一大亮点。2008 年，面对国际金融危机引发国内外经济形势波动的不利局面，中国通信设备制造业认真贯彻落实国家战略部署和宏观调控措施，积极进取，锐意改革，坚持科技创新，协同产品发展，扩内需、保增长、调结构，积极参与新农村建设和家电下乡，努力开拓通信设备制造业市场。通信设备制造业总体保持平稳发展态势，在推动工业化和信息化融合以及促进国民经济发展中继续发挥着重要的作用。

工业和信息化部于 2008 年 3 月成立后，在积极推进工业化和信息化融合的同时，积极推进 3G 的商用化进程。4 月 1 日，中国移动通信集团公司正式在北京等 8 个城市启动了 TD-SCDMA 社会化业务测试和试商用。此举意味着 TD-SCDMA 开始了实质性的商业实验网放号，对提高中国通信产业自主创新能力具有重大意义。

2008 年是中国光通信产业走出低谷、开始新一轮腾飞的起始年，围绕 3G 接入、承载的解决方案和新技术的相继开始商用，为光通信提供了广阔的市场空间。在骨干传输领域，中国自行研发的 40G 技术已开始商用，华为技术有限公司、中兴通讯股份有限公司、烽火科技集团等主流厂商的 40G 方案已得到运营商的认可，成为 3G 网络建设的热点。在城域和接入领域，光通信同样十分活跃，分组传送（PTN）已进入实质性应用阶段，EPON 以及正在完善的 GPON 和下一代 xPON 产品也开始成为厂商的重点产品。2008 年 10 月，国内 30 余家运营商和厂商成立了 FTTx 产业联盟，随着 3G 时代的到来和信息化建设中力推 FTTx，引发了对光纤光缆的大量需求，国内光纤光缆企业也将获得新的发展。

生产与销售

一、经济运行

根据工业和信息化部统计口径，2008 年，通信设备制造业实现产品销售收入 8 460 亿元，增长 12.3%，占电子信息产业销售收入的 13.4%；完成工业增加值1 917.89亿元，增长 39.3%，占电子信息产业工业增加值的12.8%；实现利税总额 385 亿元，下降 2.77%，占电子信息产业利税总额的 18.4%；实现产品出口额 870.5 亿美元，比上年增长 13.4%，占电子信息产业总出口额的 16.7%。

二、发展特点

1. 产业规模保持平稳增长

通信设备制造业作为电子信息产业的重要组成，连续多年平稳增长，为电子信息产业发展做出贡献。2008 年，手机仍然是通信设备制造业的主要产品，随着全球范围内移动用户继续增长，为移动设备尤其是手机提供了广大的市场，手机产品增长率高于其他通信设备的增长率。据赛迪顾问报告，2008 年全球手机出货量达 11.8 亿部，同比增长 3.5%；中国境内生产的手机数量占 47.5%，与 2007 年基本持平。2005 年—2008 年中国通信设备制造业销售收入及增长率如图 1 所示，中国手机产量如图 2 所示。

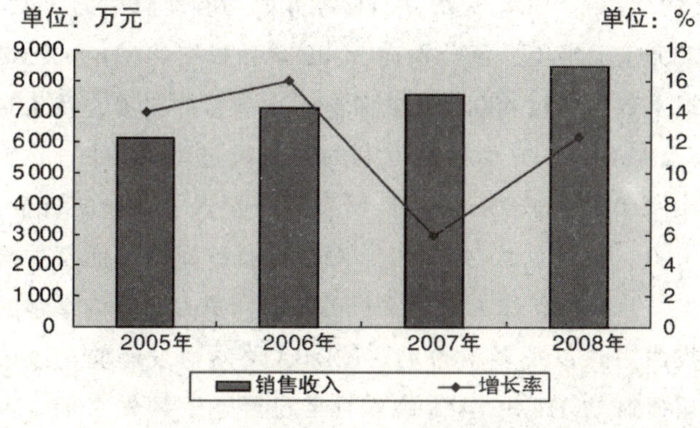

图 1 2005 年—2008 年中国通信设备制造业销售收入及增长率

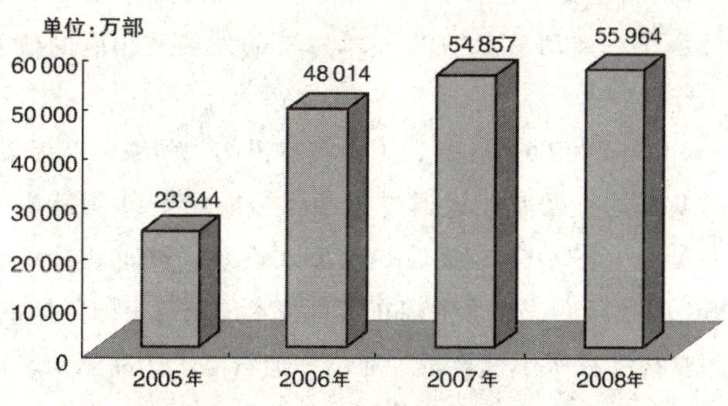

图 2 2005 年—2008 年中国手机产量

2. 启动 TD-SCDMA 拉动内需，加快调整产品结构

2008 年，TD-SCDMA 的推进工作取得了重大进展，在国家政策的支持下，运营商组织并实施了试商用服务，并成功服务于奥运会，吸引产业链设备、终端等各方的积极参与，组建了终端服务联盟。在网络建设方面，运营商启动了北京、厦门等 10 个城市网络覆盖建设，并全面启动了 TD-SCDMA 二期工程建设。到 2008 年底，已建设完成的 10 个城市 TD-SCDMA 网络覆盖率达到同区域 2G 网络覆盖的 95%，2009 年底将实现包括各省会城市、计划单列市等在内的 238 个城市网络覆盖。在用户发展方面，截至 2008 年底，运营商共建 TD-SCDMA 基站 17 000 多个，TD-SCDMA 社会化测试和试商用用户约 34 万个。在研发和产业化方面，运营商与企业共同开展了上百个创新课题研究，TD-SCDMA 终端也具备了双模自动漫游切换、高速数据下载、运营基本业务和 3G 特色业务等功能。

2008 年，工业和信息化部监测的百家重点手机生产企业中，GSM 手机产量同比下降 17.1%，销售量同比下降 15.4%，产销量占全行业比重分别为 74.7%、75.4%，比 2007 年底分别下降了 6.7、6.5 个百分点。运营商的重组对 CDMA 手机产销量产生了一定的影响，CDMA 手机产量同比增长 15.4%，销售量同比增长 15.2%，产销量占全行业比重分别为 13%、13.4%，比 2007 年底均提高了 1 个百分点。3G 手机产销量快速增长，随着 4 月份 TD-SCDMA 开始试商用，以及国际市场需求增加，拉动了 3G 手机产销快速发展。全年共生产 3G 手机 6 579 万部，同比增长 87.5%，销售 6 637 万部，同比增长 90%，占行业比重为 12.3%，比 2007 年增长了 5.3 个百分点。从中国移动通信集团公司公布的 TD-SCDMA 终端招标结果看，包括宇龙计算机通信科技（深圳）有限公司、熊猫电子集团有限公司、华为技术有限公司、中兴通讯股份有限公司、联想移动通信科技公司、海信集团有限公司、广州市新邮通信设备有限公司、浙江华立通信集团有限公司等国内 8 家厂商的 3G 手机均已获得入网许可证，国内手机所占比率将进一步提高。2007 年—2008 年手机分类产品比重情况如图 3 所示。

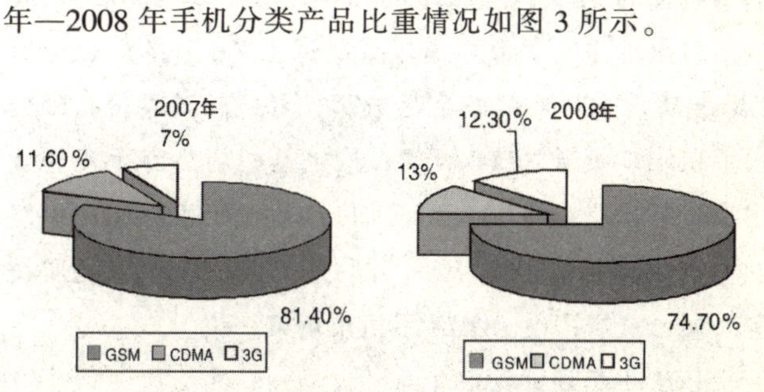

图 3 2007 年—2008 年手机分类产品比重情况

3G 产生的巨额投资不仅将有效拉动产业链，推动三网融合发展，还将对整个中国经济产生巨大的影响。3G 将成为提高信息生活水平、扩大内需和投资的重要载体，相关产业如通信设备、网络设备、光纤光缆、集成电路、软件、系统集成等，也将面临着新的较大需求而得到刺激和发展。

3. 出口增长稳中有降

2008 年，中国通信制造业出口贸易总体保持平稳增长态势，但下半年受国际金融危机影响，增幅较上年同期明显回落。全年通信设备出口额 820.5 亿美元，同比增长 13.4%，增速比上年同期下降 9.8 个百分点，占全行业出口总额的 15.7%，比上年下降 1 个百分点。2006 年—2008 年通信设备出口情况如图 4 所示。

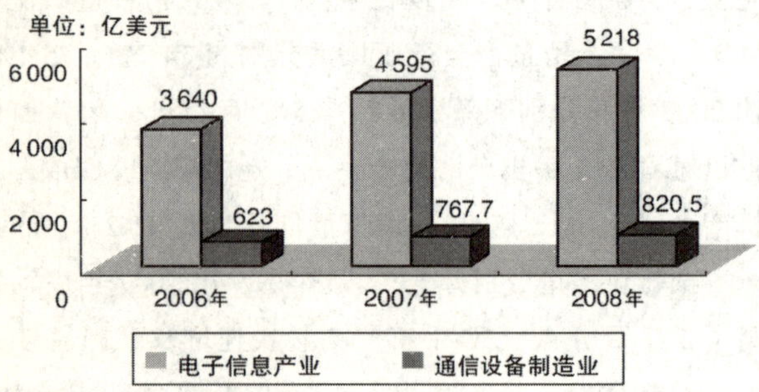

图 4　2006 年—2008 年通信设备出口情况

手机仍然是通信制造业大宗出口产品。据海关统计，2008 年，中国手机出口 5.33 亿部，同比增长 10.4%，出口金额为 385.4 亿美元，同比增长 8.27%；手机进口 1 771.9 万部，同比增长 5.3%，进口金额为 17.21 亿美元，同比下降 3.85%。

中国手机产品出口仍然主要依靠外商投资企业。外商投资企业出口量占整个手机出口量的 83%，其中，诺基亚、摩托罗拉、索爱、三星等跨国公司的业务量占全部出口量的 71.5%。国内品牌企业手机出口 6 400 万部，占出口量的 17%，其中出口量超过 1 000 万部的企业有 2 家，超过 500 万部的企业 1 家。中兴通讯股份有限公司手机出口突破 3 000 万部，这也是国内品牌手机企业出口量首次突破 3 000 万部。其 CDMA 手机在印度市场的占有率已提升至近 30%，超过 LG、三星和摩托罗拉等公司，跃居印度 CDMA 手机市场第一位。

4. 经济效益出现下滑

早在 2007 年年初，中国通信制造业因需求不足、缺乏新的经济增长点而开始呈现增速放缓的态势。2008 年，随着国际金融危机暴发和世界经济持续低迷，全球市场需求增长放缓，导致通信制造业增速从年初开始逐月下降，多数企业效益出现负增长。2008 年 1 月—2 月，中国移动通信及终端设备行业实现利润 19.8 亿元，同比下降 10%。至 11 月底，行业实现利润 145.7 亿元，同比下降 11.8%。其中 9 月—11 月，行业利润降幅超过 50%。

科技进步

1. 企业科技创新成果不断

截至 2008 年底，华为技术有限公司累计申请专利 35 773 件，其中中国专利申请 26 005 件、国际专利申请 5 446 件、国外专利申请 4 322 件。在 GSM、WiMAX、WCDMA 等领域，该公司已成为全球领先的 UMTS/HSPA 供应商。中兴通讯股份有限公司在 TD-HSPA、下一代 PON 设备、SDR 基站、LTE 等方面均有前瞻性的研发。2008年上半年，该公司向 3GPP 单独提交的 TD-SCDMA 提案数量超过 400 篇，并牵头多个项目的立项，在 TD-SCDMA RAN 方面申请专利的数量超过 1 300 件。联想集团在 TD-SCDMA 等 3G 研发方面投入了大量的资金、人力、设备。从 2002 年介入手机业务开始，把自主研发、自主创新作为联想手机的核心竞争力，凭借卓越的技术力量以及多年的 TD-SCDMA 终端研发经验，该公司研制的 TD-SCDMA 终端性能已经达到领先水平。大唐电信科技产业集团与爱立信公司在瑞典签署了《大唐与爱立信关于技术合作谅解备忘录》，共同在 TD-SCDMA 后续演进的 LTE、IMT-Advanced 技术等领域进行合作，推动 LTE/TDD 技术标准的发展及相应的研发工作。

2008 年 7 月 28 日，由中国提出的“闪联标准提案”以 96%的支持率正式通过了国际标准化组织/国际电工委员会（ISO/IEC）最后一轮形式投票，被正式接纳为 ISO 国际标准，成为中国在信息技术领域首个国际标准。闪联标准克服了计算机、通信和消费电子产品驱动、端口、网络配置不兼容等难题，可以在电脑、电视机、投影仪、数码照相机、手机等 3C 产品之间自动识别和无线联通。

2. 技术创新服务“科技奥运”

2008 年奥运会期间，中国通信与网络设备制造业提供了大量的新技术、新设备和新服务。例如，提供的基于 TD-SCDMA 的 3G 网络，使用户可以享受到包括手机对讲服务、奥运手机电视、奥运视频点播、奥运多媒体彩铃和无线宽带上网等多种特色服务。同时，“宽带奥运”也是北京奥运会的一大亮点。据统计，新敷设 200 条公里光缆、100 条公里电缆，新建 22 个局、所，安装 20 000 门电话交换机，新增 3 000 个 ADSL 接入层端口，完成了近万个信息点的赛时综合布线系统等，有力地保证了奥运会的圆满成功。

3. 多家通信设备制造企业名列电子百强企业前茅

2008 年 12 月 1 日，第 22 届电子信息百强企业排序揭晓，按照综合指标体系排序（包括规模、效益、创新等），华为技术有限公司综合实力排名第 1 位，中兴通讯股份有限公司、上海贝尔阿尔卡特股份有限公司、熊猫电子集团有限公司等通信设备厂商分列前 20 名中第 4、10、14 位。

本届百强企业研发投入比率超过 6%的有 11 家，其中，中兴通讯股份有限公司、上海贝尔阿尔卡特股份有限公司、广州无线电集团、华为技术有限公司等 6 家企业均超过 7.5%，已与国际高技术企业的研发投入水平接轨。2007 年，百强企业拥有专利数 38 656 件，其中发明专利占 30.5%。据国家知识产权局统计，华为技术有限公司 2007 年 PCT（专利合作条约）申请量为 1 544件，在全球排名第 4 位，是中国企业有史以来的最高排名。

百强企业利润总额超过 10 亿元的有 12 家，其中华为技术有限公司以 54.9 亿元的佳绩列第 1 位；营业收入利润率超过 10%的有 15 家，其中广州无线电集团以 24.4%排名第 1 位。

重大工程与重大项目

1. 新一代宽带无线移动通信网进入实施阶段

2008 年初，国务院常务会议首次审议并通过了包括新一代宽带无线移动通信网在内的 11 项国家重大专项实施方案。为了推动新一代宽带无线移动通信网重大专项的实施，工业和信息化部专门组建了“宽带移动通信”专项实施管理办公室，并成立了“宽带移动通信”专项总体组。从 2008 年底开始，工业和信息化部开展了“新一代宽带无线移动通信网”国家科技重大专项课题申报，具体细分为 7 个项目，在具体的操作方式上由企业牵头承担，联合高校、研究单位参与，或者由产学研用联合申请实施。

2. 电子信息产业发展基金及 TD-SCDMA 产业化专项

2008 国家“十一五”科技支撑计划《TD-SCDMA 研发及产业化（二期）》共设立了 18 个课题，总经费6 480 万元，共支持 HSDPA、HSUPA 芯片及终端设计开发、基站设备研发、专用测试仪器仪表等项目，组织技术试验以及开展终端安全体系研究和终端软件开发等工作。2008 年，电子信息产业发展基金三批共 11 900 万元，支持大唐移动通信设备有限公司、华为技术有限公司、中国普天信息产业股份有限公司、中兴通讯股份有限公司、北京星河亮点通信软件有限责任公司等企业开展 TD-SCDMA 芯片、终端、专用测试仪器仪表等产品及业务的开发及产业化。

3. 家电下乡

国家决定从 2007 年 12 月起实施对农民购买纳入补贴范围的家电产品给予一定比例财政补贴的家电下乡政策，经过一年的实践，取得了明显成效，家电下乡试点省市从最初的三省一市扩展到 14 个省市，继而向全国推广。下乡的产品也从最初的 4 个（彩色电视机、冰箱、手机、洗衣机）扩增到 8 个（新增摩托车、电脑、热水器和空调）。根据商务部公布的家电下乡招标结果显示，海尔集团公司、海信集团有限公司、厦新电子股份有限公司、长虹电子集团有限公司、中兴通讯股份有限公司、北京天宇朗通通信设备有限责任公司、康佳集团股份有限公司、华为技术有限公司、TCL 集团股份有限公司、深圳市金立通信设备有限公司等 17 家手机生产企业、共计 168 款手机产品中标。

主要企业发展情况

华为技术有限公司　多年以来，该公司的研发投入一直不低于销售收入的 10%，并坚持将研发投入的 10%用于预研，对新技术、新领域进行持续不断的研究和跟踪。目前，已拥有完整的通信产品系列，涵盖了移动、宽带、核心网、传送网、数据通信、电信增值业务、终端和服务等领域。2008 年，在 GSM 领域，该公司持续投入，不断创新，已经成为 TOP3 的供应商。在 CDMA 领域，该公司提出了领先的 CDMA2000 1xEV-DO Rev. A 解决方案和 CDMA WLL 解决方案。在 WiMAX 领域，该公司是少数能够提供端到端移动 WiMAX 解决方案的几家厂商之一。该公司的移动 WiMAX 解决方案采用了先进的 MIMO、OFDMA 技术，并与未来 LTE/UMB 共享平台，确保更高的网络流量和更远的覆盖范围。在 WCDMA 领域，该公司已成为全球领先的 UMTS/HSPA 供应商。另外，该公司的 TD-SCDMA 产品也在招标中屡屡中标。

中兴通讯股份有限公司 该公司成立了一支超过 2 000 人的研发队伍并投入到 LTE 和 4G 的研究中，同时，加大力度在北美和欧洲的研究机构招揽国际标准化优秀人才加盟，提升 4G 标准预研的实力。另一方面，在政府有关部门的协调和推动下，该公司与中国 4G 早期预研项目的主体承担单位建立起了战略合作关系。

2008 年，该公司采用基于 SDR 平台的 WCDMA/HSPA+系统和业界主流终端，顺利完成了 3GPP R7 标准的 HSDPA L2 增强和 64QAM 的 IOT 测试，达到业界最高水平。该公司的 WCDMA 实现了最高达 45%的高效率功放，这是采用自主开发的高效率 DohertyPA 和 DPD 线性化技术，并且通过领先的 D-PT 动态功率匹配技术，进一步降低了整机功耗。在 TD-HSPA 方面，实现了“TD-HSPA MX 倍速（空分复用）技术”的解决方案。该技术方案全面超越其他 3G 制式，蕴含着巨大的运营商客户效益。该公司还推出了支持 A 频段（1 880MHz 至 1 920MHz）的 TD-SCDMA 基站设备，目前已经顺利通过相关功能测试，将全面满足 TD-SCDMA 工作在 A 频段下的各种应用场景。2008 年，该公司推出了全球首台 10G EPON 设备样机，并进行了系统业务演示。该公司具有行业领先的自主创新能力，仅 xPON 相关的专利已超过 200 个。

上海贝尔阿尔卡特股份有限公司 2008 年，该公司的产品已覆盖固定网络、移动网络、宽带接入、智能光网络、多媒体解决方案和网络应用，并在三大 3G 标准中都具备雄厚的实力。CDMA 商用至今已有 10 多年的历史，不仅占有最多的全球 CDMA 市场份额，还具有平滑的 EV-DO Rev.A/Rev.B 演进和成熟的 IP 解决方案，网络的稳定优质也为业界所公认。该公司通过融合北电网络有限公司的 UMTS 产品线，并结合朗讯科技公司在 CDMA 领域的研创优势和阿尔卡特公司的 WCDMA 网络规划经验，迅速提高在 UMTS 领域的核心竞争力，成功完成了 WCDMA 新软件的全球部署，同时在全球商用网络中大规模推出全新无线硬件设备，并得到市场认可。截至 2008 年 9 月，阿尔卡特-朗讯公司的 WCDMA 基站累计发货量 8.9 万个，稳居全球前三位。目前，该公司在全球部署的基站超过 193 000 个，其中 143 000 个升级到 3G 网络；拥有超过 49%的全球 CDMA1X 及 EVDO 市场份额，为全球 80 多个运营商提供网络设备，服务超过 1.45 亿个 CDMA2000 用户。

2008 年，该公司与大唐移动通信设备有限公司联合，在解决方案、商用产品与产业化、市场客服平台建设等方面为 TD-SCDMA 系统的规模商用做好了充分的准备，并推动 TD-SCDMA 在全球范围的应用以及未来向 TD-LTE 的发展。

大唐移动通信设备有限公司 作为 TD-SCDMA 标准的提出者和产业化推动者，该公司不仅拥有 TD-SCDMA 关键技术的核心专利，而且持续地引领 TD-SCDMA 标准的发展。在 TD-SCDMA 网络部署方面，该公司凭借丰富的 TD-SCDMA 网络部署经验和强大的技术实力，为运营商提供先进成熟的 TD-SCDMA 设备和解决方案，促进 TD-SCDMA 产业的快速发展。

该公司还对 TD-LTE 及 4G 技术做了长期的技术投入和积累，在 TD-LTE 的标准化工作中起到了积极的主导作用。该公司从 3GPP LTE 研究阶段开始就专注于 LTE TDD 的标准化工作，做了大量具体的技术研究和标准化工作。目前，该公司已经对 TD-LTE 的系统实现解决方案和关键技术进行了大量的测试和验证，并且完成了满足 TD-LTE 主要技术指标的解决方案测试。

中国普天信息产业股份有限公司 该公司作为国内 TD-SCDMA 系统核心供应商之一，积极践行绿色环保理念，其 BBU+RRU 光纤拉远型基站，在缩减网络建设周期，节约人力成本，解决站址选择困难等方面均具有重要突破，符合“绿色通信”要求，实现了节能、节地、节材。设备功耗可以降低 30%至 45%；设备散热量降低，空调功耗降低 20%至 50%；设备耗电量降低，电源模块数量减少，电源自身功耗下降 30%至 45%。该公司的紧凑型 BBU，体积小、重量轻、功耗低，支持壁挂及 19 寸机柜安装方式，可最大程度利用现有资源，节省空间及实现“零占地”。紧凑型大容量 BBU1324A 在体积和重量不变的情况下，容量比传统基站增大 4 倍，从而有效减少站点数量，实现了节材的目的。2008 年 12 月 11 日，该公司承担的“TD-SCDMA HSDPA 系统设备研发生产环境及规模生产力建设项目”通过了验收。该项目是国家发展和改革委员会、工业和信息化部重点支持的项目之一，可形成年产 100 万信道的生产能力，达到了 TD-SCDMA HSDPA 系统设备研发、生产环境及规模生产能力建设的项目目标，通过了电信设备进网检测，并获得了电信设备进网许可证。

武汉邮电科学研究院（烽火科技集团） 2008 年 9 月，该院发布了“40G 高端光网络全面解决方案”，该方案采用 40G DWDM+40GASON（自动交换光网络）的思路，解决了大型城市城域核心网的大容量数据承载和智能调度，以及长途干线面临的宽带扩容问题，它将为 FTTx 等高速宽带业务的大规模开展敷设一条畅通无阻的智能高速公路，代表了目前 40G 技术和产品应用的最高水平和光通信技术及网络建设的发展方向。

2008 年，该院的数据通信产品均中标我国三大运营商，市场份额不断增长。在无线通信产品方面，已经成为 TD-SCDMA 网络建设和 WIMAX 网络建设的主流供应合作伙伴，参与了中国移动通信集团公司多个重点城市的 TD-SCDMA 网建设。其无线覆盖产品继续保持行业的市场领先地位，并且在铁路、政府、轨道交通、公安等专网无线覆盖市场连创佳绩。作为 TD-SCDMA 产业联盟首家直放站设备专业厂家，该院全程参与中国通信标准化以及各运营商直放站的标准制定工作。

存在问题

一是国际金融危机对产业的影响正在显现。2008 年，中国通信设备制造业特别是手机生产虽然继续保持增长，但随着国际金融危机逐步从虚拟经济向实体经济蔓延，通信设备制造业受到较大冲击。以手机为例，四季度本是传统销售旺季，但国内企业普遍反映订单不增反减，平均减少达 10%以上，部分代工企业降幅高达 30%。随着互联网的快速发展，视频业务和视频网站对服务器资源的需求是其中的重要推动力量，然而在金融危机的冲击下，这些需求难以得到满足。

二是企业亏损减产现象严重，中小企业市场萎靡不振。2008 年，很多跨国公司经济效益都出现大幅下滑，部分上游芯片生产企业由于业绩下滑，面临的资金链问题突出，因此正在引资进行新的整合。目前，一些企业开始减产或延长假期，部分外资企业从圣诞前夕到春节期间连续多次放假停产。在金融危机和国外在华企业大量裁员的大环境下，中国本土的中小企业也面临着很大的困难。

市场分析与预测

全球市场形势不容乐观 目前，全球经济发展速度仍处于低位，出口环境急剧恶化。可以预见，2009 年全球手机市场的增长空间有限，甚至可能出现自 2000 年以来的首次负增长。据预测，2009 年全球手机出货量将下降 2%至 5%。中国手机出口量占生产量 60%以上，外需下降将对通信设备制造业带来较大的影响。

国内品牌企业将更加困难 近几年，外资企业在稳定高端通信设备市场的同时，又加大了对低端设备和农村市场的投入力度。国内企业由于规模偏小、产业链不完整、缺乏核心技术，同质化竞争严重，在成本、品牌、销售等方面都难以与外资企业抗衡。同时，随着运营商定制设备力度加大、渠道商介入制造领域和发展自主品牌等，都使国内品牌企业与市场的联系进一步被削弱。因此，国内品牌企业经营难度仍在加大，2008 年许多企业出现亏损，2009 年仍难以很快扭转这种局面。

3G 建设带动投资增加和国内市场扩大 2008 年，全国电信业完成固定资产投资 2 954 亿元，比上年增加 500 亿元以上。根据各企业制定的 3G 网络建设规划，预计未来 3 年用于 3G 网络建设投资约 4 000 亿元，其中 2009 年 1 700 亿元。目前各企业正加紧推进 3G 市场商用进度：中国移动通信集团公司计划年底在 238 个地级城市提供 3G 服务；3 月底，中国电信集团公司将在 100 个大中城市提供 3G 服务；上半年，中国联合网络通信集团公司计划在 55 个省会及较发达城市提供 3G 试商用服务，年底将服务范围扩大到 282 个城市。随着 3G 技术的成熟和商用、手机智能化、网络化和增值服务水平的提高等，预计国内 3G 用户将在下半年呈现快速增长趋势，这将带动 3G 手机销量的大幅提高。同时，随着 3G 的商用进程，将有力地带动一大批行业如网络设备、光通信、软件、集成电路的发展。

综上所述，2009 年中国通信设备制造业存在一定机遇，也面临很多挑战，特别是国内企业结构调整和资源整合形势严峻，要加强宏观协调和政策引导，支持核心领域的技术创新，推动结构调整与企业整合，并发挥国内 3G 市场的拉动作用，才能确保行业健康协调发展。

【统计数据】

表 1　2006 年—2008 年通信设备工业行业主要产品产量情况

产品名称	单位	2006年		2007年		2008年	
		产量	增长率（%）	产量	增长率（%）	产量	增长率（%）
移动通信手机（GSM、CDMA）	万部	48 014	58.2	54 858	14.3	57 912	5.6
程控交换机	万线	7 405	–4.1	5 387	–27.3	4 148	–23.0
移动通信基站设备	万信道	1 145	–51.9	1 605	40.2	2 078	29.5
电话单机	万部	18 434	8.7	16 256	–11.8	16 565	1.9
传真机	万部	1 183	10.9	889	–24.9	788	–11.4

注：数据来源于工业和信息化部。

表 2　2006 年—2008 年通信设备工业行业主要产品进出口情况

单位：万美元

产品名称	2006年		2007年		2008年			
	进口额	出口额	进口额	出口额	进口额	增长率（%）	出口额	增长率（%）
程控交换机	2 715.2	113 118.5	94 162.4	544 764.5	1 932.8	–97.9	136 500.3	–74.9
以太网交换机	51 201.1	105 010.4	64 567.9	163 014.7	72 936.0	13.0	200 849.8	23.2
手持（车载）无线电话	210 377.1	3 120 193.0	178 994.7	3 559 539.9	172 099.9	–3.9	3 853 908.8	8.3
对讲机	3 965.3	25 404.2	1 029 455.1	1 622 476.2	956 284.1	–7.1	1 800 193.4	11.0
移动基站	6 133.1	195 825.3	6 279.2	317 728.9	6 615.6	5.4	410 551.6	29.2
光通信设备	8 751.0	65 918.1	10 438.2	111 967.7	8 621.1	–17.4	141 480.4	26.4
其中：光端机及脉冲编码调制设备	6 065.8	8 388.9	7 268.1	23 124.4	6 023.1	–17.1	23 103.6	–0.1
波分复用光传输设备	2 685.2	57 529.2	3 170.1	88 843.4	2 597.9	–18.1	118 376.8	33.2

注：数据来源于中国海关总署。

[撰稿：乔跃山　审稿：赵波]

广播电视设备工业

【综述】

根据中国广播电视设备工业协会统计资料显示：2008 年末，固定资产净值 329 943 万元，同比增长 7.3%。年末从业人数 34 495 人，同比增长 10.4%。协会现有会员企业 155 家。其中生产、销售中波广播发射机企业 7 家，生产、销售短波广播发射机企业 3 家，生产、销售调频广播发射机企业 22 家，生产、销售 1kW 以上米波（含 1kW。以下同）电视发射机企业 12 家，生产、销售 1kW 以上分米波电视发射机的企业 10 家，生产、销售 1kW 以下米波电视发射、差转设备的企业10 家，生产、销售 1kW 以下分米波电视发射、差转设备的企业 12 家，生产、销售有线电视及网络工程设备的企业 211 家，生产、销售应用电视设备的企业 3 家，生产、销售音视频节目制作、播控及灯光设备生产企业11 家，生产、销售卫星电视广播地面接收设备的企业 7 家，生产、销售广播电视配套设备的企业 18 家。

生产与销售

根据协会对会员企业各主要经济指标统计结果：2008 年，全部产品实现工业总产值（现行价）1 803 348 万元，同比增长 26.5%；其中本行业产品实现工业总产值（现行价）979 310 万元，同比增长 27.2%。全部产品完成出口交货值 385 791 万元，同比增长 20.1%；其中本行业产品完成出口交货值 317 337 万元，同比增长 29.6%。全部产品实现工业增加值 376 887 万元，同比增长 7.8%；其中本行业产品实现工业增加值 136 667 万元，同比增长 27.3 %。全部产品实现销售收入 1 465 827 万元，同比增长 15.5%；其中本行业产品实现销售收入 930 960 万元，同比增长 25.7%。本行业完成税金总额 51 586 万元，同比增长 23.9 %。实现利润总额 90 532 万元，同比增长 1.9%。

在本行业产品中，广播发射设备（中波、短波、调频）销售收入同比下降 8.4%，电视发射、差转设备销售收入同比增长 5.3 %，有线电视及网络工程销售收入同比增长 26.8 %，应用电视设备销售收入同比增长 10.6%，卫星电视广播地面接收设备销售收入同比增长 30.9 %，音、视频节目制作，播控及灯光设备销售收入同比增长 49%，广播电视配套设备销售收入同比与上年持平。

2008 年，广播电视设备行业经济运行情况基本良好，但利润总额增幅较小。

【统计数据】

表 1　2007 年—2008 年广播电视设备工业行业主要经济指标完成情况

项目名称	单位	2007 年	2008 年	增长率（%）
工业总产值（现行价）	万元	1 425 577	1 803 348	26.5
其中：本行业工业总产值（现行价）	万元	769 979	979 310	27.2
出口交货值	万元	321 343	385 791	20.1
其中：本行业出口交货值	万元	244 812	317 337	29.6
工业增加值	万元	349 570	376 887	7.8
其中：本行业工业增加值	万元	107 397	136 667	27.3
产品销售收入	万元	1 269 366	1 465 827	15.5
其中：本行业产品销售收入	单位	740 844	930 960	25.7
税金总额	万元	41 640	51 586	23.9
利润总额	万元	88 826	90 532	1.9

注：表中的本行业是指广播电视设备行业。

表 2　2008 年广播电视设备工业行业各类产品产、销量情况

产品类别	产量（部）	增长率（%）	销量（部）	增长率（%）	销售收入（万元）	增长率（%）
中波广播发射机	228	1.0	253	-10.0	3 121	-27.2
短波广播发射机	85	240.0	50	130.1	5 003	10.6
调频广播发射机	6 341	36.9	5 767	9.0	11 190	-8.8
VHF 1kW 以上电视发射机	460	20.1	442	1.6	8 042	-17.7
UHF 1kW 以上电视发射机	1 047	-5.9	968	-9.2	25 130	0.7
VHF 1kW 以下电视发射、差转机	1 633	53.0	1 544	30.5	3 762	79.7
UHF 1kW 以下电视发射、差转机	932	30.7	954	40.3	6 683	58.4
有线电视及网络工程					573 472	26.8
应用电视设备					16 543	10.6
视、音频节目制作和播控及灯光设备					90 825	49
卫星电视广播地面接收设备					43 311	30.9
广播电视配套设备					26 888	

注：1. 表 1—表 2 数据来源于广播电视设备工业行业协会统计资料；

2. 由于各种原因每年上报协会的会员企业数均有变化；生产量和销售量增减比例和销售收入增减比例有时不一致，是由于设备的功率大小、价格相差较大造成的。

［撰稿：吴凤德　审稿：黄邦周］

消费类电子工业

【综述】

2008 年，消费电子产业（主要指家用视听类产品方面）实现销售收入、利润、缴纳税金与上一年相比均有所下降。家用视听产品制造业主营业务收入达到 3 808 亿元，比 2007 年的 4 010 亿元减少了 5.0%；实现工业增加值 714 亿元，比 2007 年的 798 亿元减少了 10.5%；实现利润总额为 89 亿元，比 2007 年的 93 亿元减少了 4.3%。据不完全统计，2008 年从事电视机、收音机、收录机、录像机、摄录一体机、数字激光视盘机、音响设备等产品生产的规模以上企业达到 1 001 个，从业人员59 万人。

生产与销售

电视接收机　2008 年，共生产电视接收机 9 039 万台，比 2007 年的 8 699 万台增加了 3.9%。其中，全行业共生产彩色电视机 9 033 万台，比 2007 年的 8 478 万台增长了 6.5%；生产黑白电视机 6 万台，比 2007 年的 221 万台减少了 97.3%。2008 年，销售电视机 8 908 万台，比 2007 年的 8 701 万台增加了 2.4%。其中，销售黑白电视机 8 万台，比 2007 年的 198 万台减少了

96.0%；销售彩色电视机 8 900 万台，比 2007 年的 8 503 万台增加了 4.7%。

2008 年，彩色电视机生产企业中年产量超过 100 万台的企业有 13 家，这 13 家企业的产量达到 6 604 万台，占全行业生产量的 73.1%（2007 年占 79.4%）；年产量超过 500 万台的企业有 5 家，这 5 家企业的产量达到 4 801 万台，占全行业产量的 53.1%（2007 年占 62.3%）。彩色电视机骨干企业的生产规模和行业生产集中度比较高，但集中度与 2007 年相比有所下降。近些年来，彩色电视机生产企业有所增加，有的企业生产规模也在不断提高。

随着彩色电视机转型的加快，特别是 CRT 彩色电视机向平板电视机发展的势头比预想的快。2008 年国内彩色电视机产量中，平板电视机的产量达到 4 388 万台，已占到总产量的 48.6%，其中液晶电视机的产量达到 4 090 万台，等离子电视机的产量为 298 万台；投影电视机的产量占 1%左右；CRT 彩色电视机的产量为 4 540 万台，占比已下降到 50.3%，这个比例比 2007 年下降了个 17 百分点。

据不完全统计，截至 2008 年底，国内累计生产彩色电视机 8.6 亿台左右，社会拥有量达 5.4 亿台左右。2008 年，全球彩色电视机的市场需求达 2.06 亿台，较 2007年的 2.0 亿台增长了 3.1%；销售额达到了 1 073 亿美元，同比减少了 0.8%。彩色电视机已经连续多年呈现销售额增幅大于销售量增幅的局面改变了。这是因为：一方面 CRT 电视机的销量减少，另一方面液晶电视机的销售价格大幅度下降。

数字激光视盘机（含 VCD、DVD 机）　2008年，生产 VCD、DVD 机 13 911 万台，比 2007 年的 16 239 万台减少了 14.3%；生产 VCD 机、DVD 机用光学头 41 589 万只，比 2007 年的 61 827 万只减少了 32.7%；生产 VCD机、DVD 机用机芯 34 945 万只（此数量包含单只机芯和视盘机整机、计算机配用机芯），比 2007 年的 40 230 万只减少了 13.1%。2008 年，数字激光视盘机及配套产品的生产量与 2007 年相比有所下降，主要原因是由于技术的发展，已经进入硬盘、固体、光盘等多种存储设备并存发展的阶段，DVD 类产品的国内外市场需求呈下降的趋势。数字激光视盘机的整机产品和相关配套件的销售量基本同产量相当，一般情况下以销定产，库存较少。

音响类产品　2008 年，收音机的生产量为 19 372 万台，比 2007 年的 22 100 万台减少了 12.3%；销售了 19 372 万台，比 2007 年的 22 100 万台减少了 12.3%，其中国内销售 1 280 万台。

录音机（包括磁带型收录机、半导体及硬盘存储型录音机）生产量为 10 445 万台，比 2007 年的 15 201 万台减少了 31.3%；销售了 10 445 万台，比 2007 年的 15 201 万台减少了 31.3%，其中国内销售 2 050 万台。该类产品一般情况下是以销定产，因此产销量基本相当。

组合音响和家庭影院（指家庭影院的放声系统）共生产了 5 594 万台，比 2007 年的 6 695 万台减少了 16.4%；销售了 5 594 万台，比 2006 年的 6 695 万台减少了 16.4%，其中国内销售 766 万台。

CD 唱机的生产量为 2 182 万台，比 2007 年的 3 220 万台减少了 32.2%；销售量同产量大体相同。随着技术的进步，CD 唱机的市场需求减少，因此产销量出现较大幅度的下降。

汽车多媒体设备生产量为 5 519 万套，比 2007 年的 3 655 万套增加了 51.0%，其中国内销售 920 万套。

生产专业音响 4 937 万台，比 2007 年的 3 794 万台增加了 30.1%，其中国内销售 1 050 万台。

电子琴生产和销售量为 2 642 万台，其中国内销售 1 080 万台。2006 年–2008 年主要消费类电子产品产量和销量情况如表 1 和表 2 所示。

科研与新产品

关于标准的制定和实施　据不完全统计，音、视频行业 2008 年共完成了《数字电视接收设备图像和声音主观评价方法》(于 2009 年 1 月 1 日实施)、《多声道数字音频编解码技术规范》(于 2009 年 6 月 1 日实施)、《液晶和固态显示器件：第 3 部分 <液晶显示屏分规范>、第 5 部分<环境、耐久性和机械试验方法>》(于 2008 年 11月 1 日实施)、《液晶显示器件：第 2–2 部分<彩色矩阵液晶显示模块 空白详细规范>，第 4–1 部分<彩色矩阵液晶显示模块基本定额值和特性>》(于 2008 年 11 月 1 日施行)、《等离子体显示器件：第 1 部分<术语与文字符号>，第 2–1 部分<光学参数测量方法>，第 2–2 部分<光电参数测量方法>》(于 2008 年 11 月 1 日实施）等国家标准。同时，还制定并颁布了《等离子体显示器件：第 3–1 部分<机械接口>，第 4 部分<气候和机械试验方

法>》、《直播卫星电视广播接收系统及设备通用规范》等行业标准。

彩色电视机产品的开发 2008年是彩色电视机行业结构调整启动比较大的一年。骨干企业一方面向上游延伸，另一方面开发多种适销对路的整机产品。由于大部分彩色电视机骨干整机企业投资几亿元、几十亿元建设液晶电视模组生产线，致使2008年规模已达百万片。例如：四川长虹电子集团公司的等离子面板生产线投产，已批量生产出50英寸等离子面板产品，有力地促进了我国等离子电视机的生产；其2008年的产量较2007年增加了119.4%。该公司等离子屏的投产，还带动一批包括材料、设备在内的相关配套项目的发展。

在当前规模生产液晶、等离子电视机的同时，大部分彩色电视机骨干整机企业已投入一定的资金和人力进行下一代显示技术OLED的开发。在三网融合、4C融合大趋势的推动下，彩色电视机生产企业开发出具有网络功能、可实现交互的多媒体彩色电视机，如市场上销路比较好的酷开电视、模卡电视、蓝媒电视、流媒体电视等产品，这些高端产品受到消费者的青睐，同时也给企业创造了利润。另外，自主开发的液晶电视动态背光控制技术的液晶电视机已批量投放市场，同时加大了LED背光技术的液晶电视的开发，一些企业的产品已投放市场。为推动“家电下乡”的实施，还开发出了多种类型适合农村使用环境和特点的电视机产品，不但有CRT电视机，还有平板电视机。

数字电视产业 2008年，中国的数字电视技术发展较上一年又向前推进了一步。目前，中国有线电视用户已达到1.6亿多户。2008年，全国有229个城市启动有线电视模拟向数字转换，有106个城市完成了转换。到2008年底，有线数字电视用户达到4 528万户，比2006年底的2 686万户增加了69%。一些城市还进行了有线电视的双向改造，双向覆盖户已超过2 400万户。

2008年，全国有8个城市开通了地面数字电视广播，播出了高清和标清电视节目。2008年6月9日升空的中星9号卫星，其功率为10 700W，具有22个转发器，用户只要使用直径0.45米到0.6米小型天线、专用高频头和直播卫星机顶盒即可直接接收卫星节目。2008年11月第一批集中招标采购的366万套“村村通”接收设备，已发放到了边远地区，有效地解决了山区和边远地区群众收听收看广播电视节目的问题。

为适应数字电视的发展，电视机和机顶盒生产企业开发了多种类型的标清和高清有线电视、地面广播电视、卫星电视使用的数字电视机顶盒和一体机，在满足国内市场需求的同时，还大量出口。

数字激光视盘机及其关键件 2008年，数字激光视盘机主流市场虽然仍是DVD播放机，但国内外的企业已投入大量的经费和人力开发高清播放机。国外企业建立的蓝光BD格式的产品已批量投放市场，但由于整机及盘片售价高，难以大规模打开市场。国内科研机构和企业（包括与台湾的合作企业）继续开发具有自主知识产权的基于红光的高清视盘机，同时也开发出具有自主知识产权的蓝光CBHD播放机。在开发整机系统的同时，完成了盘片母盘制作、高密度盘片的制作，国内的节目制作企业和电影公司也给与了积极支持。

AVS标准及应用 2008年，AVS标准工作组多次召开讨论会和审定会，不断补充制定相关部分标准，经专家审定通过的送审稿已上报待批。关于AVS标准，在2007年应用的基础上，又有一些城市在数字电视广播中进行应用。例如：上海东方明珠（集团）股份有限公司在北京奥运会开幕之前，正式开通了16套应用AVS标准编解码的地面数字电视广播，解决了上海市城乡结合部的市民看电视难的问题。太原市、西安市、青岛市于2008年9月到10月间，相继开通了应用AVS编解码标准的地面数字电视。其中，太原市播出32套固定接收节目；西安市播出22套移动接收节目；青岛市播出6套移动接收节目。

为推动光盘产业向高清发展，光盘制造企业于2008年联合起来成立了中国高清光盘产业联盟。联盟企业在制定高清视盘机格式时，确定信源编码格式采用AVS编解码标准，有力地推动了AVS标准在视盘机领域的应用。

对外贸易与国际国内合作

产品出口 2008年，彩色电视机共出口4 955万台，比2007年增长了3.8%；出口金额1 055 259万美元，比2007年增长17.4%。其中，CRT彩色电视机出口2 071万台，比2007年减少了19.8%，出口金额162 467万美元，比2007年减少了15.3%；液晶彩色电视机出口2 736万台，比2007年增加了22.9%，出口金额813 840

万美元，比 2007 年增长了 23.0%；等离子彩色电视机出口 126 万台，比 2007 年增加了 113.6%，出口金额 77 816 万美元，比 2007 年增加了 72.2%；2008 年等离子电视机出口量比 2007 年有较大幅度增长。平板电视机的出口数量占全部彩色电视机出口数量的 57.8%，出口金额占了全部彩色电视机出口金额的 84.5%，平板电视机的年出口数量第一次超过 CRT 电视机。

收录组合机（包括磁带型录音机及半导体存储型录音机）出口 8 395 万台，较 2007 年出口的 13 796 万台减少了 39.1%，出口金额为 207 808 万美元；激光视盘机出口 12 931 万台，较 2007 年出口的 15 039 万台减少了 14.0%，出口金额 601 044 万美元；收音机出口 18 092 万台，较 2007 年出口的 20 816 万台减少了 13.1%，出口金额为 73 720 万美元；组合音响出口 4 828 万台，较 2007 年的 5 909 万台减少了 18.3%，出口金额为 120 071 万美元；激光唱机出口 1 432 万台，较 2007 年的 2 120 万台减少了 32.5%，出口金额为 28 667 万美元；电子琴出口 1 562 万台，出口金额为 57 603 万美元；汽车音响（汽车用收音机、收录组合机及 CD 唱机）出口 4 599 万台，较 2007 年 2 943 万台增加了 56.3%，出口金额为 296 844 万美元。受全球金融危机的影响，音响行业出口普遍下降，汽车音响在音响行业中是少数出口增长的产业。

国际国内合作 深圳市中彩联科技有限公司是由国内最具代表性的 10 家彩色电视机骨干企业于 2007 年出资成立的公司。2008 年，公司针对国外专利权人向其股东企业收取专利费的情况，组织了统一的对外谈判，并针对有关数字电视标准中的专利进行了分析，建立了专利地图，为企业开发新产品提供方便，现已着手建立有关彩色电视机专利池的工作。

针对大陆生产平板电视机的显示面板全部需要进口这一情况，同时为更好与台湾面板企业合作，发挥优势互补的作用，形成完整的产业链，中国电子视像行业协会组织大陆 8 家彩色电视机整机生产企业和台湾 3 家面板生产企业，于 2008 年 11 月成立了海峡两岸平板显示产业促进工作组。工作组成立后，在面板的采购、技术标准的制定等方面开展了有效的合作。

另外，在南美一些国家选择地面数字电视标准时，具有一定自主知识产权的中国地面数字电视标准，参与了同美国、欧洲、日本等标准的对比和技术评估，中国标准因其技术领先，得到南美一些国家的认可，并表现出选择的意向，此项工作将在未来几年继续推进。

市场发展趋势

彩色电视机 随着国内数字电视广播进程的加快，电视机制造企业将开发适销对路的数字电视一体机产品推向市场。随着三网融合的推进，电视机也将向交互式、网络化方向发展。在未来几年，CRT 电视机市场需求会继续下降，平板电视将继续快速增长，并且朝着大屏幕化、高清晰度化方向发展。国家广播电影电视总局发出了《关于促进高清电视发展的通知》，央视一套及一些地方卫视节目将高清标清同播，将会有力促进高清电视的发展。

《文化产业振兴规划》的出台，将有力推进文化创意、影视制作、数字内容、动漫等产业的发展，从而也将为音视频产业带来发展机遇。数字内容、数字电影的发展将推动投影设备、家庭影院设备（包括大屏幕电视机）需求的增长。

音响和音频产品 加快产品结构调整，不断推出数字化的新产品，是近些年音响产业和音频产品发展的主要方向。未来几年的国内市场容量与前些年相比，将会稳中有升，专业用设备将处于模拟向数字设备的更新期，对于设备供应商将有发展的机遇；家用设备人们更青睐精致的迷你型的高保真音频设备；个人消费的产品，更倾向于便携、功能实用、存储容量大、外观精致、使用方便的产品。这一类产品的品种会很多，需求量将越来越大。

光盘产业及其他存储产品 预计 2009 年，DVD 机总产量可保持在 1 亿台左右的水平，国内市场销量预计在 1 000 万台左右。随着高清显示技术的发展，市场对高清晰度节目有迫切需求，无论是利用红光技术还是蓝光技术，视盘机研发都将向高清晰度化方向发展。在整机产品开发的同时，光学头、机芯等关键件，高清盘片母盘制造及盘片的制造研发也需要同时进行。预计未来几年高清视盘机的市场容量会逐年增长，但也许会受到其他存储介质产品的影响。

在未来几年，存储设备将呈现多元化的发展态势。随着半导体技术及硬盘技术的不断发展，半导体闪存产品及硬盘存储设备将呈现品种多、应用面广、市场需求量大的市场前景。

关注的问题

2008年，消费类电子工业行业经历了雪灾、地震、金融危机的影响，经过全行业的共同努力，克服重重困难，将损失降到了最低。但是，在发展的过程中还存在一些值得关注的问题。

1. 产业结构和产品结构调整仍面临较大的压力，特别是彩色电视机产业的产品结构调整，需建立新的平板电视产业链，这个产业链资金、技术、人才密集，单靠企业自身的力量难以应对。

2. 视听产品市场竞争日益激烈，竞争焦点不仅在产品质量和价格方面，已上升到品牌、核心专利技术、标准的竞争。在这些方面，企业面临国际国内市场竞争的压力很大。

3. 在全球金融危机的影响下，市场萎缩，对于国际市场依存度很高的视听行业既面临降低成本，参与激烈的市场争夺，又要增加成本进行生态设计，制造节能环保的产品。面对国内能源、原材料价格持续上涨，人民币升值，劳动力成本上升和高额专利使用费等方面的影响，使视听产品的出口面临更严峻的挑战。

4. 国内市场环境有待改善。一些不具备条件的企业采用低质、低价的产品冲击市场，破坏了正常的市场秩序和出口秩序，加之频繁发生的贸易摩擦（反倾销、知识产权等），影响了正规企业进一步开拓国际市场。因此，需要治理流通领域的不规范经营现象，同时加强出口监管。

5. “山寨机”的出现对产业发展的影响已不容忽视，使行业发展面临新的形势，如何规范引导是行业管理的新课题。

6. 三网融合依然进展缓慢，影响数字视听产业发展。

【统计数据】

表1 2006年—2008年主要消费类电子产品销量情况

产品名称	单位	2006年		2007年		2008年	
		销量	增长率（%）	销量	增长率（%）	销量	增长率（%）
黑白电视机	万台	671	–24.0	198	–70.5	8	–96.0
彩色电视机	万台	7 957	–2.8	8 503	6.9	8 900	4.7
其中：平板电视	万台	1 975	111.5	3 200	62.0	8 841	176.3
收音机	万台	25 130	–11.1	22 100	–12.1	19 372	–12.3
收录机（包括录音机）	万台	20 418	14.5	15 201	–25.6	10 445	–31.3
数字激光视盘机	万台	18 230	–0.7	16 239	–10.9	13 911	–14.3
组合音响及家庭影院（放声部分）	万台	6 791	–35.8	6 695	–1.4	5 594	–16.4
CD唱机	万台	5 254	–22.4	3 220	–38.7	2 182	–32.2
电子琴	万台	602	9.4	775	28.7	2 642	240.9
汽车音响	万台	3 557	1.9	3 655	2.8	5 519	51.0
VCD、DVD机芯	万只	46 300	131.5	40 230	–13.1	34 945	–13.1
光学头	万只	65 500	11.5	61 827	–5.6	41 589	–32.7

表 2　2006 年—2008 年主要消费类电子产品产量情况

产品名称	单位	2006年	2007年	2008年
黑白电视机	万台	671	221	6
彩色电视机	万台	8 375	8 478	9 033
其中：平板电视	万台	2 176	3 200	4 388
收音机	万台	25 130	22 100	19 372
收录机（包括录音机）	万台	20 418	15 201	10 445
数字激光视盘机	万台	18 230	16 239	13 911
组合音响及家庭影院（放声部分）	万台	6 791	6 695	5 594
CD唱机	万台	5 254	3 220	2 182
电子琴	万台	661	775	2 642
汽车音响	万台	3 557	3 655	5 519
VCD、DVD 机芯	万只	46 300	40 230	34 945
光学头	万只	65 500	61 827	41 589

表 3　2006 年—2008 年主要消费类电子产品出口情况

产品名称	单位	2006 年		2007年		2008年	
		数量	增长率（%）	数量	增长率（%）	数量	增长率（%）
黑白电视机	万台	889	13.5	11	-98.8	8	-27.3
彩色电视机	万台	4 640	16.7	4 770	2.8	4 955	3.9
其中：平板电视	万台	1 535	103.6	2 286	48.9	2 862	25.2
收音机	万台	24 349	-20.4	20 816	-14.5	18 092	-13.1
收录机（包括录音机）	万台	19 117	-22.5	13 796	-27.8	8 395	-39.1
数字激光视盘机	万台	17 820	2.9	15 039	-15.6	12 931	-14.0
组合音响	万台	6 119	-7.3	5 909	-3.4	4 828	-18.3
CD唱机	万台	4 255	-26.3	2 120	-50.2	1 432	-32.5
电子琴	万台	479	-0.2	625	30.5	1 562	149.9
汽车音响	万台	3 007	2.7	2 943	-2.1	4 599	56.3
机芯	万只	8 392		10 527	25.4	2 912（万千克）	
光学头	万只	36 270	73.7	35 061	-3.3	3 498（万千克）	

注：表 1~表 3 数据来源于工业和信息化部、中国电子视像行业协会、中国电子音响工业协会。

[撰稿：白为民　梁峰　审稿：赵波]

计算机工业行业

【综述】

2008年，金融危机的爆发使得世界经济发展速度放慢，全球计算机出货量增长速度比2007年出现了较大幅度下滑，整个计算机产业面临严峻的形势，全年呈现前高后低态势，下半年增速明显放缓。从收入上看，上半年，国内计算机行业收入增速保持在14%~17%之间，但进入下半年后，受出口放缓等因素影响，收入增速明显放缓，至第四季度末增速不足10%，11月份生产和销售出现负增长。

面对不利的形势，中国计算机行业积极应对挑战，加大市场拓展力度，推进企业整合和结构调整。他们根据笔记本计算机价格一路下滑，与台式机价格差距逐步减小，导致其市场增长加快（2008年笔记本计算机产量占微机比重达79.5%）这一趋势，特别是上网笔记本计算机销售价格仅为主流笔记本计算机的1/3或1/2，加快了产品结构调整的步伐。另外，加速进行计算机产业的制造领域向内地转移的步伐，如华硕、惠普等企业纷纷选择在重庆、广西等地建立工厂，利用内地的人才资源、成本优势，提高竞争优势和市场占有率，同时通过配套产业链的完善工作，带动中西部地区信息产业的发展。

生产与销售

2008年，计算机制造业实现收入1.7万亿元，同比增长6.3%，占全行业总收入的27.2%；实现增加值2 690.7亿元，同比增长7.9%，占全行业增加值的17.9%。

1. 产品生产

2008年，计算机产业主要产品保持平稳增长，结构转型调整的趋向明显。全年累计生产微型计算机13 667万台，同比增长13.2%，其中笔记本计算机10 859万台，同比增长33.0%；生产显示器13 365万台，同比下降10.1%，其中液晶显示器12 698万台，同比下降8.0%，CRT显示器产量比2007年同期下降了37.8%；生产路由器52.9万台；生产打印机4 334万台，同比增长3.2%；生产数字照相机8 188.3万台，同比增长9.3%。

2. 产品销售

2008年，中国计算机市场销售规模为1 612.4亿元，同比增长9.6%。其中，台式计算机销售额853.7亿元，同比下降0.8%；笔记本计算机销售额635.5亿元，同比增长27.1%，依旧保持了较高的增长率；服务器销售额123.2亿元，同比增长11.1%；液晶显示器销售额316.8亿元，同比增长4.5%，液晶显示器已全面取代CRT成为显示器市场的主流产品；网络设备销售额349.7亿元，同比增长8.9%。笔记本计算机、液晶显示器和数字3C产品仍然是计算机硬件市场的重要组成部分。2006年—2008年中国主要计算机产品销量情况如表2和表3所示。

2008年，经济效益出现下滑，规模以上计算机行业实现利润434亿元，同比增长0.9%，比1月—8月增速下滑7.7个百分点；税金60.9亿元，同比增长11.6%。计算机行业实现利润占制造业比重仅为23.9%，同比减少1个百分点。亏损企业的亏损额从年初同比下降40%转为年末同比增长47.7%。利润下滑的主要原因是企业上半年大量购进高价原材料，下半年原材料价格急转直下，企业既要承受高价购进原材料的压力，同时又面临需求显著放缓、产品价格大幅下调的困境，生产经营压力明显加大，经济效益明显下滑。

计算机系统市场　2008年，尽管受到金融危机的影响，中国计算机市场整体表现平稳，笔记本计算机，尤其是上网本产品成为亮点，保持了高速增长；台式计算机增速放缓，呈下降趋势。笔记本计算机销售在计算机系统市场所占的比重大幅度提高，销量和销售额中所占比重分别为51.7%、49.8%。计算机系统领域产业结构以及商业模式在不断创新，产品结构不断优化。

外设市场　2008年，液晶显示器、多功能一体机、投影仪、磁盘存储系统等增长迅速，其销售量的增长分别为10.0%、25.7%、14.0%、40.8%。大屏幕、宽屏化、创新设计和环保节能成为 2008 年显示器产品发展的特色。存储设备的容量不断增大，成本不断降低；闪存产品已普及应用，在容量不断提高的同时，价格也在不断降低。IP 存储以其低成本、易使用、高扩展性受到用户的青睐。

网络设备市场　2008 年，网络产品市场发展平稳，路由器、交换机等产品保持稳步增长，其销售额分别为 95.4 亿元和 98.6 亿元，同比增长 8.0%和 7.1%。

数字化 3C 产品市场　随着数字 3C 技术的快速发展，数字 3C 产品呈现融合发展，产品的功能和种类不断增加，但是受到国际经济形势下滑，以及部分产品市场饱和度提高等因素影响，不同产品的产量和销售额呈现不同变化趋势。其中，数字照相机、存储卡成为增幅最大的产品种类，产品销量分别增长 22.8%、7.2%，销售额增长幅度分别为 16.2%、−25.1%。MP4、移动硬盘产品的销量和销售额下降明显，产品销量分别下降 2.4%、14.1%；受价格降低影响，销售额下降幅度更大，同比分别下降 38.9%、36.2%。总体而言，数字化 3C 产品仍然是拉动计算机硬件市场发展的重要部分。

信息安全产业市场　2008 年，信息安全产业市场规模为 79.3 亿元，同比增长 18.6%。在产品结构中，防火墙以 28.7%的份额依然占据中国信息安全产品市场首位，销售额达到 22.78 亿元，但较 2007 年的 30.4%的份额有所下降；内容安全管理是信息安全产品中市场占有率第二的产品，占据 20.7%的市场份额，比 2007 年略微提高了 0.4 个百分点，实现销售额 16.43 亿元，同比增长率为 21.0%。2008 年增长最快的产品主要有安全服务和 SOC 产品，同比增长率分别为 27.9%、25.5%。政府、电信和金融仍然是信息安全市场的三大支柱行业，分别占据 21.7%、18.8%和 18.2%的市场份额，增长率达到 23.1%、20.3%和 18.4%。

科技进步

自主创新已成为中国计算机产业发展的主要方向，国家也出台了一系列措施支持鼓励自主创新，积极创造有利于技术创新和产业结构升级的政策法规环境，依靠科技创新带动产业结构升级，大力实施信息产业知识产权战略。企业自主研发能力逐步提升，在自主知识产权和核心技术方面不断取得突破。

2008 年，我国百万亿次超级计算机“曙光 5000A”研制成功，其峰值运算速度可达到每秒 230 万亿次浮点运算，LINPACK 运算速度超过每秒 160 万亿次浮点运算，成为我国运算速度最快的商用高性能计算机，位列当年全球超级计算机 TOP500 第 10 名。它的研制成功，标志着中国成为继美国之后第 2 个能够制造和应用超百万亿次商用高性能计算机的国家，也表明中国生产、应用、维护高性能计算机的能力达到世界先进水平。

2008 年，中国移动通信集团公司选用中国自主知识产权的 WAPI 网络为北京奥运会提供无线宽带接入服务。建成的 WAPI 网络共使用了 1 242 个 AP、19 台访问控制器，覆盖了北京、天津等 6 个奥运城市的 42 个场馆。在 WAPI 网络的建设、测试赛和奥运赛事期间的应用中，WAPI 系统和产品运行稳定，证明 WAPI 已具备完善的技术体系，产品成熟可靠，能够满足大规模商用的需要。

2008 年，RFID 技术在北京奥运会得到广泛使用。北京奥运会门票首次采用芯片嵌入技术 RFID，提高了奥运门票的防伪能力与检票速度，同时，还可详细记录门票的购票时间、地点、何时入场、座位区域等信息，使奥运赛场的安全秩序管理更加方便。另外，北京奥运会在食品安全保障体系、奥运宾馆、比赛场地、制造商、物流中心和医院的个人安全监控中，也广泛采用了 RFID 技术。

成都希望电子研究所有限公司的“拟超导适量控制变频技术”入选 2008 年（第八届）信息产业重大技术发明。

国际合作与对外贸易

2008 年，主要计算机产品进出口总额为 3 060.0 亿美元，同比增长 8.5%。其中，出口总额为 2 128.8 亿美元，同比增长 9.6%，比 2007 年增长率下降了 20 个百分点；进口额为 931.2 亿美元，同比增长 6.0%，比 2007 年的增长率下降了 13.9 个百分点。

1. 出口情况

2008 年，出口微型计算机 10 879 万台，出口额 718.7 亿美元，同比增长 21.9%，其中出口笔记本计算机 10 111 万台，出口额 655.9 亿美元，同比增长 23.5%；出口打印机 3 054 万台，出口额 44.1 亿美元，同比下降 6.7%；出口显示器 11 009 万台，出口额 167.7 亿美元，同比下降 7.7%，其中液晶显示器出口 10 617 万台，出口额 164.6 亿美元，同比下降 7.1%。

2008 年，在中国计算机产品出口中，除激光打印机、喷墨打印机、软盘驱动器、光盘驱动器、显示器、数字照相机、计算器的出口额呈现下滑趋势，其他各类产品的出口额均保持了不同程度的增长，其中自动柜员机、路由器、笔记本计算机、扫描仪、数字化仪、硬盘驱动器、调制解调器的出口额增幅较高，增长率分别达 34.5%、30.7%、23.5%、8.1%、15.9%、11.2%、8.7%。

2008 年，外商独资企业在中国计算机出口中仍然占主导地位，出口规模达 1 779.0 亿美元，在计算机出口总额中占 83.6%，出口增速有所趋缓，同比增长 10.7%。中外合资企业的出口额较上一年有小幅度下降，出口额为 139.3 亿美元，同比下降 5.0%。内资企业中私人企业和集体企业出口增长率均为 30.7%和 51.9%，属于高速增长阶段，但内资企业的市场占有率偏低，一直处于 10%以下，而且逐年下降，与外资企业相比仍然存在较大差距。在出口贸易方式上，进料加工贸易占出口总额的 78.7%，仍是计算机行业出口的主要模式。

按国家和地区划分，出口额居前 5 位的依次是：美国、中国香港特别行政区、荷兰、日本和德国。其中，美国和中国香港特别行政区占中国计算机产品总出口额的 44.7%，美国以 485 亿美元的出口额超过中国香港特别行政区，近年来首次成为中国计算机最大出口地区。中国计算机产品出口额增长幅度最大的 5 个国家是：俄罗斯、巴西、韩国、阿拉伯联合酋长国、印度。

2. 进口情况

进口贸易中，自动柜员机、微型计算机、数字化仪、不间断供电电源和计算器有较大幅度的增长，分别为 83.1%、65.3%、45.0%、36.7%、15.0%，其他产品进口增长相对缓慢，笔记本计算机等许多产品出现负增长。从产品结构上分析，硬盘/光盘驱动器、液晶显示器、路由器、数字照相机的进口额依然保持了较高的比重。

进料加工贸易仍然居于计算机产品进口主导地位，拥有 35.4%的份额，其次是来料加工装配贸易，占 23.2%的份额。三资企业，特别是外商独资企业仍在进口中占主导地位，外商独资企业继续位居首位，占据中国电子信息产品进口额的 71.8%。

市场分析与预测

受全球金融危机影响，2008 年下半年世界经济形势急转直下，对实体经济的影响逐渐显现。国际货币基金组织（IMF）认为，全球金融危机影响仍在延续，全球经济所受影响在短期内难以恢复。欧、美、日市场需求大幅减少，将直接影响到中国计算机产业的出口业务。2009 年中国计算机产业将面临前所未有的压力，预计 2009 年上半年计算机产业的产销量和出口量都将呈现下滑态势。

国内宏观政策的陆续出台为企业提供更多机会。2008 年以来，中国政府及时调整货币政策、外贸政策和财政政策，出台了扩大内需和扶持工业的一系列鼓励措施，如四季度增加中央投资 1 000 亿元，加快农村基础设施建设、加快自主创新和结构调整、加快灾后重建各项工作，大幅提高产品出口退税率、全面实施增值税改革，设立企业技术改造专项资金等，以及国家 4 万亿元投资、电子信息产业调整和振兴规划、3G 牌照的下发、计算机下乡等一系列拉动内需政策和措施的逐步落实和实施，将有效扭转产业下滑趋势。

政策与法规

为发展信息产业，2008 年国家陆续出台政策鼓励和振兴产业发展，其中也包括计算机产业。

根据《国家中长期科学和技术发展规划纲要（2006—2020 年）》实施的“核高基”重大专项，其中包含了发展自主 CPU 和自主操作系统的内容，相信在专项实施之后，中国将会出现更多自主核心技术的计算机产品。

调整出口退税政策，提高出口退税比例，扩大出口退税产品种类，提高出口企业的国际市场竞争力，鼓励企业继续开拓国际市场。

2008 年底，计算机产品正式纳入“家电下乡”财政补贴范畴，通过扩大农村内需市场带动产业发展。

存在问题

1. 计算机产业技术基础薄弱，缺乏设计创新能力

由于全球个人计算机产业受制于英特尔和微软的 Wintel 体系，加之中国相关基础产业支撑配套能力弱，国内计算机产业也受制于人。国内企业研发投入少、规模小，难以支撑技术创新和产品的自主设计与开发，使得中国计算机产业的技术、产品和标准多跟随国外，设计能力缺乏，自有技术含量不高，造成企业只能位于价值链低端，竞争力不强，利润率普遍较低。

2. 产品以台式机为主，生产线急需升级改造

目前，国内企业主要以台式机销售为主，笔记本计算机所占比重仅为 10%左右，产品生产线仍停留在台式机装配水平上，而惠普、戴尔、宏基等跨国厂商笔记本计算机产品比例均已超过 30%。在目前笔记本计算机市场需求急速增长的形势下，国内企业如果不加快调整产品结构，改造升级生产线，适应笔记本计算机生产，将错失重大的发展机遇。

3. 产业结构不合理，加工贸易比重过大，对外依赖严重，产业抗风险能力差

中国是全球计算机产品的主要生产基地，计算机产品的产量已超过全球的 60%，出口量占年产量的 79%，但出口主要以外资企业为主，占 91.4%，出口产品中进料加工和来料加工两项占贸易总额的 70%。中国计算机产业的发展对国际市场和加工贸易的依赖程度高，影响产业的抗风险能力。

4. 成本优势逐渐减弱，品牌影响力有限

惠普、戴尔等国际计算机厂商纷纷将生产厂向中国以及东南亚等劳动力成本更低的地区转移，成本不断降低，加上国内企业受原材料成本和人民币汇率波动等因素的影响，原有的成本优势正在逐渐削弱。同时，国内计算机企业核心竞争力低，产品同质化严重，与国际知名厂商相比缺乏品牌竞争力。

【统计数据】

表 1　2006 年—2008 年中国主要计算机产品产量情况

产品名称	单位	2006 年		2007年		2008年	
		产量	增长率（%）	产量	增长率（%）	产量	增长率（%）
台式计算机	万台	3 425	–2.7	3 908	14.1	2 808	–28.1
笔记本计算机	万台	5 911	29.5	8 165	38.1	10 859	33.0
显示器	万台	13 081	13.1	14 873	13.7	13 365	–10.1
其中：液晶显示器	万台	10 999	34.1	13 800	25.5	12 698	–8.0
打印机	万台	4 640	30.5	4 200	–9.5	4 334	3.2

注：数据来源于工业和信息化部。

表 2　2006 年—2008 年中国主要计算机产品销量情况

产品名称	单位	2006 年		2007年		2008年	
		销量	增长率（%）	销量	增长率（%）	销量	增长率（%）
台式计算机	万台	1 865.2	13.3	2 105.1	12.9	2 248.9	6.8
笔记本计算机	万台	421.1	40.0	629.7	49.5	901.8	43.2
PC服务器	万台	51.1	19.6	59.4	16.2	67.8	14.1
RISC服务器	万台	2.2	10.4	2.5	13.6	2.8	12.0
UPS	万台	127.9	12.1	142.6	11.5	155.3	8.9
磁盘存储系统	TB	21 445.7	43.3	31 259.6	45.8	44 014.0	40.8
打印机	万台	754.9	9.9	797.6	5.7	765.9	–4.0
多功能一体机	万台	157.8	30.1	193.2	22.4	242.8	25.7

续表

产品名称	单位	2006 年		2007年		2008年	
		销量	增长率（%）	销量	增长率（%）	销量	增长率（%）
扫描仪	万台	85.1	–6.8	82.6	–2.9	74.7	–9.6
投影机	万台	48.6	35.8	64.9	33.5	74.0	14.0
显示器	万台	2 308.4	19.0	2 747.5	19.0	1 386.9	–49.5
移动硬盘	万部	160.8	44.1	265.4	65.0	227.9	–14.1
路由器	万台	40.7	15.3	48.2	18.4	52.9	9.8
交换机	万端口	2 158.0	5.0	2 438.1	13.0	2 684.4	10.1
ADSL	万台	3 216.0	18.6	3 901.0	21.3	4 005.0	2.7
MP4/PMP	万部	132.4	333.1	121.2	–8.5	118.3	–2.4
MP3 播放机	万部	691.0	12.3	875.0	26.6	450.3	–48.5
闪存盘	万部	933.4	20.8	1 203.4	28.9	1 871.8	55.5
数字照相机	万部	644.2	43.3	855.2	32.8	1 050.6	22.8
机顶盒	万台	1 101.7	97.5	1 319.4	19.8	2 219.9	68.3
存储卡	万个	2 434.2	30.0	4 269.7	75.4	4 575.9	7.2

注：数据来源于工业和信息化部及赛迪顾问。

表 3　2006 年—2008 年中国主要计算机产品销售额情况

产品名称	单位	2006 年		2007年		2008年	
		销售额	增长率（%）	销售额	增长率（%）	销售额	增长率（%）
台式计算机	亿元	832.1	3.4	860.7	3.4	853.7	–0.8
笔记本计算机	亿元	375.9	16.8	500.1	33.0	635.5	27.1
PC服务器	亿元	96.4	14.9	110.9	15.0	123.2	11.1
RISC服务器	亿元	96.0	6.7	103.0	7.3	109.8	6.6
UPS	亿元	26.1	8.3	28.2	8.0	30.4	7.8
磁盘存储系统	亿元	43.0	15.4	49.8	15.8	61.0	22.5
打印机	亿元	100.1	4.4	106.6	6.5	101.8	–4.5
多功能一体机	亿元	31.0	25.0	35.2	13.5	35.0	–0.6
扫描仪	亿元	4.7	–10.4	4.4	–6.4	4.0	–9.1
投影机	亿元	66.0	21.8	85.8	30.0	94.5	10.1

续表

产品名称	单位	2006 年		2007年		2008年	
		销售额	增长率（%）	销售额	增长率（%）	销售额	增长率（%）
显示器	亿元	293.8	14.8	351.3	19.6	174.5	–50.3
移动硬盘	亿元	18.6	31.9	26.8	44.1	17.1	–36.2
路由器	亿元	83.2	10.1	88.3	6.1	95.4	8.0
交换机	亿元	85.9	2.5	92.1	7.2	98.6	7.1
ADSL	亿元	53.6	–0.4	61.6	14.9	58.6	–4.9
MP4/PMP	亿元	19.4	192.6	22.6	16.5	13.8	–38.9
MP3 播放机	亿元	36.9	–19.0	42.7	15.7	21.9	–48.7
闪存盘	亿元	23.5	8.1	27.2	15.7	21.2	–22.1
数字照相机	亿元	137.2	32.7	179.2	30.6	208.3	16.2
机顶盒	亿元	66.5	78.0	54.2	–18.5	76.4	41.0
存储卡	亿元	68.6		76.8	12.0	57.5	–25.1
信息安全产品	亿元	55.6	24.6	66.9	20.3	79.3	18.5

注：数据来源于工业和信息化部及赛迪顾问。

表 4　2006 年—2008 年中国计算机产品进出口贸易情况

项目名称	2006 年		2007年		2008年	
	金额（亿美元）	增长率（%）	金额（亿美元）	增长率（%）	金额（亿美元）	增长率（%）
进口	732.6	15.7	878.3	19.9	931.2	6.0
出口	1 498.3	20.1	1 941.8	29.6	2 128.8	9.6
进出口总额	2 230.9	18.6	2 820.1	26.4	3 060.0	8.5

注：数据来源于赛迪顾问和中国海关总署。

表 5　2006 年—2008 年中国主要计算机产品进出口贸易情况

产品名称	2006 年		2007年		2008年			
	出口额（万美元）	进口额（万美元）	出口额（万美元）	进口额（万美元）	出口额（万美元）	增长率（%）	进口额（万美元）	增长率（%）
台式计算机	486 985.8	7 189.6	584 933.7	8 130.2	628 398.4	7.4	13 438.6	65.3
笔记本计算机	3 845 723.7	59 639.5	5 308 860.6	49 290.8	6 558 807.8	23.5	39 579.8	–19.7
计算器	96 083.7	2 329.9	101 145.8	7 484.1	97 888.6	–3.2	8 607.2	15.0
打印机	673 249.7	77 663.8	472 225.0	77 328.9	440 562.8	–6.7	77 688.0	0.5

续表

产品名称	2006年		2007年		2008年			
	出口额（万美元）	进口额（万美元）	出口额（万美元）	进口额（万美元）	出口额（万美元）	增长率（%）	进口额（万美元）	增长率（%）
其中：针式	12 592.4	10 135.7	15 034.7	11 539.6	15 368.4	2.2	13 641.9	18.2
激光	409 420.1	34 401.5	376 034.5	38 095.0	358 569.5	−4.6	40 837.8	7.2
喷墨	228 808.7	24 373.5	57 236.7	18 759.7	40 207.3	−29.8	12 849.5	−31.5
扫描仪	29 038.5	9 639.7	27 159.6	9 349.1	29 358.6	8.1	8 873.7	−5.1
硬盘驱动器	596 834.9	821 306.7	703 057.2	985 495.0	782 001.8	11.2	1 218 465.0	23.6
软盘驱动器	15 348.8	5 415.0	10 373.6	3 109.3	5 248.3	−49.4	2 405.5	−22.6
光盘驱动器	371 421.7	339 568.6	360 783.5	400 230.7	303 879.6	−15.8	415 663.9	3.9
显示器	1 681 993.9	72 959.0	1 817 906.3	121 119.9	1 677 197.4	−7.7	126 954.2	4.8
液晶显示器	1 592 920.8	69 800.4	1 772 187.2	117 440.9	1 645 828.9	−7.1	126 033.0	7.3
CRT显示器	88 323.1	3 011.3	45 431.5	3 462.1	30 798.8	−32.2	764.9	−77.9
自动柜员机	21 232.6	13 118.6	27 277.2	18 227.9	36 674.5	34.5	33 382.8	83.1
UPS	58 382.3	10 903.9	77 989.6	10 115.5	97 344.9	24.8	13 828.1	36.7
集线器	10 082.2	562.1	11 420.1	738.3	13 764.3	20.5	738.8	0.1
路由器	144 404.8	37 704.0	171 964.2	42 418.6	224 762.6	30.7	46 784.2	10.3
调制解调器	218 075.7	14 420.2	255 818.7	13 303.6	277 990.2	8.7	10 717.3	−19.4
数字照相机	628 493.9	161 170.1	776 505.0	167 057.6	732 796.8	−5.6	181 840.2	8.8

注：数据来源于赛迪顾问和中国海关总署。

表6 2007年—2008年计算机行业主要经济指标完成情况

项目名称	单位	2007年	2008年	增长率（%）
全行业工业总产值（现行价）	万亿元	5.6	6.3	12.5
其中：本行业工业总产值（现行价）	万亿元	1.6	1.7	6.3
全行业工业增加值	万亿元	1.3	1.5	15.4
其中：本行业工业增加值	亿元		2 690.7	
全行业销售收入	万亿元	5.6	6.3	12.5
其中：本行业销售收入	万亿元	1.6	1.7	6.3
全行业实现利税总额	亿元	1 938.3	2 087.0	7.7
其中：本行业实现利税总额	亿元	430.3	434.0	0.9
全行业出口交货值	亿元	4 595.0	5 217.6	13.5

续表

项目名称	单位	2007年	2008年	增长率（%）
其中：本行业出口交货值	亿美元	1 941.8	2 128.8	9.6
全行业完成税金总额	亿美元	440.7	528.0	19.8
其中：本行业完成税金总额	亿元	54.6	60.9	11.5
全行业固定资产投资额	亿元	2 646.5	3 527.8	33.3
其中：本行业固定资产投资额	亿元	212.8	268.1	26.0

注：数据来源于工业和信息化部及赛迪顾问。

[撰稿：侯建仁　吴国纲　审稿：赵波]

软 件 产 业

【综述】

2008 年，在全球金融危机不断蔓延并持续加剧的大环境下，中国软件产业立足国内市场，积极开拓国外市场，保持了平稳较快的发展态势。产业规模稳步扩大，产业结构与布局不断调整，技术创新和产品产业化步伐加快，企业实力逐步增强，人才队伍稳步扩大。软件在推进工业化和信息化融合、促进国民经济和社会发展中发挥了重要的作用。

产业概况

2008 年，中国软件与信息服务业务总收入达到 7 572.9 亿元，同比增长 29.8%，增速在国民经济各行业中位居前列。软件出口额达到 142 亿美元，同比增长 39%，其中软件外包服务出口额为 15.9 亿美元，同比增长 54.3%。产业结构日益优化。软件技术服务业务增长迅猛，完成收入 1 455 亿元，占总收入的 19.2%，同比增长 39.9%，增速比全行业高 10.1 个百分点；软件产品收入仍占据主体地位，累计完成收入 3 165.8 亿元，占总收入的 41.8%，同比增长 32%；系统集成收入 1 616.4 亿元，占总收入的 21.3%，同比增长 25.2%；嵌入式软件实现收入 1 118.2 亿元，占总收入的 14.8%，同比增长 17.8%；IC 设计收入 217.4 亿元，占总收入的 2.9%，同比增长 16%。

截至 2008 年底，全国累计认定软件企业 21 673 家，登记备案软件产品 61 641 个，著作权登记 4.74 万件。其中，2008 年新认定的软件企业 2 863 家，新登记备案软件产品 10 862 个。软件人才队伍不断扩大，2008 年软件行业从业人员达 180 万人。

产业集聚效应日益明显，产业集中度进一步增强。2008 年，11 个国家软件产业基地和 6 个软件出口基地的销售收入占全国的比重超过 30%。东部地区累计完成软件业务收入 6 389.2 亿元，占全国软件业务收入的 84.4%，同比增长 29.5%。其中，北京、广东、江苏 3 个省市软件产业规模超过 1 000 亿元。根据工业和信息化部的监测结果，软件业务收入排名前 100 家的企业 2008 年实现业务收入共计 2 036.59 亿元，比 2007 年增长 24.6%，占 2008 年全国软件产业收入的 26.9%。入围软件业务收入前百家企业最低业务收入为 3.10 亿元，比 2007 年的 2.52 亿元高 23.0%。其中，排前 10 名、20 名企业的业务总收入占前百家企业总收入的比重分别是 62.2%、73.7%。

国内软件企业技术开发水平、管理能力、市场开拓能力不断增强。到 2008 年底，收入超过 10 亿元的企业有 109 家，收入在 5 至 10 亿元的企业有 108 家，1 至 5

亿元的企业有767家。软件出口与服务外包企业约有数千家。全国通过CMM/CMMI 5级评估的企业有54家，通过CMM/CMMI 4级评估的企业有88家，通过CMM/CMMI 3级以上的企业有736家。

技术和产品

基础软件加速发展 2008年4月23日，国务院常务会议审议并通过了《核心电子器件、高端通用芯片及基础软件产品科技重大专项实施方案》，为国内基础软件发展指明了方向，使该领域的投资力度明显增强。通过专项实施的引导，以数据库、操作系统为代表的基础软件骨干企业整合速度加快，已有若干家企业通过股东增资、政府注资、资产重组等方式进行了资源整合，基础软件产业结构进一步优化。

基于《中文办公软件文档格式规范》（UOF）标准的中文办公软件产品成熟度不断提高，在电子政务建设中的作用不断增强，中央外联部、商务部、国家档案局已开始逐步推广使用基于该标准的国产办公软件。国产办公软件的社会关注度日益提高，无锡永中科技有限公司的Office、金山软件股份有限公司的WPS提供的个人免费版本下载量均突破千万套。

信息安全产品和服务水平不断提升 国产信息安全产品和服务得到较快的发展。2008年，中国信息安全产业规模首次突破100亿元，同比增长22%。以北京天融信网络安全技术有限公司、北京启明星辰信息技术有限公司、联想网御科技（北京）有限公司等为代表的国内信息安全企业积极参与奥运信息安全保障工作，为北京奥运会的顺利举办发挥了积极作用，充分展现了中国信息安全行业的水平。

继网络处理器（NP）架构和专用集成电路（ASIC）架构之后，多核处理器硬件架构逐步得到应用，国内主流厂商采用先进的硬件架构推出了万兆位级防火墙、UTM及网关等安全产品。2008年，曙光信息产业有限公司基于中国自主“龙芯2F”处理器，推出“曙光龙芯千兆位防火墙”。

国产杀毒软件在国内市场优势进一步得到巩固。瑞星、金山、江民杀毒软件已取得国内市场70%的占有率，同时积极开拓国际市场。2008年，瑞星杀毒软件在日本市场的销量首次超过10%，位居日本杀毒产品市场前3名。

中间件稳步发展 面向服务体系架构技术（SOA）和Web服务的发展，使得中间件产品已经摆脱了纯粹的技术影响，更多地加入了业务特性。北京东方通科技发展有限责任公司、金蝶中间件有限公司、中创软件商用中间件股份有限公司、中软国际有限公司、普元信息技术有限责任公司等国产中间件在SOA领域逐渐与国际同步，在新一轮市场竞争中赢得了发展机遇。国产基础软件紧贴国内用户的需求，为客户提供多样化的服务，产品竞争力不断增强。

地理信息系统日趋成熟 随着汽车进入家庭比例的提高、移动定位市场的逐步成熟、网络信息服务的广泛应用，地理信息系统（GIS）软件日趋成熟。大型国产GIS平台软件不断完善，用户数量不断增多，北京超图软件股份有限公司、武汉中地数码科技有限公司、高德软件有限公司、北京四维图新科技股份有限公司等已经成为国产GIS的代表，产品已在网络信息服务、汽车导航、手机定位、政务系统广泛应用，市场份额不断提高。

北京灵图软件技术有限公司的VRMap、武汉地大信息科技发展有限公司的InfoEarth TelluroMap等三维GIS产品与国际水平差距不断缩小，并在城市规划、综合应急、军事仿真、智能交通、石油设施管理、环保监测、地下管线等领域应用发展迅速。

嵌入式软件快速发展 在嵌入式操作系统领域，北京科银京成公司的Delta OS、北京凯思昊鹏公司的Hopen、上海科泰世纪科技有限公司的“和欣”等产品日益成熟。在嵌入式数据库领域，北京人大金仓信息技术股份有限公司的产品已应用于移动信息系统、个人市场助理等行业应用产品中。东软集团股份有限公司的OpenBASE Mini应用范围也正在不断扩展。

手机是国内嵌入式系统和软件发展最为迅速的领域。2008年，中国移动通信集团公司和中国联合网络通信有限公司分别开发自有的手机操作系统OMS（Open mobile system）和UniPlus。

新技术和新模式日益受到关注 面向服务的体系结构（SOA）已经逐渐成为影响中国IT系统构建的主导思想，北京东方通科技发展有限责任公司、普元信息技术有限责任公司、金蝶中间件有限公司、中软国际有限公司、浪潮集团有限公司、神州数码控股有限公司、上海宝信软件股份有限公司、用友软件股份有限公司等众多国内厂商纷纷推出了基于SOA的软件产品及行业解决方案，并已逐步在金融、电信、烟草、钢铁制造、电子政务、医疗卫生、电子商务等行业或领域的信息化建设中得到日益广泛的应用。

目前，国内金蝶国际软件集团有限公司、用友软件股份有限公司、阿里巴巴集团、八百客（北京）软件技术有限公司等厂商已实施了软件即服务（SaaS）战略，推出了SaaS产品服务解决方案，向用户提供在线SaaS服务，并取得积极进展和良好效果。

工业软件及应用不断深入 2008年，工业和信息化部把推动工业软件的快速发展，作为满足工业化和信息化融合需求的重要切入点。我国各大工业软件厂商在自主创新的基础上，开发出了大量适应我国工业企业特点、满足行业需求、技术先进、性能优秀的软件产品，在冶金、化工、电力、汽车、机床等领域得到了广泛应用。2008年，我国经营管理类软件实现销售额100.4亿元，同比增长18.1%；产品研发类软件实现销售额29.95亿元，同比增长16.1%。

国内工业软件厂商经历学习、吸收和结合国情自主开发等几个阶段后，逐步成熟起来，并成为国内市场的主力军。国产工业软件产品由于实用、易用、实施周期短、风险低和见效快等特点，市场份额不断增加。

政策和重大举措

2008年，国务院批准新组建的工业和信息化部设立了软件服务业司，负责软件和信息服务业行业管理工作。

2008年4月，国务院批准启动了“核心电子器件、高端通用芯片及基础软件产品”科技重大专项，加大对软件关键技术研发和基础软件产品和平台产业化的投入。

2008年，《鼓励软件产业和集成电路产业发展若干政策》进一步得到落实。在2008年1月实施新的《企业所得税法》后，《财政部、国家税务总局关于企业所得税若干优惠政策的通知》（财税〔2008〕1号）中依然保留软件企业的税收优惠政策，对稳定和促进软件产业的发展发挥了重要作用。

为保持产业政策的延续性，国家有关部门积极推动进一步鼓励软件产业和集成电路产业发展的若干政策研究制定工作。

为积极应对金融危机，国务院发布了《电子信息产业调整和振兴规划》，明确了促进软件产业调整和振兴的有关配套措施。

2008年3月，国务院出台《关于加快发展服务业若干政策措施的实施意见》（国办发〔2008〕11号），财政部、商务部于2008年2月发布了《关于支持承接国际服务外包业务发展相关财税政策的意见》（财企〔2008〕32号），这些政策将有力地促进软件和信息服务外包产业的发展。

存在的主要问题

2008年，尽管中国软件服务业取得了较大进展，但依然面临以下问题：

一是产业发展面临新的形势，产业政策体系需进一步完善；

二是软件技术创新整体水平偏低，基础软件和高端软件受制于人，严重制约产业发展；

三是软件企业规模偏小，企业整体实力不强，软件技术服务比重依然偏低，产业结构还需进一步优化；

四是国产软件在行业市场应用未能取得重大突破，导致软件潜在市场巨大与现实市场狭小的矛盾突出；

五是软件人才结构性矛盾和供需矛盾依然突出，难以适应产业发展和信息技术应用的需要，还需要进一步探索创新更有效的人才培养模式。

【统计数据】

表 1 2005 年—2008 年中国软件与信息服务业产业规模及比重表

年份	软件与信息服务业（亿元）	电子信息产业（亿元）	在电子信息产业中所占比重（%）	软件出口与服务外包（亿美元）	电子信息产业出口（亿美元）	所占比重（%）
2005年	3 906	38 400	10.2	35.9	2 682	1.3
2006年	4 801	47 500	10.1	60.6	3 640	1.7
2007年	5 834	56 000	10.4	102.4	4 595	2.2
2008年	7 573	63 000	12.0	142.0	5 218	2.7

[撰稿：孙文龙　汪存富　审稿：赵小凡]

信息技术服务业

【综述】

2008 年，面对不利的国际经济金融形势，中国信息技术 IT 服务业仍保持了平稳较快增长，产业规模持续扩大，产业集群效应进一步明显，在推动工业化和信息化融合发展、支撑国民经济和社会信息化中发挥了积极作用。

生产与销售

2008 年，中国信息技术服务业仍然保持了较好的发展势头。其中，软件技术服务，完成收入 1 455 亿元，同比增长 39.9%，增速比整个软件行业高 10.1 个百分点，占软件产业总收入的 19.2%，比上年同期高 1.4 个百分点；系统集成完成收入 1 616.4 亿元，同比增长 25.2%。另外，IT 咨询、IT 培训、IT 支持与维护服务等也有较快的增长。

2008 年，我国服务外包业保持了良好的发展态势，执行的服务外包合同金额达到 46.9 亿美元，其中信息技术外包服务为 32.1 亿美元，业务流程外包服务为 10.6 亿美元。实现软件外包服务收入 203 亿元，同比增长超过 100%。

从产业的布局来看，信息技术服务的集中现象和集群效应日渐明显。2008 年，北京、上海、江苏、浙江、广东、山东 6 省市的系统集成收入占全国总收入的 64.7%。北京、上海、江苏、浙江、广东、辽宁 6 省市的软件技术服务收入占全国总收入的 71.5%。在软件和信息服务外包方面，20 个服务外包示范城市也主要分布在东部地区和中西部信息产业较为发达的省市。

科技进步

信息技术服务标准化工作起步 中国信息技术服务企业的总数和质量在不断提升，但中国的信息技术服务市场过于分散，提供商良莠不齐，服务缺乏标准。无论是从规范行业发展，还是提高信息技术服务质量的角度，信息技术服务标准化工作都十分重要。2008 年，工业和信息化部软件服务业司在上海、浙江、江苏、广东等地开展调研，对信息技术服务标准化工作进行摸底，并于年底开始筹备组建信息技术标准工作组，积极推动信息技术服务标准的制定。

IT 服务管理取得较好发展 IT 服务管理（ITSM）作为一种管理 IT 的理念和方法论，能够有效实现 IT 和业务最大程度的融合，从而使 IT 成为真正支持组织业务运作的第一驱动力。目前，随着 ITSM 的不断推广和实践，在世界各国得到了较快发展，并逐渐形成了包括理论研究、培训咨询、技术支持和行业应用等完整的产业链。2008 年，中国的 ITSM 领域围绕着整个产业链，得到了很好的发展。首先是宣传不断加大。咨询培训机构和 IT 厂商围绕 ITSM 举办了一系列的会议、专题讲座等活动。其次是国内厂商整体实力稳步提升。在先进 IT

管理框架与相关标准的牵引下，国内管理软件厂商相继推出了基于原创技术的 ITSM 整体解决方案。这些解决方案强调与中国用户需求的结合，在与国外厂商的竞争中体现出自己的特点和优势。再有就是行业用户不断增加。ITSM 已经走出了传统的电信和银行两大行业，开始在各个行业得到推进，政府部门、能源、制造业、IT 行业的客户，不断得到增加。

软件即服务模式蓬勃发展 众多厂商的介入、用户认知度的提高以及媒体宣传，为国内软件即服务（SaaS）市场的发展提供了良好的氛围。2008 年，SaaS 市场规模约 160 亿元。由于受金融危机、人民币升值等因素影响，尽管引起了中小企业内外部环境的重大变化，但同时也促使许多企业通过加强管理、提升效率来寻求发展，这也为 SaaS 发展带来了难得机遇。国内的 SaaS 厂商在加大宣传的同时非常注重用户体验，积累了众多成功案例，使越来越多的用户接受 SaaS 服务。2008 年，国内工具型和管理型 SaaS 两大市场都有增长，但管理型 SaaS 增长更快。另外，SaaS 生态圈也日趋完善，更多的厂商融入其中，并确立了各自的目标定位，如 SaaS 平台运营商、SaaS 软件供应商等。

重大工程与项目

工业和信息化部于 2007 年设立的“软件与信息服务外包公共支撑平台”重点项目启动后，在 2008 年开始投入建设。该平台建成后，将有利于增强中国对软件和信息服务外包产业的整体服务能力，促进中国软件与信息服务外包产业的又好又快发展。2008 年，作为中国软件与信息服务外包的中国服务（ChinaSourcing）国家品牌在国际经济社会逐步扩大影响。

国际合作与对外贸易

虽然受到国际金融形势及人民币升值等因素的影响，2008 年中国软件出口和外包产业依然保持了良性的发展势头。中国软件外包企业积极采取各种应对措施，例如加强了多种货币结算、远期外汇交易、货币对冲、货币保值等金融工具，提高了外包业务的抗风险能力。同时，采取适当提高项目报价与客户协商共担风险等措施，逐步化解不利影响。目前，中国软件外包企业已经在国际市场逐渐建立起了良好的信誉和品牌。

2008 年，中国软件出口额达 142 亿美元，其中完成软件外包服务出口额达 15.9 亿美元，同比增长 54.3%。从发包地区构成看，日本依然是中国软件外包业务的主要市场，占中国整体软件外包收入将近 60%。对欧美的出口外包快速增长，占出口总额已经超过 20%。中日双方在软件与信息服务产业之间的合作也在不断深入，正在由“试探磨合”、“发包合作”向“战略协作”阶段过渡，两国企业之间的交融度逐渐增强。

截止 2008 年底，中国已有 54 家软件企业获得 CMM5（含 CMMI5）级别评估，88 家软件企业获得 CMM4（含 CMMI4）级别评估，736 家软件企业获得 CMM3（含 CMMI3）级别以上评估。中国软件出口群体逐渐形成，外包层次不断加大，出口价值链逐渐从低端向中高端转移，利润率也有所提高。

2008 年 5 月在美国华盛顿举办的 Gartner 外包峰会上，东软集团股份有限公司、中软国际有限公司、博彦科技集团、北京软通动力信息技术有限公司、海辉软件（国际）集团公司、文思创新软件技术有限公司、信必优信息技术有限公司等 20 家外包信息服务提供商和上海、西安 2 个国家软件出口基地集体亮相，占据了峰会展区 1/3 的面积，并就中国发展服务外包优势、企业实力和成功案例进行了演讲和推介，中国品牌正逐渐得到国际的认可。

市场分析与预测

增长速度先扬后抑 2008 年上半年，中国信息技术服务在 2007 年的基础上继续快速增长，但下半年随着金融危机的影响不断加剧，出口和需求增长开始下降，信息技术服务产业的增长速度也开始放缓。2008 年 1 月至 5 月，中国软件技术服务收入同比增长 46.8%，系统集成收入同比增长 30.1%；在 1 月至 10 月，软件技术服务收入同比增长 37.9%，系统集成收入同比增长 22.5%，说明 6 月份以后软件技术服务和系统集成的增长率下降。2008 年下半年，在国际金融大环境不好的情况下，国内各个行业对信息化的投入趋于谨慎和保守，这影响了软件技术服务和系统集成增长速度。在 IT 培训方面，2008 年上半年基本延续良好的发展态势，学员数量和市场总体规模都在稳步提升，但在下半年随着就业市场境况的变化，学员就业出路变得严峻，对培训市场产生了影响。IT 支持与维护服务在软硬件开支普遍有所收缩的情况下，全年增长也呈逐步下滑的趋势。随着金融危机从金融领域渗透到实体经济领域，从美国扩散至欧洲进而全球，全球的服务外包市场受到了冲击，中国的软件与信息服务外包在第三、四季度也开始感受到了金融危机带来的寒气。

市场结构调整步伐加快 2008年，中国信息技术服务市场结构调整的步伐进一步加快。首先，系统集成服务增长下降，我国的经济和社会信息化正从基础系统采购和应用阶段向软件和应用服务阶段发展。其次，尽管受金融危机影响，IT咨询、培训和外包仍发展迅速，成为热点，尤其是软件外包增速超过100%。第三，政府、电信市场高速增长，小型企业市场仍需培育。随着电子政务、工业化和信息化融合等项目和战略规划的深入推进，政府信息技术服务市场取得了快速的增长，金融、保险等大型企业信息技术服务市场受金融危机影响有所放缓，但电信行业在3G项目的推动下，其信息技术服务市场也取得快速增长。在国家工业化和信息化融合战略推动下，制造业对信息技术服务的需求也在不断增长，制造业信息技术服务市场的表现也较好。但相比之下，小型企业信息技术服务市场增长较为缓慢，尤其在金融危机下，一些中小企业削减了IT支出成本，给中小企业信息技术服务市场的增长带来不利影响。第四，支持与维护服务的重心越来越多地向软件偏移。2006年开始，硬件的服务占整个支持维护服务的比重开始下降，2008年这种势头更加明显。

外包和咨询“危”中有“机” 2008年，国际经济金融形势的恶化导致外包需求和外包订单减少，但是由于中国软件外包的主战场在日本，而且中国的服务商所从事的服务比较分散，因此受到的冲击相对较少。而且，受金融危机影响，国外大公司出于进一步压缩成本的需要，会在一定程度上扩大外包范围。例如印度所受到的冲击较大，部分外包订单转移到中国。另外，在中国工业化和信息化融合、农村信息化等战略以及经济刺激计划的推动下，国内的IT外包和咨询需求不断增加，市场在不断扩大。

以标准化为基础的创新成为新趋势 随着服务需求的深入和用户面的扩展，信息技术服务商也需要进一步控制服务的成本和质量，增加服务提供的灵活性和速度，以更好响应用户需求。为此，只有将服务模块化、标准化才能更好地实现这个多目标的要求。目前中国的信息技术服务正处于向标准化服务的跃升过程中。随着信息技术服务的发展和在全球范围内的转移，信息技术服务越来越普遍。在中国，工业化和信息化融合战略更进一步推动了信息技术服务的发展，以标准化为基础的客户化创新成为产业技术发展新趋势。

用户需求更为强调IT与业务的融合 从近两年中国信息技术服务发展的态势看，用户开始要求支持其发展的信息技术系统及服务也能响应其业务活动的变化，并帮助实现业务创新。目前，中国信息技术服务正从低层次的技术支持、客户服务支持，向高层次的战略及竞争力支持转移，与企业内在的联系也日益紧密。突出表现在：信息技术服务与企业信息整合以强化竞争力，信息技术服务强化企业信息安全以保障竞争力，同时提升信息技术服务管理以延续竞争力。因此，企业需要与企业业务完全融合的信息技术服务。另外，在中国，多数企业尤其是那些在行业中有影响力的企业，都有可能面临着信息技术服务多层次应用、跨地域管理、由多厂商设备组成的复杂IT基础设施等问题。这就要求信息技术服务厂商具有提供贯穿企业IT发展始终、融合企业业务的一体化解决方案的能力，要求提供更全面、多层次、全生命周期的信息技术服务。

政策与法规

2008年，在各方面的共同努力下，《信息产业“十一五”规划》、《软件产业“十一五”专项规划》、《关于加快发展服务业的若干意见》等政策规划不断得到贯彻和落实，中国信息技术服务的发展环境进一步完善。

为贯彻党中央、国务院关于加快服务业发展的要求和部署，2008年，国务院办公厅发布了《关于加快发展服务业若干政策措施的实施意见》，要求各地和有关部门抓紧制定或修订服务业发展规划，尽快研究完善产业政策，深化服务领域改革，提高服务领域对外开放水平，加大服务领域资金投入力度。商务部、工业和信息化部、教育部等有关部门在中国服务外包示范城市认定方面取得积极进展，在原有的外包示范城市和外包基地的基础上，进一步研究促进外包产业发展的政策措施，提出要确定20个外包示范城市。财政部、商务部出台《关于支持承接国际服务外包业务发展相关财税政策的意见》，积极鼓励支持外包产业发展。商务部、中国进出口银行出台了《关于服务外包产业发展融资支持工作的指导意见》，加强对服务外包产业的融资和信贷支持。

知识产权保护进一步加强，企业软件正版化工作稳步推进。2008 年，《国家知识产权战略纲要》颁布，明确提出了中国知识产权保护的战略规划。2008 年，国家版权局新增 7 600 家企业列入年度完成使用正版软件的工作目标。2008 年底，工业和信息化部联合相关企业启动了知识产权全国培训计划。

存在的问题

2008 年，中国信息技术服务取得较大发展，但依然面临不少问题，主要有：

一是服务水平不够高，服务品质有待进一步提升；

二是产业结构还需调整和优化升级；

三是标准化程度不高，需通过进一步的服务标准化来提升质量和控制成本；

四是人才结构性矛盾和供需矛盾依然突出，中端人才充足，高、低端人才不足，人才综合素质不高；

五是本土企业规模普遍较小，缺乏具有国际竞争力的骨干企业。

[撰稿：尹洪涛　任利华　审稿：赵小凡]

电子工业专用设备行业

【综述】

2008 年对于电子工业专用设备行业是很不平凡的一年，上半年在全国经济高速发展的背景下，行业的增长速度达到了 26%，进入下半年（特别是 9 月份），在全球金融危机的影响下，设备销售及后续订单受到较大的冲击。在国家正确调控政策的指导下，行业内企业坚定信心、克服困难、迎接挑战、紧抓市场开发，大部分骨干企业保持了平稳健康的发展。2008 年，电子工业专用设备行业仍继续保持增长态势，但全年的增长速度降到了 13.3%，低于“十一五”规划 25%的年均增长速度。

中国电子专用设备工业协会对 2008 年从事电子专用设备生产和研发的 75 家主要企事业单位的统计显示：2008 年，行业从业人员 28 318 人，比 2007 年减少了 0.5%，其中工程技术人员 6 305 人，比 2007 年减少了 15.3%。2008 年，全行业固定资产净值为 24.57 亿元，比 2007 年的 23.90 亿元增加 2.8%。

生产与销售

根据对行业内 74 家主要企事业单位的统计，2008 年，电子工业专用设备行业工业总产值（现行价）85.09 亿元，同比增长 13.5%；工业增加值 21.67 亿元，同比增长 8.8%；实现销售收入 82.65 亿元，同比增长 13.3%；完成利税总额 11.85 亿元，同比增长 4.8 %，其中上交税金 4.58 亿元，同比增长 34.1%；实现利润总额 7.26 亿元，同比增长-7.9%，出现了“十一五”以来的首次负增长。

按照销售收入和实现利润排名，前 10 位的企业是推动行业发展的主要力量，这 10 家企业主要经济指标的增长速度都高于全行业的增长速度。行业的大企业集团逐渐形成。

2008 年，电子工业专用设备行业排前 10 名企业的销售收入总额达到 54.9 亿元，占全行业销售收入的 66.5%（2007 年为 63.9%）。2008 年前 10 名企业的销售收入比 2007 年前 10 名企业的销售收入增长 17.8%。入围前 10 名企业的销售收入也从 2007 年的 2.36 亿元提高到 2.82 亿元。

2008 年，电子工业专用设备行业排前 10 名企业完成利税总额 8.54 亿元，占到全行业利税总额的 72.4%(2007 年为 57.7%)，比 2007 年的前 10 名企业增长了 31.2%。2008 年行业前 10 名企业实现利润 5.66 亿元，占全行业利润总额的 78% (2007 年为 59%)，比 2007 年前 10 名企业利润增长 21.8%。北京京运通科技股份有限公司 2008 年实现利润 1.95 亿元，位居行业首位。

2008 年，电子专用设备的产值和销售收入同比分别增长 13.3%和 10%，电子专用工模具的产值和销售收入同比分别下降 25.3%和 36.5%。在电子专用设备各类产品中，除半导体器件和集成电路设备及电子通用设备的销售收入有较大增长外，其他五类电子专用设备和电子工模具的销售收入都是负增长。

2008 年，在光伏发电市场的推动下，半导体设备继续快速增长。2008 年，半导体设备销售收入比 2007 年增长了 56.8%，达到 23.9 亿元，占电子专用设备总销售收入的 48.9%（2007 年为 34.4%）。其中：太阳能电池（材料和电池片）设备 17.66 亿元，占半导体设备总销售收入的 81%，同比增长 70.6%；半导体器件材料和晶圆设备 2.8 亿元，占半导体设备总销售收入的 13%，同比增长 9.8%；半导体器件封测设备 1.4 亿元，占半导体设备总销售收入的 6%，同比下跌 40.7%。主要半导体设备产品销售收入所占份额情况，如图 1 所示（数据来源于中国电子专用设备工业协会）。

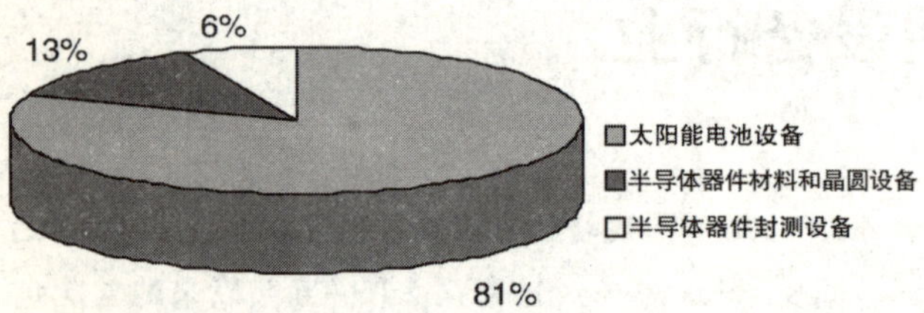

图 1　主要半导体设备产品销售收入所占份额情况

在 2008 年上半年光伏产业市场需求的推动下，我国太阳能电池设备成为近三年来行业内销售增长最快的一类产品。2008 年，我国太阳能电池制造设备销售收入比 2007 年增长了 70.6%，达到 17.66 亿元，其中太阳能级硅单晶生长和加工设备 12.26 亿元，占太阳能电池设备销售收入的 69.4%（2007 年为 77.6%）；出口交货值 0.38 亿元（2007 年为 0.98 亿元）；太阳能电池芯片制造设备 5.4 亿元。2003 年—2008 年我国太阳能电池设备销售完成情况如图 2 所示。

2008 年，电子工业专用设备行业实现利润出现了负增长，主要是工模具企业利润下降了 90%，而设备企业仍然增长了 5.6%。2008 年，亏损企业有 14 家，比 2007 年增加 6 家，亏损总额 9 146 万元，亏损比 2007 年增加 7 368.7 万元。

科研与新产品

2008 年，电子工业专用设备行业完成电子专用设备、专用工模具新产品 259 项，技术含量及附加值高的新产品增强了国产电子专用设备的市场竞争力；其他新

（单位：亿元）

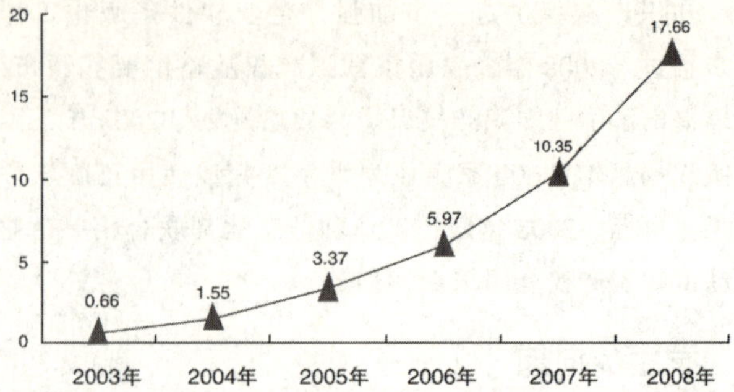

图 2　2003 年—2008 年我国太阳能电池设备销售完成情况

产品完成 111 项，显示了企业寻找机遇，扩大经营范围，提高企业在市场经济条件下生存竞争能力的趋势。

北京北方微电子基地设备工艺研究中心有限责任公司自主研制的 12 英寸 NMC 612 高密度等离子刻蚀机正式进入中芯国际集成电路制造有限公司在北京工厂的生产线。该产品作为中国本土企业自主研发的 12 英寸超大规模集成电路前工序核心设备，以满足 90~65 纳米硅栅刻蚀和浅槽隔离刻蚀等工艺需求为目标，以提升产品工艺性能和降低成本消耗为设计理念，集成了多组先进部件，具备先进工艺控制及故障诊断功能，保证了设备较高的可靠性和可维护性。

北京京运通科技股份有限公司自主研发的新一代多晶铸锭炉（JZ—660）投入量产。该设备最大装料量达 800 余公斤，在全世界居于领先地位，将为光伏产业提高生产效率、降低成本做出贡献。

太原风华信息装备股份有限公司成功研制出全球首台多工位中小尺寸 TFT-LCD 的 PM-5 偏光片磨边机。该机可对 26mm×26mm~100mm×100mm 偏光片进行精密加工，具有高尺寸精度和角度精度，最大加工厚度达 50mm。其多工位作业的方式极大地提高了生产效率，为 TFT-LCD 产品的升级换代提供了有力保障。

中国科学院光电技术研究所与南昌航空大学研制的步进投影光刻机，采用数字微镜阵列（DMD）技术，实现了图形与灰度等级均可实时编辑的数字掩模，研制成功了首台实用的微米级步进缩小投影无掩模版数字化光刻设备。该设备功能完整，工艺兼容性强，总体集成技术具有创新性，达到国际先进水平。它的成功研制，实现了从目前传统的直写或掩模版复制光刻方法向数字信

息化光刻的跃进，为开展微纳器件等微纳加工特殊复合加工技术研制创造了坚实的条件支撑。

北京七星华创电子股份有限公司研发的 CS 系列全数字式质量流量控制器，各项技术指标达到国际一流标准，填补了国内空白。所有设计符合 SEMI 标准，已经取得了 CE 认证，完全可以满足 8 英寸半导体 IC 生产线、高真空设备等领域对质量流量控制器产品的需求。

兰州瑞德设备制造有限公司适应市场需要，应用现代先进技术，开发出高精度、高效率的 X07 250-1 型多线切割机，切割精度达到了国际先进水平。

中国电子科技集团公司第四十五研究所成功研制出 DXQ-601 型多线切割机，在太阳能硅片切割设备的研制方面取得突破性进展，现已成功使用直径 0.12mm 的切割线切割出 156 mm× 156mm ×0.2mm 规格的硅方片，实切硅片质量的各项指标均达到太阳能硅片技术要求。

北京七星华创电子股份有限公司研制的具有国内自主知识产权的 PECVD 设备，在太阳能电池片生产线中取得良好的实际收效。该设备主要用于在 156mm×156mm 方片上淀积 Si3N4 薄膜工艺，是太阳能电池生产线上的关键设备，通过该设备在单/多晶硅基底上所生长的减反射膜，在片内、片间和批间的均匀性和一致性都达到了国际同类产品水平。

中国电子科技集团公司第四十五研究所研制的 BG-401A 型曝光机，设计紧凑、操作方便、生产效率高，得到了广大用户的认可，并实现了产业化。

上海微电子装备有限公司（SMEE）上海微高精密机械工程有限公司自主研发的 SSB500/10A 步进投影光刻机在国内半导体封装线上实现商用，可满足 200mm 和 300mm 硅片的多种凸块后封装厚胶工艺需求。

江苏苏净集团有限公司与天津大学合作研发的“BSL-3 生物安全实验室洁净系统开发与产业化”项目通过验收、科技成果鉴定。该项目具有独创性和独立自主的知识产权，总体水平为国内领先。该成果对中国发展生物安全技术有重大贡献，并具有产业化的发展前景。

中国电子专用设备工业协会、中国半导体行业协会、中国电子材料行业协会、中国电子报联合举办了“第三届中国半导体创新产品和技术评选”活动，有 8 项半导体设备被评为第三届（2008 年度）中国半导体设备创新产品。

重大工程与重点项目

2008 年 4 月 23 日，国务院总理温家宝主持召开国务院常务会议，审议并原则通过“极大规模集成电路制造装备及成套工艺”国家科技重大专项。2008 年对专项中的具体项目进行了安排，并开始实施。

2008 年，列入电子信息产业发展基金的设备项目有：薄膜太阳能电池及生产设备研发与产业化，表面贴装设备（无铅热风再流焊机、AOI 光电检测仪）研发及产业化，平板显示器件生产设备研发及产业化，节能工业窑炉节能技术研发和可比能耗≤60kWh/kg 节能型太阳能电池单晶炉的研发及产业化。

国际合作与交流

中国电子科技集团公司第四十五研究所与白俄罗斯普拉纳尔（PLANNAR）公司就光刻设备、4 种关键封装设备技术和 3 个单项技术上开展技术合作事项签署了协议，并确定建立高层领导定期互访机制和人员交流机制；与美国 Strasbaugh 公司签订化学抛光设备（CMP）项目合作协议，使该所成为该公司在中国首家 CMP 项目合作伙伴。这次合作不但对于双方是双赢的，并且对中国 CMP设备及半导体设备产业的发展也将起到积极的促进作用。

中国电子科技集团公司第四十八研究所（以下简称 48 所）与西班牙 Solarig 公司签订光伏产业技术合作协议。该协议的主要内容是：48 所以“交钥匙”方式为西班牙 Solarig 公司建设太阳能电池生产线；西班牙 Solarig 公司为 48 所供给生产电池片所需的硅料；西班牙 Solarig 公司负责 48 所生产的电池片及组件在欧洲市场的销售。此次协议的圆满签订，为更好地建设湖南光伏产业园奠定了良好的基础，也为 48 所的产品打入国际市场提供了更好的机遇。

2008 年 12 月，中国电子专用设备工业协会首次组团参观全球最大的半导体制造设备、部件和材料国际展览会《SEMICON Japan 2008》。北京七星华创电子股份有限公司、格兰达技术（深圳）有限公司等共有 14 人自行组团参观了《SEMICON Japan 2008》。通过参观展览会、参加技术研讨会以及会后考察半导体设备、部件制造工厂等活动，不仅了解了世界半导体设备最新动态，并且加强了与世界顶尖的半导体设备、部件制造商的合作。

2008年11月4日~5日，由德国BMC商务传媒集团主办、中国电子专用设备工业协会支持的第二届中国国际电子封装与组装技术大会（China SMT Forum 2008）在上海举行。会上，电子制造品牌企业、欧洲著名电子研究机构、业内领头企业的专家代表就近期SMT、半导体封装和PCB领域的生产制造工艺技术及解决方案、电子制造业未来发展趋势等最新发展动向发表了精彩主题演讲，并进行了热烈讨论。

2008年4月9日~10日，由中国电子专用设备工业协会、深圳市拓普达资讯有限公司和深圳市加工贸易企业协会SMT专业委员会、中国电子学会SMT咨询专家委员会共同主办的《国际最新SMT组装中的创新返工技术与工艺研讨会》在上海召开，来自韩国、德国、美国和中国的专家进行了演讲，受到了业界人士的欢迎，有300多人参加了研讨会。

2008年6月20日~21日，中国电子专用设备工业协会、深圳市拓普达资讯有限公司、中国电子学会SMT咨询专家委员会、深圳市加工贸易企业协会SMT专委会于在深圳共同举办了《2008绿色微组装时代的新型SMT组装技术研讨会》，共同探讨中国电子制造业新形势、新动态、新技术。会议邀请了国内外10多位知名专家、教授进行精彩演讲，有200多位SMT业界人士参加了本次研讨会。

2008年，电子工业专用设备行业出口交货总值达到6.66亿元，同比增长21.8%，但电子专用设备同比下降了36.1%，出现了大幅度的下滑。在各类电子专用设备出口中，真空器件、平板显示器件设备和半导体设备出口交货值下滑幅度最大，同比分别跌落78.3%和59%。

市场分析与预测

2008年，受全球金融危机的影响，电子信息产品出口急剧下降，电子信息产品生产企业的产能出现过剩，企业在生产线设备上的投资减少，使得我国电子专用设备企业自2008年4季度以后的订单迅速减少，这必将对电子专用设备产业2009年的生产和销售产生较大的影响。其中，受影响最大的是表面贴装设备、电子元件生产设备和太阳能电池生产设备。但是由于近年来国家对装备制造业的重点支持和扩大内需政策效应逐步显现以及全球经济的逐步复苏，2009年上半年电子专用设备行业的跌幅不会太大，全年总体情况将与2008年水平持平。

2009年，电子信息产品国内外市场发展的热点将推动中国电子专用设备产业的发展。

一是尽管受到全球金融危机的影响，但是各国都将清洁能源的建设列入了2009年市场增长的重点项目，所以光伏产业在2009年仍将继续快速发展。同时，由于国内外多晶硅产能的激增，多晶硅价格跌落，随着晶体硅太阳能电池效率的提高，光伏发电的成本将接近煤电的成本，这将加速各国对光伏发电的投资。2009年，我国大容量多晶硅铸锭炉、多线切割机、高效PECVD和自动印刷机等一批太阳能电池生产新设备将投产，这将成为我国太阳能电池设备新的增长点。光伏产业的发展，还将继续带动我国空气净化、废水处理和高纯气体提取设备的增长。

二是在电子照明市场的推动下，2009年发光二极管市场需求将继续增长。我国LED的光刻设备、清洗设备和后封装生产线关键设备已经产业化，2009年将得到较大的发展。

三是我国TFT-LCD将走向以液晶电视和显示器为主要市场的时代，我国TFT-LCD后道组装生产线设备已经基本成套产业化，2009年将继续保持增长。另外，用于表面贴装生产的无铅焊接设备、AOI设备、自动印刷机、自动上下扳机与国际先进水平进一步接近，但由于今年受到手机、笔记本电脑产量的下降以及自动贴片机仍将依靠进口，国产表面贴装设备的发展增长受到限制。

政策与法规

国务院常务会议审议并原则通过的“极大规模集成电路制造装备及成套工艺”国家科技重大专项，是21世纪信息战略高技术的发展重点。要通过专项的实施，掌握具有自主知识产权的集成电路制造成套先进工艺，带动装备制造产业的发展，促进产业结构调整，提高国家核心竞争力。

存在问题

一是产业规模小，技术水平难以适应电子信息产业市场发展的需要。2008年，中国电子专用设备产业继续以二位数的速度得到发展，但是其规模还不能适应中国电子信息产业市场的需要。2008年，中国规模以上电子信息产业主营业务收入达5.88万亿元，而为其提供配套的生产设备销售收入还不足 100 亿元的产业规模。面对我国集成电路、平板显示器件、薄膜太阳能电池、表面贴装整机等蓬勃发展的电子信息产品为电子专用设备提供的市场，已远远不能适应，这些产品的关键生产设备只能依赖进口。如：2008 年，中国半导体设备的市场是 29.5 亿美元，而半导体设备的销售收入仅是 23.9 亿元人民币。

二是缺乏高技术人才，产业自主创新能力弱。由于电子专用设备技术含量高，引进设备制造技术成功的项目很少。尽管近年来中国花巨资引进了很多先进的电子产品生产线，但是消化吸收的工作进展难度较大，产业的发展只能依靠自己薄弱的技术队伍。2008 年，在中国政府振兴装备制造业一系列政策的驱动下，行业内不少企业加强了吸纳海内外高级技术人才的工作，尤其是在国外大型电子专用设备企业工作过的专家参加产品的研发，使得中国电子专用设备产业的自主创新能力得以加强。不仅加快了我国高端电子专用设备产品的开发，而且使新产品很快实现产业化。

三是金融危机对产业的发展造成明显影响。金融危机对集成电路、电子元件、电子整机、光伏发电等产业影响巨大，中国电子信息产品生产厂商纷纷通过大规模减产应对危机，产能出现过剩，设备需求急剧下降。从 2008 年 4 季度开始，中国大部分电子专用设备企业就很难接到设备订单，一些已经签订的供货合同，要求推迟发货。这些不仅对 2008 年中国电子专用设备产业的发展受到较大的冲击，也将对 2009 年产业的发展产生明显的影响。

【统计数据】

表 1 2008 年电子工业专用设备行业规模与人员构成情况

企业类别	研究所（家）	企业（家）	总人数（人）	其中：技术人员（人）
国有及国有控股企业	5	25	17 067	4 209
民营企业		39	8 551	1 654
股份企业		2	716	179
三资企业		3	1 984	263
合计	5	69	28 318	6 305

表 2 2006 年—2008 年电子工业专用设备行业产品销量情况

产品名称	单位	2006 年		2007年		2008年	
		销量	增长率（%）	销量	增长率（%）	销量	增长率（%）
半导体与集成电路设备	台	3 981	–2.1	3 812	–4.2	5 445	42.8
电子元件设备	台	5 390	97.2	5 735	6.4	4 219	–26.4
电真空和光电器件设备	台	1 732	–35.6	2 863	65.3	3 516	24.4
环境与可靠性试验设备	台	3 257	10.7	1 572	–51.7	1 625	3.4
净化设备	台	17 394	2.1	16 191	–6.9	21 978	35.7
电子整机装联设备	台	2 359	23.4	3 488	47.9	3 044	–12.7
电子通用设备	台	27 884	4.1	51 918	86.2	55 624	7.1
电子专用工具	万件	680	–9.1	1 241	82.5	589.4	–52.5
电子专用模具	副	1 241	–26.1	1 327	6.9	1 251	–5.7

表 3　2006 年—2008 年电子工业专用设备行业产品销售额情况

产品名称	单位	2006 年		2007年		2008年	
		销售额	增长率（%）	销售额	增长率（%）	销售额	增长率（%）
半导体与集成电路设备	万元	99 142	47.6	152 619	53.9	239 340	56.8
电子元件设备	万元	78 155	40.7	77 685	−0.6	58 481	−24.7
电真空和光电器件设备	万元	35 562	34.5	44 669	25.6	27 955	−37.4
环境与可靠性试验设备	万元	28 179	23.4	15 568	−44.8	11 772	−24.4
净化设备	万元	66 350	13.8	78 709	18.6	70 365	−10.6
电子整机装联设备	万元	18 905	153.5	33 852	79.1	28 988	−14.4
电子通用设备	万元	34 376	−15.3	41 468	20.6	52 215	25.9
电子专用工具	万元	7 744	13.4	12 578	62.4	4 858	−61.4
电子专用模具	万元	19 758	−2.0	20 421	3.4	16 105	−21.1

表 4　2006 年—2008 年电子工业专用设备行业主要产品产量情况

产品名称	单位	2006 年		2007年		2008年	
		产量	增长率（%）	产量	增长率（%）	产量	增长率（%）
电子专用设备	台（套）	58 133	4.4	86 207	48.3	95 496	10.8
电子专用工具	万件	732	−2.2	1 272	73.8	628	−50.7
电子专用模具	副	1 244	−26.0	1 435	15.4	1 297	−9.6

表 5　2006 年—2008 年电子工业专用设备行业主要产品产值情况

产品名称	单位	2006 年		2007年		2008年	
		产值	增长率（%）	产值	增长率（%）	产值	增长率（%）
电子专用设备	万元	364 177	22.9	464 412	27.5	526 063.6	13.3
电子专用工模具	万元	28 620	−7.6	31 450	9.9	23 490	−25.3

表 6　2006 年—2008 年电子工业专用设备行业实现出口交货值情况

产品名称	单位	2006 年	2007年	2008年	
				交货值	增长率（%）
电子专用设备	万元	20 227	34 613.1	22 113.7	–36.1
电子专用工具、模具	万元	8 007	7 230.7	6 811.1	–5.8
其他产品	万元	14 955	12 862.4	37 723.9	193.3

表 7　2006 年—2008 年电子工业专用设备行业主要经济指标完成情况

产品名称	单位	2006 年	2007年	2008年	
				总额	增长率（%）
全行业工业总产值（现行价）	万元	691 048	749 730	850 932.0	13.5
其中：本行业产品工业产值（现行价）	万元	392 797	495 862	549 553.6	10.8
全行业工业增加值	万元	160 478	199 201	216 682.9	8.8
其中：本行业产品增加值	万元	91 367	119 928	129 606.7	8.1
全行业销售收入	万元	557 216	729 446	826 493.5	13.3
其中：本行业产品销售收入	万元	413 300	444 366	510 077.4	14.8
全行业实现利税总额	万元	77 958	113 007	118 472.4	4.8
全行业实现利润总额	万元	46 702	78 834	72 635.4	–7.9

表 8　2008 年电子工业专用设备行业实现销售收入和完成利税排前 10 名的企业情况

排序	单位名称	销售收入（万元）		完成利税（万元）	
		总额	其中：电子专用设备	总额	其中：利润
1	中国电子科技集团公司第 48 研究所	101 515.0	42 673.0	9 475.0	6 630.0
2	江苏苏净集团有限公司	80 128.0	62 254.0	7 364.0	4 805.0
3	北京京运通科技股份有限公司	78 830.0	48 721.0	26 243.0	19 530.0
4	北京七星华创电子股份有限公司	56 043.0	33 276.3	10 051.0	5 888.6
5	格兰达技术（深圳）有限公司	47 242.6	1 100.0	8 838.5	4 941.2
6	四川丹甫制冷压缩机有限责任公司	45 908.0	264.0	8 920.0	6 333.0
7	铜陵三佳电子（集团）有限责任公司	42 390.0	17 457.0	418.0	207.0
8	西北机器有限公司	40 300.0	36 910.0	2 479.0	800.0
9	常州华盛天龙机械股份有限公司	28 315.0	25 190.0	9 795.0	6 543.0
10	中国电子科技集团公司第 45 研究所	28 201.0	28 001.0	1 806.0	940.0
	合计	548 872.6	295 846.3	85 389.5	56 617.8

注：表 1~表 8 数据来源于中国电子专用设备工业协会。

表9　第三届（2008年度）中国半导体设备创新产品

序号	产品名称	单位名称
1	JZ-660 多晶铸锭炉	北京京运通科技股份有限公司
2	CS 系列气体质量流量控制器/流量计	北京七星华创电子股份有限公司
3	全自动上片机（Die Bonder）SS-DT01;HS-DC01	大连佳峰电子有限公司
4	全自动测试编带机	格兰达技术（深圳）有限公司
5	X61 1572L-1 型数控精密研磨机	兰州瑞德设备制造有限公司
6	TDL-GX 31C 型硅芯炉	西安理工晶体科技有限公司
7	GJL-225 真空/可控气氛共晶炉	中国电子科技集团公司第二研究所
8	90/65 纳米介质刻蚀机	中微半导体设备（上海）有限公司

[撰稿：金存忠　审稿：刁石京　彭红兵]

电子测量仪器工业行业

【综述】

2008年，电子测量仪器工业行业规模以上企业有687家，包括电子测量仪器制造、环境监测专用电子仪器制造、汽车电子仪器制造、导航和气象及海洋电子仪器制造、农林牧渔电子仪器制造、地质勘探和地震电子仪器制造、核子及核辐射电子仪器制造、医疗电子仪器制造等8个电子仪器制造业。电子测量仪器制造企业有164家，主要产品包括：通用电子测量仪器、通信电子测量仪器、IC电子测量仪器、印制版电路电子测量仪器、自动测试系统、LXI总线测试仪器等。

生产与销售

2008年，电子测量仪器制造业实现总产量8 100 325台，比2007年增长-4.5%；实现总产值1 245 010万元，比2007年增长16%。电子测量仪器制造业完成销售量8 000 018台，比2007年增长-5.6%；完成总销售额1 207 505万元，比2007年增长13.6%。

电子测量仪器制造业重视提高产品质量。中国电子科技集团公司第四十一研究所制定了《节约、减排、降耗管理制度》、《专利管理制度》，编写了《质量文化手册》。在完善各项规章制度的同时，全面加强执行力，对相关职能部门和人员制定了部门质量职责和岗位质量职责，切实落实质量责任，所内的质量管理体系始终保持着良好的运行状态，顺利地通过了相关认证机构的第三方审核，通过了总装备部的武器装备承制单位资质认证。江苏绿扬电子仪器集团有限公司已通过GB/T19001—2000、GJB9001A—2001质量监督审查及GB/T24001、GB/T28001环境和职业健康体系认证。北京大华无线电仪器厂，通过了GJB9000和ISO9000质量体系认证，武器装备科研生产单位保密资格认证、武器装备科研生产许可证和军工电子装备科研生产许可证等认证。

科技进步

2008年，中国电子测量仪器工业行业坚持走自主开发、自主创新之路，研制出一批新一代产品。例如：YB42000系列手持式数字存储示波表，其带宽200MHz，采样率1GSPS，性能指标达到国际先进水平，并填补了国内空白。AV5284便携式光通信综合测试仪，其集成化程度高、测量功能多、体积小、电池供电和操作简单方便，实现了光源、光功率计、误码测试仪、话路和音频分析仪等于一体，具有接口（G.703非帧/成帧、V.24、V.35、A、K）误码测试、音频信号产生、电平测量、失真度测量、1310nm和1550nm的光输出及光功率测量等功能，综合性能达到国内领先、国际先进水平，应用效果突出，具有显著的军事与经济效益。AV4943型TD-SCDMA终端综合测试仪，其制式：3GPP TDD LCR R4，码片速率：1.28Mcps，行标版本：支持N频点和UpPCH Shifting方案升级后的基于R4行业标准，芯片种类：大唐ADI、展讯、T3G、凯明、重邮，测试频段：可通过更换组件化模块升级方式支持国家规定的全部TD-SCDMA频段（包括2010~2025MHz、1880~1920MHz、2300~2400MHz）。KH系列超低失真仪，具有百万分之几量级超低失真，我国仅有的10Hz~200kHz，最小可标定十万分之三的超低失真度鉴定装置，填补了国内空白，满足了国家标准的急需（进口产品只到110kHz），每台售价13万元，国内有数百台的市场需求。KH高稳定度高分辨率数字合成源，其频率范围为0.1Hz~3GHz，具有点频和扫频功能和多种调制功能；采用分布式参数设计的理念，完成了超高频无源天线的样机设计；50MHz~3GHz，增益≥5dβ，具有体积小，重量轻，性能好等特点，国内外未见有同类产品。另外，对KH3905系列全自动干扰场强测试接收机等6个品种进行更新设计，其性能和重量均是国际上同类产品性价比的1/5~1/10，能够满足用户对此类产品的要求，同时打破了300kHz以下国外对我国的封锁禁运。

重大工程与重点项目

中国电子科技集团公司第四十一研究所实施了“TD-SCDMA终端综合测试仪表研究开发及产业化”项目，已形成批量生产和供货能力，正等待有关部门验收。江苏绿扬电子仪器集团有限公司实施了“高速实时宽带数字荧光示波器研发及产业化”项目，拟研发100MHz~1GHz带宽数字荧光示波器10个品种，并实现产业化，形成年产20 000台套的生产能力。目前，已完成100MHz~200MHz样机研发。该公司的“数字化电子及通信测量仪器研发生产条件改造”项目已经通过国家发展和改革委员会专家组验收，通过了国防科工局武器装备科研生产许可证和保密认证，通过了总装、总参组织的武器装备承制单位资格审查。

国际合作与对外贸易

2008年，电子测量仪器制造业的进出口额全部保持了增长的势头。以中国海关对示波器等15个产品的进出口统计，出口量为65 099 846台，增长幅度20%，出口额为681 371 347美元，增长幅度6.3%；进口量为1 991 764台，增长幅度-24.5%，进口额为1 974 779 002美元，增长幅度1.0%。中国大陆总的进出口情况是：出口额2 375 837.3万美元，比2007年增长21.5%；进口额2 765 837.09万美元，比2007年增长14.7%。

尽管全球金融危机还没有过去，但世界测试与测量龙头企业美国安捷伦公司依然决定增资1 000万美元用于拓展其在成都的基地——安捷伦科技（成都）公司。目前，安捷伦科技（成都）公司研发的4款本土化测量产品（N9310A射频信号发生器、N9320A射频频谱分析仪、N9340B手持频谱分析仪以及N9330B手持式天馈线测试仪）成功投放全球约80个国家与地区。未来3年，美国安捷伦公司在中国大陆的市场目标是10亿美元。

欧洲最大的电子测量仪器厂商罗德与施瓦茨公司（R&S公司）作为第一批在华投资的国外企业之一，在中国市场已经有20余年成功的发展历史。自1996起，伴随着中国移动通信领域的迅速成长，经过一系列调整，R&S公司进入了在华发展的快车道。销售额年平均增长率达30%，2006—2007财政年逾13亿元人民币。目前，在中国测试与测量和广播电视发射领域的市场份额超过30%，在空中交管和无线电检测与定位市场份额达50%~60%，在电磁兼容大型测试系统领域市场份额达70%以上。

市场分析与预测

2008年，国产电子测量仪器市场有一定的起伏，销量有6%的下降，但销售额仍保持了13.6%的增长。其中，通信、光电、频率、示波器、广播电视、声学、记录显示、稳压电源等电子测量仪器市场保持了一定幅度的增长；医疗电子仪器、工交电子应用仪器、农业电子应用仪器、文教电子应用仪器市场则保持了较大幅度的增长。国产电子测量仪器市场继续提高的关键是掌握自主知识产权，增强自主开发能力，提高电子测量仪器软件和硬件集成的水平，把产品打入国外市场。2009年乃至2010年是国际经济复苏并回复发展的起始年份，由于电子测量仪器行业的发展与国民经济其他行业的发展有极大的关联度，因此，伴随着国际经济的复苏和实体经济的发展，电子测量仪器市场一定会呈现较快的发展趋势。

存在问题

电子测量仪器的发展落后于电子信息产业其他行业的发展，使整个电子信息产业链处于断裂的状态，对于整个电子信息产业的长远发展存在极大隐患。若对于这样一个具有极大关联度和综合高技术行业不予以高度重视，长期落后，则将使整个电子信息产业很难协调发展。由于电子仪器不是规模经济，长期以来未受到足够重视，建议把集成电路和软件发展的国家政策惠及到电子测量仪器工业行业中来。

【统计数据】

表 1　2006 年—2008 年电子测量仪器工业行业主要产品产量情况

产品名称	单位	2006 年		2007年		2008年	
		产量	增长率（%）	产量	增长率（%）	产量	增长率（%）
电子测量仪器合计	台	7 478 267	21.8	8 479 648	13.4	8 100 325	–4.5
频率测量仪器	台	6 807	16.1	15 965	134.5	61 516	285.3
电压测量仪器	台	2 640 134	77.7	3 647 224	38.1	3282 502	–10.0
示波器	台	125 200	21.3	150 866	20.5	160 000	6.1
集成电路测量仪器	台	120	–20.5	130	8.3	88	–32.3
元件参数测量仪器	台	10 000	8.1	12 000	20.0	11 400	–5.0
频谱波形分析仪器	台	2 350	3.8	2 820	20.0	2 679	–5.0
微波测量仪器（不含部件）	台	2 942	57.4	3 677	25.0	3 309	–10.0
通信测试仪器	台	900	80.0	1 215	35.0	1 282	5.5
光电测量仪器	台	600	20.0	900	50.0	700	–22.2
广播电视测量仪器	台	20 059	36.4	26 126	30.2	28 738	10.0
超低频测量仪器	台	219	200.0	263	20.1	245	–6.8
声学测量仪器	台	6 800	0.8	6 936	2.0	9 017	30.0
干扰场强测量仪器	台	3 343	11.4	3 171	–5.1	3 963	25.0
稳压电源	台	3 105 891	2.0	2 542 290	–18.1	2 999 750	18.0
记录显示仪器	台	23 463	27.9	42 233	80.0	63 350	50.0
信号源	台	1 512 215	20.2	1550 020	2.5	1 410 518	–9.0
其他测量仪器（不含晶振）	台	17 424	–80.2	58 350	234.9	61 268	5.0
医疗电子仪器设备合计	台	12 573 113	69.3	21 976 418	74.8	47 857 743	117.8
医用电子仪器	台	12 557 348	70.9	21 957 887	74.9	47 814 275	117.8
医用超声仪器	台	3 442	58.3	1 109	–67.8	10 005	802.2
医用激光仪器	台	351	–52.6	326	–7.1	3 099	850.6
医用生化仪器	台	10 305	123.5	10 189	–1.1	13 684	34.3
医用高频微波射线仪器	台	1 314	–98.1	6 407	387.6	13 600	112.3
中医诊断仪器	台	353	–52.0	500	41.6	3 080	516.0

续表

产品名称	单位	2006 年		2007年		2008年	
		产量	增长率（%）	产量	增长率（%）	产量	增长率（%）
工交电子应用仪器合计	台	416 150	-5.1	451 714	8.5	637 072	41.0
农业电子应用仪器合计	台					26 366	
文教电子应用仪器合计	台					28 007	

表 2 2006 年—2008 年电子测量仪器工业行业产品销量情况

产品名称	单位	2006 年		2007年		2008年	
		销量	增长率（%）	销量	增长率（%）	销量	增长率（%）
电子测量仪器合计	台	7 403 859	21.0	8 476 630	14.5	8 000 018	-5.6
频率测量仪器	台	6 578	23.9	15 796	140.1	61 768	291.0
电压测量仪器	台	2 626 313	65.4	3 598 048	37.0	3 238 243	-10.0
示波器	台	120 000	19.6	144 000	20.0	136 080	-5.5
集成电路测量仪器	台	120	-20.5	130	8.3	88	-32.3
元件参数测量仪器	台	9 465	5.9	11 358	20.0	10 733	-5.5
频谱波形分析仪器	台	2 264	1.3	2 716	20.0	2 580	-5.0
微波测量仪器（不含部件）	台	2 523	35.7	3 150	24.9	2 835	-10.0
通信测试仪器	台	900	125.0	1 211	34.6	1 272	5.0
光电测量仪器	台	500	0	800	60.0	616	-23.0
广播电视测量仪	台	19 057	29.9	24 402	28.0	26 793	9.8
超低频测量仪器	台	158	276.2	189	19.6	204	7.9
声学测量仪器	台	6 064	-1.0	5 096	-16.0	6 625	30.0
干扰场强测量仪器	台	3 347	11.2	3 172	-5.2	3 965	25.0
稳压电源	台	3 051 334	-2.0	2 593 633	-15.0	2 941 250	13.4
记录显示仪器	台	44 001	118.7	78 704	78.9	114 121	45.0
信号源	台	1 493 584	20.0	1 527 936	2.3	1 390 422	-9.0
其他测量仪器（不含晶振）	台	17 651	119.4	59 450	236.8	62 423	5.0
医疗电子仪器	台	12 607 430	450.6	21 879 330	73.5	47 891 544	118.9
医用电子仪器	台	12 592 601	475.7	21 863 048	73.6	47 849 004	118.9
医用超声仪器	台	3 406	61.4	1 127	-66.9	9 988	786.2
医用激光仪器	台	350	-49.7	318	-9.1	3 046	857.9
医用生化仪器	台	9 406	103.0	9 243	-1.7	13 722	48.5

续表

产品名称	单位	2006年		2007年		2008年	
		销量	增长率（%）	销量	增长率（%）	销量	增长率（%）
医用高频微波射线仪器	台	1 315	–98.6	5 394	310.2	12 766	136.7
中医用仪器	台	352	–53.3	200	–43.2	3 018	1 409.0
工交电子应用仪器合计	台	406 553	–2.08	420 687	3.5	613 670	45.9
农业电子应用仪器合计	台					26 926	
文教电子应用仪器合计	台					27 240	

表3　2006年—2008年电子测量仪器工业行业产品出口情况

产品名称	单位	2006年	2007年		2008年	
		数量	数量	增长率（%）	数量	增长率（%）
数字脉冲频率测量仪器	台		3 260		9 077	178.4
计数器	台		1 525 567		14 876 900	875.2
时间测量仪器	台		1 420 000		107 200	–92.5
电压测量仪器	台	1 802 564	176 476	–90.2	159 682	–9.5
数字存储示波器	台	10 000	20 000	100.0	21 824	9.1
300MHz以下通用示波器	台	60 650	71 311	17.6	86 624	21.5
其他阴极射线示波器	台	78 781	45 299	–42.5	76 585	69.1
电力电子器件测试仪	台		14 978			
其他电子器件测试仪	台		84 313			
滤波器、放大器	台		2 082 515			
功率放大器	台		5 609			
信号源	台		1 360 945		1 103 473	–18.9
标准电感电容电阻测试仪	台		589 633			
稳压电源	台		207 412		55 458	–73.3
显示仪器	台		12 338		35 000	183.7
51/2以下数字万用表	台	11 618 949	12 661 326	9.0	12 980 086	2.5
51/2以下数字电流电压表	台	304 170	443 260	45.7	587 447	32.5
其他万用表	台	2 617 392	2 159 329	–17.5	2 089 961	–3.2
有记录装置的万用表	台		261 599		752 307	187.6
电阻测试仪	台	1 141 636	1 045 344	–8.4	1 635 586	56.5
电压/电流/电阻/功率测量仪	台	22 592 938	22 366 913	–1.0	25 637 497	14.6

续表

产品名称	单位	2006 年	2007年		2008年	
		数量	数量	增长率（%）	数量	增长率（%）
12.4GHz 以下数字频率计	台	26 270	55 113	109.8	36 933	–33.0
一般无线电通讯专用仪器	台	367 730	302 447	–17.8	408 116	34.9
半导体/元器件检测仪器	台	2 956	4 665	57.8	9 606	105.9
有记录功能电感电容测试仪	台	75 657	144 280	90.7	17 904	–87.6
其他电感电容测试仪器	台	1 548 346	1 630 412	5.3	1 786 540	9.6
超声诊断仪	台	443	37	–91.6	1 521	4 010.8
激光电子治疗仪	台	69	210	204.3	121	–42.4
电子生化分析仪	台	168	172	2.4	10	–94.2
医用高频仪器	台		492		26	–94.7
工交电子应用仪器	台		19 902		116 897	487.4
农业电子应用仪器	台				218	
其他电子应用仪器	台				122 322	

表 4　2006 年—2008 年电子测量仪器工业行业主要经济指标完成情况

产品名称 项目名称	单位	2006 年	2007年		2008年	增长率（%）
			总额	增长率（%）		
全行业工业总产值（现行价）	万元	930 863	1 073 285	15.3	1 245 010	16.0
全行业工业增加值	万元	290 608	357 447	23.0	373 889	4.6
全行业销售收入	万元	924 300	1 062 945	15.0	1 207 505	13.6
全行业实现利税总额	万元	94 004	112 804	20.0	104 908	–7.0
全行业实现利润总额	万元	51 445	60 705	18.0	57 063	–6.0

表 5　2008 年按企业不同经济类型划分的电子测量仪器进出口情况

经济类型	单位	出口额	增长率 (%)	进口额	增长率 (%)
总计	万美元	2 375 837.3	21.5	2 765 837.1	14.7
外商独资企业	万美元	1 424 805.9	15.2	1 469 460.6	2.4
中外合资企业	万美元	226 571.1	33.4	460 469.6	48.5
国有企业	万美元	226 571.1	22.0	486 731.4	26.3
私人企业	万美元	317 126.7	39.0	305 602.6	32.4
集体企业	万美元	43 319.3	27.4	28 738.7	–9.8

续表

经济类型	单位	出口额	增长率（%）	进口额	增长率（%）
中外合作企业	万美元	86 882.4	47.6	13 651.7	–18.6
个体工商户	万美元	1 273.0	–44.6	1 131.7	–1.3
其他企业	万美元	115.1	221.6	50.8	–44.2

[撰稿：徐春龄　审稿：刁石京　彭红兵]

集成电路产业

【综述】

2008 年，世界半导体产业在国际金融危机的冲击下受到严重影响。根据全球半导体贸易统计组织（WSTS）和美国半导体产业协会（SIA）数据显示：2008 年世界半导体产业销售额为 2 486 亿美元，同比下降 2.8%，其中集成电路产品占半导体市场销售额的 83.9%，同比下降 4.2%。在集成电路主要产品中，除逻辑电路增长 9.3%外，存储器、微器件、模拟电路都出现了负增长，其中存储器产品销售额下降 19.9%。

2008 年，中国半导体产业受到国际金融危机和全球半导体产业处于周期性低谷的双重影响，发展仍然保持了增长的态势，但是增速明显放缓，销售额为 2 184.6 亿元，同比增长 4.7%。集成电路设计、芯片制造与封装测试三行业的发展均不同程度地受到市场低迷的影响。其中，各主要芯片制造企业均不同程度地出现了产能闲置、业绩下滑的情况；封装测试业也普遍遇到了订单减少、开工率不足的问题；设计业虽然受到国内市场需求增长放缓的影响，但重点企业在技术升级与产品创新方面所做的努力克服了市场需求不振带来的困难，全年增速高于集成电路产业的整体增幅。

生产与销售

2008 年，中国集成电路产业全年销售额为 1 246.82 亿元，同比增幅由 2007 年的 24.3%下滑到–0.4%。集成电路产量有小幅增长，达到 417.4 亿块，同比增长 1.3%。集成电路产业总销售额约占电子信息产品制造业销售额的 1.98%，占世界集成电路市场的 8.54 %（美元与人民币的换算率按 1:7 计算）。

集成电路设计业　近几年来，中国集成电路设计业取得了有目共睹的高速发展。2008 年，在集成电路产业增速出现大幅下滑的背景下，集成电路设计业销售额为 235.18 亿元，仍保持了 4.2%的增幅。

2008 年，市场需求增长乏力，部分集成电路设计企业业绩有所下滑。国家积极引导 3G 移动通信、数字电视、计算机与网络等领域的自主创新，一批企业在经过几年的技术积累后，开发出满足市场需求的新产品并投放市场，2008 年销售收入超过 1 亿元的设计企业数量有所增加。设计企业已在移动通信、数字电视、数字多媒体处理器、计算机及网络芯片、嵌入式 CPU 等产品领域取得了一定的成绩。

2008 年，中国前 10 名集成电路设计企业销售额为 95.63 亿元人民币，占设计业总销售额的 40.7%，设计业在整个集成电路产业中所占的比例已由 2001 年的 7.3%上升到 2008 年的 18.9%。

芯片制造业　近几年来，中国芯片制造业在新建设项目投产的带动下，规模迅速扩大。2008 年，中国芯片制造业规模为 392.73 亿元，同比下降 1.3%，销售额有所下滑，但面向国内市场需求部分仍保持较好的发展势头。中芯国际集成电路制造有限公司和武汉新芯集成电路制造有限公司的 12 英寸集成电路芯片生产线、无锡华润上华科技有限公司和渝德科技（重庆）有限公司的

8英寸集成电路芯片生产线等建成并小批量生产；英特尔公司在大连的 12 英寸集成电路芯片生产线建设进展顺利。为跻身代工服务商行列，推进技术进步是芯片制造企业的根本，国内制造企业近几年着力开发特色工艺，诸如在逻辑电路工艺、高压模拟、数模混合等工艺模块的开发上取得了明显进步。

2008 年，前 10 名集成电路及分立器件制造企业销售额为 380.36 亿元，制造业在整个集成电路产业中所占的比例由 2001 年的 13.4%上升到 2008 年的 31.5%。

封装测试业 在中国骨干封装企业增资扩产、国际半导体市场需求量上升等因素的带动下，2004 年—2007 年国内封装测试业总体呈持续快速增长的势头。2008 年三季度以来，由于受到整体市场恶化的影响，国内封装测试业增幅出现了较大的下滑。2008 年，中国封装测试业销售收入为 618.9 亿元，同比下降 1.4%。部分企业 2008 年的销售额出现了明显下滑，但骨干企业继续保持了较好的发展势头，如江苏新潮科技集团有限公司、南通富士通微电子有限公司、天水华天科技股份有限公司等企业业绩均实现了一定增长；上海松下半导体有限公司、深圳赛意法半导体有限公司、瑞萨半导体（北京）有限公司、英飞凌科技（无锡）有限公司、三星电子（苏州）半导体有限公司等外资企业的业绩增幅在 10% 以上。在封装技术方面，随着封装产品的多样化和高端封装产品的需求增加，封装企业不断致力于新技术的开发和产品的生产，取得了较好的进展。

2008 年，中国前 10 名芯片封装测试企业销售额为 462.01 亿元，占封装测试业总销售额的 74.7%，封装测试业占整个集成电路产业的比重为 49.6%。

科研与新产品

2008 年，中国集成电路企业积极克服全球金融危机带来的负面影响，继续加强技术研发和技术成果转化，自主创新能力得到进一步提高，涌现出一批优秀的创新产品和技术。

集成电路新产品 北京君正集成电路有限公司开发的多媒体处理芯片，采用 32 位 XBurst CPU 内核技术，支持标清多个格式视频解码，全芯片功耗低于 300 毫瓦，广泛应用于 PMP、普及型学习机、电脑、GPS、移动电视等多个领域。

北京天碁科技有限公司开发的 TD-HSDPA/EDGE 双模终端基带芯片，采用自适应调制编码（AMC）技术、混合自动重传请求（HARQ）技术、16QAM 调制技术，能够满足高速率的第三代移动数据业务的要求。

北京中电华大电子设计有限责任公司的无线局域网基带协议处理芯片，集成了 CPU、802.11MAC/基带、多种安全算法和高速 AD/DA，可应用于 PC、笔记本电脑、无线接入点/路由器、VoIP、多媒体、数字家庭等领域。

北京中天联科微电子技术有限公司开发的基于 ABS-S 标准的卫星信道接收解调芯片，采用了先进、高效的信道编码技术，可完成 QPSK 和 8PSK 解调及 LDPC 解码功能，主要应用于“村村通”工程及高清交互卫星电视等领域。

北京中星微电子有限公司的手机多媒体处理器芯片，采用高性能的 SoC 架构，支持多种多媒体编解码格式，丰富的外围接口和存储扩展选择，能满足手机电视、蓝牙、GPS 等在手机应用中的需要。

杭州国芯科技有限公司开发的直播卫星解调、解码芯片组，集成高性能 32 位 RISC CPU、MPEG2 解复用器、MPEG2 音视频解码器、真彩色的 OSD 及 2D 图形加速等功能模块，能支持多路高清节目，主要面向中国直播卫星数字电视接收机顶盒市场。

上海坤锐电子科技有限公司开发的超高频电子标签芯片(QR2233)，采用 0.18 微米工艺，存储容量达到2KB，广泛应用于物流、仓储、智能交通、商品防伪等领域。

集成电路制造技术 上海华虹 NEC 电子有限公司开发的用于生产大屏幕 LCD 驱动电路模块的工艺，具备高耐压、高可靠性、低功耗、驱动能力强以及可与标准 CMOS 工艺兼容的特点，提高了产品的性价比。

集成电路封装测试技术 江苏长电科技股份有限公司开发的用于 U 盘的 SiP 封装技术，核心 USB 模块采用了 COB 板上芯片堆叠封装技术以及 PU（聚氨酯）外壳包封设计，具有可靠性好等特点。

南通富士通微电子股份有限公司开发的采用 LCC 无引脚芯片载体形式封装 MEMS 加速度传感器，可用于笔记本电脑、手机、白色家电及汽车电子等产品。

天水华天科技股份有限公司开发的带腔体的光电封装技术，具有体积小、灵敏度高、可靠性好等特点。

国际合作与对外贸易

2008 年，中国集成电路进口数量和金额的增长率出现明显回落，共进口集成电路产品 1 345.5 亿块、计1299.4 亿美元，分别比 2007 年增长 9.7%、1.2%。在产品出口方面，随着中国集成电路产能的提高，出口数量达到 485.5 亿块，保持了 19.1%的较高增长率；受集成电路产品价格下降的影响，出口额为 246.7 亿美元，同比增长 3.4%。

市场分析与预测

2008 年，中国集成电路市场仍保持较好的增长，市场销售额为 5 634.7 亿元，同比增长 4.2%，占世界集成电路市场的 38.8%。计算机类、消费类、网络通信类三大领域占据着中国集成电路市场接近 90%的市场份额。在笔记本电脑迅速发展的驱动下，计算机类集成电路市场保持了 5.9%的较高增长率，市场销售额为 2 372.2 亿元；受中国手机产量放缓等因素的影响，网络通信类集成电路市场发展缓慢，市场规模为 1 121.3 亿元，同比增长 0.6%；受国际市场低迷以及人民币对美元升值导致出口需求疲软的影响，中国消费电子产量增速出现大幅下降，消费类集成电路市场销售额为 1 453.8 亿元，同比增长 3%。在其他类集成电路市场领域中，汽车电子实现了 14%的高增长，是 2008 年中国集成电路市场上发展最快的领域。在产品结构方面，存储器一直是中国集成电路市场上份额最大的产品，2008 年占市场份额的 21.7%，存储器价格的不断下跌直接影响了集成电路市场销售额的发展速度。

近几年来，在全球半导体市场发展缓慢，中国承接全球电子整机产品产能转移趋缓，以及国内整机需求放缓等因素的影响下，中国半导体市场增长速度也逐年减缓。由于金融危机的影响在 2009 年还将持续，市场暂时无法走出低迷发展的态势。预计 2009 年中国集成电路市场发展速度将继续放缓，全年增长率预计为 3.2%。从未来三年的发展来看，2009 年到 2011 年，中国集成电路市场的复合增速预计将为 7.8%。中国集成电路市场将会保持平稳的发展速度。

【统计数据】

表 1　2004 年—2008 年中国集成电路产业主要经济指标情况

项目名称	单位	2004年	2005年	2006年	2007年	2008年
集成电路产量	亿块	211.5	261.1	335.8	411.7	417.4
集成电路产业销售额	亿元	545.3	702.1	1 006.3	1 251.3	1 246.8
其中：设计业销售额	亿元	81.8	124.3	186.2	225.7	235.2
设计业所占比重	%	15.0	17.7	18.5	18.0	18.9
制造业销售额	亿元	180.0	232.9	323.5	397.9	392.7
制造业所占比重	%	33.0	33.2	32.1	31.8	31.5
封装测试业销售额	亿元	283.5	344.9	496.6	627.7	618.9
封装测试业所占比重	%	52.0	49.1	49.3	50.2	49.6
集成电路产业销售额增长率	%	55.2	28.8	43.3	24.3	−0.4
其中：设计业增长率	%	82.1	52.5	49.8	21.2	4.2
制造业增长率	%	197.5	28.5	38.9	23.0	−1.3
封装测试业增长率	%	15.2	22.1	43.9	26.4	−1.4
产业占电子信息产品制造业比重	%	2.1	2.1	2.4	2.5	2.0
产业占世界集成电路市场比重	%	3.7	4.4	6.1	7.5	8.5

表 2 2008 年中国排前 10 名集成电路设计企业实现销售额情况

2008年排序	企业名称	销售额（亿元）	2007年排序
1	深圳海思半导体有限公司	30.94	2
2	中国华大集成电路设计集团有限公司	14.43	1
3	大唐微电子技术有限公司	8.36	4
4	杭州士兰微电子股份有限公司	8.12	7
5	炬力集成电路设计有限公司	6.78	5
6	无锡华润矽科微电子有限公司	6.24	6
7	北京中星微电子有限公司	6.22	8
8	上海华虹集成电路有限公司	6.14	9
9	上海贝岭股份有限公司	4.43	3
10	北京同方微电子有限公司	3.97	10

表 3 2008 年中国排前 10 名集成电路及分立器件制造企业实现销售额情况

2008年排序	企业名称	销售额（亿元）	2007年排序
1	无锡海力士—恒亿半导体有限公司	122.07	2
2	中芯国际集成电路制造有限公司	93.03	1
3	上海华虹（集团）有限公司	46.79	4
4	华润微电子（控股）有限公司	45.45	3
5	上海宏力半导体制造有限公司	14.46	6
6	首钢日电电子有限公司	14.35	7
7	和舰科技（苏州）有限公司	13.40	5
8	台积电（上海）有限公司	11.00	8
9	吉林华微电子股份有限公司 *	10.48	10
10	上海先进半导体制造有限公司	9.33	9

注：* 为分立器件生产制造企业。

表 4 2008 年中国排前 10 名芯片封装测试企业实现销售额情况

2008年排序	企业名称	销售额（亿元）	2007年排序
1	飞思卡尔半导体（中国）有限公司	116.08	1
2	奇梦达科技（苏州）有限公司	85.95	2
3	威讯联合半导体（北京）有限公司	45.01	3

续表

2008年排序	企业名称	销售额（亿元）	2007年排序
4	江苏新潮科技集团有限公司	39.88	4
5	上海松下半导体有限公司	39.07	5
6	深圳赛意法半导体有限公司	35.50	6
7	瑞萨半导体（北京）有限公司	28.83	9
8	南通富士通微电子有限公司	26.60	7
9	英飞凌科技（无锡）有限公司	23.19	NA
10	三星电子（苏州）半导体有限公司	21.90	NA

表 5　2004 年—2008 年中国集成电路产品进出口贸易情况

项目名称	单位	2004 年		2005 年		2006 年		2007 年		2008 年	
		出口额	进口额	出口额	进口额	出口额	进口额	出口额	进口额	出口额	进口额
集成电路	亿美元	100	546	138	810	203	1 055	239	1 284	246.7	1299.4
增长率	%	67.5	52.6	30.7	34.9	47.5	30.1	17.7	21.7	3.4	1.2

表 6　2004 年—2008 年中国集成电路产品进出口量情况

项目名称	单位	2004 年		2005 年		2006 年		2007 年		2008 年	
		出口量	进口量	出口量	进口量	出口量	进口量	出口量	进口量	出口量	进口量
集成电路	亿块	138	584	216	754	320	857	407	1 227	485.5	1345.5
增长率	%	15.2	33.9	33.1	20.0	48.0	13.7	27.4	43.1	19.2	9.7

注：表 1~表 6 数据来源于中国半导体行业协会。

[撰稿：关白玉　郭力力　审稿：丁文武]

电子真空器件工业行业

【综述】

2008 年，中国电子真空器件行业随着平板电视价格的持续走低，CRT 彩色电视机的市场占有率的逐渐缩小，彩色显像管行业的经营状况越来越困难。但是，用于尖端科技的高频、大功率微波管和真空开关管的市场呈现上升趋势，具有特种用途的 X—光管、示波管、像增强管、光电倍增管和气体放电管仍然保持了稳定的发展态势。

2008 年，中国电子真空器件行业的企业结构变化不大。据中国真空电子行业协会统计，现有会员单位 78 家，其中研究所有 4 家。现有从业人员 73 459 人，同比减少 19.9%，其中技术人员有 12 384 人，同比减少 14.9%；管理人员有 8 752 人，同比减少 4.6%；工人有 52 320 人，同比减少 23.0%。显然，全行业继续大幅度裁员，其中主要是彩色显像管及其配套企业为了降低成本及提高企业的经济效益，导致减员幅度较大。

2008 年，中国电子真空器件行业完成工业总产值 599.37 亿元，同比增长 4.5%；实现销售收入 579.35 亿元，同比增长 2.1%；完成利润总额 4.09 亿元，同比增长 123.4%；上缴税金总额 11.15 亿元，同比增长 18.2%。

在已公布的第 23 届电子信息百强企业名单中，电子真空器件行业入围的企业有：京东方科技集团股份有限公司，实现营业收入 101.6 亿元；大连大显集团有限公司，实现营业收入 101 亿元；彩虹集团公司，实现营业收入 52 亿元，同比增长 14.5%；南京华东电子集团有限公司，实现营业收入 40.2 亿元；中国振华电子集团有限公司，实现营业收入 37.2 亿元。河南安彩集团有限责任公司因其营业收入只有 17.4 亿元，未能达到入围门槛 18.5 亿元而落榜电子信息百强企业。

生产与销售

2008 年，中国电子真空器件总产量 65 826 万只，同比增长 36.3%；销量 66 152 万只，同比增长 43.9%；产销率达到 100.5%。产销量均有较大幅度的增长，主要是微波灶用的连续波磁控管和过电压保护气体放电管。显像管配件（玻壳和荫罩）的产量 13 636 万件，同比减少 15.6%；销量 13 280 万件，同比减少 16.4%；产销率达到 97.4%。电光源的产量 13 784 万只，同比减少 14.5%；销量 13 879 万只，同比减少 14.8%；产销率达到 100.7%。

彩管及其配套件 2008 年，彩色显像管（CPT）产量 5 734 万只，同比减少 24.2%；销量 5 469 万只，同比减少 28.2%；产销率达到 95.4%。彩色显示管（CDT）产量 5 321 万只，同比增长 53.2%；销量 5 117 万只，同比增长 61.8%；产销率达到 96.2%。彩管玻壳产量 7 109 万套，同比减少 10.2%；销量 6 614 万套，同比减少 15.7%；产销率达到 93.0%。彩管荫罩产量 5 877 万片，同比减少 22.2%；销量 5 936 万片，同比减少 21.2%；产销率达到 101.0%。

2008 年，彩管及其配套件整体大幅度下滑。国内市场由于平板显示器件的发展，市场价格持续走低，市场占有率逐渐扩大，CRT 彩色电视机的市场逐渐缩小。国外市场由于全球需求量的缩减，再加上人民币升值，成本增加，出口无利，企业经营十分困难。

2008 年，彩虹集团公司生产彩色显像管 1 484 万只，同比减少 3.4%，销量 1 470 万只，同比减少 3.7%，产销率达到 99.1%；实现主营业收入 52 亿元，同比增长 15.6%；完成利税总额 3 亿元，同比增长 42.9%。河南安彩高科股份有限公司实现主营业收入 17.4 亿元，同比增长 6.1%；完成利税总额 1.8 亿元，转亏为盈。赛格三星股份有限公司实现利税 4 亿元，烟台正海电子网板有限公司和南京电子网板有限公司均有几千万元盈利。然而，企业内部配套能力弱、主要依靠出口的合资企业相比较就更加困难，如南京华飞彩色显示系统有限公司、北京松下彩色显像管有限公司、长沙 LG 曙光电子有限公司等均处于亏损的边缘。

黑白显像管 近年来，黑白电视机的市场逐年大幅度下降，但是国内房地产行业日益发展，各种尺寸的可视电子门铃需求量不断增长。2008 年，国内生产和销售黑白电视显像管 250 万只；生产和销售电子门铃用的扁平黑白显像管 530 万只；生产黑白显像管玻壳 650 万套，销售量730万套；生产黑白显像管电子枪897万只，销售826万只。

真空开关管 据行业协会对21家会员企业统计显示，2008年，真空开关管的产量254.2万只，同比增长5.4%；销量231.2万只，同比增长3.1%；产销率达到90.9%。在6.3KV以上的中、高压真空开关管生产企业中，陕西宝光电器股份有限公司仍居首位，产量28.5万只，同比增长21.8%；销量27万只，同比增长15.4%。其次是成都旭光电子股份有限公司，产量21.8万只，销量20.6万只。第三是振华集团宇光电器有限公司，产量19.9万只，销量17.2万只。在低压真空开关管生产企业中，温州星光电子有限公司仍居首位，产量55.2万只，销量49.1万只；其次是昆山国力电子有限公司，产量47.6万只，销量43.4万只；第三是浙江宝光集团公司，产量12.9万只，销量12.8万只。

为真空开关管配套的瓷壳生产企业，主要有广东大埔特种陶瓷有限公司、锦州金属陶瓷有限公司和宜宾金洋陶瓷厂。为本行业配套的触头材料生产企业，主要是陕西斯瑞工业有限责任公司，其触头配套能力已达到70%的市场占有率。

目前，真空开关管已广泛用于电力、煤炭、钢铁、石油、化工、铁道以及城市建筑等领域。但是，我国在72KV以上的高压和超高压电网中仍然使用SF6开关。根据《联合国气候变化框架公约》缔约国签订的《京都议定书》要求，我国在2030年停止使用SF6材料。最好的替代方案就是使用高压乃至超高压的真空开关。据专家介绍，北京开关厂已进口72KV的真空开关管，试制开关柜样机。目前，国外相关机构正在研制开发126KV甚至500KV的真空开关管，值得引起我国业内人士的关注。

真空电子管 2008年，真空电子管的产量4 133万只，同比增长151.4%；销量4 123万只，同比增长14.9%；产销率达到99.8%。其中，长沙曙光电子集团公司生产的收讯放大管产量211万只，同比增长17.2%；销量202万只，同比增长5.2%；产销率达到95.7%，主要用于高档音响系统，除满足国内市场需求外还大量出口国际市场。用于广播电台和电视台以及高频介质加热的发射管，产量17万只，同比增长54.2%；销量16万只，同比增长60.0%，产销率达到94.1%。超高频管的产量3 842万只，同比增长164.4%；销量3 836万只，同比增长164.0%；产销率达到99.8%。超高频管用于尖端科技的数量较少，用于微波灶的连续波磁控管数量很大。近年来，广东格兰仕电器公司和广东美的电器股份有限公司下属的广东威特真空电子制造有限公司经过多年的努力，各自建成了一条年产1 500万只磁控管的生产线，改变了磁控管完全依赖进口的局面。

离子管 离子管主要包括气体放电管、闸流管、触发管等。2008年，离子管的产量46 519万只，同比增长56.2%；销量47 331万只，同比增长71.2%；产销率达到101.7%。其中，主要是用于通信设备的过电压保护气体放电管市场需求量很大。生产和销售气体放电管的企业有30多家，其中规模较大的企业有湖北汉光科技股份有限公司和镇江电子管厂。近年来，由于气体放电管的生产成本低、技术含量低、利润空间大、市场需求量大，已成为中小企业投资的亮点。

真空荧光显示管（VFD） 2008年，真空荧光显示管的产量3 612万片，同比减少30.2%；销量3 626万片，同比减少31.7%；产销率达到100.4%。目前，国内生产真空荧光显示管的企业有十几家，其中规模较大的企业有京东方浙江真空电子有限公司和上海三星真空电子器件有限公司。近年来，随着平板显示器件的发展，真空荧光显示管的市场有逐渐缩小的趋势。

电光源 国内从事电光源的企业很多，只有从事特种电光源的企业纳入了电子信息统计的范围。2008年，真空电子行业电光源产量13 874万只，同比减少14.5%；销量13 879万只，同比减少14.8%；产销率达到100%。其中，高压钠灯和汽车灯的产销量均有小幅增长，节能灯的产销量降幅较大，荧光灯的产销量基本持平。

科研与新产品

2008年，电子真空器件行业通过省、部级鉴定的科研与新品开发项目有34项，同比减少37%。其中，微波管20项，同比增长11.1%，占总项目的58.8%；真空开关管12项，同比增长200%，占总项目的35.3%；平板显示器件1项，其他项目1项。从上述统计数据可以看出，电子真空器件行业科研与新品开发都集中在微波管和真空开关管领域，这两类产品占整个新品研制的94.1%，体现了行业的发展方向。

国际合作和对外贸易

据中国机电进出口商会统计数据显示：2008年，中国电子真空器件行业进出口贸易额达到 38.7 亿美元，同比减少 39.4%。其中，进口额 18.6 亿美元，同比减少 5.8%；出口额 20.1 亿美元，减少 54.3%；贸易顺差值 1.5 亿美元，减少 93.8%；进出口额几乎持平。

彩色显像管（CPT）　全年进口量 576 万只，减少 32.8%；进口额 2.2 亿美元，减少 30.2%。出口量 1 731 万只，减少 12.9%；出口额 6.5 亿美元，减少 6.0%。在国际市场上，彩色显像管的需求量逐年减少，竞争日益激烈。由于中国彩色显像管的品质和成本具有竞争优势，因此，进口彩色显像管的数量和金额均出现了大幅度的下降。然而，由于人民币的升值和国际贸易壁垒的压力，导致了中国彩色显像管的出口数量和金额也有较小幅度的减少。

彩色显示管（CDT）　全年进口量 113 万只，同比下降 26.1%；进口额 3 665 万美元，减少 22.4%。出口量 203 万只，减少 48.2%；出口额 5 927 万美元，减少 48.5%。由于 LCD 显示器件的轻薄灵便，导致了 CDT 的进出口数量和金额全面大幅度的下降。

黑白显像管　全年进口量 53 万只，减少 18.2%；进口额 207 万美元，减少 43.1%。出口量 69 万只，减少 45.2%；出口额 255 万，减少 62.6%。黑白显像管的进口数量和金额均在大幅度持续下降，说明黑白电视机的市场仍在快速衰落。

黑白显示管　全年进口量 40 万只，减少 41.6%；进口额 333 万美元，减少 47.5%。出口量 46 万只，增长 16.1%；出口额 251 万美元，减少 34.5%。黑白显示管的进口数量和金额均大幅度下降，说明了国内黑白显示管具有成本低的价格竞争优势，同时也导致了出口量增长而出口额下降的结果。

电子管　全年进口量 4 064 万只，减少 6.9%；进口额 13 100 万美元，增长 0.2%。出口量 8 309 万只，增长 0.3%；出口额 12 748 万美元，减少 5.8%。电子管进出口数量和金额没有大幅度变化，比较平稳。其中，进口数量和金额较大的产品是微波灶用的磁控管，进口量 2 589 万只，占进口量的 63.7%；进口额 8 673 万美元，占进口金额 66.2%。出口数量和金额较大的是热阴极和冷阴极电子管，出口量 6 748 万只，占电子管出口量的 81.2%；出口额 9 975 万美元，占电子管出口额的 78.2%。

显像管零件　全年进口额 10 636 万美元，减少 28.2%；出口额 15 776 万美元，增长 27.9%。显像管零件的进口额大幅度减少，而出口额大幅度增加，说明中国显像管配套企业仍具有较强的市场竞争力。

其他阴极射线管零件　全年进口额 1 593 万美元，减少 57.9%；出口额 1 080 万美元，减少 52.9%。进出口额全面大幅度下降。

电子管零件　全年进口额 8 051 万美元，减少 4.8%；出口额 1 949 万美元，增长 51.9%。

特种光源　特种光源主要包括卤钨灯、荧光灯、金属卤化物灯和气体放电灯四类产品。全年进口量 9 205 万只，减少 14.4%；进口额 126 256 万美元，增长 6.5%。出口量 246 994 万只，减少 54.8%；出口额 98 248 万美元，减少 70.2%。特种光源行业首次出现贸易逆差 28 000 万美元。

【统计数据】

表 1　2008 年电子真空器件行业企业与人员构成情况

产品名称	企业数（家）	人员总数（人）	其中：人员构成（人）		
			技术人员	管理人员	工人
彩管及其配套	16	36 675	5 376	4 089	27 210
黑白显像管及其配套	9	1 352	140	79	1 133
无源真空器件及其配套	25	12 022	1 780	1 677	8 565
真空光电器件及其配套	15	16 148	2 995	2 168	10 985
真空电子器件及其配套	13	7 262	2 096	739	4 427
合计	78	73 459	12 387	8 752	52 320

注：数据来源于中国真空电子行业协会。

表 2　2006 年—2008 年电子真空器件行业主要经济指标完成情况

项目名称	单位	2006年	2007年	增长率（%）	2008年	增长率（%）
工业总产值	亿元	625.1	573.3	–8.3	599.4	4.5
销售收入	亿元	629.7	567.5	–9.9	579.4	2.1
利润总额	亿元	–19.2	–17.4	–8.9	4.1	123.5
税金总额	亿元	11.9	9.7	–17.9	11.2	14.6

注：数据来源于2008 年中国电子信息产业年报。

表 3　2006 年—2008 年电子真空器件产量与销量情况

单位：万只

产品名称	2006 年		2007 年				2008 年			
	产量	销量	产量	增长率（%）	销量	增长率（%）	产量	增长率（%）	销量	增长率（%）
电子管	1 331	1 317	1 644	23.5	1 655	25.7	4 133	151.4	4 123	149.1
其中：收讯放电管	153	129	180	17.6	192	48.8	211	17.2	202	5.2
发射管	14	14	11	–21.4	10	–28.6	17	54.5	16	60.0
超高频管	1 164	1 174	1 453	24.8	1 453	23.8	3 842	164.4	3 836	164.0
电子束管	9 562	9 544	11 427	19.5	11 140	16.7	11 305	–1.1	10 836	–2.7
其中：黑白显像管	389	369	388	–0.3	364	–1.4	250	–35.6	250	–31.3
彩色显像管	7 010	6 815	7 565	7.9	7 613	11.7	5 734	–24.2	5 469	–28.2
彩色显示管	2 163	2 360	3 474	60.6	3 163	34.0	5 321	53.2	5 117	61.8
离子管	31 366	29 097	29 789	–5.0	27 643	–5.0	46 519	56.2	47 331	71.2
X光管	2	2	3	50.0	2	0.0	5	66.7	5	150
真空开关管	190	179	241	26.8	224	25.1	254	5.4	231	3.1
真空荧光显示管	5 451	5 435	5 183	–4.9	5 312	–2.3	3 612	–30.3	3 626	–31.7
显像管配件	19 420	18 337	16 153	–16.8	15 893	–13.3	13 636	–15.6	13 280	–16.4
其中：黑白玻壳	1 153	1 196	692	–40.0	513	–57.1	650	–6.1	730	42.3
彩色玻壳	8 798	8 455	7 916	–10.0	7 846	–7.2	7 109	–10.2	6 614	–15.7
彩色荫罩	9 469	8 686	7 551	–20.3	7 534	–13.3	5 877	–22.2	5 936	–21.2
电光源	16 466	15 822	16 121	–2.1	16 283	2.9	13 784	–14.5	13 879	–14.8
其中：高压钠灯	249	239	167	–32.9	157	–34.3	174	4.2	160	1.9
汽车灯	742	786	439	–40.8	441	–43.9	462	5.2	464	5.2
节能灯	6 806	6 481	6 540	–3.9	6 514	0.5	4 210	–35.6	4 180	–35.8
荧光灯	8 669	8 316	8 975	3.5	9 171	10.3	8 938	0.4	9 075	–1.0

表 4　2008 年电子真空器件行业完成科研成果项目情况

单位：项

类别	彩管	平板显示	真空开关管	微波管	电子管	电光源	其他	总计
数量（项）	0	1	12	20	0	0	1	34

注：表 3、表 4 数据来源于中国真空电子行业协会。

表 5　2006 年—2008 年电子真空器件行业产品进出口情况

单位：万只

产品名称	2006 年		2007 年				2008 年			
	进口量	出口量	进口量	增长率（%）	出口量	增长率（%）	进口量	增长率（%）	出口量	增长率（%）
彩色显像管	2 045	2 228	856	–58.1	1 988	–10.8	576	–32.8	1 731	–12.9
彩色显示管	652	377	154	–76.4	392	4.0	113	–26.1	203	–48.2
黑白显像管	140	274	65	–53.6	126	–54.0	53	–18.2	69	–45.2
黑白显示管	21	95	69	228.6	39	–58.9	40	–41.6	46	16.1
其他阴极射线管	379	17	55	–85.5	398	2241.2	13	–77.2	237	–40.5
电子管	4 271	8 192	4 367	2.2	8 286	1.1	4064	–6.9	8309	0.3
显像管零件	903	4 156	460	–49.1	1 526	–63.3	240	–47.9	1791	17.3
其他射线管零件	269	493	115	–57.2	137	–72.2	37	67.6	24	–82.4
电子管零件	156	13	175	12.2	19	46.2	160	–8.6	21	5.8
电光源	73 270	444 280	107 547	46.8	546 820	23.1	92 051	–14.4	246 994	–54.8

表 6　2006 年—2008 年电子真空器件行业产品进出口贸易情况

单位：万美元

产品名称	2006 年		2007 年				2008 年			
	进口额	出口额	进口额	增长率（%）	出口额	增长率（%）	进口额	增长率（%）	出口额	增长率（%）
彩色显像管	64 500	89 750	32 157	–50.1	69 074	–23.0	22 447	–30.2	64 876	–6.0
彩色显示管	22 512	11 764	4 725	–79.0	11 506	–2.2	3 665	–22.4	5 927	–48.5
黑白显像管	512	1 657	364	–28.9	683	–58.8	207	–43.1	255	–62.6
黑白显示管	301	415	634	110.6	384	–7.5	333	–47.5	251	–34.5
其他阴极射线管	917	22	1 288	40.5	237	977.3	169	–86.9	131	–44.8
电子管	11 105	11 704	13 071	17.7	13 533	15.6	13 100	0.2	12 748	–5.8
显像管零件	23 901	30 386	14 805	–38.1	12 339	–59.4	10 636	–28.2	15 776	27.9
其他阴极射线管零件	10 801	5 117	3 780	–65.0	2 294	–55.2	1 593	–57.9	1 080	–52.9
电子管零件	6 355	1 008	8 453	33.0	1 282	27.2	8 051	–4.8	1 949	51.9
电光源	127 070	273 502	118 565	–6.7	329 718	20.6	126 256	6.5	98 248	–70.2
合计	267 974	425 325	197 842	–26.2	441 050	3.7	186 457	–5.8	201 241	–54.3

注：表 5、表 6 数据来源于中国机电进出口商会。

［撰稿：李庆和　邱军　审稿：刁石京　彭红兵］

电子元件工业行业

【综述】

2008年1月，信息产业部发布电子基础材料和关键元器件“十一五”专项规划。该规划发展思路是：新型元器件产业要以片式化、微型化、集成化、高性能化、无害化为目标，突破关键技术，调整产品结构；促进产业链上下游互动发展，着力培育骨干企业，推动产业结构升级。发展目标规定：到2010年，新型元器件产业销售收入1.8万亿元，阻容感片式化率达到90%。电子元器件国际市场占有率达到30%，国内市场占有率达到50%。电子元件百强企业销售收入占元件全行业的40%以上。发展重点包括：片式元器件、印制电路板、混合集成电路、传感器及敏感元器件、绿色电池、新型半导体分立器件、新型机电组件及光通信器件等。

生产与销售

2008年，中国电子元件制造业前3个季度一直保持较快的增长势头，从10月份开始，受全球金融危机对实体经济的影响生产经营直线下滑，但全年仍取得两位数的增幅。据中国电子元件行业协会信息中心对3 351家规模以上企业的统计，2008年实现销售收入7 988.74亿元，同比增长13.76%；利润总额387.33亿元，同比下降4.71%。

2008年，电子元件产品产量为10 268.65亿只，同比增长4.53%。其中，片式阻、容元件合计8 357.12亿只，占总产量的81.56%，分别增长2.25%和10.33%；阻容元件的片式化率达到88%。在国家有关政策的牵引下，光缆产量突破4 000万芯千米，增长58.88%；太阳能电池达到2 000兆瓦，增长83.82%，成为2008年两大热门产品。

电子元件百强企业 中国电子元件行业协会发布了第22届电子元件百强企业排名，本届电子元件百强企业是按照企业的销售收入、盈利水平和专利数量进行综合考核进行排名。本届百强企业2008年销售收入合计1 194.24亿元，同比增长1.61%；利润总额71.93亿元，同比下降24.28%；完成出口额58.2亿美元，同比增长12.68%。

在本届电子元件百强企业中，销售收入超过10亿元的企业有30家，比上届减少5家；销售收入超过50亿元的企业有6家，比上届增加2家。进入本届电子元件百强企业前三名的企业是：亨通集团有限公司，完成销售收入92.07亿元；永鼎集团有限公司，完成销售收入93.93亿元；上海飞乐股份有限公司，完成销售收入71.95亿元。曾经由上海飞乐股份有限公司保持了11年的电子元件百强企业榜首地位首次易主。

印制电路百强企业 中国印制电路行业协会发布了第8届（2008年）中国印制电路行业百强企业排行榜。本届印制电路百强企业销售收入554.74亿元，占当年印制电路行业销售收入44.2%。由于受国际金融危机的影响，中国印制电路行业百强企业的销售收入比上一年减少7.5%。本届印制电路行业百强企业进入门槛提高到1亿元，第1名依利安达集团销售收入为35.9亿元。印制电路行业前10强企业销售收入合计270.5亿元，占当年印制电路行业销售收入21.5%。

科研与新产品

2008年，由钢铁研究总院，北京中科三环高技术股份有限公司、宁波韵升股份有限公司、安泰科技股份有限公司完成的《高性能稀土永磁材料、制备工艺及产业化关键技术》，获国家科技进步二等奖。

2008年，电子元件行业有9个项目获得中国电子学会电子信息科学技术奖。它们是：清华大学的《高性能低温共烧陶瓷（LTCC）材料》获一等奖；北京信息科技大学的《现代压电学（上、中、下）》获二等奖；深圳振华富电子有限公司的叠层片式高频陶瓷电感器、广东风华高新科技股份有限公司端华片式电阻器分公司的厚膜片式电阻器真空溅射封端技术、长飞光纤光缆有限公司的PCVD大预制棒制造保偏光纤、江苏法尔胜光子有限公司的全火焰水解法制备低水峰光纤预制棒、横店集团东磁股份有限公司的 DM4545 高性能永磁铁氧体材料与器件、广东风华高新科技股份有限公司的贱金属 N1 内电极高压片式多层陶瓷电容器及抗还原陶瓷材料的开发与产业化、浙江天乐集团有限公司的回转式纸盆自动成型机获三等奖

在第 22 届电子元件百强企业中，有 40 家企业在国家知识产权局申请并于 2008 年度公告的电子元件类相关专利共计 375 项，其中发明专利 116 项。贵州航天电器股份有限公司以 91 项专利（含 18 项发明专利）居首位。

2008 年 9 月，中国电子元件行业协会首次发布 RJ13、RJ14、RT13、RT14、RT14S 等五个固定电阻器的标准，作为中国电子元件行业协会标准，具有开创性意义。

国际合作与对外贸易

2008 年，电子元件行业召开的国际会议有："第 11 届世界电子电路大会（ECWCLL）"，共有 8 个国家和地区的协会，1 200 多人参会；"第 17 届中国国际电子电路展览会（CPCA SHOW 2008）"，展览面积 34 500 平方米，有 600 余家企业参展；"第 13 届中国（国际）小电机技术研讨会暨展览会"，展览面积 14 058 平方米，有 328 家企业参展；以及"第 5 届中国铝电解电容器市场及发展国际研讨会"等。

2008 年，电子元件 14 个大类产品进出口贸易总额为 953.85 亿美元，同比增长 19.5%。其中，出口额 485.40 亿美元，同比增长 21.5%；进口额 468.45 亿美元，同比增长 17.6%。

在电子元件 14 个大类产品中，出口额居前 5 位的分别是：印制电路板出口额 103.04 亿美元，同比增长 7.7%；电声器件出口额 70.15 亿美元，同比增长 19.0%；电池出口额 69.70 亿美元，同比增长 13.1%；电接插元件出口额 58.58 亿美元，同比增长 138.3%；光电线缆出口额 48.77 亿美元，同比增长 26.2%。上述产品出口额合计 350.24 亿美元，占电子元件出口总额的 72.2%。

在电子元件 14 个大类产品中，进口额居前 5 位的分别是：印制电路板进口额 110.64 亿美元，同比增长 2.7%；电接插元件进口额 83.63 亿美元，同比增长 135.1%；电容器进口额 68.24 亿美元，同比增长–2.8%；电池进口额 57.25 亿美元，同比增长 21.8%；光电线缆进口额 24.35 亿美元，同比增长 5.4%。上述产品进口额合计 344.11 亿美元，占电子元件进口总额的 73.5%。

2008 年，电子元件进出口贸易仍保持 16.95 亿美元的顺差。其中，实现顺差超 10 亿美元的大类产品是：电声器件 48.38 亿美元，光电线缆 24.42 亿美元，微特电机 12.49 亿美元，电池 12.45 亿美元。

2008 年，受全球金融危机的影响，电子元件进出口贸易受到明显影响。进入新世纪 8 年来，电子元件进出口额首次由两位数增长转为一位数增长，与 2007 年相比，增幅回落 13.17 个百分点，而出口额和进口额增幅也同时分别回落 13.20 和 14.38 个百分点。2008 年上半年，电子元件出口额虽保持 22.24%的增长率，但 1 月~9 月份已降至 20.08%，到四季度由于出口订单大幅减少，出口额增长率已降至 7.42%。与 2007 年同比，85%的大类产品出口增幅明显回落。在 13 个大类产品中，有 11 个大类产品出口增幅回落，其中出现两位数回落的产品是：电阻电位器 67 个百分点、光电线缆 24.34 个百分点、磁性材料 22.93 个百分点、印制电路 17.41 个百分点、接插元件 17.36 个百分点，微特电机 10.19 个百分点。2008 年四季度出口形势进一步恶化，有 60%的大类产品出口负增长，在 8 个大类出现负增长的出口产品中，有 7 类产品出现两位数的负增长，它们是：电阻电位器–29.07%、晶体器件–16.94%、电容器–16.42%、微特电机–15.37%、印制电路–13.97%、接插元件–12.03%、电池–11.99%。

市场分析与预测

2008 年 10 月开始，全球金融危机对中国电子元件行业的影响日益明显，外部市场需求急剧下降，对于外贸依存度已超过 50%的中国电子元件行业形势十分严峻。预计 2009 年中国电子元件行业仍将是困难的一年，预计全行业销售收入同比增长 5%左右，利润总额同比下降 5%左右，产品产量同比增长约 10%，而出口创汇将与 2008 年持平。"保增长、扩内需、调结构"，实现产业升级，将是 2009 年电子元件行业共同的任务。

《电子信息产业调整和振兴规划》将于 2009 年发布，政府将从 7 个方面出台配套措施，争取 3 年内确保电子信息产业稳定发展。在该《规划》中，电子元器件已被列为三大骨干产业之一，相信政府必将对电子元件行业发展给予更多的政策支持。

【统计数据】

表 1　2008 年电子元件工业行业经济指标完成情况

行业分类	企业数（家）	销售收入（亿元）	增长率（%）	利润总额（亿元）	增长率（%）
合计	3 351	7 988.7	13.8	387.3	–4.7
综合性企业	45	269.9	1.6	6.8	–49.7
电阻电位器	119	122.2	19.0	5.4	–32.7
电容器	259	339.9	11.6	12.6	–24.3
电子陶瓷及器件	52	47.1	5.2	2.8	–35.0
磁性材料与器件	246	259.6	9.2	10.2	–22.1
电子变压器	123	208.2	0.8	3.6	–29.8
电感器件	80	77.9	6.8	2.3	–41.3
压电晶体	110	93.9	5.3	4.4	–12.1
混合集成电路	14	14.2	9.0	1.9	24.2
敏感元器件及传感器	114	136.3	20.1	7.6	–19.6
接插件	449	866.5	10.2	46.1	–17.5
继电器	71	87.6	–1.1	3.3	–31.4
微特电机	303	498.4	2.7	23.2	–15.4
光电线缆	436	1 843.1	12.6	72.3	–4.8
电声器件	321	363.3	10.3	11.7	–16.2
印制电路板	338	1 253.8	1.7	59.6	–22.9
电池	270	1 504.8	49.1	113.0	61.0

注：数据来源于中国电子元件行业协会。

表 2　2008 年电子元件产品产量情况

产品名称	单位	产量	增长率（%）
合计	亿只	10 268.7	4.5
电阻电位器	亿只	4 783.4	–0.9
其中：片式电阻	亿只	4 291.8	2.3
电容器	亿只	4 726.6	10.1
其中：片式电容	亿只	4 083.3	10.3
电子陶瓷及器件	亿只	26.6	6.1
磁性材料与器件	万吨	46.6	3.5
电子变压器	亿只	15.9	0.6
电感器件	亿只	212.8	2.8

续表

产品名称	单位	产量	增长率 (%)
压电晶体	亿只	72.1	4.3
混合集成电路	亿只	2.8	24.9
敏感元器件及传感器	亿只	24.1	2.9
电接插元件	亿只	316.9	13.9
控制继电器	亿只	19.6	–1.5
电声器件	亿只	39.5	9.5
微特电机	亿只	29.2	4.4
电子线缆	万千米	2 766.0	–34.1
光缆	万芯千米	4 038.7	58.9
印制电路板	万平方米	15 060.0	0.4
碱性及锂蓄电池	亿只	37.3	5.1
太阳能电池	兆瓦	2 000.0	83.8

注：数据来源于中国电子元件行业协会。

表 3　2006 年—2008 年电子元件产品进出口贸易情况

单位：万美元

产品名称	2006 年		2007 年		2008 年			
	出口额	进口额	出口额	进口额	出口额	增长率 (%)	进口额	增长率 (%)
合计	3 051 837	4 185 929	3 996 320	3 985 094	4 854 000	21.5	4 684 500	17.6
电容器	189 166	559 481	221 860	702 351	239 622	8.0	682 470	–2.8
电阻电位器	67 486	148 814	112 679	172 338	112 645	–0.03	178 226	3.4
磁性材料与器件	85 732	57 356	121 506	64 275	144 296	18.8	65 661	2.2
电感器件	126 722	148 403	141 675	173 485	163 769	15.6	186 912	7.7
电子变压器	128 891	79 809	130 022	60 546	182 947	40.7	98 233	62.2
蜂鸣器	2 252	4 697	2 435	4 972	3 151	29.4	5 372	8.0
石英晶体器件	81 594	170 551	90 592	202 705	92 553	2.2	212 000	4.6
控制继电器	50 213	44 590	58 715	52 938	68 699	17.0	60 099	13.5
电接插元件	410 540	656 912	245 841	355 802	585 876	138.3	836 363	135.1
电声器件	470 267	170 167	589 472	194 574	701 516	19.0	217 762	11.9
微特电机	275 036	196 079	321 755	222 928	343 607	6.8	218 754	–1.9
光电线缆	256 694	197 019	386 419	231 074	487 733	26.2	243 586	5.4
印制电路板	764 942	869 747	956 938	1 076 941	1 030 493	7.7	1 106 475	2.7
电池	33 544	23 110	616 360	470 158	697 051	13.1	572 542	21.8

注：数据来源于中国电子元件行业协会、海关。

表4 第22届（2009年）电子元件百强企业完成销售收入和出口额情况

综合排名		企业名称	2008年	
2008年	2009年		销售收入（万元）	出口额（万美元）
2	1	亨通集团有限公司	920 730	10 800
8	2	永鼎集团有限公司	939 274	1 946
1	3	上海飞乐股份有限公司	719 517	29 909
11	4	浙江富春江通信集团有限公司	722 426	
7	5	通光集团有限公司	337 650	3 272
5	6	爱普科斯（中国）投资有限公司	261 504	32 572
4	7	横店集团东磁有限公司	300 737	22 437
10	8	富通集团有限公司	549 598	1 375
	9	TDK（中国）投资有限公司	605 962	80 650
6	10	瑞声声学科技股份有限公司	225 602	19 001
3	11	广东生益科技股份有限公司	431 736	39 859
18	12	上海京瓷电子有限公司	259 938	31 763
16	13	厦门宏发电声股份有限公司	168 824	9 612
22	14	江苏中联科技集团有限公司	183 622	7 852
20	15	东莞生益电子有限公司	167 913	5 035
43	16	浙江天乐集团有限公司	247 621	27 295
19	17	西安创联电气科技（集团）有限责任公司	145 553	942
26	18	浙江长城电子科技集团有限公司	215 520	147
32	19	歌尔声学股份有限公司	101 465	9 320
15	20	东莞美维电路有限公司	158 564	19 729
24	21	汕头超声印制板公司	155 011	9 472
13	22	广东风华高新科技股份有限公司	191 665	6 386
30	23	天通控股股份有限公司	170 884	9 046
31	24	中航光电科技股份有限公司	107 665	220
14	25	中山大洋电机股份有限公司	142 164	12 742
50	26	杭州富生电器有限公司	140 733	1 250
36	27	南通江海电容器股份有限公司	137 216	4 511
17	28	广州宏仁电子工业有限公司	162 568	19 791
25	29	新疆众和股份有限公司	93 047	2 640
33	30	国光电器股份有限公司	98 549	12 758

续表

综合排名		企业名称	2008 年	
2008年	2009年		销售收入（万元）	出口额（万美元）
40	31	江苏宝骊集团	107 413	3 418
39	32	北京七星华电科技集团有限责任公司	91 547	352
29	33	依利安达（广州）电子有限公司	98 113	13 555
	34	开平依利安达电子有限公司	108 162	13 603
37	35	潮州三环（集团）股份有限公司	63 274	2 056
47	36	深圳市宇阳科技发展有限公司	76 839	3 687
44	37	深圳市得润电子股份有限公司	72 973	1 650
51	38	安徽铜峰电子集团有限公司	85 614	538
38	39	厦门法拉电子股份有限公司	55 913	2 257
55	40	益阳资江电子元件有限公司	58 905	668
70	41	深圳市特发信息股份有限公司	70 298	748
46	42	苏州福田金属有限公司	76 289	4 116
34	43	江苏华威世纪电子集团有限公司	53 738	2 850
21	44	宁波向阳坦科斯特电子有限公司	62 358	720
48	45	宁波科宁达工业有限公司	54 257	7 395
45	46	和林电子（深圳）有限公司	67 570	7 643
85	47	四川九洲线缆有限责任公司	63 483	120
49	48	贵州航天电器股份有限公司	48 696	352
67	49	合兴集团有限公司	54 771	1 216
41	50	成都宏明电子股份有限公司	46 410	842
	51	宁波兴瑞电子有限公司	49 949	4 034
66	52	天津六〇九电缆有限公司	55 703	530
53	53	大连太平洋多层线路板有限公司	58 004	5 997
52	54	金龙机电股份有限公司	41 725	2 145
62	55	南京金宁电子集团有限公司	51 675	2 399
64	56	北京吉乐电子集团有限公司	50 200	87
61	57	中国振华（集团）新云电子元器件有限责任公司	34 966	
76	58	浙江万马天屹通信线缆有限公司	44 292	1 535
	59	江西联创电缆科技有限公司	45 233	2 663
63	60	张家港华捷电子有限公司	37 824	1 360

续表

综合排名		企业名称	2008 年	
2008年	2009年		销售收入（万元）	出口额（万美元）
56	61	广东江粉磁材股份有限公司	33 859	2 538
57	62	信华科技（厦门）有限公司	38 628	5 410
86	63	宁波碧彩实业有限公司	37 719	660
	64	可立克科技（深圳）有限公司	33 415	3 175
75	65	浙江五峰电子有限公司	34 258	
58	66	山东共达电声股份有限公司	29 849	2 100
78	67	浙江英洛华磁业有限公司	39 716	2 954
	68	临安奥星电子有限公司	37 700	690
60	69	横店集团浙江英洛华电声有限公司	33 162	2 686
	70	宁波保税区宁容投资有限公司	33 823	261
69	71	汇港控股集团有限公司	29 316	1 584
72	72	唐山晶源裕丰电子股份有限公司	26 917	3 311
65	73	浙江凯文磁钢有限公司	25 686	1 867
88	74	沈阳兴华航空电器有限责任公司	28 929	2
99	75	深圳市海光电子有限公司	30 698	190
79	76	深圳顺络电子股份有限公司	25 100	2 122
74	77	四川华丰企业集团有限公司	29 278	250
82	78	宁波福特继电器有限公司	28 757	1 915
68	79	浙江新嘉联电子股份有限公司	26 262	2 492
73	80	深圳美凯电子股份有限公司	25 115	817
71	81	深圳宝安区沙井新岱电子厂	28 091	3 369
83	82	扬州升达集团	24 980	256
77	83	江苏江佳电子股份有限公司	22 523	1 629
87	84	朗诗德电气有限公司	26 132	1 322
80	85	浙江东晶电子股份有限公司	20 128	2 527
97	86	常州祥明电机有限公司	18 337	932
91	87	杭州日月电器股份有限公司	17 668	1 269
96	88	合肥华耀田村电气有限公司	21 958	2 053
	89	杭州微光电子设备厂	16 186	1 673
92	90	浙江正原电气股份有限公司	18 406	509

续表

综合排名		企业名称	2008 年	
2008年	2009年		销售收入（万元）	出口额（万美元）
94	91	江苏银羊电子有限公司	20 791	1 790
	92	东莞惠伦顿堡电子有限公司	14 961	2 073
84	93	太阳神（珠海）电子有限公司	15 731	2 301
100	94	中电科技德清华莹电子有限公司	15 524	505
	95	蚌埠市双环电子集团有限公司	13 036	110
93	96	浙江嘉康电子股份有限公司	15 061	1 164
98	97	深圳市豪恩声学股份有限公司	14 500	1 500
	98	广西新未来信息产业股份有限公司	13 556	100
89	99	南京依利安达电子有限公司	13 079	356
95	100	肇庆华锋电子铝箔股份有限公司	14 132	675

表 5 第 8 届（2008 年）印制电路百强企业排前 20 名的企业完成销售收入情况

综合排名		企业名称	销售收入（万元）
2007年	2008年		
	1	依利安达集团	359 444
	2	惠亚集团	339 909
2	3	南亚电子材料（昆山）有限公司	320 000
4	4	广东生益科技股份有限公司	296 535
6	5	沪士电子股份有限公司	272 881
3	6	联能科技（深圳）有限公司	268 058
12	7	华通电脑（惠州）有限公司	233 878
10	8	奥特斯（中国）有限公司	225 240
14	9	珠海紫翔电子科技有限公司	204 878
19	10	广东依顿电子科技有限公司	185 703
7	11	名幸电子（广州南沙）有限公司	185 700
11	12	佛山市承安铜业有限公司	175 000
13	13	东莞生益电子有限公司	167 913
8	14	广州宏仁电子工业有限公司	162 568
15	15	昆山鼎鑫电子有限公司	159 429
9	16	揖斐电电子（北京）有限公司	159 301

续表

综合排名		企业名称	销售收入（万元）
2007年	2008年		
23	17	东莞美维电路有限公司	158 564
19	18	竞华电子（深圳）有限公司	158 130
18	19	科惠线路有限公司	137 747
21	20	山东金宝电子股份有限公司	136 741

[撰稿：古群　审稿：刁石京　彭红兵]

电子专用材料工业行业

【综述】

2008年是我国经济稳步快速发展的一年，也是不平凡的一年。上半年，电子材料行业仍然呈现较快的发展态势，产品结构不断调整，自主技术继续提升，特别是在世界光伏市场快速发展的带动下，半导体硅材料出现了前所未有的市场增长需求。企业抓住机遇，在材料的品种和数量上都有比较大的增加。然而，由于2008年三季度后受全球金融危机的严重影响，电子材料行业总体仅增长了8%，约1 260.0亿元。电子材料行业中的半导体硅材料、覆铜板材料、磁性材料、电子铜箔和锡焊料五类材料是行业中发展比较好的专业领域，2005年出口额约为25亿美元，到2007年已实现33.2亿美元，2008年前三季度的出口形势很好，而第四季度的出口量大幅下滑，对全年的出口额产生较大的影响。2008年电子材料行业的出口额约在39.2亿美元。

生产与销售

1. 半导体材料

多晶硅　目前，全球经济步入暂时衰退时期。国际上很多专家预测，推动全球经济增长新的动力是新的低碳技术及相关产业。能源危机、环保压力使得光伏产业得到世界各国特别是发达国家的高度重视。2008年，全球太阳能电池产量仍然保持了高速发展，全年总产量达到了6 850MW左右（含650MW薄膜电池），年增长率达到60%。2008年，中国太阳能电池行业依旧保持了增长态势，全年太阳能电池产量达到2 570MW（含50MW薄膜电池），市场占有率也由2007年的27%增长到31%。中国已经成为世界第一大生产国。

太阳能电池的发展推动了太阳能电池用硅材料产业的迅速发展。作为半导体、光伏太阳能电池的重要原材料——多晶硅材料，市场供应持续多年紧张，特别是以欧洲为中心的太阳能电池市场的迅速扩大和普及，使得多晶硅的供需不平衡局面更加突出，发展我国多晶硅产业已势在必行。在国家科学技术部科技支撑项目、国家发展和改革委员会产业化示范工程项目要以及原信息产业部电子发展基金等扶持下，在半导体硅材料战线上科技工作者、广大职工的努力下，我国的多晶硅生产在近二三年发生了巨大的变化：由2005年只有不到百吨的年产量，在2007年突破千吨级大关。具体产量分别是2006年287吨，2007年1 139吨，2008年达到了4 515吨。据不完全统计，在建、已建的项目约40个，总投资超过千亿元，总生产能力约6万吨；已经投产的千吨级企业超过15家，主要有洛阳中硅高科技有限公司（3 000吨产能）、四川新光硅业有限公司（1 260吨产能）、江苏中能硅业科技发展有限公司（约10 000吨产能）、重庆大全新能源公司（约3 300吨产能）、峨眉半导体材料厂（约2 200吨产能）、江苏顺大电子材料科技公司

(约 1 500 吨产能)、江西赛维 LDK 太阳能多晶硅有限公司(约 15 000 吨产能)、四川永祥多晶硅有限公司(约 1 500 吨产能)、宜昌南玻硅材料有限公司(1 500 吨产能)、亚洲硅业(青海)有限公司(1 000 吨产能)、内蒙古神州硅业有限公司(1 500 吨产能)、宁夏阳光硅业有限公司(1 500 吨产能)、无锡中彩科技公司(800 吨产能)等。我国多晶硅产业已初显端倪并将形成一定的产业规模。

应当指出,国内的多晶硅产业刚刚起步,很多企业为了抢占市场急功近利,前道的三氯氢硅合成和后道的四氯化硅氢化循环和回收都没有建设,生产的核心技术尚未完全掌握,在技术和市场方面面临国际厂商的激烈竞争。特别是 2008 年 9 月份开始的全球金融危机的冲击,各国对光伏太阳能电池的并网发电补贴政策有所调整和放缓,市场需求不够旺盛,国内市场的启动尚需时日,导致多晶硅材料的价格暴跌,从 2007 年的 300~400 美元/公斤降到 100 美元/公斤甚至更低。若挤掉行业的泡末,使价格逐渐回到理性的水平,则将再不会出现 2007 年前的暴利现象。因此,盲目扩张必然带来供需过剩、社会资源严重浪费的风险结果。我国多晶硅产业自主核心技术的研发和产业实力的稳步提高还有很多工作要做。

单晶硅 在我国太阳能电池产业快速发展的带动下,国内单晶硅的产量,尤其是太阳能电池单晶硅的产量和所占比例都迅速增长。2008 年,国内单晶硅总产量为 5 186 吨,其中太阳能级单晶硅产量 4 621 吨,占总产量的 89%;半导体级直拉单晶硅产量 505 吨;区熔单晶硅产量 60 吨。

我国单晶硅产量主要集中在技术含量偏低的太阳能用单晶硅上,IC 用单晶硅尤其是 8 英寸以上硅晶片基本依赖进口,远不能满足国内 IC 市场需求。国内单晶硅生产企业主要有:河北宁晋单晶硅基地(含:松宫半导体有限公司、宁晋晶隆半导体厂和宁晋港龙电子材料公司),锦州新日硅半导体材料公司(华昌电子材料/华日硅),常州亿晶电子科技有限公司,江苏顺大半导体发展有限公司,浙江昱辉阳光能源有限公司、廊坊松宫半导体有限公司等。在半导体级直拉单晶硅生产方面,北京有色研究总院有研半导体材料股份有限公司已经试制出 16 英寸硅单晶;通过引进设备和自主开发,北京有色研究总院有研半导体材料股份有限公司、浙江大学国家硅材料重点实验室和宁波立立电子股份有限公司已经掌握 12 英寸单晶硅的生长技术,为产业化发展奠定了基础。另外,洛阳单晶硅有限公司、合晶科技股份有限公司、万向硅峰电子股份有限公司、杭州海纳半导体有限公司、四川峨嵋半导体材料厂等均是主要的单晶硅生产企业,具有一定的生产规模。区熔单晶硅生产方面,天津市环欧半导体材料有限公司和北京有色研究总院有研半导体材料股份有限公司都有 6 英寸的生产设备和能力,其中天津市环欧半导体材料有限公司的区熔单晶硅生产规模已经位居世界第 3 位。四川峨嵋半导体材料厂、河南新乡华丹电子有限责任公司已经拥有 3~4 英寸区熔单晶硅生产线。上述公司,除抛光硅片外,其磨片的生产能力也很大。除此之外,珠海南科单晶硅有限公司(台资)、昆山中辰矽晶有限公司(台资)、上海浦东的卡姆丹克半导体有限公司(美资)、临潼的西安骊晶电子技术有限公司、济宁的港湾电子有限公司等企业,主要从事 3~6 英寸研磨片的生产。

2008 年,国内集成电路用硅抛光片和外延片受宏观经济的影响,总产量达 21 253 万平方英寸,同比下降 21.3%。国内硅抛光片主要以 4、5、6(150mm)英寸为主,8 英寸抛光片国内只有北京有色研究总院有研半导体材料股份有限公司能少量生产,尚不能批量生产,不能满足国内集成电路企业发展需要。目前,国际上主流产品是 200mm 和 300mm 硅片,而国内主流产品是 100mm 和 150mm 硅片。目前,我国绝大部分企业只能生产 4~6 英寸硅外延片,8~12 英寸硅外延片项目正待实施规模化生产。

封装材料 封装材料主要有引线框架材料、塑封材料、键合丝等。2008 年,以宁波康强电子股份有限公司和厦门永红电子有限公司为代表的引线框架生产企业的产量为 282 亿只。引线框架铜带材料主要生产企业有宁波兴业集团公司、中铝集团洛阳铜加工有限公司、北京金鹰铜业有限责任公司以及日本在中国的三井高科技有限公司等,2008 年的产量约 16 400 吨,市场占有率 40%左右。环氧塑封料在技术和产量上都有很大的提高,以连云港的汉高华威电子公司为主要生产企业。国内塑封料年产能从 2005 年的 1 万吨提高到了 2008 年的 8 万吨,2008 年国内环氧塑封料的实际产量约 5 万吨。其中汉高华威电子有限公司产能最大,约占全国总量的 40%,已成为全球最大的塑封料生产基地。其他主要生产企业还有住友电木(苏州)有限公司、长春塑封料

(常熟)有限公司、长兴电子材料(昆山)有限公司、日立化成(苏州)有限公司等。键合金丝生产企业相比去年变化不大,仍有8家,2008年,全国总产能合计约35吨,产量19.5吨,较2007年下降约15%;国产键合金丝占93.2%,销售额达59.4亿元。在这些键合金丝生产企业中,贺利氏招远贵金属材料有限公司、贺利氏招远(常熟)电子材料有限公司的产量和市场占有率仍最高,约占总产量的50%左右。

2. 光电子材料

半导体照明 根据国家半导体照明工程协调领导小组办公室调查统计结果显示:2008年,我国LED芯片产值较2007年的15亿元增长了26%,达19亿元,较2007年的43%的增速有所降低。其中,国内GaN芯片产值11亿元,增长37%。国产芯片的性能得到较大提升,在显示屏、信号灯、户外照明、中小尺寸背光等高端应用获得认可。2008年,受到金融危机和台湾企业芯片竞价影响,国内LED芯片企业在2009年上半年之间将受到较大的经营压力,但预计未来几年,国内芯片产能平均增长率仍将在30%以上。

2008年,我国LED封装产值达到185亿元,较2007年的168亿元增长了10%;产量由2007年的820亿只增加15%,达到940亿只,其中高亮LED产值达到140亿元,占LED总销售额的76%。从产品和企业结构来看,有较大改善,SMD和大功率LED封装增长较快。

从原材料配套上来看,我国有少量企业生产蓝宝石、GaAs、SiC等晶体材料,但产业规模普遍较小。生产蓝宝石晶体的主要企业有:哈尔滨工大奥瑞德光电技术有限公司、深圳奥普光电子有限公司、扬州华夏集成光电子有限公司、重庆川仪总厂有限公司、北京国晶辉红外光学科技有限公司等,生产工艺多为泡生法和火焰法。2008年,重庆四联集团已顺利收购了霍尼韦尔蓝宝石加拿大的工厂,成为国内首个具有大尺寸规格蓝宝石衬底供应商,成功弥补了国内蓝宝石加工的切、磨、抛环节缺失的问题。但其在国内复制仍需时日。生产GaAs晶体的企业主要有中科晶电信息材料有限公司、中科镓英半导体有限公司、天津晶明电子材料有限责任公司、新乡神舟晶体科技发展有限公司、北京国瑞电子材料有限责任公司、山东远东半导体科技有限公司等六七家,产值约5亿元,产品可用做LED、LD红光器件衬底材料。在SiC晶体生产方面,中国科学院物理研究所、山东大学均有一定突破。其中,中国科学院物理研究所已能加工出质量较高SiC晶片,产业化也有了较大进展;山东大学在3英寸级别SiC晶体研制上取得一定进展,相关产业化项目也在开展。

LCD相关材料 据Displaybank分析,进入2008年上半年,市场好转,但随着金融危机的到来,市场迅速萎缩。11月份,全球大型TFT-LCD面板出货量为2 940万台,比10月份的3 700万台下降了20.5%,比去年同年下降了21.7%。根据液晶器件行业协会调查统计结果显示:近两年各种LCD用混合液晶材料全球市场年需求约在350吨左右,国内年产量约450吨,其中TN、STN-LCD用混合液晶,产量约40~45吨,TFT用材料还在研发中,有400吨的中间体和单体出口至国际市场(德国、日本等)。其中,石家庄永生清华液晶有限公司的CSTN液晶材料2008年生产了20多吨,占总产量的60%,是目前国内最大的CSTN液晶材料厂。ITO导电玻璃生产厂家已有17家41条生产线,其中规模比较大的是安徽华益导电膜有限公司、芜湖长信科技股份有限公司、深圳南玻电子有限公司以及深圳莱宝高科技股份有限公司。2008年,共生产ITO玻璃12 004 950万片约774万平方米,年产值约9.4亿元。目前,导电玻璃不但能满足国内需求,出口比例也达到一定水平。2008年,国内中小尺寸彩色滤光片产量约210万片,合35万平方米,产值5.5亿元。在玻璃基板生产方面,洛阳玻璃股份有限公司可以生产少量STN-LCD用玻璃基板。彩虹集团电子股份有限公司是国内首家TFT-LCD用玻璃基板生产的企业,预计到2009年底可以批量生产。

光纤、光纤预制棒 已形成了以武汉长飞光纤光缆有限公司为主的生产格局。国内光纤预制棒年生产能力约450吨,合2 500万公里光纤,以单模光纤用光纤预制棒为主;还研制开发出了多模和特种光纤用预制棒,光纤国内市场配套能力已从原来的百分之几提高到近30%。武汉长飞光纤光缆有限公司已成为国内光纤行业的龙头企业,在世界光纤行业排名中由2002年的第8位升至第3位,仅次于美国康宁公司和日本古河公司。我国的光纤和光纤预制棒产业规模已初步形成,制造成本在降低,竞争力在加强。我国企业克服了全部依靠买棒拉丝的局面,缓解了我国光纤产业发展的瓶颈问题。主要差距是制棒技术和规模与发达国家相比仍需急力追赶,原材料,尤其是高纯SiCl4、石英管、涂覆材料等还依赖进口，国内 60%~70%的预制棒仍依赖进口。因此，需继续加强自主研发，提高国内光纤和光纤预制棒的综合竞争力。

3. 新型元器件材料

覆铜板及电子铜箔　2008 年，刚性覆铜板（CCL）总产量为 29 150 万平方米，销售收入为 276.8118 亿元，较 2007 年的 266 亿元增长 4.06%。其中，玻纤布基 CCL（主要指 FR–4 产品）占总产量的 65%，为 18 970 万平方米，销售收入 205.57 亿元；纸基板为 7 220 万平方米，销售收入 35.92 亿元；CEM–3 为 680 万平方米，销售收入 6.35 亿元；CEM–1 为 2 300 万平方米，销售收入 19.42 亿元。

数据显示，2008 年全国总产量增长幅度较 2007 年增幅下降约 4 个百分点，玻布基板在 2007 年较大增长后，2008 年增幅回落了近 17 个百分点，两种复合基板在 2007 年 38%的大幅增长后，2008 年基本持平。

金属基覆铜板尚无准确企业的资料，但从全国不少企业纷纷关注和研制此类 CCL 的情况看，2008 年的市场需求更趋旺盛，估计其增长幅度至少在 2 成以上，总产量约达 66 万平方米、约 3 亿元。2008 年，挠性 CCL 总产量 1 280 万平方米，较上年增长 28%，销售收入为 95 488 万元。2008 年，覆铜板的出口量为 12.67 万吨，下降 10.22%，出口额为 7.33 亿美元；进口量为 18.01 万吨，进口额为 13.52 亿美元，下降 18%。2008 年，由于国家将覆铜板的出口退税率从 2006 年 9 月起下调为 5%，使出口量在 2007 年同比下降之后，继续下降 10.22%。在覆铜板分会的不断努力下，虽然从 2008 年 11 月开始将退税率上调到 11%，但四季度的金融海啸突然爆发，使全国 10 月 CCL 出口较 9 月下降 17.5%，11 月又较 10 月下降 39.9%。2008 年，我国进口 CCL 也出现了近 18%的大幅下跌，尽管进口单价同比上涨大于出口单价，但外贸逆差仍然较上年减少了 1.34 亿美元。这是 CCL 外贸逆差近 20 年来首次出现的大幅减少。

目前，我国已成为世界上印制电路用铜箔生产的重要基地，也是世界最大的电解铜箔消费地区。据统计，2008 年我国电解铜箔生产量达到了 11.5 万吨。其中，出口 1.40 万吨（出口额达 1.44 亿美元）。但是，我国电解铜箔在技术水平、产品档次上都与国外企业，特别是日本存在着不小的差距，如 HDI 板用高性能铜箔、高档锂电池及动力电池正、负极载体用铜箔、高频电路 PCB 用高性能铜箔、应对欧盟 RoHS 指令的不含六价铬的铜箔、适于 PDP 屏蔽材料用的电解铜箔、适于激光直接钻孔的电解铜箔、适于大电流和高散热性 PCB 的厚铜箔、适于高性能挠性覆铜板用的电解铜箔、适于内埋元件型多层板用的特殊铜箔等。上述品种，国内有的企业已经获得了初步的研发成果，还需要在性能、品质稳定性上有待提高和完善，并尽快地推向市场。

2008 年底，苏州福田金属有限公司（日资）、招远金宝电子有限公司（内资控股的合资企业）、江铜—耶兹铜箔有限公司（内资控股的合资企业）、建滔（连州）铜箔有限公司（港资）、佛岗建滔实业有限公司铜箔分厂（港资）和南亚电子（昆山）公司铜箔分厂（台资）达到的产能，已占整个国内铜箔总产能的 81.6%。国内大型铜箔企业的生产规模在近两年开始增大，这种变化趋势在今后几年将表现得更为明显。

磁性材料　目前，我国从事磁性材料生产的企业以及相关企业有 1 000 多家，其中铁氧体生产企业有 350 家，稀土磁体和金属磁体生产企业有 220 家，其余为配套设备生产企业和辅助原料生产企业。近几年，国内铁氧体工业基本保持在 20%以上的增长速度。

2008 年，我国软磁铁氧体产量约 31 万吨（上半年 17 万吨），永磁铁氧体产量 44 万吨（上半年 27 万吨），烧结钕铁硼永磁铁产量 6.3 万吨（上半年 3.1 万吨）。

2008 年，中国磁性材料与器件出口量 14.5 万吨，价值 8.2 亿美元；进口量 3.2 万吨，价值 3.3 亿美元。2008 年上半年，中国磁性材料产值 304 亿元，其中永磁铁氧体产值 70 亿元，软磁铁氧体产值 111 亿元，钕铁硼磁体产值 123 亿元。中国已成为名副其实的磁性材料生产大国，也是全球磁性材料制造基地，有近一半的磁性材料用于出口。自 2008 年第 3 季度以来，中国磁性材料行业受全球金融危机的影响日益显现出来，进入第 4 季度后，企业订单突然大量下降，企业生产线停产超过 50%，大部分企业开工不足，少数企业无力支撑而倒闭。主要原因是近年来人民币持续升值，给磁性产品出口企业带来大量的汇兑损失；弱势美元环境下，原材料、能源价格大幅度波动，给企业生产管理造成很大困难；全球金融危机愈演愈烈，磁性产品出口遭遇二次寒流；国际两大软磁铁氧体企业巨头 TDK 与 EPCOS 强强联合，对国内软磁铁氧体出口欧美市场带来强大冲击，使我国软磁铁氧体产业遇到了前所未有的、比其他种类磁性材料产业更大的困难。另外，由于中国磁性材料产品主要以中低档为主，国内竞争激烈，特别是近年来能源、原料、人工费用的大幅上涨和波动，导致生产制造成本上升、企业成本管理和成本控制困难，所以磁性材料企业普遍呈现量增利降的状况。

电子陶瓷材料 我国参与功能陶瓷研究和生产的单位有200多家，其中从事电子陶瓷研制与开发的单位约占64%左右。这些单位大都分布在经济比较发达的上海、北京、天津、江苏、山东、浙江、福建、广东沿海城市和地区，而在西南、西北的一些较偏远的地区，则主要是以原军工企业为主。2005年以来，我国功能电子陶瓷材料的研究和生产都得到了很大的发展，其中片式电容、电感器、片式变压器、电阻器件、陶瓷基板等应用技术和产业化方面都取得较大的进展，不但可以批量生产，还能出口国际市场。据行业协会不完全调查统计，国内介质陶瓷材料的产量：圆片电容器陶瓷材料约2 980吨、增长7.2%，产值9 730万元、增长12.9%；片式多层陶瓷电容器（MLCC）材料约815吨、增长7.8%，产值16 560万元、增长9.5%。从品种变化上看，陶瓷电容器份额最大，其中MLCC占有80%以上的比重。我国已成为世界MLCC制造大国，中国MLCC生产厂商有近20家，主要分布在珠江三角洲、长江三角洲和环渤海京津地区。珠江三角洲地区代表性MLCC企业为风华高科股份公司，长江三角洲MLCC厂商有上海京瓷电子有限公司，北方地区MLCC主要企业有天津三星电机有限公司和北京日本村田公司。外资MLCC的产量市场占有率已经达到80%以上。据不完全统计，国内片式电容器产量为4 000亿只，占电容器总产量的83.6%，MLCC占了约90%。风华高科股份公司是唯一进入全球MLCC前十强的中国内地企业。该公司目前MLCC年产能达600亿只，产品近一半出口到欧美市场。但由于外资企业的快速发展和大规模进入中国市场，该公司的发展也遇到一些困难并在不断调整。国内市场上的其他厂家还有成都宏明电子股份有限公司、深圳市宇阳科技发展有限公司、潮州三环（集团）股份有限公司、大连达利凯有限公司等，由于产量较小，影响力较为有限。另外，含铅陶瓷的替代材料在近两年是陶瓷材料的发展重点之一，中国电子科技集团公司第七研究所广州杰赛科技股份有限公司的研发工作取得了较大的进展。

压电晶体材料 2008年1月~9月，压电晶体材料进口了328吨，进口数量大幅减少。压电晶体元件出口额9.25亿美元，同比增长了2.17%；进口额21.20亿美元，同比增长了4.59%，行业已连续10年出现贸易逆差，而且逆差逐年加大。说明我国的企业要加大高档产品的研究开发。

我国压电晶体行业属于景气下行趋势不特别明显的行业，但是到了2008年10月份以后下行显著，订单明显不足。近几年来，国内晶体行业对资本运作和管理创新、企业整合重组的需求不断增强，企业规模越来越大，4年来已有3家企业上市，目前还有几家正在准备上市。

对现在的中国晶体行业来说，加速企业整合，使产业集中度逐步提高，是抵御风险、低成本扩张、提高竞争力的最有效的办法，也是行业发展的必经之路。

电子锡焊料材料 2008年1月~9月，我国锡焊料业的经济运行基本正常，趋于一定幅度增长的态势，但到了10月份首先在出口额方面明显下降。特别是主要市场在国外的无铅焊料的市场需求更为明显，它的销售额的下降幅度大于有铅焊料产品。根据锡焊料行业协会的统计，2008年我国精锡生产的产量（按业内总产量计）为15.537万吨，比2007年下降了15.38%。2008年，在四类焊料产品中，占市场份额最大的两类产品（条、丝、棒、球等锡焊料、无铅焊料）的年增长率均为负值（锡焊料为-9.54%；无铅焊料为-6.15 %）。行业协会成员有21家企业能够生产精锡。2008年，全国精锡产量约在131 869吨以上。锡焊料（含焊条、焊丝、焊棒、焊球等产品）生产会员单位现有75家，这些企业在2008年1月~9月份，产销量都以正常速度进行，有的产量还有增长。但是，到2008年10月份以后，受全球经济衰退的影响，生产形势恶化，产销量大幅下降。2008年，业内锡焊料产量为98 769吨，比上一年109 184吨下降9.54%。受金融危机和出口减少的影响，估计非协会成员企业（含外资、独资及未加入协会企业）产量不足10 000吨。国内锡焊粉产量呈增长势态。2008年，业内11家主要锡焊粉生产企业（锡焊粉年产量超过50吨/年）合计锡焊粉产量达到2 292吨，锡焊粉（包括无铅型锡焊粉）的需求量在快速增长。含铅和无铅焊膏的产量统计结果共为2 184.5吨，其中无铅焊膏产量约占总产量的70%左右。协会成员单位焊膏产量，2008年与2007年同比增长了25.75%。行业内全年产量合计2 209.5吨，同比增长了25.75%。

科技进步

在国家科技计划、电子发展基金和产业化示范工程引导资金的支持下，多晶硅企业在建设生产线的同时重视技术创新，突破了一些改良西门子法的多晶硅生产技术，基本掌握了千吨生产工艺技术。主要有：①$SiHCl_3$合成精馏工艺技术：制造并掌握了单台年产 5 000 吨合成料的合成炉和加压精馏提纯工艺技术，合成尾气采取干法回收，氯硅烷的回收既经济又环保；三氯氢硅合成、提纯系统采取 DCS 全自动控制；自主研发了 6 对棒、9 对棒、12 对棒、18 对棒和 24 对棒还原炉，特别是研制的加压条件下运行的 24 对棒节能型加压还原炉，是完全独立的成套技术体系；已投产的千吨级主要生产企业还原电耗为 150~90 kWh/kg·Si；②$SiCl_4$的氢化工艺技术：自主创新试验摸索了工艺条件参数和配套材料、部件，热氢化工艺技术单台氢化炉的 $SiCl_4$ 处理能力 750kg/h，$SiCl_4$ 在炉内的一次转化率≥20%，电耗指标 55.23kWh/kg·Si；③低温加压氢化技术。单台氢化炉的 $SiCl_4$ 处理能力>5000kg/h，$SiCl_4$ 在炉内的一次转化率≥20%，电耗指标≤10kWh/kg·Si。④副产品的综合利用技术，部分企业开展了气相二氧化硅的生产装置和工艺技术研究，项目正在实施之中。

2008 年，我国覆铜板行业在技改、科研方面有两个较显著的特点，一是部分高技术覆铜板实现产业化，逐步推进我国从覆铜板大国走向强国；二是普遍采用了废气焚烧回收热能技术和压制系统导热油加热技术，在节能、节耗、减排方面取得更大进展。覆铜板行业的这种发展趋势，是与我国进入第十一个五年计划以来，国家对经济运行的结构性调整，以及在这种宏观政策支配下整个电子工业的发展趋势是相同的。

存在的问题

1. 电子材料涉及冶金、有色、化工、电子等诸多行业，与这些行业有着交叉的企业和业务关系，有些电子材料是在这些行业的基础上兼业从事研究生产的，企业所在地也比较分散。由于电子材料其技术含量高、难度大，而见效比较慢，从事电子材料生产的大部分企业规模较小，大部分企业的年产值或销售收入都为几千万元，近几年由于信息产业和光伏产业的快速发展和市场拉动，覆铜板、磁性材料和半导体硅材料才有销售收入 40~50 亿元的企业出现，其中多年不盈利的硅单晶行业在近年来才出现了销售收入达十几亿元的企业，他们大部分生产太阳能电池用 6 英寸硅片。另外，材料品种门类多，其计量单位各不相同，有公斤、平方米、个、只等等，行业情况的收集和数据统计存在很大的难度。

2. 技术基础薄弱，自主创新研发的材料品种少，生产的材料多为中低档产品，知识产权诉讼频频发生。由于技术基础薄弱，至今仍未突破核心技术，自主知识产权的专利很少，产品未形成产业化，集成电路、新型元器件用的关键电子材料大部分依赖进口，能生产的品种大部分属中低档材料。近几年，由于国外公司的技术贸易壁垒，知识产权诉讼频频发生。如，2005 年韩国公司起诉我国光纤企业反倾销案（我国胜诉），2008 年 3 月和 8 月的 ITC 对 LED337 案（和解告终），2008 年 11 月 ITC 对覆铜板企业发起 337 调查（我国生益科技股份公司胜诉）等。这一方面表明了我国在技术创新、维护知识产权、解决国际经济纠纷的能力向前跨了一大步；另一方面也说明，企业不仅要花费大量的人力、物力和财力，还影响了很多的市场机会。这样的知识产权纠纷事件今后还将不断出现，值得重视和思考。

3. 国内电子材料市场对外依存度大，如中低档磁性材料和器件、覆铜板和半导体硅材料等，60%以上靠出口国际市场。

2009 年预测

2009 年，受世界金融危机的冲击给中国的经济带来很大影响，第一季度电子材料行业的企业生产订单明显减少，效益大幅下滑，特别是以出口产品为主的企业更为严重。我国政府及时采取了扩内需、保增长的各项宏观调控政策来支持国内发展经济，企业在出口退税、科技支持项目、技术改造、振兴计划经费等方面得到了支持和优惠，二季度以来情况有所好转，生产逐步饱满起来，效益有所上升，但由于金融危机的影响尚未消除，发展中的不确定因素较多，特别是出口形势没有大的好转。所以，总体来说，行业情况仍然没有 2008 年同期情况好。近期，我国有关部委出台了有关启动国内光伏应用市场的政策，为国内光伏太阳电池产业和半导体硅材料行业的发展带来新的发展机遇。预计 2009 年下半年半导体硅材料的生产会有一定的回升，但其他电子材料的产销情况不容乐观。各企业都在抓紧时机练内功，积极进行产品结构调整，争取有好的发展。

[撰稿：鲁瑾　李清岩　审稿：刁石京　彭红兵]

汽车电子工业

【综述】

2008年，中国汽车产销量依然保持增长态势，仍占据着全球第二大汽车消费市场的位置。但是，由于世界金融危机不可避免地给中国经济带来了负面影响，引起汽车消费经济环境发生了变化，在一定程度上抑制了居民汽车消费需求，汽车市场的不景气引起了2008年下半年中国汽车产量增长速度的下滑。

2008年，中国汽车产量为934.5万辆，同比增长5.2%，较2007年22.2%的增速下降较多，成为近年来产量增长速度最小的一年。

2008年，中国汽车电子市场继续保持快速增长态势，但受汽车产量增速下降影响，市场发展速度有所回落。全年汽车电子产品销售额达到1 405.4亿元，比2007年同期增长15.6%。

汽车电子前装配备率上升推动市场增长。国产汽车电子前装配备率的上升，一直是推动汽车电子市场增长的重要因素之一。2008年，中国汽车市场竞争激烈，促使生产厂商在使用价格优惠促销的同时，也在不断增加汽车的电子配置，从而不仅可以提升汽车的舒适性、安全性和娱乐性，还提高了车辆的性价比，吸引消费者购买。同时，可以达到延长老车型的寿命，提高单一车型销量，使单一车型的利润最大化的目的。

在动力控制领域，EMS已经在汽车中普及，自动/手自一体变速箱在乘用车市场中的比重继续上升，定速巡航在乘用车市场中的比重也超过了30%，提升了汽车动力控制产品的配备率。在底盘控制领域，ABS、EBD已经基本完成了在乘用车市场的普及，有效地提高了汽车的电子配备率。在车身电子领域，电动后视镜、电动雨刷器、电动车窗、无钥启动、中控锁等电控化产品也基本完成了在乘用车市场的普及；自动空调、电动座椅等产品的配备率也在不断攀升，提高了乘用车的车身电子的整体配备率。车载音响、倒车雷达、GPS等多种多样的车载产品也被装配到了汽车上，丰富了汽车的娱乐功能。传统汽车电子产品的普及使用，提高了汽车的电子配备率，推动了2008年汽车电子市场的增长。

主动安全类和信息娱乐类产品成为汽车电子市场主要的增长点。随着消费者对于主动安全类和信息娱乐类产品认可度的不断提高，以及产品的技术进步和国产化率的提高带来了性价比的不断改善，使此类产品进入快速发展期，普及率开始迅速上升。2008年，这两类产品市场的快速发展直接带动了整体汽车电子市场的发展。主动安全类产品通过总线化的车载网络获取信息，根据车况和驾驶状况信息智能地优化制动、悬架等底盘控制功能，前装市场的快速发展是此类产品增长的主要动力。2008年，刹车辅助系统（EBA）、急速防滑系统（ASR）、电子稳定程序（ESP）等主动安全系统市场不断扩大，例如ESP以前主要装备在宝马、克莱斯勒、雷克萨斯等高端车型中，随着市场的发展和价格的下降，ESP开始在荣威750、凯美瑞等中级车中普及，现已在奔腾等紧凑车型中出现。由于紧凑型车和中级车是中国轿车市场的主要车型，ESP的向下渗透普及推动了其市场份额较快增长。

随着消费者对于汽车娱乐性需求的不断提高和车载娱乐系统产品种类、技术的快速发展，车载电子产品市场，特别是在后装和改装市场得到了快速发展。汽车音响市场中的单碟CD机和多碟CD机已成为市场的主力产品。随着DVD系统的迅速发展，在后装和改装市场，2008年，DVD系统销售量大幅增长。同时，车载视频系统、倒车可视系统、嵌入式车载导航系统的普及率也随之提高。

国外企业和合资企业一直是中国汽车电子市场的主力，占据了大部分市场份额。但是，汽车生产厂商特别是本土汽车生产厂商在成本和产品升级的压力下，越来越多地采用本土汽车电子生产企业的产品，这显著提升了本土企业在市场中的份额。2008年，中国本土汽车电子生产厂商市场份额达到11.8%。国内企业首先在消费性质的汽车音响和车载娱乐系统方面实现了突破，如深圳市航盛电子股份有限公司、江苏天宝汽车电子有限公司等企业已经在汽车音响领域取得了较大成功。之后，在安全气囊、汽车防盗系统、汽车导航系统中快速发展，如锦州锦恒汽车安全系统有限公司、上海东方久乐汽车安全气囊有限公司等企业在安全气囊领域，深圳市赛格集团有限公司、深圳华强集团有限公司等企业在导航设备领域，广东铁将军防盗设备有限公司、广州雄兵汽车电器有限公司等企业在汽车防盗系统领域，都取得了巨大成功。另外，在发动机管理（EMS）领域也实现了市场突破，如北京锐意泰克汽车电子有限公司为奇瑞等汽车生产企业供货。由于受金融危机的影响，汽车产业将在短期内处于发展低谷，成本压力会越发明显，这将为价格较低的本土汽车电子企业提供良好的发展机遇。

近年来，中国民用汽车拥有量发展迅速，年增长率均在 13%以上，2008 年在 2007 年的基础上又获得了 16.2%的增长，达到 5 063.4 万辆。大部分汽车由于生产较早，其电子配置率一般较低，这为汽车进行电子装备升级提供了潜在的需求。目前，中国汽车电子后装和改装市场主要集中在车载电子领域，如汽车防盗、汽车音响（包括多媒体系统）和车载导航产品等，但是随着产品品种不断丰富，以及后装和改装市场技术的不断成熟、服务的不断完善，以及中国对汽车改装限制的放宽，其他汽车电子产品在 2008 年也得到了快速发展。

生产与销售

应用结构 汽车电子市场按照产品功能和应用领域分为动力控制产品、底盘控制与安全产品、车身电子产品和车载电子产品 4 个细分领域。2008 年，动力控制、底盘控制与安全系统产品分别占据了 29.5%和 27.9%的市场份额，位列汽车电子市场第 1 位和第 2 位，底盘控制与安全系统产品市场与车载电子产品市场表现出了较快的增长态势。

由于占动力控制系统市场的主要产品 EMS 在汽车中的普及已经基本完成，产品需求量增速和汽车产量增速基本一致，在新应用和新产品还未大规模普及时，该市场将保持相对较慢的增长速度；在 ABS 和 EBD 等基本底盘控制产品的普及率已经达到很高水平的状况下，2008 年主动安全系统的普及成为推动底盘控制与安全系统增长的重要因素。在汽车娱乐系统和 GPS 产品前装配备率的上升和车载电子后装改装市场快速发展的推动下，车载电子产品市场也得到了快速发展，份额较 2007 年有所上升，达到 19.8%。

产品结构 从 2008 年汽车电子市场的产品结构来看，由于产品种类较多，各产品市场份额比较分散，前几名依然被普及率较高的传统汽车电子产品所占据。其中，EMS 以 21.9%的份额占据了汽车电子市场的第 1 位，但由于其普及率较高，增长空间有限，需求量增长有所放缓，从而导致市场份额有所下降；同样的原因，普及率较高的 ABS、汽车空调、汽车音响、汽车防盗系统的市场增长也比较缓慢。GPS、车载电视等普及率较低的产品增长速度较快，市场份额有所上升。同时，由于汽车电子产品的种类和应用领域在不断拓宽，像 CVT、ESP、车载电话、蓝牙等尚未大范围普及的产品在汽车电子产品市场中的比重持续攀升，目前已经接近 1/4，成为不可忽视的一部分市场。

发展趋势

市场趋势 中国汽车电子市场经过多年的发展，市场规模不断扩大，产品种类持续增多，产品功能不断完善。

多因素推动汽车电子市场规模增长。从中国汽车产业发展趋势的角度来看，中国汽车市场在全球市场中的地位将愈发重要，产业环境也将继续完善，中国汽车产业长期来看拥有巨大的发展空间。下游汽车产业的迅速增长，将形成巨大的汽车电子潜在市场。汽车技术性能的提高越来越依赖于电子技术，电子技术在汽车安全、环保、娱乐、信息性能方面起到越来越重要的作用。从中国汽车产品发展趋势的角度来看，国产汽车产品电子普及率较国际水平还有一定的差距，而为了抢占中国汽车市场，汽车厂商必然加快产品升级的步伐，以满足消费者的需求。未来几年，不少高端汽车电子被植入国产汽车中，电子化率较高的新车型将不断涌现，从而提升国产汽车产品的电子化率，推动中国汽车电子市场的发展。

中国汽车电子产业发展推动市场走向成熟。巨大的市场需求推动了汽车电子产业的发展，反过来，中国汽车电子国产率的不断提升，也加快了中国汽车电子市场的发展速度。外资、合资和本土汽车电子企业的快速发展，实现了汽车电子产品本土化生产，满足了中国对于汽车产品国产化率的要求，贴近了中国市场的需求、降低了中国汽车电子产品的价格，推动了汽车电子后装和改装市场的发展，加快了汽车电子产品普及速度，从而促进了中国汽车电子市场规模的扩大。目前，外资和合资汽车电子企业在中国的市场中占有主导地位，本土汽车电子企业市场份额在不断上升，2008年已经达到13%左右。

汽车电子消费习惯逐渐形成。中国汽车消费已经度过了商务车和公务车时代，进入了私家消费时期。同时，消费者也不再仅仅满足于汽车作为一般的代步工具，对汽车的安全性、娱乐性、舒适性和易驾驶性的追求已经开始超过对于汽车动力性的要求，而这些性能恰恰是汽车电子产品能够满足的。消费者开始习惯于从汽配城、汽车改装店等后装和改装市场购买汽车电子产品，中国汽车电子消费理念逐渐从前装配置向后装和改装购买转变，消费者消费理念的转变将推动中国汽车电子市场快速发展。

产品趋势 从产品的发展趋势来看，传统产品升级和新兴产品的普及应用将成为汽车电子产品发展的两个重要途径，而智能化、数字化和总线化成为产品的发展方向。目前，EMS、ABS、汽车音响、汽车仪表、汽车空调等传统汽车电子产品的普及率非常高，对于此类产品，性能的改进和提升、产品功能的增强成为产品发展的重点，产品升级将成为细分市场发展的主要推动力。对于车载GPS、ESP等新兴产品，产品成本的降低，可靠性的增强成为产品发展的重点，此情促进了产品普及率的提升，并促进了细分市场的快速发展。

随着半导体技术、信息网络技术、嵌入式计算机技术的发展以及汽车电子机电一体化、服务信息化、功能集成化、控制数字化、管理智能化、通信网络化的特点和趋势的日益明显，汽车电子的概念逐渐由与汽车结构、性能、匹配有紧密关联的电控系统和相对独立的车载电子装置，扩展延伸到一个网络化的概念。软件技术的重要性日趋明显，汽车电子软硬件的开发也由以往的定制化向模块化发展，汽车电子厂商、半导体厂商、软件厂商之间的联系将更加紧密，分工将更加细致，AUTOSAR联盟的成立就充分说明了这一趋势。

未来汽车电子在功能上将更加智能化，将能够自动适应不同的应用场合，功能也越来越多种多样；在内容和表现形式上，数字化将成为发展趋势，一些传统模拟和机械的器件将被数字化所代替；在信息传输上，FlexRay、CAN、LIN总线的使用将更加频繁，汽车电子产品也将随之向总线化、网络化的方向发展。同时，汽车电子产品的发展也将推动汽车电子市场规模的不断发展。

应用趋势 汽车电子产品在初期主要应用在动力控制领域，随着产品种类的不断增长，其动力控制方面的应用比重在不断减弱，安全、节能、舒适、娱乐成为未来汽车电子应用发展的主旋律。

主动安全功能成为产品发展趋势。随着民众汽车保有量的不断提升，避免日趋频繁的汽车交通事故所带来的伤害已被消费者越来越重视，因而要求汽车厂商和零部件厂商创造出更加安全的车辆。作为最大限度防止事故发生，并且在事故发生前采取措施降低伤害的主动安全系统也被各国政府和消费者所看好，美国公路交通管理局所出台的关于电子稳定控制(ESC)法规就是将技术发展焦点引导到主动安全产品上的信号。未来几年，除了现有主动安全产品如ESP、ASR等的继续普及外，主动安全和被动安全的集成也将不可避免，预碰撞干预系统、路况监测系统、安全带预收紧系统、白线监测系统等将进入市场导入期。

节能环保符合国家指导政策。能源紧张成为国际性的问题，也成为汽车产业必须面对的难题。近年来，中国先后出台了多项文件，鼓励汽车厂商沿着节能环保的路线发展汽车产品。

舒适、娱乐将成为汽车电子产品增长的主要方向。与汽车舒适性、娱乐性相关的车身和车载电子产品将成为未来汽车电子市场的主要发展方向。首先，车身和车载电子产品种类较多，市场可拓展潜力巨大。与动力和底盘系统相比，车身和车载电子产品装配对汽车改动较小，更加适合在后装和改装市场发展。同时，可以融合许多3C领域的应用技术，如多媒体技术、网络技术等，对于消费者而言更熟悉、更容易接受。其次，车身和车载电子产品是未来消费需求的热点。车身和车载电子产品对改善汽车舒适性、提高汽车娱乐性起到了很大的作用，而这也恰好迎合了中国消费者的需求。随着私人消费者的增加，这种对汽车动力以外的需求会更为突出，这也使得车身和车载电子产品市场未来发展潜力十足。

【统计数据】

表 1　2006 年—2008 年中国汽车产量情况

产品名称	单位	2006 年		2007年		2008年	
		产量	增长率（%）	产量	增长率（%）	产量	增长率（%）
汽车	万辆	728	19.5	888.2	22.0	934.5	5.2

表 2　2006 年—2008 年中国汽车电子市场销售额情况

产品名称	单位	2006 年		2007年		2008年	
		销售额	增长率（%）	销售额	增长率（%）	销售额	增长率（%）
汽车电子	亿元	867.6	39.0	1 215.7	40.1	1 405.4	15.6

表 3　2008 年中国汽车电子市场应用结构销售情况

产品名称	单位	2008 年	
		销售额	份额（%）
动力控制系统	亿元	414.3	29.5
底盘控制与安全系统	亿元	392.8	27.9
车身电子	亿元	320.2	22.8
车载电子	亿元	278.0	19.8
合计	亿元	1 405.3	100.0

表 4　2008 年中国汽车电子市场产品结构

产品名称	单位	2008 年	
		销售额	份额（%）
EMS	亿元	308.3	21.9
变速箱控制	亿元	96.4	6.9
ABS	亿元	199.3	14.2
安全气囊	亿元	121.4	8.6
汽车空调	亿元	45.8	3.3
汽车音响	亿元	103.2	7.3

续表

产品名称	单位	2008 年	
		销售额	份额（%）
GPS	亿元	80.1	5.7
汽车防盗系统	亿元	29.5	2.1
汽车仪表	亿元	73.2	5.2
中控锁	亿元	12.3	0.9
车载电视	亿元	4.2	0.3
轮胎压力监测系统	亿元	7.7	0.5
其他	亿元	324.1	23.1
合计	亿元	1 405.5	100.0

注：表 1~表 4 数据来源于赛迪顾问行业研究报告（2009 年）。

表 5　国家汽车节能环保鼓励政策

时间	名称	发起部委	内容
2004年6月	《汽车产业发展政策》	国家发展和改革委员会	国家引导和鼓励发展节能环保型小排量汽车，促进混合动力汽车的生产和使用，为汽车工业的发展指明方向
2004年	《节能中长期专项规划》	国家发展和改革委员会	提出鼓励新能源汽车的发展
2005年	《节能中长期专项规划》十大重点节能工程	国家发展和改革委员会	提出鼓励新能源汽车的发展
2007年10月	《新能源汽车生产准入管理规则》	国家发展和改革委员会	对包括混合动力汽车在内的新能源汽车的生产准入做出规范
2007年12月	《产业调整指导目录（2007 年本）》	国家发展和改革委员会	将包括混合动力汽车在内的新能源汽车生产列入发展和改革委员会鼓励产业范围

[撰稿：任爱光　审稿：杨旭东]

机床电子工业

【综述】

机床电子产品主要包括数控系统、伺服驱动系统、电主轴、电动刀架等，也被称为机床电子功能部件。机床电子产品是数控机床中的核心部件，是电子信息技术和机械加工技术结合的产物，其性能决定了数控机床的整体水平。数控机床集现代精密机械、计算机、通信、液压气动、光电等多学科技术为一体，具有高效率、高精度、高柔性和自动化程度高等特点，是目前机械制造业的主流装备。数控机床的水平和保有量已成为一个国家制造水平、工业现代化程度及国家综合竞争力的重要指标。

2008 年，尽管受国际金融危机和世界经济放缓的影响，国外机床电子市场萎缩较大，但在国家“保增长、扩内需”政策以及振兴装备制造业战略实施的带动下，中国机床电子产业仍保持稳定增长，企业在自主创新、高端突破、主机配套、性价比等方面均取得较好的成绩。总体来看，机床电子产业的发展具有以下几个特点：

市场增速下降 2008 年，机床电子产业市场发展增速下降，主要表现：一是产销增速下半年明显减缓，全年仍保持稳定增长，国产数控机床产量为 12.2 万台，比上年同期增长下降了 3.26%；二是全球市场低迷，出口增速大幅下滑，传统出口市场需求减少，新兴出口市场明显增长，出口市场呈现多元化格局；三是行业规模、企业利润增幅下滑，中低端数控机床需求量大幅减少。

出口方面 按海关税号分类，在 27 种数控机床中，除 3 种出口下降外，其余 24 种都快速增长。其中出口金额居前 3 位的是：数控卧式车床出口 8 810 台，1.79 亿美元，金额增长 22.95%；数控弯曲、折叠或矫平机床出口 1 534 台，0.73 亿美元，金额增长 91.17%；立式加工中心出口 1 178 台，0.58 亿美元，金额增长 128.94%。此外，出口高速增长的还有：卧式加工中心、龙门式加工中心、其他加工中心、其他数控车床、数控镗床、数控镗铣床、数控平面磨床、数控外圆磨床、数控切齿机、齿轮磨床或齿轮精加工机床、数控锻造或冲压机床及锻锤、数控板带纵剪机床、数控板带横剪机床、其他数控剪切机床、自动模式数控步冲压力机、其他数控冲床、其他数控冲孔或开槽机床等。

进口方面 按海关税号分类，在金属加工机床中，进口额在 1 亿美元以上的有 21 种，金额居前 3 位的是：立式加工中心进口 10 329 台，8.75 亿美元，金额增长 2.13%；卧式加工中心进口 2 107 台，8.4 亿美元，金额增长 50.76%；数控卧式车床进口 5 015 台，4.08 亿美元，金额下降 2.35%。进口金额增速最快的是数控齿轮加工机床，进口 328 台，2.36 亿美元，金额增长 76.73%；其次是卧式加工中心，再次是数控折弯、矫平机床和多工位组合机床。

国产数控系统研发应用取得新进展 2008 年，国产数控系统品牌整体提升较快，国产数控系统在某些关键技术上已获得了突破，自主研发成功的高档数控系统具备了总线接口、五轴功能、多通道控制功能等高档功能，并且开始应用于主机配套。例如，武汉华中数控股份有限公司的 HNC-32 数控系统、大连大森数控技术发展中心有限公司的多种型号数控系统均采用了多 CPU 的体系结构，武汉华中数控股份有限公司、大连光洋科技工程有限公司、广州数控设备有限公司数控系统也是基于 PC 技术。此外，国产数控系统的应用领域已经从单一的普通金属加工发展到覆盖木材加工、玻璃加工、板金加工、模具加工、特种加工、柔性加工等更多领域，其技术水平已达到了较高的层次。

国产五轴联动高档数控机床批量生产 2008 年，机床电子的最大亮点是全国产化五轴联动高档数控机床批量面世，配备国产五轴联动数控系统的高档机床已经在许多企业得到了批量应用。据中国机床工具工业协会数控系统分会统计，在第五届中国数控机床展览会(CCMT2008) 共展出五轴联动数控机床 33 台，其中配备国产高档数控系统的全国产化五轴联动数控机床 18 台，展出配备五轴联动数控系统的机床生产企业包括大连机床集团有限责任公司、齐齐哈尔二机床（集团）有限责任公司、北京机电院高科技股份有限公司、四川长征机床集团有限公司、山东鲁南机床有限公司、青岛元通机械有限公司、北京胜为弘技数控装备有限公司等，数控系统生产企业是武汉华中数控股份有限公司、大连光洋科技工程有限公司、大连大森数控技术发展中心有限公司、南京四开电子企业有限公司。

“倍增计划”对机床电子发展的支持 全国电子信息系统推广办公室利用电子信息产业发展基金“倍增计划”项目，多次对机床电子产品的研发与应用、国产数控系统的产业化进行支持，取得了良好的经济效益和社会效益。2008 年，包括上海团结普瑞玛激光设备有限公司的“嵌入式切割数控系统开发及产业化”、青海第二机床制造有限责任公司的“应用国产软硬件搭建企业产品创新设计与企业管理信息网络平台”、甘肃加华联合信息科技有限公司的“折弯机、剪板机数控系统”、重庆聚欧科技发展有限公司的“覆盖件模具数字化信息系统”、江苏悦达盐城拖拉机制造有限公司的“黄海金马 100/125 以上大马力拖拉机三维数字化协同制造平台”、齐齐哈尔华工机床制造有限公司的“信息技术改造传统试样加工设备”、天津市天发重型水电设备制造有限公司的“数字信息技术应用产品设计制造”等项目获得了“倍增计划”的支持，取得了许多创新性的成果。

发展趋势

目前，中国正处于工业化中期，煤炭、汽车、钢铁、房地产、建材、机械、电子、化工等一批以重工业为基础的高增长行业发展势头强劲，构成了对数控机床的巨大需求。预计，2010年国内数控机床消费总量将超过60亿美元，台数将超过10万台，中高档数控机床的比例会大幅增加，经济型数控机床比例变化不大。

经过多年的发展，国内机床电子行业在产品种类、技术水平、质量和产量等方面取得了很大的进步，在一些关键技术方面也取得了一些突破。但是，目前国内机床电子行业是低端产品较多，而中、高档产品不足。国产高档数控系统与国外先进水平相比，还存在较大差距，其中，高档数控系统的软硬件平台、数字化总线技术、可靠性技术及高速、高精、多通道、复合加工技术等方面，还需要迎头赶上。许多国产数控系统企业已投入了大量精力开发高档数控系统，取得阶段性成果，但仍急需进一步加大研发力度，取得突破，尽快推向市场。

国内机床电子产业已连续7年保持增长势头，这为产业的发展振兴奠定了基础。随着国家科技重大专项"高档数控机床与基础制造装备"的实施，国内机床电子产品必将迎来一个新的发展高峰。未来机床电子的发展趋势主要体现在以下几个方面：

向高速、高效、高精度、高可靠性方向发展 新一代数控机床（含加工中心）只有通过高速化大幅度缩短切削工时才可能进一步提高其生产率。近几年，欧、美、日各国争相开发应用新一代高速数控机床，加快机床高速化发展步伐，例如，开发出高速主轴单元（电主轴，转速15 000~100 000转/分）、高速且高加/减速度的进给运动部件（快移速度60~120米/分，切削进给速度高达60米/分）。随着现代科学技术的发展，对超精密加工技术不断提出了新的要求。新材料及新零件的出现，更高精度要求的提出等都需要超精密加工工艺，发展新型超精密加工机床，完善现代超精密加工技术，以适应现代科技的发展。未来外数控装置的无故障运行时间（MTBF）要求超过6 000小时以上，驱动装置超过30 000小时以上。

向模块化、智能化、开放性方向发展 为了适应数控机床多品种、小批量的特点，机床电子向结构模块化、功能专门化方向发展。机床电子智能化的内容包括在数控系统中的各个方面，如自适应控制、工艺参数自动生成、电机参数的自适应运算、自动识别负载自动选定模型、自整定等。为适应数控进线、联网、普及型个性化、多品种、小批量、柔性化及数控迅速发展的要求，最重要的发展趋势是机床电子体系结构的开放性，设计生产开放式的数控系统，例如美国、欧共体及日本发展开放式数控的计划等。

向柔性自动化系统方向发展 为更好响应动态市场需求及产品迅速更新，机床电子将进入柔性自动化系统时代，主要从点（数控单机、加工中心和数控复合加工机床）、线（FMC、FMS、FTL、FML）向面（工段车间独立制造岛、FA）、体（CIMS、分布式网络集成制造系统）的方向发展，这是各国机床电子发展的主流趋势，也是先进制造领域的基础技术。重点是以提高系统的可靠性、实用化为前提，以易于联网和集成为目标；注重加强单元技术的开拓、完善；CNC单机向高精度、高速度和高柔性方向发展；数控机床及其构成柔性制造系统能方便地与CAD、CAM、CAPP、MTS联结，向信息集成方向发展；网络系统向开放、集成和智能化方向发展。

新一代数控加工工艺与装备的出现 为适应制造业自动化的进一步发展，数控系统不仅能完成通常的加工功能，而且还要具备自动测量、自动上下料、自动换刀、自动更换主轴头、自动误差补偿、自动诊断、进线和联网等功能；围绕数控技术、制造过程技术，在快速成型、并联机构机床、机器人化机床、多功能机床等整机方面和高速电主轴、直线电机、软件补偿精度等单元技术方面将先后有所突破。应用数字化网络技术，使机械加工整个系统趋于资源合理支配并高效地应用。由于采用了神经网络控制技术、模糊控制技术、数字化网络技术，机械加工将向虚拟制造的方向发展。

[撰稿：任爱光　审稿：杨旭东]

中国航天科技集团公司

【综述】

2008 年，中国航天科技集团公司（以下简称“集团公司”）经济规模持续扩大，全年实现总收入 707.5 亿元，比上年增长 16.7%，其中四大主业（宇航系统、导弹武器系统、航天技术应用产业和航天服务业）收入 641.8 亿元，比上年增长 15.2%；实现增加值 172.6 亿元，比上年增长 21.0%。资产规模跃上新台阶，资产总额达 1 383.1 亿元，比上年增长 8.9%。经济效益稳健增长，实现利润总额 60.3 亿元，比上年增长 14.6%，净资产收益率 14.4%，成本费用率 91.96%。经济运行质量进一步提高，对外金融负债从 130.8 亿元减少到 119.8 亿元，比上年下降 8.4%；资产负债率 64.3%，比上年减少近 5 个百分点；全员劳动生产率从每年人均 11.7 万元提高到 12.6 万元，百元资产收入从 34.2 元提高到 37.1 元，收入利润率从 8.3%提高到 8.9%。在连续 4 年获得国资委业绩考核 A 级的基础上，2008 年又全面完成了国务院国有资产监督管理委员会下达的各项考核指标。

改革发展

体制机制改革不断引向深入，全年共完成 18 项改革调整重组工作，涉及 30 家企事业单位。其中，组建了新的航天推进技术研究院，实现了液体动力资源的优化组合；组建了中国空间技术研究院有效载荷分院，加强了空间飞行器有效载荷的研制能力；组建了中国空间技术研究院通信卫星事业部，为通信卫星产品化、系列化、国际化发展奠定了基础；成立了四川航天技术研究院总体设计部、中国航天空气动力技术研究院特种飞行器总体设计部。另外，重庆巴山仪器厂债务重组回购顺利结束，改革脱困工作全面完成。通过这一系列的改革措施，产业化和专业化发展能力得到了提升，核心竞争实力进一步增强。

重大项目

科研生产 2008 年，长征系列运载火箭共完成 11 次发射任务，将 1 船 13 星成功送入预定轨道，取得了自 1996 年 10 月以来连续 73 次成功发射的佳绩。其中，神舟七号载人航天飞行首次实施空间出舱活动，实现了我国空间技术发展的重大跨越，标志着我国成为世界上第 3 个独立掌握航天员出舱技术的国家；风云三号卫星实现了极轨气象卫星更新换代，使我国的气象探测能力达到了国际先进水平；风云二号 06 星成功上天，三星共轨，确保了业务的稳定运行；环境 A/B 星的发射成功，实现了我国环境灾害监测的星座组网；嫦娥一号卫星圆满完成了 1 年月球探测的工程目标；长征三号丙运载火箭首次飞行成功，完善了长征系列运载火箭型谱；以载人航天后续任务、探月工程二期、新一代运载火箭等为代表的重大航天工程进展顺利。与此同时，宇航科研立项和市场开拓工作也取得了重大进展，其合同总数及合同经费总额创历史新高。特别是探月工程二期的成功立项，极大地促进了集团公司承担的国家重大科技专项任务的研制进度。

航天技术应用产业 大力推进煤化工、多晶硅、液压支架与电液控制系统、长输管线输油泵等 10 余项重大产业化项目，均取得了阶段性成果。其中，由火箭发动机核心技术转化的粉煤加压气化炉在河南濮阳、安徽临泉两个示范工程相继点火、投料试车成功，产品性能达到了国际先进水平，粉煤加压气化炉被誉为“航天第一炉”。该项目已经被国家发展和改革委员会列为循环经济专项产业化示范工程，标志着航天技术转化应用取得了新的突破。一期年产 1 500 吨高纯多晶硅项目实现机械竣工，生产工艺调试成功，已经试验生产出硅；二期3 000吨高纯多晶硅项目已开工建设，标志着集团公司在重点发展领域推动拥有核心技术产品产业链的上下游延伸方面取得了新的成果。与神华集团合作开展的液压支架产业化项目，完成了电液控制系统的研制，填补了国内空白；形成了支架产品型谱，支架采高从3米、5米发展到7米，并且顺利完成了小批次生产交付，全年实现销售收入3.8亿元，标志着集团公司在重大装备国产化领域批量供货取得了重大进展。与此同时，与中国石化公司合作开展的长输管线输油泵项目，与华能集团合作的烟气脱硫、脱硝工程等重大产业化项目，均取得了积极的进展。

航天服务业 在集团公司层面组建了一批专业公司，初步形成了航天服务业的架构。其中，按照打造集卫星制造、发射和运营为一体的完整产业链的思路，主动争取、扎实推进重组中国卫星通信集团公司卫星运营业务，取得了实质性进展。航天投资控股公司通过引入光大集团、国家开发投资公司、中兴通讯股份有限公司等战略投资者，完成了两次增资，注册资金由0.8亿元增加到21亿元，实现了投资主体多元化，显著强化了投资产业的硬实力，同时，搭建了市场化的投资平台，提升了产业化项目论证、运作和公司规范管理的软实力，促进了行政化投资模式向市场化投资模式的转变；财务公司注册资金从10亿元增加到20亿元，融资运作能力显著增强，进一步提升了应对风险、专业理财和为集团公司“四大主业”发展服务的能力；北京神舟航天软件技术有限公司开展了增资扩股以及与航天四创科技有限责任公司的整合工作，积极开拓AVIDM、数据库、OA及嵌入式操作软件等产品，已经成为软件与系统集成服务专业公司；重组了航天时代置业公司，整合了内部的房地产业务和资源。各专业公司的建设，为航天服务业的发展奠定了坚实基础。

走向海外

继续深化国际交流与合作，不断加强国际化战略研究,大力推进“走出去”战略实施,积极拓展商业发射、整星出口等国际业务，努力探索航天技术应用产品进入国际市场的新途径。2008年，委内瑞拉通信卫星成功发射并在轨交付，首次实现了对拉美地区整星出口；巴基斯坦通信卫星整星出口、EutelsatW3B卫星发射服务等出口项目顺利签约；首批53架3米液压支架的出口合同签订；中国长城工业总公司成功解除了美国制裁。

重大创新

全力推进技术创新体系建设，自主创新能力不断提升。集团公司加快核心技术的顶层规划与研发，开展了航天技术发展的战略研究；加强重点实验室建设和运行管理，“功能性碳纤维复合材料”首个国家工程实验室获得立项,“树脂基复合材料结构制造技术研究中心”挂牌成立；创新产学研的合作模式，与哈尔滨工业大学建立了联合技术创新中心，与中国科学院建立“航天产品可靠性技术与质量科学”联合实验室；加大自主创新投入力度，建立了由国家投资、自主投入、市场融资相结合的投入机制；大型空间可展开天线等一批关键技术取得突破。

在国家首批创新型企业试点中，集团公司被授予“创新型企业”称号。2008年，获得国家科学技术进步奖3项，其中一等奖1项、二等奖2项；获得国防科学技术进步奖64项，其中特等奖1项、一等奖5项、二等奖21项、三等奖37项。特别是《基于系统工程的技术创新体系建设》项目获得国家科学技术进步二等奖，该奖项是国家首次设立的管理类奖项，是中央企业中唯一一家获此类奖项的单位。

【统计数据】

表 1 2008 年长征系列运载火箭发射一览表

序号	空间飞行器	运载火箭	发射时间	发射地点
1	天链一号	长征三号丙	2008.04.25	西昌卫星发射中心
2	风云三号 01 星	长征四号丙	2008.05.27	太原卫星发射中心
3	中星 9 号	长征三号乙	2008.06.09	西昌卫星发射中心
4	环境一号 A、B 星	长征二号丙	2008.09.06	太原卫星发射中心
5	神舟七号	长征二号已	2008.09.25	酒泉卫星发射中心
6	实践六号 03 组卫星	长征四号乙	2008.10.25	太原卫星发射中心
7	委内瑞拉通信卫星	长征三号乙	2008.10.30	西昌卫星发射中心
8	创新一号 02 星/试验卫星三号	长征二号丁	2008.11.05	酒泉卫星发射中心
9	遥感卫星四号	长征二号丁	2008.12.01	酒泉卫星发射中心
10	遥感卫星五号	长征四号乙	2008.12.15	太原卫星发射中心
11	风云二号 06 星	长征三号甲	2008.12.23	西昌卫星发射中心

[撰稿：崔建文　审稿：赵晓晨]

资料一

表1　2008年国家鼓励的集成电路企业名单

序号	企业名称	企业类别	序号	企业名称	企业类别
1①	成都成芯半导体制造有限公司	芯片制造	30	无锡华润华晶微电子有限公司	芯片制造
2	海力士半导体（无锡）有限公司	芯片制造	31	无锡华润晶芯半导体有限公司	芯片制造
3	海力士—恒忆半导体有限公司	芯片制造	32	无锡华润上华半导体有限公司	芯片制造
4	和舰科技（苏州）有限公司	芯片制造	33	无锡华润微电子有限公司	芯片制造
5	上海宏力半导体制造有限公司	芯片制造	34	无锡中微晶园电子有限公司	芯片制造
6	上海华虹 NEC 电子有限公司	芯片制造	35	西安微电子技术研究所	芯片制造
7	上海集成电路研发中心有限公司	芯片制造	36	中电华清微电子工程中心有限公司	芯片制造
8	上海力芯集成电路制造有限公司	芯片制造	37	中国电子科技集团公司第二十四研究所	芯片制造
9	上海先进半导体制造股份有限公司	芯片制造	38	中国电子科技集团公司第五十八研究所	芯片制造
10	台积电（上海）有限公司	芯片制造	39	中国电子科技集团公司第五十五研究所	芯片制造
11	无锡华润上华科技有限公司	芯片制造	40	珠海南科集成电子有限公司	芯片制造
12	武汉新芯集成电路制造有限公司	芯片制造	41	长沙韶光微电子总公司	芯片制造/专用材料
13	渝德科技（重庆）有限公司	芯片制造	42	北京半导体器件五厂	芯片制造
14	中国电子科技集团公司第十三研究所	芯片制造	43	贵州振华风光半导体有限公司	芯片制造
15	中芯国际集成电路制造（北京）有限公司	芯片制造	44	天水华天微电子股份有限公司	芯片制造
16	中芯国际集成电路制造（上海）有限公司	芯片制造	45	天水天光半导体有限责任公司	芯片制造
17	中芯国际集成电路制造（天津）有限公司	芯片制造	46	常州市华诚常半微电子有限公司	芯片制造
18②	北京华润上华半导体有限公司	芯片制造	47	锦州七七七微电子有限责任公司	芯片制造
19	北京微电子技术研究所	芯片制造	48	河南新乡华丹电子有限责任公司	芯片制造
20	北京燕东微电子有限公司	芯片制造	49	河北博威集成电路有限公司	芯片制造
21	福建福顺微电子有限公司	芯片制造	50	昆山中辰矽晶有限公司	硅单晶材料
22	杭州士兰集成电路有限公司	芯片制造	51	河北普兴电子科技股份有限公司	硅单晶材料
23	华越微电子有限公司	芯片制造	52	天津市环欧半导体材料技术有限公司	硅单晶材料
24	江苏东光微电子股份有限公司	芯片制造	53	有研半导体材料股份有限公司	硅材料
25	日银 IMP 微电子有限公司	芯片制造	54	宁波立立电子股份有限公司	硅材料
26	上海贝岭微电子制造有限公司	芯片制造	55	上海合晶硅材料有限公司	硅材料
27	上海新进半导体制造有限公司	芯片制造	56	麦斯克电子材料有限公司	硅材料
28	深圳方正微电子有限公司	芯片制造	57	杭州海纳半导体有限公司	硅材料
29	首钢日电电子有限公司	芯片制造	58	宁波立立半导体有限公司	硅材料

注：①序号1~序号17企业产品线宽小于0.25微米。
②序号18~序号40企业产品线宽小于0.8微米（含）。

续表

序号	企业名称	企业类别	序号	企业名称	企业类别
59	国泰半导体材料有限公司	硅材料	89	杭州士兰光电技术有限公司	封装测试
60	南京国盛电子有限公司	硅材料	90	合肥合晶电子有限责任公司	封装测试
61	上海银笛微电子科技有限公司	硅材料	91	哈尔滨海格科技发展有限责任公司	封装测试
62	珠海南科单晶硅有限公司	硅材料	92	江门市华凯科技有限公司	封装测试
63	上海新傲科技有限公司	硅材料	93	江门市骏华电子有限公司	封装测试
64	万向硅峰电子股份有限公司	硅材料	94	宁波华泰半导体有限公司	封装测试
65	陕西易佰半导体有限公司	硅材料	95	赛美科微电子（深圳）有限公司	封装测试
66①	奇梦达科技（苏州）有限公司	封装测试	96	优特半导体（上海）有限公司	封装测试
67	威讯联合半导体（北京）有限公司	封装测试	97	凤凰半导体通信（苏州）有限公司	封装测试
68	英特尔产品（上海）有限公司	封装测试	98	嘉盛半导体（苏州）有限公司	封装测试
69	上海松下半导体有限公司	封装测试	99	颀中科技（苏州）有限公司	封装测试
70	南通富士通微电子股份有限公司	封装测试	100	三星电子（苏州）半导体有限公司	封装测试
71	瑞萨半导体（北京）有限公司	封装测试	101	苏州震坤科技有限公司	封装测试
72	江苏长电科技股份有限公司	封装测试	102	吴江巨丰电子有限公司	封装测试
73	勤益电子（上海）有限公司	封装测试	103	新义半导体（苏州）有限公司	封装测试
74	瑞萨半导体（苏州）有限公司	封装测试	104	中芯国际集成电路制造（成都）有限公司	封装测试
75	星科金朋（上海）有限公司	封装测试	105	深圳市矽格半导体科技有限公司	封装测试
76	安靠封装测试（上海）有限公司	封装测试	106	国碁电子（中山）有限公司	封装测试
77	上海凯虹电子有限公司	封装测试	107	无锡中微高科电子有限公司	封装测试
78	天水华天科技股份有限公司	封装测试	108	英特尔产品（成都）有限公司	封装测试
79	飞索半导体（中国）有限公司	封装测试	109	东莞晶广半导体有限公司	封装测试
80	无锡华润安盛科技有限公司	封装测试	110	珠海市华晶微电子有限公司	封装测试
81	上海纪元微科电子有限公司	封装测试	111	山东山铝电子技术有限公司	封装测试
82	快捷半导体（苏州）有限公司	封装测试	112	深圳电通纬创微电子股份有限公司	封装测试
83	中电智能卡有限责任公司	封装测试	113	宇芯（成都）集成电路封装测试有限公司	封装测试
84	宏茂微电子（上海）有限公司	封装测试	114	上海纪元富晶电子有限公司	封装测试
85	美商国家半导体（苏州）有限公司	封装测试	115	南通华达微电子集团有限公司	封装测试
86	矽品科技（苏州）有限公司	封装测试	116	日月光封装测试（上海）有限公司	封装测试
87	江阴长电先进封装有限公司	封装测试	117	苏州日月新半导体有限公司	封装测试
88	珠海南科电子有限公司	封装测试	118	豪威半导体（上海）有限责任公司	封装测试

注：①序号66（含）以下企业投资额超过80亿元人民币。

续表

序号	企业名称	企业类别	序号	企业名称	企业类别
119	济南晶恒有限责任公司	封装/专用材料	130	超威半导体技术（中国）有限公司	测试
120	上海长丰智能卡有限公司	封装	131	深圳安博电子有限公司	测试
121	广东省粤晶高科股份有限公司	封装	132	北京华大泰思特半导体检测技术有限公司	测试
122	浙江华越芯装电子股份有限公司	封装	133	上海华岭集成电路技术有限责任公司	测试
123	安徽国晶微电子有限公司	封装	134	成都芯源系统有限公司	测试
124	浙江金凯微电子有限公司	封装	135	无锡中微腾芯电子有限公司	测试
125	晶方半导体科技（苏州）有限公司	封装	136	京隆科技（苏州）有限公司	测试
126	苏州固锝电子股份有限公司	封装	137	西安西谷微电子有限责任公司	测试
127	英飞凌科技（无锡）有限公司	封装	138	深圳市华宇半导体有限公司	测试
128	日月光半导体（上海）股份有限公司	封装	139	无锡威泰集成电路测试有限公司	测试
129	西安明泰半导体测试有限公司	测试			

注：本表资料来源于改革与发展委员会的发改高技〔2008〕3697号文件。

表2　2007年度国家规划布局内重点软件企业名单

序号	企业名称	法人代表	企业主管税务局、所（国税）	企业主管税务局、所（地税）
1	神州数码软件有限公司	郭为	北京市海淀区国税涉外所	北京市海淀区地税涉外所
2	中国软件与技术服务股份有限公司	苏振明	北京市海淀区国税第八税务所	北京市海淀区地方税务局科技园税务所
3	北京用友软件工程有限公司	邵凯	北京市海淀区国税局	北京市海淀区地税局
4	北京中软国际信息技术有限公司	陈宇红	北京市海淀区国税局涉外所	北京市海淀区地税涉外所
5	北京启明星辰信息技术有限公司	王佳	北京海淀区国家税务局第八税务所	北京市海淀区地方税务局科技园所
6	北京索浪计算机有限公司	水谷芳利	北京市朝阳区国家税务局第一税务所	北京市朝阳区地方税务局涉外税务所
7	奥博杰天软件（北京）有限公司	叶涛	北京市朝阳区国家税务局涉外所	北京市朝阳区地方税务局涉外所
8	北京东方通科技发展有限责任公司	张齐春	北京市丰台国税局园区所	北京市丰台地税局园区所
9	北京富士通系统工程有限公司	箕田好文	北京市国家税务局直属分局第二税务所	北京市地方税务局朝阳区分局涉外所
10	北京日立华胜信息系统有限公司	李曼俊	北京市国税局直属分局第二税务所	北京市海淀区地税局涉外所
11	日电卓越软件科技（北京）有限公司	岩冈泰夫	北京市国税局直属税务分局所	北京市海淀区地方税务局涉外所
12	北京广联达软件技术有限公司	刁志中	北京市海淀国税局第八税务所	北京市海淀区地方税务局科技园所
13	北京数码视讯科技有限公司	郑海涛	北京市海淀国税局第八税务所	北京市海淀区地方税务局科技园税务所
14	中国民航信息网络股份有限公司	朱永	北京市海淀国税三所	北京市海淀地税试验区所

续表

序号	企业名称	法人代表	企业主管税务局、所（国税）	企业主管税务局、所（地税）
15	用友软件股份有限公司	王文京	北京市海淀国税所	北京市海淀地税试验区所
16	佳能信息技术（北京）有限公司	小泽秀树	北京市海淀区国家税务局第八税务所	北京市海淀区地方税务局涉外征收管理所
17	北京中科大洋科技发展股份有限公司	姚威	北京市海淀区国家税务局第八税务所	北京市海淀区地方税务局科技园税务所
18	北京京北方科技股份有限公司	费振勇	北京市海淀区国家税务局第八税务所	北京市海淀区地方税务局科技园所
19	北京恩梯梯数据系统集成有限公司	山田伸一	北京市海淀区国家税务局第三税务所	北京市海淀区地方税务局涉外税务所
20	北京新思软件技术有限公司	史烈	北京市海淀区国家税务局第三税务所	北京市海淀区地方税务局科技园区所
21	亚信科技（中国）有限公司	张振清	北京市海淀区国家税务局第三税务所	北京市海淀区地方税务局涉外所
22	汉王科技股份有限公司	刘迎建	北京市海淀区国家税务局第三税务所	北京市海淀区地方税务局试验区所
23	北京慧点科技开发有限公司	姜晓丹	北京市海淀区国家税务局第三税务所	北京市海淀区地方税务局科技园税务所
24	北京方正国际软件系统有限公司	管祥红	北京市海淀区国家税务局涉外所	北京市海淀区地方税务局涉外所
25	博彦科技（北京）有限公司	马强	北京市海淀区国家税务局试验区涉外所	北京市海淀区地方税务局试验区涉外所
26	北京久其软件股份有限公司	赵福君	北京市海淀区国家税务局试验区国税所	北京市海淀区地税局试验区地税所
27	大唐软件技术股份有限公司	曹斌	北京市海淀区国家税务局试验区所	北京市海淀区国家税务局试验区所
28	长城计算机软件与系统有限公司	杨军	北京市海淀区国家税务三所	北京市地方税务局科技园税务所
29	中讯计算机系统（北京）有限公司	王志强	北京市海淀区国家税务所第八税务所	北京市海淀区地方税务所涉外所
30	北京神州泰岳软件股份有限公司	王宁	北京市海淀区国税八所	北京市海淀区科技园所
31	北京三星通信技术研究有限公司	赵炳德	北京市海淀区国税局第三税务所	北京市海淀区地税局涉外所
32	北京天融信网络安全技术有限公司	贺卫东	北京市海淀区国税局第三税务所	北京市海淀区地税局试验区所
33	首都信息发展股份有限公司	陈信祥	北京市海淀区国税三所	北京市海淀区地税局试验区税务所
34	吉林省金鹰电脑软件开发有限责任公司	程德龙	长春市高新国税	长春市高新地税
35	长春吉联科技集团有限公司	孙杰	长春市国家税务局高新分局	长春市地方税务局高新分局
36	长春吉大正元信息技术股份有限公司	裘式纶	长春市国家税务局高新分局	长春市地方税务局高新分局
37	东北师大理想软件股份有限公司	史宁中	长春市国税局高新分局	长春市地税局高新分局
38	启明信息技术股份有限公司	竺延风	长春市净月经济开发区国家税务局	长春市净月经济开发区地方税务局
39	湖南拓维信息系统股份有限公司	李新宇	长沙市高新区国家税务局	湖南省长沙市地方税务局六分局
40	湖南湘邮科技股份有限公司	李雄	长沙市国税六分局	长沙市地税六分局
41	冲电气软件技术（江苏）有限公司	坪井正志	常州市新北区税务局	常州市地方税务局第四税务分局
42	成都卫士通信息产业股份有限公司	罗天文	成都市高新区国家税务局	成都市高新区地方税务局
43	四川银海软件有限责任公司	邹孝健	成都市高新区国家税务局管理一分局	成都市高新区地方税务局直属一分局管理二科
44	音泰思计算机技术（成都）有限公司	谭玉峰	成都市高新区国税局	成都市高新区地税局

续表

序号	企业名称	法人代表	企业主管税务局、所（国税）	企业主管税务局、所（地税）
45	迈普（四川）通信技术有限公司	蒋华琳	成都市高新区国税局	成都市高新区地税局
46	四川川大智胜软件股份有限公司	游志胜	成都市武侯区国税局	成都市武侯区地税局
47	海辉软件（大连）有限公司	李远明	大连市国税局高新园区分局	大连市地税局高新园区分局
48	大连松下通信软件工程有限公司	和田良一	大连市国税局高新园区分局	大连市地税局高新园区分局
49	大连远东数码有限公司	杨晓春	大连市国税局高新园区分局	大连市地税局高新园区分局
50	大连华信计算机技术有限公司	刘军	大连市国税局高新园区分局	大连市地税局高新园区分局
51	英极软件开发（大连）有限公司	徐跃平	大连市国税局高新园区分局	大连市地税局高新园区分局
52	大连东软金融信息技术有限公司	王勇峰	大连市国税局高新园区分局	大连市国税局高新园区分局
53	胜利油田胜利软件有限责任公司	徐亚飞	东营市国家税务局油田分局	东营市地方税务局油田分局
54	福建榕基软件开发有限公司	鲁峰	福州市鼓楼区国家税务局	福州市晋安区地方税务局
55	福建新大陆软件工程有限公司	胡钢	福州市经济技术开发区国家税务局	福州市经济技术开发区地方税务局
56	广州数控设备有限公司	何敏佳	广州市白云区国家税务局石井分局	广州市白云区地方税务局石井税务所
57	广东天海威数码技术有限公司	柯宗贵	广州市国家税务局	广州市地方税务局
58	广州市方欣科技有限公司	徐正军	广州市国家税务局	广州市地方税务局
59	广州海格通信集团股份有限公司	赵友永	广州市国税局天河征收分局	广州市地税局天河征收分局
60	新太科技股份有限公司	张毅	广州市天河区国家税务局	广州市天河区地方税务局
61	汇丰软件开发（广东）有限公司	陈智英	广州市天河区国家税务局第四税务分局	广州市天河区地方税务局
62	广州市高科通信技术股份有限公司	陈彦文	广州市天河区国家税务局第一管理分局	广州市地方税务局天河区征收管理分局
63	友邦资讯科技（广州）有限公司	谢永耀	广州市越秀区国家税务局	广州市地方税务局越秀分局
64	广州从兴电子开发有限公司	陈伟光	广州市越秀区国家税务局第八管理分局	广州市越秀区地方税务局
65	哈尔滨新中新电子股份有限公司	宁爱华	哈尔滨市国税局开发区分局	哈尔滨市地税局开发区分局
66	亿阳信通股份有限公司	张小红	哈尔滨市开发区分局	哈尔滨市开发区分局
67	哈尔滨工业大学软件工程有限公司	孙世强	哈尔滨市开发区国家税务局	哈尔滨市开发区地方税务局
68	浙江大学快威科技集团有限公司	卜凡孝	杭州高新技术产业开发区国税局	杭州市地税局
69	浙江浙大网新兰德科技股份有限公司	陈平	杭州市滨江国税局	杭州市滨江地税局
70	聚光科技（杭州）有限公司	王健	杭州市滨江国税局	杭州市滨江地税局
71	杭州海康威视数字技术有限公司	郭生荣	杭州市滨江国税局	杭州市滨江区地方税务局
72	NEC软件系统科技（杭州）有限公司	西龍己	杭州市滨江国税局	杭州市滨江区地税
73	虹软（杭州）多媒体信息技术有限公司	邓晖	杭州市国家税务局	杭州市地方税务局
74	信雅达系统工程股份有限公司	郭华强	杭州市国家税务局	杭州市地方税务局
75	浙江大华技术股份有限公司	傅利泉	杭州市国家税务局	杭州市地方税务局

续表

序号	企业名称	法人代表	企业主管税务局、所（国税）	企业主管税务局、所（地税）
76	浙江中控技术有限公司	金建祥	杭州市国家税务局	杭州市地方税务局
77	恒生电子股份有限公司	彭政纲	杭州市国家税务局	杭州市地方税务局
78	杭州创业软件股份有限公司	葛航	杭州市国家税务局	杭州市地方税务局
79	浙江西安交大龙山软件有限公司	邱仁甫	杭州市国家税务局	杭州市地方税务局
80	杭州东信北邮信息技术有限公司	张泽熙	杭州市国家税务局	杭州市地方税务局
81	杭州开源电脑技术有限公司	许光明	杭州市国家税务局	杭州市地方税务局
82	杭州东忠软件有限公司	丁伟儒	杭州市国家税务局高新（滨江）税务分局	杭州市地方税务局高新（滨江）税务分局
83	合肥美亚光电技术有限责任公司	田明	合肥市高新技术产业开发区国家税务局	合肥市局高新技术产业开发区地方税务
84	安徽电力继远软件有限责任公司	汪开建	合肥市国家税务局四分局	合肥市地方税务局高新区分局
85	安徽科大讯飞信息科技股份有限公司	王仁华	合肥市国税局高新分局	合肥市地税局高新分局
86	吉林大全数码科技股份有限公司	李念福	吉林市国税局高新分局	吉林市地税局高新分局
87	山东中创软件工程股份有限公司	景新海	济南市国家税务局	济南市地方税务局
88	浪潮集团山东通用软件有限公司	王柏华	济南市国家税务局开发区分局	济南市地方税务局第五征收分局
89	山东三联电子信息有限公司	赵岐	济南市中区国税局	济南市地方税务局第一征收分局
90	江西新和技术有限公司	李清	南昌市高新国税局	南昌市高新地税局
91	思创数码科技股份有限公司	游建平	南昌市高新技术产业开发区国家税务局	南昌市地税局高新分局
92	泰豪软件股份有限公司	黄代放	南昌市高新技术产业开发区国家税务局	南昌市地税局高新分局
93	先锋软件股份有限公司	陈苏	南昌市高新区国家税务局	南昌市地税局高新分局
94	国电南瑞科技股份有限公司	闵涛	南京市国税局高新分局	南京市地方税务局征收局浦口征收所
95	联迪恒星（南京）信息系统有限公司	周诚	南京市国税局鼓楼分局	南京市地方税务局鼓楼分局
96	南京新模式软件集成有限公司	张晓东	南京市国税局玄武分局	南京市地方税务局玄武分局
97	南京三宝科技股份有限公司	沙敏	南京市国税局征收局	南京市地方税务局
98	南京富士通南大软件技术有限公司	周晓汉	南京市国税局高新分局	南京市地税局高新分局
99	江苏金智科技股份有限公司	葛宁	南京市国税局江宁分局	南京市江宁地税局
100	南京南瑞继保电气有限公司	沈国荣	南京市国税局江宁分局	南京市江宁地方税务局
101	联创科技（南京）有限公司	孙力斌	南京市国税局江宁分局	南京市江宁区地方税务局
102	南京国电南自软件工程有限公司	吴济安	南京市江宁区国家税务局第三税务分局	南京市江宁区地方税务局第二税务分局
103	海湾安全技术有限公司	宋佳城	秦皇岛市开发区国家税务局	秦皇岛市开发区地方税务局
104	青岛高校软控股份有限公司	袁仲雪	青岛市保税区国家税务局	青岛市保税区地方税务局
105	上海宝信软件股份有限公司	王文海	上海浦东新区国家税务局十所	上海浦东新区地方税务局十所
106	神州数码管理系统有限公司	郭为	上海市长宁区国家税务局	上海市长宁区地方税务局

续表

序号	企业名称	法人代表	企业主管税务局、所（国税）	企业主管税务局、所（地税）
107	希姆通信息技术（上海）有限公司	洪卫春	上海市长宁区国家税务局	上海市地方税务局长宁区分局
108	上海先锋商泰电子技术有限公司	檀上康彦	上海市国家税务局	上海市地方税务局
109	毕博信息技术（上海）有限公司	MARTIN SHAN-DLES	上海市国家税务局	上海市浦东新区地税局
110	上海启明软件股份有限公司	林建民	上海市国家税务局	上海市地方税务局
111	上海理想信息产业（集团）有限公司	张林德	上海市国家税务局	上海市浦东新区地税局
112	卡西欧软件（上海）有限公司	山口实	上海市国家税务局黄浦区分局第六税务所	上海市地方税务局黄浦区分局第六税务所
113	上海亚太计算机信息系统有限公司	何礼兴	上海市国家税务局徐汇区分局第二税务所	上海市地方税务局徐汇区分局第二税务所
114	万达信息股份有限公司	史一兵	上海市国税局徐汇分局第九税务所	上海市地税局徐汇分局第九税务所
115	上海新华控制技术（集团）有限公司	李培植	上海市浦东税务局第十六税务所	上海市浦东税务局第十六税务所
116	泰雷兹软件系统（上海）有限公司	BRUNO COHDAES	上海市浦东新区国家税务局第十九税务所	上海市浦东新区地方税务局第十九所
117	上海畅星智能系统有限公司	陈刚	上海市浦东新区国家税务局第十五所	上海市浦东新区地方税务局第十五所
118	花旗软件技术服务（上海）有限公司	CHOW AH KWEE	上海市浦东新区国家税务局第一分局	上海市浦东新区地方税务局第一分局
119	上海新致软件有限公司	郭玮	上海市浦东新区国家税务局	上海市浦东新区地方税务局
120	维豪信息技术有限公司	顾青	上海市浦东新区国家税务局	上海市浦东新区地方税务局
121	易保网络技术（上海）有限公司	莫元武	上海市浦东新区国家税务局	上海市浦东新区地方税务局
122	上海全富汉得软件技术有限公司	RAJGOPAL RAJKUMAR	上海市青浦区国家税务局	上海市青浦区地方税务局
123	汉略（上海）信息技术有限公司	CHIEN-MING HUANG	上海市徐汇区国家税务局第九税务所	上海市徐汇区地方税务局第九税务所
124	上海海隆软件股份有限公司	包叔平	上海市徐汇区国家税务局第二税务所	上海市徐汇区地方税务局第二税务所
125	上海思策软件有限公司	张继伦	上海市徐汇区国家税务局第二税务所	上海市徐汇区地方税务局第二税务所
126	上海中和软件有限公司	王可炯	上海市杨浦区国家税务局	上海市地方税务局杨浦区分局
127	上海上大鼎正软件有限公司	张真铭	上海市闸北区国家税务局第五税务所	上海市闸北区地方税务局第五税务所
128	深圳联友科技有限公司	吴新发	深圳市福田国税局	深圳市福田地税局
129	博科信息产业（深圳）有限公司	张建游	深圳市福田区国家税务局	深圳市保税区地方税务局
130	深圳市金证科技股份有限公司	杜宣	深圳市福田区国家税务局	深圳市福田地税局
131	深圳市迈科龙电子有限公司	尹立东	深圳市国家税务局	深圳市地方税务局
132	金蝶软件（中国）有限公司	徐少春	深圳市国家税务局	深圳市地方税务局
133	深圳天源迪科信息技术股份有限公司	陈友	深圳市国税局南山分局	深圳市地税局南山分局
134	福瑞博德软件开发（深圳）有限公司	TA WEI LIANG	深圳市国税南山分局	深圳市地税南山分局
135	大展信息科技（深圳）有限公司	唐龙生	深圳市国税局南山分局	深圳市地税局南山分局

续表

序号	企业名称	法人代表	企业主管税务局、所（国税）	企业主管税务局、所（地税）
136	深圳市中兴软件有限责任公司	侯为贵	深圳市国税局南山分局	深圳市地税局南山分局
137	东软集团有限公司	刘积仁	沈阳市国家税务局高新技术产业开发区分局	沈阳市地方税务局高新技术产业开发区分局
138	沈阳东软软件股份有限公司	刘积仁	沈阳市国家税务局高新技术产业开发区分局	沈阳市地方税务局高新技术产业开发区分局
139	辽宁荣信电力电子股份有限公司	马成家	鞍山市国税开发区分局	鞍山市地税开发区分局
140	山东浪潮齐鲁软件产业股份有限公司	王茂昌	泰安市国家税务局市直属分局	泰安市地方税务局直属分局
141	大宇宙信息创造（中国）有限公司	中山国庆	天津市国家税务局新技术产业园区分局	天津市地方税务局新技术产业园区分局
142	英业达集团（天津）电子技术有限公司	叶国一	天津市南开区国家税务局科技园税务所	天津市南开区地方税务局科技园税务所
143	天津南开创元信息技术有限公司	崔维忠	天津市国税局新技术产业园区分局	天津市地税局新技术产业园区分局
144	新疆天择数码科技有限责任公司	王小江	乌鲁木齐市国家税务局	乌鲁木齐高新地方税务局
145	武汉烽火信息集成技术有限公司	何书平	武汉市国家税务局	武汉市地方税务局
146	武汉中地数码科技有限公司	吴信才	武汉市国家税务局	武汉市地方税务局
147	武汉华工达梦数据库有限公司	冯裕才	武汉市国税局东湖高新技术开发区分局	武汉市地税局洪山分局
148	武汉开目信息技术有限责任公司	陈卓宁	武汉市国税局东湖开发区分局	武汉市地税局东湖开发区分局
149	西安炎兴科技软件有限公司	刘宁	西安市国税局高新技术产业开发区分局	西安市地方局高新技术产业开发区分局
150	厦门东南融通系统工程有限公司	贾晓工	厦门市思明区国税局	厦门市地税外税分局
151	许昌许继软件技术有限公司	王纪年	许昌市西城区国税局	许昌市地税局直属分局
152	烟台创迹软件有限公司	石桥亮太	烟台市经济开发区国家税务局	烟台市经济开发区地方税务局
153	重庆金算盘软件有限公司	杨春	重庆市北部新区国家税务局	重庆市北部新区高新园地方税务局
154	重庆亚德科技有限责任公司	缪秦	重庆市高新技术产业开发区国家税务局	重庆市高新技术产业开发区地方税务局
155	重庆南华中天信息技术有限公司	王一平	重庆市高新技术产业开发区国家税务局	重庆市高新技术产业开发区地方税务局
156	重庆市易联数码科技有限公司	张扬波	重庆市高新区国家税务局	重庆市高新区地方税务局
157	重庆新世纪电气有限公司	姜杰	重庆市国税局	重庆市高新区地税局
158	株洲时代电子技术有限公司	廖斌	株洲市国家税务局天元分局	株洲市地税局四分局
159	广东远光软件股份有限公司	陈利浩	珠海市高新技术开发区国家税务局	珠海市地方税务局高新区税务分局
160	珠海万力达电气股份有限公司	庞江华	珠海市香洲区国家税务局	珠海市香洲税务局唐家地税所
161	珠海优特电力科技股份有限公司	田伟云	珠海市国家税务局直属征收分局	珠海市地方税务局
162	珠海金山软件股份有限公司	求伯君	珠海市国家税务局珠海市中心分局	珠海市地方税务局

注：资料来源于改革与发展委员会的发改高技〔2008〕513号文件。

表3 第8届中国软件业务收入前百家企业名单

单位：万元

序号	企业名称	2008年软件业务收入	序号	企业名称	2008年软件业务收入
1	华为技术有限公司	5 556 467	30	北京东华合创数码科技股份有限公司	115 634
2	中兴通讯股份有限公司	2 480 432	31	深圳市金证科技股份有限公司	109 623
3	神州数码（中国）有限公司	1 100 385	32	启明信息技术股份有限公司	108 506
4	海尔集团公司	671 884	33	南京南瑞继保电气有限公司	104 102
5	上海贝尔阿尔卡特股份有限公司	651 148	34	大唐电信科技股份有限公司	96 971
6	熊猫电子集团有限公司	623 554	35	杭州海康威视数字技术股份有限公司	88 850
7	北京北大方正集团公司	403 688	36	大连华信计算机技术股份有限公司	87 746
8	浙大网新科技股份有限公司	403 085	37	株洲南车时代电气股份有限公司	84 937
9	浪潮集团有限公司	396 952	38	金蝶软件（中国）有限公司	84 643
10	同方股份有限公司	375 413	39	福建新大陆电脑股份有限公司	84 216
11	东软集团股份有限公司	360 462	40	深圳市同洲电子股份有限公司	83 975
12	中冶赛迪工程技术股份有限公司	314 913	41	福建星网锐捷通讯股份有限公司	83 775
13	南京联创科技股份有限公司	259 844	42	云南南天电子信息产业股份有限公司	83 719
14	沈阳先锋计算机工程有限公司	231 154	43	珠海金山软件股份有限公司	81 487
15	中国软件与技术服务股份有限公司	222 651	44	北京四方继保自动化有限公司	77 411
16	南京南瑞集团（含国电南瑞科技股份有限公司）	216 556	45	长城计算机软件与系统有限公司	76 194
17	中国银联股份有限公司	197 040	46	中科软科技股份有限公司	74 839
18	上海宝信软件股份有限公司	185 503	47	亿阳信通股份有限公司	72 597
19	福州福大自动化科技有限公司	178 134	48	深圳市大族激光科技股份有限公司	70 431
20	用友软件股份有限公司	171 704	49	东信和平智能卡股份有限公司	68 816
21	杭州恒生电子集团有限公司	169 000	50	广州广电运通金融电子股份有限公司	68 005
22	山东中创软件工程股份有限公司	163 520	51	北京北大青鸟商用信息系统有限公司	65 257
23	中国民航信息网络股份有限公司	160 911	52	浙江大华技术股份有限公司	63 369
24	海信集团有限公司	135 668	53	杭州和利时自动化有限公司	63 047
25	北京华胜天成科技股份有限公司	131 260	54	辽宁天久信息科技产业有限公司	63 000
26	武汉邮电科学研究院	125 755	55	深圳市紫金支点技术股份有限公司	62 952
27	烟台东方电子信息集团有限公司	123 615	56	无锡华润矽科微电子有限公司	62 440
28	中控科技集团有限公司	120 663	57	上海华虹集成电路有限责任公司	61 778
29	上海华讯网络系统股份有限公司	116 726	58	北京软通动力信息技术有限公司	60 843

续表

序号	企业名称	2008年软件业务收入	序号	企业名称	2008年软件业务收入
59	信雅达系统工程股份有限公司	60 496	80	石化盈科信息技术有限责任公司	41 625
60	长江计算机（集团）公司	60 035	81	安徽继远电网技术有限责任公司	41 206
61	北京中电华大电子设计有限责任公司	58 094	82	昆明昆船物流信息产业有限公司	40 825
62	福建富士通信息软件有限公司	57 167	83	中盈优创资讯科技有限公司	40 503
63	先锋软件股份有限公司	55 286	84	浙江建达科技股份有限公司	40 474
64	江苏南大苏富特科技股份有限公司	54 301	85	广州从兴电子开发有限公司	40 018
65	沈阳东大自动化有限公司	54 185	86	北京神州泰岳软件股份有限公司	39 856
66	沈阳昂立信息技术有限公司	53 103	87	广州数控设备有限公司	39 459
67	杭州士兰微电子股份有限公司	52 851	88	泰豪软件股份有限公司	39 273
68	福建南威软件工程发展有限公司	51 203	89	三维通信股份有限公司	38 928
69	浙江省公众信息产业有限公司	50 481	90	山东三联电子信息有限公司	38 472
70	太极计算机股份有限公司	50 342	91	思创数码科技股份有限公司	38 226
71	成都迈普产业集团有限公司	46 856	92	江苏金智科技股份有限公司	38 200
72	广州海格通信集团股份有限公司	46 501	93	北京京北方科技股份有限公司	35 135
73	浙江航天金穗科技有限公司	46 159	94	厦门东南融通系统工程有限公司	34 719
74	北京瑞星信息技术有限公司	46 120	95	武汉天喻信息产业股份有限公司	32 991
75	深圳市南凌科技发展有限公司	44 508	96	大连大森数控技术发展中心有限公司	32 768
76	北京联想软件有限公司	43 290	97	上海微创软件有限公司	31 913
77	中程科技有限公司	43 086	98	上海理想信息产业（集团）有限公司	31 887
78	炬力集成电路设计有限公司	43 081	99	长城信息产业股份有限公司	31 647
79	四川汇源科技发展股份有限公司	41 828	100	江苏集群信息产业股份有限公司	31 027

注：资料来源于工业和信息化部。

表 4　第 22 届中国电子元件百强企业名单

综合排名	企业名称	销售收入（万元）	出口创汇（万美元）
1	亨通集团有限公司	920 730	10 800
2	永鼎集团有限公司	939 274	1 946
3	上海飞乐股份有限公司	719 517	29 909
4	浙江富春江通信集团有限公司	722 426	
5	通光集团有限公司	337 650	3 272
6	爱普科斯（中国）投资有限公司	261 504	32 572

续表

综合排名	企业名称	销售收入(万元)	出口创汇(万美元)
7	横店集团东磁有限公司	300 737	22 437
8	富通集团有限公司	549 598	1 375
9	TDK(中国)投资有限公司	605 962	80 650
10	瑞声声学科技股份有限公司	225 602	19 000
11	广东生益科技股份有限公司	431 736	39 859
12	上海京瓷电子有限公司	259 938	31 763
13	厦门宏发电声股份有限公司	168 824	9 612
14	江苏中联科技集团有限公司	183 622	7 852
15	东莞生益电子有限公司	167 913	5 035
16	浙江天乐集团有限公司	247 621	27 295
17	西安创联电气科技(集团)有限责任公司	145 553	942
18	浙江长城电子科技集团有限公司	215 520	147
19	歌尔声学股份有限公司	101 465	9 320
20	东莞美维电路有限公司	158 564	19 729
21	汕头超声印制板公司	155 011	9 472
22	广东风华高新科技股份有限公司	191 665	6 386
23	天通控股股份有限公司	170 884	9 046
24	中航光电科技股份有限公司	107 665	220
25	中山大洋电机股份有限公司	142 164	12 742
26	杭州富生电器有限公司	140 733	1 250
27	南通江海电容器股份有限公司	137 216	4 511
28	广州宏仁电子工业有限公司	162 568	19 791
29	新疆众和股份有限公司	93 047	2 640
30	国光电器股份有限公司	98 549	12 758
31	江苏宝骊集团	107 413	3 418
32	北京七星华电科技集团有限责任公司	91 547	352
33	依利安达(广州)电子有限公司	98 113	13 555
34	开平依利安达电子有限公司	108 162	13 603
35	潮州三环(集团)股份有限公司	63 274	2 056
36	深圳市宇阳科技发展有限公司	76 839	3 687
37	深圳市得润电子股份有限公司	72 973	1 650

续表

综合排名	企业名称	销售收入（万元）	出口创汇（万美元）
38	安徽铜峰电子集团有限公司	85 614	538
39	厦门法拉电子股份有限公司	55 913	2 257
40	益阳资江电子元件有限公司	58 905	668
41	深圳市特发信息股份有限公司	70 298	748
42	苏州福田金属有限公司	76 289	4 116
43	江苏华威世纪电子集团有限公司	53 738	2 850
44	宁波向阳坦科斯特电子有限公司	62 358	720
45	宁波科宁达工业有限公司	54 257	7 395
46	和林电子（深圳）有限公司	67 570	7 643
47	四川九洲线缆有限责任公司	63 483	120
48	贵州航天电器股份有限公司	48 696	352
49	合兴集团有限公司	54 771	1 216
50	成都宏明电子股份有限公司	46 410	842
51	宁波兴瑞电子有限公司	49 949	4 034
52	天津六 0 九电缆有限公司	55 703	530
53	大连太平洋多层线路板有限公司	58 004	5 997
54	金龙机电股份有限公司	41 725	2 145
55	南京金宁电子集团有限公司	51 675	2 399
56	北京吉乐电子集团有限公司	50 200	87
57	中国振华（集团）新云电子元器件有限责任公司	34 966	
58	浙江万马天屹通信线缆有限公司	44 292	1 535
59	江西联创电缆科技有限公司	45 233	2 663
60	张家港华捷电子有限公司	37 824	1 360
61	广东江粉磁材股份有限公司	33 859	2 538
62	信华科技（厦门）有限公司	38 628	5 410
63	宁波碧彩实业有限公司	37 719	660
64	可立克科技（深圳）有限公司	33 415	3 175
65	浙江五峰电子有限公司	34 258	
66	山东共达电声股份有限公司	29 849	2 100
67	浙江英洛华磁业有限公司	39 716	2 954
68	临安奥星电子有限公司	37 700	690
69	横店集团浙江英洛华电声有限公司	33 162	2 686

续表

综合排名	企业名称	销售收入（万元）	出口创汇（万美元）
70	宁波保税区宁容投资有限公司	33 823	261
71	汇港控股集团有限公司	29 316	1 584
72	唐山晶源裕丰电子股份有限公司	26 917	3 311
73	浙江凯文磁钢有限公司	25 686	1 867
74	沈阳兴华航空电器有限责任公司	28 929	2
75	深圳市海光电子有限公司	30 698	190
76	深圳顺络电子股份有限公司	25 100	2 122
77	四川华丰企业集团有限公司	29 278	250
78	宁波福特继电器有限公司	28 757	1 915
79	浙江新嘉联电子股份有限公司	26 262	2 492
80	深圳美凯电子股份有限公司	25 115	817
81	深圳宝安区沙井新岱电子厂	28 091	3 369
82	扬州升达集团	24 980	256
83	江苏江佳电子股份有限公司	22 523	1 629
84	朗诗德电气有限公司	26 132	1 322
85	浙江东晶电子股份有限公司	20 128	2 527
86	常州祥明电机有限公司	18 337	932
87	杭州日月电器股份有限公司	17 668	1 269
88	合肥华耀田村电气有限公司	21 958	2 053
89	杭州微光电子设备厂	16 186	1 673
90	浙江正原电气股份有限公司	18 406	509
91	江苏银羊电子有限公司	20 791	1 790
92	东莞惠伦顿堡电子有限公司	14 961	2 073
93	太阳神（珠海）电子有限公司	15 731	2 301
94	中电科技德清华莹电子有限公司	15 524	505
95	蚌埠市双环电子集团有限公司	13 036	110
96	浙江嘉康电子股份有限公司	15 061	1 164
97	深圳市豪恩声学股份有限公司	14 500	1 500
98	广西新未来信息产业股份有限公司	13 556	100
99	南京依利安达电子有限公司	13 079	356
100	肇庆华锋电子铝箔股份有限公司	14 132	675

注：资料来源于工业和信息化部、中国电子元件行业协会，数据为2008年统计数据。

资料二

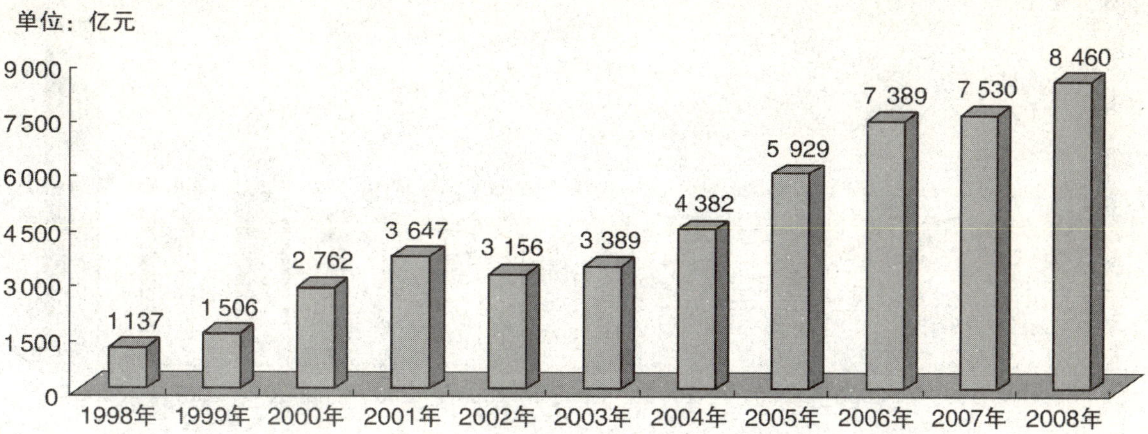

图1　1998年—2008年通信设备行业实现主营业务收入情况

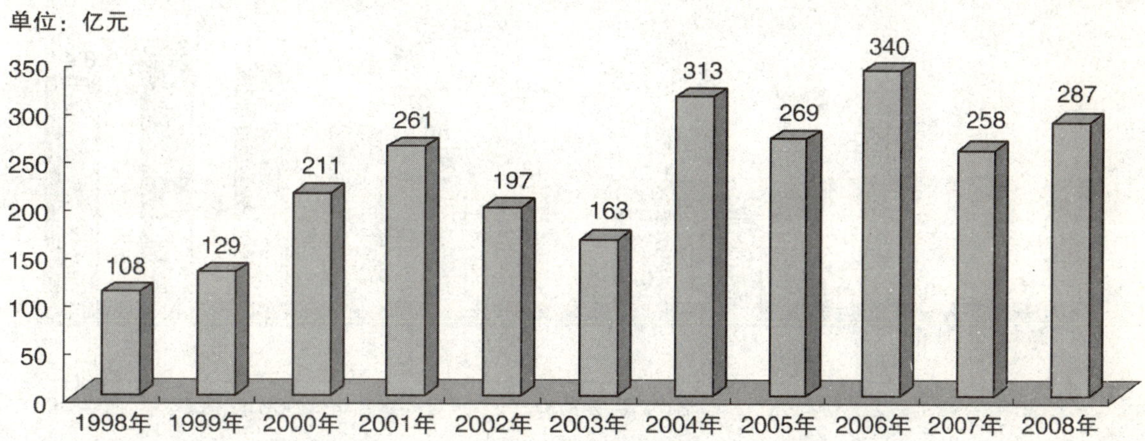

图2　1998年—2008年通信设备行业实现利润总额情况

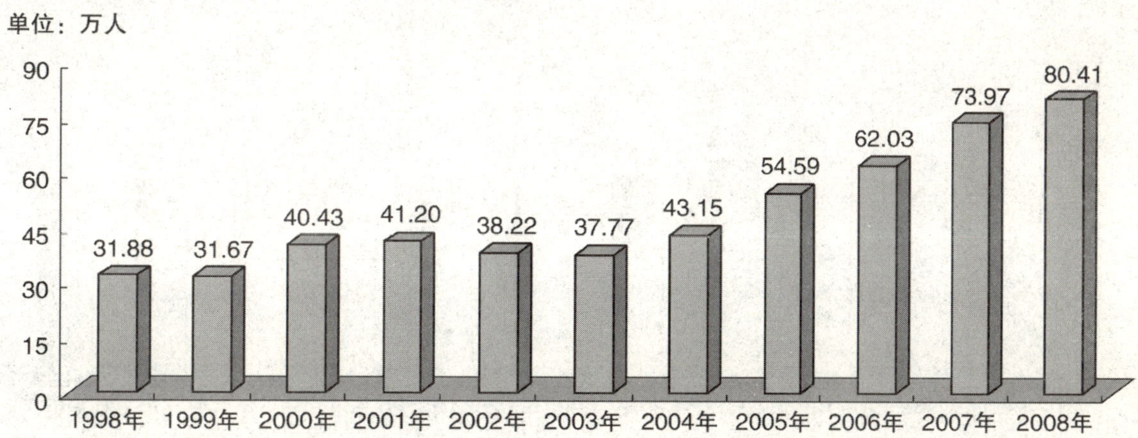

图3　1998年—2008年通信设备行业从业人员平均人数情况

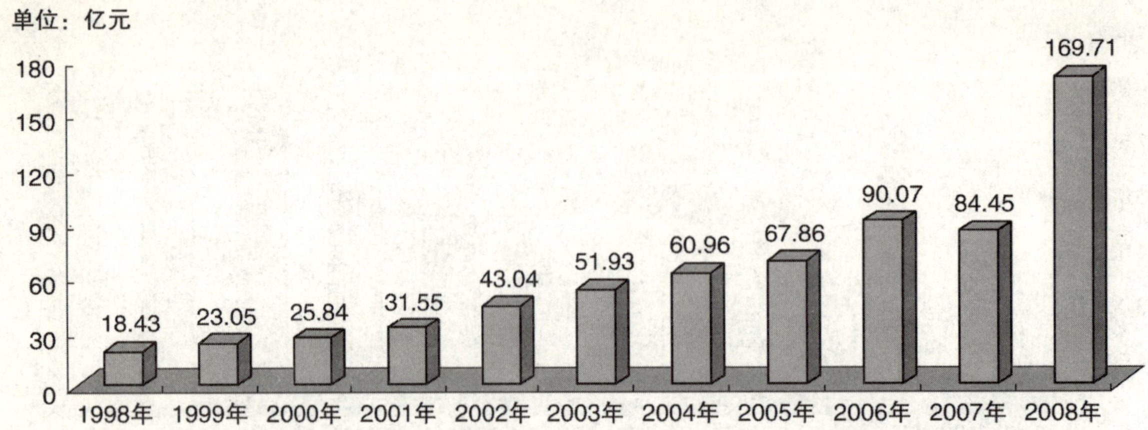

图4　1998年—2008年雷达行业实现主营业务收入情况

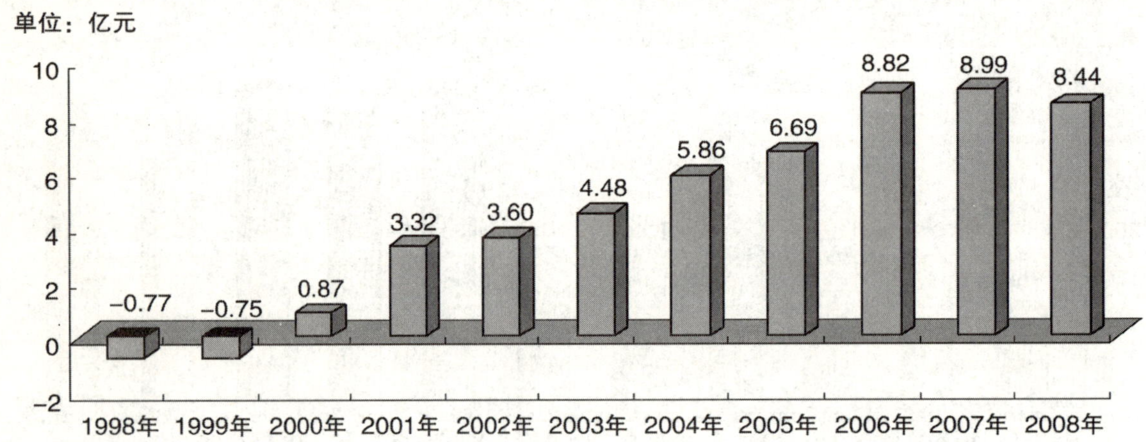

图5　1998年—2008年雷达行业实现利润总额情况

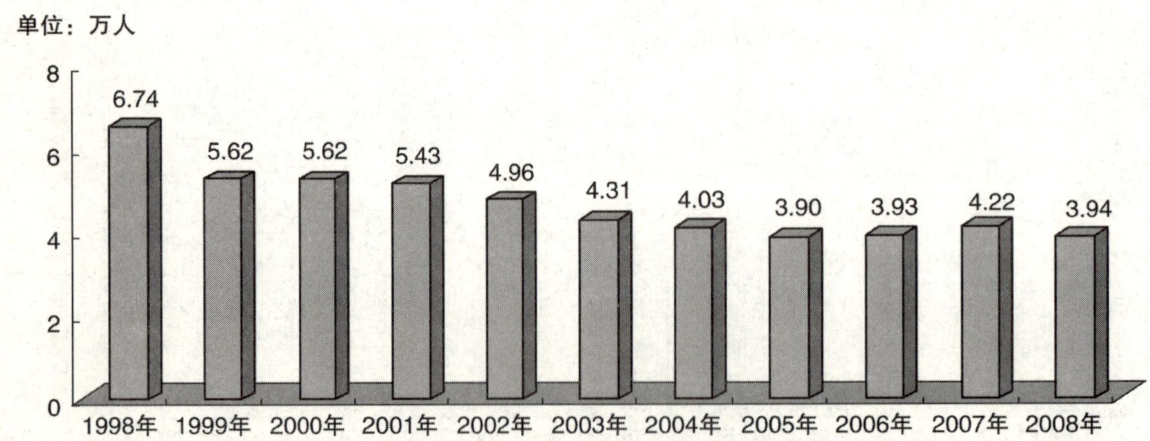

图6　1998年—2008年雷达行业从业人员平均人数情况

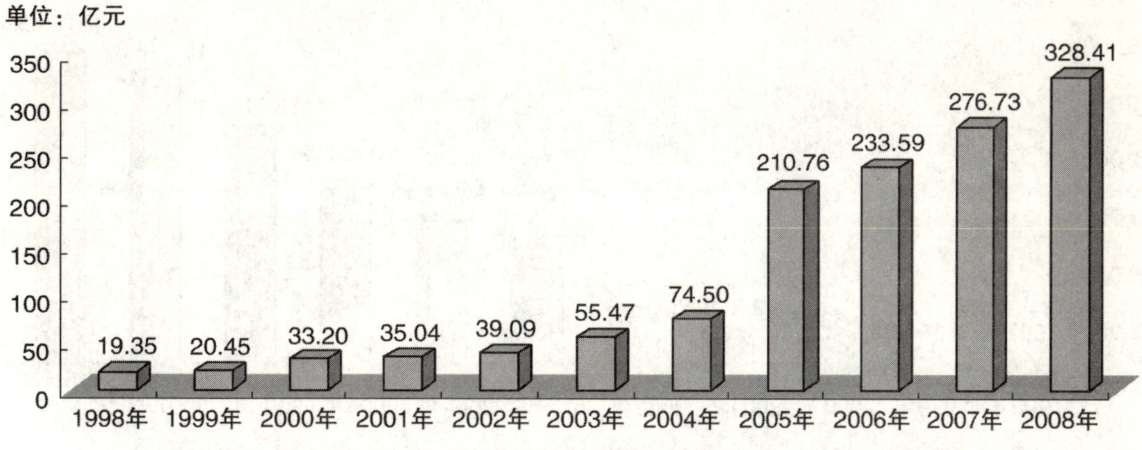

图7　1998年—2008年广播电视设备行业实现主营业务收入情况

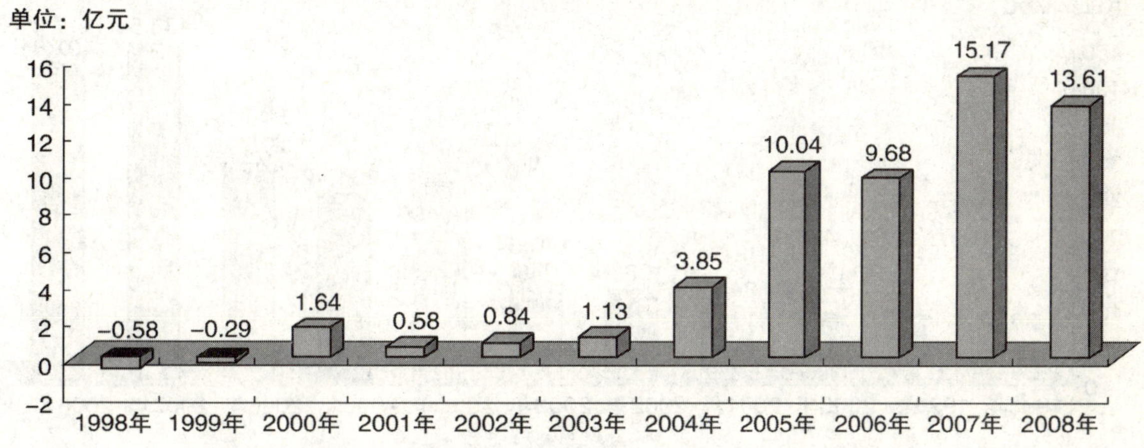

图8　1998年—2008年广播电视设备行业实现利润总额情况

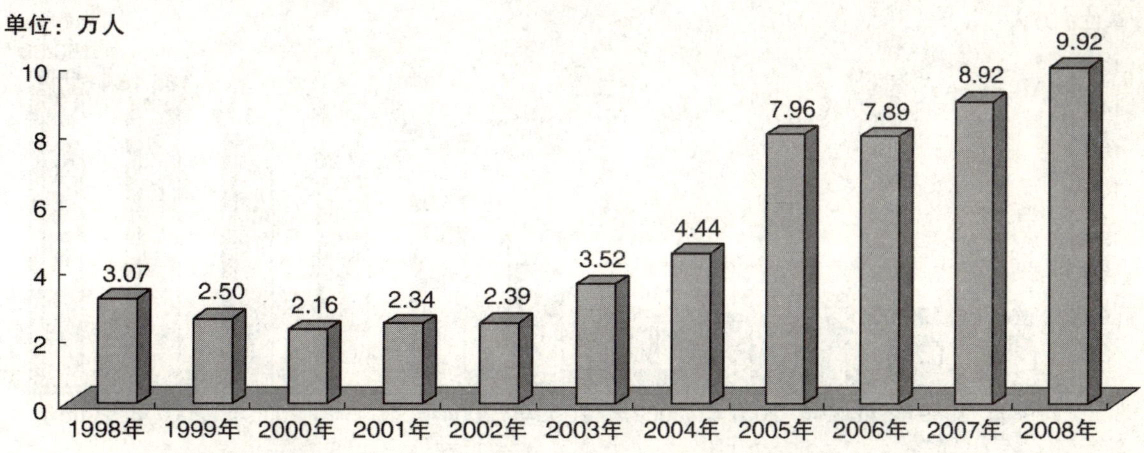

图9　1998年—2008年广播电视设备行业从业人员平均人数情况

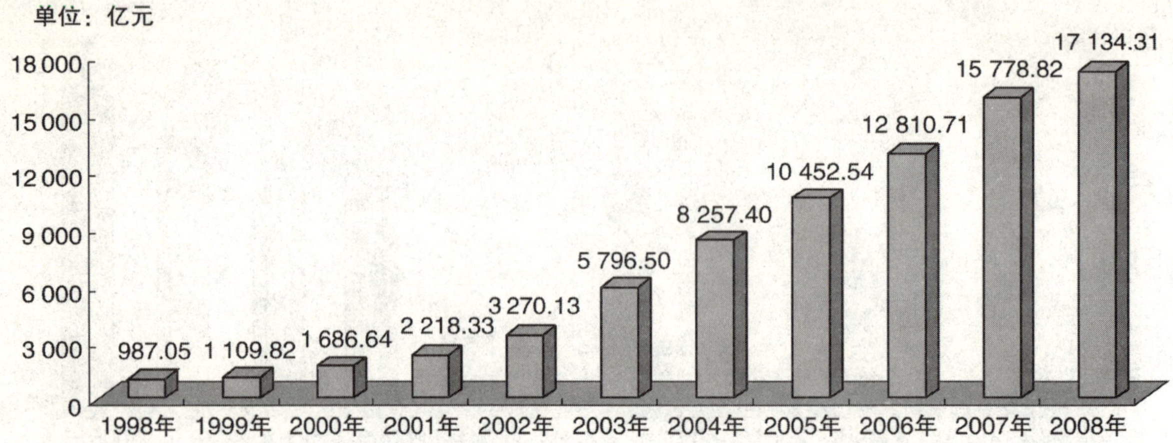

图10　1998年—2008年电子计算机行业实现主营业务收入情况

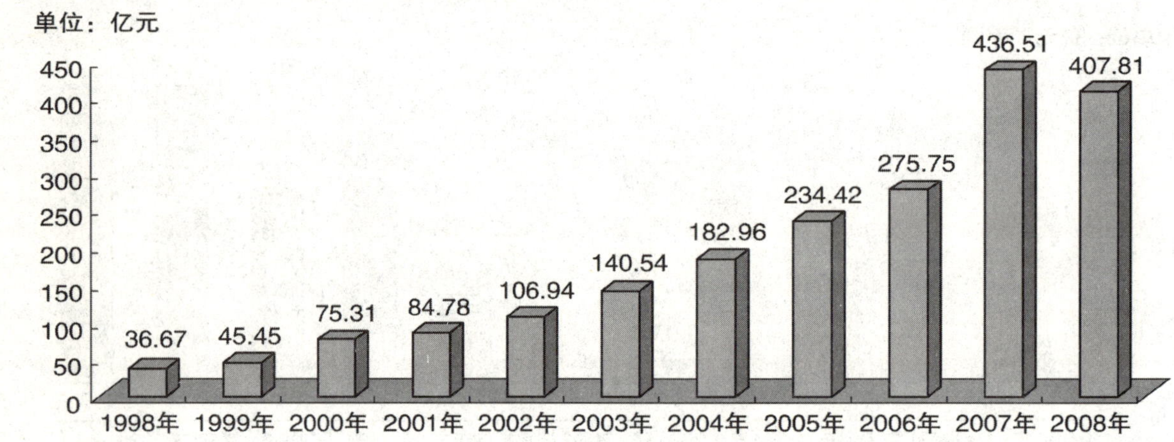

图11　1998年—2008年电子计算机行业实现利润总额情况

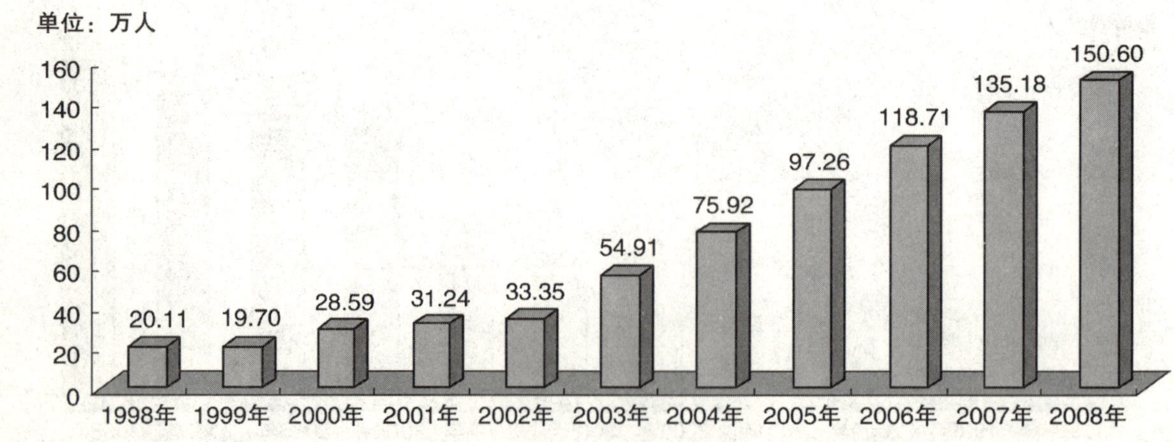

图12　1998年—2008年电子计算机行业从业人员平均人数情况

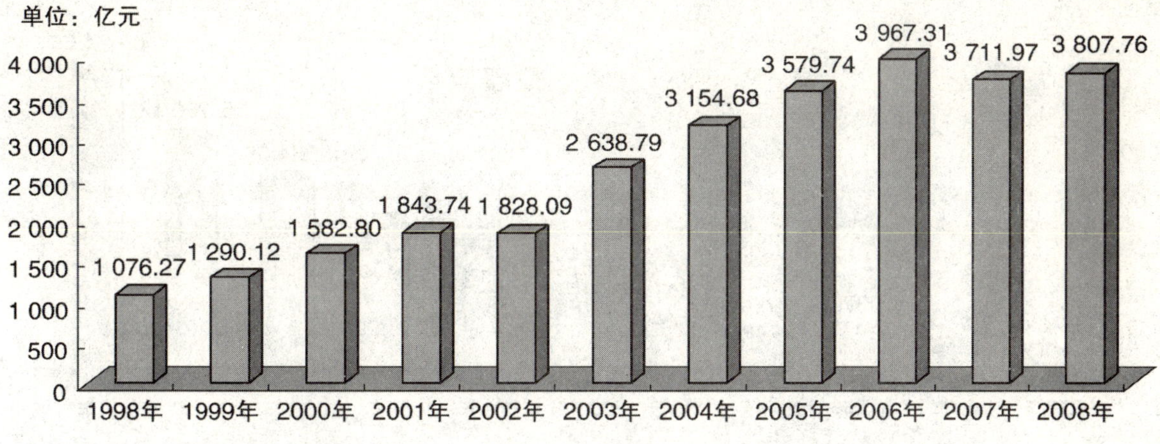

图13 1998年—2008年家用视听设备行业实现主营业务收入情况

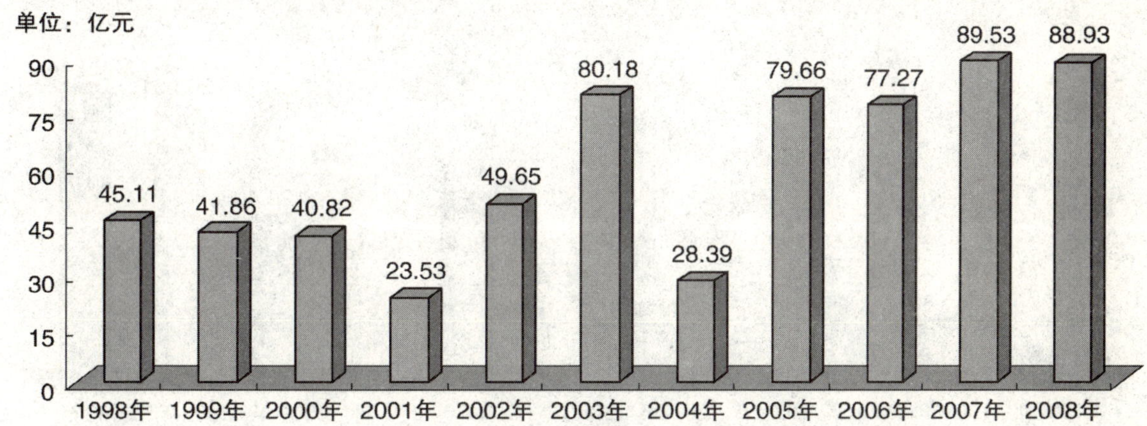

图14 1998年—2008年家用视听设备行业实现利润总额情况

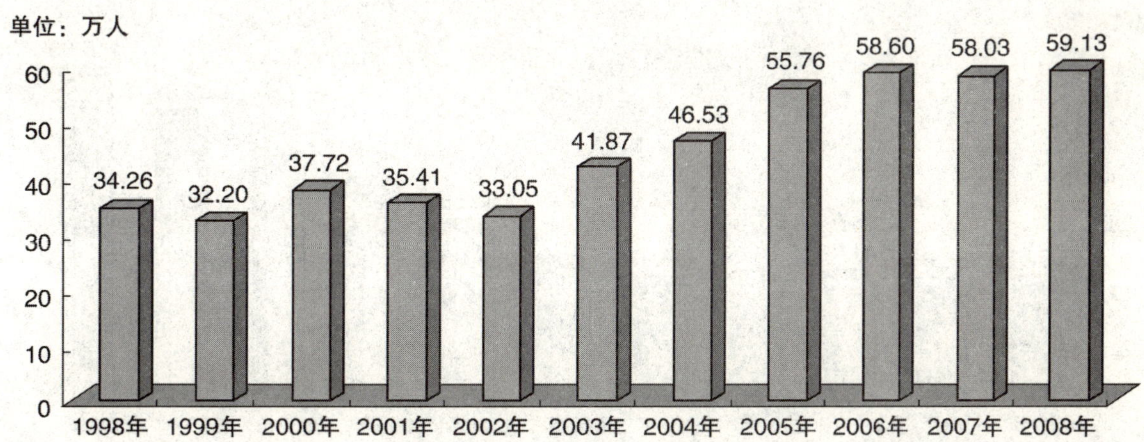

图15 1998年—2008年家用视听设备行业从业人员平均人数情况

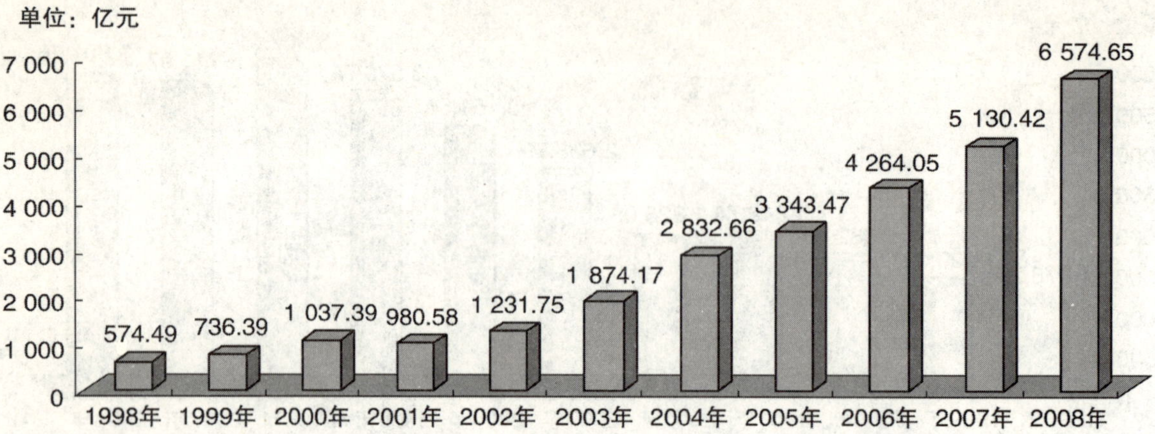

图16　1998年—2008年电子器件行业实现主营业务收入情况

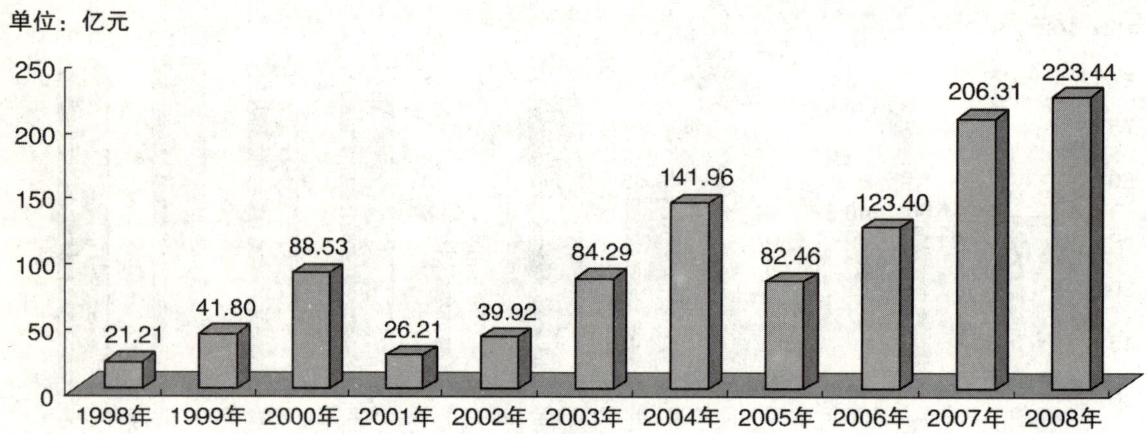

图17　1998年—2008年电子器件行业实现利润总额情况

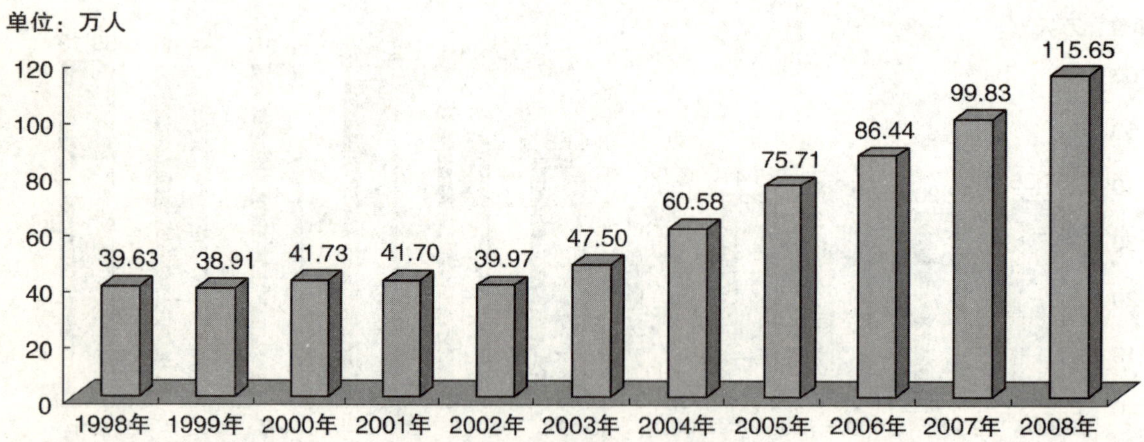

图18　1998年—2008年电子器件行业从业人员平均人数情况

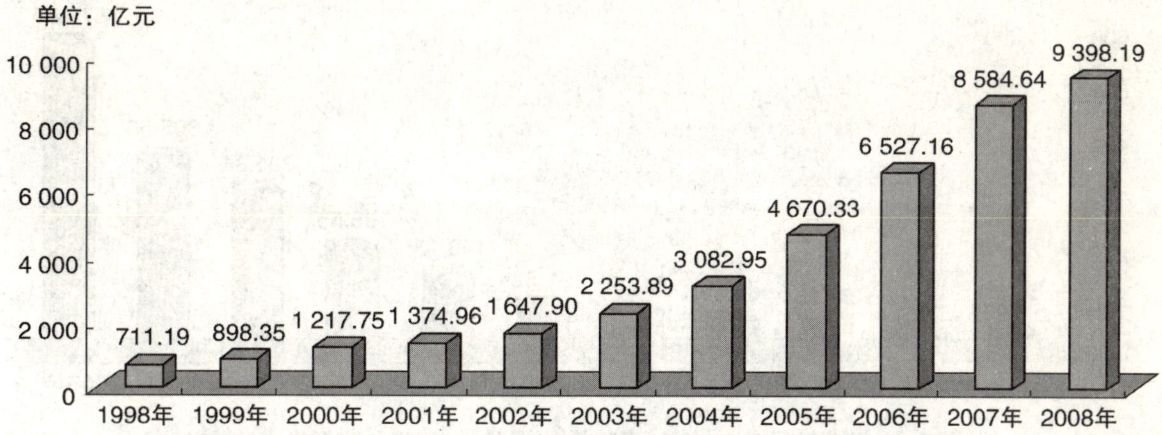

图19　1998年—2008年电子元件行业实现主营业务收入情况

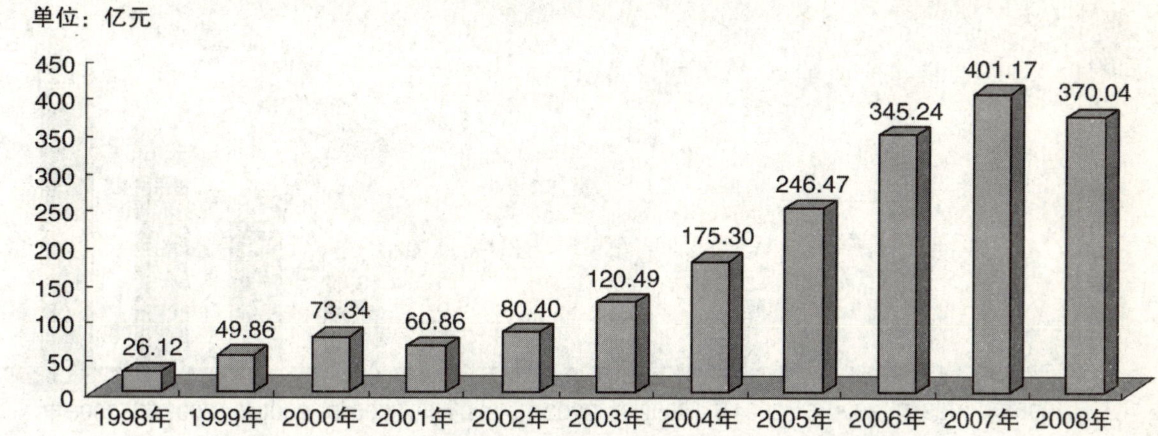

图20　1998年—2008年电子元件行业实现利润总额情况

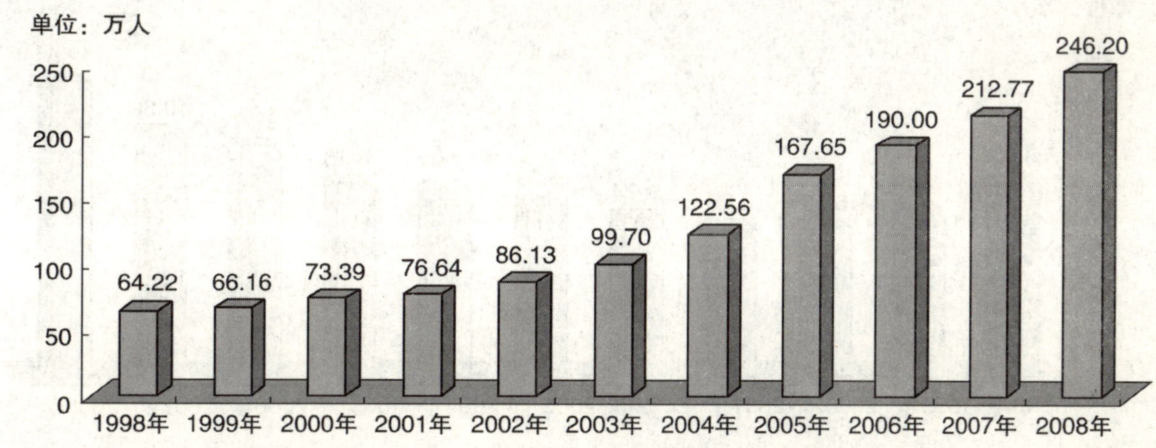

图21　1998年—2008年电子元件行业从业人员平均人数情况

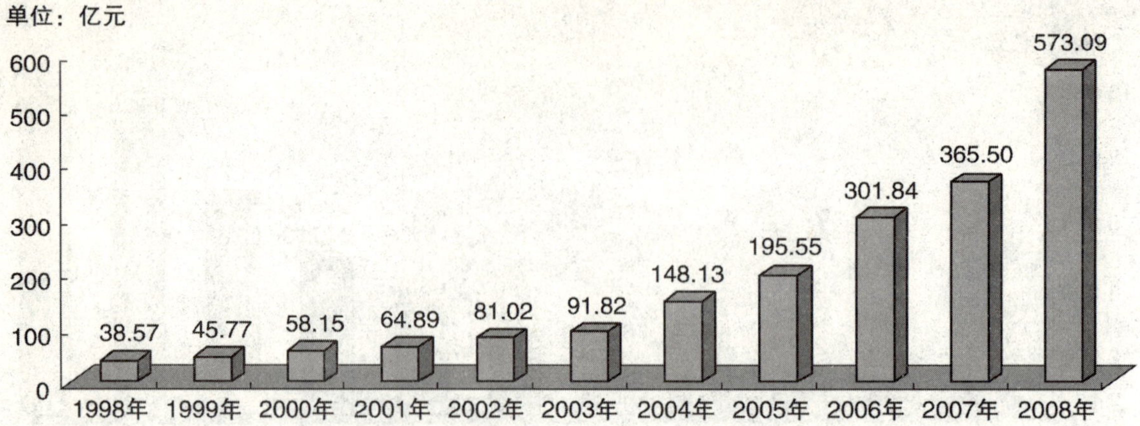

图22　1998年—2008年电子测量仪器行业实现主营业务收入情况

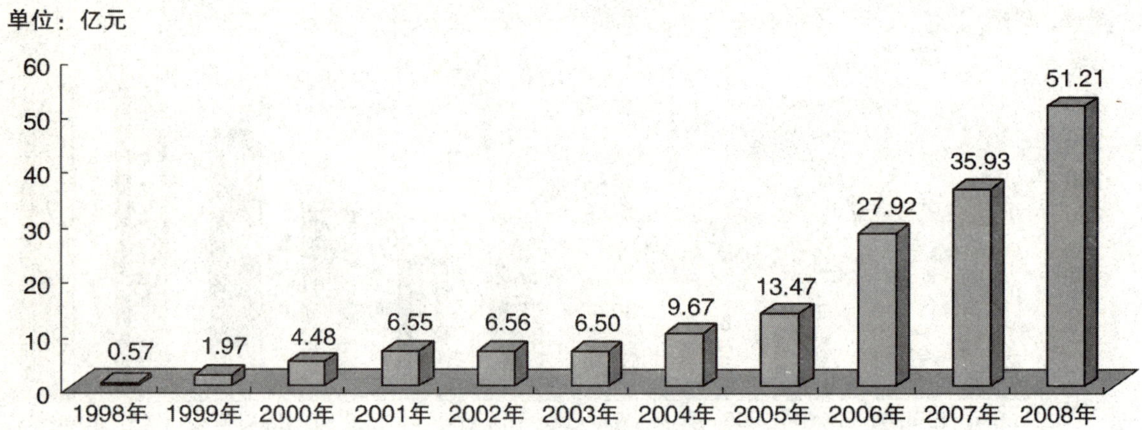

图23　1998年—2008年电子测量仪器行业实现利润总额情况

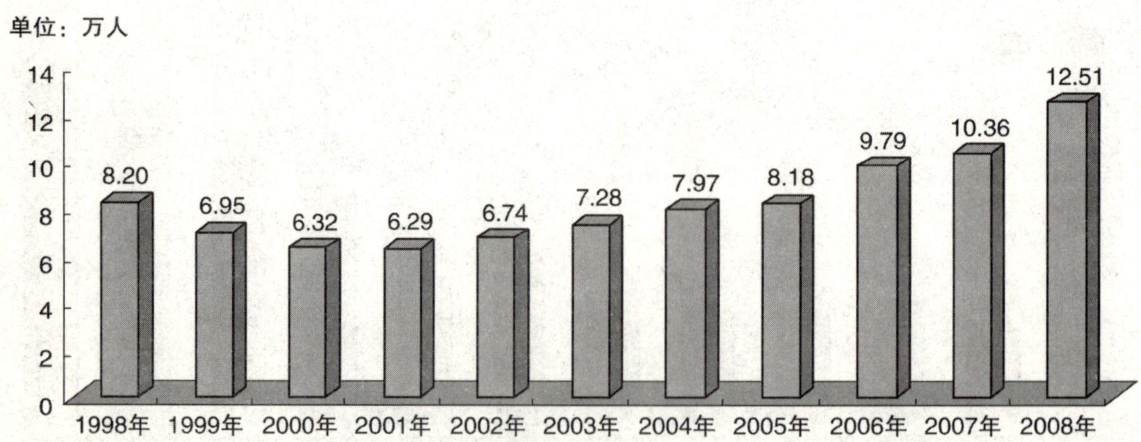

图24　1998年—2008年电子测量仪器行业从业人员平均人数情况

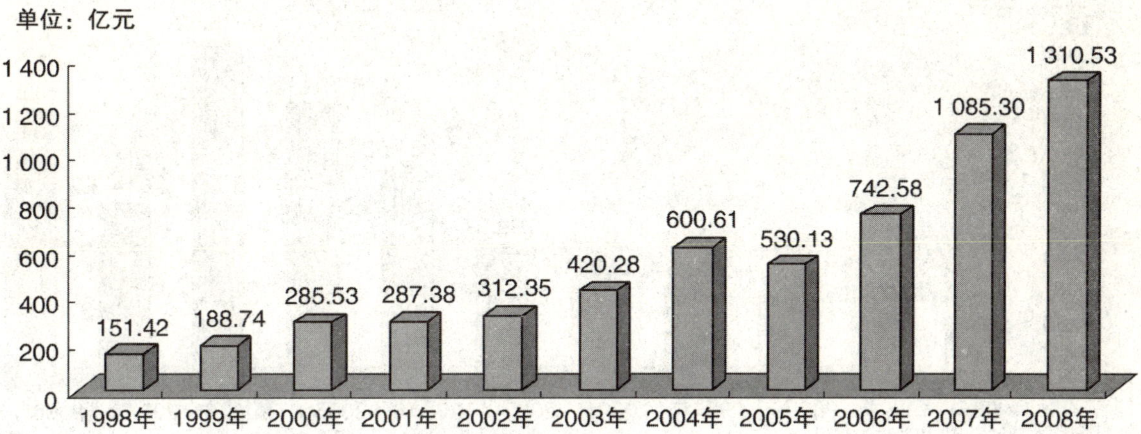

图25　1998年—2008年电子专用设备行业实现主营业务收入情况

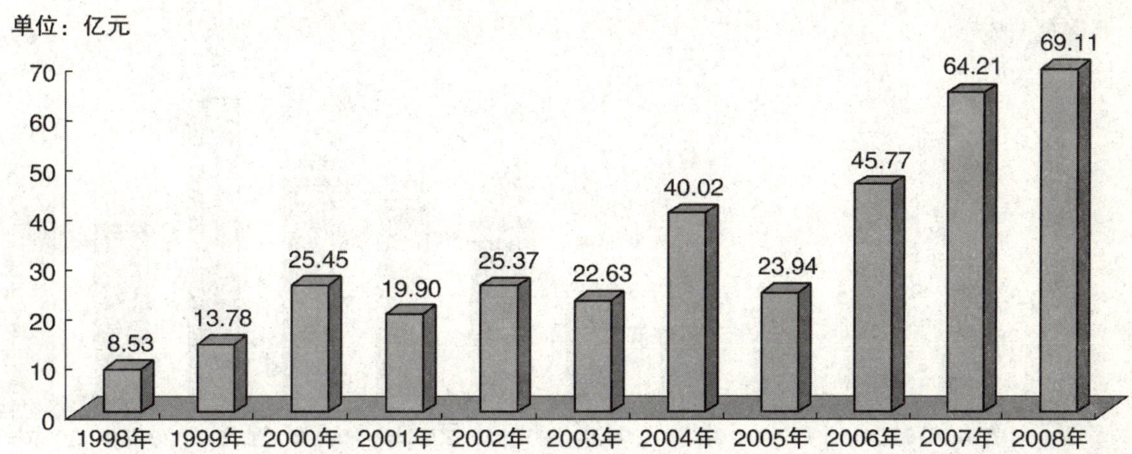

图26　1998年—2008年电子专用设备行业实现利润总额情况

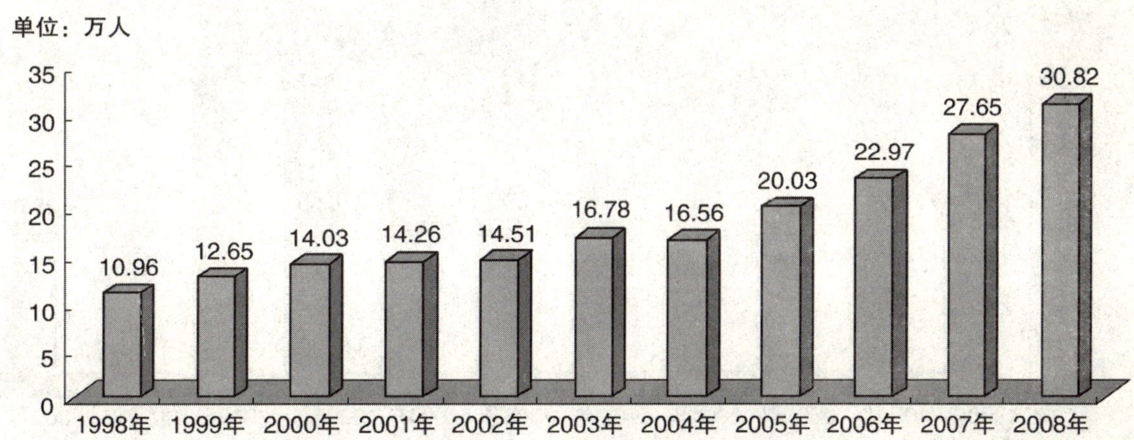

图27　1998年—2008年电子专用设备行业从业人员平均人数情况

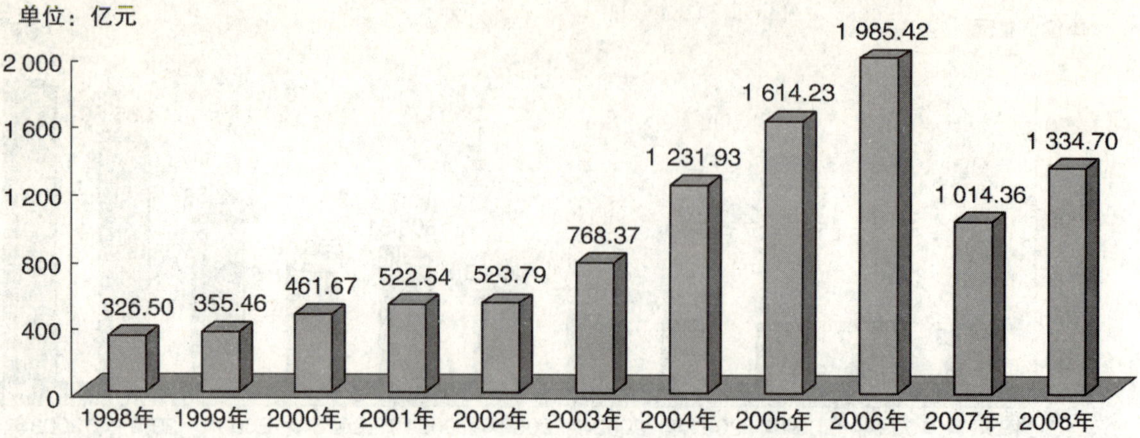

图28　1998年—2008年电子信息机电行业实现主营业务收入情况

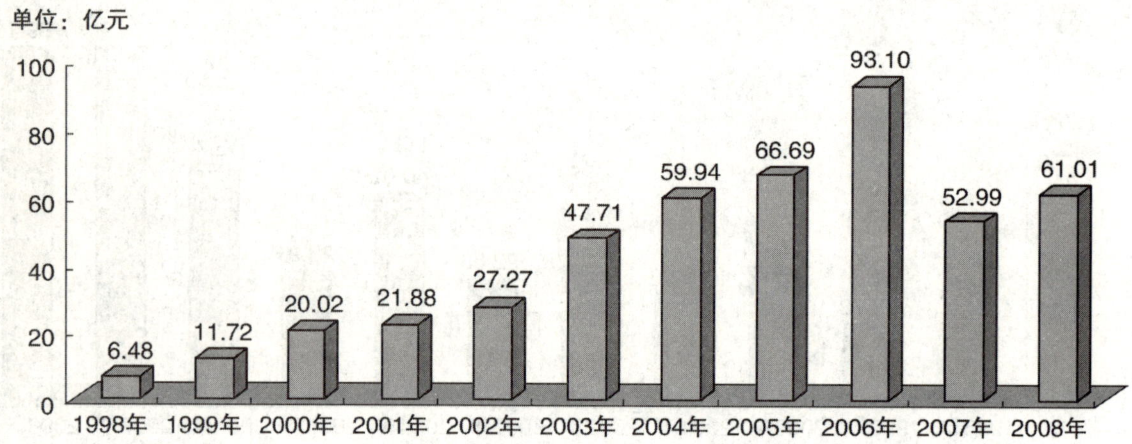

图29　1998年—2008年电子信息机电行业实现利润总额情况

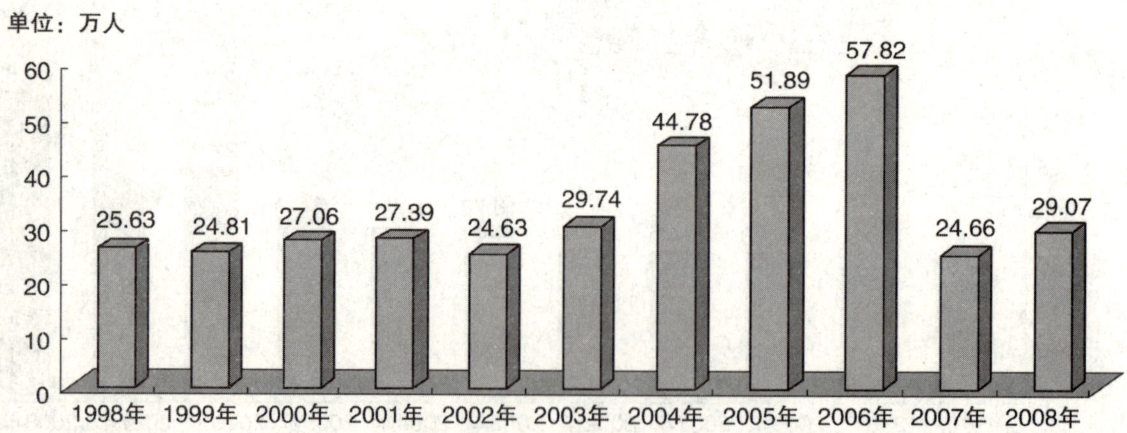

图30　1998年—2008年电子信息机电行业从业人员平均人数情况

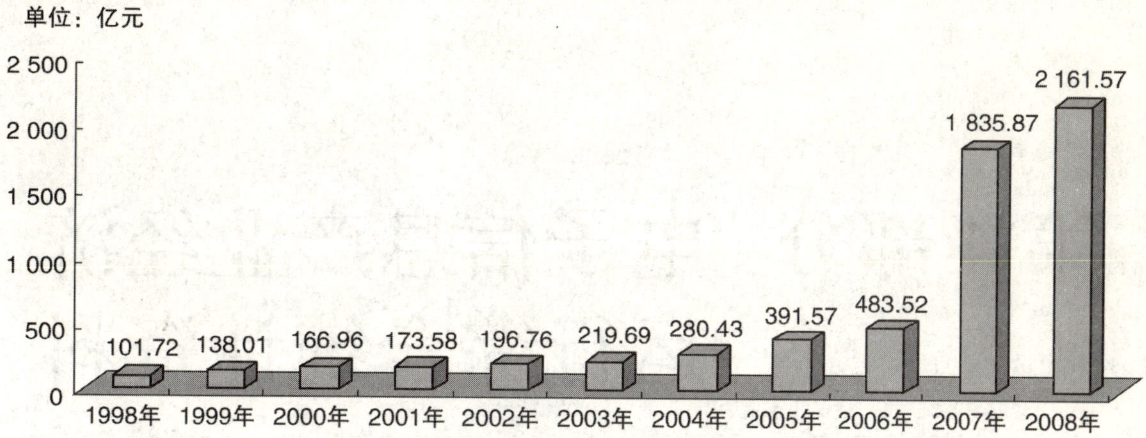

图31　1998年—2008年其他电子信息行业实现主营业务收入情况

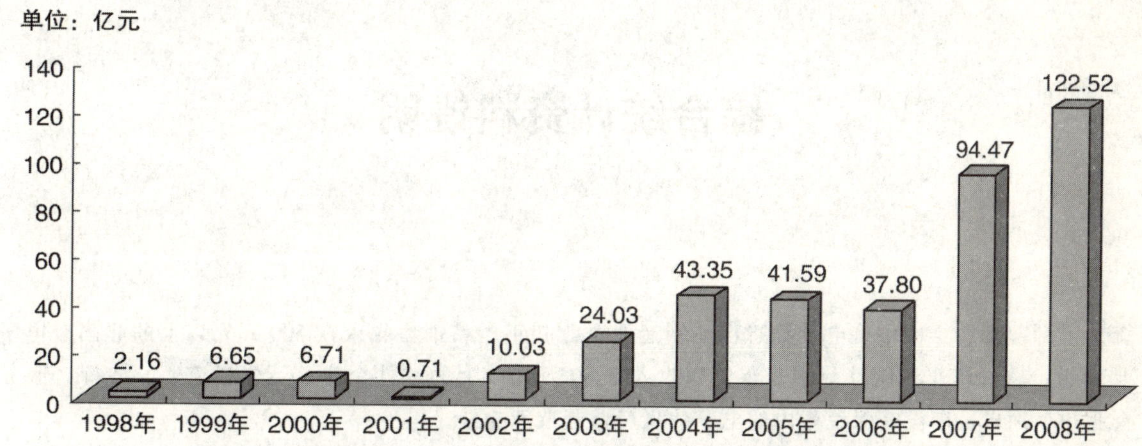

图32　1998年—2008年其他电子信息行业实现利润总额情况

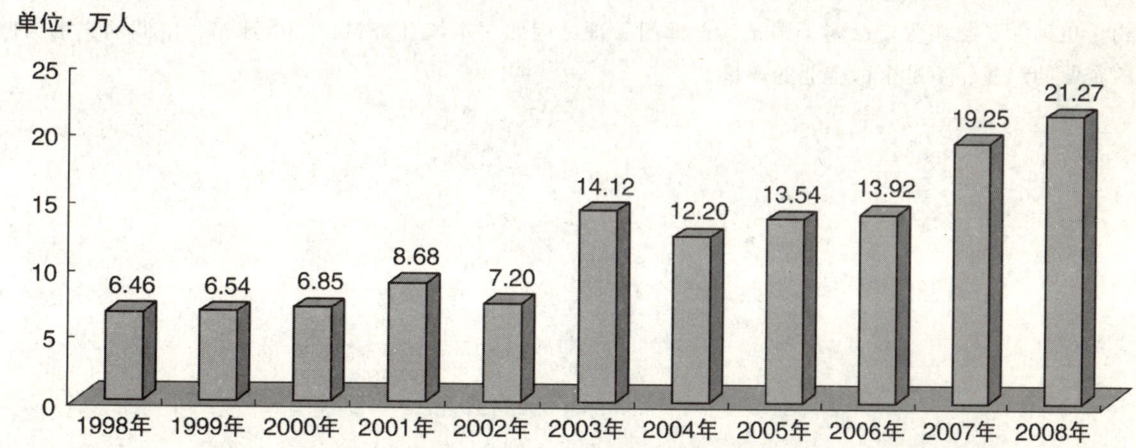

图33　1998年—2008年其他电子信息行业从业人员平均人数情况

备注：图 1~图 33 数据来源于《电子信息产业改革开放 30 年统计资料》（1978—2007）、工业和信息化部运行监测协调局。

第 4 部分　电子信息产业经济运行综合统计资料

综合统计资料说明

1. 统计范围包括：全部国有电子信息产业制造业企业和年产品销售收入在 500 万元以上的非国有电子信息产业制造业企业；软件产业的统计范围是年销售收入在 50 万元以上的软件企业，不包括流通、咨询、服务业的电子信息企业和个别省、市设在保税区内的电子信息产业制造业企业。

2. 此资料调查方式为普查式。历年本统计资料的报表制度均由工业和信息化部负责布置，由各省、自治区、直辖市电子信息产业主管部门收集本地区电子信息制造业年度资料，报工业和信息化部运行监测协调局汇总整理。解释权在工业和信息化部运行监测协调局。

3. 由于电冰箱、空调等产品属于国家其他部门管理，因此，本统计资料中，电冰箱、空调的产量为原电子工业系统的企业的产量，不是全国企业的产量。

(一) 规模以上制造业统计数据

表 1 2008 年电子信息产业主要统计指标完成情况

指标名称	单位	2008 年	2007 年	增长 (%)
主营业务收入	亿元	63 000	56 001	12.5
其中：规模以上制造业	亿元	51 253	45 425	12.8
软件业	亿元	7 573	5 834	29.8
利润总额	亿元	2 615	2 247	16.4
其中：规模以上制造业	亿元	1 703	1 663	2.4
税金总额	亿元	970	810	19.8
其中：规模以上制造业	亿元	586	477	22.9
工业增加值	亿元	14 900	13 083	13.9
其中：规模以上制造业	亿元	11 408	9 948	14.7
软件业	亿元	2 680	2 135	25.5
年末从业人员 (规模以上制造业)	万人	759	674	12.6
固定资产投资	亿元	3 528	2 646	33.3
电子信息产品进出口总额	亿美元	8 854.3	8 047	10.0
其中：出口额	亿美元	5 217.6	4 595	13.5
进口额	亿美元	3 636.7	3 452	5.4

备注：2007 年数据为修正值。

表 2　2008 年按企业登记注册类型分列的

项目名称	企业个数	综合经济效益指数	总资产贡献率(%)	资本保值增值率(%)
内资企业	8 972	119.6	8.5	120.9
国有企业	266	100.7	3.6	100.8
集体企业	210	134.2	12.2	104.8
股份合作企业	146	93.4	10.4	106.6
联营企业	36	75.3	3.5	113.6
国有联营企业	10	85.1	3.4	116.5
集体联营企业	5	77.7	9.3	62.6
国有与集体联营企业	10	66.6	9.9	100.8
其他联营企业	11	70.9	2.2	96.2
有限责任公司	2 285	136.8	9	120.3
国有独资公司	58	127.6	5.8	113.3
其他有限责任公司	2 227	138.4	9.8	122.2
股份有限公司	329	129.8	5	124
私营企业	5 665	104.4	12.6	131.5
其他内资企业	35	95.1	7	107.9
港、澳、台商投资企业	3 296	106.4	6	112.9
合资经营企业（港、澳、台资）	850	118.4	9.3	115.7
合作经营企业（港、澳、台资）	119	91.8	6.3	88.4
港、澳、台商独资经营企业	2 287	104.5	5	114.1
港、澳、台商投资股份有限公司	40	115.1	9	88.4
外商投资企业	4 243	148.2	6.8	108.7
中外合资经营企业	1 020	205.3	8.1	111.8
中外合作经营企业	91	96.4	3.9	90.3
外商独资企业	3 072	138.7	6.6	108.1
外商投资股份有限公司	60	190.8	4	109.2

综合经济效益指数完成情况

资产负债率 (%)	流动资产周转率 (次/年)	工业成本费用利润率 (%)	全员劳动生产率 (元/人)	产品销售率 (%)
85.6	1.5	5.2	120 810.7	96.1
96.9	0.9	2.8	90 218.3	97.0
91.3	2.7	3.7	145 762.7	98.9
93.9	1.6	7.2	79 097.1	90.3
89	1	8.9	4 8893.0	93.6
87.5	0.9	15.4	66 367.1	86.7
149.5	1.1	5.2	40 952.1	106.7
96.2	2	2.8	32 873.3	102.0
91.7	1	1.8	42 643.5	101.9
85.5	1.4	5.2	149 503.1	95.1
86.3	1.5	3	136 895.1	89.6
85.4	1.4	5.8	151 673.3	95.6
84.7	1.1	4.9	137 356.9	96.0
80.9	2.2	6	94 509.6	97.1
97.6	1.7	3	79 571.4	94.6
94.6	2.2	3.3	97 097.8	99.4
91.8	2.1	4.8	116 331.9	102.8
115.6	3.1	2.4	71 490.8	99.0
94.4	2.2	2.8	93 878.8	98.7
110.9	2.1	5.8	111 375.8	99.6
95.7	2.8	3.2	166 649.1	99.4
93.2	2.8	3.3	260 961.1	99.3
77.8	1.1	2.4	91 839.0	96.2
96.8	2.9	3.2	150 783.3	99.4
95.3	1	3.6	236 940.9	100.0

表 3　2008 年按经济类型分列的

项目名称	企业个数	综合经济效益指数	总资产贡献率（%）	资本保值增值率（%）
国有经济	334	112.8	4.7	108.2
集体经济	215	134.0	12.2	104.6
股份合作经济	146	93.4	10.4	106.6
股份制经济	2 556	135.8	7.9	123.0
外商及港澳台投资经济	7 539	132.4	6.6	109.9
其中：国有控股	148	184.0	2.4	100.6
其他经济	5 721	104.0	12.5	131.0

表 4　2008 年通信设备工业行业

项目名称	企业个数	综合经济效益指数	总资产贡献率（%）	资本保值增值率（%）
合计	1 395	169.7	7.3	107.7
传输设备制造	298	136.7	6.9	115
交换设备制造	158	277.2	6.9	123.4
通信终端设备制造	251	103.3	6	103.4
移动通信及终端设备制造	301	164.4	8	94.4
其他通信设备制造	387	116.2	7.9	115.2

表 5　2008 年广播电视设备工业行业

项目名称	企业个数	综合经济效益指数	总资产贡献率（%）	资本保值增值率（%）
合计	400	100.5	7.1	131.3
广播电视设备及发射设备制造	36	23.9	5	–415.5
广播电视接收设备及器材制造	283	91.7	6.8	128.9
应用电视设备及其他广播电视设备制造	81	150.9	8.3	132

综合经济效益指数完成情况

资产负债率（%）	流动资产周转率（次/年）	工业成本费用利润率（%）	全员劳动生产率（元/人）	产品销售率（%）
91.3	1.2	3	110 976.3	94.6
91.4	2.7	3.7	145 377.7	98.9
93.9	1.6	7.2	79 097.1	90.3
85.1	1.3	5.5	147 311.7	95.7
95.4	2.6	3.2	140 412.6	99.4
102.2	1.2	0.4	226 118.5	96.8
81.1	2.2	6	93 880.2	97.1

综合经济效益指数完成情况

资产负债率（%）	流动资产周转率（次/年）	工业成本费用利润率（%）	全员劳动生产率（元/人）	产品销售率（%）
91.3	1.8	3.7	203 999.5	98.5
102.1	1.2	6.5	145 239.7	94.6
76.4	1	4.3	383 003.7	97.4
93.4	1.6	4	94 964.5	97
105.9	3	3	192 981.8	99.7
86.6	1.4	5.5	115 857.9	97.3

综合经济效益指数完成情况

资产负债率（%）	流动资产周转率（次/年）	工业成本费用利润率（%）	全员劳动生产率（元/人）	产品销售率（%）
87.4	1.6	4.3	86 927	93.8
90.7	0.9	2.9	78 442.6	99.6
84.9	1.7	3.7	74 101.7	92.5
92	1.4	6	167 713.3	96.7

表 6　2008 年电子计算机工业行业

项目名称	企业个数	综合经济效益指数	总资产贡献率(%)	资本保值增值率(%)
合计	1 457	149.1	7.8	110
电子计算机整机制造	185	178.1	6.4	107.9
计算机网络设备制造	140	169.9	16.7	126.9
电子计算机外部设备制造	1 005	130.1	8.2	108.8
幻灯机及投影设备制造	28	114.6	7.9	112.5
计算器及货币专用设备制造	99	174.6	11.3	123.8

表 7　2008 年家用视听设备工业行业

项目名称	企业个数	综合经济效益指数	总资产贡献率(%)	资本保值增值率(%)
合计	1 011	115.2	6.4	113.5
家用影视设备制造	441	132.5	5.9	110.9
家用音响设备制造	560	97	8.2	122.6

表 8　2008 年电子器件工业行业

项目名称	企业个数	综合经济效益指数	总资产贡献率(%)	资本保值增值率(%)
合计	2 461	134.6	5.2	113.3
电光源制造	645	90.8	11.1	115.5
电子真空器件制造	163	123.4	3.1	104.5
半导体分立器件制造	335	132.9	11.5	115.7
集成电路制造	452	158.8	2.8	102.3
光电子器件及其他电子器件制造	866	141.3	6	133.5

表 9　2008 年电子元件工业行业

项目名称	企业个数	综合经济效益指数	总资产贡献率(%)	资本保值增值率(%)
合计	6 074	103.3	6.9	115.8
电力电子元器件制造	1 010	99.7	9.3	120.8
电子元件及组件制造	4 325	103.3	7.5	118.4
印刷电路板制造	739	106.7	4.9	107.8

综合经济效益指数完成情况

资产负债率（%）	流动资产周转率（次/年）	工业成本费用利润率（%）	全员劳动生产率（元/人）	产品销售率（%）
106.4	3.1	2.8	164 338.6	98.7
107.1	3.7	1.9	212 407.6	99.1
88.8	2.1	9.1	200 477.9	98.8
108	2.7	3.5	132 882.5	98
111.4	2.4	3.7	106 375.3	93.7
94.4	2	6.6	207 672.7	96.7

综合经济效益指数完成情况

资产负债率（%）	流动资产周转率（次/年）	工业成本费用利润率（%）	全员劳动生产率（元/人）	产品销售率（%）
93.6	2.3	2.4	111 172.3	102.5
94.1	2.1	2.1	139 754.4	104.3
91.9	3.1	3.1	80 525.7	98.5

综合经济效益指数完成情况

资产负债率（%）	流动资产周转率（次/年）	工业成本费用利润率（%）	全员劳动生产率（元/人）	产品销售率（%）
90.2	2.1	3.6	145 401.7	97.4
86.6	2.3	5.9	74 012.7	96.0
108.1	1.7	0.7	123 936.5	93.8
94.1	2.0	9.5	139 945.4	100.3
99.5	2.0	2.1	183 906.8	101.8
75.8	2.2	3.7	157 280.9	95.0

综合经济效益指数完成情况

资产负债率（%）	流动资产周转率（次/年）	工业成本费用利润率（%）	全员劳动生产率（元/人）	产品销售率（%）
85.6	2.1	4.2	94 330.3	99.0
86.7	2.1	5.2	87 041.3	98.1
88.2	2.3	4.0	93 009.0	98.7
79.6	1.7	4.2	103 514.8	100.2

表 10 2008 年电子测量仪器工业行业

项目名称	企业个数	综合经济效益指数	总资产贡献率(%)	资本保值增值率(%)
合计	687	128.0	11.4	122.7
环境监测专用仪器仪表制造	88	203.3	16.5	109.8
汽车电子仪器制造	155	121.7	11.6	117.6
导航、气象及海洋专用仪器制造	61	125.2	9.3	114.1
农林牧渔专用仪器仪表制造	8	87.3	11.7	114.5
地质勘探和地震专用仪器制造	51	124.7	10.3	127.8
核子及核辐射测量仪器制造	13	80.8	3.9	104
电子测量仪器制造	164	112.1	10.5	121.7
其他专用仪器制造	147	145.0	13.0	151

表 11 2008 年电子工业专用设备行业

项目名称	企业个数	综合经济效益指数	总资产贡献率(%)	资本保值增值率(%)
合计	1 348	114.1	9.8	116.4
电子工业专用设备制造	509	114.3	12.1	116.3
其他电子设备制造	839	114.1	8.4	116.5

表 12 2008 年电子信息机电工业行业

项目名称	企业个数	综合经济效益指数	总资产贡献率(%)	资本保值增值率(%)
合计	1 085	113.6	10.6	118
微电机制造	935	97.5	10.3	119.4
光纤光缆制造	150	231.3	11.2	115.7

表 13 2008 年其他电子信息行业

项目名称	企业个数	综合经济效益指数	总资产贡献率(%)	资本保值增值率(%)
合计	556	193.4	10.9	120.7
信息化学品制造	332	211.2	14.5	133.7
家用制冷电器具制造	224	183.5	7.9	108

综合经济效益指数完成情况

资产负债率（%）	流动资产周转率（次/年）	工业成本费用利润率（%）	全员劳动生产率（元/人）	产品销售率（%）
83.8	1.4	10.3	134 291.3	97.8
81.7	2.2	8.0	261 510.6	99.5
84.9	1.6	8.5	124 471.6	98.9
100.4	1.4	9.8	126 828.9	94.8
88.1	2.4	8.2	67 540.0	98.0
73.6	1	13.8	131 699.9	95.6
104.6	0.7	4.4	51 645.0	108.1
85.0	1.3	10.9	107 857.1	98.0
70.9	1.2	14.7	160 937.7	95.3

综合经济效益指数完成情况

资产负债率（%）	流动资产周转率（次/年）	工业成本费用利润率（%）	全员劳动生产率（元/人）	产品销售率（%）
87.5	2.0	5.9	111 682.9	97.7
86.1	2.0	7.8	112 609.0	96.5
88.4	2.1	4.9	111 217.9	98.4

综合经济效益指数完成情况

资产负债率（%）	流动资产周转率（次/年）	工业成本费用利润率（%）	全员劳动生产率（元/人）	产品销售率（%）
90.9	2.2	5.1	109 163.0	98.1
91.8	2.3	4.6	82168.9	97.8
89.3	2.1	6.3	304 303.0	98.7

经济效益指数完成情况

资产负债率（%）	流动资产周转率（次/年）	工业成本费用利润率（%）	全员劳动生产率（元/人）	产品销售率（%）
85.8	2.2	5.9	242 580.8	95.7
76.0	1.6	15.2	271 706.7	97.6
93.7	2.5	2.3	226 536.8	95.1

表14　2008年省、自治区、直辖市电子信息产业

省、自治区、直辖市名称	企业个数	综合经济效益指数	总资产贡献率	资本保值增值率
北京市	671	236	6.3	109
天津市	451	187.6	5.4	92
河北省	175	138	14.1	120.7
山西省	42	60.1	2.4	112.8
内蒙古自治区	22	254.9	12.4	75.3
辽宁省	398	129.6	7.8	133
吉林省	48	105.3	5	116.5
黑龙江省	51	86.2	5.4	111.6
上海市	1 045	177.6	4.1	100.9
江苏省	2 842	134.9	8.5	116.3
浙江省	2 606	110.3	9.3	120.9
安徽省	291	107.2	7.3	130.4
福建省	585	133.8	7.3	113.6
江西省	163	95	10.5	132.5
山东省	1 088	175	13.3	124.1
河南省	203	136.8	17.4	135
湖北省	260	123.1	6.5	131.7
湖南省	202	112.5	4.3	113.7
广东省	4 594	112	5.8	112
广西壮族自治区	108	76.4	5.7	121
海南省	5	116.3	4.9	114.4
重庆市	68	90	6.4	120
四川省	386	115.8	8.4	121.2
贵州省	32	103.6	7.2	109.8
云南省	15	136.3	4.2	155
陕西省	122	91.9	4.6	101.4
甘肃省	27	64.6	5	113.8
青海省	3	190.7	1.5	119
宁夏回族自治区	2	389.6	28.2	301.6
新疆维吾尔自治区	6	120.8	10.3	261.2

制造业综合经济效益指数完成情况

单位：%

资产负债率	流动资产周转率（次/年）	工业成本费用利润率	全员劳动生产率（元/人）	产品销售率
101.5	2.2	3.1	309 319.1	100.4
108.1	2.6	2.7	231 318.9	98.8
85	1.6	13.9	150 103.8	101
88.1	1.2	1.4	25 294.9	89.2
122	3.1	3.9	338 272.1	112.3
84.5	2.1	5.3	135 497.3	94.1
76.9	1.3	6.1	100 828.7	97.1
93.4	1	6.2	65 032.5	97
101.1	2.7	1.7	214 890.1	100.5
91.7	2.5	4.7	144 644.9	97.6
88.5	1.7	6	103 878.0	98.5
82.8	1.6	5.7	101 188.9	87.4
100.9	2.3	3.5	140 674.5	96.2
84.7	3.1	4.1	78 104.7	95.3
84.8	3.5	4.1	210 957.7	99
84.2	2.1	12.9	145 122.6	101.1
87.4	1.4	5.4	123 492.6	96.6
93.6	2.2		107 937.2	97
90.6	2.1	2.9	107 774.8	99.6
72.7	1.7	3.1	54 453.2	93.3
82.1	1.2	6.3	119 159.5	90.9
87.4	1.4	4.2	73 153.5	89.3
78.7	1.3	7	116 989.1	94.8
91.2	1.5	5.1	93 603.5	102.1
78.1	0.8	6.9	145 630.3	85.9
98.5	1.1	4.1	76 312.7	91.5
96.3	0.6	9.6	27 584.5	98.9
203.2	2.9	0.6	198 845.4	100.7
23.3	3.1	26.5	481 643.2	124.9
61.7	0.7	19.8	99 341.1	97.7

表 15　2008 年按企业登记注册类型分列的电子信息产业制造业主要经济指标完成情况（1）

单位：万元

项目名称	企业数（家）	工业总产值（现行价）	工业销售产值	新产品产值	出口交货值	工业增加值	全部从业人员平均人数（人）
内资企业	8 972	114 711 216	111 367 500	34 937 998	26 692 402	29 946 764	2 157 174
国有企业	266	5 736 885	5 560 563	1 642 827	1 202 538	1 469 637	127 232
集体企业	210	6 587 924	6 510 064	4 950 813	1 122 698	1 549 704	103 376
股份合作企业	146	939 951	902 102	32 399	116 275	246 054	28 243
联营企业	36	245 296	231 779	37 407	33 136	66 762	12 268
国有联营企业	10	137 790	125 706	12 926	8 070	35 504	4 615
集体联营企业	5	5 982	6 255			1 703	381
国有与集体联营企业	10	39 451	39 919	310	3 792	11 827	3 292
其他联营企业	11	62 073	59 900	24 171	21 274	17 727	3 981
有限责任公司	2 285	47 336 516	45 986 706	15 148 738	14 500 732	12 611 522	747 985
国有独资公司	58	6 710 717	6 479 775	4 889 543	1 755 216	1 289 305	109 840
其他有限责任公司	2 227	40 625 799	39 506 932	10 259 195	12745516	11322217	638 145
股份有限公司	329	19 054 194	18 574 136	9 042 227	3 968 983	4 824 201	279 596
私营企业	5 665	34 497 453	33 313 669	4 055 868	5 674 234	9 095 934	849 398
其他内资企业	35	312 999	288 481	27 721	73 806	82 951	9 076
港、澳、台商投资企业	3 296	92 771 974	89 959 867	14 623 547	59 824 000	21 926 103	2 051 357
合资经营企业（港、澳、台资）	850	19 288 423	18 905 052	6 075 747	8 345 188	4 382 389	345 014
合作经营企业（港、澳、台资）	119	3 066 775	3 054 126	5 743	2 747 097	634 150	74 558
港、澳、台商独资经营企业	2 287	68 976 012	66 574 462	8 288 206	48 096 460	16 543 447	1 601 722
港、澳、台商投资股份有限公司	40	1 440 764	1 426 227	253 852	635 254	366 117	30 064
外商投资企业	4 243	294 549 775	288 863 172	45 911 530	220 000 493	62 205 708	3386 654
中外合资经营企业	1 020	64 487 774	63 753 874	25 262 473	38 484 389	14 038 143	486 969
中外合作经营企业	91	2 285 568	2 237 703	137 132	1 761 125	608 885	60 137
外商独资企业	3 072	223 977 203	219 132 981	18 465 946	178 084 590	46 392 826	2 797 491
外商投资股份有限公司	60	3 799 230	3 738 614	2 045 979	1 670 389	1 165 855	42 057

表 16　2008 年按经济类型分列的电子信息产业制造业主要经济指标完成情况（1）

单位：万元

项目名称	企业数（家）	工业总产值（现行价）	工业销售产值	新产品产值	出口交货值	工业增加值	全部从业人员平均人数（人）
国有经济	334	12 585 392	12 166 043	6 545 295	2 965 824	2 794 446	241 687
集体经济	215	6 593 906	6 516 319	4 950 813	1 122 698	1 551 407	103 757
股份合作经济	146	939 951	902 102	32 399	116 275	246 054	28 243
股份制经济	2 556	59 679 993	58 081 068	19 301 422	16 714 499	16 146 417	917 741
外商及港澳台投资经济	7 539	387 321 749	378 823 039	60 535 077	279 824 493	84 131 811	5 438 011
其中：国有控股	278	1 325 659	1 328 018	79 294	134 757	373 278	31 101
其他经济	5 721	34 911 975	33 701 968	4 108 070	5 773 106	9 208 440	865 746

表 17　2008 年按企业规模分列的电子信息产业制造业主要经济指标完成情况（1）

单位：万元

项目名称	企业数（家）	工业总产值（现行价）	工业销售产值	新产品产值	出口交货值	工业增加值	全部从业人员平均人数（人）
大型企业	446	268 296 858	263 711 919	63 757 542	199 076 782	56 343 859	2 765 558
中型企业	3 030	148 854 254	144 208 047	22 647 652	85 055 638	35 489 295	2 759 399
小型企业	13 035	84 881 854	82 270 572	9 067 882	22 384 475	22 245 421	2 070 228

表 18　2008 年通信设备工业行业主要经济指标完成情况（1）

单位：万元

项目名称	企业数（家）	工业总产值（现行价）	工业销售产值	新产品产值	出口交货值	工业增加值	全部从业人员平均人数（人）
合计	1 395	86 078 924	84 601 418	25 305 569	49 965 368	19 178 905	804 130
传输设备制造	298	4 610 302	4 633 526	1 090 948	1 276 027	1 297 387	77 704
交换设备制造	158	22 425 733	21 868 529	7 565 065	12 239 597	7 653 985	160 013
通信终端设备制造	251	5 898 643	5 723 219	797 566	3 412 216	1 259 108	109 058
移动通信及终端设备制造	301	48 887 002	48 174 423	15 390 426	32 261 684	7 707 908	364 686
其他通信设备制造	387	4 257 244	4 201 721	461 563	775 843	1 260 516	92 668

表 19　2008 年广播电视设备工业行业主要经济指标完成情况（1）

单位：万元

项目名称	企业数（家）	工业总产值（现行价）	工业销售产值	新产品产值	出口交货值	工业增加值	全部从业人员平均人数（人）
合计	400	3 444 283	3 284 069	536 172	1 350 175	942 052	99 169
广播电视设备及发射设备制造	36	167 122	159 135	74 423	9 712	58 880	6 907
广播电视接收设备及器材制造	283	2 447 428	2 305 867	325 623	1 023 430	645 643	78 995
应用电视设备及其他广播电视制造	81	829 733	819 067	136 126	17 033	237 529	13 266

表 20　2008 年电子计算机工业行业主要经济指标完成情况（1）

单位：万元

项目名称	企业数（家）	工业总产值（现行价）	工业销售产值	新产品产值	出口交货值	工业增加值	全部从业人员平均人数（人）
合计	1 457	152 853 432	149 003 076	13 325 739	119 445 247	26 907 131	1 505 975
电子计算机整机制造	185	84 603 234	82 912 203	5 168 482	69 151 074	11 607 708	506 564
计算机网络设备制造	140	4 254 554	4 125 364	729 695	1 739 922	1 320 116	60 379
电子计算机外部设备制造	1005	60 941 880	58 988 916	7 152 360	47 104 641	12 977 562	893 619
幻灯机及投影设备制造	28	241 240	235 665	5 344	158 328	42 420	3 852
计算器及货币专用设备制造	99	2 812 525	2 740 929	269 857	1 291 282	959 325	41 561

表 21　2008 年家用视听设备工业行业主要经济指标完成情况（1）

单位：万元

项目名称	企业数（家）	工业总产值（现行价）	工业销售产值	新产品产值	出口交货值	工业增加值	全部从业人员平均人数（人）
合计	1 001	39 214 370	38 077 596	16 240 701	22 009 991	7 143 987	591 330
家用影视设备制造	441	27 789 739	26 897 671	13 260 346	13 201 209	4 572 604	305 971
家用音响设备制造	560	11 424 631	11 179 925	2 980 354	8 808 782	2 571 383	285 359

表 22　2008 年电子器件工业行业主要经济指标完成情况（1）

单位：万元

项目名称	企业数（家）	工业总产值（现行价）	工业销售产值	新产品产值	出口交货值	工业增加值	全部从业人员平均人数（人）
合计	2 461	67 634 470	65 746 475	13 623 126	42 840 096	18 697 536	1 156 450
电光源制造	645	5 645 339	5 476 819	337 791	2 054 683	1 643 046	201 729
电子真空器件制造	163	5 993 668	5 793 452	1 123 927	2 815 856	1 274 560	92 819
半导体分立器件制造	335	5 379 405	5 256 859	441 301	2 740 782	1 577 058	104 184
集成电路制造	452	21 550 991	21 072 813	5 363 537	16 424 002	6 321 844	298 994
光电子器件及其他电子器件制造	866	29 065 067	28 146 532	6 356 570	18 804 773	7 881 029	458 725

表 23　2008 年电子元件工业行业主要经济指标完成情况（1）

单位：万元

项目名称	企业数（家）	工业总产值（现行价）	工业销售产值	新产品产值	出口交货值	工业增加值	全部从业人员平均人数（人）
合计	6 074	96 152 513	93 981 874	11 171 584	55 562 897	25 609 026	2 461 994
电力电子元器件制造	1 010	9 506 916	9 259 001	655 979	3 230 599	2 499 930	251 640
电子元件及组件制造	4 325	65 461 570	64 279 243	9 786 695	37 361 473	17 998 188	1 757 774
印刷电路板制造	739	21 184 027	20 443 631	728 910	14 970 825	5 110 908	452 580

表 24　2008 年电子测量仪器工业行业主要经济指标完成情况（1）

单位：万元

项目名称	企业数（家）	工业总产值（现行价）	工业销售产值	新产品产值	出口交货值	工业增加值	全部从业人员平均人数（人）
合计	687	5 845 744	5 730 938	789 136	1 260 801	1 924 104	125 092
环境监测专用仪器仪表制造	88	773 373	749 320	51 709	144 703	299 728	9 683
汽车电子仪器制造	155	1 766 713	1 725 676	298 235	252 166	500 446	36 324
导航、气象及海洋专用仪器制造	61	785 297	781 113	121 565	331 716	289 012	19 903
农林牧渔专用仪器仪表制造	8	140 868	138 017	6 081	104 917	34 504	4 003
地质勘探和地震专用仪器制造	51	582 467	581 047	75 607	58 888	185 935	10 893
核子及核辐射测量仪器制造	13	46 638	39 736	4 643		15 100	2 439
电子测量仪器制造	164	988 536	967 030	132 812	251 788	299 779	25 333
其他专用仪器制造	147	761 851	749 000	98 485	116 624	299 600	16 515

表 25 2008 年电子工业专用设备行业主要经济指标完成情况（1）

单位：万元

项目名称	企业数（家）	工业总产值（现行价）	工业销售产值	新产品产值	出口交货值	工业增加值	全部从业人员平均人数（人）
合计	1 348	13 542 308	13 105 275	1 443 982	4 679 498	4 017 437	308 187
电子工业专用设备制造	509	4 700 357	4 519 774	312 123	1 403 469	1 355 932	103 029
其他电子设备制造	839	8 841 951	8 585 501	1 131 860	3 276 030	2 661 505	205 158

表 26 2008 年电子信息机电工业行业主要经济指标完成情况（1）

单位：万元

项目名称	企业数（家）	工业总产值（现行价）	工业销售产值	新产品产值	出口交货值	工业增加值	全部从业人员平均人数（人）
合计	1 085	13 551 324	13 347 033	1 865 281	3 623 773	3 680 617	290 735
微电机制造	935	9 343 542	9 139 268	991 713	3 191 277	2 376 210	255 404
光纤光缆制造	150	4 207 782	4 207 765	873 568	432 496	1 304 407	35 331

表 27 2008 年其他电子信息行业主要经济指标完成情况（1）

单位：万元

项目名称	企业数（家）	工业总产值（现行价）	工业销售产值	新产品产值	出口交货值	工业增加值	全部从业人员平均人数（人）
合计	556	21 983 283	21 615 725	10 570 492	5 451 922	5 502 604	212 729
信息化学品制造	332	7 131 936	6 792 226	1 402 575	1 648 389	2 241 435	75 560
家用制冷电器具制造	224	14 851 347	14 823 499	9 167 917	3 803 533	3 261 170	137 169

表 28 2008 年省、自治区、直辖市电子信息产业制造业主要经济指标完成情况（1）

单位：万元

项目名称	企业数（家）	工业总产值（现行价）	工业销售产值	新产品产值	出口交货值	工业增加值	全部从业人员平均人数（人）
北京市	671	24 671 036	24 665 889	13 747 054	12 955 834	4 863 070	158 482
天津市	451	17 574 501	17 349 373	9 716 861	10 971 926	3 781 306	151 851
河北省	175	2 763 707	2 558 203	132 243	448 117	759 368	44 735
山西省	42	1 060 424	1 017 246	188 472	447 667	202 124	66 818
内蒙古区	22	1 201 303	1 189 632		93 592	242 814	6 334
辽宁省	398	8 131 540	7 921 068	1 335 003	3 648 902	1 943 532	127 334
吉林省	48	602 460	579 444	92 178	42 542	147 454	12 449

续表

项目名称	企业数（家）	工业总产值（现行价）	工业销售产值	新产品产值	出口交货值	工业增加值	全部从业人员平均人数（人）
黑龙江省	51	250 012	248 180	33 646	46 143	67 449	8 814
上海市	1 045	56 202 050	54 962 650	6 778 889	44 291 419	10 736 164	482 993
江苏省	2 842	11 077 0911	108 586 591	10 510 104	70 530 026	26 437 810	1 644 341
浙江省	2 606	26 150 791	25 400 004	7 613 744	12 408 183	6424 295	563 473
安徽省	291	3 699 597	3 506 259	1 216 319	503 505	850 453	72 220
福建省	585	18 790 624	18 465 742	3 820 530	12 019 659	4 089 087	267 215
江西省	163	2 442 854	2 362 330	385 814	583 379	605 225	68 771
山东省	1 088	35 406 707	35 001 091	12 784 217	13 543 148	8 638 434	377 020
河南省	203	3 594 018	3 511 041	890 045	167 279	984 293	60 469
湖北省	260	5 465 157	5 233 115	709 818	1 491 713	1 342 552	73 069
湖南省	202	1 973 256	1 982 719	321 670	336 131	546 389	44 408
广东省	4 594	16 630 1809	161 126 934	18 926 347	119 584 080	37 789 238	3052 155
广西壮族自治区	108	1 353 579	1 263 728	208 370	291 935	301 361	32 665
海南省	5	117 333	117 709		65 331	30 855	2 288
重庆市	68	1 041 024	964 004	640 029	63 228	223 342	22 401
四川省	386	8 796 711	8 645 406	4645 429	1 621 327	2 146 278	147 942
贵州省	32	615 721	591 658	297 884	1 944	132 559	11 891
云南省	15	139 456	139 272	70 479	16 905	33 585	2 216
陕西省	122	2 521 642	2 430 334	338 387	315 789	652 467	71 986
甘肃省	27	192 335	181 757	52 334	7 223	52 841	17 443
青海省	3	15 071	15 659		14	4 579	224
宁夏回族自治区	2	68 378	67 378			20 213	311
新疆维吾尔自治区	6	118 958	106 123	17 209	19 953	29 439	2 867

表29　2008年按企业登记注册类型分列的电子信息产业制造业主要经济指标完成情况 (2)

单位：万元

项目名称	产品销售收入	利润总额	应交增值税
总　计	512 530 538	17 031 198	5 215 199
内资企业	116 347 500	5 296 221	2 867 177
国有企业	5 809 214	130 775	104 550
集体企业	6 801 173	246 533	192 458
股份合作企业	942 441	58 695	18 344
联营企业	242 143	18 849	6 869
国有联营企业	131 327	16 331	3 679
集体联营企业	6 535	326	347
国有与集体联营企业	41 704	1 066	1 888
其他联营企业	62 578	1 126	955
有限责任公司	48 043 085	2 240 548	1 495 090
国有独资公司	6 769 530	244 073	215 802
其他有限责任公司	41 273 556	1 996 474	1 279 288
股份有限公司	19 404 712	789 168	262 445
私营企业	34 803 350	1 803 703	782 200
其他内资企业	301 381	7 950	5 221
港、澳、台商投资企业	94 082 381	2 817 142	784 757
合资经营企业（港、澳、台资）	19 771 397	864 843	280 208
合作经营企业（港、澳、台资）	3 194 085	64 490	12 482
港、澳、台商独资经营企业	69 625 313	1 808 420	475 388
港、澳、台商投资股份有限公司	1 491 585	79 390	16 679
外商投资企业	302 100 657	8 917 835	1 563 266
中外合资经营企业	66 675 468	2 014 253	598 778
中外合作经营企业	2 340 248	51 626	26 098
外商独资企业	229 175 001	6 727 952	875 270
外商投资股份有限公司	3 909 940	124 004	63 120

表 30　2008 年按经济类型分列的电子信息产业制造业主要经济指标完成情况（2）

单位：万元

项目名称	主营业务收入	利润总额	应交增值税
国有经济	12 710 070	391 180	324 030
集体经济	6 807 708	246 858	192 805
股份合作经济	942 441	58 695	18 344
股份制经济	60 678 268	2 785 642	1 541 734
外商及港澳台投资经济	396 183 038	11 734 977	2 348 022
其中:国有控股	1 390 602	60 856	31 358
其他经济	35 209 013	1 813 846	790 264

表 31　2008 年按企业规模分列的电子信息产业制造业主要经济指标完成情况（2）

单位：万元

项目名称	主营业务收入	利润总额	应交增值税
大型企业	275 730 357	7 855 554	2 136 480
中型企业	150 780 201	5 165 619	1 456 859
小型企业	86 019 980	4 010 025	1 621 860

表 32　2008 年通信设备工业行业主要经济指标完成情况（2）

单位：万元

项目名称	主营业务收入	利润总额	应交增值税
合计	84 601 418	2 869 973	1 177 399
传输设备制造	4 633 526	271 860	77 645
交换设备制造	21 868 529	797 784	686 600
通信终端设备制造	5 723 219	195 992	62 962
移动通信及终端设备制造	48 174 423	1 403 093	257 386
其他通信设备制造	4 201 721	201 244	92 805

表 33　2008 年广播电视设备工业行业主要经济指标完成情况（2）

单位：万元

项目名称	主营业务收入	利润总额	应交增值税
合计	3 284 069	136 092	49 166
广播电视设备及发射设备制造	159 135	4 486	5 537
广播电视接收设备及器材制造	2 305 867	80 867	28 674
应用电视设备及其他广播电视制造	819 067	50 739	14 955

表 34　2008 年电子计算机工业行业主要经济指标完成情况（2）

单位：万元

项目名称	主营业务收入	利润总额	应交增值税
合计	171 343 076	4 078 123	617 362
电子计算机整机制造	92 677 258	1 579 436	140 654
计算机网络设备制造	4 125 364	345 234	96 023
电子计算机外部设备制造	71 563 861	1 979 263	350 975
幻灯机及投影设备制造	235 665	8 711	2 393
计算器及货币专用设备制造	2 740 929	165 481	27 317

表 35　2008 年家用视听设备工业行业主要经济指标完成情况（2）

单位：万元

项目名称	主营业务收入	利润总额	应交增值税
合计	38 077 596	889 344	434 305
家用影视设备制造	26 897 671	567 148	349 373
家用音响设备制造	11 179 925	322 196	84 932

表 36　2008 年电子器件工业行业主要经济指标完成情况（2）

单位：万元

项目名称	主营业务收入	利润总额	应交增值税
合计	65 746 475	2234 427	670 313
电光源制造	5 476 819	300 825	88 086
电子真空器件制造	5 793 452	40 890	94 014
半导体分立器件制造	5 256 859	460 708	104 713
集成电路制造	21 072 813	419 559	138 646
光电子器件及其他电子器件制造	28 146 532	1 012 445	244 854

表 37　2008 年电子元件工业行业主要经济指标完成情况（2）

单位：万元

项目名称	主营业务收入	利润总额	应交增值税
合计	93 981 874	3 700 389	1 118 098
电力电子元器件制造	9 259 001	434 157	143 540
电子元件及组件制造	64 279 243	2 455 139	806 444
印刷电路板制造	20 443 631	811 093	168 114

表 38　2008 年电子测量仪器工业行业主要经济指标完成情况（2）

单位：万元

项目名称	主营业务收入	利润总额	应交增值税
合计	5 730 938	512 104	145 492
环境监测专用仪器仪表制造	749 320	50 697	27 613
汽车电子仪器制造	1 725 676	134 382	48 136
导航、气象及海洋专用仪器制造	781 113	66 591	10 189
农、林、牧渔专用仪器仪表制造	138 017	8 955	886
地质勘探和地震专用仪器制造	581 047	59 279	13 801
核子及核辐射测量仪器制造	39 736	1 608	2 210
电子测量仪器制造	967 030	95 981	22 791
其他专用仪器制造	749 000	94 610	19 866

表 39　2008 年电子工业专用设备行业主要经济指标完成情况（2）

单位：万元

项目名称	主营业务收入	利润总额	应交增值税
合计	13 105 275	691 122	235 438
电子工业专用设备制造	4 519 774	318 078	115 294
其他电子设备制造	8 585 501	373 044	120 144

表 40　2008 年电子信息机电工业行业主要经济指标完成情况（2）

单位：万元

项目名称	主营业务收入	利润总额	应交增值税
合计	13 347 033	610 081	258 999
微电机制造	9 139 268	387 165	156 651
光纤光缆制造	4 207 765	222 916	102 348

表 41　2008 年其他电子信息行业主要经济指标完成情况（2）

单位：万元

项目名称	主营业务收入	利润总额	应交增值税
合计	21 615 725	1 225 159	491 851
信息化学品制造	6 792 226	880 483	190 899
家用制冷电器具制造	14 823 499	344 676	300 952

表 42　2008 年省、自治区、直辖市电子信息产业制造业主要经济指标完成情况 (2)

单位：万元

省、自治区、直辖市名称	产品销售收入	利润总额	应交增值税
北京市	24 665 889	819 684	273 366
天津市	17 349 373	465 981	130 115
河北省	2 558 203	298 274	56 340
山西省	1 017 246	12 776	10 271
内蒙古自治区	1 189 632	42 185	12 859
辽宁省	7 921 068	382 643	88 631
吉林省	579 444	30 504	8 334
黑龙江省	248 180	13 429	6 190
上海市	54 962 650	957 043	224 270
江苏省	130 926 591	4 743 731	1 128 986
浙江省	25 400 004	1 438 068	453 594
安徽省	3 506 259	168 064	59 213
福建省	18 465 742	611 742	101 780
江西省	2 362 330	86 238	39 909
山东省	35 001 091	1 384 664	661 465
河南省	3 511 041	392 039	112 307
湖北省	5 233 115	188 728	48 961
湖南省	1 982 719	240	58 239
广东省	161 126 934	4 241 667	1 364 840
广西壮族自治区	1 263 728	23 684	12 563
海南省	117 709	6 551	1 213
重庆市	964 004	31 861	19 366
四川省	8 645 406	524 028	261 301
贵州省	591 658	26 150	14 642
云南省	139 272	9 559	1 185
陕西省	2 430 334	85 524	50 368
甘肃省	181 757	16 230	7 349
青海省	15 659	87	32
宁夏回族自治区	67 378	11 455	848
新疆维吾尔自治区	106 123	18 367	6 662

表 43 2008 年按企业登记注册类型分列的电子信息产业制造业主要经济指标完成情况（3）

单位：万元

项目名称	税金总额	产成品存货	流动资产平均余额	资产总计	负债合计
总计	5 859 080	19 940 909	197 424 749	314 114 726	189 418 883
内资企业	3 335 194	8 556 442	64 727 021	102 083 405	58 737 311
国有企业	121 565	573 596	4 797 956	7 858 702	5 137 753
集体企业	220 754	214 372	2 355 039	3 677 339	1 865 548
股份合作企业	23 086	48 115	508 285	757 008	273 396
联营企业	8 392	15 443	202 622	745 018	184 221
国有联营企业	4 814	7 350	119 086	600 293	94 402
集体联营企业	377	755	5 518	6 946	2 018
国有与集体联营企业	2 050	3 637	18 346	29 660	20 086
其他联营企业	1 150	3 701	59 672	108 118	67 715
有限责任公司	1 705 802	3 585 091	29 065 026	44 410 460	26 877 424
国有独资公司	241 280	774 523	5 183 296	8 394 439	4 767 635
其他有限责任公司	1 464 522	2 810 568	23 881 730	36 016 022	22 109 789
股份有限公司	334 670	2 203 254	14 417 119	23 194 148	12 390 501
私营企业	914 257	1 879 614	13 233 134	21 223 468	11 866 679
其他内资企业	6 668	36 957	147 840	217 262	141 790
港、澳、台商投资企业	833 103	4 071 209	37 659 847	61 337 136	37 181 374
合资经营企业（港澳台资）	293 818	1 087 477	8 499 176	13 175 813	8 072 575
合作经营企业（港澳台资）	13 665	79 531	820 423	1 188 822	694 945
港澳台商独资经营企业	504 544	2 822 509	27 727 196	45 802 388	27 868 633
港澳台商投资股份有限公司	21 076	81 692	613 052	1 170 113	545 220
外商投资企业	1 690 784	7 313 258	95 037 881	150 694 186	93 500 198
中外合资经营企业	621 613	2 054 486	20 768 382	32 864 159	19 881 762
中外合作经营企业	26 568	52 228	1 773 111	2 134 324	1 425 929
外商独资企业	974 419	4 900 675	69 258 161	111 082 046	69 776 976
外商投资股份有限公司	68 184	305 869	3 238 228	4 613 656	2 415 531

表 44　2008 年按经济类型分列的电子信息产业制造业主要经济指标完成情况（3）

单位：万元

项目名称	税金总额	产成品存货	流动资产平均余额	资产总计	负债合计
国有经济	367 658	1 355 468	10 100 338	16 853 433	9 999 790
集体经济	221 131	215 127	2 360 557	3 684 286	1 867 566
股份合作经济	23 086	48 115	508 285	757 008	273 396
股份制经济	1 799 192	5 013 822	38 298 849	59 210 170	34 500 291
外商及港、澳、台投资经济	2 523 886	11 384 467	132 697 728	212 031 321	130 681 572
其中：国有控股	38 319	61 148	442 383	685 729	416 523
其他经济	924 126	1 923 909	13 458 992	21 578 508	12 096 270

表 45　2008 年按企业规模分列的电子信息产业制造业主要经济指标完成情况（3）

单位：万元

项目名称	税金总额	产成品存货	流动资产平均余额	资产总计	负债合计
大型企业	2 364 989	8 367 671	96 325 917	145 282 050	95 231 773
中型企业	1 628 414	6 693 580	64 563 171	107 071 200	60 480 882
小型企业	1 865 677	4 879 658	36 535 661	61 761 476	33 706 228

表 46　2008 年按通信设备工业行业分列的电子信息产业制造业主要经济指标完成情况（3）

单位：万元

项目名称	税金总额	产成品存货	流动资产平均余额	资产总计	负债合计
合计	1 357 871	4 904 215	41 944 818	55 976 086	36 670 133
传输设备制造	86 661	423 006	3 342 457	5 195 140	2 992 616
交换设备制造	787 379	2 627 264	18 353 382	22 594 508	16 293 388
通信终端设备制造	70 223	261 252	3 025 199	4 416 402	2 727 327
移动通信及终端设备制造	287 027	1 202 858	14 617 417	19 711 968	12 580 728
其他通信设备制造	126 580	389 836	2 606 363	4 058 067	2 076 074

表 47　2008 年按广播电视设备工业行业分列的电子信息产业制造业主要经济指标完成情况（3）

单位：万元

项目名称	税金总额	产成品存货	流动资产平均余额	资产总计	负债合计
合计	56 550	210 935	1914 170	2 847 154	1 674 018
广播电视设备及发射设备制造	6 117	14 556	168 282	254 517	245 540
广播电视接收设备及器材制造	33 212	135 964	1 211170	1782 775	1 012 782
应用电视设备及其他广播电视	17 220	60 416	534 719	809 862	415 696

表 48　2008 年按电子计算机工业行业分列的电子信息产业制造业主要经济指标完成情况（3）

单位：万元

项目名称	税金总额	产成品存货	流动资产平均余额	资产总计	负债合计
合计	675 456	2 889 169	44 138 355	58 228 695	40 054 938
电子计算机整机制造	166 238	925 478	20 960 376	26 240 896	21 166 340
计算机网络设备制造	101 741	184 805	1 836 170	2 495 981	1 502 871
电子计算机外部设备制造	373 625	1 622 212	19 980 790	27 749 469	16 420 264
幻灯机及投影设备制造	2 739	10 174	94 313	135 639	80 662
计算器及货币专用设备制造	31 113	146 501	1 266 706	1 606 709	884 800

表 49　2008 年按家用视听设备工业行业分列的电子信息产业制造业主要经济指标完成情况（3）

单位：万元

项目名称	税金总额	产成品存货	流动资产平均余额	资产总计	负债合计
合计	482 815	1 923 981	15 117 329	21 366 482	13 464 375
家用影视设备制造	379 187	1 634 513	11 899 746	16 428 652	10 442 615
家用音响设备制造	103 629	289 467	3 217 583	4 937 831	3 021 759

表 50　2008 年按电子器件工业行业分列的电子信息产业制造业主要经济指标完成情况（3）

单位：万元

项目名称	税金总额	产成品存货	流动资产平均余额	资产总计	负债合计
合计	745 879	3 165 914	28 616 467	62 154 080	33 291 281
电光源制造	104 192	280 568	2 180 636	3 576 484	1 967 608
电子真空器件制造	111 491	359 151	3 099 019	6 555 300	3 072 353
半导体分立器件制造	110 762	362 173	2 429 594	4 813 333	2 307 115
集成电路制造	148 795	682 231	9 349 176	23 531 236	11 926 923
光电子器件及其他电子器件	270 639	1 481 791	11 558 043	23 677 727	14 017 281

表 51　2008 年按电子元件工业行业分列的电子信息产业制造业主要经济指标完成情况（3）

单位：万元

项目名称	税金总额	产成品存货	流动资产平均余额	资产总计	负债合计
合计	1 245 476	3 817 374	40 391 880	71 131 617	41 245 591
电力电子元器件制造	164 313	526 096	3 797 425	6 354 309	3 349 990
电子元件及组件制造	901 854	2 494 752	25 721 032	44 072 725	24 585 553
印刷电路板制造	179 308	796 526	10 873 424	20 704 584	13 310 048

表 52　2008 年按电子测量仪器工业行业分列的电子信息产业制造业主要经济指标完成情况（3）

单位：万元

项目名称	税金总额	产成品存　货	流动资产平均余额	资产总计	负债合计
合计	167 768	470 855	3 528 074	5 713 068	2 958 863
环境监测专用仪器仪表制造	32 468	47 570	294 971	471 389	254 440
汽车电子仪器制造	53 448	126 246	1 005 720	1 608 980	830 033
导航、气象及海洋专用仪器制造	12 015	62 878	481 926	808 846	438 777
农林牧渔专用仪器仪表制造	1 459	6 651	44 472	83 856	32 081
地质勘探和地震专用仪器制造	15 393	106 016	447 962	672 779	302 582
核子及核辐射测量仪器制造	2 481	5 637	47 068	101 008	61 617
电子测量仪器制造	26 426	67 215	657 093	1 112 131	648 033
其他专用仪器制造	24 078	48 642	548 861	854 078	391 300

表 53　2008 年按电子工业专用设备行业分列的电子信息产业制造业主要经济指标完成情况（3）

单位：万元

项目名称	税金总额	产成品存　货	流动资产平均余额	资产总计	负债合计
合计	275 898	668 976	5 502 471	9 485 597	4 875 533
电子工业专用设备制造	133 238	221 732	1 916 511	3 568 972	1 663 071
其他电子设备制造	142 660	447 244	3 585 959	5 916 625	3 212 462

表 54　2008 年按电子信息机电工业行业分列的电子信息产业制造业主要经济指标完成情况（3）

单位：万元

项目名称	税金总额	产成品存　货	流动资产平均余额	资产总计	负债合计
合计	286 769	632 010	5 181 435	8 428 807	4 581 515
微电机制造	177 278	455 819	3 533 019	5 553 739	3 148 394
光纤光缆制造	109 492	176 191	1 648 416	2 875 068	1 433 121

表 55　　2008 年按其他电子信息行业分列的电子信息产业制造业主要经济指标完成情况（3）

单位：万元

项目名称	税金总额	产成品存　货	流动资产平均余额	资产总计	负债合计
合计	543 716	1 143 260	9 447 908	16 285 988	9 021 240
信息化学品制造	208 120	400 987	3 829 733	7 241 408	3 263 276
家用制冷电器具制造	335 596	742 273	5 618 175	9 044 580	5 757 964

表 56　2008 年省、自治区、直辖市电子信息产业制造业主要经济指标完成情况（3）

单位：万元

省、自治区、直辖市名称	税金总额	产成品存货	流动资产平均余额	资产总计	负债合计
北京市	295 959	959 212	11 415 053	17 332 137	9 474 461
天津市	145 745	333 730	6 289 605	9 444 602	4 441 397
河北省	64 227	142 497	1 411 379	2 423 308	978 204
山西省	11 450	67 804	731 214	1 830 815	1 346 685
内蒙古自治区	13 076	33 115	336 042	410 314	224 067
辽宁省	106 608	263 375	3 438 336	6 094 627	2 916 333
吉林省	10 215	58 812	390 228	843 809	498 309
黑龙江省	7 288	28 130	211 555	379 399	174 480
上海市	257 646	1 436 052	19 832 667	31 001 894	19 603 243
江苏省	1 192 182	3 433 466	38 442 804	68 938 898	40 693 348
浙江省	516 372	1 595 900	13 533 939	21 804 507	12 317 883
安徽省	66 717	284 071	1 869 878	3 305 458	1 653 731
福建省	122 506	568 561	7 265 834	10 426 705	6 520 842
江西省	47 645	134 870	666 487	1 273 471	647 967
山东省	775 418	916 935	9 438 954	15 524 306	8 689 505
河南省	128 839	206 424	1 485 261	2 880 989	1 413 317
湖北省	65 206	411 204	2 432 714	3 920 654	2 110 554
湖南省	69 409	183 766	801 489	1 924 368	1 004 974
广东省	1 541 799	7 607 911	68 167 809	98 216 216	65 384 910
广西壮族自治区	14 541	108 862	426 422	657 400	388 751
海南省	1 300	769	86 606	153 011	68 867
重庆市	20 590	79 766	528 196	830 238	567 906
四川省	291 865	785 157	5 534 831	9 617 257	5 755 430
贵州省	16 391	45 514	322 433	546 975	182 408
云南省	1 587	24 999	159 354	283 118	121 266
陕西省	57 391	199 440	1 749 379	3 215 992	1 813 271
甘肃省	8 830	19 907	281 904	524 808	337 358
青海省	32	1 259	5 210	9 277	4 792
宁夏回族自治区	932	218	16 206	40 390	14 621
新疆维吾尔自治区	7 314	9 184	152 962	259 783	70 005

表 57　2008 年电子信息产业主要

省、市、自治区名称	程控交换机(含移动)(线)	移动电话机(部)	电话单机(部)	传真机(部)	彩色电视机(部)	录像机(部)	激光视盘机(台)
合　计	45 839 447	559 640 023	166 875 957	7 699 143	90 330 789	2 256 355	
北京市	15 953 583	207 076 057	61 196				107 048 440
天津市	47 747	90 048 197	2 036 300	67 275	698 547	1 988 735	
河北省	114 700						7 616 384
山西省							
内蒙古自治区		175 904			8 667 513		
辽宁省	264 108	1 674 083	2 564 623		5 001 894		
吉林省		307 500			246 217		3 161 746
黑龙江省					7 539		
上海市	4 560 000	775 278	2 003 600	1 402 783	1 857 777		
江苏省	1354 86	17 647 015	3 023 800	2 632	8 262 429		2 985 166
浙江省	1 662 281	21 704 251	54 829		3 563 992		3 113 182
安徽省					2 296 510		872
福建省	10 414	7 050 911	5 169 111		5 845 261		
江西省	9 288	1 391 558	124 865		446 184		2 400 927
山东省	3 383 979	48 433 751	2 694 093	3 569 209	2 394 398	51	908 813
河南省			36 045		1 013 248		
湖北省	611	3 675 312	180 448				
湖南省	6 775	5 800			78 377		
广东省	19 675 406	141 736 304	148 827 237	2 657 244	40 857 657	267 569	
广西壮族自治区		137 913			150 870		86 467 694
重庆市		4 182 450	78 246		106 191		58 154
四川省		13 032 236	21 564		7 993 650		335 502
贵州省		585 503			792 535		
云南省							
陕西省							
甘肃省							
新疆维吾尔自治区							
					50 000		

产品产量分省市完成情况

微型计算机（部）	其中笔记本电脑（部）	打印机（部）	显示器（部）	彩色显像管（只）	半导体分立器件（万只）	半导体集成电路（万块）	数码照相机（台）
136 665 405	108 586 768	43 339 847	133 645 595	57 346 782	24 611 353	4 171 491	81 882 694
6 915 110	332 011	706 611	4 573 077	6 505 456	91 240	179 878	262 829
40 669			7 171 972	2 777 836	601 675	55 804	10 148 133
					31 309	121	
2 570							
1 315		1 127 929			982 335	5 520	
86					181 347		
29 180					19		
57 679 672	52 616 301	521 416	2 025 746		1822 019	830 487	
52 696 276	44 793 456	277 645	25 956 565	7 037 096	5 489 525	1 451 533	27 660 180
1 056 496	1 053 409	1 673	1 329 430		1 926 505	170 133	1 474 340
476			5 853		37 508		
6 466 951	2 639 835	699 092	27 528 700	8 826 889	33 861	7 377	3 503 207
					1 224		
429 591		5 867 574	742 231		1 153 672	18 351	
14 184					75 605	18	
			10 437 507		7 105	95	1 600 000
		66 450	38 189	4 698 268	597 056	9	
11 332 821	7 151 756	33 975 944	52 490 768	11 827 212	8 550 236	1 143 109	37 234 005
			1 345 557		143 501		
					2 847 219	93	
					36 362	343	
				15 674 025		1 541	
		95 513					
8				15 371 500	31		
						307 075	

表 58　2008 年电子信息产业主要产品生产能力汇总表

名称	单位	企业数（家）	年初生产能力	本年新增生产能力	本年减少生产能力	年末生产能力
手机	万部	78	59 500	8 500	7 970	60 030
移动通信基站设备	万信道	25	2 979	983		3 961
移动交换机	万线	3	13 386		150	13 233
传真机	万部	6	560			560
程控交换机	万部	28	6 376	164		6 540
台式微机	万台	43	7 160	1 327	1 265	7 222
服务器	万台	10	385	16	5	396
笔记本电脑	万台	43	10 530	27	1	10 556
彩色电视机	万台	60	12 160	588	358	12 390
激光视盘机	万台	12	9 030	113	690	8 453
数码照相机	万台	12	7 800	569	107	8 262
显示器	万台	48	27 700	442	10	28 132
彩色电视显像管	万只	9	8 490	278		8 768
集成电路	万片	130	42 579	382	51	42 910

表 59　2008 年光通信设备产品生产量、销售量和出口量汇总表

产品名称	单位	企业数（家）	本年生产量	本年销售量	本年出口量
光通信设备合计	部	43	47 116 564	45 218 949	26 027 261
光端机合计	部	9	12 809	13 511	
SDH 光端机	部	7	4 175	5 109	
PDH 光端机	部	2	8 634	8 402	
光缆中继设备	部	1	173 307	139 472	4 313
光纤放大器	部	1	62 000	62 000	
波分复用器	部	2	5 632	5 636	
多业务传送设备（MSTP）	部	1	170	170	
电光转换器	部	5	2 050 968	2 006 983	116 221
无源光分路器	部	1	1 100	1 045	
其他光通信设备	部	23	44 810 578	42 990 132	25 906 727

表 60　2008 年卫星通信设备产品生产量、销售量和出口量汇总表

产品名称	单位	企业数（家）	本年生产量	本年销售量	本年出口量
卫星通信设备合计	部	37	111 449 696	114 358 170	89 382 706
卫星地面接收机	部	2	17 715 851	18 075 151	12 775 151
卫星接收天线	部	13	9 974 651	9 922 720	1 925 365
GPS 接收机	部	8	4 598 141	4 555 175	4 400 848
GPS 天线	部	5	315 562	302 855	110 806
卫星通信地面站终端机	部	3	11 534	11 488	
卫星地面站零部件	部	2	77 460 000	80 160 000	70 000 000
其他卫星地面站及天线设备	部	4	1 373 957	1 330 781	170 536
卫星通信地面站低噪音放大器	部	1	76 900 000	79 600 000	70 000 000
卫星通信地面站上下变频器	部	1	560 000	560 000	

表 61　2008 年微波通信设备生产量、销售量和出口量汇总表

产品名称	单位	企业数（家）	本年生产量	本年销售量	本年出口量
微波通信设备合计	部、套	22	14 419 143	14 427 593	27 916
微波收发通信机合计	部	6	26 223	25 509	1 550
PDH 微波收发通信机	部	5	26 208	25 495	1 550
SDH 微波收发通信机	部	1	15	14	
微波终端机合计	部	1	28 257	29 260	
PDH 微波终端机	部	1	28 257	29 260	
微波天线、馈线	套	9	14 355 371	14 364 497	25 636
其他微波设备	部	6	9 292	8 327	730

表 62　2008 年散射通信设备生产量、销售量和出口量汇总表

产品名称	单位	企业数（家）	本年生产量	本年销售量	本年出口量
散射通信设备	部	6	135 461	137 908	70 934
散射通信终端机	部	2	33 872	35 372	
散射通信天线	部	2	210	302	
其他散射通信设备	部	2	101 379	102 234	70 934

表 63　2008 年载波通信设备生产量、销售量和出口量汇总表

产品名称	单位	企业数（家）	本年生产量	本年销售量	本年出口量
载波通信设备合计	部	1	220	210	
载波终端机	部	1	220	210	

表 64　2008 年通信导航定向设备生产量、销售量和出口量汇总表

产品名称	单位	企业数（家）	本年生产量	本年销售量	本年出口量
通信导航定向设备合计	部	21	1 251 011	1 261 379	1 166 827
飞机通信导航定向设备	部	5	4 633	4 512	
航用通信导航定向设备	部	6	611	613	
地面通信导航定向设备	部	8	1 245 177	1 255 669	1 166 827
其他通信导航定向设备	部	2	590	585	

表 65　2008 年数字程控交换机设备生产量、销售量和出口量汇总表

产品名称	单位	企业数（家）	本年生产量	本年销售量	本年出口量
数字程控交换机合计	线	18	45 839 638	46 625 578	19 367 000
用户交换机	线	12	37 251 479	37 998 420	16 720 000
端局交换机	线	2	1 914 544	1 914 544	
长途局交换机	线	1	5 190	5 190	
国际局交换机	线	0	2 642 125	2 973 125	1 137 000
其他数字程控交换机	线	3	4 026 300	4 066 300	1 510 000
数字式程控调度机	线	3	4 026 300	4 066 300	1 510 000

表 66　2008 年固网软交换相关设备生产量、销售量和出口量汇总表

产品名称	单位	企业数（家）	本年生产量	本年销售量	本年出口量
固网软交换相关设备合计	台	1	110	110	
软件交换控制设备	台	1	110	110	

表 67　2008 年七号信令转接设备生产量、销售量和出口量汇总表

产品名称	单位	企业数（家）	本年生产量	本年销售量	本年出口量
七号信令转接设备合计	链路	1	70	70	
SIGTRAN 信令网关	链路	1	70	70	

表 68　2008 年其他交换机设备生产量、销售量和出口量汇总表

产品名称	单位	企业数（家）	本年生产量	本年销售量	本年出口量
其他交换机	台	8	204 324	179 587	176 042

表 69　2008 年收发合一中小型电台设备生产量、销售量和出口量汇总表

产品名称	单位	企业数（家）	本年生产量	本年销售量	本年出口量
收发合一中小型电台合计	部	19	28 915	29 755	
短波电台	部	2	3 155	3 020	
超短波电台	部	3	4 734	4 693	
短波跳频电台	部	1	105	105	
超短波跳频电台	部	6	6 041	6 156	
其他收发合一电台	部	7	14 880	15 781	

表 70　2008 年电话单机设备生产量、销售量和出口量汇总表

产品名称	单位	企业数（家）	本年生产量	本年销售量	本年出口量
电话单机合计	部	35	166 875 957	164 620 894	24 374 841
PSTN 普通电话机合计	部	18	150 057 202	149 598 237	19 302 685
网络电话机（IP 电话机）	部	3	1 759 105	1 772 316	115 316
特种电话机	部	10	6 250 659	6 155 842	1 230 804
其他电话机	部	4	8 808 991	7 094 499	3 726 036

表 71　2008 年数据终端设备生产量、销售量和出口量汇总表

产品名称	单位	企业数（家）	本年生产量	本年销售量	本年出口量
数据终端设备	部	25	17 082 390	16 598 197	7 933 058
传真机	部	3	7 698 627	7 699 352	27 331
数传机（含机械、电子打字机）	部	4	60 196	62 010	
其他数据通信设备	部	18	11 953 967	11 471 252	7 925 727

表 72　2008 年基站及基站控制器设备生产量、销售量和出口量汇总表

产品名称	单位	企业数（家）	本年生产量	本年销售量	本年出口量
基站及基站控制器合计	万信道	13	3 960.01	4 191.78	725.51
TD-SCDMA 基站及基站控制器	万信道	5	2347	2 094	212
GSM 基站及基站控制器	万信道	4	763.42	759.19	152.51
CDMA 基站及基站控制器	万信道	1	425.36	425.36	224
SCDMA 基站及基站控制器	万信道	1	66	97	
其他基站及基站控制器	万信道	2	358.23	816.23	137

表 73　2008 年基站天线生产量、销售量和出口量汇总表

产品名称	单位	企业数（家）	本年生产量	本年销售量	本年出口量
基站天线	套	8	8 509 061	9 093 032	244 555
智能天线	套	4	5 804 414	5 813 718	44 881
非智能天线	套	4	2 704 647	3 279 314	199 674

表 74　2008 年直放站生产量、销售量和出口量汇总表

产品名称	单位	企业数（家）	本年生产量	本年销售量	本年出口量
直放站	部	14	51 330	51 252	35

表 75　2008 年移动通信核心网分组域设备生产量、销售量和出口量汇总表

产品名称	单位	企业数（家）	本年生产量	本年销售量	本年出口量
移动通信核心网分组域设备合计	套	2	5 887	5 997	
分组数据服务节点（PDSN）	套	2	5 887	5 997	

表 76　2008 年未列举的蜂窝移动通信核心网设备生产量、销售量和出口量汇总表

产品名称	单位	企业数（家）	本年生产量	本年销售量	本年出口量
未列举的蜂窝移动通信核心网设备	套	3	2 425 983	2 404 631	

表 77　2008 年集群通信系统设备生产量、销售量和出口量汇总表

产品名称	单位	企业数（家）	本年生产量	本年销售量	本年出口量
集群通信系统设备	信道、套、万门	3	97 376.12	97 376.12	16 346
集群基站设备	信道	1	81 030	81 030	
集群基站天线	套	1	16 346	16 346	16 346
集群交换设备	万门	1	0.12	0.12	

表 78　2008 年手机生产量、销售量和出口量汇总表

产品名称	单位	企业数（家）	本年生产量	本年销售量	本年出口量
手机合计	部	95	559 640 982	559 865 950	314 285 867
GSM 手机	部	66	411 078 148	416 136 377	224 319 969
CDMA 手机	部	18	114 271 809	109 533 500	61 766 410
3G 手机	部	11	34 291 025	34 196 073	28 199 488

表 79　2008 年其他移动通信终端生产量、销售量和出口量汇总表

产品名称	单位	企业数（家）	本年生产量	本年销售量	本年出口量
其他移动通信终端合计	部	22	3 137 113	3 480 587	2 112 820
集群通信终端	部	1	1 254	884	
对讲机	部	8	2 291 965	2 275 621	1 647 327
小灵通	部	4	705 214	1 065 792	387 405
未列举的移动通信终端	部	9	138 680	138 290	78 088

表 80　2008 年无源光网络生产量、销售量和出口量汇总表

产品名称	单位	企业数（家）	本年生产量	本年销售量	本年出口量
无源光网络（PON）	线	1	40 956	40 914	40 914
光网络单元（ONU）	部	1	40 956	40 914	40 914

表 81　2008 年铜缆接入设备生产量、销售量和出口量汇总表

产品名称	单位	企业数（家）	本年生产量	本年销售量	本年出口量
铜缆接入设备	部	4	2 204 744	2 104 484	1 836
非对称数字用户线（ADSL）	条	2	2 201 843	2 101 836	1 836
ADSL 调制解调器（ADSL MODEM）	部	2	2 201 843	2 101 836	1 836
高速率数字用户线路调制解调器（HDSL MODEM）	部	1	2 850	2 627	
甚高速率数字用户线（VDSL）	条	1	51	21	
VDSL 调制解调器（VDSL MODEM）	部	1	51	21	

表 82　2008 年基站生产量、销售量和出口量汇总表

产品名称	单位	企业数（家）	本年生产量	本年销售量	本年出口量
基站	万信道	6	634 190	617 136	

表 83　2008 年通信配套产品和其他通信设备生产量、销售量和出口量汇总表

产品名称	单位	企业数（家）	本年生产量	本年销售量	本年出口量
通信电源	台	6	11 433 648	11 485 892	10 943 000
一次电源	台	5	11 413 648	11 465 892	10 943 000
二次电源	台	1	20 000	20 000	
配线分线设备	部	7	1 354 933	1 354 501	5
其他配套设备	部	21	221 244 577	221 175 714	2 461 182

表 84　2008 年广播电视节目制作设备生产量、销售量和出口量汇总表

产品名称	单位	企业数（家）	本年生产量	本年销售量	本年出口量
音频节目制作和播控设备	部	4	661 461	682 458	681 248
广播专用录音、放音设备	部	2	660 451	681 448	681 248
音质加工与信号处理设备	部	1	1 000	1 000	
其他音频节目制作和播控设备	部	1	10	10	
视听节目制作及播控设备	部	6	285 719	287 329	285 039
视频切换台	部	1	186	182	11
视频矩阵	部	2	1 181	1 159	32
视频信号处理设备	部	1	1 125	986	11
其他视听节目制作及播控设备	部	2	283 227	285 002	284 985
电视转播车及现场新闻采集车	部	1	65	65	5

表 85　2008 年广播发射设备生产量、销售量和出口量汇总表

产品名称	单位	企业数（家）	本年生产量	本年销售量	本年出口量
广播发射设备合计	部	14	4 397	4 414	2
短波广播发射机	部	2	45	45	2
中波广播发射机	部	4	138	207	
调频广播发射机	部	5	362	357	
数字声音广播发射机	部	1	2	5	
其他广播发射设备	部	2	3 850	3 800	

表 86　2008 年电视发射设备生产量、销售量和出口量汇总表

产品名称	单位	企业数（家）	本年生产量	本年销售量	本年出口量
电视发射设备合计	部	12	3 648	3 207	2
模拟电视发射机	部	4	489	489	2
数字电视发射机	部	6	661	660	
电视差转机	部	1	2 224	1 784	
其他电视发射设备	部	1	274	274	

表 87　2008 年卫星电视设备生产量、销售量和出口量汇总表

产品名称	单位	企业数（家）	本年生产量	本年销售量	本年出口量
卫星电视设备	部	15	25 289 282	25 839 714	18 859 846
卫星电视接收转发设备	部	5	1 289 805	1 232 641	53 496
卫星电视配套设备	部	4	20 222 222	20 907 086	16 033 740
其他卫星电视设备	部	6	3 777 255	3 699 987	2 772 610

表 88　2008 年广播电视微波传输设备生产量、销售量和出口量汇总表

产品名称	单位	企业数（家）	本年生产量	本年销售量	本年出口量
多频道多点分配系统（MMDS）	部	1	51	52	

表 89　2008 年有线电视网络设备生产量、销售量和出口量汇总表

产品名称	单位	企业数（家）	本年生产量	本年销售量	本年出口量
有线电视网络设备	部	57	7 828 376	7 205 131	1 601 851
有线电视网络前端设备	部	18	2 602 856	2 489 483	1 318 184
数字电视编码器、解码器	部	5	102 397	48 956	47 280
调制、解调器	部	4	1 301 847	1 276 281	1 251 887
网络管理/控制设备	部	2	20 627	18 017	17 963
数字电视复用器	部	1	90	89	
其他有线电视前端设备	部	6	1 177 895	1 146 140	1 054
有线电视光缆传输系统设备	部	21	1 118 980	1 085 261	75 743
工作站	部	5	13 625	9 470	2 579
发射机	部	5	11 271	7 932	2 943
接收机	部	9	1 017 120	991 167	1 115
放大器	部	2	76 964	76 692	69 106
有线电视电缆分配系统及终端设备	部	18	4 106 540	3 630 387	207 924
放大器	部	5	273 778	215 488	158 672
分配器	部	6	229 281	209 180	42 882
用户端接口	部	1	100 000	100 000	
电缆调制解调器	部	1	48 980	49 480	
其他用户终端设备	部	5	3 454 501	3 056 239	6 370

表 90　2008 年应用电视设备及其他广播电视设备生产量、销售量和出口量汇总表

产品名称	单位	企业数（家）	本年生产量	本年销售量	本年出口量
通用应用电视监控系统设备	部、套、个、件	12	71 455 886	70 904 240	389 564
黑白、彩色监控用摄像机	部	5	71 345 323	70 834 884	366 352
黑白、彩色视频监视器	部	5	109 683	68 506	23 212
信号控制设备（控制主机）	套	1	870	840	
视频信号传输设备	套	1	10	10	
特殊环境应用电视监视设备	部	2	1 400	1 400	
其他用途的应用电视设备	部	5	34 001 800	33 828 434	30 771 000
广播电视设备专用配件	件	23	78 770 922	78 237 985	56 861 044
天线开关	个	4	30 564 774	30 203 864	26 041 744
发射天线	套	3	116 130	117 494	48 300
广播电视设备用其他零配件	件	9	14 086 817	14 086 792	

表 91 2008 年电子计算机整机生产量、销售量和出口量汇总表

产品名称	单位	企业数（家）	本年生产量	本年销售量	本年出口量
计算机工作站合计	台	1	20 262 297	20 284 176	20 284 176
高性能计算机	台	1	20 262 297	20 284 176	20 284 176
微型计算机设备合计	台	96	151 603 284	149 617 132	126 768 418
台式微机	台	45	28 079 000	27 681 098	12 962 249
便携式微型计算机小计	台	49	123 502 657	121 913 673	113 806 169
笔记本计算机	台	44	108 587 000	106 908 040	98 827 194
掌上型计算机	台	2	4 932 306	4 882 312	4 856 464
其他便携式微型计算机	台	3	9 983 351	10 123 321	10 122 511
手持式信息终端机	台	1	14 521	13 155	
其他微型计算机设备	台	1	7 106	9 206	
服务器	台	14	1 916 163	1 915 669	91 034
RISC 服务器	台	4	1 112 309	1 112 571	
IA 服务器	台	10	803 854	803 098	91 034
系统形式自动数据处理设备	台	15	2 639 956	2 630 976	36 709
系统形式高性能计算机	台	1	40 000	40 000	
系统形式微型机	台	1	19	19	
其中：嵌入式微型机	台	1	19	19	
工业控制计算机	台	4	2 155 391	2 150 108	650
系统形式服务器	台	1	40 486	36 791	36 059
其他系统形式自动数据处理设备	台	8	404 060	404 058	
电子计算机数字式处理部件	台	7	29 162 658	29 168 213	26 208 646
服务器数字式处理部件	台	1	101 497	95 241	7 853
笔记本计算机数字式处理部件	台	2	28 436 583	28 448 894	26 190 672
其他数字式处理部件	台	4	624 578	624 078	10 121

表 92　2008 年计算机网络设备生产量、销售量和出口量汇总表

产品名称	单位	企业数（家）	本年生产量	本年销售量	本年出口量
网络控制设备	台	4	20 578	20 407	300
通信控制处理机	台	1	425	335	
终端控制器	台	2	18 653	18 572	
其他网络控制设备	台	1	1 500	1 500	300
网络接口和适配器	台	3	24 153	24 153	
网络收发器	台	1	24 020	24 020	
网络转发器	台	1	109	109	
其他网络接口和适配器	台	1	24	24	
网络连接设备	台	12	61 855 156	59 010 151	23 148 142
路由器	台	5	25 491 029	24 646 024	22 807 582
数字交叉连接设备	台	3	36 018 308	34 018 308	
无线局域网接入点（AP）	台	1	158	158	
其他网络连接设备	台	3	345 661	345 661	340 560
网络优化设备	台	2	3 014	3 014	
其他网络优化设备	台	2	3 014	3 014	
网络检测设备	台	1	10	10	
协议测试设备	台	1	10	10	

表 93　2008 年计算机外部设备生产量、销售量和出口量汇总表

产品名称	单位	企业数（家）	本年生产量	本年销售量	本年出口量
终端显示设备	台	56	119 001 087	118 818 545	84 680 089
字符汉字终端	台	2	75 895	75 837	
图形图像终端	台	3	185 431	187 043	
显示器	台	51	133 645 595	133 261 499	84 680 089
单色显示器 CRT	台	5	671 534	669 493	555 283
彩色显示器 CRT	台	9	20 462 389	20 318 519	1 651 188
平板显示器	台	37	112 511 672	112 273 487	82 473 618
输入设备	台	39	124 698 759	124 741 299	89 618 643
人机交互式设备	台	2	27 856	27 174	
扫描仪	台	4	1 389 531	1 396 084	1 173 770

续表

产品名称	单位	企业数（家）	本年生产量	本年销售量	本年出口量
IC 卡读写机具	台	4	680 322	681 168	492 757
数码照相机	台	12	81 882 905	81 893 587	31 321 119
磁卡读写器	台	2	33 649	33 649	
摄像头	台	6	61 374 185	61 197 664	40 820 997
触感屏	台	2	1 904	3 806	
射频卡机（RFID 读写器）	台	4	16 004 591	15 924 465	15 810 000
手写板	台	1	376 657	361 385	
生物特征识别设备	台	2	15 159	12 317	
输出设备	台	42	18 984 712	18 815 338	4 019 268
打印设备	台	26	43 339 847	42 801 419	2 609 645
针式打印机	台	6	7 093 959	7 070 907	657 323
激光打印机	台	5	16 686 157	16 648 093	1 075 975
喷墨打印机	台	5	13 067 995	13 014 777	30 796
多功能打印机	台	6	708 618	706 769	530 148
喷绘机	台	1	160		
其他打印机	台	3	5 782 958	5 360 873	315 403
语音输出设备	台	2	3 889 483	3 889 483	
图形图像输出设备	台	1	11 474	11 498	7 587
影像投影仪	台	9	1 775 553	1 753 123	631 493
投影仪	台	9	1 775 553	1 753 123	631 493
其他输出设备及装置	台	4	1 384 220	1 359 815	770 543
外存储设备	台	26	500 171 093	495 475 736	201 536 987
软盘驱动器	台	1	7 198 367	7 244 162	7 244 162
硬盘设备	台	9	53 869 065	52 656 248	50 166 597
硬盘驱动器	台	4	50 374 550	49 188 284	47 137 869
磁盘阵列及盘库	台	1	1 286	1 267	
移动硬盘	台	4	3 493 229	3 466 697	3 028 728
光盘驱动器	台	4	89 781 263	89 501 263	1 776 755
CD 光盘驱动器	台	1	1 776 755	1 776 755	1 776 755
DVD 驱动器（DVD-ROM/RM）	台	1	17 120 000	16 840 000	
其他光盘驱动器	台	2	70 884 508	70 884 508	

续表

产品名称	单位	企业数(家)	本年生产量	本年销售量	本年出口量
半导体储存器	台	6	3 196 673	3 199 656	
半导体存储盘	台	3	3 146 589	3 149 185	
半导体存储卡	台	3	50 084	50 471	
磁性存储设备	台	2	250 387 309	247 035 147	47 035 147
其他存储设备及部件	台	4	95 738 416	95 839 260	95 314 326
阅读机、数据转录及处理机械	台	2	409 643	409 643	
数据处理机械	台	2	409 643	409 643	

表 94　2008 年电子计算机配套产品及耗材生产量、销售量和出口量汇总表

产品名称	单位	企业数(家)	本年生产量	本年销售量	本年出口量
微机板卡	块	21	308 611 652	305 858 056	301 597 074
微机主机板	块	6	9 171 512	9 063 137	9 037 081
内存条	块	5	159 349 334	157 944 395	157 903 072
显卡	块	1	448 415	404 822	
网卡	块	7	135 882 791	134 696 102	134 656 921
无线局域网网卡	块	5	96 986 463	95 680 740	95 680 708
移动通信上网卡	块	1	35 080	39 149	
其他功能卡和接口卡	块	2	3 759 600	3 749 600	
电源	部	26	22 096 857	21 909 662	868 199
开关电源	部	19	21 172 908	20 997 962	162 825
UPS 电源	部	7	923 949	911 700	705 374
在线式 UPS 电源	台	3	166 637	154 357	
后备式 UPS 电源	台	4	757 312	757 343	705 374
其他配套产品及耗材					
机箱	万个	14	1790 469.40	1 790 489.4	1 703 540.9
鼠标器	万只	3	7 655	7 603	5 493
键盘	万只	9	6 169.61	5 863.02	2 046
打印头	万只	2	68 612	46 740	162
墨盒	万片	2	7 835	7 806	7 774
磁卡	万只	4	135 355.33	135 656.12	93 882

续表

产品名称	单位	企业数（家）	本年生产量	本年销售量	本年出口量
IC 卡	万片	7	52 926.3	522 488.43	11 675
色带	万条	2	22 187	22 201	69
硒鼓	万只	1	1 002 000	1 002 000	

表 95　2008 年电子计算机应用产品生产量、销售量和出口量汇总表

产品名称	单位	企业数（家）	本年生产量	本年销售量	本年出口量
电子出版系统	部	3	2 123	2 123	
精密照排系统	部	2	2 026	2 026	
轻印刷系统	部	1	97	97	
计算机辅助教学系统	部	2	15 500	18 000	
计算器	部	6	256 454 766	255 483 547	47 465 199
金融、商业、税务电子应用产品	部	32	738 117	710 118	82 691
点钞机	部	5	206 882	207 419	66 901
清分机	部	1	812	745	
自动柜员机（ATM）	部	3	17 096	16 856	1 623
银行自助服务终端	部	1	12 517	11 778	
POS 机	部	10	337 804	314 043	13 809
税控机	部	6	98 449	97 747	358
其他金融应用产品	部	6	64 557	61 530	
其他应用产品	部	31	28 233 400	26 098 373	21 476 612
电话计费器	部	1	1 000	980	
会议视频系统	部	1	10 000	10 000	
其他计算机应用产品	部	29	28 222 400	26 087 393	21 476 612

表 96　2008 年信息系统安全产品生产量、销售量和出口量汇总表

产品名称	单位	企业数（家）	本年生产量	本年销售量	本年出口量
访问控制类设备和系统	套	1	9	9	
单点登录系统	套	1	9	9	
边界防护类设备和系统	台	1	16 300	15 838	
其他	台	1	16 300	15 838	
数据保护类设备和系统	套	5	149 875 507	149 523 087	
数据备份系统	套	2	620	607	
其他	套	3	149 874 887	149 522 480	
安全检测类设备和系统	台	3	28 705 780	28 467 450	7 663 994
其他	台	3	28 705 780	28 467 450	7 663 994
安全智能卡类设备和系统	套	2	1 766	1 538	
密钥管理类设备和系统	套	2	9 032	9 030	

表 97　2008 年电视机生产量、销售量和出口量汇总表

产品名称	单位	企业数（家）	本年生产量	本年销售量	本年出口量
电视机	台	193	111 216 419	111 986 878	45 152 521
彩色电视机	台	149	86 192 102	85 166 265	30 094 395
显像管彩色电视机	台	77	56 758 270	56 060 478	18 611 204
屏幕尺寸<54cm	台	32	12 374 905	12 436 530	6 413 296
54cm≤屏幕尺寸≤74cm	台	27	42 256 034	42 934 140	12 170 486
屏幕尺寸>74cm	台	18	536 887	689 808	27 422
平板电视机	台	78	32 933 559	32 522 760	12 986 340
液晶（LCD）电视机	台	61	29 424 736	29 089 239	11 482 637
屏幕尺寸<38cm	台	20	8 932 799	8 828 889	4 504 892
38cm≤屏幕尺寸<102cm	台	30	16 343 084	16 235 188	6 550 384
等离子（PDP）电视机	台	17	3 508 823	3 433 521	1 503 703
屏幕尺寸<102cm	台	7	711 570	708 723	354 078
屏幕尺寸≥　102cm	台	10	2 797 253	2 724 798	1 149 625
投影电视机	台	11	9 096	16 548	554
背投式投影电视机	台	11	9 096	16 548	554
黑白电视机	台	2	63 618	76 768	76 768

续表

产品名称	单位	企业数（家）	本年生产量	本年销售量	本年出口量
电视接收机机顶盒小计	部	18	22 176 209	22 451 481	12 512 556
有线电视机顶盒	部	14	14 283 714	14 224 666	6 854 129
地面广播机顶盒	部	1	4 201 948	4 201 800	4 201 800
卫星广播机顶盒	部	2	3 427 787	3 809 360	1 456 627
IP 机顶盒	部	1	262 760	215 655	
其他电视机	台	3	236 107	235 850	3 471

表 98　2008 年摄、录像、激光视盘机生产量、销售量和出口量汇总表

产品名称	单位	企业数（家）	本年生产量	本年销售量	本年出口量
摄像、录像、激光视盘机	台	29	49 299 628	49 256 194	39 668 398
录像机、摄像机合计	台	7	6 973 126	6 904 109	6 632 852
录放像机	台	1	32 651	38 136	38 136
家用摄录一体机	台	2	138 023	141 757	86 449
数码摄像机	台	4	6 802 452	6 724 216	6 508 267
数字激光音、视盘机合计	台	22	107 048 440	106 993 795	33 035 546
DVD 视盘机	台	18	101 774 010	101 733 428	32 674 422
EVD 机	台	1	2 357 330	2 356 330	
HVD 机	台	1	102 650	102 650	
其他数字激光音视盘机	台	2	2 814 450	2 801 387	361 124

表 99　2008 年家用音响电子设备生产量、销售量和出口量汇总表

产品名称	单位	企业数（家）	本年生产量	本年销售量	本年出口量
家用音响合计	台	36	55 028 254	55 595 744	49 667 903
收录放机小计	台	6	5 002 675	5 357 421	1 496 684
组合音响	台	8	4 306 008	4 482 439	4 275 345
MP3、MP4 播放器小计	台	6	37 812 581	38 050 741	37 281 927
功率放大器	台	6	850 897	847 646	228 579
数字录音机（笔）	台	1	72 814	72 814	
数字化多媒体组合机	台	1	15 000	15 000	15 000
其他家用音响设备	台	8	6 968 279	6 769 683	6 370 368
汽车电子音响设备	台	24	11 066 825	11 020 234	7 036 186

表 100　2008 年家用电子电器主要配套件生产量、销售量和出口量汇总表

产品名称	单位	企业数（家）	本年生产量	本年销售量	本年出口量
调谐器	万只	13	18 036.04	18 073.75	10 336.81
行输出变压器	万只	18	240 183.3	231 354.56	188 177
偏转线圈	万付	11	666 895.66	672 490.14	412 006
录音录像机芯	万只	7	24 197 656	24 389 002	24 388 666
磁头	万只	7	14 226 617	12 742 453	10 092 172
光学头	万只	7	27 047.3	26 965.2	23 642
天线	万付	8	8 512.2	7 821	335.5
磁带	万米	2	43 799	43 783	2 692
音像盘片	万片	9	26 951 742.81	26 950 988.55	58 897.3
VCD、DVD 开关电源	万只	1	2 800	2 780	
充电器	万只	7	7 504 922.2	7 364 993.4	6 627 812
遥控器	万只	9	9 970	9 979	4 911
光机引擎	套	1	1 745	1 743	
各种接口小计	万只	6	102 282	102 110	21 650
通用串行总线接口（USB）	万只	1	1 000	1 000	
高清多媒体接口（HDMI）	万只	1	18 632	18 632	18 632
其他接口	万只	4	82 650	82 478	3 018

表 101　2008 年电子测量仪器生产量、销售量和出口量汇总表

产品名称	单位	企业数（家）	本年生产量	本年销售量	本年出口量
频率测量仪器合计	台	17	19 558 225	18 810 590	14 993 177
数字脉冲频率测量仪	台	4	61 516	61 768	9 077
计数器	台	6	17933 774	17 179 380	14876 900
计数器扩频装置	台	1	5 600	5 400	
时间测量仪器	台	2	143 013	149 720	107 200
特种计数器	台	4	1 414 322	1 414 322	
电压测量仪器合计	台	26	11 166 871	10 316 979	159 682
直流数字电压表	台	1			
交流数字电压表	台	8	17 946	17 921	246
其中：数字高频电压表	台	2	6 916	6 903	246

续表

产品名称	单位	企业数（家）	本年生产量	本年销售量	本年出口量
数字多用表	台	3	503 516	496 430	159 436
电压电源标准装置	台	1	81 900	103 974	
模拟式电压表	台	1	30 000	30 000	
数字面板表	台	2	144 482	138 416	
其他	台	10	10 389 027	9530 238	
示波器	台	5	94 704	92 256	21 824
器件参数测量仪器合计	台	14	277 616	256 985	246
混合 IC 测试仪	台	1	20 253	20 253	
光电器件测试仪	台	2	164 149	154 839	
电力电子器件测试仪	台	2	2 514	2 494	
其他	台	9	90 700	79 399	246
元件参数测量仪器合计	台	1	2 300	2 200	
脉冲测量仪器合计	台	1	7 200	7 160	
扫描、频谱波形分析仪器	台	7	21 942	21 892	
扫频仪	台	3	262	222	
相位移相器	台	1	1 000	1 000	
其他	台	3	20 680	20 670	
微波测量仪器合计	台	7	181 010	170 684	
雷达综合测试仪	台	1	2 680	2 668	
微波测量仪器部件小计	台	6	178 330	168 016	
微波衰减器	台	2	15 396	15 396	
微波滤波器	台	1	100	100	
波导	台	1	28 056	26 612	
其他微波元件	台	2	134 778	125 908	
通信测量仪器合计	台	2	14 361	14 452	8
有关通信测量仪器	台	2	14 361	14 452	8
广播电视测量仪器合计	台	1	5 761	5 700	
超低频测量仪器合计	台	3	4 985	5 409	2 936
频响分析仪	台	1	135	138	
超低频信号源	台	1	4 830	5 251	2 936
其他	台	1	20	20	

续表

产品名称	单位	企业数(家)	本年生产量	本年销售量	本年出口量
声学测量仪器合计	台	6	1 054 895	1 034 440	
声级计	台	1	3 627	3 102	
倍频滤波器	台	1	11 051	11 301	
电声发生器	台	1	1 030 000	1 010 000	
其他声学仪器	台	3	10 217	10 037	
干扰场强测量仪合计	台	9	157 595	157 782	
干扰场强测量仪	台	1	1 000	1 000	
其他测量仪器	台	8	156 595	156 782	
稳压电源合计	台	7	1 032 788	1 036 625	55 458
记录显示仪合计	台	10	1 721 444	1 643 681	35 250
记录仪	台	4	816 371	808 520	250
显示仪	台	6	905 073	835 161	35 000
信号源合计	台	7	1 283 901	1 212 143	1 115 473
信号发生器	台	3	32 479	32 348	12 000
功率放大器	台	1	4 000	3 950	
其他	台	3	1 247 422	1 175 845	1 103 473
其他测量仪器合计	台	10	13 051 324	12 776 308	589 633
晶体振荡器	台	1	10 000 000	10 000 000	
标准电感电容电阻器	台	3	2 891 111	2 619 936	589 633
热分布图测试	台	1	13	13	
激光测距	台	2	1 883	1 393	
原子射线仪器	台	1	5 857	5 186	
气象仪器	台	2	152 460	149 780	
电子测量仪器零附件	台	13	1 497 335	1 644 486	304 621

表 102　2008 年医疗电子设备及器械生产量、销售量和出口量汇总表

产品名称	单位	企业数（家）	本年生产量	本年销售量	本年出口量
医用电子仪器设备合计	台	12	47 814 275	47 849 004	29 510 832
心、脑、肌、眼仪器设备小计	台	1	73	58	
心电、生理示波及记录仪器	台	2	311 891	297 006	
监护仪器	台		9	9	
心电遥测仪器	台	2	14 613	14 201	
血液测定仪器	台	4	31 452 391	31 657 532	29 510 832
电子体温、压力测量装置	台	3	16 035 298	15 880 198	
医用超声仪器小计	台	12	10 005	9 988	1 521
超声诊断仪器	台	10	9 505	9 488	1 521
超声治疗仪器	台	2	500	500	
医用激光仪器及设备小计	台	3	3 099	3 046	121
激光诊断仪器	台	1	1 000	1 000	
激光治疗仪器	台	1	299	296	121
激光检测仪器	台	1	1 800	1 750	
医用生化分析仪器小计	台	5	13 684	13 722	10
分离制备仪器	台	1	10 000	10 000	
生化分析仪器	台	4	3 684	3 722	10
医用高频微波射线核素仪器	台	6	13 600	12 766	26
医用高频设备	台	4	6 037	6 037	
医用射线诊断、治疗仪器	台	2	7 563	6 729	26
中医用仪器小计	台	5	35 206	35 048	10
诊断仪器	台	3	3 080	3 018	10
各种电疗磁疗光疗针麻仪器	台	2	32 126	32 030	
其他医疗电子仪器小计	台	10	105 647	105 468	63 186
医用光学仪器	台	3	90 181	89 441	63 182
其他	台	7	15 466	16 027	4

表 103　2008 年应用电子仪器生产量、销售量和出口量汇总表

产品名称	单位	企业数(家)	本年生产量	本年销售量	本年出口量
农业电子应用仪器小计	台	3	26 366	26 926	218
土壤测定分析仪器	台	1	20 731	21 571	
牧副渔业仪器	台	2	5 635	5 355	218
工交电子应用仪器合计	台	25	637 072	613 670	116 897
文教电子应用仪器	台	3	28 007	27 240	
其他仪器合计	台	65	3 862 816	3 882 803	122 322
电子电表合计	万只	12	3 529.17	4 040.54	501
直流电流电压表	万只	2	1 117	1 117	
交流电流电压表	万只	6	1 199.87	1 739.19	350
功率表	万只	3	552.3	538.75	151
电平表	万只	1	660	645.6	
电子专用电表	万只	26	478 388.31	448 909.41	78
特殊用途电表	万只	5	705.93	719.73	20
IC 卡智能表及远程智能表系列	万只	17	253 600.17	225 481.91	58
其他	万只	4	224 082.21	222 707.77	
安规仪器	台	4	5 786	5 571	
耐压测试仪	台	1	660	650	
其他	台	3	5 126	4 921	
电化学测试仪器	台	10	114 194	103904	
恒电位/电流仪	台	2	579	563	
电化学测试系统	台	2	127	121	
其他	台	6	113 488	103 220	

表 104　2008 年半导体器件和集成电路专用设备生产量、销售量和出口量汇总表

产品名称	单位	企业数(家)	本年生产量	本年销售量	本年出口量
半导体器件和集成电路专用设备合计	台	50	36 161 984	35 910 729	655
多晶硅设备	台	2	796	696	8
单晶硅设备	台	1	302	302	
硅片切割设备	台	1	36	29	

续表

产品名称	单位	企业数（家）	本年生产量	本年销售量	本年出口量
硅片减薄设备	台	1	1 600	1 600	
光刻机	台	1	29	21	
匀胶设备	台	1	7	7	
显影设备	台	1	7	7	
扩散设备	台	1	102	102	1
离子注入设备	台	2	1 087	1 087	
物理汽相淀积设备	台	1	92	89	
化学汽相淀积设备	台	1	1	1	
电镀铜设备	台	1	4 100	4 100	
化学机械抛光设备	台	2	3 320	3 318	
清洗设备	台	1	164	159	
划片机	台	2	60	54	
金丝键合机	台	1	17	7	
自动注塑封装设备	台	5	4 065	4 064	
老化设备	台	1	7 200	7 200	
自动探针台	台	1	32	23	
成品测试设备	台	3	1 693	1 688	
其他	台	20	36 137 274	35 886 175	646

表 105　2008 年电真空器件专用设备生产量、销售量和出口量汇总表

产品名称	单位	企业数（家）	本年生产量	本年销售量	本年出口量
电真空器件专用设备合计	台	14	21 858 796	21 497 851	15 587 644
电子管生产设备	台	1	2 300	2 300	
电光源生产设备	台	1	136	179	
平板显示器件（FPD）生产设备	台	10	21 855 948	21 494 979	15 587 643
液晶显示器件（LCD）生产设备	台	6	21 845 715	21 485 146	15 587 643
其他平板显示器件生产设备	台	4	10 233	9 833	
真空开关管生产设备	台	1	166	136	1
其他	台	1	246	257	

表 106　2008 年电子元件专用设备生产量、销售量和出口量汇总表

产品名称	单位	企业数（家）	本年生产量	本年销售量	本年出口量
电子元件专用设备合计	台	77	298 138 264	295 336 558	130 266 287
电阻、电位器生产设备	台	30	117 901 171	117 901 085	44
电容器生产设备	台	4	45 865 071	45 833 018	27 330 107
陶瓷元件生产设备	台	3	61 000	71 000	
磁性材料及元件生产设备	台	4	38 024	40 571	155
印制电路板生产设备	台	2	30 342	30 339	131
线缆生产设备	台	2	295	290	29
敏感元器件及传感器生产设备	台	4	10 899 551	10 770 051	8 630 000
频率元器件生产设备	台	1	1 000	1 000	
绿色电池生产设备	台	3	4 764 943	4 774 941	1
电感器件、特种变压器生产设备	台	2	5 209	5 209	
厚膜电路生产设备	台	1	8 550 000	8 280 000	8 280 000
电声器件生产设备	台	1	67	67	
开关接插件生产设备	台	2	991 175	991 175	989 640
其他	台	18	109 030 416	106 637 812	85 036 180

表 107　2008 年例行试验和可靠性试验设备生产量、销售量和出口量汇总表

产品名称	单位	企业数（家）	本年生产量	本年销售量	本年出口量
例行试验和可靠性试验设备	台	9	364 596	364 425	3
力学环境试验设备	台	4	433	372	3
可靠性试验设备	台	2	415	390	
其他	台	3	363 748	363 663	

表 108　2008 年水、气净化设备生产量、销售量和出口量汇总表

产品名称	单位	企业数（家）	本年生产量	本年销售量	本年出口量
水、气净化设备合计	台	15	1 728 785	1 763 857	151 381
空气净化设备	台	6	278 577	283 390	151 381
空气过滤器	台	2	2 243	2 093	
气体纯化设备	台	1	40	40	
净化检测设备	台	1	10	10	
其他	台	5	1 447 915	1 478 324	

表 109　2008 年电子整机装联设备生产量、销售量和出口量汇总表

产品名称	单位	企业数（家）	本年生产量	本年销售量	本年出口量
电子整机装联设备合计	台	8	24 152	24 068	59
自动贴片机	台	1	10 000	10 000	
装配生产线	台	1	22	28	
波峰焊接、再流焊接设备	台	2	13 600	13 600	
其他	台	4	530	440	59

表 110　2008 年电子通用设备生产量、销售量和出口量汇总表

产品名称	单位	企业数（家）	本年生产量	本年销售量	本年出口量
电子通用设备合计	台	73	61 985 406	61 970 780	3 642 988
真空获得设备	台	3	3 751 649	3 749 451	12
超声波设备	台	4	4 902	4 766	
精密焊接设备	台	6	25 919	24 744	
空调设备	台	21	54 328 833	54 365 546	3 587 327
塑料加工设备	台	2	3 000	3 000	
电加工设备	台	8	2 495 102	2 447 505	573
压力加工设备	台	2	4 874	4 713	
精密电子丝网印刷设备	台	1	768 068	768 068	
防静电系列产品	台	3	916	917	
其他	台	23	602 143	602 070	55 076

表 111　2008 年电子工业模具生产量、销售量和出口量汇总表

产品名称	单位	企业数（家）	本年生产量	本年销售量	本年出口量
模具	付	80	37 509 515	37 241 466	704 318
模架	套	1	90 267	89 871	
模具标准件	件	12	97 011 001	97 653 995	6 476 174
电动工具	件	8	30 817 295	30 200 575	
其他电子工业模具	件	7	2 380 598	2 384 186	5 400

表 112　2008 年邮政专用设备及器材生产量、销售量和出口量汇总表

产品名称	单位	企业数（家）	本年生产量	本年销售量	本年出口量
邮政专用设备及器材	台	3	9 231	9 245	
邮政营业设备	台	1	8 800	8 800	
邮政内部处理设备	台	1	12	12	
其他邮政设备	台	1	419	433	

表 113　2008 年电容器生产量、销售量和出口量汇总表

产品名称	单位	企业数（家）	本年生产量	本年销售量	本年出口量
电容器合计	万只	245	47 737 604.96	44 761 993.02	22 497 636
纸介质电容器小计	万只	8	18 856.04	18 739.54	802
塑料介质电容器小计	万只	83	4 754 597.47	4 733 278.25	48 011.1
聚酯膜电容器	万只	24	3 332 549.22	3 316 471.74	16 521
聚丙烯膜电容器	万只	20	157 618.55	156 222.87	668
聚苯乙烯电容器	万只	6	17 726	17 726	
聚碳酸酯电容器	万只	3	2 141.42	2 148.71	
片式有机介质电容器 (SMC)	万只	13	946 580	945 451	26 850
其他有机介质薄膜电容器	万只	17	297 982.28	295 257.93	3 972.1
瓷介质电容器小计	万只	41	36 653 869.96	33 769 346.34	21 789 003
圆片瓷介质电容器	万只	21	1 158 492.6	1 144 154.27	188 601.21
多层瓷介质电容器	万只	20	35 495 377.36	32 625 192.07	21 600 402
其中:片式贴装瓷介电容器	万只	8	20 127 130	17 859 581	12 997 769
超大容量电容器	万只	4	7 848.56	7 827.28	1
云母电容器	万只	5	4 403.8	4 416.5	1
玻璃釉电容器	万只	2	6 000	6 000	
铝电解电容器	万只	50	2 933 644.27	2 998 202.77	623 742
其中：片式铝电解电容器	万只	8	226 042.54	225 661.99	11 985
钽电解电容器	万只	18	177 476.63	186 668.07	7 250
其中：片式钽电解电容器	万只	5	24 060.52	26 970.01	112
铌电解电容器	万只	3	19 000	17 345	
可变电容器	万只	10	200 130.15	195 172.53	627
真空电容器	万只	9	1 126 824.34	1 026 760.33	

续表

产品名称	单位	企业数（家）	本年生产量	本年销售量	本年出口量
固定真空电容器	万只	7	1 115 760	1 015 760	
可变真空电容器	万只	2	11 064.34	11 000.33	
其他电容器	万只	12	1 834 953.74	1 798 236.41	28 198.6

表 114　2008 年电阻、电位器生产量、销售量和出口量汇总表

产品名称	单位	企业数（家）	本年生产量	本年销售量	本年出口量
电阻、电位器	万只	167	18 880 224.77	18 548 407.61	8 067 171
固定电阻器小计	万只	117	18 734 338.26	18 401 543.5	8 055 259
碳膜电阻器	万只	19	2 701 658.97	2 620 827.3	66 730
金属膜电阻器	万只	13	151 231.36	149 040.55	1 756
氧化膜电阻器	万只	7	66 843.49	63 966.79	7 395
玻璃釉电阻器	万只	5	35 351.13	33 554.95	1 214
线绕电阻器	万只	15	50 374.98	50 225.79	9 074
合成膜电阻器	万只	3	15 000	15 000	
实芯电阻器	万只	5	8 888	10 372	698
片式电阻器	万只	23	14 118 677.24	13 882 781.5	7 955 310
熔断电阻器	万只	8	26 126.28	28 374.12	9 241
其他电阻器	万只	19	1 560 186.81	1 547 400.5	3 841
电位器小计	万只	47	143 080.66	144 293.06	10 932
线绕电位器	万只	10	56 157.4	56 166.4	
碳膜电位器	万只	6	11 349.96	12 197.46	82
实芯电位器	万只	4	6 974	6 972	1
玻璃釉电位器	万只	5	5 555.3	5 522.2	1 959
导电塑料电位器	万只	5	18 033	18 033	2 252
片式电位器	万只	6	9 135	9 260	
其他电位器	万只	11	35 876	36 142	6 638
电阻网络	万只	3	2 805.85	2 571.05	980

表 115　2008 年电连接器生产量、销售量和出口量汇总表

产品名称	单位	企业数（家）	本年生产量	本年销售量	本年出口量
电连接器合计	万只	201	3 970 495.95	3 873 956.01	1 628 299.6
低频连接器小计	万只	110	2 405 866.3	2 364 236.02	971 874.96
圆形连接器	万只	15	168 376.65	168 421.63	5 545
矩形连接器	万只	18	563 341.58	560 786.87	503 200.96
条形连接器	万只	15	912 611.43	876 810.32	167 148
印制电路连接器	万只	10	18 959.48	18 727.7	59
带状电缆连接器	万只	10	83 381.33	83 389.05	52 100
端子	万只	12	198 597.6	193 853.6	41 872
表面贴装型低频连接器	万只	2	34 267	33 618	16 781
其他低频连接器	万只	28	426 331.23	428 628.85	185 169
射频连接器	万只	10	40 224.38	37 433.43	3 446
其中:表面贴装型射频连接器	万只	1	300	300	
光连接器	万只	6	187 717.88	176 002.16	3 204
特种连接器	万只	11	488 200.75	451 722.95	276 633.9
各类开关	万只	43	720 651.69	717 293.22	359 182.69
各类插座	万只	17	54 778.96	52 419.24	13 948
各类插塞、插孔	万只	4	73 055.99	74 848.99	10

表 116　2008 年控制元件生产量、销售量和出口量汇总表

产品名称	单位	企业数（家）	本年生产量	本年销售量	本年出口量
控制元件小计	万只	38	166 592.14	163 693.11	62 445.34
电磁继电器	万只	30	158 509.81	155 608.29	62 445.34
固态继电器	万只	8	8 082.33	8 084.82	

表 117　2008 年磁性材料元件及感性器件生产量、销售量和出口量汇总表

产品名称	单位	企业数（家）	本年生产量	本年销售量	本年出口量
磁性材料元件及感性器件合计	万公斤、万只	201	2 624 960.71	2 556 055.55	571 694.47
软磁材料元件合计	万公斤	29	97 919.05	97 159.86	3 845.36
金属软磁	万公斤	8	51 072.9	51 081.24	118.8
硅钢片	万公斤	2	49 084	49 084	
金属磁粉心	万公斤	4	1 761.9	1 758.24	118.8
铁镍合金	万公斤	1	100	100	
其他金属软磁	万公斤	1	127	139	
铁氧体软磁	万公斤	21	46 846.15	46 078.62	3 726.56
锰锌铁氧体	万公斤	12	8 373	7 883.6	3 458.56
镍锌铁氧体	万公斤	5	1 386.1	1 161.13	47
镁锌铁氧体	万公斤	1	753.12	744.96	221
其他铁氧体软磁	万公斤	3	36 333.93	36 288.93	
硬磁材料元件	万公斤	36	112 686.38	106 404.12	37 031.27
铁氧体永磁	万公斤	13	73 539.78	67 594.99	36 538.07
钕铁硼永磁	万公斤	15	2 527.54	2 203.57	482.2
铝镍钴永磁	万公斤	4	227.9	209.4	11
其他合金永磁	万公斤	4	36 391.16	36 396.16	
其它磁性材料元件	万公斤	10	462 694.17	462 576.66	2
感性器件	万只	126	1 951 661.11	1 889 914.91	530 815.84
变压器小计	万只	59	624 461.11	604 322.49	19 136
电源变压器	万只	24	516 940.04	496 731.65	7 644
开关电源变压器	万只	9	44 124.1	43 987.8	564
音频变压器	万只	4	5 998.45	6 053.45	
脉冲变压器	万只	2	2 003.64	2 003.56	
其他功能变压器	万只	20	55 394.88	55 546.03	10 928
电感器小计	万只	67	1 327 200	1 285 592.42	511 679.84
小型电感器	万只	29	1 084 027.32	1 042 097.15	450 652.84
电感滤波器	万只	11	25 740.38	25 264.64	3 777
扼流圈	万只	3	9 320	9 320	
发射或接收线圈	万只	3	6 038	6 040	634
空心线圈	万只	6	124 065	125 127	5 914
其他	万只	15	78 009.3	77 743.63	50 702

表 118　2008 年电声器件生产量、销售量和出口量汇总表

产品名称	单位	企业数（家）	本年生产量	本年销售量	本年出口量
电声器件合计	万只	136	23 529 011.56	23 529 011.56	438 916.62
通信传声器件小计	万只	33	388 072.01	388 072.01	21 100.2
送话器	万只	8	41 107.82	41 107.82	488.2
受话器	万只	12	39 872.19	39 872.19	20 601
组合件	万只	13	307 092	307 092	11
传声器小计	万只	30	8 532 846.66	8 532 846.66	62 844.3
电容式传声器	万只	10	18 352	18 352	4 292
动圈式传声器	万只	4	4 707.4	4 707.4	5.3
驻极体传声器	万只	8	82 864	82 864	36 560
无线传声器	万只	1	1 000	1 000	
其他传声器	万只	7	8 425 923.26	8 425 923.26	21 987
扬声器小计	万只	49	277 227.04	277 227.04	103 631.31
直接辐射式扬声器	万只	5	7 583.44	7 583.44	3 424.61
球顶形扬声器	万只	2	87.2	87.2	61.07
汽车扬声器	万只	12	5 918.39	5 918.39	436.42
其他扬声器	万只	20	245 286.01	245 286.01	95 417.21
音箱、音柱小计	万只	9	200 078.81	200 078.81	199 332.81
专业用音箱（厅堂馆所）	万只	5	198 657.88	198 657.88	198 217
家庭用音箱	万只	3	992.93	992.93	692.81
其他用途音箱	万只	1	428	428	423
耳机小计	万只	14	14 134 267.96	14 134 267.96	50 246
其中：无线耳机	万只	6	383 247.8	383 247.8	26 116
蜂鸣器	万只	9	13 547.08	13 547.08	6 054
蜂鸣片	万只	2	1 324	1 324	

表 119　2008 年频率控制元件生产量、销售量和出口量汇总表

产品名称	单位	企业数（家）	本年生产量	本年销售量	本年出口量
频率控制元件合计	万只	121	121 505 429.2	116 497 768.8	747 032.07
压电陶瓷及频率元件小计	万只	38	834 215.45	831 672.25	447 215
压电陶瓷滤波器	万只	9	75 383	75 632	12 714
压电陶磁谐振器	万只	1	44 333.44	42 578.94	14 796
压电陶磁振荡器	万只	3	18 253	17 803	11 884
压电陶瓷检频器	万只	1	2 088.96	1 885.72	940
片式压电陶瓷器件	万只	6	123 415.29	122 960.64	109 040
声表面波滤波器	万只	4	9 022	9 563	1 636
声表面波振荡器	万只	3	543 117.58	542 378.31	292 486
片式声表面波器件	万只	2	1 438.17	1 434.3	687
其他压电陶瓷元件	万只	9	17 164.01	17 436.34	3 032
压电石英晶体元器件	万只	83	120 671 213.7	115 666 096.6	299 817.07
压电石英晶体谐振器	万只	41	496 106.15	498 398.9	264 265.07
压电石英晶体滤波器	万只	5	6 207.96	6 206.41	
压电石英晶体振荡器	万只	11	43 481.43	41 062.8	12 111
片式压电晶体器件	万只	9	80 175.61	82 046.48	14 102
石英晶片	万片	17	120 045 242.6	115 038 382	9 339

表 120　2008 年其他元件及零部件生产量、销售量和出口量汇总表

产品名称	单位	企业数（家）	本年生产量	本年销售量	本年出口量
其他元件及零部件	万公斤	53	30 037 766.99	29 723 457.56	22 360 907
电子陶瓷零部件小计	万公斤	19	74 370.99	67 675.56	5 626
氧化铝瓷件	万公斤	7	30 236.59	29 956.25	5 626
氧化铍瓷件	万公斤	1	616.4	551.31	
其他电子陶瓷件	万公斤	11	43 518	37 168	
石英晶体管壳、管座	万公斤	2	10 500	10 500	
电容器用铝壳	万公斤	2	1 330	1 330	
其他	万公斤	30	29 951 566	29 643 952	22 355 281

表 121　2008 年电子印制电路板生产量、销售量和出口量汇总表

产品名称	单位	企业数（家）	本年生产量	本年销售量	本年出口量
电子印制电路板合计	平方米	173	158 784 465	158 310 722	50 876 244
刚性印制电路板	平方米	72	58 420 462	58 133 768	33 414 084
刚性单面板	平方米	22	13 108 208	12 978 468	7 264 194
刚性双面板	平方米	21	25 969 247	26 356 769	20 006 991
刚性多层板	平方米	29	19 343 007	18 798 531	6 142 899
挠性印制电路板	平方米	10	4 769 752	4 705 211	826 653
刚—挠性印制电路板	平方米	8	2 792 016	2 798 529	24 415
其他印制电路板	平方米	83	92 802 235	92 673 214	16 611 092

表 122　2008 年敏感元件及传感器生产量、销售量和出口量汇总表

产品名称	单位	企业数（家）	本年生产量	本年销售量	本年出口量
敏感元件及传感器	万只	75	827 242 327.4	827 209 546.1	86 477.86
敏感元件小计	万只	55	827 082 003.2	827 073 327.9	28 781.86
力敏元件	万只	4	6 827	6 838	
压敏电阻器	万只	8	91 397.26	90 064.52	19 148.86
光敏电阻器	万只	2	3 061.17	3 101.17	
热敏电阻器	万只	15	247 071.55	239 370.1	3 030
磁敏感元件	万只	7	826 620 387	826 620 240	5 043
湿敏元器件	万只	1	6 300	6 300	
气敏元器件	万只	1	2 400	2 400	
其他敏感元件	万只	17	104 559.2	105 014.15	1 560
传感器	万只	20	160 324.25	136 218.16	57 696

表 123　2008 年电子管生产量、销售量和出口量汇总表

产品名称	单位	企业数（家）	本年生产量	本年销售量	本年出口量
电子管合计	万只	37	10 153 364.96	10 151 241.07	6 555
收讯放大管小计	万只	4	10 006 401	10 006 392	16
发射管小计	万只	13	58 106.66	57 951.43	
中小功率发射管	万只	7	41 336.09	41 335.11	
大功率玻璃发射管	万只	3	6 749.93	6 595.82	

续表

产品名称	单位	企业数（家）	本年生产量	本年销售量	本年出口量
调制管	万只	1	10 000	10 000	
其他发射管	万只	2	20.64	20.5	
超高频管小计	万只	13	39 138.3	36 366.64	811
磁控管	万只	6	8 076.1	8 060.44	811
微波气体放电管	万只	3	3 321.2	2 643.2	
速调管	万只	1	5 000	5 000	
行波管	万只	1	1 700	1 700	
其他超高频管	万只	2	21 041	18 963	
稳定管小计	万只	2	3 200	3 200	
稳流管	万只	2	3 200	3 200	
离子管小计	万只	5	46 519	47 331	5 728
闸流管	万只	2	418	418	398
放电管	万只	3	46 101	46 913	5 330

表 124 2008 年电子束管生产量、销售量和出口量汇总表

产品名称	单位	企业数（家）	本年生产量	本年销售量	本年出口量
电子束管合计	万只	18	10 448.55	10 242.46	1 319.8
彩色电视显像管（CPT）	万只	11	5 734.68	5 469.73	1 224.8
74cm 及以上	万只	4	1 524.00	1 526.00	214.8
54cm	万只	3	2 000.86	2 015.74	346
37cm	万只	2	411.00	391.00	283
其他规格	万只	2	1 798.82	1 536.99	381
彩色显示管（CDT）	万只	4	5 321.03	5 117.12	95
其他电子束管小计	万只	3	35.25	36.6	
其他电子束管	万只	3	35.25	36.6	

表 125 2008 年真空开关管生产量、销售量和出口量汇总表

产品名称	单位	企业数（家）	本年生产量	本年销售量	本年出口量
真空开关管小计	万只	14	580 664.32	557 667.7	64 979.1
高、中压真空开关管（3KV 以上）	万只	8	571 305.02	549 202.3	64 979.1
低压真空开关管（3KV 以下）	万只	1	7 634	6 740	
其他真空开关管	万只	5	1 725.3	1 725.4	

表 126　2008 年其他电真空器件生产量、销售量和出口量汇总表

产品名称	单位	企业数（家）	本年生产量	本年销售量	本年出口量
真空规管	万只	3	19 606.8	19 330.9	176 042

表 127　2008 年真空电子器件零件生产量、销售量和出口量汇总表

产品名称	单位	企业数（家）	本年生产量	本年销售量	本年出口量
真空电子器件零件	万只	30	10 082 398.05	10 087 622.85	8 039
彩色显像管电子枪零件	万只	5	50 986	56 418	4 930
彩色显像管玻壳	万只	10	7 046.22	6 648.67	1 696
74cm 及以上	万只	3	1 505.21	1 439.82	294
54cm	万只	4	4 307.56	4 032.63	1 015
37cm	万只	2	312.45	281.22	124
其他规格	万只	1	921	895	263
彩色显像管用荫罩	万只	2	4 748	4 715	1 035
74cm 及以上	万只	1	1 653	1 620	1 035
其他规格	万只	1	3 095	3 095	
电子管零件	万只	5	10 017 020	10 016 983	
其他真空电子器件零件	万只	8	2 597.83	2 858.18	378

表 128　2008 年电子束光电器件生产量、销售量和出口量汇总表

产品名称	单位	企业数（家）	本年生产量	本年销售量	本年出口量
电子束光电器件小计	万只	15	82 155.4	81 903.8	57 456
光电倍增管	万只	6	15 128	15 128	
摄像管	万只	2	2 694	2 693	1 638
光电图像器件	万只	7	64 333.4	64 082.8	55 818
其他电子束光电器件	万只	5	348 726.5	348 901.5	5 029

表 129　2008 年电真空光电子器件生产量、销售量和出口量汇总表

产品名称	单位	企业数（家）	本年生产量	本年销售量	本年出口量
电真空光电子器件合计	万套、万片、万只	133	25 280 067.6	24 943 017.65	5 419 971.9
显示器件	万片	102	25 066 264.43	24 733 155.21	5 353 769.1
液晶显示屏	万片	45	22 677 909.62	22 397 959.86	5 268 448.4
等离子显示器件（PDP）	万片	1	28.26	24.18	
液晶显示模组及主要配套材料	万套	37	226 295.33	225 688.25	23 599.56
等离子显示模组	万套	3	69.07	67.07	39
真空荧光显示器件	万只	5	27 685.6	27 370.8	5 474.1
其他真空光电子器件	万只	11	2 134 276.55	2 082 045.05	56 208
发光器件	万只	10	99 595.55	99 555.31	2 496.81
光敏器件	万只	6	18 568.28	18 266.74	1 665
光电耦合器件	万只	4	47 011.19	44 121.8	42 868
红外器件	万只	6	48 528.95	47 833.39	19 138
X–射线（光）管小计	万只	5	99.2	85.2	35
医用 X 射线（光）管	万只	1	1	1	
工业用 X 射线（光）管	万只	1			
其他用 X 射线（光）管	万只	3	98.2	84.2	35

表 130　2008 年电光源生产量、销售量和出口量汇总表

产品名称	单位	企业数（家）	本年生产量	本年销售量	本年出口量
白炽灯	万只	8	316 512	316 081	311 555
荧光灯	万只	14	458 305.3	728 602.9	79 704.2
卤钨灯	万只	5	1 056.6	1 048.32	231.8
气体放电灯	万只	1	300	300	
汞蒸汽灯（含汽车灯）	万只	2	1 620	1 535	
钠蒸汽灯	万只	2	1 005	1 005	
其他电光源	万只	25	9 285 412.16	9 264 119.58	9 159 377.4

表 131 2008 年半导体光电器件生产量、销售量和出口量汇总表

产品名称	单位	企业数（家）	本年生产量	本年销售量	本年出口量
半导体光电器件小计	万只	50	2 991 957.48	2 814 425.59	731 073
光电探测器件	万只	3	168	135	
发光二极管	万只	36	2 074 562.48	1 954 438.59	729 470
其他半导体光电器件	万只	11	917 227	859 852	1 603

表 132 2008 年激光器件生产量、销售量和出口量汇总表

产品名称	单位	企业数（家）	本年生产量	本年销售量	本年出口量
激光器件小计	万只	10	439 085.83	439 127.57	47 946
半导体激光器件	万只	5	83 461.25	83 328.02	42 916
固体激光器件	万只	3	4 302.08	4 302.05	1
其他激光器件	万只	2	2 596	2 596	

表 133 2008 年半导体分立器件生产量、销售量和出口量汇总表

产品名称	单位	企业数（家）	本年生产量	本年销售量	本年出口量
半导体分立器件	万只	696	24 611 352.8	24 612 700.1	4 830 093
半导体二极管	万只	64	13 037 545.49	13 030 749.53	1 370 983
小信号二极管	万只	13	577 835.89	577 758.2	8 611
齐纳（整流）二极管	万只	20	1 088 7641	10 913 714.55	1 080 012
过电流保护二极管	万只	4	115 709	126 963	28 616
高频（射频与微波）二极管	万只	1	19	19	
其他半导体二极管	万只	26	1 456 340.6	1 412 294.78	253 744
小信号晶体管	万只	39	6 465 578.37	6 512 303.19	2 768 964.7
双极晶体管	万只	20	5 992 601.68	6 046 429.01	2 726 230
场效应晶体管	万只	9	173 035.92	165 848.22	26 430
高频（射频与微波）晶体管	万只	10	299 940.77	300 025.96	16 304.72
功率晶体管	万只	14	476 463.03	505 634.13	161 713
高频（射频与微波）功率晶体管	万只	4	53 937.29	53 497.55	42 183
通用双极功率晶体管	万只	7	250 400.91	280 815.84	4 697
通用场效应功率晶体管	万只	2	115 319.83	114 835.74	114 833
绝缘栅双极晶体管模块	万只	1	56 805	56 485	

续表

产品名称	单位	企业数（家）	本年生产量	本年销售量	本年出口量
整流管	万只	8	355 065.43	349 957.12	244 735
0.5–3.0A 整流管	万只	4	342 140.54	337 009.4	231 801
3.1–35.0A 整流管	万只	2	12 901.06	12 925.97	12 923
大于 35.1A 整流管	万只	2	23.83	21.75	11
闸流管	万只	2	36 895	36 903	20 138
0–55.0A 闸流管	万只	1	36 884	36 892	20 138
大于 55.1A 闸流管	万只	1	11	11	
半导体敏感器件	万只	19	31 463	29 827	842
压力敏感器件	万只	2	6 500	6 500	
磁敏器件	万只	2	4 000	4 000	
气敏器件	万只	1	100	100	
离子敏感器件	万只	1	3 000	3 000	
声敏感器件	万只	1	5 000	5 000	
静电感器件	万只	1	2 000	2 000	
光敏感器件	万只	1	54	54	54
热敏感器件	万只	2	2 614	1 671	
其他敏感器件	万只	8	8 195	7 502	788
其他半导体器件	万只	550	1 569 694.43	1 547 326.12	262 717

表 134　2008 年集成电路生产量、销售量和出口量汇总表

产品名称	单位	企业数（家）	本年生产量	本年销售量	本年出口量
集成电路产品合计	万片	208	5 301 720.91	5 195 068.07	2 064 823
集成电路前工序产品	万片	42	1 732 237.34	1 691 067.5	116 855.09
12 英寸集成电路圆片	万片	6	63 002.99	63 368.02	62 454.02
线宽 90 纳米及以下	万片	5	62 359.99	62 705.02	62 454.02
线宽 90 纳米以上	万片	1	643	663	
8 英寸集成电路圆片	万片	16	164 207.84	164 822.01	2 392
线宽 0.18 微米及以下	万片	10	90 559.01	91 174.42	2 249
线宽 0.18 微米至 0.35 微米	万片	5	73 645.83	73 645.59	143
线宽 0.35 微米以上	万片	1	3	2	

续表

产品名称	单位	企业数（家）	本年生产量	本年销售量	本年出口量
6 英寸集成电路圆片	万片	10	717 241.45	701 433.58	51 991.07
线宽 0.8 微米及以下	万片	7	290 321.05	261 741.78	51 975.07
线宽 0.8 微米以上	万片	3	426 920.4	439 691.8	16
5 英寸集成电路圆片	万片	3	200 106.2	173 766.8	5
线宽 0.8 微米及以下	万片	1	30 621	6 326	
线宽 0.8 微米以上	万片	2	169 485.2	167 440.8	5
4 英寸集成电路圆片	万片	6	587 667.96	587 666.09	13
4 英寸以下集成电路圆片	万片	1	10.9	11	
集成电路封装测试	万片	47	2 434 282.05	2 388 343.79	1 702 560
TO 系列	万只	6	419 181.35	413 974.79	181 123
SOT (SOD) 系列	万只	2	86 805	85 532	57 340
DIP 系列	万只	6	368 402	368 912	80 294
SOP/SOJ 系列	万只	6	282 931	273 869	204 063
QFP 系列	万只	2	19 815	19 883	4 188
BGA/PGA 系列	万只	5	367 940	364 485	363 058
Flip Chip 系列	万只	3	179 552.7	176 173	176 172
CSP 系列	万只	3	61 632	61 261	61 242
MCP 系列	万只	1	851	844	844
其他形式封装	万只	13	647 172	623 410	574 236
集成电路产品	万块	119	1 135 201.52	1 115 656.78	245 407.6
逻辑电路	万块	12	9 190.19	9 194.22	
数字双极电路	万块	9	9 063.47	9 060.55	
通用 MOS 逻辑电路	万块	1	10.72	10.67	
MOS 显示器驱动电路	万块	2	116	123	
大型液晶显示器驱动电路	万块	1	106	113	
其他显示器驱动电路	万块	1	10	10	
MOS 存储器	万块	2	23 022.52	13 655.26	4 824
其他存储器	万块	2	23 022.52	13 655.26	4 824
模拟电路	万块	8	22 215.81	22 913.42	2 876
放大器电路	万块	7	22 215.11	22 912.72	2 876
比较器电路	万块	1	0.7	0.7	

续表

产品名称	单位	企业数（家）	本年生产量	本年销售量	本年出口量
专用电路	万只、万块	60	742 578.89	738 668.4	214 583.6
消费电子类	万只	15	236 831.09	218 417.4	30 774.6
计算机及外部设备	万只	3	36 036	36 564	29 024
通信	万只	2	632.28	610.5	86
汽车电子	万只	22	337 088.12	355 841.3	86 145
电源管理	万块	7	111 164.9	106 522.41	53 695
多用途及其他	万块	11	20 826.5	20 712.79	14 859
智能卡芯片及电子标签芯片	万只	14	123 023.4	118 975.46	4 429
接触式智能卡芯片	万只	6	108 054.96	102 436.98	4 216
非接触式智能卡芯片	万只	5	14 947.46	16 514.9	213
其他存储卡芯片	万只	3	20.98	23.58	
传感器电路	万块	2	335.29	337.04	
微波集成电路	万块	2	78	76	
混合集成电路	万块	19	214 757.42	211 836.98	18 695

表 135　2008 年微电子组件生产量、销售量和出口量汇总表

产品名称	单位	企业数（家）	本年生产量	本年销售量	本年出口量
微电子组件	万只	42	701 170.74	695 019.6	379 256.9
集成电路模块	万只	26	173 326.09	169 167.48	46 811.88
多芯片封装组件（MCM）	万只	4	1 022.48	1 022.47	
其他微电子组件	万只	12	526 822.17	524 829.65	332 445

表 136　2008 年电子微电机生产量、销售量和出口量汇总表

产品名称	单位	企业数（家）	本年生产量	本年销售量	本年出口量
电子微电机制造	万只	157	22 493 826.81	25 492 742.28	2 460 666
微特电机合计	万只	157	22 493 826.81	25 492 742.28	2 460 666
驱动微电机小计	万只	57	709 093.03	693 314.59	27 233
异步电动机	万只	8	4 856.31	4 854.65	30

续表

产品名称	单位	企业数（家）	本年生产量	本年销售量	本年出口量
同步电动机	万只	3	30 117	30 116	2
直流电动机	万只	17	118 949.1	115 148.22	2 950
直线电动机	万只	5	6 195.79	6 195.79	
平面无刷电动机	万只	3	10 279	10 106	5 053
其他驱动微电机	万只	21	538 695.83	526 893.93	19 198
控制微电机小计	万只	67	381 429.51	380 541.84	297 026
自整角机	万只	5	7 101.23	7 100.82	
旋转变压器	万只	5	233.32	233.3	
感应移相器及同步器	万只	2	2 000.01	2 000.01	
伺服电动机	万只	11	10 026.86	10 045.1	70
测速发电机	万只	5	18 600.03	18 600.02	
步进电机	万只	7	1 512.91	1 491.12	
力矩电机	万只	6	13 148.23	13 134.67	
微特电机机组及组合装置	万只	6	308 668	308 091	285 689
伺服测速机组	万只	2	0.18	0.17	
其他控制微电机	万只	18	20 138.74	19 845.63	11 267
专用微特电机小计	万只	12	279 097	256 202	197 544
计算机外设用电机	万只	1	13 000	13 000	
手机、BP 机用微型振动马达	万只	11	266 097	243202	197 544
电源电机小计	万只	5	12 871	12 871	
变频、变流电机	万只	1	12 800	12 800	
发电机组	万只	4	71	71	
其他电机小计	万只	16	21 111 336.27	24 149 812.85	1 938 863
洗衣机电机	万只	4	20 664 101	23 654 630	1 495 283
风扇电机	万只	3	399 927	447 817	443 470
压缩机电机	万只	9	47 308.27	47365.85	110

表 137　2008 年电子电线电缆生产量、销售量和出口量汇总表

产品名称	单位	企业数（家）	本年生产量	本年销售量	本年出口量
电子电线电缆	公里	582	155 148 616	154 383 080	3 154 277
安装线缆	公里	266	4 716 511.3	4 739 202.16	58 696
安装线	公里	27	959 522	959 452	7 060
安装电缆	公里	214	3 587 527.73	3 611 925.73	6 686
带状电缆	公里	10	84 040	84 027	
电源插头线	万根	15	85 421.57	83 797.43	44 950
射频电缆小计	公里	40	1 070 751	1 040 450	343 369
柔软同轴电缆	公里	21	504 785	484 149	139 752
其中：CATV 电缆	公里	11	121 913	119 386	44 728
半硬（半软）同轴电缆	公里	3	55 431	48 398	116
其中:波纹管电缆(RF电缆)	公里	2	40 876	37 837	116
硬同轴电缆	公里	4	154 942	157 549	56 716
特种同轴电缆	公里	12	355 593	350 354	146 785
漏泄电缆	公里	1	4 145	3 540	
其他特种同轴电缆	公里	7	289 928	285 887	146 785
综合电缆	公里	18	676 336	680 592	409 008
通信及电子网络用电缆小计	公里	96	21 457 022	21 000 070	227 955
军用通信电缆	公里	2	40 254	41 184	
电话电缆	公里	29	4 422 209	4 470 830	3 472
井下及隧道用监控、通信电缆	公里	6	18 204	18 877	
计算机网络用电缆	公里	16	1 790 629	1 789 010	224 218
其他通信及电子网络用电缆	公里	43	15 185 726	14 680 169	265
电子线材小计	吨	126	126 619 497.3	126 314 878.3	2 092 753
电子元器件引线	吨	9	122 258 143	121 021 208	2 055 958
裸铜线	吨	20	98 110	98 998	279
铜包钢线	吨	4	2 748	2 648	
铜包铝线	吨	12	57 816.3	58512.3	731
微细漆包线（小于 0.6mm)	吨	12	94 385	93 630	2 746
一般漆包线（大于 0.6mm)	吨	26	318 618	319 289	2 807
纱包线及绕包线	吨	5	6 786	6 662	2 774
其他电子线材	吨	38	3 782 891	4 713 931	27 458
其他电线电缆	吨	36	608 498	607 888	22 496

表 138　2008 年光纤、光缆生产量、销售量和出口量汇总表

产品名称	单位	企业数（家）	本年生产量	本年销售量	本年出口量
光纤、光缆	公里	57	74 440 050	79 298 290	4 307 727
光纤接入设备	公里	9	35 251 333	38 230 709	769 879
单模光纤	公里	9	35 251 333	38 230 709	769 879
光缆	芯公里	48	39 188 717	41 067 581	3 537 848
通信用室（野）外光缆	芯公里	28	28 892 250	30 728 441	3 067 747
通信用移动式光缆	芯公里	3	5 061 782	5 093 824	13 195
通信用室（局）内光缆	芯公里	1	60 310	62 394	
通信用设备内光缆	芯公里	2	1 576 893	1 618 170	
通信用海底光缆	芯公里	1	50 000	51 500	6 000
接入网用光纤带光缆	芯公里	2	1 080 483	1 050 519	200 000
通信用特殊光缆	芯公里	3	19 485	28 042	906
非通信用光缆	芯公里	2	40 151	41 343	
其他特种光缆	芯公里	6	2 407 363	2 393 348	250 000

表 139　2008 年电池生产量、销售量和出口量汇总表

产品名称	单位	企业数（家）	本年生产量	本年销售量	本年出口量
碱性蓄电池小计	千伏安时	36	182 459 127.8	182 523 785.3	404 937
锌银蓄电池	千伏安时	4	544 195	540 998	
铁镍蓄电池	千伏安时	3	32 831 265	34 352 399	
圆柱形密封镉镍蓄电池	千伏安时	3	34 013	33 340	2 780
扣式镉镍蓄电池	千伏安时	1	106 600 430	105 739 518	
非密封镉镍蓄电池	千伏安时	2	36 620	43 911	19 784
镍氢蓄电池	千伏安时	16	42 072 305.33	41 403 815.3	314 702
其他碱性蓄电池	千伏安时	7	340 299.46	409 804	67 671
酸性蓄电池小计	万 KVH	40	4 789 328.51	4 822 846.74	125 719
密封铅酸蓄电池	万 KVH	36	4 414 143.94	4 447 662	125 719
非密封铅酸蓄电池	万 KVH	4	375 184.57	375 184.74	
锂蓄电池小计	万只	45	122 957 166.5	120 100 155.2	85 668 079
液体锂离子蓄电池	万只	5	10 578 955.2	9 193 285.8	1 249 273
聚合物锂离子蓄电池	万只	19	380 867.18	375 342.97	13 381
其他锂蓄电池	万只	21	111 997 344.1	110 531 526.4	84 405 425

续表

产品名称	单位	企业数（家）	本年生产量	本年销售量	本年出口量
原电池小计	万只	35	619 241.89	618 116.78	330 452
普通锌锰干电池	万只	10	154 469.01	155 541.06	98 999
碱性锌锰电池	万只	7	315 928.5	314 055	177 850
锌银扣式电池	万只	1	643	612	
锌锰扣式电池	万只	1	1 387	1 401	
其他原电池	万只	16	146 814.38	146 507.72	53 603
贮备电池小计	万只	1	18 075 084	17 985 808	
热电池	万只	1	18 075 084	17 985 808	
物理电池	千伏安	24	7 301 166.08	6 854 914.23	176 519.2
硅太阳能电池	千伏安	22	6 223 803.08	5 777 551.23	64 655.2
砷化镓太阳能电池	千伏安	1	1 310	1 310	1 310
温差发电器	千伏安	1	1 076 053	1 076 053	110 554
蓄电池充电器	万只	5	5 725	5 725.5	4 599.5
泡沫镍、纤维镍带	平方米	3	5 167 133	4 981 230	
镍氢电池正负极带	平方米	2	42 686	42 686	41
锂蓄电池专用配件	万只	4	10 291	10 294	
其他电池配件	万只	9	415 107.51	441 175.11	427 262

表 140　2008 年电子元件材料生产量、销售量和出口量汇总表

产品名称	单位	企业数（家）	本年生产量	本年销售量	本年出口量
电子元件材料合计	公斤	96	272 032 194	260 995 348	70 682 958
纸绝缘板	公斤	1	124	124	
纸基敷铜板	公斤	4	181 269	361 107	
玻璃布基敷铜板	公斤	7	71 892 101	69 245 646	52 015 327
电子光学玻璃	公斤	4	13 038 303	11 401 572	398 000
电解二氧化锰粉	公斤	2	31 724 600	30 138 440	
电容器用材料	公斤	21	83 993 851	79 544 775	12 797 881
铝箔	公斤	13	40 706 782	37 327 863	12 211 944
聚酯膜	公斤	3	102 247	101 348	
聚丙烯膜	公斤	5	43 184 822	42 115 564	585 937
压电材料		4	200 820	138 194	154

续表

产品名称	单位	企业数(家)	本年生产量	本年销售量	本年出口量
铌酸锂单晶	公斤	2	12 699	3 461	154
人造水晶	公斤	2	188 121	134 733	
电解铜箔	公斤	9	9 182 108	9 347 411	1 804 539

表 141　2008 年真空电子器件材料生产量、销售量和出口量汇总表

产品名称	单位	企业数(家)	本年生产量	本年销售量	本年出口量
真空电子器件材料合计	公斤	46	132 218 020	131 658 622	58 082 850
钨制品小计	公斤	10	16 158 663	16 107 008	56 640
钼制品小计	公斤	4	1 153 010	810 815	68 831
镍基合金小计	公斤	3	825 599	584 017	1 406
复合金属电子材料小计	公斤	8	1 704 072	1702 495	359 697
触头材料小计	公斤	2	13 759	13 759	
其中:铜钨合金	公斤	2	500 276	452 252	3 672
电真空器件用玻璃	公斤	2	123 814	115 347	
液晶材料	公斤	5	265 898	205 715	30 276
合金材料小计	公斤	7	109 100 477	109 348 342	57 139 000
其他电真空材料	公斤	5	2 872 728	2771 124	427 000

表 142　2008 年半导体材料生产量、销售量和出口量汇总表

产品名称	单位	企业数(家)	本年生产量	本年销售量	本年出口量
半导体材料合计	公斤、万片	153	198 959 962.1	196 093 214.9	26 142 622
半导体单晶小计	公斤	50	34 109 320	32 423 981	10 572 162
硅单晶	公斤	30	9 828 395	9 231 373	6 002 002
化合物单晶	公斤	2	34 701	34 701	
多晶硅	公斤	11	23 523 718	22 474 826	4 570 092
半导体片材	万片	26	597 227.6	601 673.21	1 650
半导体抛光片	万片	5	75 257.9	80 863.84	55
半导体外延片	万片	5	139 039	13 8791.5	16
其他半导体片材	万片	16	382 930.7	382 017.87	1 579
半导体封装材料		39	3 800 240.47	3 814 130.73	208 732

续表

产品名称	单位	企业数（家）	本年生产量	本年销售量	本年出口量
键合用硅铝丝	公斤	2	664	635	
封装用金属管壳	万只	4	43 187.38	43 172.43	5
封装用陶瓷外壳	万只	2	21 135.09	22 705.3	252
分立器件塑封引线框架及金属带材	万只	10	2 629 053	2 662 724	130 325
集成电路塑封引线框架及金属带材	万只	6	1 028 218	1 011 356	76 741
封装用模塑料粉及辅料	吨	10	68 478	65 574	1 409
其他半导体封装材料	吨	5	9 505	7 964	
光刻掩膜版	公斤	1	1 000	1 000	
石英制品	公斤	23	115 602 442	114 056 911	2 259 587
导电膜玻璃	公斤	4	20 492 134	20 626 942	5 055 411

表 143 2008 年信息化学品材料生产量、销售量和出口量汇总表

产品名称	单位	企业数（家）	本年生产量	本年销售量	本年出口量
信息化学品材料	公斤	11	3 911 228	3 857 169	17 977
荧光粉小计	公斤	4	53 177	53 158	
消气剂小计	公斤	2	26 450	26 450	
光刻胶	公斤	5	3 831 601	3 777 561	17 977

(二) 软件产业综合统计数据

表 1 2008 年软件产业主要经济指标汇总表 (1)

单位：万元

项目名称	企业数(个)	软件产业收入	其中					软件外包服务收入
			软件产品收入	系统集成收入	软件技术服务收入	嵌入式系统软件收入	IC设计收入	
软件企业合计	14 687	75 728 894	22 947 695	16 061 016	19 381 377	15 274 119	2 064 690	2 274 339
一、按企业登记注册类型分列								
内资企业	12 593	49 703 224	15 571 456	12 523 542	11 522 279	9 354 617	731 332	1 134 449
国有企业	272	5 465 687	1 510 197	1 283 858	1 216 983	1 316 319	138 329	80 116
集体企业	38	718 540	29 012	118 327	6 992	562 754	1 455	135
股份合作企业	71	300 593	162 999	69 126	45 558	21 673	1 239	10 932
联营企业	39	391 694	205 529	83 242	100 278	2 645		16 075
国有联营企业	6	31 009	6 623	22 056	859	1 471		231
集体联营企业	6	24 990	8 570		15 816	604		3 862
国有与集体联营企业	6	201 568	90 180	50 405	60 983			11 982
其他联营企业	21	134 127	100 156	10 781	22 620	570		
有限责任公司	7 347	24 168 887	6 839 821	5 737 329	4 924 177	6 311 788	355 771	419 514
国有独资公司	30	648 090	180 299	288 657	41 865	137 258	10	
其他有限责任公司	7 317	23 520 797	6 659 522	5 448 672	4 882 312	6 174 530	355 761	419 514
股份有限公司	851	10 885 689	3 982 419	3 666 639	2 443 374	673 089	120 170	439 589
私营企业	3 915	7 636 034	2 793 364	1 534 963	2 750 516	452 824	104 368	166 145
其他内资企业	60	136 099	48 115	30 057	34 402	13 525	10 000	1 943
港、澳、台商投资企业	495	7 723 959	2 751 258	1 347 356	2 508 518	933 436	183 391	71 429
合资经营企业（港、澳、台资）	153	1 121 406	707 209	124 575	110 948	161 225	17 450	5 747
合作经营企业（港、澳、台资）	5	13 040	72		11 471	1 497		
港、澳、台商独资经营企业	315	6 043 220	1 933 139	1 116 720	2 184 635	664 251	144 476	65 433
港、澳、台商投资股份有限公司	22	546 292	110 838	106 061	201 465	106 463	21 466	249
外商投资企业	1 599	18 301 712	4 624 980	2 190 118	5 350 581	4 986 066	1 149 967	1 068 462
中外合资经营企业	373	5 433 180	2 653 539	615 308	1 100 565	1 009 557	54 210	155 278
中外合作经营企业	28	118 672	25 364	1 496	87 847	900	3 065	1 326
外资企业	1 163	12 319 625	1 692 734	1 515 111	4 053 299	3 975 609	1 082 873	837 418
外商投资股份有限公司	35	430 234	253 342	58 203	108 870		9 819	74 439

续表

项目名称	企业数（个）	软件产业收入	其中					软件外包服务收入
			软件产品收入	系统集成收入	软件技术服务收入	嵌入式系统软件收入	IC设计收入	
二、按经济类型分列								
国有经济	308	6 144 785	1 697 120	1 594 571	1 259 707	1 455 048	138 339	80 347
集体经济	44	743 530	37 582	118 327	22 808	563 358	1 455	3 997
股份合作经济	71	300 593	162 999	69 126	45 558	21 673	1 239	10 932
股份制经济	8 168	34 406 487	10 641 941	9 115 311	7 325 686	6 847 619	475 931	859 103
外商及港、澳、台投资经济	2 094	26 025 671	7 376 238	3 537 474	7 859 098	5 919 502	1 333 358	1 139 890
其他经济	4 002	8 107 829	3 031 816	1 626 206	2 868 521	466 919	114 368	180 069
三、按控股类型分列								
公有控股经济	2 263	24 195 724	7 836 059	7 215 925	6 003 992	2 785 953	353 795	515 719
国有控股	982	16 395 982	6 107 075	5 315 223	2 516 564	2 126 934	330 186	424 697
国有绝对控股	629	9 073 337	2 754 645	2 599 404	1 585 068	1 921 200	213 019	195 473
国有相对控股	353	7 322 645	3 352 430	2 715 819	931 495	205 734	117 167	229 224
集体控股	1 281	7 799 742	1 728 984	1 900 701	3 487 428	659 019	23 610	91 022
集体绝对控股	265	1 919 056	500 231	606 875	196 634	598 036	17 280	50 763
集体相对控股	1 016	5 880 686	1 228 753	1 293 826	3 290 794	60 983	6 330	40 259
非公有控股经济	12 424	51 533 171	15 111 635	8 845 091	13 377 386	12 488 166	1 710 894	1 758 621
私人控股	10 482	27 594 843	8 739 058	5 858 878	5 795 681	6 772 464	428 765	545 567
私人绝对控股	7 350	14 647 882	5 644 721	3 340 899	3 161 012	2 158 381	342 870	437 200
私人相对控股	3 132	12 946 961	3 094 336	2 517 979	2 634 668	4 614 083	85 895	108 367
港、澳、台商控股	385	3 009 280	582 185	188 773	1 111 589	919 645	207 088	70 709
港、澳、台商绝对控股	300	2 627 201	400 215	150 174	1 017 283	854 836	204 693	70 168
港、澳、台商相对控股	85	382 079	181 970	38 599	94 306	64 809	2 395	541
外商控股	1 557	20 929 048	5 790 393	2 797 440	6 470 116	4 796 057	1 075 042	1 142 344
外商绝对控股	974	12 366 826	3 618 531	1 234 618	2 245 997	4 470 050	797 630	935 167
外商相对控股	583	8 562 222	2 171 862	1 562 822	4 224 119	326 008	277 411	207 178
四、按软件出口基地分列								
北京软件出口基地	5	227 818	59 990	108 555	57 796		1 477	34 249
天津软件出口基地	59	111 470	38 498	29 068	28 530	14 875	500	5 153
大连软件出口基地	310	1 456 667	527 247	172 107	658 728	83 436	15 149	332 121
上海软件出口基地	180	1 015 172	576 010	68 172	370 990			135 062

续表

项目名称	企业数(个)	软件产业收入	其中					软件外包服务收入
			软件产品收入	系统集成收入	软件技术服务收入	嵌入式系统软件收入	IC设计收入	
深圳软件出口基地	247	6 293 202	395 693	1 383 363	233 423	4 268 774	11 949	158 119
西安软件出口基地	743	1 423 558	481 417	198 285	340 367	269 182	134 307	208 071
五、按软件园区分列								
北京中关村软件园	45	425 714	73 706	118 439	64 493	2 663	166 413	34 650
大连软件园	310	1 456 667	527 247	172 107	658 728	83 436	15 149	332 121
上海浦东软件园	180	1 015 172	576 010	68 172	370 990			135 062
南京软件园	141	1 273 284	909 138	276 045	81 367	596	6 137	48 275
杭州软件园	503	3 608 702	1 024 630	1 125 799	783 922	590 183	84 168	102 738
山东齐鲁软件园	89	1 053 772	272 273	59 468	594 327	127 705		58 677
长沙软件园	314	614 592	262 071	74 703	49 038	228 643	137	9 634
广州天河软件园	562	1 381 041	850 802	116 115	374 888	39 016	220	87 962
珠海南方软件园	45	43 268	15 486	259	13 076	3 194	11 254	6 637
成都软件园	204	2 356 002	1 731 232	297 060	170 666	312	156 730	25 335
西安软件园	743	1 423 558	481 417	198 285	340 367	269 182	134 307	208 071
六、按行业分列								
软件产品行业	8179	30 802 431	18 020 793	5 112 323	2884 367	4 754 574	30 374	752 664
系统集成行业	1841	10 935 030	1 683 731	8 544 237	626 488	72 211	8 362	53 560
软件技术服务行业	3410	21 315 488	3 054 832	2 156 592	15792 753	307 123	4 189	1 462 838
嵌入式系统软件行业	992	10 568 901	140 701	222 351	65 519	10 139 090	1 242	3 529
IC 设计行业	265	2 107 045	47 638	25 513	12 251	1 121	2 020 522	1 748

表 2　2008 年软件产业主要经济指标汇总表 (2)

单位：万美元

项目名称	软件业务出口	软件外包服务出口	嵌入式系统软件出口
软件企业合计	1 620 822	209 371	712 062
一、按企业登记注册类型分列			
内资企业	1 020 617	85 545	522 694
国有企业	20 163	6 447	11 752
集体企业	9 821	8	9 813
股份合作企业	8 334	1 097	828
联营企业	594	501	

续表

项目名称	软件业务出口	软件外包服务出口	嵌入式系统软件出口
国有联营企业			
集体联营企业	92	92	
国有与集体联营企业	502	409	
其他联营企业			
有限责任公司	649 091	18 878	477 604
国有独资公司	18		18
其他有限责任公司	649 073	18 878	477 586
股份有限公司	306 701	50 103	15 235
私营企业	25 522	8 369	7 213
其他内资企业	392	142	250
港、澳、台商投资企业	66 320	7 535	10 202
合资经营企业（港、澳、台资）	11 005	668	2 476
合作经营企业（港、澳、台资）			
港、澳、台商独资经营企业	41 584	6 867	6 719
港、澳、台商投资股份有限公司	13 731		1 008
外商投资企业	533 885	116 291	179 166
中外合资经营企业	85 889	13 893	49 252
中外合作经营企业	1 192	188	
外资企业	431 485	95 074	129 913
外商投资股份有限公司	15 319	7 137	
二、按经济类型分列			
国有经济	20 181	6 447	11 770
集体经济	9 913	100	9 813
股份合作经济	8 334	1 097	828
股份制经济	955 774	68 981	492 821
外商及港、澳、台投资经济	600 205	123 827	189 367
其他经济	26 415	8 920	7 462
三、按控股类型分列			
公有控股经济	329 433	40 667	43 382
国有控股	308 364	38 229	31 428
国有绝对控股	44 986	9 028	28 395

续表

项目名称	软件业务出口	软件外包服务出口	嵌入式系统软件出口
国有相对控股	263 379	29 201	3 033
集体控股	21 068	2 438	11 954
集体绝对控股	17 319	2 014	10 953
集体相对控股	3 749	424	1 001
非公有控股经济	1 291 389	168 704	668 680
私人控股	697 692	26 653	485 478
私人绝对控股	81 872	17 176	24 790
私人相对控股	615 820	9 478	460 688
港、澳、台商控股	51 189	6 904	8 829
港、澳、台商绝对控股	49 849	6 863	8 185
港、澳、台商相对控股	1 340	41	644
外商控股	542 507	135 147	174 373
外商绝对控股	459 409	108 245	156 999
外商相对控股	83 098	26 902	17 374
四、按软件出口基地分列			
北京软件出口基地	4 957	4 571	
天津软件出口基地	1 453	282	2
大连软件出口基地	56 918	34 133	2597
上海软件出口基地	14 979	11 547	
深圳软件出口基地	618 401	21 428	453 294
西安软件出口基地	11 324	6 282	2 285
五、按软件园区分列			
北京中关村软件园	6 479	4 627	386
大连软件园	56 918	34 133	2 597
上海浦东软件园	14 979	11 547	
南京软件园	3 448	3 050	
杭州软件园	53 536	12 199	17 739
山东齐鲁软件园	6 220	6 220	
长沙软件园	1 057	709	4
广州天河软件园	13 895	11 246	17
珠海南方软件园	1 170	749	25

续表

项目名称	软件业务出口	软件外包服务出口	嵌入式系统软件出口
成都软件园	30 712	3 097	
西安软件园	11 324	6 282	2 285
六、按行业分列			
软件产品行业	787 921	77 322	471 850
系统集成行业	28 758	3 911	47
软件技术服务行业	461 142	127 647	27
嵌入式系统软件行业	263 204	436	240 022
IC 设计行业	79 797	56	117

表 3　2008 年软件产业主要经济指标汇总表（3）

单位：万元

项目名称	利润总额	流动资产平均余额	资产合计	负债合计
软件企业合计	9 120 229	62 311 612	133 684 353	51 213 327
一、按企业登记注册类型分列				
内资企业	5 799 335	49 511 343	105 655 318	37 366 778
国有企业	773 331	4 578 473	10 018 014	5 762 460
集体企业	15 597	258 851	345 289	249 293
股份合作企业	29 302	304 127	488 723	292 074
联营企业	33 687	214 696	584 723	115 664
国有联营企业	7 798	28 276	83 070	51 505
集体联营企业	6 656	10 502	53 399	33 512
国有与集体联营企业	7 592	149 170	409 876	24 349
其他联营企业	11 642	26 747	38 378	6 298
有限责任公司	2 576 640	18 171 437	43 681 476	17 039 379
国有独资公司	62 667	281 600	1 029 835	491 882
其他有限责任公司	2 513 973	17 889 837	42 651 641	16 547 497
股份有限公司	1 549 930	10 475 451	20 435 687	9 453 597
私营企业	808 956	15 453 122	30 004 825	4 416 333
其他内资企业	11 892	55 187	96 581	37 978
港、澳、台商投资企业	1 455 204	3 275 337	8 565 539	4 058 055
合资经营企业（港、澳、台资）	123 197	604 879	1 170 973	530 853

续表

项目名称	利润总额	流动资产平均余额	资产合计	负债合计
合作经营企业（港、澳、台资）	171	4 372	26 352	20 373
港、澳、台商独资经营企业	1 215 930	2 289 522	6 500 879	3 053 012
港、澳、台商投资股份有限公司	115 906	376 564	867 335	453 817
外商投资企业	1 865 690	9 524 932	19 463 495	9 788 494
中外合资经营企业	522 707	2 931 169	4 529 994	2 552 384
中外合作经营企业	−8 543	61 680	140 519	64 437
外资企业	1 256 086	6 287 113	14 142 686	6 941 909
外商投资股份有限公司	95 441	244 969	650 298	229 764
二、按经济类型分列				
国有经济	843 796	4 888 349	11 130 920	6 305 848
集体经济	22 253	269 353	398 688	282 805
股份合作经济	29 302	304 127	488 723	292 074
股份制经济	4 063 903	28 365 288	63 087 328	26 001 094
外商及港、澳、台投资经济	3 320 894	12 800 269	28 029 034	13 846 549
其他经济	840 081	15 684 226	30 549 660	4 484 957
三、按控股类型分列				
公有控股经济	3 015 793	18 153 930	40 602 881	20 628 725
国有控股	2 043 960	15 653 287	28 837 046	15 327 524
国有绝对控股	1 098 778	8 380 707	15 891 760	8 337 410
国有相对控股	945 182	7 272 581	12 945 286	6 990 114
集体控股	971 833	2 500 643	11 765 836	5 301 200
集体绝对控股	270 408	1 275 553	2 039 484	1 052 343
集体相对控股	701 425	1 225 089	9 726 351	4 248 857
非公有控股经济	6 104 436	44 157 682	93 081 471	30 584 602
私人控股	3 167 686	33 311 279	67 807 053	18 077 041
私人绝对控股	1 896 965	12 545 030	30 538 116	9 647 786
私人相对控股	1 270 721	20 766 249	37 268 938	8 429 256
港、澳、台商控股	483 972	2 678 616	4 687 314	2 295 781
港、澳、台商绝对控股	433 276	2 315 750	4 038 688	1 939 671
港、澳、台商相对控股	50 695	362 867	648 626	356 110
外商控股	2 452 778	8 167 787	20 587 103	1 021 1780

续表

项目名称	利润总额	流动资产平均余额	资产合计	负债合计
外商绝对控股	1 258 159	7 024 448	11 886 024	6 002 332
外商相对控股	1 194 618	1 143 338	8 701 079	4 209 448
四、按软件出口基地分列				
北京软件出口基地	10 327	181 909	292 840	139 042
天津软件出口基地	6 645	57 085	148 355	66 643
大连软件出口基地	52 380	1 434 483	639 114	363 056
上海软件出口基地	151 506	863 028	1 491 307	671 232
深圳软件出口基地	439 949	4 856 967	6 176 335	3 807 694
西安软件出口基地	95 455	1 395 851	3 141 490	1 730 452
五、按软件园区分列				
北京中关村软件园	38 152	378 361	685 463	266 396
大连软件园	52 380	1 434 483	639 114	363 056
上海浦东软件园	151 506	863 028	1 491 307	671 232
南京软件园	186 633	1 612 106	1 951 779	1 056 268
杭州软件园	641 832	2 989 595	5 147 977	2 429 768
山东齐鲁软件园	141 551	639 088	1 215 617	748 477
长沙软件园	69 462	2 115 766	3 161 847	1 399 523
广州天河软件园	275 552	1 315 552	2 742 491	857 553
珠海南方软件园	9 364	30 282	65 009	26 975
成都软件园	184 853	794 092	1 750 963	715 254
西安软件园	95 455	1 395 851	3 141 490	1 730 452
六、按行业分列				
软件产品行业	4 313 427	37 051 962	62 896 231	19 339 545
系统集成行业	1 463 654	7 156 090	16 416 491	8 258 714
软件技术服务行业	2 466 525	10 507 018	32 115 882	17 283 705
嵌入式系统软件行业	683 276	5 826 671	18 925 452	5 098 020
IC 设计行业	193 347	1 769 871	3 330 297	1 233 343

表 4　2008 年软件产业主要经济指标汇总表（4）

单位：万元

项目名称	主营业务税金及附加	年末所有者权益	年初所有者权益	应交增值税
软件企业合计	1 267 735	8 247 1027	57 771 125	2 575 622
一、按企业登记注册类型分列				
内资企业	875 778	68 288 541	49 359 497	1 976 699
国有企业	106 662	4 255 554	3 081 301	202 833
集体企业	2 151	95 996	91 811	13 946
股份合作企业	4 424	196 649	169 255	5 790
联营企业	8 384	469 058	155 615	15 014
国有联营企业	1 751	31 565	25 889	1 186
集体联营企业	523	19 887	15 757	10
国有与集体联营企业	3 638	385 527	105 372	12 763
其他联营企业	2 472	32 079	8 597	1 055
有限责任公司	429 165	26 642 097	12 276 874	1 010 531
国有独资公司	6 861	537 953	454 803	10 704
其他有限责任公司	422 304	26 104 144	11 822 070	999 826
股份有限公司	165 732	10 982 090	9 814 874	497 003
私营企业	157 101	25 588 494	23 720 193	228 193
其他内资企业	2 160	58 603	49 574	3 389
港、澳、台商投资企业	130 384	4 507 484	2 645 129	193 508
合资经营企业（港、澳、台资）	10 600	640 120	528 861	65 038
合作经营企业（港、澳、台资）	116	5 978	5 374	45
港、澳、台商独资经营企业	114 678	3 447 867	1 913 495	113 430
港、澳、台商投资股份有限公司	4 990	413 518	197 399	14 996
外商投资企业	261 573	9 675 002	5 766 499	405 415
中外合资经营企业	73 157	1 977 610	1 619 839	143 229
中外合作经营企业	7 031	76 082	68 255	–35 587
外资企业	177 677	7 200 777	3 705 822	283 816
外商投资股份有限公司	3 708	420 533	372 584	13 958
二、按经济类型分列				
国有经济	115 274	4 825 072	3 561 993	214 723
集体经济	2 675	115 883	107 568	13 956
股份合作经济	4 424	196 649	169 255	5 790

续表

项目名称	主营业务税金及附加	年末所有者权益	年初所有者权益	应交增值税
股份制经济	588 036	37 086 233	21 636 944	1 496 830
外商及港、澳、台投资经济	391 957	14 182 485	8 411 628	598 923
其他经济	165 370	26 064 704	23 883 736	245 400
三、按控股类型分列				
公有控股经济	401 204	19 974 156	16 003 061	1 076 705
国有控股	281 610	13 509 520	11 476 460	726 227
国有绝对控股	167 391	7 554 349	609 0521	312 875
国有相对控股	114 219	5 955 172	5 385 939	413 352
集体控股	119 594	6 464 635	4 526 600	350 478
集体绝对控股	19 763	987 142	816 055	73 242
集体相对控股	99 831	5 477 494	3 710 545	277 235
非公有控股经济	866 531	62 496 871	41 768 064	1 498 917
私人控股	506 248	49 730 014	34 362 132	954 368
私人绝对控股	314 403	20 890 332	8 799 298	458 991
私人相对控股	191 845	28 839 682	25 562 833	495 378
港、澳、台商控股	47 353	2 391 533	1 756 911	101 525
港、澳、台商绝对控股	41 747	2 099 017	1 524 016	83 034
港、澳、台商相对控股	5 606	292 516	232 895	18 491
外商控股	312 930	10 375 323	5 649 022	443 023
外商绝对控股	156 950	5 883 692	3 568 085	183 366
外商相对控股	155 980	4 491 632	2 080 937	259 657
四、按软件出口基地分列				
北京软件出口基地	3 687	153 798	139 470	4 426
天津软件出口基地	3 615	81 712	41 087	3 123
大连软件出口基地	15 122	276 058	237 433	6 018
上海软件出口基地	28 266	820 075	703 693	25 203
深圳软件出口基地	45 978	2 368 641	1 692 887	296 727
西安软件出口基地	24 277	1 411 038	209 298	26 880
五、按软件园区分列				
北京中关村软件园	4 692	419 067	383 840	14 658
大连软件园	15 122	276 058	237 433	6 018

续表

项目名称	主营业务税金及附加	年末所有者权益	年初所有者权益	应交增值税
上海浦东软件园	28 266	820 075	703 693	25 203
南京软件园	7 956	895 511	735 766	162 885
杭州软件园	50 156	2 718 209	2 183 729	133 182
山东齐鲁软件园	51 323	467 141	388 488	55 892
长沙软件园	10 543	1 762 324	2 685 015	25 233
广州天河软件园	39 616	1 884 939	1 087 436	47 692
珠海南方软件园	694	38 034	27 399	2 172
成都软件园	21 997	1 035 709	735 857	24 999
西安软件园	24 277	1 411 038	209 298	26 880
六、按行业分列				
软件产品行业	456 137	43 556 686	37 815 115	1 453 929
系统集成行业	219 871	8 157 777	5 600 860	265 192
软件技术服务行业	521 449	14 832 177	9 737 064	591 429
嵌入式系统软件行业	61 720	13 827 433	3 391 164	214 947
IC 设计行业	8 559	2 096 954	1 226 922	50 125

表 5 2008 年软件产业主要经济指标汇总表（5）

单位：万元

项目名称	应交所得税	出口已退税额	研发经费
软件企业合计	1 937 515	829 109	8 223 572
一、按企业登记注册类型分列			
内资企业	1 498 876	579 128	5 609 774
国有企业	172 555	2 836	572 381
集体企业	3 933		99 196
股份合作企业	3 030	515	25 208
联营企业	6 663		59 335
国有联营企业	704		18 203
集体联营企业	21		684
国有与集体联营企业	5 502		39 109
其他联营企业	436		1 339

续表

项目名称	应交所得税	出口已退税额	研发经费
有限责任公司	1 000 504	220 274	2 796 099
国有独资公司	3 725	496	96 894
其他有限责任公司	996 779	219 778	2 699 205
股份有限公司	203 451	341 648	1 367 381
私营企业	107 308	13 716	678 981
其他内资企业	1 432	138	11 194
港、澳、台商投资企业	157 769	15 912	871 186
合资经营企业（港、澳、台资）	12 375	2 978	173 259
合作经营企业（港、澳、台资）	49		509
港、澳、台商独资经营企业	135 596	10 942	663 653
港、澳、台商投资股份有限公司	9 749	1 992	33 765
外商投资企业	280 871	234 069	1 742 611
中外合资经营企业	101 601	174 066	335 360
中外合作经营企业	427	9	7 731
外资企业	164 338	58 164	1 360 639
外商投资股份有限公司	14 505	1 829	38 882
二、按经济类型分列			
国有经济	176 984	3 332	687 478
集体经济	3 954		99 881
股份合作经济	3 030	515	25 208
股份制经济	1 200 230	561 426	4 066 585
外商及港、澳、台投资经济	438 640	249 981	2 613 798
其他经济	114 678	13 854	730 623
三、按控股类型分列			
公有控股经济	1 074 002	332 400	2 866 927
国有控股	959 946	329 678	1 827 260
国有绝对控股	832 624	8 753	840 887
国有相对控股	127 322	320 926	986 373
集体控股	114 056	2 722	1 039 667
集体绝对控股	38 541	2 075	260 647
集体相对控股	75 515	647	779 021

续表

项目名称	应交所得税	出口已退税额	研发经费
非公有控股经济	863 513	496 708	5 356 646
私人控股	475 238	257 049	2 943 314
私人绝对控股	283 477	33 033	1 510 922
私人相对控股	191 761	224 016	1 432 392
港、澳、台商控股	83 700	11 517	348 273
港、澳、台商绝对控股	79 228	10 685	309 352
港、澳、台商相对控股	4 473	832	38 921
外商控股	304 575	228 143	2 065 059
外商绝对控股	164 255	150 311	878 370
外商相对控股	140 320	77 831	1 186 689
四、按软件出口基地分列			
北京软件出口基地	1 819	79	40 424
天津软件出口基地	1 223		11 885
大连软件出口基地	8 532	212	68 122
上海软件出口基地	17 994	28	159 145
深圳软件出口基地	45 674	290 241	542 533
西安软件出口基地	18 264	68	125 787
五、按软件园区分列			
北京中关村软件园	6 431	240	87 476
大连软件园	8 532	212	68 122
上海浦东软件园	17 994	28	159 145
南京软件园	39 792	83 450	74 538
杭州软件园	74 201	6 917	334 102
山东齐鲁软件园	95 143	211	100 590
长沙软件园	14 903	529	48 771
广州天河软件园	68 571	2 564	432 911
珠海南方软件园	796	3	8 008
成都软件园	13 393	1 103	129 833
西安软件园	18 264	68	125 787
六、按行业分列			
软件产品行业	570 731	421 445	4 090 700

续表

项目名称	应交所得税	出口已退税额	研发经费
系统集成行业	149 415	8 697	883 667
软件技术服务行业	1 062 447	306 743	2 261 684
嵌入式系统软件行业	129 195	80 399	603 302
IC 设计行业	25 728	11 825	384 219

表 6 2008 年软件产业主要经济指标汇总表（6）

单位：万元

项目名称	增加值	劳动者报酬	固定资产折旧	生产税净额	营业盈余
软件企业合计	26 799 783	10 029 460	2 666 728	3 856 839	10 246 757
一、按企业登记注册类型分列					
内资企业	15 390 111	5 736 492	1 804 322	2 410 404	5 438 893
国有企业	1 920 549	562 456	267 349	515 818	574 927
集体企业	159 296	15 227	3 735	15 573	124 762
股份合作企业	71 480	35 443	11 094	7 076	17 867
联营企业	136 613	52 132	7 615	8 313	68 553
国有联营企业	11 081	3 480	770	1 141	5 690
集体联营企业	10 140	4 276	869	56	4 939
国有与集体联营企业	90 201	36 410	2 620	5 179	45 992
其他联营企业	25 190	7 966	3 356	1 937	11 933
有限责任公司	6 620 701	2 735 643	711 722	928 540	2 244 793
国有独资公司	179 496	91 913	23 793	10 131	53 659
其他有限责任公司	6 441 205	2 643 730	687 929	918 409	2 191 134
股份有限公司	4 225 997	1 437 561	574 564	641 371	1 572 502
私营企业	2 216 019	881 201	224 085	289 577	821 155
其他内资企业	39 457	16 829	4 158	4 135	14 335
港、澳、台商投资企业	3 734 845	995 008	257 820	778 334	1 703 683
合资经营企业（港、澳、台资）	418 389	178 326	49 997	70 529	119 538
合作经营企业（港、澳、台资）	887	536	90	179	83
港、澳、台商独资经营企业	2 638 290	717 567	195 469	242 668	1 482 587
港、澳、台商投资股份有限公司	677 279	98 579	12 265	464 959	101 476

续表

项目名称	增加值	劳动者报酬	固定资产折旧	生产税净额	营业盈余
外商投资企业	7 674 827	3 297 960	604 586	668 101	3 104 181
中外合资经营企业	1 551 779	626 952	127 499	210 875	586 454
中外合作经营企业	48 431	32 421	4 871	3 960	7 179
外资企业	5 846 107	2 529 916	464 096	435 965	2 416 131
外商投资股份有限公司	228 509	108 670	8 121	17 301	94 417
二、按经济类型分列					
国有经济	2 111 126	657 849	291 912	527 090	634 275
集体经济	169 435	19 503	4 604	15 629	129 700
股份合作经济	71 480	35 443	11 094	7 076	17 867
股份制经济	10 667 202	4 081 291	1 262 493	1 559 781	3 763 636
外商及港、澳、台投资经济	11 409 672	4 292 968	862 406	1 446 435	4 807 864
其他经济	2 370 867	942 406	234 219	300 829	893 414
三、按控股类型分列					
公有控股经济	8 682 828	3 038 466	1 043 979	1 506 068	3 094 316
国有控股	6 259 851	2 100 631	871 870	1 252 992	2 034 358
国有绝对控股	3 148 640	1 135 594	444 523	682 414	886 110
国有相对控股	3 111 210	965 036	427 347	570 578	1 148 248
集体控股	2 422 978	937 835	172 109	253 076	1 059 958
集体绝对控股	631 034	173 072	34 764	69 296	353 902
集体相对控股	1 791 944	764 763	137 345	183 780	706 056
非公有控股经济	18 116 954	6 990 994	1 622 749	2 350 771	7 152 441
私人控股	7 737 866	3 033 589	849 999	1 092 383	2 761 894
私人绝对控股	4 779 631	1 804 348	641 165	688 828	1 645 289
私人相对控股	2 958 235	1 229 241	208 833	403 555	1 116 605
港、澳、台商控股	2 017 805	504 931	160 268	561 495	791 111
港、澳、台商绝对控股	1 825 715	439 373	107 709	523 860	754 773
港、澳、台商相对控股	192 090	65 558	52 559	37 635	36 338
外商控股	8 361 284	3 452 474	612 482	696 893	3 599 435
外商绝对控股	4 778 236	1 733 118	382 898	438 265	2 223 956
外商相对控股	3 583 048	1 719 356	229 585	258 628	1 375 479

续表

项目名称	增加值	劳动者报酬	固定资产折旧	生产税净额	营业盈余
四、按软件出口基地分列					
北京软件出口基地	72 825	54 045	2 667	8 009	8 104
天津软件出口基地	37 077	18 485	4 683	5 351	8 558
大连软件出口基地	511 636	194 644	89 130	21 632	206 229
上海软件出口基地	501 178	254 732	72 942	48 726	124 778
深圳软件出口基地	986 157	443 172	22 319	76 441	444 225
西安软件出口基地	578 372	158 723	225 743	95 931	97 976
五、按软件园区分列					
北京中关村软件园	135 210	86 893	7 012	17 083	24 221
大连软件园	511 636	194 644	89 130	21 632	206 229
上海浦东软件园	501 178	254 732	72 942	48 726	124 778
南京软件园	379 823	87 480	15 166	45 421	231 756
杭州软件园	1 239 256	435 954	67 028	224 942	511 331
山东齐鲁软件园	430 597	125 919	56 920	106 260	141 498
长沙软件园	181 762	92 801	18 622	21 709	48 631
广州天河软件园	533 801	261 286	46 135	84 756	141 624
珠海南方软件园	16 752	7 515	1 064	1 876	6 297
成都软件园	513 329	251 761	59 628	40 761	161 179
西安软件园	578 372	158 723	225 743	95 931	97 976
六、按行业分列					
软件产品行业	10 259 794	4 136 774	909 997	1 400 794	3 812 230
系统集成行业	3 612 398	1 460 795	394 961	426 489	1 330 152
软件技术服务行业	9 765 223	3 485 289	992 628	1 622 078	3 665 227
嵌入式系统软件行业	2 370 854	607 146	289 412	348 520	1 125 778
IC 设计行业	791 514	339 457	79 730	58 958	313 369

表7 2008年软件产业主要经济指标汇总表（7）

单位：人

项目名称	从业人员年末人数	软件研发人员	管理人员	硕士以上人员	大本人员	大专以下
软件企业合计	1 545 028	774 987	185 876	183 926	843 996	517 102
一、按企业登记注册类型分列						
内资企业	1 129 752	556 140	148 818	122 791	625 801	381 153
国有企业	97 337	47 858	17 088	15 327	54 510	27 498
集体企业	4 495	1 358	2 474	218	1 576	2 700
股份合作企业	8 842	4 408	1 497	977	5 233	2 635
联营企业	11 405	3 924	677	393	5 537	5 476
国有联营企业	504	332	95	36	347	121
集体联营企业	2 133	553	57	42	594	1 497
国有与集体联营企业	4 555	2 505	384	212	1 965	2 378
其他联营企业	4 213	534	141	103	2 631	1 480
有限责任公司	554 503	266 484	67 144	57 904	314 586	182 003
国有独资公司	13 168	5 161	1 447	1 533	6 096	5 539
其他有限责任公司	541 335	261 323	65 697	56 371	308 490	176 464
股份有限公司	248 347	124 500	30 636	31 285	135 096	81 969
私营企业	200 179	105 409	27 874	16 358	106 776	77 045
其他内资企业	4 644	2 199	1 428	329	2 487	1 827
港、澳、台商投资企业	107 583	57 361	9 197	16 822	52 809	37 951
合资经营企业（港、澳、台资）	23 574	15 525	2 529	5 382	10 372	7 819
合作经营企业（港、澳、台资）	181	108	27	9	73	99
港、澳、台商独资经营企业	73 320	35 502	5 929	9 686	36 313	27 320
港、澳、台商投资股份有限公司	10 508	6 226	712	1 745	6 051	2 713
外商投资企业	307 693	161 486	27 861	44 313	165 386	97 998
中外合资经营企业	69 867	33 472	6 083	8 084	38 336	23 447
中外合作经营企业	4 592	3 116	246	446	3 039	1 108
外资企业	223 100	118 847	20 544	34 516	116 653	71 934
外商投资股份有限公司	10 134	6 051	988	1 267	7 358	1 509
二、按经济类型分列						
国有经济	111 009	53 351	18 630	16 896	60 953	33 158
集体经济	6 628	1 911	2 531	260	2 170	4 197

续表

项目名称	从业人员年末人数	软件研发人员	管理人员	硕士以上人员	大本人员	大专以下
股份合作经济	8 842	4 408	1 497	977	5 233	2 635
股份制经济	789 682	385 823	96 333	87 656	443 586	258 433
外商及港、澳、台投资经济	415 276	218 847	37 058	61 135	218 195	135 949
其他经济	213 591	110 647	29 827	17 002	113 859	82 730
三、按控股类型分列						
公有控股经济	478 834	259 157	63 802	70 817	256 416	151 599
国有控股	327 107	148 256	49 393	48 056	175 815	103 231
国有绝对控股	180 225	76 394	27 970	22 840	96 590	60 796
国有相对控股	146 882	71 862	21 423	25 216	79 225	42 435
集体控股	151 727	110 901	14 409	22 761	80 601	48 368
集体绝对控股	33 389	15 894	6 238	2 984	18 199	12 207
集体相对控股	118 338	95 007	8 171	19 777	62 402	36 161
非公有控股经济	1 066 194	515 830	122 074	113 109	587 580	365 503
私人控股	689 599	311 614	89 085	57 998	385 816	245 780
私人绝对控股	454 821	202 616	63 118	30 252	254 123	170 439
私人相对控股	234 778	108 998	25 967	27 746	131 693	75 341
港、澳、台商控股	65 198	25 911	6 943	7 178	32 002	26 018
港、澳、台商绝对控股	54 668	20 468	5 550	6 399	28 019	20 249
港、澳、台商相对控股	10 530	5 443	1 393	779	3 983	5 769
外商控股	311 397	178 305	26 046	47 933	169 762	93 705
外商绝对控股	186 258	71 397	18 312	22 268	95 909	68 087
外商相对控股	125 139	106 908	7 734	25 665	73 853	25 618
四、按软件出口基地分列						
北京软件出口基地	7 884	4 032	669	875	5 087	1 922
天津软件出口基地	4 137	1 970	668	322	2 903	911
大连软件出口基地	48 321	28 120	3 814	4 200	36 290	7 831
上海软件出口基地	27 949	13 683	2 998	4 606	16 145	7 198
深圳软件出口基地	59 324	12 416	3 719	12 297	34 806	12 223
西安软件出口基地	51 959	42 604	5 048	5 350	35 566	11 041
五、按软件园区分列						
北京中关村软件园	10 881	5 683	1 003	1 815	6 481	2 585

续表

项目名称	从业人员年末人数	软件研发人员	管理人员	硕士以上人员	大本人员	大专以下
大连软件园	48 321	28 120	3 814	4 200	36 290	7 831
上海浦东软件园	27 949	13 683	2 998	4 606	16 145	7 198
南京软件园	14 100	7 155	2 241	2 133	8 810	3 157
杭州软件园	69 292	27 681	7 002	5 466	39 340	24 486
山东齐鲁软件园	29 096	12 890	8 416	5 186	17 960	5 950
长沙软件园	38 832	11 098	3 195	2 971	16 667	19 193
广州天河软件园	41 800	20 071	5 706	2 897	25 694	13 208
珠海南方软件园	2 787	1 180	525	166	1 345	1 276
成都软件园	34 414	13 522	3 213	5 040	19 656	9 717
西安软件园	51 959	42 604	5 048	5 350	35 566	11 041
六、按行业分列						
软件产品行业	698 242	351 459	88 486	80 279	409 087	208 876
系统集成行业	200 422	95 019	24 699	22 364	104 512	73 546
软件技术服务行业	490 476	281 559	56 666	65 648	266 431	158 397
嵌入式系统软件行业	123 254	32 621	12 013	7 751	50 529	64 970
IC 设计行业	32 634	14 329	4 012	7 884	13 437	11 313

表 8　2008 年软件产业主要经济效益指标汇总表

项目名称	企业数（个）	综合经济效益指数（%）	总资产贡献率（%）	资本保值增值率（%）	资产负债率（%）	流动资产周转率（次/年）	成本费用利润率（%）	全员劳动生产率（元/人）
软件企业合计	14 687	307.01	10.13	142.75	38.31	1.60	10.34	175 849
一、按企业登记注册类型分列								
内资企业	12 593	276.62	8.65	138.35	35.37	1.29	10.26	137 741
国有企业	272	325.31	11.22	138.11	57.52	1.61	13.15	179 694
集体企业	38	412.46	9.60	104.56	72.20	2.86	2.54	359 098
股份合作企业	71	231.47	9.60	116.19	59.76	1.58	6.52	75 704
联营企业	39	291.08	9.97	301.42	19.78	2.15	8.12	126 131
国有联营企业	6	361.66	13.47	121.92	62.00	1.45	23.15	172 601
集体联营企业	6	316.51	13.83	126.21	62.76	3.13	26.36	48 124

续表

项目名称	企业数（个）	综合经济效益指数（%）	总资产贡献率（%）	资本保值增值率（%）	资产负债率（%）	流动资产周转率（次/年）	成本费用利润率（%）	全员劳动生产率（元/人）
国有与集体联营企业	6	305.64	5.99	365.87	5.94	1.68	3.18	191 226
其他联营企业	21	360.64	39.54	373.16	16.41	5.15	9.94	74 860
有限责任公司	7 347	281.85	9.72	217.01	39.01	1.65	9.48	123 561
国有独资公司	30	288.87	8.12	118.28	47.76	2.54	9.66	143 299
其他有限责任公司	7 317	281.90	9.76	220.81	38.80	1.63	9.48	123 088
股份有限公司	851	306.62	11.66	111.89	46.26	1.50	11.22	170 799
私营企业	3 915	236.50	4.09	107.88	14.72	0.59	10.03	111 964
其他内资企业	60	271.20	18.39	118.21	39.32	3.11	7.98	86 452
港、澳、台商投资企业	495	479.00	21.05	170.41	47.38	3.30	15.63	356 253
合资经营企业（港、澳、台资）	153	329.35	17.76	121.04	45.33	2.15	10.31	182 870
合作经营企业（港、澳、台资）	5	205.33	1.97	111.25	77.31	3.00	1.32	54 105
港、澳、台商独资经营企业	315	499.66	22.41	180.19	46.96	3.62	17.35	368 219
港、澳、台商投资股份有限公司	22	644.54	15.90	209.48	52.32	3.22	10.60	667 665
外商投资企业	1 599	368.43	13.36	167.78	50.29	2.58	8.34	254 254
中外合资经营企业	373	353.59	16.94	122.09	56.34	2.45	7.79	232 334
中外合作经营企业	28	147.96	–26.26	111.47	45.86	2.69	–5.56	111 285
外资企业	1 163	376.97	12.41	194.31	49.08	2.67	8.30	264 634
外商投资股份有限公司	35	407.30	17.38	112.87	35.33	1.95	24.42	233 149
二、按控股类型分列								
国有控股	982	313.56	11.26	117.72	53.15	1.56	9.64	188 791
国有绝对控股	629	301.46	10.52	124.03	52.46	1.62	9.48	169 956
国有相对控股	353	329.00	12.16	110.57	54.00	1.50	9.82	212 639
集体控股	1 281	335.30	13.12	142.81	45.06	3.38	12.90	166 129
集体绝对控股	265	353.07	18.25	120.97	51.60	1.75	14.64	197 996
集体相对控股	1 016	342.87	12.04	147.62	43.68	5.08	12.33	157 218
私人控股	10482	257.44	7.12	144.72	26.66	1.00	10.64	114 648
私人绝对控股	7 350	278.17	9.09	237.41	31.59	1.49	11.53	107 233
私人相对控股	3 132	251.09	5.51	112.82	22.62	0.71	9.54	129 067
港、澳、台商控股	385	395.21	13.77	136.12	48.98	2.32	8.45	308 137

续表

项目名称	企业数（个）	综合经济效益指数（%）	总资产贡献率（%）	资本保值增值率（%）	资产负债率（%）	流动资产周转率（次/年）	成本费用利润率（%）	全员劳动生产率（元/人）
港、澳、台商绝对控股	300	410.57	14.02	137.73	48.03	2.33	8.75	330 626
港、澳、台商相对控股	85	310.75	12.20	125.60	54.90	2.23	6.57	187 149
外商控股	1 557	400.68	15.91	183.67	49.60	3.29	10.22	273 080
外商绝对控股	974	368.71	13.79	164.90	50.50	2.57	7.71	258 049
外商相对控股	583	488.48	18.79	215.85	48.38	7.78	15.55	296 081
三、按软件出口基地分列								
北京软件出口基地	5	225.41	7.07	110.27	47.48	1.27	4.76	94 874
天津软件出口基地	59	255.31	9.35	198.87	44.92	2.37	5.36	96 883
大连软件出口基地	310	247.22	12.60	116.27	56.81	1.15	4.48	113 106
上海软件出口基地	180	323.18	13.94	116.54	45.01	1.68	11.72	184 433
深圳软件出口基地	247	303.49	13.67	139.92	61.65	1.38	7.13	173 968
西安软件出口基地	743	312.26	4.95	674.18	55.08	1.17	6.39	109 634
四、按软件园区分列								
北京中关村软件园	45	261.75	8.84	109.18	38.86	1.19	9.18	126 246
大连软件园	310	247.22	12.60	116.27	56.81	1.15	4.48	113 106
上海浦东软件园	180	323.18	13.94	116.54	45.01	1.68	11.72	184 433
南京软件园	141	384.02	19.01	121.71	54.12	1.42	8.71	288 006
杭州软件园	503	349.35	16.48	124.48	47.20	1.42	17.15	187 735
山东齐鲁软件园	89	310.24	20.63	120.25	61.57	1.92	13.60	118 946
长沙软件园	314	191.05	4.35	65.64	44.26	0.40	8.90	45 849
广州天河软件园	562	313.73	13.38	173.34	31.27	1.44	16.94	134 010
珠海南方软件园	45	292.49	18.89	138.82	41.49	1.92	19.34	63 431
成都软件园	204	310.35	13.67	140.75	40.85	3.62	6.81	159 127
西安软件园	743	312.26	4.95	674.18	55.08	1.17	6.39	109 634
五、按行业分列								
软件产品行业	8 179	288.81	10.23	115.18	30.75	1.10	11.83	152 935
系统集成行业	1 841	324.76	12.34	145.65	50.31	2.15	10.55	183 460
软件技术服务行业	3 410	337.19	11.79	152.33	53.82	2.89	9.20	199 393
嵌入式系统软件行业	992	323.26	5.43	407.75	26.94	1.81	7.53	176 687
IC 设计行业	265	341.92	7.99	170.91	37.03	1.27	9.50	244 876

表 9　2008 年软件产品收入额及出口额

项目名称	企业数（个）	本年收入额（万元）	其中：出口额（万美元）
软件收入明细合计	14 687	75 728 894	1 620 821
一、软件产品行业	9 039	22 947 694	235 256
（一）基础软件	1 457	2 449 027	21 247
1.操作系统	882	1 455 918	16 527
（1）通用操作系统	524	631 465	5 672
（2）嵌入式操作系统	376	824 452	10 856
2.数据库系统	286	397 732	2 383
3.其他	383	595 377	2337
（二）中间件	791	4 452 978	124 114
1.基础中间件	199	248 994	16
（1）交易中间件	36	20 225	
（2）消息中间件	31	20 012	
（3）应用服务器（J2EE）	55	48 262	
（4）对象中间件	25	17 317	
（5）其他	75	142 405	16
2.业务中间件	402	1 834 908	3 316
（1）系统集成中间件	128	149 633	
（2）信息集成中间件	67	40 602	38
（3）企业服务总线	88	1 338 194	518
（4）工作流中间件	35	26 444	16
（5）门户中间件	23	9 729	
（6）安全中间件	34	66 807	1 543
（7）商业智能中间件	35	46 755	891
（8）内容管理中间件	28	17 345	302
（9）其他业务中间件	44	139 400	9
3.领域中间件	224	1 007 077	4 121
（1）计算机语言集成中间件（CTI）	144	606 036	408
（2）移动中间件	10	11 963	2
（3）无线射频（RFID）中间件	19	9 524	8
（4）数字电视中间件	23	75 235	758
（5）其他	28	304 318	2 945

续表

项目名称	企业数（个）	本年收入（万元）	其中:出口额(万美元)
4.其他中间件	38	1 362 000	116 662
（三）应用软件	7 003	14 984 278	86 819
1.通用软件	2 602	4 066 786	40 094
（1）字处理软件	43	26 283	200
（2）报表处理软件	95	38 416	106
（3）地理信息软件	180	122 794	833
（4）网络软件	246	249 786	484
（5）游戏软件	158	1 102 728	13 459
（6）企业管理软件	1 112	878 055	12 173
（7）多媒体应用软件	242	371 110	7 852
（8）辅助设计与辅助制造（CAD/CAM）软件	100	78 389	863
（9）信息安全软件	380	490 524	250
（10）其他通用软件	469	708 701	3 875
2.行业应用软件	4 778	10 814 810	40 861
（1）政务软件	483	440 585	590
（2）商务（贸）软件	143	119 459	6 392
（3）财税软件	227	311 675	1 221
（4）金融软件	223	943 125	2 893
（5）商业软件	217	141 825	225
（6）通信软件	497	3 291 052	6 333
（7）能源软件	173	482 189	254
（8）工业控制	596	1 277 957	5 895
（9）教育软件	310	365 025	857
（10）旅游服务业	49	43 274	
（11）交通应用	274	371 395	133
（12）会计核算软件/财务管理软件	90	73 348	92
（13）统计软件	41	9 859	81
（14）其他行业应用软件	2 024	2 944 042	15 897
3.文字语言处理	95	102 682	5 864
（1）信息检索	20	17 695	773
（2）文本处理	13	2 876	97

续表

项目名称	企业数（个）	本年收入（万元）	其中:出口额(万美元)
(3) 语音应用	15	1 376	
(4) 其他资源库	12	7 682	14
(5) 机器翻译	5	6 319	4
(6) 其他文字处理软件	34	66 734	4 976
(四) 嵌入式应用软件（接收委托开发）	197	1 061 411	3 076
二、系统集成合计	3 279	16 061 016	132 189
(一) 电子政务系统集成	533	2 034 792	3 372
(二) 电子商务系统集成	299	1 076 337	9 678
(三) 企业管理（含 CRM、ERP 等）集成	475	1 568 871	1 164
(四) 金融、保险系统集成	274	1 249 707	1 205
(五) 商业、医院系统集成	216	371 269	
(六) 交通管理应用系统集成	210	527 525	
(七) 其他系统集成	1 956	9 230 882	116 770
三、软件技术服务合计	7 244	19 381 846	312 686
(一) 软件售后服务	3 048	3 620 674	49 108
(二) 软件咨询和供应	2 731	7 964 639	187 269
(三) 数据处理	904	3 009 753	64 196
(四) 数据库活动	417	1 042 356	3 331
(五) 后端办公处理	312	935 601	2 006
(六) 客户交互服务	432	1 115 589	4 742
(七) 互联网在线服务	248	1 693 235	2 034
1.在线娱乐服务	52	314 994	528
2.电子商务管理服务	139	1 241 507	1 110
四、嵌入式系统软件合计	1 317	15 274 119	862 472
(一) 通信设备	405	8 828 510	720 001
1.固定通信网络设备	130	290 941	3 533
(1) 程控交换（不含移动交换）设备	62	112 923	1135
(2) 用户接入设备	65	174 783	2 397
(3) 下一代核心网络设备（NGN）	8	3 235	1
2.移动通信设备	65	1 289 177	67 050
(1) 移动通信基站	29	734 062	58 467

续表

项目名称	企业数（个）	本年收入（万元）	其中:出口额(万美元)
(2) 移动通信直放站	7	86 947	46
(3) 移动通信交换设备	31	468 168	8 537
3.光通信与传输设备	48	383 448	2 242
(1) 光传输设备	27	309 796	1 869
(2) 微波传输设备	21	73 652	373
4.通信终端设备及其他	169	6 864 945	647 176
(1) SIM 卡	7	78 163	4 731
(2) 自主开发手机	16	362 054	19 863
(3) 数据通信设备	68	5 384 215	607 783
(4) 通信电子对抗设备	2	2 159	
(5) 通信导航设备	25	43 974	449
(6) 数字多媒体通信设备	56	994 379	14 351
(二) 网络设备	83	1 259 185	44 021
1.路由器	12	26 830	1 529
2.以太网交换机	9	2 851	
3.网关及接入服务器	11	22 447	788
4.无线局域网设备	6	228	
5.网络安全设备	28	420 416	21 946
6.网络终端设备	19	275 311	17 101
7.网络存储设备	18	511 101	2 657
(三) 数字装备设备	94	198 945	4 881
1.智能识别装置	59	122 716	3 931
2.安全防卫系统	38	76 230	949
(四) 数字视频产品	34	360 278	7 774
1.数字（含有线、无线、卫星、网络）电视机顶盒	19	69 472	1 982
2.带数字电视机顶盒的数字电视一体机	17	290 806	5 792
(五) 自动控制产品	593	3 764 015	73 619
1.集散控制系统	79	309 648	6 836
2.过程控制系统	301	1 949 427	43 016
3.机电一体化控制系统	186	1 292 248	20 699
4.智能传感器	23	140 088	2 615

续表

项目名称	企业数（个）	本年收入（万元）	其中：出口额(万美元)
5.智能机器人	11	72 605	452
（六）汽车电子嵌入式软件	120	838 594	12 176
1.通信系统	24	72 078	1 194
2.自动控制系统	97	766 516	10 983
五、IC 设计合计	303	2 064 690	78 218
（一）数字电路	83	607 250	8 055
（二）模拟电路	45	205 860	11 272
（三）SOC 电路	49	237 157	10 190
（四）存储器电路	11	34 216	2 103
（五）计算机电路	20	185 618	23 950
（六）接口电路	10	5 704	372
（七）数字信号处理器	15	178 037	1 062
（八）微波集成电路	7	3 043	89
（九）混合集成电路	56	271 917	13 668
（十）专用电路	57	335 886	7 457

表 10　2008 年各省、市、自治区软件产业主要指标汇总表（1）

单位：万元

项目名称	企业数（个）	软件业务收入	其中					软件外包服务收入
			软件产品收入	系统集成收入	软件技术服务收入	嵌入式系统软件收入	IC设计收入	
软件企业合计	14 687	75 728 894	22 947 695	16 061 016	19 381 377	15 274 119	2 064 690	2 274 339
北京市	4 530	15 430 806	3 186 753	3 038 159	8 826 728	67 296	311 870	34 650
天津市	351	1 553 623	286 540	85 773	205 961	972 236	3 116	46 740
河北省	228	354 203	142 585	137 259	30 884	43 188	288	1 508
山西省	81	75 710	51 355	13 320	6 223	4 802	10	416
内蒙古自治区	70	174 288	72 636	66 901	28 327	5 836	587	328
辽宁省	648	3 167 629	1 172 939	735 172	1 023 260	209 403	26 856	528 988
吉林省	226	945 052	282 769	369 205	264 592	28 486		3 099
黑龙江省	333	574 369	194 752	193 028	153 214	32 362	1 012	54 031
上海市	1 222	5 808 115	2346 181	1 268 554	1 764 260		429 120	364 051
江苏省	1 732	12 011 514	2 373 127	1 478 937	1 935 114	5 523 419	700 916	349 638

续表

项目名称	企业数（个）	软件业务收入	其中					软件外包服务收入
			软件产品收入	系统集成收入	软件技术服务收入	嵌入式系统软件收入	IC设计收入	
浙江省	895	4 232 579	1 171 437	1 268 693	896 739	775 560	120 150	142 176
安徽省	173	392 768	184 779	153 493	47 877	82	6 537	2 711
福建省	348	2 114 348	905 388	721 460	369 729	39 610	78 161	8 972
江西省	74	357 354	96 959	161 105	84 505	14 740	44	4 012
山东省	495	3 828 213	1 159 288	817 660	747 975	1 101 354	1 937	102 454
河南省	214	774 097	311 311	344 766	91 814	26 206		871
湖北省	490	1099 710	639 486	206 235	131 303	117 602	5 085	23 481
湖南省	586	927 546	479 981	138 339	76 994	232 095	137	9 634
广东省	2604	15 066 843	4 453 460	3 213 505	1 676 898	5 639 263	83 717	343 199
广西壮族自治区	67	254 355	127 593	75 646	50 744	372		500
海南省	31	36 056	8 736	2 736	24 584			1 277
四川省	415	3 741 845	2 317 789	755 691	491 395	16 499	160 470	28 460
贵州省	78	117 846	56 082	41 652	19 785	270	55	
云南省	103	250 488	58 063	174 669	17 321	350	85	239
重庆市	189	714 025	320 594	209 309	31 755	152 163	205	10 839
陕西省	743	1 423 558	481 417	198 285	340 367	269 182	134 307	208 071
甘肃省	62	137 807	40 006	79 127	18 649		25	3 529
宁夏回族自治区	19	13 134	5 337	5 142	2 187	468		60
新疆维吾尔自治区	107	151 013	20 352	107 195	22 193	1 273		407

表 11　2008 年各省、市、自治区软件产业主要指标汇总表 (2)

单位：万美元

项目名称	软件业务出口收入	软件外包服务出口收入	嵌入式系统软件出口收入
软件企业合计	1 620 822	209 371	712 062
北京市	47 567	4 627	386
天津市	79 831	4 058	74 022
河北省	1 534	168	1 290
山西省	97		47
内蒙古自治区	37	37	
辽宁省	83 333	57 699	2 597

续表

项目名称	软件业务出口收入	软件外包服务出口收入	嵌入式系统软件出口收入
吉林省	556	383	
黑龙江省	2 648	2 541	
上海市	85 927	29 428	
江苏省	250 506	36 074	99 780
浙江省	67 992	14 289	24 495
安徽省	799	102	
福建省	3 235	1 029	
江西省	914	459	455
山东省	31 240	9 357	21 005
河南省	22	12	
湖北省	6 406	1 719	988
湖南省	1 164	709	11
广东省	912 586	36 794	484 665
广西壮族自治区	125		35
海南省	84	84	
四川省	32 240	3 462	
贵州省			
云南省	219	11	
重庆市	398	18	
陕西省	11 324	6 282	2 285
甘肃省	31	31	
宁夏回族自治区	8		
新疆维吾尔自治区			

表 12　2008 年各省、市、自治区软件产业主要指标汇总表（3）

单位：万元

项目名称	利润总额	流动资产平均余额	资产合计	负债合计
软件企业合计	9 120 229	62 311 612	133 684 353	51 213 327
北京市	1 795 393	1 009 187	19 400 999	9 104 907
天津市	185 154	1 283 629	1 892 403	906 432
河北省	61 990	318 103	536 714	207 736
山西省	13 697	114 109	187 130	83 874
内蒙古自治区	19 844	81 636	270 139	122 011
辽宁省	274 683	2 110 358	11 437 845	1 034 569
吉林省	101 276	288 418	1 407 280	451 145
黑龙江省	105 433	424 840	1 037 523	203 445
上海市	1 162 991	4 786 549	9 248 636	3 965 715
江苏省	1 082 673	7 958 035	13 080 870	6 705 102
浙江省	711 105	3 506 913	6 097 093	2 928 005
安徽省	78 922	443 338	669 050	300 462
福建省	157 143	787 508	1 192 304	533 130
江西省	33 494	150 601	329 420	168 069
山东省	397 090	2 296 569	4 389 990	2 504 305
河南省	136 781	310 564	1 956 977	1 014 500
湖北省	118 748	13 639 809	23 988 932	2 131 160
湖南省	154 842	2 613 697	4 000 063	1 629 556
广东省	1 888 846	15 350 082	22 218 324	11 698 930
广西壮族自治区	23 033	125 461	250 587	145 412
海南省	2 690	50 897	77 788	31 255
四川省	355 526	1 487 973	4 183 457	1 898 236
贵州省	12 978	53 316	80 300	41 873
云南省	19 407	246 350	357 057	160 900
重庆市	91 814	1 241 763	1 742 451	1 291 402
陕西省	95 455	1 395 851	3 141 490	1 730 452
甘肃省	16 793	93 075	143 500	56 123
宁夏回族自治区	771	19 408	30596	7 633
新疆维吾尔自治区	21 659	123 572	335434	156 989

表 13　2008 年各省、市、自治区软件产业主要指标汇总表（4）

单位：万元

项目名称	主营业务税金及附加	年末所有者权益	年初所有者权益	应交增值税
软件企业合计	1 267 735	82 471 027	57 771 125	2 575 622
北京市	297 648	10 296 092	5 484 040	456 796
天津市	35 499	985 972	889 992	-7 977
河北省	10 522	328 978	260 213	16 949
山西省	1 910	103 255	80 212	3 678
内蒙古自治区	6 443	148 128	63 691	7 584
辽宁省	65 196	10 403 276	1 086 601	46 044
吉林省	24 852	956 135	872 234	12 318
黑龙江省	10 040	834 079	480 143	23 632
上海市	190 540	5 282 922	3 845 990	175 413
江苏省	57 272	6 375 768	3 654 338	384 836
浙江省	61 609	3 169 088	2 568 544	154 446
安徽省	4 945	368 588	572 067	17 557
福建省	23 250	659 174	489 229	35 314
江西省	7 045	161 351	113 648	4 570
山东省	81 724	1 885 686	1 712 974	182 360
河南省	20 798	942 478	721 041	52 366
湖北省	30 821	21 857 772	20 855 296	39 241
湖南省	15 061	2 370 507	3 162 777	46 700
广东省	224 346	10 519 394	8 069 279	807 493
广西壮族自治区	2 146	105 175	80 098	2 130
海南省	1 025	46 533	41 174	251
四川省	45 063	2 285 221	1 629 633	43 263
贵州省	2 505	38 427	23 308	2 260
云南省	4 379	196 157	181 338	5 088
重庆市	11 544	451 049	371 802	31 397
陕西省	24 277	1 411 038	209 298	26 880
甘肃省	2 250	87 377	77 774	2 033
宁夏回族自治区	323	22 963	20 239	440
新疆维吾尔自治区	4 699	178 445	154 150	2 560

表 14　2008 年各省、市、自治区软件产业主要指标汇总表（5）

单位：万元

项目名称	应交所得税	出口已退税额	研发经费
软件企业合计	2 575 622	1 937 515	8 223 572
北京市	456 796	210 356	2 159 568
天津市	–7 977	29 488	137 803
河北省	16 949	9 959	20 218
山西省	3 678	1 583	12 727
内蒙古自治区	7 584	2 732	1 516
辽宁省	46 044	641 195	166 229
吉林省	12 318	7 829	28 796
黑龙江省	23 632	14 560	122 182
上海市	175 413	125 640	755 603
江苏省	384 836	159 892	773 934
浙江省	154 446	85 521	410 457
安徽省	17 557	8 398	43 623
福建省	35 314	18 506	124 529
江西省	4 570	2 837	108 004
山东省	182 360	138 624	368 117
河南省	52 366	35 380	50 212
湖北省	39 241	19 185	90 220
湖南省	46 700	27 078	68 600
广东省	807 493	324 413	2218 494
广西壮族自治区	2 130	1 554	5 762
海南省	251	707	1 913
四川省	43 263	31 015	319 184
贵州省	2 260	1 428	2 360
云南省	5 088	2 761	9 958
重庆市	31 397	13 148	85 583
陕西省	26 880	18 264	125 787
甘肃省	2 033	2 031	7 764
宁夏回族自治区	440	148	1 015
新疆维吾尔自治区	2 560	3 282	3 412

表 15　2008 年各省、市、自治区软件产业主要指标汇总表（6）

单位：万元

项目名称	增加值	劳动者报酬	固定资产折旧	生产税净额	营业盈余
软件企业合计	26 799 783	10 029 460	2 666 728	3 856 839	10 246 757
北京市	5 336 167	2 574 372	374 531	489 938	1 897 327
天津市	374 935	127 162	62 387	121 680	63 707
河北省	155 977	52 960	27 217	15 209	60 592
山西省	27 465	10 871	3 310	3 607	9 677
内蒙古自治区	64 247	13 615	19 190	12 207	19 235
辽宁省	1 028 924	419 415	155 518	90 473	363 518
吉林省	290 324	88 879	88 198	21 099	92 148
黑龙江省	240 634	98 417	17 955	24 034	100 228
上海市	2 865 311	1 329 665	216 626	349 649	969 372
江苏省	4 979 036	1 104 757	341 243	945 608	2 587 428
浙江省	1 418 225	507 404	88 998	249 901	571 922
安徽省	145 439	45 249	19 126	23 119	57 945
福建省	508 737	168 777	79 608	92 240	168 112
江西省	71 399	23 463	11 894	11 404	24 638
山东省	1 256 617	338 471	193 334	256 537	468 275
河南省	167 989	47 176	18 920	35 220	66 674
湖北省	369 750	143 278	72 808	40 685	112 981
湖南省	323 263	135 500	22 616	40 724	124 423
广东省	5 168 987	1 965 214	460 921	805 947	1 936 905
广西壮族自治区	76 268	41 993	6 669	8 273	19 333
海南省	10 850	5 375	1 531	381	3 564
四川省	934 111	437 221	114 846	72 501	309 543
贵州省	37 793	9 098	1 594	13 262	13 839
云南省	57 924	25 771	7 225	10 178	14 750
重庆市	216 623	121 097	21 597	14 665	59 263
陕西省	578 372	158 723	225 743	95 931	97 976
甘肃省	36 854	12 117	4 049	5 232	15 456
宁夏回族自治区	4 522	2 288	1 077	431	726
新疆维吾尔自治区	53 039	21 133	7 998	6 705	17 202

表 16　2008 年各省、市、自治区软件产业主要指标汇总表（7）

单位：人

项目名称	从业人员年末人数	软件研发人　员	管理人员	硕士以上人　员	大本人员	大专以下
软件企业合计	1 545 028	774 987	1 858 76	183 926	843 996	517 102
北京市	251 410	230 408	16 065	50 622	137 599	63 189
天津市	23 523	8 250	3 007	1 381	12 784	9 361
河北省	16 174	6 377	2 417	659	8 033	7 483
山西省	4 310	2 272	712	303	2 553	1 454
内蒙古自治区	2 892	1 117	614	154	1 856	882
辽宁省	85 988	50 008	9 353	7 851	58 053	20 083
吉林省	20 596	7 854	9 420	1 559	12 968	6 069
黑龙江省	20 983	10 712	3 105	1 003	11 479	8 503
上海市	127 970	54 056	17 149	19 475	68 550	39 945
江苏省	173 509	60 153	19 918	17 308	76 981	79 214
浙江省	91 987	34 422	11 099	6 407	47 099	38 484
安徽省	13 995	6 354	2 195	1 442	7 198	5 355
福建省	36 455	13 868	4 049	2 177	21 443	12 835
江西省	5 840	2 394	820	483	3 635	1 722
山东省	74 506	29 855	16 589	9 392	43 836	21 281
河南省	17 297	9 657	2 407	1 584	11 104	4 609
湖北省	33 805	14 601	3 906	3 984	19 511	10 308
湖南省	53 630	17 001	4 945	4 035	23 527	26 070
广东省	318 000	132 833	38 604	38 084	177 523	102 388
广西壮族自治区	3 885	1 355	825	145	1 893	1 845
海南省	1 744	654	288	66	1 216	462
四川省	77 271	25 012	7 455	7 926	38 701	30 643
贵州省	2 990	730	421	170	1 842	978
云南省	5 541	2 816	1 018	292	3 506	1 743
重庆市	17 021	6 521	2 628	1 664	9 206	6 152
陕西省	51 959	42 604	5 048	5 350	35 566	11 041
甘肃省	4 137	1 813	847	264	2 659	1 214
宁夏回族自治区	734	271	143	8	435	291
新疆维吾尔自治区	6 876	1 019	829	138	3 240	3 498

表 17　2008 年各省、市、自治区软件产业主要经济效益指标汇总表

项目名称	企业数（个）	综合经济效益指数（%）	总资产贡献率（%）	资本保值增值率（%）	资产负债率（%）	流动资产周转率（次/年）	成本费用利润率（%）	全员劳动生产率（元/人）
软件企业合计	14 687	307.01	10.13	142.75	38.31	1.60	10.34	175 849.4
北京市	2 103	493.10	13.79	187.75	46.93	15.32	12.98	219 024.82
天津市	351	304.39	10.91	110.78	47.90	1.28	12.69	163 569.94
河北省	228	281.23	17.31	126.43	38.71	1.75	12.60	98 098.7
山西省	81	238.33	10.74	128.73	44.82	1.22	10.71	65 455.22
内蒙古自治区	70	363.50	12.70	232.57	45.17	3.00	8.95	224 956.02
辽宁省	648	363.52	3.49	957.41	9.05	1.90	8.61	125 879.19
吉林省	226	304.30	9.99	109.62	32.06	5.11	7.35	142 616.31
黑龙江省	333	297.00	13.45	173.71	19.61	1.79	15.31	114 413.28
上海市	1 222	378.52	16.64	137.36	42.88	1.71	16.43	233 733.16
江苏省	1 732	372.34	12.21	174.47	51.26	2.46	6.27	277 303.29
浙江省	895	325.05	15.75	123.38	48.02	1.45	15.77	157 964.95
安徽省	173	281.51	15.78	64.43	44.91	1.29	15.51	104 249.81
福建省	348	311.80	18.71	134.74	44.71	3.13	6.97	153 003.66
江西省	74	293.36	14.59	141.98	51.02	2.99	8.24	125 990.68
山东省	495	304.49	16.01	110.08	57.05	2.53	7.50	157 094.75
河南省	214	292.62	11.70	130.71	51.84	4.78	9.93	96 213.69
湖北省	490	215.51	0.85	104.81	8.88	0.12	7.94	110 587.82
湖南省	586	216.49	6.18	74.95	40.74	0.55	12.02	59 422.23
广东省	2 604	308.22	13.89	130.36	52.65	1.28	10.93	165 777.87
广西壮族自治区	67	329.69	12.77	131.31	58.03	2.55	7.71	202 035.66
海南省	31	204.61	5.32	113.01	40.18	0.99	5.82	65 716.6
四川省	415	286.81	10.94	140.23	45.37	3.08	8.43	126 038.8
贵州省	78	321.39	22.22	164.87	52.15	3.09	8.96	137 178.29
云南省	103	239.59	8.80	108.17	45.06	1.32	6.31	103 731.5
重庆市	189	270.01	7.94	121.31	74.11	0.98	8.17	127 831.09
陕西省	743	312.26	4.95	674.18	55.08	1.17	6.39	109 633.62
甘肃省	62	262.73	14.79	112.35	39.11	1.97	10.12	90 173.72
宁夏回族自治区	19	194.16	5.83	113.46	24.95	1.28	3.27	62 980.5
新疆维吾尔自治区	107	240.74	8.77	115.76	46.80	2.26	8.51	74 481.95

表 18　2008 年各省、市、自治区

项目名称	软件收入合计	位次	软件产品小计	位次	其中					
					基础软件	位次	中间件	位次	应用软件	位次
合　计	75 728 894		22 947 694		2 449 027		4 452 978		14 984 278	
北京市	15 430 806	1	3 186 753	2	284 349	2	1 766 911	1	1 133 181	5
天津市	1 553 623	10	286 539	15	42 245	13	1 615	19	222 561	16
河北省	354 203	20	142 585	19	45 066	12	12 424	13	85 095	20
山西省	75 710	27	51 355	25	10 481	20	580	26	40 282	24
内蒙古	174 288	23	72 636	22	3 280	23	3 109	16	66 217	22
辽宁省	3 167 629	8	1 172 939	6	211 081	4	85 700	8	787 480	7
吉林省	945 052	13	282 769	16	15 045	18	32 506	11	234 735	15
黑龙江	574 369	17	194 752	17	12 106	19	32 035	12	141 492	18
上海市	5 808 115	4	2 346 181	4	142 795	7	117 329	7	2 077 309	2
江苏省	12 011 514	3	2 373 127	3	180 668	6	84 891	9	1 487 963	4
浙江省	4 232 579	5	1 171 437	7	198 328	5	161 712	6	769 890	8
安徽省	392 768	18	184 779	18	26 429	14	628	25	151 966	17
福建省	2 114 348	9	905 388	9	3 071	24	209 597	4	641 932	9
江西省	357 354	19	96 959	21	18 617	16	7 802	14	70 540	21
山东省	3 828 213	6	1 159 288	8	79 128	9	34 458	10	1 009 040	6
河南省	774 097	15	311 311	14	71 575	10	1663	18	237 931	14
湖北省	1 099 710	12	639 486	10	89 490	8	208 936	5	340 973	12
湖南省	927 546	14	479 981	12	55 558	11	5 594	15	385 425	11
广东省	15 066 843	2	4 453 460	1	649 892	1	1 401 495	2	2 337 386	1
广　西	254 355	21	127 593	20	2 915	25	173	27	124 505	19
海南省	36 056	28	8 736	28	658	28			8 078	28
四川省	3 741 845	7	2 317 789	5	246 248	3	275 062	3	1 720 569	3
贵州省	117 846	26	56 082	24	2 573	26	1 444	21	52 065	23
云南省	250 488	22	58 063	23	17 864	17	2 395	17	37 804	25
重庆市	714 025	16	320 594	13	25 231	15	662	24	292 385	13
陕西省	1 423 558	11	481 417	11	807	27	1 393	22	478 169	10
甘肃省	137 807	25	40 006	26	6 262	22	1 204	23	32 540	26
宁　夏	13 134	29	5 337	29			143	28	5 194	29
新　疆	151 013	24	20 352	27	7 264	21	1 517	20	11 571	27

软件产品收入汇总表

单位：万元

嵌入式软件	位次	系统集成小计	位次	软件信息服务小计	位次	嵌入式系统软件小计	位次	IC设计小计	位次
1 061 411		16 061 016		19 381 377		15 274 119		2 064 690	
2 313	14	3 038 159	2	8 826 728	1	67 296	11	311 870	3
20 117	9	85 773	22	205 961	12	972 236	4	3 116	12
		137 259	20	30 884	21	43 188	12	288	16
12	20	13 320	27	6 223	28	4 802	20	10	23
30	19	66 901	25	28 327	22	5 836	19	587	15
88 678	2	735 172	8	1 023 260	5	209 403	8	26 856	9
484	16	369 205	10	264 592	11	28 486	15		
9 119	10	193 028	15	153 214	13	32 362	14	1 012	14
8 748	11	1 268 554	5	1 764 260	3			429 120	2
619 605	1	1 478 937	3	1 935 114	2	5 523 419	2	700 916	1
41 507	6	1 268 693	4	896 739	6	775 560	5	120 150	6
5 756	12	153 493	18	47 877	19	82	26	6 537	10
50 788	5	721 460	9	369 729	9	39 610	13	78 161	8
		161 105	17	84 505	16	14 740	18	44	21
36 662	7	817 660	6	747 975	7	1 101 354	3	1 937	13
141	17	344 766	11	91 814	15	26 206	16		
86	18	206 235	13	131 303	14	117 602	10	5 085	11
33 404	8	138 339	19	76 994	17	232 095	7	137	18
64 688	4	3 213 505	1	1 676 898	4	5 639 263	1	83 717	7
		75 646	24	50 744	18	372	23		
		2 736	29	24 584	23				
75 911	3	755 691	7	491 395	8	16 499	17	160 470	4
		41 652	26	19 785	25	270	25	55	20
		174 669	16	17 321	27	350	24	85	19
2 316	13	209 309	12	31 755	20	152 163	9	205	17
1 048	15	198 285	14	340 367	10	269 182	6	134 307	5
		79 127	23	18 649	26			25	22
		5 142	28	2 187	29	468	22		
		107 195	21	22 193	24	1 273	21		

[供稿：工业和信息化部　运行监测协调局]

第 5 部分 信息化建设

2008年信息化推进情况

信息化基础设施建设情况

信息基础设施是信息化各领域开展建设和应用的前提和基础。从 1978 年到 2008 年的 30 年间，我国信息基础设施在业务规模、网络能力、技术层次等方面实现了跨越式发展。

业务规模不断扩大 经过 30 余年的高速增长，我国信息网络基础设施实现了跨越式的发展，目前已建成世界最大的通信网络，固定电话、移动电话、互联网与宽带用户数量均居世界首位，业务应用日益丰富，服务质量有很大提高。

从上世纪 80 年代初开始，我国用了不到 20 年时间实现了交换程控化、传输数字化，跨过了国外电信网技术发展的百年历程。90 年代以来，我国高起点发展移动通信，用 10 几年时间率先实现了移动通信的数字化和普及化。30 年前，我国平均每百人拥有电话不到 0.5 部，全国电话用户总数不及当时香港的数量，而截至 2008 年 12 月，全国电话用户总数已达 9.82 亿户，比改革开放之初增长近 500 倍。其中，固定电话总数达到 3.4 亿部，每百人拥有量为 25.8 部；移动电话总量达到 6.4 亿部，每百人拥有量为 48.5 部。全国 97.7%的行政村已通电话[①]。2003 年—2008 年全国电话用户数量如图 1 所示。

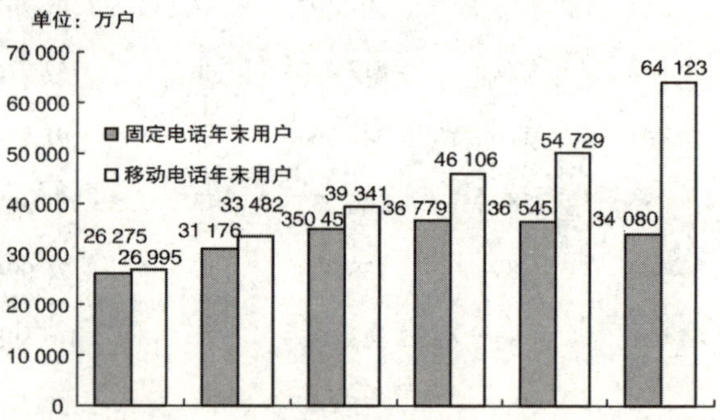

图 1 2003 年—2008 年全国电话用户数量

广播电视逐步实现数字化、网络化。我国拥有世界最大的广播电视市场和收视群体，电视用户和电视机数量约占全球总数的三分之一，堪称世界广播电视大国。截至 2008 年底，全国拥有 1.63 亿有线电视用户和 4 503 万户有线数字电视用户；全国广播综合人口覆盖率为 96%，电视综合人口覆盖率为 97%。[②]

随着我国积极推进信息技术应用和宽带网络的发

注：①工业和信息化部运行监测协调局《2008 年 12 月通信业主要指标完成情况》。

②中华人民共和国 2008 年国民经济和社会发展统计公报。

展，互联网真正实现了持续快速的发展。首先，表现为网民的快速增长，2007 年底我国网民总数达到 2.1 亿，到 2008 年 6 月底，我国网民数量达到了 2.53 亿，首次超过美国成为世界上网民最多的国家。网民中宽带接入的比例超过 80%，我国已经全面进入宽带网络时代。其次，作为我国互联网重要基础资源的.CN 域名，也实现了历史性的跨越。截至 2008 年 7 月 22 日，中国.CN 域名注册量以 1 218.8 万个超过德国.DE 域名，成为国家顶级域名最多的国家。国际互联网名字与编号分配机构(ICANN)）会议决议，在 2009 年“.中国”将写入全球根域名系统，从而可被全球互联网用户直接访问。根据中国互联网中心统计，截至 2008 年底，我国互联网普及率以 22.6%的比例首次超过 21.9%的全球平均水平。同时，我国网民数达到 2.98 亿人，宽带网民数达到 2.7 亿人，国家.CN 域名数达 1 357.2 万个，3 项指标继续稳居世界排名第 1①。2000 年—2008 年中国网民规模变化情况如图 2 所示。2004 年—2008 年我国.CN 域名注册量变化情况如图 3 所示。

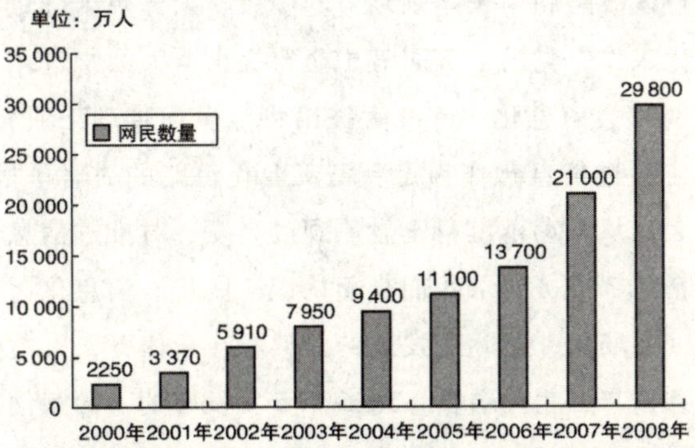

图 2　2000 年—2008 年中国网民规模变化情况

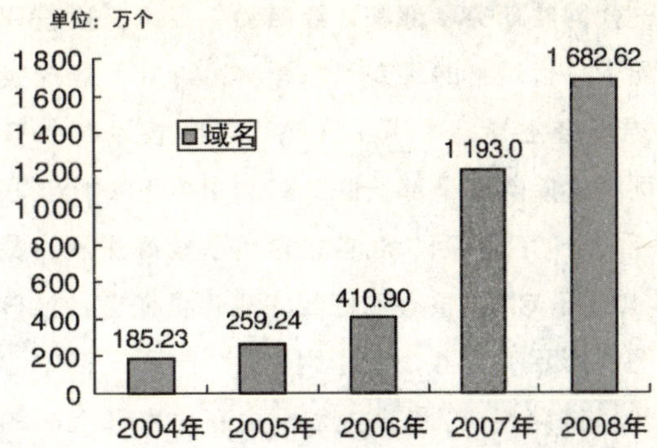

图 3　2004 年—2008 年我国域名规模变化情况

网络支撑能力持续增强　我国信息网络基础设施的装备已达到世界一流水平，世界各种成熟先进的主流通信技术在我国通信网上均有应用；广播电视设备也达到世界一流水平，其中中央电视台和部分省市设备进入世界先进水平。

目前，我国固定网络和移动网络规模居世界首位，并保持持续快速增长的势头，网络能力不断增强。我国的固定电话网和移动通信网已覆盖全国。截至 2008 年底，我国固定电话网络局用交换机容量达到 5.09 亿门，移动通信网络的交换机容量为 11.44 亿门②。

我国已建成覆盖全国的各类数据网络，包括基础数据网和 IP 互联网等。截至 2008 年底，全国互联网宽带接入端口达到 1.09 亿个，形成了以 xDSL 为主，LAN、Cable 及 WLAN 等其他手段为辅的宽带接入网络；城域网及骨干网不断完善，宽带城域网基本通达全国县以上地区，互联网国际出口带宽达到 640 286.67Mbps，较 2007年增长 73.6%。这为端到端的宽带应用提供了基本的网络环境。③2001 年—2008 年我国国际出口宽带变化情况如图 4 所示。

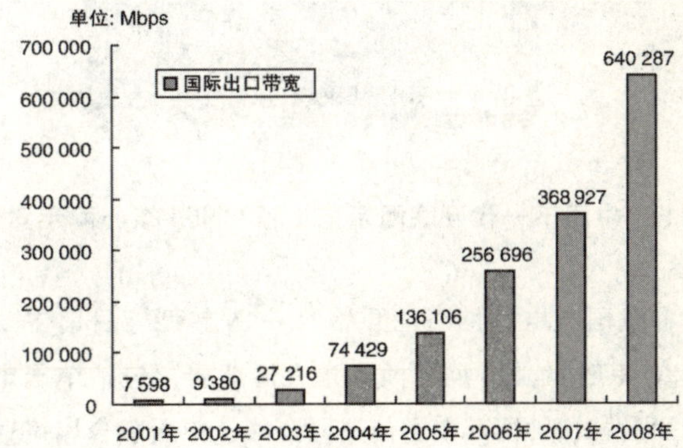

图 4　2001 年—2008 年我国国际出口带宽变化情况

我国已建成了覆盖全国的高速传输网，广泛采用 SDH 和 DWDM 先进技术，目前已经形成了以光缆为主、其他传输方式为辅的通信传输网络。光缆资源总量可满足我国通信发展。各个城市均建成了完备的城域传输网和宽带接入网，能够满足当前快速发展的网络需要。④

注：①中国互联网络信息中心（CNNIC）。

②工业和信息化部运行监测协调局《2008 年 12 月通信业主要指标完成情况》。

③工业和信息化部运行监测协调局《2008 年 12 月通信业主要指标完成情况》。

④《中国光纤光缆业的 30 年》。

下一代网络研究和部署已经启动 我国高度重视并积极开展下一代网络的研究和部署，2003年，国家发展和改革委员会主导，中国工程院、科学技术部、教育部、中国科学院等8个部委联合启动中国下一代互联网示范工程（CNGI）项目，目前已取得了较好进展。截至2008年12月，CNGI核心网已经完成建设任务，该核心网（如图5所示）由6个主干网、2个国际交换中心及相应的传输链路组成，6个主干网由在北京和上海的国际交换中心实现互联，现已全部完成验收。中国下一代互联网示范工程核心网实际建成包括22个城市59个节点以及北京和上海2个国际交换中心的网络。此外，中国下一代互联网示范工程已经向IETF（互联网工程任务组）申请互联网标准草案9项，已获批准2项，这也是中国第一次进入互联网核心标准领域。

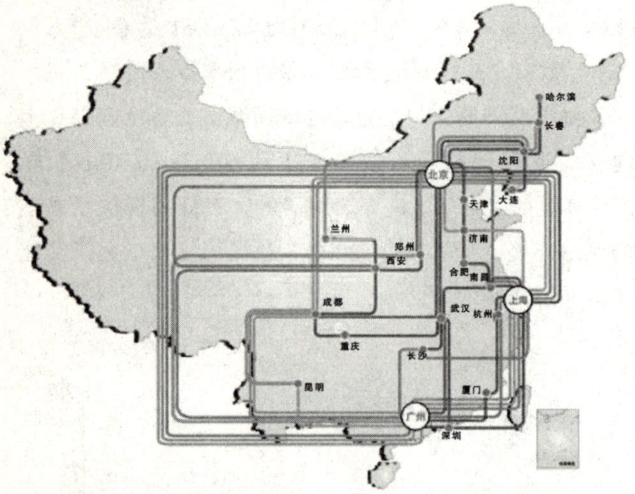

图5 中国下一代互联网示范工程CNGI核心网示意图

我国的电信网络也开始向NGN转型，目前主要集中在NGN的业务网方面，各大运营商，包括中国电信集团公司、中国移动通信集团公司、中国联合网络通信集团有限公司等均已开始部署NGN软交换技术。

2009年1月我国3G移动通信牌照将正式发放，各运营商将适时推出业界盼望已久的3G业务。工业和信息化部、国家发展和改革委员会、财政部、国务院国有资产监督管理委员会、科学技术部等相关部门已研究制定了包括TD-SCDMA技术研发和产业链完善纳入电子发展基金和集成电路专项资金支持范围、TD-SCDMA产品和应用纳入政府采购扶持范围、从事TD-SCDMA等移动通信软件开发的企业及相关软件产品可以享受《鼓励软件产品和集成电路产业发展的若干政策》的政策优惠等一系列扶持TD-SCDMA发展政策。

法律法规和政策环境建设情况

经过长期努力，中国信息化建设取得了长足进展，信息化发展环境显著改善。在推进体制上，国家信息化领导小组是中国信息化工作的领导机构，工业和信息化部负责统筹推进国家信息化工作，承担领导小组交办的各项任务；在战略规划方面，《国家信息化发展战略（2006年—2020年）》、《国民经济和社会发展信息化“十一五”规划》正在国家信息化发展中发挥着重要作用；在政策措施方面，电子政务、电子商务、产业信息化、信息安全等方面的鼓励性政策和指导意见相继出台，有效地促进了各领域信息化应用水平的提高和产业发展；在法律环境方面，《电子签名法》、《政府信息公开条例》颁布实施，为解决网络环境下数据电文的法律效力，推进政府信息公开，提高政府透明度和公信力提供了重要的法律支撑，为中国信息化健康发展提供了基础性的法律保障。

整体战略和中长期规划 党中央、国务院十分重视信息化工作。党的十五届五中全会提出要大力推进国民经济和社会信息化；十六大提出将信息化带动工业化、工业化促进信息化作为走新型工业化道路的战略举措；十七大又从贯彻落实科学发展观的高度，对推进信息化做出新的部署，要求我们全面认识工业化、信息化、城镇化、市场化、国际化发展的新形势、新任务，大力推进信息化与工业化融合。2006年5月发布的《国家信息化发展战略（2006—2020年）》和2007年出台的《国民经济和社会发展信息化“十一五”规划》是中国推进信息化中长期发展的纲领性文件。

《国家信息化发展战略（2006年—2020年）》(以下简称《战略》）明确将信息化放在了中国现代化全局的战略地位，指出信息化是当今世界发展的大趋势，是推动经济社会变革的重要力量。大力推进信息化，是覆盖中国现代化建设全局的战略举措，是贯彻落实科学发展观、全面建设小康社会、构建社会主义和谐社会和建设创新型国家的迫切需要和必然选择。《战略》提出了中国信息化发展的指导思想和战略方针，明确了到2020年中国信息化发展的战略目标，确定了国民经济信息化、电子政务、信息资源开发利用、社会信息化、信息产业和信息技术、信息基础设施、信息安全、信息化环境等9大战略重点，部署了6个战略行动，提出了9项保障措施，以确保中国到2020年“为迈向信息社会奠定坚实基础”。

《国民经济和社会发展信息化“十一五”规划》(以下简称《规划》)由国家发展和改革委员会制定并出台，是《国民经济和社会发展第十一个五年规划》的重要组成部分。该《规划》全面部署了“十一五”时期中国信息化发展的主要任务，明确了加快推进信息化与工业化融合的发展重点，是新阶段贯彻落实科学发展观的重要举措。从总体上讲，就是通过大力推进国民经济信息化，加快信息技术与产业发展的融合，深度开发利用信息资源，大力发展电子商务，促进产业结构优化升级，提高国民经济运行质量和效益，加快经济发展方式转变的步伐。该《规划》出台后，各部门又以此为依据，结合本部门、本领域的实际情况，制定或正在制定各领域的信息化“十一五”规划。

电子政务　继2002年国家信息化领导小组发布《中国电子政务建设指导性意见》、对“十五”时期电子政务发展做出全面规划后，2006年3月，国家信息化领导小组正式印发了《国家电子政务总体框架》(以下简称“总体框架”)。总体框架从战略高度明确了电子政务发展的思路、目标和重点。构建国家电子政务总体框架的目标是：到2010年，覆盖全国的统一的电子政务网络基本建成，目录体系与交换体系、信息安全基础设施初步建立，重点应用系统实现互联互通，政务信息资源公开和共享机制初步建立，法律法规体系初步形成，标准化体系基本满足业务发展需求，管理体制进一步完善，政府门户网站成为政府信息公开的重要渠道，50%以上的行政许可项目能够实现在线处理，电子政务公众认知度和公众满意度进一步提高，有效降低行政成本，提高监管能力和公共服务水平。

国家电子政务总体框架的构成包括：服务与应用系统、信息资源、基础设施、法律法规与标准化体系、管理体制。推进国家电子政务建设，服务是宗旨，应用是关键，信息资源开发利用是主线，基础设施是支撑，法律法规、标准化体系、管理体制是保障。国家电子政务总体框架是一个统一的整体，在一定时期内相对稳定，具体内涵将随着经济社会发展而动态变化。各地区、各部门按照中央和地方事权划分，在国家电子政务总体框架指导下，结合实际，突出重点，分工协作，共同推进电子政务建设。

电子商务　2005年发布的《关于加快电子商务发展的若干意见》明确指出，电子商务是国民经济和社会信息化的重要组成部分，发展电子商务是以信息化带动工业化，转变增长方式，提高国民经济运行质量和效率，走新型工业化道路的重大举措，对实现全面建设小康社会的宏伟目标具有十分重要的意义。此后，2006年发布的《电子商务发展“十一五”规划》对“十一五”时期电子商务发展做出了全面规划。在此基础上，有关部门于2007年制定了《关于促进电子商务规范发展的意见》。

《电子商务发展“十一五”规划》(以下简称《规划》)明确提出了“十一五”时期中国电子商务发展的总体目标：到2010年，电子商务发展环境、支撑体系、技术服务和推广应用协调发展的格局基本形成，电子商务服务业成为重要的新兴产业，国民经济和社会发展各领域电子商务应用水平大幅提高并取得明显成效。为实现这一目标，《规划》提出了6项主要任务和6个重点工程。在任务安排上突出“2个发展重点”和“4个基础支撑”。

《关于促进电子商务规范发展的意见》(以下简称《意见》)要求防范和制止以电子支付为手段的恶意占压资金、非法套现和转移资金以及非法融资行为。《意见》提出，要规范电子商务信息传播行为，优化网络交易环境。一是规范电子商务信息发布内容。二是规范电子商务信息传播方式，防范和制止恶意链接、干扰性邮件、隐性网络广告等不当宣传方式。三是维护交易信息安全，防范和制止利用互联网盗取商业秘密和提供用户信息给第三方以牟取利益的行为。

产业政策　为了推进产业信息化，促进信息化与工业化融合，国家有关部门出台了《关于加强中央企业信息化工作的指导意见》和《关于强化服务促进中小企业信息化的意见》，对产业信息化发展起到重要的推动作用。

2008年，国务院国有资产监督管理委员会和国务院信息化工作办公室联合下发了《关于加强中央企业信息化工作的指导意见》，对中央企业信息化的指导思想和基本原则、发展目标和主要任务、措施和要求提出明确意见，要求到2010年，基本实现中央企业信息化向整个企业集成、共享、协同转变，建成集团企业统一集成的信息系统，多数中央企业的信息化基础设施、核心业务应用信息系统和综合管理信息系统达到或接近同行业的世界先进水平。

2008年，国家发展和改革委员会、国务院信息化工作办公室等部门联合下发了《关于强化服务促进中小企业信息化的意见》，就强化面向中小企业信息化的政府公共服务和社会服务体系做出了全面安排，要求到2012年，中小企业信息化的相关政策基本配套，发展环境明显改善，社会服务能力显著提高；中小企业利用互联网发布和获取信息的比例超过90%，利用信息技术开展生产、管理、创新活动的比例超过40%，利用电子商务开展采购、销售等业务的比例超过30%。

科技政策 2006年出台的《信息产业科技发展“十一五”规划和2020年中长期规划纲要》（以下简称《纲要》）明确了中国信息产业“十一五”科技发展的指导思想、发展思路、发展目标、发展重点和保障措施。《纲要》提出中国信息产业科技发展的总体思路是“一体双翼”，即围绕一个战略主体，选择两大发展方向，逐步实现中国信息产业科技的整体突破和跨越式发展。一个战略主体，即自主创新，增强核心竞争力；两大发展方向分别为发展瓶颈和重大应用。《纲要》还提出对集成电路、软件、新型元器件、高清晰度数字电视、宽带无线移动通信、下一代网络、网络和信息安全、家庭网络及智能终端、汽车计算平台工程、农业信息化平台、智能交通系统、信息产业和信息化技术服务平台、科研成果转化平台及服务体系重大项目进行集中攻关。

《纲要》出台以后，一大批配套政策计划逐步出台，有力地推动了中国信息产业的发展，如《关于加快推进信息产业自主创新的指导意见》和《关于支持国家电子信息产业基地和产业园发展的若干政策》。2008年初，原信息产业部出台了5项“十一五”专项规划，即《集成电路产业“十一五”专项规划》、《软件产业“十一五”专项规划》、《电子基础材料和关键元器件“十一五”专项规划》、《电子专用设备和仪器“十一五”专项规划》、《信息技术改造提升传统产业“十一五”专项规划》，为信息产业和信息技术的发展提供了有力的支持。

法律保障 信息化对社会生产、生活全方位的渗透，导致大量新的法律现象产生，如虚拟身份确定、信息产权的法律定位、虚拟财产与虚拟货币的法律地位、电子商务交易平台与支付平台的法律责任等问题。应对这些问题一方面需要及时修订现有法律体系中不适应信息化发展的条款，另一方面需要针对一些普遍共性问题出台专门立法予以规范。近年来，这两方面的工作都在积极推进，其中《中华人民共和国电子签名法》、《中华人民共和国政府信息公开条例》（以下简称《条例》）先后颁布实施，对信息化的法律环境改善起到了极为重要的作用。为配合《条例》的实施，国务院办公厅于2008年出台了《关于施行〈中华人民共和国政府信息公开条例〉若干问题的意见》，就《条例》施行中的政府信息公开管理体制、建立政府信息发布协调机制、发布政府信息的保密审查、政府信息主动公开机制、依申请公开政府信息机制、监督保障、公共企事业单位的信息公开工作提出了具体要求。《条例》的实施，不仅使政府信息在网络上可以系统方便地得到，极大促进了电子政务发展，更重要的是，它标志建立透明政府的努力已经超越理念层次，成为中国政府行政管理体制改革的一项重要成果。

重点领域推进情况

国家高度重视信息技术应用工作，选择重点领域加强引导和鼓励，广泛调动各方面积极性。原信息产业部曾陆续制定并发布了《加强信息技术应用，为传统产业改造服务的指导意见》、《关于开展行业应用软件产业化试点工作的通知》和《关于开展行业信息技术应用推广服务机构示范工作的通知》等一系列部门规章，推动了信息技术应用工作的深入开展。经过不懈努力，信息技术应用已经渗透到各个行业和主要领域，在我国信息化建设和经济社会发展过程中发挥了重要作用。

农业信息化建设 围绕促进农业生产经营、发展农村社会事业总目标，农村信息技术应用工作朝着广度和深度方向发展。通过“倍增计划”项目试点、示范，引导社会资源投入农业机械改造、精准农业发展、农业信息服务等领域的适农信息技术开发和应用，推动了农业综合生产能力和经营管理水平的提高。农业生产专家系统和农业数据库的开发与应用，为农业生产提供了专业的专家决策支持，促进了农业增长方式转变。随着“金农”工程的稳步推进，信息技术正在社会主义新农村建设过程中发挥着越来越重要的作用。

重点行业信息化建设　信息技术在传统工业改造和产业升级中发挥了重要作用，取得了良好的经济和社会效益。石化、电力、冶金、机械、建材等传统行业信息技术应用进展迅速，工艺技术和装备信息化水平明显提高。①

石化行业　生产控制水平逐渐从低级的单回路控制发展到高级复杂系统控制，直到管控一体化。DCS（集散控制系统）、FCS（现场总线系统）、APC（先进控制系统）等控制技术和设备广泛应用在石化行业的大中企业；小型骨干化工企业主要产品的主流程也已具有比较成熟的控制系统和低成本自动化成套技术，实现了生产信息在车间的集成。油品储运监测、油料物流、大型机组集散型在线状态检测和故障诊断、管道检测以及数据采集等领域都有不同程度的信息技术应用。

电力行业　已经建成了具有世界先进水平的电网调度自动化系统、电厂电站自动化监控系统，国家电力公司调度系统数据网络（SPDnet）、国家电力公司信息网(SPInet)、电话会议网基本建成，覆盖全国的电力通信网络已经初步建成。设计部门的CAD出图率和报表的计算机生成率达到了100%。新投运的300兆瓦及以上的火电机组均采用进口的成套自动控制系统DCS，自动化程度较高，具备了自动发电控制能力。电网公司提出要实现“集约型，服务型”扁平化营销管理模式，加快实现电力营销全过程的计算机网络化。

冶金行业　大型企业普遍采用了较为完善的自动化控制系统，在钢铁企业的烧结、炼铁、炼钢、连铸、轧钢等主要生产工序和流程中基本上普及了基础自动化。生产工艺控制愈复杂，基础自动化的程度就愈高，高炉系统甚至接近100%，连铸、轧钢达到99%。生产过程控制自动化发展较快，轧钢系统的过程控制自动化程度提高幅度最大。计算机仿真技术在钢铁冶炼中得到日益广泛的应用。数学模型和人工智能技术在各个工序的应用取得重大成果和经济效益，正在向多种技术的混合系统发展。车间管理级或生产制造执行系统得到钢铁企业的普遍关注。

装备制造业　先后实施了CAD、CAM、CIMS等工程，“十五”期间，伴随着企业的改组改制，大型骨干企业的设计、制造和管理信息化水平普遍提高，三峡工程大型混流水轮机组、60万千瓦超临界火电机组、600兆瓦级大型空冷机组和电站直接空冷系统、75万伏交流、正负50万伏直流输变电工程和城市快速轨道列车等重大技术装备都已成功实现国产化。机床行业在数控化方面取得重大突破，国产数控机床的技术水平和产销量明显提高，“十五”期间，我国数控机床产量年均增长39%。汽车、船舶和轨道交通工具的信息化水平不断提高，汽车控制系统及产品已经具备一定的国产化能力。

煤炭行业　大中型煤矿在煤炭生产作业中已普遍使用了计算机控制的煤矿机电一体化产品。神华集团、鸡西矿业、开滦矿业、皖北矿业等大型集团逐步建成了覆盖集团的高速信息化通信网络，并基本建立了煤矿安全生产监测系统，促进了煤矿安全生产。

建材行业　几乎所有的大、中型水泥厂都装备了生产过程自动控制系统，2000t/d及以上新型干法水泥生产线，普遍采用了先进的DCS；约70%的浮法玻璃生产线采用了DCS，单机、单项采用信息技术的设备在建筑材料各行业中普遍应用。窑外预分解炉、立磨、辊压机、冷却机系统等已实现供货系统的机电一体化。

应用电子产品　车载电子产品国产化率不断提高，汽车控制系统及产品已具备一定产业化基础。汽车电子、医疗电子等应用电子产品和系统正逐渐成为电子信息产业的重要组成部分。国产电子信息产品在传统产业改造市场的占有率逐年增加，目前国产自主版权的CAD软件市场占有率已经达到了90%以上，FCS和DCS的国产化研究取得重大突破，国产控制系统销售收入已经接近市场总额的30%，项目数已经接近50%。

国家出台了扶持行业应用软件产业发展，促进信息产业和传统产业互动融合的方针政策，组织开展了行业应用软件产业化试点工作，推动传统行业应用软件部门变为软件独立经营主体。近年来，涌现出了上海宝信软件股份有限公司、启明信息技术股份有限公司、许继集团有限公司、和利时集团公司、中控科技集团有限公司、国电南瑞科技股份有限公司、武汉华中数控股份有限公司等一批在国内传统产业改造市场具备相当竞争力的信息技术企业。

“倍增计划”　它是全国电子信息系统推广办公室会同财政部、中国工商银行共同组织实施的推动信息技

注：①此部分资料来源于《信息技术改造提升传统产业“十一五”专项规划》。

术应用（贴息贷款）项目计划。从1982年起，国家建立了包括国务院20多个部委（行业性总公司）、全国40个省（自治区、直辖市和计划单列市）的信息技术推广应用网络和工作体系。依托信息技术应用工作体系，全国电子信息系统推广办公室加大了电子信息产业发展基金对信息技术应用项目的支持力度。2003年–2007年，共组织各类信息技术应用“倍增计划”项目2 398项，安排支持资金1.3亿元，带动社会总投资超过600亿元，产生了良好的经济效益和社会效益，推动了信息技术在煤矿、农业、电力、石油、化工等行业的广泛深入应用，充分发挥了政府部门对信息技术应用工作的引导和支持。政府加大了对应用信息技术改造提升传统产业、推动农村信息技术应用、节能降耗信息技术应用和发展应用电子产品等方面项目的支持力度，有效地引导了社会各方面资源的投入，在运用信息技术手段推动小康社会与节约型社会建设中发挥了很好的示范和拉动作用。

电子政务　在财政税收、海关、公安、社保、审计等涉及市场监管和民生的重要领域，电子政务全业务、全流程、全覆盖应用已经取得较大进步。“金审”一期、“金盾”一期、“金税”二期等工程相继建成，“金保–社保”工程等13个项目也计划在近期内完工。“金税”工程实现了对增值税的电子监管，克服了增值税税款抵扣信息环节多、管理复杂、容易出现漏洞等问题，对新一轮工商税制改革的顺利实施发挥了关键性作用。“金财”工程实现了全国财政系统纵向三级、横向相关职能部门与预算单位联网，加强了对预算、政府采购、国库集中支付等环节的管理，为完善公共财政体系发挥了重要作用。公安信息化综合应用水平快速提升，目前已有18个省建立了省市两级警务综合应用平台，网上串并、查证、比对、通缉、追逃等信息化工作模式得到普遍采用，成效显著。“金土”工程一期各节点均实现了土地、矿产资源主要管理业务的网上运行和数据远程交换，对数据资源进行了集中管理并对外提供服务。中国电子检验检疫系统由原有单一的数据交换平台发展成为综合信息处理平台，电子申报实现了100%，全面提高了检验检疫业务信息化水平。电子口岸通关工程等一些重要应用已达到世界先进水平。各地继续深化电子政务应用，行政审批电子监察继续在全国普遍推行，应急指挥系统、网上行政审批和行政服务、信息化城市管理、“一卡通”等重点应用迈出新的步伐，城乡一体化信息化服务水平不断提高。据对全国情况的调查，通过实施电子政务重点工程，与手工作业相比，提高工作效率普遍在3倍以上。通过实施“金税”工程，国税系统税收成本由5%以上降至3%左右。各地通过开展企业工商网上登记注册等一大批电子政务应用，优化业务流程，减少审批环节，提高了办事效率，显著减轻了企业和社会公众的负担。到2008年，全国政府域名(gov.cn)下的网站已发展到30 913个，100%的省级政府和国务院组成部门、98.5%的地市级政府，以及初步统计超过85%的县区级政府已经建立了政府网站。各地区、各部门以落实《政府信息公开条例》要求为重点，不断丰富信息公开的内容，提高公开信息的质量，增进政府与公众的交流互动。政务信息资源开发利用和共享不断取得新进展。围绕重点业务应用的信息资源建设成效显著，人口、财税、国土资源、战略储备、企业信用等信息资源得到进一步开发和利用。2002年以来，各级人口管理信息系统为公安机关提供查询1.3亿人次，协助破案227万起，挽回经济损失40多亿元。国家级国土资源数据中心建设不断完善，已建成土地利用现状、土地利用规划、矿产资源规划等18类数据库。①

电子政务为电子商务创造了应用环境，并带动了电子商务的发展。一些大型企业在管理信息化的基础上积极开展网络营销、网上采购和供应链管理。家电、医药、化工、服装、汽车等行业的B2B电子商务交易额增长很快，给企业带来了显著的效益。大型企业通过电子商务降低了运营成本，缩短了交易周期。一些中小型企业也通过电子商务扩展了市场范围，实现了国际贸易。

城市和社会服务　越来越多的城市运用数字和网络技术，提高城市管理水平，涌现了一批城市信息化成功的典型。不少城市根据自身经济发展特点，有重点地实施了交通管理系统、旅游服务系统、电子商务交易平台、物流配送系统等。全国所有大城市和三分之二以上的中等城市中，公交、供水、供气都建立了计算机辅助调度系统。在金融、交通、通信、教育、新闻等社会服务领域，信息技术推广应用取得了显著的经济效益和社会效益。金融行业信息技术应用已经相当深入，教育信

注：①2008年全国工业和信息化工作会议中的《电子政务工作取得显著进展》报告。

息化以及远程教育正蓬勃发展。智能建筑、数字社区的试点建设工作正在开展。家庭宽带接入更加方便，计算机拥有量和上网人数不断增长。社会服务领域的信息技术应用，方便了人们的生活，也提高了人们的工作效率和生活质量。

总而言之，作为信息化主要推动力的信息技术，变化更新更快，渗透力强，涉及面宽，不断推动着应用向更深更广的方向发展。应用的发展也对技术提出了更高、更新的需求。技术与应用的互动关系，不断创造出新兴技术及产业，使之成为经济发展的新增长点。

[撰稿：廖毅敏　审稿：张望]

2008年中国农业信息化发展综述

【综述】

据统计，2008 年农业部网站全年发布信息达到 12.9 万条，网站点击数日均 465 万次。农业部网站获得“第三届中国特色网站综合创新第一名”和“2008 年度中国政府网站绩效排名第二”的好成绩。

针对农产品滞销、难卖的问题，农业部开展农产品网络营销促销服务。2008 年，在“农产品供求一站通”频道发布信息超过 25 万条，在农产品“网上展厅”发布信息超过 1.7 万条。此外，设立了“农产品网上促销专栏”，先后对海南瓜菜、河南大蒜、宁夏马铃薯等有针对性地进行促销服务，并取得成效。

“金农”工程建设按计划推进　在农业部本级项目的建设方面，一是召开了农业部本级项目实施工作会议，明确了项目建设目标和原则，建立了各相关单位的合作、协作机制。二是完成了《金农工程一期项目（农业部）总体设计方案》编制工作、国家农业数据中心机房建设工作；完成了“金农工程”的一期数据交换中间件、部分应用系统的招投标工作；完成了《国家综合门户网站总体规划方案》编制工作。三是建立了档案工作内部管理制度。

在地方项目的建设方面，一是召开了地方项目建设工作会议，对项目的立项报批、启动实施、资金配套和中央与地方项目的衔接等工作，提出了明确的要求。二是审核批复了全国 32 个地方项目建设可行性研究报告，部分建设单位的项目可行性研究报告已获得所在地区的发展和改革委员会有关部门的批准，开始进行初步设计和实施工作。

“三电合一”工程稳步实施　2008 年，农业部确定了 1 个省级、19 个地级、90 个县级的农业行政主管部门为 2008 年度“三电合一”工程项目的建设单位。年内，组织开展工作推进情况调研，指导地方提高工程项目的建设质量；组织编制了《农业部“三电合一”项目建设资料汇编》，以强化工程建设管理工作；加强人才队伍的建设，对试点单位相关技术人员进行了培训，指导各地加强项目建设。

“农村信息化示范工程”积极推进　为落实中央 1 号文件的精神，加强对农村信息化示范工作的指导，农业部下发了《关于加快推进农村信息化示范工作的意见》（以下简称《意见》）。在该《意见》中明确了示范单位的工作目标和具体任务，对各地有关部门如何加大支持、指导力度提出了要求。

“12316”农业服务电话开通　2008 年，农业部筹备召开了“12316”热线电话工作会议，交流了各地开通热线电话的做法和经验，研究了热线电话（运行中）存在的主要问题，并就如何围绕“12316”服务热线开通等建设工作，推动面向“三农”的信息服务水平进行了探讨。截至 2008 年底，已有超过 20 个省（市、区）在全省（市、区）开通了“12316”服务热线。

农业信息服务方式创新　2008 年，雨雪冰冻灾害和四川省汶川地震灾害后，中国南方部分地区农业生产受到严重的影响，为指导农民抗灾救灾恢复生产、减少损失，农业部组织有关单位的专家，编写了抗灾恢复农业生产指导短信，积极协调中国移动通信集团公司、中国联合网络通信有限公司，通过手机将短信发送给灾区农民。据统计，发送的短信超过1亿条，受到灾区农民的欢迎。

网络涉农信息监测力度加大 自2008年以来，农业部加大了对网络涉农信息的监测力度，提高监测报告的质量。在冰冻雨雪灾害、汶川地震、三鹿婴幼儿奶粉、柑橘大实蝇、三聚氰胺鸡蛋等事件发生后，迅速加强监测力量，假期不休息，全面收集相关网络信息，及时提供给领导和有关单位作决策参考。2008年，共印发报送监测报告276期，总字数超过55万字。其中一些报告得到了国务院领导及部领导的批示和相关单位的重视。

【2009年工作重点】

一是加强对农业农村信息化工作的指导协调。2009年，农业部将组织调研，制定出推进农业农村信息化工作的指导性文件，统一各级农业部门的思想，推动全国农业农村信息化的建设。此外，农业部将鼓励各级农业部门加强与工业和信息化部、中国移动通信集团公司、国家广播电影电视总局等部门的协作，整合涉农信息资源，引导各种社会力量参与农业农村信息化建设。

二是加快推进信息化重点项目建设。2009年，农业部将按照国家发展和改革委员会的要求，加强项目管理，加快中央本级项目的实施。与此同时，加强对地方项目的指导与协调，督促地方项目的实施。总结推广“三电合一”工作经验；组织好2009年项目建设的准备工作，健全完善“三电合一”的服务模式，总结推广好的做法和经验；加大项目监督检查力度，加强试点单位人员的培训工作；抓紧“农村信息化示范工程”立项工作，向国家有关部门申请资金，争取尽早立项；组织示范工作的座谈交流，因地制宜搞好农村信息化的示范带动工作。

三是完善“12316”服务功能。2009年，农业部将加大对“12316”农业公益服务统一专用号码的宣传力度，完善电话的服务功能，让广大农民感到有用、好用；组织申请开通“12316”，该号码将作为全国农业公益短信息服务统一专用号码，完善农业信息采集和发布渠道。该号码开通后，由农业部统一组织协调，采取逐步分批开通方式，鼓励各地创造条件，开展12316短信服务。

[撰稿：赵英杰　审稿：李昌健]

2008年中国石化信息化建设和应用

【综述】

2008年，中国石油化工集团公司（以下简称中国石化）围绕信息化应用主题，认真贯彻和执行“建用结合、以用为主”的工作方针，大力开展信息化建设和应用，以达标为主要内容的企业资源规划（ERP）深化应用工作全面铺开，生产营运指挥系统、资金集中管理系统、全面预算管理系统等重点信息系统建设与应用快速推进，企业层面信息化应用进一步深入，信息化管理水平持续提升，为公司改革发展、管理创新、资源优化、降本增效等提供了信息化支撑。

信息基础建设 建成了满足总部办公需求的基础网络平台，实现了网络核心万兆、千兆到桌面、因特网出口百兆，同时加强了信息安全建设与管理工作。组织完成总部和企业信息系统安全等级划分和申报工作。建成总部身份认证系统，并在资金集中管理系统中全面应用。Ku卫星系统建设与应用进一步推进，在86座加油站安装卫星小站，在上游企业的野外勘探现场、海上钻井平台建设320个远端站，实现了与企业的网络连通和电话通信。总部和企业基础设施运行维护工作进一步加强，建立了一站式服务，实现统一受理和监控管理。初步建立起石油天然气勘探开发数据模型体系，对公司内部单位、物料等相关标准代码进行了全面清理和修订，开展了工程材料代码编制及与物料代码衔接的分析和对照工作，标准信息代码总量达 342 万条。

ERP 系统建设与应用 2008 年，有 8 家企业 ERP 上线，使上线企业总数达到 81 家。在总部层面，搭建了一体化数据仓库平台，完成了数据规划和部分数据项定义工作；完成了企业财务报表试点、审计模块推广、化工销售客户关系管理以及纪检监察相关分析等工作。ERP 深化应用工作全面展开，总部事业部及上线企业均成立了各自的 ERP 应用领导小组。

企业核心业务与 ERP 系统的融合进一步加深。油田企业开始将井下作业相关内容逐步纳入 ERP 系统处理；炼化企业普遍应用 ERP 系统价格和信用控制功能，加强自销产品管理；销售企业将业务招待费等 5 项公务支出费用全部在线控制；总部各有关部门数据仓库应用初见成效。油品销售事业部充分应用数据仓库系统开展经营分析和综合管理，实现了对成品油进、销、存、价、项目投资的动态监控；审计部门采取典型培养、骨干培训等多种措施开展审计战线、审计系统中 ERP 的应用工作，把好应用重点环节关；化工销售分公司利用数据仓库系统实时掌握市场、销售、客户、物流、库存等信息，开展经营活动分析，全面支撑经营管理。

生产营运指挥系统建设与应用 总部生产营运指挥系统投入运行。初步搭建起总部层面生产营运管理平台，统一了总部层面生产管理系统的技术架构和核心数据库，对各专业板块生产调度子系统进行了整合，规范了企业数据采集通道，基本实现了调度、跟踪、统计、分析、展示等业务功能，为总部集中、统一的生产调度指挥提供了技术支撑。原油资源调运指挥系统在整合仪征-长岭和甬、沪、宁原油管网管理信息系统的基础上，完成了系统整体框架的搭建，实现了与炼油调度系统、油田调度系统的集成；炼油生产调度指挥系统（二期）全面启动，实时监控范围进一步扩大；化工生产调度指挥系统（一期）通过整体验收，系统覆盖了化工事业部及其下属化工企业和生产装置，所管理的生产调度数据粒度达到了装置及具体物料牌号，能源统计子模块建立了面向化工能源跟踪管理的技术支撑体系，实现了对化工能耗的有效管理；成品油物流运行系统实现了出厂数据及油库收货数据的采集、监控及一次物流运费的统计分析，以及 19 个省市油库和炼厂每日分油品库存数据的采集和查询分析。

全面预算管理系统建设与应用 全面预算管理系统在炼化板块全面推广。初步建立了炼化一体的指标体系框架，自主开发的全面预算软件在炼化板块进行了推广应用。29 家炼油企业、20 家化工企业预算编制模块的实施工作已经完成，实现了年度、月度预算的在线编制、审核、上报、批复和发布；完成 24 家 ERP 已上线炼油企业生产经营监控模块的实施工作，实现了企业数据的自动上传，以及对企业利润、费用、成本等指标数据的监控分析。

资金集中管理系统建设与应用 资金集中管理系统在财务公司和试点企业成功上线，开始新旧系统并行。财务公司日常业务在新系统中处理正常，并完成了财务公司季度结息工作；中原油田各项业务正常并行，绝大多数二级单位都已上线，实现了集团总部与企业、企业本部与所属资金核算单位、企业资金计划管理以及各类资金结算全面贯通。

供应链系统建设与应用 化工生产计划与效益测算系统完成 18 家化工企业 PIMS 模型的实施，并用于月度滚动计划的排产工作，提高了计划编制的科学性和计划管理的透明度；7 家炼化一体化企业 XPIMS 模型投入试运行，企业原油、原料选择的灵活性和计划管理水平得到明显提高；对二次物流优化运费结算功能进行了提升完善，运费数据的准确性、及时性得到了加强。通过开展“二次物流优化和管理工作论文竞赛活动”，进一步提升了销售企业系统应用水平和物流管理水平。

其他信息系统建设与应用 总部综合办公系统进一步完善提升，新增了总部门户和总部综合办公系统功能，通过双机热备提高了系统的稳定性和可靠性；升级改造了集团公司网站，提升了对外宣传效果；股份公司网站新增了产品与服务等栏目，提升了宣传与服务功能；物资装备部综合信息平台、供应物流与储备管理系统上线运行，物资采购电子商务网上采购金额为 1 600 多亿元；质量管理系统提升完善项目完成系统基本架构设计和功能开发并开始实施；审计统计管理系统上线运行，实现了全系统审计报表的填制、审核、统计和汇总；人力资源管理系统通过了验收。

油田企业信息化建设与应用 开展了源头数据采集

和数据中心试点建设。胜利油田实现了物探、测井、开发等12大类业务的源头数据规范采集和集成共享，形成了推广应用模板。同时，启动了油田企业数据中心试点建设；加强了自主知识产权软件的推广应用，优选了6套比较成熟的自主软件在油田企业全面推广；利用油田开发部署管理系统实现了开发部署的跟踪分析；利用Ku卫星资源，实现了油田企业重点钻井施工动态实时数据传输和远程监测；开展了胜利油田东辛采油厂注水与集输优化系统试点建设，使集输与注水系统年度总能耗与优化前同比降低5%。

炼化企业信息化建设与应用 具有自主知识产权的生产执行系统软件的研发取得阶段性重要成果，软件的成熟度、系统性能、稳定性和可配置性有了大幅提升。5家企业MES系统上线运行，前期已上线企业系统运行的稳定性和运行维护效率有了较大提高；完成7家炼化企业先进控制系统（APC）的验收，新投用8套APC，新增3家企业APC监控信息，在线监控装置达到32套；实验室管理系统推广项目在8家企业先后上线并单轨运行，完成5家企业实验室管理系统提升工作；生产调度优化系统在3家企业上线运行，实现了从原料输入、加工到产品输出的调度排产。

销售企业信息化建设与应用 零售电子账表册管理系统完成零售业务流程、管理、数据和各层级管理报表的标准化，在17家企业上线运行，实现了加油站经营管理数据的及时、准确提报，满足了各层级综合管理和经营分析的需求；销售电子提单系统在10家省市公司进行了推广；加油（IC）卡发卡量持续增加，建成加油卡联网加油站1.7万余座，发卡网点5 000多个，累计发卡约2 600万张，持卡消费已占零售总量的33%。

科研和工程建设单位信息化建设与应用 地质资料管理信息系统在国际勘探开发公司等6家企业部署推广，入库地质资料50万件；在研究单位开展了数字化图书馆建设，为科学研究、文献资料检索提供了有效的技术平台；启动了科研院所科研项目管理和专利管理系统的建设工作；实验室管理系统（LIMS）在石油化工科学研究院投入运行，实现了对日常分析业务和分析数据的统一管理；工程建设单位启动了工程材料编码的统一编制和管理平台的建设工作。

信息化管理 确立了事业部和职能部门应用的主体地位，初步建立了ERP应用管理体系；运行维护队伍得到了加强，运行维护体系进一步完善；完成了ERP和数据仓库、生产营运指挥平台等6个专项规划，并正式发布；重点抓好项目可行性研究论证，优化技术方案和投资估算，合理安排投资计划，通过加强供应商和采购管理，规范采购流程，采用战略采购、招标、询比价等多种采购形式，降低采购成本；信息技术应用控制与ERP业务流程的结合更加紧密，在27个内控业务流程中共设置166个ERP控制点，使得ERP环境下业务操作的规范性进一步增强。

2009年主要目标和任务

2009年是中国石化信息化“总部应用年”，是实现“十一五”信息化目标关键的一年。2009年，中国石化信息化建设与应用主要目标和任务如下：

1. 深化两级应用。在总部层面，ERP应用实现突破，企业主要经营管理数据进入总部统一的数据仓库，事业部和职能部门利用数据仓库和相关系统辅助开展经济活动分析和生产经营管理。生产营运指挥、全面预算管理等信息系统应用再上新台阶；在企业层面，进一步统一和规范ERP应用，着力做好应用达标和保标工作。

2. 完善两个平台。进一步完善以ERP为核心的经营管理平台，从集团公司层面对ERP系统进行整体规划，全面完成股份公司一级并表单位ERP建设任务，启动非上市部分ERP建设。积极推进资金集中管理、业务公开和审计集成等系统建设；完善提升生产营运指挥平台，提高企业实时数据采集和穿透查询的数据质量和数据实时性。

3. 强化两个体系。本着既要强化集中统一管理又要注意调动和发挥各方面积极性的要求，进一步健全信息化管理和应用体系，做到机构到位、职责到位、人员到位；进一步强化运行维护支持体系，成立统一的中国石化运行维护支持中心，提升各个应用系统的运行维护能力。

[撰稿：王永耀　审稿：宫向阳]

2008年中国信息技术应用综述

2008 年，中国信息技术创新加快，信息产业高速发展，为传统产业改造提供了更好的基础和条件。随着国家信息化推进力度不断加大，传统行业普遍加大了信息化改造的力度，信息技术的应用呈现出多样化和个性化的特点。

信息技术改造提升传统产业效果明显 信息技术和传统产业技术创新、融合步伐不断加快，制造业信息化进程加速。制造业信息化科技工程等一系列专项工程的实施，促使制造业企业应用信息技术改造研发设计、生产经营、企业管理等环节，有效提高了传统产业的生产效率和企业效益。先进控制技术、三维计算机辅助设计、计算机辅助制造等信息技术在装备制造业、工艺流程业、能源加工业等传统产业领域得到广泛应用，大幅节能降耗，生产效率显著提升。信息技术应用在推动 GDP 增长、建设节约型社会、构建和谐社会中的贡献率显著增强。

信息技术在工业领域应用逐步深化 目前，二维、三维 CAD 等辅助设计技术在航天、航空、船舶、汽车等制造业重点行业的应用率超过 70%，主导产品出图率达到了 98%；CAD/CAE/CAM/CAPP（计算机辅助工艺规划）/PDM（产品数据管理）等集成应用积极推进；国内机械、建材、轻工、冶金、石化等制造企业的装备检测、远程在线监控、过程自动化控制等水平不断提高；大中型制造企业大部分开始实施企业资源管理（ERP）、客户关系管理（CRM）、供应链管理（SCM）等综合管理信息系统。

农村信息服务体系建设取得显著成效 “村村通”工程进展顺利，已初步建立由省、市、县、乡、村五级连网的农村综合信息服务体系。农业信息资源综合开发与信息服务平台建设速度加快，实现了精准农业向农业数据信息化、农业管理智能化、实施过程自动化的迈进。截至 2008 年底，全国 99.7%的行政村和 92.4%的 20 户以上自然村实现通电话；98%的乡镇和 89%的行政村开通互联网；建立各类农村信息服务平台 2 000 多个，全国涉农信息服务互联网站已过万家。

共性技术和关键产品取得突破 国产经济型数控系统在国内市场已居主导地位，重点突破高速伺服电机的精确控制，重点推广 PC 驱动输送系统。国产高档数控系统的研制成功，打破了国外的技术封锁和价格垄断。冶金、装备制造、纺织等行业建立了产品数字化和智能化设计制造平台，加快先进计算技术的普及应用，促进异构信息资源的共享和交互操作。在国内首次提出了适合机械工业的绿色设计技术发展体系，减少原材料和能源的耗用量。目前，已经开展了车辆的拆卸和回收技术研究、“环境绿色技术评价体系的研究”等相关研究。分层实体制造（LOM）、熔化沉积制造（FDM）网络虚拟现实技术、敏捷制造技术等也都在制造业中得到了广泛的应用，力促“中国制造”向“绿色制造”转变。

全国信息技术应用

节能减排工作深入开展 2008 年，全国电子信息系统推广办公室组织编制了第二批《节能降耗电子信息技术、产品与应用方案推荐目录》（以下简称《推荐目录》）。列入《推荐目录》的产品及方案，在申请信息技术应用“倍增计划”时将优先考虑，并对列入《推荐目录》的信息技术和电子信息产品通过多种方式重点推介。《推荐目录》重点反映了节能型信息技术和电子信息产品发展的基本状况，以及具有典型示范价值的节能降耗信息技术应用项目，为相关政府主管部门、行业管理机构、企事业单位等管理决策提供信息支持，促进了节能降耗工作的深入开展。

“倍增计划”为技术改造提供支持 2008 年，全国电子信息系统推广办公室结合信息技术应用“倍增计划”，组织实施了工业行业信息化应用提升等一批重大工业技术改造项目，安排支持资金 3 000 万元，组织各类信息技术应用项目 48 个。通过对重点项目的支持，实现了研发设计、流程控制、企业管理、市场营销、人力资源开发等应用环节的突破，充分发挥了电子信息产业发展基金对信息技术应用项目的支持，取得了良好的经济效益和社会效益。

指导推进信息化建设深入发展 深化电子政务应用，提高已建重点业务系统的应用水平，推动系统间业务协同，推进政府信息共享。继续开展政府网站绩效评估和试点工作，总结推广各地成功经验，推进农村信息化向纵深开展，加快推进村级信息服务站和信息员队伍建设，继续实施“村村通电话”工程。加快发展融合性业务，推进通信网、互联网、广播电视网“三网融合”。

存在问题

信息技术应用工作还存在着一定的不足。一是加强信息技术应用的体制性障碍尚未根本打破。长期以来，在行业分割的行政管理体系下，信息技术应用工作存在一定的体制和机制性障碍，信息技术开发和应用需求存在脱节。二是支持信息技术应用的政策环境尚未形成，标准规范体系不健全。目前信息技术在传统产业中的应用还处于初始阶段，支持信息技术应用的政策法规环境有待完善。以信息技术改造传统产业等应用重点领域的鼓励性政策缺乏，仅有的一些措施依然停留在政策层面，落实不到位。三是信息产业支撑信息技术应用的供给能力不足。信息技术自主创新能力不足，核心技术和关键设备对外依存度高，不少重大信息系统工程依赖国外技术和产品，信息安全存在隐患。

工作重点

大力推进高新技术和先进适用技术改造，提升传统产业 结合工业技术改造，继续实施信息技术应用“倍增计划”，发展应用电子技术、工业软件、行业应用解决方案，为技术改造和信息化与工业化融合提供支撑。研究建立工业行业信息化分析统计制度，开展重点行业的信息化评估工作。推动面向企业电子商务服务的公共服务平台建设，推进传统产业改造提升，促进信息化与工业化融合。

加快制定和落实促进产业发展的有利政策 一是加快推进信息技术应用立法、应用标准及应用评价体系建设。进一步推动《信息技术应用促进条例》的研究制定。二是对于电子信息产业振兴规划的加强信息技术融合应用部分，认真贯彻，加强协调，抓好项目的启动并落实各项配套政策措施。三是完成《信息技术改造提升传统产业“十一五”专项规划》中期评估，启动“十二五”规划相关课题的预研。四是编制发布《第三批节能降耗电子信息技术、产品与应用方案目录》。五是研究提出了关于加快节能减排信息技术应用的指导意见。

加强共性技术支持和公共服务平台建设 加快建立信息技术应用公共服务体系，提供技术标准、测试环境、软件构件库、工具软件库、信息服务等优质、高效的公共服务，形成应用信息技术加快传统产业改造和高新技术产业发展的良好的公共服务环境。针对工业研发设计、流程控制、企业管理、市场营销等具备共性信息技术应用特征的环节，逐步推进相关平台建设。针对不同行业信息技术应用关键问题和共性问题，建设相关技术支持和服务平台。

推动信息产业和传统工业融合互动发展，积极营造信息技术应用市场 通过政策支持和资金引导，提高信息技术对工业技术改造升级的支撑能力。发挥重点项目的示范作用，鼓励工业企业探索信息技术应用的新模式、新途径。鼓励建立传统产业、应用电子产业和软件产业之间的合作和联盟，扶持传统产业派生出的新兴电子企业发展。

积极推动工业部门在信息技术应用中采购国产软硬件产品，加大对具有自主知识产权技术和产品的支持力度，推动落实和完善政府采购和首购制度，在政府及国有大企业大型信息系统建设中，优先采购国产信息技术产品及系统。统筹规划，逐渐打破原有的部门和行业界限，鼓励有实力的信息技术企业进入工业技术改造升级市场。扶植工业技术改造升级所需的信息技术服务企业，营造有利于信息化与工业化融合的市场环境。

[撰稿：任爱光　审稿：杨旭东]

2008年国家金卡工程发展综述

【综述】

2008 年，国家金卡工程继续贯彻落实国家金卡工程协调领导小组颁布的《国家金卡工程全国 IC 卡应用（2008 年—2013 年）发展规划》。面对全球金融危机的大环境，金卡工程建设的各行业与地方竭尽全力、务实工作，不断取得新进展，并为改善民生、构建和谐社会做出了新贡献。

银行卡应用的普及使我国逐渐变成非现金支付的国家

金卡工程首先以电子货币应用起步，促进了我国银行卡业务联营与创新发展。截至 2008 年底，我国银行业统一标识的银联卡发行总量达 16 亿张。国内受理银行卡的联网商户达 118 万户，累计安装联网 POS 机具 185 万台，联网 ATM 机 17 万台，分别是 2001 年中国银联成立前的 7.8 倍、8.4 倍和 4.5 倍，一个规模化的银行卡受理网络已经形成。随着联网通用和受理环境的不断改善，银行卡交易额快速增长。2008 年，全国银行卡跨行交易额达 4.6 万亿元，是 2001 年的 50 倍。银行卡消费额占社会消费品零售总额的比重从 2001 年的 2.7%上升到 2008 年的 24.2%，京、沪、粤已达 50%。

在人民银行的大力推动下，我国农村地区的银行卡受理环境得到进一步改善，为农民工提供的银行卡特色服务取得显著效果。据中国银联对持卡消费结构的统计，持卡人单次消费 500 元以下的小额支付占到银联总交易笔数的 80%，表明我国银行卡应用已进入普及期，并被百姓广泛使用，依赖程度较高。另外，值得注意的是 1 000 元以上的大额消费，其笔数虽然占比不足 1%，但交易额占比却高达 65%。这说明百姓在购房、买车及大量采购和批发中，已开始使用信用卡来支付。特别是在我国四川汶川特大地震赈灾活动中以及奥运会和残奥会期间，银行卡的应用发挥了重要作用和提供了满意的金融服务。在赈灾活动中，各地的发卡银行积极开展信用卡捐款活动，免费为全国各地的捐款者进行资金电子划拨，使灾区人民及时得到有效的救助。由此引申发行的以慈善为主题的抗震救灾联名卡，将公益事业与国家信息化重大工程的成果结合起来。在奥运会和残奥会期间，我国 6 个奥运城市的银行卡支付环境得到全面改善，同时带动了国内重要旅游城市乃至全国电子支付环境的改善。在北京奥运重点区域，人民币卡和外卡商户的普及率高达 95%和 90%，持卡消费额占总额比例达到 50%以上。今天，作为电子货币的银行卡已在人民生活中发挥着日益重要的作用。

目前，我国银联卡可以在境外 61 个国家和地区的 ATM 机取款；在 31 个国家和地区实现了 POS 机刷卡消费。另外，已有 8 个国家和地区的 40 多个金融机构在境外发行当地货币的银联标准卡，并得到更多境外持卡人的认可。具有中国特色的银行卡支付体系初步形成，银行卡应用不断创新支付业务，跨部门间 IC 卡应用的融合进一步加强。随着金卡工程电子支付工具推广应用的普及，我国已逐渐变成非现金支付的国家，有力地推动着我国金融业的改革与发展。

2002 年—2008 年银行卡交易情况如图 1 所示。

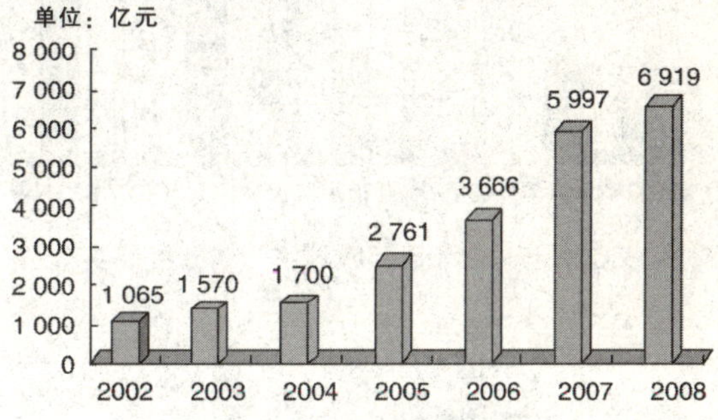

图 1　2002 年—2008 年银行卡交易情况

智能 IC 卡应用持续、创新发展

国家金卡工程的启动实施，促进了各类卡基应用，迅速渗透到国民经济各行各业（目前 20 多个部门、行业参与金卡工程建设）。随着金卡工程的发展，行业性

IC卡应用工程陆续启动，IC卡已在我国电信、社会保障、公安、税务、交通、建设及公用事业、卫生、石油石化、组织机构代码管理等多个领域得到广泛应用，发卡总量已达60亿张。特别是随着电信智能卡、第二代居民身份证非接触IC卡、劳动社会保障卡，各种公用事业收费卡和智能交通卡、组织机构代码卡、IC加油卡、医疗卫生卡等行业性IC卡应用及12个试点省市“一卡通”工程建设的陆续深入，我国IC卡应用在电子政务、电子商务实践中不断取得新成果，各类IC卡的功能拓展与相互融合发展的步伐加快。IC卡的广泛应用对提高各行业及各级政府部门的现代化管理水平，实施政务公开，建设服务型政府，方便百姓生活，推动国民经济和社会信息化进程都发挥了重要作用。

我国自主的数字化3C产业、移动通信产业和智能卡产业的创立，以及网络电视、手机电视、手机游戏、手机定位、手机信息搜索，以及基于手机的各类电子支付应用和众多射频识别（RFID）电子标签应用应运而生，进一步促进了中国智能卡产业、无线射频识别RFID产业和手机多媒体应用的融合互动发展，正在打造更为完整的产业链。2000年—2008年我国IC卡出货量变化如图2所示，2008年我国主要行业IC卡出货占比情况如图3所示。

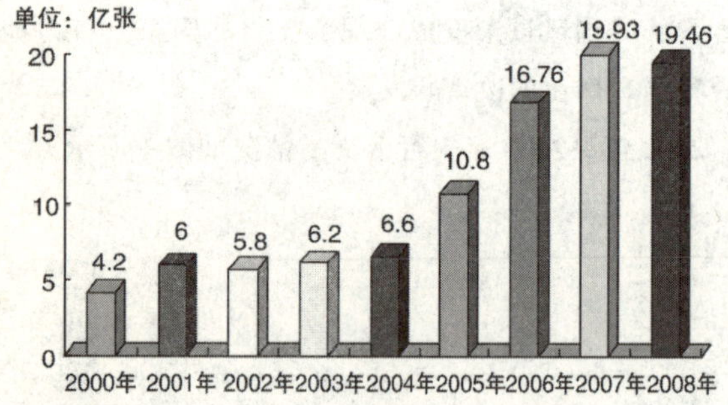

图2　2000年—2008年我国IC卡出货量变化图

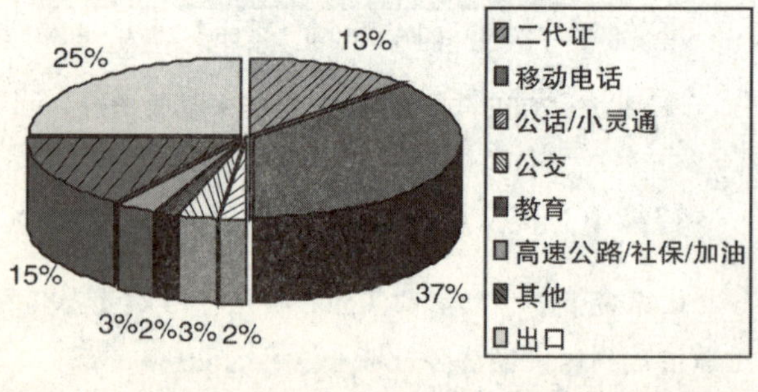

图3　2008年我国主要行业IC卡出货占比情况图

电信行业　电信智能卡是金卡工程的行业性大卡，也是IC卡应用的主力军，约占我国IC卡市场总量的75%。智能SIM卡、UIM卡、PIM卡已逐渐成为移动运营商设在用户端的信息服务中心，并为运营商的业务转型提供了技术支撑。随着电信重组及3G的全面商用，电信智能卡支持的卡端应用如雨后春笋，弥补了手机功能的不足。中国移动通信集团公司每年发放SIM卡超过4亿张，结合实行“一卡多用”，从而为大量增值业务的拓展和方便百姓、提高服务质量发挥了重要作用，展现了巨大的应用市场前景。金卡工程力推多功能卡应用，重点放在基于手机的移动支付应用上。在重庆、广东、湖南等省市，手机支付已经可以在超市、商场、电影院、快餐店、咖啡店等场所进行刷卡消费。

公安行业　公安部作为金卡工程行业性大卡的发行单位之一，利用非接触式IC卡换发第二代居民身份证，在经过了4年的努力之后，于2008年底基本完成了换发工作，总计发卡量约9亿张。二代证所用芯片、模块、卡片、卡操作系统及读写机具全部由国内厂家提供。2008年，公安部向全国公安机关提供卡体材料2亿多张；向全国公安机关及社会各相关单位提供第二代居民身份证阅读核验设备近3万台；为北京奥运会、残奥会制证种类近千种，发放各类证件几百万张；为第104届中国进出口商品交易会制证种类近10种，发放各类证件近10万张；为公安部安防办公大楼、外交部办公楼、首都博物馆、外交部驻外使领馆、人民大会堂等重要政府机关及重要场所门禁制证及发卡近10万张，人员出入口控制读卡器数量近3 000台。

建设事业　城市公用事业IC卡的发展是按照国家金卡工程的总体规划与统一部署实施的，始终坚持统筹规划、政府主导、统一标准、统一发卡、一卡多用、分步实施的指导思想；调动各方积极性，兼顾各方利益；规范市场、公平竞争；因地制宜，讲求实效，积极推进城市公用事业IC卡应用健康、有序地发展。历经10多年的实践与发展，在全国范围内已有170余个城市建立了不同规模的城市公共交通IC卡应用系统，累计发卡1亿多张。我国公用事业IC卡分布情况如图4所示。

社会保障行业　我国的社会保障卡，由人力资源和社会保障部统一规划，各地社保部门向社会发行。社会保障卡既是我国金卡工程规划的行业大卡之一，也是“金保”工程的重要组成部分。为实现社会保障卡“一

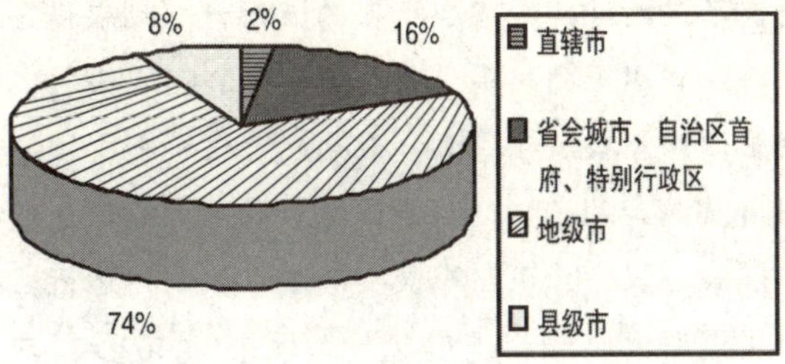

图 4　我国公用事业 IC 卡分布情况

卡多用，全国通用”的建设目标，人力资源和社会保障部制定了全国统一的《社会保障（个人）卡规范》，实行了社会保障卡发行注册、COS 核准等管理制度，采用了全国统一的密钥管理体系，制定了规范的工作流程，使社会保障卡工作逐渐走向标准化、规范化、制度化的轨道，形成了全国统一的较为完整的发行管理体系。从 1999 年启动至今，经人力资源和社会保障部审批注册，发放社会保障卡的地区已达 110 多个，批准发卡人数 1.27 亿人，覆盖城镇职工、儿童、学生、老人、农民工、农民等各类参保人群。

社会保障卡主要应用于社会保障事务办理，也可以搭载金融功能，还可以通过自助服务终端机，进行退休人员指纹认证、失业人员指纹认证登记等。部分地区还将社会保障卡应用到民政、卫生、公积金等其他公共服务领域。

医疗卫生行业　根据金卡工程发展规划及卫生信息化发展需求，卫生部已把积极推进 IC 卡的应用列入“十一五”卫生信息化发展规划，新医改方案也把推进一卡通、建立居民健康档案的实施作为解决群众看病难、看病贵的重要手段。信息化建设为医疗体制改革提供了有力的支持和保证。IC 卡及 RFID 技术已成为卫生信息化建设新的应用重点。

交通行业　北京市政交通“一卡通”系统已在本市全部公交车、地铁及出租车上开通应用，同时在全部 P+R 停车场和部分社会停车场应用。目前，北京市政交通“一卡通”累计发卡超过 2 800 万张，日平均交易超过 1 450 万笔，最高峰值达到 1 570 万笔，刷卡交易量位居全国第一。遵循“一卡多用、统一发卡”的原则，“一卡通”在超过 2 000 家的超市、便利店、药店等实现刷卡付费，在 5 000 余部公用电话上实现刷卡打电话。随着持卡人数和发卡量的不断增加，“一卡通”的支付领域正在逐步扩大，市民只要拥有一张市政交通“一卡通”，就可以实现交通出行以及日常生活消费的一卡付费，从而为市民提供真正方便快捷的付费方式。

试点省市发展迅速

上海市　上海市作为国家金卡工程首批试点省市之一，其银行卡、社保卡、交通卡三张“一卡通”和 RFID 技术推广应用继续深入推进。2008 年，集成电路产业销售收入 457 亿元。银行卡产业园建设成效显著，截至 2008 年底，共引进金融后台外移项目 16 个、金融业务流程外包（BPO）6 家，签约项目总投资估算近 170 亿人民币，吸纳就业人口 40 000 人以上。几个大型金融机构后台外移项目投入运营。上海农村商业银行后台数据项目等 7 个项目签约。

目前，上海市社保卡可办理就业、社会保险、社会救助、优抚、公积金等 20 多项事务。截至 2008 年，全市银行卡发卡量达 1 133.44 万张，持卡消费额（剔除大宗消费后）占社会消费品零售总额的比重达到 41%。交通卡基本覆盖全市公交、轨道交通、出租等 10 多个交通领域，装载读卡 POS 机 6 万多台，建立售卡（充值）网点 2 000 多个。另外，上海市交通卡已开始向长三角地区拓展服务，现与无锡、常熟、阜阳等市实现了互通，并与杭州市的部分出租车、苏州市的公交车实现了“单向通”。

RFID 技术在安全管理、物流、大型赛事管理等多个领域的试点初具成效。2008 年 3 月，上海国际港务（集团）股份有限公司自主研发的集装箱电子标签系统正式用于上海至美国萨瓦纳航线，成为世界上首条投入商业运营的集装箱电子标签国际航线。采用 RFID 技术的 2010 年上海世博会门票正式发售，并推出了基于 RFID、二维码等技术的世博会手机门票。

天津市　天津市作为首批试点城市之一，金卡工程取得了重大进展和显著成绩。智能卡已广泛应用于社会保障、组织机构代码、机动车管理、驾驶员管理、公共事业、公交、食品安全等领域。社会保障卡年内将向全市发行，最终覆盖城乡千万人。“城市卡”已在公交车、地铁、轻轨、出租车等公共交通领域广泛应用。同时，实现了京津城市间公共交通一卡通用，并将逐步实现在环渤海范围内跨地区的互联互通。金卡工程建设提高了天津市政府的管理水平和行业服务质量，促进了各业务系统的信息资源整合和共享，使市民更加方便快捷地享受社会服务，对改善市民生活质量起到了积极的推动作用。

山东省 山东省高度重视RFID产业的发展，由山东省信息产业厅制定了多项措施促进RFID产业的发展。编制了《山东省RFID产业发展规划》、《关于加快RFID产业发展的实施意见》、《山东省RFID工程技术中心认定管理办法》和《山东省关于加快RFID产业发展与应用的意见》等文件。另外，成立了国内首家省级RFID产业发展联盟，目前已有60多家企业加入，分布在产业链的各个环节。建立起了以企业为主体，政、研、企相结合的发展模式。

青岛市 按照“先试点、后推广”和“因地制宜”的要求，结合自身特点，通过政府引导，推动RFID技术和应用发展，取得较大成果。一年来，在标签封装技术、读写器开发与生产、应用系统开发、平台建设等方面取得了突破，走出了一条推动RFID实际应用的道路。青岛市已在物流管理、生产线管理、港口集装箱管理、车辆管理、轮胎生产销售管理、养殖管理等多个领域进行RFID应用示范。成立了青岛市RFID技术及产业促进会，并设立青岛市RFID实验室。海尔集团成立了中国RFID产业联盟海尔开放实验室。中国海洋大学研制的前置式RFID读写器一体机获国家专利。青岛中科英泰公司研制出了多协议RFID读写器，“基于嵌入式系统的RFID读写器软件”已经申请软件著作权登记。研发的手持式和台式RFID读写器达到同类产品国际领先水平。

宁波市 宁波市民卡按照国家金卡工程IC卡多领域应用的要求，结合宁波市现状和未来的发展，提出了为民、便民的一项电子政务和电子商务工程。采用非对称、非接触标准，符合PBOC2.0双界面金融IC智能卡，具有电子钱包功能。2008年12月22日，宁波市民卡商务卡（B卡）正式发行，目前已在公交、商业、服务等10多个行业70个商家应用。

宁波市针对宁波港口集装箱业务量的迅猛增长，吞吐量不断攀升的情况，为提高集装箱码头装卸效率、堆场利用率，减小码头闸口的压力，开发了基于RFID技术的智能闸口管理系统。该系统已在宁波港吉码头（四期）、北仑第二集装箱码头（三期）及镇海码头安装，发卡达13 000余张，进出宁波港的291家车队集卡已全部更换新进港证，经过半年多的试运行，效果良好。另外，将在大榭招商码头、北仑国际集装箱码头（二期）、北仑第四国际集装箱码头（五期）进行实施，预期均在2009年完成。目前，已与青岛港口和深圳港口达成相关合作框架协议，并正在积极实施中。该项目运行后，集卡车进港时间从安装前的2分钟缩短到30秒以内，港口每增加1万个标箱可提供500个就业岗位。

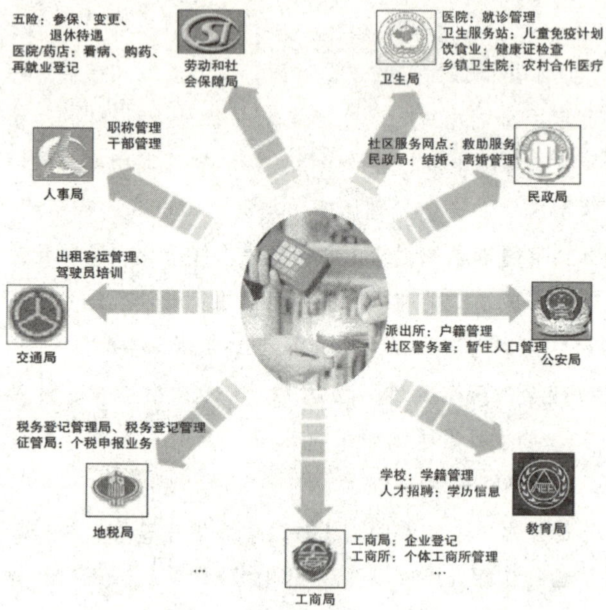

图5 宁波市政府为民服务应用领域

广州市 广州市社会保障卡定位于“政府公共服务一卡通”，遵循全国通用的社会保障（个人）卡规范，作为市民办理个人社会事务、享受社会保障权益的电子凭证，属于“地方大卡”。自2005年12月首次发行，至今发卡已超过47万张，医保消费累计金额达到2.5亿元。通过数据共享，市民可以凭卡在分布市内的市民卡自助服务终端统一查询医保、公积金和养老保险情况。另外，还为社会保障卡持卡人统一配发市民电子邮箱，持卡市民可接收或自主定制政府公开信息，及时了解公共服务信息和业务办理状态。

“羊城通”系统是集“公交通、电信通、商务通”于一体的多功能电子支付媒介，2002年发行至今，发行量已超过1 200万张，日均交易量近400万笔。应用范围覆盖到公交、地铁、出租车和停车场，以及公用电话、超市、便利店等多种行业。另外，还开通了票卡和银行账号绑定的自动充值服务，往返港澳出入境签注开通了羊城通支付功能，为市民提供方便快捷的支付方式。广州市和佛山市实现两地一卡通行。

2008 年 7 月 17 日，广州地铁联合广州移动公司共同开发的“手机地铁票”正式进入试用阶段，这是国内第一个使用手机支付地铁票款，也是第一个基于双界面 SIM 卡技术可支持空中充值的应用。

针对广州市现有 16 000 多台燃气出租车、6 000 多台燃气公交车使用 LPG 清洁能源的状况，为保障这些车用液化石油气钢瓶的安全，便于实施动态监管，发放了 RFID 使用登记证及条码标签。目前，市质监局对在用燃气车辆发放 RFID 车用气瓶使用登记证 21 829 张，发放气瓶条码标签 34 773 张；已有 2 家加气站安装了车用气瓶管理系统，真正实现了实时电子监管。

2008 年下半年，广州港集团有限公司提出建立基于 RFID 技术的商品车管理系统项目，实现对港口商品车进出港、装卸、堆存及在港动态的实时监控管理。基于 RFID 技术的滚装汽车码头管理系统实施后，有效地加快了商品车在港的作业效率，特别是卸船进场、场内移车、闸口交接等环节的作业效率，并可通过 RFID 的有效识别，快速准确定位场内汽车位置，跟踪记录汽车场内移动等各项作业，为口岸提供高效的监管手段，为客户提供便捷的查询服务。初步测算，汽车的在港操作效率将至少提升 50%，成本相应降低 10%。

深圳市 中国银联深圳分公司致力于满足社会各界日益增长的多元化支付需求，通过支付创新，建立了覆盖更多渠道、更广领域的银行卡支付网络。目前 已通过手机、电话、网络、电视机顶盒、自助终端等 5 个渠道实现产品多样、应用丰富的便民支付体系。

“天威银联”机顶盒智能卡支付业务是目前国内第一家通过电视进行银行卡支付的交互服务平台。它通过银行卡与机顶盒内的智能 IC 卡进行绑定，利用互动式机顶盒作为支付渠道，开通家庭支付业务，让市民充分体验、感受金融服务到家的便捷性与私密性。

中国银联新一代智能卡手机支付利用 IC 卡加密芯片作为支付信息的安全载体，实现了安全的手机远程支付和现场支付。用户可以在服务网点签署开通业务的相关协议，获得运营商提供的 SD 智能卡，在自助终端进行绑定，用手机客户端软件浏览移动支付内容服务平台的商品和服务。

深圳市发行的“深圳通”IC 卡至 2008 年 8 月 12 日已达 200 万张，加上原来发行的存储卡，其总发卡量已达到 400 万张，预计 2008 年年底突破 500 万张。除在公交应用领域全面铺开外，还在部分超市、便利连锁店、餐饮店等实现了小额刷卡消费。

海南省 2008 年，海南省启动了“海南宝岛通公交卡系统”建设项目，6 月底推出了海口公交 IC 卡。推出的国际旅游岛椰岛一卡通，采用了 RFID 智能卡片（CPU 卡），已实现本地最大旅游企业集团海航集团的联合发卡，发卡量为 4 万张。

金卡工程与时俱进、创新发展

我国数字化 3C 产业的融合发展，以及第三代移动通信 3G 商用网的建设和“三网融合”的大趋势，有力地促进了 IC 卡的新的应用，不断开拓着更广阔的市场。

坚持改革，不断探索新的发展模式 国家金卡工程协调领导小组办公室经过多年探索，根据我国手机用户高达 6 亿多的情况，于 2006 年将“一卡多用”和多功能卡应用首先锁定在移动支付上，并多次召开专题会议进行研讨。为加强产用结合和适应多功能卡跨部门的组织协调的需要，国家金卡办会同国务院 10 多个部门，推动资源整合、创新应用模式、重构利益分配、坚持产用结合，经过一年的协调和筹备，以中国银联、中国移动、中国联通、中国电信、中国普天等大型企业集团为主体，于 2007 年底成立了“国家金卡工程多功能卡应用联盟”。2008 年，应用联盟召开工作会议，进一步探讨金融 IC 卡与行业（地方）的 IC 卡应用的结合，实现“一卡多用”。目前，正在务实推动相关标准的制定和启动现实可行的多功能卡应用方案，力求产生更大的经济与社会效益。

RFID 应用试点取得成效 射频识别 RFID 技术是 21 世纪最具变革力与核心价值的一项新技术，在我国金卡工程行业性 IC 卡应用中获得成功。例如：公安部制做的非接触式 IC 卡第二代居民身份证，是将 RFID 技术在中国金卡工程建设中最早启动的成功应用范例。2008 年，我国在城市公共交通“一卡通”、高速公路不停车收费、自动化通关、城市暂住证等电子证照与特殊人员管理、重要商品防伪、特种设备强检、CA 认证与信息安全管理、动植物电子标识、食品/药品供应链安全监管、独生子女（新生儿）及宠物跟踪管理、军用物资（集装箱、邮件、包裹）的实时跟踪管理、现代物流管理，以及奥运会和残奥会等重大活动的人员、赛事及票务管理等领域RFID应用试点已取得新成效。根据《国家金卡工程RFID应用试点（暂行）办法》（金卡办[2007] 23号），各有关部门和地方，因地制宜、求真务实地开展了更多的RFID应用试点工作，这对强化监管、推动市场拓展发挥了重要作用。对工农业的结构调整与升级，发展模式的转变，以及安全监管和信息安全体系建设等，正在发挥日益重要的作用。

为构建和谐社会做贡献 多功能IC卡新型应用及RFID电子标签应用试点工作的启动，使金卡工程建设突破了原来以部门（大行业）IC卡应用和城市信息化建设为重点应用领域的范围，迅速扩展到工农业生产第一线；从以政府部门的电子政务及业务管理为重点，扩展到对物品（含人、动物）的实时、动态、可追溯的信息管理。因此，其应用范围更广、更加贴近生产力，并直接改善民生、服务于百姓、服务于基层，减少和化解不安定因素，为构建和谐社会发挥着日益重要的作用。

国家金卡办支持的四川省等重点畜产品养殖地区，应用RFID技术对肉牛和生猪等牲畜养殖、屠宰和食品加工产业链建立全程质量安全追溯体系，为实现农畜产品源头可追溯、流向可跟踪、信息可存储、产品可追回，奠定了技术基础。通过试点，金卡工程已把RFID技术应用于生猪、肉牛牲畜养殖、屠宰和食品加工产业链，建立全程电子标识监控系统，进行实时、动态、可追溯的信息管理。试点工作已扩展到7个省区。这是直接服务于“三农”，影响最大、范围最广的农业RFID应用项目，已取得实效。特别是在汶川大地震救灾期间发挥了重要作用，为地震灾区及时调运了质量最好的“电子标签猪肉”首批5万斤，保证了救灾工作的顺利进行。

目前，国家正将RFID技术应用于药品信息的采集、加工和利用，建立药品产销供应链的RFID监控平台，实现动态跟踪和可追溯的安全监管体系，以确保药品的真实性、质量的可靠性以及责任管理的可追溯性。这项工作涉及民生，至关重要，在这次抗震救灾工作中也发挥了重要作用。

此外，RFID技术应用在煤矿安全生产、工业危险品钢瓶、消防器材、军用物资、烟花爆竹等方面都有成功的试点应用。

RFID技术相关标准工作 为了加快推进我国RFID相关标准的制修订工作，2008年初；工业和信息化部电子标签（RFID）标准工作组经请示部主管业务司局同意，决定将7个专题小组提交的相对成熟的标准研究成果，以技术指导文件的形式及时在工作组内部发布，以利于成果的及时共享、试行和测试修订，加强各专题小组之间的沟通与协调，发挥已有研究成果的指导作用。经审议，通过了第一批共11项电子标签标准工作组技术指导文件。最近，工作组又分别向国家标准化管理委员会和工业和信息化部报送了2009年RFID相关标准研制计划共14项。

我国积极参与RFID国际标准的研制。除国家邮政局参与了国际邮政物流标准研制外，我国在海运集装箱标准研制方面又有新突破。于2008年12月4日在上海召开的国际标准化组织（ISO）集装箱通信与识别技术委员会第16次会议上，9个国家和地区的代表经过长达5个小时的讨论，通过了由中国提出的修订集装箱电子标签国际标准的议案，并确定上海国际港务集团主持这一工作。

早在2001年上海港就开展了集装箱电子标签系统的研究工作。2008年3月10日，我国“中海宁波”号班轮从上海港驶往美国萨瓦纳港，开始了全球第一条集装箱电子标签国际航线的运营。截至目前，集装箱电子标签中美航线共开航46个航次，完成了6 746个标准箱的实船试验，系统运行正常。加拿大、日本等国的物流商尤其是食品供应商主动找到上港集团，要求开通电子标签航线，以确保货物安全。

上海国际港务集团及时起草了《用于供应链监控的集装箱电子封条应用技术规范》国家标准草案，2008年4月初在德国汉堡举办的ISO集装箱标准会议上，又代表中国向大会申请建立新的国际标准。6月，中国正式向国际标准化组织（ISO）提交了由上海港起草的国际标准提案和标准草案《可重复使用的多功能电子封条》。委员会主席弗兰克表示，这是一项具有突破意义的创新，中国人的确走在了世界前面。

信息安全体系建设 为了加强金卡工程的信息安全保障体系建设，对相关配套产品严把质量与信息安全关，国家金卡工程IC卡产品信息安全测评中心于2008年4月8日在北京正式成立。10月23日，国家金卡办会同有关学会、商会、IT行业组织，在北京举办了“中国信息安全产业与信息服务业发展论坛”（含中国防务新媒体安全专题报告）。会议邀请了中国工程院、中国科学院院士和信息安全部门的专家做了学术报告和专题报告，取得较好的效果。

坚持产用结合，推动两化融合

在金卡工程建设中，认真贯彻“以信息化带动工业化，以工业化促进信息化”的战略方针，坚持产用结合，推动两化融合，努力使国家的信息化建设立足于国内信息产业发展的坚实基础上。目前，我国已经建立了覆盖智能卡芯片设计、生产，读写机具开发制造，应用软件及中间件开发，系统集成与整体解决方案在内的完整的智能卡产业链，有3 000多个企业、数十万人从事智能卡产业。RFID产业联盟现有正式成员238个，参与企业达400多家，从事的工作有电子标签设计生产、读写机具、天线研制、通信网络产品、软件中间件以及金卡工程跨部门（行业）的信息交换和资金结算等，整个应用系统得到了大规模应用。建立了IC卡及机具产品质量检验中心、国家电子标签产品质量监督检验中心和国家金卡工程RFID互操作检测中心，使第三方检测认证能力和公共服务水平有了很大提高，显著提升了国内自主创新的信息产品配套能力和信息服务水平，促进了我国信息产业及信息服务业的持续、快速发展。

国际技术交流与合作

为加强国际间RFID技术、产业与应用的交流与合作，在工业和信息化部各相关业务司局的领导和国家金卡工程协调领导小组办公室的支持下，2008年6月，中日韩三国RFID行业协会（中国RFID产业联盟、日本自动识别协会、韩国RFID/USN协会）在北京召开了首次工作会议，并签署了《中日韩RFID行业协会圆桌会议合作谅解备忘录》(MOU)。根据备忘录，第二次工作会议于9月在日本东京召开，三方通报了各自工作进展及重点，并就信息共享、网站合作、应用项目合作、图书出版、展会交流等合作事宜进行了深入的交流。第三次工作会议于11月初在韩国首尔召开，三方重点研究了联合共建网站的合作项目，初步落实了具体建设方案。在中日韩RFID行业协会圆桌会议的机制下，推动了三国RFID产业与应用的合作发展。

2009年工作重点

根据党中央、国务院、行业主管部门的各项要求和工作部署，2009年金卡工程建设要重点抓好以下工作：

1. 全面贯彻落实党的十七大、中央经济工作会议，以及全国工业和信息化工作会议的精神，坚定不移地沿着党的十一届三中全会开辟的中国特色社会主义道路前进；继续解放思想，坚持改革开放，推动科学发展，促进社会和谐，开创具有中国特色的信息化之路。

2. 认真执行国家金卡工程协调领导小组2008年颁布的《国家金卡工程全国IC卡应用（2008-2013年）发展规划》中确定的指导方针和各项目标任务。对产业发展规划与应用规划的实施情况进行重点督查。

3. 努力减少国际金融危机对我国金融（银行）业的影响，积极化解风险、加强安全监管，确保银行卡应用的安全和人民财产的安全；加强银行卡的技术创新与结构调整，加快金融IC卡的发展，努力做好与各大行业IC卡应用的结合，为“一卡多用”做出实际贡献。

4. 加强金卡工程多功能卡应用联盟的建设，进一步统一思想，加强紧迫感和忧患意识，真正站在国家的、全局的高度考虑问题；部门间继续发扬团队精神，求同存异、形成合力。

5. 积极、稳妥地推进金卡工程RFID应用试点工作，要同当地经济社会发展及信息化建设目标相结合，在有条件的行业和地区进行重点支持。

6. 进一步抓好金卡工程相关标准制定工作，加强信息安全体系建设。

7. 举办好“2009年智能卡与RFID国际博览会”，以及“2009RFID发展年会”，包括RFID高峰论坛、发布中国RFID年度发展报告和组织相关评选活动。

8. 抓好公共平台建设及培训、检测和信息服务业建设。在上海张江建立RFID产业基地、在南京“三宝”建立RFID开放实验室以及在深圳建立无线电检测及培训基地的基础上，将在京、津地区建立RFID综合基地，准备在广州市和深圳市建立泛珠江三角洲RFID基地等。

9. 认真做好国际技术交流与合作，加强与欧盟及美国的相关企业、行业组织及科研院校间有关智能卡及RFID技术的交流，落实具体合作项目。

[供稿：国家金卡工程协调领导小组办公室]

第6部分　科技进步

2008年信息产业信息科技工作综述

【综述】

2008年主要围绕建设创新型国家的发展目标，以大力推动企业为主体的技术创新体系建设为主线，以突破核心技术、掌握关键技术和解决重大关键共性技术为着力点，以产学研结合为基础，以标准、知识产权和质量为抓手，促进行业技术进步和产业技术升级，增强自主创新能力，支撑产业又好又快地发展。

【2008年主要工作】

做好科技规划和政策的研究制定

认真做好《国家重大产业技术开发专项规划》等规划的制定工作，明确国家支持的产业技术发展目标和方向，提出“十一五”后几年国家重大产业技术开发和重大技术研制的主要任务。抓紧完善《国家产业技术政策》。围绕我国工业经济发展的战略性技术、制约我国产业总体技术水平提高的关键技术以及在经济社会发展中发挥重要基础作用的共性技术，引导和推动我国产业技术进步。着力提高重大装备研发设计能力、制造能力，推进装备制造业绿色化、信息化和国产化。加强调查研究，把握国家重点高新技术的发展状况，研究提出高技术规划和政策，明确高技术发展工作思路。积极争取组织实施相关高技术产业化示范工程、产业关键共性技术开发项目。

加强标准工作，建立和完善标准体系

2008年，我们主要在加强归口、注重综合和协调，重点抓标准制定工作的规则和程序的制定、标准计划项目的下达、标准的审批发布和标准组织的管理，同时加强与国家标准委的对口衔接。

在完善标准体系上，主要开展了建立和完善标准化工作规则和程序，制定行业标准制修订管理办法、行业标准化技术组织管理办法等文件，通过理顺机制，充分发挥行业协会、地方的优势，达成共识，形成合力，推动标准化工作有序、有效开展。围绕技术发展重点，以标准带动技术创新，着力开展自主知识产权的技术标准研究制定。完善标准技术研究、试验验证、专利处置、产业推进和应用推广的工作体系和运行机制。积极参与国际标准化组织的活动，推动更多拥有自主知识产权的技术标准成为国际标准。

重点对已有的行业标准进行全面的清理整顿和评估工作，通过修订、整合和废止一批行业标准，提高行业标准的时效性。同时统筹安排09年行业标准计划。

继续大力推动 TD-SCDMA 研发和产业化工作

推进中国移动启动第二期 TD-SCDMA 试商用网络建设计划，扩大用户规模。推进“第三代移动通信(3G) 推进工作协调小组”工作，协调出台政府采购、无线电频率资源使用费、营业税等税赋减免、业绩考核和审计等的政策。加强对 TD-SCDMA 产业联盟等行业组织的指导，强化联盟的协调和组织构架，促进运营和制造企业的紧密交流与合作，共同推动产业链建设、技术研发和业务发展。

推进 TD-SCDMA 增强型技术研发和产业化，做好“TD-SCDMA 研究开发和产业化（二期）”和“IMT-Advanced技术方案研究和关键技术研发”两个国家科技支撑计划项目的组织实施工作，确保项目按计划推进。督促加快 HSUPA 系统和芯片研发进度，尽快实现多媒体广播（MBMS）业务，创建多厂家联合的新技术、新业务的测试试验环境等，解决 TD-SCDMA 产业薄弱环节。加强对后续技术 TD-LTE 的攻关。

推动新一代宽带无线移动通信网科技重大专项工作

确定一批研发和产业化项目，完成 2008-2010 年阶段计划以及 2008 年年度计划的编制工作。积极做好与各部门的协调沟通，尽快启动一批项目，调动相关单位的科研和产业力量。启动 2009 年的计划编制工作。

加强管理上的创新，建立科学的、系统的、扁平化的组织管理体系，进一步规范各项工作，实现权责一致，执行顺畅，高效地指导工作。要注重产学研用相结合，打造产业链。

强化行业质量工作

研究拟定质量管理工作的规定，完善质量管理机制，制定产品质量监督抽查、检验机构等管理办法，加快建立全行业质量管理工作体系。建立工业产品质量监控、预警系统，通过质量抽查、事故分析和用户使用情况调查，对行业重点领域的重点产品实施监控，协调有关部门共同做好质量问题突发事件的处置工作，组织制定《工业产品质量突发事件应急预案》。

抓好知识产权有关工作

围绕知识产权“创造、运用、管理和保护”等四个维度，研究制定《行业知识产权战略实施工作指导性意见》。举办了“第八届信息产业重点领域重大技术发明评选”和“第十届信息技术专利态势发布”两大活动，积极筹备面向工业和信息化行业的第一届重大技术发明评选和知识产权态势发布活动。

【2009 年工作重点】

以邓小平理论和三个代表重要思想为指导，以科学发展观统领全局，贯彻十七大、中央经济工作会议和信息产业工作会议精神，紧密围绕工业化和信息化融合发展的要求，进一步落实信息产业科技发展规划纲要，以提高自主创新能力为中心，着力打造以企业为主体、面向市场、产学研用相结合的科技创新体系，组织实施科技重大专项和重点项目，突破核心技术，掌握关键技术，实施知识产权、标准和质量振兴战略，完善行业科技管理和公共服务，推动公共技术服务平台建设，促进产业又好又快地发展。

落实国家鼓励自主创新政策，加强宏观指导

贯彻落实《中共中央、国务院关于实施科技规划纲要、增强自主创新能力的决定》和《国家中长期科学和技术发展规划纲要》，推动落实国家鼓励自主创新的财税、金融、消费和政府采购等政策。加强部委协同和部省互动，进一步实施《信息产业科技发展“十一五”规划和 2020 年中长期规划（纲要）》。加强推进信息化与工业化融合发展等信息产业科技全局性、方向性、战略性重大问题研究，围绕推进信息化建设、优化产业结构、行业战略转型、节能减排等，研究制定信息产业科技政策。

加快推进技术创新体系建设

加快建立以企业为主体、以市场为导向的产学研用相结合的技术创新体系，促进创新要素向企业聚积。加强信息产业科技基础平台建设，推动建立产学研用相结合的产业技术联盟，完善行业公共技术服务平台，积极推进信息产业创新型企业、面向行业/区域的研发机构和共性技术服务平台认定和管理，完善行业情报、期刊、成果资源服务平台建设。在鼓励自主创新的基础上，推动科技成果的转化和应用。完善行业科技统计指标体系。

组织实施国家重大科技专项、国家科技支撑项目等

加强组织、协调和推动工作，全力做好“核心电子器件、高端通用芯片和基础软件”、“极大规模集成电路制造装备及成套工艺”和“新一代宽带无线移动通信网”等重大专项的各项工作，推动地方政府和企业积极参与，加快集成电路、软件、关键元器件和宽带无线移动通信等重点领域技术研发，力争在核心技术方面取得突破。

积极推进TD-SCDMA商用进程，进一步加大HSUPA、HSPA、TD-LTE等后续技术研究开发力度，加快产业化，完善和壮大产业链。开展4G（IMT-Advanced）关键技术研发和产业化研究，提交国际标准提案。组织实施新型数字媒体（AVS-IPTV）示范项目，实现全系统的互联互通，开展规模商业试验。开展国产基础软件集成应用体系建设，建立国产软硬件集成的公共支撑服务平台和应用服务中心。组织进行FTTH关键技术研发，开展技术应用试验。

完善对软科学研究课题和技术发展政策研究的组织与管理，继续加强新技术、新业务的知识产权、发展战略、技术政策以及体系结构的研究。抓好卫星移动通信、高速无线接入、视频搜索以及汽车计算平台等新技术跟踪和研究工作。

实施标准战略，加强信息产业标准制定工作

加快实施标准战略，完善标准化工作机制，充分发挥标准化组织和机构的作用，鼓励支持企业在掌握自主创新技术的基础上联合制定技术标准。统筹协调标准制定与技术创新、知识产权处置、产业化推进以及应用推广等方面工作，紧密围绕产业发展、市场热点和国家重点工程，做好关键领域标准研究和制定。通过认证和标准符合性认定积极推进标准贯彻实施。鼓励和支持企业实质性参与国际标准化活动，积极稳妥做好对产业和市场有重大影响的技术标准国际提案工作。

完善信息产业标准体系，进一步加强集成电路、软件、关键电子元器件、信息存储、数字音视频、半导体照明、平板显示、中文信息处理、电子标签、卫星导航、社区信息化、通信和电子产品安全、TD-LTE、TD-SCDMA智能天线、TD-SCDMA MBMS、HSDPA、IPTV、FTTX、网络与信息安全、互联互通、“村村通”工程、阳光绿色网络工程、手机终端、信息无障碍、资源节约与综合利用等领域标准研究制定，完成“号码携带”、数字音视频、网络通信等验证方案和验证平台建设。与地方政府共同推动DRA数字音频、数字键盘汉字输入法等标准制定和应用推广工作。

实施知识产权战略，提升企业自主创新能力

制定并发布《信息产业知识产权战略实施纲要》，实施知识产权战略的重点和部署优先领域发展规划，推动知识产权的创造、管理、保护和利用。继续做好信息技术领域专利态势发布和信息产业重大技术发明评选活动。

加强行业知识产权工作的管理和指导，提高全行业知识产权创造、保护与利用的意识和能力，鼓励企业积极申请专利，显著增加行业核心技术知识产权的积累。建立产业专项中的知识产权工作机制，建立和完善企业知识产权评价指标体系。深入研究标准中知识产权问题，逐步完善标准中知识产权处置机制。做好信息技术领域专利全文数据库的完善与推广工作。完善信息产业知识产权预警机制。

加强产品质量监督管理，完善产业质量保障机制

认真贯彻《国务院关于加强产品质量和食品安全工作的通知》精神，紧密结合产业发展形势和需求，建立“信息产业产品质量监控预警系统”，提升对产品质量的持续跟踪、监控、预警能力；进一步完善产品市场准入和后续监管措施，开展重要产品质量认证和标准符合性认定，对热点领域产品进行质量监督抽查和专项整治，切实解决影响产业发展和社会关心的突出质量问题；积极应对产业国际化面临的质量信任危机，分析不同领域产品质量与国际市场要求的差距，会同有关部门研究完善相关监管政策和技术标准，促进产品国际竞争力的提升；加强产品售后服务监管，建立行业主导的产品用户满意度评价制度，完善第三方参与的行业自律机制，会同有关部门提出落实新产品“三包”责任规定的措施，逐步减少售后服务引发的质量投诉；结合信息产业园区和基地的政策，积极开展面向行业的共性技术服务平台和支撑体系认定和管理；继续推进通信计费检测，开展短消息计费检测工作，加强防雷安全检查工作，提高政府监管的公众信任度，保障经济又好又快地发展。

进一步加强国际科技交流与合作

加强与相关部门沟通协调，充分利用国际科技资源，努力拓展国际科技合作领域，提高合作成效，积极推动国际科技交流与合作。鼓励国内企业和机构积极参与ITU、ISO、IEC及AIC等国际组织的技术和标准化活动，做好对口研究工作，增强参与国际标准制定的话语权。做好多边和双边合作机制框架下的中美、中欧、中日韩等交流，增进了解，促进合作。

【供稿：工业和信息化部　科技司】

2008 年度批准发布的电子信息产业各类标准情况

2008 年度标准工作的重点

加快实施标准化战略，完善标准化工作机制，充分发挥标准化组织和机构的作用，鼓励支持企业在掌握自主创新技术的基础上联合制定技术标准。统筹协调标准制定与技术创新、知识产权处置、产业化推进以及应用推广等方面的工作，紧密围绕产业发展、市场热点和国家重点工程，做好关键领域标准研究和制定。通过认证和标准符合性认定，积极推进标准贯彻实施。鼓励和支持企业实质性参与国际标准化活动，积极稳妥做好对产业和市场有重大影响的技术标准国际提案工作。

完善信息产业标准体系，进一步加强集成电路、软件、关键电子元器件、信息存储、数字音视频、半导体照明、平板显示、中文信息处理、电子标签、卫星导航、社区信息化、通信和电子产品安全等领域标准研究制定，完成数字音视频等验证方案和验证平台建设。与地方政府共同推动 DRA 数字音频、数字键盘汉字输入法等标准制定和应用推广工作。

2008 年批准发布的信息产业各类标准情况

2008 年度共批准发布电子信息产业各类标准 152 项，其中，批准发布国家标准 101 项(详见表 1)；批准发布电子行业标准 10 项 (不包括通信类行业标准)(详见表 2)；批准发布行业军用标准 41 项(详见表 3)。

表 1 中的各项说明如下：

第 1 项《数字电视环绕声伴音测量方法》规定了数字电视环绕声的电性能测量项目、测量条件和测量方法。内容包括测试信号、测试仪器、标准测量状态、测量条件、控制器的标准设置、测量项目和方法等。适用于标准清晰度和高清晰度数字电视接收器。

第 2 项《等离子体显示器件　第 2–1 部分：光学参数测量方法》规定了等离子体显示器件的光学参数测量方法。

第3 项《等离子体显示器件　第 2–2 部分：光电参数测量方法》规定了等离子体显示器件的光电参数测量方法。

第 5 项《含碱性或其它非酸性电解质的蓄电池和蓄电池组–便携式密封单体蓄电池(第 1 部分)：镉镍电池》等同采用 IEC 61951–1:2003，是对 GB/T 11013–1996 的修订，规定了适合于任何方位下使用的便携式小方形、圆柱形和扣式密封镉镍单体蓄电池(简称电池)的型号、标志、尺寸、试验和要求。

第 6 项《含碱性或其它非酸性电解质的蓄电池和蓄电池组–便携式密封单体蓄电池(第 2 部分)：金属氢化物镍电池》等同采用 IEC 61951–2:2003，是对 GB/T 15100–2003 的修订，规定了适合于任何方位下使用的便携式小方形、圆柱形和扣式密封金属氢化物镍单体蓄电池的型号、标志、尺寸、试验和要求。

第 9 项《等离子体显示器件(第 1 部分)：术语与文字符号》规定了等离子体显示器件的术语定义和文字符号。

第 10 项《液晶显示器件(第 4–1 部分)：彩色矩阵液晶显示模块基本额定值和特性》规定了彩色矩阵液晶显示模块的基本额定值和特性。

第 11 项《液晶显示器件(第 2–2 部分)：彩色矩阵液晶显示模块空白详细规范》规定了彩色矩阵液晶显示模块的机械说明、质量评定类别、标志、订货资料等有关各项要求。

第 13 项《数字电视接收设备图像和声音主观评价方法》规定了数字电视接收设备的主观评价条件和评价方法。主观评价条件包括环境条件、信号源、测试素材的选择和评价员等；主观评价方法包括双刺激连续质量标度法和刺激比较法等。该标准适用于各种接收和显示方式(如卫星、地面和有线等)的接收器、接收机和显示器(如阴极射线管、液晶、等离子及各种投影等显示方式)等数字电视设备(包括标准清晰度和高清晰度)的主观评价，其它类似用途的设备可参照执行。

第 22 项《声表面波谐振器(第 1–1 部分)：总则和标准值》修改采用 IEC 61019–1–1：1990，其内容涵盖了多种类型的谐振器通用的检测与试验方法及一般原则。

第 23 项《声表面波谐振器(第 1–2 部分)：试验条件》等同采用 IEC 61019–1–2：1993，给出了声表面波谐振器电性能的测试方法细则以及声表面波谐振器使用一定周期后,保持其电性能能力的试验方法。

第24项《有质量评定的压电滤波器(第1部分):总规范》等同采用IEC 60368-1:2000,规定了采用能力批准程序或鉴定批准程序评定质量的压电滤波器的试验方法和通用性要求。

第25项《石英晶体元件参数的测量(第8部分):表面贴装石英晶体元件的测量夹具》等同采用IEC 60444-8:2003,规定了能精确测量无引线表面贴装石英晶体元件的谐振频率、谐振电阻及等效电路参数的测量夹具,还规定了测量系统的校准。

第48项《液晶和固态显示器件(第3部分):液晶显示屏分规范》规定了液晶显示屏的质量评定程序以及试验和测试程序。

第49项《液晶和固态显示器件(第5部分):环境、耐久性和机械实验方法》规定了液晶和固态显示器件的环境、耐久性和机械实验方法。

第99项《多声道数字音频解码技术规范》规定了多声道数字音频压缩编解码技术方案,包括码流格式(句法结构与语义)、解码过程以及各个解码技术模块的技术要求,并对采用该技术的编码部分提供了资料性的建议和实现方法。

第100项《移动通信天线通用技术规范》是对GB/T 9410-1988的修订,是制定移动通信天线产品规范必须遵循的基本原则和最低要求,包括电性能、环境适应性等技术要求、试验方法、检验规则以及标志、包装、运输和贮存要求等。

第101项《移动通信双工器电性能要求及测量方法》是对GB/T 15491-1995的修订,规定了具有连接收、发机和天线端口的双工器件的电性能要求及测量方法。

表2中的各项说明如下:

第1项《等离子体显示器件(第3-1部分):机械接口》修改采用IEC 61988-3-1:2005,规定了等离子体显示器件的机械接口的一般描述、装配图和分解图、后视图等内容。

第2项《耐压测试仪通用规范》规定了耐压测试仪的要求、试验方法、检验规则、包装、标志、运输和贮存。适用于额定输出电压不高于15kV的耐压测试仪,包括数字式及模拟式交流(工频)、直流耐压测试仪以及安全性能综合测试仪和耐压绝缘测试仪的耐压部分。

第3项《泄漏电流测试仪通用规范》规定了泄漏电流测试仪的要求、试验方法、检验规则、包装、标志、运输和贮存。适用于泄漏电流测试仪、接触电流测试仪以及安全性能综合测试仪的泄漏电流部分。

第4项《绝缘电阻测试仪通用规范》规定了绝缘电阻测试仪的要求、试验方法、检验规则、包装、标志、运输和贮存。适用于交流电网或电池供电的、额定输出电压不高于10kV的指针式指示和数字式指示的绝缘电阻测试仪,以及安全性能综合测试仪和耐压绝缘测试仪的绝缘电阻部分。

第5项《接地导通电阻测试仪通用规范》规定了接地导通电阻测试仪的要求、试验方法、检验规则、包装、标志、运输和贮存。适用于接地导通电阻测试仪以及安全性能综合测试仪的接地导通电阻部分。

第6项《等离子体显示器件(第4部分):气候和机械试验方法》规定了等离子体显示器件的试验设备、标准条件、高温低温贮存等气候试验方法以及冲击、跌落等机械试验方法。

第7项《自动声纹识别(说话人识别)技术规范》规定了声纹识别(系统)的术语与定义、数据交换格式与应用编程接口。适用于各种计算机、网络和智能设备配置的声纹识别系统。

第8项《信息查询自动终端通用规范》规定了信息查询自助终端的定义、要求、试验方法、检验规则以及标志、包装、运输、贮存等。

第9项《直播卫星电视广播接收系统及设备通用规范》规定了直播卫星电视广播接收系统及设备的要求、试验方法、检验规则、标志、包装、运输和贮存。该标准适用于直播卫星电视(标准清晰度)广播接收系统及天线、室外单元、室内单元等产品的设计、生产和检验。该标准是依据GD/JN 01-2007《先进卫星广播系统帧结构、信道编码与调制》,并参考国家广播电影电视总局2008年5月29日网上公开发布的《中国广播电视直播卫星"村村通"系统技术体制白皮书(2008)》相关要求制定的。

第10项《真空电子器件电子枪支架玻杆》规定了真空电子器件电子枪支架玻杆的品种规格、技术要求、检验方法、检验规则及标志、包装、运输和贮存。

2009年度标准工作的重点

研究制定地面数字电视终端配套标准、具有自主知识产权的数字音视频和高清光盘标准(大容量光盘格式、数字版权保护技术等)、射频识别和射频移动支付系列标准，以及半导体照明、新型显示器件(LED、OLED、PDP)、多晶硅清洁生产水平评价和测试方法、印制电路板清洁生产和测试方法、太阳能电池系统等标准，制定中文信息处理(含少数民族文字)、工业软件、信息安全软件等重要应用软件和嵌入式软件，研究制定信息服务业、服务外包、版式文档、基础软件、软件工程等标准。

【统计数据】

表 1 2008 年批准发布的国家标准目录（电子行业部分）

序号	标准编号	标准名称	发布日期	实施日期
1	GB/T 22122-2008	数字电视环绕声伴音测量方法	2008-6-30	2009-1-1
2	GB/T 22181.21-2008	等离子体显示器件（第 2-1 部分）：光学参数测量方法	2008-9-19	2008-11-1
3	GB/T 22181.22-2008	等离子体显示器件（第 2-2 部分）：光电参数测量方法	2008-9-19	2008-11-1
4	GB/T 22032-2008	系统工程 系统生存周期过程	2008-8-5	2008-11-1
5	GB/T 22084.1-2008	含碱性或其它非酸性电解质的蓄电池和蓄电池组-便携式密封单体蓄电池（第 1 部分）：镉镍电池	2008-8-5	2008-11-1
6	GB/T 22084.2-2008-8-5	含碱性或其它非酸性电解质的蓄电池和蓄电池组-便携式密封单体蓄电池（第 2 部分）：金属氢化物镍电池	2008-8-5	2008-11-1
7	GB/T 21711.1-2008	基础机电继电器（第 1 部分）：总则与安全要求	2008-4-11	2009-9-1
8	GB/T 17969.3-2008	信息技术 开放系统互连 OSI 登记机构的操作规程（第 3 部分）：ISO 和 ITU-T 联合管理的顶级弧下的客体标识符弧的登记	2008-8-5	2008-11-1
9	GB/T 22181.1-2008	等离子体显示器件（第 1 部分）：术语与文字符号	2008-9-19	2008-11-1
10	GB/T 18910.41-2008	液晶显示器件（第 4-1 部分）：彩色矩阵液晶显示模块基本额定值和特性	2008-9-19	2008-11-1
11	GB/T 18910.22-2008	液晶显示器件（第 2-2 部分）：彩色矩阵液晶显示模块空白详细规范	2008-9-19	2008-11-1
12	GB/T 21671-2008	基于以太网技术的局域网系统验收测评规范	2008-4-11	2008-9-1
13	GB/T 22123-2008	数字电视接收设备图像和声音主观评价方法	2008-6-30	2009-1-1
14	GB/T 9385-2008	计算机软件需求规格说明规范	2008-4-11	2008-9-1
15	GB/T 9386-2008	计算机软件测试文档编制规范	2008-4-11	2008-9-1
16	GB/T 15532-2008	计算机软件测试规范	2008-4-11	2008-9-1
17	GB 22323-2008	信息技术 藏文编码字符集（基本集及扩充集 A）24*48 点阵字型 吾坚琼体	2008-8-6	2009-7-1
18	GB/T 22034-2008	信息技术 藏文编码字符集键盘字母数字区的布局	2008-8-5	2008-11-1
19	GB/T 22033-2008	信息技术 嵌入式系统术语	2008-8-5	2008-11-1
20	GB/T 22351.3-2008	识别卡 无触点的集成电路卡 邻近式卡（第 3 部分）：防碰撞和传输协议	2008-8-6	2009-1-1
21	GB/T 22351.1-2008	识别卡 无触点的集成电路卡 邻近式卡（第 1 部分）：物理特性	2008-8-6	2009-1-1
22	GB/T 22318.1-2008	声表面波谐振器（第 1-1 部分）：总则和标准值	2008-8-6	2009-1-1

续表 1

序号	标准编号	标准名称	发布日期	实施日期
23	GB/T 22318.2-2008	声表面波谐振器（第 1-2 部分）：试验条件	2008-8-6	2009-1-1
24	GB/T 22317.1-2008	有质量评定的压电滤波器（第 1 部分）：总规范	2008-8-6	2009-1-1
25	GB/T 22319.8-2008	石英晶体元件参数的测量（第 8 部分）：表面贴装石英晶体元件的测量夹具	2008-8-6	2009-1-1
26	GB 22320-2008	信息技术 中文编码字符集 汉字 15*16 点阵字型	2008-8-6	2009-1-1
27	GB 22322.1-2008	信息技术 中文编码字符集 汉字 24 点阵字型宋体	2008-8-6	2009-1-1
28	GB 22321.1-2008	信息技术 中文编码字符集 汉字 48 点阵字型 宋体	2008-8-6	2009-1-1
29	GB/T 17552-2008	信息技术 识别卡 金融交易卡	2008-8-5	2008-11-1
30	GB/Z18219-2008	信息技术 数据管理参考模型	2008-8-5	2008-11-1
31	GB/T 14714-2008	微小型计算机系统设备用开关电源通用规范	2008-9-19	2008-12-1
32	GB 6345.2-2008	信息技术 汉字编码字符集（基本集）32 点阵字型 第 2 部分：黑体	2008-8-6	2009-7-1
33	GB 5007.2-2008	信息技术 汉字编码字符集（辅助集）24 点阵字型 宋体	2008-8-6	2009-7-1
34	GB 14245.2-2008	信息技术 汉字编码字符集（基本集）64 点阵字型 第 2 部分：黑体	2008-8-6	2009-7-1
35	GB 14245.3-2008	信息技术 汉字编码字符集（基本集）64 点阵字型 第 3 部分：楷体	2008-8-6	2009-7-1
36	GB 14245.4-2008	信息技术 汉字编码字符集（基本集）64 点阵字型 第 4 部分：仿宋体	2008-8-6	2009-7-1
37	GB 14245.1-2008	信息技术 汉字编码字符集（基本集） 64 点阵字型 第 1 部分：宋体	2008-8-6	2009-7-1
38	GB 6345.4-2008	信息技术 汉字编码字符集（基本集） 32 点阵字型 第 4 部分：仿宋体	2008-8-6	2009-7-1
39	GB 6345.3-2008	信息技术 汉字编码字符集（基本集） 32 点阵字型 第 3 部分：楷体	2008-8-6	2009-7-1
40	GB 12041.4-2008	信息技术 汉字编码字符集（基本集） 48 点阵字型 第 4 部分：仿宋体	2008-8-6	2009-7-1
41	GB 12041.3-2008	信息技术 汉字编码字符集（基本集） 48 点阵字型 第 3 部分：楷体	2008-8-6	2009-7-1
42	GB 12041.2-2008	信息技术 汉字编码字符集（基本集） 48 点阵字型 第 2 部分：黑体	2008-8-6	2009-7-1
43	GB/T 15122-2008	信息技术 未记录软磁盘的标志	2008-8-5	2008-11-1
44	GB/T 17710-2008	信息技术 安全技术 校验字符系统	2008-9-19	2008-12-1
45	GB/T 7574-2008	信息处理 信息交换用磁带的文卷结构和标号	2008-8-5	2008-11-1
46	GB/T 12991.1-2008	信息技术 数据库语言 SQL 第 1 部分：框架	2008-9-19	2008-12-1
47	GB/T 17548-2008	信息技术 POSIX 标准符合性的测试方法规范和测试方法实现的要求和指南	2008-9-19	2008-12-1
48	GB/T 18910.3-2008	液晶和固态显示器件（第 3 部分）：液晶显示屏分规范	2008-8-5	2008-11-1

续表 1

序号	标准编号	标准名称	发布日期	实施日期
49	GB/T 18910.5-2008	液晶和固态显示器件（第 5 部分）：环境、耐久性和机械实验方法	2008-8-5	2008-11-1
50	GB/T 9952-2008	信息技术　数据通信　15 插针 DTE/DCE 接口连接器和接触件编号分配	2008-9-19	2009-1-1
51	GB/T 9950-2008	信息技术　数据通信　37 插针 DTE/DCE 接口连接器和接触件编号分配	2008-9-19	2009-1-1
52	GB/T 9951-2008	信息技术　系统间远程通信和信息交换 34 插针 DTE/DCE 接口连接器的配合性尺寸和接触件编号分配	2008-9-19	2009-1-1
53	GB/T4092-2008	程序设计语言 COBOL	2008-9-19	2009-1-1
54	GB/T 14394-2008	计算机软件可靠性和可维护性管理	2008-9-19	2009-1-1
55	GB/T 15629.2-1995	信息技术　系统间远程通信和信息交换　局域网和城域网　特定要求（第 2 部分）：逻辑链路控制	2008-9-19	2009-1-1
56	GB/Z 16506-2008	信息技术　系统间远程通信和信息交换提供和支持 OSI 网络服务的协议组合	2008-8-19	2009-1-1
57	GB/T 7421-2008	信息技术　系统间远程通信和信息交换高级数据链路控制（HDLC）规程	2008-8-19	2009-1-1
58	GB/T 14397-2008	信息技术　系统间远程通信和信息交换 DTE/DCE 接口处起止式传输的信号质量	2008-9-19	2009-1-1
59	GB/T 15123-2008	信息技术　系统间远程通信和信息交换使用 GB/T 3454 的 DTE/DCE 接口备用控制操作	2008-9-19	2009-1-1
60	GB/T 15126-2008	信息处理系统　开放系统互连　网络服务定义	2008-9-19	2009-1-1
61	GB/T 12453-2008	信息技术　开放系统互连　运输服务定义	2008-9-19	2009-1-1
62	GB/T 13133-2008	信息技术　系统间远程通信和信息交换 DTE 到 DTE 直接连接	2008-9-19	2009-1-1
63	GB/T 12500-2008	信息技术　开放系统互连　提供连接方式运输服务的协议	2008-9-19	2009-1-1
64	GB/T 16264.1-2008	信息技术　开放系统互连　目录　第 1 部分：概念、模型和服务的概述	2008-9-19	2009-1-1
65	GB/T 16264.2-2008	信息技术　开放系统互连　目录（第 2 部分）：模型	2008-9-19	2009-1-1
66	GB/T 16264.3-2008	信息技术　开放系统互连　目录（第 3 部分）：抽象服务定义	2008-9-19	2009-1-1
67	GB/T 16264.4-2008	信息技术　开放系统互连　目录（第 4 部分）：分布式操作规程	2008-9-19	2009-1-1
68	GB/T 16264.5-2008	信息技术　开放系统互连　目录（第 5 部分）：协议规范	2008-9-19	2009-1-1
69	GB/T 16264.6-2008	信息技术　开放系统互连　目录（第 6 部分）：选定的属性类型	2008-9-19	2009-1-1
70	GB/T 16264.7-2008	信息技术　开放系统互连　目录（第 7 部分）：选定的客体类	2008-9-19	2009-1-1
71	GB/T 16284.1-2008	信息技术　信报处理系统（MAS）（第 1 部分）：系统和服务概述	2008-9-19	2009-1-1
72	GB/T 12628-2008	硬磁盘驱动器通用规范规范	2008-9-19	2008-12-1
73	GB/T 5271.3-2008	信息技术　词汇（第 3 部分）：设备技术	2008-9-19	2008-12-1
74	GB/T 5271.5-2008	信息技术　词汇（第 5 部分）：数据表示	2008-9-19	2008-12-1
75	GB/T 5271.7-2008	信息技术　词汇（第 7 部分）：计算机编程	2008-9-19	2008-12-1

续表 1

序号	标准编号	标准名称	发布日期	实施日期
76	GB/T 5271.13-2008	信息技术 词汇（第 13 部分）：计算机图形	2008-9-19	2008-12-1
77	GB/T 5271.14-2008	信息技术 词汇（第 14 部分）：可靠性、可维护性与可用性	2008-9-19	2008-12-1
78	GB/T 5271.15-2008	信息技术 词汇（第 15 部分）：编程语言	2008-9-19	2008-12-1
79	GB/T 5271.16-2008	信息技术 词汇（第 16 部分）：信息论	2008-9-19	2008-12-1
80	GB/T 5271.18-2008	信息技术 词汇（第 18 部分）：分布式数据处理	2008-9-19	2008-12-1
81	GB/T 5271.19-2008	信息技术 词汇（第 19 部分）：模拟计算	2008-9-19	2008-12-1
82	GB/T 16685-2008	信息技术 办公设备 打印设备 吞吐量的测量方法 1 类和 2 类打印机	2008-9-19	2008-12-1
83	GB/T 18788-2008	平板式扫描仪通用规范	2008-9-19	2008-12-1
84	GB/T 7497.1-2008	微处理器系统总线 8 位及 16 位数据（MULTIBUS I）（第 1 部分）：电气与定时规范的功能描述	2008-9-19	2008-12-1
85	GB/T 7497.2-2008	微处理器系统总线 8 位及 16 位数据（MULTIBUS I）（第 2 部分）：对带有边缘连接器（直接配合）的系统总线配置的机械与引脚的描述	2008-9-19	2008-12-1
86	GB/T 7497.3-2008	微处理器系统总线 8 位及 16 位数据（MULTIBUS I）（第 3 部分）：对带有插针与插座连接器（间接配合）的欧洲板配置的机械与插针的描述	2008-9-19	2008-12-1
87	GB/T 15128-2008	信息技术 开放系统 互连会话服务定义	2008-8-19	2009-1-1
88	GB/T 14399-2008	信息技术 系统间远程通信和信息交换高级数据链路控制规程 与 X·25LAPB 兼容的 DTE 数据链路规程的描述	2008-9-1	2009-2-1
89	GB/T 17142-2008	信息技术 开放系统互连 系统管理综述	2008-9-1	2009-2-1
90	GB/T 15695-2008	信息技术 开放系统互连 表示服务定义	2008-9-1	2009-2-1
91	GB/T 9387.3-2008	信息技术 开放系统互连 基本参考模型（第 3 部分）：命名与编址	2008-9-1	2009-2-1
92	GB/T 15127-2008	信息技术 系统间远程通信和信息交换双扭线多点互连	2008-9-1	2009-2-1
93	GB/T 16688-2008	信息技术 开放系统互连 联系控制服务元素服务定义	2008-8-19	2009-1-1
94	GB/T 17179.1-2008	信息技术 提供无连接方式 网络服务的协议：协议规范	2008-8-19	2009-1-1
95	GB/T 16645.1-2008	信息技术 开放系统互连 公共管理信息协议（第 1 部分）：规范	2008-8-19	2009-1-1
96	GB/T 16644-2008	信息技术 开放系统互连 公共管理信息服务	2008-8-19	2009-1-1
97	GB/T 16687.1-2008	信息技术 开放系统互连 面向连接的联系控制服务元素协议：协议规范	2008-8-19	2009-1-1
98	GB/T 18233-2008	信息技术 用户建筑群的通用布线	2008-8-19	2009-1-1
99	GB/T 22726-2008	多声道数字音频解码技术规范	2008-12-22	2009-6-1
100	GB/T 9410-2008	移动通信天线通用技术规范	2008-4-11	2008-9-1
101	GB/T 15491-2008	移动通信双工器电性能要求及测量方法	2008-4-11	2009-9-1

表 2　2008 年批准发布的电子行业标准目录

序号	标准编号	标准名称	批准日期	实施日期
1	SJ/T 11378-2008	等离子体显示器件（第 3-1 部分）：机械接口	2008-3-10	2008-3-10
2	SJ/T 11384-2008	耐压测试仪通用规范	2008-3-10	2008-3-10
3	SJ/T 11383-2008	泄漏电流测试仪通用规范	2008-3-10	2008-3-10
4	SJ/T 11385-2008	绝缘电阻测试仪通用规范	2008-3-10	2008-3-10
5	SJ/T 11386-2008	接地导通电阻测试仪通用规范	2008-3-10	2008-3-10
6	SJ/T 11379-2008	等离子体显示器件（第 4 部分）：气候和机械试验方法	2008-3-10	2008-3-10
7	SJ/T 11380-2008	自动声纹识别（说话人识别）技术规范	2008-3-10	2008-3-10
8	SJ/T 11381-2008	信息查询自动终端通用规范	2008-3-10	2008-3-10
9	SJ/T 11387-2008	直播卫星电视广播接收系统及设备通用规范	2008-12-1	2008-12-1
10	SJ/T 3233-2008	真空电子器件电子枪支架玻杆	2008-3-10	2008-3-10
11		电子信息产品环保使用期限通则	2008-4-15	2008-6-30

表 3　2008 年批准发布的电子行业军用标准目录

序号	行业军用标准编号	行业军用标准名称	批准日期	实施日期
1	SJ 20978.1-2007	军用汽车自发电系统能用规范	2008-1-24	2008-2-1
2	SJ 51513/2-2008	JSB-42M 型密封混合延时继电器详细规范	2008-4-15	2008-6-30
3	SJ 50065/15-2008	JMW-270M 型有可靠性指标的 TO-5 密封磁保持继电器详细规范	2008-4-15	2008-6-30
4	SJ 50065/14-2008	JRW-230M 型有可靠性指标的 TO-5 密封直流电磁继电器详细规范	2008-4-15	2008-6-30
5	SJ 50033/170-2007 SJ 50033/171-2007 SJ 50033/172-2007 SJ 50033/173-2007 SJ 50033/174-2007 SJ 50033/175-2007 SJ 50033/176-2007	半导体分立器件 3DA516、3DA518、3DA519、3DA520、3DA521、3DA522、3DA523 型硅微波脉冲功率晶体管详细规范	2008-4-15	2008-6-30
6	SJ 20978.4-2007	空中交通管制系统监视数据交换规范（第 4 部分）：单雷达目标报告传输	2008-1-24	2008-2-1
7	SJ 20978.1-2007	空中交通管制系统监视数据交换规范（第 1 部分）：通用结构	2008-1-24	2008-2-1
8	SJ 20978.2-2007	空中交通管制系统监视数据交换规范（第 2 部分）：单雷达勤务信息传输	2008-1-24	2008-2-1
9	SJ 20978.6-2007	空中交通管制系统监视数据交换规范（第 6 部分）：广播式自动相关监视（ADS-B）数据传输	2008-1-24	2008-2-1
10	SJ 20978.3-2007	空中交通管制系统监视数据交换规范（第 3 部分）：单雷达气象信息传输	2008-1-24	2008-2-1

续表

序号	行业军用标准编号	行业军用标准名称	批准日期	实施日期
11	SJ 20978.7-2007	空中交通管制系统监视数据交换规范（第7部分）：系统航迹数据传输	2008-1-24	2008-2-1
12	SJ 20978.8-2007	空中交通管制系统监视数据交换规范（第8部分）：监视数据处理系统状态信息传输	2008-1-24	2008-2-1
13	SJ 20978.5-2007	空中交通管制系统监视数据交换规范（第5部分）：单传感器场面运动数据传输	2008-1-2	2008-2-1
14	SJ 51427/10-2007	C1.2-6.0/125-2 型偏振保持光纤详细规范	2008-1-24	2008-2-1
15	SJ 51427/12-2007	C1-6.0/80-2 型偏振保持光纤详细规范	2008-1-24	2008-2-1
16	SJ 51427/9-2007	C1.2-7.0/125-3 型偏振保持光纤详细规范	2008-1-24	2008-2-1
17	SJ 51427/11-2007	C1-7.0/125-3 型偏振保持光纤详细规范	2008-1-24	2008-2-1
18	SJ 51428/10-2007	GYFJZU-2B1-2/3 型单模两芯野战光缆详细规范	2008-1-24	2008-2-1
19	SJ 51428.12-2007	GYFJZU-6B1-2/3 型单模六芯野战光缆详细规范	2008-1-24	2008-2-1
20	SJ 51428.11-2007	GYFJZU-4B1-2/3 型单模四芯野战光缆详细规范	2008-1-24	2008-2-1
21	SJ 20984-2008	化学气相演积（CVD）设备通用规范	2008-4-15	2008-6-30
22	SJ 20985-2008	军用电子整机腐蚀防护工艺设计与控制导则	2008-4-15	2008-6-30
23	SJ 20991-2008	可变消息格式 消息结构及处理规则	2008-4-15	2008-6-30
24	SJ 20990-2008	可变消息格式总则	2008-4-15	2008-6-30
25	SJ 20987-2008	军用加固液晶显示器通用规范	2008-4-15	2008-6-30
26	SJ 20989-2008	CA35N 型组合式非固体电解质钽电容器详细规范	2008-4-15	2008-6-30
27	SJ 50733/6-2008	CAK38 型有可靠性指标的非固体电解质全钽电容器详细规范	2008-4-15	2008-6-30
28	SJ 52283/2-2008	CAK45L 型有可靠性指标的片式固体电解质钽电容器详细规范	2008-4-15	2008-6-30
29	SJ 52283/3-2008	CAK45A 型有可靠性指标的小体积片式固体电解质钽电容器详细规范	2008-4-15	2008-6-30
30	SJ 20988-2008	VYJ9S 系列野战电源电缆规范	2008-4-15	2008-6-3
31	SJ 50973/34-2008 SJ 50973/35-2008 SJ 50973/36-2008 SJ 50973/37-2008 SJ 50973/38-2008 SJ 50973/39-2008	实芯聚四氟乙烯绝缘柔软射频电缆详细规范（SFF/SFB系列）	2008-4-15	2008-6-30
32	SJ 50973/40-2008 SJ 50973/41-2008 SJ 50973/42-2008 SJ 50973/43-2008 SJ 50973/44-2008 SJ 50973/45-2008 SJ 50973/46-2008 SJ 50973/47-2008	三同轴柔软射频电缆详细规范（SFPF、SYPY、SMYPY、SYPYZ 系列）	2008-4-15	2008-6-30

续表

序号	行业军用标准编号	行业军用标准名称	批准日期	实施日期
33	SJ 20982-2008	雷达、通讯设备升降杆（塔）通用规范	2008-4-15	2008-6-30
34	SJ 20983-2008	雷达装备自装卸机构通用规范	2008-4-15	2008-6-30
35	SJ 20794/1-2007	RNK5084 型有可靠性指标的表面安装膜固定电阻网络详细规范	2008-1-24	2008-2-1
36	SJ 20794/2-2007	RNK5085 型有可靠性指标的表面安装膜固定电阻网络详细规范	2008-1-24	2008-2-1
37	SJ 20992-2008	战术互联网顶层设计要求	2008-4-15	2008-6-30
38	SJ 20385A-2008	军用电子设备电气装配技术要求	2008-4-15	2008-6-30
39	SJ 20980-2008	战术移动 ATM 通用技术要求	2008-4-15	2008-6-30
40	SJ 20981-2008	通用高速数据电台通用规范	2008-4-15	2008-6-30
41	SJ 20986-2008	声光器件通用规范	2008-4-15	2008-6-30

【供稿：工业和信息化部电子工业标准化研究所　李艳】

2008年国内授权专利情况

【综述】

2008 年，中国国家知识产权局专利局共授权电子类发明专利 14 987 件，与 2007 年的 7 643 件相比，增加了 7 324 件，增幅为 96.1%，增长了将近 1 倍，相比 2007 年 36%的增幅，出现倍增式的增长态势。

在 2008 年授权的电子类发明专利中，计有测量测试类专利 1 656 件，基本电气元件类专利 2 477 件，计算机软硬件类专利 2 420 件，电子通信类专利 4 759 件，其他类型的发明专利 3 675 件。除测量测试类专利外，电子通信类、计算机软硬件类、测量测试类和其他类的发明专利授权量的增长幅度都接近或者超过 2007 年的 1 倍，测量测试类专利 2008 年授权发明的年增长速度也超过 36%，维持着很高的增长态势。

2008 年国内授权的电子类发明专利的专业分布情况见图 1；2004 年-2008 年国内授权的电子类发明专利总体分布情况见表 1；2004 年-2008 年国内授权的电子类专利各专业领域的年度授权情况分别见图 2、图 3、图 4、图 5、图 6。

从表 1 中可以看出，2004 年至 2008 年间，电子类发明专利的授权量的增幅虽然每年会有较大的起伏，但基本上保持大幅增长的态势，年平均增长率达到 47.2%，超过 2007 年年平均增长率 1.7 个百分点。尤其是 2008 年，在 2007 年国内电子类发明专利授权量的增幅有所放缓的情况下，实现了 96%以上的增长率，无论是授权发明专利的绝对数量，还是授权发明专利的年增长速度，都创造了历史新高。

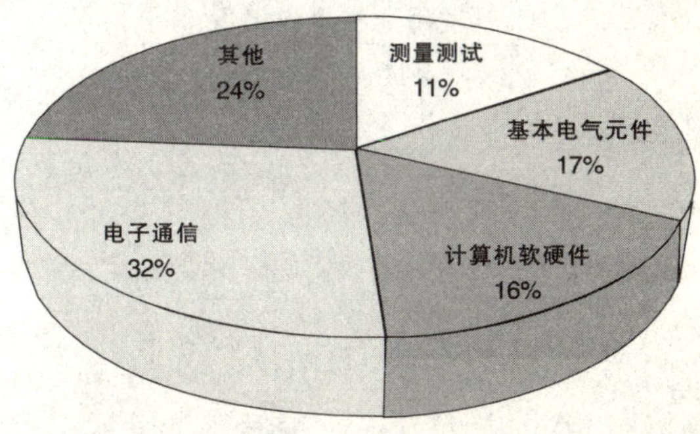

图 1　2008 年国内授权的电子类发明专利专业分布情况

图 1 表明，2008 年授权的电子类发明专利中，电通信类的发明专利授权量在各专业领域中排名第一，所占比

例达到32%,2008年占比年增长超过5个百分点,在所有专业领域的占比年增幅中也占据首位。基本电气元件类2008年发明专利授权量占比实现小幅增长,比2007年占比增长1个百分点。其他类占比与2007年持平。计算机软硬件占比则较之2007年出现1个百分点的小幅回落,而测量测试类2008年占比相较于2007年出现了大幅的回落,下降了5个百分点。

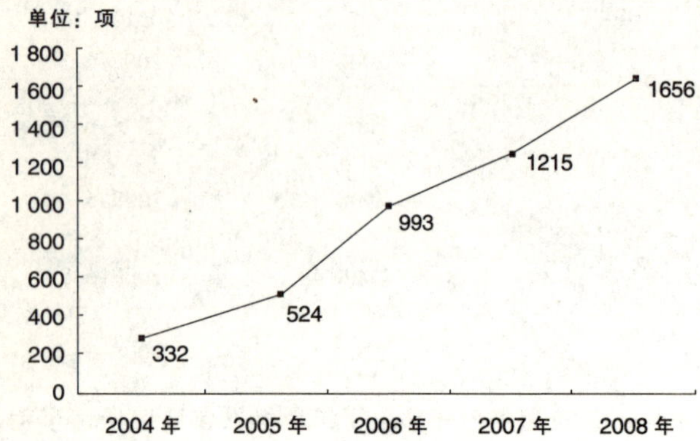

图2　2004年-2008年国内测量测试类发明专利授权情况

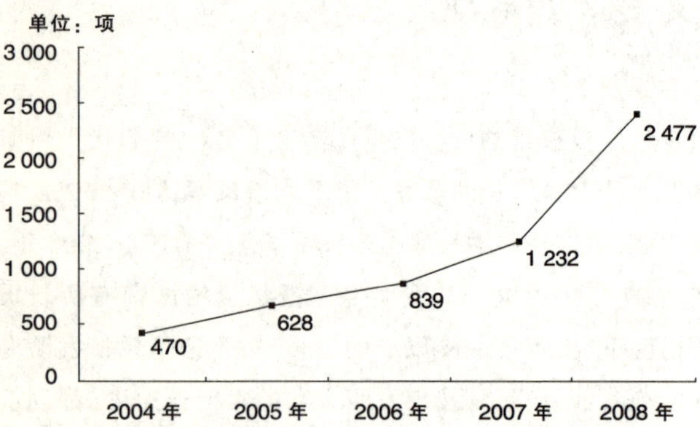

图3　2004年-2008年国内基本电气元件类发明专利授权情况

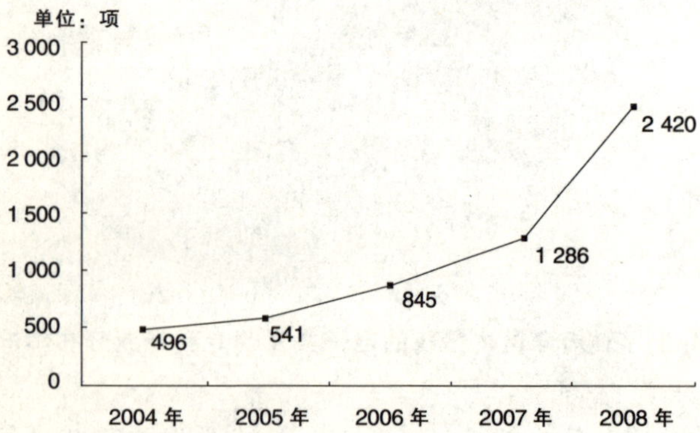

图4　2004年-2008年国内计算机软硬件类发明专利授权情况

图2表明,测量测试类发明专利的授权数量,2008年的增幅虽然仅为36.3%,但2004年—2008年发明专利授权量年平均增长率超过49.4%,超过电子类专利总量年均增长率2.3个百分点,在各专业领域中,年均增幅排名第三位,在2004年-2008年间,一直持续较高的增长态势。

从图3可以看出,基本电气元件类发明专利的授权数量,在2008年出现爆发式的增长,增幅超过101.1%,在2004年-2008年间,其发明专利授权量年平均增长率超过51.5%,超过电子类发明专利总量年均增长率4.4个百分点,在各专业领域中,年均增幅排名第一位,保持着最快的年均增长速度。

图4表明,计算机软硬件类发明专利的授权量,在2008年飞速增长,年增长率达到88.2%,在2004年-2008年间,其发明专利授权量年平均增长率也达到48.6%,超过电子类发明专利总量年均增长率1.5个百分点,在各专业领域中,年均增幅排名第二位,一直持续着相当高的增长态势。

从图5可以看出,电子通信类发明专利授权量,2008年的年增长速度最快,达到127.3%。但电子通信领域在2007年以前增长较为平缓,2005年还经历了较大幅度的回落,其2004年-2008年发明专利授权量年均增长率只有45.5%,低于电子类发明专利总量年均增长率1.6个百分点。从专利增长的绝对数量来看,电子通信领域的授权专利数量仍然超过其他专业领域,占据了电子类发明专利的最大比例,显示在电子通信领域,专利制度对技术创新和产业发展的促进作用最为明显。

图6表明,其他类发明专利授权量,2008年也实现了倍增式的增长,年增幅达到102.4%。但2007年以前该领域增长相对较慢,其2004年-2008年发明专利授权量年均增长率只有44.9%,在各专业领域其年均增长速度相对最慢,低于电子类发明专利总量年均增长率2.2个百分点。就该专业领域而言,授权发明专利数量的增长速度仍然是相当快的。

电子专利侵权案例

2008年2月20日,美国哥伦比亚大学退休教授Gertrude Neumark Rothschild向美国国际贸易委员会(ITC)提起起诉,指控全球30家企业在美生产和销售的发光二极管(LED)和激光产品侵犯其拥有的专利号为US5252499的专利权,要求ITC对被起诉人启动“337调

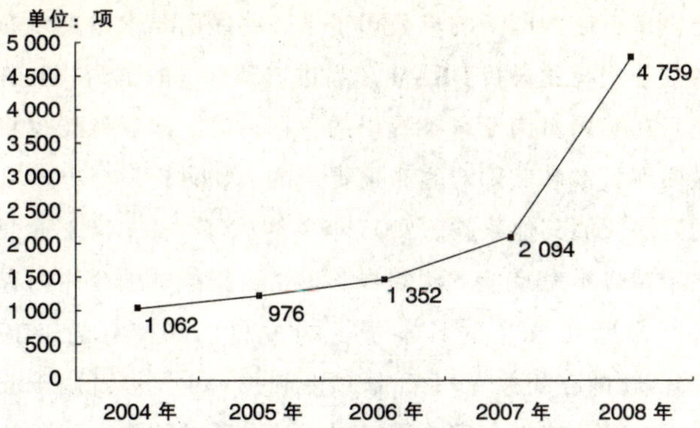

图 5　2004 年–2008 年国内电通信类发明专利授权情况

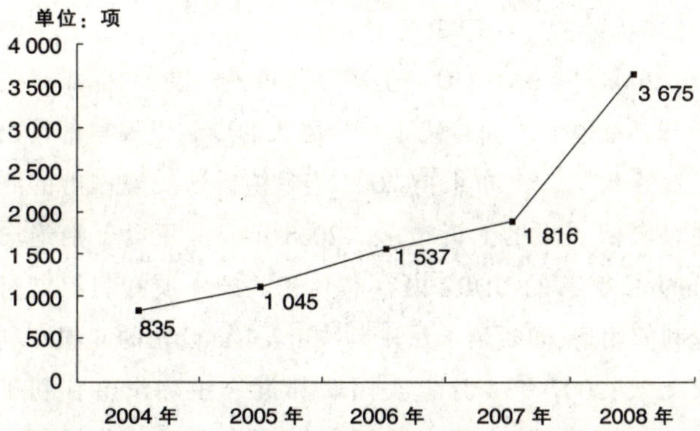

图 6　2004 年–2008 年其他类发明专利授权情况

查”，同时申请普遍排除令和禁止令，2008 年 3 月 20 日美国 ITC 正式立案。上述 30 家被诉企业包括 LG 电子、摩托罗拉、诺基亚、三星、索尼、夏普、索尼爱立信、东芝等国际知名企业，中国 4 家厂家分别是超毅光电子、佳光电子、广州鸿利光电子和洲磊电子。本案涉及面甚广，根据教授 Gertrude Neumark Rothschild 的起诉，目前在美国生产、销售的掌上通信设备、数字仪表板、广告牌、高清视频播放设备(如蓝光播放器)及存储设备上的二极管，无一例外全部侵犯了其研究成果和相关专利权。

2008 年 3 月，全球知名微处理器生产企业 AMD 公司在美国北加利福尼亚州地方法院起诉韩国芯片巨头三星电子公司，AMD 称三星电子侵犯了其拥有的 6 项专利权，三星电子涉嫌侵权的产品主要涉及 DRAM、SRAM 和闪存芯片等。这 6 项涉案的美国专利的专利号分别为：US5545592、US4737830、US5248293、US5559990、US5377200 和 US6784879，其中 5 项与半导体封装相关，1 项与显示技术相关。AMD 称，上述 6 项专利中的前 5 项专利通常被应用于内存芯片、手机、MP3 播放机、电视和打印机产品上；而最后一项专利技术则被三星公司用于其生产 LN-TI953H 型液晶电视和其他显示装置上。

2008 年 3 月 26 日，深圳市朗科科技有限公司在京宣布，已经与美国 PNY 公司签订专利授权许可协议。朗科公司总裁兼 CEO 邓国顺表示：“我们对授权许可的结果表示满意。”此前在 2006 年 2 月 10 日，朗科在美国得克萨斯州东区联邦法院递交了一纸诉状，将美国闪存盘市场排行第二的 PNY 公司送上被告席。朗科称 PNY 公司侵犯了其拥有的专利号为 US6829672 的专利权。这项专利是闪存盘、闪存 MP3 及其他闪存移动数码产品的基础性专利。要求 PNY 立即在全美国停止生产和销售闪存盘，并且索赔巨额赔偿。“朗科自 2002 年开始对包括华旗资讯、索尼等众多中外移动存储公司连续起诉，并达成庭外和解。”

2008 年 4 月 9 日，美国加利福尼亚北部地区法院对 3Com 公司诉 Realtek 半导体专利侵权一案作出判决，法院判定 Realtek 公司侵犯了 3Com 公司拥有的 4 项专利，这 4 项专利涉及网络接口技术，特别是并行处理技术，利用该技术可以有效提高主机和网络之间的数据传输速度。法院判决 Realtek 公司向 3Com 公司支付 4530 万美元的侵权损失赔偿费。此外，法院在审理过程中还发现 Realtek 公司侵犯了 3Com 公司拥有的另外 3 项专利，考虑到新发现的侵权事件，3Com 公司表示将重新考虑罚金，并要求法院增加损害赔偿金额以弥补其损失。2008 年 7 月 11 日，3Com 公司与 Realtek 公司达成和解，同时签署了一份专利许可协议，根据协议。Realtek 将在 45 天之内支付 7000 万美元和解金给 3Com，3Com 撤回对 Realtek 的专利侵权诉讼。

2008 年 4 月 15 日，全球最大的硬盘制造商希捷在美国加利福尼亚州北区联邦地方法院对 STEC 公司提起诉讼，希捷称 STEC 制造并销售的 SSD 硬盘(固态硬盘)侵犯了自己拥有的 4 项硬盘制造专利，要求 STEC 立即停止生产和销售相关产品，并赔偿损失。涉案的 4 项专利的专利号为 US6404647、US6849480、US6336174 和 US7042664。作为对这场官司的回应，STEC 表示自己比希捷早 10 年就已经掌握了相关技术并获得了专利，如果发现希捷盗用了任何 STEC 的核心技术，STEC 都将采取合适的行动去保护自己的利益，包括无效希捷的硬盘专利。

2008 年 6 月 9 日，美国惠普公司及中国台湾宏碁公司共同宣布，双方达成和解，惠普和宏碁将结束双方之间的所有法律纠纷，其中包括美国联邦法院此前审理的 4 起诉讼，以及美国联邦贸易委员会(FTC)正着手进行的两项调查。

2008年7月23日,全球移动电话制造业巨头诺基亚和CDMA主要相关专利持有人高通公司共同宣布，双方全面和解，同时签署了一份期限为15年专利许可协议。根据双方的声明，诺基亚与高通之间所有的法律纠纷都将获得解决,诺基亚将继续向高通公司支付专利使用费,并以预付款方式支付,以换取诺基亚在移动电话、诺基亚西门子在基础通信设备中继续使用高通公司的所有专利；诺基亚同意对与高通的技术直接抵触的自有专利保留使用;此外,诺基亚还同意向高通转让部分专利的所有权，这些专利据称是WCDMA,GSM和OFDMA技术领域中的必要专利。

2008年7月27日,欧盟委员会证实,欧盟相关部门已于26日正式致函英特尔公司,告知其面临的反垄断指控。欧盟称,英特尔公司在欧洲有三种商业行为涉嫌滥用垄断地位:第一,英特尔公司为PC生产商提供超出正常水平的折扣，但前提是后者必须全部或大部分使用英特尔公司生产的CPU；第二，英特尔公司还以各种名义为PC企业提供赞助和资金支持,让后者不要或暂缓建造兼容AMD的CPU的电脑生产线或者是主板生产线;第三,为了与AMD争夺服务器市场上的战略客户,英特尔公司以低于平均成本的价格提供CPU。欧盟委员会称,英特尔的上述三类行为都构成了滥用市场垄断地位的违法行为,并且这三类行为相互补充,是一个总体垄断战略的组成部分。

2008年8月29日，德国海关及相关机构共200余人,根据事先掌握的情况,对69家参加德国柏林国际消费电子展(IFA 2008)的公司进行了突击搜查。此次搜查持续两日,德国海关总共查封了超过400台相关电器。此次搜查行动中,受影响的主要是来自亚洲的厂商,除中国大陆地区多家小型展商的展品被没收外,海尔、海信等大型企业的展台也遭到搜查,台湾著名的IT企业微星也被德国海关人员收缴走不少产品。韩国的现代公司、德国的Xoro公司、Emtec公司也有产品被收缴。与今年在汉诺威CeBIT发生的搜查情况类似,此次德国海关在IFA2008的搜查也是因意大利的专利管理公司SISVEL在展前向德国海关举报，指控有参展企业产品侵犯其委托人的专利权所致。

2008年9月2日，富士通微电子与台湾知名内存生产商南亚科技共同宣布,双方已签订一份专利授权协议,此协议解决了双方围绕DRAM的专利纠纷。根据协议规定，富士通微电子的母公司富士通将撤回要求法庭发布命令禁止南亚科技DRAM产品进口到日本的申请，并终止它在美国对南亚科技提出的一切诉讼。南亚科技也将撤回在日本和美国对富士通提出的一切诉讼。双方没有透露协议的其他条款。2005年8月22日,日本富士通微电子在日本东京地方法院提起诉讼，指控中国台湾内存生产商南亚科技的日本子公司侵犯了其拥有的DDR SDRAM内存相关专利权,该项专利技术主要涉及用于改善内存芯片速度，富士通微电子请求法院禁止南亚科技在日本进口及销售涉嫌侵权的DRAM产品，同时提出了侵权赔偿。

2008年10月7日，美国联邦最高法院对Rambus公司与三星电子之间持续了三年之久的专利侵权案件作出了最终判决，宣布维持2007年联防诉讼法院作出的判决，驳回三星的上诉请求。2005年，三星电子拒绝向Rambus拥有的DDR2内存芯片相关的4项专利权支付专利使用费,同时请求法院判决Rambus公司的4项专利权无效;2007年4月，美国联邦诉讼法院作出有利于Rambus的判决,三星电子不服,向联邦最高法院提起上诉。此次美国联邦最高法院的判决意味着此案的终结,三星电子将无权继续上诉。在本案结束后,Rambus可以专心地投入与知名显卡生产商NVIDIA的专利侵权案件中去了。

2008年11月18号，闪存制造商Spansion同时向美国国际贸易委员会(ITC)和特拉华州联邦法院对三星电子提起诉讼,指控三星电子侵犯其拥有的10项专利权。在向ITC的投诉中,Spansion要求ITC下令禁止使用三星生产的闪存芯片的音乐播放器、手机、数码相机和笔记本电脑进入美国市场；在向特拉华州联邦法院的起诉中，Spansion要求三星作出3倍于侵权芯片销售额的赔偿。Spansion称,三星每年销售的侵权芯片价值70多亿美元,过去5年间,给Spansion造成超过300亿美元的损失。

2008年12月17日，北京市第一中级人民法院作出一审判决，认定暴风公司的行为构成侵犯瑞尔数码公司拥有的计算机软件复制权、发行权和信息网络传播权,判令暴风公司立即停止侵权行为,消除影响,并赔偿经济损失20万元。

瑞尔数码公司研制开发并发行了RealPlayer媒体播放器软件,该软件包含各种计算机程序组件,如各种版本的.dll文件等,并且原告合法地拥有RealPlayer软件及其组件的著作权。而被告发布的暴风影音媒体播放器软件未经原告许可，在其中集成了 68 个与 RealPlayer 软件名称相同的计算机程序组件“.dll”文件，并且，上述“.dll”文件的版本属性亦表明瑞尔公司拥有上述计算机程序组件的著作权；并且被告在其网站上“www.baofeng.com”提供了暴风影音软件的下载服务，侵犯了瑞尔公司享有的计算机软件复制权、发行权、信息网络传播权。

【统计数据】

表 1　2004 年—2008 年国内授权的电子类发明专利总体分布情况

产品分类	2004 年	2005 年	2006 年	2007 年	2008 年	合计
测量测试	332	524	993	1 215	1 656	4 720
基本电器元件	470	628	839	1 232	2 477	5 646
计算机软硬件	496	541	845	1 286	2 420	5 588
电子通信	1 062	976	1 352	2 094	4 759	10 243
其他	835	1 045	1 537	1 816	3 675	8 908
合计	3 195	3 714	5 566	7 643	14 987	35 105

[供稿：工业和信息化部电子知识产权资讯服务中心]

2008 年电子信息产品质量工作综述

2008 年，电子信息产品质量管理工作按照工业和信息化部“三定”规定所赋予的职责，在继承和发展传统业务的基础上，按照新形势、新情况和新要求，按照摸清情况、理清思路、建立工作体系的工作思路，初步规划和确定了工业质量管理工作的发展方向，按照新的理念进一步整合了思想，使传统业务得以延续，新的业务得以初步开展，依法管理工作更加规范，政策导向功能逐步增强，影响产业发展和社会舆论关注的热点问题得到有效控制。

一、全面开展调研，规划工业质量管理工作的发展思路

1. 对工业企业开展全面调研.

为摸清大型工业企业情况，加强对工业行业质量工作的指导，向 50 余家国家级大型工业企业发出了《关于开展大型工业企业质量状况调查的通知》（工信科 [2008] 8 号），全面调研工业企业质量管理状况。完成调查资料分析工作后，形成《大型工业企业质量状况分析报告》。

2. 对行业领域产品检验机构进行全面调查。

为全面了解现有的工业领域产品检验机构的情况，掌握工业领域产品检验和试验能力情况和水平，完善行业检验体系，向 300 余家工业领域产品检验机构发出了《关于对工业领域产品检验机构进行全面调查的通知》（工信科 [2008] 7 号），全面调研了工业领域产品检验机构相关信息，并形成了《工业领域检验机构情况报告》。

3. 对重大技术装备质量组织进行调研。

2008 年 9 月以重型数控机床质量管理为切入点，组织到齐重数控装备股份有限公司、齐齐哈尔二机床（集团）有限责任公司和机械工业联合会，开展了数控机床质量管理专题调研。目前已基本形成《数控机床质量状况调研报告》，提出了“以可靠性工程为中心，加强数

控机床质量基础技术研究”的措施建议，同时，为形成重大技术装备质量管理思路进行了有益探索。

4. 组织就消费类电子产品和通信产品的质量状况进行了调研，为下一步指导消费类电子产品和通信产品质量管理工作提供工作思路。

5. 组织相关单位对软件产品质量进行了全面调研，编制了《2008 年中国软件质量研究报告》，并在 2008 年 12 月召开的“第三届中国软件质量年会”上发布。

6. 召开行业协会座谈会，了解相关工业行业的质量状况，听取行业协会建议，了解各行业当前工作情况，为下一步建立质量决策咨询服务体系奠定基础。

7. 召开支撑机构座谈会，并专赴航空 301 所、CSIP (国家软件与集成电路促进中心)、电信研究院、发展研究院、电子第四研究所现场调研，听取支撑机构有关质量管理方面的意见，了解支撑机构支撑能力和为政府提供支撑服务的意愿。

二、健全和完善质量管理规章制度，推进依法行政

为规范对计算机信息系统集成企业资质和信息系统工程监理单位资质评审机构的管理,发布了《计算机信息系统集成企业资质和信息系统工程监理单位资质评审机构管理暂行办法》。

三、加强产业政策引导，推动标准的贯彻，规范产业化过程中的标准符合性评价

为了推动移动通信手持机技术发展，方便用户手机信息转存，贯彻手机数据格式和交换的统一标准，开展了手机数据格式和交换标准符合性认定工作，已有 5 个厂家生产的 6 个型号通过标准符合性认定。

四、继续做好防雷系统安全保障工作

为了落实《国务院办公厅关于进一步做好防雷减灾工作的通知》（国办发明电 [2006] 28 号）和原信息产业部关于《落实通信局（站）在用防雷系统安全检查责任的通知》（信部科 [2006] 719 号），保证通信网络安全可靠，组织开展通信防雷产品标准符合性认定工作，目前已通过 3 批。

五、积极应对突发事件，配合做好“三鹿奶粉”应急处置工作

按照部里的统一部署和分工安排，积极配合相关主管部门，参与“三鹿奶粉”应急处置工作。多次研究和部署工作的方案，在乳制品及原材料检测和质量管理等方面，开展了对乳制品行业的质量保证体系和检测情况的跟踪、研究和对策分析。

六、完善激励机制，研究市场准入和监管制度、中国名牌和国家免检制度

通过和国家质检总局协商，就市场准入（工业产品生产许可证）和监管制度、中国名牌战略推进和国家免检制度等问题进行研究，向国家质检总局提出建议。

七、参与推进信息化工程质量保障

积极推进计算机信息系统集成和信息系统工程监理资质审查工作，2008 年共完成了 17 批一、二级资质新申报单位的材料审核和专家评审，共有 172 家单位获得一级资质，438 家企业获得二级资质。经专家委员会评审讨论，部资质管理委员会批准，共有 64 家单位获得信息系统工程监理部临时资质。

八、落实国务院领导及部领导批示，提出工业行业产品质量工作思路、对策和建议

根据国务院领导及部领导批示，组织编写了《工业行业产品质量工作思路、对策和建议报告》，汇报了工业行业产品质量的总体状况，分析了抓工业行业产品质量对当前形势的重大作用，提出了抓好工业行业产品质量、促进经济发展的政策建议。

[供稿：工业和信息化部　科技司]

第7部分 市场运行

2008年电子信息产业经济运行情况

2008年是极不寻常、极不平凡的一年。面对国内外经济形势波动、国际金融危机和特大自然灾害发生的不利局面，我国电子信息全行业在党中央、国务院的正确领导下，克服多重困难与挑战，化解各种问题与矛盾，行业经济运行总体保持平稳发展态势，产业结构调整更加深入，在推动"两化融合"和促进国民经济发展中发挥了重要的作用。

一、基本情况

1. 产业规模继续扩大

全年电子信息产业实现主营业务收入6.3万亿元，同比增长12.5%；其中规模以上制造业5.1万亿元，增长12.8%；软件业7 573亿元，增长29.8%。实现增加值1.49万亿元，增长14.6%。

2. 经济效益平稳增长

前11个月，规模以上制造业实现利润1 559亿元，增长4.1%；税金528亿元，增长19.8%；企业应收账款净额8 254亿元，下降0.2%。计算机、家用视听、电子元件行业利润出现负增长，三资企业利润下降了2%。2008年规模以上制造业各季度效益完成情况如图1所示。

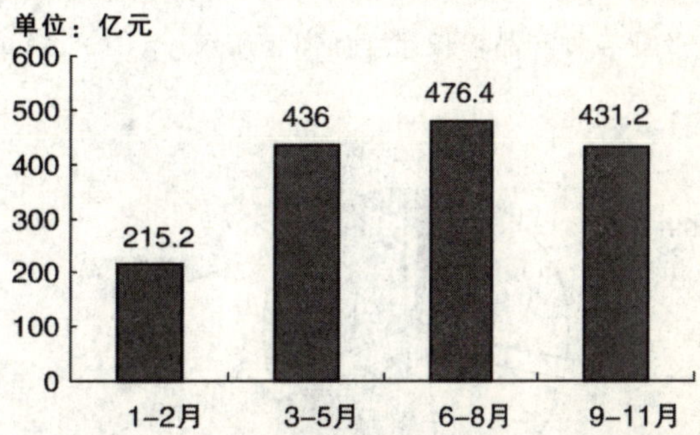

图1 2008年规模以上制造业各季度效益完成情况

3. 外贸出口进一步攀升

电子信息产品进出口8 854亿美元，占全国外贸总额的35%。2008年电子信息产业进出口与全国行业对比情况如图2所示。其中，出口5 218亿美元，增长13.5%，占全国出口的36.5%；进口3 637亿美元，增长5.4%，占全国进口的32.1%。通信、计算机、家用视听产品仍是出口主要力量，比重接近3/4；加工贸易比重超过80%，但增速同比出现下降。

4. 产品产销衔接良好

从部监测的重点产品看，产品产销率均达98%以上。其中，手机产量达到5.6亿部，增长2%；彩电9 033万台，增长6.5%；微型计算机1.37亿部，增长13.2%；

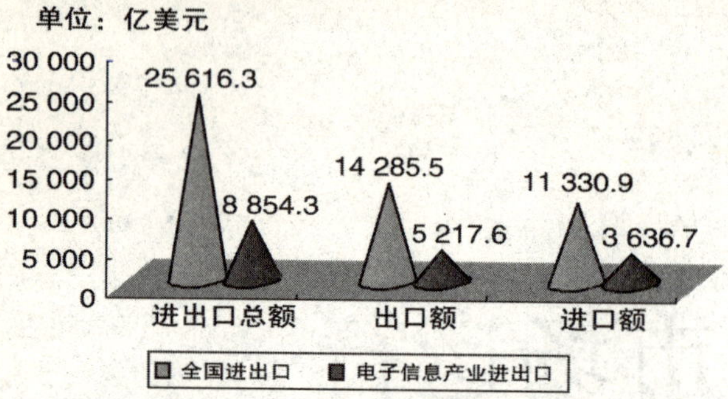

图 2　2008 年电子信息产业进出口与全国进出口行业对比情况

数码相机 8 188 万台，增长 9.3%；集成电路 417 亿块，增长 1.3%。

5. 软件产业保持快速增长

软件产品收入 2294.8 亿元，同比增长 28.7%。软件技术服务收入 1 938.1 亿元，同比增长 41%，其中软件外包服务收入 227 亿元，增速达 60%以上。嵌入式软件收入 1 527.4 亿元，同比增长 7.9%。系统集成收入 1 606.1 亿元，同比增长 50.4%。IC 设计收入 206.5 亿元，同比增长 6.6%。软件出口 112 亿美元，同比增长 58%，其中软件外包服务出口 20.9 亿美元，同比增长 101%。2008 年软件产业各种产品增长速度如图 3 所示。

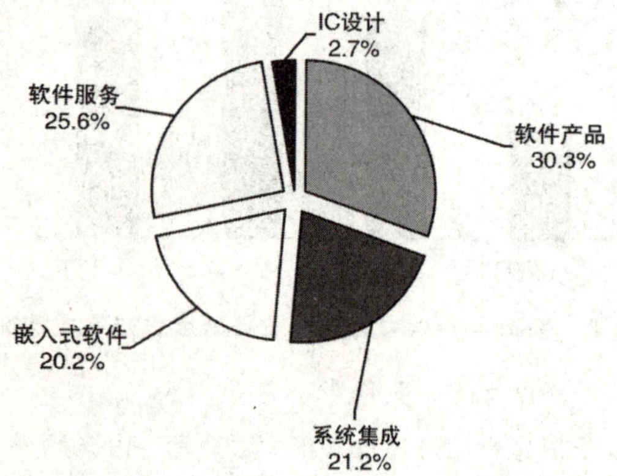

图 3　2008 年软件产业各类产品占比情况

6. 固定资产投资快速增长

2008 年电子信息产业固定资产投资各行业比重情况如图 4 所示。2008 年，全行业 500 万元以上投资项目累计完成投资 3 527.8 亿元，同比增长 33.3%；新增固定资产 1 942.5 亿元，增长 31.5%；新开工项目 3 143 个，增长 13%；新开工项目计划投资额 2 254 亿元，下降 2.1%。电子元器件仍是产业投资的重点领域，所占比重

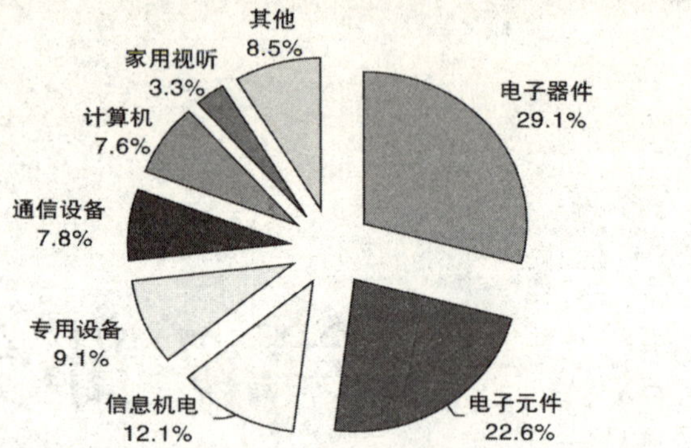

图 4　2008 年电子信息产业固定资产投资各行业比重情况

超过 50%。

7. 信息化程度不断提高

2008 年，全国电话用户 9.82 亿户，互联网网民 2.98 亿人，网络与用户规模均居世界第一。手机普及率达 48.5%，城镇居民彩电和计算机拥有率分别达 150%和 60%。企业信息化应用不断深入，行业应用软件收入增速超过 30%。2004 年—2008 年我国电话用户和网民数情况如图 5 所示。

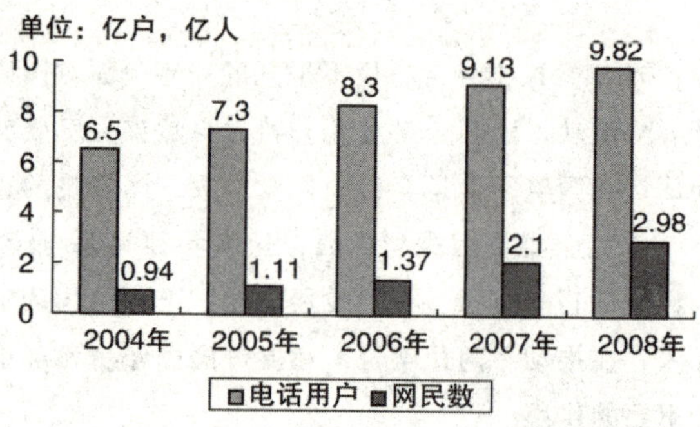

图 5　2004–2008 年我国电话用户和网民数情况

8. 科技创新成果明显

新产品产值占全行业销售产值的比重达到 1/5。国内专利申请数量中，四成来自信息技术类。世界知识产权组织数据显示，2008 年华为公司申请专利 1 737 项，成为全球第一大专利申请企业。

9. 在国民经济发展中继续发挥重要作用

电子信息产业增加值占 GDP 的比重达到 5%；对全国出口增长的贡献率达到 30%；新增从业人员占全国城镇新增就业的比重接近 1/20。

二、主要特点

2008 年下半年以来，国际金融危机的冲击逐步加

深，并呈现从出口向内需、从沿海向内地、从整机向元器件、从外资企业向内资企业、从中小企业向大企业扩散和蔓延的态势，从而导致产业发展出现一些新的变化。

1. 产业增速呈现前高后低态势

从收入看，上半年产业增速一直保持20%以上的水平，下半年起开始逐月回落，11月、12月规模以上制造业收入同比分别下降0.1%、2.1%。从效益看，1-5月，规模以上制造业利润增长20%以上，6-8月增速回落到4.1%，9-11月出现负增长（-23.9%）。从出口看，上半年出口增速达到23.6%，至9月底降至20.5%，全年仅为13.6%，比上半年下降10个百分点。2008年规模以上制造业各季度主要指标增速情况如图6所示。

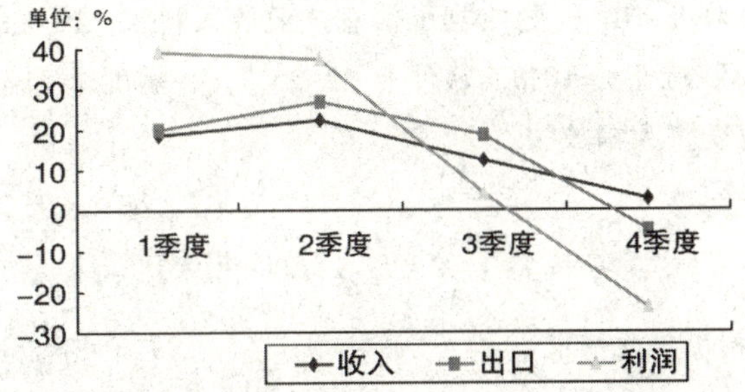

图6 2008年规模以上制造业各季度主要指标增速情况

注：利润季度增速分别为1-2月、3-5月、6-8月、9-11月的数据。

2. 行业结构调整日趋合理

2008年电子信息产业主要行业收入增长情况如图7所示。一方面，软件和元件、器件等基础行业继续成为产业增长的主要力量，全年收入增速分别比规模以上产业高15、2.1、7.2个百分点，通信、计算机、视听产品增速则分别比行业平均水平低8.2、7.5、5.5个百分点。另一方面，高端产品保持快速增长，液晶、等离子电视产量增速均达50%以上，平板电视产量占彩电比重超过30%；笔记本电脑增长25.2%，占微机比重达到79%；大规模集成电路增长23.3%，占集成电路比重接近40%。

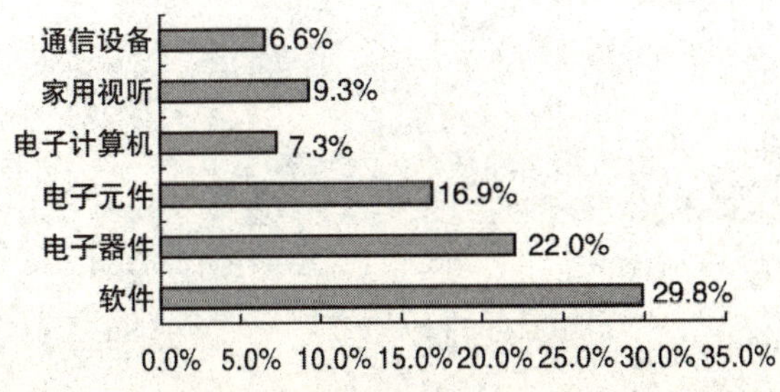

图7 2008年电子信息产业主要行业收入增长比率

3. 区域发展出现不同格局

一方面，东部地区收入增长慢于中西部地区，东部地区规模以上制造业全年增长11.8%，分别低于中部（28.6%）和西部地区（31.6%）16.8和19.8个百分点。另一方面，东部地区增速下滑快于中西部地区，相比上半年，东部地区收入增速下降了7.8个百分点，但中西部地区分别下降2、1.2个百分点。北京、天津受奥运会等多重因素影响，收入分别下降9.4%和10.5%；四川地震灾区生产恢复迅速，收入增速高达35%。2008年1—12月规模以上制造业各地区各季度收入完成情况如图8所示。

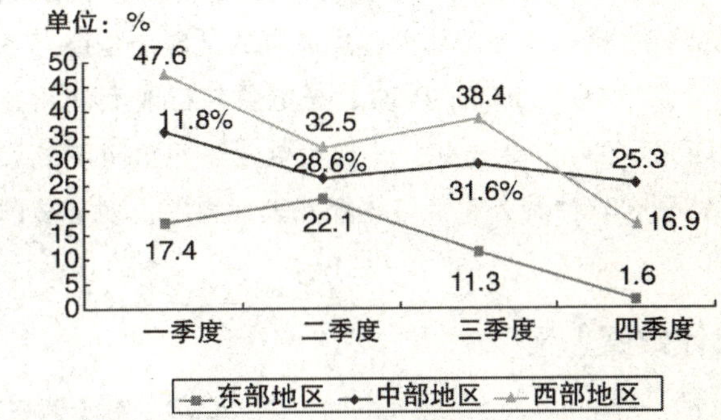

图8 2008年1-12月规模以上制造业各地区各季度收入完成情况

4. 内外资企业呈现不同发展态势

一方面，外资企业增长速度明显慢于内资企业，从规模以上制造业看，三资企业收入增长9.6%，利润下降2%，出口增长12%，分别比内资企业增速低15.7、22.8、9.6个百分点。另一方面，外资企业收入增速降幅大于内资企业。相比上半年，三资企业收入增速下降了8.9个百分点，但内资企业仅下降3.8个百分点。2008年规模以上制造业内外资企业主要指标增速对比情况如图9所示，2008年规模以上制造业中各类型企业增速情况如图10所示。

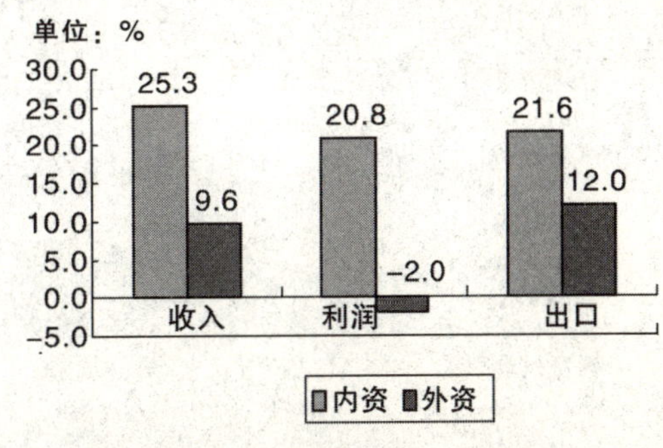

图9 2008年规模以上制造业内外资企业主要指标增速对比情况

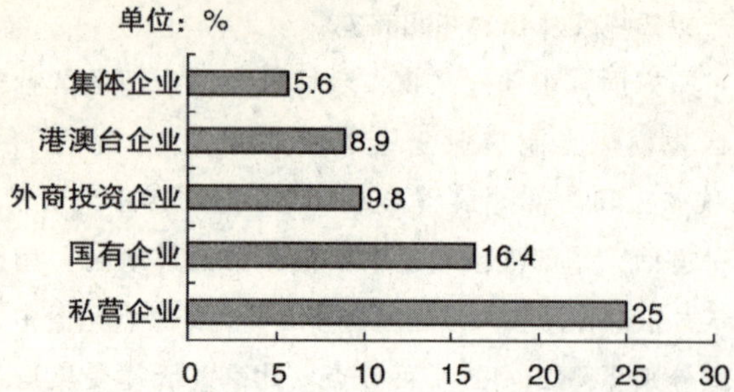

图 10　2008 年规模以上制造业中各类型企业增速情况

随着国际金融危机的冲击效应逐步显现，当前行业出现了一些值得关注的问题：一是企业亏损面加大，规模以上制造业亏损面达到 25%，同比提高 2 个百分点；二是部分基础行业困难加大，集成电路、印制电路行业利润分别下降 43.5%和 10.8%，光电器件行业利润增速同比下降了 54 个百分点；三是大企业兼并重组明显增多，特别在软件服务和半导体领域表现突出；四是美国、德国、韩国和我国台湾地区纷纷对其集成电路企业给予资金支持，对信息产业核心制高点的争夺日趋激烈。

2009 年，我国电子信息产业面临的挑战十分严峻，机遇同样巨大。全球市场形势不容乐观，出口增速可能继续下滑；国内政策环境不断改善，内需拉动效应将逐步显现；电信企业重组完成后积极推进 3G 投资，将带来产业链和市场格局的调整变化。面对复杂形势，需要加强运行监测和宏观指导，落实国家扩大内需政策和行业调整振兴规划，推进关键领域的结构调整和企业整合，才能加快转变产业发展方式，确保经济运行平稳发展。预计 2009 年，全球 IT 业总支出增长将在 3%以下，计算机出货量增长 4%，手机、彩电、集成电路出货量将下降 2~10%；国内电子信息产业收入增长 12%左右，其中制造业约 10%，软件业 22~25%，一季度全行业发展速度将大幅放缓。

【统计数据】

2008年电子信息产业主要指标完成情况

指标名称	单位	2008 年	2007年	增速%
主营业务收入	万亿元	6.30	5.60	12.5
其中：规模以上制造业	万亿元	5.12	4.54	12.8
软件业	亿元	7 573	5 834	29.8
增加值	万亿元	1.49	1.30	14.6

2008年 1-11 月规模以上制造业分行业效益完成情况

行业（企业）类别	利润	增速%	税金	增速%
全部企业	1 559	4.1	528	19.8
其中：通信设备	263	5.1	122	19.5
计算机	373	–0.7	61	11.6
家用视听	81	–3.6	44	27.1
电子器件	205	10	67	25.1
电子元件	339	–1.6	112	14.5
测量仪器	47	26.9	15	24.2
专用设备	63	12.1	25	32.1
其中：港澳台企业	1 074	–2	227	14.3

2008年主要电子信息产品出口额完成情况

主要产品名称	单位	2008 年	2007年	增速%
移动通信手持机	亿美元	385.4	355.9	8.3
彩色电视机	亿美元	105.5	90.0	17.2
笔记本电脑	亿美元	655.9	531.1	23.5
台式计算机	亿美元	62.8	58.5	7.4
显示器	亿美元	167.7	181.7	-7.7
数码相机	亿美元	73.3	77.6	-5.6
集成电路	亿美元	243.5	235.5	3.4

[供稿：工业和信息化部运行监测协调局]

第 22 届电子信息百强企业发展综述

【综述】

经企业申报、地方行业主管部门推荐和原信息产业部审核，依据企业 2007 年经营业绩指标综合评价排定的第 22 届电子信息百强企业，于 2008 年 11 月 10 日正式揭晓。从企业规模来看，联想控股有限公司居第一位，2007 年营业收入总额达到 1 462 亿元；从利润总额和研发经费两项指标来看，华为技术有限公司列第一位，分别为 55 亿元和 71 亿元。按照综合指标体系排序(包括规模、效益、创新等)，华为技术有限公司综合实力排名第一，海尔集团、北大方正集团有限公司分列第二、三名。详见表 1。

本届电子信息百强新入围企业 12 家，其中深圳市研祥旺客实业有限公司等 8 家企业首次入围。与此同时，因产品结构调整、营业收入增长缓慢或亏损等原因，有 12 家企业出围，体现了百强企业排序有进有退、优胜劣汰的竞争机制。

本届电子信息百强企业营业收入合计 12 716 亿元，比上届增长 13%，占全行业的 22.7%；实现利润 503 亿元，增长 125.7%，占全行业的 24.0%；上缴税金 440 亿元，增长 17%，占全行业的 57.1%。百强企业占全行业企业总数不足 2‰，却创造了全行业近 1/4 的营业收入和利润、超过一半的税收，已经成为我国建设电子强国进程中的中坚力量。

本届电子信息百强企业具有以下几个基本特点：

一、稳步推进大公司战略，企业规模不断扩大

为实现我国电子信息产业由大到强的转变，加快建设电子强国，按照党的十七大报告的要求，结合电子信息产业的实际，原信息产业部继续落实《关于加快推进电子信息产业大公司战略的指导意见》，指导企业进行产业结构调整，努力转变产业发展方式，在更大范围、更广领域和更高层次上参与国际分工与合作，加快了本土跨国公司的建设和发展。

2007 年，电子信息百强企业克服了全球性资源价格上涨、人民币升值、劳动力成本上升、环保壁垒强化、出口环境改变等不利因素，实现了规模效益同步增长，创新能力不断提升，整体实力明显增强。

本届百强营业收入超过 1 000 亿元的企业有 2 家；超过 300 亿元的有 10 家，比上届增加 3 家；超过 200 亿元的有 15 家，增加 5 家；超过 100 亿元的企业已达

24家。联想控股有限公司实施结构重组对提升效率的成效正逐步显现。2008年联想作为我国电子信息产品制造企业，第一次跻身《财富》全球500强。

二、加大自主创新力度，提升增长质量效益

百强企业贯彻以人为本的科学发展观，加快实施自主创新战略、知识产权战略、标准战略和人才战略，根据中国国情、产业基础和比较优势，着眼未来，准确定位，坚持自主可控、开放兼容、市场带动、跨越发展，加快企业由规模成本型向创新效益型转变，以企业为主体的技术创新体系正在形成。本届百强企业研发经费投入492亿元，比上届增长13.2%，占全行业研发投入总额接近50%；百强企业研发经费占营业收入的比率为3.9%，明显高于全行业1.8%的平均水平。百强企业研发投入比率超过6%的有11家，其中中兴通讯、四川九洲、上海贝尔、广州无线电集团、成都国腾、华为等6家公司均超过7.5%，已达国际高技术企业的研发投入水平。

2007年，百强企业拥有专利数38 656件，其中发明专利占30.5%。据国家知识产权局统计，华为2007年PCT (专利合作条约) 申请量为1 544件，在全球排名第四，是中国企业有史以来的最高排名。

加大研发投入力度，提升自主创新能力，百强企业经济增长的质量和效益明显改善。2007年，利润总额超过10亿元的百强企业有12家，其中华为以54.9亿元的佳绩列第一；营业收入利润率超过10%的有15家，其中广州无线电集团以24.4%的营业收入利润率排名第一。

三、多种经济成分并存，体制结构合理调整

近几年，国家出台了一系列深化经济体制改革的措施，党的十七大进一步明确鼓励和支持非公经济发展的政策，为企业创造了公平有序的发展环境。百强企业顺应社会主义市场经济体制发展潮流，在国家政策推动下，通过改制、改组和资源整合等途径，加快制度和管理创新，增添了新的活力。本届百强企业中，有国有及国有控股企业45家，集体企业和民营企业55家。

国有企业积极探索改革模式，以国有资产为主体，引入民营资本，吸收经营者参股，进而改造产权结构。通过改制改组，进一步完善了企业法人治理结构，健全和强化了竞争机制、激励机制和约束机制。民营和股份制企业不断成长壮大，成为百强队伍的重要力量。民营企业通过建立现代企业制度，产权关系进一步理顺，管理逐步规范，运转协调，机制灵活，经济效益和综合实力不断提升。第一次入围百强的天宇朗通、研祥旺客两家企业的营业收入利润率分别为14%和12%。同洲电子的专利数达到298件。通过制度和机制创新，推动了百强经济结构优化，混合经济成分进一步发展，呈现出多种经济成分并存、和谐发展、共同繁荣的新局面。

四、改革开放三十年，自主品牌不断涌现

电子信息百强企业排序活动开展22年来，促进了我国自有品牌的培育和成长。在“坚持高标准、坚持自主创新、坚持市场提升”的品牌战略指导下，电子信息百强企业的品牌优势在优胜劣汰中加快形成，已形成了联想、海尔、海信、华为、中兴、TCL、长虹、康佳、创维、方正、格兰仕等一大批知名品牌。

品牌战略的实施，促进了市场份额向知名品牌集中。据国家统计局公布的资料，去年传真机、彩电、冰箱等电子产品销售额排在前10位的品牌 (以百强企业居多) 市场份额超过80%，打印机销量前10位品牌的市场份额则超过90%。

五、调整百强排序标准，引导企业转变发展方式

根据十七大提出的深入贯彻落实科学发展观、提高自主创新能力、建设创新型国家的精神，为推进电子信息百强企业由大到强的转变，鼓励企业自主创新，培育一批具有国际竞争力的跨国公司，提高电子信息百强企业排序的权威性和信誉度，今年我们对电子信息百强企业入围标准进行了较大调整。按照十七大精神，以建设电子强国为重要目标，以规模、创新、效益同步提升为基本要求，结合国内企业的发展水平和产业现状，参考了国际上具有一定影响力的几种排名方法，予以综合排序，引导企业不断加大研发投入，提升自主创新能力，转变经济发展方式，提高经济增长的质量和效益。

本次调整,将单一指标排序模式改为对多项指标加权综合排序,以企业营业收入、赢利水平和自主创新能力3项指标按照6:2:2的权重进行综合排序。排序标准兼顾“大”,突出“强”,强调重点领域的核心控制力，结合企业发展规模、赢利水平和自主创新能力，新的排序标准

旨在体现企业的综合竞争力。

在 5 月 12 日四川发生强烈地震之后，百强企业立即行动，众志成城，联想、海尔、华为、长虹等一大批百强企业积极向灾区捐款捐物,充分体现了企业的民族精神和社会责任感。

当前，信息技术不断升级促进了资源要素的重新配置，新一轮国际并购加快了资源调整组合，网络、软件、产品、服务的融合引发了产业格局的新变化，互联网技术进一步推动了产业链、价值链的重新构建；经济社会的发展拓宽了新的应用空间，工业化和信息化的融合形成了更大的市场。同时，国际金融危机也给我国的企业带来许多新的困难。但我们坚信，通过深入贯彻落实党的十七大精神和科学发展观，电子信息百强企业在推进信息化和工业化融合的进程中将发挥更大的作用，创造更佳的业绩。

【统计数据】

表 1　第 22 届电子信息百强企业名单

综合排名	企业名称	营业收入（万元）	利润总额（万元）	研发费用（万元）	专利总数（项）	发明专利（项）	主要产品
1	华为技术有限公司	9 219 488	548 707	714 250	3 878	2 608	程控交换机
2	海尔集团	11 802 187	180 206	687 357	7 883	1 736	家用电器、通信产品、电脑及配件、软件
3	北大方正集团有限公司	3 975 571	369 388	100 731	729	464	电子出版系统、台式计算机、笔记本电脑、服务器
4	中兴通讯股份有限公司	3 477 718	172 773	339 191	1 638	947	程控交换机、移动通信基站设备、手机
5	美的集团有限公司	6 746 431	232 751	228 900	2 717	12	空调、冰箱、洗衣机、小家电、压缩机、电机
6	联想控股有限公司	14 620 055	456 828	178 528	2 582	1 333	台式计算机、笔记本电脑、手机
7	海信集团有限公司	4 693 865	118 395	192 617	2 469	389	彩电、空调、冰箱、手机?
8	比亚迪股份有限公司	2 149 655	174 288	65 326	1 442	590	镍氢电池、镍镉电池、锂离子电池、塑胶壳、液晶显示屏
9	四川长虹电子集团有限公司	2 741 881	66 595	167 668	803	451	电视机、空调器、手机
10	上海贝尔阿尔卡特股份有限公司	1 644 725	72 933	138 056	135	90	程控/移动交换机、宽带接入设备、GSM/CDMA 基站、传输设备
11	TCL集团股份有限公司	3 906 756	45 257	196 850	1 918	494	彩电、手机、计算机、空调
12	同方股份有限公司	1 462 589	71 751	82 973	581	202	电脑、威视核技术检查系列产品、激光视盘机、片式元器件
13	长城科技股份有限公司	2 378 111	99 020	64 803	534	235	计算机磁头、计算机硬盘、盘基片、显示器
14	熊猫电子集团有限公司	3 489 620	90 861	72 119	355	32	无线基站、程控交换机、彩电、手机

续表

综合排名	企业名称	营业收入（万元）	利润总额（万元）	研发费用（万元）	专利总数（项）	发明专利（项）	主要产品
15	京东方科技集团股份有限公司	7 088 447	169 994	97 270	76	32	液晶显示器件、彩色显像管、彩色显示器、荧光数码显示屏
16	上海飞乐股份有限公司	995 400	119 264	39 816	161	5	布线系统、汽车电器、电子专用设备
17	深圳华强集团有限公司	1 587 281	109 844	34 752	132	21	激光拾音头、微型马达、彩电、GPS 车载终端
18	浪潮集团有限公司	1 931 256	36 477	93 980	389	72	计算机、服务器、手机、软件与系统集成
19	深圳创维-RGB 电子有限公司	1 367 345	48 436	53 854	771	311	彩电、DVB、激光视盘机、手机、小家电
20	广东格兰仕集团有限公司	2 348 702	50 899	36 195	349	7	微波炉、空调器、电饭锅、电磁炉
21	惠州市德赛集团有限公司	1 386 971	40 944	66 343	117	1	电话机、激光视盘机、汽车多媒体、电池、激光头及机芯
22	康佳集团股份有限公司	1 216 908	24 790	64 950	623	26	彩电、手机、电冰箱
23	许继集团有限公司	615 978	56 020	30 793	83	4	电力工业自动化系统、民用自动化控制系统、传输收发信机
24	晶龙实业集团有限公司	686 639	153 536	38 892	1	1	硅片、硅棒、石英坩埚、石墨件、太阳能电池组件
25	广州万宝集团有限公司	1 395 191	49 848	35 620	59	1	空调器、电冰箱、冰箱/空调压缩机、小家电
26	惠州市华阳集团有限公司	966 112	63 364	26 229	51	3	汽车音响、汽车/家用音响机芯、激光镭射头、精密冲压件
27	上海广电（集团）有限公司	2 525 672	-126 957	81 058	528	118	彩电、彩色显像管、液晶显示屏及模块
28	中国华录集团有限公司	837 703	47 381	34 416	23	2	激光视盘机、DVD 机芯、DVD 刻录机、DVD-ROM 光头
29	中天科技集团	562 437	56 589	36 558	41	11	光纤、光缆、导线
30	宝胜集团有限公司	754 477	22 092	38 478	82	1	控制电缆、通信电缆
31	亨通集团有限公司	805 460	27 773	11 203	142	24	光缆、光纤、通信电缆、光器件
32	河南新飞电器（集团）股份有限公司	570 481	27 797	22 546	665	26	电冰箱、税控收款机、银税一体机、外挂税控机
33	广东东菱凯琴集团有限公司	561 289	28 681	21 560	504	1	智能小家电、电子元器件
34	中冶赛迪工程技术股份有限公司	482 873	55 766	19 701	115	18	软件开发、系统集成

续表

综合排名	企业名称	营业收入（万元）	利润总额（万元）	研发费用（万元）	专利总数（项）	发明专利（项）	主要产品
35	上海华虹（集团）有限公司	474 407	39 643	34 507	185	54	大规模集成电路、中小规模集成电路、IC卡
36	永鼎集团有限公司	759 364	28 321	16 894	30	3	通信光缆、通信电缆、光器件、汽车线束
37	四川九洲电器企业集团	452 978	33 288	39 859	126	2	雷达配套产品、有线电视、数字卫星接收机、光缆
38	大连大显集团有限公司	1 050 495	21 212	13 808	10	2	手机、彩枪零件、精密轴、无绳电话
39	深圳市赛格集团有限公司	679 153	39 702	3 262	4	0	集成电路、半导体分立器件、彩管玻壳、彩色显像管
40	航天信息股份有限公司	482 464	70 670	18 665	26	2	防伪税控系统、IC卡、读卡器具
41	广东志高空调有限公司	564 842	32 584	0	203	15	空调器
42	厦门华侨电子企业有限公司	577 527	–21 940	27 700	280	12	彩电、数字多媒体产品、传真机、税控收款机
43	浙江富春江通信集团有限公司	586 977	15 711	18 792	6	0	通信电缆、通信光缆、光器件、导线
44	深圳桑达电子集团有限公司	548 620	13 952	22 979	83	0	手机、行输出变压器、模块电源、商业收款机
45	东软集团有限公司	336 545	47 116	19 996	205	125	软件及系统集成、数字医疗业务
46	富通集团有限公司	492 948	19 851	24 298	26	19	通信光缆、通信电缆、光纤、光器件
47	格力电器（重庆）有限公司	700 016	17 202	352	0	0	空调器
48	广州无线电集团有限公司	332 155	80 972	26 833	51	30	通信组合电台、通信发射接收机、通信导航定向设备、ATM
49	江苏宏图高科技股份有限公司	613 942	11 182	21 515	11	0	光缆、载波通信设备、激光视盘机、软件及系统集成
50	武汉邮电科学研究院	384 439	17 450	28 565	264	127	通信设备、光纤、光缆、光电子器件
51	华润微电子（控股）有限公司	398 574	27 252	18 145	39	31	集成电路、分立器件
52	万利达集团有限公司	585 736	13 044	8 233	67	2	激光视盘机、手机、聚合锂离子电池
53	震雄铜业集团有限公司	663 374	13 744	1 540	0	0	超细合金线材、电工圆铜线、裸铜线
54	浙大网新科技股份有限公司	544 605	19 211	18 168	4	4	网络多媒体会议系统、网络管理软件、动态心电分析系统

续表

综合排名	企业名称	营业收入（万元）	利润总额（万元）	研发费用（万元）	专利总数（项）	发明专利（项）	主要产品
55	彩虹集团公司	453 675	11 077	21 059	360	51	彩色显像管
56	北京天宇朗通通信设备有限责任公司	407 539	57 942	4 625	0	0	移动通信终端
57	汇源集团有限公司	505 074	20 288	0	43	10	光缆、网络设备
58	江苏双登集团	300 031	31 740	18 962	171	11	通信蓄电池、通信电源、UPS
59	福建省电子信息（集团）有限责任公司	586 816	7 800	0	17	9	网络计算机、通讯产品、背投影彩电、等离子彩电
60	通鼎集团有限公司	365 988	16 707	18 320	85	15	通信电缆、通信光缆、铜材、铁路数字信号电缆
61	江苏新潮科技集团有限公司	291 928	41 766	15 800	183	41	集成电路、分立器件、半导体芯片、电子信号灯
62	铜陵精达铜材（集团）有限责任公司	550 279	14 113	3 227	7	1	特种电磁线、镀锡铜线、铜绞线
63	浙江万马集团有限公司	339 721	20 931	19 483	33	2	电缆、聚合锂离子电池
64	通光集团有限公司	361 100	21 516	16 100	40	5	光纤、光缆、电子线缆、微波器件
65	侨兴集团有限公司	518 505	12 885	1 876	28	18	电话机、手机、传真机、复读机、对讲机、无线上网卡
66	深圳市研祥旺客实业有限公司	320 426	40 569	11 535	51	6	嵌入式壳级产品、嵌入式板级产品、远程数据采集模块
67	青岛澳柯玛集团总公司	379 455	–11 915	19 987	813	0	锂离子电芯、冷柜、冰箱、电动车
68	陕西电子信息集团有限公司	370 912	8 421	24 203	118	23	雷达产品、通信导航产品、电子元器件、电子专用设备
69	宁波韵升股份有限公司	462 027	14 349	2 123	58	39	钕铁硼永磁材料、汽车电机、八音琴机芯、光通信
70	江苏林洋电子有限公司	313 962	32 886	12 600	46	0	电子式电能表
71	长飞光纤光缆有限公司	366 143	24 513	0	109	50	光纤、光缆、预制棒
72	中国四联仪器仪表集团有限公司	378 593	22 197	5 467	55	4	工业自动化仪表及控制系统、厚膜集成电路、铜基复合材料
73	大恒新纪元科技股份有限公司	343 355	11 828	19 537	48	16	电视网络播出设备、半导体器件、电子医疗设备
74	横店集团东磁有限公司	299 686	30 620	9 037	104	14	铁氧体环形器、磁电机、可变电感器、扬声器
75	华东电子集团	479 473	–48 091	18 450	20	0	显像管、平板阴罩、商用空调、荧光灯

续表

综合排名	企业名称	营业收入（万元）	利润总额（万元）	研发费用（万元）	专利总数（项）	发明专利（项）	主要产品
76	长白计算机集团公司	401 480	4 165	191	348	138	彩电、打印机、制冷压缩机、电子元件
77	上海金陵股份有限公司	333 296	20 769	8 100	18	3	电子元件及组装、网络产品及工程、电度表、电机
78	哈尔滨光宇集团股份有限公司	328 189	23 644	1 510	28	0	密封铅酸蓄电池、锂离子电池、手机电池、电源产品
79	江西省电子集团公司	269 095	23 657	10 792	22	3	数字程控交换机、LED 芯片、半导体分立器件、电子元件
80	紫光股份有限公司	410 814	2 990	8 770	11	5	扫描仪、笔记本电脑、台式计算机
81	华伦集团	322 179	22 957	7 690	1	1	通信电缆、通信光缆、光纤
82	风帆股份有限公司	262 733	14 266	14 193	36	3	铅酸蓄电池
83	深圳市神舟电脑股份有限公司	284 189	22 374	5 077	32	0	一体式电脑、笔记本电脑、台式电脑、电脑配件
84	大唐电信科技股份有限公司	246 859	8 147	11 987	222	155	交换机、SIM 卡
85	七喜控股股份有限公司	303 065	5 473	7 863	72	0	计算机、手机
86	中国乐凯胶片集团公司	265 844	10 730	9 213	52	37	彩色胶卷/相纸、数码相纸、PS 版
87	北京华胜天成科技股份有限公司	224 345	19 978	12 339	18	0	企业移动办公系统、中国邮政业务量收管理系统软件
88	南通华达微电子集团有限公司	258 508	10 195	16 146	13	1	集成电路封装测试
89	广东汕头超声电子股份有限公司	230 439	15 302	12 203	13	0	印制电路板、液晶显示器、液晶显示器模块、覆铜板
90	中国振华电子集团	301 861	12 377	0	29	2	手机、电子电话机、电子元器件、集成电路
91	深圳市同州电子股份有限公司	182 736	11 858	10 964	298	132	卫星机顶盒、地面机顶盒、LED 显示屏、IP 机顶盒
92	广东风华高新科技股份有限公司	193 343	16 706	8 450	67	14	片式多层陶瓷电容器、片式电阻器、电子材料、电子专用设备
93	上海飞乐音响股份有限公司	274 209	11 489	1 997	40	12	IC卡、微模块、照明电器、软件开发、偏转线圈
94	深圳市兆驰股份有限公司	234 520	19 914	3 387	3	0	欧规高清数字液晶电视、欧洲地面数字机顶盒、DVD、DVD 功放

续表

综合排名	企业名称	营业收入（万元）	利润总额（万元）	研发费用（万元）	专利总数（项）	发明专利（项）	主要产品
95	威海北洋电气集团股份有限公司	185 195	12 223	7 710	150	7	热打印机、热打印头/接触式图像传感器、高效能电子节能灯
96	成都国腾实业集团有限公司	174 901	15 646	13 977	25	8	二代居民身份证验证机具、税控机、双星定位用户机终端、电话机
97	北京华旗资讯数码科技有限公司	243 200	1 995	4 950	489	143	MP3、移动式闪盘存储器、MP4、车载 DVD、数码相机
98	宏安集团有限公司	186 993	19 989	5 200	1	0	通信电缆、光纤光缆、数据缆、液晶显示器
99	重庆渝能泰山电线电缆有限公司	227 651	10 914	8 511	0	0	电力电缆、安装电线、铜芯铝绞线
100	上海自动化仪表股份有限公司	194 005	8 083	4 873	99	9	自动化仪表及系统、仪表元件、气动元件

[供稿：工业和信息化部运行监测协调局]

第 23 届电子信息百强企业发展综述

【综述】

根据 2008 年电子信息产业统计年报数据，经企业和地方主管部门核对，由工业和信息化部最终审定后，2009 年 (第 23 届) 电子信息百强企业名单正式揭晓。华为技术有限公司以年营业收入 1 227 亿元位居榜首，海尔集团公司 (1 220 亿元)、联想控股股份有限公司 (1 152 亿元) 分列第二、第三名，列第四至第十名的企业分别是：海信集团有限公司、中兴通讯股份有限公司、北大方正集团有限公司、TCL 集团股份有限公司、熊猫电子集团有限公司、四川长虹电子集团有限公司、比亚迪股份有限公司。

2008 年，尽管受国际金融危机的冲击，电子信息百强企业总体仍保持平稳发展态势，结构调整不断推进，自主创新能力日益增强，国际竞争力明显提高，在推动产业做大做强和促进行业宏观管理上继续发挥重要的支撑作用。

本届电子信息百强企业呈现如下特征：

一是综合实力继续提升，产业主体地位突出。

规模不断扩大。本届百强企业合计营业收入 11 194 亿元，占全行业总量的 18%。其中，营业收入超过 100 亿元的企业有 23 家，华为、海尔、联想 3 家企业营业收入超过 1 000 亿元，接近财富全球 500 强企业的入围标准。本届百强企业的门槛为营业收入 18.5 亿元，比上届提高了 1.1 亿元。

经济效益保持领先。本届百强企业实现利润 394 亿元，占全行业总量的 22%;营业利润率达到 3.5%，比全行业平均水平高了近 1 个百分点，其中营业利润率超过 5%的企业有 41 家，超过 10%的企业有 10 家。

产品产量位居主体。百强企业是我国电子信息产品生产销售的主力军。2008 年百强企业生产程控交换机 2 337 万线、手机 1.14 亿部、彩电 5 491 万台、计算机 2 120 万部、集成电路 141 亿块，分别占全行业总量的 50.1%、20.4%、60.8%、15.5%、33.8%。

二是研发投入明显加大，创新能力不断增强。

研发投入持续增加。本届百强企业研发经费超过 400 亿元，占营业收入的比例达到 3.5%，高于全行业平均水平 1 个百分点。其中 23 家企业研发投入比例超过 5%，9 家企业研发投入超过 10 亿元，研发投入最高的华为达到 100 亿元，占其营业收入的比例超过 8%。

创新能力不断增强。百强企业在TD-SCDMA、数字电视、高性能计算机、闪联等多个领域取得重大技术突破，华为、中兴、武汉邮电科学院等企业的光纤、通信研发项目获得了2008年国家科技进步奖，联想开发出国内第一台超过200万亿次计算能力的高性能加速计算机。

知识产权战略见效。截至2008年年底，百强企业专利总数超过4万件，其中发明专利达1/4以上。国家知识产权局发布的2008年发明专利前十名企业中，华为、中兴、比亚迪、大唐等百强企业分列第一、第二、第八、第十名。世界知识产权组织数据显示，2008年华为提交了1737项国际专利申请，成为全球PCT（专利合作条约）申请量最多的的企业。中兴通讯在TD-SCDMARAN上申请的专利超过1 000项，在国内企业中位居首位。同时，百强企业日益成为国内标准战略实施的主体，在TD-SCDMA、WAPI（无线局域网国家标准）、AVS（数字音视频编解码技术标准）、闪联等重大标准制定上发挥了主导作用。

三是结构调整明显加快，产业链进一步完善。

基础领域企业增多。软件、元器件、材料等基础行业类企业在百强中占一半以上，过去依赖整机发展的产业布局逐步得到改变。受国内信息化市场和电信3G建设的拉动，本届百强企业中通信线缆和软件类企业明显增多，特别是以软件及相关服务为主的企业达到10家，比上届增加了1倍。百强企业软件业务收入超过1 000亿元，占全部营业收入的比重达到10%左右。

产业明显向上游延伸。为完善产业链，很多整机企业开始向上游延伸。长虹等离子面板项目开始量产;TCL、海信、康佳、创维等企业液晶模组厂相继建成并投入量产;彩虹集团已从CRT向平板转型，2008年10月实现了我国自主建设的第一条液晶玻璃基板项目的全线贯通。

企业资本日趋多元化。本届百强企业中，已经上市或拥有上市公司的比例超过70%，民营及集体经济企业占40%以上，其中民营企业比上届增加了4家，资本多元化的格局日益形成。

产业集群趋势明显。百强企业主要集中于东南沿海地区（占80%以上），其中广东、江苏、浙江、北京百强企业均超过10家，以百强企业为核心的区域产业集群正日益形成。

四是出口规模继续扩大，国际经营成效显著。

出口规模继续扩大。本届百强企业出口交货值达到3 014亿元，出口占营业收入的比例为25%左右。其中出口超过100亿元的企业有6家，出口比例超过50%的企业有21家。

全球布局日趋合理。不少百强企业已成为名副其实的跨国公司，华为、联想、中兴等多家企业海外收入占比超过五成。百强企业在海外的工厂超过200家，办事处遍及全球100多个国家和地区。

跨国经营不断推进。百强企业国际化经营重心日益从出口、生产向研发转移，海外本地化经营趋势明显。海尔、海信的国家级技术中心开始在海外设立分支机构;华为仅在印度就聘用了2 000名软件工程师;联想、TCL在近几年的国际化经营中，不断积累经验，逐步扭转了前几年业绩下滑的局面。

五是兼并重组有序开展，产业协作日益见效。

企业协作力度加大。面对国际金融危机的不利形势，百强企业纷纷采取抱团取暖的措施，在市场、技术、采购等方面开展更加紧密深入的合作。联想、TCL、海信、长城、康佳等百强企业发起的闪联联盟通过共同努力，其闪联标准提案于2008年7月28日正式通过国际标准化组织的审定，成为ISO国际标准。大唐、中兴、华为等组成的TD-SCDMA产业联盟加大了研发协作力度，在TD-SCDMA智能终端、网络平台等方面的技术创新进展明显。海尔、TCL、康佳、创维等9家彩电企业联合与我国台湾面板企业签订了面板战略合作协议，开启了行业协作发展的新模式。

兼并重组有序推进。面临技术业务升级和国际金融危机发生的新形势，百强企业纷纷加大了兼并重组的力度。东软、中软等软件企业均把2008年视为企业兼并年，开展了多次并购整合行动;上海华虹与宏力半导体重组计划正在稳步推进，重组后将成为国内最大的芯片制造企业之一。

六是经济贡献不断增大，节能减排初见成效。

经济贡献不断加大。本届百强企业上缴税金达354亿元，占全行业总量的一半以上;就业人数85万人，占全行业总数的1/10左右。

节能减排成效突出。百强企业在绿色设计、制造、回收上始终发挥表率和引领作用。在由中国企业家俱乐部举办的2008年首批国内绿色公司标杆企业评比中，海尔、联想等百强企业入围了前10家。节能降耗工作成效明显。在政府采购的节能电器产品清单中，相关的百强企业均榜上有名。百强企业生产的平板电视大部分待机能耗低于1瓦，达到了欧盟EUP指令要求的国际先进水平。

经过20多年的发展，电子信息百强企业已经成为我国电子信息产业的中坚力量，在生产经营、科技创新、国际合作、节能减排等多方面发挥了重要的引领作用。国家将“两化融合”作为重要的经济发展战略，制定实施了《电子信息产业调整和振兴规划》，并出台了多项政策措施，未来电子信息产业发展前景看好。

【统计数据】

表1　第23届电子信息百强企业名单

序号	企业名称	省市	营业收入（万元）
1	华为技术有限公司	广东省	12 274 138
2	海尔集团公司	山东省	12 201 842
3	联想控股有限公司	北京市	11 521 069
4	海信集团有限公司	山东省	4 887 634
5	中兴通讯股份有限公司	广东省	4 429 343
6	北大方正集团有限公司	北京市	4 214 163
7	TCL集团股份有限公司	广东省	3 841 378
8	熊猫电子集团有限公司	江苏省	3 244 000
9	四川长虹电子集团有限公司	四川省	3 005 472
10	比亚迪股份有限公司	广东省	2 678 825
11	浪潮集团有限公司	山东省	2 321 874
12	长城科技股份有限公司	广东省	2 219 140
13	上海贝尔股份有限公司	上海市	1 721 481
14	同方股份有限公司	北京市	1 392 803
15	深圳创维-RGB电子有限公司	广东省	1 379 971
16	深圳华强集团有限公司	广东省	1 378 646
17	惠州市德赛集团有限公司	广东省	1 268 030
18	康佳集团股份有限公司	广东省	1 220 529
19	晶龙实业集团有限公司	河北省	1 164 883
20	惠州市华阳集团有限公司	广东省	1 048 082
21	京东方科技集团股份有限公司	北京市	1 016 254
22	大连大显集团有限公司	辽宁省	1 010 001
23	上海飞乐股份有限公司	上海市	1 005 051
24	永鼎集团有限公司	江苏省	939 275
25	亨通集团有限公司	江苏省	920 730
26	普天东方通信集团	浙江省	860 276

续表

序号	企业名称	省市	营业收入（万元）
27	中国华录集团有限公司	辽宁省	824 483
28	江苏宏图高科技股份有限公司	江苏省	824 246
29	浙江富春江通信集团有限公司	浙江省	722 426
30	中冶赛迪工程技术股份有限公司	重庆市	703 206
31	许继集团有限公司	河南省	692 464
32	震雄铜业集团有限公司	江苏省	630 000
33	中天科技集团有限公司	江苏省	622 700
34	航天信息股份有限公司	北京市	593 088
35	汇源集团有限公司	四川省	593 070
36	深圳市赛格集团有限公司	广东省	567 139
37	福建省电子信息集团	福建省	555 824
38	四川九洲电器集团有限责任公司	四川省	551 498
39	万利达集团有限公司	福建省	547 500
40	侨兴集团有限公司	广东省	536 631
41	浙大网新科技股份有限公司	浙江省	524 870
42	彩虹集团公司	陕西省	520 827
43	富通集团有限公司	浙江省	515 830
44	通鼎集团有限公司	江苏省	513 468
45	铜陵精达特种电磁线股份有限公司	安徽省	505 345
46	广东东菱凯琴集团有限公司	广东省	501 692
47	武汉邮电科学研究院	湖北省	496 154
48	深圳市研祥虹客实业有限公司	广东省	474 803
49	江苏双登集团有限公司	江苏省	460 542
50	中国四联仪器仪表集团有限公司	重庆市	447 448
51	上海华虹（集团）有限公司	上海市	434 030
52	哈尔滨光宇集团股份有限公司	黑龙江	432 231
53	深圳桑达电子集团有限公司	广东省	416 589
54	南京华东电子集团有限公司	江苏省	401 826
55	广州无线电集团有限公司	广东省	399 337
56	陕西电子信息集团有限公司	陕西省	398 796
57	华润微电子有限公司	江苏省	388 499
58	紫光股份有限公司	北京市	386 736

续表

序号	企业名称	省市	营业收入（万元）
59	南京联创科技股份有限公司	江苏省	378 995
60	中国振华电子集团有限公司	贵州省	372 179
61	沈阳东软软件股份有限公司	辽宁省	371 135
62	浙江万马集团有限公司	浙江省	362 662
63	华伦集团	浙江省	352 747
64	北京天宇朗通通信设备股份有限公司	北京市	351 777
65	深圳市神舟电脑股份有限公司	广东省	351 122
66	上海飞匀音响股份有限公司	上海市	330 224
67	厦门华侨电子股份有限公司	福建省	327 387
68	江苏通光集团有限公司	江苏省	321 580
69	江苏新湖科技集团有限公司	江苏省	320 026
70	上海金陵股份有限公司	上海市	319 973
71	大恒新纪元科技股份有限公司	北京市	315 531
72	风帆股份有限公司	河北省	314 971
73	长白计算机集团公司	辽宁省	311 613
74	长飞光纤光缆有限公司	湖北省	303 568
75	横店集团东磁有限公司	浙江省	300 737
76	北京华胜天成科技股份有限公司	北京市	294 544
77	江西省电子集团公司	江西省	286 815
78	浙江天乐集团有限公司	浙江省	279 141
79	浙江长城电子科技集团有限公司	浙江省	276 246
80	大唐电信科技股份有限公司	北京市	269 314
81	南通华达微电子集团有限公司	江苏省	265 984
82	浙江飞虹通信集团有限公司	浙江省	250 850
83	南京南瑞集团	江苏省	249 146
84	中国乐凯胶片集团公司	河北省	247 975
85	福州福大自动化科技有限公司	福建省	245 398
86	北京华旗资讯数码科技有限公司	北京市	244 823
87	广东汕头超声电子股份有限公司	广东省	242 874
88	浙江华达集团有限公司	浙江省	233 217
89	沈阳先锋计算机工程有限公司	辽宁省	231 154
90	东冠集团有限公司	浙江省	227 380
91	上海自动化仪表股份有限公司	上海市	224 634

续表

序号	企业名称	省市	营业收入（万元）
92	中国软件与技术服务股份有限公司	北京市	224 081
93	深圳市同洲电子股份有限公司	广东省	210 067
94	宏安集团有限公司	山东省	206 830
95	七喜控股股份有限公司	广东省	203 948
96	浙江洪波线缆股份有限公司	浙江省	201 729
97	大连辽无二电器有限公司	辽宁省	197 989
98	成都国腾实业集团有限公司	四川省	195 174
99	宁波云环电子集团有限公司	浙江省	190 752
100	上海宝信软件股份有限公司	上海市	185 702

[供稿：工业和信息化部　运行监测协调局]

2008年我国手机产业发展评述

2008 年，受世界经济发展放慢和国际金融危机影响，全球手机市场增长减缓，结构调整形势更加严峻。面对不利的形势，我国手机行业积极拓展国内外市场，推进企业整合和技术升级，行业经济运行总体保持平稳发展，外贸出口稳中有降，产品更新换代加快，继续在支撑全国通信业和信息化发展中发挥积极作用。

一、发展特点

（一）产业规模继续扩大

2008 年我国手机生产与全球手机出货量比较，如图 1 所示。2008 年，我国移动电话用户新增 9 392.4 万户，用户总数为 6.41 亿户，每百人移动电话拥有量达到 47.3 部，比 2007 年增加 6.2 部。全行业手机产量 5.6 亿部，同比增长 2%。据 IDC 发布的报告，2008 年全球手机出货量达 11.8 亿部，同比增长 3.5%。我国境内生产手机占 47.5%，与 2007 年基本持平。

全年手机生产增速呈放缓趋势。1–2 月增长 14.3%，至三季度增速降至 7.9%，全年增速仅为 2%，比年初下降 10 个百分点以上。按月份看，三季度起开始出现负增长，10 月下降 2.6%，11 月降幅高达 38%，创下历年来的新低。2008 年 1–12 月我国手机每月生产及增速情况，如图 2 所示。

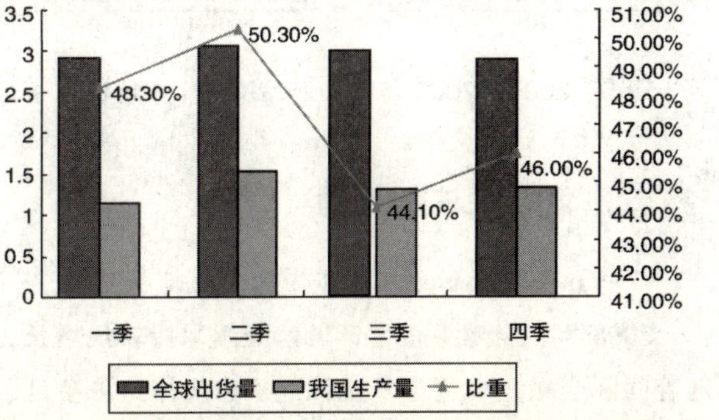

图 1　2008 年我国手机生产与全球手机出货量比较

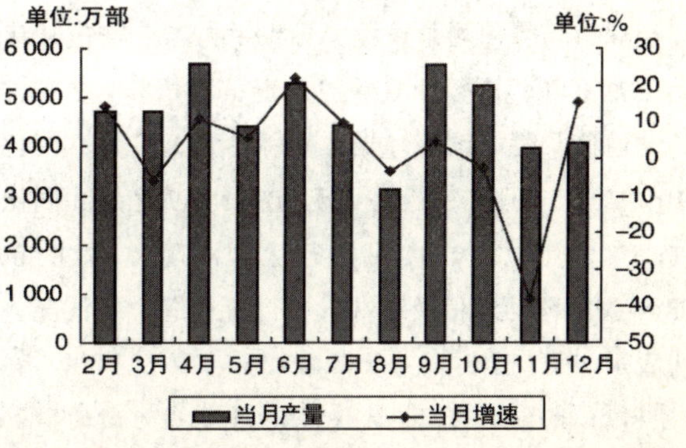

图 2　2008 年 1–12 月我国手机每月生产及增速情况

（二）出口增长稳中有降

据海关统计，2008 年我国手机出口 5.33 亿部，同比增长 10.4%，出口金额为 385.4 亿美元，同比增长 8.27%；同期手机进口 1 771.9 万部，同比增长 5.3%，进口金额为 17.21 亿美元，同比下降 3.85%。

从月份看，手机出口增速呈下降趋势。前三季度，平均每月增速超过 10%，至 10 月份起开始出现下滑，11月当月下降 11%，12 月降幅高达 22%。2008 年 1–12 月我国手机每月出口数量及增速情况，如图 3 所示。

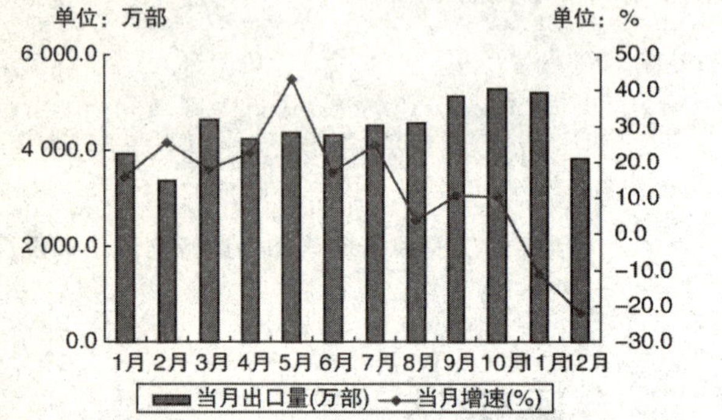

图 3　2008 年 1–12 月我国手机每月出口数量及增速情况

我国手机产品出口仍然主要依靠外商投资企业。外商投资企业出口占整个手机出口的 83%，其中诺基亚、摩托罗拉、索爱、三星等跨国公司占全部出口量的 71.5%。国内品牌企业手机出口 6 400 万部,占出口的 17%，其中出口量超过 1 000 万部的企业有 2 家，超过 500 万部的企业 1 家。中兴通信手机出口突破 3 000 万部,这也是国内品牌手机企业出口量首次突破 3 000 万部，其 CDMA 手机在印度市场占有率已提升至近 30%，超过 LG、三星和摩托罗拉，跃居印度 CDMA 手机市场第一位。

（三）经济效益出现下滑

随着国际金融危机影响逐步显现，世界经济持续低迷，全球市场需求增长放缓，导致手机产业增速从年初开始逐月下降，多数企业效益出现负增长。1–2 月，我国移动通信及终端设备行业实现利润 19.8 亿元，同比下降 10%。至 11 月底，行业实现利润 145.7 亿元，同比下降 11.8%。其中，9–11 月，行业利润降幅超过 50%。2008 年我国移动通信及终端设备行业利润增长情况，如图 4 表示。

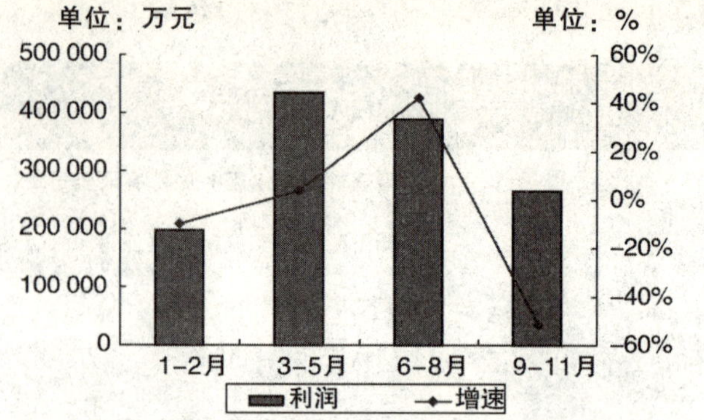

图 4　2008 年我国移动通信及终端设备行业利润增长情况

（四）市场结构调整加快，3G 手机成为新的增长点

2008 年，部监测的百家重点手机生产企业中，GSM 手机产量同比下降 17.1%，销售同比下降 15.4%，产销占全行业比重分别为 74.7%、75.4%，比 2007 年底分别下降了 6.7、6.5 个百分点。运营商的重组对 CDMA 手机产销产生一定的影响，CDMA 手机产量同比增长 15.4%，销量同比增长 15.2%，产销比重为 13.5%、13.4%，比 2007 年底均提高了 1 个百分点。3G 手机产销快速增长，随着 4 月份 TD–SCDMA 开始试商用，以及国际市场需求增加，拉动 3G 手机产销快速发展，全年共生产 3G 手机 6579 万部，同比增长 87.5%，销售 6637 万部，同比增长 90%；占行业比重为 12.3%，比 2007 年增长了 5.3 个百分点。从中国移动公布的 TD–SCDMA 终端招标结果看，包括酷派、熊猫、华为、中兴、联想、海信、新邮通、华立等国内 8 家厂商的 3G 手机均已获得入网许可证，国内手机占比将进一步提高。2007、2008 年不同产品手机占比情况如图 5 所示。

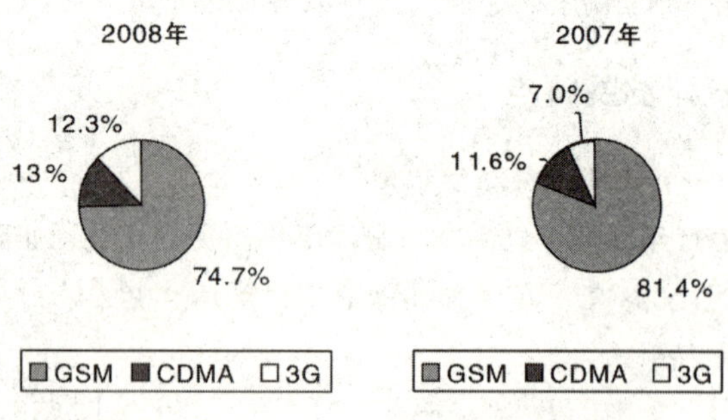

图 5　2007、2008 年不同产品手机比占情况

二、值得关注的问题

（一）国际金融危机对市场的影响正在显现

2008 年，全球手机生产虽然继续保持较快增长，但随着国际金融危机逐步从虚拟经济向实体经济蔓延，手机市场也受到较大冲击，增速自三季度起开始大幅下

滑，四季度全球手机出货量出现负增长，降幅高达 12.6%。2008 年 1–4 季度全球手机出货量增长情况，如图 6 所示。根据对国内部分重点企业调查，四季度本是传统销售旺季，但企业普遍反映订单不增反减，平均减少达 10%以上，部分代工企业降幅高达 30%。

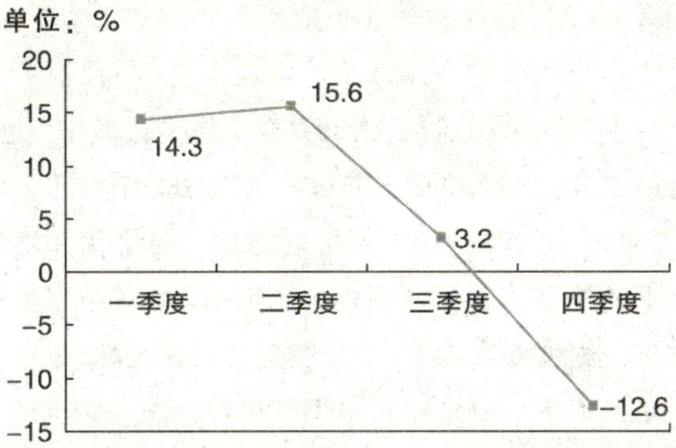

图 6　2008 年 1–4 季度全球手机出货量增长情况

（二）山寨机冲击日趋明显

目前，山寨机已形成完整的产业链，并日益成为行业发展中不可忽视的力量。据部分企业估计，山寨机在国内手机市场及出口量中的比重均达 10%以上。由于山寨机不经过入网认证，上市时间和成本优势明显，款式也比较新颖，因此在新增出口及农村市场上都对品牌企业带来极大冲击。部分山寨机与品牌企业新款产品存在高度模仿特征，从一定程度上侵犯了后者的知识产权。此外，由于山寨机企业良莠不齐，很多产品缺乏严格检测直接上市，也缺乏后续维修保障，相关的质量和服务问题日趋突出，近年来手机一直是消费者投诉最多的产品。

（三）企业亏损减产现象严重

2008 年，很多跨国公司经济效益都出现大幅下滑。根据各公司发布的财务报表看，三季度摩托罗拉、索爱分别亏损 4 亿美元和 0.3 亿美元，四季度仍没有扭转亏损局面；国内企业中，波导、夏新三季度分别亏损 0.5 亿美元和 4.8 亿元，并发出全年预亏公告。部分上游芯片企业由于业绩下滑，面临的资金链问题突出，正在引资进行新的整合。目前，多个企业开始减产或延长假期，部分外资企业从圣诞前夕到春节期间连续多次放假停产。

（四）渠道竞争日趋激烈

一方面，在低迷的宏观环境下，为应对山寨机的挑战，国内外厂商渠道拓展力度不断加强。诺基亚加快拓展农村销售渠道，并针对性地制订“WKA 计划”；摩托罗拉的复兴战略为渠道商提供每款手机巨额利润空间，这些国际品牌的强势介入将使国产手机和山寨机厂商面临前所未有的挑战。国内企业纷纷选择实行多品牌策略，部分企业在渠道模式上进行改革，把原分公司改为区域营销中心，分公司直供改为区域代理模式，以期进一步降低销售成本。这些都标志着新一轮的渠道整合正在启动。

另一方面，随着 3G 时代到来，销售模式将发生深刻变化。中国移动和中国联通为了推广新业务，加强自身在产业链中的地位，应对未来新进运营商的冲击，将更多介入手机销售领域。随着 3G 牌照的发放，新进移动运营商面临迅速发展用户的压力，也将采取类似中国联通 C 网初期的策略，通过终端补贴甚至入网送手机等优惠手段来发展用户。移动运营商的规模采购和捆绑销售将在手机销售渠道上日益扮演重要的角色。

（五）移动互联网手机市场潜力巨大

据中国移动和有关研究机构公布的数据，中国移动互联网用户数在 2 亿左右，其中活跃用户约 8000 万，占全部手机用户的约 15%。部分研究机构预测，未来移动互联网的规模将超越传统互联网，其产业价值也将后来居上。

2008 年以来，以苹果 iphone 和谷歌 G1 为代表的移动互联网概念的智能手机的问世，不仅吸引了很多消费者，同时对传统手机已经形成了冲击。诺基亚收购 Symbian 公司，抢占另一个智能系统的桥头堡，也表明要在智能机基础上开发更多产品和服务的战略考虑。因此，手机生产企业开发适合移动互联网发展、满足差异化消费需求的终端，将是今后的发展方向。

三、2009 年展望

（一）全球市场形势不容乐观

目前，全球经济发展速度仍处于低位，国际金融市场持续动荡，能源、原材料价格急剧波动，国际贸易壁垒花样不断翻新等，导致出口环境急剧恶化。近期国际货币基金组织预计全球经济增长将降至第二次世界大战以来的最低水平，其中欧洲和北美等发达国家经济体将下降 2%。可以预见 2009 年全球手机市场的增长空间有限，甚至可能出现自 2000 年以来的首次负增长。据 IDC、iSuppli 等研究机构预测，2009 年全球手机出货量将下降2%~5%。我国手机出口量占生产量60%以上，外需下降将对行业带来较大的影响。

（二）国内品牌企业将更加困难

近几年，外资企业在稳定高端手机市场的同时，又加大了对低端手机和乡镇农村市场的投入力度；国内企业由于规模偏小、产业链不完整、缺乏核心技术，同质化竞争严重，在成本、品牌、销售等方面都难以与外资企业抗衡，低端市场又受到山寨机的严重挤压。同时，随着运营商定制手机力度加大、渠道商介入制造领域和发展自主品牌等，都使国内品牌企业与市场的联系进一步被削弱。因此，国内品牌企业经营难度仍在加大，2008年许多出现亏损，2009年仍难以很快扭转这种局面。

（三）3G建设带动投资增加和国内市场扩大

2008年，全国电信业完成固定资产投资2 954亿元，比上年增加500亿元以上。根据各企业制定的3G网络建设规划，预计未来三年用于3G网络建设投资约4 000亿元，其中2009年1 700亿元。中国移动计划新建TD-SCDMA基站约6万个，业务覆盖范围扩大到全国70%的地级市；中国电信在接收CDMA网络的基础上，积极开展CDMA 1X网络扩容和优化工作；中国联通将重点放在2G网络的升级改造，以满足与3G网络互操作的需求。目前各企业正加紧推进3G市场商用进度：中国移动计划年底在238个地级城市提供3G服务；3月底，中国电信将在100个大中城市提供3G服务；上半年，中国联通计划在55个省会及较发达城市提供3G试商用服务，年底将服务范围扩大到282个城市。随着3G技术的成熟和商用、手机智能化，网络化和增值服务水平的提高等，预计国内3G用户将在下半年呈现快速增长，这也将带动3G手机销量的大幅提高。

综上所述，2009年我国手机行业存在一定机遇，也面临很多挑战，特别是国内企业结构调整和资源整合形势严峻，要加强宏观协调和政策引导，支持核心领域的技术创新，推动结构调整与企业整合，并发挥国内3G市场的拉动作用，才能确保行业健康协调发展。预计全年手机产销量与2008年基本持平。

[供稿：工业和信息化部　运行监测协调局]

2008年我国彩电行业发展评述

2008年以来，我国彩电业积极拓展国内外市场，加快产品结构调整和产业链完善，行业经济运行总体保持平稳增长态势；但受技术升级、国际市场波动和金融危机等因素影响，彩电企业面临结构调整、市场萎缩、环境变化等多重压力，出现了很多新的情况和问题，亟需采取有力措施确保行业平稳健康发展。

一、运行特点

（一）产销增长呈前高后低趋势，四季度出现大幅下滑

2008全年我国累计生产彩电9 033.1万台，同比增长6.5%；出口4 956万台，同比增长3.5%，与上年相比，总体上保持平稳发展态势。

分月份看，由于奥运会、数字电视推广等利好因素拉动，彩电企业生产在6、7月份（奥运会前）达到20%以上的增长。但进入四季度后，受国际金融危机和国内房市低迷双重影响，彩电市场需求出现明显萎缩。10月、11月、12月全国彩电生产、出口连续出现负增长，产量同比分别下降2.7%、21.8%、13.3%，出口量分别下降3.3%、25%、28.8%。2008年我国彩电生产和出口分月度增长情况，如图1所示。

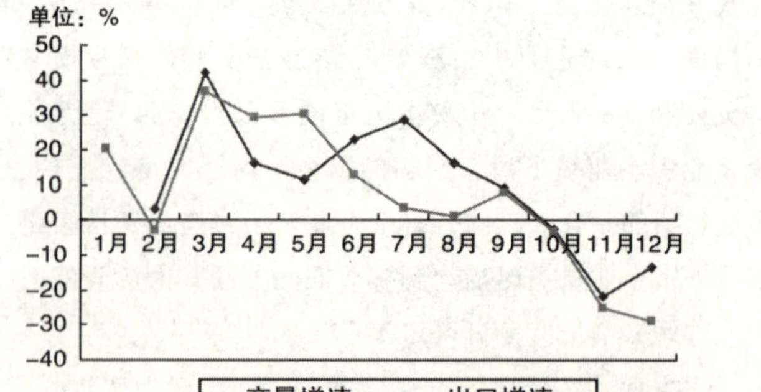

图1　2008年我国彩电生产和出口分月度增长情况

（二）收入增长逐月回落，经济效益大幅下滑

2008 年，我国家用影像设备行业（彩电业占比 70% 以上）销售收入达到 2 689.7 亿元，同比增长 3.1%，比电子信息制造业低 7.7 个百分点。全年来看，收入增速逐月下降，特别是第四季度随着产销和价格大幅下滑，收入出现负增长，10 月、11 月和 12 月当月销售收入分别下降了 6%、8%和 3.6%。与此同时，行业效益情况也大幅下滑，1–11 月全行业完成利润总额仅 51.9 亿元，同比下降了 11 个百分点。2008 年家用影像设备行业销售收入和利润增长情况，如图 2 所示。

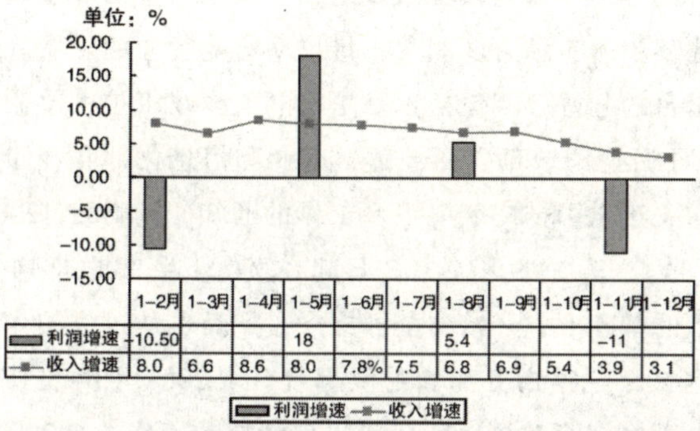

图 2　2008 年家用影像设备行业销售收入和利润增长情况

（三）产品价格快速下滑，产品结构继续调整

由于平板电视面板价格持续下调，国内平板电视价格全年呈快速下滑态势，年底液晶、等离子电视的均价分别比年初下降了 35%和 40%。受平板电视降价挤压，CRT 彩电价格也逐步回落，但降幅比平板电视较小，年底均价比年初下降了约 13%。

随着平板电视持续大幅降价，与 CRT 彩电的价格差距不断缩小，导致 2008 年彩电市场的产品结构继续调整，平板电视的产销占比进一步提高。根据重点监测的 29 家彩电生产企业（占全行业总量的 80%）数据显示，2008 年我国彩电行业中平板电视的产量、出口、国内市场销量分别占全部彩电的 39%、45%和 33.5%，比重比上年同期分别提高 14、14 和 13.5 个百分点，其中液晶电视产量、出口和国内销量增速达到 50.4%、43.8%和 53.2%。CRT 彩电比重继续下降，2008 年产量、出口和国内销量分别下降了 15.5、16.5 和 18.3 个百分点。2008 年重点彩电企业平板电视产销占比情况，如图 3 所示。

（四）市场竞争日趋激烈，国内品牌份额波动明显

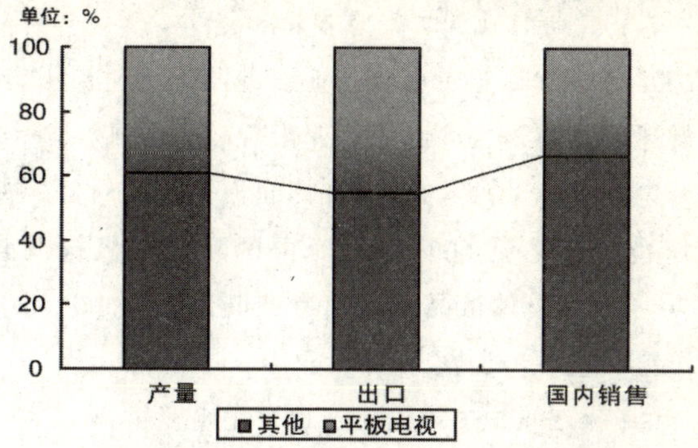

图 3　2008 年重点彩电企业平板电视产销占比情况

据奥维咨询、IDC 等有关研究机构的市场监测数据显示,国内市场上国产品牌彩电全年的销售量呈 V 字形变化，前四个月国产品牌市场占有稳中有升，份额超过 50%，但由于五一前期国外品牌彩电企业价格平均降幅超过 15%，大幅缩小与国产品牌产品价差，5 月当月销量与国产品牌的销量比例达到 7：3。国产品牌企业则利用奥运之际，调整营销策略跟进国外品牌实施更大幅度的降价，市场份额逐步恢复，从 10 月的 58.8%增加到 11 月的 72.7%和 12 月的 77.8%。

二、值得关注的问题

（一）市场需求下降较快

据市场咨询机构 Display Research 调查显示，2008 年全球彩电市场的增速从第三季度开始下滑，第四季度出现 3.5%的负增长。国内市场同样出现增速下降。据企业估计，由于房市低迷，导致国内市场减少 300 万台以上。2008 年 4 季度和 2009 年 1 季度本是传统的彩电销售旺季（西方圣诞节和我国春节），但企业反映订单量不增反减，部分企业同比降幅甚至高达 30%以上。2008年 Display Kesearch 统计的全球彩电出货量情况，如图 4 所示。

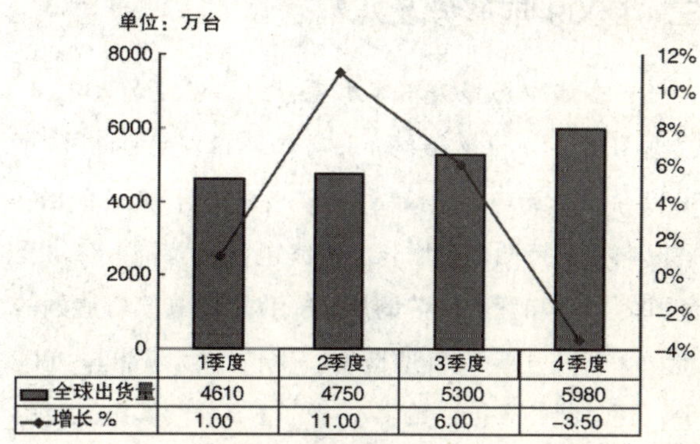

图 4　2008 年 Display Research 统计的全球彩电出货量情况

(二) 上游行业开工严重不足

2008年以来，显示面板行业从前两年高速扩张走向持续低迷。目前，台湾面板行业出现较大困难，多个企业的开工率仅为40%~60%；日韩面板企业相对好一些，开工率也只能达到60%~80%。据国际市场机构调查，2008年3季度全球液晶面板出货量同比下降1%，四季度下滑势头进一步加剧。

(三) 本土CRT彩电企业困难重重

我国CRT彩电产能占全球80%以上。随着技术升级，平板电视对CRT电视的冲击十分明显，CRT彩电市场需求大幅减少，彩管、玻壳等上游企业连续出现亏损、停产局面。2008年来，中小尺寸液晶面板价格大幅下降，32寸液晶面板价格缩水30%以上，使液晶电视在价格上接近甚至低于CRT彩电主流产品（29寸），从而加速了CRT彩电退市的步伐。

(四) 国内竞争压力加大

大量外资企业加强在华布局，国内竞争日趋加剧。近期韩元大幅贬值30%以上，韩国家电企业对国内企业形成更大竞争优势。部分零售商经营出现困难后向上转移压力，对彩电企业的挤压更加明显。山寨机数量迅速增加，对品牌企业的冲击日趋明显。

(五) 产业“空心化”问题仍很突出

国产彩电企业生产液晶电视使用的面板特别是大尺寸面板基本依赖进口，2008年我国液晶显示板进口19亿个，进口额441亿美元，成为继集成电路后行业第二大进口产品。由于液晶面板占液晶电视价值的70%以上，导致我国液晶电视制造业基本属于“加工组装”。随着平板电视在我国彩电产销和出口中所占比重越来越高，整个行业“空心化”和对外依赖度日益突出。

三、2009年形势及对策建议

(一) 全球市场形势不容乐观，出口难度加大

根据IDC、Display Research等国际市场咨询机构预测，2009年全球彩电出货量将下降3%，销售额下降18%，其中平板电视保持两位数增长，CRT电视将大幅下降。受金融危机的影响和贸易保护的加剧，我国彩电出口遇到的困难将加大。从主要出口地区看，美国市场可能与2008年持平，其强制要求更换数字电视的法令继续实施，将弥补金融危机对市场带来的冲击，但取消对数字电视免费购买机顶盒政策，使许多机顶盒订单遭遇退订，将影响该行业增长。欧盟市场可能出现负增长，EUP（生态设计要求）指令实施措施陆续出台，将限制很多能耗高的彩电产品进入欧盟市场。近期其又提高平板显示模组的进口关税，也将影响我彩电及相关产品出口。同时，发达国家对我国人民币汇率、出口政策仍将会施加更大的压力，如美国已提出要求我国降低机械、电子、化工产品进口关税（5%以下）。部分亚太国家签订了贸易协议实现进口零关税，但对我国仍实施较高关税等。

(二) 受益于各种拉动内需政策，国内市场将保持缓慢增长

2009年，随着国家鼓励房市、家电下乡的各项政策措施逐步落实和力度加大，将拉动彩电行业的发展。最近出台的利好政策包括：一是家电下乡政策扩大覆盖范围。1月份财政部、商务部、工业和信息化部联合印发了《关于全国推广家电下乡工作的通知》（财建[2008]862号）。从2009年2月1日起，家电下乡在原来14个省市的基础上，开始向全国推广，产品也从过去的4个增到8个。据商务部和财政部统计，2008年财政补贴家电下乡资金达到104亿元，累计拉动消费约9 200亿元。二是电子信息产业调整振兴规划已编制完成并即将实施，国家将继续支持彩电及上下游行业发展，推进数字电视、平板显示等行业的重大工程，有关平板显示的优惠政策也将继续实施并扩大范围。三是商务部在2008年月12月决定由12家家企业、1家家电连锁企业和8家银行三方合作，共同发展信用销售，推出为购买家电的消费者提供零利率、零首付、零手续费的“三零”分期付款业务，促进彩电在内的家电消费增长。

(三) 液晶电视价格将继续走低，技术热点仍集中在超薄和提高倍速

据Display Research研究预测，2009年全球液晶电视面板的出货量将继续供大于求，受金融风暴影响，各液晶电视整机厂商会调整面板的进货量。因此，液晶面板的价格会继续走低。研究机构ZDC预测，2009年液晶电视的价格会继续下调，但是随着整机利润的不断趋薄，液晶电视在终端市场价格下降的步伐也会逐渐减缓。2009年，液晶电视的技术发展焦点仍是超薄和提高倍速。在尺寸更大的同时不断向超薄挑战，预计2009年各大液晶电视厂商会竞相推出自己的超薄产品。由于倍速技术能显著改善液晶电视的拖影现象，这一技术正在成为新的竞争点，“1.5倍速时代”正式来临，二倍

速和四倍速技术正在推进。

综合看来，2009 年彩电行业面临形势不容乐观，存在一定机遇，但挑战也十分严峻。市场格局面临新的洗牌，企业重组和行业整合将进一步深入，需要加强跟踪研究和宏观指导，确保产业平稳运行。预计 2009 年全行业彩电产量增速将比 2008 年下降 2~4 个百分点。为逐步扭转行业下滑势头，下一步彩电业发展思路可归结为“扩大内需，调整结构，优化环境”。具体措施和政策建议如下：

一是加强内需拉动。继续扩大家电下乡的覆盖范围，提高对彩电的资金支持力度。落实国家扩大内需政策，通过鼓励楼市发展等带动彩电行业增长。加快数字电视推广步伐，理顺管理体制，形成上下游互动的良性局面。

二是推动结构调整。通过资本金注入、财政补助等形式，扶持国内企业新上高世代显示面板生产线，引导大企业兼并重组和并购境外有专利的面板企业，逐步缓解上游关键环节缺失的瓶颈问题。加大对彩电企业技术改造的资金支持，推动国内彩管企业整合。

三是完善产业政策。进一步完善家电下乡相关政策，延长平板显示器件政策（财税【2005】15 号），推动 PDP、OLED 与液晶面板享受同等优惠政策。将彩电企业纳入高技术企业范畴，简化认定条件和程序。提高 CRT 彩电、彩管、玻壳、荫罩等产品的出口退税率，促进 CRT 产品出口。

四是支持产业联盟开发自主标准。建立数字高清交互接口技术、LED 技术、240 赫兹技术、节能环保技术、多媒休技术等重点技术共性服务平台，为行业重大标准研究与制定提供技术支撑。

[供稿：工业和信息化部 运行监测协调局]

2008年我国计算机行业发展评述

2008 年，受世界经济发展放慢、国际金融危机影响，全球计算机市场增长减缓。面对不利的形势，我国电子计算机行业积极应对挑战，加大市场拓展力度，推进企业整合和结构调整，行业经济运行保持平稳发展，收入、出口和效益增速稳中有降，产品结构升级步伐加快，继续在支撑国民经济与社会信息化中发挥积极作用。

一、基本情况

（一）产业规模不断扩大

2008 年，我国规模以上计算机行业实现销售收入 17 134 亿元，同比增长 7.3%，规模继续在世界保持前列，计算机产量占全球比重超过四成。全年行业发展明显慢于电子制造业平均增速，一季度行业增速低于电子全行业平均增速 4.4 个百分点，到三季度差距拉大到 5.2 个百分点，至 12 月相差 5.5 个百分点。2008 年计算机行业与制造业收入增速对比情况，如图 1 所示。

（二）经济效益出现下滑

2008 年 1-11 月，规模以上计算机行业实现利润 373.4 亿元，同比下降 0.7%，比 1-8 月增速下滑 7.7 个百分点；税金 60.9 亿元，同比增长 11.6%。截止到 11 月，计算机行业实现利润占制造业比重仅为 23.9%，同比减少 1 个百分点。亏损企业亏损额从年初同比下降 40%转为 11 月同比增长 47.7%。

利润下滑的主要原因是企业上半年大量购进高价原材料，下半年原材料价格急转直下，企业既要承受前几个月高价购进原材料的压力，同时又面临需求显著放缓、产品价格大幅下调的困境，生产经营压力明显加

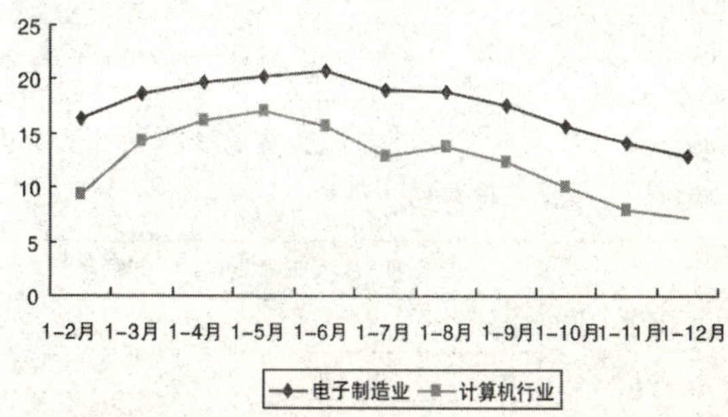

图 1 2008 年计算机行业与电子制造业收入增速对比情况

大，经济效益明显下滑。

（三）出口增长明显减缓

2008年以来，受人民币升值、生产成本上涨、出口环保要求提高等因素影响，计算机行业出口明显放缓。全年实现出口额2 129亿美元，同比增长9.6%，比上年增速下降20个百分点以上。全行业共出口台式计算机768.2万台，同比下降12.2个百分点，比上年同期增速低19.5个百分点；笔记本电脑10 111.4万台，同比增长38.5%，比上年同期增速低2个百分点；打印机3 054万台，同比下降6.7%。

（四）产品产销增幅放慢

2008年，我国共生产微型计算机13 666.6万部，同比增长13.2%，比上年增速下降16.1个百分点。其中笔记本电脑10 858.7万部，同比增长25.2%，比上年增速下降21.5个百分点；显示器13 364.6万部，同比下降7.4%。受国内外市场需求下降影响，台式机和笔记本的产销率分别为98.4%和94.8%，同比分别下降1.1和4.1个百分点。2008年1–12月我国微型计算机每月生产增速情况，如图2所示；2008年我国计算机行业每季度收入、利润增速情况，如图3所示。

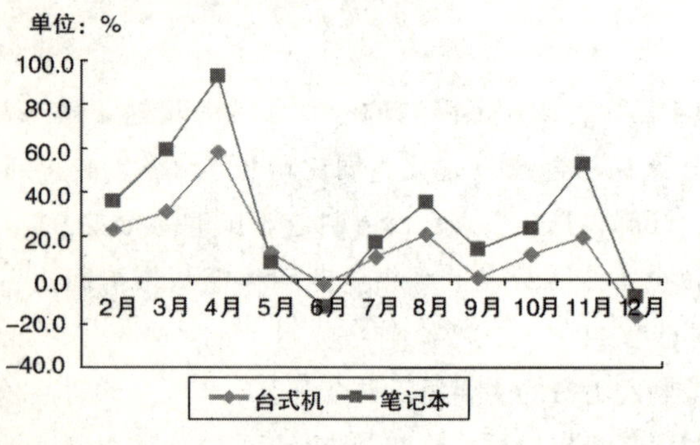

图2 2008年1–12月我国微型计算机每月生产增速情况

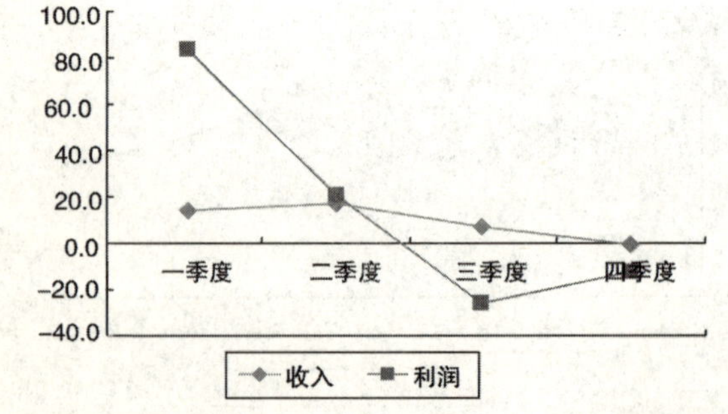

（利润季度增速为1–2、3–5、6–8、9–11月数据。）

图3 2008年我国计算机行业每季度收入、利润增速情况

（五）产业集聚更加明显

我国微型计算机生产主要集中在江苏、上海、广东三个省市，2008年三省市共生产微型计算机12 170.9万台，占全国PC总产量的89.1%，比上年提高1.5个百分点。从区域分布看，我国计算机产业主要集中在东部沿海地区，中部和西部地区产量所占份额不足1%。2008年主要省市微型计算机产量占比情况，如图4所示。

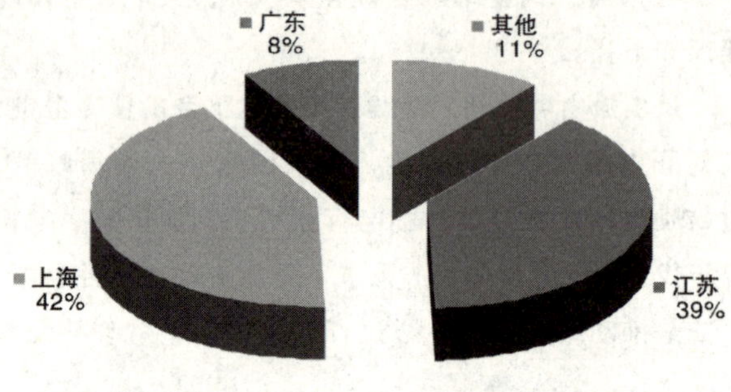

图4 2008年主要省市微型计算机产量占比情况

二、主要特点

（一）全年呈前高后低态势，下半年增速明显放缓

从收入看，上半年计算机行业收入增速保持在14%~17%区间，但进入下半年后，受出口放缓等因素影响，收入增速明显放缓，至四季度末增速不足10%；从效益看，年初一度保持83.8%的高速增长，到三季度出现大幅下滑，至11月底，比上年同期下降了0.7%。

（二）产品结构调整加快，笔记本对台式机替代明显

首先，笔记本价格一路下跌，与台式机价格差距逐步减小，导致其市场增长加快。1–12月笔记本产量占微机比重达79.5%，比上年同期（71.8%）提高7.7个百分点。其次，上网笔记本的出现加速台式机市场放缓的步伐。受全球金融风暴影响，消费市场需求下降，消费者对笔记本电脑的采购价格更加敏感，而上网本以仅为主流笔记本电脑销售价的1/3或1/2的价格优势，快速在市场上崛起。众多品牌企业纷纷推出新品，力图在计算机市场中抢占先机。据IDC预测，2008年上网本出货量将达到350万台，2009年将增长到500万台，2012年出货量达到920万台。

（三）市场竞争格局继续调整，产业集中度更加突出

市场份额进一步向国际品牌集中。IDC数据显示，惠普、戴尔、宏基、联想、东芝等大企业继续在2008

年全球计算机市场上占据前五名，合计占 57%的份额，比上年提高了近 3 个百分点。国内中小城市和乡镇市场争夺加剧。国内企业凭借本土企业优势以及完善的售后服务体系，纷纷加大投入抢占四~六级市场。联想在奥运会前提出了“穿透冻土层”的战略；海尔通过“润眼千县行”大型公益活动来建设四~六级市场渠道；方正科技在全国举行 2008 年秋季百城巡展活动。

三、值得关注的问题

（一）外部需求减少导致产业发展后劲不足

国际金融危机对计算机市场冲击很大，由于金融业对计算机类产品需求很大，其发展萎缩导致全球计算机行业增长严重受阻。IDC 数据显示，2008 年第四季度，全球处理器出货量下滑了 17%，PC 出货量同比下滑 0.4%。我国计算机产业在全球产业分工中以加工组装为主，产品出口比重很大，受美国金融危机和全球市场放缓影响明显，大部分出口加工型企业订单持续下滑。据对部分重点企业调查，四季度订单金额平均下跌 20%，月均产量同比下降 30%。IDC 调查的 2008 年全球计算机每季度出货情况，如图 5 所示。

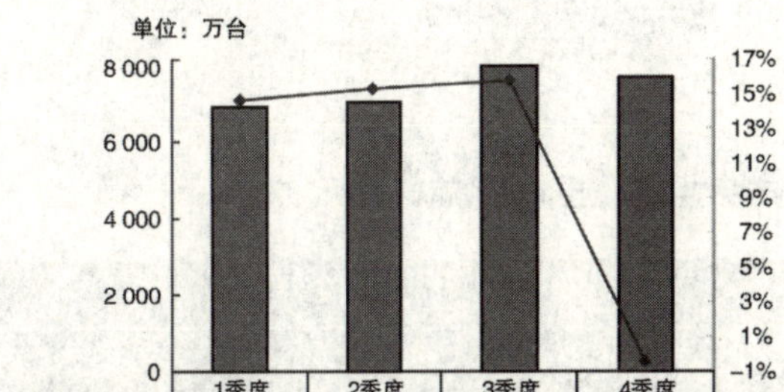

	1季度	2季度	3季度	4季度
全球出货量	6950	7060	8014	7710
增长	14.6	15.3	15.8	−0.4

图 5 IDC 调查的 2008 年全球计算机每季度出货情况

（二）山寨机对行业监管提出更高要求

近年来，我国部分地区出现数量众多的山寨电子产品，山寨笔记本也日益流行，并成为产业发展中不可忽视的力量。一方面，山寨产品成本低、款式新，在市场上优势明显，对自主品牌企业造成很大的冲击；另一方面，由于山寨产品行业准入门槛低，生产加工良莠不齐，往往没有经过严格检测就直接进入市场，其质量和售后服务方面存在不少问题，如果不加监管任其无序发展，最终将给整个市场带来损害。此外，部分山寨机存在与品牌产品的高模仿特征，从一定程度上侵犯了对方的知识产权。因此，规范和管理山寨产品成为行业监管面临的重要课题。

（三）出口环境出现新的变化

一是近期欧盟对液晶显示模组进口关税提高到 14%，对我国显示面板生产企业造成一定影响。二是一些亚洲国家拟签订亚太贸易协议，从 2009 年起实现进出口零关税，而对我国保留较高关税。三是部分厂商纷纷在欧洲设厂。为了应对欧盟关税措施，一些跨国公司先后在欧洲设厂，甚至建立液晶面板后段模块和整机组装的一条龙生产线，如夏普和 LPL 在波兰设有模块厂和显示器组装厂，三星的工厂设在捷克斯洛伐克，东芝在芬兰、英国建厂，冠捷在波兰建厂等，这些对我国计算机行业对欧出口形成一定压力。

（四）产业格局面临新的整合

一方面，跨国公司对上游行业的拓展力度增强。2008 年来，惠普、戴尔均付巨资收购了多家软件服务企业，东芝收购了富士通硬盘业务，这些跨国公司通过向上拓展使产业链优势愈加明显，对国内企业形成更大的竞争压力。另一方面，内存芯片、显示面板等上游行业均在酝酿新的整合，日本、韩国、美国及台湾地区大企业间的竞争日益激烈，近期台湾地区当局为缓解本地企业困境，拨出数千亿台币，力图在技术创新和大企业整合方面有所突破，吸引了众多跨国公司来台寻求合作。这些将对计算机行业格局带来新的影响。当前，众多跨国公司在缩减全球业务的同时，却加大了对中国市场的布局，这有利于国内产业规模扩大和产业链完善，也将加剧国内市场竞争，增加国内企业的经营压力。

四、形势展望

（一）全球市场形势不容乐观

近日，国际货币基金组织（IMF）表示，全球金融危机影响仍在延续，全球经济危机尚未见底，且难以在短期内恢复。预计 2009 年全球经济增长 0.5%，为第二次世界大战以来的最低水平，其中发达国家经济体将下降 2%。近日，研究机构 IDC 将 2009 年全球 IT 支出增长率由此前的 5.9%下调至 2.9%；同时预测，由于个人消费意愿降低等因素，导致全球消费类电子、电脑、显示器等需求下降，全球 PC 出货量增长率将从原来预测的 11.9%下降到 4.3%，PC 处理器出货量预计将下滑15%。

（二）国内宏观政策的陆续出台为企业提供更多机会

2008年以来，我国政府及时对货币政策、外贸政策和财政政策等做出调整，出台了扩大内需和扶持工业的一系列鼓励措施，如四季度增加中央投资1000亿元、加快农村基础设施建设、加快自主创新和结构调整、加快灾后重建各项工作；大幅提高产品出口退税率、全面实施增值税改革，设立企业技术改造专项资金等。近期，电子信息产业调整振兴规划编制完成并将实施，国家将推进集成电路、平板显示器件等重点行业的重大工程，并扩大部分财税政策的实施范围。这些将为我国计算机行业市场增长和结构调整创造良好的外部环境。

综上所述，2009年我国的经济形势会更加严峻，国际金融危机对我国计算机产业的经济增长、企业效益等方面的负面影响将进一步显现；另一方面，我国宏观政策调整也为产业发展带来难得的机遇，为国内企业结构调整和市场拓展提供了有利条件。预计2009年我国计算机行业发展将有所放缓，全年产量增长10%，收入增长6%。

【统计数据】

表1　2007—2008年计算机行业销售利润率对比情况

单位：%

	2008年		2007年	
	销售利润率	利润占全行业比重	销售利润率	利润占全行业比重
1-2月	2.90	28.8	1.67	21.6
1-5月	2.76	24.5	2.20	24.3
1-8月	2.52	21.5	2.67	25.4
1-11月	2.75	23.9	2.73	24.9

表2　2008年1—12月全国计算机类产品生产、出口情况

	生产			出口		
	完成（万台）	增速%	同期增速%	完成（万台）	增速%	同期增速%
台式计算机	2807.9	-17.5	0.66	768.2	-12.2	7.3
笔记本电脑	10858.7	25.2	46.7	10 111.4	38.5	40.5

[供稿：工业和信息化部　运行监测协调局]

2008年我国集成电路行业发展评述

2008年受世界经济低迷和全球金融危机的影响，全球集成电路行业呈现周期性放缓。我国集成电路行业保持低速增长态势，产销和收入增速稳中有降，结构调整进一步加快，企业兼并重组增多，市场格局和行业发展出现很多新的变化，也有一些值得关注的新趋向，亟需及时进行跟踪并采取应对措施。

一、运行特点

（一）销售收入稳中有降，四季度出现下滑

“十五”期间，我国集成电路产业年均增长30%以

上，但从 2007 年 4 季度起，受全球集成电路行业不景气的影响，行业销售收入增速有所下降。2008 年，集成电路行业完成销售收入 2 107.3 亿元，同比增长 5.2%，增速比上年下降 6.8 个百分点；完成出口 243 亿美元，同比增长 3.4%，增速比上年下降 12.6 个百分点。

从 2008 年第四季度开始，受国际金融危机进一步深化的影响，企业订单明显减少，部分企业开工不足，盈利水平大幅下降，亏损企业增多，集成电路行业月销售收入额逐月下降，10 月当月销售收入下降 0.8%，11 月降幅进一步提高至 14.1%，12 月下降 32.2%，创下历年来月销售收入增速的新低。2008 年集成电路行业每月销售收入和增长情况如图 1 所示。

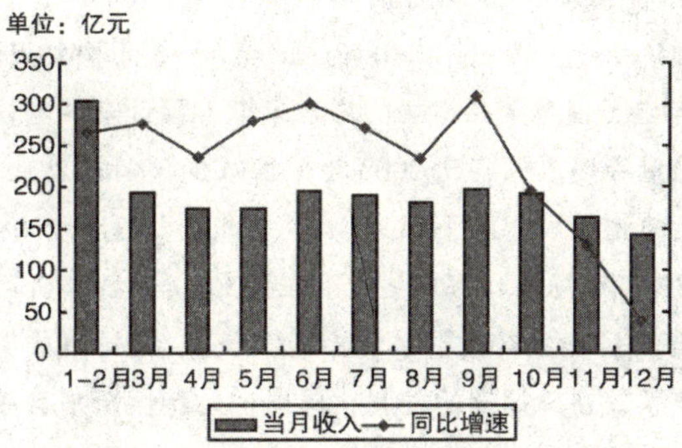

图 1 2008 年集成电路行业每月销售收入增长情况（亿元）

（二）生产下滑和库存增加现象突出

据有关国际机构调查，四季度全球集成电路行业收入比三季度下降 6%，库存增长 1 倍以上。从国内看，2008 年累计生产集成电路 417 亿块，同比增长 1.3%，增幅比上年下降 21.3 个百分点，12 月当月产量为 23 亿块，比 11 月份减少 9 亿块，同比下降 35.6%。

从部监测的 34 家重点企业情况看，2008 年累计生产集成电路 378.5 亿块（占全行业产量的 91%），同比增长 4.1%，增幅比上年下降 9 个百分点；销售 352 亿块，同比增长 3.4%，增幅比上年下降 9.2 个百分点；出口 259 亿块，同比增长 9.8%，增幅比上年下降 15.4 个百分点。库存率（库存量占生产量比重）由 2007 年的 5.6% 上升到 2008 年的 10%。2008 年集成电路每日产量变化情况，如图 2 所示。

（三）设计业效益下滑，制造业项目投资放缓

2008 年，我国 IC 设计业完成销售收入 217.4 亿元，

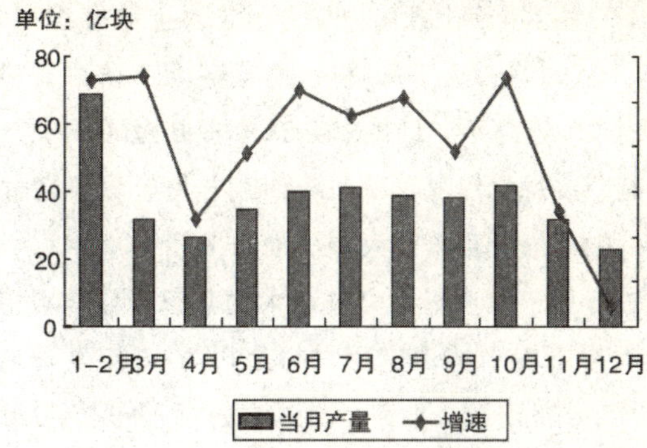

图 2 2008 年集成电路月产量变化情况

同比增长 16%，与近几年的高速增长相比，增速明显回落，特别是比上年（80%）降低 64 个百分点。近几年，我国 IC 设计水平有了长足进步，但由于企业规模偏小，产品较为单一，中低端产品上存在同质化和价格恶性竞争现象，一些高端应用产品，如移动通信终端芯片、数字电视芯片、多媒体芯片等，因国内应用市场不够成熟，市场启动缓慢，制约了企业的发展。2008 年，多家 TD 芯片设计企业业绩出现大幅下滑。

近年来，在国内市场拉动和产业政策引导下，国内上马了很多大型集成电路投资项目。2008 年，上海、无锡、武汉、重庆、大连、深圳等多个城市均有大型集成电路制造项目启动或投产；封装测试业中也有多家企业陆续进行扩产。但进入下半年后，受到国际金融危机的冲击，这些新建和扩产的项目进度明显放慢甚至延期。

二、值得注意的问题

自 2007 年底以来，集成电路行业进入全球性萧条周期，2008 年下半年由于金融危机影响深化，加剧行业下滑趋势，集成电路行业正面临前所未有的严峻形势，必须引起足够的重视并采取应对措施。

（一）国际金融危机对产业的影响进一步加剧

减产面加大。2008 年 12 月，全球第二大 DRAM 内存芯片厂商韩国海力士公司宣布将产量削减比例从 9 月初的 20%提高到 30%，日本尔必达、台湾力晶和南科等公司减产比例超过 15%，台积电、华亚预计 2009 年一季度减产比例达到 50%。近期，意法半导体、东芝陆续关闭了多个芯片工厂。2008 年底，国内多家企业产能利用率不足 60%，2009 年进一步降到 50%以下。

亏损现象严重。由于部分主流产品价格已跌破成本价（1GB/667 兆赫的 DDR2 内存芯片价格从 18 个月前的

6美元/片下跌到当前50美分/片），导致企业亏损严重。2008年，韩国海力士亏损超过30亿美元，德国奇梦达亏损超过20亿美元，日本尔必达亏损超过10亿美元，台湾力晶、茂德、华亚、南科等四大芯片厂亏损超过34亿美元，中芯国际也出现大幅亏损。

上游行业下滑明显。全球最大的几家半导体设备企业业绩大幅下滑，美国应用材料公司2008年营业收入比2007年下降了16%，荷兰ASML公司宣布2009年上半年将分阶段停工。国际半导体与物料协会调查显示，2008年四季度集成电路设备订单同比下降50%以上；预计2009年设备行业收益将下降1%~3%。

（二）企业兼并重组现象增多，产业格局面临新调整

随着集成电路行业下行趋势加剧，企业竞争和整合出现新趋向，特别值得关注的是存储芯片领域的一些变化。由于市场需求下降、芯片价格低于成本价等原因，众多厂商纷纷采取减产措施（目的是使价格上升缓解亏损局面），但部分大厂商不减产，导致市场供过于求的局面继续保持，产品价格短期难以回升。面对这样的形势，台湾、日本、美国厂商加强合作，力图形成更紧密的联盟。10月中旬，美国美光公司宣布将以4亿美元收购台湾华亚半导体35.6%的股份。近期，日本尔必达公司与台湾力晶、瑞晶、茂德，日立与NEC均在商洽合并方案，若合并成功，将成为1999年以来最大的两宗集成电路合并案。国内产业格局也面临新的调整，众多企业在2008年掀起并购整合的热潮。浪潮、比亚迪等多个整机企业开始投资进入集成电路领域。11月初，大唐电信宣布投资中芯国际，成为其最大股东。近期，上海贝岭与上海先进、上海华虹与宏力半导体的并购方案正在推进中。

（三）各国（地区）纷纷对集成电路产业采取救援措施

面对行业下滑形势，各国（地区）政府纷纷采取对集成电路企业的救助措施。11月以来，台湾当局增拨数千亿台币，设立对DRAM芯片行业的中大型企业新增投资融资支持方案；韩国外汇银行及其他公司股东向海力士公司提供5.6亿美元紧急贷款援助；美国纽约州政府向AMD公司在当地兴建工厂划拨6.5亿美元；德国萨克森州政府和一家欧洲投资银行对其芯片厂商奇梦达给予3.25亿欧元贷款。这些措施是在集成电路WTO反补贴诉讼不断、市场咨询机构表示政府救援无助行业健康发展的大背景下出台的，显示了各国（地区）政府对集成电路行业的战略考虑。特别值得关注的是台湾地区，由于其集成电路企业以代工为主，规模又相对分散，在遭遇萧条周期和金融危机的不利形势下产能过剩、技术缺乏的弊端日趋显现，因此当局将新的扶持措施定位于大企业整合和引进关键技术。大陆地区产业模式与台湾存在相似之处，其做法值得我们思考和借鉴。

三、形势展望与对策

（一）全球市场形势不容乐观

国际货币基金组织和世界银行连续下调2009年全球经济增长率，新近的预测数据已调低到不足1%。IDC、Gartner、Display Research等研究机构均调低2009年电子信息产品市场的增长预期，预计全球电视市场的销量和销售额将比2008年分别减少3%和18%，PC机出货量增幅从10%下调到4%，手机出货量比2008年减少5%，市场增长率由6%下调到3%。上游整机市场的萎缩正不断给集成电路行业带来压力。全球集成电路产业本就处在硅周期的谷底，硅周期的特性历来有放大振幅的效应，衰退不会在短期内停止，加上金融危机的影响更是雪上加霜。因此，2009年集成电路行业继续下行的可能性增大。据研究机构预测，2009年全球集成电路行业收入下降5%以上，设备支出下降30%。

（二）国内行业形势严峻

一是新增产能受阻，2008年受金融危机和增值税改革影响，部分重大集成电路投资项目进展放缓，无锡、大连、重庆等多个项目建设不同程度受到影响。进入2009年后，国内众多企业通过延长放假时间、提前进行设备检修等作法进一步压缩产能。二是国内代工厂受到的打击较大，据国内代工厂反映，目前许多工厂的产能利用率已不足30%，2008年四季度订单量减少10%以上，且订单周期普遍少于四周，因此2009年一季度国内行业可能进一步下滑。

（三）国内政策环境不断改善

一是国家实行积极的财政政策和适度宽松的货币政策,在今后两年多时间安排4万亿元资金拉动内需，人民银行从2008年10月起多次降息，家电下乡政策扩大实施范围，这些将为行业创造良好的外部环境；二是国务院18号文件（鼓励软件和集成电路产业的若干政策）

即将到期，政府正在加快推进新的替代政策出台，将给集成电路行业更大的政策支持。三是电子信息产业振兴规划 (2009 年–2011 年) 已于近期出台，2009 年全面实施，将推进集成电路等重点领域的重大工程，并引导中央和地方财政投资的重大工程扩大采购电子产品、信息系统以及相关服务的比例。四是国内市场需求仍有不少亮点，3G 移动通信、数字电视、各种多媒体产品的应用与推广，都将拉动 IC 产品新一轮的增长。

总体上看，2009 年不确定因素很多，全球金融危机的影响仍在延续，形势不容乐观。预计 2009 年国内市场销量与 2008 年持平，收入将下降 2%。为应对当前不利的形势，国家应加大对集成电路产业的支持力度，并将着力点放在产业结构调整、企业整合和产业链完善等方面。

一是加大对产业资金支持。由财政部门、金融机构和企业合作推进高科技产业投资，对集成电路生产线建设、大型企业并购和引进国外先进技术等方面提供融资支持。

二是完善产业政策环境。加快出台《进一步促进软件与集成电路产业发展的鼓励政策》，避免政策断档。在新的增值税税制下，继续实施集成电路生产企业引进技术和生产设备免征增值税的政策至 2020 年。

三是加强内需拉动效应。依托国内市场建立产业长链条管理体制，加快 TD–SCDMA、数字电视、电子标签的推进力度，通过重大工程带动集成电路产业链的整体发展。

四是深化外资引进工作。继续完善投资环境，吸引跨国公司特别是台湾芯片企业在大陆投资建厂。同时以政策为导向，推动外商将投资重心从代工逐步转向关键技术研发和核心器件生产，不断延伸产业链条。

第 8 部分　国际合作与产品进出口贸易

2008年中国电子信息产业国际合作与产品进出口贸易情况综述

【综述】

2008 年，中国电子信息产业的国际合作与进出口贸易在面对不利的国际金融和经济形势下，克服困难和挑战，继续稳步发展。

2008 年，中国电子信息产品进出口贸易总体保持平稳增长态势，但下半年受国际金融危机影响，增幅较上年同期明显回落。全年进出口总额 8 854.3 亿美元，同比增长 10%，增速比上年同期下降 13.4 个百分点，低于全国商品进出口增幅 7.8 个百分点，占全国外贸总额的 34.6%，比上年下降 2.4 个百分点。其中，出口额 5 217.6 亿美元，同比增长 13.55%，增幅比上年同期回落 12.7 个百分点，低于全国外贸出口增幅 3.65 个百分点，占全国外贸出口额的 36.5%，对全国外贸出口增长贡献率达 29.7%，拉动全国出口增长 17.2 个百分点中的 5.1 个百分点；进口额 3 636.7 亿美元，同比增长 5.36%，增幅比上年同期下降 14.6 个百分点，低于全国外贸进口增幅 13.1 个百分点，占全国外贸进口额的 32.1%，对全国外贸进口增长的贡献率达 10.5%，拉动全国进口增长 18.5 个百分点中的 1.94 个百分点。

进出口贸易主要特点

第一、下半年增幅快速回落，月进出口额出现负增长。2008 年上半年，电子信息产业进出口增幅增长稳定，下半年国际金融危机对我国进出口的影响开始显现。外贸增幅从 8 月开始快速回落，到 11 月电子信息产品月进出口额出现负增长，11 月当月进出口额同比分别下降 23.9%、10.4%，12 月下降 26.4%、16.6%。2008 年电子信息产品进出口每月累计增幅情况如图 1 所示。

第二、整机产品出口比重下降，元器件进口比重较

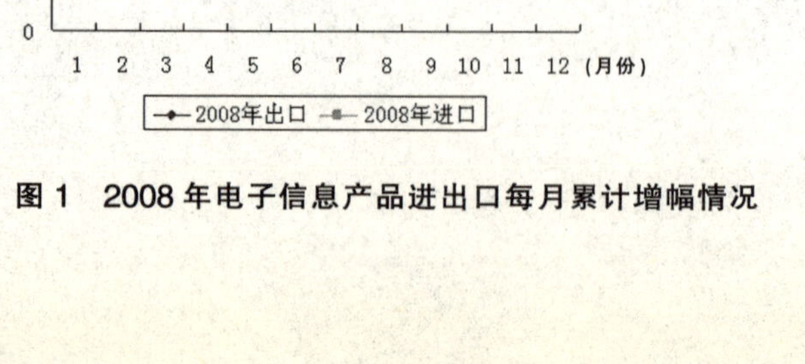

图 1　2008 年电子信息产品进出口每月累计增幅情况

大。计算机、通信设备和家用电子电器产品仍然是电子信息产品出口主体，合计出口额 3 834.9 亿美元，占电子信息产品总出口额的 73.5%，比 2007 年下降 1.2 个百分点。其中，计算机类产品出口额 2 128.85 亿美元，同比增长 9.63%；通信设备产品出口额 870.5 亿美元，同比增长 13.4%；家用电子电器产品出口额 835.5 亿美元，同比增长 15.73%。

电子器件、计算机、电子元件三大类产品的进口额达到 2 781 亿美元，占电子信息产品总进口额的 80.6%。其中，电子器件产品进口额 1 481.07 亿美元，同比增长 2.04%；计算机类产品进口额 931.22 亿美元，同比增长 6.02%；电子元件产品进口额 478.44 亿美元，同比增长 6.05%。

第三、加工贸易仍是主要贸易方式，一般贸易出口份额提升。2008 年，电子信息产品加工贸易份额下降，一般贸易份额上升，贸易结构不断优化。进料加工贸易出口额 3 655.3 亿美元，同比增长 14.3%，增速同比下降 8.4 个百分点，占出口额的 70%。来料加工贸易出口额 613.7 亿美元，同比下降 11.3%，增速同比下降 42.7 个百分点，占出口额的 11.8%。进料、来料加工贸易占出口总额的 81.82%，比 2007 年下降 2.85 个百分点，其中进料加工贸易比 2007 年下降 0.45 个百分点，来料加工贸易下降 2.4 个百分点。一般贸易出口额 729.3 亿美元，同比增长 37.6%，比重从 2007 年的 11.5%上升为 14%。2008 年电子信息产品进出口贸易占比情况如图 2 所示。

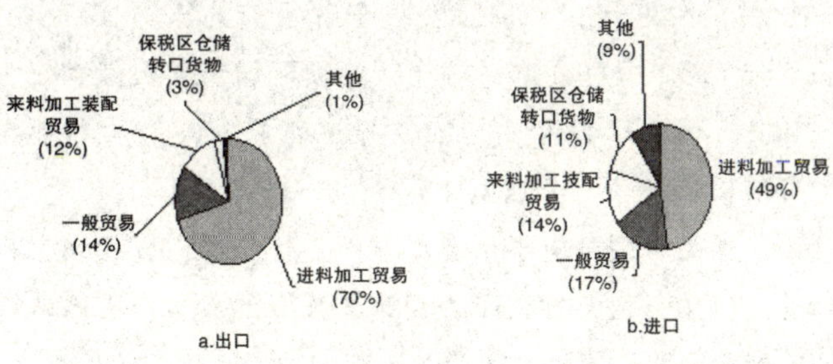

图 2　2008 年电子信息产品进出口贸易占比情况

第四、外资企业增速放缓，私营企业保持较快增长。2008 年，外商独资企业出口额 3 476.8 亿美元，同比增长 12.41%，增幅比上年同期下降 14.88 个百分点，占电子信息产品出口总额的 66.6%；中外合资企业出口额 822.8 亿美元，同比增长 10.12%，增幅比上年同期下降 8 个百分点；私营企业出口额 337.11 亿美元，增幅为 39.61%，增幅比上年同期下降 7.16 个百分点；国有企业出口额 386.53 亿美元，增幅 10.94%，较上年同期下降了 17.13 个百分点。2008 年电子信息产业外贸额中进出口业务占比情况如图 3 所示。

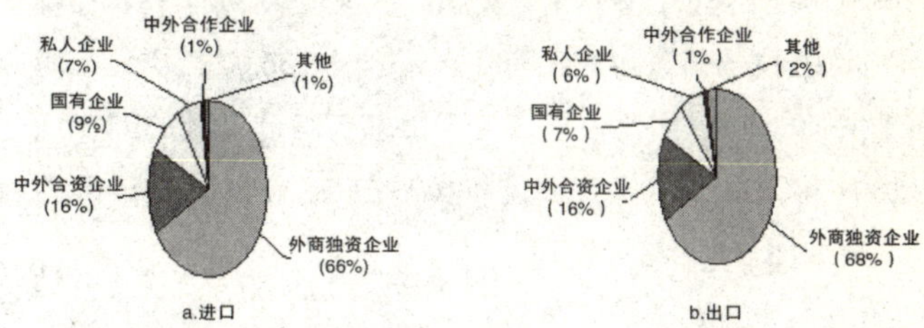

图 3　2008 年电子信息产业外贸额中进出口业务占比情况

第五、出口市场集中在欧美发达国家，进口主要来自亚洲。在中国电子信息产品出口市场中，通过香港特别行政区转出口仍为第 1 位，出口额为 1 259 亿美元，同比增长 4.54%，占出口总额 24.1%。美国排在第 2 位，出口额为 1 004.8 亿美元，同比增长 6.16%，占出口总额 19.3%。日本排在第 3 位，出口额为 338.06 亿美元，同比增长 14.75%，占出口总额 6.5%。排在第 4 位到第 10位的国家和地区是：荷兰、德国、韩国、新加坡、中国台湾、英国和马来西亚。排在前 10 位的国家和地区出口额达到 3 830.2 亿美元，占总额的 73.4%。排在前 10 位的国家和地区除德国、韩国外增速同比均出现下降，其中香港特别行政区、荷兰、英国、马来西亚下降幅度超过 20 个百分点，德国、韩国出口增速同比上升 12.1、15.3 个百分点。

2008 年排电子信息产品出口贸易前 10 位国家和地区的情况如图 4 所示。

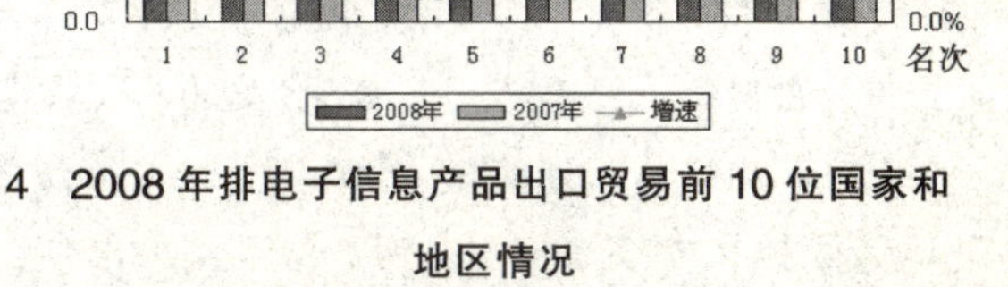

图 4　2008 年排电子信息产品出口贸易前 10 位国家和地区情况

从主要进口来源地看，国货复进口额为 753.66 亿美元，同比增长 8.66%，增幅同比下降 12.22 个百分点。从中国台湾地区进口电子信息产品金额为 619.18 亿美元，同比增长 2.44%，增幅同比下降 15.28 个百分点；从韩国进口电子信息产品金额 565.51 亿美元，同比增长 3.95%，增幅同比下降 17.16 个百分点。中国从以上国家和地区进口电子信息产品金额的增速，与 2007 年同期相比均出现较大幅度的下降。排在第 4 位到第 10 位的国家和地区是：日本、菲律宾、马来西亚、美国、泰国、新加坡、德国。排在前 10 位的国家和地区进口总额达到 3 363.4 亿美元，同比增长 5.4%，同比占全部电子信息产品进口额的92.5%。2008 年排电子信息产品进口贸易前 10 位国家和地区的情况如图 5 所示。

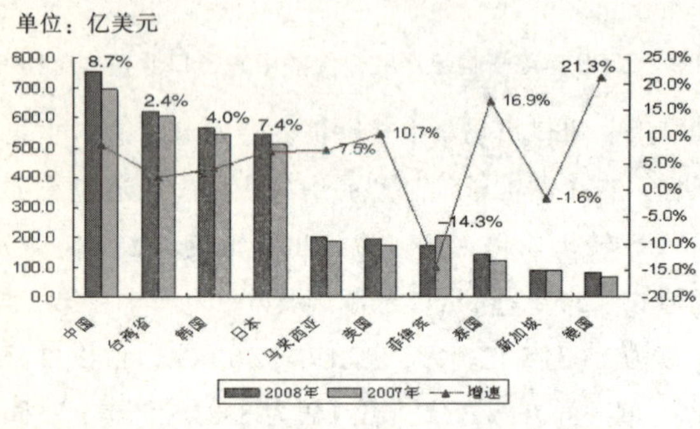

图 5　2008 年排电子信息产品进口贸易前 10 位国家和地区情况

第六、东部沿海地区出口增速放缓。东部沿海的珠三角、长三角和环渤海地区仍是中国电子信息产品进出口贸易的重要基地，产业集群效应明显，进出口均集中于东部沿海地区；但增速放缓，除上海市保持较快增长外，其他排在前列的省区出口增幅均有所回落。

2008 年，电子信息产品出口额前 5 位的省市是：广东省 2 193.75 亿美元，同比增长 13.02%，增幅比上年下降 11.86 个百分点，占出口总额 42%；江苏省 1 159.66 亿美元，同比增长 9.49%，增幅比上年下降 16.45 个百分点，占出口总额 22.2%；上海市 789.93 亿美元，同比增长 17.03%，增幅比上年下降 16.39 个百分点，占出口总额 15.1%；浙江省 211.99 亿美元，同比增长 12.99%，增幅比上年下降 7.46 个百分点，占出口总额 4.1%；山东省 186.24 亿美元，同比增长 52.75%，增幅比上年下降 0.84 个百分点，占出口总额 3.6%。上述 5 个省市合计占全国电子信息产品出口总额的 87%。2008 年，排电子信息产品进口贸易前 10 名省市情况如图 6 所示；2008 年，排电子信息产品出口贸易前 10 名省市情况如图 7 所示。

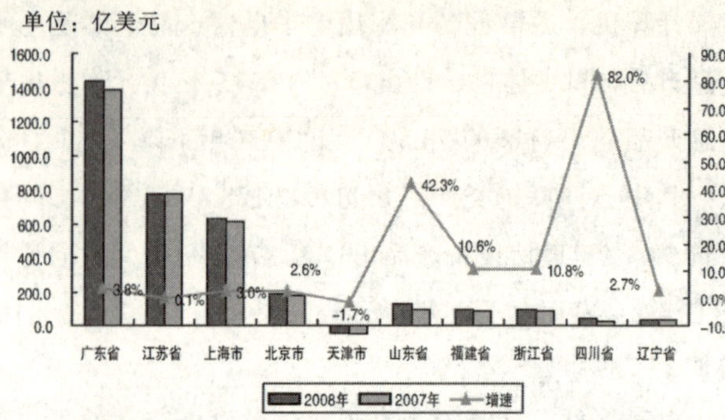

图 6　2008 年排电子信息产品进口贸易前 10 名省市情况

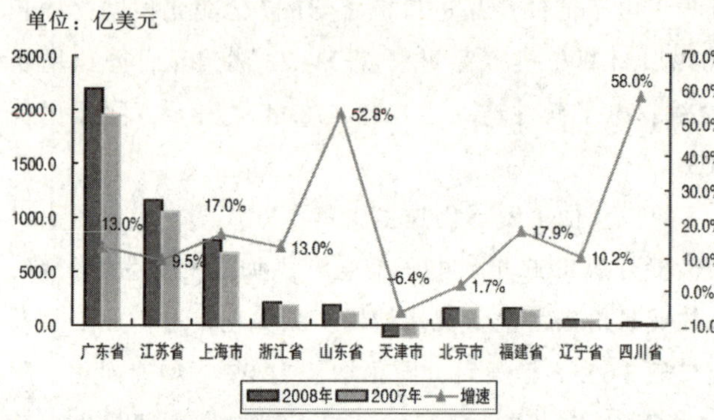

图 7　2008 年排电子信息产品出口贸易前 10 名省市情况

外商投资增速进一步放缓

2008 年，外商投资企业累计完成投资的增长呈现逐步下降的趋势，从 1—2 月份同比增长 53.9%，下降到 1—7 月份的 9.4%，而港、澳、台商投资企业的累计投资则始终处于高增长的状态，从 37.1%（2 月）上升到 87.1%（5 月）、74.6%（7 月）。从外商投资对全行业投资增长的贡献来看，2007 年 1—7 月份外商投资占全部投资的比例为 48.7%，对全行业投资增长的贡献率达到 65%，拉动全行业投资增长 27.3 个百分点中的 17.7 个百分点。2008 年，外商投资占全部投资的比例（42.5%）下降了 6.2 个百分点，对全行业投资增长的贡献率仅为 18%，下降了 47 个百分点，只拉动了 2008 年全行业投资增长 25.1 个百分点中 4.5 个百分点。

外商对中国电子信息产业投资下降的主要原因：一是人民币升值，加大了外商来华投资的成本；国内持续的能源紧张、原材料涨价，也影响到外商投资的积极性。二是国际金融危机影响，部分外商企业削减开支，减少投资，另外中国周边发展中国家纷纷出台优惠政策吸引外资，形成了对我国的竞争。自 2007 年起，外资企业开始将部分投资外移转向越南、菲律宾等国家，2008 年这种情况出现扩大的趋向。

国际电子信息产业继续向中国转移

尽管外商投资中国电子信息产业的步伐逐渐减慢，

但是中国经济在 2008 年下半年的企稳回升为承接国际电子信息产业转移提供了新机遇。一是一些发达经济体由于国内经济衰退而将部分资本密集型产业和技术密集型产业向外转移，而中国则成为这些产业转移的重点区域；二是市场结构改善的机遇。在国家“扩内需”的经济刺激政策下，一方面家电下乡、以旧换新、发展 3G 等政策直接扩大了对电子消费品的国内需求，另一方面其他行业产品的需求扩张也一定程度上增加了对电子产品的需求，如汽车销售的旺盛导致对汽车电子产品需求的快速增长。此外，中国进一步加快推进信息化与工业化融合战略为国内电子信息产业拓展了发展空间。

2008 年 10 月，惠普公司宣布将在重庆建立占地约 2 万平方米的电脑生产基地。2008 年 11 月中旬，微软公司宣布将在未来 3 年内投入 10 亿美元，用于微软中国在移动和嵌入式、互联网平台、娱乐及卫生健康等方面的研发。此前，微软公司已经在北京中关村投资近 3 亿美元用于新建微软中国研发中心。2008 年，日本柯尼卡美能达株式会社在华投资兴建的独资公司在东莞正式开业。英特尔公司也加大了在中国软件领域的合作，并对中国子公司追加了 1.1 亿美元注册资本，以增强英特尔公司在中国的运营能力。思科公司也表示，在中国的发展迈入了全新阶段，对中国承诺的 160 亿美元的投资计划也正在稳步实施。2008 年 8 月，EMC 高级技术支持中心落户中国上海。

重点领域进出口情况

集成电路 2008 年，中国集成电路的进口量和进口额都出现明显回落，说明全球金融危机和中国整机产业发展的放缓明显影响了中国集成电路进口的增长。2008 年，中国集成电路产品进口量较上年增长 9.7%，进口额增长 1.2%，其进口量和进口额分别为 1 345.5 亿块和 1 293 亿美元。在产品出口方面，2008 年，中国集成电路出口量和出口额分别为 485.5 亿块和 243 亿美元。随着中国集成电路产能的提高，出口量保持较高增长，为 19.2%。然而出口额增长为 3.4%，说明中国出口的集成电路产品均价有所下降。

软件产业 2008 年，中国软件完成出口额 142 亿美元，同比增长 39%，增幅比收入高 9.2 个百分点。其中软件外包服务完成出口额 15.9 亿美元，同比增长 54.3%。软件外包服务出口下半年增速开始明显下降，1—7 月累计增速比 1—6 月低 25 个百分点，主要原因一是金融危机的影响，二是随着人民币升值，成本提升影响定单增加，而且以美元定价的收入相对下降。日本仍是中国软件外包的主要地区，比重达到 60%，两国企业合作不断深入，正从发包合作逐步向战略协作阶段过渡，外包形式逐步从 ITO 转向 BPO、KPO。2008 年 12 月初，大连软件园在日本东京成立分园，成为中国首个在境外设立园区的软件园，将为深化大连对日软件服务外包创造新的契机。东软集团股份有限公司、浪潮集团有限公司、博彦科技集团、海辉软件（国际）集团公司等企业通过收购实现规模扩张，入选了国际外包专业协会公布的“2008 年全球外包 100 强”。2008 年以来，金融、制造、软件等多个领域的跨国公司纷纷加强中国市场布局，一些全球性的软件服务中心陆续设立，不仅增强了中国软件产业力量，也增加了中国软件企业的市场机会。2008 年软件出口增长情况如图 8 所示。

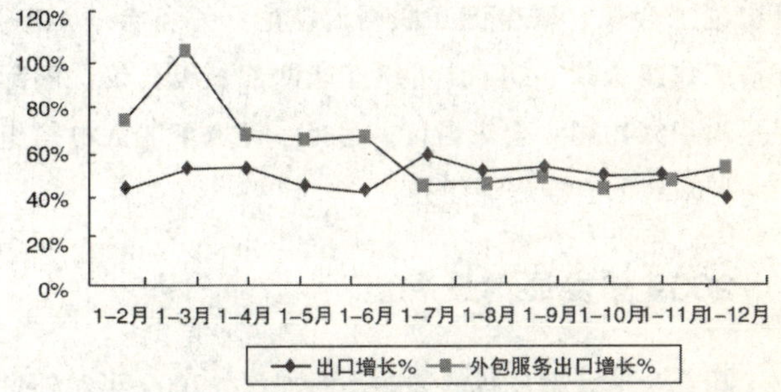

图 8 2008 年软件出口增长情况

开展国际合作与交流

2008 年，工业和信息化部围绕“十一五”发展规划和信息产业发展重点，积极贯彻国家总体外交战略方针，利用已有的各种合作机制，继续开展对外合作与交流。

中国—美国 作为中美战略经济对话（SED）和中美商贸联委会（JCCT）的成员单位，与美方举行了第三次中美通信与政策磋商、第三次中美电信对话会和中美电信市场发展与管制研讨会。

中国—俄罗斯 中俄总理定期会晤委员会通信与信息技术分委会第七次会议在京成功举行，双方交流了电信、无线电频率协调、信息技术和邮政领域的合作情况，巩固和发展了双方的合作关系。

中国—东盟 工业和信息化部领导出席第三次中国—东盟电信部长会议，审议通过 2008—2009 年合作计划，决定继续推动中国—东盟领导人会议倡议的中国—东盟电信周在广西成功举办，电信周通过了《部长论坛报告》，讨论了《中国—东盟电信监管机构网络安全合作框架》和《中国—东盟电信普遍服务手册》，确定将继续开展无线电管理领域的经验交流。

由我国倡议和参与援建的大湄公河次区域信息高速公路一期工程已于2008年3月竣工。

上合组织 现代信息和电信技术工作组举行了第四次会议，各成员国就信息高速公路项目方案进行了交流。

中国—日本 与日本经济产业省在北京召开了第四届中日信息技术及产业政策交流会。

多边领域 年内，我国参加了多个国际会议，积极参加讨论，宣传中国政策，阐述中国主张，维护中国权益，妥善处理涉台问题，较好地完成了各项任务。主要会议有：APEC第七次电信部长会议、国际电联电信标准化大会、国家电联亚洲电信展、国际级电联全球监管机构论坛会议、联合国互联网治理论坛筹备会、APEC电信工作组会议、OECD组织互联网部长级会议、国际卫星组织缔约国大会等会议。另外，完成了亚太电信组织培训基地的五期培训任务。

2009年发展前景展望

随着全球金融危机的影响不断加深，2009年对外贸易形势将更为严峻。中国电子信息产业对外依存度将超过60%，外需下降将对中国电子产品出口带来持续影响。另外，贸易保护主义有加剧趋向，据世界贸易保护组织的统计，2008年上半年新发生的反倾销调查案有98起，同比增长了39%；新增加的反倾销措施有54项，同比增长了56%。前8个月，国外对中国实行的反补贴调查有30多起，成为全球反补贴调查最多的一个国家。欧盟把平板显示模组的进口关税提高4个百分点，达到14%；其生态设计标准（EUP）指令第一批实施措施于2008年8月份出台，涉及彩色电视机等多个产品，其他的实施措施将陆续出台，对电子电器的能效及其他方面都提出了严格的生态要求。这些都将会阻碍中国电子信息产品对欧洲的出口。

但是，也存在诸多有利因素。国家大范围提高产品出口退税率，涉及电子信息产业有100多个产品，为企业扩大出口和调整外贸结构提供了良好的条件。《电子信息产业调整和振兴规划》已编制完成并将正式实施，将对电子信息产业的核心领域给予支持，同时将继续推进电子信息产品外贸发展。行业技术改造项目正在积极推进。这些都将为电子信息产品出口创造良好的外部环境。国际金融危机带来的“倒逼”效应将成为中国电子信息产业结构调整与升级的动力，势必促进中国电子信息产业加快从“微笑曲线”的底部向产业链两端（高技术含量、高附加值领域）转移。国际金融危机使得国外一些电子信息企业陷入困境，优质资产缩水，这为中国实力较强的企业低成本开展跨国并购提供了机会。全球电子信息产业正处于深度调整阶段，产业格局的重新洗牌在所难免，这也为中国优势电子信息企业的跨国并购提供了机遇。中国出台了鼓励支持企业进行兼并重组的相关政策，为中国优势电子信息企业开展跨国并购提供了有利的条件。

2009年，工业和信息化部将坚持工业和信息化外事工作服从于国家外交大局和服务于产业发展大局的方向，积极应对可能出现的国际和国内环境发展挑战，争取实现新一年电子信息产业国际合作事业的稳步发展。

【统计数据】

表1 2008年出口额前10位的电子信息产品出口情况

序号	产品名称	出口额（亿美元）	同比增长（%）
1	便携式电脑	656	23.5
2	手持（车载）无线电话	385	8.3
3	集成电路	243	3.4
4	液晶显示板	224	13.9
5	手持式无线电话用零件	180	11.0

续表

序号	产品名称	出口额（亿美元）	同比增长（%）
6	显示器	168	−7.7
7	彩色电视机	106	17.2
8	静止变流器	104	13.6
9	印刷电路	103	7.7
10	硬盘驱动器	78	11.2

表 2　2008 年进口额前 5 位的电子信息产品进口情况

序号	产品名称	进口额（亿美元）	同比增长（%）
1	集成电路	1 293	1.2
2	液晶显示板	441	8.2
3	硬盘驱动器	122	23.6
4	印刷电路	111	2.7
5	手持式无线电话用零件	95	−7.3

[撰稿：甄芳洁　审稿：赵文智]

2008年电子信息产品进出口情况综述

【综述】

受国际金融危机影响，2008年中国电子信息产品进出口持续增长，但增速同比下降，对全国外贸发展仍起着推动作用。全年进出口总额为8 854.3亿美元，同比增长10%，增速比2007年下降13.5个百分点，占全国外贸总额的34.6%，比2007年下降2.4个百分点。其中，出口总额为5 217.6亿美元，同比增长13.6%，增速比2007年下降12.7个百分点，对全国外贸出口增长的贡献率达到29.6%，占全国外贸出口额的36.5%，比2007年下降1.2个百分点。进口总额为3 636.7亿美元，增长5.4%，对全国外贸进口增长的贡献率达到10.4%，占全国外贸进口额的32.1%，比2007年下降4个百分点。

进出口特点

第一，电子信息产品进出口额增长出现前高后低的状况。电子信息产品出口额前三季度处于平稳增长状态。进入第四季度，出口额急速下滑，12月单月出口额接近全年单月出口额最低值。电子信息产品进口额于第二、三季度维持平稳增长状态，第四季度大幅下跌，12月单月进口额达全年单月进口额最低值。电子信息产品进出口额同比增长率与产品进出口额一样，出现前高后低的状况。

第二，出口以整机类产品为主，进口以电子元器件和计算机为主。2008年，计算机、通信设备和家用电子电器产品仍是电子信息产品出口的主体，合计出口额为3 834.9亿美元，占电子信息产品出口总额的73.5%。其中计算机类产品出口额为2 128.8亿美元，同比增长9.6%；通信设备产品出口额为870.5亿美元，增长16.7%；家用电子电器产品出口额为835.5亿美元，增长15.7%。

2008年，电子器件、计算机、电子元件三大类产品的进口额合计2 890.7亿美元，占电子信息产品进口总额的79.5%。其中电子器件进口额为1 481.1亿美元，同比增长2%；计算机类产品进口额为931.2亿美元，增长6%；电子元件产品进口额为478.4亿美元，增长13.2%。

第三，进料、来料加工贸易仍是出口的主要方式，一般贸易出口份额提升。2008年，加工贸易份额下降，一般贸易份额上升，推动贸易结构优化。进料加工贸易出口额为3 655.3亿美元，同比增长14.3%，增速比去年同期下降8.4个百分点，占出口总额的70.1%。来料加工贸易出口额为613.7亿美元，同比增长-11.3%，增速比去年同期下降42.7个百分点，占出口总额的11.8%。进料、来料加工贸易出口占出口总额的81.8%，比去年同期下降2.9个百分点。一般贸易出口额为729.3亿美元，增长37.6%。

第四，外商独资企业出口仍占高比例，民营企业和集体企业出口份额有所上升，除中外合作企业外，其他各类企业出口增速较去年同期相比均有所下降。2008年，外商独资企业出口额为3 476.8亿美元，同比增长12.4%，占出口总额的66.6%。中外合资企业出口额为822.8亿美元，增长10.1%，占出口总额的15.8%。民营企业出口额为337.1亿美元，增长39.6%，占出口总额的6.5%，比去年同期提高1.2个百分点。国有企业出口额为386.5亿美元，增长10.9%，占出口总额的7.4%。除中外合作企业外，各类大型企业出口增速与去年同期相比，均有不同幅度的下降。

第五，出口市场仍集中在欧洲、美国、日本和东南亚，进口来源地集中在亚洲。在中国电子信息产品出口市场中，通过中国香港特别行政区转出口仍居首位，出口额为1 259亿美元，同比增长4.5%，占电子信息产品出口总额的24.1%；其次是美国，出口额为1 004.8亿美元，增长6.2%，占电子信息产品出口总额的19.3%；第三是日本，出口额为338.1亿美元，增长14.8%，占出口总额的 6.5%。排在第 4 位到第 10 位的国家和地区是：荷兰、德国、韩国、新加坡、中国台湾地区、英国和马来西亚。排在前 10 位的国家和地区出口合计 3 830.2 亿美元，占全部电子信息产品出口总额的 73.4%。

从主要进口来源地看，2008 年，国货复进口额为 753.7 亿美元，同比增长 8.7%，增速回落。从中国台湾地区进口电子信息产品 619.2 亿美元，增长 2.4%。从韩国进口电子信息产品 565.5 亿美元，增长 4%。中国从以上国家和地区进口电子信息产品金额的增速，与去年同期相比均有不同程度的下降。排在第 4 位到第 10 位的国家是：日本、马来西亚、美国、菲律宾、泰国、新加坡、德国。排在前 10 位的国家和地区进口额合计 3 363.4 亿美元，同比增长 5.4%，占全部电子信息产品进口总额的 92.5%。

第六，出口省市仍集中于东部沿海地区。2008 年，广东省居首位，出口额为 2 193.7 亿美元，同比增长 13%，占电子信息产品出口总额的 42%；其次是江苏省，出口额为 1 159.7 亿美元，同比增长 9.5%，占电子信息产品出口总额的 22.2%；第三是上海市，出口额为 789.9 亿美元，同比增长 17%，占电子信息产品出口总额的 15.1%；第四是浙江省，出口额为 212 亿美元，同比增长 13%，占电子信息产品出口总额的 4.1%；第五是山东省，出口额为 186.2 亿美元，同比增长 52.8%，占电子信息产品出口总额的 3.6%。

主要工作

2008 年，为了推动电子信息产品出口稳定健康的增长，工业和信息化部围绕调整出口退税率、协调财税政策、参与外贸谈判等方面开展工作，取得了成效。

第一，协调有关部门提高产品出口退税率，提升产业竞争力。2008 年，工业和信息化部积极协调有关部门提高部分劳动密集型和高技术含量、高附加值产品以及国内配套能力强的产品出口退税率，协调提高包括电子信息产品在内的 7 498 个税号工业品出口退税率，按照 2008 年出口数据静态测算，工业全行业增加收益 935 亿元。出口退税政策的实施降低了企业出口成本，将对提高企业竞争力，抵御国际金融危机冲击发挥积极作用。

第二，做好财税政策协调工作。积极参与国务院关税税则委员会及其办公室的有关工作，充分利用该协调机制，及时反映产业诉求，体现产业呼声。及时推进有关税收政策调整工作。

第三，协调落实有关税费改革的后续政策。跟踪评估增值税转型改革相关配套政策，及时提出调整完善建议。努力协调解决部分行业因增值税转型和调整带来的负面影响，稳定对集成电路、平板显示、重大装备业的进口税收优惠政策。协调解决在政策调整中出现的不衔接问题，把对软件等产业的税收优惠政策落实到位。

第四，研究提出鼓励自主创新、培育大企业、扶持中小企业的政策调整建议。研究提出鼓励企业开发新产品、培育新消费、拓展新市场的政策措施，为工业增长 12%，保障经济增长 8%提供有效支撑。研究提出支持企业技术中心、重点实验室、共性技术服务和研发平台、产业联盟和专利池，鼓励首台首套应用，支持企业技术研发的财税支持政策。研究提出支持 TD-SCDMA、集成电路、平板显示、重大装备等基础产业、支柱产业发展的财税政策调整建议。研究提出培育知名企业、知名品牌和支持企业国际化经营的政策建议，建立支持企业"走出去"的风险保障机制，鼓励有实力企业"走出去"，支持企业开展国际并购。研究提出促进中小企业和非公经济发展的金融和财税支持政策。加强对行业发展数据及产品进出口数据分析，结合产业发展需要，适时提出调整进出口税收政策和贸易政策的建议。

第五，积极参与对外贸易谈判，争取有利的国际环境。协调配合有关部门，结合国内产业发展实际情况，研究提出有利于产业发展的 WTO 和自由贸易区关税谈判方案，积极参与相关关税谈判和方案的预研工作，促进贸易投资自由化和便利化，为保护国内相关产业发展，支持企业和产品进入国际市场创造了有利条件。

形势分析

由美国次贷危机引发的全球金融危机，已经从局部发展到全球，从金融领域扩散到实体经济领域。受危机影响，全球市场萎缩，消费信心低靡，主要发达国家经济已经陷入衰退。

由于中国电子信息产业进出口额在全国外贸进出口额中的比重一直保持在 1/3 左右，且加工贸易占到 70% 以上，对外依存度很高，受金融危机的影响，中国电子信息产品进出口增速大幅回落，特别是进入三季度以来，下降趋势显著。2008年8月份至10月份，单月出口额同比增长14.6%、16.5%、11.8%，远低于去年同期平均26%的出口增长速度；单月进口额同比不超过6%。进入11月份，进出口额出现负增长，形势更加严峻。

国际货币基金组织预测2009年世界经济的增幅仅为2.2%，研究机构IDC将此前对2009年全球IT支出增长率的预测由5.9%下调至2.9%，个人消费信心不足，企业缩减IT支出，导致国际IT市场增长空间萎缩。

受此影响，国内生产企业订单明显减少，部分企业限产停产，产销率下降。企业在原材料价格处于高位时进口，产成品又面临市场的低位价格，库存增加，开始出现资金流转困难，陷入运营困境。

同时，由于中国IT企业竞争力不强，核心原材料无法自主生产而均需进口，以及国际电子产品价格的持续下降和上游原材料价格的快速上升，使得中国大批加工贸易生产企业的经营举步维艰。随着IT业投资在东南亚国家陆续的产业梯度转移，中国劳动力成本的优势也在逐渐丧失，企业困难程度加深。

此外，美元的持续贬值，也是中国电子信息产品出口竞争力不断减弱的一个重要原因。

加之，近年来国际上对华反倾销、反补贴案件逐渐增多，当前经济危机全球蔓延，各国贸易保护力度将会加大，中国作为电子信息产品出口大国，具有很高的国际市场份额，这将有可能导致未来各国为保护国内市场，对中国出口电子信息产品的反倾销、反补贴诉求增加。

国际金融危机影响在持续加深，全球经济增长明显放缓，国际IT市场需求减少，中国传统的资源、劳动力成本优势减弱，国际竞争日趋激烈，投资和贸易保护主义上升。综合分析，2009年中国电子信息产业发展面临的形势更加严峻。

工作重点

2008年，电子信息产业进出口增长出现了前高后低的局面，年底更是出现了负增长。根据目前经济形势，与往年电子信息产品进出口额增长规律估计，该下滑局面在2009年初不会呈现较大改观。因此，努力采取各种措施争取2009年全年电子信息产品贸易增长保持稳定状态，扭转电子信息产业增速下滑的势头。

一是加强电子信息产业数据监测。完善基础数据库，适时做好分析、研究和预测。坚持月度、季度进出口分析制度，密切监测电子信息产品进出口情况，跟踪重点产品、重点企业类型的贸易态势。发现进出口贸易数据中的异动情况，瞄准趋势性问题，及时报送并提出针对性措施建议。

二是积极跟踪出口退税对产业的促进效果。2009年1月1日起，包括部分电子信息产品在内的553种技术含量和附加值高的机电产品，将提高出口退税率。为此，要加强对出口退税工作调研，了解出口退税工作对改善贸易结构发挥的积极作用，为争取稳定的出口退税政策提供充分的决策信息，视条件进一步完善高新技术产品出口退税目录。

三是做好对外关税谈判工作，努力开拓国际市场。在未来中国对外电子信息产品的关税谈判工作中，从中国产业实际出发，继续制定有利的关税谈判方案，在双边、多边贸易市场准入谈判中，为中国电子信息产品的出口开拓市场，营造良好的国际环境。

四是制定年度关税税目税率调整政策，促进产业结构升级。结合当前的经济形势，积极开展企业调研，及时跟踪产业发展趋势，制定和调整产业内关注的重点、热点产品及零部件的进口关税税目、税率。通过关税杠杆引导企业发展方向，优化产业结构。通过对产业内核心产品及零件的关税政策支持来鼓励自主创新和技术改造。

五是完善贸易摩擦应对机制，加强非关税措施学习研究。针对反补贴诉讼，技术性贸易壁垒等不断增多的现象，积极配合有关部门完善贸易摩擦的协调应对机制，引导企业坚持按国际通行规则办事，提高拓展国际市场和应对贸易摩擦的能力。

【统计数据】

表 1　2008 年通信设备产品进口情况

产品名称	单位	进口量	进口额（万美元）	同比增长（%）
电话机	万台	115.18	5 106.09	32.44
其中：无绳电话	万台	81.45	2 235.86	26.04
多功能一体机	万台	161.54	11 857.09	−11.17
各种程控交换机	万台	1 490.83	37 317.69	−60.37
其中：移动通信交换机	万台	0.01	746.02	−22.49
以太网络交换机	万台	86.86	72 935.61	12.96
IP电话信号转换设备	万台	23.75	2 362.60	−6.85
手持（车载）无线电话	万台	1 771.92	172 099.94	−3.85
手持式无线电话用零件	万公斤	2 031.16	954 801.07	−7.25
移动通信基地站设备	万台	1.28	6 615.61	5.36
光通信设备	万台	96.47	8 621.07	−17.41
其中：光端机及脉冲编码调制设备	万台	91.03	6 023.14	−17.13
波分复用光传输设备	万台	5.44	2 597.93	−18.05

表 2　2008 年通信设备产品出口情况

产品名称	单位	出口量	出口额（万美元）	同比增长（%）
电话机	万台	14 228.12	257 933.67	−3.64
其中：无绳电话	万台	7 525.13	195 361.00	−8.90
多功能一体机	万台	3 830.46	341 334.21	3.88
各种程控交换机	万台	6 513.16	321 360.81	−41.01
其中：移动通信交换机	万台	0.30	71 880.49	10.27
以太网络交换机	万台	2 339.25	200 849.75	23.21
IP电话信号转换设备	万台	1 506.59	71 923.90	6.69
手持（车载）无线电话	万台	53 322.38	3 853 821.15	8.27
手持式无线电话用零件	万公斤	6 977.53	1 800 161.93	10.95
移动通信基地站设备	万台	14.08	410 404.61	29.17
光通信设备	万台	179.49	141 480.36	26.36
其中：光端机及脉冲编码调制设备	万台	132.11	23 103.60	−0.09
波分复用光传输设备	万台	47.38	118 376.76	33.24

表 3　2008 年广播电视设备产品进口情况

产品名称	单位	进口量	进口额（万美元）	同比增长（%）
广播电视用无线电广播、电视发射设备	万台	1.17	946.62	3.59
电视卫星地面站设备	万台	0.06	714.08	2.88
电视摄像机	万台	0.40	1 270.18	58.61
非特种用途的取像模块	万公斤	37.68	150 925.45	2.97
其他电视摄像机及数字照相机零件	万公斤	537.14	258 946.59	–1.59
等离子显像组件及其零件	万公斤	4 242.47	111 884.18	105.97

表 4　2008 年广播电视设备产品出口情况

产品名称	单位	出口量	出口额（万美元）	同比增长（%）
广播电视用无线电广播、电视发射设备	万台	47.01	895.55	–63.77
电视卫星地面站设备	万台	0.26	752.56	1.21
电视摄像机	万台	0.05	225.99	12.03
非特种用途的取像模块	万公斤	34.46	80 384.43	24.75
其他电视摄像机及数字照相机零件	万公斤	876.45	195 502.51	22.56
等离子显像组件及其零件	万公斤	1 661.10	54 611.68	139.40

表 5　2008 年电子计算机产品进口情况

产品名称	单位	进口量	进口额（万美元）	同比增长（%）
微型计算机	万台	5.15	13 438.61	65.29
便携式电脑	万台	63.20	39 579.76	–19.70
计算器	万台	3 101.54	8 607.24	15.01
打印机	万台	638.70	77 687.96	0.46
其中：针式	万台	80.12	13 641.87	18.22
激光	万台	281.29	40 837.81	7.20
喷墨	万台	238.59	12 849.46	–31.50
扫描仪	万台	66.50	8 873.70	–5.08
数字化仪	万台	0.12	355.90	44.99
硬盘驱动器	万台	20 761.65	1 218 465.03	23.64

续表

产品名称	单位	进口量	进口额（万美元）	同比增长（%）
软盘驱动器	万台	230.28	2 405.53	–22.63
光盘驱动器	万台	14 904.20	415 663.87	3.86
显示器	万台	868.74	126 954.2	4.82
其中：液晶显示器	万台	858.51	126 033.01	7.32
阴极射线管显示器	万台	10.14	764.92	–77.91
自动柜员机	万台	2.62	33 382.76	83.14
不间断供电电源	万台	53.27	13 828.13	36.70
集线器	万台	9.88	738.76	0.07
路由器	万台	190.71	46 784.21	10.29
调制解调器	万台	2 282.05	10 717.32	–19.44
其他数字照相机	万台	885.99	181 840.16	8.85
计算机软件	万套			–100.00

表 6　2008 年电子计算机产品出口情况

产品名称	单位	出口量	出口额（万美元）	同比增长（%）
微型计算机	万台	768.21	628 398.40	7.43
便携式电脑	万台	10 111.37	6 558 807.78	23.54
计算器	万台	44 738.77	97 888.58	–3.22
打印机	万台	3 054.40	440 562.82	–6.70
其中：针式	万台	115.05	15 368.35	2.22
激光	万台	1 977.48	358 569.45	–4.64
喷墨	万台	360.29	40 207.34	–29.75
扫描仪	万台	498.04	29 358.58	8.10
数字化仪	万台	3.29	286.27	15.92
硬盘驱动器	万台	17 676.36	782 001.76	11.23
软盘驱动器	万台	1 081.05	5 248.26	–49.41
光盘驱动器	万台	15 815.94	303 879.62	–15.77
显示器	万台	11 009.01	1 677 197.38	–7.74
其中：液晶显示器	万台	10 617.05	1 645 828.93	–7.13
阴极射线管显示器	万台	384.70	30 798.82	–32.21

续表

产品名称	单位	出口量	出口额（万美元）	同比增长（%）
自动柜员机	万台	4.32	36 674.48	34.45
不间断供电电源	万台	1 933.30	97 344.93	24.82
集线器	万台	1 758.73	13 764.30	20.53
路由器	万台	6 947.47	224 762.58	30.70
调制解调器	万台	12 499.41	277 990.23	8.67
其他数字照相机	万台	10 272.39	732 796.79	–5.63
计算机软件	万套	56.24	156 077.70	41.95

表 7　2008 年家用电子电器产品进口情况

产品名称	单位	进口量	进口额（万美元）	同比增长（%）
彩色电视机	万台	63.49	8 510.34	–38.32
其中：显像管彩色电视机	万台	41.29	1 523.67	–47.98
液晶彩色电视机	力台	21.86	6 337.93	47.15
等离子彩色电视机	万台	0.24	556.52	1.27
家用型视频摄录一体机	万台	65.76	28 624.25	–5.95
激光视盘放像机	万台	93.17	5 574.89	–5.46
其中：VCD 机	万台	0.15	17.65	–34.41
DVD 机	万台	89.29	4 422.01	–18.66
激光唱机	万台	20.01	3 307.04	11.50
收录放音组合机	万台	634.08	22 656.68	–35.97
汽车用收音及收录放组合机	万台	16.51	2 737.12	2.82
彩色投影机	万台	0.61	2 077.43	–44.81
微波炉	万台	2.17	313.80	–33.02
激光视盘机机芯	万个	1 074.81	75 548.00	22.99

表 8　2008 年家用电子电器产品出口情况

产品名称	单位	出口量	出口额（万美元）	同比增长（%）
彩色电视机	万台	4 956.23	1 055 481.54	17.17
其中：显像管彩色电视机	万台	2 071.80	162 534.84	−15.24
液晶彩色电视机	万台	2 737.06	813 993.99	22.98
等离子彩色电视机	万台	126.23	77 816.42	72.22
家用型视频摄录一体机	万台	1 234.28	116 136.58	2.09
激光视盘放像机	万台	12 931.31	598 220.43	−7.39
其中：VCD 机	万台	162.13	3 239.27	−61.29
DVD 机	万台	12 680.66	591 889.82	−6.28
激光唱机	万台	1 409.52	27 323.64	−13.42
收录放音组合机	万台	20 256.62	275 303.88	−14.22
汽车用收音及收录放组合机	万台	2 505.92	147 789.65	−0.76
彩色投影机	万台	420.50	188 206.02	29.59
微波炉	万台	4 855.10	225 500.10	5.11
激光视盘机机芯	万个	2 912.23	177 910.76	7.57

表 9　2008 年电子元器件产品进口情况

产品名称	单位	进口量	进口额（万美元）	同比增长（%）
电容器	万公斤，千个	7 616.42	627 455.35	−3.64
电阻器	万公斤，千个	1 799.38	160 056.89	4.45
印刷电路	万公斤，千个	3 159 111.62	1 106 474.60	2.74
智能卡	万个	15 174.91	18 838.09	4.39
集成电路	万个	13 537 509.86	12 926 122.25	1.20
其中：处理器及控制器	万个	5 783 340.35	8 090 002.97	1.38
存储器	万个	1 711 026.64	2 281 321.89	−8.37
放大器	万个	982 172.79	350 562.97	−1.97
其他集成电路	万个	5 060 970.10	2 204 234.43	13.28
彩色显像管	万只	575.51	22 446.90	−30.20
彩色数据图形显示管	万只	113.50	3 665.48	−22.42
晶体管	万个	20 755 958.22	720 810.14	0.75
彩色电视机零件	万公斤	2 705.17	42 959.58	13.55

续表

产品名称	单位	进口量	进口额（万美元）	同比增长（%）
黑白电视机零件	万公斤	59.08	895.97	-68.94
光缆	万公斤	292.24	8 903.08	40.98
电声器件	万个	281 269.46	169 675.82	-12.80
液晶显示板	万个	193 517.28	4 409 932.99	8.21
锂离子电池	万个	190 979.73	478 894.30	26.61
固态非易失性存储器件（闪速存储器）	万个	26 144.12	249 507.71	2.13
静止变流器	万个	106 982.46	460 753.29	5.48
其中：稳压电源	万个	5 589.48	59 497.90	-0.10

表 10　2008 年电子元器件产品出口情况

产品名称	单位	出口量	出口额（万美元）	同比增长（%）
电容器	万公斤，千个	6 854.18	226 635.87	8.38
电阻器	万公斤，千个	2 889.88	108 112.76	-0.12
印刷电路	万公斤，千个	2 363 074.93	1 030 492.83	7.68
智能卡	万个	144 072.04	73 581.08	4.12
集成电路	万个	4 854 169.12	2 434 864.11	3.43
其中：处理器及控制器	万个	1 894 709.51	1 238 777.84	2.28
存储器	万个	801 639.11	828 418.53	6.10
放大器	万个	278 094.88	67 683.21	-7.28
其他集成电路	万个	1 879 725.62	299 984.54	3.74
彩色显像管	万只	1 731.39	64 875.68	-6.08
彩色数据图形显示管	万只	202.85	5 927.28	-48.48
晶体管	万个	18 499 763.55	330 611.16	14.06
彩色电视机零件	万公斤	26 806.99	284 545.59	3.50
黑白电视机零件	万公斤	4 558.08	31 894.39	20.89
光缆	万公斤	5 309.25	45 444.09	33.02
电声器件	万个	387 267.52	455 408.02	-22.74
液晶显示板	万个	202 666.79	2 237 769.22	13.94
锂离子电池	万个	125 255.42	391 431.83	12.07
固态非易失性存储器件（闪速存储器）	万个	54 996.55	558 573.53	24.30

续表

产品名称	单位	出口量	出口额（万美元）	同比增长（%）
静止变流器	万个	287 085.24	1 043 246.04	13.58
其中：稳压电源	万个	28 878.39	281 200.07	14.73

表 11　2008 年电子专用设备产品进口情况

产品名称	单位	进口量	进口额（万美元）	同比增长（%）
自动插件机	万台	0.08	5 539.29	10.78
自动贴片机	万台	0.78	138 181.65	–14.20
离子注入机	万台	0.01	9 884.48	–58.44

表 12　2008 年电子专用设备产品出口情况

产品名称	单位	出口量	出口额（万美元）	同比增长（%）
自动插件机	万台		49.31	151.20
自动贴片机	万台	0.03	2 061.15	–22.44
离子注入机	万台		9.69	

表 13　2008 年按贸易方式划分的

贸易方式	进口总计	同比增长（%）	通信设备	广播电视设备
进料加工贸易	17 404 464.61	2.21	855 139.43	414 029.24
一般贸易	6 339 701.98	16.25	757 059.20	126 186.20
来料加工装配贸易	5 083 688.21	1.62	64 735.97	18 348.54
保税区仓储转口货物	4 173 375.11	1.10	98 453.34	35 904.57
保税仓库进出境货物	2 276 294.70	17.66	128 319.88	62 630.11
外商投资企业作为投资进口的设备、物品	752 499.37	22.33	5 219.32	290.16
出口加工区进口设备	210 331.19	−8.92	1 087.39	82.83
加工贸易进口设备	98 338.19	−6.35	422.96	26.58
其他	21 093.00	26.75	2 803.16	451.41
出料加工贸易	4 818.57	5 357.66		
国家间、国际组织无偿援助和赠送的物资	1 703.13	−10.65	93.36	21.65
租赁贸易	391.83	−25.29	76.14	2.23
边境小额贸易	270.45	−25.27		
其他捐赠物资	240.19	150.25	37.12	1.01
免税外汇商品	3.77	−72.12		
易货贸易	0.01			
合计	36 367 214.31	5.36	1 913 447.27	657 974.53

表 14　2008 年按贸易方式划分的

贸易方式	出口总计	同比增长（%）	通信设备	广播电视设备
进料加工贸易	36 553 403.87	14.28	6 052 213.60	634 401.87
一般贸易	7 292 928.43	37.62	2 019 271.53	91 406.30
来料加工装配贸易	6 136 529.29	−11.31	475 511.55	99 114.73
保税区仓储转口货物	1 457 684.77	19.33	108 005.70	21 584.23
保税仓库进出境货物	630 054.20	55.62	42 283.77	16 226.17
对外承包工程出口货物	55 864.52	66.28	7 342.64	564.31
边境小额贸易	35 523.86	−27.58	199.37	382.39
其他	8 632.89	−75.65	470.28	87.92
国家间、国际组织无偿援助和赠送的物资	2 580.17	36.74	128.28	111.71
出料加工贸易	2 532.42	574.38		

电子信息产品进口情况

单位：万美元

计算机	家用电子电器	电子元件	电子器件	电子材料	电子仪器设备
3 293 910.20	664 574.75	2 732 874.29	8 580 986.26	404 087.47	458 862.98
1 413 069.64	304 555.43	702 740.54	1 763 391.38	284 252.34	988 447.24
2 159 366.91	85 930.47	614 883.68	1 964 045.68	115 693.30	60 683.67
1 848 440.80	101 908.32	485 447.72	1 416 586.85	34 553.82	152 079.69
558 537.42	34 867.60	240 657.57	1 080 257.75	80 519.96	90 504.42
23 015.66	3 670.32	4 379.28	982.56	26.80	714 915.25
5 880.40	1 661.33	1 037.53	608.40	565.54	199 407.77
2 672.70	80.88	30.62	56.63	0.30	95 047.52
6 743.99	1 567.87	2 199.64	2 138.59	374.20	4 814.13
			1 551.66	3 266.91	
572.05	103.13	160.66	146.98		605.29
18.23	9.66	5.56	1.52		278.47
	0.02	18.82		251.62	
8.45	0.85		2.30		190.46
3.49	0.07		0.02		0.19
	0.01				
9 312 239.93	1 198 930.71	4 784 435.92	14 810 756.57	923 592.28	2 765 837.09

电子信息产品出口情况

单位：万美元

计算机	家用电子电器	电子元件	电子器件	电子材料	电子仪器设备
16 760 368.81	5 995 018.27	3 030 429.15	2 489 573.64	197 955.28	1 393 443.25
697 141.23	1 003 280.89	1 349 787.20	1 359 027.66	246 565.38	526 448.24
2 975 769.97	1 117 317.54	461 527.92	612 539.65	75 893.34	318 854.59
643 286.71	101 242.81	239 533.08	246 152.51	23 422.39	74 457.34
195 389.39	114 541.54	92 426.20	87 691.12	31 092.63	50 403.37
5 632.97	1 027.23	32 023.83	506.25	1.92	8 765.38
6 567.93	20 694.96	4 373.37	1 427.26	256.81	1 621.78
3 041.56	2 057.40	1 116.34	385.64	76.91	1 396.83
1 251.09	130.28	644.01	116.21		198.59
			33.45	2 498.98	

续表

贸易方式	出口总计	同比增长（%）	通信设备	广播电视设备
租赁贸易	248.04	1 353.93		
其他捐赠物资	37.17	14 798.36		21.44
补偿贸易	0.20		0.20	
寄售代销贸易		−100.00		
易货贸易		−100.00		
合计	52 176 019.82	13.55	8 705 426.91	863 901.05

表 15　2008 年按企业不同经济

经济类型	进口总计	同比增长（%）	通信设备	广播电视设备
外商独资企业	24 224 010.87	4.35	852 613.65	364 905.34
中外合资企业	5 799 591.25	12.43	610 253.08	219 756.74
国有企业	3 225 672.06	−7.38	270 369.62	51 746.51
私人企业	2 432 192.05	20.05	132 992.98	8 394.21
集体企业	436 663.58	21.21	45 214.46	2 857.78
中外合作企业	231 539.64	−12.53	1 698.63	9 950.27
其他企业	16 960.92	37.52	298.84	324.47
个体工商户	583.93	−24.32	5.99	39.22
合计	36 367 214.30	5.36	1 913 447.27	657 974.53

表 16　2008 年按企业不同经济

经济类型	出口总计	同比增长（%）	通信设备	广播电视设备
外商独资企业	34 768 327.20	12.41	4 035 859.07	510 027.39
中外合资企业	8 228 135.71	10.12	3 085 140.95	185 772.81
国有企业	3 865 298.26	10.94	601 340.23	83 686.04
私人企业	3 371 169.25	39.61	353 901.65	57 238.03
集体企业	1 244 551.05	27.64	612 279.51	5 166.17
中外合作企业	688 244.79	4.55	16 308.47	21 471.05
个体工商户	9 392.93	−38.99	350.61	525.33
其他企业	900.63	85.69	246.43	14.23
合计	52 176 019.82	13.55	8 705 426.91	863 901.05

计算机	家用电子电器	电子元件	电子器件	电子材料	电子仪器设备
0.19					247.86
15.64					0.09
21 288 465.49	8 355 310.92	5 211 861.11	4 797 453.39	577 763.63	2 375 837.31

类型划分的电子信息产品进口情况

单位：万美元

计算机	家用电子电器	电子元件	电子器件	电子材料	电子仪器设备
6 685 595.87	778 220.64	3 244 852.61	10 190 617.08	637 745.08	1 469 460.60
1 125 231.08	190 969.60	760 724.39	2 267 299.98	164 886.74	460 469.62
809 601.82	130 868.10	401 561.13	1 016 298.90	58 494.55	486 731.43
641 741.28	83 145.21	276 950.63	930 595.58	52 769.58	305 602.58
38 944.58	8 183.24	63 301.18	248 456.72	966.88	28 738.74
10 171.94	4 400.60	36 340.36	149 081.96	6 244.19	13 651.70
737.61	3 129.24	546.00	8 339.49	2 453.62	1 131.65
215.76	14.08	159.61	66.87	31.62	50.77
9 312 239.93	1 198 930.71	4 784 435.92	14 810 756.57	923 592.28	2 765 837.09

类型划分的电子信息产品出口情况

单位：万美元

计算机	家用电子电器	电子元件	电子器件	电子材料	电子仪器设备
17 790 338.01	4 753 324.53	2 924 735.73	3 070 699.78	258 536.77	1 424 805.93
1 392 875.78	1 595 073.19	824 961.87	859 613.70	58 126.35	226 571.07
1 134 403.27	758 677.67	597 938.76	291 810.70	121 697.76	275 743.83
535 923.83	937 663.95	637 221.52	413 100.92	118 992.63	317 126.72
149 634.02	219 280.07	134 581.09	65 400.95	14 889.93	43 319.31
283 856.68	87 818.95	90 398.06	96 250.25	5 258.94	86 882.38
1 240.42	3 312.72	1 950.28	527.99	212.60	1 272.98
193.50	159.83	73.80	49.10	48.66	115.09
21 288 465.51	8 355 310.92	5 211 861.11	4 797 453.39	577 763.63	2 375 837.31

表 17　2008 年省、市、自治区

省、市、自治区名称	进口总计	同比增长（%）	通信设备	广播电视设备
广东省	14 378 950.03	3.85	770 386.35	226 563.84
江苏省	7 710 581.35	0.06	162 835.40	87 499.46
上海市	6 287 412.51	3.02	168 909.21	88 687.37
北京市	1 842 211.21	2.59	388 326.21	129 165.82
天津市	1 383 026.63	–1.69	165 540.67	53 766.23
山东省	1 295 229.36	42.30	99 365.64	20 913.93
福建省	940 654.74	10.57	31 043.60	24 621.62
浙江省	920 356.47	10.84	43 016.25	6 243.90
四川省	392 567.17	81.97	4 066.01	3 464.77
辽宁省	365 578.82	2.69	20 513.40	2 122.81
湖北省	161 502.64	82.66	25 855.66	2 881.18
江西省	158 576.02	201.85	988.45	31.17
河北省	142 534.82	114.96	3 776.96	917.42
陕西省	63 253.36	74.79	2 640.98	289.50
吉林省	55 654.98	–5.68	2 258.94	3 356.00
河南省	37 222.16	39.06	297.98	98.63
安徽省	35 313.72	46.61	910.87	176.35
湖南省	34 159.87	32.83	1 701.74	60.47
广西壮族自治区	32 540.33	38.26	8 448.84	3 572.49
山西省	31 416.81	117.44	7 112.14	1 256.23
重庆市	26 891.99	9.10	2 882.80	47.40
黑龙江省	18 952.17	16.34	746.98	122.88
云南省	17 177.03	120.04	1 067.62	400.43
内蒙古自治区	12 824.94	30.90	124.27	8.26
新疆维吾尔自治区	5 927.80	–38.91	169.20	18.78
甘肃省	5 209.56	87.70	25.02	11.48
海南省	4 954.75	156.76	77.13	1 552.12
贵州省	2 867.25	–9.49	56.49	37.67
宁夏回族自治区	1 912.83	–10.20	182.20	84.40
青海省	1 136.27	–27.05	5.60	
西藏自治区	616.74	7.04	114.64	1.94
合计	36 367 214.33	5.36	1 913 447.27	657 974.53

电子信息产品进口情况

单位：万美元

计算机	家用电子电器	电子元件	电子器件	电子材料	电子仪器设备
3 704 767.46	493 983.08	2 244 817.66	6 075 047.87	111 835.17	751 548.58
2 286 586.01	200 281.30	894 723.77	3 216 861.03	283 085.35	578 709.04
1 737 371.21	190 668.25	721 021.97	2 817 474.98	103 978.57	459 300.95
292 510.55	118 255.38	145 548.09	485 016.71	54 506.51	228 881.93
108 373.18	26 695.78	269 735.13	635 098.64	18 804.10	105 012.89
217 231.81	61 927.02	195 814.63	598 967.46	3 572.43	97 436.43
508 621.74	22 852.04	78 846.39	226 521.01	9 990.51	38 157.83
316 590.74	15 162.86	81 841.15	268 750.32	86 766.67	101 984.57
12 260.89	3 093.67	6 862.26	278 781.24	2 565.19	81 473.14
76 168.66	27 019.10	78 725.56	86 713.61	19 298.48	55 017.20
17 767.29	4 299.93	8 661.17	34 254.86	10 912.59	56 869.97
1 322.33	771.77	1 399.35	11 082.38	130 760.24	12 220.34
6 049.14	932.37	11 195.20	4 833.01	65 167.59	49 663.13
2 130.87	3 067.95	4 850.57	25 789.03	7 824.39	16 660.06
905.91	17 291.42	11 617.50	6 778.17	883.01	12 564.05
854.67	1 639.43	4 385.76	1 460.37	1 795.77	26 689.56
3 455.02	1 300.12	3 158.29	6 794.70	352.04	19 166.34
4 029.95	988.29	5 355.18	6 238.57	865.05	14 920.62
2 244.26	1 213.81	2 238.79	7 439.40	565.05	6 817.69
1 570.46	531.62	4 153.37	10 544.71	1 002.30	5 245.99
1 365.53	2 311.39	4 016.75	2 019.41	232.33	14 016.37
3 403.94	3 021.52	1 435.51	1 656.21	498.09	8 067.05
2 792.35	596.43	1 599.97	858.52	901.31	8 960.41
1 689.51	118.74	682.53	54.60	6 331.31	3 815.72
225.05	341.13	193.51	198.55	20.23	4 761.35
538.21	213.22	140.27	1 023.14	44.59	3 213.63
388.30	147.53	207.57	34.90	770.61	1 776.60
340.17	50.89	687.46	447.26	213.14	1 034.18
385.80	137.67	354.72	14.23	49.63	704.17
53.03	16.55	165.85	1.68		893.55
245.91	0.51				253.75
9 312 239.93	1 198 930.71	4 784 435.92	14 810 756.57	923 592.28	2 765 837.09

表18　2008年省、市、自治区

省、市、自治区名称	出口总计	同比增长（%）	通信设备	广播电视设备
广东省	21 937 466.85	13.02	4 423 849.46	427 129.94
江苏省	11 596 621.73	9.49	1 076 404.45	211 433.66
上海市	7 899 278.99	17.03	568 050.73	62 047.82
浙江省	2 119 902.09	12.99	265 085.60	20 440.26
山东省	1 862 375.18	52.75	325 384.65	36 059.70
天津市	1 772 522.46	-6.40	712 895.18	80 706.71
北京市	1 574 407.00	1.70	1 112 475.50	4 486.57
福建省	1 545 089.26	17.91	103 334.84	6 373.32
辽宁省	585 033.37	10.20	40 146.32	2 884.79
四川省	253 200.41	57.95	8 946.22	3 944.62
河北省	194 279.52	81.42	8 922.56	99.82
江西省	176 352.62	179.83	4 243.85	3 877.71
湖北省	175 838.19	43.68	13 929.81	236.12
陕西省	70 033.40	68.91	1 785.74	204.90
广西壮族自治区	58 394.22	75.13	3 442.85	1 823.49
湖南省	58 082.35	47.56	1 734.17	341.48
河南省	55 087.47	78.75	1 398.47	82.61
安徽省	53 219.84	3.58	1 765.75	172.50
山西省	46 640.09	77.61	20 863.06	746.75
黑龙江省	23 606.06	-63.89	763.41	206.57
贵州省	23 063.45	205.11	4 938.40	1.52
云南省	22 912.15	201.48	293.05	27.50
重庆市	18 135.19	33.89	4 264.82	16.16
吉林省	17 557.96	13.84	170.47	154.55
新疆维吾尔自治区	15 649.97	-6.50	170.04	152.79
内蒙古自治区	7 372.25	23.59	20.45	10.63
海南省	7 371.47	12.95	0.05	94.30
宁夏回族自治区	2 079.31	-33.84	50.58	
甘肃省	1 871.08	73.97	17.04	24.74
西藏自治区	1 845.45	-23.52	79.32	119.55
青海省	730.44	104.81	0.07	
合计	52 176 019.82	13.55	8 705 426.91	863 901.05

电子信息产品出口情况

单位：万美元

计算机	家用电子电器	电子元件	电子器件	电子材料	电子仪器设备
7 740 488.49	4 702 774.45	2 605 516.91	678 988.22	33 990.79	1 324 728.59
6 136 307.12	1 175 653.79	862 260.00	1 644 903.99	116 449.39	373 209.33
4 790 785.90	667 292.51	418 033.43	1 119 160.30	45 349.68	228 558.62
440 075.04	406 940.43	538 875.82	284 049.17	24 370.98	140 064.79
751 683.85	454 590.43	184 403.15	33 901.94	1 899.82	74 451.64
168 216.05	300 902.41	181 024.96	289 743.85	2 685.82	36 347.48
138 028.64	21 517.01	82 575.77	157 839.21	24 782.69	32 701.60
845 130.52	273 924.54	105 185.60	115 946.48	30 594.63	64 599.32
127 355.35	250 669.54	74 704.10	20 452.41	28 767.11	40 053.75
4 761.18	11 260.38	13 798.88	190 366.27	10 864.93	9 257.93
4 566.51	6 644.53	12 726.28	144 407.89	9 362.32	7 549.62
1 736.51	6 731.98	8 266.83	8 418.09	137 038.93	6 038.73
91 486.81	7 496.12	29 978.21	21 349.19	5 660.85	5 701.08
3 373.04	5 783.06	4 215.54	30 832.07	17 293.71	6 545.34
7 987.69	8 239.18	23 583.60	728.46	11 619.39	969.56
5 284.62	6 898.06	13 401.06	10 650.94	16 730.55	3 041.47
479.95	9 255.39	10 482.54	16 477.97	12 315.69	4 594.85
1 580.41	14 726.99	17 276.46	9 922.79	329.06	7 445.89
15 288.79	224.48	3 103.70	3 214.93	2 068.25	1 130.12
7 812.90	5 338.59	1 479.31	1 380.57	4 380.59	2 244.12
136.74	2 480.89	1 506.25	70.14	12 006.25	1 923.25
1 785.01	169.28	1 646.78	6 061.32	12 597.29	331.92
317.75	1 844.49	3 417.56	735.24	5 080.83	2 458.35
1 785.89	2 423.81	4 148.52	4 961.81	3 151.75	761.17
893.39	10 192.56	2 607.71	989.54	210.42	433.51
435.62	176.25	329.73	378.91	6 000.00	20.67
341.02	231.77	6 451.65	40.42		212.25
	0.01	292.77	191.94	1 432.82	111.18
122.03	19.61	260.94	1 187.62	210.33	28.76
218.65	896.97	301.18	88.97		140.81
	11.40	5.85	12.76	518.77	181.60
21 288 465.47	8 355 310.92	5 211 861.11	4 797 453.39	577 763.63	2 375 837.31

表 19　2008 年按国家或地区

国家或地区名称	进口总计	同比增长（%）	通信设备	广播电视设备
中国	7 536 648.02	8.66	720 071.61	160 683.78
中国台湾地区	6 191 833.50	2.44	79 850.42	24 549.53
韩国	5 655 066.52	3.95	360 149.38	103 593.89
日本	5 466 237.11	7.42	126 852.39	253 809.56
马来西亚	1 997 894.40	7.54	98 606.89	10 653.47
美国	1 920 116.02	10.69	116 627.79	7 828.06
菲律宾	1 739 396.74	−14.34	53 367.53	20 487.14
泰国	1 409 758.10	16.87	45 317.79	29 955.98
新加坡	884 472.41	−1.56	16 117.00	9 144.14
德国	832 188.34	21.34	50 512.35	6 134.16
中国香港特别行政区	465 542.75	−6.79	56 003.84	16 792.73
哥斯达黎加	224 440.93	−1.70	43.17	
印度尼西亚	203 822.85	−0.08	780.67	3 826.70
爱尔兰	190 392.84	47.89	1 475.97	28.81
法国	179 698.70	6.94	12 026.71	754.47
墨西哥	167 326.87	−0.73	21 762.12	546.50
英国	132 160.78	8.28	12 303.76	1 707.30
加拿大	130 125.18	37.49	10 577.49	648.16
意大利	122 976.71	6.61	11 341.70	236.72
瑞士	99 420.97	51.75	2 042.24	2 788.96
荷兰	88 938.14	−2.17	2 305.75	382.52
以色列	78 818.78	2.84	12 579.45	90.02
芬兰	73 994.96	−51.00	39 766.10	40.54
瑞典	70 158.97	18.76	29 053.19	73.69
奥地利	66 778.16	44.33	1 627.74	22.28
越南	63 202.95	77.29	2 256.89	641.17
马耳他	43 876.19	18.31	32.62	
匈牙利	33 605.28	−12.67	9 991.76	4.95
印度	30 833.46	11.87	1 006.41	62.22
摩洛哥	28 169.50	−12.88	0.38	
澳大利亚	27 324.57	10.85	1 964.42	446.23

统计的电子信息产品进口情况

单位：万美元

计算机	家用电子电器	电子元件	电子器件	电子材料	电子仪器设备
2 469 295.77	406 542.35	1 613 154.63	1 815 577.70	22 481.87	328 840.30
1 837 600.00	111 756.79	510 840.12	3 271 692.07	141 559.32	213 985.23
1 793 630.25	65 179.25	559 092.04	2 466 637.31	137 899.10	168 885.28
980 450.76	179 696.09	1 155 256.90	1 801 572.81	247 401.10	721 197.50
249 828.51	32 515.99	95 562.50	1 438 972.85	11 692.91	60 061.28
224 852.32	73 047.55	139 820.74	781 652.00	165 026.93	411 260.63
312 891.30	20 550.19	49 975.97	1 261 486.72	2 437.88	18 200.00
846 099.50	18 164.93	112 498.68	332 668.35	88.25	24 964.63
213 924.49	136 223.69	59 483.92	393 625.42	9 580.64	46 373.12
35 929.07	47 354.41	118 822.50	179 938.44	84 132.69	309 364.73
41 032.59	33 932.96	62 193.50	212 342.03	8 544.92	34 700.17
452.72	2.43	2 756.57	221 129.92	3.79	52.33
92 014.64	16 310.56	41 102.75	40 848.90	795.98	8 142.65
64 560.59	3 453.27	2 448.30	115 766.23	11.92	2 647.74
7 231.89	6 815.39	25 640.87	91 156.82	4 631.64	31 440.91
41 458.26	3 774.04	34 237.30	60 107.08	276.35	5 165.23
7 828.60	6 213.52	17 362.32	33 527.01	8 888.46	44 329.82
5 970.87	2 868.43	6 153.46	76 072.42	4 264.27	23 570.08
9 084.16	4 429.12	16 562.11	25 001.74	23 995.36	32 325.79
1 859.08	1 424.62	22 940.15	7 052.47	1 141.30	60 172.15
1 708.98	1 943.04	3 885.53	9 544.01	1 486.74	67 681.56
5 826.07	2 023.07	7 270.95	29 040.80	3 388.57	18 599.85
1 312.25	1 114.41	6 049.66	752.17	2 154.64	22 805.19
3 830.83	2 840.74	7 497.32	2 918.50	133.12	23 811.58
1 145.58	2 244.48	22 518.35	14 253.83	1 632.86	23 333.04
31 684.11	1 038.03	21 535.29	1 755.30	143.54	4 148.64
21.70	84.26	152.83	43 483.35		101.43
10 359.75	1 305.42	3 300.05	3 450.26	13.88	5 179.20
2 229.03	366.93	6 891.71	6 472.65	9 544.89	4 259.62
3.11	28.71	146.52	27 858.67	0.02	132.07
1 102.35	2 513.73	6 683.79	6 386.88	295.02	7 932.15

续表

国家或地区名称	进口总计	同比增长（%）	通信设备	广播电视设备
捷克	26 023.99	-5.18	381.22	3.54
比利时	24 563.86	2.39	1 123.47	86.81
挪威	23 158.65	58.82	7 148.72	266.67
丹麦	22 561.72	26.32	3 316.13	271.43
波多黎各	16 191.31	90.66	50.44	17.91
西班牙	13 978.23	-8.97	787.40	9.98
俄罗斯联邦	13 403.37	60.13	379.77	54.65
葡萄牙	13 163.15	-39.44	67.68	242.19

表 20　2008 年按国家或地区

国家或地区名称	出口总计	同比增长（%）	通信设备	广播电视设备
中国香港特别行政区	12 590 107.27	4.54	2 221 373.18	267 466.57
美国	10 048 345.31	6.16	1 219 757.40	135 429.41
日本	3 380 648.14	14.75	239 259.22	152 768.94
荷兰	2 619 321.51	3.62	217 169.48	23 073.30
德国	2 547 299.06	19.88	221 457.96	17 745.34
韩国	2 396 305.15	46.08	656 499.53	62 205.56
新加坡	1 415 967.62	4.47	221 929.97	32 136.80
中国台湾地区	1 206 884.81	9.50	136 213.64	7 643.90
英国	1 166 556.28	7.91	170 729.97	13 623.74
马来西亚	930 777.53	4.77	96 895.22	3 218.20
印度	906 583.49	21.59	388 187.40	2 752.58
法国	858 598.83	5.19	140 861.22	4 099.12
西班牙	714 797.32	66.97	61 269.90	2 973.90
墨西哥	670 966.84	26.66	141 052.84	15 165.91
巴西	650 920.41	55.27	153 604.30	8 213.19
澳大利亚	603 712.12	11.57	100 204.40	5 220.42
加拿大	565 160.96	26.53	62 341.53	7 394.70
俄罗斯联邦	535 902.49	33.35	141 659.50	5 875.64
阿拉伯联合酋长国	514 919.52	48.80	95 671.36	5 216.47
匈牙利	497 191.94	17.22	229 323.97	13 872.80

单位：万美元

计算机	家用电子电器	电子元件	电子器件	电子材料	电子仪器设备
3 302.27	679.89	18 530.70	1 010.85	501.29	1 614.23
1 566.98	2 124.60	2 737.36	10 307.29	484.23	6 133.11
816.82	1 293.88	894.82	2 996.58	3 265.86	6 475.29
930.08	1 428.94	4 447.31	1 144.00	376.31	10 647.52
4 000.56	206.73	23.57	112.26	11 644.74	135.09
1 192.51	1 555.84	4 604.92	1 599.38	383.41	3 844.79
38.93	2 269.09	555.69	3 671.91	5 253.90	1 179.43
50.55	605.21	3 492.14	8 312.18	9.90	383.29

统计的电子信息产品出口情况

单位：万美元

计算机	家用电子电器	电子元件	电子器件	电子材料	电子仪器设备
4 673 721.75	1 596 874.19	1 973 110.64	1 311 691.79	50 514.95	495 354.21
4 851 282.45	2 491 566.60	573 581.08	263 735.03	22 664.00	490 329.34
1 390 154.38	593 880.48	441 103.53	245 426.64	84 767.07	233 287.86
1 793 956.39	297 603.48	84 031.57	101 706.64	34 636.42	67 144.23
1 221 117.18	338 977.80	152 090.15	407 476.17	71 233.26	117 201.20
632 784.46	149 353.88	281 965.94	456 463.64	42 913.70	114 118.44
472 634.78	96 032.62	145 374.60	393 611.17	2 234.26	52 013.43
336 387.24	85 439.88	161 009.01	242 872.13	134 029.32	103 289.69
485 092.91	329 078.47	76 090.16	31 363.46	14 420.12	46 157.45
459 268.78	44 888.43	105 889.72	184 125.49	6 277.53	30 214.15
221 328.13	82 491.74	112 731.07	37 342.63	21 205.79	40 544.14
483 227.66	117 606.40	41 170.76	40 206.75	3 137.83	28 289.10
108 110.99	76 043.24	29 513.92	420 083.26	4 490.69	12 311.41
300 369.82	103 983.05	46 250.88	16 732.92	6 152.66	41 258.75
228 672.50	109 466.28	68 067.83	45 384.83	4 602.95	32 908.55
262 594.24	155 702.08	45 589.04	12 614.38	7 610.10	14 177.47
272 064.76	150 620.56	32 169.69	10 477.40	10 499.40	19 592.92
116 333.42	179 306.52	40 016.98	17 320.73	5 466.92	29 922.78
222 097.95	114 541.12	44 375.70	15 956.57	2 521.68	14 538.66
111 621.07	41 832.15	61 301.87	15 590.71	29.13	23 620.24

续表

国家或地区名称	出口总计	同比增长（%）	通信设备	广播电视设备
意大利	494 487.89	48.50	69 565.80	2 832.65
泰国	470 662.61	23.38	73 340.87	6 567.83
芬兰	423 584.83	3.89	177 558.59	785.40
捷克	418 745.29	33.23	23 207.47	20 816.07
波兰	383 000.79	66.65	45 859.84	4 745.35
卢森堡	346 062.36	75.02	5 164.21	27.54
印度尼西亚	338 339.77	49.26	114 886.11	2 993.22
菲律宾	276 398.05	20.38	36 244.55	1 995.47
爱尔兰	275 632.88	–16.06	28 824.09	136.43
土耳其	267 287.61	14.57	55 182.99	2 203.89
比利时	234 997.16	11.25	29 583.27	2 618.10
越南	171 948.81	34.82	75 386.60	803.82
南非	162 642.47	22.84	40 249.55	3 271.13
瑞典	145 085.58	4.92	69 438.06	681.11
尼日利亚	143 764.67	129.31	76 142.00	1 121.75
斯洛伐克	143 331.95	31.39	4 808.89	6 316.17
沙特阿拉伯	126 210.53	63.74	43 151.07	645.51
阿根廷	102 238.21	32.00	9 580.49	889.98
智利	100 434.10	28.33	14 731.97	778.96

备注：表 19、20 仅对排名前 39 名的国家或地区进行统计。

单位：万美元

计算机	家用电子电器	电子元件	电子器件	电子材料	电子仪器设备
163 691.52	86 781.32	50 636.81	82 950.67	4 947.01	33 082.11
206 080.60	66 618.14	62 538.63	27 351.47	9 264.59	18 900.48
152 086.19	41 640.94	29 982.08	8 089.66	160.82	13 281.15
253 819.83	78 857.18	16 777.96	2 892.79	208.55	22 165.44
234 611.43	44 269.17	21 476.43	13 836.84	206.88	17 994.84
339 102.21	637.74	56.11	788.50	1.80	284.23
86 891.97	44 273.71	40 580.38	30 423.86	4 109.31	14 181.20
56 782.59	21 087.21	33 749.74	111 888.85	4 028.21	10 621.43
218 888.35	5 580.73	12 047.59	2 063.31	1.13	8 091.24
113 311.78	39 675.35	25 305.39	16 369.63	1 172.86	14 065.72
78 860.64	38 709.94	23 898.52	45 635.51	7 000.48	8 690.70
28 868.90	21 157.65	23 048.54	7 252.20	571.08	14 860.01
42 119.69	42 878.83	13 849.72	9 413.08	847.57	10 012.90
26 723.73	18 569.26	11 103.94	3 787.49	2 850.30	11 931.68
8 807.61	26 347.78	16 299.55	5 486.14	199.40	9 360.45
93 905.73	22 229.34	5 983.56	1 095.75	2.12	8 990.40
32 909.60	27 386.88	10 194.99	7 437.99	101.52	4 382.97
42 007.90	27 959.43	6 060.09	10 289.45	770.11	4 680.76
31 074.31	38 971.39	6 498.38	4 773.97	68.24	3 536.89

2008年中外合资、合作工作大事记

1月7日 爱立信公司与大唐电信科技产业集团在北京市宣布双方将在LTE（长期演进）领域合作，并成立大唐—爱立信LTE联合研究中心，重点研发LTE/TDD技术。

1月16日 英特尔公司与中国北大方正集团子公司深圳方正微电子有限公司（FMI）共同签署一项关于设备销售与技术转让的协议。根据该协议的约定，英特尔将向方正微电子位于中国广东省深圳市的晶圆制造厂提供二期制造设备和技术。本协议同时包含一项技术转让协议，涉及多项英特尔制造技术的转让以及相关流程许可。此外，协议还约定：英特尔将为FMI的制造和工程设计人员提供相关培训。

1月28日 亚德诺半导体技术（上海）有限公司与南瑞继保电气有限公司正式建立联合实验室，以加强模拟和数字信号处理技术在电力系统自动化领域的应用研究。据悉，这是亚德诺半导体技术公司在中国首次与工业企业合作建立的联合实验室。

2月5日 赛门铁克公司和华为技术有限公司宣布，曾于2007年5月对外公布的双方合资公司已正式成立。新公司将为全球电信运营商和企业开发并生产世界领先的安全和存储产品及设备。此次合作已具备所有交易条件，获得了所有相关政府审批，于2008年2月5日正式完成各项手续。

2月18日 山东省人民政府与美国AMD公司在济南市举行了“山东省—AMD公司关于集成电路产业发展战略合作备忘录”签字仪式，山东省委常委、副省长王军民，AMD公司全球高级副总裁、大中华区总裁郭可尊，山东省信息产业厅厅长孙志恒出席签约仪式。

2月19日 无锡—班加罗尔服务外包产业合作说明会在印度“硅谷”——班加罗尔举行。印度软件和服务外包主要机构、服务外包著名企业悉数到会。江苏省委常委、无锡市委书记杨卫泽在说明会上发表致辞。

3月11日 赛门铁克公司在四川省成都市举行了中国研发中心成都基地成立揭幕仪式。赛门铁克公司董事会主席兼首席执行官约翰·汤普森在揭幕仪式上正式宣布成都基地成立。该基地于2009年竣工时将可容纳1 000多名员工。

3月27日 美国康宁公司位于北京经济开发区的液晶显示（LCD）玻璃基板工厂正式开工。这是美国康宁公司在美国、日本、韩国以及中国台湾开设LCD玻璃生产厂后建设的又一新工厂。该工厂是美国康宁公司在中国大陆建造的首个TFT-LCD（薄膜晶体管液晶显示）玻璃生产工厂，主要从事玻璃基板后段生产，投产后将向中国大陆市场供应最大为第五代的玻璃基板。

3月27日 工业和信息化部副部长娄勤俭会见美国康宁公司董事长兼首席执行官魏文德。双方主要就康宁在北京投资建设的TFT-LCD玻璃基板后道工序工厂的最新情况及进一步推动双方在液晶显示器件产业领域的合作交换了意见。

3月29日—31日 工业和信息化部副部长娄勤俭率团赴老挝万象参加了大湄公河次区域经济合作（GMS）第三次领导人会议相关活动。

4月7日 创维集团在深圳市宣布，与TFT-LCD（薄膜晶体管液晶显示）面板供应商韩国LG Display公司（简称LGD）联手进军液晶模组领域。合作内容包括：创维投资参股LGD广州液晶模组工厂，共同成立针对中国市场的显示技术研发公司。创维集团还宣布，将在LGD广州液晶模组工厂对面，建立一座大型的创维液晶电视机生产厂。

4 月 7 日 《中华人民共和国政府与新西兰政府关于电子电器产品及其部件合格评定的合作协定》（以下简称《协定》）正式签署。该《协定》是中国政府与外国政府在产品认证领域达成的第一个相互承认协定。依据该《协定》，获得 CCC（中国强制认证）认证的产品，即可凭 CCC 认证证书和 CCC 标志合法进入新西兰市场。

4 月 7 日 工业和信息化部副部长娄勤俭会见来访的古巴信息通信部副部长豪尔赫·路易斯·皮尔多莫·蒂雷亚一行。宾主就两国开展的在通信、彩电、数字电视、软件开发和人才培训等方面的合作交换了意见。

4 月 10 日 海尔集团宣布与 GE 消费与工业品集团、GE 传感及检测科技集团展开合作，结成合作伙伴，将在洗衣机的“环保”、“节能”、“低噪音”、“智能化控制”等方面开展深层次研究，开发出划时代的新技术并迅速应用到产品中。

4 月 14 日 日本东芝公司与清华大学热能工程系合作成立的能源与环境研究中心正式揭牌，合作内容涉及发电机的高性能化、废气排放中的去污、环境友好型电源系统、节能新材料以及水质监测系统。

4 月 15 日 TCL 集团股份有限公司在广东省惠州仲恺高新技术开发区举行液晶模组工厂的破土动工仪式。该项目由 TCL 集团股份有限公司投资，三星电子有限公司作为合作伙伴将为项目提供液晶面板及相关支持。

4 月 21 日 中兴通讯股份有限公司正式宣布，已与美国 Oracle 公司签订战略合作协议，双方将在 SDP（业务交付平台）领域展开全球性的战略合作。

4 月 22 日 三一集团、金风科技股份有限公司、美国健赞公司、葛兰素史克公司等一批国内外企业携 14 个项目进京，总投资达 184 亿元，项目全部建成后预计实现销售收入 370 亿元。北京市市长郭金龙，工业和信息化部副部长苗圩，北京市副市长苟仲文、陆昊等出席了北京工业 2008 年第二批重大项目签约仪式。

4 月 28 日 美国惠而浦公司与海信集团联合宣布：双方将合资组建新公司，投资额有望达 9 亿元，双方将各占 50%。新公司将主要研发与生产海信和惠而浦两个品牌的高端洗衣机及冰箱产品，并供应国际国内市场。

5 月 5 日 英特尔公司、韩国三星电子公司与台湾积体电路制造股份有限公司共同宣布，为了促进半导体产业的持续发展，并保持未来芯片制造及应用的合理成本结构，三家公司达成共识：2012 年将是半导体产业进入 450mm（18 英寸）芯片制造的适当时机。

5 月 6 日 微软（中国）研发集团在北京中关村举行集团总部大楼的奠基仪式。这是微软公司在美国以外地区第一次以买地盖楼的方式进行固定资产的投资，大楼的建设投资超过 2.8 亿美元，预计将于 2010 年竣工。微软（中国）研发集团将成为微软公司在海外规模最大、职能最完备的研发机构。

5 月 28 日 工业和信息化部副部长娄勤俭向缅甸驻华大使吴登伦移交中方捐赠的价值约 20 万美元的 SCDMA 通信设备，以支持缅甸遭受热带风暴袭击后的救灾及重建工作。

5 月 30 日 韩国电子部品研究院院长徐泳柱与中国 e 家佳联盟理事长杨绵绵就“构筑中韩两国家庭智能网络产业技术标准相互合作关系”正式签署战略合作备忘录。

6 月 12 日 辽宁省信息产业厅、辽宁省教育厅联合东北大学、辽宁大学、沈阳工业大学及沈阳理工大学与美国 Mentor Graphics 公司进行战略合作，在沈阳市达成协议共建辽宁省集成电路与电子系统设计联合实验室。辽宁省信息产业厅厅长李兵和部分 IC 领域的企业及科研院所的领导参加联合实验室签约及揭牌仪式。

6 月 16 日 工业和信息化部副部长苗圩会见美国通用汽车公司董事长兼首席执行官理查德·瓦格纳，宾主就国际石油价格问题及汽车业应对措施、中国汽车业发展、通用汽车在华业务开展与合作等交换了意见。

6月23日 英特尔公司董事会主席克瑞格·贝瑞特来到四川省，与四川省政府领导共同启动旨在支持地震灾区灾后重建和恢复工作的“英特尔i世界计划”。该计划的重点是帮助受灾学生重返校园。

7月2日 工业和信息化部副部长苗圩会见法国标致雪铁龙集团监事会主席蒂埃里·标致，宾主就中国汽车工业发展以及雪铁龙集团全球和在华业务开展情况等交换了意见。

7月18日 中国普天信息产业股份有限公司与意大利MYWAVE公司合作建设TD-SCDMA试验网合同签字仪式在北京市举行。根据合同，中国普天将为MYWAVE公司提供TD-SCDMA试验网定制解决方案及系列产品，这是中国普天TD-SCDMA首次在欧洲大陆建设试验网。

7月23日 工业和信息化部副部长苗圩会见来访的俄罗斯联合航空制造集团总裁费德罗夫一行，宾主双方就中俄两国民用航空领域的合作交换了意见。

8月23日 国家发展和改革委员会主任张平、深圳市市长许宗衡、韩国SK集团会长崔泰源、SK电讯株式会社社长金信培在韩国首尔共同签署《深圳信息技术创新合作项目》谅解备忘录。未来5年内，SK集团旗下的SK电讯株式会社将投入巨资，在技术研发、产业合作、信息服务、城市信息化建设和人才交流等方面加强与深圳市的合作。

9月10日 工业和信息化部与微软公司共建的E-learning网络教育平台和技术培训实验室正式揭牌，投入使用。该项目依托于信息产业部软件与集成电路促进中心（CSIP），通过共同建设的网络教育平台和实验室，开展综合性IT培训服务。

10月22日—25日 第五届中国—东盟博览会在广西壮族自治区南宁市举行，国务院副总理王岐山出席开幕式，并在中国—东盟商务与投资峰会上发表演讲。

10月22日—26日 第三届中国—东盟电信周在广西壮族自治区南宁市召开。工业和信息化部副部长娄勤俭出席部长论坛并讲话。

10月30日—31日 第七届中日韩三国IT局长OSS会议及东北亚开源软件推进论坛在江苏省无锡市召开。三方就会议内容达成了一系列共识，形成并签署《第七届中日韩三国IT局长OSS会议纪要》。

10月31日 由工业和信息化部、联合国开发计划署共同主办，思科系统公司协办的“2008亚太公共服务高峰论坛”在北京市举行，主题是“洞察未来，引领发展——公共服务新探索与新实践”。工业和信息化部副部长杨学山出席论坛并致辞。

11月10日 美国应用材料公司西安全球太阳能研发中心奠基仪式在陕西省西安高新区举行。该中心建筑面积达3.4万平方米，预计2009年6月建成并投入初步运营。届时，应用材料公司在西安的投资总额将达到3亿美元。中心建成后将成为全球第一个集合了薄膜和晶体硅太阳能技术的大规模研发中心。

11月14日 美国道康宁公司和德国瓦克化学股份有限公司在江苏省张家港市的硅氧烷工厂和气相二氧化硅工厂一期工程正式投产。这两座新落成的合资工厂是道康宁—瓦克张家港有机硅综合生产基地的组成部分。该生产基地是国内最大的硅氧烷和气相二氧化硅生产基地。

11月19日 工业和信息化部软件与集成电路促进中心（CSIP）与太阳计算机系统（中国）有限公司(Sun)签署谅解备忘录，双方将在工业和信息化部的指导下，合作共建MIIT_CSIP-Sun开放技术创新实验室，并将在绿色IT、中国开源社区运作体系、开源人才培养、开源应用及软件互操作等五个领域开展合作。

11月19日 工业和信息化部副部长娄勤俭会见诺基亚西门子通信公司全球高级副总裁兼首席运营官麦卡，双方就诺基亚西门子通信公司在华业务发展、参与TD-SCDMA研发及商用实验情况、TD-SCDMA技术国际化发展方向及未来演进等交换了意见。

11 月 19 日 工业和信息化部副部长娄勤俭分别会见美国 Sun 公司董事长斯科特·麦克尼列、思科公司全球高级副总裁 (新任思科中国公司董事长兼首席执行官) 吉姆·史瑞夫和 IBM 大中华区董事长周伟焜，就当前金融危机对信息技术产业的影响和进一步加强双方的合作等交换了意见。

11 月 20 日 工业和信息化部副部长娄勤俭会见日本富士通株式会社首席常务董事、中国区总代表五十岚隆。日本客人介绍了在京举行的“富士通论坛”相关情况，双方还就金融危机对信息通信行业的影响及推动富士通与中国产业界的进一步合作交换了意见。

11 月 20 日 工业和信息化部副部长娄勤俭会见美国英特尔公司全球副总裁兼软件与服务事业部总经理蕾妮·詹姆斯，双方主要就目前中国 LINUX 社区发展现状及进一步加强英特尔与中国产业界在此领域的合作交换了意见。

12 月 3 日 商务部中国国际电子商务中心与摩托罗拉公司共同成立的移动商务应用实验室在北京市正式启动。商务部副部长蒋耀平、中国国际电子商务中心主任刘俊生及摩托罗拉 (中国) 电子有限公司总裁高瑞彬出席启动仪式。

12 月 3 日 大连 (日本) 软件园在日本东京举行开园仪式。这是大连市软件和服务外包业“走出去”战略的历史性突破，也是中国建立的首个海外软件园区。

12 月 16 日 亚太空间合作组织成立仪式在北京市举行。中共中央政治局委员、国务院副总理张德江发来贺信。工业和信息化部部长李毅中和亚太空间合作组织理事会主席、泰国信息与通信技术部副常任秘书安格苏木·苏纳来共同为亚太空间合作组织铭牌揭幕。

第9部分　地区电子信息产业概况

北　京　市

【综述】

2008年，面对国内外前所未有的困难，北京市电子信息产业按照北京市委、市政府提出的"需求导向、机制领先、凝聚资源、高端辐射"的方针，全面落实科学发展观，不断推动结构调整和自主创新，积极拓展国内外市场，促进重大项目产业化，加大招商引资力度，全面推进北京市电子信息产业的发展。

北京市的电子信息产业基地和产业园建设正在积极稳步推进，产业集聚效应和产业链更加完备。

2008年，北京市实现主营业务收入4 150.81亿元。其中：电子信息产业制造业实现主营业务收入2 613.81亿元，同比增长-7.9 %，占全市工业企业主营业务收入10 440.17亿元的25.04%，在全国同行业中排名位居第5位，占全国电子信息产业制造业主营业务收入51 253.05亿元的4.81%，所占比重比2007年下降0.4个百分点；利润总额达到66.23亿元，同比增长-43.61%；实现工业增加值314.4亿元，同比增长-0.3 %，对全市工业的贡献率为14.58%，仍然是北京市工业中第一大支柱产业；全年累计完成固定资产投资额38.8亿元，同比增长47%。手机、台式微型计算机、显示器、打印设备、集成电路等产品产量居全国前列，进一步奠定了北京市作为全国信息产业重要城市的地位。

2008年，北京市软件业实现营业收入1 537亿元，同比增长22.7%。年内，全国软件企业营业收入合计7 572.88亿元，在各省、市、地区排序中，北京市位居首位，占全国电子信息软件业销售收入的20.30%；实现利润总额178.4亿元，增长20.8%；集成电路设计企业实现收入45.62亿元，增长2.2%；软件与信息服务业实现工业增加值526亿元，增长18.74%，占全市GDP的比重为5.0%；软件海关出口额达到5.35亿美元，增长16.5%。

2008年，北京市电子信息产业规模以上企业有5 030家，从业人员年末平均人数为393 501人。其中：制造业规模以上企业有513家，从业人员年末人数为148 501人；软件行业规模（50万元）以上企业有4 517家，从业人员年末人数为24.5万人。

北京市有12家电子信息企业入围2009年（第23届）中国电子信息百强企业。

经济运行分析　2008年，北京市内资企业实现主营业务收入占到全市电子信息行业主营业务收入的15.08%，比2007年提高了2.33个百分点；三资企业实现主营业务收入占到全市电子信息行业主营业务收入的84.92%，比 2007 年下降了 2.33 个百分点。

按企业控股经济类型看：国有控股经济实现主营业务收入 370.54 亿元，占到电子信息全行业主营业务收入的 14.95%，比 2007 年下降了 0.45 个百分点；集体控股经济实现主营业务收入 18.02 亿元，占到电子信息全行业收入的 0.73%，与 2007 年持平；私人控股经济实现主营业务收入 52.13 亿元，占到电子信息全行业主营业务收入的 2.10%，比 2007 年提高了 1.58 个百分点；港、澳、台商投资控股经济实现主营业务收入 564.73 亿元，占到电子信息全行业主营业务收入的 22.79%，比 2007 年提高了 7.9 个百分点；外商控股经济实现主营业务收入 1 473.0 亿元，占到电子信息全行业主营业务收入的 59.43%，比 2007 年下降 9.05 个百分点。

从行业结构看：北京市电子信息制造业涵盖了 10 个主要行业，其中通信设备制造业和计算机制造业合计实现营业收入仍占全市电子信息制造业 85.63%的份额。2008 年，通信设备制造业占全市电子信息制造业营业收入比重为 61.25%，比 2007 年下降了 1.23 个百分点；电子计算机制造业占全市电子信息制造业营业收入的比重为 24.37%，比 2007 年提高了 1.35 个百分点；电子器件制造业占全市电子信息制造业营业收入的比重为 9.84%，比 2007 年提高了 1.43 个百分点；电子元件制造业占全市电子信息制造业营业收入的比重为 1.80%，比 2007 年下降了 1.11 个百分点；其他行业所占比例之和仅为 2.73%。通信设备制造业所占比重略有下降，电子计算机制造业所占比重略有上升，电子器件制造业所占比重略有上升，电子元件制造业所占比重下降较快。

北京市电子信息产业的集中度进一步增强。主营业务收入超过 100 亿元的企业有 4 家，超过 10 亿元的企业有 24 家。

2008 年，北京市电子信息制造业经济运行全年有所回落，各项指标均有不同程度下滑。

经济运行特点 一是移动通信产业支柱地位稳固。2008 年，北京移动通信产业继续保持持续发展的态势，实现销售收入 1 600.57 亿元，占电子信息产业总量的 61.25%。

二是主要经济指标和产品产量快速下滑。2008 年，北京市电子信息制造业遭受了前所未有的困难，一方面国际市场疲软引起的出口订单大幅减少，另一方面人民币升值、原材料涨价，导致企业生产成本提高，利润下降，在国际市场失去竞争优势。此外，7 月—9 月，为保证北京奥运会顺利举行而实施的一系列举措都给本市电子信息企业生产和建设项目带来了诸多困难。接着美国次贷危机演化为金融危机，并迅速向欧洲和全球蔓延，对北京市电子信息产业的投资、出口都带来较明显的冲击，由于北京市的电子产品出口和投资对产业增长拉动远大于内需，因此对北京市实体经济造成很大冲击。2008 年，制造业主要产品产量除集成电路外，均为负增长。

三是固定资产投资保持增长。2008 年，国家宏观环境发生变化，主要体现在人民币升值加快、新的劳动合同法出台、内外资企业所得税统一、出口退税率调整、加工贸易管理强化等，影响到加工制造业成本上升，比较优势下降。为保持市场价格的竞争力，造成一些企业外移、订单外移，导致北京市的外资和内资投资减少。但是，2008 年固定资产投资额同比增长 47%。

四是以标准为核心的技术创新取得可喜进展。北京市电子信息产业加大了技术创新力度，研制出地面卫星数字电视和直播卫星数字电视传输标准、移动多媒体广播标准、中国数字音视频编解码标准以及闪联标准等多项标准。

五是产业发展仍具潜力。虽然北京市电子信息制造业遇到极大困难，但是北京市电子信息制造业在多个方面仍具明显优势。2008 年，移动通信手机产量 21 277.47 万部，减少 6.46%，占到全国移动通信手机产量比重的 39.27%，总量排名在全国同行业中第一名；交换机产量 1 660.8 万线，诺基亚通信公司移动通信交换机产量在全国同行业中居第一位；微型计算机产量 691.70 万台，台式电脑产量居全国同行业第二位。笔记本电脑产量居全国同行业第六位；集成电路产量 191 000 万块，同比增长 21.97%，在全国同行业中排名第四位。

电子产品进出口贸易

2008 年，北京市电子信息制造业出口交货值完成 1 285.90 亿元，同比减少 6.05%。其中：通信设备制造业出口交货值完成 1 022.81 亿元，减少7.35 %，占全行业出口交货值的 79.54 %；计算机制造业出口交货值完成 29.44 亿元，减少 5.12%，占全行业出口交货值的

2.29%；电子元件制造业出口交货值完成21.44亿元，减少52.68 %，占全行业出口交货值的1.67%；电子器件制造业出口交货值完成160.5亿元，增长22.56%，占全行业出口交货值的12.45%。

2008年，北京市电子信息制造业利用外资项目累计14个，累计合同外资额10 463万美元，同比减少42.69%；实际使用外资额41 341万美元，增长58.03%。按电子信息制造业领域行业分类：通信设备制造业全年利用外资项目2个，实际使用外资额3 987万美元；计算机制造业全年利用外资项目1个，实际使用外资额2 715万美元；电子器件制造业全年利用外资项目6个，实际使用外资额21 600万美元；电子元件制造业全年利用外资项目1个，实际使用外资额5 316万美元；其他电子设备制造业全年利用外资项目5个，实际使用外资额7 723万美元。

2008年，北京市信息传输服务业、计算机服务业和软件业全年利用外资项目累计317个，实际使用外资额105 396万美元，同比增长34.31%。其中：信息传输服务业全年利用外资项目4个，实际使用外资额1 820万美元；计算机服务业全年利用外资项目72个，实际使用外资额7 671万美元；软件业全年利用外资项目241个，实际使用外资额95 905万美元。

科技进步与应用

北京市电子信息企业围绕国家战略、首都发展、"科技奥运"，不断深化创新工作，研发出一批具有重大影响力的新技术、新产品、新标准，树立了良好的品牌形象，企业综合竞争力日益提升。

国家重大科技专项实施 国家中长期科技规划拟实施的16个重大专项中，"核心电子器件、高端通用芯片及基础软件产品"和"极大规模集成电路制造装备及成套工艺"2个国家科技重大专项的实施方案已于4月23日通过国务院审议。北京市工业促进局先后与两大专项实施方案专家组组长及工业和信息化部主管领导召开座谈会，了解项目的相关情况，为北京市组织实施项目做好准备。在"核高基"项目申报指南发布后，共组织50个集成电路项目报送工业和信息化部，下一步要重点做好地方配套资金的筹集工作。

技术中心建设和品牌培育 截至2007年底，电子信息行业认定市级企业技术中心26家，国家认定企业技术中心9家。2008年，共有30家电子信息企业参加了企业技术中心答辩，其中北京数码视讯公司、北京德信通讯公司等11家企业获得市级企业技术中心认定。目前，北京市电子信息产业拥有10多个中国名牌产品，如：联想（北京）有限公司的台式电脑、笔记本电脑和服务器，北大方正集团公司的台式电脑、笔记本电脑和服务器，同方股份公司的台式电脑等。同时，将重点支持汉王科技股份有限公司的汉王笔、清华紫光股份公司的扫描仪、京东方科技集团股份有限公司的液晶显示屏、北京信威通信有限公司的SCDMA无线接入系统等符合条件的北京名牌企业申报中国名牌。培育北京德信无线通信公司、北京中电华大集成电路设计公司、北京君正电子有限公司、北京中科信电子设备有限公司、北京数码视讯有限公司等符合条件的中小型企业，申报北京名牌。

信息产业基地建设

北京市电子信息产业重点围绕星网工业园和京东方显示科技园两大园区加强建设。以诺基亚通信有限公司为龙头的星网工业园，年产值突破千亿元，成为中国最大的通信产品生产基地。总面积2 000亩的京东方显示工业园，除北京京东方光电公司五代TFT-LCD生产线外，已经有美国康宁公司、韩国LG化学公司等18家国际厂商进驻。康宁玻璃基板项目已正式投产。诺基亚星网工业园及京东方显示科技园两大产业园已具备相当规模，产业发展形势良好。为促进更多的上下游配套企业进驻园区，将把这2个园区打造成北京市电子信息产业独具特色的产业聚集区。

软件产业

2008年，北京市软件与信息服务业贯彻落实以人为本、全面协调可持续发展的科学发展观，遵循市场经济规律和科技自身发展规律，成为现代服务业技术改造和产业升级的重要创新源泉，全面融入首都城市建设和社会经济发展各领域，促进"人文北京、科技北京、绿色北京"建设。

北京软件产业已连续8年销售收入居全国第一位，软件与服务业的出口继续增长。2008年，北京市新认定的软件企业和新登记的软件产品数量稳中有升。其中，新认定的软件企业有973家，累计达到5 318家；新登记的软件产品有 2 370 个，累计达到 13 178 个。加上外资企业和兼营软件开发的企业，软件企业总数超过 5 500 家。在双高人才奖励方面，2008 年，奖励人员 15 297 人，奖励金额达 1.5 亿元。在鼓励出口方面，截至 2008 年底，累计为 440 家软件企业办理了高新软件出口企业确认，享受海关出口增值税免税优惠。

截至 2008 年底，北京市共有 38 家企业成为“国家规划布局内重点软件企业”，占全国总量的 20%；2008 年 6 月，在工业和信息化部公布的“第一届优秀外包企业——中国软件与信息服务外包企业 ITO20 强和 BPO10 强”中，北京市分别有 10 家和 3 家企业入选。2008 年 9 月，在工业和信息化部公布的“2008 年中国软件业务收入百强企业”名单中，北京有 24 家企业位列其中，以绝对优势位居首位。

标准制定 跟踪国家“新一代宽带无线移动通信网”重大科技专项，结合北京市在通信领域的研发优势及产业发展方向，部署了“4G TDD 干扰抑制技术研究及标准化”工作，旨在突破新型多址接入、感知无线电等 4G（第四代移动通信）干扰抑制关键技术，提出国际前沿的 4G TDD（时分双工）系统干扰抑制整体解决方案，并将相关知识产权以提案方式参与到 4G 国际标准化工作中，推动北京继续抢占 4G TDD 国际标准战略制高点。

经过闪联标准工作组多年的努力，由闪联标准工作组提交的闪联标准提案完成了 ISO 全部投票流程，以 96%的支持率高票通过，成为全球 3C 协同领域的首个 ISO 国际标准。

由中电标协文档库技术标准工作委员会制定的电子文档领域的读写接口标准——UOML 标准正式被批准成为 OASIS 标准。北京书生公司、汉王科技股份有限公司、北京红旗贰仟软件技术有限公司、拓尔思公司、紫光股份有限公司等企业已率先支持 UOML 标准，并在国内重点行业开始试点使用。

产业联盟 针对目前北京市基础软件厂商和应用集成商的软件服务水平参差不齐，无法为用户提供高质量服务的现状，通过支持长风联盟作为中立第三方机构，牵头建设长风联盟服务保障体系，提高基础软件厂商和应用集成商的软件服务水平，提高用户对国产基础软件的使用信心，提升国内企业与国际企业的竞争能力，打破国外厂商设立的基础软件市场壁垒，提高市场份额，推进 IT 厂商向高端发展，优化基础软件产业价值链，达到提高北京市基础软件产业市场竞争力的目的。

向服务运营转型 随着软件服务化的趋势日趋明显，许多企业开始从软件产品向软件服务转型。中企动力科技集团股份有限公司作为软件服务化转型的典范，专注于为中小企业提供“IT 应用服务”和“信息化解决方案”的服务积累。据 IT 咨询顾问机构的 IDC 报告数据显示：中企动力科技集团股份有限公司超越 IBM 等跨国巨头，已成为中国 IT 服务外包市场的最大企业。通过与 CNNIC、Google、新浪、搜狐等知名厂商及机构的合作，中企动力科技集团股份有限公司在域名及相关网络推广市场中占据了国内的主要市场份额，并在信息化服务运营领域取得稳步发展，打造真正适合中国企业发展的信息化服务运营专家形象。

服务社会 在北京奥运会期间，北京市采用了大量新技术，如在比赛现场采用了中文显示系统，打破了历届奥运会只以英文作为显示语言的历史；首次应用基于即拍即传 WLAN 专网的数字化新闻系统等技术，实现了拍摄与采编工作的无缝衔接；在奥组委大厦、青岛帆船赛等 56 个奥运场所（共 400 个监控节点）应用了“IPv6 视频监控系统”，实现了视频监控图像在传输过程中的实时性和无马赛克现象，保障了各场馆与重要地点的安全监控；国家应用软件产品质量监督检验中心共完成信息发布系统等 48 个奥运信息系统的质量检测工作，占整个奥运会信息系统检测项目的 70%，获得了北京奥组委的肯定和高度评价。

“北京一号”小卫星是北京市科委主持完成的国家“十五”科技攻关和“863”计划联合支持的重大科技成果，形成了包括数据获取、处理、销售和应用在内的一条龙式的空间信息服务体系。“北京一号”小卫星的成功运行，已服务于土地资源管理、农业资源统计、生态环境监测等领域，特别是在今年中国南方雪灾、四川省汶川特大地震抗灾救灾，以及北京奥运环境整治工作中发挥了重要作用。

闻言科技公司等研发的“听网”移动增值服务技术，建设北京地区面向传统服务企业的移动营销服务支撑平台，为翠微集团、菜百集团、中关村海龙商城及其他京城老字号等传统服务企业提供了移动精准营销服务、在线交易和客户关系管理等在线服务，并以此为契机，培育大型移动增值服务运营商，形成了移动营销和商务服务的产业链，促进了新型移动增值服务业态的形成。为促进传统服务企业服务模式创新，与市商务局联合支持“听网”在朝阳、海淀、昌平等城区开展“移动营销、拉动内需”系列活动，推出“听网”电子优惠券，提升商家营销和服务水平，方便了市民生活。

北京多媒体渲染服务平台由150台服务器组成，峰值计算速度达到每秒12.7万亿次，计算能力居全国首位。截至2008年底，该平台已覆盖国家新媒体产业基地、北京数字娱乐产业示范基地等文化创意产业聚集区，为中央电视台等32家影视动漫企业的44个项目提供29万小时渲染服务，业务领域涉及电影、电视剧、动画、游戏和广告等，并创作了奥运会宣传片等优秀产品。

面临形势 受金融危机影响，软件服务外包和出口下降，国内企业IT投入减少，软件企业上市及融资渠道受阻，低成本压力增大迫使企业外迁，这对北京市软件产业的发展产生了一定影响，但是，也为北京市软件产业的发展提供了发展机遇。首先，全球软件服务外包格局面临调整，对北京市外包企业提高能力、参与和开拓高端市场提供了良好机遇。其次，政府的刺激经济措施和国内巨大需求推动了国内软件产业增长。再者，企业并购加剧，企业集中度增加，提升了行业抗风险的能力。

信息化应用与建设

2008年，北京市信息化办公室共承担了14项折子工作任务，其中：奥运倒排期折子9项（牵头6项、协办3项)，市政府折子3项（牵头2项、协办1项)，新农村折子1项（牵头1项)，实事1项（协办1项)。市委、市政府督察室立项督办件22件，办结22件；人大和政协两会交办的提案建议22件（人大建议9件、政协提案13件)，办结22件；市领导关于网络与信息安全、农村信息化建设及TD—SCDMA等相关建设的批示件71件，办结70件。

奥运会政务信息通信保障工作 北京市建设的800兆位数字集群无线政务网成为奥运史上第一个大规模成功使用的数字集群网络。在奥运会期间，该设备承担了赛事指挥、安全保卫、交通调度和应急指挥等业务，诸多部门交错共用，保障难度之高，在集群应用史上乃是第一次。

本届奥运会无线电保障是难度最大的一项工作，其无线电保障环境复杂，仅竞赛场馆就有31个；使用无线电设备数量多，仅赛场内使用的无线电设备就有约35 000台；在奥运会期间共接到频率申请近9 000份，指配频率20 000余个。为防止非法无线电设备进入赛场，共核发标签105 305个，检测无线电设备6 090台，用户达243个；排查无线电干扰40余起，有效地保障了民航飞行、指挥调度、奥运安保、外国贵宾等重要部门和团队的频率使用安全。

在网络与信息安全保障方面，北京市各部门按照要求，落实信息安全责任制；在奥运会前完成了对各自网络和信息系统的风险评估和安全整改；普遍制定了应急预案并开展了有针对性的测试和演练。在奥运会期间，全市政务网站和政务系统，成功拦截和抵御了23.6万次网络攻击，均未造成破坏和损失，未发生重大信息安全事件；保障了接入电子政务网络的400多家市级单位网络畅通和50多个重要应用系统的安全运行。

在视频会议系统保障方面，应急视频系统设有91个固定会场，19个移动会场，连接近70家单位，会同市应急办等相关部门成功保障市领导召开会议40次，可用度为100%。奥运会期间，移动指挥车共出动84台次，平均25分钟内到达现场。

在奥运会信息服务方面，以政府门户网站为核心，利用北京网、ebeijing等网站优势互补，同时与数字电视、DAB手机电视、信息亭、奥运官方网站、中国移动12580等多种终端实施了不同内容和形式的对接。政府门户网站共计提供奥运服务220个，奥运城市服务230个，其他城市服务550个。奥运会期间，首都之窗门户网站日均页面浏览量约183.7万次，日均访问者IP数为7.8万人，创下了首都之窗门户网站开通10年来的新高。北京08数字博物馆网站可用性达到100%。

数字北京大厦管理办公室以最高的标准，最优的质量，圆满完成了北京网络与技术指挥中心、奥运会技术运行中心相关保障工作。在奥运会期间，数字北京大厦组织了25家单位300多人参加运行保障工作，安排了100多名专业技术人员24小时值班，组织专业人员对各系统各设施巡检360多次，为各单位提供了1 780人次、125个会议服务，为北京奥组委技术部、奥运村部、市奥运保障第10组等10余家单位和部门办公提供了全方位服务。

另外，配合市公安局实施了奥运信息通信系统保障工作计划并参与了筹备工作；配合市旅游局完善了北京旅游信息网等工作。

农村信息化建设 按照市政府折子工程“推进农村信息化”任务的要求，会同市农委汇总了市政府涉农委办局和各相关单位农村信息化工作总结，研究草拟了《农村信息化工作进展及下一步工作安排》；组织召开了农村信息化联席会议，研究讨论了 2008 年北京市农村信息化重点任务，明确了责任分工；组织召开了市政府专题会，部署了推进农村信息化工作，为全面推进农村信息化建设奠定了坚实的基础。

加强农村信息网络基础设施建设，继续推进光纤网络“村村通”工程；加强农村信息化队伍建设，组织开展信息技能培训，编制出版农村信息化培训教材；完善农村信息化评估体系，开展农村基层信息服务站点绩效评估。深化以爱农信息驿站为骨干体系的农村信息化建设。建设广泛覆盖、布局合理、服务高效的农村信息服务网络，使更多京郊农民享受信息化带来的便利。新建农村数字家园 200 个。

社会信用体系建设 目前，市工商局企业信用信息系统共归集了 51 个政府委办局、群众团体和中央驻京单位提供的企业身份信息、良好信息、提示信息和警示信息，面向政府部门完全开放，向社会部分开放；央行企业征信系统实现全国联网查询，使用效果较明显；中关村企业信用制度建设取得试点成效；中小企业信用担保体系建设不断加强；个人信用体系开始推进，北京市个人信贷账户信息有 1 043 万个，信贷余额 2 069 亿元，并以 92%的查得率排名全国前列。目前，提供个人信用报告查询 7 459 次，处理异议 483 次；政府信息公开持续推进，政府部门间法人、个人信息共享逐步深入，研究提出了信用信息共享交换机制，提出了以“一平台一网三系统”为核心的方案。政府部门与中国人民银行共享机制正在研究。初步统计，全市从事征信、信用评级、信用管理咨询等业务的中外信用服务机构 40 余家。

公共服务信息化建设 配合市交通委的交通综合信息服务系统建设，确定了公众出行服务网站建设改造内容，并基本完成了改版工作；完成了对行业现状和北京市政府热线的调研工作；完成了项目建设方案编制工作。在此期间，协调了市交通委、市交管局，研究全市交通信息共享、发布方案。

协助市卫生局研究了医保系统运维管理、主机更新改造、第二代医保系统研发、数据容灾、安全应急、网络改造、年度预算等问题，组织编制了《北京市医疗保险信息系统应急预案（草案）》等相关工作。

其他折子工程 针对市委、市政府督察室督办的任务，市信息化办公室会同市发改委、市工促局等部门，迅速组织了落实工作。一是由市信息化办公室领导牵头，对市委常委会议研究部署的 2008 年电子政务折子工程进行督办，及时报告进展情况。二是按照保障奥运的要求，分四阶段对服务奥运的进展情况进行检查，及时总结奥运会期间好的做法和经验，并转变成为长效机制。三是与各区县、各重要信息系统主管单位签订信息安全责任书，落实信息安全责任制。四是折子工程完成情况将纳入全市电子政务绩效考核内容。

根据市领导批示，加快进行了奥运成果的转化，加强了网络与信息安全工作。市信息化办公室加强了奥运会期间网络与信息安全成果的研究，对奥运会期间工作状况进行了调研，组织相关单位召开了信息安全会议，明确了工作要求，部署了下一阶段的工作任务。根据市领导指示，拟组织召开全市信息安全领导小组会议，研究部署下一阶段首都网络与信息安全工作。

信息化基础设施建设 北京市一批重要的信息化基础设施日臻完善，城市信息化服务功能进一步提高，信息安全保障和应急指挥体系进一步加强。

800 兆位数字集群无线政务专网用户总数为 8.5 万户，包括市应急指挥、公安、城管、交通等政府用户，公交、清洁集团、自来水、金融护卫等公益用户，覆盖城八区、郊区平原地区及各重点区域。有线政务专网实现了市、区、乡镇（街道）和部分村（社区）的政务网络连接，接入单位共计 7 395 家，承载 300 多个业务系统，保障了 6 000 多个基层单位的电子政务应用。城市地理空间、人口、法人基础数据库建成，奥运会期间针对奥运场馆周边区域应急指挥、城市管理的需求，补拍了该地区的最新数据，现已累计 800 多个图层。“无线城市”一期建设已覆盖二环、三环、CBD 商圈、金融街、中关村等地区，覆盖面积约 100 平方公里，是国内最大的“无线城市”网络，奥运会期间免费向社会提供服务。中国移动建设的 TD-SCDMA 网络，实现了手机看电视。

首都之窗网站群成为政务公开、市民办事、政民互动的重要平台。目前，市信息化办公室对社会保障、劳动就业、公共安全、交通出行、医疗健康等10类与群众密切相关的服务进行了整合，集中通过“首都之窗”查询和办理。全市1 900多项行政办事事项中，除涉密事项外，100%的办事指南能在线提供，2 600种相关表格能在线下载，有1 100多项能提供申报、状态查询、结果公示等环节的在线服务，涌现出一批受到欢迎的精品服务，如：房地产交易登记、工商注册登记、车辆违章查询等服务，年页面浏览量超过3 000万次。同时，市信息化办公室通过该网站主动公开信息286件，依申请公开政府信息470件，认真为民提供服务，没有发生一起诉讼事件。

“北京网”和“eBeijing”整合了全市各部门和相关商业机构的公共服务资源，为公众提供全面、权威、丰富的城市综合信息服务，实现北京申奥报告提出的“使任何人能够在任何地点、任何时间，以多种方式便捷地获取北京市政府为他们提供的丰富、及时、准确的资讯和服务”。

另外，科技、教育、文化、农业等部门面向基层，建设了“数字家园”、“爱农信息驿站”、“农业信息服务站”、“远程教育站点”和“数字影院”等设施，改善了基层信息服务。面向旅游者，布放“数字北京”信息亭600多台，开通了13个频道149个栏目，日均浏览量超过66万次。

2008年，市信息化办公室根据保障奥运和城市运行的需要，一是成立了市网络与信息安全应急指挥部，负责信息安全事件的应急处置工作。二是在等级保护、风险评估、信任体系、应急处理等方面出台了管理规定和技术标准，建立了信息安全责任制、风险评估、等级保护、“年度日历”、重大信息安全事件报告处理等制度。三是确定了50个影响城市运行的重要业务系统，进行重点保障，定期检查和测评，发现漏洞及时加固。四是建成信息安全测评、应急、电子认证等6项信息安全基础设施，灾难备份中心正在建设，政府服务领域发放数字证书10万多张，1.2万名公务员使用数字证书进行网上办公。五是开展专业技术人员培训，有400多人和16家单位获得了资质证书，8所市属高校培养了千余名信息安全专业人才。六是在奥运会筹办期间，开展了对政务网站和政务专网的攻击性演练和渗透性测试，建立了信息安全应急预案，并开展了演练。

【统计数据】

表1　2008年北京市电子信息制造业主要行业实现营业收入情况

行业分类	单位	营业收入	增长率（%）	在北京市电子信息制造业中所占比重（%）
通信设备制造业	亿元	1 600.57	−9.73	61.25
电子计算机制造业	亿元	636.99	−2.53	24.37
电子器件制造业	亿元	257.20	7.73	9.84
其中：集成电路	亿元	156.57	47.17	5.99
半导体分立器件	亿元	2.88	−4.48	0.11
真空电子器件	亿元	21.17	−21.88	0.81
光电子器件	亿元	76.32	−25.12	2.92
电子元件制造业	亿元	47.05	−43.03	1.80
广播电视设备制造业	亿元	15.16	11.28	0.58
电子测量仪器制造业	亿元	2.09	5.10	0.08

续表

行业分类	单位	营业收入	增长率（%）	在北京市电子信息制造业中所占比重（%）
电子专用设备制造业	亿元	5.23	−82.62	0.20
家用视听设备制造业	亿元	8.63	−1.21	0.33
电子信息机电产品制造业	亿元	26.66	10.20	1.02
电子信息专用材料制造业	亿元	13.59	23.09	0.52

表 2 北京市电子信息产业入围第 23 届中国电子信息百强企业情况

排名	企业名称	企业类型	2008年营业收入（万元）
3	联想控股有限公司	其他	11 521 069
6	北大方正集团有限公司	国有控股	4 214 163
14	同方股份有限公司	国有控股	1 392 803
21	京东方科技集团股份有限公司	国有控股	1 016 254
34	航天信息股份有限公司	国有控股	593 088
58	紫光股份有限公司	国有控股	386 736
64	北京天宇朗通通信设备有限责任公司	私营企业	351 777
71	大恒新纪元科技股份有限公司	股份制	315 531
76	北京华胜天成科技股份有限公司	私营企业	294 544
80	大唐电信科技股份有限公司	国有控股	269 314
86	北京华旗资讯数码科技有限公司	私营企业	244 823
92	中国软件与技术服务股份有限公司	国有控股	224 081

表 3 2008 年北京市电子信息制造业规模以上企业人员构成情况

企业类别	企业数（家）	年末从业人员总数（人）	企业类别	企业数（家）	年末从业人员总数（人）
国有企业	18	3 810	私营企业	129	11 138
其中：国有独资企业	9	1 993	港澳台商经营企业	40	38 572
集体企业	8	558	外商投资企业	107	58 710
股份有限公司	28	11 435	其中：中外合资企业	43	36 192
联营企业及其他企业	17	4 374	外商独资企业	58	20 901
其他有限责任公司	166	19 904	合计	513	148 501

表 4　2006 年—2008 年北京市电子信息制造业规模以上企业基本情况

项目名称	单位	2006 年	2007 年	2008 年
工业总产值（现行价）	万元	22 342 449	26 631 308	23 858 849
工业销售产值	万元	22 120 268	26 143 327	23 782 890
其中：出口交货值	万元	11 095 104	13 687 145	12 858 950
软件业出口额	万美元	35 600	45 900	53 500
工业增加值（生产法）	万元	3 296 850	3 636 074	314.4
从业人员年末人数	人	130 502	144 966	148 501
从业人员工资总额	万元	539 635	661 984	696 122

表 5　2006 年—2008 年北京市电子信息制造业规模以上三资企业基本情况

项目名称	单位	2006 年	2007 年	2008 年
工业总产值（现行价）	万元	19 968 712	23 939 774	20 979 264
工业销售产值	万元	19 783 750	23 536 631	20 906 152
其中：出口交货值	万元	10 935 530	13 458 260	12 667 882
软件业出口额	万美元	35 600	45 900	53 500
工业增加值（生产法）	万元	2 760 545	2 960 055	2 919 141
从业人员年末人数	人	84 235	95 954	97 282
从业人员工资总额	万元	364 487	451 824	461 640
主营业务收入	亿元	2 103.5	2 494.9	2 104.6
利润总额	亿元	74.5	99.0	41.8

表 6　2006 年—2008 年北京市电子信息制造业规模以上企业财务情况

项目名称	单位	2006 年	2007 年	2008 年
流动资产合计	万元	9 727 401	11 306 282	9 817 749
固定资产合计	万元	3 735 484	3 693 341	3 400 539
资产合计	万元	15 624 553	17 600 824	15 147 906
流动负债合计	万元	7 464 201	9 560 108	7 521 041
负债合计	万元	8 892 170	10 604 349	8 166 402
所有者权益合计	万元	6 751 923	6 996 475	6 981 504
主营业务收入	万元	24 038 873	28 379 826	26 138 096
软件业产品营业收入	万元	9 719 600	12 520 200	15 370 000
投资收益	万元	–48 082	105 502	85 842

续表

项目名称	单位	2006 年	2007 年	2008 年
利润总额	万元	712 883	1 174 504	662 330
应交所得税	万元	105 591	124 669	154 312
利税总额	万元	960 712	1 191 459	

表 7 2006 年—2008 年北京市电子信息制造业规模以上企业主要经济效益指标完成情况

项目名称	单位	2006 年	2007 年	2008 年
全员劳动生产率	元/人	252 628	250 822.5	194 873
流动资金周转率	%	2.6	2.7	2.5
产品销售率	%	99.0	98.2	99.7
总资产贡献率	%	7.3	9.4	5.9
资产保值增值率	%	114.7	103.6	99.8
资产负债率	%	56.9	60.3	53.9

表 8 2006 年—2008 年北京市电子信息制造业规模以上三资企业主要经济效益指标完成情况

项目名称	单位	2006 年	2007 年	2008 年
全员劳动生产率	元/人	327 719	308 486.9	228 422
流动资金周转率	%	3.5	3.6	3.2
产品销售率	%	99.1	98.3	99.7
总资产贡献率	%	10.5	12.2	6.2
资产保值增值率	%	109.1	96.3	102.3
资产负债率	%	61.7	66.8	60.9

表 9 2006 年—2008 年北京市主要电子信息产品产销量情况

产品名称	单位	产量			销量		
		2006年	2007年	2008年	2006年	2007年	2008年
移动通信手持机	万部	14 276.6	22 746.8	20 725.5	14 292.0	22 363.2	20 963.3
程控交换机	万线	4 655.5	2 765.6	1 660.8	4 668.3	2 766.0	1 674.9
移动通信基站	信道	2 668 956	5 855 400	4 171 881	2 589 915	5 962 600	4 132 269
录放像机	万部	22.7	24.1	3.3	23.2	23.4	3.8

续表

产品名称	单位	产量			销量		
		2006年	2007年	2008年	2006年	2007年	2008年
微机	万部	736.1	832.2	691.7	707.5	831.7	691.1
显示器	万台	680.7	515.8	478.1	668.1	515.5	488.2
彩色显像管	万只	981.4	840.6	650.4	991.4	852.7	658.0
半导体集成电路	亿块	450.2	463.6	19.1	449.7	456.6	17.5
电子元件	亿只	9.3	15.7	431.3	7.7	15.2	430.9

表 10　2006 年—2008 年北京市三资企业主要电子信息产品产销量情况

产品名称	单位	产量			销量		
		2006年	2007年	2008年	2006年	2007年	2008年
移动通信手持机	万部	14 276.6	22 722.8	19 835.4	14 290.8	22 340.7	20 073.3
程控交换机	万线	4 653.8	2 765.6	1 586.0	4 665.8	2 766.0	1 586.0
移动通信基站	信道	2 665 685	3 035 400	4 167 675	2 586 644	3 042 600	4 128 284
录像机	万部	22.7	24.1	3.3	23.2	23.4	3.8
微机	万部	583.6	573.3	564.1	583.2	574.6	562.3
显示器	万台	562.0	515.8	458.5	556.9	515.5	469.7
彩色显像管	万只	981.4	840.6	650.4	991.4	852.7	658.0
半导体集成电路	亿块	445.9	454.9	15.2	445.4	435.5	14.6
电子元件	亿只	5.9	11.2	419.1	4.7	11.6	418.6

注：表 1~表 10 数据来源于北京市统计局。

[撰稿：向三渝　审稿：陈小南]

天津中环电子信息集团有限公司

【综述】

2008 年，天津中环电子信息集团有限公司系统共有电子制造和系统集成服务企业 184 家，其中全资和控股子公司 75 家，参股子公司 18 家；年末从业人员总数 45 201 人，其中工程技术人员 4 936 人，管理人员 5 176 人；固定资产原值 91 亿元，固定资产净值平均余额 83 亿元。

全年完成工业总产值 968 亿元，同比增长 1.0%；实现主营业务收入 963 亿元，减少 1.3%；完成工业增加值 115.5 亿元，增长 14.4%；完成出口创汇 88.0 亿美元，增长 3.5%；实现利润总额 29.5 亿元，减少 43.2%。

2008 年，造成该集团公司增速回落、效益下降的主要原因：一是产品大幅降价，导致全年收入减少近 150 亿元。二是受金融危机影响，导致全球电子消费品需求减少，下半年减少订单近 80 亿元。三是受汇率变化影响，效益减少近 20 亿元。四是受手机大幅降价、低价手机在手机总量中所占比重偏大、美元贬值加速、四季度订单大幅削减等诸多因素的影响，导致天津三星通信有限公司主营业务收入增幅回落 55.6 个百分点、利润总额增幅回落 206 个百分点。由于其在该集团公司经济总量中所占比重达到 40%，因此导致该集团公司首次出现增幅回落。全年经济工作的主要特点如下：

一是集团经济保持稳定。三资企业仍是该集团公司经济总量的主体。高端数码照相机、液晶电视机、发光二极管、新型电子元器件、锂电池等一批重点产品通过增资扩能和调整结构，保持增长势头。天津三星高新电机有限公司、天津三星视界移动有限公司等 9 个三星企业实现主营业务收入 841 亿元，同比增长 2.0%。全年三资企业完成工业总产值 904.3 亿元，同比增长 0.4%，占该集团公司经济总量的 93.4%。国有及国有控股企业完成工业总产值 76.0 亿元，增长 13.5%；实现主营业务收入 77 亿元，增长 11.3%。在该集团公司的 24 家直属企业中，有 14 家企业保持不同幅度的增长，其中，安讯达科技有限公司、七六四通信导航技术有限公司、中环天佳电子有限公司等企业的增长幅度超过 30.0%。通信广播集团有限公司完成工业总产值 19 亿元，增长 32.0%；光电集团公司完成工业总产值 11 亿元，增长 15.4%；环欧半导体公司完成工业总产值 7.1 亿元，增长 27.3%。

二是重点项目建设取得进展。全年累计完成竣工验收项目 13 项，投资总额 16 亿元。手机扩能、片式元器件扩能、手机电池配套等一批列入天津市重点建设项目的工程相继完工或投产。高密度互联积层板项目、智能仪表工业园产业化项目列入天津市第四批 20 项重点项目。全年完成新产品、新技术、新工艺开发项目 356 项，其中，具有国际先进水平的项目有 7 项，具有国内领先水平的项目有 239 项；获得天津市科技进步奖的项目有 5 项，获得天津市技术创新奖的项目有 7 项。国有企业申请专利 151 项。

2008 年 11 月 10 日，该集团公司召开了首届科技大会，对 30 个科技进步项目等进行了表彰和奖励。同年，该集团公司所属企业获得全国电子信息行业 QC 小组一等奖 21 项，居全国各省市首位。

三是改革改制步伐不断加快。该集团公司改革方案已获得天津市国资委批复，办理了工商变更登记。该集团公司名称变更为“天津中环电子信息集团有限公司”，注册资本增加到 20.27 亿元，确定了三级产权链。

同年，该集团公司对安讯达科技有限公司进行了调整与重组，为其上市融资奠定了基础。此外，加快集团公司财务中心的建设，完成了应用软件的选型及财务核算系统初始化工作，对首批进中心的 24 家企业进行了培训；加强对下属企业的调整改制，优化了 15 家企业的股权结构，对 26 家企业进行了增资扩股、改制、清算和注销，组建了 6 家新企业。盘活企业存量资产，全年共出让土地和房屋 14 处，协议金额 2.16 亿元。年内成立了天津市电子工业协会。

四是继续加强品牌建设。全面启动集团公司品牌战略规划，完成了“中环”品牌识别系统的设计，确定了包括图形、中文和拼音在内的“中环”商标，编制了中环企业识别系统和“中环”品牌准入指导规范；召开了中环视觉识别系统的规范专题会议，中环华祥电子有限公司、中环半导体股份有限公司等一批企业在产品及宣传品中使用“中环”商标的申请得到批准和规范。扩大“中环”品牌的知名度和影响力，在中国天津全国商品交易会暨投资洽谈会、手机国际展览会、高速公路电子设备展览会、北京多国仪器仪表展览会上，宣传推广了“中环”品牌。

五是实施人才强企战略。全年为重点研发平台、重点项目引进高层次关键技术人才 48 人；国有企业招收高校毕业生 550 人，其中重点大学占 75%以上，硕士、博士生合计 87 人；402 名专业技术骨干获得中级、高级职称资格；443 名技术工人晋升了职业资格等级，134 名职工被评定为技师和高级技师；七六四通信导航记述有限公司的高级技师万文雅成为首批享受国务院特殊津贴的高技能人才；雅马哈公司高级技师陈世运荣获“中华技能大奖”；通广集团公司通信部十一车间被命名为国防邮电系统“工人先锋号”集体。

【统计数据】

表 1　2008 年天津中环电子信息集团有限公司人员构成情况

企业类别	企业数（家）	年末从业人员总数（人）	人员构成			
			工程技术人员（人）	在总人数中所占比例（%）	管理人员（人）	在总人数中所占比例（%）
国有企业	28	2 219	292	13.2	578	26.0
国有独资企业	3	773	54	7.0	216	27.9
集体企业	30	504	64	12.7	116	23.0
股份合作企业	3	68	34	50.0	12	17.6
其他企业	2	98	28	28.6	31	31.6
三资企业	46	28 977	4 464	15.4	4 223	14.6

注：表 1 数据不包括系统集成服务企业的数据。

表 2　2006 年—2008 年天津中环电子信息集团有限公司基本情况

项目名称	单位	2006 年	2007 年	2008 年
工业总产值（现行价）	万元	6 950 212	8 953 788	8 947 375
工业销售产值	万元	6 913 024	8 880 787	8 801 874
出口交货值	万元	4 494 477	6 262 545	5 558 373
工业增加值	万元	1 080 009	981 195	1 063 094
流动资产平均余额	万元	1 992 419	2 362 029	2 353 380
固定资产净值平均余额	万元	687 878	720 753	786 376
资产总计	万元	3 079 198	3 526 975	3 228 454
负债总计	万元	1 756 577	1 931 951	1 650 418
产品销售收入	万元	6 984 049	8 964 832	8 845 764
税金总额	万元	97 891	54 240	73 651
利润总额	万元	351 751	492 758	277 524
应交所得税	万元	64 327	94 373	102 953
从业人员年末人数	人	49 715	48 861	45 201
从业人员工资总额	万元	125 849	152 698	208 294

表 3 2006 年—2008 年天津中环电子信息集团有限公司三资企业基本情况

项目名称	单位	2006 年	2007 年	2008 年
工业总产值（现行价）	万元	6 428 969	8 424 020	8 359 423
工业销售产值	万元	6 409 286	8 348 721	8 234 271
出口交货值	万元	4 415 658	6 175 306	5 473 601
工业增加值	万元	963 220	829 510	879 891
流动资产平均余额	万元	1 508 523	1 866 154	1 826 726
固定资产净值平均余额	万元	453 512	498 398	511 044
资产总计	万元	2 206 176	2 526 392	2 182 270
负债总计	万元	1 205 457	1 343 258	1 052 078
产品销售收入	万元	6 480 489	8 427 835	8 266 256
税金总额	万元	83 031	37 744	57 263
利润总额	万元	327 311	445 325	232 333
应交所得税	万元	61 563	87 145	96 312
从业人员年末人数	人	30 721	31 119	28 977
从业人员工资总额	万元	88 107	111 586	156 064

表 4 2006 年—2008 年天津中环电子信息集团有限公司主要经济效益指标完成情况

项目名称	单位	2006 年	2007 年	2008 年
工业全员劳动生产率	元/人	220 996	186 098	226 115
流动资金周转率	%	3.8	3.8	3.7
产品销售率	%	99.5	99.0	98.4
总资产贡献率	%	14.7	17.8	11.6
资产保值增值率	%	118.9	116.2	102.2
资产负债率	%	57.1	60.0	51.1

表 5 2006 年—2008 年天津中环电子信息集团有限公司三资企业主要经济效益指标完成情况

项目名称	单位	2006 年	2007 年	2008 年
工业全员劳动生产率	元/人	323 369	244 896	289 095
流动资金周转率	%	4.6	4.6	4.5
产品销售率	%	99.7	98.7	98.5
总资产贡献率	%	18.6	22.7	13.7
资产保值增值率	%	119.0	114.5	96.6
资产负债率	%	54.6	59.7	48.2

表6　2006年—2008年天津中环电子信息集团有限公司主要电子信息产品产销量情况

产品名称	单位	产量			销量		
		2006年	2007年	2008年	2006年	2007年	2008年
光电端机	部	6 510	2 030	1 332	2 442	3 072	2 195
传真机	部	45 842	77 156	67 275	50 847	72 108	64 000
扬声器	万只	1 996	2 012	3 672	2 009	1 886	2 970
电子线缆	万公里	10.5	8.3	10.0	10.8	7.9	9.5
印刷电路板	平方米	320 389	359 543	443 207	320 389	359 543	443 207
单晶硅	千克	61 347	79 843	67 847	62 861	76 382	68 794
半导体片材	万片	648	799	1 175	649	771	1 082

表7　2006年—2008年天津中环电子信息集团有限公司三资企业主要电子信息产品产销量情况

产品名称	单位	产量			销量		
		2006年	2007年	2008年	2006年	2007年	2008年
手机	万部	2 980.6	5 511	6 488.7	2 955.5	5 504	6 490.7
彩色电视机	万台	63.6	56.8	69.9	63.2	56.3	70.9
液晶电视机	台	296 892	907 307	1 280 987	292 577	904 582	1 282 672
等离子电视机	台	45 492	62 569	56 311	45 224	62 339	56 859
DVD机	万台	159.3	262.4	375.5	162.2	262.5	355.6
电子琴	万台	130.0	144.3	138.3	130.0	144.1	139.7
彩色显示器	万台	172.3	60.0	39.7	171.9	60.8	40.3
液晶显示器	万台	437.0	565.1	674.4	434.5	566.5	668.7
打印头	万只	128.0	138.8	162.0	126.0	138.5	162.0
墨盒	万只	8 152	8 189	7 804	7 976	8 307	7 774
彩色显像管	万只	333	237	278	336	232	275
键盘	万只	814.2	855.4	812.0	806.7	864.6	808
铝电解电容器	亿只	33.4	31.0	28.2	33.9	31.1	27.2
片式电容器	亿只	637.9	926.9	1 104.2	586.7	909.4	1 094.4
片式电阻器	亿只	249.7	327.0	508.4	242.2	310.1	501.8
录像机	万部	141.9	198.6	198.9	143.8	198.5	194.6
锂电池	万块		6 976	7 479		6 942	7 405
图像传感器	万只		4 473	5 589		4 251	5 538
发光二极管	万只	33 197	79 360	127 736	33 601	73 807	116 682

注：表1~表7数据来源于该集团公司上报工业和信息化部的统计年报。

表 8　2008 年天津中环电子信息集团有限公司科技成果情况

项目名称	获奖级别	获奖单位	奖励编号
交通诱导信息发布显示控制系统	天津市科学技术进步奖二等奖	天津市中环系统工程有限责任公司	2008JB-2-058
面向电子标签应用系统的普适计算平台	天津市科学技术进步奖二等奖	天津理工大学、天津市中环电子计算机公司	2008JB-2-062
OEF5218 型无线激光传真一体机	天津市技术创新优秀项目二等奖	天津光电通信技术有限公司	002010
数字化体育场安全防范系统	天津市科学技术进步奖三等奖	天津市中环系统工程有限责任公司	2008JB-3-189
2CLG1015 特殊电源用塑封高压硅堆	天津市技术创新优秀项目三等奖	天津中环半导体股份有限公司	003003
射频同轴电缆生产线新技术开发	天津市科学技术进步奖三等奖	天津大学、天津安讯达科技有限公司	2008JB-3-126
信息离散变换组合	天津市技术创新优秀项目三等奖	天津光电通信技术有限公司	003005
机动式着陆系统	天津市技术创新优秀项目三等奖	天津七六四通信导航技术有限公司	003006
镀镍铜芯辐照交联 XETFE 绝缘电线	天津市技术创新优秀项目三等奖	天津六〇九电缆有限公司	003007
SGB-105 型高温工业电视	天津市技术创新优秀项目三等奖	天津市电视技术研究所	003008

注：表 8 内容来源于该集团公司的统计年鉴。

[撰稿：胡宗京　审稿：刘桂彦]

河　北　省

【综述】

2008 年，河北省电子信息产业广大干部职工努力学习实践科学发展观，深入贯彻省委、省政府决策部署，认真落实全省信息产业工作会议精神，积极克服人民币升值加速、原材料价格上涨等不利因素的影响，坚持以项目建设为突破口，着力优化发展环境，加快培育新的增长点，积极推进信息化与工业化融合，全省电子信息产业各项工作取得了显著进展。

2008 年，河北省电子信息产业在统计内企业有 487 家，从业人员有 12.57 万人；完成主营业务收入 611.61 亿元，同比增长 52.62%；完成工业增加值 163.29 亿元，增长 40.01%；实现利税 92.93 亿元，增长 54.39%；出口创汇 19.25 亿美元，增长 61.35%。

2008 年，河北省电子信息产业大项目建设取得历史性突破。目前，投资超过 10 亿元的电子信息产业大项目有 22 个，总投资 1 555 亿元，全部达产后可实现销售收入 4 720 亿元。其中，投资额超过 100 亿元的项目有 6 个，列入省重点产业支持的项目有 15 个，占全省重点产业支持项目（53 个）的 28.3%。在部分领域形成了较为完善的产业链条和竞争优势：在太阳能光伏电池领域，宁晋的晶龙实业集团有限公司和保定的天威英利新能源有限公司迅速扩张，使河北省成为国内最大的太阳能级单晶硅生产基地和主要的太阳能光伏电池生产基地之一。在通信领域，中国电子科技集团公司第五十四研究所的研发实力雄厚，产业化水平不断提高，随着富士康科技集团、华为技术有限公司、中兴通讯股份有限公司等重点项目开工建设，河北省将成为重要的通信产品制造和研发基地。在液晶显示领域，拥有河北省液晶显示发展总公司、石家庄永生华清液晶有限公司等骨干企业，京东方（河北）移动显示技术有限公司在固安的平板显示系统项目加盟使产业链更加完善，为加快液晶显示产业的发展奠定了基础。在半导体照明领域，廊坊清芯光电有限公司的LED一期项目建成投产，中国电子科技集团公司第十三研究所的半导体照明项目投产，石家庄市被列为全国6个半导体照明产业化基地城市之一。

随着大项目的引进和建设，“秦皇岛—唐山—廊坊—保定—石家庄—邢台”一线产业集聚带逐步显现，主营业务收入占全省电子信息产业的87.9%以上；保定的电力电子、承德的智能仪器仪表、沧州的线路板等一批特色产业聚集区初具规模；一批省级信息产业基地、软件园区、特色产品园区的建设，促进了产业链的形成和完善，加快了产业聚集。

近几年来，河北省电子信息产业销售利润率一直保持在10%左右，高于全国平均水平6~7个百分点；2008年达到11.9%，约高于全国11个百分点。主要原因是由于河北省的生产要素成本较低，产品多处于产业链的上游，原材料、元器件所占比重较大。宁晋晶龙实业集团有限公司、保定风帆股份有限公司、中国乐凯胶片集团公司等3家企业进入中国电子信息百强企业，其中晶龙实业集团有限公司由上届的第57位前移到第24位。

华为技术有限公司、中兴通讯股份有限公司、京东方科技集团股份有限公司、中国航天科工集团等大集团先后落户河北省；富士康科技集团在廊坊和秦皇岛两地建设生产加工基地，计划总投资70亿美元。2007年以来，有7项投资额超过10亿元的项目落户河北省。有3家企业相继在境外上市，宁晋晶澳太阳能有限公司在美国纳斯达克上市，保定天威英利新能源有限公司在纽交所主板上市，秦皇岛海湾集团在香港主板上市，募集资金合计超过10亿美元。

软件业

全省累计认定软件企业有292家，登记软件产品有1 822个，获得计算机信息系统集成资质的企业有60家，其中1家企业获得了CMM认证。电力电子、安防电子、医疗电子、汽车电子等重点软件企业和领域发展势头良好，其中安防电子保持全国领先优势。石家庄、保定、廊坊、秦皇岛4个省级软件园区入园企业约有300家。中兴华通科技有限公司高科技产业基地已经投产，中国联合网络通信集团有限公司廊坊信息服务基地、秦皇岛数据产业基地等一批信息服务业重大项目正在建设，将不断提升河北省软件与信息服务业水平。

信息化应用与建设

信息基础建设 一是初步形成了覆盖全省城乡的信息通信网络。二是信息资源开发利用得到加强。河北省在全国率先开展了信息资源规划试点，宏观经济、人口与人力资源、法人基础信息、自然资源和基础地理、历史公共文献五大基础数据库不断丰富和完善。建设了全省信息交换与共享平台，正在开发的企业基础信息共享系统，可实现工商、税务、质监等部门间的信息交换。三是网络与信息安全保障体系不断完善，开展了信息安全发展战略研究，完成了25个重要信息系统安全测评。

电子政务建设 电子政务“112工程”建设（构建1个全省统一的电子政务网络平台、建设12个重点应用系统）平台已经形成，建设了全省统一的机关视频会议系统；网上审批系统已向社会提供52个省直部门807项行政许可项目办事服务，其中138项实现了网上办理；农业信息服务系统“三电一厅”模式得到原国务院信息化办公室和农业部的充分肯定并在全国推广；远程教育网络覆盖了全省所有农村中小学校，网络规模和资源总量处于全国首位；建立了服务功能较强的政府门户网站群，“中国河北”门户网站成为信息公开、网上办事和政民互动的重要窗口。

信息技术改造提升传统产业 信息技术在节能减排、提升效率和管理水平等方面发挥了重要作用，企业信息化水平不断提高，全省有27家大型企业进入2007年度中国企业信息化500强；组织实施了中小企业信息化促进工程，有3万多家中小企业应用了“信息魅力”服务平台，提升了信息技术应用水平。

电子商务建设 认证、物流及网上支付等配套支撑体系初步形成，组织实施了电子商务试点示范工程，一批重点企业形成了集网上订货、物流配送为一体的电子商务运营模式；一批县域经济特色网站已建设应用，有力地促进了县域经济的快速发展。

其他

河北省无线电管理基础设施逐步完善，技术手段不断增强，管理水平进一步提高。认真履行工作职能，加强了对全省 10 万台各类无线电台（站）的监管，及时查处各类无线电违法违章案件，协调解决各类无线电干扰，保障了国家和省重大活动期间无线通信畅通。在北京奥运会及残奥会期间，为保障北京周边及秦皇岛赛场无线电安全，河北省先后出动无线电保障人员 230 人，监测车 42 辆，查出各类无线电干扰 96 起，没收各类非法无线电设备 2 460 台（件），出色地完成了奥运会及残奥会无线电安全保障任务，为此，河北省无线电管理局、秦皇岛无线电管理分局和 9 名同志受到国家表彰。

存在问题

一是电子信息产业规模小，产业集中度较低。河北省境内没有一家被原信息产业部命名的国家级信息产业基地、园区。能够带动行业发展的大公司、大集团少，全国电子百强企业中全省仅有 3 家企业上榜。

二是信息化管理体制亟待理顺。河北省信息化建设的多头管理、自成体系等问题没有得到根本解决，特别是信息资源共享难度大、重复建设严重，急需建立统一的电子政务网络管理机制。

三是信息化应用水平低，信息化与经济社会发展的融合深度不够，对经济结构调整、发展方式转变尚未发挥应有的作用。

四是受金融危机影响加剧。主要表现在：国外企业订单减少，出口增速呈下降趋势；多晶硅、铜等电子信息产品基础原材料的国际价格大幅波动，企业待工观望，开工明显不足；产成品价格持续走低，企业获利空间明显减少；部分在建大项目未能如期建成投产。

虽然受到金融危机的影响，但是由于河北省电子信息产业对外依存度较低，受金融危机的冲击相对较小，全省电子信息产业快速发展的态势基本没有改变，一批重大项目相继投产，仍处在快速增长期；具有一定实力的电子信息企业可以借此机会通过兼并、收购等手段，获得核心技术，优化产品结构；迫使企业通过加强电子信息化手段降低成本、提高效益，这为电子信息技术的推广应用提供了发展空间。另外，国家扩大内需政策的实施和 3G 牌照的发放，也为全省电力电子、医疗电子、交通电子、通信设备等产品提供了广阔市场。

【统计数据】

表 1　2008 年河北省电子信息产业人员构成情况

企业类别	企业数（家）	年末从业人员总数（人）	人员构成					
			工程技术人员（人）	在总人数中所占比例（%）	管理人员（人）	在总人数中所占比例（%）	软件开发研究人员（人）	技术工人（人）
国有企业	19	27 399	6 586	24.0	2 062	7.5	177	44
国有独资企业	2	6 539	557	8.5	583	8.9		
集体企业	6	244	24	9.8	28	11.5	89	8
股份合作企业	1	27	2	7.4	4	14.8		21
其他企业	389	63 781	12 840	20.1	7 727	12.1	5 305	6 804
三资企业	72	34 245	1 229	3.6	5 913	17.3	1 547	1 360

表2 2006年—2008年河北省电子信息产业基本情况

项目名称	单位	2006年	2007年	2008年
工业总产值（现行价）	万元	2 847 212	42 173 787	6 131 140
工业销售产值	万元	2 663 531	3 981 182	5 878 664
出口交货值	万元	488 418	906 836	1 308 762
其中：软件出口额	万元	11 193	5 958	10 428
工业增加值	万元	839 213	1 166 196	1 632 862
流动资产平均余额	万元	82 824	2 593 192	3 848 853
固定资产净值平均余额	万元	155 444	1 198 993	1 439 711
资产总计	万元	3 871 471	5 421 968	7 228 049
负债合计	万元	1 716 319	2 603 679	3 355 216
产品销售收入	万元	2 693 710	4 007 440	6 116 116
其中：软件产品销售收入	万元	292 362	263 741	634 902
税金总额	万元	107 755	88 720	158 036
利润总额	万元	303 959	513 496	771 275
应交所得税	万元	42 673	80 622	88 171
从业人员年末人数	人	82 824	98 278	125 723
从业人员工资总额	万元	155 444	192 096	298 749

表3 2006年—2008年河北省电子信息产业三资企业基本情况

项目名称	单位	2006年	2007年	2008年
工业总产值（现行价）	万元	742 712	1 225 469	1 988 962
工业销售产值	万元	626 608	1 143 388	1 859 658
出口交货值	万元	329 384	633 461	977 837
其中：软件出口额	万元	9 578	1 535	7 470
工业增加值	万元	228 010	368 211	562 862
流动资产平均余额	万元	14 888	669 338	1 313 830
固定资产净值平均余额	万元	27 530	246 582	444 679
资产总计	万元	672 363	1 354 233	2 367 717
负债合计	万元	335 650	653 138	1 149 253
产品销售收入	万元	557 220	1 129 844	1 898 614
其中：软件产品销售收入	万元		25 561	159 479
税金总额	万元	17 265	7 616	14 326

续表

项目名称	单位	2006 年	2007 年	2008 年
利润总额	万元	106 610	216 514	275 174
应交所得税	万元	14 036	19 965	23 761
从业人员年末人数	人	14 888	21 807	34 245
从业人员工资总额	万元	27 530	44 458	77 357

表 4　2006 年—2008 年河北省电子信息产业主要经济效益指标完成情况

项目名称	单位	2006 年	2007 年	2008 年
全员劳动生产率	元/人	105 218.0	124 160.4	140 013.1
流动资产周转率	%	1.7	1.5	1.6
产品销售率	%	92.8	93.7	95.4
总资产贡献率	%	10.7	11.5	13.3
资产保值增值率	%	178.3	142.3	136.8
资产负债率	%	44.7	48.63	47.3

表 5　2006 年—2008 年河北省电子信息产业三资企业主要经济效益指标完成情况

项目名称	单位	2006 年	2007 年	2008 年
全员劳动生产率	元/人	160 012.0	176 510.0	182 939.9
流动资金周转率	%	2.1	1.6	1.5
产品销售率	%	82.7	92.5	92.9
总资产贡献率	%	19.3	17.1	12.6
资产保值增值率	%	296.7	163.2	149.4
资产负债率	%	49.4	50.5	49.9

表 6　2006 年—2008 年河北省主要电子信息产品产销量情况

产品名称	单位	产量			销量		
		2006年	2007年	2008年	2006年	2007年	2008年
玻壳	万只	389	311.7	435	399	300.8	385
程控交换机	线	90 900	169 000	13 000	90 900	169 000	13 000

表 7　2006 年—2008 年河北省三资企业主要电子信息产品产销量情况

产品名称	单位	产量			销量		
		2006年	2007年	2008年	2006年	2007年	2008年
硅太阳能电池	kW	550 000	1 123 740	560 000	510 000	1 123 740	560 000
单晶硅	吨	1 174	1 117	943	1 200	1 132	943
单晶硅片	万片	6 701	2 362	5 449	5 831	2 473	5 464

注：表 1~表 7 数据来源于河北省信息产业厅。

[撰稿：宋进珠　审稿：邹平]

山 西 省

【综述】

2008 年，山西省信息产业经济运行基本平稳。电子信息产业制造业实现工业增加值 20.21 亿元，软件业实现软件业务收入 7.57 亿元。

电子信息产业制造业

2008 年，山西省规模以上电子信息产业制造业企业实现工业增加值 20.21 亿元，同比增长 103.94%；实现主营业务收入 101.72 亿元，增长 47.57%；实现税金总额 1.17 亿元，减少 32.76%；实现利润总额 1.33 亿元，减少 64.63%；实现产品出口额 4.59 亿美元，增长 98.70%。

全年工业增加值增速超过全国同期值 82.24 个百分点；主营业务收入增速超过全国同期值 32.87 个百分点；产业经济规模继续快速增长。产品出口增长，拉动行业发展。

经济运行存在的主要问题：一是经济效益急剧下滑。山西省电子信息产业实现利润总额减少 53.0%；下降速度超过全国同期值 57.1 个百分点；实现税金总额减少 40.0%，下降速度超过全国同期值 49.8 个百分点。二是产成品存货居高不下。全年山西省电子信息产业产成品存货 7.59 亿元，增长 30.6%，超过全国同期值 14.9 个百分点。企业部分流动资金呆滞。三是固定资产投资回落。全年山西省信息产业固定资产投资同比下降了 8.25 个百分点，回落速度过快，对产业发展拉动作用减弱。四是中小企业经营困难。由于受美国次贷危机①等多种因素的影响，自 2008 年 10 月以后，中小企业陷入了产品销量骤减、产品价格暴跌、货款回收困难、订单急剧减少的经营困境，部分企业被迫停产半停产。五是亏损企业亏损额增长过快。全行业亏损企业亏损额 1.95 亿元，增长 59.84%。

软件业

2008 年，全省共有软件企业 81 个，年末从业人员数 4 609 人，全年实现软件业务收入 7.57 亿元，同比增长 59.92%。其中，实现软件产品收入 5.13 亿元，增长 54.22%；实现系统集成收入 1.33 亿元，增长 92.39%；实现软件技术服务收入 0.62 亿元，增长 49.22%；实现嵌入式系统软件收入 0.48 亿元，增长 59.79%；首次实现 IC 设计收入 10 万元；实现工业增加值 3.03 亿元，增长 62.56%；实现利润总额 1.78 亿元，增长 68.93%；上

注：①次贷危机又称次级房贷危机，也译为次债危机。它是指一场发生在美国，因次级抵押贷款机构破产、投资基金被迫关闭、股市剧烈震荡引起的金融风暴。它致使全球主要金融市场出现以资金流动性不足为主要特征的危机。美国“次贷危机”是从 2006 年春季开始逐步显现的。2007 年 8 月开始席卷美国、欧盟和日本等世界主要金融市场。

缴税金 0.60 亿元，增长 29.40%；首次实现软件业务出口额 97 万美元。全行业享受优惠政策退税额 2 500 万元。

在 81 个软件企业中，软件业务收入超过 1 000 万元的企业有 18 个，合计实现软件业务收入 5.65 亿元，占全省同期值的 74.64%。软件业务收入在 500 万元至 1 000 万元之间的企业有 15 个；软件业务收入在 100 万元至 500 万元之间的企业有 33 个；软件业务收入低于 100 万元的企业有 48 个。

从软件产品销售情况看，应用软件实现销售收入 4.03 亿元，占全部软件产品收入的 78.52%。其中行业应用软件实现销售收入 3.40 亿元，占应用软件销售收入总量的 84.37%。在行业应用软件中，工业控制软件实现销售收入 1 亿元，政务软件实现销售收入 0.60 亿元，能源软件实现销售收入 0.56 亿元，交通通讯金融软件实现销售收入 0.30 亿元。在系统集成收入中，电子政务集成实现销售收入 0.70 亿元，企业管理集成实现销售收入 0.14 亿元。

2008 年，太原理工天成电子信息有限公司和山西同昌信息技术实业有限公司通过 CMMI3 级认定。经山西省机械电子工业行业管理办公室推荐，太原风华信息装备股份有限公司申报的“多工位 TFT—LCD 偏光片精密磨边工艺设备研发及产业化项目”、山西合创电力科技有限公司申报的“高压大功率电机变频调速节能技术项目”，分别获得工业和信息化部 100 万元的电子信息产业发展基金无偿资助。

全年软件业发展特点：一是经济总量快速扩大。全行业工业增加值、软件业务收入同步增长，全行业工业增加值增幅超过全国同期值 47.86 个百分点，软件业务收入增幅超过全国同期值 30.14 个百分点。二是经济效益明显提高。全行业利润总额、上缴税金同步增长，利润总额增长 68.93%。三是软件业务取得突破。全年实现 IC 设计收入 10 万元，实现软件业务出口额 97 万美元，双双实现零的突破。四是软件外包成绩显著。全年实现软件外包服务收入 416.19 万元，增长 16.25%。五是系统集成再创新高。全年实现系统集成收入 1.33 亿元，增长 92.39%，扭转了前几年停滞不前的局面。

软件业存在的问题：一是退税比上年锐减。全行业享受退税额 2 500 万元，同比减少 60%，与软件业务收入增长形成反差。当前，企业享受国家政策优惠意识差，执行退税政策不坚决；行业发展的政策环境不容乐观。二是软件企业少、规模小、研发及市场营销能力弱，市场竞争能力不强。三是产业发展资金匮乏，融资渠道不畅。四是企业凝聚力不强。企业尚不习惯借助“软件行业协会”平台进行宣传、交流和协作。五是高端领军复合型人才和高技能应用型人才缺乏，制约行业全面发展。

科技进步与应用

山西科泰微技术有限公司 2008 年 3 月 19 日，山西省消防总队组织有关领导与专家在山西科泰微技术有限公司召开了消防数据保护器（又称“消防黑匣子”）产品鉴定会。该产品经国家消防电子产品质量监督检验中心检测，各项技术指标符合《消防电子产品环境试验方法及严酷等级》（GB16838—2005）和《消防数据保护器技术条件》（Q/140000KTW008—2007）标准要求。

2008 年 5 月 12 日，省消防总队在总结全省消防科技开发应用工作的基础上，召开了山西省奥运消防安全保卫技术防范与科技新产品推广应用现场会，决定在全省推广使用山西科泰微技术有限公司研制开发的消防数据保护器。同年 10 月 9 日，山西省科技厅、太原市科技局组织了消防数据保护器项目科学技术成果鉴定会。同年 11 月 20 日，山西科泰微技术有限公司消防数据保护器生产线建设完成，年产量 5 000 台。

中国电子科技集团公司第二研究所 2008 年 5 月 7 日，该所历经 4 年，依靠自主知识产权研制的国内首台 DDL-450/240 多晶硅铸锭炉成功下线。这标志中国在太阳能电池生产设备方面取得重大技术突破，打破了国外技术壁垒。

山西汇镪磁性材料制作有限公司 2008 年 7 月 3 日，该公司推出的“烧结钕铁硼永磁体的回火工艺”在美国取得发明专利权，这在全国同行业中尚属首次。这标志着该公司凭借自主研发专利打破国际贸易壁垒，拿到了第一张直接进入美国市场的准入证。

太原风华信息装备股份有限公司 2008 年 12 月 14 日，该公司独立研制开发完成的“PM-5 多工位偏光片精密磨边工艺装备”、“KB-20 叠层薄膜电容自动开边机”通过了山西省科技成果鉴定。

电子产品进出口贸易

2008 年，山西省电子信息产品制造业实现进出口额

7.38 亿美元，同比增长 85.43%。其中，出口额为 4.59 亿美元；进口额为 2.79 亿美元，增长 67.07%。

山西潞安矿业集团有限责任公司 2008 年 4 月 9 日，该公司年产 2 500 吨电子级多晶硅、年产 2 500 吨光伏级多晶硅、60 兆瓦太阳能电池生产线项目在长治屯留康庄工业园奠基开工。这是继年产 16 万吨煤基合成油示范项目之后，该公司发展循环经济、调整产业结构的又一个战略项目。该项目采用国际先进的“改良西门子法”工艺，设计总投资 57 亿元，总规模为 5 000 吨/年，其中电子级多晶硅 2 500 吨/年，光伏级多晶硅 2 500 吨/年，同时配套建设 2×30 兆瓦太阳能电池生产线，由德国森特赛姆公司进行设计和提供生产技术，分两期建设，一期将于 2009 年底建成投产。项目全部建成投产后，可实现年销售收入 160 亿元，相当于 4 000 万吨煤炭的销售额，实现利润约 50 亿元。

中科恒业数码有限公司 2008 年 8 月 21 日，日本富士通公司与太原市中科恒业数码有限公司签订战略合作协议，双方将在诸多领域开展合作。这标志着目前已广泛应用于银行、安检、图书馆等诸多领域的由日本富士通公司首创的新一代手掌静脉身份认证技术，正式落户太原高新区。按照双方达成的合作协议，富士通公司负责供应手掌静脉身份认证鼠标型和单体型产品元器件，太原市中科恒业数码有限公司负责开发配套软件，进行产品二次开发，并以自主商标、专利、软件著作权的方式生产、销售产品。

信息产业基地建设

富士康晋城科技工业园 自 2008 年下半年以来，富士康科技集团为应对全球金融危机的冲击，提出了“北上内迁”的产业转移方针，实施该集团原在深圳、佛山等沿海地区的企业向内地战略转移。山西省晋城市经济开发区招商局获悉消息后，与该集团总部联系，建议其投资晋城。富士康科技集团和晋城经济开发区招商局就富士康深圳园区迁往晋城经济开发区的产业和人员进行了实质性的沟通和接触，初步商定将富士康科技集团佛山工业园区的部分业务转迁至晋城。

2008 年，富士康晋城科技工业园区实现工业总产值 6.58 亿元，累计吸收富士康科技集团建设资金 22.24 亿元，已成为全球最大的光通讯连接器生产基地和光学镜头模组、精密模具生产基地，完全具备了承接富士康科技集团大规模“北上内迁”产业转移的能力。

预计，2009 年，富士康科技集团将整合大陆光学镜头模组事业单位，同时引进最新研发的高效太阳能发电产品，集中布局在晋城工业园区。根据计划，在 3 年内，富士康晋城科技工业园生产规模将实现连番跃升，2009 年，园区总产值计划实现 21 亿元；2010 年，计划实现产值 50 亿元；2011 年，计划实现产值百亿元。

富士康太原科技工业园 2008 年底，投资 15 亿美元、占地 1.77 平方公里的富士康太原科技工业园区全部建设完成并投入生产。该园区主要致力于镁铝合金机构件、精密模具、热传导、电子产品组装生产及汽车零组件等产品的开发生产。预计，2009 年园区总产值将达到 300 亿元，成为全球最大的镁铝合金机构件研发生产制造基地。

国家级科技企业孵化器 2008 年 12 月 24 日，经过省、市科技部门推荐，科技部火炬中心严格评审，山西科伟通科技企业孵化器成为山西省太原市首家国家级科技企业孵化器。

山西科伟通科技企业孵化器创建于 2003 年 11 月，是太原市科技创新体系建设中的重点项目。截至 2008 年底，孵化器总面积 14 600 平方米，在孵企业 82 家，累计毕业企业 35 家。自创办以来，为社会提供就业岗位 3 000 多个；吸纳专业技术人员超过 1 000 名，留学归国人员 4 名，博士 20 人，硕士 20 人，大专以上学历 820 人，中级以上职称 480 人；累计实现科工贸收入 57 583.3 万元，完成利税 4 908.2 万元，实现出口创汇 1 500 万美元；转化科技成果项目 210 个。

信息化应用与建设

山西省制造业信息化工程 自 2002 年山西省启动“山西省制造业信息化工程”以来，省科技厅共投入资金超过 4 000 万元，争取国家资金 700 万元，带动企业投入资金超过 10 亿元。该项工程实施以来，示范企业的平均年销售收入提高了 37%，平均年净利润提高了 90%，平均年交税额提高了近 50%，年平均存货占企业流动资产的比例降低了 9%；新产品平均开发周期缩短了三分之一。制造业信息化工程全面提升了企业的核心竞争力，加快了经济结构调整和产业升级的步伐，提高了工业经济运行的质量与效益，推进经济由粗放型向新型工业模式的转变，构建了技术创新和资源整合平台，促进了山西省信息化和工业化的有机融合，对全省的经济发展起到了推动作用。

重点污染源自动监控系统　2008 年 10 月 15 日上午 10 点，山西省重点污染源自动监控系统联动试运行开始启动，全省 11 个市的 486 台（套）重点污染源自动监控系统实现联动试运行。山西省重点污染源自动监控系统的联动试运行，对节能减排的实现具有重要意义。

2007 年 7 月，山西省重点污染源自动监控系统投入建设，截至 2008 年 10 月 14 日，废水、废气监测点位安装 940 台（套）监测设备与 1 072 台（套）控制设备，监测设备联网数为 486 台（套），在线监测设备的安装率提高 39.3%，比对率提高 47%，联网率提高 13.4%。

“数字太原”地理空间信息公共平台　2008 年 11 月 11 日，由国家测绘局、山西省测绘局和太原市政府共同建设的“数字太原”地理空间信息公共平台全部完成并开始在环保、城市管理等领域应用。该项目是太原市“十一五”信息化规划中的重点建设项目，由太原市国土资源局牵头组织，由山西省工程测绘院和中国测绘科学院共同承担项目的实施。该项目总投资 1 000 万元。其建设内容包括：太原市 7 000 平方公里 1 米分辨率、1 600 平方公里 0.2 米分辨率、800 平方公里 0.08 米分辨率的正摄影像图，7 000 平方公里 1∶10 000 数字高程模型，建成区 400 平方公里 1∶500 数字线划图等多种类型的地理空间数据成果。

太原市数字化城管系统　2008 年 11 月 1 日，山西省太原市数字化城管系统②投入试运行。该系统采用划分单位格的形式在市区形成一张安全保障网络，解决城市管理中公共设施被盗、城市道路被污染等问题。截至 2008 年底，数字化城管中心已安装配置了 200 部城管通手机。数字化城管系统试运行范围确定为省城中心城区 107 平方公里。预计，2009 年底在全市 10 县（市、区）实现联网运行。

服务业信息化综合服务平台　2008 年 9 月 5 日，山西艺龙科技有限公司安装了由山西省信用评估有限公司自主研发的智能办公管理系统，成为享受“山西省服务业信息化综合服务平台”成果的第一家省内服务业企业。

服务业信息化网络平台的研制旨在推进山西省服务业企业的信息化进程。其集服务业企业信息档案、信用评估、企业信息化建设、电子商务、投融资顾问服务、人员培训服务、实时专业辅导等七大功能模块于一体。预计，在 2010 年内，该平台将建成覆盖全省服务业企业的信息化综合服务网络。

突发公共事件预警信息发布系统　2008 年 7 月 21 日，国家突发公共事件预警信息发布系统山西分中心建设项目正式立项。由省、市、县三级财政共同投资建设，拟建 1 个省级、11 个市级、119 个县市区级预警信息发布分中心及相关软硬件系统。该项目计划 2008 年底，依托气象业务系统和气象预报信息发布系统，完成其信息收集、传输渠道及与之配套的业务系统扩建；2009 年 8 月，完成预警信息接收有关子系统的建设；2009 年 12 月完成省、市两级分中心的建设；2010 年 6 月完成全部项目建设。该中心建成后，能够迅速接收、处理自然灾害、事故灾难、公共卫生事件、社会安全事件四大类突发公共事件信息，并能在最短时间内向特定区域、部门、人群发布预警信息。

热点

2008 年 4 月 8 日，由山西省经委、省发改委、省科技厅等 7 部门支持，20 家 IT 企业及 IT 应用企业倡议成立的“山西省 IT 企业联盟”正式通过山西省企业技术创新网（http:/www.sxcti.com）组建。

IT 企业联盟旨在加强山西省 IT 企业间的合作、联系和交流，优化配置联盟成员内部资源，规范 IT 市场运作，减少企业间无序竞争，提高信息服务质量，促进联盟成员的利益最大化。联盟成员单位之间将围绕各行业领域信息化建设、信息系统集成及工程管理、软件产品开发及推广应用、信息服务及信息安全建设等方面开展经济协作交流与合作。

该联盟的主要工作是：协助成员单位处理知识产权纠纷，为联盟成员提供最新信息服务，推荐、规划、接受组织实施与 IT 相关的省级重大科技、技改或建设项目等。

注：②数字化城管系统是指在太原各主要街道安排一批路面信息采集员，对城市的公共设施和路面实行监控。一旦发现公共设施被盗，监控中心第一时间就能获知情况，通知巡逻人员就近处理。监控中心还将与公安部门联动，有效预防各类治安事件，保全证据。

【统计数据】

表 1　2008 年山西省电子信息产业人员构成情况

企业类别	企业数（家）	年末从业人员总数（人）	人员构成					
			工程技术人员（人）	在总人数中所占比例（%）	管理人员（人）	在总人数中所占比例（%）	软件开发研究人员（人）	在总人数中所占比例（%）
国有企业	4	1 820	374	20.5	155	8.5		
股份有限公司	1	508	405	79.7	35	6.9		
有限责任公司	82	8 619	3137	36.4	1 047	12.1	2 353	27.3

表 2　2006 年—2008 年山西省电子信息产业基本情况

项目名称	单位	2006 年	2007 年	2008 年
工业总产值（现行价）	万元	253 759	730 826	1 109 078
工业销售产值	万元	247 694	698 450	1 079 687
其中：出口交货值	万元	150 540	180 166	321 300
软件出口	万元			680
工业增加值	万元	60 462	117 732	232 416
从业人员年末人数	人	9 616	9 623	10 947
从业人员工资总额	万元	13 824	18 259	23 088

表 3　2006 年—2008 年山西省电子信息产业财务情况

项目名称	单位	2006 年	2007 年	2008 年
流动资产合计	万元	171 728	217 974	250 448
固定资产合计	万元	85 823	105 827	118 248
资产合计	万元	306 594	362 547	412 860
流动负债合计	万元	151 717	185 565	185 581
负债合计	万元	241 511	274 221	283 768
所有者权益合计	万元	65 083	88 328	129 092
产品销售收入	万元	297 655	722 549	1 092 956
其中：软件产品销售收入	万元	22 791	33 265	51 355
利润总额	万元	15 610	48 128	29 453
应交所得税	万元	917	2 421	2 820

表 4　2006 年—2008 年山西省电子信息产业主要经济效益指标完成情况

项目名称	单位	2006 年	2007 年	2008 年
全员劳动生产率	元/人	62 876	122 433	212 310
流动资金周转率	%	1.7	3.3	4.4
产品销售率	%	97.6	95.6	97.4
总资产贡献率	%	7.8	10.7	8.2
资本保值增值率	%	47.7	135.7	146.2
资产负债率	%	78.8	75.6	68.7

表 5　2006 年—2008 年山西省主要电子信息产品产销量情况

产品名称	单位	产量			销量		
		2006年	2007年	2008年	2006年	2007年	2008年
微波通信设备	部	60	40	40	60	40	40
开关电源	部	137 444	130 820	117 322	127 767	117 420	116 584
液晶显示器生产设备	部	238	132	203	236	130	199
电阻电位器生产设备	部	64	32	152	62	35	143
电容器生产设备	部	51	61	60	49	63	60
气敏元器件	万只	59.6	36.2	35.2	59.6	36.2	34.1
硅二极管	万只	4.9	4.5	4.4	4.4	4.5	4.3
硅三极管	万只	8.1	8.2	8.1	7.9	8.2	8.0
电话通信电缆	千米	186 789	2 603	20	276 690	2 345	387
计算机网络用电缆	千米	52 723	22 045	15 877	45 531	21 034	15 528
普通光缆	千米	391 543	339 414	261 013	211 108	369 836	269 421

注：表 1~表 5 数据来源于山西省机械电子工业行业管理办公室。

[撰稿：周继祥　审稿：姚文举]

内蒙古自治区

【综述】

2008年，内蒙古自治区采取有效措施，保证了信息产业经济运行平稳发展。

电子信息产品制造业

2008年，内蒙古自治区（以下简称内蒙古）电子信息产品制造业实现销售收入52亿元，同比减少1.9%；完成工业增加值（按生产法计算）8.9亿元，减少23.9%；实现利润总额4.3亿元，减少20.4%；截止到2008年底，内蒙古规模以上电子信息产品制造业企业有27家，年末从业人员5 376人。

产品产量 全年主要产品产量呈大幅度下跌趋势。彩色电视机产量304万台，同比减少0.98%；GSM手机产量3万台，减少97.9%；电子元器件产量21亿只，减少41.7%。

项目建设 2008年，包头市山晟新能源有限责任公司投资新建2×50MW热电联产机组、4万吨金属硅、3 000吨多晶硅和1.2MW光伏电池项目。上述项目投资总额56.69亿元，占地面积700亩。

包头生技铜业有限公司的铜加工项目投资总额2.1亿元，占地面积138亩，建筑面积3.6万平方米。

通辽市宏利有色金属有限公司启动了投资1.2亿元的二期工程，建设两条单线生产能力1.5万吨熔铜连铸连轧电缆铜杆生产线。预计，上述两条生产线达产后，将实现年销售收入18亿元，实现税金4 880万元。

江苏中能硅业科技发展有限公司在内蒙古锡林郭勒投资54.4亿元，建设10 000吨/年多晶硅项目。该项目选址在锡林郭勒盟锡林浩特市东郊的工业区内，生产和经营期限20年。

软件业

2008年，内蒙古软件业实现销售收入24.5亿元，同比增长14.0%；实现工业增加值6.4亿元，增长12.3%；实现利润总额1.98亿元，增长59.7%。截至2008年底，规模以上软件企业有76家，从业人员2 283人。其中，通过认定的软件企业有72家，通过登记的软件产品有132个；有44家企业获得工业和信息化部计算机信息系统集成资质证书。其中，获得工业和信息化部计算机信息系统集成一级资质证书的企业有2个，获得工业和信息化部计算机信息系统集成二级资质证书的企业有6个，获得工业和信息化部计算机信息系统集成三级资质证书的企业有22个，获得工业和信息化部计算机信息系统集成四级资质证书的企业有14个。全年有416人取得系统集成项目经理资质。

全年软件企业开发出如下具有自主知识产权的软件产品：

资产管理信息系统 该系统由内蒙古万德系统集成有限责任公司自主研制开发。其具有对系统的基础数据进行设置以及部分功能模块参数的设置、对固定资产的购置审批进行管理、资产管理、查询统计、账务打印、数据同步等功能。

手机网络（门户）系统 该系统由呼和浩特华腾科技发展有限公司自主研制开发。其实现了手机网站的功能，是一个集合众多本地企业信息的手机门户。

LTY_vs天目定位监控系统 该系统由内蒙古天迅网络科技发展有限责任公司自主研发。其主要基于GPS/GSM/GPRS网络的车辆定位监控系统，能够在线监控以及设置网内的所有车辆，为企业的车辆资源进行统一调度管理提供可靠的可扩展的解决方案。重点是车辆监控平台软件，核心功能全部属专利技术，能够满足当前社会各行业对车辆监控管理的全面要求。

蒙汉双语教育教学基础通用软件 该软件由内蒙古通辽民大电子科技有限公司自主研发。其主要包括“蒙古文办公”、“汉—蒙、蒙—汉双向翻译数字词典”、“蒙古文类文字通用音码输入法”三大功能模块。

煤矿网络化销售管理系统 该系统由内蒙古埃伊尔科工贸有限责任公司自主研发。其是以秤重设备为基础，通过网络进行数据、图像传输，实现对煤矿煤炭销售的网络化、实时同步管理与监控。各煤矿过磅数据可以分两路实时传递到矿长办公室和总公司，并进行汇总打印。过磅车辆的抓拍图像和整个煤矿的闭路监控实时传递到公司的监控中心，方便对各煤矿的管理，有利于最大限度堵塞煤矿过磅销售管理漏洞。

科技进步与应用

啤酒灌装微机控制系统 该系统由内蒙古灵奕高科技（集团）有限责任公司自主研发。其主要包括控制算法、工艺设置、掉电恢复、新工艺研究等在内的一整套完整的控制软件体系，可以应对生产中可能发生的各种事件，非常符合中国的实际情况，保证工艺的顺畅与控制精度，这是国外系统所不具备的。该成果已由啤酒行业扩大到了抗生素、酒精、食用酵母、烟草、白酒、赖氨酸，应用地域由 1997 年的十三个省市的 42 个企业，扩及到现在的二十一个省市自治区的 110 个企业。该系统实现了对 350 万吨发酵能力的控制，每年可为这些企业增加工业产值 8.4 亿元，增加税利 2.1 亿元。该项目获得国家科技进步三等奖和内蒙古自治区科技进步二等奖。

电子产品进出口贸易

2008 年，内蒙古自治区电子信息产品制造业实现出口交货值 5.5 亿元，增长 77.42%；实现软件外包服务收入 328 万元，增长 65.67%；完成软件出口额 36.5 万美元，增长 1.39%。

信息化应用与建设

信息化基础设施建设 2008 年，内蒙古完成通信业务总收入 133 亿元，同比增长 14.63%；固定和移动电话用户合计 1 806 万户，同比增加 233.84 万户。其中，固定电话用户 462 万户，同比减少 63.23 万户；移动电话用户 1 344 万户，同比增加 297.07 万户。电话普及率 74.84 部/百人，同比提高了 9.13 个百分点。其中，固定电话普及率为 19.15 部/百人，同比下降了 2.8 个百分点；移动电话普及率为 55.69 部/百人，同比提高了 11.93 个百分点；互联网用户总数合计 139 万户，互联网用户普及率为 5.76 台/百人。

2008 年，内蒙古推进三项惠民工程的建设，构建覆盖全区城乡的广播电视公共服务体系。抓住国家发射直播卫星的机遇，制定“村村通”①工程建设方案。国家补助资金 2 965 万元已到位，内蒙古政府补助资金已落实。目前，正在对全区 20 户以上广播电视尚未接通的村庄实施覆盖。内蒙古西新工程②国家投入建设资金 1 550 万元，新建的乌拉盖 077、四子王 078 等两个中波台，室韦 081、甘其毛道 082、策克 083 等三个口岸高频台开始试播。内蒙古中央广播电视节目无线覆盖工程国家累计投入 1.6 亿元，2008 年 6 月底前完成了 154 个台站、321 部高频和电视发射机及配套设施的更新改造任务。

全年内蒙古广播人口综合覆盖率达到 94.05%，同比提高了 1.07 个百分点；电视人口综合覆盖率达到 92.72%，同比提高了 1.28 个百分点。

电子政务建设 2008 年，内蒙古电子政务网络统一平台开通运行，政务城域网已接入区内 90 多家委办厅局，政务广域网已接入区内 12 个盟市和 2 个计划单列市。区直机关已全部建立了门户网站，全区 101 个旗县区全部建立了政府门户网站。特别是通过连续三年在呼和浩特、锡林郭勒和乌海召开的全区电子政务暨全程办事代理制现场会上，以点带面，对区内的电子政务建设与应用起到示范作用。

锡林郭勒盟尝试行政审批全程办事代理制，将电子政务处理与电子政务公开的工作有机结合。锡林浩特地区行政审批服务中心启动四年来，入厅执法主体 84 个，进厅审批事项 527 项；另设 4 个专业分大厅，有 7 家中介服务机构入厅提供服务；审批事项办结率 99%以上，较集中审批前提高了 30 个百分点，全盟 13 个旗县全部成立行政审批服务中心。

农牧业信息化建设 2008 年，内蒙古落实《内蒙古自治区信息化助力社会主义新农村建设“五年行动计划”纲要》，推进农牧业信息化工作。其具体做法：一是加快推进力度，扩大试点范围，提升试点水平。在全

注：①1998 年国家正式启动了广播电视村村通工程。

②2000 年，江泽民总书记提出：“让党和国家的声音传入千家万户，让中国的声音传向世界各地。”党中央决定实施建国以来规模最大的广播电视覆盖工程——“西新工程”。中央宣传部、国家广电总局、国家计委、财政部等部委立即行动，自 2000 年 11 月起，在中国西部地区实施“西新工程”。

区已有的21个试点旗县的基础上，将试点扩大到40个，并深入农村牧区开展调研和业务指导。二是联合自治区党委组织部、农牧业厅、教育厅、文化厅和气象局等部门，加强资源整合力度，把自治区党员远程教育、中小学远程教育、气象预警、农牧业信息化等系统资源有机结合，发挥综合优势，服务“三农”。三是开展农牧业信息化技术的推广和应用，选择有积极性、有需求的地区，联合各电信运营商，推广无线上网工程，探索出一套切合实际的信息技术应用模式，在偏远地区推广。四是加强标准化的建设，从基层信息站点硬件配置、人员配置、人员培训、信息资源开发等方面入手，建立农牧业信息化建设有效模式。

企业信息化建设 加快企业信息化进程，中小企业信息化工作有序展开。一是组织相关部门，成立推进中小企业信息化建设软课题小组，考察借鉴其他省、市、自治区的先进经验，并对部分盟市中小企业进行实地调研；拟定出《内蒙古推进中小企业信息化三年（2008—2010年）行动纲要》，按年度进行分解，抓好落实。二是贯彻落实中小企业信息化推进实施意见，发挥中小企业信息化推进联盟的作用，总结试点盟市经验，在全区推广。三是继续完善中小企业信息化联盟机制和制度，加强联盟成员间的交流合作，调动联盟成员的积极性，吸纳中小企业和咨询机构加入到联盟中来。四是会同工业和信息化部开展“两化融合”创新试验区的试点工作。作为“两化融合”的试验区，呼和浩特市、包头市和鄂尔多斯市的经济发展迅速，工业基础较好，企业信息化水平较高，具有开展“两化融合”的基础。通过会同工业和信息化部共同进行多次调研，内蒙古形成了“两化融合”创新试验区三年工作计划，并拟出台内蒙古自治区“两化融合”推进指导意见。

信息化知识普及教育与技能培训 全年采取多样手段，开展多种层次的信息化知识普及教育与技能培训，提高全民信息化素质和能力。具体做法：一是落实《内蒙古自治区信息化技术技能人才教育培训培养体系建设实施意见》，加快培训基地和培训点的建设。二是与人事部门协调，实施内蒙古信息技术领域“信息化专业技术人才知识更新工程”（“653工程”）。三是协调工业和信息化部（原信息产业部）教育与考试中心等部门，整合信息技术技能培训资源，指导内蒙古信息化培训与资格考试工作。

“两化融合”创新试验区建设 2008年10月，内蒙古的呼和浩特市、包头市和鄂尔多斯市被工业和信息化部批准为全国首个“信息化和工业化融合”创新试验区。开通“内蒙古消费信息资源数据库工程”是该创新试验区的一项重要工程。

经过反复调研论证，内蒙古自治区政府初步确定在三年内，将在呼和浩特市、包头市和鄂尔多斯市完成“六大工程”和“九大平台”的建设。

六大工程：一是龙头企业信息化示范工程。在呼和浩特市、包头市和鄂尔多斯市，选择50家龙头企业作为试点，推动其建立信息共享的集团财务管理、集团控制、结算中心、分销管理、决策分析等系统。二是规模以上企业信息化达标工程。在呼和浩特市、包头市和鄂尔多斯市选择100家规模以上企业，开展达标试点建设，在此基础上，三年内使85%的规模以上企业达到“两化融合”的标准。三是中小型企业信息化普及工程。三年内使互联网应用普及率超过80%。四是信息化基础设施覆盖工程。调动社会各界力量，加大投资力度，使呼和浩特市、包头市和鄂尔多斯市的信息化基础设施建设尽快满足“两化融合”的需要。五是信息化普及培训工程。建立健全信息技术培训认证体系，提高企业管理人员专业知识和信息化知识水平。六是消费信息资源开发工程。构建起“服务民生、打造诚信、构建和谐”的消费信息资源数据库体系。

九大平台：一是中小型企业信息化服务平台。二是电子商务服务平台。三是技术创新服务平台。四是物流信息公共服务平台。五是企业诚信体系服务平台。六是奶业生产安全管理服务平台。七是网络安全服务平台。八是节能减排和安全生产服务平台。九是消费信息综合服务平台。

【统计数据】

表 1　2008 年内蒙古自治区电子信息产业人员构成情况

企业类别	企业数（家）	年末从业人员总数（人）	人员构成					
			工程技术人员（人）	在总人数中所占比例（%）	管理人员（人）	在总人数中所占比例（%）	软件开发研究人员（人）	在总人数中所占比例（%）
国有企业	1	46			6	13.0	23	50.0
集体企业	3	257	4	1.6	33	12.8	18	7.0
股份合作企业	5	512	74	14.5	68	13.3	45	8.8
其他企业	76	4 853	445	9.2	851	17.5	995	20.5
三资企业	12	2 600	186	7.2	339	13.0	36	1.4

表 2　2006 年—2008 年内蒙古自治区电子信息产业基本情况

项目名称	单位	2006 年	2007 年	2008 年
工业总产值（现行价）	万元	697 083	857 226	754 394
工业销售产值	万元	729 386	719 273	765 542
出口交货值	万元	114 393	31 399	55 487
其中：软件出口	万元	104	432	248
工业增加值	万元	284 683	174 483	145 724
流动资产平均余额	万元	588 549	532 328	244 413
固定资产净值平均余额	万元	91 481	82 472	98 201
资产总计	万元	740 438	777 235	793 960
负债合计	万元	415 130	421 479	406 373
产品销售收入	万元	713 584	744 439	766 740
其中：软件产品销售收入	万元	82 434	57 855	72 636
税金总额	万元	18 414	30 834	33 612
利润总额	万元	60 561	66 443	62 935
应交所得税	万元	2 807	6 185	7 103
从业人员年末人数	人	8 961	9 590	8 268
从业人员工资总额	万元	14 362	17 916	18 610

表 3　2008 年内蒙古自治区电子信息产业三资企业基本情况

项目名称	单位	2008 年	项目名称	单位	2008 年
工业总产值（现行价）	万元	422 663	负债合计	万元	222 439
工业销售产值	万元	438 291	产品销售收入	万元	439 312
出口交货值	万元	53 569	税金总额	万元	18 911
其中：软件出口	万元	248	利润总额	万元	37 570
工业增加值	万元	68 790	应交所得税	万元	3 283
流动资产平均余额	万元	105 903	从业人员年末人数	人	2 600
固定资产净值平均余额	万元	60 013	从业人员工资总额	万元	3 946
资产总计	万元	411 840			

表 4　2006 年—2008 年内蒙古自治区电子信息产业主要经济指标完成情况

项目名称	单位	2006 年	2007 年	2008 年
全员劳动生产率	元/人	317 691	181 942	176 250
流动资金周转率	%	1.3	1.5	3.1
产品销售率	%	104.6	83.9	101.5
总资产贡献率	%	8.1	8.5	12.3
资产保值增值率	%	158.1	109.4	144.8
资产负债率	%	56.1	54.2	51.2

表 5　2008 年内蒙古自治区电子信息产业三资企业主要经济指标完成情况

项目名称	单位	2008 年	项目名称	单位	2008 年
全员劳动生产率	元/人	264 576	总资产贡献率	%	27.4
流动资金周转率	%	4.1	资产保值增值率	%	115.6
产品销售率	%	103.7	资产负债率	%	54.0

表 6　2006 年—2008 年内蒙古自治区主要电子信息产品产销量情况

产品名称	单位	产量			销量		
		2006年	2007年	2008年	2006年	2007年	2008年
手机	万部	194	142	3	194	142	3
彩色电视机	万台	264	307	304	268	276	337
DVD播放机①	万台	231			224		
POS机①	万台	7			5		
电子元器件	万只	420 569	360 875	209 770	426 727	353 759	210 041

注：自 2007 年起①产品停产。

表 7　2008 年内蒙古自治区三资企业主要电子信息产品产销量情况

产品名称	单位	产量	销量
手机	万部	3	3
彩色电视机	万台	271	304
电子元器件	万只	309	321

注：表 1~表 7 数据来源于《内蒙古自治区电子信息产业统计年报》（2008）。

[撰稿：王继英　审稿：张佰成　包胜]

辽 宁 省

【综述】

2008 年，辽宁省信息产品制造业企业有 375 家。按企业登记类型划分:内资企业 228 家，占企业总数的 60.8%；三资企业 147 家，占企业总数的 39.2%。年末从业人员 18 万人，其中工程技术人员 2.2 万人，占从业人员总数的 12.2%；管理人员 2.1 万人，占从业人员总数的 11.7%。资产总计为 821.80 亿元，负债总计为 409.30 亿元，资产负债率为 49.8%。全员劳动生产率为 12.8 万元/人，同比提高了 0.2 个百分点；产销率为 100.2%，同比提高了 2.5 个百分点。

全年实现主营业务收入 1 463 亿元（不含运营业），同比增长 26.3%。其中电子信息产品制造业实现销售收入 981 亿元，同比增长 28.2%；实现工业增加值 226 亿元，增长 25.9%；实现利润总额 46.5 亿元，增长 10.3%；实现税金 13.4 亿元，增长 23.1%；实现出口交货值 462.4 亿元，增长 16.9%。

主要产品产量　全年彩色电视机产量 520.5 万台，同比增长 12.35%；汽车音响产量 396.0 万部，减少 14.56%；激光视盘机产量 162.1 万台，减少 59.18%；打印机产量 106.8 万台，同比略有下降。

全年产业发展运行特点如下：

一是保持较快的发展速度。2008 年，辽宁省电子信息产品制造业主营业务收入增长 28.2%，比全国平均增速高出 9.5 个百分点。在全国的排名仍是第 9 位。

二是内资企业在产业中所占比重上升。全年电子信息产品制造业外商投资企业 147 家，合计实现主营业务收入 561.5 亿元，在全省电子信息产品制造业中所占比重达到 57.2%。由于自主创新能力的增强，内资企业在产业中所占比重从 2007 年的 31.4%，增长到 42.8%，提高了 11.4 个百分点。外商投资企业实现利润总额 26.5 亿元，在全省电子信息产品制造业中所占比重为 56.99%。

三是信息产业园区建设取得进展。截至 2008 年底，初具规模的信息产品制造业产业园区由 2007 年的 9 个增加到 11 个，即：沈阳浑南高新技术开发区、沈阳光电信息产业园（沈北新区）、大连视听产品产业园、大连电子元件产业园、丹东信息产业园、锦州汽车电子产业园、锦州光伏产业园、阜新电子工业园、辽阳电子原材料工业园、朝阳电子工业园、朝阳中建通讯产业园。截至 2008 年底，入园企业共有 229 家，合计实现主营业务收入 732.6 亿元，增长 21.5%，在电子信息产品制造业中所占比重达到 74.68%；实现利润总额 34.5 亿元，在电子信息产品制造业中所占比重达到 74.19%；实现出口创汇 58.1 亿美元。

软件业

2008 年，辽宁省软件服务业实现主营业务收入 482 亿元，同比增长 35.77%；实现软件出口额 9.7 亿美元，增长 40.58%。截至 2008 年底，累计通过认证的软件企业有 631 家，累计通过登记的软件产品有 2 943 个，年末从业人员超过 10 万人。

嵌入式软件开拓新领域 辽宁省软件业不断开发为老工业基地服务的嵌入式软件产品并推向市场，尤其是在数控机床、数字医疗、工业机器人、移动通信和宽带通信等方面保持了良好的发展态势。中科院沈阳自动化研究所研制的“水下警戒系统”，在 2008 年北京奥运会时执行水下反恐监控任务；研制的首台极地机器人将赴南极执行任务，这是中国在南极科考中首次运用智能化机器人。沈阳新松机器股份有限公司利用嵌入式软件转化了自动化控制技术成果，形成了工业机器人等 3 大主导产品。沈阳高精数控技术有限公司研发的 3 种型号的数控系统，已完成了具有自主知识产权的 30 套国产数控机床的配套调试、机床检测和样件试验切割加工等工作。

动漫产业稳步发展 截至 2008 年底，沈阳、大连两个国家级动漫产业基地的入驻企业数量超过 200 家；已投入动漫产业用房 20 万平方米，并搭建了 2 个具有国内领先水平的动漫公共技术服务平台，涵盖了动作捕捉、渲染集群、音效合成及游戏测评系统等功能；完成动画片制作 1.8 万分钟，实现动漫产品产值 35 亿元（含中国华录电子有限公司的游戏机销售收入 28 亿元）。动漫业务将拓展到动画创作、动画加工、网络游戏、手机游戏、剧院影视、动漫广告、衍生品开发、CC 应用等八大领域，形成较为完整的动漫产业链条。

加强自主知识产权产品的研发 2008 年，东软集团股份有限公司、大连环宇移动科技有限公司、鞍山聚龙公司等都开发了一批具有自主知识产权的产品，为企业发展奠定了良好的基础。

全年软件业发展特点如下：

一是营造产业发展的软环境。2008 年 6 月 16 日，出台了辽宁省地方标准《辽宁省个人信息保护规范》(DB21/1628-2008)。该标准的实施使得辽宁省成为全国第一个具有个人信息保护规范（标准）的省份。该标准已与日本相关部门制定的标准实现了互认。

二是普及信息技术，推进人才对接。2007 年 11 月至 2008 年 6 月，辽宁省信息产业厅会同省教育厅联合举办了第十七届六一国际儿童节计算机表演赛，共有 143 683 名 18 岁以下学生参加比赛，有 6 393 名学生分别获得赛区一等奖、二等奖、三等奖和优秀奖。

2008 年 4 月 18 日，辽宁省信息产业厅会同省教育厅在沈阳联合举办了第三届高校毕业生 IT 专场对接会。省内有 147 家 IT 企业参加，提供了 2 200 个岗位，来自省内高校 IT 相关专业的 2 000 余名应届毕业生到场，其中当场有 200 多名毕业生与用人单位签约。

三是扶持软件企业上市融资，支持企业做大做强。自奥维通信股份有限公司在深交所成功上市融资后，2008 年，辽宁省信息产业厅会同省政府金融办和辽宁证监局在丹东市联合组织召开了“辽宁 IT 企业上市推进会”。全省 IT 行业 24 家拟上市重点企业负责人及深圳证券交易所、申万证券、德邦证券、中天证券等中介机构代表 60 人参加会议。

四是开展提升软件产业的对接活动。2008 年 6 月 19 日至 23 日，第六届中国国际软件和信息服务交易会在大连举办。该届软交会有 30 个省市组团参展，参展企业数量超过 640 家，是几年来参展企业最多的一届。辽宁省展团以“工业化与信息化融合，建设国家级动漫产业基地”为主题亮相。在省信息产业厅会同相关部门举办的 2008 中国（辽宁）国际动漫产业发展高峰论坛上，有来自美国、日本、韩国和中国台湾地区（省）、北京等国家和地区的动漫行业知名专家作了专题演讲。

五是强手联合提升 IC 设计水平。2008 年 6 月 12 日，辽宁省信息产业厅会同省教育厅与美国 Mentor Graphics 公司在沈阳签署战略合作协议。由美国 Mentor Graphics 公司、东北大学、辽宁大学、沈阳工业大学和沈阳理工大学等四所高校共同组建辽宁省集成电路与电子系统设计联合实验室。美国 Mentor Graphics 公司向这四所高校捐赠了价值 6 000 万美元的 EDA 系统软件及技术资料，以支持在集成电路与电子系统设计方面的教学和科研工作。

科技进步与应用

2008 年，辽宁信息产业行业继续坚持每年重点扶持 30 项自主创新产品的工作目标，推进科技进步，把抓投入、立项目、创新产品结合起来。

全年获得国家发展和改革委员会、工业和信息化部等部委支持的项目合计 18 项，获得资金支持 1.4 亿元；获得辽宁省发展和改革委员会、省经委等部门支持的项目合计 32 项，获得资金支持超过 7 000 万元。会同财政部门安排年度信息产业专项 98 项，资金 5 500 万元。以上共计安排 2.7 亿元。各市安排信息产业发展资金 1.8 亿元。全年累计，各级政府共安排各类信息产业发展资金 4.5 亿元。

2008 年度全省信息产业 31 个重点项目大多顺利实施。其中电子信息产品制造业 21 个项目已累计完成投资 30 亿元。英特尔半导体（大连）有限公司的晶圆项目完成了厂房、仓库、办公室等所有土建工程，开始转入设备安装阶段。预计，该项目将于 2009 年 9 月正式投产。沈阳新邮通信设备有限公司、沈阳德信科技设备有限公司、沈阳同方多媒体科技有限公司、朝阳中建科技有限公司等项目已投产运营。在软件业 10 个项目中，东软大连国际软件园、大连腾飞软件园的一期工程均已完成，实现销售收入 20 亿元。

2008 年，辽宁省重点发展了医疗电子、数字视听、半导体照明、第三代移动通信、嵌入式软件等一批自主知识产权产品。东软集团有限公司新研制的 16 层螺旋扫描 CT 通过 SFDA（国家食品药品监督管理局）认证并投放市场，在超声、核医学和医疗软件系统方面也取得自主创新成果；华录集团有限公司研制出第一台国产蓝光 DVD 产品样机并批量生产；大连路明科技集团研制的高亮度发光的二极管芯片已形成年产 30 亿只的生产能力；大连环宇移动科技有限公司研制的 8 套车载应急通信系统受到北京奥组委的好评；位于鞍山的辽宁科大聚龙集团自动化设备有限公司自行研制的自动清分机通过欧盟的 ECB（欧洲中央银行）认证；中科院沈阳自动化研究所研制的首台极地机器人赴南极；沈阳高精数控技术有限公司研发的数控系统首次完成了 30 套国产数控机床的配套工作。

电子信息产品进出口贸易

2008 年，辽宁省电子信息产品制造业实现出口交货值 432.59 亿元，出口额占主营收入的 44.09%。软件业实现出口额 9.7 亿美元，增长 40.58%。全年电子信息产品进出口贸易特点如下：

一是分类产品出口良好。雷达及系列产品实现出口交货值为 11.16 亿元，计算机及外部设备实现出口交货值为 71.38 亿元，家用视听产品实现出口交货值为 115.40 亿元，电子仪器仪表实现出口交货值为 21.50 亿元，医疗电子实现出口交货值为 17.68 亿元，电子专用设备实现出口交货值为 13.67 亿元，电子元件实现出口交货值为 57.80 亿元，半导体器件实现出口交货值为 67.27 亿元，机电产品实现出口交货值为 58 亿元，电子专用材料实现出口交货值为 27.24 亿元。

二是出口产品地区相对集中。沈阳市和大连市合计实现出口创汇为 65.2 亿美元，占全省电子信息产品制造业出口创汇总额的 95.9%。其中大连市实现出口创汇 55.9 亿美元。

三是推进外资及合资合作项目。2008 年，以英特尔半导体（大连）有限公司的晶圆项目为代表的一批合作合资项目进展顺利。

四是加强国际交流与合作。辽宁省信息产业厅共组织出访团组近 20 个，到美国、日本、欧洲、加拿大、韩国等国家和地区进行招商。此外，通过举办第六届中国国际软件和信息服务交易会等活动，邀请国外知名企业来辽宁省参展和访问。截至 2008 年底，已有 46 家世界 500 强企业在辽宁省设立了服务中心或技术中心。大连市在日本建起了大连（日本）软件园，这是中国城市开设的第一个海外软件园。

信息产业基地建设

2008 年，大连电子元件产业园、大连视听产业园和大连软件园合计实现主营业务收入 762 亿元，占大连市信息产业主营业务收入的 87%，占全省信息产业主营业务收入的 46%。

沈阳和大连两个国家级动漫产业基地实现动画片制作共达 1.8 万分钟；丹东信息产业园已入驻企业 16 家，实现主营业务收入 6 亿元。沈阳光电产业园、阜新电子元件产业园、锦州光伏产业园和辽阳电子材料产业园等园区建设也都取得较大进展。

信息化建设与应用

电子政务建设 2008 年 2 月 29 日，全省电子政务外网综合网络平台正式启动。该网络平台向上连接着国家政务外网，横向连接着省直各委、办、厅、局，向下连接着各市政务机关。其核心功能包括外网互联互通、对外服务支撑、统一网络出口、政务数据共享与交换、统一网络安全防护措施等。现已有省人大、省政协、省法院、省检察院，以及省政府办公厅、省发改委、省经委、省财政厅等 102 个政务部门完成了外网接入工作。营口、盘锦、大连等市也依托本地城域网完成了本市政府外网工程建设，并成功接入省政府外网综合网络平台。

2008 年 4 月 11 日，辽宁省委办公厅、辽宁省人民政府办公厅联合下发了《关于加快全省电子政务外网建设的通知》（辽委办发 [2008] 12 号）文件。

“百万农民上网工程”项目建设 2008 年，辽宁省加快全省农业信息化建设步伐。其具体做法：一是全省农业信息服务体系逐步壮大，形成了省、市、县三级相对完善的信息化工作机构，健全了省、市、县三级信息联络员队伍。2008 年，修订和完善了《农业信息采集与发布制度》、《农业信息联络员工作制度》等多项信息工作制度。全省有 12 个市、23 个县（市、区）均成立了农业信息中心（站）。在加强市、县农业信息化机构建设的同时，各地还结合“信息进村入户工程”加强农村信息站建设和农村信息员队伍发展工作。

截至 2008 年底，全省有 76%的行政村建设了农村信息站，通过培训，获得认证的农村信息员有 8 891 人。

二是加强农业信息化网络建设。截至 2008 年底，辽宁金农网站已成为全省农业互联网站的龙头和枢纽。各市、县农业部门已开发建设各类涉农网站 100 余个。2008 年，通过政府补贴和农民自筹方式为全省各地农民配备电脑 1 000 台。据不完全统计，通过各种方式可以得到互联网信息服务的农民总人数有 176 万人。在信息化示范村的引导下，2008 年，全省农业信息进村入户工程覆盖率达到 76%。

三是做好农村信息化综合服务试点工作。2008 年 3 月，凌源市被原信息产业部列为国家级农村信息化综合服务试点。凌源市成立了农村信息化领导小组，全市已有 50%的乡镇依托推广站、行业协会、批发市场建设农业信息服务中心，负责当地相关信息的采集、加工、发布和服务，开展乡（镇）农村信息化管理工作；有 30%的行政村依托农村党员远程教育服务点、文化服务站、农村经济合作组织、农业协会设立农村信息服务站，开展信息服务工作。同时，依托互联网络，建设凌源市涉农信息综合服务平台——凌源农业网，实现涉农部门及相关单位服务“三农”信息整合共享；建立完善《凌源市农业信息员工作制度》、《凌源市农业信息采集与发布制度》和《电脑管理制度》等规章制度。利用原信息产业部配发的 100 台电脑，集中举办信息化培训班，对相关涉农部门、乡镇农业技术推广站、试点村的电脑发放接收对象等进行培训。

中小企业信息化建设 2008 年，全省共举办宽带商务专题推介会 50 多场，召开了辽宁省企业信息化宽带商务平台应用经验交流会。在行业推广中，以开拓镁质材料产品应用为突破口，与 18 家企业签订了意向协议。截止到 2008 年底，平台累计新增企业 1.2 万户，平台企业用户总数达到 2.3 万户。

鉴于辽宁省既是中国重要的重化工业基地，又是能源资源消耗大省的实际情况，在开展企业信息化的过程中，提出了以节能求发展，以降耗求增效，推动辽宁省经济健康发展的目标。年内，省信息产业厅、省经委联合召开了辽宁省重点企业节能减排信息化技术方案交流会，共同推进应用信息技术开展节能减排工作。

社会信息化建设 一是开展百万家庭上网工程。通过综合网站开展网上计算机培训，支持数字化社区服务网络体系建设，建立以计算机网络技术为核心的新型社区服务体系，鼓励各电信运营企业制定优惠的上网接入服务方案，提高全省互联网应用普及水平。截至 2008 年底，城市家庭新增宽带用户数合计 72 万户，城市家庭宽带用户数累计达到 255.4 万户。二是推进社区信息化建设工程。辽宁省的沈阳市铁西区、大连市西岗区、辽阳市文圣区利用信息技术改进社区服务模式，提高了服务民众的水平和能力，取得效果。沈阳市铁西区把社区服务作为信息网络建设的突破口，重点抓好区、街和社区三级社区信息体系建设，促进社区服务的网络化建设。大连市西岗区应用信息化技术创新社区服务形式，在全区建立起以数字化社区呼叫系统为龙头，以街道和社区信息化综合应用平台为依托的社区信息化管理和服务的新机制。2008 年年初，西岗区被原信息产业部正式列为国家城市社区信息化试点区，被民政部命名为全国社区建设示范区和民政工作先进区。辽阳市文圣区通过"政府扶持、整合资源、市场化运作、信息化管理、社会化服务"，推进公共服务体系建设，在全市率先建立起以"96777"居民服务呼叫中心为中枢，集家政保洁、商品配送、就业指导、社会保障、困难求助、咨询投诉、医疗康复、法律援助、休闲出游等多种服务功能于一体的便民利民服务网络。

信息安全建设　2008 年，辽宁省信息产业厅联合省公安厅、省保密局、省密码管理局等部门，共同推进全省信息安全保障工作，组织开展专项信息安全检查工作。对涉及奥运会的官方网站、政府重要网站、重点新闻网站及金融、电信、交通、电力等行业 264 家网站开展了为期 15 天的专项检查；开展对全省重要领域信息系统的备案、审核工作。截至 2008 年底，全省重要领域信息系统已备案的单位有 4 062 家，进行审核的单位有 1 197 家。其中，二级系统 1 215 家、三级系统 211 家、四级系统 1 家。

发展与展望

辽宁省委、省政府重视信息产业的发展，将其作为全省发展的重点，并提出了发展目标和要求。具体为：

一是快速扩大产业总量。由 2008 年的 1 463 亿元，到 2011 年要达到 3 000 亿元，争取达到 3 500 亿元，每年以 35%的速度增长。到 2011 年信息产业实现工业增加值要超过 1 000 亿元，成为辽宁省的支柱产业。二是企业实力显著壮大。培育出 5 家主营业务收入超过百亿元的企业，10~20 家主营业务收入超过 50 亿元的骨干企业。三是产业结构明显优化。调整产业结构，从以传统视频产业为主转变到以集成电路、通信和半导体照明等新兴产业集群为主，并形成集成电路、通信、数字视听、半导体照明、基础电子、光伏、软件和动漫产业集群。

重点工作：一是坚持全面开放，引进龙头企业。鼓励全省各地区各行业及各部门的招商主体引进国内外 IT 龙头企业。以龙头企业带动全省信息产业总量扩展，加快壮大全省信息产业规模。

二是鼓励优势企业并购，优化企业组织结构。加强与国内外重点 IT 企业的交流与合作，引导和鼓励优势企业以资产、品牌和技术为纽带，实现并购重组，从数量和质量上扩张，把优势企业、特色产品做大；培育和支持企业上市融资以及优势互补的强强合作，打造优势和特色产品品牌。

三是支持骨干企业做大做强。支持高技术含量、高市场容量和高附加值的各类骨干企业，引导并扶持这些企业尽快发展成为全行业的龙头企业。到 2011 年，全省规模以上企业争取达到 700 家。

四是鼓励自主创新项目，持续增强行业发展后劲。鼓励企业在八大产业发展重点领域，开展自主创新产品的研发与产业化。每年要重点支持 30 个市场前景广阔的自主创新项目的研发与产业化，争取在若干个产业化项目上有所突破。

五是支持产业园区建设，发展壮大产业集群。继续支持沈阳浑南新区信息产业园、沈阳光电信息产业园(沈北新区)、大连软件产业带等一批重点园区建设；支持大连和沈阳国家动漫产业基地以及丹东、锦州、葫芦岛、营口、辽阳、阜新、朝阳市的一批各具特色的 IT 产业园。以这些 IT 产业园（基地）为载体，鼓励对产业发展影响大的项目、重大外商投资项目以及延伸产业上下游产品和完善主导产品配套链条的项目入园。

六是全力帮助企业拓展市场。首先，在全省广播电视、通信等项目建设中，搭建建设业主和辽宁省 IT 企业的对接平台，推动建设业主更多地采购本地信息产品；其次，在推进全省电子政务、企业信息化、农村信息化和社会信息化建设中，鼓励优先采购本地信息产品；第三，促进全省 IT 企业实施"走出去"战略，对于骨干企业抢占国际国内市场的增量部分，实施鼓励政策。

七是加强干部队伍建设，为产业发展提供组织保障。首先，加强政治理论和业务知识学习，不断提高指导行业发展的能力和水平；其次，加强作风建设，弘扬求真务实、真抓实干的工作作风；第三，继续转变职能，主动服务基层，服务企业，营造舆论、政策、市场、配套、融资、人才等六个方面的环境，优化产业发展软环境。

【统计数据】

表 1 2008 年辽宁省电子信息产业人员构成情况

企业类别	企业数（家）	年末从业人员总数（人）	人员构成			
			工程技术人员（人）	在总人数中所占比例（%）	管理人员（人）	在总人数中所占比例（%）
内资企业	227	82 492	12 826	15.5	8 876	10.8
国有企业	23	38 654	4 119	10.7	2 622	6.8
集体企业	4	301	42	14.0	49	16.3
股份合作企业	8	1 380	209	15.1	180	13.0
有限责任公司	95	22 919	4 064	17.7	2 564	11.2
私营企业	74	12 155	3 082	25.4	2 614	21.5
其他内资企业	23	7 083	1 310	18.5	847	12.0
三资企业	147	97 324	9 425	9.7	12 053	12.4
港澳台商投资企业	26	7 079	590	8.3	786	11.1
港澳台资经营企业	11	4 091	237	5.8	204	5.0
港澳台独资经营企业	15	2 988	353	11.8	582	19.5
外商投资企业	121	90 245	8 855	9.8	11 267	12.5
中外合资合作经营企业	43	22 996	3 764	16.4	3 424	14.9
外资企业	78	67 249	5 071	7.5	7 843	11.7

表 2 2006 年—2008 年辽宁省电子信息产业基本情况

项目名称	单位	2006 年	2007 年	2008 年
工业总产值 （现行价）	万元	6 475 870	7 908 769	9 733 749
工业销售产值	万元	6 314 283	7 730 293	9 752 712
其中：出口交货值	万元	3 955 268	4 572 068	4 325 875
软件出口	万元	36 800	117 131	
工业增加值	万元	1 505 825	1 794 979	2 184 363
从业人员年末人数	人	134 232	146 603	179 816
从业人员工资总额	万元	252 544	410 905	436 262

注：表 2 数据不包括软件业数据。

表 3　2006 年—2008 年辽宁省电子信息产业三资企业基本情况

项目名称	单位	2006 年	2007 年	2008 年
工业总产值　（现行价）	万元	2 798 110	3 325 927	4 472 672
工业销售产值	万元	2 765 511	3 274 049	4 828 285
其中：出口交货值	万元	2 243 319	2 540 826	2 524 103
工业增加值	万元	670 122	830 080	909 339
从业人员年末人数	人	84 854	89 665	97 324
从业人员工资总额	万元	158 799	287 279	246 801

表 4　2006 年—2008 年辽宁省电子信息产业财务情况

项目名称	单位	2006 年	2007 年	2008 年
流动资产合计	万元	3 344 061	3 810 893	4 959 567
固定资产合计	万元	1 457 939	1 562 416	2 148 595
资产合计	万元	5 515 807	6 050 609	8 217 083
流动负债合计	万元	2 611 075	2 965 089	3 648 184
负债合计	万元	2 973 207	3 296 251	4 092 541
所有者权益合计	万元	2 542 600	2 754 358	4 124 542
产品销售收入	万元	8 954 283	11 200 309	14 630 000
其中：软件产品销售收入	万元	2 640 000	3 350 000	4 820 000
投资收益	万元	21 928	42 237	10 827
利润总额	万元	305 541	421 403	422 251
应交所得税	万元	40 876	58 485	91 031

注：表 4 产品销售收入为制造业与软件业合计数。

表 5　2006 年—2008 年辽宁省电子信息产业主要经济效益指标完成情况

项目名称	单位	2006 年	2007 年	2008 年
全员劳动生产率	元/人	112 181	1 258 072	128 353.07
流动资金周转率	%	2.08	2.17	2.10
产品销售率	%	97.50	97.74	100.19
总资产贡献率	%	7.70	9.77	8.23
资产保值增值率	%	158.30	112.37	118.77
资产负债率	%	53.90	54.48	49.81

表6　2006年—2008年辽宁省电子信息产业三资企业主要经济效益指标完成情况

项目名称	单位	2006年	2007年	2008年
全员劳动生产率	元/人	81 661.00	925 757.10	88 873.81
流动资金周转率	%	2.44	2.40	2.42
产品销售率	%	98.80	98.44	107.95
总资产贡献率	%	9.40	11.05	11.16
资产保值增值率	%	119.20	110.72	116.22
资产负债率	%	39.20	39.29	39.52

表7　2006年—2008年辽宁省主要电子信息产品产销量情况

产品名称	单位	产量			销量		
		2006年	2007年	2008年	2006年	2007年	2008年
雷达	部	4 887	3 296	3 348	4 914	3 176	3 408
微型计算机	台	739	1 214	1 315	739	1 214	1 315
彩色电视机	台	3 594 313	4 622 003	5 204 935	3 550 565	4 535 236	5 201 014
汽车音响	台	4 450 183	4 634 633	3 964 064	4 447 694	4 661 845	3 992 226
彩色显示器	台	21 800	11 650	3 500	20 000	11 963	3 100
手机	部	315 368	152 323	1 725 751	294 918	146 031	1 782 482
激光视盘机	台	3 026 698	3 970 883	1 621 082	2 992 342	3 846 528	1 629 761
打印机	台	1 397 024	1 254 405	1 067 587	1 405 765	1 249 539	1 074 075

注：表1~表7数据来源于《辽宁省电子信息产品制造业统计年报》(2008)。

[撰稿：赵连富　审稿：李兵]

吉　林　省

【综述】

2008年，吉林省信息产业完成工业增加值197亿元，同比增长21%。其中，电子信息产业完成工业增加值68亿元，增长28.3%；通信业完成工业增加值132亿元，增长20.0%。电子信息产业实现销售收入245亿元，增长32.4%；实现利税总额24亿元，增长33.3%，其中实现利润总额18亿元。

电子信息产品制造业

2008年，全省实现出口交货值14亿元，其中三资企业实现出口交货值10.8亿元，占出口总额的78%。主要出口产品有汽车电控单元、光盘、双极晶体管、硅低频大功率三极管、车灯、电容器、锂离子电池等30多个品种。

2008 年，大陆汽车电子有限公司生产汽车电控单元产品 4 105 万只，销售收入 30.7 亿元；吉林华星电子集团有限公司生产半导体分离器件 17.8 亿只，销售收入 10.5 亿元；吉林庆达数码有限公司生产 DVD 和 VCD 光盘 3.4 亿片，销售收入 2.1 亿元。

软件业

2008 年，吉林省软件及信息服务业实现销售收入 110 亿元，同比增长 20%。全年通过认定的软件企业有 37 家，通过登记的软件产品有 135 项。截至 2008 年底，累计通过认定的软件企业有 349 家，通过登记的软件产品有 916 项。

2008 年，有 40 家企业通过国家计算机信息系统集成资质认证。其中，长春鸿达信息科技股份有限公司、长春吉大正元信息技术股份有限公司、启明信息技术股份有限公司通过计算机信息系统集成一级资质认证。

启明信息技术股份有限公司、长春吉联科技集团有限公司、东北师大理想软件股份有限公司、长春吉大正元信息技术股份有限公司、长春鸿达信息科技股份有限公司、吉林省金鹰电脑软件开发有限责任公司等 6 家软件企业被确定为“国家规划布局内重点软件企业”。截至 2008 年底，有 13 家软件企业被确定为“国家规划布局内重点软件企业”。

根据国家九部委下发的《关于推进企业使用正版软件工作的实施方案》，吉林省信息产业厅配合省版权局规范软件市场秩序，开展政府软件正版化和知识产权保护工作。

科技进步与应用

2008 年，吉林省信息产业厅组织省信息产业发展专项资金的申报、评审工作，全省有 89 家企业获得 2 000 万元省信息产业发展专项资金的支持；组织工业和信息化部电子发展基金项目申报，全省有 3 家企业获得国家 300 万元基金的支持。有 2 个项目列入国家“倍增计划”。吉林华微公司总投资 3.53 亿元的“6 英寸新型功率半导体器件生产线”项目竣工投产。

此外，与吉林省技术监督局共同组织开展了光电子技术标准体系建设申报工作，确定了半导体分立器件技术、集成电路技术、光电编码器技术、有机发光显示器技术、激光器技术、重点光电仪器与集成技术、液晶显示器技术等 7 个标准体系作为申报课题。

信息产业基地建设

长春国家汽车电子产业园建设进展顺利，全年实现工业总产值 63 亿元，实现工业增加值 20.3 亿元，研发投入 1.35 亿元。按照规划布局，批复认定吉林省（长春高新）光电子器件产业园、吉林省（通化东昌）医疗电子产业园、吉林省（延边延吉）中韩软件园、吉林省（四平经开）光伏电池产业园、吉林省（长春启明）汽车电子产业园 5 个信息产业园。

信息化应用与建设

组织实施“倍增计划”　截至 2008 年底，上报并立项的“倍增计划”应用项目有 80 项，总投资额为 14 亿元，对推动“以信息化带动工业化”的发展战略，利用信息技术改造和提升传统产业起到了引导和示范作用。

信息技术改造传统产业　在工业领域，全省大中型企业全部将信息技术应用于生产流通和经营管理，有 90%以上的企业有独立的门户网站。在制造业中，应用计算机辅助设计（CAD）的企业超过 50%。通过开展企业信息化示范工程，一汽集团公司的信息技术综合应用、通化钢铁集团公司的能源平衡信息系统、吉林化纤股份有限公司的电子商务应用等取得了经济和社会效益。

农村信息化建设　全国农业信息化试点项目“黑土地”农村信息化试点应用工作进展顺利，省、市、县、乡四级农业信息服务体系初步建成，农业综合服务信息平台不断完善，通过新农村服务热线、“黑土地”农民连锁互动信息网，为农民提供政策法律、生产技术和市场信息等服务。

电子政务建设　电子政务内网建设与应用逐步完善，启动了电子政务外网平台建设，并实现了与国家平台的链接。电子政务重点业务系统建设进展顺利，全省应急信息系统、企业基础信息交换平台、信息安全保障系统等项目建设取得了进展。财政系统建有专网，工资统发、预算编审、会计核算、国库支付、政府采购审批等系统已联网运行；公安系统“金盾工程”涵盖人口、刑侦、治安等 20 个系统已基本建成并投入使用；工商部门已建成省、市、县三级专网，并建立了企业基础信息数据库；税务部门的综合征管、增值税管理、出口退税管理、多元化申报纳税系统已在三级专网运行；国土部门建立了地质勘查、矿产资源规划、农用地分等定级数据库等。

社会信息化建设 社会保障、医疗卫生、文化等涉及民生的信息化水平逐步提高。长春市已成为国家城市信息化和金融税控收款机试点城市。全省城市联网监控系统正在建设中。养老、失业、医疗保险应用系统全面开通运行，城市公共交通“一卡通”服务正在逐步推广，日刷卡量60万人次；建立了省密钥管理中心，数字认证已开始向社会提供服务，通过国家认证的国投安信公司已累计发放数字证书10万张。组织机构代码IC卡与数字认证相结合的“一卡多用”工程正在建设中。

其他

2008年，吉林省完成了“吉林省第五届海外华侨华人专业人士恳谈及项目对接会”的各项任务，承办了第四届东北亚投资贸易博览会“电子信息及高技术产业专题项目对接会”；举办了第四届中国汽车电子产业发展高层论坛，支持延边州举办第三届中韩（延边）IT产业发展论坛；组织14家软件企业参加在大连举办的第六届中国国际软件及信息服务交易会，吉林省代表团获得优秀组织奖；组织吉林省动漫企业参加中国（辽宁）国际动漫产业发展高峰论坛。

2008年，吉林省研究制定并出台了《吉林省信息产业跃升计划》，确定今后3年重点发展光电子、汽车电子、电力电子、软件产业和现代信息服务业。其主要任务是：抓好大项目，壮大产业规模；培育大企业，提高企业竞争力；抓好基地和园区建设，提高产业集聚度；发展现代信息服务业，促进产业优化升级；实施信息化带动战略，推进信息化与工业化融合。

【统计数据】

表1 2008年吉林省电子信息产业人员构成情况

企业类别	企业数（家）	年末从业人员总数（人）	人员构成			
			工程技术人员（人）	在总人数中所占比例（%）	管理人员（人）	在总人数中所占比例（%）
国有企业	2	1 927	469	24.3	477	24.8
国有独资企业	1	254	52	20.5	28	11.0
其他企业	1	196	27	13.8	33	16.8
其他有限责任公司	40	6 421	1 312	20.4	741	11.5
股份有限公司	15	4 208	596	14.2	342	8.1
私营企业	12	1 621	284	17.5	197	12.2
港、澳、台合资经营企业	3	871	72	8.3	101	11.6
中外合资经营企业	7	1 670	343	20.5	146	8.7
外资企业	6	2 915	409	14.0	332	11.4

表 2　2006 年—2008 年吉林省电子信息产业基本情况

项目名称	单位	2006 年	2007 年	2008 年
工业总产值　(现行价)	万元	897 437	1 085 041	1 274 422
工业销售产值	万元	863 254	1 048 409	1 227 554
出口交货值	万元	71 544	112 815	135 118
工业增加值	万元	259 940	270 894	350 088
流动资产平均余额	万元	665 990	745 146	799 576
固定资产净值平均余额	万元	547 854	394 145	324 078
资产合计	万元	1 520 922	1 272 240	1 376 750
负债合计	万元	964 155	721 703	662 239
产品销售收入	万元	859 067	1 038 383	1 250 324
税金总额	万元	28 565	32 551	40 760
利润总额	万元	20 984	88 961	142 081
应交所得税	万元	6 678	11 483	18 156
从业人员年末人数	人	27 767	22 472	20 083
从业人员工资总额	万元	51 356	52 549	54 428

表 3　2006 年—2008 年吉林省电子信息产业三资企业基本情况

项目名称	单位	2006 年	2007 年	2008 年
工业总产值　(现行价)	万元	392 095	622 191	642 494
工业销售产值	万元	389 216	610 829	641 899
出口交货值	万元	50 132	85 027	107 973
工业增加值	万元	108 857	152 971	200 474
流动资产平均余额	万元	164 165	314 605	341 558
固定资产净值平均余额	万元	144 848	136 168	152 006
资产合计	万元	440 096	519 171	540 136
负债合计	万元	197 839	247 259	231 092
产品销售收入	万元	363 209	602 333	635 412
税金总额	万元	4 741	12 952	22 683
利润总额	万元	33 385	60 849	72 087
应交所得税	万元	2 453	5 277	12 335
从业人员年末人数	人	5 779	5 451	5 456
从业人员工资总额	万元	11 098	20 908	20 558

表 4　2006 年—2008 年吉林省电子信息产业主要经济效益指标完成情况

项目名称	单位	2006 年	2007 年	2008 年
全员劳动生产率	元/人	93 614	120 500	174 321
流动资金周转率	%	1.2	1.4	1.6
产品销售率	%	96.0	97.0	96.0
总资产贡献率	%	4.7	10.0	14.9
资产保值增值率	%	139.0	130.0	137.0
资产负债率	%	63.0	57.0	48.0

表 5　2006 年—2008 年吉林省电子信息产业三资企业主要经济效益指标完成情况

项目名称	单位	2006 年	2007 年	2008 年
全员劳动生产率	元/人	188 366	280 600	367 438
流动资金周转率	%	2.2	1.9	1.9
产品销售率	%	99.0	98.0	99.0
总资产贡献率	%	12.1	16.0	18.9
资产保值增值率	%	164.0	143.0	128.0
资产负债率	%	45.0	48.0	43.0

表 6　2006 年—2008 年吉林省主要电子信息产品产销量情况

产品名称	单位	产量			销量		
		2006年	2007年	2008年	2006年	2007年	2008年
汽车专用电路	万块	1 536	2 593	3 472	1 540	2 578	3 389
片式电阻	万只	147 739	71 905	32 519	153 708	75 000	30 145
硅低频大功率三极管	万只	147 474	205 935	178 263	163 629	204 782	163 172

表 7　2006 年—2008 年吉林省三资企业主要电子信息产品产销量情况

产品名称	单位	产量			销量		
		2006年	2007年	2008年	2006年	2007年	2008年
汽车专用电路	万块	1 536	2 593	3 472	1 540	2 578	3 389

注：表 1~表 7 数据来源于吉林省《统计年报》(2008)。

[撰稿：王增华　于学伟　审稿：马军]

黑龙江省

【综述】

2008 年，黑龙江省信息产业完成工业增加值 189 亿元，同比增长 15.1%，占黑龙江省国民生产总值的 2.27%，增长速度高于黑龙江省 GDP3.3 个百分点。全年信息产业规模继续壮大，结构不断优化，以汽车电子、机械电子、电力电子等新型电子产品制造业为代表的产业集群初步形成，哈尔滨海格集团、哈尔滨益仁电子有限公司、哈尔滨光宇集团股份有限公司、哈尔滨九洲电气股份有限公司、哈尔滨四海数控科技股份有限公司、哈尔滨志阳汽车电器股份有限公司等一批骨干企业集团应运而生。

一批项目相继投产。2008 年，黑龙江省一批较大项目相继投产。联通黑龙江分公司呼叫中心基地项目获得集团公司的批准，完成投资 4 200 万元，完成建筑面积 8 000 平方米，实现 600 席位的建设规模。华拓 500 席位的呼叫中心建设已启动，首期 200 席位已投入运营。通过招商引资，200 席位的呼叫中心建设项目已入驻哈尔滨双太园区；齐齐哈尔国家级重型数控技术研发基地方案初步形成；大庆砷化镓项目最后工艺攻关完成；哈尔滨蓝宝石二期工程开始启动建设，建成后产能为 50 吨蓝宝石晶体材料及 100 万片 LED 衬底片，将实现工业产值 2 亿元。

数字产业快速发展。截至 2008 年底，黑龙江省数据加工处理、动漫基地建设、数字广播电视设备制造、网络增值业务等数字产业已具有一定的发展规模和基础。虚拟镭射键盘、铂薄膜热敏电阻器等项目已具备了产业化能力；数字集群通信产学研基地、砷化镓半导体材料等研发项目取得进展；电动车锂离子电池、移动终端（MID）、数据交付中心等产业化项目正在实施。

诚信工作成效显著。一是开展失信案件曝光工作。年内，重点对政府典型失信案件进行梳理、核查、报送，经有关部门调查、核实、评估后，提出政府失信案件拟曝光名单的初步意见，经最后审核后在各新闻媒体予以公开曝光。二是完善企业信用信息平台建设。依法依规，向社会提供企业信用信息查询服务。依据《黑龙江省企业信用信息征集发布使用办法》，在各数据提供部门的支持下，已有国税、地税、劳动、农委、安监、药监、国土厅等多个部门的数十万条数据导入数据库中，通过对这些原始数据进行比对、整合处理，可以对外提供查询服务。市（地）企业信用信息平台建设加快，一半以上的市（地）平台软、硬件搭建都进入了实施阶段。三是加快信用制度建设。全年先后完成《黑龙江省个人征信管理办法（送审稿）》的起草工作，已报省政府法制办备案；完成《黑龙江省企业信用评级规范》的起草工作，省质量技术监督局已正式立项。四是推进重点领域、重点人群诚信档案的建设工作。2008 年，征集导游员、律师、公证员、基层法律工作者、司法援助人员、司法鉴定人员等诸多重点人群的信息。五是采取适度干预手段，协助银行催缴逾期银行贷款。黑龙江省信息产业厅会同省银监局、省银行业协会，采取召开座谈会、深入市（地）调研等形式，对前期催缴逾期银行贷款工作进行梳理、总结并要求各市（地）开展催缴逾期银行贷款工作。六是营造诚实守信的社会环境。黑龙江省信息产业厅组织开展“诚信龙江”知识竞赛和有奖征文活动，在黑龙江电视台黄金时段开展为期 4 个月的“诚信龙江”建设公益宣传，在黑龙江日报开设《诚信龙江》专版，在东北网开展为期 1 年的“诚信龙江”专题宣传活动，利用省内各种大型招商会、经贸洽谈会等会议召开的机会进行诚信宣传，与有关部门联系开展户外诚信建设宣传活动。

服务外包产业

一是各方动员，形成合力。各部门抓产业发展的合力已经形成。财政厅、国税局、地税局等多部门开展服务外包调研，了解产业发展中的困难，为产业发展提供支持。省政府参事室设立专题，对黑龙江省的服务外包产业发展进行调查研究。财政厅、教育厅、劳动和社会保障厅、信息产业厅、人事厅等部门都加入外包产业发展中来，举行了多次关于黑龙江省服务外包人才培养、引进、招聘、实训的工作会，各单位结合实际提出了操作性很强的服务外包人才培养方案，并从资金、政策上给予重点倾斜。

二是园区先行，政策保障。推进服务外包园区的建设，大庆服务外包产业园区被商务部、原信息产业部、科技部认定为“中国服务外包示范区”，于2008年初举行了授牌仪式。哈尔滨市向国家申报“中国服务外包基地城市”，于2008年7月上旬得到批准。

2008年，黑龙江省政府颁布实施了《黑龙江省促进服务外包产业发展的若干意见》。

三是外联合作，示范引导。通过采取对外招商引资、对内实施联营联合的方式，外包企业逐渐发展壮大。黑龙江省重点服务外包企业通过与国际著名IT企业合作，打通外包业务渠道，示范引导产业发展。哈尔滨乐辰科技有限责任公司成为微软授权的“高级认证技术培训中心（CPLS）”，将为黑龙江省培养大量服务外包急需的高端软件人才。黑龙江省信息产业厅与黑龙江网通公司、英特尔（中国）有限公司、同方股份有限公司在上海就“共建远程IT管理服务项目工程”签署了四方合作备忘录，此次合作是黑龙江省2008年全面推进服务外包产业发展的一个标志性举措。

四是积极组织，强力推进。黑龙江省信息产业厅组织相关部门和黑龙江省外包企业在北京、大连等地参加中国国际软件交易会、中国软件博览会、2008亚太呼叫中心大会等服务外包展会，并针对黑龙江省具有优势的呼叫中心业务和金融业外包业务，在哈尔滨和北京举办了2008年黑龙江省服务外包国际业务交流会、2008（北京）黑龙江省服务外包推介会等活动；开展招商引资和对接工作，把黑龙江省服务外包产业的现状、发展空间和优惠政策进行宣传推介，让黑龙江省企业有机会与外省企业对接，寻找合作机会；利用中国哈尔滨国际经济贸易洽谈会进行服务外包推介活动，宣传龙江外包产业，打造龙江外包品牌，促进黑龙江省服务外包产业的发展。2008年，黑龙江省软件及服务外包实现产值80亿元，同比增长54%。

无线电管理工作

一是做好中俄边境频率协调工作。2008年，合计收到国家转来的俄罗斯频率函114件，协调台站1 820个，黑龙江省以严谨的态度，组织相关边境地市进行监测，将处理意见及时上报国家。在2007年落实中俄边境GSM网络频率调整协议的基础上，2008年组织边境地市，每季度利用边境遥控站和移动监测车对GSM频段及超短波频段进行测试，并及时将有关数据上报给国家，作为中俄两国会谈时的背景资料。

二是做好无线电台、站的数据清理登记工作。2008年，对各地市清理登记工作进行评价和验收，现场公布检查结果，对发现的问题提出整改要求。同年10月，省直和佳木斯市接受国家检查组对黑龙江省无线电台、站清理登记工作的检查。

三是打击和防范在各类考试中利用无线电设备进行考试作弊。2008年初，对全国研究生统一入学考试进行了专项监测工作，查处9起利用无线电设备进行作弊的案件。高考期间，查处19起利用无线电设备进行作弊的案件。在全国司法、医师考试和黑龙江省公务员考试中，查处28起利用无线电设备作弊的案件。

四是加强军地协调，开展军地无线电监测技术演练竞赛。在国家加强军地无线电频率协调、完善军地无线电管理联席会议制度的前提下，黑龙江省无线电管理机构与沈阳军区电磁频谱管理机构加强了沟通和协调。

五是启动第24届世界大学生冬季运动会无线电安全保障工作。

科技进步与应用

2008年，黑龙江省通过多种形式开展节能减排信息技术的推广应用工作，扶持和培育节能减排信息技术与产品的研发和产业化，涌现了一批具有自主知识产权、节能减排效果显著的信息技术和产品。截至2008年底，已有10余项节能减排信息技术进行了软件产品登记，其中一些共性的、关键性节能减排信息技术，已在高耗能、高污染企业中应用，取得经济效益和社会效益。如：哈尔滨九洲电气股份有限公司的高压电机调速产品，应用于电力工业、冶金钢铁、石油化工、煤矿、建材水泥、市政建设等耗能领域。截至 2008 年底，已节能改造的电机总容量达到 85 万 kW，节约电量 10.2 亿度/年，节约标准煤 38.658 万吨/年，减少二氧化碳排放 102 万吨/年。

在大庆开发区内的华创电子有限公司应用于大庆石化公司炼油厂硫磺车间的 1 800 吨/年硫磺回收装置，减少排入大气中的二氧化硫约 330 吨/年，增产硫磺 165 吨，节约蒸汽用煤 4 000 吨。哈尔滨工业大学中远工控有限公司母管制发电机组分布式控制系统应用于大庆石化公司热电厂、大庆石化公司炼油厂、哈尔滨汽化厂和龙煤集团七台河分公司热电厂等 4 家热电企业，合计节约标准煤 3 万吨/年，减排二氧化碳 10.8 万吨/年、二氧化硫 757.9 吨/年，节约资金 2 000 万元。

为推进节能减排工作，编制了黑龙江省节能减排信息技术推广应用方案，并按照方案组织实施，在全省范围内筛选节能减排信息技术和产品；编制了黑龙江省节能减排信息技术推广目录，选择了 19 个项目上报推荐给工业和信息化部，申请列入国家节能减排信息技术推广目录。

信息产业基地建设

中俄信息产业园建设　中俄信息产业园的哈尔滨、牡丹江两个境内园区已完成基础设施建设，具备了企业入驻条件，境外远东园区的干线基础设施已具备，招商引资工作正在进行中。预计，上述项目达产后，可实现销售收入 198 亿元，实现利税 37 亿元。在此基础上，完善和发挥黑河、绥芬河作为对俄罗斯电子产品贸易展示区的作用，发挥黑瞎子岛作为对俄罗斯产业发展前沿的作用，扩大对俄罗斯电子信息产品的出口贸易额。

软件园建设　依托哈尔滨和大庆两个国家级高新技术产业开发区，推进软件产业基地的建设，扶持一批专、精、深的软件企业，形成软件产业的集聚效应。

服务外包产业基地建设　以哈尔滨、大庆、齐齐哈尔工业走廊为依托，以沿国境线的周边城市为重点，发展境内和境外软件外包和商务流程外包。拓展服务外包业务领域，在完善黑龙江省现有园区建设的同时，建设专业性特色园区，打造万席位呼叫中心基地、软件和数据处理外包业务基地、齐齐哈尔装备制造业服务外包基地，使黑龙江省服务外包基地和示范区的承载能力得到加强。

数控机床研发基地建设　黑龙江省把数控机床作为振兴装备制造业的重点之一，以齐二机床集团有限公司（简称齐二机床）的技术中心实验室为依托，采取数控系统厂商向齐二机床提供数控系统软硬件平台的 OEM 模式，以开放型数控系统为研究重点，开展数控系统研发基地的建设。

信息化应用与建设

2008 年，黑龙江省加强信息化应用与建设工作。一是加强信息化体系的建设。年内调整、充实黑龙江省信息化工作领导小组，面向黑龙江省各大学、企业、事业单位，广泛吸纳各行业的信息化专家，形成黑龙江省信息化专家咨询委员会，对政务信息化、农业信息化、企业信息化、信息安全等领域进行咨询和指导。

二是推进重点领域信息化的建设。推进应用信息技术，提高企业的管理水平，为企业开展节能减排提供技术支持；制定节能减排信息技术推广工作方案，组织编制了黑龙江省节能减排信息技术和产品推介目录，组织召开了节能减排的场推广会。信息技术应用于电力工业、冶金钢铁、石油化工、煤矿、建材水泥等耗能高、污染力强的领域，节约了能源，提高了资源的利用效率，降低了污染物的排放。

三是农业信息化建设向纵深推进。全年选择条件成熟的 11 个县（市）给予重点支持和扶持。抓好农村信息化综合信息服务试点和县域信息化试点工作的落实和组织实施，加快农业信息服务平台建设，整合涉农信息资源，完成了黑龙江省农业信息化服务平台的建设。推广和规范农村信息服务站的建设，开展农村信息化普及和培训，制定出农村信息化培训工作方案，先后组织了 10 期农村信息化培训班，培训人数超过 1 000 人。

四是加强信息资源开发利用。指导大庆市、绥芬河市制定出数字城市建设规划；指导齐齐哈尔市、佳木斯市进行了地理空间框架信息系统的建设和应用工作。

五是加强信息化建设服务与监管。把信息化建设服务与监管作为一项重要工作来抓，推进信息安全等级保护工作和信息安全风险评估工作。在奥运会期间，会同公安、保密、通信等部门组织信息安全测评，对黑龙江省161个网站进行了外部信息安全风险评估。开展信息安全专项检查，对政府网站、大冬会网站、重点行业网站进行联合检查，提交了161份外部安全测试报告。同时，加强应急工作和信息内容安全工作，制定应急预案，提高应急处置能力和网络安全水平。

信息技术应用 坚持以信息化带动工业化，发挥信息技术的倍增作用，重点推进了林业、医药、石油化工、造纸、装备、商贸等行业的信息技术应用。为了把握黑龙江省企业“两化融合”的情况、信息化应用现状、存在问题和实施信息化的需求，对确定的114家重点监控企业，从信息技术与产品设计过程、制造技术、传统工业、服务业、企业生产经营管理及资源能源供给体系等方面，进行“两化融合”的调查。

中小企业信息化建设 加强中小企业信息化建设的力度。年内，完善了中小企业信息化综合服务平台，加强平台各方的配合，为中小企业提供公共服务和专业化支持，推广企业单元信息化应用，引导中小企业加快了信息化建设的进程。在哈尔滨率先开通了中小企业信息化辅导站，确立了全省中小企业信息化示范企业的扶持和评定标准。目前，信息化辅导站累计为中小企业培训80余次，培训人数超过5 000人次。同时，对一批信息化实施示范企业，在使用信息化应用产品时，协调运营商给予三分之一的价格优惠，并从专项资金中给予三分之一的资金补贴。截至2008年底，新增实施信息化的企业有1 095家。

其他

加强信息安全保障工作 促进经济平稳增长 关于加强信息安全保障工作：一是完成了大冬会信息安全保障任务；二是完成了“两会”期间的网络与信息安全保障任务；三是开展IC卡信息安全应对工作；四是起草了《黑龙江省网络与信息安全事件应急预案》、《黑龙江省政府信息系统安全检查实施办法》等规范性文件。五是加强信息安全技术骨干单位、人员的队伍建设。

全年获得国家高技术产业发展项目资金800万元，用于支持“信息系统安全测评专业化服务平台”的建设。

【统计数据】

表1 2008年黑龙江省电子信息产业人员构成情况

企业类别	企业数（家）	年末从业人员总数（人）	人员构成			
			工程技术人员（人）	在总人数中所占比例（%）	管理人员（人）	在总人数中所占比例（%）
国有企业	6	2 803	644	23.0	465	16.6
集体企业	1	60	6	10.0	15	25.0
股份合作企业	9	3 269	646	19.8	636	19.5
其他企业	18	3 996	873	21.8	472	11.8
三资企业	10	5 799	912	15.7	459	7.9

表 2　2006 年—2008 年黑龙江省电子信息产业基本情况

项目名称	单位	2006 年	2007 年	2008 年
工业总产值（现行价）	万元	583 199	654 856	735 317
工业销售产值	万元	569 149	653 773	750 979
其中：出口交货值	万元	125 740	111 517	98 903
工业增加值	万元	152 312	166 791	182 646
从业人员年末人数	人	15 958	15 927	15 896
从业人员工资总额	万元	24 654	28 347	32 593

表 3　2006 年—2008 年黑龙江省电子信息产业三资企业基本情况

项目名称	单位	2006 年	2007 年	2008 年
工业总产值（现行价）	万元	339 671	383 504	432 993
工业销售产值	万元	333 422	398 385	476 005
其中：出口交货值	万元	102 150	88 664	76 958
工业增加值	万元	75 549	88 265	103 121
从业人员年末人数	人	5 165	5 799	6 511
从业人员工资总额	万元	9 562	13 267	18 408

表 4　2006 年—2008 年黑龙江省电子信息产业财务情况

项目名称	单位	2006 年	2007 年	2008 年
流动资产合计	万元	493 659	556 842	628 112
固定资产合计	万元	215 460	247 798	284 990
资产合计	万元	773 952	905 061	1 058 380
流动负债合计	万元	359 975	401 757	448 389
负债合计	万元	426 315	497 775	581 213
所有者权益合计	万元	347 637	407 286	477 170
产品销售收入	万元	560 236	660 688	779 151
其中：软件产品销售收入	万元	33 738	21 188	13 306
投资收益	万元		1 834	2 069
利润总额	万元	36 924	48 266	63 092
应交所得税	万元	4 452	6 637	9 894

表 5　2006 年—2008 年黑龙江省电子信息产业主要经济效益指标完成情况

项目名称	单位	2006 年	2007 年	2008 年
全员劳动生产率	元/人	94 340	108 088	123 839
流动资金周转率	%	1.3	1.4	1.4
产品销售率	%	97.5	99.8	97.2
总资产贡献率	%	7.6	8.0	8.0
资产保值增值率	%	113.5	122.2	119.2
资产负债率	%	55.0	55.0	55.0

表 6　2006 年—2008 年黑龙江省电子信息产业三资企业主要经济效益指标完成情况

项目名称	单位	2006 年	2007 年	2008 年
全员劳动生产率	元/人	148 078	150 933	153 843
流动资金周转率	%	1.8	1.6	1.7
产品销售率	%	98.1	103.4	99.1
总资产贡献率	%	11.2	8.4	9.3
资产保值增值率	%	117.1	136.4	121.2
资产负债率	%	58.2	54.5	56.4

表 7　2006 年—2008 年黑龙江省主要电子信息产品产销量情况

产品名称	单位	产量			销量		
		2006年	2007年	2008年	2006年	2007年	2008 年
广播发射设备	部	178	858	923	138	82	496
台式微机	台	34 120	30 000	26 377	34 255	30 535	27 219
彩色电视机	台	328 334	251 758	193 042	329 323	249 034	188 319
金融电子产品	部	33 876	38 205	43 087	35 270	34 948	34 629

表 8　2006 年-2008 年黑龙江省三资企业主要电子信息产品产销量情况

产品名称	单位	产量			销量		
		2006年	2007年	2008年	2006年	2007年	2008 年
硬盘驱动器磁头	万只	1 343	628	294	1 329	610	280
特种焊机	台	15 458	18 772	22 796	14 152	19 157	25 932
手机按键开关	万只	8 033	10 009	12 471	7 510	10 070	13 503

注：表 1—表 8 数据来源于黑龙江省信息产业厅《制造业综合年报数据》，表内统计数据不包括软件与系统集成企业的数据。

［撰稿：张安　审稿：孙珅］

长江计算机（集团）公司

【综述】

长江计算机（集团）公司创建于 1987 年 3 月，是具有计算机产品科研开发、生产制造、系统集成、销售服务多功能并拥有进出口贸易自主权的国家计划单列企业集团，是上海市计算机产业的骨干企业。经过 20 多年的发展，该集团公司从初创时期的单一硬件制造，逐步走上了以系统集成带动产业结合，以应用带动制造，以信息服务推动产业发展的新型发展道路。初步形成了 7 个方面的产业优势，即：形成了计算机信息服务协调发展的结构和布局、形成了自主创新与集成创新的技术特点、形成了行业应用的先发优势、形成了国民经济信息化运营的保障力量、形成了较为完备的专业资质体系、形成了结构合理的专业技术人才队伍、形成了在计算机信息服务领域良好的市场信誉。该集团公司已连续 7 年入选中国软件百强企业，“东海”产品自 1995 年至今蝉联上海市名牌产品。经上海企业竞争力研究中心根据企业规模、市场、产品、管理、技术、文化、团队、品牌、成长性、社会责任等共 10 项指标的分析排序，长江计算机（集团）公司以较强的综合实力，被列为 2008 年度上海市企业竞争力领先企业。

科技进步与应用

2008 年，该集团公司实现销售收入 35.4 亿元，完成利润总额 5 771 万元，净资产收益率 4%，国有资产保值增值率 105%。全年重点项目得到推进，新产品和新技术获得应用。其基本特点如下：

一是新产品新技术得到广泛应用。2008 年，完成新项目开发 25 项，新产品和新技术的应用率达到 100%。新产品、新技术的研制成功和广泛应用为该集团公司实现快速发展提供了支撑。如：文化资源共享综合服务系统和面向博览资源的内容整合及共享服务平台已应用于首都博物馆和深圳博物馆；区域性污染源管理系统已应用于环境监测；多媒体集成管理平台已应用于视频图书馆、轨道交通和世界博览会项目；基于 RFID 技术的电子不停车收费系统（ETC）不仅参与了国家标准的制定与完善，填补了国内技术空白，而且还中标了长三角 ETC 互联互通试点工程，其中关键产品车载电子标签、路侧天线等已进入规模化生产。

二是自主知识产权保护有新突破。2008 年，该集团公司共有 26 件产品和技术申请了知识产权保护，申请数量与 2007 年相比增长 24%，其中发明专利申请数量增长 600%。

此外，数据交换传输中基于数字签名的加密技术方法、采用缓冲模式的生产线实时数据采集方法、数据共享交换组件软件、具有独立安全控制模块的电子收费车载单元、基于 IPTV 视频图书馆的检索方法等具有自主知识产权的关键技术项目研制成功，增强了该集团公司的技术开发能力。

三是重大工程重点项目得到推进。2008 年，该集团公司瞄准国家重大工程、重点项目，推进实施集团品牌战略，跟踪上海国资委的智能交通、国资监管、上海世界博览会的信息化、石化领域总包等重大项目，全年承接的企业信息化和交通领域信息化项目比 2007 年有所增长，深圳数字化博物馆系统、不停车收费结算清分系统、上海世界博览会的信息化、上海国资委监管系统等项目的实施，体现了其在软件和系统集成领域的核心竞争力。

此外，推出了一批应用项目。能源领域的中石化加油站 IC 卡加油系统已从两省一市扩大到三省二市；社保领域的社保卡系统和硬件产品已走出国门；在交通领域中标了上海 ETC 系统工程清算中心及行业监管集成系统和 ETC 客户服务结算系统两大项目；自主开发的“车载识别装置 OBU”和“路侧天线 RSU”被列入 2008 年上海市重大技术装备项目，实现了长三角地区 103 个高速公路道口不停车收费系统的互联互通；科普之窗终端已推广到社区 700 多个网点，环境采集仪已应用于上海水务系统。

2008年，该集团公司软件、系统集成、信息服务业的标志性应用项目如下：

高速公路ETC不停车收费项目 2010年上海世界博览会召开在即，为解决高速公路收费口拥堵，节约高速公路用地资源和节能减排，上海市政府拟在2008年底开始启动高速公路ETC系统，并规划与江苏、浙江、安徽、江西等省实现互联互通，推进长三角地区跨省市ETC系统联网运营。该集团公司作为上海信息化产业的龙头企业，从2005年起就参与了长三角ETC重大工程建设。通过挖掘消化吸收，掌握了ETC终端的核心技术，参与了ETC国家标准的制定。经历了数百次攻关，自主研制出符合国家ETC标准的第一个终端系列产品，并获得4项专利，填补了中国高速公路不停车收费核心设备的空白。该系列产品在2007年上海工业博览会上获得上海地区唯一铜奖，列入2008年上海市重大技术装备项目。在ETC系列产品开发的同时，该集团公司研究开发了ETC应用系统。经过两年的技术准备和方案论证，一举中标了上海市高速公路电子不停车收费系统工程清算中心及行业监管集成系统项目。2008年12月31日前，实现了长三角地区103个高速公路道口不停车收费系统的互联互通。

文博领域信息化项目 该集团公司在文博领域已完成了数字博物馆、数字图书馆、投资监管系统等6项软件产品。2008年，该集团公司在深圳市政府采购中心组织的深圳博物馆新馆数字化博物馆实施项目招标中拔得头筹。该项目包括网络信息化支撑平台、文化遗产数字化采集系统、文化遗产数据中心等9个部分。深圳博物馆新馆数字化博物馆系统，兼备深圳地方与文博专业双重特点，重点突出改革开放史的信息系统支持。一期工程中多媒体资料中心、公共区域导览、网上博物馆、RFID观众标签导航、信息公告、藏品影像管理、综合信息门户等七大系统已开发完成，并于12月中旬对外开放。目前，二期工程的开发尚在进行。

中石化加油卡系统 2008年，该集团公司中标了中石化川渝分公司加油卡工程，并成为该项目的集成商。这是其继上海、江苏、湖北加油卡工程之后，在石油领域的又一次突破。至此，该集团公司在石油领域的业务范围已由原来的两省一市扩展到三省两市。同年5月，卡机联动加油机率先通过了中石化最新颁布的V2.0标准测试；同年12月，该集团公司在“中国石化加油卡查询应用平台系统”项目竞标中一举中标。

社保卡海外项目 由该集团公司总承包的埃及社会补给卡系统①以开罗为中心、覆盖埃及10个省的远程IC补给卡网络，目前在埃及国内共建立了5 100个消费网点，实现全国范围内IC补给卡消费、充值、提现以及政府对市民食品价格补贴现金的转入等功能。2008年5月完成了全部工程的软硬件开发和安装工作，并通过了验收，正式交付使用。埃及食品补给卡系统的建成还带动了该集团公司的POS机销售业务，全年POS机的出口量比上年翻番。

发展趋势

2009年，该集团公司重点抓好三个方面的工作。

一是重点推进新产品新技术的研发。坚持“自主创新”的方针，围绕全面实施计算机信息服务业的发展战略；坚持集成创新和原始创新相结合，增强科技创新能力。硬件开发要从嵌入式技术、射频技术、RFID技术、数字媒体技术、无线网络技术等5项核心技术入手，加紧对数字媒体、能源环保等领域相关产品的研制，做好产品成果转化工作。根据国家制定的信息服务业的战略定位，加快对自动化控制软件、机电一体化软件、劳动试训化平台软件、企业信息化软件的开发；组织实施计算机信息服务领域的自主创新攻关，在汽车电子信息处理和诊断系统、上海市建筑业项目管理公共服务平台、中石化加油信息系统总集成综合管理系统、长三角地区智能交通收费统一结算平台、轨道交通及车库系统的研制上有所突破；开展面向新概念体系结构的系统软件和支撑软件的超前研究。

二是加强重点产品市场化工作。以智能交通应用为突破口，扩大市场份额，跟踪ETC不停车收费系统的市场动态，做好市场拓展、产业链的组织和协调服务工作；做好实时高速纸币信号采集分析仪的开发和第二代样品的试制工作，做好新品的规模生产和市场推进工作；通过推介会、现场会、展示会等多种形式，宣传和

注：①埃及社会补给卡系统开发项目于2005年3月正式启动。这是埃及第一个全国范围的远程IC补给卡网络，其用于取代目前在埃及使用的纸质补给卡，建立一个快捷、方便的服务体系。目前，该系统已连接了开罗和5个省会的2 700多个消费点。在开罗的数据中心，已构建了市民卡的账户文件，记录了市民卡消费、充值明细账。在消费点，持卡市民可进行刷卡消费，包括消费后的退货、取消消费。

推广世博通、科普之窗终端、POS机、基于国标的数字电视地面接收器、世界博览会预约机等技术领先产品，提高产品的市场占有率；宣传和推广该集团公司在软件、系统集成、信息服务方面的成功案例，以市场化带动科研成果的产业化进程；扩大POS机、线路板的海内外市场份额。

三是参与国家重点项目立项。该集团公司抓住上海“四个中心”建设和2010世博会项目，以核心电子器件、高端通用芯片、基础软件为突破口，在汽车行业有所突破；聚焦重点项目、重大工程，在世博会“参观者预约”、“园区信息发布”、“游客引导”、“企业联合馆”等项目上有所突破；围绕上海城市轨道交通网络化、规范化运营的发展趋势，参与轨道交通乘客信息系统的建设；拓展智能弱电、数据中心、容灾备份等企业信息化领域的项目。

【统计数据】

表1 2006年—2008年长江计算机（集团）公司新产品情况

项目名称／年份	工业产值（现行价）（万元）	新产品产值（现行价）（万元）	所占比重（%）	新产品开发总数（个）	新产品鉴定总数（个）
2006	24 205	21 444	88.5	42	17
2007	8 878	7 546	85.0	41	17
2008	5 709	4 909	86.0	41	20

注：2008年新产品开发总数包括2007年度转结项目。

表2 2006年—2008年长江计算机（集团）公司电子信息产品制造业主要经济指标完成情况

项目名称	单位	2006年	2007年	2008年
工业总产值	万元	24 205	8 878	5 709
工业增加值（现行价）	万元	5 965	4 661	2 033
销售产值（现行价）	万元	23 663	8 792	5 640
销售收入	万元	342 588	340 078	354 373
实现利税总额	万元	5 047	5 354	5 771
其中：利润总额	万元	2 902	3 423	4 618
出口额	万美元	200	170	370
工业全员劳动生产率	元/人	46 026	51 789	61 333
工业产品销售率	%	97.8	99	98.8
资产保值增值率	%	103.4	105.6	103.2

注：2008年前三项数据减小，系因产业结构调整，重点由制造业转移到信息服务业。

[撰稿：周慧琴 审稿：魏红]

江 苏 省

【综述】

2008年，江苏省电子信息产业实现销售收入14 294亿元，同比增长23.4%。其中，软件业实现业务收入1 201亿元，增长44.4%。

全行业产品结构不断优化，软件、集成电路、计算机及周边设备、平板显示、现代通信和数字音视频等六大产品集群取得新的发展。在软件业，电力、电信、金融财会、企业管理、交通、安全等六大行业的应用软件合计实现销售收入占全省销售收入的80%以上。其中，电力管理和控制软件占全国同类软件总量的50%，电信管理软件占全国同类软件总量的30%。集成电路产业重点突破设计业，提高封装和配套材料业，发展芯片制造业；发展新型平板显示、计算机及网络设备、现代通信、数字视听和太阳能光伏等，打造资源节约型产品、新型元器件和行业应用电子产品等新的增长点。

实施大公司、大项目带动战略，审核信息产业重大投资项目50个，投资总额约60亿美元。

电子信息产品制造业

2008年，江苏省规模以上电子信息产品制造业企业有3 822家，比2007年增加491家；实现销售收入①13 093亿元，同比增长21.8%，占全省工业销售收入的20.8%；完成出口交货值①7 504亿元，增长20.1%；实现外贸出口额1 160亿美元，增长9.5%，占全省外贸出口总额比重的48.7%；实现利税820.4亿元，增长17.2%。

全年省内太阳能电池产能达到3 000MW，产量超过1 500MW，同比增长超过100%。无锡的尚德太阳能电力有限公司全年实现工业产值203亿元，同比增加120亿元；常州天合光能有限公司、徐州的江苏中能硅业科技发展有限公司、阿特斯（苏州）太阳能光电有限公司、常州亿晶光电科技有限公司等太阳能光伏产业链上的下游骨干企业实现工业产值与2007年相比增加均超过30亿元。

2008年，全省有3家企业实现工业产值超过300亿元，比2007年增加2家；有19家企业实现工业产值超过100亿元，比2007年增加4家；有15家企业入围2008年度中国电子信息百强企业，有17家企业入围2008年度全国电子元件百强企业。

排前50名企业情况 全年重点跟踪的电子信息产品制造业排前50名的企业合计实现工业产值5 532亿元，同比增长20.4%，占全省电子信息产品制造业实现工业总产值总量的41.1%。在排前50名的企业中，有37家企业实现工业产值与2007年相比均有不同程度的增长，其中仁宝电子科技（昆山）有限公司、纬创资通（昆山）有限公司、瑞中电子（苏州）有限公司等13家企业增长率均超过50%。

各市发展情况 2008年，苏北五市电子信息产品制造业合计完成销售收入313亿元，同比增长87.4%；产业规模占全省的比重由2007年的1.5%提高到2.4%。苏中三市电子信息产品制造业合计完成销售收入1 382亿元，增长36.7%，占全省的比重由2007年的9.4%提高到10.6%。苏南五市电子信息产品制造业合计完成销售收入11 398亿元，增长19.1%，占全省的比重由2007年的89.1%下降到87.1%。

产品产量 受全球金融危机的影响，重点产品产量增幅普遍小于往年，移动电话手持机、数码照相机、显示器等产品出现负增长。集成电路产量145.2亿块；电子元件产量2 496.2亿只；彩色电视机产量826万台；移动通信手持机产量4 129万部，减少20.2%；显示器2 646万台；数码照相机产量2 779万部，减少3.6%。程控交换机产量13.5万线；电话单机产量302.4万部；微型计算机产量6 038.2万台，增长2.6%，其中笔记本电脑4 529.3万台，增长15.5%。在重点产品中，平板电视机占彩色电视机的比重超过50%，笔记本电脑占微型计算机比重达到75%，液晶显示器占显示器比重超过90%。

注：①均为修订数据。

软件业

2008 年，软件业完成主营业务收入 1 262 亿元，同比增长 51.7%，在全国软件主营业务总量中所占比重由 2007 年的 14.3%上升到 2008 年的 16.6%。软件业务出口额 25 亿美元，增长 43.7%；其中软件外包服务业实现出口额 3.6 亿美元。江苏省软件业增速已连续五年超过 50%，软件业销售收入提前完成“双倍增”计划。全年软件销售收入超过亿元的企业超过 120 家，其中销售收入超过 10 亿元的企业有 21 家。

规划布局内重点软件企业 2008 年度国家规划布局内重点软件企业（江苏省）有 14 家，比 2007 年增加 4 家。上述 14 家企业是：江苏润和软件股份有限公司、南京国电南自软件工程有限公司、南京南瑞继保电气有限公司、联创科技（南京）有限公司、南京三宝科技股份有限公司、南京新模式软件集成有限公司、联迪恒星（南京）信息系统有限公司、国电南瑞科技股份有限公司、焦点科技股份有限公司、江苏金智科技股份有限公司、南京富士通南大软件技术有限公司、冲电气软件技术（江苏）有限公司、新宇软件（苏州工业园区）有限公司、横新软件工程（无锡）有限公司。

业务收入排前 10 名企业 2008 年，江苏省软件企业软件业务收入排前 10 名的企业依次是：华为软件技术有限公司、南京中兴软件有限责任公司、南京联创科技股份有限公司、南京南瑞集团公司（含国电南瑞科技股份有限公司）、南京南瑞继保电气有限公司、江苏南大苏富特科技股份有限公司、南京中兴软创科技有限责任公司、江苏金智科技股份有限公司、江苏集群信息产业股份有限公司、南京国电南自软件工程有限公司。

纳税排前 10 名软件企业 2008 年，江苏省软件企业纳税排前 10 名的企业依次是：华为软件技术有限公司、南京南瑞继保电气有限公司、南京中兴软件有限责任公司、南京南瑞集团公司（含国电南瑞科技股份有限公司）、南京中兴软创科技有限责任公司、南京联创科技股份有限公司、恒宝股份有限公司、焦点科技股份有限公司、江苏金智科技股份有限公司、南京国电南自软件工程有限公司。

研发投入排前 10 名企业 2008 年，江苏省软件企业研发投入排前 10 名的企业依次是：南京中兴软件有限责任公司、华为软件技术有限公司、南京联创科技股份有限公司、南京南瑞集团公司（含国电南瑞科技股份有限公司）、南京中兴软创科技有限责任公司、南京南瑞继保电气有限公司、联迪恒星（南京）信息系统有限公司、江苏省金思维信息技术有限公司、南京擎天科技有限公司、南京东软系统集成有限公司。

软件服务外包排前 10 名企业 2008 年，江苏省软件企业软件服务外包排前 10 名的企业依次是：联迪恒星（南京）信息系统有限公司、爱可信（南京）技术有限公司、江苏润和软件股份有限公司、宏智科技（苏州）有限公司、新宇软件（苏州工业园区）有限公司、南京富士通南大软件技术有限公司、无锡软通动力科技有限公司、冲电气软件技术（江苏）有限公司、新电信息科技（苏州（有限公司、苏州工业园区凌志软件有限公司。

系统集成资质认证 江苏省计算机信息系统集成资质认证办公室下发了《关于调整计算机信息系统集成项目经理资格申报条件的通知》和《计算机信息系统集成项目管理论文写作规范》等配套文件，完善了资质管理流程，建立了网上申报服务。推进资格培训和资质论证，全年举办 8 期系统集成项目经理培训班，审批、审核项目经理 532 人；审批、审核系统集成资质申报企业 45 家；审批工程监理临时资质 4 家。做好资质企业的日常管理，全年完成了 68 家系统集成资质企业和 6 家工程监理资质企业年度监督检查、2 家系统集成资质企业和 8 家地方临时资质企业换证审核。全年江苏省通过系统集成资质认证的企业有 43 家，其中通过系统集成资质一级认证的企业有 2 家、通过系统集成资质二级认证的企业有 12 家、通过系统集成资质三级认证的企业有 23 家、通过系统集成资质四级认证的企业有 6 家。截至 2008 年底，江苏省通过系统集成资质各种等级认证的企业合计 101 家。全年江苏省新增工程监理资质企业 4 家；截至 2008 年底，江苏省通过工程监理资质认证的企业合计 17 家。

软件企业和产品认定 全年江苏省新增通过认定的软件企业有 287 家，截至 2008 年底，通过认定的软件企业合计 1 457 家；通过登记的软件产品新增 1 403 个，截至 2008 年底，通过登记的软件产品合计 6 316 个。全年通过 CMMI2 级以上认证的企业合计 145 家，同比增加 92 家；通过 ISO27001 信息安全管理认证的企业有 7家。

软件产业基础设施建设 在工业和信息化部的支持

下，完成了全国首个8条155M软件和信息服务外包国际通信出口专用通道的建设，首期建设覆盖江苏省省内的国家级软件产业基地，为软件和信息服务外包产业发展营造了基础通信环境。专用通道的建设遵循“专网专用、优质廉价、多方支持、双网竞争、跟踪监管”的原则，惠及江苏省五大国家级软件园区及重点软件企业。年内确立江苏省的“无线城市”发展目标、建设和运营模式和政策措施，协调推动地方政府、通信运营企业加快推进城市宽带无线网络建设，南京、无锡、扬州等重点城市“无线城市”建设取得进展。

软件产业服务体系建设 2008年，加强部省合作，先后两次召开部省共建工作协商会，推动中国软件名城的建设；与国家软件与集成电路促进中心合作，完成了江苏省“虚拟软件园”的基础设施建设，整合国家和省市现有服务平台资源，加快建设全国覆盖面最广的软件产业服务体系，挂出国家软件与集成电路南方中心牌子；完成了江苏软件产业展示中心建设，接待了张德江副总理等一批党和国家领导。

其他 完成2007年度软件专项资助项目合同的签订下发，完成了专项经费网络申报管理系统，组织2008年的专项申报，完成了网上申报的统计分析及初步整理工作，完成了CMMI及ISO27001认证企业的资质审核；组织及委托各市对2004年—2006年度项目的验收，已有7个市验收完成60项。

与江苏省推进企业使用正版软件办公室联合开展了企业使用正版软件的培训，并对徐州、宿迁、淮安、常州等市进行督查。

科技进步与应用

2008年，江苏省电子信息产业获得第六届江苏省优秀软件产品奖（金慧奖）共26项（见表6）。

组织重大专项申报 抓好国家科技重大专项“核高基”的申报组织工作，制定工作方案，组建工作组和专家组；召开专题会议，指导并组织企业、高校、科研院所进行申报，全省合计31家单位共申报了45个项目，占全国申报总数的1/5强；组织企业申报国家各类专项扶持，全年获得国家电子发展基金、集成电路产业研究发展专项支持项目25个，资金总额合计5 000万元，带动社会资金投入超过4亿元。

专项发展资金 2008年，江苏省政府整合省级财政专项发展资金，将省软件和集成电路业专项经费纳入省级现代服务业（软件业）发展专项引导资金，并将资金规模提高到3亿元。2008年度引导资金重点支持了一批基础性、先导性、关键性重大项目和“两化融合”试点项目，列入支持的98个项目将带动社会投资81.7亿元，对社会投资带动比为1∶27.2。推动公共技术与信息服务平台的建设，支持淮安建设富士康科技城信息系统、镇江建设光伏产业公共信息服务平台。

成立人才发展基金会 2008年，江苏省成立江苏软件产业人才发展基金会，首期募集资金570万元，设立“江苏软件奖学金”，面向全国示范性软件学院和省内重点高校，奖励优秀软件专业学生，共有146名同学获得首届“江苏软件奖学金”。

2008年，江苏省信息产业厅与软件产业人才发展基金会共同组织“江苏省重点软件企业全国校园行”活动，在10个城市举办了校园招聘会，来自40余所全国重点高校及其他高校相关专业的近2万多名学生参与了系列招聘活动。

软件专业技术资格考试 2008年，江苏省有17 310人报名参加软件专业技术资格（水平）考试，报名人数居全国第二位；上半年合格人员2 739人。举办了计算机技术与软件专业技术资格（水平）考试的考务管理工作培训班，对全省13个市的软件专业技术资格（水平）考试实施办公室工作人员进行考务工作的系统培训。

做好知识产权工作 一是推动《江苏省软件产业促进条例》立法入选“省2008年保护知识产权十大事件”。二是开展平板显示器专利分析研究，形成了《平板显示器专利分析及发展研究报告》。三是完成全省电子信息产业年度专利检索报告和季度专利数据采集，做好信息技术专利数据库的日常维护、升级工作。四是参与办好全省“4.26知识产权宣传周”、全省知识产权工作会议等。

外向型经济与国际化

2008年，江苏省颁布实施《江苏省促进国际服务外包产业加快发展的若干政策措施》。年内，由江苏省软件行业协会牵头成立江苏省软件外包联盟，为软件外包企业提供共性支撑服务；组织相关企业，设立江苏省联合软件服务有限公司，共同开拓海外市场；推动OCCS（中国与加拿大软件外包对接）计划，开拓北美软件外包市场。

江苏省信息产业厅与江苏省外专局共同组织了20多位软件企业家，赴欧洲交流培训，熟悉并拓展软件外包市场；与国外公司合作，在爱尔兰、美国进行项目经理的联合培养。在日本东京举办“江苏省软件和信息服务业（东京）合作交流会”，有100多位日本企业家出席会议，与NEC公司签订了全面合作备忘录。

信息产业基地建设

2008年，为贯彻《关于共同推动南京市软件产业发展的合作备忘录》精神，先后召开了两次部省市工作协商会，专题研究推进南京中国软件名城建设的举措；组织“第四届中国（南京）国际软件产品博览会”；协助南京市制定“无线城市”的建设规划，部省联动支持南京开展“中国软件名城”标准及政策研究，实施“软件振兴计划”。

截至2008年底，江苏省有5个国家级软件园和13个省级软件产业基地，全省软件产业载体面积超过800万平米，可满足60万软件工程师的工作需要。江苏软件园以及南京、常州、无锡、苏州等5个国家级软件产业基地的建设取得进展。年内，江苏省开展基地园区创建工作，制订《江苏省软件和信息服务产业园认定管理办法（试行）》，组织实施江苏省软件和信息服务产业园的认定工作，对申报园区进行审核、评议，共认定南京雨花软件园、南京新城科技园、昆山软件园、南通软件园等10家省级软件园。

全年江苏省新建1个省级电子信息产业基地和4个特色园区。截至2008年底，江苏省已有1个国家级信息产业基地、4个国家级信息产业园、11个省级电子信息产业基地和11个省级信息产业园，园区内的信息产业合计约占全省信息产业总量的80%。年内，江苏省支持无锡新区和昆山经济技术开发区申报国家电子信息产业园，并以“厅市合作”为着力点，推进“苏州（国家）信息产业基地”、“镇江太阳能光伏产业园”建设。

信息化应用与建设

推进国家级泰州海陵区城乡统筹信息化综合信息服务试点。原信息产业部、江苏信息产业厅、江苏通信管理局、泰州市政府四方签署合作推进协议。泰州海陵区城乡统筹信息化综合信息服务项目的硬件工程已全部完成，软件部分已完成，试点街道和村居公共服务系统全面建成，覆盖区、镇街、村居的三级网站群基本形成。呼叫中心已正式运行，用户超过1 900人，成功救助了2名突发急病的老人，受理了独居孤寡老人电器修理、家政服务、日常购物等求助服务上千次。

全年完成了《江苏省社区信息化评价指标体系研究》，印发了《江苏省社区信息化评价指标体系》，指导全省各市开展了社区信息化指标试评估工作。联合省民政厅、通信管理局，申请省政府转发了《江苏省社区信息化工作的指导意见》（苏政办发〔2008〕109号），对江苏省社区信息化的机构、资金、绩效评价等提出了要求；启动了《江苏省数字城市发展研究》软课题，申请了江苏省质量技术监督局的地方标准项目，支持江苏省软件行业协会组织相关企业开展“江苏省社区管理与服务信息化系统技术规范”地方标准研究。

开展乡镇街道基层基本数据集中采集试点研究。2008年，江苏省确定了4个首批县域电子政务整合与基层基础数据采集试点地区，先后赴仪征、江阴、赣榆等地进行蹲点调研。

电子政务建设 2008年，江苏省开展《江苏省省级电子政务发展战略规划及三年行动计划研究》。该研究报告的初稿已完成，对省级电子政务发展框架、五年总体目标和阶段性目标、主要任务、近期迫切需要建设的跨领域应用以及标准规范、管理制度、长效机制等提出了研究性意见。

年内，制定省级电子政务网络资源整合管理暂行规定；启动了《省级电子政务网络资源整合可行性研究》课题，对省级六大系统电子政务资源整合的必要性、可行性以及重点和难点进行了研究，提出江苏省电子政务资源整合的主要任务和初步方案；根据国家相关要求和研究成果，编制了《省级电子政务网络资源整合管理暂行规定》初稿。

完成了电子政务项目绩效评估可行性研究课题，制订了电子政务项目绩效评估指标体系和相应的评估工作流程及评估工作细则，联合省财政厅共同出台了《江苏省省级机关电子政务项目绩效评价办法》（苏信息办[2008] 15号），委托江苏省软件评测中心对4家省级机关的电子政务项目进行了试评估。

苏州电子政务试点 苏州市按照国家电子政务综合试点工作方案和省信息化工作的总体安排，探索适合地市级推行电子政务的模式，在电子政务基础设施完善、电子政务应用体系深化、电子政务发展规划研究等方面取得成绩。截至2008年底，苏州市电子政务网络已延伸至社区，协同工作平台建设取得阶段性成果，基础地理信息共享平台投入运行；苏州市建设工程承发包远程评标系统、“数字城管”一期、外来人口服务和管理信息系统二期等项目启动；无线政务网规划、政府网站群建设规划和苏州市数据中心建设规划等已全面进行。

三大基础数据库建设 全力推动人口、法人单位、自然资源和空间地理三大基础数据库建设。2008年，江苏省自然资源和空间地理基础数据库建设方案较成熟，涉及到的国土、水利、环保、测绘、海洋渔业、林业等部门达成一致意见；开展信息资源交换共享顶层设计研究，组织专家对全省各地各部门信息化主管进行政务信息资源目录体系和交换体系国家标准培训，对省级部门政务信息资源现状和需求情况进行专项普查等工作，为开展全省政务信息资源目录体系和交换体系建设进行前期准备。

信息化发展指数指标体系 2008年，江苏省信息产业厅会同江苏省统计局，在征求省信息化工作领导小组各成员单位和各市信息化主管部门意见基础上，筛选出20项指标、28个数据项，建立了全省信息化发展指数指标体系，并形成了测评方案。2008年，部署对各项指标数据进行采集、处理，并完成2007年度江苏省（地区）信息化水平评价总指数的初步测算。

农村信息化建设 开展农村综合信息服务体系建设。一是组建农村信息化企业联盟工程。通过联合省内相关企业，发挥各自优势，为农村地区提供适宜的计算机、应用软件、培训和后续维护服务。与省电信有限公司全面合作，为农村信息化提供专项资费优惠。二是创建农村综合信息服务示范点工程。按照分类指导的原则，在全省创建各类特色示范点100个，每个示范点配备5台~10台电脑，开展一项以上的信息技术应用特色服务，配备一名具有信息化基础知识的信息服务员。三是举办第二届农民家庭上网技能大赛。以“新江苏、新农民”，“小手拉大手、全家总动员”的主题，组织第二届农民家庭上网技能大赛，推动农村信息技术应用普及。通过网络预赛的方式，实际参赛人数超过7万人。

其他 在全省8个地级市、1个县级市共举办了9个分站的“两化”融合战略①行，搭建为企业和各市提供服务的平台，共有439家电子信息产品制造企业、171家软件企业和299家其他企业参加活动；拟定《关于加快推进江苏省信息化与工业化融合的意见》（讨论稿），确定了江苏省信息化与工业化融合的目标任务、基本方式和保障措施。

信息安全系统建设

以北京奥运会期间全省网络信息安全工作为契机，推动省、市级机关明确了信息安全分管领导、部门负责人和信息安全员，建立了安全责任体系，健全信息安全组织管理体系；筹建成立江苏省网络信息安全应急协调中心，建立了信息安全技术支持体系和应急协调机制，面向全省提供信息安全咨询和技术支援服务。

做好北京奥运会全省信息安全保障工作。根据国务院办公厅和省政府要求，起草了《关于加强北京奥运会期间全省网络信息安全工作的紧急通知》，制定了安全保障工作方案，明确了重点工作措施；组织全省重要信息系统安全状况自查和外部安全测试检查，发现存在安全隐患网站70个，检测出漏洞3 604个，并分别提出风险控制建议和整改要求；开展信息安全咨询和政府网站安全巡查。

组织开展全省地方信息安全风险评估试点，举办“江苏省信息安全风险评估与管理”专题培训，编印了《江苏省重要信息系统风险自评估实施指南》、《信息安全风险评估试点合作协议（示范文本）》。

容灾备份体系建设 江苏省信息产业厅协调省电信公司、移动通信公司、电信科学研究院等部门，完成了《基于互联网电子政务信息安全指南（送审稿）》国家标准的研究、验证工作；协调省政府办公厅、财政厅、劳动和社会保障厅、工商局、地税局五部门，共同完成《江苏省容灾备份中心共建共享示范工程可行性研究报告》，通过了省电子政务建设项目审核，推进全省容灾备份体系的建设。

信息安全基础建设 2008年，江苏省加强信息安全基础工作的力度。一是召开全省促进信息安全产业发展工作会议，建立了省内信息安全企业名录，组织开展了

注：①党的十六大提出“信息化带动工业化，工业化促进信息化”。党的十七大提出“推进信息化与工业化融合”。胡锦涛总书记在党的十七大报告中提出：“发展现代产业体系，大力推进信息化与工业化融合，促进工业由大变强，振兴装备制造业，淘汰落后生产能力。”

全省信息安全产业基本情况调查，支持信息安全企业申报省软件和集成电路业发展资金。二是与省人事厅联合组织编写了《江苏省公务人员信息安全知识读本》（以下简称《读本》）。预计，《读本》将于2009年初公开发行。三是加强信息安全业务培训，组织了两期省级机关信息安全员培训班、一期全省信息安全管理国际培训班。四是开展地方信息安全技术标准制定。《江苏省信息系统安全测评技术规范》地方标准已报主管部门备案，《江苏省信息安全风险评估实施技术规范》地方标准草案及《编制说明》已完成。五是推进商务CA证书全行业运用，累计推广证书20万张。

行业管理与政策法规

做好对卫星广播电视地面接收设备定点生产厂家的监管工作，执行按时上报内销附合同、外销附报关单的制度，并配合广电部门做好市场秩序的整顿规范工作。

做好税控收款机资质管理工作，包括省内企业金融税控收款机资质申报及税控收款机生产企业资质到期换证工作。

建立江苏信息产业办事服务大厅，集中受理厅机关、直属单位行政审批和办事事项，实现“一站式受理、一门式办结”，规范办事和审批程序，方便企业办事，提高服务效率。截至2008年底，江苏信息产业办事服务大厅共受理审批和服务事项1 179件，办结1 174件。

年内，制定出《江苏省信息安全风险评估管理办法（试行）》；编印《江苏省信息化立法政策法规参考》，共选编、收录已有政策法规47部。

其他

一是做好“全国电子信息产业改革开放30周年成就展”系列活动的相关工作，参与工业和信息化部组织的“全国电子信息产业改革开放30周年成就”丛书及电视片江苏部分的文字撰写和拍摄工作。

二是江苏省原信息产业厅与江苏省教育厅联合举办了首届江苏省大学生计算机程序设计竞赛，吸引了省内43所本科高校的72支队伍及外省市16所高校20支队伍参赛，决赛选手近300名；承办第十七届全国“六一”国际儿童节计算机表演赛（江苏赛区），共有28 000多名少年儿童通过网络报名参赛，江苏省15名选手获得全国总决赛3个一等奖，4个二等奖，4个三等奖，总成绩在全国名列前茅；与共青团江苏省委、省学生联合会共同主办江苏省首届大学生软件新锐大赛，共有29所院校，1 138名学生参加了此次大赛。

三是在第四届中国（南京）国际软件产品博览会期间，与中国软件行业协会联合主办了“软件与信息服务业全球交付保障能力建设国际论坛暨第七届中国系统与过程改进年会”，来自新西兰、美国、澳大利亚、荷兰、意大利、芬兰、日本、德国等国际知名专家、用户代表共500余人参加了论坛。

【统计数据】

表1 2008年江苏省电子信息产业企业和人员构成情况

企业类别	企业数（家）	年末从业人员总数（人）	企业类别	企业数（家）	年末从业人员总数（人）
国有企业	13	2 700	股份制企业	1 567	322 500
集体企业	115	22 900	外商和港、澳、台商投资企业	1 815	1 468 600
股份合作企业	42	7 700	其他企业	270	29 100

表 2　2006 年—2008 年江苏省电子信息产业基本情况

项目名称	单位	2006 年	2007 年	2008 年
工业总产值（现行价）	亿元	8 730	11 088	13 448
工业销售产值	亿元	8 596	10 876	13 165
其中：出口交货值	亿元	5 243	6 498	7 504
软件出口	万美元	144 648	174 133	250 505
工业增加值	亿元	1 946	2 500	2 959
年末从业人员总数	人	1 381 803	1 582 346	1 853 500

表 3　2006 年—2008 年江苏省电子信息产业财务情况

项目名称	单位	2006 年	2007 年	2008 年
流动资金合计	万元	31 027 346	40 000 000	46 350 000
固定资产合计	万元	15 414 086	21 400 000	32 240 000
资产合计	万元	54 086 543	71 536 542	78 590 000
负债合计	万元	33 711 442	44 200 000	44 650 000
所有者权益合计	万元	20 375 101	27 336 542	33 940 000
产品销售收入	万元	90 719 228	115 820 000	142 941 514
其中：软件销售收入	万元	6 113 114	8 320 000	12 011 514
利润总额	万元	3 258 468	4 675 062	6 040 108

注：表 2 和表 3 数据来源于江苏省信息产业厅制造业发展处、软件和信息服务业发展处。

表 4　2006 年—2008 年江苏省电子信息产业主要经济效益指标完成情况

项目名称	单位	2006 年	2007 年	2008 年
全员劳动生产率	元/人	631 783	700 732	725 507
流动资产周转率	%	2.7	2.7	2.6
产品销售率	%	97.0	97.0	98.0
总资产贡献率	%	8.3	8.9	8.5
资本增值保值率	%	118.0	120.0	119.0
资产负债率	%	62.0	62.0	57.0

表5　2006年—2008年江苏省主要电子信息产品产销量情况

产品名称	单位	产量			销量		
		2006年	2007年	2008年	2006年	2007年	2008年
移动通信手持机	万部	6 890	5 295	4 129	6 752	5 135	4 046
程控交换机	万线	12	10	14	12	10	13
电话单机	万部	267	329	302	262	318	295
彩色电视机	万台	248	449	826	243	435	809
收录放机	万台	82	105	113	80	102	110
组合音响	万台	84	111	162	82	108	158
激光视盘机	万部	515	320	311	505	311	304
微机	万台	4 374	5 887	6 038	4 287	5 710	5 917
显示器	万台	8 466	4 012	2 646	8 297	3 892	2 593
打印机	万台	27	29	28	26	28	27
电子元件	亿只	1 428	2 022	2 496	1 399	1 960	2 446
显像管	万只	934	874	704	915	848	689
其中：彩色显像管	万只	934	874	704	915	848	689
半导体分立器件	亿只	371	497	549	364	482	538
集成电路	亿块	118	128	145	116	125	142

注：表1、表4和表5数据来源于江苏省信息产业厅。

表6　第六届江苏省优秀软件产品奖（金慧奖）获奖产品目录

序号	软件名称	申报单位
1	NARI ON2000配网综合调度自动化系统软件V2.0	国电南瑞科技股份有限公司
2	电信智能卡操作系统V1.0	恒宝股份有限公司
3	南瑞DSA系列发电厂电气综合自动化系统软件V1.0	南京南瑞集团公司
4	科茂新型农村合作医疗信息管理系统软件V1.0	镇江江大科茂信息系统有限责任公司
5	祥龙线切割编控系统软件V2.1	泰州市祥龙科技有限公司
6	Wisoft信访管理信息系统软件V1.0	无锡中科惠软信息技术有限公司
7	南自信息Observer Star网络流媒体监控系统软件V5.0	南京南自信息技术有限公司
8	恒信IC卡智能水表控制系统软件V6.1	扬州恒信仪表有限公司
9	航天信息服务管理系统软件V1.0	江苏航天信息有限公司
10	新模式图档卫士软件V5.0	南京新模式软件集成有限公司

续表

序号	软件名称	申报单位
11	“全国通”GPS 导航机器人系统软件 V1.0	昆山频道网络服务有限公司
12	擎天公安综合信息管理系统平台软件 V1.0	南京擎天科技有限公司、南京市公安局
13	华恒多任务实时控制系统软件 V1.0	昆山华恒工程技术中心有限公司
14	NJJG 95598 客服中心 GPS 配电抢修管理系统软件 V2.0	南京金冠鸿远科技有限公司
15	大型多人在线 3D 网络游戏《航海世纪》(客户端及服务器端) V1.0	苏州市蜗牛电子有限公司
16	网经企网融合软件 V1.0	网经科技（苏州）有限公司
17	恒信中招管理系统软件 V1.0	苏州南大苏富特科技有限公司
18	维思集团企业集中采购软件 V1.0	连云港维思信息工程有限公司
19	国光综合监控管理系统软件 V1.0	常州国光软件系统工程有限公司
20	永中 Office 集成办公软件 V2007	无锡永中科技有限公司
21	苏北航信“票捷通”万能票据管理、打印软件 V1.0	江苏苏北航天信息有限公司
22	RHL 系列机动车驾驶人路考系统软件 V2.0	靖江市人和科技有限公司
23	兰德 TY 型电脑横机花型设计系统软件 V1.0	南通市兰德软件有限公司
24	“一点智慧”评标软件 V1.0	江苏国泰国际集团新技术有限公司
25	华瑞杰 COM-2000 电能自动采集及线损管理系统软件 V2.0	南京华瑞杰自动化设备有限公司
26	金图农村土地调查数据库管理系统软件 V1.0	江苏省金图科技有限责任公司

[撰稿：冯军　王成书　审稿：谢正义]

浙　江　省

【综述】

2008 年，全行业规模以上企业 3 898 家，年末从业人员超过 72.9 万人；资产总额 2 917.9 亿元。全行业实现销售收入 5 263 亿元，增长 15.1%；实现利税 412 亿元，增长 24.9%；实现工业增加值 1 116 亿元，增长 24.7%；完成出口额 1 868 亿元，增长 15.4%。其中，工业增加值占全省工业增加值的 10.8%，占全省 GDP 总量的 5.2%，出口总量居全省各行业的前列。

全省有 7 家企业入围 2008 年度中国电子信息百强企业，有 10 家企业入围全国软件百强企业，有 30 家企业入围全国电子元件百强企业。

据国家统计部门发布的《2008 年中国信息化发展指数（IDI）研究报告》显示：2007 年，浙江省信息化发展水平指数为 0.721，居全国第 3 位，居各省区第 1 位。

软件业

软件与信息服务业已成为新的增长点，产业总体规模居全国前 5 位。2008 年，全省软件业实现销售收入 422.2 亿元，增长 23.1%；实现利润总额 56.7 亿元，增长 48.5%；实现税金 31.6 亿元，增长 37.6%。全年新通过认定的软件企业有 141 家，累计 1 050 家；新通过登记的软件产品有 1 020 个，累计 5 333 个；新通过计算机信息系统集成资质认证的一级企业与二级企业合计 12

家；年末从业人员 6.5 万人。

2008 年，有 10 家企业入围中国软件百强企业，数量居全国第 4 位；有 15 家企业入选国家规划布局内重点软件企业，数量居全国第 4 位；在海内外上市的软件企业合计 22 家。浙江省的行业应用软件在数 10 个领域内具有领先优势，自主研发的嵌入式软件产品规模居国内前列，动漫游戏等数字内容创意产业发展迅猛。浙江省已成为全国重要的国家软件产业基地、国家集成电路设计基地、国家欧美出口创新基地、国家服务外包基地、国家动画产业基地、国家数字娱乐产业示范基地。全省行业网站占全国总数的 40%以上，其中有七成左右的百强网站注册在浙江，如阿里巴巴网、浙江网盛科技股份有限公司等。

科技进步与应用

在全省组织实施了信息产业自主创新能力提升行动计划。移动通信、数字音视频、软件、集成电路设计、电子元器件和电子材料等方面发展突出，在国内具有优势。第三代移动通信系统、数字电视 SoC 芯片、IPTV、网络视频监控系统、钱塘软件中间件、光纤预制棒等关键技术和产品相继开发成功，带动了全行业的技术升级。服装三维 CAD 系统、光纤预制棒、卫星/有线数字电视信道接收芯片、移动智能网异地充值及过载控制技术还获得了信息产业部信息产业重大技术发明奖。全省有 7 项技术获得了省科技进步一等奖，获奖项目占全省该奖项总数的 25%。

2008 年，浙江省信息产业促进企业自主创新的具体做法如下：

一是政策引导继续加强。2008 年，浙江省信息产业通过制定规划、发布技术发展导向和投资指南等形式，运用省电子财政专项资金和软件产业发展专项资金，加强对产业技术发展的引导。2008 年，得到省财政支持的信息技术创新项目达 200 项以上。

二是研发中心建设稳步推进。全年通过认定的研发中心有 4 家。截至 2008 年底，全省信息产业拥有国家级企业技术中心 4 家，跨国公司技术研发中心 8 家，省级企业技术中心 31 家，行业技术研发中心 42 家，覆盖了信息产业各主要领域，增强了企业的持续创新能力，带动了行业整体科技创新能力的提高。

三是国内外技术合作日渐广泛。年内，浙江省为推动产学研合作和成果转化，不仅举办了“2008 浙江省信息技术成果交易会”，同时组织相关企业与思科系统公司、北电网络公司、西门子公司、华为技术有限公司等公司进行技术合作。

四是标准制定工作取得突破。浙江省信息产业主管部门引导科研机构和企事业单位参与重要标准的编制工作，在 AVS、数字电视、视频监控、IPTV、光端机等国家标准的编制中发挥了作用。浙大中控技术有限公司、华为-3com 公司、UT 斯达康通讯有限公司、浙江工商大学等参与多项国际标准编制，已有多个标准草案被接纳为国际标准。

电子产品进出口贸易

2008 年，全省规模以上信息产业完成出口交货值 1 519.2 亿元，同比略有增长，但增幅明显回落。全省信息产业出口占销售产值的比重达到 42.7%，对外贸的依存度较高。手机、笔记本电脑、平板显示器件、电声器件、光电子器件、新型电子元件、集成电路、半导体器件等出口增长较快，对全省信息产业出口增长起到支撑作用。全年计算机行业完成出口交货值 502 亿元，同比增长 12.3%，占全省信息产业出口交货值总量的 33.3%，居 11 个行业之首。

实施“引进来”和“走出去”战略。全年，引进的外资继续增长，有关合作合资项目进展顺利。英特尔、微软、摩托罗拉、诺基亚、西门子、印度 TATA、INFOSYS、日本 NEC、韩国三星等国际知名 IT 企业先后在浙江设立了软件研发或生产基地。

交流与合作平台建设 年内推动省市间的互动，共同促进信息产业的发展。在有关地方政府和部门的支持下，搭建“2008 中国软件发展与信息服务外包高峰论坛暨首届中国电子服务大会”和“2008 中国（浙江）国际信息技术交易会暨信息化与工业化融合高峰论坛”多个交流合作平台。“2008 中国杭州电子信息博览会”吸引了来自美国、日本、韩国、澳大利亚、新西兰、印度等国和欧盟、东南亚以及港澳台地区的 800 余家知名厂商布展参会，参展厂商、展位等均比首届增加了一倍；举办“2008 浙江 IT 企业人才创业创新服务月活动”，组织 300 余家 IT 企业提供近 3 000 个岗位，吸纳近万名应届毕业生前来应聘。

招商引资工作 浙江省信息产业加强与欧美、日本、韩国、新加坡和中国台湾地区的对外招商力度；加强与发达国家和 IT 跨国公司的交流与合作，巩固和深化与欧美、中国香港和中国台湾地区的合作，跟踪合作协议的落实。甲骨文公司在杭州设立了分公司，新加坡杭州科技园、“千里马”项目等一批合作项目加快推进，组织参加了“台北国际车用电子展”。

对外交流合作 年内相继接待了摩托罗拉公司、戴尔公司、3COM公司、甲骨文集团、诺基亚西门子通信公司等国外知名IT企业的高层来访，与来访的新加坡、加拿大、澳大利亚、卢森堡等国家的有关部门，就通信业、动漫产业、电子商务等方面的合作进行了交流。

长三角等区域合作 浙江省信息产业主管部门牵头组织召开了第四次长三角地区信息化合作座谈会，做好2008年长三角两省一市合作重点项目的实施推动工作，做好上海世界博览会信息服务提供商的推荐工作。

信息产业基地建设

截至2008年底，全省有国家级信息产业基地（园区）12个，有省级特色信息产业基地（园区）15个，形成了网络与通信、软件与信息服务业、数字音视频、电子专业材料与元器件等超过百亿元的产业集群。

加强环杭州湾的信息产业基地建设。杭州、宁波、嘉兴成为全省主要集聚发展区域，金华、衢州等地特色产业发展态势良好。

杭州 杭州已成为全国唯一的集国家电子信息产业基地、服务外包基地城市、高技术产业基地等于一体的城市。2008年，全市信息产业规模以上企业实现主营业务收入1 432.29亿元（不含电信运营业）。信息产业销售收入在15个副省级城市中居第4位，软件产业整体规模在全国大中城市中居第4位。杭州高新技术开发区初步形成了在国内外具有影响的现代通信产业体系；杭州经济技术开发区基本形成了以计算机整机制造为核心，以计算机零部件、光纤光缆等相关网络产品为支撑的计算机及网络产品产业群。高新软件园、东部软件园、数源软件园、西溪软件园、浙大科技园、节能科技园、东方科技园、拓峰科技园等特色园区的集聚效应不断显现。杭州国家计算机与网络产品产业园、新加坡杭州科技园建设有望成为华东地区具有影响的软件外包服务和人才培训基地。

宁波 宁波保税区信息产业园吸引了奇美电子股份有限公司、冠捷科技集团等30多家光电企业落户，形成了超过300亿元产业规模的世界级光电产业集群。宁波软件园区占地面积21.8万平方米。截至2008年底，已有400多家软件与信息服务企业入驻，其中宁波软件园内的高新园已集聚了包括微软公司、北京百度网讯科技有限公司（简称百度）、中国搜索（简称中搜）、北京世纪互联宽带数据中心有限公司（简称世纪互联）等知名企业在内的软件及信息服务业企业130多家。宁波国际软件园、鄞州区科技创业中心、海曙区网络产业创业园等7家通过认定的软件孵化器①入驻软件及信息服务业企业260余家。

嘉兴 2008年，国家（嘉兴）机电元件产业园完成销售收入255亿元，占嘉兴全市整个行业完成销售收入总量的88%，成为产业支撑。浙江软件产业（嘉兴）基地、浙江通讯产业（嘉兴）基地已初具规模。

信息化应用与建设

推进“十一五”信息化规划和“数字浙江建设269行动计划”的实施，全省信息技术应用和信息化建设取得长足的发展。

信息技术公共服务平台建设 全年围绕着浙江省块状特色经济的发展，建成了一批面向区域、面向行业、面向中小企业的信息技术公共服务平台，促进了重点产业集群创新能力和综合竞争力的提高。中小企业ASP服务平台、服装信息资源服务平台、信息家电产品创新设计平台、纺织机械控制器嵌入式平台、数码印花信息服务平台、花边行业商务与服务平台、农业土特产商务平台、五金行业信息服务平台等一批平台的建设与应用，为中小企业提供了产品协同设计、网络化制造、质量检测、工艺指导、行业数据库共享、客户关系管理、供应

注：①联合国计划署关于孵化器的定义是：一种受控制的环境，这种环境是专为培育新生企业而设计的，在这个环境中试图创造一种条件来训练、支持和发展一些成功的小企业和成功的企业家。中国孵化器的发展主要是为了促进和实现高新技术产业化的目的；“中国科技企业孵化器‘十五’期间发展纲要”（国科发火字［2001］237号）对孵化器及其功能的定位是：科技企业孵化器是专门的科技产业服务机构，是将科技资源迅速、高效地转变为社会生产力，培育中小科技企业成功创业和迅速成长，加速地区和国家产业结构调整，发展高新技术产业，改造传统产业，创造新的就业机会等方面的重要手段。企业孵化器由四部分构成，一是组织或组织网络，为创业者提供商业知识或商业技巧；二是提供建筑不动产与经营管理多家租户设施的经验；三是提供商业管理咨询服务的渠道；四是提供公用的办公室服务与可利用的出租空间。

链管理、电子商务、人才培训等各类公共信息服务与技术的支持。

信息技术促进节能减排　2008 年，浙江省共组织实施信息技术推广应用“倍增”计划项目 53 项，总投资 6.01 亿元。通过抓关键技术的开发，推进信息技术在纺织、印染、化工、供水、建材、油气输送、专用照明、装备制造等领域节能减排的融合应用。在绍兴等地开展的“信息技术促印染行业节能减排”专项行动，通过 ERP、MES、工艺优化软件等的应用，成品合格率、资源利用率大幅提高，减少污水排放、降低综合能耗均超过 30%。

企业信息化建设　2008 年，浙江省组织实施了企业信息化专项 57 项，计划投资 3.5 亿元。据 2008 年国家信息化测评中心组织的中国企业信息化 500 强评选结果显示：浙江省有 33 家企业入选，占全国总数的 6.6%。其中，浙江省电力公司排第 17 位、奥克斯集团有限公司排第 32 位、雅戈尔集团股份有限公司排第 39 位、宁波波导股份有限公司排第 68 位、浙江中烟工业有限责任公司排第 74 位、纳爱斯集团有限公司排第 90 位。

制造业信息化建设　年内启动实施制造业信息化示范工程。针对省内骨干企业集成化产品开发和企业经营管理一体化的需求，组织实施“甩图纸”、“甩账表”工程示范；制定了“甩图纸”、“甩帐表”示范企业达标参考标准，2007 年—2008 年，分两批启动实施“两甩”示范工程项目 35 项（含课题 46 项）。在机械制造、汽摩配、电器、纺织、服装等重点行业的骨干企业中，选择确定了一批“甩图纸”、“甩账表”和“双甩”示范企业。

城市和社区信息化建设　杭州、宁波、温州三市以应用项目建设带动城市信息化的进程，在业务协同、信息资源共享等方面取得进展。2008 年，杭州市、宁波市和温州市分别入选“中国城市信息化 50 强”。绍兴县成为全国首个通过验收的国家级县域经济信息化试点县，信息化对当地经济增长的贡献率超过 35%。湖州、嘉兴、金华、丽水等地城市信息化建设也取得了各具特色的成果。

农村信息化建设　年内完成了涵盖基层政务管理系统、农村经济合作社经营管理系统、村级网站群、农业商务系统等内容的全省农村信息化综合信息服务平台一期项目建设，并在温州、绍兴等地投入试用；确定了 23 个村、19 个乡镇（街道）、11 个县（市、区）为首批省级农村信息化试点，公布实施了省级示范村、镇、县标准，为 23 个省级试点村配备了电脑，并通过村信息服务点对农民进行培训，参加培训人数超过 8 000 人次；扶持开发了一批涉农应用软件和信息产品。农村信息化流动“信息大篷车”已在丽水、衢州 59 个乡镇完成 84 期 1 415 人次的培训任务；完成了新一代农村卫星电视安全接收系统的试点建设，山沟沟里的 353 户农户看上了电视。

电子政务建设　以转变职能改进政府服务为目的，初步建成省政务数据交换平台，组织实施了政务信息资源目录体系和交换体系建设的国家试点工作。

信息安全保障建设　2008 年，浙江省组织开展奥运会期间的信息安全保障工作，确保了全省网络信息安全；实施信息安全等级保护制度，全省 355 个单位 731 个信息系统进行了定级评审；加强网络信任体系建设，新增发放企业电子认证证书 6 万余张；推进信息安全风险评估试点，落实了各项信息安全制度、技术防范措施和应急处置工作；扶持信息安全产品的研发，加强了重点基础网络和重要应用系统的信息安全保障工作。

其他

法规建设稳步推进　《浙江省信息化条例》被列入浙江省人大 2009 年一类立法计划。年内，加强政策研究，提出了推进“数字浙江”建设两大行动计划，研究制定了《加快发展我省信息产业，推动信息化与工业化融合的意见》。

加强行业管理和服务　定期发布产业动态运行分析报告，完善产业预测预警机制。

加强政府资金引导　做好各类专项的组织申报工作，全年已上报国家电子发展基金项目 59 个，获得工业和信息化部资助项目 19 个，获得基金资助 3 000 万元，落实省财政配套资金 870 万元。年内省电子财政专项资助项目 20 个，实际完成投资额 3.6 亿元。实施国家级信息技术推广应用“倍增”计划项目 28 项，总投资 2.67 亿元；省级项目 25 项，总投资约 3.34 亿元。

加强教育培训　全年组织信息技术“653 工程”项目 50 余个，举办培训 60 余期，参加培训人员 12 100 余人；举办计算机信息系统集成项目经理（含高级项目经理）培训 8 期，合计培训 348 名高端管理人才；开展信息技术专业技能鉴定工作，合计鉴定合格人数 2 672 人。

【统计数据】

表 1　2008 年浙江省电子信息产业重点企业人员构成情况

企业类别	企业数（家）	年末从业人员总数（人）	人员构成					
			工程技术人员（人）	在总人数中所占比例（%）	管理人员（人）	在总人数中所占比例（%）	软件开发研究人员（人）
国有企业	20	5 955	1 558	26.2	886	14.9	1 101
集体企业	3	1 983	62	3.1	73	3.7	
股份合作企业	20	2 740	221	8.1	364	13.3	1 056
有限责任公司	681	152 367	12 151	8.0	21 434	14.1	16 303
股份有限公司	113	51 868	8 074	15.6	6 832	13.2	5 423
私营企业	183	22 676	2 522	11.1	3 052	13.5	3 612
联营企业	3	171	11	6.4	106	62.0	12
三资企业	219	111 485	17 487	15.7	13 376	12.0	9 245
其他企业	3	382	61	16.0	33	8.6	
合计	1 245	349 627	42 147	12.1	46 156	13.2	36 752

表 2　2006 年—2008 年浙江省电子信息产业规模以上企业基本情况

项目名称	单位	2006 年	2007 年	2008 年
工业总产值（现行价）	万元	27 137 859	34 408 498	37 931 854
工业销售产值	万元	26 743 993	33 658 566	36 808 674
出口交货值	万元	12 405 553	14 986 482	15 192 126
其中：软件出口	万元	506 805	499 426	438 063
工业增加值	万元	4 637 712	6 588 194	8 915 767
流动资产平均余额	万元	12 319 312	15 555 241	18 413 045
固定资产净值平均余额	万元	4 680 869	5 456 961	4 603 140
资产总计	万元	20 018 883	25 924 608	29 179 556
负债合计	万元	11 881 972	15 164 186	16 625 377
产品销售收入	万元	26 913 165	33 686 801	36 315 022
其中：软件产品销售收入	万元	3 065 297	3 545 638	4 222 409
税金总额	万元	496 518	662 744	765 814
利润总额	万元	1 109 972	1 562 053	1 742 699
从业人员年末人数	人	562 491	707 463	728 957
从业人员工资总额	万元	1 011 184	1 411 107	1 676 714

表 3　2006 年—2008 年浙江省电子信息产业规模以上企业三资企业基本情况

项目名称	单位	2006 年	2007 年	2008 年
工业总产值（现行价）	万元	13 603 649	16 761 743	17 871 980
工业销售产值	万元	13 609 302	16 594 668	17 395 088
出口交货值	万元	9 424 228	10 903 445	10 779 587
其中：软件出口	万元	152 042	174 799	153 322
工业增加值	万元	1 740 530	2 768 347	4 034 686
流动资产平均余额	万元	5 450 666	6 571 056	7 812 471
固定资产净值平均余额	万元	1 933 183	2 642 927	2 195 694
资产总计	万元	8 454 177	10 729 465	12 164 088
负债合计	万元	5 303 891	6 395 148	6 771 821
产品销售收入	万元	13 716 267	16 627 861	17 229 451
其中：软件产品销售收入	万元	919 589	1 240 973	1 477 843
税金总额	万元	141 468	194 065	226 370
利润总额	万元	475 231	779 063	931 051
从业人员年末人数	人	192 099	252 564	267 265
从业人员工资总额	万元	426 836	601 965	735 705

表 4　2006 年—2008 年浙江省电子信息产业规模以上企业主要经济效益指标完成情况

项目名称	单位	2006 年	2007 年	2008 年
全员劳动生产率	元/人	88 769	103 755	123 193
流动资金周转率	%	218.5	216.6	213.9
产品销售率	%	98.6	97.8	97.0
总资产贡献率	%	10.1	11.0	10.6
资产保值增值率	%	121.1	132.2	117.6
资产负债率	%	59.4	58.5	56.7

表 5　2006 年—2007 年浙江省电子信息产业规模以上企业三资企业主要经济效益指标完成情况

项目名称	单位	2006 年	2007 年	2008 年
全员劳动生产率	元/人	99 764	124 514	155 868
流动资金周转率	%	251.6	253.1	240.0
产品销售率	%	100.0	99.0	97.3

续表

项目名称	单位	2006 年	2007 年	2008 年
总资产贡献率	%	8.8	11.0	11.1
资产保值增值率	%	129.2	137.6	123.5
资产负债率	%	62.7	59.6	55.7

注：表 2~表 5 数据来源于浙江省统计局信息产业规模以上企业数据。

表 6　2006 年—2008 年浙江省主要电子信息产品产销量情况

产品名称	单位	产量			销量		
		2006年	2007年	2008年	2006年	2007年	2008年
移动通信手机	万部	5 500	4 957	2 570	5 493	4 978	2 520
程控交换机	万线	129	142	153	127	138	145
电视机	万台	343	289	215	352	298	215
其中：彩色电视机	万台	137	136	62	143	141	60
彩色背投电视机	万台	14	8	1	21	15	3
液晶电视机	万台	23	89	152	24	89	152
显示器	万台	527	2 687	4 089	501	2 628	4032
集成电路	亿块	52.4	43.9	14.5	50.4	42.5	13.9
半导体分立器件	亿块	164.9	198.8	234.1	166.1	208.4	234.8
电子元件类	亿块	329.9	260.3	342.2	334.4	253.5	321.2
笔记本电脑	万部	152	128	105	152	129	105

表 7　2006 年—2008 年浙江省三资企业主要电子信息产品产销量情况

产品名称	单位	产量			销量		
		2006年	2007年	2008年	2006年	2007年	2008年
移动通信手机	万部	4 038.4	3 553.5	2 046	4 024	3 569.6	2 000
笔记本电脑	万台	152	128	105	152	129	105
集成电路	亿块	16.8	15.4	5.1	16.1	14.9	4.9
半导体分立器件	亿块	52.8	69.6	81.9	53.2	72.9	82.2
电子元件类	亿块	105.6	91.1	119.8	107.0	88.7	112.4
显示器	万台	5272	2 687	4 089	501	2 628	4 032

注：表 1、表 6 和表 7 数据来源于浙江省信息产业厅。

[撰稿：赖立文　郑闽红　审稿：高鹰忠]

安　徽　省

【综述】

2008 年，安徽省电子信息产业完成工业总产值（现行价）621.5 亿元，同比增长 14.1%；实现主营业务收入 535.9 亿元，同比增长 22.4%。其中，软件业全年实现主营业务收入 57 亿元，同比增长 46.1%；利税总额 47.1 亿元，同比增长 30.8%。项目建设、基地园区建设取得积极进展，产业继续呈现出集聚化、特色化发展态势。

科技进步与应用

一是大力推动拥有自主知识产权产品项目的研发并加快产业化步伐。芯硕半导体（合肥）公司的光刻机项目正式生产，填补了国内该领域产品的空白；中科大讯飞信息科技有限公司的语音产品得到更加广泛的运用。二是积极争取国家高技术产业化专项。安徽省信息产业有 4 个项目得到国家高技术产业化专项立项批复，获得中央财政支持总计 3 250 万元。申报国家“核高基”科技重大专项，取得进展。三是加快企业新产品开发。合肥乐凯科技产业有限公司的平板显示（FPD）用光学级聚酯薄膜填补了国内在该领域的空白；铜陵三佳电子公司开发的离心机等一批新产品迅速进入市场，BGA 芯片封装模具被列入国家重点新产品计划，集成电路自动冲切成型系统高技术产业化示范工程获得“国家高技术产业化十年成就奖”。

信息产业基地建设

加大基地（园区）建设力度，促进产业向集聚化发展。安徽省加强对基地园区内企业的帮扶，完善产业链，吸引更多企业入园创业，促进了基地园区的良性发展，提高了整个产业的集聚度，对整个产业在金融危机形势下完成既定年度目标起到良好保证作用。芜湖市专门组织拟定了《关于促进国家（芜湖）汽车电子产业园发展的意见》，其国家（芜湖）汽车电子产业园汽车电子类产品累计实现销售收入 68.5 亿元，占到了全市电子信息产品收入总额的 60%以上。其中，汽车电子骨干企业大陆汽车电子（芜湖）有限公司实现出口业务同比增长 40%；国家（铜陵）电子材料产业园销售收入规模达到百亿元，出口逆势增长，实现出口交货值超过 3 000 万美元，完成项目投资比上年增长 49%；滁州电子信息产业基地完成工业产值 150 亿元，增长 25%；庐江电子磁性材料产业园安徽龙磁科技有限责任公司、安徽大地熊新材料股份有限公司、安徽万磁电子有限公司等一批产业化项目实现投产。科大讯飞语音产业基地、美亚光电产业园建设迈出实质性步伐。天长市通过自身集聚发展成为又一家省级电子信息产业园。

软件业

落实软件产业优惠政策，继续加强“双软”认定工作，新通过认定的软件企业有 46 家，新通过登记的软件产品有 225 件。有 5 家企业成为国家规划布局内的重点软件企业，得到国家产业政策的支持。组织全省软件企业参加大连软件交易会和深圳高交会，取得良好效果。

信息化应用与建设

全年安徽省通信行业累计投入 80.1 亿元，进一步完善了通信网络基础设施。全省有线电视基础网络新建光缆线 1 000 多公里，完成了全省所有市、县及部分乡镇有线数字电视信号的连网。

在信息化应用体系建设方面也取得税政进展。

电子政务建设　安徽省各级政府网站的服务功能不断完善，省、市、县三级政府信息公开统一平台建成并正常运行，建成了全省政府信息公开网站体系；国家“乡乡有网站”工程在安徽试点工作扎实开展，已完成合肥、芜湖、阜阳等 12 个市 951 个乡镇的推广培训和建站任务；“十二金”工程取得积极进展，“金卡”工程实现了各商业银行间银行卡联网通兑，“金质”工程完成了省、市和绝大多数县的网络建设，安徽电子口岸进入二期建设阶段，“金水”工程构建了全省防汛抗旱与水利信息通信传输平台，“金盾”工程启动了二期建设，“金财”工程全面开通了财政补贴农民资金“一卡通”系统，“金税”工程“数据大集中”建设模式在全国推广，“金信”、“金土”等一系列“金”字工程的相继启动，促进了各相关领域和行业的信息化进程；搭建安徽道路交通信息网，在全国率先实现公安、交通信息资源共享；旅游、司法、卫生、环保、国资、建设、文化、食品药品、地震、档案、人事等各领域信息化推进均取得长足进步。

企业信息化建设 安徽省继续实施企业信息化建设示范工程，对全省重要骨干企业和“专精特新”中小企业信息化建设安排专项资金重点扶持，并引导社会投资3.46亿元，所建项目均在不同领域发挥出积极的示范作用；一批大型企业信息化建设再上台阶，进一步提升了企业的经营管理水平，在国家信息化测评中心发布的中国企业信息化500强调查报告上，安徽省有16家企业上榜。

电子商务建设 多数大中型企业开展了电子商务实践活动，居民用水、电、气等日常消费已更多地付诸网上支付，网上银行业务进一步增多；商务部“农村商务信息服务体系建设”在安徽省试点（肥西县）工作启动迅速，2008年，在第五届安徽网上交易会上实际成交额达到3 503万美元。

农业农村信息化建设 安徽省基础建设成效显著，已建成省、市、县、乡四级信息服务网络，各类农业信息服务深入拓展。其中，“一站通”信息服务系统实现网上年交易40多亿元，受到农业部表彰；安徽农网获“政府类网站50强”中第一名，省电信公司的“信息田园”综合服务平台、省移动公司的短信平台、省联通公司的“四农”（信息助农、富农、惠农、便农）工程为农民带去了便利服务。农业农村信息化试点工作扎实推进，芜湖、阜阳两个国家级农村信息化综合信息服务试点市获得信息产业部赠送的2辆信息大篷车和300台电脑后，满负荷运作，在农业信息化普及教育中取得显著成绩；“千村百镇”信息化示范点范围已扩大到全省17个市。

区域信息化建设 安徽省各市积极推进本地信息化建设，使信息化在城市建设、为民服务和政务公开等方面发挥出重要作用。合肥市通过“全市企业基础信息交换与共享平台”的建设，实现了涉企部门基础数据信息的交换和共享；作为建设部推广非接触式的双界面智能卡的第1个试点城市，“城市一卡通”工程已投入运行。芜湖市整合网络资源，将原有151家低保网络整合并入党政专网，并统一通过党政专网延伸到区、街、居和县、镇、村，形成省市县（区）各级高速互连、纵横贯通的党政网络平台；利用公安人口数据和GIS平台及视频探头资源，有效整合开发社区信息化、数字城管、房地产管理等信息系统资源。淮南市积极实施合、淮同城化战略，不断拓展城市间信息化合作领域。阜阳市建立了全市协同办公管理系统（OA），正在逐步向无纸化办公过渡。马鞍山花山区湖东路街道作为安徽省社区信息化试点，积极开发构建社区信息服务网络，向辖区居民提供多重信息服务。宣城市率先在全省实现了无纸化办公。黄山市国家“十一五”重大科技支撑项目《数字景区服务示范工程》项目建设基本完成。淮北市各区县积极建设政务网络，滁州市积极打造制造业信息化示范体系，六安市进一步推进社区信息化、金保工程建设，宿州市大力宣传在信息化建设中的先进典型和成功经验，亳州市积极开展城市信息化试点、示范工作，均取得了明显成效。在亚太地区城市信息化论坛第七届年会上，合肥市荣获中国城市信息化50强第10名。马鞍山市荣获城市信息化推进奖，宣城市、宿州市荣获城市信息化创新奖。《安徽省会经济圈规划纲要（2007—2015年)》正式发布，提出将率先建成“数字省会经济圈”，实现区域内政府部门及单位间横向网和纵向网的互连互通，加大城市“一卡通”的推广力度。安徽省与苏、浙、沪、鲁、赣、闽运管部门就“泛长三角地区”道路运输管理一体化达成共识，将逐步建立与长三角地区运输管理信息共享的网络平台。省各大通信运营商还利用各自网络平台，开通四川灾区寻亲报平安服务热线，为抗震救灾提供了帮助。

在信息化支撑体系建设方面，安徽省政府进一步鼓励和支持“数字安徽”建设。省政府隆重召开了“数字安徽”五年建设总结表彰大会，全面部署了“数字安徽”新阶段的建设任务。在广泛征求各地各部门意见和实地调研的基础上，着手编制了《“数字安徽”建设（2008-2012年）规划纲要》。网络安全体系建设也取得积极进展。建立了以密钥管理为基础，以省电子认证中心为平台的全省统一电子认证体系，省委办公厅、省政府办公厅印发了《安徽省电子认证证书使用管理办法（试行)》，电子证书在部分省直部门和地市的电子政务应用系统以及企业中得以迅速推广，已发放电子证书3.6万张；安徽省信息系统灾难备份中心挂牌运行；组织部署奥运会期间网络信息安全保障工作取得了预期的安全效果。信息化舆论氛围更加浓厚，社会关注度不断提高。安徽省计算机用户协会、安徽日报主办的 2008“金蝶杯”安徽省计算机界十件大事评选活动，经过众多来自政府、高校、研究院所、专业协会、企业等 IT 界名流人士的投票，评选出中科大讯飞信息科技有限公司获“国际说话人识别评测大赛”桂冠，面向行业应用的两台 KD-50-I-E 增强性万亿次高性能计算机研制成功，合肥工大高科信息技术有限责任公司开发的“CRI2002 企业铁路运输调度综合信息平台”荣获国家科技进步二等奖，安徽四创电子公司开发、设计、实施的“移动应急指挥平台”建成使用，拥有自主知识产权的“瑞信派出所基础工作管理系统”已在全国 100 多个地市成功推广与实施，基于地理信息的道路交通事故分析决策系统获公安部科技进步奖，合肥“城市一卡通”正式启用，合肥科技创新公共服务中心建成，安徽财政“财银直联”系统成功运行和安徽省农业农村综合信息服务平台建成，成为 2008 安徽省计算机界十件大事。

其他

规划与政策环境建设　省政府办公厅出台了《关于进一步加快电子信息产业发展的意见》；根据工业强省和创新型安徽发展战略，按照省政府培育全省工业八大支柱产业要求，省信息产业厅起草了《安徽省 2008 年—2015 年电子信息产业发展规划》及信息家电、软件、汽车电子、电子材料和元器件、微电子等 5 个子行业规划；针对国家应对金融危机出台的九大振兴规划，起草了安徽省电子信息产业振兴规划（2009 年—2011 年）；对“十一五”规划进行了中期评估并作了相应调整。各市规划工作也取得积极进展，蚌埠市围绕导电膜玻璃、太阳能光伏电池、电阻器、传感器及应用仪器的发展，提出了全市电子信息产业“十一五”以及 2015 年的发展思路和发展重点，确立了信息产业在全市工业中的先导地位；马鞍山市编制了《马鞍山市 2008 年—2015 年电子信息产业发展规划》，并在市政府发布的《马鞍山市信息化建设管理办法》中明确，将通过制定信息产业发展目录、设立信息产业专项资金、制定优惠政策等引导鼓励地区信息产业的发展。合肥与滁州两市促进优势互补，合力打造合、滁家电工业走廊，赢得互助共赢的发展环境。

产业结构调整　面对家电出口受阻、国内市场需求不旺等困难，安徽省加快结构调整步伐，适应市场新趋势，取得了明显成效。彩色电视机骨干企业科思技术（滁州）有限公司和康佳集团的数字液晶创意电视、高精数字平板电视项目实现产业化，促进了电视机由 CRT 为主向数字平板为主的升级；铜峰集团公司积极适应民营化管理，在部分主要产品受到严重冲击的情况下，抓住粗化膜、机车电容器、晶体产品旺销的市场机遇，及时扩产增量，在困难形势下实现了集团经济总量的提升，产品出口也取得积极进展。

项目建设　总投资 175 亿元的京东方科技集团股份有限公司 TFT-LCD 六代线项目落户合肥，各项前期工作已全面推进；滁州市通过招商引资在天长市、来安县形成了两大光伏产业聚集区。一批重要建设项目取得进展。合肥国轩高科公司的大型动力锂离子电池制造基地项目被列入了国家级火炬计划；蚌埠市双环电子公司年产 1 亿只精密片式膜固定电阻器、年产 2 000 万只精密分流器、普乐新能源（蚌埠）有限公司年产 10 兆瓦非晶硅薄膜太阳能电池和安徽拓普森电池有限责任公司年产 400万支 20C 高倍率聚合物锂电池等 4 个重点项目相继竣工投产，新增销售收入 5 500 多万元；铜陵市年产 72 万平方米的高密度印制电路板项目开始动工。

【统计数据】

表 1　2008 年安徽省电子信息产业人员构成情况

企业类别	企业数（家）	年末从业人员总数（人）	人员构成				
			工程技术人员（人）	在总人数中所占比例（%）	管理人员（人）	在总人数中所占比例（%）	软件开发研究人员（人）
国有企业	16	8 851	3 647	41.2	911	10.3	586
集体企业	5	1 423	35	2.5	136	9.6	32
股份合作企业	3	356	18	5.1	17	4.8	

续表

企业类别	企业数(家)	年末从业人员总数(人)	人员构成				
			工程技术人员(人)	在总人数中所占比例(%)	管理人员(人)	在总人数中所占比例(%)	软件开发研究人员(人)
国有独资企业	2	1 008	136	13.5	207	20.5	
其它有限责任公司	163	23 461	2 492	10.6	2 200	9.4	2 316
股份有限公司	26	15 930	1 416	8.9	1 227	7.7	1 201
私营企业	249	26 424	1 415	5.4	1 649	6.2	1 371
港、澳、台合资经营	20	6 716	973	14.5	987	14.7	13
港、澳、台独资经营	10	2 383	86	3.6	179	7.5	260
中外合资经营企业	18	7 869	532	6.8	432	5.5	516
外商独资	18	5 353	156	2.9	459	8.6	187
外商投资股份有限公司	2	740	60	8.1	22	3.0	

表 2　2006 年—2008 年安徽省电子信息产业基本情况

项目名称	单位	2006 年	2007 年	2008 年
工业总产值（现行价）	万元	3 688 583	5 119 512	5 964 193
工业销售产值	万元	3 656 586	4 998 930	5 785 330
其中：出口交货值	万元	250 496	446 569	439 726
软件出口额	万元	7 003	5 335	6 072
工业增加值（生产法）	万元	913 757	1 472 524	1 361 044
流动资产平均余额	万元	1 544 460	2 119 450	3 070 292
固定资产净值平均余额	万元	502 881	665 254	1 100 275
资产总计	万元	2 584 113	3 572 606	4 938 186
负债合计	万元	1 429 233	1 969 749	2 491 168
产品销售收入	万元	3 441 207	4 578 780	5 472 541
其中：软件产品销售收入	万元	249 315	463 407	573 791
税金总额	万元	163 072	198 122	278 185
利润总额	万元	196 651	245 306	395 519
应交所得税	万元	42 319	53 281	56 805
从业人员年末人数	人	58 625	87 262	100 956
从业人员工资总额	万元	97 619	147 236	259 532

表 3　2006 年—2008 年安徽省电子信息产业三资企业基本情况

项目名称	单位	2006 年	2007 年	2008 年
工业总产值（现行价）	万元	991 415	997 780	1 142 922
工业销售产值	万元	982 247	969 648	1 101 029
其中：出口交货值	万元	83 168	124 090	147 155
软件出口额	万元	5 787	4 613	5 434
工业增加值（生产法）	万元	313 774	278 382	332 793
流动资产平均余额	万元	306 143	444 353	482 866
固定资产净值平均余额	万元	121 104	157 268	207 301
资产总计	万元	530 326	707 270	806 648
负债合计	万元	311 457	442 823	428 395
产品销售收入	万元	959 456	833 891	896 431
其中：软件产品销售收入	万元	27 488	25 453	34 031
税金总额	万元	28 459	36 514	51 043
利润总额	万元	36 511	40 732	96 128
应交所得税	万元	5 635	9 994	11 558
从业人员年末人数	人	10 075	20 739	23 503
从业人员工资总额	万元	16 722	38 956	59 690

表 4　2006 年—2008 年安徽省电子信息产业主要经济效益指标完成情况

项目名称	单位	2006 年	2007 年	2008 年
全员劳动生产率	元/人	173 453	1 821 133	137 446
流动资产周转率	%	2.4	2.3	1.9
工业产品销售率	%	98.0	97.4	96.7
总资产贡献率	%	12.8	11.2	12.9
资本增值保值率	%	110.7	110.4	90.3
资产负债率	%	58.1	57.3	51.3

表 5　2006 年—2008 年安徽省电子信息产业三资企业主要经济效益指标完成情况

项目名称	单位	2006 年	2007 年	2008 年
全员劳动生产率	元/人	63 709	1 391 796	139 621
流动资产周转率	%	1.9	1.9	1.9
工业产品销售率	%	94.1	97.1	96.2
总资产贡献率	%	4.6	10.1	16.2
资本增值保值率	%	112.9	99.6	113.9
资产负债率	%	49.5	63.2	53.5

表 6　2006 年—2008 年安徽省主要电子信息产品产销量情况

产品名称	单位	产量			销量		
		2006年	2007年	2008年	2006年	2007年	2008年
彩色电视机	万台	392	281	173	393	282	175
洗衣机	万台	145	165	166	145	165	166
空调器	万台	184	166	122	185	166	122
电子元件	万只	102 202	91 358	86 260	103 058	95 355	81 971
半导体器件	万只	34 546	32 831	39 943	35 546	32 887	40 288

表 7　2006 年—2008 年安徽省三资企业主要电子信息产品产销量情况

产品名称	单位	产量			销量		
		2006年	2007年	2008年	2006年	2007年	2008年
彩色电视机	万台	63	49	39	63	49	39
洗衣机	万台	145	165	166	145	165	166

[撰稿：潘峰　审稿：金寿虎]

福 建 省

【综述】

2008 年，全省信息产业完成销售总收入 3 100 亿元，同比增长 18.7%。其中，信息产品制造业实现销售收入 2 150 亿元，增长 11.4%；软件及系统集成业实现销售收入 300 亿元，增长 36.4%；电子信息产品制造业完成出口额 184 亿美元，增长 24.1%，排全国第五位。电子信息产品制造业规模排全国第七位，软件业排全国第九位，通信运营排全国第四位，其他信息服务业排全国第九位，信息化水平排全国第七位。

电子信息产品制造业

2008 年，福建省电子信息产品制造业完成工业总产值 2 200 亿元，增长 16.7%，增速比上年同期提高 6 个百分点；实现工业增加值 500 亿元，比上年同期增长 15%，增速提高 7 个百分点。全省有 3 家企业入围 2008 年度中国电子信息百强企业，有 6 家企业入围全国电子元器件百强企业。全省有 4 家电子信息产品制造企业实现工业产值超过百亿元，同比增加 1 家；有 19 家企业实现工业产值超过 10 亿元，同比增加 2 家。

软件业

2008 年，福建省软件业实现软件及系统集成销售收入 300 亿元，同比增长 36.4%，高出全国平均水平 6.6 个百分点。其中，软件产品实现销售收入 91.5 亿元，增长 45.8%；系统集成实现销售收入 99.2 亿元，增长 34.1%；软件服务实现销售收入 48.1 亿元，增长 56.9%；动漫游戏实现销售收入 23 亿元，增长 31.4%；纯软件实现出口额 6 890 万美元，增长 35.1%。软件和信息服务业在全行业中所占比重超过 30%。

2008 年，全省新通过认定的软件企业有 115 家，累计达到 574 家，增长 25%；新通过登记的软件产品有 591 个，累计达到 2 827 个，增长 26.4%；新增计算机信息系统集成一级企业 5 家，合计 9 家，全省通过各级计算机信息系统集成资质的企业合计 83 家；有 15 家软件企业通过国际软件能力成熟度模型（CMM/CMMI）3 级以上认证，其中福建富士通信息软件有限公司通过了 CMMI5 级评估，厦门东南融通系统工程有限公司通过 CMMI4 级评估。

产业发展呈现如下特点：

一是一批骨干软件企业脱颖而出。2008 年，全省有 26 家企业收入超过 1 亿元，其中有 6 家企业收入超过 5 亿元，有 4 家企业收入超过 10 亿元。

二是在全国的排位不断提升。2008 年度有 6 家企业，即福大自动化科技有限公司、福建新大陆电脑有限公司、福建星网锐捷通讯股份有限公司、福建富士通信息软件有限公司、福建南威软件有限公司、厦门东南融通系统工程有限公司入围全国软件百强企业。有 4 家企业，即福建榕基软件股份有限公司、福建富士通信息软件有限公司、福建新大陆电脑股份有限公司、厦门东南融通系统工程有限公司被列入国家规划布局内重点软件企业。福大自动化科技有限公司、福建网龙网络有限公司、福州瑞芯微电子有限公司等在工业自动化控制、动漫游戏、IC 设计业领域的规模和影响力居全国同行业首位。

三是对地方财政和吸纳就业贡献加大。对 30 家重点软件企业调查显示：2008 年，30 家重点软件企业合计纳税 6.5 亿元，平均 2 170 万元，人均纳税 3.4 万元。其中，2008 年，福州瑞芯微电子有限公司人均纳税 21 万元。2008 年末，30 家重点软件企业从业人员合计 1.93 万人，比 2007 年增加 4 596 人。

四是融资能力继续加强。截至 2008 年底，全省有 10 家软件企业在境内外上市。其中，厦门东南融通系统工程有限公司成为在美国纽约交易所上市的首家中国软件企业；福建网龙网络有限公司（股份代号：8288.HK）是福建省首家登陆香港创业板的动漫游戏企业，并于 2008 年转往主板；国脉科技股份有限公司（国脉科技 002093）登陆深圳中小企业版；福建星网锐捷通讯股份有限公司首发申请（IPO）已通过中国证监会发审委审核。

五是福州、厦门软件园初现聚集效应。福州软件园已建、在建面积超过100万平方米，现有入驻企业291家，实现收入101亿元，逐渐形成了应用软件与系统集成、网络信息终端设备产业、集成电路设计与嵌入式软件、数字内容服务业四大产业集群。厦门软件园二期工程总建筑面积164万平方米已全部交付使用，入园企业累计385家，就业人数超过1万人，全年园区企业实现工业产值超过62亿元，形成信息技术服务区、动漫游戏区、软件研发和IC设计区、管理服务区4个功能区。

六是公共服务平台建设初见成效。福建省集成电路设计中心（省ICC）、福建省软件评测中心、福建省软件公共技术服务平台、厦门集成电路设计公共服务平台（厦门ICC）、厦门市动漫游戏公共服务平台等一批项目先后建成投入使用。其中，省ICC和厦门ICC先后获授"国家软件与集成电路福建分中心与国家集成电路（福州）基地"和"国家软件与集成电路设计国际人才培训（厦门）基地"。

七是闽台软件业交流合作开始深化。自2005年11月《闽台软件产业合作协议书》签署以来，闽台建立起闽台软件产业信息、技术和服务交流合作平台，开通了"闽台信息产业合作之窗"网站，实现两岸软件企业信息和项目库的网上交流互动。期间，先后举办了"海峡两岸创意产业合作与发展高峰论坛"、"海峡两岸动漫产业对接会"和"海峡两岸IC设计业高峰论坛暨项目对接会"等，并组织软件企业赴台湾地区开展经济贸易专项考察活动，与台湾中华软体协会、台湾生产力中心和台湾软件企业多次会谈，达成了相关项目投资或合作意向，吸引了台湾西基电脑动画股份有限公司、草莓资讯股份有限公司、大拇哥动漫公司、普洛尔科技股份有限公司、芯和科技和矽恩微电子有限公司等一批软件企业在福厦软件园落户。闽台信息化服务商联手在纺织等行业承接的企业信息化项目建设已取得成效。

八是软件人才培养体系初步形成。截至2008年底，福建省已建立软件工程硕士、大学本科和高等职业教育，以及社会培训等多层次软件人才培养体系；吸引国内外著名软件企业（如微软公司、IBM公司等）与省内高校联办软件人才培养基地和实训基地，初步形成了"订单式"的办学模式。厦门大学、福州大学、福建师范大学等高校已成立软件学院，与培养软件人才有关的各类院校约有30所，在校生合计3.5万人。自2005年首批软件高职毕业生毕业以来，福建省软件高职学校累计为企业输送软件人才超过2万名。

科技进步与应用

电子信息产品制造业　2008年，福建省电子信息产品制造业实现新产品产值430亿元，增长18.9%，全行业新产品产值率达到19.5%，同比提高2.1个百分点。全省有2家企业成为全国首批创新型试点企业；新增4个国家级企业技术中心，即福建星网锐捷通讯股份有限公司、通士达有限公司、厦门三安电子有限公司、福建宏发电声有限公司；新增1个博士后科研工作站。

南靖万利达科技有限公司完成出口额4.45亿美元，增长7.7%。由该公司自主研发的超便携笔记本电脑在出口英国、法国、俄罗斯、巴西、东南亚等几十个国家和地区的基础上，从2008年开始拓展国内市场。该公司与北京大学合作，共同开发出具有自主知识产权的"中国芯"笔记本电脑；其推出的功能扩展型液晶电视，获得多项国内外专利，工业和信息化部有关司局拟推荐该项自主创新的技术成为国家标准。此外，该公司与北京电视台合作开发的具有GPS智能导航、实时路况信息查询及电脑、数字电视接收等多项功能的新媒体机，成为科技奥运的一个亮点。

福建星网锐捷通讯股份有限公司拥有高端10万兆骨干路由交换机的核心技术和软硬件平台，是国内少数几家能完全自主研发高端网络产品的厂家之一，其网络交换机、全国固网支付终端等产品的市场份额居国内前列。从2005年至2007年，该公司的主营业务收入年复合增长率达到40%；2008年，其实现主营业务增长10%。

厦门宏发电声股份有限公司凭借自主开发研制的具有完全自主知识产权的第三代、第四代新型精密超小型信号继电器和专用自动化装配生产线等一系列产品和生产设备，继续保持继电器领域的优势。该公司是全球三大继电器厂商之一，全年销售收入增长33%。

福建上润精密仪器有限公司是国内数字仪器仪表的重点生产企业，从2000年起，陆续参与了6大项10小项国家标准或行业标准的制定。其中，无纸记录仪、石英表机芯国家标准是由该公司主持起草的，2008年第一项由中国提议的钟表国际标准开始制定，该公司受邀参与该项目。

福建新大陆电脑股份有限公司作为国内唯一掌握二维码核心技术的企业，在农业部动物及产品可追溯体系建设领域的末端设备方面（可溯源产品）的市场占有率居首位。2008 年，该公司实现工业产值增长 81.8%。

福建联迪商设备有限公司已成为国内电子支付设备领域第一品牌，该公司是中国工商银行 2008 年度金融 POS 的国内唯一供应商，并获得中石化、中石油加油站发卡充值 POS 设备的全部订单，全年实现工业产值增长 42%。

软件业 名优软件产品不断增多，包括数字音视频 IC 芯片、工控软件协同平台、保密安防系统、二维码技术、PDF 阅读文档软件、邮政投递信息系统、证券行业应用软件、社会保险管理信息系统、金融 IT 综合服务、警务信息综合应用系统等，这些产品在全国的市场份额逐步扩大，尤其是在通信、电子政务、邮政、质检、电力、金融、证券、财税、交通、烟草、公安、社保等方面更加明显。如福大自动化科技有限公司在数控领域的规模及技术创新水平均居全国之首；福州瑞芯微电子有限公司是连续 3 年获得“中国芯”最佳市场表现奖的全国 2 个集成电路设计企业中的一个。福建网龙网络有限公司在网络游戏原创开发领域继续居国内前茅。截至 2008 年底，全省有 19 家省级软件技术研发中心通过认定。

电子产品进出口贸易

三资企业 2008 年，福建省信息产业合同利用外资 20.3 亿美元，同比增长 24.5%；实际到位外资 17.7 亿美元，增长 42.7%。其中，软件业获得外资项目 37 项，合同利用外资 2.7 亿美元，增长 211%；实际到位外资 1.4 亿美元，增长 630.1%。全省信息产业新批以及增资 3 000 万美元以上的项目合计 20 个。其中，入住厦门火炬（翔安）产业区内的友达光电股份有限公司，新成立了景智光电有限公司，主要从事液晶显示屏、液晶显示器等新型显示器件、液晶电视及光电周边产品与相关零部件的生产、加工、组装及维修。

全年电子信息产品制造业新项目实现工业产值 210 亿元，约占全行业工业产值总量的 10%。其中，友达光电股份有限公司及其配套企业全年累计完成产值 170 亿元，宸鸿科技（厦门）有限公司完成工业产值超过 20 亿元，华映光电股份有限公司的中小屏液晶模组、背光模组，泉州金保利光电、福建钧石能源有限公司等项目均已量产，并产生了效益。

软件服务外包 受金融危机的影响，2008 年下半年，福建省软件服务外包的增速有所放缓，但全年增长超过 30%。其中，福建富士通信息软件有限公司继续保持福建省软件业对日本外包业务的首位，全年实现外包服务收入 1 100 万美元；福州福昕公司开发的 PDF 阅读器通用软件在全球同类软件市场中的占有率居第 2 位，仅次于 PDF 文档格式发明者 Adobe 公司，实现出口额 200 万美元；福建网龙网络有限公司的游戏出口授权和运营分成实现收入 1 800 万美元；厦门市承接台湾地区“语音呼叫中心”业务的专职和兼职信息技术服务外包企业约有 10 家。

信息产业基地建设

国家（福州）显示器件产业园 2008 年，规模以上工业企业实现工业总产值 244.3 亿元，新增产值 38.3 亿元，同比增长 17.1%。新增产值超过亿元的企业有 2 家，合计 33 家，其中有 6 家重点企业产值超过 10 亿元。全年合同利用外资完成 7 177 万美元、实际利用外资完成 7 233.76 万美元、直接出口完成 4.5 亿美元、固定资产投资完成 23 亿元。全年实际建成或基本建成的项目有 13 个，即：飞毛腿科技有限公司、大拇指环保科技集团、福建华映视讯有限公司背光模组厂、LG 公司的引线框、福建顶津食品有限公司等的新增生产线、福鑫的水产二期、船舶工业研发中心、福建敏浩塑胶有限公司、福建华映视讯有限公司的中小尺寸液晶项目一期、友元科技（福建）有限公司的液晶项目、冠城大通股份有限公司的生产线技改、福清新福兴玻璃有限公司的二期工程、福州嘉溢电子有限公司的三期工程。在建项目 6 项：福建国光电子科技股份有限公司的生产技改项目、太阳能光伏电子项目、青榕纸品有限公司的扩建项目、福建新大陆电脑股份有限公司的二期项目、福建新日鲜集团有限公司的大楼项目、福建上润精密仪器有限公司的二期项目。园区基础配套设施进一步完善，完成华映路北段、儒江大道（华映路–林浦明渠）、华映路雨水泵站和福建星网锐捷通讯股份有限公司的填砂造地等工程。

企业上市步伐加快。福建福晶科技股份有限公司（福晶科技 002222）在深圳中小板块上市，福建新大陆电脑股份有限公司（新大陆 000997）、冠城大通股份有限公司（冠城大通 600067）、国脉科技有限公司（国脉科技 002093）等上市企业实现了股权增发，福建星网锐捷通讯股份有限公司拟在深圳中小板上市的申请已通过了国家证监会的审核。

国家（福清）显示器产业园 2008 年，国家（福清）显示器产业园内的电子信息产业共完成工业产值 395 亿元，同比增长 4.5%；完成销售收入 390 亿元，增长 3.8%；实现出口交货总值 48.7 亿美元，增长 24.87%。截至 2008 年底，园内共有 78 家信息类企业。其中有 1 家企业完成工业产值、销售额超过百亿元，有 1 家企业超过 50 亿元，有 13 家企业超过亿元，园区内已形成以冠捷电子（福建）有限公司、福建捷联电子有限公司为龙头，福建福强精密印制线路板有限公司、福清冠茂金属制品有限公司、福建正茂塑胶制品有限公司、鑫铭电子公司等 60 多家企业组成的显示器产业链，融主控板、升压板、转轴、轴芯、偏转线圈、铝电解电容器、印制板、注塑、模具等生产于一体的显示器加工配套协作体系。全区年产显示器及液晶电视机合计超过 3 000 万台。

信息化应用与建设

“288”工程 福建省企业信息化工作联席会议办公室、福建省信息产业厅联合电信运营商和信息化服务商，协同建设完善了“288”工程，即：数字福建商务领航中小企业信息化公共服务平台和企动力–福建企业移动信息化公共服务平台 2 个综合性企业信息化公共服务平台；福建医药电子商务平台、福建省煤炭企业信息化公共服务平台等 8 个行业性企业信息化公共服务平台；福建省供应链信息化公共服务平台、福建省分销信息化公共服务平台等 8 个专业性企业信息化公共服务平台。据初步测算，这些平台以政府引导资金 960 万元，引导企业投入约 22.6 亿元，实现总产出约 100 亿元。

企业信息化建设 据原国家信息产业部信息化推进司与福建省统计局联合课题组初步测算，2008 年福建省企业信息化应用水平指数为 42.51 分，比 2005 年增长 24.7%，居全国前列；全省信息化对福建省 2008 年 GDP 增长的贡献率为 37.21%；全省已有 97.7%的企业运用计算机进行信息采集，有 86.5%的企业实施了办公自动化，有 71.9%的企业核心业务流程实现程序化，有 58.9%的企业建设了门户网站，有 34%的企业开展了电子商务业务。

农村信息化建设 上杭县列入全国农村信息化综合信息服务试点和全国党员干部远程教育试点县。截至 2008年底，福建省已有 55 个县直单位和 22 个乡镇实现连网；武夷山市通过建设“数字武夷”新农村信息化工程，建成了涵盖农业科技服务、农村村务管理、旅游电子商务、农产品电子商务等内容的应用系统，带动了“外向型”新农村经济、文化的建设，最明显的特征是增加了农民的收入。如：星村茶农 2007 年通过网络销售茶叶超过 100 万元，三渡村橘农通过网络销售橘子超过 100 吨。与此同时，开展信息大篷车“百村千户”培训工程，争取到原信息产业部赠送的一部信息大篷车和 100 台电脑，联合省直 8 个部门赴上杭、莆田、福州等地宣传、推广、培训信息化知识；龙海市甘文农场利用原信息产业部试点推广的项目经费安装了新一代农村卫星电视接收系统近 200 套；建瓯市被商务部列为全国首批农村商务信息服务体系建设试点县。

社会信息化建设 厦门市民服务信息系统、市民健康信息系统、公积金自动还贷系统、地名数据库和管理信息系统相继建成投入使用；福州市鼓楼区依托“政府呼叫中心”（“12345”，有事找政府），搭建了市民与政府各部门的“社情民意”沟通联系的平台，其服务范围已扩大到“五区八县”，并依托这个平台，提供数字地图、就业指南、法律顾问、保姆园地等特色信息服务。

无线电事业 截至 2008 年底，福建省各类无线电台站合计 12.88 万个（不含手机和小灵通），其中 2G 蜂窝无线电通信基站 3.2 万个，PHS 无线接入基站 4.98 万个。厦门市进行第三代移动通信（TD–SCDMA）网络规模试验进展顺利，现已建成 3G 蜂窝无线电通信基站 815 个，发展 3G 用户 1.43 万个，并以 TD–SCDMA/HSDPA 作为主要网络基础建设全国首个“TD 无线城市”。全省移动电话（含小灵通 429 万部）达到 2 773.4 万部，居全国前列。

热点

2007 年，由福建省信息产业厅牵头，相继出台了《福建省促进 LED 和太阳能光伏产业的实施意见（2007 年–2010 年）》、《福建省关于加快发展集成电路设计业的意见》、《关于推动我省动漫产业发展的若干意见》等政策性文件。一年多来，这些政策促进了相关产业的迅速成长。

LED 和太阳能光伏产业 2008 年，LED 和太阳能光伏产业实现工业产值首次超过 100 亿元，厦门三安电子有限公司、南安三晶硅阳光电子有限公司等龙头企业都保持了较快的增长速度。在 LED 方面，南安三晶硅阳光电子有限公司年产外延片、芯片占国内总产能的 50% 以上，已成为国内最大的超高亮度发光二极管外延及芯片产业化基地；由南安三晶硅阳光电子有限公司牵头，厦门华联电子有限公司、厦门通士达有限公司等企业共同参与研发的 80lM/W 的高亮度白光功率型 LED 芯片已研制成功并逐步产业化。在太阳能光伏方面，各种技术路线的项目相继落地，福建省已成为全国太阳能光伏产业的主要生产地区之一。泉州金保利 100MW 的太阳能电池模组生产线已建成投产；福建南安三晶硅阳光电力有限公司自主设计的 25MW 太阳能电池生产线已建成；泉州钧石能源公司的非晶硅薄膜太阳能电池生产线已投产，年产量达到 130MW。此外，福建省龙岩市连城县桑杏硅业科技有限公司、闰翔冶金（福建连城）有限公司等多晶硅生产企业在提纯技术方面不断突破，厦门三安电子有限公司、漳州开发区的创大太阳能有限公司、泉州创辉光伏太阳能有限公司等化合物太阳能电池，莆田云顶[①]、福州新奥[②]的硅基薄膜电池等项目逐步推进。

光电显示产业 福建省平板显示产业由 CRT 向 LCD 转型，全年实现工业产值 700 亿元，占全省电子信息产品制造业总产值的 32.6%，其中平板显示产业产值已占光电显示产业产值的 90%，福建省已成为全国重要的平板显示产业基地之一。厦门火炬高新区被列为全国唯一的“光电显示产业集群试点”。

一批重点企业快速成长。冠捷电子集团已成为全球最大的液晶显示器生产企业，液晶电视机产量突破 200 万台，成为国内产量前 5 强之一。冠捷电子（福建）有限公司、福建捷联电子有限公司全年实现工业产值达到 352 亿元。华映集团研制开发的背光模组项目于 2008 年 3 月正式投产，中小尺寸液晶模组一期项目于 2008 年 7 月建成投产。此外，该公司推动 CRT 向超薄、宽屏、高清方向发展，第二代超薄 CRT 彩色显像管已开始量产。预计，2009 年新一代 CRT 超薄产品研发成功后，年产能将达到 100 万支；该公司全年实现工业产值同比增长 22.2%。

华映光电有限公司的转型，带动了整个马尾园区光电显示产业链的发展。福建福州兆丰电子科技有限公司（生产模具等液晶显示器周边金属零件）和福州嘉溢电子有限公司（生产液晶显示器框架及背光模组后盖）已转型，开始为液晶产品生产配套产品。

坤孚科技（福州）有限公司投资 900 万美元的（生产冲压件、塑胶射出、灯管焊接等液晶面板相关零组件）项目开始投产，菘虹电子（福州）有限公司已准备入驻马尾园。

日立数字映像公司抓住奥运和数字电视市场启动的机遇，扩大等离子电视机的产量。2008 年，该公司在全国等离子电视机销售市场中排名第 1 位。2008 年 5 月，该公司推出了国内最薄的平板电视——日立 Wooo 系列超薄液晶电视。全年实现工业产值同比增长 11.1%。

IC 设计业 福州、厦门两地先后建成集成电路设计公共服务平台。截至 2008 年底，上述两地已吸引近 40 家 IC 设计企业入驻，其中有 6 家企业获得国家集成电路设计企业认定，已具备数字音视频芯片、微控制芯片、嵌入式系统芯片、电源管理芯片和消费电子芯片等设计能力。2008 年，全省集成电路设计业实现销售收入 11 亿元。福州瑞芯微电子有限公司自主开发的便携式多媒体播放器主控芯片不仅在国内市场中所占份额超过 80%，同时打入国际高端市场，连续 3 年荣膺国家“中国芯”最佳市场表现大奖。厦门优迅高速芯片有限公司自主研发的光纤通信收发芯片，打破长久以来国外在该领域的技术壁垒，填补了国内空白。贝莱特集成电路（福州）有限公司研发的图像处理芯片获得国家科技型中小企业技术创新基金支持。福州高奇晶圆电子科技有限公司研发的电源管理芯片已通过整机厂家中试，即将量产。

动漫游戏业 2008 年，全省动漫游戏企业超过 90 家，实现销售收入 23 亿元。福建网龙网络有限公司连续 5 次获得“中国十佳游戏开发商”称号，其游戏软件

注：①在 2008 年 5 月，马来西亚云顶杉源集团在福建省莆田市涵江区投资 12.5 亿美元，建设一座 200MW 的非晶硅薄膜电池项目。

②2008 年 9 月，新奥集团投资 2.5 亿美元，分别在福清和长乐两地建设硅基薄膜太阳能电池生产基地和 30 万吨二甲醚生产项目。

翻译成6种语言出口，成为中国民族网络游戏海外市场开拓的先行者。在持续运营《魔域》、《征服》等网络游戏产品的基础上，该公司与迪士尼合作推出《金色幻想》；自主原创网络游戏产品《开心》正在内测，2009年将推出上线运营。

厦门青鸟动画有限公司推出的《快乐精灵》在央视少儿频道热播，继《美德花园》、《嘿！星星狐》后，再次获得“优秀国产动画片”大奖。福建天狼星公司的手机游戏和阿拉丁公司的手机动漫在2008年分别获得国家文化部等部委颁发的大奖。

福州五彩动漫公司独立开发制作的动漫《评话甘国宝》，将评话与动漫进行有机的结合，在福州、泉州电视台播放以来，深受广大市民的喜爱。

福州神画时代数码动画有限公司制作的三维大型动漫连续剧《封神榜》已杀青，将于2009年春节前后播出，并与福建省音像出版社联合制作大型动漫连续剧《妈祖》，该剧被列入国家新闻出版总署“十一五”规划重点题材。

福州天盟数码有限公司《众神之战》、《星际文明》已在国内和欧美测试，受到游戏爱好者的追捧。

其他

政策环境 促成省政府与原信息产业部就加快海峡西岸经济区信息产业发展签署合作协议，并围绕建设海峡两岸信息产业合作先行（试验）区开展前期调研和协调。在全国率先出台《福建省企业信息主管（CIO）制度建设的指导意见》，出台《福建省关于推进企业信息化的若干意见》，制定了《福建省软件技术研发中心认定管理办法（暂行）》等政策性文件；组织研究《关于加快福建省信息服务业发展的实施意见》，已提交省政府待批准下达实施；启动省无线电管理条例修订工作，研究形成《福建省公众移动通信基站管理办法》送审稿，出台了“关于福建省无线电台站规划布局及建设的意见”，实行台站分区布局规划管理。此外，加强对近年来陆续出台的有关LED和太阳能光伏产业、集成电路产业、信息产业人才队伍建设等政策性文件的效应研究，促进政策落实到位。

应对金融危机举措 2008年，福建省出台《福建省信息产业厅关于贯彻落实中央和省委、省政府扩大内需促进增长政策措施的若干实施意见》，提出6个方面15条具体措施。主要内容包括：一是确定一批重点项目给予重点推进。“十一五”后期，推动一批以外资和民营资本为主的信息产业重点项目建设，主要涉及平板显示器件、新一代移动通信及网络终端产品、LED（半导体发光二极管）、光伏电子、软件、信息化、信息传输服务业等项目。二是组织企业申报科技专项资金。争取工业和信息化部（核心电子器件、高端通用芯片及基础软件）科技重大专项和国家电子发展基金扶持项目以及工业领域节能减排信息技术应用项目，争取国家发展和改革委员会、科技部的国家信息产业高新技术产业基地扶持项目和重大科技专项项目，争取中央财政资金更多扶持。三是明确扶持名优产品开拓内需市场的举措。推动自主研发信息技术新产品在本省先行先试，扶持名优信息产品和优秀信息系统集成服务商开拓内需市场。四是会同有关部门启动6项帮助企业拓展市场专项行动。包括：LED产品营销联盟、“家电下乡”工程、中小企业“千家万企”电子商务推进工程、RFID（射频识别）技术应用推进工程、组团参加国际展会、组织开拓国际市场团组等。

行业协会建设 在继续发挥福建省信息产业联席会议和企业信息化联席会议制度的基础上，成立了福建省信息产业商会、福建省光电行业协会、福建省企业信息化协会和福建省动漫行业协会，完善已经成立的行业中介组织，开展技术支持、科研、信息服务和咨询等服务。利用国际产业转移、结构调整的契机，加强与亚太、欧美及台、港、澳地区行业协会的沟通联系。在9·8洽谈会上，与亚洲—大洋洲地区软件园联盟成员签署合作备忘录，与亚太信息产业组织、马来西亚计算机多媒体产业协会、泰国计算机产业协会签订战略合作协议，建立了“两岸三地RFID产业联盟”，拓展对外合作渠道。

【统计数据】

表 1　2008 年福建省电子信息产业人员构成情况

企业类别	企业数（家）	年末从业人员总数（人）	人员构成			
			工程技术人员（人）	在总人数中所占比例（%）	管理人员（人）	在总人数中所占比例（%）
国有企业	1	122	30	24.6	20	16.4
集体企业	2	1 054	17	1.6	10	0.9
股份合作企业	12	6 306	239	3.8	152	2.4
国有联营企业	1	236	50	21.2	15	6.4
其他企业	92	36 233	7 478	20.6	4 003	11.0
三资企业	153	175 612	14 757	8.4	33 140	18.9

表 2　2006 年—2008 年福建省电子信息产业基本情况

项目名称	单位	2006 年	2007 年	2008 年
工业总产值（现行价）	万元	18 090 000	20 020 000	22 022 622
工业销售产值	万元	17 580 000	17 037 743	21 191 752
出口交货值	万元	9 208 116	10 714 793	12 680 707
其中：软件出口	万元	11 677	29 072	21 998
工业增加值	万元	4160 000	4 400 000	4 900 000
流动资产平均余额	万元	6 203 774	7 368 092	7 345 325
固定资产净值平均余额	万元	1 528 638	2 043 744	1 969 768
资产总计	万元	8 739 303	9 891 188	9 823 778
负债总计	万元	6 033 967	6 979 805	6 522 660
产品销售收入	万元	17 300 000	19 300 000	21 500 000
其中：软件及系统集成销售收入	万元	1 500 000	2 056 568	3 000 000
税金总额	万元	134 359	101 139	171 890
利润总额	万元	471 422	691 313	516 189
应交所得税	万元	51 313	79 679	116 213
从业人员年末人数	人	229 654	265 876	219 327
从业人员工资总额	万元	455 891	590 764	616 104

表 3　2006 年—2008 年福建省电子信息产业三资企业基本情况

项目名称	单位	2006 年	2007 年	2008 年
工业总产值（现行价）	万元	15 734 360	15 908 670	15 984 846
工业销售产值	万元	13 931 656	15 050 344	15 712 914
出口交货值	万元	8 729 411	9 794 417	11 126 488
其中：软件出口	万元	11 249		19 176
工业增加值	万元	1 988 576	2 887 707	2 049 522
流动资产平均余额	万元	5 509 031	5 817 606	6 011 392
固定资产净值平均余额	万元	1 325 969	1 683 210	1 653 528
资产总计	万元	7 581 843	8 341 274	7 713 767
负债总计	万元	5 396 366	6 111 028	5 268 024
产品销售收入	万元	14 186 362	14 583 900	15 498 183
其中：软件产品销售收入	万元	433 083	789 033	647 633
税金总额	万元	101 609	68 633	109 942
利润总额	万元	396 205	589 688	377 902
应交所得税	万元	41 299	63 438	94 264
从业人员年末人数	人	194 920	227 207	194 203
从业人员工资总额	万元	401 390	20 925	509 614

表 4　2006 年—2008 年福建省电子信息产业主要经济效益指标完成情况

项目名称	单位	2006 年	2007 年	2008 年
全员劳动生产率	元/人	108 591	982 409	107 101
流动资产周转率	%	2.4	2.1	2.4
产品销售率	%	96.7	94.7	99.0
总资产贡献率	%	7.8	8.9	8.0
资产保值增值率	%	120.0	96.0	103.2
资产负债率	%	69.0	70.6	66.4

表5 2006年—2008年福建省电子信息产业三资企业主要经济效益指标完成情况

项目名称	单位	2006年	2007年	2008年
全员劳动生产率	元/人	103 673	105 536	105 535
流动资产周转率	%	2.5	2.6	2.6
产品销售率	%	98.4	97.7	98.3
总资产贡献率	%	7.5	8.0	7.3
资产保值增值率	%	114.2	92.5	105.9
资产负债率	%	71.2	71.7	68.3

表6 2006年—2008年福建省主要电子信息产品产销量情况

产品名称	单位	产量			销量		
		2006年	2007年	2008年	2006年	2007年	2008年
电话机	万部	523.6	161.3	827.0	521.5	163.6	827.0
显示器	万部	2 786.5	5 755.2	2 751.0	2 786.5	5 764.9	2 763.6
彩色电视机	万台	519.8	498.0	584.3	501.3	514.0	583.4
微型计算机	万台	456.9	599.0	588.0	457.1	598.0	587.4

表7 2006年—2008年福建省三资企业主要电子信息产品产销量情况

产品名称	单位	产量			销量		
		2006年	2007年	2008年	2006年	2007年	2008年
电话机	万部	520.6	144.7	825.2	518.5	145.3	825.2
显示器	万部	2 786.8	5 755.2	2 751.0	2 786.5	5 764.9	2 763.6
彩色电视机	万台	512.8	463.6	582.7	494.3	479.8	581.8
微型计算机	万台	456.9	599.0	588.0	457.1	598.0	587.4

注：表1~表7数据来源于《福建省统计年报》。

[撰稿：郑丽娜　审稿：曹建平]

江 西 省

【综述】

2008年，江西省电子信息产业进入了加速发展的新阶段。

电子信息产品制造业

江西省的半导体照明（LED）产业链得到巩固提升，新兴产业链取得发展。晶能光电（江西）有限公司具有完全自主知识产权的“硅衬底发光二极管材料与器件”产业化项目一期工程竣工投产，LED芯片产能达到30亿粒；全省LED芯片封装能力达到120亿只；LED应用产品取得发展；整条产业链实现主营业务收入超过20亿元。太阳能光伏产业迅速崛起，优化了全行业的产业结构，成为推动全行业快速发展的动力。2008年，以江西赛维LKD太阳能高科技有限公司为骨干企业的光伏产业同比增长226.82%，拉动全行业提高了59个百分点，初步形成了“硅料—硅片—电池片—组件—应用产品”较完整的产业链，在2007年列入全省3个“超千亿”产业之一后，又取得了较快的发展。据年报统计，全省电子信息产品制造业完成主营业务收入302.56亿元，同比增长73.58%；实现工业增加值71.63亿元，增长60.01%；实现利税总额48.89亿元，增长151.12%；完成出口交货值109.53亿元，同比增长65.25%。

软件业

2008年，江西省软件业实现主营业务收入49.75亿元，同比增长19.8%。完成软件业务收入35.98亿元，增长13.43%，其中软件产品收入9.7亿元，增长9.4%；系统集成收入16.11亿元，增长9.8%；软件技术服务收入8.45亿元，增长138.7%；嵌入式系统软件收入1.72亿元，减少62.7%；IC设计收入44万元，减少45%。全年实现利税总额50 669万元，增长65.7%，其中实现利润总额38 738万元，增长67.3%；完成工业增加值7.91亿元，增长23.2%；实现软件业务出口额914万美元，减少26.3%，其中软件外包服务实现出口额459万美元，嵌入式系统软件实现出口额455万美元。

全年新通过认定的软件企业有13家，新通过登记的软件产品有54项，有77家软件企业通过年审。先锋软件股份有限公司和思创数码科技有限公司进入2008年度中国软件百强企业行列，泰豪软件股份有限公司、江西新和技术有限公司、先锋软件股份有限公司和思创数码科技有限公司进入2008年国家规划布局内重点软件企业。目前，全省有411人获得计算机信息系统集成项目经理资质，有87人获得计算机信息系统集成高级项目经理资质，有44家企业获得计算机信息系统集成资质，其中一级资质企业3家，二级资质企业6家，三级资质企业30家，四级资质企业5家。

科技进步与应用

全年有10个项目列入国家级各类科研计划，有209个项目列入省级各类科研计划。获得江西省优秀新产品奖25项，其中一等奖5项；13个QC成果获得江西省质量评比奖，其中一等奖3个；江西新和技术有限公司的“RS—1000电信本地网业务服务管理支撑平台”项目获得国家电子信息产业发展基金200万元资助；全年共获得国家科技三项费用3 583.5万元。

电子信息产品出口贸易

在2006年和2007年，江西省电子信息产品完成的出口交货值连续两年翻番。在此基础上，2008年实现出口交货值110.26亿元，增长63.59%，占全行业主营业务收入的比重达到31.3%。出口产品品种不断丰富，已由传统的电子元器件为主发展到包括通信设备（手机、线缆）、家用整机（CD机、DVD机、电视机）、高低频电子变压器、电感器、计算机配套产品及太阳能光伏产品。电子信息产品出口生产企业规模日益壮大，有4家企业进入当年全省机电出口大户前10名。

信息产业基地与园区建设

通过实施《江西省电子信息产业园建设实施意见(试行)》、《江西省电子信息产业园认定管理办法》，有利地推动了全省信息产业基地和特色园区建设，充分地发挥了产业集群的辐射作用、产业链的配套作用、核心技术的引领作用和稀缺资源的吸引作用。南昌国家级半导体照明工程产业化基地得到不断巩固和壮大，芯片制造、器件封装能力得到较大提升，应用产品不断拓展；新余经济开发区已经形成了以江西赛维 LDK 太阳能高科技有限公司为龙头的“硅料—硅片—电池片—组件—应用产品”较完整的产业链，全年完成主营业务收入 125 亿元，实现利税总额 32 亿元，经专家评审，被授予“江西省光伏产业基地”；吉（安）泰（和）工业走廊通过引进友利电（电子）有限公司、江西联创光电科技股份有限公司线缆分公司、江西井冈山盛泰通讯技术有限责任公司、吉安市木林森电子科技有限公司等一批投资较大、带动力较强的企业，电子信息产业规模不断扩大，使其传统优势得到进一步发挥，经专家评审，吉安市吉泰工业走廊被批准为省级电子信息产业基地；国内著名管理软件企业用友软件股份有限公司正式落户南昌市，通过投资建设全球呼叫中心、全球代码中心等项目，打造具有影响的软件服务外包基地。

信息化应用与建设

为了预防和应对自然灾害、事故灾难、公共卫生和社会安全事件，省政府应急平台作为省级应急事件处置的重要指挥枢纽一期工程已经开工建设；覆盖全省 11 个设区市和 99 个县市区、1 403 个乡镇、17 235 个行政村、18 638 个终端站点的全省农村党员干部现代远程教育系统工程于年初启动；南昌市成为江西省继上饶市之后的第 2 个国家农村信息化综合信息服务试点市；江西省数字证书有限公司（简称江西 CA）作为江西省唯一的区域性权威第三方电子认证服务机构，获得国家《电子认证服务许可证》，这标志着江西 CA 的各种电子认证业务活动将受到法律的有效保护，将大力促进各种电子认证业务活动的开展；南昌市政府为了把第七届全国城市运动会打造成“数字城运”，体现具有江西特色的信息化服务水平，有机地把“城运会”与“数字城市”建设结合起来，与省直有关部门签订了建设“数字城运”合作备忘录。

热点

江西赛维 LDK 太阳能高科技有限公司 2008 年 12 月，江西赛维 LDK 太阳能高科技有限公司的 6 000 吨硅材料项目建成投产，成为世界主要的太阳能多晶硅原料生产企业。该公司年产 15 000 吨硅材料项目尚在建设中。预计，该项目将于 2009 年上半年建成投产。

半导体照明（LED）产业 江西省 LED 产业已形成较为完整的产业链，拥有具有完全自主知识产权的技术。全省各设区市均把 LED 产业作为当地的重要产业予以培育、扶持，有的甚至把它作为支柱产业给予重点扶持；现有企业也增加投资、扩大厂房、增添设备；一大批扩建项目和新建项目正在推进。据初步统计，全省 LED 产业共有在建项目 24 个，总投资额 85.58 亿元；拟建项目 8 个，总投资额 41.83 亿元。

其他

工商联动参与家电下乡活动 近年来，江西省的通信、家用电器生产企业取得较快发展，手机、电冰箱（柜）生产已初具规模，彩色电视机、计算机等都具有较强的加工生产能力，为了抓住“家电下乡”活动对产业发展拉动的有利时机，江西省信息产业厅动员和组织有关生产营运企业，做好材料、产品等准备工作，参加江西省家电下乡销售企业招投标活动。

圆满完成奥运会无线电安全保障任务 根据工业和信息化部《关于做好境内奥运火炬接力无线电安全保障工作的通知》（工信部无 [2008] 8 号）要求，江西省信息产业厅通过强化领导、上下联动、准备充分、措施到位，保证了火炬传递没有发生“一支火炬熄灭、一棒传递受阻、一起安全事故、一次无线通讯受干扰”，圆满完成了无线电安保任务，省政府授予信息产业厅“优秀组织”奖。根据北京奥运会无线电管理联席会议办公室的安排，2008 年 6 月 9 日至 8 月 24 日，江西省信息产业厅组成奥运会无线电保障团队，负责保障奥运会开、闭幕式及奥体中心场馆群 175 场竞赛的无线电安全，完成了各项保障任务，受到北京奥运会无线电管理联系会议办公室的表彰。

【统计数据】

表 1　2008 年江西省电子信息产业人员构成情况

企业类别	企业数（家）	年末从业人员总数（人）	人员构成			
			工程技术人员（人）	在总人数中所占比例（%）	管理人员（人）	在总人数中所占比例（%）
国有企业	7	3 742	509	13.6	422	11.3
股份合作企业	1	40	3	7.5	3	7.5
有限责任公司	47	14 133	506	3.6	536	3.8
股份有限公司	4	8 524	874	10.3	1 812	21.3
私营企业	1	312	39	12.5	40	12.8
三资企业	11	21 206	260	1.2	291	1.4
合计	71	47 957	2 191	4.6	3 104	6.5

表 2　2006 年—2008 年江西省电子信息产业基本情况

项目名称	单位	2006 年	2007 年	2008 年
工业总产值（现行价）	万元	1 243 134	1 850 573	3 195 492
工业销售产值	万元	1 204 231	1 743 726	3 111 932
出口交货值	万元	256 469	662 811	1 095 324
软件出口额	万元	2 872	8 687	7 312
工业增加值（生产法）	万元	324 796	447 402	716 235
流动资产平均余额	万元	493 210	1 029 416	1 321 380
固定资产净值平均余额	万元	354 637	513 397	926 790
资产总计	万元	1 040 743	1 952 643	3 186 565
负债总计	万元	558 883	1 018 545	1 521 506
主营业务收入	万元	1 174 062	1 743 122	3 025 641
软件产品销售收入	万元	247 346	317 162	497 446
税金总额	万元	22 056	20 831	68 194
利润总额	万元	46 380	173 848	420 680
应交所得税	万元	9 119	8 725	81 111
从业人员年末人数	人	38 929	44 718	47 957
从业人员年劳动报酬	万元	54 501	62 606	123 326

表 3 2006 年—2008 年江西省电子信息产业三资企业基本情况

项目名称	单位	2006 年	2007 年	2008 年
工业总产值（现行价）	万元	334 096	808 351	1 451 483
工业销售产值	万元	319 665	742 191	1 424 586
出口交货值	万元	131 757	463 009	907 218
工业增加值（生产法）	万元	74 721	244 699	293 821
流动资产平均余额	万元	63 291	537 185	640 745
固定资产净值平均余额	万元	95 964	278 047	460 171
资产总计	万元	186 514	1 050 055	1 883 326
负债总计	万元	105 258	536 848	880 987
主营业务收入	万元	318 887	742 439	1 432 887
税金总额	万元	1 076	–466	10 536
利润总额	万元	6 391	124 150	321 580
应交所得税	万元	812	175	73 165
从业人员年末人数	人	9 515	16 558	21 206
本年应付工资总额	万元	9 024	19 922	68 877

表 4 2006 年—2008 年江西省电子信息产业主要经济效益指标完成情况

项目名称	单位	2006 年	2007 年	2008 年
工业全员劳动生产率	元/人	83 801	102 369	145 873
流动资金周转率	%	2.4	1.7	2.3
工业产品销售率	%	96.8	94.2	97.4
总资产贡献率	%	7.1	11.0	17.1
资本增值保值率	%	228.9	108.9	100.6
资产负债率	%	53.7	52.2	47.8

表 5 2006 年—2008 年江西省电子信息产品产销量情况

产品名称	单位	产量			销量		
		2006年	2007年	2008年	2006年	2007年	2008年
程控交换机	线	27 072	9 718	9 288	27 072	9 718	9 288
电话单机	部	176 272	172 815	46 521	187 485	172 939	22 260
台式微型计算机	部	5 942		1 789	5 942		1 749

续表

产品名称	单位	产量			销量		
		2006年	2007年	2008年	2006年	2007年	2008年
电视机	台	644 923	461 899	521 244	645 012	461 826	520 765
其中：彩色电视机	台	642 238	461 899	521 244	642 238	461 826	520 765
DVD视盘机	台	1 340 000	2 579 000	1 068 000	1 340 000	2 567 000	1 088 000
汽车音响	台	70 608	1 428 876	34 580	70 751	1 404 357	36 442
电容器	万只	40 881	36 465	16 282	38 212	38 951	14 959
控制元件	万只	27 152	32 621	89	25 791	31 721	89
电声器件	万只	3 159	893	7 607	3 177	893	7 475
光电器件	万只	18 722	21 843	87 587	15 839	20 761	87 712
电线电缆	千米	114 444	120 170	379 240	112 448	116 477	348 959
光缆	皮长公里	4 608	137 670	39 105	4 643	143 370	37 674
LED芯片	亿片	80	77	62	76	76	60
电解铜箔	吨	6 430	8 998	6 582	6 190	9 441	6 750

表 6　2006 年—2008 年江西省软件业主要经济指标完成情况

项目名称	单位	2006 年	2007 年	2008 年
工业增加值	万元	55 802	64 154	79 141
主营业务收入	万元	357 387	415 613	497 446
利润总额	万元	21 084	23 144	38 738
利税总额	万元	27 805	30 661	50 669
出口创汇	万美元	359	1 241	914

注：表 1~表 6 数据来源于统计年报数。

[撰稿：黄美昌　审稿：李春燕]

山 东 省

【综述】

2008 年，山东省电子信息产业统计内的规模以上企业有 2 062 家。按企业全球经营数字统计，实现主营业务收入 5 794 亿元。按在地原则和规模以上统计，实现主营业务收入 4 803.09 亿元，增长 24.88%；实现利润总额 215.28 亿元，增长 31.35%；实现利税总额 335.49 亿元，增长 29.53%。其中，电子信息产品制造业统计内约规模以上企业有 1 519 家，比去年同期增加 157 家；实现主营业务收入 4 423.34 亿元，增长 24.92%；实现利润总额 194.62 亿元，增长 33.41%；实现利税总额 298.32 亿元，增长 31%。软件业统计内的规模以上企业有 543 家，比去年同期增加了 91 家；实现软件业务收入 379.66 亿元，增长 24.07%；实现利润总额 20.65 亿元，增长 21.59%；实现利税总额 37.17 亿元，增长 23.33%。

科技进步与应用

2008 年，全行业已拥有国家技术创新试点企业 2 个、国家和省级企业技术中心 35 个、国家和省级重点试验室 8 个、博士后科研工作站 5 个、软件工程技术中心 35 个、集成电路设计中心 8 个，累计取得各类重点科技成果近 4 000 项，申请专利 2.2 万项，参与制定或修订国家标准 62 项。全省高端容错服务器、液晶电视 LED 背光源和模组、碳化硅晶体材料及单晶生长炉、半导体发光器件及白光照明等一批关键技术和产品又实现新的突破，一批“高、精、尖”的军工电子技术产品和信息系统装备研发成功，为“神七”成功发射做出了贡献。全年有 35 个项目被列入国家高技术产业发展专项、国家电子信息产业发展基金、国家信息技术应用倍增计划等，共获得国家资金支持近 4.3 亿元，创造了历史最好成绩。有 6 家企业进入中国电子信息百强企业行列，比 2007 年增加 2 家；11 家企业进入全国软件百强企业行列，比 2007 年增加 4 家。产业结构调整继续优化，手机、平板电视、笔记本电脑、光电子、电子器件、系统集成、软件技术服务、软件外包服务等高端产业增幅都在 20%以上，单晶硅材料、光伏电池、光电子与半导体照明、高性能服务器、热打印机、中间件软件等特色优势产品的国内外市场占有率进一步提高。区域结构调整日趋合理，基地园区建设蓬勃发展，新增省级电子信息产业园区 10 个、省级软件园区 5 个，国家级、省级信息产业基地园区总数分别达到 5 个和 31 个，“两地八园一带”产业布局基本形成。

招商引资和出口贸易

2008 年，全省信息产业共获得新批外商投资项目 97 个，实际到账外资 4.45 亿美元。其中，计算机及通信设备制造、软件与信息服务等行业所占比重超过 90%，在谈、在建的大项目多，成为新的投资热点，省政府专门转发了省信息产业厅产业招商的经验和做法。2008 年，借助外资企业和加工贸易企业比例较小、出口产品结构侧重高端等优势，山东省信息产业出口受金融危机影响不大，尤其是高技术、高附加值的产品出口保持高速增长。其中，自动数据处理设备增长超过 110%、笔记本电脑增长超过 10 倍、通信设备增长超过 30%。全年实现出口额 213 亿美元，增长 40%，占全省机电产品出口额的 54.6%；在机电产品出口前 10 位的企业中，电子信息产品制造业占 7 家。

信息化应用与建设

信息化与三次产业融合取得新进展。省级农业和农村综合信息服务平台加快完善，40 个涉农特色数据库建成应用，首批 3 000 个农村信息咨询服务站投入使用，“信息化下乡”活动正式启动，山东省成为工业和信息化部在全国新建立的 7 个农村信息化试点省之一。大中型工业企业信息化程度在全国继续保持领先，计算机辅助设计在机械、纺织等领域企业中基本普及；计算机监控技术在 95%以上的化工、建材、造纸、冶金等连续性生产企业得到广泛应用；计算机集成制造系统已在近 30%的制造型企业中开展；50%以上的企业成功或部分实施了企业资源计划系统；85%以上的企业创立了企业网站，40%以上企业开展了电子商务活动。据统计测算，信息技术应用使企业产品设计周期缩短71%，开发成本降低37%，生产自动控制率达到89%，电子商务营销率达到18.8%，对企业效益增长贡献率超过20%，对水泥、玻璃等行业节能减排贡献率近50%。服务业信息化水平不断提高，网络金融、电子商务、现代物流等新型服务模式加快普及，数字内容、网络增值、远程教育等信息服务业迅速发展壮大。

政府和社会信息化建设取得新成果。省、市、县三级政府门户网站全部建成，30%左右的行政许可事项实现网上办理。“金税”工程（三期）、“金纪”工程（一期）、省级政务信息资源共享综合服务平台等重点业务系统启动建设，安全生产综合监管、人防指挥自动化、公共卫生信息发布等一批电子政务重点工程投入应用，电子营业执照、省级企业基础信息和人口基础信息共享取得初步进展。文化、教育、卫生、劳动就业、社会保障、公共安全等领域的信息化服务水平进一步提高，社会保障业务初步实现异地办理，高速公路电子不停车收费（ETC）项目试点成功，国防动员信息化体系逐步健全，济南、青岛、威海、东营、潍坊、聊城6市进入“2008中国城市信息化50强”，数字城市、数字社区、城市居民“一卡通”试点顺利。

无线电管理和信息安全保障工作提上新水平。2008年，山东省无线电管理以奥运会和残奥会无线电安全保障、无线电台站数据清理登记、无线电发射设备管理、无线电技术设施建设等工作为重点，完善无线电频谱监测统计报告制度，落实《山东省无线电管理工作评议考核办法》，提升技术装备使用效能和技术设施应用水平，增强突发事件处置和应急保障能力。年内，无线电技术设施建设二期工程、无线电监测联网工程顺利建成应用，国家级无线电检测实验室建设稳步推进，无线电台站数据清理登记工作继续深入，卫星电视干扰器检查活动有效开展，军地无线电联合管控能力进一步提高，管理队伍素质和技术监管能力全面提升，奥运会火炬传递、青岛奥帆赛、北京奥运会老山赛场、高考等重大活动的无线频率协调和保障任务圆满完成。网络与信息安全基础设施进一步完善，应急支援平台一期工程正式启用，应急支援中心投入运行，突发事件应急处置机制进一步健全，省直部门网络与信息安全年度检查制度初步建立，信息安全风险评估试点工作顺利推进。组织奥运网络与信息安全保障攻防演练，对51个省直部门、17个市、140个县的网络信息安全情况进行了调查摸底，对27个重点网站及业务系统进行了远程测试，对突出问题进行了限期整改，保证了奥运会期间的网络与信息安全。

其他

召开了全省信息化工作电视会议，出台了《山东省人民政府关于大力发展信息产业，推进信息化与工业化融合的意见》。工业和信息化部中日IT桥梁工程师交流示范基地落户济南，国际消费电子博览会、第四届国际信博会、全国软件百强发布会、中国百名IT青年精英论坛、鲁台光电子产业发展论坛、RFID产业发展论坛、信息化与工业化融合高层论坛、物流信息化大会暨国际高峰论坛、信息服务业大会成功举办，网上世博工作正式启动并完成总体方案设计和网站一期工程建设，国防信息动员办公室、信息服务业协会、RFID产业联盟相继成立，《关于应用信息技术改造提升传统产业的若干政策意见》、《关于加快光电子与半导体照明产业发展的意见》制定出台，《山东省软件产业促进条例》起草完成。行政许可法、电子签名法、山东省无线电管理条例、山东省信息化促进条例等法律法规得到认真贯彻实行，依法行政工作稳步推进。

【统计数据】

表 1　2006 年—2008 年山东省电子信息产业基本情况

项目名称	单位	2006 年	2007 年	2008 年
工业总产值（现行价）	万元	27 419 743	32 953 872	45 430 715
工业销售产值	万元	27 024 852	30 262 787	42 544 224
出口交货值	万元	8 592 588	8 919 065	11 655 538
其中：软件出口额	万元			258 278
工业增加值	万元	6 442 798	7 230 954	8 847 774
流动资产平均余额	万元	9 411 274	10 711 203	13 093 929
固定资产净值平均余额	万元	2 816 135	3 228 935	3 664 705
资产总计	万元	14 871 832	18 141 945	21 736 858
负债合计	万元	9 209 991	11 410 580	13 188 931
产品销售收入	万元	39 608 000	47 230 000	57 945 055
其中：软件产品销售收入	万元	2 450 000	3 080 000	5 749 686
税金总额	万元	717 000	922 000	1 201 947
利润总额	万元	1 142 000	1 560 000	2 155 686
应交所得税	万元	232 511	141 962	147 755
从业人员年末人数	人	341 996	347 613	460 228
从业人员工资总额	万元	669 303	1 507 628	2 460 147

表 2　2006 年—2008 年山东省电子信息产业三资企业基本情况

项目名称	单位	2006 年	2007 年	2008 年
工业总产值（现行价）	万元	4 745 115	5 015 261	5 345 205
工业销售产值	万元	4 618 789	4 935 166	5 135 611
出口交货值	万元	523 677	589 168	688 969
工业增加值	万元	985 016	1 116 059	1 256 061
流动资产平均余额	万元	991 569	1 139 516	1 369 418
固定资产净值平均余额	万元	811 515	905 115	1 055 404
资产总计	万元	227 896	268 607	2 993 509
负债合计	万元	1 271 189	1 561 236	1 884 003
产品销售收入	万元	10 854 210	15 667 759	19 967 255
税金总额	万元	99 152	147 896	195 993
利润总额	万元	446 172	514 077	534 088
应交所得税	万元	52 592	65 017	70 041

表 3　2006 年—2008 年山东省电子信息产业主要经济指标完成情况

项目名称	单位	2006 年	2007 年	2008 年
全员劳动生产率	元/人	1 970 25.0	2 080 173.8	199 154.5
流动资金周转率	%	3.7	3.5	3.5
产品销售率	%	98.9	91.8	92.7
总资产贡献率	%	14.4	10.3	10.8
资产负债率	%	52.2	62.9	60.7

表 4　2006 年—2008 年山东省电子信息产业三资企业主要经济效益指标完成情况

项目名称	单位	2006 年	2007 年	2008 年
全员劳动生产率	元/人	2 098 190.0	2 167 850.0	212 810.8
流动资金周转率	%	4.6	4.9	5.7
产品销售率	%	85.8	86.9	89.7
总资产贡献率	%	9.12	9.4	10.8
资产负债率	%	62.9	63.3	53.0

表 5　2006 年—2008 年山东省主要电子信息产品产销量情况

产品名称	单位	产量			销量		
		2006年	2007年	2008年	2006年	2007年	2008年
台式个人电脑	万台	185	288.1	387.4	185	287.4	386.6
电视机	万台	1 457	1 077.4	1 239.5	1 477	1 079.7	1 275.2
服务器	万部	10	11	12.0	10	11	12.0
打印机	万台	328	452	502.1	328	448	495.8
传真机	万部	798	651	642	798	645	634
程控交换机	万线	252	157	290	252	157	290
手机	万部	1 420	2 434	3 166	1 428	2 438	3 176

注：表 1~表 5 数据来源于山东省信息产业厅《统计年报》(2008)。

[撰稿：李东平　审稿：高方]

河　南　省

【综述】

2008 年，河南省电子信息产业（包括电子信息产品制造业、软件业）实现销售收入 650 亿元，同比增长 26%；完成工业增加值 155 亿元，同比增长 17%。

电子信息产品制造业

2008 年，河南省电子信息产品制造业以发展优势产业，建设产业基地为重点；以大项目建设为载体，推进产业发展。

一是发展光伏产业和光电产业。抓紧 5 000 吨级多晶硅产业基地的建设，推动光伏产业的发展；发展太阳能电池及其组件等下游企业，延伸产业链条。发展光学器件、光学引擎及 LCOS (硅基液晶)、DLP (数码光束处理器) 等产品，推动光电产业的发展；加快高清晰数字彩色电视机生产线的建设和市场开拓，发展数码板材、柔性树脂版、激光制版机等新型光电材料。

二是指导企业加快发展。引导被列入河南省百家重点企业和 50 家高成长型高新技术企业的 28 家重点信息产业企业根据业务发展实际情况，调整产业结构，开拓国内市场，扩大产品销售，缓解了金融危机带来的压力，使得大部分企业继续保持平稳的发展态势，销售收入占到了全行业的 70%以上。河南新飞电器（集团）股份有限公司、许继集团有限公司入围“中国电子信息百强企业”。多晶硅、绿色电池、数字电视、电力电子、电子玻璃、数字机顶盒等产品，在全国市场中占有一定的份额。

三是加强对外合作。通过引进战略投资者，河南省独立生产的整机电脑、经济型手机相继问世，填补了产品品种空白，优化了结构，实现了新突破。

四是推进产业基地建设。河南省拥有新乡、安阳、许昌、郑州等 4 个国家级电子信息产业基地和南阳、洛阳、濮阳等 3 个省级电子信息产业基地。洛阳硅电子产业基地在全国具有优势，为把这个基地打造成中国“硅谷”，该省引导基地内的企业拉长产业链条，扩大生产规模，加快产业化进度。2008 年，洛阳中硅高科技有限公司的多晶硅项目产能达到 3 000 吨，年产量达到 846 吨；阿特斯光伏电力（洛阳）有限公司的 30 兆瓦太阳能电池组件项目生产线已建成，切片项目正在筹建；洛阳尚德太阳能电力有限公司的 120 兆瓦太阳能电池组件项目全部建成投产。截至 2008 年底，洛阳硅电子产业基地基本形成了以硅材料为主，同时发展太阳能组件、光电连接器、光伏电池等产品的硅电子产业格局。许昌电力电子产业园开发生产的直流高压控制系统、高压二次供电系统和铁路电气化直流高压控制系统，在国内市场中占 50%的份额，高低压控制系统被大量选用在全国农村电网建设上。新乡物理化学电池产业园的锂电池、动力电池和锂离子电池隔膜项目尚在推进中。安阳显示器件产业园内的企业凯瑞数码有限公司新建 20 条 DVD 光盘生产线。2008 年 10 月，其年产 2 亿张的大容量 DVD 可录光盘项目全部建成。南阳光电产业基地、濮阳电光源产业基地的重点项目建设明显加快，部分产品具备了产业化条件。

软件业

2008 年，河南省软件产业及信息服务业实现销售收入 150 亿元。全年通过认证的软件企业有 27 家、通过登记的软件产品有 101 个。截至 2008 年底，全省通过“双认”的软件企业共有 305 家、软件产品有共 878 个。

为了提高软件企业的研发能力，河南省以企业为主体，建设了 9 个软件研发中心，并启动了省软件开发公用平台项目建设。该省软件外包联盟在承揽软件外包业务的同时，开展了软件企业 CMM 认证工作，目前已有 5 家企业通过了 CMM3 级以上认证。

以郑州高新技术开发区软件园为基础，以解放军信息工程大学、郑州大学为依托，以郑州威科姆科技股份有限公司、河南航天金惠电子有限公司、思维自动化设备公司、河南辉煌科技股份有限公司等企业为重点，建设省级中部软件园。

中安科技集团有限公司开发生产的涉密计算机和服务器被中央国家机关政府采购中心确定为涉密安全设备唯一采购产品；郑州金惠计算机系统工程有限公司研发的互联网过滤系统被国家认定为互联网安全重点产品，并在全国正式开始推广使用。

发展通信、税务、铁路、电力、信息安全等特色应用软件，发展服务外包、创意产业等信息服务业。许继软件公司入围全国软件百强企业，这是河南省软件业的企业首次进入全国软件百强企业行列。电力调度自动化系统、铁路监控系统、防止黄色入侵软件等产品在国内处于领先地位。

2008 年，河南省成立了河南软件服务外包联盟。

科技进步与应用

抓好许继集团有限公司的大功率电子、河南中光学集团有限公司的硅基液晶显示光学引擎、洛阳中硅高科技有限公司的多晶硅、洛阳浮法玻璃集团等离子显示屏基板玻璃、南阳金光数字显示有限公司的数显大屏幕电视等高新技术产业化项目，培育一批新的经济增长点。

许继集团有限公司的大功率电力电子项目于 2008 年 1 月开工建设，电磁兼容试验楼已建成，设备安装和调试正在进行，累计完成投资 7 300 万元，预计 2009 年将全部建成投产。

河南中光学集团有限公司的硅基液晶显示光学引擎已经形成产业化，月产量达到 3 000 套，开始向南阳金光数字显示有限公司供货。

洛阳中硅高科技有限公司的多晶硅项目取得突破。其中一期工程、二期工程和三期工程全部建成投产，实现了产业化发展。

洛阳浮法玻璃集团的等离子显示屏基板玻璃项目已形成 500 万平方米生产能力，具备了产业化条件。

南阳金光数字显示有限公司的大屏幕电视项目的技术改造已经完成，年产能达到 10 万台。截至 2008 年底，签约订单总额超过 1 亿元。

晶诚（郑州）科技有限公司的集成电路（半导体芯片）封装线开始试生产，8 英寸半导体晶园项目正在建设中。

2008 年，河南汉威电子股份有限公司等 3 个项目获得国家新型电子元器件及材料产业化专项款额 1 800 万元，南阳中光学集团等 4 个项目获得国家电子发展基金款额 400 万元。

对外合作与交流

2008 年，河南省举办了“绿色上网过滤软件试点测试启动仪式”，组团参加了“第三届中部博览会”、“第 12 届中国国际软件博览会”等活动，宣传了重点软件企业和产品。

帮助企业引进战略合作伙伴。其做法：一是位于郑州信息安全产品研发生产基地的河南众诚公司与海尔集团公司合资成立河南海尔众诚电脑有限公司。该公司将开发生产海尔电脑。其首期投资 1 亿元，年产电脑 15 万台。二是河南省电子规划研究院有限责任公司与台湾旺宏公司联合开发生产的经济型手机项目已生产出手机并开始试用，预计 2009 年初投入市场。上述两个项目的投产，不仅填补了该省生产电脑整机和手机的空白，对优化产业结构也产生了积极影响。三是做好对外合作项目的协调。协助世界电子信息 500 强企业日本村田公司在河南省召开了“2008 年电子元器件展示及技术交流会”。

信息产业基地

河南省的国家级和省级电子信息产业基地，聚集了全省 80%以上的信息产业企业，是全省电子信息产业的发展重点和重要载体。全省重点建设以下 6 个产业基地。

郑州消费类电子产业基地　该基地以晶诚（郑州）科技有限公司的 70 万片 8 英寸以上集成电路芯片建设为依托，以郑汴产业带为载体，以承接产业转移为途径，建设中西部地区的消费类电子产品制造基地。

洛阳光伏产业基地　该基地依托洛阳中硅高科技有限公司、洛阳单晶硅有限责任公司、洛阳尚德太阳能电力有限公司、阿特斯光伏电力（洛阳）有限公司等企业，重点扩大多晶硅、单晶硅等硅材料生产规模，发展大尺寸硅抛光片、太阳能电池片及组件等下游产品，打造全国最大的光伏电池产业基地。

南阳光电产业基地　该基地依托河南中光学集团有限公司、乐凯集团第二胶片厂、南阳金光数字显示有限公司、南阳迅天宇硅晶有限公司等企业，提高光学引擎的生产能力，打造全国最大的光成像、光学冷加工产业基地。

新乡物理与化学电源基地　该基地依托河南新飞太行电源股份有限公司、河南环宇电源股份有限公司、河南新乡太行电源股份有限公司、河南科隆集团、新乡市中科科技有限公司等企业，重点发展镍氢电池、镍镉电池、锂离子电池、太阳能电池、动力电池及其应用产品，打造全国绿色电池产业基地。

许昌平顶山电力电子系统基地　结合中原电气谷发展规划，依托许继集团有限公司、平高集团有限公司、河南森源电气有限公司、许昌稳润光电科技有限公司、河南统一电器制造有限公司等企业，重点发展交直流输变电、电力通信、光缆通信、智能控制开关、风力发电等产品，打造全国电力装备供应基地。

郑州信息安全产品基地　以解放军信息工程大学为支撑，加快涉密计算机、涉密服务器、涉密软件等信息安全产品的开发和应用，打造全国信息安全产品基地。

信息化应用与建设

一是坚持以农业信息化为突破口，以信息化试点为抓手，全面推进农业信息化、企业信息化、城市信息化和医疗信息化。

河南省现有 4 个国家级信息化试点。许昌和漯河为国家级农村信息化综合服务试点，巩义市为国家县域经济信息化试点，济源市为全国基于互联网的电子政务信息安全保障试点，其中农业信息化试点工作得到原信息产业部和原国务院信息化工作办公室的肯定。

二是推进电子政务建设。首先，建成并开通了全省电子政务骨干网和城域网。其次，制定并以省委、省政府名义下发了《2008 年—2010 年河南省电子政务及信息安全建设指导意见》，增强对全省电子政务建设的综合协调及集约发展能力。第三，开展信息安全大检查。以奥运会期间加强网络与信息安全为契机，对全省网络信息安全情况进行了全面检查，弄清省内网络信息安全方面存在的问题和隐患，并进行了整改。第四，组织开展了电子政务试点。上街区信息资源整合共享试点、焦作企业基础信息共享试点、济源国家级基于互联网的信息安全保障试点、省财政厅国家级基于互联网的政府采购系统试点进展顺利。第五，加强电子政务培训。举办了区县电子政务培训班和全省信息安全培训班。

三是推进信息化建设。2008 年 5 月下旬，《河南省信息化条例》正式经省十届人大常委会第 3 次会议审议通过，10 月 1 日正式施行，这标志着河南省信息化工作进入了法制化轨道。

【统计数据】

表 1　2008 年河南省电子信息产业人员构成情况

企业类别	企业数（家）	年末从业人员总数（人）	人员构成			
			工程技术人员（人）	在总人数中所占比例（%）	管理人员（人）	在总人数中所占比例（%）
国有企业	6	6 412	864	13.5	826	12.9
集体企业	1	41	6	14.6	6	14.6
股份合作企业	13	20 397	4 613	22.6	1 944	9.5
其他企业	31	13 651	2 223	16.3	2 542	18.6
三资企业	11	10 753	1 127	10.5	1 551	14.4

表 2　2007 年—2008 年河南省电子信息产业基本情况

项目名称	单位	2007 年	2008 年	项目名称	单位	2007 年	2008 年
工业总产值（现行价）	万元	3 049 452	3 197 686	负债合计	万元	2 066 526	1 853 287
工业销售产值	万元	3 488 457	3 192 217	产品销售收入	万元	2 941 017	3 390 775
出口交货值	万元	574 139	483 337	税金总额	万元	18 102	7 467
工业增加值	万元	60 910 550	725 695	利润总额	万元	336 514	149 794
流动资产平均余额	万元	1 968 048	2 096 749	应交所得税	万元	54 746	22 376
固定资产净值平均余额	万元	866 895	826 219	从业人员年末人数	人	75 212	51 254
资产总计	万元	3 533 903	3 465 178	从业人员工资总额	万元	158 402	120 326

表 3　2007 年—2008 年河南省电子信息产业三资企业基本情况

项目名称	单位	2007 年	2008 年	项目名称	单位	2007 年	2008 年
工业总产值（现行价）	万元	844 409	1 340 769	负债合计	万元	611 393	668 220
工业销售产值	万元	1 427 899	1 358 738	产品销售收入	万元	788 421	1 524 611
出口交货值	万元	78 797	318 088	税金总额	万元	11 202	1 903
工业增加值	万元	92 289	132 673	利润总额	万元	12 720	11 383
流动资产平均余额	万元	458 378	543 716	从业人员年末人数	人	12 695	10 753
固定资产净值平均余额	万元	403 081	333 209	从业人员工资总额	万元	37 972	23 622
资产总计	万元	991 725	984 930				

表 4　2007 年—2008 年河南省电子信息产业主要经济效益指标完成情况

项目名称	单位	2007 年	2008 年	项目名称	单位	2007 年	2008 年
全员劳动生产率	元/人	114 270	133 412	总资产贡献率	%	14.05	9.00
流动资产周转率	%	1.49	1.62	资产保值增值率	%	116.87	114.71
产品销售率	%	114.40	99.83	资产负债率	%	58.48	53.48

表 5　2007 年—2008 年河南省电子信息产业三资企业主要经济效益指标完成情况

项目名称	单位	2007 年	2008 年	项目名称	单位	2007 年	2008 年
全员劳动生产率	元/人	102 180	123 337	总资产贡献率	%	23.05	6.79
流动资产周转率	%	2.24	2.80	资产保值增值率	%	109.31	127.17
产品销售率	%	95.45	101.34	资产负债率	%	63.28	67.84

注：表 1~表 5 数据来源于河南省信息产业厅经济运行处。

[撰稿：侯芸　审稿：郭瑞山]

湖 北 省

【综述】

2008 年，湖北省电子信息产业规模完成 1 090 亿元，同比增长 44.21%，在中部 6 省中居首位；实现销售收入 1 044 亿元，增长 46.82%；实现工业增加值 307 亿元，增长 33.4%；实现利税总额 82 亿元，增长 50.07%。软件业总规模达到 171 亿元，同比增长 36%；软件出口额达到 5 589 万美元。全省通过认定的软件企业有 503 家，通过登记的软件产品有 1 172 个。产品结构趋于合理，光电子信息产业特色较为突出。各地电子信息产业竞相发展，工业企业发展迅速，规模以上企业有 781 家（含软件企业 208 家），中小企业已成为产业发展的主力。企业实力有所增强，工业总产值超过亿元的企业有 180家（含软件企业 35 家），其中超过 5 亿元的企业有 37 家，超过 10 亿元的企业有 19 家，超过 30 亿元的企业有 5 家，超过 50 亿元以上的企业有 2 家。信息服务业发展迅速。截至 2008 年底，湖北省共有 116 家企业获得计算机信息系统集成资质。其中，获得一级资质的企业有 3 家，获得二级资质的企业有 20 家，获得三级资质的企业有82 家，获得四级资质的企业有 11 家；合计项目经理 1 095 名，合计高级项目经理 170 名。年末从业人数从 2002 年的 4.3 万人增加到 2008 年的 19 万人。

科技进步与应用

截至 2008 年，湖北省专利申请量合计 102 100 件，其中信息技术专利申请量占总量的 40%，居全国第十位。全年，有 24 项信息技术成果获得省科学技术奖励。武汉矽感科技有限公司完成了 GM 码国家标准立项和国际标准公示，是中国唯一的具有自主知识产权的二维条码国际标准。湖北东润科技有限公司研制的“远程智能监控报警系统”通过科技成果鉴定。“先进音视频编码(AVS)”等 3 个标准被定为国家标准，“城市监控报警联网系统卡口信息识别、比对、监测系统技术要求”等 5 个标准被定为行业标准。“孝感捷能公司的 LED 特种光源、武汉海创公司的温补晶体振荡器”等 11 个单位的 19 种产品通过了省级科技成果鉴定。

电子产品进出口贸易

2008 年，湖北省电子信息产品出口持续增长。全行业出口创汇额从 2002 年的 1.85 亿美元增长到 2008 年的 15 亿美元，增长了 7 倍，占全省出口额的 12.9%。

全省电子信息产业投资规模达到 107.5 亿元。其中，外商直接投资 3.76 亿美元。

信息产业基地建设

湖北省在支持国家光电子信息产业基地和相关产业园建设的基础上，围绕形成产业特色，提高湖北省产业竞争力，推出全省信息产业园区规划，争取各方面的政策和资金支持，加速信息产业特色园区的发展。《荆州电子工业园发展规划》通过了省级论证，湖北（深圳）电子工业园于 2008 年 11 月 20 日正式开园。黄冈、孝感等地的园区发展规划也在积极编制当中。

信息化应用与建设

电子政务建设 2008 年，湖北省市（州）电子政务建设落实投资共计 10 700 万元，基本完成市（州）、县电子政务网络建设，市（州）电子政务网络接入点（县市区、部门、单位）达到 1 127 个，初步形成全省统一的电子政务网络体系。制定电子政务地方标准 36 个，确定省电子政务第二批提供为民服务、推进依法行政、提高行政效率的应用系统建设项目 24 个，安排项目建设补助资金 3 310 万元，配合省财政厅审核安排了一批列入部门预算的省直部门电子政务建设项目。通过建设这些应用系统，提升了政府办事效率和公共服务水平。政务公开、为民办事、公众互动、协同办公、信息共享等得到进一步深化。省公众诉求信息处理系统方便和拓宽了社会公众与政府的交流沟通，提高了政府网上处理公众诉求的能力，2007 年以来共受理信件 25 106 件，办结率达到 81%；省电子监察系统的建设和投入运行，规范了行政许可流程，提高了部门办事效率，强化了行政监察能力，取得了初步的效果。

农村信息化建设 湖北省按照“政府主导、企业参与、市场运作、整合互动”的指导思想和“整合两头，放开中间”的工作方针，开展农村信息化、县域经济信息化试点和推广工作。在襄樊市组织开展了农村信息化综合信息服务试点，培训了一批农村信息服务员，开发了一批农村信息化综合信息服务应用系统和信息服务产品，制定了一系列农村信息化服务的建设标准和工作标准，形成了农村信息服务的“神农模式”。2008 年 4 月，工业和信息化部发文批复同意在全省推广襄樊农村信息化综合信息服务模式。2008 年 8 月召开全省农村信息化试点工作推广现场会后，已有 8 个市启动“神农行动”，选择建设农村信息服务站点 216 个。

信息技术改造传统产业 湖北省 9 个“倍增计划”获得立项审批。武汉市按照“有限目标、突出应用”的原则，在产学研结合和优化资源配置上下功夫，重点推进船舶、汽车、重大装备制造等优势行业的企业信息化建设。襄樊市拓展制造业信息化工程的广度和深度。黄石市实行“抓应用、创环境、促发展、见效益”的工作方针，发展制造业信息化。企业的产品设计和开发能力、技术创新能力、市场竞争能力得到提高，制造业信息化工程示范效应逐步显现。

另外，《湖北省信息化条例》已经列入 2009 年人大立法计划，信息化发展环境进一步改善。

热点

“1353”工程 该工程只指：“一个基地（富士康 IT 综合制造基地）、三大产业链（集成电路产业链，多晶硅产业链、显示产业链）、五大重点专项（二维条码、宽带无线通信、安防工程、LCOS 光引擎、IC 设计及软件）和 30 家自主创新中小企业”。

富士康 IT 综合制造基地 该项目于 2008 年 5 月 21 日试产，一期工程是年产 800 万台电脑于 9 月开始试生产。

集成电路产业链 2008 年 4 月 25 日，武汉芯片项目投片试运行，6 月 4 日首批产品经过初步检测，良品率平均达到 78.5%，最高达到 92.6%。该项目一期工程于 2008 年 9 月 22 日正式投产，同时吸引了国内外知名半导体设计、制造、封装、测试、设备供应、化学品供应厂商等 30 多家企业入驻武汉东湖开发区。

多晶硅产业链 宜昌多晶硅一期工程建设顺利实施，年产 1 500 吨的多晶硅生产线主体工程已完工，正在进行设备安装，年底投产试运行。多晶硅二期工程即将动工。160MW 的太阳能电池及组件项目尚在建设中，预计 2009 年投产。2008 年 11 月 21 日，投资 30 亿元的宝利多晶硅项目在荆州开工建设。

显示产业链 2008 年 11 月 18 日，深圳天马微电子有限公司与湖北省科技投资有限公司合资组建的武汉天马微电子有限公司 TFT-LCD 工厂在东湖高新区奠基。双方将共同出资 40 亿元，分三期建设占地面积超过 600 亩的第 4.5 代 TFT-LCD 生产线及其配套项目。其中，一期建设一条生产线、一座彩色滤光片（CF）生产厂等设施，投产后可年产显示屏 4 000 万块，实现销售收入 30 亿元。11 月 20 日，由荆州宝利多晶硅有限公司投资 30 亿元、年产 5 000 吨高纯多晶硅项目落户荆州。荆州宝利多晶硅有限公司由锦州引兑鑫硅材料有限公司、湖北菲利华石英玻璃股份有限公司、北京保力合众科技有限公司、荆州市华翔化工有限公司合资成立。

武汉全真光电公司以具有完全自主知识产权的 LCOS 芯片及光引擎为核心，引进海内外的 IC 设计、光源、镜头、屏幕和数字电视整机等相关配套产业入驻东湖开发区的 LCOS 产业园，并于 2008 年 12 月初进行试生产。

此外，正在协调推进的项目有 LED 产业链项目，它是由武汉迪源光电科技有限公司投资，总投资额 19 000 万元。武汉华灿光电有限公司、武汉迪源光电科技有限公司、元茂光电科技武汉有限公司等企业的上游外延片和芯片项目建设，正逐渐形成半导体照明产业的完整产业链。比克（鄂州）镍氢电池、锂离子电池项目，8 月完成厂房建设，新增产值 5 000 万元。预计达产后，实现年销售收入 11.5 亿元，实现利税总额 6 000 万元。

二维条码专项 2008 年，GM 码经过国际标准公示成为国际标准。集研发、生产、销售、运营于一体的武汉矽感光电产业基地在东、西湖区开始建设。

无线宽带专项 该项目采用“产学研用”四位一体的模式，主体企业艾维通信集团与北京邮电大学、武汉大学、华中科技大学等高校联合成立了研发中心，采用宽带无线接入为基础的多媒体集群系统，已在全国 23 个省市建立宽带无线专网运营平台；在武汉江汉区建立了中国第一个宽带商用示范网，建设了北京、青岛、大连、深圳、海口等城市无线专网示范（试验）网络以及长江航运、民航机场等行业和大型企业宽带无线通信专网。

安防工程专项　主体企业湖北东润科技有限公司主持或参与了 9 项国家标准的制定，通过与各高校的合作，开发了多项“远程智能监控报警”系列产品，共获国家专利 6 项，登记软件著作权 4 件；业务应用拓展到银行、政务、电力等多个部门。

LCOS 光引擎专项　2008 年底前，完成 LCOS 光学引擎示范装配线、前投影机（Full HD LCOS）的装配线、71 英寸高清电视及互式智能数字白板的整机装配生产线和微型投影机 4 条生产线的安装。前期由 LG 代工的产品已经向韩国教育部供货 400 余台，年底将完成 1 200 台的供货量。

其他

按照《武汉城市圈总体规划》、《武汉城市圈综合配套改革试验总体方案》和《武汉城市圈“两型”社会建设综合配套改革试验区产业发展规划纲要》等有关产业发展和信息化建设的目标要求，结合武汉城市圈实际和未来发展趋势，编制了《湖北省推进武汉城市圈工业化和信息化融合工作方案》（以下简称《工作方案》）。为适应建设“两型”社会的要求，制定了《武汉城市圈电子信息产业发展规划》、《武汉城市圈信息服务业发展规划》。同时，加强建立联动机制、完善政策法规和大力构建信息产业和信息化建设支撑体系，为《工作方案》的实施提供保障。提出了 LED 城市照明示范、太阳能光伏应用示范、无线宽带示范、“三网融合”示范等计划，制定了信息服务业规划。着手移动通信、汽车电子、LED 等重点领域规划研究的准备。

全年完成了湖北省无线电管理委员会办公室频率台站数据库系统、数据备份系统、防病毒网关、全省信息网安全及监控系统、北京奥运会无线电监测设备及车辆的安保工作。顺利完成了北京奥运会部分场馆无线电管理和通信保障任务，受到北京奥组委的表彰。

【统计数据】

表 1　2008 年湖北省电子信息产业人员构成情况

企业类别	企业数（家）	年末从业人员总数（人）	人员构成				
			工程技术人员（人）	在总人数中所占比例（%）	管理人员（人）	在总人数中所占比例（%）	软件开发人员
国有企业	39	30 092	8 916	29.6	5 247	17.4	1 138
国有独资企业	5	5 035	1 783	35.4	667	13.2	
集体企业	5	908	203	22.4	80	8.8	
股份合作企业	7	1 821	159	8.7	89	4.9	
国有联营企业	2	30	8	26.7	11	36.7	11
其他企业	1	106			15	14.2	
三资企业	83	29 919	19 953	66.7	2 369	7.9	247

注：数据来源于湖北省信息产业厅，电子信息产业 2008 年报。

表 2　2006 年—2008 年湖北省电子信息产业基本情况

项目名称	单位	2006 年	2007 年	2008 年
工业总产值（现行价）	万元	5 318 631	7 789 698	10 898 162
工业销售产值	万元	5 193 334	7 427 401.7	10 481 054
出口交货值	万元	739 846	1 501 037.3	1 954 066
其中：软件出口额	万元	51 800	42 476.4	41 642
工业增加值	万元	1 610 675	2 110 482.6	3 068 945
流动资产平均余额	万元	1 973 256.2	2 547 388.3	19 015 920
固定资产净值平均余额	万元	715 568.4	1 142 539.8	1 539 378
资产总计	万元	4 399 461.2	7 002 963.6	32 541 030
负债合计	万元	2 502 390.4	3 575 969.8	6 596 687
产品销售收入	万元	4 408 603.1	7 298 852.3	10 438 960
其中：软件产品销售收入	万元	185 970	675 900	1 099 710
税金总额	万元	153 254.5	162 014	267 236
利润总额	万元	142 328.9	244 482.9	554 353
应交所得税	万元	30 416	36 597.8	67 980
从业人员年末人数	人	128 967	129 744	394 138
从业人员工资总额	万元	292 547	280 129.8	736 670

注：数据来源于湖北省信息产业厅，《湖北省电子信息产业年报》（2006—2008）。

电子制造业的“从业人员工资总额”以“本年应付工资总额”代替；“固定资产净值平均余额”不包含软件业数据（未作统计）。

表 3　2006 年—2008 年湖北省电子信息产业三资企业基本情况

项目名称	单位	2006 年	2007 年	2008 年
工业总产值（现行价）	万元	1 199 799	1 802 041.9	3 659 303
工业销售产值	万元	1 110 644	1 730 851	3 703 284
出口交货值	万元	72 085	644 720	1 446 504
其中：软件出口额	万元	43	2 188.8	2 431
工业增加值	万元	362 703	542 141.8	1 155 054
流动资产平均余额	万元	255 403	344 877.7	1 434 195
固定资产净值平均余额	万元	186 800	238 505.3	513 753
资产总计	万元	673 397	926 084	2 181 333
负债合计	万元	414 624	476 666.9	1 235 099
产品销售收入	万元	1 133 512	1 693 032.1	3 682 385

续表

项目名称	单位	2006 年	2007 年	2008 年
其中：软件产品销售收入	万元	342	9 355	10 460
税金总额	万元	23 110	44 625	46 018
利润总额	万元	–29 956	58 060.9	151 727
应交所得税	万元	5 842	5 902.4	12 497
从业人员年末人数	人	11 951	11 997	29 349
从业人员工资总额	万元	71 199	28 735.2	167 809

注：数据来源于湖北省信息产业厅，《湖北省电子信息产业年报》（2006—2008）。

电子制造业的“从业人员工资总额”以“本年应付工资总额”代替；2006 年、2007 年的“固定资产净值平均余额”不包含软件业数据（当年未作统计）。

表 4 2006 年—2008 年湖北省电子信息产业主要经济效益指标完成情况

项目名称	单位	2006 年	2007 年	2008 年
全员劳动生产率	元/人	133 815.0	1 701 041.8	161 194.9
流动资产周转率	%	2.7	2.9	1.8
产品销售率	%	97.3	95.4	97.1
总资产贡献率	%	6.7	6.5	8.9
资产保值增值率	%	209.2	165.4	108.0
资产负债率	%	59.7	51.1	52.3

注：数据来源于湖北省信息产业厅，《湖北省电子信息产业年报》（2006—2008）。

以上均为电子信息制造业年报数据，根据信息产业统计报表制度，历年只统计制造业综合经济效益指数，制造业与软件业不合并计算。

表 5 2006 年—2008 年湖北省电子信息产业三资企业主要经济效益指标完成情况

项目名称	单位	2006 年	2007 年	2008 年
全员劳动生产率	元/人	265 880.0	4 586 260.1	293 533.6
流动资产周转率	%	3.2	4.9	2.6
产品销售率	%	95.3	96.1	101.2
总资产贡献率	%	17.4	12.4	9.8
资产保值增值率	%	144.0	130.3	128.8
资产负债率	%	50.7	51.5	56.6

注：数据来源于湖北省信息产业厅，《湖北省电子信息产业年报》（2006—2008）。

以上均为制造业年报数据，根据信息产业统计报表制度，历年只统计制造业综合经济效益指数，制造业与软件业不合并计算。

表6　2006年—2008年湖北省主要电子信息产品产销量情况

产品名称	单位	产量			销量		
		2006年	2007年	2008年	2006年	2007年	2008年
其他收发合一电台	部	2 436	2 074	431	2 502	2 086	448
GSM手机	部	4 961 007	1 944 338	4 475 312	4 068 311	1 658 285	4 754 576
显示器	台	8 557 979	9 979 157	10 437 537	8 557 979	9 979 157	10 431 000
磁卡	万只	20 509	18 761	17 188	19 543	17 757	16 804
IC卡	万片	1 476	2 481	3 329	1 437	2 393	3 170
生化分析仪器	台	538	542	354	510	503	366
半导体器件和集成电路专用设备	台	689	2 057	3 821	684	1 940	3 973
可靠性试验设备	台	292	473	335	304	477	310
电子通用设备	台	2 656	13 498 517	13 117 367	2 615	13 066 990	13 103 997
电动工具	件	1 000 000	1 226 000	2 879 000	995 000	1 158 100	2 269 400
音频变压器	万只	1 122	1 152	777	1 152	1 097	832
电声器件	万只	143	1 108	452	495	1 092	444
耳机	万只	143	1 017	452	495	996	444
压电石英晶体谐振器	万只	12 094	8 580	9 197	12 040	8 966	9 150
压电石英晶体振荡器	万只	451	44 940 195	4 490	454	44 940 207	4 495
片式压电晶体器件	万只	1 242	1 546	1 708	1 252	1 528	1 737
电子印制电路板	平方米	11 144	59 528	90 340	11 006	30 343	89 860
电子管	万只	7 705	8 998	7 550	7 625	8 956	7 369
离子管	万只	27 184	8 998	7 550	25 009	8 956	7 369
电光源	万只	19 440	358 969	5 164	19 121	339 261	3 158
微特电机	万只	608	548 562	100 007	601	442 382	96 206
通信及电子网络用电缆	公里	234 665	630 055	30 000	242 956	636 602	32 900
电子线材	吨	60 074	2 138	4 018	63 900	2 122	3 882
裸铜线	吨	282	261	224	286	247	218
一般漆包线（大于0.6mm）	吨	306	212	1 674	277	206	1 656
光缆	芯公里	663 563	1 216 640	17 668 000	683 935	1 247 009	19 521 600
电子元件材料	公斤	16 657 170	14 872 402	15 374 756	12 034 399	10 308 498	14 938 337

注：数据来源于湖北省信息产业厅，《湖北省电子信息产业年报》（2006—2008）。

以2008年制造业年报为准，2006、2007年数据只摘录可比项目。

[撰稿：范雷　审稿：阙成亮]

湖 南 省

【综述】

2008 年，湖南省电子信息产业实现销售收入 425 亿元，增长 30%。其中：软件业实现收入 165 亿元，增长 31%。产业规模继 2002 年超过百亿元，2005 年超过 200 亿元，2007 年超过 300 亿元后突破了 400 亿元。全行业工业增加值增速比全省工业平均水平高出 11.6 个百分点，固定资产投资保持较快增长，通信设备、计算机及其他电子设备投资增长 59.8%。

科技进步与应用

湖南万容科技有限公司的废印制电路板环保处理及资源回收自动化生产线，获得 2008 年（第八届）全国信息产业重大技术发明项目。

中国电子科技集团公司第四十八研究所与无锡尚德太阳能电力有限公司共同建立太阳能光伏研究院，开发出包括扩散炉、PECVD、刻蚀机、高低温烧结炉、清洗机、单晶炉、铸锭炉等关键设备在内的晶体硅太阳能电池制造成套装备，基本具备太阳能电池制造设备整线供给能力，其光伏装备被中国电子报社评为“2007-2008 太阳能光伏设备优秀供应商”。

湖南华磊光电有限责任公司与中国科学院半导体研究所建立中科院 LED 前沿技术研发中心、半导体照明技术联合实验室、中科院半导体博士后流动站。

南车时代电气股份有限公司与世界 500 强美国德州仪器公司（TI）签订了合作协议，与飞思卡尔半导体建立了联合实验室。2008 年 10 月，该公司斥资 1 672 万加元（约 1.09 亿元人民币）收购加拿大多伦多创业板上市公司丹尼斯（Dynex）75%的股权，并投资 2.5 亿元在株洲田心高科技园建设大尺寸半导体器件研发及产业化项目，组建亚洲规模最大的半导体产业基地。

2008 年 10 月，国家扶持动漫产业发展部际联席会议办公室下拨 2 200 万元建设（湖南）国家动漫公共技术服务平台。湖南拓维信息股份有限公司建立了基于射频技术（RFID）的移动电子商务平台和手机动漫服务平台，设立了移动电子商务博士后流动站。三辰卡通集团有限公司、湖南宏梦传播有限公司、长沙山猫卡通节目有限公司建设了动画制作及衍生产品开发平台。三辰卡通集团有限公司在“2008 中国国际版权博览会暨 2008 国际版权论坛”会议上，获得首次颁发的“世界知识产权组织——创意金奖”。

电子信息产品进出口贸易

湖南省有 37 家企业实现电子信息产品出口。实现出口额合计 44.52 亿元。其中出口额超过亿元的企业有 11 家，超过千万元的企业有 22 家。出口产品主要为电子真空器件、应用电视设备、集成电路等。在服务外包业务方面，长沙市于 2008 年被批准为全国第 13 个服务外包基地城市。全省有 60 余家企业承接境外服务外包业务，业务总额合计 135.00 亿元，同比增长 50.0%。近 30 家国际知名跨国公司在长沙设立企业、研发机构或办事处。中软国际南方基地、美国佩罗系统公司等落户长沙。中软国际有限公司、湖南青苹果数据中心有限公司等企业外包和出口发展迅速。

2008 年，湖南省创新招商方式，通过专题招商、园区招商、龙头企业招商，签订合同项目 105 个，合同引资 302.41 亿元。其中，有 65 个项目开工，190.64 亿元资金到位。签订协议项目 24 个，协议引资 129.08 亿元。在签约项目中，一是引资结构进一步优化，战略投资者、大项目、大企业增多。在已签合同和协议项目中，投资超过亿元的项目有 64 个，占签约项目总数的 49.61%。其中，有 11 个项目的投资规模超过 10 亿元，占签约项目总数的 8.53%。二是产业转移项目增多。在签约的 105 个项目中，有 51 个项目属产业转移类项目，占项目总数近一半。在重点调度的重大项目中，属于产业转移的项目有 15 个，接近该类项目总数的一半。

从已落地的项目看，招商引资和合资合作项目呈现以下四大特点：

第一，光伏产业关键环节均有标志性项目落地开工。采用西门子公司改良法，投资15亿元的湖南创科硅业有限公司年产1 500吨多晶硅项目在株洲高新区栗雨工业园开工；资兴焦电股份有限公司联合台湾LED技术团队投资7.32亿元建设的湖南华磊光电有限责任公司LED项目在郴州有色金属产业园开工；湖南神州光电有限公司总投资5.8亿元的200MW太阳能电池片项目在长沙高新区开工；投资1.2亿元的润华新能源发展有限公司、投资1亿元的三升光电有限公司的LED封装项目等已开工。

第二，合作项目获得进展。由台湾台达电子集团总投资1亿美元的台达电子（郴州）科技工业园在郴州正式开工建设。由台湾欣兴电子股份有限公司（母公司为世界500强之一的联华电子公司）、台湾台光电子股份有限公司等联合在湘潭九华经济区投资打造的全创科技项目在湘潭九华开发区开工建设，全面建成投产后年产值可达150亿元。

第三，与中央企业合作显新成效。2008年12月17日，省政府与中国电子信息产业集团签署战略合作框架协议，双方将共建长沙国家软件产业基地，力争在今后6年内将长沙高新区内国家软件产业基地建成中部地区最大的软件产业基地。2008年11月18日，省政府和中国电子科技集团公司签署《关于开展战略合作发展座谈会纪要》，明确了中国电子科技集团公司将整合所属47个研究所的科研优势，拓展在信息产业新的领域与湖南省对接，并共同推动中国电子科技集团公司在湖南省科技产业园的建设。

第四，世界知名企业落户湖南。2008年10月，华阳集团入驻郴州出口加工区，投资10亿元建设华阳电子郴州公司。预计2009年底，可达5 000人用工规模，实现进出口额1.45亿美元。总投资22亿元的蓝思科技（湖南）有限公司电子防爆特种玻璃及电子零部件项目在浏阳市建设投产，这是近年来湖南省投资规模最大的电子信息产业项目。湖南科力远新能源股份有限公司与超霸科技（香港）有限公司联手成立湖南科霸汽车动力电池公司，生产混合电动汽车用镍氢动力电池组及车载工程化能量包。2008年11月11日，美国佩罗系统公司投资3 000万美元，在长沙高新区设立咨询和开发运营中心。这是美国佩罗系统公司自世界金融危机爆发以来，紧缩其在印度等国业务的背景下，在美国以外的国家和地区唯一投资的项目。

信息产业基地建设

为了加快产业结构调整，加速推进新型工业化，湖南省启动了电子信息产业园认定和建设工作。出台了《关于湖南省电子信息产业园建设的意见》（湘政办发〔2008〕21号）。已认定10个市州11家省级电子信息产业园和1个光伏产业基地。省信息产业发展专项资金支持4 500万元，在电子信息产业园区内建设15~20万平方米标准厂房，用以提升承接产业转移的能力。

在规划布局的省级电子信息产业园中，形成了对产业发展起支撑作用的三大专业基地，即：湖南省电子信息产业制造业（星沙）基地、国家软件产业（长沙）基地和湖南数字视讯产业（郴州）基地。2008年，三大基地拉动全行业经济增长16个百分点，对全行业经济增长的贡献率达到87.8%。其中，长沙国家软件园是中国11个国家级软件产业基地之一，是中部地区唯一的国家级软件园，吸引了全省绝大部分软件企业及服务外包企业。园区内，软件企业有352家，占全省软件行业企业总数的86%，发挥了产业聚集效应。在园区，采取“对外开放应用、公共资源共享、合作互惠共赢”的运作方式，为100多家企业和单位提供了公共技术支撑平台，在转化成果、催化产品、孵化企业、培育人才等方面发挥了重大作用。

“国家动漫游戏产业振兴基地”落户湖南，金鹰卡通卫视、宏梦卡通集团被国家广电总局批准为“国家动画产业基地”，三辰卡通集团有限公司被文化部授牌为“国家动漫游戏产业示范基地”。湖南省原创动漫总产量连续多年位居全国第1位。宏梦卡通传播有限公司、三辰卡通集团有限公司分别位居全国十大动漫企业第一位和第二位。2008年，湖南拓维信息系统股份有限公司在深圳交易所上市，成为中国股市内动漫题材的第一股。

“湖南省数字视讯产业（郴州）基地”发挥与广东毗邻的地域优势，承接珠三角地区电子信息产业转移，已建设高端数字视讯技术研发中心、DVD影碟机技术检测中心、对外科技交流网络信息中心、现代物流中心、IT应用人才培训和再教育中心等五大公共服务平台，重点发展消费类电子。截至2008年底，高斯贝尔数码科技有限公司、华录数码科技有限公司、湖南华磊光电有限责任公司等 20 家电子信息制造企业相继落户该基地，其中已经投产的企业有 14 家。基地全年实现产值 15 亿元。

信息化应用与建设

湖南省把推广行业解决方案和公共服务平台建设工作，作为推进“两化”融合、增强企业综合竞争实力的着力点。全年完成了 9 个传统行业信息化解决方案，开展了 100 家中小企业试点工作，组织实施了 5 期共 1 000 人的中小企业信息化培训工作。将信息化指标列入新型工业化考核指标体系，建立了“两化”融合的绩效评估机制，在加快应用信息技术改造传统产业、促进“两化”融合方面形成了自己的特色。推进农村信息化，沅江、新宁等县域信息化试点全面展开；举办了 2008 中国信息化推进大会。

2008 年是湖南省推进“倍增计划”力度最大、效果最好的一年，各市州争相推荐信息技术推广应用的优秀项目。2008 年，湖南一力股份有限公司等 8 家企业获得全国电子信息系统推广办公室的立项批准，湖南天龙米业有限公司等 3 家企业获得国家贷款贴息支持。

湖南省成为全国唯一的国家移动电子商务试点示范省，相关项目正在长沙、常德、邵阳等地展开，试点工作稳步推进。组织开展了“百件实事网上办”活动，实现了 31 家 314 项行政许可项目的在线办理。对省级门户网站设计方案进行公开招标，首开国内第一家省政府英文门户网站，省级政府门户网站进级全国前 10 名。电子政务建设方案审核工作取得实效，核减投资金额 2.67 亿元，节约投资 35.5%。中国移动全网手机支付平台开始在湖南省建设，其将为全国手机用户提供支付服务。预计，该项目 3 年内将产生 1 000 亿元人民币的资金集聚效应。中国移动全国 CA 认证中心及手机钱包备份中心确定在湖南建设，手机缴税、移动电力缴费、移动星城通业务等移动公用事业缴费已正式上线；农村移动电子商务已形成 27 家县域龙头企业，有 2 777 家农家店加盟，创建了以农户项目小额信贷为基础、资金体系封闭运行的资金归集模式；全省手机支付活跃客户增加到 100 万户，全年交易额突破 20 亿元。

热点

四大产业集群　通过四大产业集群的强力拉动，全省千亿产业的基础初步奠定。

光伏产业链已全线拉通，产业布局基本完成，200 兆瓦太阳能电池生产能力形成，千兆瓦规划开始实行，各环节重大项目加快推进。直接调度的 7 家光伏企业全年合计完成主营业务收入超过 50 亿元，增长 70%，比全行业增速高出 40 个百分点，对全行业增长的贡献率为 22%。

软件业总体规模连续 3 年保持在全国第 11 位，连续 7 年保持在中部 6 省首位。全年共有 524 家软件企业通过认定，累计有 1 303 项软件产品进行登记。有 19 家软件企业实现销售收入超过亿元，有 3 家企业入围国家规划布局内重点软件企业，有 2 家企业成为中国软件业务收入百强企业，有 4 家软件企业上市，有 5 家企业通过 CMMI3 以上认证，有 86 家企业获得国家计算机信息系统集成资质证书。

消费类整机产业全年合计完成主营业务收入 45 亿元，增长 76.64%，增幅高出行业平均水平 46.64 个百分点，贡献率为 21%。有 7 家手机品牌落户湖南，神经传导手机异军突起，千万部手机产能开始形成。

新型显示器件方面，总投资 22 亿元、为新型显示器配套的蓝思科技（湖南）有限公司的电子防爆特种玻璃项目投产。湖南普照爱伯乐公司的 TFT—LCD/CSTN-LCD 用 2.5 代滤光片项目等开始批量生产。湖南达成科技有限公司液晶显示器生产基地、湖南创图视维科技有限公司的立体显示器项目开始产业化。

资金引导和项目管理　2008 年，湖南省安排下达信息产业发展专项资金超过 1 亿元，合计扶持 45 个项目。安排利用信息技术改造和提升传统产业专项资金 500 万元，通过省新型工业化配套资金、各级政府配套资金、贷款贴息、软件企业退税、减免重大项目土地税费等方式向信息产业的投入共近 14 亿元，带动地方政府、金融机构、企业、外资和其他社会资金已完成信息产业投入超过百亿元。

2008 年，全行业在建、续建以及技术改造项目有 183 个，投资总规模为 165.8 亿元，项目平均投资规模为 0.906 亿元。全年项目实际完成投资 83.2 亿元，占当年计划投资的 102.1%，增长 41.6%。其中，新开工的 12 个重大项目完成投资 28.29 亿元。中国电子科技集团公司第四十八研究所的太阳能电池项目完成投资 3 亿元，一期 100MW 年初已竣工投产，实现产值 10 亿元；二期

100MW 年底建成。总投资 7.32 亿元的湖南华磊光电有限责任公司的 LED 产业化项目、总投资 15 亿元的湖南创科硅业有限公司的多晶硅项目、总投资 5.8 亿元的湖南神州光电有限公司的太阳能电池项目先后开工建设。从事生产消费类电子产品的蓝思科技（湖南）有限公司、台达电子集团等重大项目相继开工。

创新政府服务模式和行业管理机制 湖南省坚持服务创新、管理创新和探索新机制，有效提高了政府执行力。一是通过重要活动推动面上工作开展。先后召开湖南省信息化领导小组会议、信息产业工作会议等重要会议，对在全省形成推进信息化合力，整合全省信息化发展资源，起到了重要的作用。二是创新重大项目服务模式。通过举办“平板显示玻璃基板”项目技术与投资说明会、中电长沙软件园项目协调会、TFT 项目咨询会、移动电子商务招商座谈会、CMMB 应用推广会，长城医疗科技有限公司协调会等，搭建平台，集聚各产业要素和各方力量，共同推进重大项目尽快落地，催生新的产业链。三是发挥行业中介组织的作用。光伏产业联盟召开了 2 次会议，就光伏企业形成产业集群、产业链合理分工、推动光伏产品应用、突破产业发展技术瓶颈等问题进行深入研究。四是利用省信息产业发展专项资金、信息技术改造和提升传统产业专项资金等支持关键环节、关键项目，引导和带动地方政府、金融机构、企业、外资和其他社会资金对电子信息产业的投入。五是发挥市州的工作积极性，形成省市联动、全省一盘棋的工作局面。

其他

湖南省在全年工作中始终注意把握好 6 个要点：一是优先发展电子信息产业，二是抓好四大产业集群，三是创新招商方式，四是注重信息服务业是电子信息产业新的重要增长点，五是坚持“两化”融合是工业和信息化系统的工作主线，六是面对前所未有的挑战谋求发展机遇。

全年出台了《关于利用信息技术改造和提升传统产业的指导意见》（湘政发［2008］2 号）、《关于信息化工作有关问题的会议纪要》（湘府阅［2008］45 号）、《关于加快发展服务外包产业的意见》（湘政发［2008］19 号）和《转发省信息产业厅关于湖南省电子信息产业园建设的通知》（湘政办发［2008］21 号）4 个扶持产业发展的重要文件。

【统计数据】

表 1 2008 年湖南省电子信息产业人员构成情况

企业类别	企业数（家）	年末从业人员总数（人）	人员构成				
			工程技术人员（人）	在总人数中所占比例（%）	管理人员（人）	在总人数中所占比例（%）	软件开发人员
国有企业	10	7 230	2 052	28.4	960	13.3	1 405
国有独资企业	2	2 127	456	21.4	268	12.6	
集体企业	8	498	55	11.0	36	7.2	37
股份合作企业	14	4 683	554	11.8	127	2.7	30
国有联营企业	1	35	7	20.0	10	28.6	
有限责任公司	521	56 478	12 282	21.7	4 059	7.2	10 662
股份有限公司	41	12 452	3 201	25.7	1 096	8.8	2 261
其他企业	183	18 488	2 608	14.1	1 420	7.7	1 716
三资企业	56	16 521	1 775	10.7	848	5.1	1 008
合计	836	118 512	22 990	19.4	8 824	7.4	17 119

表2 2006年—2008年湖南省电子信息产业基本情况

项目名称	单位	2006年	2007年	2008年
工业总产值（现行价）	万元	2 512 133	3 451 560	4 351 048
工业销售产值	万元	2 466 904	3 312 631	4 169 467
其中：出口交货值	万元	349 929	470 212	445 225
软件出口额	万元	273	2 006	7 915
工业增加值（生产法）	万元	500 718	715 918	918 426
流动资产平均余额	万元	1 718 444	1 954 924	3 919 451
固定资产净值平均余额	万元	956 259*	672 002*	850 869*
资产总计	万元	3 755 898	4 748 205	6 824 812
负债合计	万元	1 834 845	1 889 025	3 152 257
产品销售收入	万元	2 461 214	3 279 734	4 251 487
其中：软件产品销售收入	万元	595 794	781 800	927 546
税金总额	万元	60 989	102 183	159 030
利润总额	万元	142 334	134 705	216 083
应交所得税	万元	12 879	25 672	46 799
从业人员年末人数	人	71 536	83 014	118 512
从业人员工资总额	万元	130 284	158 968	295 084

表3 2006年—2008年湖南省电子信息产业三资企业基本情况

项目名称	单位	2006年	2007年	2008年
工业总产值（现行价）	万元	810 960	374 363	830 021
工业销售产值	万元	807 596	405 299	828 032
其中：出口交货值	万元	298 489	60 507	214 804
软件出口额	万元	241.8	1 603.6	2 886.3
工业增加值（生产法）	万元	140 663	63 796	181 599
流动资产平均余额	万元	358 343	264 663	536 947
固定资产净值平均余额	万元	561 955*	250 766*	488 943*
资产总计	万元	1 136 642	607 267	1 166 378
负债合计	万元	721 203	428 570	752 788
产品销售收入	万元	775 917	402 085	783 538
其中：软件产品销售收入	万元	41 360	30 148	71 794
税金总额	万元	16251	15 226	18 646

续表

项目名称	单位	2006 年	2007 年	2008 年
利润总额	万元	18 194	-30 675	-18 490
应交所得税	万元	1 681	4 123	6 563
从业人员年末人数	人	15 657	7 754	16 960
从业人员工资总额	万元	30 752	16 136	47 272

表 4　2006 年—2008 年湖南省电子信息产业主要经济效益指标完成情况

项目名称	单位	2006 年	2007 年	2008 年
全员劳动生产率	元/人	69 995	86 241	77 496
流动资金周转率	%	1.6	1.7	1.1
产品销售率	%	97.0*	108.0	95.8
总资产贡献率	%	6.1	5.8	5.5
资产保值增值率	%	152.5	112.9	128.5
资产负债率	%	48.9	39.8	46.2

表 5　2006 年—2008 年湖南省电子信息产业三资企业主要经济效益指标完成情况

项目名称	单位	2006 年	2007 年	2008 年
全员劳动生产率	元/人	89 840	40 746	107 075
流动资金周转率	%	2.2	1.5	1.5
产品销售率	%	99.6	108.3	99.8
总资产贡献率	%	4.0	-0.1	0.0
资产保值增值率	%	150.6	123.2	231.5
资产负债率	%	63.5	70.6	64.5

表 6　2005 年—2007 年湖南省主要电子信息产品产销量情况

产品名称	单位	产量			销量		
		2006年	2007年	2008年	2006年	2007年	2008年
彩色显像管	万只	721.0	682.0	453.2	684.2	724.0	489.9
彩色显示管	万只	355.6	224.8	134	338.8	261.6	157.2
显示终端	万台	3.9	5.3	3.8	3.5	5.1	3.9

续表

产品名称	单位	产量			销量		
		2006年	2007年	2008年	2006年	2007年	2008年
机顶盒	万台		79.3	320.1		82.4	280.4
打印机	部	52 722	67 130	66 450	55 096	72 449	63 624
电子元件	万只	984 919	277 034	2 187 003.9	985 768	277 535	2 189 767.6
泡沫镍	万平方米	584.1	354.6	418.9	588.3	352.9	420.1
手机摄像头	万只	305.0	278.0	760.3	305.0	277.9	752.1
电池	万千伏安	33.9	356.9	16 766.1	34.0	355.0	16 589.6
卫星接收天线	万部	21.4	158.3	625.1	21.4	156.2	689.7
手机	万部		10.0	431.0		8.9	422.8
集成电路	万块	20.0	10.3	17.1	23.0	11.3	15.1
液晶（LCD）电视机	万台			7.8			7.8
DVD 视盘机	万台			21.0			15.0
硅单晶	公斤		22	119 631		22	105 524

表 7　2006 年—2008 年湖南省三资企业主要电子信息产品产销量情况

产品名称	单位	产量			销量		
		2006年	2007年	2008年	2006年	2007年	2008年
彩色显像管	万只	721. 0	682.0	453.2	684.2	724	489.9
彩色显示管	万只	355.6	224.8	134	338.8	261.6	157.2
手机摄像头	万只	305	278.0	760.3	305	277.9	752.1
电子元件	万只	895 693	190 801	1 010 750.9	896 368	187 150	1 015 455.2
硅单晶	公斤		22.0	119 631		22.0	105 524

注：表 1~表 7 数据来源于《湖南省信息产业年报》（2008），其中凡带 * 数据仅含制造业。

[供稿：湖南省信息产业厅]

广 东 省

【综述】

2008年，广东省电子信息产业保持平稳较快发展。全省规模以上电子信息制造业实现工业增加值3 778.9亿元，同比增长14.7%；实现工业销售产值16 112.7亿元，增长11.8%。全省软件业实现主营业务收入1 414.9亿元，增长26.1%；实现软件业务出口额76.1亿美元，增长60.9%，实现利润总额218.8亿元，增长15.7%。

全年广东省信息产业全社会固定资产投资712.3亿元，同比增长7.7%。其中，电子信息设备制造业为447.6亿元，增长3.9%；电子信息设备销售和租赁业为4.0亿元，增长453.8%；电子信息传输服务业为232.3亿元，增长13.7%；计算机服务和软件业为9.5亿元，增长11.4%；其他信息相关服务业为18.9亿元，增长10.9%。从全年增速看，投资总体呈W形的低开高走态势，由于11月受国际金融危机的影响，全省信息产业投资增速明显放缓，但在国家加大投资政策因素的作用下，12月投资出现回暖。

电子信息产品制造业

2008年，广东省电子信息产品制造业规模在全国继续保持领先地位，实现工业销售产值16 112.7亿元，占全国比重32.9%；实现工业增加值3 778.9亿元，占全国比重33.1%；上述两项指标均居于国内首位。其中，通信设备、计算机及其他电子设备制造业[①]在全省工业中支柱作用明显，行业规模在全省工业中仍居领先地位，合计实现工业增加值2 810.6亿元，增长17.6%，高于全省工业同比增速4.8个百分比，占全省工业增加值的18.4%。

全年广东省产业关联性强，知识、技术含量高，附加值高的产品仍有增长，传统电子信息产品产量继续萎缩，产业结构调整继续优化。通信设备制造业、电子计算机制造业、电子元器件制造业和家用视听设备制造业成为广东省电子信息产业的主要行业，销售收入合计在整个产业中所占比重超过90%。

主要产品产量 2008年，集成电路产量增长43.8%，增幅同比提高24.9个百分点；移动电话产量增长26.4%，增幅同比提高1.5个百分点；程控交换机产量增长12.1%，增幅同比提高3.8个百分点。组合音响产量增长1.5%，增幅同比下降4.0个百分点；微型电子计算机产量增长1.1%，增幅同比下降30.3个百分点。彩色电视机产量同比减少0.3%。

重点企业拉动作用明显 广东省电子信息百强企业在省内电子信息产业中占据重要地位，其主营业务收入合计在全省电子信息产业主营业务收入中所占比重超过30%，对整个行业的拉动作用明显。其中，华为技术有限公司和中兴通讯股份有限公司在行业中处于强势。截至2008年12月底，华为技术有限公司全球销售额为233亿美元，增长46%；截至2008年11月底，中兴通讯股份有限公司实现工业产值约300亿元，增长30%。但受国际金融风暴等因素影响，该省电子信息百强企业发展速度较往年有所放缓。

软件业

受金融危机的影响，全年广东省软件产业规模和效益增速放缓。全年实现软件业务收入1 414.9亿元，同比增长26.1%，增幅回落5.9个百分点，占全国软件业务收入的18.7%。其中，实现软件产品收入1 012.6亿元，增长29.4%；实现系统集成收入123.8亿元，增长22.5%；实现软件服务收入176.0亿元，增长21.6%；实现嵌入式系统软件收入91.2亿元，增长11.5%；实现IC设计收入11.2亿元，减少6.4%。

全年实现软件业务出口额76.1亿美元，增长60.9%，同比提高33.9个百分点；实现利润总额218.8亿元，增长15.7%，同比提高9.1个百分点；实现税金总额162.0亿元，增长6.1%，同比回落7.7个百分点。

电子信息产品进出口贸易

2008年，广东省电子信息产品进口额为1 437.9亿美元，在全国电子信息产品进口总额中所占比重为

注：①通信设备、计算机及其他电子设备制造业数据为广东省统计局月报数据。

39.5%；出口额为 2 193.8 亿美元，在全国电子信息产品出口总额中所占比重为 42%；出口交货值为 11 958.4 亿元，进出口规模居全国首位。广东省电子信息产业以外资企业为主，全行业外贸依存度超过 70%。

从出口产品结构看，全年技术含量高的电子信息产品出口增长较快，其中微型电脑出口额为 18.9 亿美元，增长 102.3%，同比提高 45 个百分点；手持或车载无线电话机出口额为 143.6 亿美元，增长 55.5%，同比提高 15 个百分点；液晶显示板出口额为 622 亿美元，增长 27.0%。

科技进步与应用

一是加强自主品牌建设，提高自主创新能力。2008 年，广东省电子信息产业注重提高自主创新能力，加大投入研发费用，突破核心技术瓶颈；扶持培育大企业，推进大公司战略，加强自主品牌的建设，完善以大企业为龙头、中小企业配套的产业体系。如：支持 TCL 集团股份有限公司自主研发液晶电视模组的项目，该项目是目前国内彩电行业独立投资规模最大、技术最为完备的模组整机一体化项目，其正式投产，推进了该公司加速主要产业的整体转型升级速度。

二是液晶电视集成制造创新提高，产业聚集逐步形成。2008 年，在广东平板显示产业技术研究院的组织下，广东省开始液晶电视模组的制造示范线的项目的建设，并推动上游模组厂商、下游整机厂商以及科研院所开展液晶电视集成制造技术的研究开发。加大液晶电视模组与全产业链条、特别是整机个性化产品的联合设计、开发，推出“南海机型”。此机种具备可扩展性、易用性和低成本的集成创新优势，已被国内 50 多家彩色电视机企业所采用。深圳创维-RGB 电子有限公司与 LG 公司共同投资组建模组整机技术研究院。康佳集团股份有限公司和海信集团有限公司通过独立建设技术研发中心，在广东平板显示产业技术研究院的合作框架之内与奇美电子开展技术研发，获取液晶电视模组整机一体化集成制造技术。

此外，佛山市引进重大项目，已成为全国最大的液晶电视模组生产基地。四大液晶电视模组落户广东省，产业链条的上游、中游、下游关键环节的消化吸收与再创新工作已展开，不仅推动液晶电视实现本地配套产业的发展，同时形成了千家大中小平板整机及配套企业群体。

三是布局下一代平板显示技术，推进 OLED 产业发展。2008 年 9 月，广东省 OLED 示范线的项目被正式列入省内发展平板显示产业的财政扶持项目，1.5 亿元的专项扶持资金已下拨到具体承担建设任务的东莞宏威数码机械有限公司。预计，2009 上半年，整条示范线将初步完成安装调试；2009 年底前，实现量产。

此外，依托广东有机发光显示产业研究院，开展关键核心技术的研发，目前已申请专利 16 项，涵盖 OLED 显示屏的生产流程、封装技术、测试技术、新型器件以及白光 OLED 显示屏等各方面。东莞宏威数码机械有限公司被中国电子技术标准化研究所吸纳参与中国 OLED 标准的研究制定。在 OLED 设备研制过程中，该公司自行研制出与 OLED 制造工艺相近的非晶硅薄膜太阳能电池生产线设备。

四是推进产学研相结合，完善公共服务平台。2008 年，广东省为加快科技成果转化与产业化，创造了发展环境。具体做法：一是建立广东显示产业技术研究院、广东有机发光显示技术研究院两个技术研究所；二是数字音频国家重点工程实验室、“闪联”国家重点工程实验室落户深圳；三是引进工业和信息化部电子第五研究所、第四研究所在广东省建设平板显示产品质量检测中心和电子光电产品检验检测中心。

信息化应用与建设

电子政务建设　2008 年，广东省在全国实现了两个“率先”。一是率先建立省级信息资源共享机制，二是率先建立信息化领导干部考核体系。在部分城市建立网上服务示范点，开通多种听取社情民意的渠道，向社会公众提供惠民便民的信息化服务，取得成效。行政审批电子监察系统建设取得标志性进展，协同有关部门共同推行全省行政审批电子监察系统，实行行政权力网上透明运行，提高行政审批效率。“电子税务”日趋成熟，为纳税人提供优质高效的纳税服务，发挥作用。公安系统的信息化应用水平有所提升。

农村信息化建设　全省实现全部行政村通宽带互联网、有线电视网。“信息兴农工程”②（二期）建设启动，全面部署了农村信息化建设，调动吸引了社会各界

注：②2008 年 5 月 18 日广东省“信息兴农工程”（二期）启动暨山区信息化建设项目总结表彰大会在湛江市国际会展中心召开。在此次会议上，湛江市被列为“国家农村信息化综合信息服务试点市”。

逾10亿元资源参与农村现代化建设。三农信息资源开发利用不断深化，已开通省级综合信息服务平台，建立70个农家店信息化管理工程试点。农村综合信息服务体系建设加快，建成上万个县镇村等多级贴近农民需求的信息化服务点。实施湛江、揭阳[③]等“信息兴农”试点示范工程，以点带面，推进农村信息化，成效显著。

电子商务建设 2008年，广东省承担的国家支持广东先行先试的重大项目，即：《内地与香港关于建立更紧密经贸关系的安排》（CEPA）补充协议五，实现重大进展，经与工业和信息化部、中国香港特别行政区多次沟通与协商，完成了《粤港两地电子签名数字证书互认框架意见》；初步完成了框架性意见的编制任务。

中小企业电子商务建设 “广东省中小企业电子商务启航工程”启动。该项工程旨在建设电子商务广东专区，加快推广广东省中小企业的电子商务应用。截至2008年底，已有超过9万家企业加入广东专区。广东移动、广东电信，支持广东省中小企业的信息化建设，支持有关中小企业开展企业信息化应用的培训，提高中小企业的信息化应用水平。

无线射频识别技术 粤港两地无线射频识别（RFID）技术扩大合作领域，共建产业园区，推动RFID技术应用共同发展。广东省RFID公共技术支持中心、省中小企业信息化创新服务中心、省卫星导航行业协会等，做好企业与政府的桥梁纽带作用。与此同时，围绕提升产业创新能力，培育新兴产业，优化产业结构，该省打造了一个基于服务，融合产品、技术、标准等众多领域的现代信息服务产业价值链条。建设广州、珠海等3个产业园区，搭建10个第三方公共技术服务平台，支撑和带动传统产业走向服务创新，吸引国内外产业向广东省集聚。

【统计数据】

表1 2006年—2008年广东省电子信息产业基本情况

项目名称	单位	2006年	2007年	2008年
工业销售产值（现行价）	亿元	12 524.0	14 338.7	16 112.7
工业增加值（现行价）	亿元	2 415.5	3 280.7	3 778.9

表2 2006年—2008年广东省主要电子信息产品产量情况

产品名称	单位	2006年	2007年	2008年
数字程控交换机	万线	1 567.8	1 702.3	1 908.3
电话单机	万部	16 514.7	14 535.0	14 882.7
传真机	万部	344.0	386.1	265.7
移动电话机	万部	8 770.0	12 190.2	14 173.6
微型电子计算机	万部	1 784.0	2 253.4	1 133.3
彩色电视机	万台	4 094.0	3 622.2	4 085.8
激光视盘机	万台	7 759.3	8 590.7	8 646.8
半导体集成电路	亿块	72.4	90.9	114.3

注：表1~表2数据来源于工业和信息化部（统计范围是年主营业务收入500万元及以上企业）。

［撰稿：陈杰威 审稿：万淑萍］

注：③2008年12月4日，“广东省农村信息化综合信息服务试点（揭阳）签约暨启动仪式”在该市举行。广东省信息产业厅将揭阳市作为全省唯一的试点市。

广西壮族自治区

【综述】

2008 年，广西壮族自治区（以下简称广西）电子信息产业（含制造业和软件业）实现主营业务收入 105 亿元，同比增长 28%；实现工业增加值 35 亿元，增长 25%；实现出口交货值 25 亿元，增长 122%；实现利税总额 6 亿元，增长 20%。全行业主营业务收入首次突破 100 亿元大关。按工业总产值口径计算，全行业实现工业总产值 148 亿元，这为 2010 年实现工业产值 300 亿元打下了基础。

电子信息产品制造业

2008 年，广西电子信息产品制造业完成工业总产值（现行价）116 亿元；完成主营业务收入 73 亿元，同比增长 70%；实现工业增加值 25 亿元，增长 32%；实现利税总额 4.25 亿元，增长 47.6%；实现出口交货值 24.92 亿元，增长 125%。

主要产品产量　全年电子计算机（含显示器）实现工业产值 18 亿元；光通信设备产量 1 500 台，增长 32%；微波通信设备产量 600 台，增长 20%；开关设备产量 8 000 面，增长 15%；手机产量 14 万台，减少60%。电子铝箔产量 500 万平方米，汽车电子产品产量 86 万套，印刷电路板产量 8 000 平方米，通信测试分析仪产量 2 000 台，数显量具产量 170 万件，医疗电子设备产量 5 500 台，铝电解电容器产量 2.3 亿只，电容器产量 7 000 万只。其中，桂林广陆数字测控股份有限公司数显量具、贺州桂东电子科技发展有限公司电子铝箔等产品的技术水平在全国继续处于领先水平。

软件业

全年实现主营业务收入 32 亿元，同比增长 24%。完成软件收入 25.5 亿元，增长 23%。其中软件产品收入 13 亿元，增长 25%；系统集成收入 7.5 亿元，增长 18%；软件服务收入 5 亿元，增长 25%。嵌入式系统软件收入 500 万元，增长 44.5%。软件业实现出口额 125 万美元，增长 29%，其中软件外包服务收入 54 万美元，增长 10.9%。

2008 年，通过认定的软件企业有 13 家，通过登记的软件产品有 56 个，共有 22 家企业获得计算机系统集成认证。截至 2008 年底，累计通过认定的软件企业有 132 家，通过登记的软件产品有 377 个，通过认证的计算机信息系统集成资质企业有 75 家。

2008 年，广西继续加大落实软件产业优惠政策的力度，全年享受政策优惠增值税退税额为 702 万元，减免所得税额 614 万元。2001 年—2008 年累计享受政策退免税总额达到 16 339 万元，这些资金支持了软件企业新产品的研发投入，推动了软件业的发展。2008 年，主营业务收入超过 1 000 万元的软件企业有 22 家，主营业务收入在 2 000 万元以上的软件企业有 9 家，在 5 000 万元以上的软件企业有 3 家。开发出的产品广泛应用于金融、保险、交通、电力、旅游、教育、医疗、宾馆、汽车、公安等国民经济各个部门。

科技进步与应用

2008 年，根据国家电子信息产业发展基金办公室的布置，组织和指导广西企业申报 2008 年国家电子信息产业发展基金项目共 16 项，获得答辩资格的项目有 8 项。其中，南宁平方软件新技术公司的“壮文软件产品开发及产业化”、桂林海威科技有限公司的“HV-2008 恒流驱动蕊片研发及产业化”和南宁市医药公司的“计算机网络信息管理系统”3 个项目最终通过项目答辩，列入 2008 年电子发展基金项目计划，获得补助资金 250 万元。

另外，对近年获得的共 8 项发展基金项目进行了项目完成情况的检查，跟踪了解并主动帮助企业解决项目建设过程中存在的问题，确保项目顺利实施。

统筹指导行业科技开发，加大了对行业公共技术平台和重点项目建设指导。积极推动作为省、部共建内容之一的国家软件与集成电路公共服务平台（CSIP）广西分中心项目建设。该中心由桂林电子科技大学负责承建，这是全国唯一的一个依托高校建设的分中心，是国家软件与集成电路公共服务平台的职能和业务的延伸。工业和信息化部将支持桂林电子科技大学建设成为国家信息产业高层次人才培养、学术研究和科技创新的基地之一，引导和支持学校参与国家信息技术领域科技攻关和重大科研项目，促进学校进一步加强与行业企事业单位的联系和合作。2008年，全行业通过技术鉴定并进行成果登记的科技成果有30多项。

2008年，实施广西电子信息系统推广应用项目共11项，重点支持包括信息产品制造业、软件业和农村信息化三个领域，项目合计投资68 200万元，主要突出了推进农村综合信息服务试点、中国东盟信息交流中心、北海及桂林电子信息产业基地等三方面的项目建设。

组织开展了2007年度广西计算机推广应用成果奖评奖工作，共评选表彰了2007年度广西计算机推广应用成果奖20个项目，其中评为一等奖的有8个项目、二等奖的有10个项目、三等奖的有2个项目。组织申报“2008年度中国电子学会电子信息科学技术奖”工作，广西崇左市国家税务局和南宁市国忠泰计算机技术有限公司的“制糖企业税收监控系统”以及广西申能达智能技术有限公司的“高效节能热泵智能控制系统”2个项目获得2008年度中国电子学会电子信息科学技术奖三等奖。

电子产品进出口贸易

2008年，全行业实现出口交货值25亿元，同比增长122%。主要出口企业有德淼（南宁）电子有限公司、桂林威达仪器仪表办公设备集团公司、桂林广陆数字测控股份有限公司、桂林NEC无线通信有限公司、梧州领冠电子有限公司、贺州桂东电子科技有限公司等。主要出口产品有数显量具、微波通信设备、石英振子、电网调配自动化系统、通信测试分析仪等。

全年软件产品出口同比增长29%，其中软件外包服务收入增长10.9%。软件业主要出口企业有南宁海蓝数据有限公司、柳州市蓝海科技有限公司、广西三原高新科技有限公司、北海银河信息技术有限公司、柳州市达迪通信设备有限公司等，出口国家和地区主要是美国、德国、马来西亚、中国香港特别行政区等；软件外包服务企业主要是桂林翰特信息产业有限公司、广西怡海信息产业公司、南宁平方软件公司等，软件外包服务国家主要是日本。

信息化应用与建设

信息化基础环境建设 近年来，广西信息基础设施建设快速发展，应用环境不断完善，形成了以电信、网通、移动、联通、铁通、广电网络等运营商互为补充、覆盖广西的信息传输网络，互联网宽带和无线上网WLAN技术、手机GPRS技术等无线通信业务正逐步推广，为企事业单位和个人提供了全方位信息网络服务。截至2008年底，光缆铺设达到23.3万公里，固定电话网实现了100%乡镇通达光缆、“村村通电话”，固定电话用户数合计848.4万户，普及率达到17%。移动通信网（GSM和CDMA）覆盖广西所有市县，移动电话用户数合计1 623.92万户，普及达到32.5%。固定电话普及率有所下降，移动电话普及率却有较大幅度上升。互联网已延伸到广西所有市县及绝大多数乡镇，省际出口带宽具备45G以上能力，省内传输能力达到560G。广西互联网宽带接入端口数272.4万个，互联网用户数210.9万户，网民数650多万人，互联网普及率达到13%。

城市信息化建设 南宁市在完善城市应急联动系统应用的基础上，推进数字化城市管理系统建设和城市公共管理服务信息化建设，促进资源整合、信息共享，促进城市管理的标准化、规范化。完成了数字化城管地理信息数据普查二期工作，开展了数据建库和工作网格划分以及数据导入工作，推进数字化大城管向纵深发展；二期共完成普查124 914个城市部件，共划分412个万米单元网格、20个工作网格等。推进市民卡工程、防汛应急决策支持系统二期工程以及劳动就业援助呼叫服务系统建设和应用；推进城市规划审批与动态规划监察图文一体化系统、污染源监控系统及自动监控中心保障配套设施工程、流动人口服务管理系统、中心城区交通信息发布系统、安全生产应急救援系统、房地产市场信息系统等10多个公共管理服务信息化项目的建设和应用，使城市信息化水平得到提升。

柳州市以城市报警与监控系统（即“天网工程”）为核心开展“平安城市”建设，强化社会治安防控体系；建设了城市应急联动系统并投入使用。其建设模式特点是：原有机构不动它、协同联动资金省、“处警”

软件国产化，且投入成本较低，得到了自治区领导的肯定，被作为示范在广西其它地市推广。2008 年 9 月，该市被授予“科技强警示范城市”称号。

桂林市紧紧围绕建设小康桂林、和谐桂林、魅力桂林的目标定位开展信息化建设。实施桂林市城市灯光监控系统，以信息化手段点亮了魅力桂林；为提高信息数据和资源存储的安全性，已启动建设桂林市数据备份中心；为提升城市综合管理和信息化管理水平，实施了数字城市管理工程（包括公安部门的综合应用监控平台即“天网”工程），将形成以 110 指挥中心为依托，覆盖社会各行各业和主要路段、重要场所的电子视频监控网络体系，为桂林治安提供更有力的支持。目前，部分娱乐场所、网吧及“两江四湖”周边的监控系统并入 110 监控系统，成为第一批“天网之眼”。桂林市城市智能交通控制系统项目的实施，将显著提高城市交通系统资源的使用效率、系统安全性，减少资源消耗和环境污染，全面提升城市交通管理水平。

电子政务建设 广西电子政务网络建设已经完成，建成了由自治区级政务内网、政务外网和机要专网相互独立、物理隔离的广西电子政务网络平台。自治区各级政府部门通用的办公自动化（OA）系统应用效果良好，不仅保证了政府电子信息传送的安全性，同时方便了政府文件的传输和交换工作，提高了工作和办事效率，节约了政府办公经费。在此基础上建成了政务短信服务平台，通过该平台实现了自治区党委、政府有关信息和会议通知面向相关领导和机要人员的群发。

结合北部湾经济区开放开发，广西围绕促进北部湾经济区数据资源整合、共享与交换开展电子政务建设。其中建设北部湾数据资源中心和数据交换中心，以及南宁、北海、钦州、防城港市分中心，是现阶段电子政务建设的重点项目，同时也是建设北部湾信息交流中心的标志性工程。该项目旨在加强现有信息资源的整合、交流与共享，建立起信息交流的机制、共享平台和综合数据库资源，具有信息的采集、存贮、加工、交流等四大功能，有效地汇集和提炼北部湾经济区的各方信息资源，包括商贸、政务、劳动人力资源、农业、国际旅游合作、科技、数字文化、城市公共服务等信息数据。

玉林市依托原有信息化基础和资源，基于互联网建设的“一站式”电子政务综合应用平台，作为全国 4 个基于互联网电子政务信息安全保障试点之一，已通过工业和信息化部组织的专家委员会验收。专家组认为：玉林市依托互联网开展电子政务建设，实现了“建设集约化、技术集成化、应用集群化、安全集控化、管理集中化”的目标，达到了预期目的，并具有较好的科学性、适应性和创新性，试点取得的经验具有实用性和推广价值。

农业信息化建设 全年继续组织开展农村信息化试点工作。利用原信息产业部赠予广西横县农村信息化试点工作的信息大篷车和电脑，开展农村信息化普及培训。据统计，培训农民人数超过 5 000 人。推广“新一代农村卫星电视接收系统”的应用，解决广西边远山区农民“看电视难”的问题，在总结试点工作经验，做好扩大试点项目建设方案和各方面工作准备的同时，争取纵向、横向工作的支持，在广西成立 50 周年之际完成了试点扩大工程（1 万户）。

实施农村党员干部现代远程教育系统，建设了自治区、市、县三级远程教育播出平台、教学资源库、信息管理系统和终端站点，建立了“让党员干部经常受教育、使农民群众长期得实惠”的远程教育学习渠道。

广西农业信息网、科技信息网经过多年的建设和推广应用，以信息化手段为广大农民提供农业科技信息、农产品市场供求信息等，促进了农村经济的发展，提高了农民的收入。

企业信息化建设 广西在企业信息化工作中的重点依然是推动企业装备数字化、生产过程自动控制和企业信息化管理等信息技术在企业管理和生产过程中的应用，由点到面、由浅到深地推动广西企业信息化的建设，骨干企业信息化已达到全国同行的先进水平。柳工股份有限公司获“全国制造业信息化示范企业”称号。桂林橡胶机械厂先后获全国 CAD 应用工程示范企业、国家级企业技术中心等称号。这些示范企业通过信息化手段，提高了产品研发、生产、经营、管理、决策的效率和水平，取得了良好的经济效益。

广西通过实施集散控制系统（DCS 控制）或其它自动化数据采集手段，实现了生产过程中从原料的投入到产品的产出的全面自动化控制，节能减排降耗成效显著，万元工业增加值能耗保持下降态势。2008 年，广西有 15 家纳入国家监控千家重点耗能企业，万元工业增加值能耗同比下降 30.6%；机制纸及纸板、合成氨、纯碱等 12 种高耗能产品单位产品能耗下降幅度达 4%~25%以上；柳州市万元工业增加值能耗 2.23 吨标准煤，比去年同期下降 10.95%。

电子商务建设 广西电子商务发展取得成效，涌现出了一批有一定基础和实力的电子商务企业和机构。为促进广西电子商务发展，组织成立了广西电子商务协会，召开了广西电子商务协会成立大会暨首届电子商务高峰论坛、广西电子商务创新发展座谈会、广西首届十大网站联合发展精英座谈会等会议，组织了第五届广西电子商务大赛等活动，逐步形成行业联盟。

其他

编制规划 组织编制的《广西北部湾经济区区域性信息交流中心建设规划》等 4 个相关专项规划已完成了专家论证和评审。这些规划旨在立足北部湾、面向东南亚，打造服务于中国–东盟自由贸易区的信息交流桥梁和合作平台，使广西北部湾经济区成为连接中国和东盟的重要信息枢纽。

制定相关文件 起草了《广西信息化建设指导意见》、《广西信息服务业发展指导意见》两个文件，其中《广西信息化建设指导意见》已完成广泛征求意见和修改完善，并已报送自治区人民政府审批，将于 2009 年内出台实施。

开展课题研究 完成了“广西软件与信息服务外包产业发展战略”课题研究，重点就广西如何促进软件与信息服务业发展、如何促进北部湾经济区信息交流中心建设、制定面向中国–东盟自由贸易区发展的软件促进中心广西分中心的建设方案开展专项课题研究工作，为广西发展软件与信息服务外包产业提出了明确的发展思路和发展方向。

承办“中国–东盟电信周”活动 在 2008 年第五届中国–东盟博览会期间，广西作为承办单位举办了“中国–东盟电信周”活动。

招商引资工作 以重视企业服务，强化以商招商、利用招商平台进行项目洽谈和跟踪，承接东部产业转移等新的方式招商引资，取得进展。中国电子信息产业集团公司总投资 50 亿元建设的产业园项目，主要包括整机、显示器和配件以及物流仓储区。首期征地 1 770 亩，已完成征地 1 521 亩；厂区 777.8 亩土地，686 亩土地已办理建设用地手续，580 亩土地开始平整工作。计划投资 6 000 万美元，从事生产及开发具有自主知识产权的针式打印机的中国电子 SBM 商业机器生产项目厂房建设已完工。广西长城计算机有限公司的第 2 条新型整机生产线和 SMT 自动化贴片生产线、波峰焊生产线已安装完毕并投入生产。建兴电子科技股份有限公司投资 7 亿元，占地 111 亩，在北海出口加工区建设的中国第二大光驱生产基地项目已开工建设。预计，该项目达产后，年产光驱 7 000 万个。冠德科技（深圳）有限公司投资 5 亿元，占地 315 亩，以生产电源适配器、开关电源、家电系列等产品的冠德电子产业基地项目，已建成 15 栋厂房及配套用房，并投入使用。预计，该项目达产后，产值 15 亿元，年上缴税收 1 000 万元，提供救业岗位约 2 万人。

获得中央政府网广西区思科供应商资格 2008 年，广西宝亮升维网络科技有限公司成为中央政府采购网广西区唯一的思科产品协议供应商的资格。

【统计数据】

表 1 2008 年广西壮族自治区电子信息产业人员构成情况

企业类别	企业数(家)	年末从业人员总数(人)	人员构成				
			工程技术人员(人)	在总人数中所占比例(%)	管理人员(人)	在总人数中所占比例(%)	软件开发人员(人)
国有企业	9	4 000	920	23.0	640	16.0	16
集体企业	1	48	15	31.3	5	10.4	
有限责任公司	50	13 547	2 438	18.0	1 761	13.0	800
股份有限公司	10	2 126	425	20.0	191	9.0	456
其他企业	34	11 664	1 283	11.0	816	7.0	110

表 2　2006 年—2008 年广西壮族自治区电子信息产业基本情况

项目名称	单位	2006 年	2007 年	2008 年
工业总产值（现行价）	万元	643 794	824 845	1 481 966
主营业务收入	万元	518 791	686 013	1 046 655
其中：出口交货值	万元	44 977	100 528	250 000
软件出口额	万元	696	679	875
工业增加值	万元	160 166	308 514	350 000
从业人员年末人数	人	22 815	24 323	31 385
从业人员工资总额	万元	38 940	46 728	56 493

表 3　2006 年—2008 年广西壮族自治区电子信息产业财务情况

项目名称	单位	2006 年	2007 年	2008 年
流动资产合计	万元	254 649	283 624	411 322
固定资产合计	万元	122 892	114 572	137 407
资产合计	万元	673 199*	550 319	623 935
流动负债合计	万元	244 294	203 068	205 181
所有者权益合计	万元	344 626	288 439	301 310
主营业务收入	万元	518 791*	686 013*	1 046 655
其中：软件主营业务收入	万元	204 894*	259 416*	321 312
利润总额	万元	26 922*	15 774	28 497
应交所得税	万元	3 394*	2 313	3 033

注：表 3 除带 * 外不包括软件业数据。

表 4　2006 年—2008 年广西壮族自治区电子信息产业主要经济效益指标完成情况

项目名称	单位	2006 年	2007 年	2008 年
全员劳动生产率	元/人	68 294	70 327	71 521
流动资金周转率	%	1.3	1.5	1.5
产品销售率	%	98.5	94.9	95.1
总资产贡献率	%	3.8	4.2	4.3
资产保值增值率	%	123.0	128.0	125.0
资产负债率	%	54.2	52.9	53.6

注：表 4 不包括软件业数据。

表5　2006年—2008年广西壮族自治区主要电子信息产品产销量情况

产品名称	单位	产量			销量		
		2006年	2007年	2008年	2006年	2007年	2008年
微波/光通信设备	部	1 304	1 569	2 100	1 280	1 536	2 000
医用生化分析仪	台	5 800	5 589	5 500	5 500	5 423	5 480
电子通用设备	台	31	46	50	37	43	50
电容器	万只	5 746	6 323	7 000	6 027	6 310	6 900
数显量具	万件	130	154	170	125	150	168
电子印刷电路板	平方米	5 950	7 061	8 000	6 003	7 000	7 560
电子铝箔	万平方米	270	300	500	250	280	400
通信测试分析仪	台	1 866	2 026	2 000	1 850	1 800	1 967

注：2006年电子制造业统计企业数为33家，软件业统计企业数为80家；2007年电子制造业统计企业数为31家，软件业统计企业数为82家；2008年电子制造业统计企业数为36家，软件业统计企业数为68家。以上统计数据为不完全统计。

表1~表5数据来源《广西电子信息产业统计年报》(2008)。

[撰稿：谭冠晖　刘国红　潘海源　统稿：吕稚敏　审稿：黄冠英]

海　南　省

【综述】

2008年，海南省信息产业实现主营业务收入78.58亿元，同比增长20.82%。其中，电子信息产品制造业实现销售产值11.73亿元，增长17.65%；规模以上软件服务业实现收入3.61亿元，增长99.45%；通信业实现主营业务收入54.74亿元，增长18.89%。

电子信息产品制造业

2008年，电子信息产品制造业完成工业增加值2.36亿元，增长3.51%；完成出口交货值6.53亿元，增长17.24%。全年经济运行主要特点如下：

一是增速和效益继续回落。2008年，虽然全省电子信息产品制造企业产品销售率达到100%，但是受全球经济放缓、出口需求减少和运营成本增加的影响，电子信息产品制造业全年完成工业增加值比全省工业增加值增长速度低2.29个百分点；实现利润7 643万元，减少17.64%；上缴税金637.8万元，减少31.95%。

二是投资规模和吸引外资增速显著减小。以液晶显示片、双面印制板、光纤光缆、IC卡为代表的主要产品的电子信息产品制造业固定资产投资和实际利用外资额大幅减少，全年累计吸引外资到位总额为480万美元，同比减少69.81%。

三是电子信息产品制造业节能降耗达标。电子信息产品制造企业实现每万元增加值能耗标准煤2.28吨，符合国家和省里规定的节能降耗标准。

软件业

全省现有37家软件企业通过认定，有167个软件产品通过登记，有 15 家企业获得国家级计算机信息系统集成资质，有 42 家企业获得省级计算机信息系统集成资质。全年经济运行主要特点如下。

一是全行业增长较快。全年海南省规模以上软件服务业完成工业增加值 1.08 亿元。其中软件技术服务增长 279.86%，在软件业总收入中所占比重为 68.18%。其主要原因是海南天涯在线网络科技有限公司等以信息服务业为主的重点企业的高速发展。

二是软件和服务外包发展较好。全年完成出口额 84.29 万美元，同比增长 21.60%。

电子产品进出口贸易

2008 年，海南正红科技发展有限公司生产刚性印制电路板 502 164 平方米，销售率达到 100%，其中有 90% 的产品销往国外。海南清华显示器科技开发有限公司生产液晶显示片 605.1 万片，销售率达到 100%，其中有 16.53%的产品销往国外。三星（海南）光通信技术有限公司生产光纤 2 034 385 公里，销售率达到 100.11%，产品全部销往国外；生产光缆 760 060 公里，销售率达到 90.8%，其中有 73.88%的产品销往国外。全年吸引和到位外资额 480 万美元。

信息化应用与建设

基础设施建设 2008 年，全省互联网用户总数达到 45 万户；电话用户数达到 622 万户，其中固定电话用户总数 224.5 万户，移动电话用户数 397.78 万户，有线电视在线用户数 94 万户；行政村电话通达率达到 100%，自然村电话通达率达到 99.6%。

电子政务建设 全省统一的电子政务外网平台已基本建成，初步具备了运行各部门业务系统的条件。依托省电子政务外网平台，省数据共享平台、省应急联动指挥系统、省联合审批系统等一批跨部门综合业务系统顺利推进。省数据共享平台实现工商、国税、地税、财政、人劳、质监等 6 部门企业基础数据共享。工商、国税等一些重要部门业务应用系统相继建成，海南省成为全国工商系统继甘肃后第 2 个实现工商行政管理业务信息数据集中的省份。省政府门户网站在 2008 年度全国 32 个省级政府门户网站绩效评估中排名由 2007 年度的第七名上升到第四名。

“金”字工程建设 2008 年，“金盾工程”一期应用系统建设各项任务全部完成。综合硬件平台和人口信息、出入境记录、警员基本信息等全省八大信息资源库已建成，建设并已投入运行的全省性的信息系统有 36 个，提高了全省公安系统的监管水平。金财工程完成了财政一体化管理信息系统支撑平台的建设，完成公务卡管理、单位自有资金管理、财政资金电子支付和政府采购管理等 5 个子系统的开发，完善了国有资产管理系统和会计核算系统的开发，以及多个系统之间的信息整合，启动了财政监督系统。金税工程开通了海南国税外网门户、税库银横向联网电子缴税系统、海南国税内网门户、网上申报系统、政策法规查询系统、办税指南系统、信息安全保障体系，在全国率先实现税库银横向联网系统全省覆盖，确保税款足额、及时入库，实现了税务审批事项网上办理，建立了全省“集中处理”的数据处理中心，建成省局、市县局和税务分局三级网络体系，建立了以 PKI 为技术基础的信息安全管理平台，保障应用系统业务交易的安全性和可控性。

农村信息化建设 农业科技“110”服务范围覆盖全省 83%以上的乡镇；海口电子农务建设了 100 个电子农务信息服务站，覆盖全省 70%以上的农村地区；信息化示范村与农技“110”互为补充，实现了资源共享。

海南省农村中小学现代远程教育工程覆盖全省所有的农村中小学校，农村党员干部现代远程教育顺利推进。

农村合作医疗信息网络平台建设 海南省建立覆盖全省各乡镇的新农村合作医疗管理信息网络平台。截至 2008 年底，覆盖全省 22 个县（市、区），约 500 万人参加的农村合作医疗信息已在平台上运行，占全省农业人口的 95%以上。

电子商务建设 电子商务在农业、医药、旅游、房地产等领域广泛应用。2008 年，中橡网实现交易量 223 909 吨，完成销售收入 49 亿元。截至 2008 年底，7 年来累计交易额达到 334 亿元。

其他 建设了一批社区服务管理系统，在延伸政府服务职能和为居民提供服务方面发挥了作用。围绕“生态省”的建设要求，启动数字保护区建设，构建集海南省自然保护区资源监测管理、基础性信息服务、科研等为一体的信息平台。此外，还建成全省统一的社会保障和省级劳动保障数据中心。

信息资源开发利用 一是自然资源和基础地理信息

资源开发进展较快。实施了海南地理空间数据库与公共平台项目，建设覆盖全省陆地和海域的不同比例的综合遥感影像数据库和公共电子地图数据库，内容包含全岛的精化大地水准面、数字正射影像、高程模型、地形、地名、水系、交通、管线等数据；完成了县级土地利用现状数据库、土地利用规划数据库、城镇地籍、地价基础数据库等建设，为建设“信息智能岛”提供了地理空间数据基本框架。

二是开展档案基础目录数据库的建设。全省综合档案馆共完成了电脑著录300多万条目，并形成开放档案目录数据库。海口市档案馆在全部完成馆藏档案目录数据库建设的基础上，已经率先开展馆藏存量档案的数字化工作。

三是人口数据库建设。截至2008年底，海南省已建成涵盖全省800万常住人口信息的人口数据库。

【统计数据】

表1　2008年海南省电子信息产业人员构成情况

企业类别	企业数（家）	年末从业人员总数（人）	人员构成			
			工程技术人员（人）	在总人数中所占比例（%）	管理人员（人）	在总人数中所占比例（%）
国有企业	1	498	168	33.7	48	9.6
其他企业	1	75	17	22.7	17	22.7
三资企业	3	1 556	202	13.0	220	14.1

表2　2006年—2008年海南省电子信息产业基本情况

项目名称	单位	2006年	2007年	2008年
工业总产值（现行价）	万元	85 478	99 729	113 461
工业销售产值	万元	86 884	93 807	117 336
其中：出口交货值	万元	49 901	55 686	65 331
工业增加值	万元	24 963	22 803	23 554
从业人员年末人数	人	1 912	2 173	2 129
从业人员工资总额	万元	3 739	4 968	8 183

表3　2007年—2008年海南省电子信息产业三资企业基本情况

项目名称	单位	2007年	2008年
工业总产值（现行价）	万元	65 234	85 712
工业销售产值	万元	64 475	94 192
其中：出口交货值	万元	55 109	65 331
工业增加值	万元	13 621	16 185
从业人员年末人数	人	1 638	1 556
从业人员工资总额	万元	2 438	5 572

表 4　2006 年—2008 年海南省电子信息产业主要经济效益指标完成情况

项目名称	单位	2006 年	2007 年	2008 年
全员劳动生产率	元/人	155 337	1 103 714	1 103 717
流动资金周转率	%	243.0	130.0	3.1
产品销售率	%	101.6	94.1	103.4
总资产贡献率	%	12.5	7.9	5.9
资产保值增值率	%	174.4	124.1	133.4
资产负债率	%	46.8	44.7	32.0

表 5　2007 年—2008 年海南省电子信息产业三资企业主要经济效益指标完成情况

项目名称	单位	2007 年	2008 年
全员劳动生产率	元/人	879 910	967 710
流动资金周转率	%	216.0	2.8
产品销售率	%	98.8	109.9
总资产贡献率	%	7.7	6.4
资产保值增值率	%	122.4	122.3
资产负债率	%	25.3	19.5

注：表 1~表 5 数据来源于《海南省电子信息产品制造业 2008 年年报》。

[撰稿：陈丹虹　审稿：何先英]

四　川　省

【综述】

2008 年，四川省信息产业克服年初严重低温雨雪冰冻、“3.14”拉萨事件后藏区维稳、“5.12”汶川特大地震以及全球金融危机带来的困难和影响，实现了产业快速平稳发展。

2008 年 5 月 12 日，四川省发生汶川特大地震，致使四川省信息产业灾情严重，因灾受损企业 183 户，伤亡 696 人（死亡 31 人、重伤 20 人），直接经济损失 47.24 亿元，间接经济损失 82.71 亿元。电子信息产业最发达的绵阳、成都两市灾损严重。其中，绵阳市直接经济损失 23.04 亿元，占全行业的 53.7%，间接经济损失 25.03 亿元；成都市直接经济损失 16.57 亿元，占全行业的 38.6%，间接经济损失 51.9 亿元。灾后，在工业和信息化部的指导下，在四川省委、省政府的领导下，在兄弟省市的支持下，四川信息产业行业全体干部员工，参与通信保障、抢险救灾、灾民安置、生产自救等各项工作，明确产业生产恢复工作思路，科学评估鉴定产业损毁，抓紧制定产业恢复生产方案，加大产业生产要素保障工作，对重点骨干企业实施“一厂一策、重点帮扶”措施，加快制定四川省信息产业灾后重建规划纲要，把震灾损失减小到最低程度，产业经济实现了灾后快速恢复。截至2008年7月底，成都、德阳、绵阳、广元四地832户制造业规模以上企业、软件认证企业复工825家，占总量的99%。其中，成都市电子信息产业企业全部复工，绵阳市电子信息企业除地处北川县城的绵阳启明星电子有限公司需另选址重建外已全部复工，德阳市70余家电子信息企业复工，广元市电子信息产业企业全部复工。截至2008年8月底，四川省电子信息产业产能已恢复到震前的99%。上报灾后重建规划项目共147项，总投资143亿元，2008年年底前已获得批复96项，资金需求共计108亿元。长虹电子集团PDP二期、九洲电器集团整体搬迁工程、四川电子军工集团产业基地等项目已开工建设，其他项目均在推进当中。

2008年，四川省电子信息产业实现营业收入1 224.4亿元，同比增长31.8%；完成工业增加值469.7亿元，占全省规模以上工业增加值的比重达到9.5%，比上年增长28%，高于全省规模以上工业增长速度10.1个百分点。全年主要经济指标在全国各省市排名第9位，在中西部地区居首位。其中，软件及信息服务业实现业务收入居全国第7位，居中西部地区首位。全年电子信息产品制造业实现产品销售收入679.4亿元，增长22%，完成工业增加值268.4亿元，增长18.9%。软件及信息服务业实现销售收入545亿元，同比增长46.3%，完成工业增加值201.3亿元，增长42.3%。

四川省生产力布局逐步趋向“四个集中”。一是空间布局向中心城市集中。成都、德阳、绵阳、乐山四市主城区集中的电子信息产业企业总数超过800家，销售收入占95%以上。二是产业向特色园区集中。经过多年建设发展，四川省已拥有成都信息产业国家高技术产业基地、国家软件产业基地（成都）、国家（成都）电子元器件产业园、国家（绵阳科技城）数字视听产业园等国家级基地园区，正在打造国家级信息安全产业（成都）、集成电路产业（成都）、新型平板显示产业（绵阳）、信息化与重大装备制造业融合示范（德阳）、光电子产业（绵阳）、军事电子产业（广元）、太阳能光伏产业（乐山）等电子信息产业特色园区，遂宁电子信息产业初具规模。三是企业向集群集中。四川省已初步形成软件与信息服务、集成电路、通信产品、数字视听、军事电子、平板显示、太阳能光伏等优势产业集群。四是产品向高附加值方向集中。软件、雷达、空管系统、信息安全产品、大型DCS集散控制系统、集成电路、PDP、多晶硅、太阳能电池组件等一批市场广阔、技术含量较高、附加值较高、具有较强竞争力的主导产品和品牌产品正在形成。

各地产业特色初步形成。成都市以软件与信息服务、集成电路、通信产品、信息安全、军事电子、电子元器件、新型显示、太阳能光伏为特色，德阳市以大型装备控制系统为特色，绵阳市以雷达、光电子、数字视听、平板显示为特色，乐山市以半导体、太阳能光伏为特色，广元市以军事电子装备为特色，攀枝花市以冶金自动控制系统和装备为特色，遂宁市以电子元器件为发展方向。

与传统制造业相比，四川省电子信息产业表现出投入产出比高、占用资源少、安全性强等优势。其具体表现如下：

一是劳动生产率高。全年电子信息产业劳动生产率达到21.5万元/人，比全省工业劳动生产率平均水平高约20万元/人。二是能耗低。四川省电子信息产业制造业单位增加值能耗为0.157吨标准煤，较2007年0.211吨下降了26%，比全省工业单位增加值能耗少2.463吨。三是新产品产值率高。全年四川省电子信息产品制造业新产品产值率为60%，比全省高新技术产业新产品产值率高约20个百分点。四是吸纳就业人员多。四川省电子信息产业就业人员约20万人，增长10.3%。五是对运力要求相对不高。电子信息产品集成度越来越高，体积越来越小，软件产品更多通过互联网进行传输，对运输能力要求不高。随着电子商务的快速发展以及管理信息系统的广泛使用，还可为社会节省大量运力。六是安全性强。全省电子信息产业无死亡、重伤事故发生。

四川省电子信息产业结构不断升级、产业集群逐步壮大。电子信息产品制造业、软件及信息服务业、通信业三业结构比从2007年的45.6：30.5：23.9变化为目前的45.9：33.3：20.8，软件业比重不断上升，发展趋势良好。

软件与信息服务已成为四川省电子信息产业首个500亿元级的产业集群。全年软件业完成销售收入545亿元，增长46.3%。在四川省落户的华为技术有限公司、中兴通讯股份有限公司、摩托罗拉公司、IBM公司、爱立信公司等一批软件研发、服务实体业务总体规模达160亿元。大型软件企业开始出现，成都华为赛门铁克科技有限公司、迈普（四川）通信技术有限公司等全年销售收入都在 10 亿元以上。软件与传统产业的结合日益密切，从传统制造业企业分离出的攀钢集团信息工程技术有限公司、东汽自动控制公司已成为四川省软件与信息服务业新的增长点。IBM 公司、成都颠峰软件有限公司、音泰思计算机技术（成都）有限公司等软件与服务外包企业不断壮大。多晶硅全年产量达到 1 300 吨，占全国总量的一半。

预计，到 2012 年，四川省太阳能光伏产业集群产值将达到千亿元。

以四川长虹电子集团有限公司、京东方科技集团股份有限公司、天马微电子股份有限公司为代表的平板显示聚集 7 个重大项目，总投资 152 亿元。预计，到 2010 年平板显示产业集群规模将突破 500 亿元。

全年跟踪重大项目合计 61 项，总投资 694.5 亿元。其中，软件与信息服务类项目 12 项，投资 104.7 亿元；集成电路项目 10 项，投资 99.4 亿元；数字视听和平板显示类项目 9 项，投资 162.4 亿元；太阳能光伏产业项目 20 项，投资 274.2 亿元；网络及通信产品项目 5 项，投资 22.1 亿元；其他类项目 5 项，投资 31.7 亿元。在上述项目中实现量产的有 9 项，合计投资 98.3 亿元；建成投产的有 13 项，合计投资 127 亿元；开工的有 39 项，合计投资 469.2 亿元。英特尔产品（成都）有限公司的产品封装测试项目产能达到 1 亿片；中芯国际集成电路制造（成都）有限公司的集成电路封装测试项目产能达到 3 亿只；成都成芯半导体制造有限公司的 8 英寸芯片生产厂一期项目达到 60 万片/年的生产能力；成都泰格微波技术有限公司的产业基地项目达到年产微波器件和组件 100 万只；九洲电器集团有限责任公司的 LED 产业基地建设一期项目年产封装器件 64kk，半导体照明灯具 0.62kk；四川新光硅业科技有限责任公司的多晶硅项目年产量 800 吨。四川长虹电子集团有限公司的 PDP 显示屏及模组制造项目一期工程、成都华为赛门铁克科技有限公司的软件项目、四川永祥股份有限公司的多晶硅项目、东方电汽峨嵋半导体材料厂的电路级多晶硅项目、东方电气集团公司的多晶硅项目、保定天威集团的光伏产业项目、四川阿波罗太阳能科技有限公司的新型薄膜太阳能电池项目以及飞阳科技有限公司的光电集成芯片一期工程等重大项目相继建成投产。四川长虹电子集团有限公司的 PDP 二期、OLED 项目，京东方科技集团股份有限公司的 4.5 代薄膜晶体管液晶显示器，天马微电子股份有限公司的 4.5 代薄膜晶体管液晶显示器，九洲电器集团有限责任公司的数字机顶盒二期，乐山乐电天威硅业科技有限责任公司的多晶硅，保定天威保变电气股份有限公司的多晶硅，九洲电器集团有限责任公司的 LED 照明产业基地，神州数码（成都）科技园以及中兴通讯股份有限公司成都研究所的通信软件基地二期等一批项目尚在建设中。

科技进步与应用

2008 年，四川省用好、用够、用活中央和四川省委、省政府关于扩大内需、促进经济增长以及推进灾后重建的各项政策措施，贯彻落实省政府《关于四川省高技术产业及园区发展实施方案的通知》（川府发 [2007] 22 号）和《关于加强自主创新促进高技术产业发展若干政策的通知》（川府发 [2007] 23 号）两个重要文件的精神，坚持“产品龙头、企业主体、园区载体、产业跃升、区域带动”的高新技术产业发展总体思路，完善以市场为导向、以企业为主体的，政产学研资用相结合的信息技术企业创新体系建设，引导和支持创新要素向企业集聚。

四川省计算机（包括软、硬件）领域已获得国家授权的专利 1 278 项，其中发明专利 832 项，实用新型专利 446 项，发明专利同比增长 29%。集成电路领域获得国家授权专利 2 179 项，其中发明专利 755 项，实用新型专利 1 416 项，外观设计专利 8 项，发明专利增长 36%。通信技术（包括广播、图像、电视）领域获得国家授权专利 1 998 项，其中发明专利 1 027 项，实用新型专利 971 项，发明专利同比增长 66%。上述三项重点技术领域的专利数量合计占四川省电子信息产业专利数量的 70%以上。

四川长虹电子集团有限公司在内容保护体系（UCPS）标准研究及制定方面取得成果；AVS 成为飞利浦下属企业恩智浦（NXP）半导体指定授权第三方，实现四川长虹电子集团有限公司从产品输出向技术输出的跨越。四川汇源通信股份有限公司成为国家《塑料光纤》阶跃型标准的制定单位和梯度型标准的参与单位。

2008 年，四川长虹电子集团有限公司 PDP 显示屏及模组量产工艺技术等 15 个项目获得工业和信息化部电子信息产业发展基金支持，资助资金全年 6 100 万元。12 个单位的 14 个项目申报工业和信息化部组织实施的

“核心电子器件、高端通用芯片及基础软件产品”国家科技重大专项，总投资 164 112.5 万元，申请国家专项资金 38 500 万元，地方配套资金 38 150 万元。5 个单位的 11 个项目申报“新一代宽带无线移动通信网”国家科技重大专项，总投资 9 100 万元，申请国家专项资金 5 210 万元，地方配套资金 1 400 万元。31 个项目申报国家高技术产业化专项,16 个信息安全、新型电力电子器件、电子元器件、平板显示器件、新型基础材料、企业信息化类别的项目已下达，获得国家资金支持 8 250 万元。

英特尔产品（成都）有限公司、中芯国际集成电路制造（成都）有限公司、马来西亚友尼森成都基地等集成电路封装项目和成都成芯半导体制造有限公司的 8 英寸芯片项目正式量产，京东方科技集团股份有限公司的第 4.5 代 TFT-LCD 项目的投产，使得四川省集成电路产业初具规模。总投资为 12.4 亿元的新光硅业股份有限公司 1 000 吨多晶硅项目投产。九洲电器集团有限责任公司建立的 LED 半导体照明工程应用中心，在封装和应用产品的研发方面取得突破。该项目建成并已生产，同时获得了多项国家专利，并计划投资 63 亿元，建设中国西部半导体照明工程基地，发展 LED 产业。四川长虹电子集团有限公司在数字电视、液晶电视、信息家电、小型中央空调、QPSK 解调器、纯软件频道器等方面做好技术储备，在彩色电视机、空调、激光视听、网络、电池、通讯、医疗设备及系统集成上不断向市场推出创新产品。四川金网通电子科技有限公司的数字卫星电视地面接收一体化前端设备等产品已完成设计，开始进行指标测试。华为技术有限公司成都研究所年内增加 600 人，加强新产品的设计与研发，实现量产上百万片光传输芯片，为企业增加 3 亿美元的销售收入，同时正在开发光网络和第四代无线通信产品。成都华为赛门铁克软件有限公司在相关技术领域已经申请专利 300 多项，参与了多个国际和国内的标准化组织。和芯微电子（四川）有限公司自主开发的高速串行接口 IP 核，已完成 4Gbps 产品的流片和验证。预计，年底投放市场并实现产业化。此外，USB3.0 项目尚在开发中。长虹电子集团虹微公司拥有自主知识产权的数字音视频处理 SoC 芯片研制成功，这标志着四川省在超大规模集成电路音视频处理领域达到国际先进水平。东方电气自动控制公司研制的中国首套多晶硅生产控制系统已投入运行，这将改变国外产品一统天下的格局。迈普（四川）通信技术有限公司自主研发的数据通信设备 MP7500 高性能路由器已批量投入市场，这标志四川省在中高端路由器市场占有一席之地。四川大学的立体电视研制成功，并获得四川省科技进步二等奖。成都希望电子研究所有限公司的《拟超导矢量控制变频技术》，获得中国 2008 年（第八届）信息产业重大技术发明。

各企业在重视新产品研发的同时，加大科研经费的投入，推动产品创新。九洲电器集团有限责任公司每年科研经费的投入超过销售收入的 8%，其研发经费投入居中国电子信息百强企业前列；成都华为赛门铁克科技有限公司每年用于研发和创新的经费是年销售额的 10%；和芯微电子（四川）有限公司的研发经费是年销售额的 10%。

电子产品进出口贸易

2008 年，四川省电子产品进出口贸易贯彻落实四川省委《关于加快推进承接产业转移工作的意见》（川委发〔2008〕6 号）的精神，克服汶川特大地震的影响，开放合作，利用外来投资，承接产业转移，促进了信息产业的优化升级，增强了产业的竞争力。

汶川特大地震发生后，四川省信息产业厅联合美国信息产业机构（USITO）及其会员 IBM、微软、摩托罗拉、戴尔、思科等公司举办“四川省信息化与信息产业座谈会”；会同省级有关部门组织“2008 四川-深圳电子信息产业转移与承接洽谈会”、“四川-上海电子信息及高新技术产业对接座谈会”、“2008 四川-台湾 IT 产业发展论坛”、“汶川地震灾区中小企业投资项目洽谈会”、“第九届中国西部国际博览会”等活动，对外宣传四川震后的情况，发展信息产业的优势，恢复并坚定 IT 外商企业在四川省的投资信心。

2008 年，四川省电子信息产业合同利用外来投资（省外、境外）约 32 亿美元，同比增长 20%，实际利用外资（境外）7 200 万美元，增长 20%。投资领域主要集中在集成电路及半导体、光伏产业、网络通信、软件、研发和信息服务。新增投资 1 000 万美元以上的IT 外商企业有峻凌电子（成都）有限公司、科盛（成都）半导体有限公司、博威通讯（四川）有限公司、先进科技（中国）有限公司、甘孜大西洋硅业有限公司、四川碧晶科技有限公司、四川彭州大新电子有限公司、立敦电子科技（阿坝州）有限公司等。这些企业的加盟，促进了四川省信息产业的结构调整，带动了上下游产业发展。

2008 年，四川省机电产品出口额 65.4 亿美元，同比增长 79.2%。电器及电子产品出口额为 30.4 亿美元，增长 64.3%，占全省机电产品出口比重的 46.5%，占四川省外贸出口总额的 23.2%，对全省外贸出口增长的贡献率达到 26.4%。其主要产品是：集成电路、电视机、晶体管等电器及电子产品。

全年四川省出口交货值在 500 万美元以上的 29 家信息产业重点出口企业累计出口额为 25 亿美元，同比增长 41%，占 2008 年四川信息产业产品出口总额的 83%。英特尔产品（成都）有限公司实现产品出口额 15.6 亿美元，增长 85.7%，成为四川省外商投资企业的出口龙头。英特尔产品（成都）有限公司、四川迪佳通电子有限公司、乐山-菲尼克斯半导体有限公司、中芯国际集成电路制造（成都）有限公司均排在四川省外商投资企业出口排名前 10 位。

软件业

2008 年，四川省软件产业完成软件业务收入 374.18 亿元，同比增长 56.7%；实现出口额 32 239.8 万美元，同比增长 54.7%。截至 2008 年底，通过认证的软件企业有 667 家，通过登记的软件产品有 2 199 个，通过 CMM/CMMI 三级以上认证的企业有 27 家；从业人员超过 10 万人；软件业务收入超过亿元的企业有 41 家，其中的企业有 6 家软件业务收入突破 10 亿元。

全年四川省软件产业主要特点如下：

一是震损较小，恢复快速。四川省 97%的认证软件企业集聚在成都、绵阳两市，不处于地震带。因此，汶川特大地震造成的损失仅 1.8 亿元。震后，四川省各相关部门加大对外宣传的力度，营造良好的政策环境和发展环境，及时解决生产和发展中存在的困难和问题，克服地震带来的投资信心动摇、投资项目搁浅、部分市场丧失等困难，实现了灾后快速恢复。

二是软件外包取得突破。IBM、EDS、WIPRO 等公司相继落户四川省；建设银行、招商银行、泰康人寿保险、太平洋保险等 11 家金融机构后台服务中心签约落户四川省；成都颠峰软件有限公司、音泰思计算机技术（成都）有限公司等服务外包企业，引进外企合作建立技术和服务中心。

三是数字娱乐业持续发展。上海盛大网络发展有限公司与本地企业成都锦天科技发展有限责任公司加强了合作，微软 XBOX 完成了三期孵化，一款游戏产品进入全球发行，确定了全球 WCG2009（World Cyber Games）总决赛 2009 年在四川省成都市举行。

四是信息安全产业集群不断加强。信息安全形成了以成都卫士通信息产业股份有限公司、迈普（四川）通信技术有限公司为龙头的信息安全产业集群，拥有超过 40 项核心技术及专利，成为国内重要的信息安全产业基地。

五是 IC 设计产业上新台阶。四川虹微技术有限公司研发出具有自主知识产权超大规模集成电路高速验证加速平台（FPGA），迈普（四川）通信技术有限公司推出全球首款多核开放式标准路由器；形成了以四川南山之桥微电子有限公司、飞思卡尔半导体公司为代表的 IC 设计，英特尔（产品）成都有限公司和中芯国际集成电路制造有限公司为代表的封装测试，成都东方爱发科真空技术有限公司和成都住矿电子有限公司为代表的配套服务，TCL 集团股份有限公司为代表的 IC 产品及应用的集成电路产业链。

六是产业载体不断完善。国家软件产业基地（成都）、国家服务外包基地城市、国家信息安全成果产业化（四川）基地、国家集成电路设计成都产业化基地、国家数字娱乐产业示范基地、国家火炬计划成都数字娱乐产业化人才培训基地、青城山软件产业基地相继建立，并日臻完善，国内外知名电子信息类企业、中高端人才和社会投资资金等产业要素迅速向成都市聚集，加速了四川省软件产业的发展。

七是产业发展服务平台不断提升。国家软件产业基地（成都）公共技术支撑平台为软件开发、IC 设计、数字娱乐、信息安全等软件企业提供了研发、测试、演示、验证、教育和信息共享、工程管理等方面的技术支持，构筑了开放、共享的技术服务体系；成都数字娱乐公共技术平台，提升了四川省数字娱乐园内企业的技术能力，带动世界知名软件企业进入成都数字娱乐软件园，公共服务平台的陆续建成并投入运营，为更多的信息产业企业发展提供了优质服务，降低了企业的研发成本和投入，提升了企业的竞争能力。

八是龙头企业日益凸现。一批国内外知名的软件企业相继在四川省聚集和落户。如以英特尔等国际知名企业为核心的IC企业超过50家；以三零集团、迈普（四川）通信技术股份有限公司、成都华为赛门铁克科技有限公司为龙头的信息安全领域的研发和服务企业超过60家；以成都金山数字娱乐科技有限公司、上海盛大网络发展有限公司、北京完美时空网络技术有限公司、成都育碧电脑软件有限公司、成都昱泉信息技术有限公司、Gameloft公司为主的数字娱乐企业超过60家；以成都颠峰软件有限公司、音泰思计算机技术（成都）有限公司、四川四凯计算机软件有限公司等为核心的软件外包企业集群逐步形成；以四川东方电机自动控制工程有限公司、东方电机控制设备有限公司、攀钢集团信息工程有限公司为核心的工业控制企业集群逐步形成；以西门子公司、摩托罗拉公司、诺基亚公司、阿尔卡特公司、爱立信公司、中兴通讯股份有限公司、华为技术有限公司、芯通科技（成都）有限公司等企业为核心形成了3G通信软件产业集群。

九是人才资源丰富。四川省是中国西部地区重要的科技研发中心集聚地和智力资源库，大批科研院所和高校为四川省软件及信息服务业的发展输送了大量人才。

十是产业聚集不断增强。首先，产业的空间聚集度提高。四川省的软件企业95%以上在成都市，这里聚集了众多世界500强中的IT跨国公司，以及一大批国内著名企业的本地化机构与本地的规模以上企业，共同构成了庞大的软件及信息服务业产业集群，使成都市成为中国西部最具竞争力和吸引力的新兴软件产业聚集地和国际国内软件产业梯度转移重点关注的目标地。其次，产业集聚效应逐步增强。四川省发挥良好的人文、人居、人才等优势，不断完善软件产业载体环境及软环境建设，重点培育了成都卫士通信息产业股份有限公司、川大智胜软件股份有限公司、成都迈普产业集团有限公司、成都国腾实业集团有限公司、四川银海软件有限责任公司、四川鼎天软件股份有限公司、成都鹏博士电信传媒集团股份有限公司、成都三零盛安信息系统有限公司、任我行软件发展有限公司、成都巅峰软件有限公司、成都杰华科技有限公司等一批具有自主知识产权、核心技术和品牌产品的本土规模企业，吸引了全球软件产业资源、市场资源、技术资源等，快速聚集了IBM、SAP、NEC、赛门铁克、微软、飞思卡尔半导体公司、金山软件有限公司、上海盛大网络发展有限公司、腾讯科技（深圳）有限公司等一批知名IT企业。

虽然四川省软件产业具有较强的优势，但是与发达地区相比仍缺乏具有带动作用的大企业、优势企业和知名品牌。截至2008年底，只有成都迈普产业集团有限公司进入中国软件百强企业。另外，产业链还存在许多缺失环节，行业整体效益不高。传统产业与软件及信息服务业的互动性弱，未形成明显的相互促进作用。信息化与信息产业的互动发展有待深化，信息化的推进没有成为电子信息产业聚集发展的需求和市场基础，电子信息产业的发展不能为信息化推进提供足够的产品和服务保障。

信息化应用与建设

2008年，“5.12”汶川特大地震发生后，四川省灾区6市（州）信息化设备、设施受到前所未有的破坏，特别是汶川、北川、青川、都江堰、彭州、绵竹等10余个县（市）几近毁灭，其它重灾区县损毁程度也相当严重。在震后第一时间，阿坝州、绵阳市、德阳市、都江堰市等灾区的信息化主管部门，组织技术力量，及时抢通当地政务网络，发布受灾信息；各种政务支撑系统运行高效，保障了各级党委决策、政令畅通，起到了抗震救灾信息公开、舆论引导、安定民心的良好效果。大量抗震救灾政府网站、网页，在震后相继展现在互联网上，灾情发布、寻亲、物资捐赠、灾民安置等抗震救灾的信息平台和系统及时构建和高效运行。另外，抗震救灾还促使宽带无线多媒体、宽带无线网络、遥感遥测、空间地理信息、卫星通信及定位等一批拥有自主知识产权的信息技术和产品加速应用，在抗灾救灾、重建信息化家园过程中发挥了重要作用。

四川省信息办、灾区信息化主管部门及时完成了《四川省信息化5.12特大地震应用信息系统灾后恢复重建规划》。协调北京等地信息化行业协会、企业对灾区信息化恢复重建进行捐赠、援建工作。目前，全省“电子政务灾备系统”、“成都市电子政务信息安全自主可控示范项目”已报国家相关部委，绵阳等地区“城市应急指挥系统”、“基础数据库”建设正在进行项目论证立项工作。

电子政务建设 四川省电子政务外网一期工程与门户网站工程建成使用，并通过了竣工验收。为理清全省电子政务外网系统架构、整合资源、提供安全支撑，完成了电子政务外网网络平台和安全平台调整，提出了市(州)、省直部门与外网平台对接的安全域解决模式。国家电子政务外网应用项目的省级节点扩展工作进展顺利。省电子政务内网建设工作得到持续发展，应用支撑平台建设继续推进，纵横骨干网络得到改善，网上公共应用和专业应用更加丰富，信息安全保密日益加强。

2008 年，国家电子政务建设资金和省级配套资金落实到位，促进了省级部门、各地区电子政务应用系统建设和应用。全省“行政效能电子监察系统”，覆盖了省、市（州）、县三级共 203 个政务服务中心、监察部门，实现了当年立项、当年建成、当年应用，完成行政审批软件本地化工作，实现了省、市（州）、县三级联网运行。“金盾工程”一期要求的 18 个主要业务应用系统和八大基础数据库基本建成，全省主要公安业务应用系统已实现联网运行。“金税工程”二期应用系统得到规范与完善。“金土工程”一期、“金审工程”一期建设项目通过竣工验收。“金质工程”和“金农工程”项目建设全面启动。

成都市探索并联审批模式，对涉及两个以上部门共同审批办理的事项，做到“一窗受理、并联审批、统一收费、限时办结”。绵阳市建设行政效能数字化管理中心，推广使用党政综合办公系统，完善“企业基础信息共享平台”，有效促进了政府职能转变和行政效能提升。宜宾市将全市 10 个区县和所有政府部门统筹规划，建成了全市“政府系统无纸化办公及传输平台”，实现了统一数据交换中心、统一办公平台、统一身份认证、统一安全策略，提高了公文办理效率，实现了资源共享，节约了系统建设、运行、维护财政投入。

信息安全建设　为了确保奥运会的安全举办，及时防范和化解面临的信息安全威胁和隐患，四川省信息化工作部门与四川省国家安全厅一起，对全省党政机关、民航、金融、电信、广播电视等涉及国计民生的重要信息系统基本情况进行调查，对各重要系统的网络拓扑结构、IP 地址、服务器和应用服务信息等做到全面掌握和备案。省级各单位、各市（州）都高度重视，建立和完善了应急方案和网络信息安全保障体系，并进行演练。国家信息安全测评西南中心对部分重要信息系统进行扫描测试，及时发现问题，进行整改和修补，确保信息系统安全运行。

为了加强信息安全公共事件的应急管理，四川省组织省级相关部门学习国务院办公厅印发的《国家网络与信息安全事件应急预案》，并协调相关部门编制起草了《四川省网络与信息安全事件应急预案》。另外，发挥第三方测评机构对信息系统建设运行的风险评估，以及等级保护引入中的作用，加强了省信息安全测评中心建设。信息安全基础设施和支撑机构的作用得到有效发挥。

农村信息化建设　四川省及各市（州）成立了专门机构成体系推进农村通信基础建设和信息化。全省有 4 957 个乡镇通了宽带，覆盖率达到 75.37%；行政村电话网络覆盖率达到 96%，农村固定电话用户达到 600 万户、宽带用户超过 46 万户（2008 年净增超过 20 万用户）；采用互联网站、“三农百事通”终端等多种方式建设农村信息服务点 2 500 多个。在全省组织实施“百千万信息村工程”，通过地方政府聚合多方社会资源。2008 年，建成 1.5 万个普及村，其中打造示范村 130 多个，农村信息化水平得到提高，缩小了城乡数字鸿沟。“百千万信息村工程”初见成效，农村综合信息服务功能得到发挥。成都市、资阳市是国家农村信息化综合信息服务试点市，两市因地制宜，探索符合本地特色和发展的农村信息化道路。成都市抓好政策规划和组织保障，构建具有成都特色的城乡一体化信息服务体系；资阳市根据区域产业特点，确定了“以畜牧业信息化为切入点，带动与推动整个农村信息化”的发展道路。2008 年，争取到了国家 368 台计算机和上百万元的建设、培训经费支持，试点工作取得了阶段性成果。2008 年 5 月，工业和信息化部在成都市召开了全国农村综合信息服务试点工作现场会，四川省的经验得到国家有关部委的肯定，并在全国得到推广。

在“政府牵头，市场运作，各方配合，共同推进农村信息化”的总体原则指导下，四川省政府各职能部门与不同领域的企、事业单位在诸多领域合作推进农村信息化，全省形成了多渠道、全方位，合力推进农村信息化的氛围。“农村党员远程教育网”、“农经网”、“农情网”、“幸福田园网站”、“农业科技 110”、“三农百事通”、“农信通”等农村信息化综合应用平台进一步融合完善。全年涌现出多种多样的信息化应用模式，促进了农业增产、农民增收，催生了农村信息服务业、农村物流配送业等新兴产业雏形；以信息化促进城乡统筹的温江模式、农村医疗卫生信息化的都江堰模式在全国得到推广。此外，还有促进市郊旅游休闲信息服务的红砂村模式、万村千乡市场工程农资流通信息服务的眉山白马店模式、“企业信息综合服务系统+农村专业经济合作组织信息服务+农户”的新津县伍田模式、天府农业信息服务模式等。

城市与社区信息化建设 在2008年亚太地区城市信息化论坛第七届年会暨首届“2008中国城市信息化50强”发布会上，成都市、绵阳市、攀枝花市占据50强中的3个席位；宜宾市、德阳市获得“2008中国城市信息化推进奖”称号，全国仅有14个城市获此殊荣。

成都市作为全国首批数字化城市管理试点工作城市，现已建成数字城市管理系统平台、应急联动信息系统、城市图像监控系统（“天网”工程）、“成都通”公众多媒体信息查询终端、“天府通”卡等重大应用项目。绵阳市开展了“数字化城市管理系统”和“城区报警与监控系统”的建设。“数字乐山”、“数字德阳”、“中国自贡”等城市信息化工程顺利进行。此外，城市应急联动系统、数字交通、城市一卡通、“天网”工程等项目在南充、达州、广元等地得到建设和应用。

继成都市、绵阳市等开展社区信息化试点之后，攀枝花市打造了“数字社区”工程，采用“政府主导、企业运作、社区参与”的运行模式，建立呼叫中心和社区服务站（点），协同各部门各机构的“一站式”、“一窗口式”服务，为居民提供涵盖电子化政务服务、商务服务、金融服务、物业服务和资讯服务的属地化综合服务体系。泸州市、内江市、宜宾市开通了“12345”市民热线平台，市民可以通过电话、短信、网络等方式对市政建设和民生问题提出意见和建议。此外，各市建成“城乡社会救助信息网络”、“劳动力市场信息网络”等系统，为保障群众生活提供服务。在社区设立信息服务中心，为群众提供社保、医保、劳动信息等数据查询。此外，四川省的各通信公司也将资源投入到城市和社区信息化建设中。

企业信息化建设 攀枝花钢铁（集团）公司、四川长虹电子集团有限公司、四川省电力公司、西南油气田公司等大型企业信息化工作取得进步，在提高企业管理决策、转变企业生产方式、促进资源组合利用、拓展信息交流平台、提高企业核心竞争力上取得成效。在2008年发布的中国“企业信息化500强”中，四川省的四川长虹电子集团有限公司、攀枝花钢铁（集团）公司、四川华西集团有限公司、四川东风电机厂有限公司、四川剑南春集团有限责任公司、四川沱牌集团有限公司、通威集团有限公司、四川新华文轩连锁股份有限公司、成都国腾实业集团有限公司等均在其中。

四川省相关政府部门和社会力量一直致力于中小企业信息化的扶持工作，继续实施“四川省中小企业信息化推进工程”，对符合条件的创新型企业发放了“四川省企业信息化专项”创新扶持基金。在汶川大地震后，及时启动了“四川省中小企业灾后重建信息化推进工程”。

互联网建设 2008年，四川省网民人数达到1 103万人，普及率为13.6%；域名总数为52.9万个，占全国域名总数的3.1%，其中注册的CN域名达到29.2万个，占CN域名总数的2.2%；网站总数为7.65万个，占全国总数的2.7%。

四川省互联网初步形成了以基础电信运营企业为主体、以综合性门户网站和专业网站为辅助的，层次清晰、相互支撑、相互促进的互联网发展格局，涌现出一批发展良好的企业。四川省信息办起草了《关于加快促进我省互联网产业发展的措施建议》，提出了未来促进全省互联网产业发展的思路与措施。

电子商务建设 四川省属于内陆省份，电子商务正以其独特的优势成为全省众多企业效益增长的引擎，推动着全省经济的发展。有近200家外贸企业利用电子商务平台开展国际贸易；有近200家星级宾馆利用网站进行品牌宣传，并实现网上客房预定；有100多家旅行社建立了自己的形象宣传网站，其中一半以上的旅行社实现了网上预订服务。电子商务在推动全省农业经济发展中发挥了作用，实现网上招商引资和网上促销收益33.958亿元，其中网上促销收益为17.86亿元。电力、石化、钢铁、建材、汽车等传统行业，通过优化供应链的管理，建立了上、下游客户的网上采购网络，探索出传统产业与电子商务相结合的新模式。如西联钢铁集团建立了钢材行业的B2B电子商务平台，即“铁公鸡网”。四川省电子商务网络支付体系、网络信任体系、物流配送系统、第三方电子商务平台等的发展也日趋完善。

网络信任体系建设 “企业征信网”进一步扩展，成员单位进行数据共享和交换。四川省数字证书认证管理中心有限公司发展良好。网络身份认证体系的建设应用得到了政府部门的推进。

信息产业基地建设

成都高新区 2008 年，成都高新区（以下简称高新区）电子信息产业实现工业增加值 102 亿元，在工业增加值中所占比重达到 51%，在三大主导产业工业增加值比重达到 65%。该高新区已形成了软件及服务外包、集成电路、光电显示、通信等产业特色，产业集约集群发展态势明显。

软件及服务外包产业 成都高新区软件及服务外包产业主要集中在应用软件、嵌入式软件、软件技术服务和互联网信息服务等领域。2008 年，软件及服务外包产业实现销售收入 260 亿元，同比增长 27%；软件及服务外包实现出口额 1.8 亿美元（含嵌入式和部分封装测试），增长 24%；聚集软件及服务外包企业有 520 家，通过 CMMI 认证的企业达 21 家，正在开展 CMMI 认证的企业超过 50 家；从业人员超过 60 000 人。

在软件和信息服务外包领域，已有 IBM 全球服务执行中心、新电信息科技（成都）有限公司、成都聚思力信息技术有限公司、成都普兰威尔软件有限公司、海辉软件（成都）有限公司、成都杰华科技有限公司、成都颠峰软件有限公司、拉法基共享服务中心、平安保险后援中心等 200 余家企业。在信息安全领域，已有三〇集团、成都华为赛门铁克科技有限公司为代表的 50 多家企业。在数字娱乐领域，已有成都昱泉信息技术有限公司、上海盛大网络发展有限公司、金山软件有限公司、北京完美时空网络技术有限公司、成都梦工厂网络信息有限公司、成都锦天科技发展有限责任公司等 60 余家企业。在 IC 设计与服务领域，已有飞思卡尔半导体公司、科胜讯数字电视（成都）有限公司、四川登巅微电子有限公司、凹凸电子（成都）有限公司、飞博创（成都）科技有限公司、芯通科技（成都）有限公司等 50 余家企业。在行业应用及嵌入式领域，已有 SAP 公司、甲骨文（中国）软件系统有限公司、亚信科技（成都）有限公司、四川创立信息科技有限责任公司、任我行软件发展有限公司、索贝数码科技股份有限公司、成都运达创新科技有限公司等 180 余家企业。

集成电路产业 高新区现已形成了一个由 IC 设计、晶圆制造、封装测试及配套项目组成的较为完整的集成电路产业链。入区项目总投资超过 16.9 亿美元，拥有 2 条 8 英寸晶圆制造生产线和 5 家封装测试企业、58 家 IC 设计企业。2008 年，实现销售收入 200 亿元。

在 IC 设计领域，高新区有飞思卡尔半导体公司、成都威斯达芯片有限责任公司、芯通科技（成都）有限公司等企业。在晶圆制造领域，有成都成芯半导体制造有限公司。在封装测试领域，有英特尔（产品）成都有限公司、中芯国际集成电路制造（成都）有限公司、友尼森成都基地、成都芯源系统有限公司等企业。在配套领域，有成都东方爱发科真空技术有限公司、林德气体（成都）有限公司、四川梅赛尔气体产品有限公司、成都住矿电子有限公司等企业。

光电显示 从产业链的分布情况看，高新区在上、中、下游均有相关的企业，但主要集中在中游显示屏制造领域，有京东方科技集团股份有限公司和天马微电子股份有限公司第 4.5 代 TFT-LCD、四川长虹电子集团有限公司主动式 OLED 生产基地、峻凌国际控股有限公司 TFT-LCD 模组代工及 LED 封装等项目。在上游原材料领域，引进了中国建材集团液晶玻璃基板等项目。在下游显示应用领域，有成都吉锐触摸技术股份有限公司、TCL 集团股份有限公司等企业。高新区光电显示产业总投资 81 亿元。2008 年，实现销售收入 21.1 亿元。

通信产业 高新区通信产业主要集中在 3G 关键技术研发和光纤光缆制造以及光通信设备、制造领域，形成了从光纤预制棒、拉丝、光缆、模块和接入设备较为完整的产业链。高新区通信产业总投资 33 亿元。2008 年，实现销售收入 65 亿元。

在通信产品制造领域，有成都国腾实业集团有限公司、成都三〇瑞通公司、成都泰格微波技术有限公司、成都康宁光缆有限公司等企业。在 3G 通信研发领域，全球五大通信商摩托罗拉、诺基亚、爱立信、西门子、阿尔卡特，以及国内两大通讯龙头企业华为技术有限公司、中兴通讯股份有限公司的研发中心均已落户，成为继北京、上海、深圳之后中国重要的 3G 通讯关键技术及设备研发中心。

互联网产业 截至 2008 年底，高新区有中国移动音乐基地、天府热线、成都全搜索、QQ 大成等 330 家从事互联网产业的相关企业，其中从事互联网应用及增值服务业务的企业超过 120 家，从业人员仅有 6 000 人。2008 年，高新区互联网产业产值规模为 167 亿元。其中，互联网设备制造产值规模为 62 亿元、互联网工程产值规模为 33 亿元、互联网应用及增值服务产值规模为 6 亿元、互联网软件研发产值规模为 66 亿元。

天府新城 2008年初，面对国内发展软件及服务外包产业的激烈竞争，投入巨资聘请国内外知名机构和专家，全面修订和完善了高新区南部园区规划，把37平方公里的区域整体规划为“天府新城”，定位为“软件产业城，城市新中心”，提出了“新城建设服务于产业发展、产业发展促进新城建设、产业发展和新城建设互动融合”的总体思路。“天府新城”规划总建筑面积6 000万平方米，现已建成1 400万平方米；规划总就业人口60万人，其中软件及服务外包产业实现就业人口20~30万人。2008年，开通了“无线城市”高新试验网，加快了天府软件园二期建设，启动了天府软件园三期，完善了区域商业配套。

为了促进产业规模快速扩张，加强了招商引资项目的后续跟踪服务和促进工作，使得新进入高新区的IBM公司、诺基亚西门子公司、甲骨文（中国）软件系统有限公司、华为赛门铁克科技有限公司、伟创力集团、新电信息科技（成都）有限公司、泰立嘉（成都）科技有限公司、成都育碧电脑软件有限公司，以及较早进入高新区的摩托罗拉公司、阿尔卡特公司、爱立信公司、中兴通讯股份有限公司、华为技术有限公司等国内外知名企业得到快速发展，并逐渐成为跨国公司最重要的研发中心之一。另外，加强本土企业的培育工作，选择芯通科技（成都）有限公司、成都梦工厂网络信息有限公司、四川登巅微电子有限公司、四川创立信息科技有限责任公司、成都吉胜科技有限责任公司、成都锦天科技发展有限责任公司、四川长城天讯数码技术有限公司、成都阜特科技有限公司、成都飞鱼星科技开发有限公司等9家企业作为首批软件及服务外包重点培育企业，并制定了培育目标和扶持措施，签订了培育协议。通过定向培育和重点扶持，2008年，有9家企业实现销售收入7.9亿元，从业员工超过1 400人，销售收入和应交税收同比增长均超过50%。

在人才体系建设方面，一是开展了“天府软件人才行动”之“城市行”、“暑期实习生计划”、“校园行”等系列活动。累计参加人才行动的企业超过400家，提供招聘职位719个，通过现场和网络累计收到简历约20万份，完成招聘人数近2 000人，累计为企业节约招聘费用超过500万元。二是促进校、企合作。年内促成了速倍（成都）科技有限公司与四川师范大学合作，成都颠峰软件有限公司与成都大学合作，成都华微电子系统有限公司与电子科技大学合作，敦阳泰克科技（成都）有限公司同电子科大成都学院、西南交通大学、西南石油大学合作，斯普电脑科技有限公司与电子科大软件学院合作等。三是引进优质教育培训资源和支持本地实训机构。年内完成了IBM管理模板实训项目100人的培训和日立系统对日外包培训项目24人的培训，并已推荐大部分学员就业；鼓励四川华迪信息技术有限公司、国信安教育基地、北大青鸟成都名流计算机信息学校等培训机构共为5 103名学生提供实训服务。四是积极开展在职培训。年内先后与麦思博有限公司、“前程无忧”、Ultrawise、国家公务员考试中心、Oracle、北京大学等知名培训机构和国际性软件原厂商联合开展了软件测试、FPGA工程师、PMP认证、Oracle认证、时间管理、项目管理等再培训项目。该项目覆盖了100多家（次）软件企业，共538人（次）参与了培训，EF英孚教育集团及新动态国际英语学校两家英语培训机构在高新区实施培训人数共计568人。五是根据产业发展的需要，探索分领域实施人才培养和服务。通过前期对高校、企业的摸底调查，尝试与赛灵思FPGA创新中心合作，开展IC人才培养；并计划与成都昱泉信息技术有限公司、成都育碧电脑软件有限公司等企业合作，开展数字娱乐行业人才培养。六是加快建设基础平台，初步完成联盟“硬件”和“软件”公共服务基础平台建设。

乐山硅产业基地 2007年，四川省政府将乐山硅材料产业化基地列为全省八大高新技术基地（园区）之一。2008年，四川省委、省政府再次将乐山硅材料产业列入省“7+3”重点优势产业发展规划。自2007年开始，四川川投能源股份有限公司、保定天威保变电气股份有限公司、四川岷江水利电力股份有限公司、乐山电力股份有限公司、东汽乐山多晶硅材料分公司、通威集团有限公司等企业加盟乐山多晶硅及相关产业。2008年，乐山硅产业已形成技术、产业、资源、人才、配套等多方面的比较优势，拥有全国第1家多晶硅生产企业，全国最大的研制生产硅材料的科研院所，还有国家布点建设的第1个千吨级多晶硅项目，全年多晶硅产量为1 300吨，居全国第1位。

乐山致力于打造一条完整的硅产业链条，形成“洼地”效应；并将产业链条不断做宽做长，从多晶硅等初级产品向抛光硅片、芯片和集成电路、光缆、电子元器件、太阳能板等下游产品延伸。在实现产业可持续发展上，攻克了多晶硅主要副产物四氯化硅的处理难题，不仅让四氯化硅等副产物经循环利用成为生产多晶硅的原料，还打造出一条多晶硅废物循环利用的产业链条；处理四氯化硅的项目，即：白炭黑项目已竣工，四氯化硅通过技术处理变成白炭黑后，每吨售价在 3 万元和 4 万元之间浮动。同时，有机硅、光纤预制棒等以四氯化硅为原料的项目已动工，这些项目投产后，乐山近 10 家多晶硅企业生产的废料将被全部被消化，并产生可观的效益。

按照《乐山国家硅材料开发与副产物利用产业化基地发展规划》，到 2013 年，乐山将形成太阳能光伏硅材料、电子硅材料、硅化工循环利用三大产业链；实现企业内硅材料副产物利用小循环、企业间硅材料副产物利用中循环、区域间硅材料副产物利用大循环的三大循环；形成高新区、峨眉山、五通桥三大硅材料产业片区。

【统计数据】

表 1 2008 年四川省电子信息产业人员构成情况

企业类别	企业数（家）	年末从业人员总数（人）	人员构成					
			工程技术人员（人）	在总人数中所占比例（%）	管理人员（人）	在总人数中所占比例（%）	软件开发人员（人）	在总人数中所占比例（%）
全部企业合计	492	164 986	12 303	7.5	15 215	9.2	25 533	15.5
国有企业	18	14 829	919	6.2	2 506	16.9	4 952	33.4
集体企业	4	1 609	2	0.1	31	1.9	52	3.2
有限责任公司	238	86 849	8 832	10.2	7 513	8.7	7 271	8.4
其中：国有独资公司	7	14 311	2 348	16.4	1 900	13.3	1 833	12.8
其他有限公司	231	72 538	6 484	8.9	5 613	7.7	5 438	7.5
股份有限公司	42	26 031	2 053	7.9	2 624	10.1	1 344	5.2
私营企业	134	14 918	62	0.4	1 307	8.8	2 953	19.8
港、澳、台商投资企业	14	5 063	397	7.8	552	10.9	1 918	37.9
外商投资企业	40	15 550	38	0.2	668	4.3	6 928	44.6
其它内资企业	2	137			14	10.2	115	83.9

表 2 2006 年—2008 年四川省电子信息产业基本情况

项目名称	单位	2006 年	2007 年	2008 年
工业总产值（现行价）*	万元	3 628 175	4 204 470	4 828 115
工业销售产值*	万元	3 509 651	4 157 959	4 705 585
其中：出口交货值*	万元	570 403	581 377	628 776
软件出口	万元	77 262	158 376	219 230
工业增加值	万元	1 191 468	3 027 400	4 697 000

续表

项目名称	单位	2006年	2007年	2008年
流动资产平均余额*	万元	2 739 368	3 292 499	3 716 967
固定资产净值平均余额*	万元	788 834	814 588	1 801 643
资产总计*	万元	4 529 594	5 590 755	6 663 840
负债合计*	万元	2 741 147	2 926 851	4 114 518
产品销售收入	万元	5 272 492	9 293 200	12 244 200
其中：软件产品销售收入	万元	1 563 915	3 192 638	4 680 048
税金总额	万元	143 667	158 992	296 230
利润总额	万元	127 371	488 564	652 977
应交所得税	万元	30 134	43 904	42 473
从业人员年末人数	人	118 326	135 764	164 986
从业人员工资总额	万元	270 532	383 885	981 544

注：带*指标不含软件企业数据。

表3　2006年—2008年四川省电子信息产业三资企业基本情况

项目名称	单位	2006年	2007年	2008年
工业总产值（现行价）*	万元	89 790	80 535	32 956
工业销售产值*	万元	92 590	81 660	33 821
其中：出口交货值*	万元	6 588	10 281	1 498
软件出口	万元	73 366	142 165	199 769
工业增加值	万元	87 581	125 045	196 458
流动资产平均余额*	万元	88 308	56 802	39 259
固定资产净值平均余额*	万元	29 191	26 694	14 252
资产总计*	万元	182 076	86 520	49 889
负债合计*	万元	45 823	30 088	23 206
产品销售收入	万元	712 357	786 403	969 435
其中：软件产品销售收入	万元	513 237	707 437	963 476
税金总额	万元	9 308	9 146	10 706
利润总额	万元	8 184	19 121	39 464
应交所得税	万元	2 731	1 522	6 177
从业人员年末人数	人	8 477	9 308	16 613
从业人员工资总额	万元	33 167	47 510	98 019

注：带*指标不含软件企业数据。

表 4　2006 年—2008 年四川省电子信息制造业主要经济效益指标完成情况

项目名称	单位	2006 年	2007 年	2008 年
工业全员劳动生产率	元/人	90 244	129 574	134 530
流动资产周转率	%	1.4	1.4	1.5
产品销售率	%	96.7	98.9	97.5
总资产贡献率	%	3.8	6.5	7.9
资产保值增值率	%	123.9	123.0	110.2
资产负债率	%	60.5	58.1	61.7

表 5　2006 年—2008 年四川省电子信息制造业三资企业主要经济效益指标完成情况

项目名称	单位	2006 年	2007 年	2008 年
全员劳动生产率	元/人	102 506	102 506	51 659
流动资产周转率	%	1.2	1.2	0.8
产品销售率	%	98.0	98.0	102.6
总资产贡献率	%	8.4	8.4	5.1
资产保值增值率	%	318.1	318.1	224.9
资产负债率	%	32.0	32.0	46.5

表 6　2006 年—2008 年四川省主要电子信息产品产销量情况

产品名称	单位	产量			销量		
		2006年	2007年	2008年	2006年	2007年	2008年
彩色电视机	万台	861.0	876.3	932.9	810.3	892.8	862.9
VCD，DVD	万台	81.2	59.5	48.9	27.9	67.9	47.5
电线电缆	万千米	22.3	10.9	8.2	22.5	11.2	7.9
光纤光缆	万芯公里	29.9	236.9	140.7	26.1	228.1	137.6
集成电路	万块	189.1	163.9	168.7	169.8	185.2	143.0
电子元件	万只	317 529.4	418 871.8	332 642.0	314 616.2	413 372.2	330 340.0
电子器件	万只	2 261 379.6	2 600 032.7	2 804 768.0	2 261 238.6	2 600 581.8	2 804 739.0
机顶盒	万台		234.7	467.8		232.7	502.1

表7　2006年—2008年四川省三资企业主要电子信息产品产销量情况

产品名称	单位	产量			销量		
		2006年	2007年	2008年	2006年	2007年	2008年
光纤光缆	万皮长公里	5.5	183.7	123.7	5.5	177.2	126.8
电子元件	万只	2 228.7	2 572.0	2 113.0	2 116.6	2 278.0	1 967.0
电子器件	万只	2 254 702.0	2 599 801.0	2 664 129.0	2 255 028.0	2 600 329.0	2 664 129.0

注：表1~表7数据来源《工业和信息化部统计年报》。

[撰稿：庞文龙　审稿：顾红松]

重 庆 市

【综述】

2008年，重庆市信息产业完成主营业务收入815.5亿元，同比增长27.7%。其中，电子信息产业完成主营业务收入668.9亿元，增长28%。其中，电子制造业完成主营业务收入463.7亿元，增长31.3%，比全国平均增长速度高18个百分点；软件及信息服务业完成主营业务收入205.2亿元，增长32.3%，比全国平均增长速度高2.5个百分点。

在重庆市电子信息产业中，软件及信息服务业完成主营业务收入205.2亿元，增长32.3%，在行业中所占比重为30.7%；信息家电完成主营业务收入93亿元，增长24.1%，在行业中所占比重为13.9%；应用电子完成主营业务收入92.2亿元，增长20%，在行业中所占比重为13.8%；通信产品完成主要业务收入86.7亿元，增长53.2%，在行业中所占比重为13%；电子元器件及电子材料完成主营业务收入70.8亿元，增长48.4%，在行业中所占比重为10.6%。

科技进步与应用

重庆市电子信息产业研究开发经费在销售收入中所占比重达到6.5%；重庆市电子信息产业获得授权专利3 968件，其中发明专利1 376件，著作权登记665件；发布地方标准31项，当年参与制定信息产业类国家标准8项。

信息产业自主创新能力获得重大突破。重庆重邮信科（集团）股份有限公司的“TD-SCDMA终端核心芯片平台关键技术及应用”项目获得2008年度国家技术发明奖二等奖，重庆天海医疗设备有限公司的“LED芯片手术无影灯”等5个项目获得2008年中国创新设计红星奖。截至2008年底，重庆市信息产业获得18项国家科学技术奖，3项国家信息产业重大技术发明，均居西部地区首位。

电子产品进出口贸易

2008年，重庆市电子信息产业实现出口额超过5 000万美元；主要出口产品是：蓝牙耳机、数字音视频产品、电子电器、软件外包、通信传输设备、基站、大灵通、数字医疗等；主要出口国家和地区是：美国、日本、英国、大湄公河次区域地区、印度、俄罗斯、法国、中国香港特别行政区等。

重庆市实施“走出去，引进来”战略，紧扣投资促进这条主线，在推进惠普全球软件服务中心（GDCC）扩大规模的基础上，依托惠普的资源，经过商务谈判，引进惠普全球软件测试中心、惠普中国呼叫中心、惠普电脑基地等三大项目。尤其是惠普400万台电脑项目的落户，将促进重庆市电脑产业链的形成。此外，围绕软件服务外包、光伏及LED、电子整机、通信产品等领域，引进了华硕电脑股份有限公司、日月光半导体制造股份有限公司、重庆合智思创实业有限公司、华为技术有限公司、中软国际有限公司、万国数据服务有限公司等企业落户重庆市。一年来，重庆市信息产业共引进130个项目，协议资金约500亿元。预计，上述项目达产后，收益将超过1 000亿元。新开工项目超过80个，合计投资超过200亿元，实际到位资金超过100亿元。

年内，举办了“聚焦台商——重庆IT特别行动”，国民党名誉主席连战先生和台湾IT界知名人士表示祝贺，活动共签订65个项目，协议投资341.75亿元。

为应对金融危机，启动了“聚焦软件外包——转危为机反周期特别行动”，举行了软件产业发展高峰论坛、四城市（重庆、成都、西安、武汉）软件外包主题辩论大赛、37个国家示范软件学院院长园区行等系列活动，扩大了重庆软件外包在全国的知名度。2008年，策划组织了日本、韩国等境内外项目推介会8次，市领导带队出访了新加坡、马来西亚、美国和中国香港特别行政区等国家和地区，促成了一批重大IT项目落户重庆市；组织承办了“第十一届泛珠三角区域合作信息产业厅（局）长联席会议”，发布了《重庆宣言》，开创了12个省（市）区信息产业区域合作的新局面。

信息产业基地建设

重庆市加强北部新区和西永两大信息产业基地建设，编制西永园区《台资信息产业园发展规划》和北部新区《服务外包规划》。同时，发展茶园、涪陵、永川等信息产业基础较好的园区。截至2008年底，集成电路、软件及信息服务两大产业集群初具规模，通信产品、新型元器件及电子材料、应用电子、信息家电等百亿元产业集群已见雏形。

信息化应用与建设

截至2008年底，重庆市通信光缆线路长度达到12.6万皮长公里，100%的乡镇、100%的行政村通电话；固定电话用户数达到609万户，移动电话用户数达到1 286万户；电话普及率达到70.2 %；互联网用户数达到192万户。

电子政务建设 重庆市以行政审批电子监察系统建设为突破，加快资源整合步伐。印发了《重庆市行政审批电子监察系统建设工作方案》（渝府发［2008］79号），完成了行政审批电子监察系统建设技术方案，启动了行政审批电子监察系统建设一期工程；对重庆市电子政务网络情况进行调研，多次征求各方面的意见，形成了《重庆市电子政务网络调整建设总体方案》；结合行政审批电子监察系统建设，以建设领域行政审批为试点，推动建立建设领域并联审批系统和信息交换平台；探索采用市场化模式，通过对重庆市电信运营商进行传输网络服务采购竞争性招标方式，集约采购，接入市级部门21个，形成重庆市初步的电子政务外网框架。

企业信息化建设 重庆市推动企业加大信息化应用，大中型企业应用信息化率达到76%，装备数字化率达到20%，大中型企业设计应用信息化率达到67%，企业制造过程信息化应用率达到12%，主导产业供应链应用信息化率达到40%，中小企业互联网应用信息化率达到23%。

公共服务与民生信息化建设 重庆市实施了公共安全视频图像信息系统建设工程，在多个区县建成了公安监控中心、派出所监控分中心和大量视频监控点，被国家有关部委授予“科技强警示范城市”称号，推动“平安重庆”的建设；实施数字化城市管理建设工程，初步建成了市数字化城市管理信息系统平台，七个区完成了城市部件的综合普查、数据建库和区数字化城市管理信息系统平台的搭建；加快交通管理智能化系统建设，改造升级了市交通管理指挥中心平台，建成主城各区交通管理监控分中心，新建了一批交叉路口红绿灯系统、电子警察系统、交通诱导系统、视频监测系统、电子监控系统等交通管理信息系统，促进了“畅通重庆”的建设；完成了档案数字化工程，初步建成了以局域网、电子政务网、互联网为平台，以档案目录数据库为核心，以档案管理信息系统、文档一体化系统、互联网信息发布系统为支撑，面向党政机关和社会公众服务的档案信息化架构；完成了社会保障信息系统一期工程，启动了国土、“金税”三期、安全生产、质监、农业等一批建设项目；在重庆市建立数字便民服务站100多个，开通了电信、水电公用事业缴费等多项便民服务功能；远程教育公共服务平台初步搭建完成，以农民工就业培训等为主题开展了近10 000人次的远程教育培训；“城市一卡通”服务功能得到拓展，并正在推进整合。

网络与信息安全建设 投资数字证书中心1 400万元完成了机房改造工作，印发了《关于规范重庆市政务部门社会管理和公共服务数字证书应用的通知》（渝办发〔2008〕261号），要求重庆市各级政务部门在市内开展社会管理和公共服务业务涉及使用数字证书的，必须使用重庆市统一的政务公共服务数字证书；加强保密工作，对重庆市41个党政机关进行了安全保密大排查工作；在奥运会期间，对重庆市党政机关、重点新闻网站以及金融、电信、交通、电力等行业212家单位的网络信息安全进行了检查；编制了《重庆市信息网络事故灾难应急预案》。

利用信息技术节能减排 重庆市发布了《节能减排电子信息技术、产品与应用方案推荐目录》，向有关企业推荐技术含量高、应用效果明显、适合重庆市情的50多个项目，引导重庆市加强信息技术在各行业节能减排中的应用，推进节能减排工作；在信息技术领域，有组织、有计划地开展标准化工作，推进了“重庆市信息技术标准化建设思路研究”。

热点

引进惠普电脑基地项目 惠普电脑项目落户重庆市，在全球引起轰动。为争取该项目，重庆市经过20多次国际电话会议、500多封往来邮件、6次关键性高层谈判，最终战胜了上海、武汉及越南等国内外竞争对手，完成了政策、物流、海关关务、商检、市场开拓等主体环节的谈判工作，引进惠普电脑生产基地项目，打破了中国中西部无品牌电脑生产基地的历史。该项目从意向性接触到正式签约，仅用了5个月的时间，创造了项目谈判史上的奇迹。该项目于2008年12月11日开工建设，一旦达产，加上配套企业跟进，将会形成500亿台电脑产业规模，等于“再造一个重庆电子信息产业”。

统筹城乡信息化试验区建设 围绕国家级统筹城乡信息化试验区的建设，重庆市创建以利益共享为特征的市场推进模式，启动实施了“统筹城乡信息化工程”等一批试点项目。引进上海广典传媒有限公司，集成重庆移动通信公司的优势资源，打造了首个覆盖全国的“劳务电子商务平台”，现已收到40万个农民工的求职需求，为4万个农民工找到了合适的工作。其中，重庆本土在库的人员信息是11万人，找到工作的有5 031人。该工作得到了工业和信息化部、人力资源和社会保障部等中央部委领导的高度评价。

引导重庆电信公司在万州建立信息服务呼叫中心，这将为三峡库区解决近1 000人的就业问题。引导重庆移动公司投入55亿元，用于农村信息基础设施建设、M2M及移动电子商务示范区建设，完成了4 202个自然村无线网络覆盖，移动电子商务用户达到32万人、累计交易金额3 150万元，居全国首位。确定合川、江津、涪陵等10个区县为重庆市统筹城乡信息化示范区县，进行试点工作。

其他

2008年，重庆市继续改善信息产业的发展环境。

政策研究和制定 根据市委、市政府《关于扩大对外开放加快“引进来”和“走出去”的总体规划》的要求，结合渝、台经济合作的实际，制定了《重庆市渝台信息产业对接行动纲要（2008年—2012年)》；为加快重庆市电子商务和互联网产业发展，出台了全国首个移动电子商务规划——《重庆市移动电子商务发展规划》和全国第一个互联网产业发展指导意见——《重庆市人民政府关于加快推进互联网产业发展的指导意见》。针对国家宏观指导和重庆市产业发展实际，围绕电脑制造、集成电路、新一代移动通信、光伏及LED、软件服务外包、应用电子、新型显示器件等产业，开展了深入研究，正着手编制《重庆市电子信息产业调整振兴规划(2009年–2012年)》以及相关产业发展指导性意见；开展信息化与工业化融合的研究，探索促进工业由大到强的路径，在全国首次提出了“工业强”的主要标志、信息化对工业强的作用、信息化与工业化融合的主要标志以及信息化与工业化融合的切入点等，将对重庆市信息化与工业化融合，促进工业由大到强，产生影响。《重庆市信息化促进条例》已列入市人大立法预备项目。

强化行业管理 会同市金融办、西永园区、沙坪坝区，委托国际著名咨询公司，研究编制“台资信息产业园”总体规划；联合北部新区、西永软件园、永川区面向全球，公开招标，启动了《重庆市软件及信息服务外包产业发展规划》编制工作；帮助企业争取国家的支持，全行业共获得国家相关部委项目56个，支持资金18.25亿元；加大对重点软件企业的扶持力度，有5家软件企业成为2008年国家规划布局内重点软件企业，名列中西部地区首位。

有效使用信息产业发展资金，对5个类别60个项目进行了支持，用市信息产业资金3 250万元，资助60个项目，带动企业投入3.2亿元。加强“双软”认定和计算机信息系统集成资质认证工作，全年新通过认定的软件企业有32家，累计通过认定的软件企业有274家；

新通过登记的软件产品有109个；累计通过登记的软件产品有665个；新通过认证的系统集成资质企业有53家，累计有148家。

加强IT人才队伍的建设　围绕重庆IT“人才池”的建设，启动实施了“IT5000公益培训计划”，依托惠普、NTT DATA等跨国公司开展了三期专业化培训，培训人员超过2 000人，合格率超过90%。启动“惠普软件工程学院·卡耐基·梅隆大学软件人才培养项目”，加快提升重庆市中高端软件人才综合技能；启动了“百人深造计划”，资助重庆市企业外派中高级人才到国外深造，提升重庆市软件外包企业的接包能力；加强对项目经理的培训，重庆市新增项目经理573人，其中高级项目经理91人。截至2008年底，重庆市累计项目经理1 150人、高级项目经理156人；组织开展全国计算机软件资格（水平）考试，全年参考人员达7 577人，通过率近40%。联合国际知名企业AMD，组织开展了三期IC设计人员培训工作，共培训学员200余人。

【统计数据】

表1　2008年重庆市电子信息产业企业构成情况

企业数（家）	企业构成（家）				
	国有企业	国有独资企业	股份合作企业	其他企业	三资企业
48	4	3	20	9	12

表2　2008年重庆市电子信息产业三资企业人员构成情况

年末从业人员总数（人）	人员构成				
	工程技术人员（人）	在总人数中所占比例（%）	管理人员（人）	在总人数中所占比例（%）	软件开发研究人员（人）
31 614	4 287	13.6	4 995	15.8	6 524

表3　2006年—2008年重庆市电子信息产业基本情况

项目名称	单位	2006年	2007年	2008年
工业总产值（现行价）	万元	2 690 308	2 299 847	2 738 438
工业销售产值	万元	1 575 097	1 942 555	2 365 068
其中：出口交货值	万元	82 030	79 655	73 351
软件出口额	万美元	217	328	398
工业增加值	万元	292 746	554 787	408 794
流动资产平均余额	万元	1 114 536	1 214 022	1 195 904
固定资产净值平均余额	万元	292 980	308 690	220 021
资产总计	万元	1 606 002	2 639 822	1 784 201
负债合计	万元	1 173 296	1 298 254	1 132 228
产品销售收入	万元	1 847 731	2 107 393	2 404 691

续表

项目名称	单位	2006 年	2007 年	2008 年
其中：软件产品销售收入	万元	808 520	946 756	1 219 739
税金总额	万元	45 227	49 073	50 002
利润总额	万元	70 137	83 466	110 730
应交所得税	万元	9 394	10 597	14 547
从业人员年末人数	人	40 626	39 323	31 614
从业人员工资总额	万元	79 874	121 088	102 038

表 4　2006 年—2008 年重庆市电子信息产品制造业主要经济效益指标完成情况

项目名称	单位	2006 年	2007 年	2008 年
全员劳动生产率	元/人	659 260	587 265	866 211
流动资金周转率	%	1.7	1.7	2.0
产品销售率	%	58.6	84.5	142.4
总资产贡献率	%	8.7	6.3	10.1
资本保值增值率	%	132.5	405.2	178.0
资产负债率	%	73.1	49.2	63.5

表 5　2006 年—2008 年重庆市主要电子信息产品产销量情况

产品名称	单位	产量			销量		
		2006年	2007年	2008年	2006年	2007年	2008年
彩色电视机	台	407 700	312 600	231 371	407 700	312 600	231 371
集成电路	万块	2 031.7	2 591	2 386	2 073.2	2 491	2 399
小灵通手机	万部	72	33.3	58.8	72	33.3	79.3
基站	信道	121 696	73 280	113 988	131 968	46 880	261 464

注：表 1~表 5 数据来源于《重庆市信息产业年报》（2006—2008）。

[撰稿：何涛　审稿：景根元]

贵 州 省

【综述】

2008 年，贵州省信息产业实现销售收入 207.93 亿元，同比增长 21.3%。其中，电子信息产业实现销售收入 85.04 亿元，增长 17.2%，超额完成目标计划。全年编制并上报了扩大内需相关投资项目 29 个，项目总投资 50 亿元。

全省电子信息产品制造业主要布局在贵阳市。该市电子信息产品制造业完成的主营业务收入占全省的三分之二，其中电子制造业占 33%、软件业占 8%、信息服务业占 59%。电子信息产品制造企业主要是：中国振华电子集团有限公司、海尔集团公司、海信集团有限公司和零六一基地等 39 家企业；软件业主要有贵州振兴铝镁等 78 家企业；通信运营业主要有中国电信贵州分公司、中国移动贵州分公司和中国联通贵州分公司。

2008 年，贵州省信息产业厅对厅属 3 所电子信息职业学校实训基地、CAM 机房、图书馆、生活设施的建设加强，改善办学条件，落实国家助学贷款等各项助学政策。截至 2008 年底，教职员工人数合计 630 人，在校学生总数 17 000 人，毕业生就业率达到 98%；专业设置超过 30 个，涵盖中高等职业教育、职业资格考试、在职人员继续教育等信息技术教育培训体系和信息技术人才评测体系。

电子信息产品制造业

全年电子信息产品制造业实现销售收入 67.96 亿元，同比增长 10.9%。全年彩色电视机产量 79.3 万台、电冰箱产量 139.8 万台、通讯终端产量 706.3 万部、电子元件产量 96.9 亿只、集成电路产量 3 237.1 万块、半导体分立器件产量 3.8 亿只。

软件业

2008 年，软件业实现销售收入 17.08 亿元，同比增长 51.4%。其中贵阳数字内容产业园运营 6 个月来，共有 14 家企业和工作室进驻园区，员工人数 350 人，实现工业产值 6 400 万元，实现销售收入 9 500 万元。

全年贵州省新通过认定的软件企业有 14 家，通过登记的软件产品有 53 个，有 3 116 人参加了全国计算机（软件）资格考试。

据贵阳市信息产业局统计显示：贵阳数字内容产业园推出的作品先后获得 5 个国内外各类动漫赛事年度奖项。其中青年影视中心参与制作的大型动画片《福娃奥运漫游记》不仅获奖，同时在多家电视台播出；贵阳熠动漫文化传播有限公司的原创水墨动画作品《西岭雪》获得 2007 年度中国动漫游戏行业“金手指奖”①最佳教育动画片奖。

贵州省动漫产业获得第六届中国游戏行业年会 3 项大奖，即：贵州省信息产业厅被评为“2008 年度支持中国动漫游戏产业发展的模范政府机构”；贵阳市人民政府被评为“2008 年度支持中国动漫游戏产业发展的模范政府”；贵州青年影视文化中心获得“2008 年度中国游戏行业新秀企业奖”。

无线电管理

2008 年，贵州省完善“应急突发事件”指挥通信频率贮备机制，排除 16 起无线电有害干扰，确保民航通信安全和雪凝灾害等突发事件的应急抢险无线电通信畅通；做好北京奥运会和残奥会比赛场馆、火炬传递以及全国高考等各类国家考试的无线电安全保障工作，先后查处私设无线电台、利用无线电设备考试作弊等非法案件 56 起；落实 500 米口径球面大射电望远镜项目建设电磁环境保护和宁静区划分的各项工作。

2007 年 6 月 28 日，贵州省派驻北京担负奥运会比赛场馆无线电安全保障团队正式成立（北京奥组委编为第九团队）。该团队先后完成了全国高考、北京奥运火炬贵州境内传递、“好运北京”系列测试赛、奥运会和残奥会比赛场馆等无线电安全保障工作，累计赛时监测时间 150 多个小时，消除无线电干扰隐患 2 起、处理违

注：①金手指奖作为金奖杯，奖杯的形状为竖立的大拇指，表示一种赞赏。一般奖励各个行业，或者比赛的第一荣誉。

规事件20余起；检查各类设备超过35台，查获违规无线电设备45台。

2008年7月10日，奥运会无线电安全保障誓师大会在北京举行，贵州省信息产业厅派驻北京无线电安全保障团队参加了誓师大会。

2008年9月20日–21日，在贵州省司法考试期间，省信息产业厅共查处利用无线电设备进行考试作弊案5起，查获各类作案设备100余件，联合公安机关抓获涉案人员11人，查扣作案车辆2辆。

2008年11月30日，在贵阳市进行的中央机关及其直属机构公务员贵州省考区考试期间，共查获利用无线电设备作弊案2起、作弊无线电设备7台。

科技进步与应用

加强对贵州省电子信息中小企业公共检测试验服务平台、贵州省科技文献异构数据库共享检索平台等项目的支持。支持电子新材料、移动通信终端关键技术和高性能燃料电池、RFID（无线射频识别技术）、BKB（变频空调智能控制节能工作站）等项目的研发和产业化；组织企业申报国家重点和省级科技创新项目49个、发明专利50余项、国家和省名牌产品6项，其中中国振华电子集团有限公司的电解电容器已申报国家名牌，“TO–5型微型密封电磁继电器”等5项产品获得贵州省电子产品名牌称号；鼓励民用高科技电子企业参与军工电子的科研生产，确保了军品科研生产任务均按计划完成。

信息产业基地建设

截至2008年底，贵州省已建成国家级企业技术中心1个，即中国振华集团公司技术中心；省级企业技术中心8个，即普天万向物流技术公司、华城楼宇科技公司、贵阳海信电子公司、新天光电科技有限公司、新天电子元器件公司、振华永光电子有限公司、贵州海尔电器公司、中国振华集团华联无线电器厂；国家级产业园区1个，即国家（贵阳）片式元件产业园；省级产业园区5个，即海信工业园、省材料技术创新基地、贵阳数字动漫科技产业示范基地、贵阳软件园、贵阳数字内容产业园。

全年完成固定资产投资1.6亿元，申报产业化专项12项，项目总投资额3.8亿元。

信息化应用与建设

2008年，贵州省信息化综合指数为43.91，同比增长9.3%；互联网普及率11.5%，增长93.4%；网民人数433万人，增长93.3%；互联网宽带接入用户8 457万户，增长24%；电话普及率42.7部/百人，增长80.7%；电话用户1 685.46万户，增长24.5%。其中，固定电话用户499.61万户，减少4.1%；移动电话用户1 185.85万户，增长42.2%。

光缆线路长度15.68万公里，增长16.8%；交换机总容量2 817.04万门，增长20.7%；互联网出省带宽50.31Gb/s；全省实现100%乡乡通宽带、村村通电话；广播综合人口覆盖率86.1%，提高2个百分点；电视综合人口覆盖率91.8%，提高0.7个百分点。

信息基础设施建设 全省各地不断完善办公局域网、办公自动化系统和业务应用系统，加强省内远程教育网、农经网、农业信息网的建设。

电子政务建设 2008年，贵州省不仅制定了《省电子政务外网骨干传输网建设方案》，同时投入建设。加强对网络信息安全的管理，对全省重要网站进行检查，保证奥运会期间重要信息系统的安全运行。

2008年1月10日，贵阳市政务服务中心暨贵阳市为民服务全程代理中心启动。

农村信息化建设 2008年，贵州省启动了省涉农信息资源整合共享建设和“乡乡有网站”试点工作，扩大了贵阳市“农村综合信息服务”试点范围，完善了贵阳市农村信息综合服务平台和建立了48个村级综合信息服务“超市”，为全省农村信息化工作全面推进探索了途径。

企业信息化建设 在部分国有大中型企业中，实施了计算机辅助工程、异地协同制造、设计平台（CAE、CAD)、制造业信息共享平台等示范工程。企业信息化建设共立项51项，投入经费3 235万元，引导企业投入资金1.3亿元。

其他

2008年2月7日，贵州省信息产业厅实施5项措施恢复雪灾后生产：一是加强组织协调。加大对电子行业各企业的指导协调力度，帮助企业解决恢复生产中的各种困难和问题。二是确保生产任务完成。派出指导小组，深入企业生产一线指导工作，帮助企业制定工作计划，落实生产进度。三是加快设备抢修进度。指导企业采取措施，加大受损设备的维修力度。四是开展市场营销工作。协调组织原材料和零部件的货源，加快产品出库、运输、销售的速度。五是抓准新项目和新产品。指导企业调整生产布局，增加产品门类，扩大生产规模。

2008 年 4 月 15 日，中国电子信息产品节能减排技术和应用论坛在贵阳市举办。

2008 年 4 月 16 日，"贵阳数字动漫科技产业示范基地"省、市、区三级联席会议在贵阳市召开。

2008 年 4 月 24、25 日，贵州省副省长孙国强在省信息产业厅主要领导的陪同下，到省气象局、贵州金江航空液压有限公司、贵州青鹏天目科技有限公司、贵州航空电源科技公司、贵州威顿晶磷电子材料有限公司和贵阳高新区等单位和企业，就信息化与工业化融合有关问题进行调研。

2008 年 5 月 1 日，贵州省信息产业厅除涉密事项外，正式推行 A6 协同网上办公。此举措为贵州省政府机关贯彻落实《中华人民共和国政府信息公开条例》和《全面推进依法行政实施纲要》，推进贵州省政府机关电子政务应用系统的建设起到引导作用。

2008 年 5 月 14 日至 28 日，贵州省信息产业厅组织开展了抗震救灾系列活动，开展了交纳特殊党费、团费、工会费活动，共捐款 45 万元。

2008 年 6 月 2 日，贵州省委组织部宣布了省委任职决定，原厅长陈坚同志就任贵州省安顺市市委书记，原安顺市市长申晓庆同志任贵州省信息产业厅厅长。

2008 年 7 月 16 日—18 日，贵州省副省长孙国强，在省信息产业厅厅长申晓庆等的陪同下，到安顺市对民用航空产业国家高技术产业基地、普定县循环工业基地、西秀区等部分企业情况进行调研。

2008 年 8 月 26 日—29 日，贵州省政协副主席陈海峰同志率省政协经济委员会等政协委员一行 20 余人，视察省内电子政务、企业信息化、农村信息化、城市信息和数字内容产业建设。

2008 年 11 月 7 日—8 日，贵州省信息产业厅处置了下半年全国计算机技术资格（水平）考试，因山东发生试卷丢失事件，致使考试终止引发的突发事件，避免了省内所有考点不稳定事件发生。

2008 年 11 月 28 日，为建立全国计算机专业技术资格（水平）考试突发事件处置长效机制，贵州省信息产业厅出台了贵州省计算机专业技术资格考试突发事件应急预案。

2008 年，贵州省印发了《贵州省关于加快农业和农村信息化建设的意见》、《政府门户网站绩效指标评估体系》等文件和相关标准制度，起草了《关于推动我省动漫产业发展的意见》等规范性文件；推进《贵州省信息化条例》立法工作，组织行政审批、行政复议、政务公开等工作的网上流程设计和实施；推进贵州省信息产业厅所属国有企业的改革改制，推动中国振华电子集团有限公司等 10 家电子军工企业的破产工作。

【统计数据】

表 1　2008 年贵州省电子信息产业人员构成情况

企业类别	企业数（家）	年末从业人员总数（人）	人员构成			
			工程技术人员（人）	在总人数中所占比例（%）	管理人员（人）	在总人数中所占比例（%）
国有企业	9	5 422	1 035	19	909	17
国有独资公司	1	897	83	9	336	37
股份有限公司	5	2 308	336	15	358	16
其他有限责任公司	18	6 496	975	15	1 134	17
三资企业	4	561	54	10	83	15
私营企业	2	344	30	9	51	15
外资企业	1	130	25	19	20	15

注：表 1 内的国有企业数量因为企业改制的缘故，从 2007 年的 10 家企业减少为 9 家企业。

表2　2006年—2008年贵州省电子信息产业基本情况

项目名称	单位	2006年	2007年	2008年
工业总产值（现行价）	亿元	60.1	65.9	71.2
工业销售产值	亿元	62.9	65.2	69.2
其中：出口交货值	亿元	1.7	1.1	3.7
工业增加值	亿元	14.7	16.9	19.5
从业人员年末人数	万人	1.8	1.7	1.6
从业人员工资总额	亿元	3.8	3.8	4.2

表3　2006年—2008年贵州省电子信息产业三资企业基本情况

项目名称	单位	2006年	2007年	2008年
工业总产值（现行价）	亿元	4.6	2.7	3.8
工业销售产值	亿元	4.6	2.7	3.8
其中：出口交货值	亿元	1.7	0.9	0.1
工业增加值	亿元	0.8	0.3	0.4
从业人员年末人数	人	1 621	1 253	561
从业人员工资总额	亿元	0.3	0.2	0.1

表4　2006年—2008年贵州省电子信息产业主要经济效益指标完成情况

项目名称	单位	2006年	2007年	2008年
全员劳动生产率	元/人	82 167	96 438	121 276.7
流动资产周转率	%	1.1	1.1	1.3
产品销售率	%	104.6	98.9	97.2
总资产贡献率	%	3.2	5.1	5.8
资产保值增值率	%	122.0	116.4	110.8
资产负债率	%	41.6	41.2	46.5

表5　2006年—2008年贵州省电子信息产业三资企业主要经济效益指标完成情况

项目名称	单位	2006年	2007年	2008年
全员劳动生产率	元/人	51 645	24 484	111 082
流动资产周转率	%	1.6	2.2	1.8
产品销售率	%	100.6	99.2	98.8

续表

项目名称	单位	2006 年	2007 年	2008 年
总资产贡献率	%	7.7	2.5	6.7
资产保值增值率	%	97.1	94.5	96.3
资产负债率	%	50.0	41.9	62.2

表 6　2006 年—2008 年贵州省主要电子信息产品产销量情况

产品名称	单位	产量			销量		
		2006年	2007年	2008年	2006年	2007年	2008年
手机	万部	58.9	28.3	69.2	54.6	34.0	69.2
元器件	亿只	93.3	78.9	73.7	92.4	76.4	69.9
电视机	万台	74.5	75.2	79.3	78.0	79.0	79.3

注：表 1~表 6 数据来源《贵州电子信息产业年度统计报表》（2008）。

[撰稿：王芝贵　审稿：曹国民]

云 南 省

【综述】

2008 年，云南省电子信息产业实现销售收入 75.8 亿元，同比增长 12.8%；实现利润总额 3.7 亿元，减少 17.5%；上缴税金 2.2 亿元，增长 57.1%；完成工业增加值 14.3 亿元，增长 40.2%；其中软件业增加值 5.8 亿元。全行业共有技术中心 9 家，其中国家级 2 家，省级 7 家。

电子信息产品制造业

2008 年，在统计内的电子信息产品制造企业 18 家，实现销售收入 47.5 亿元，同比增长 12.3%；完成工业增加值 8.51 亿元，增长 34.9%；实现利润总额 1.8 亿元，减少 18.2%；上缴税金 1.27 亿元，增长 58.7%。

云南省太阳能电池的主要出口市场是欧洲市场。受金融危机的影响，欧洲各国忙于注资解决金融系统及实体经济的危机问题，对光伏市场的补贴计划暂缓执行，因此出现推迟或减少订单的履行现象，造成中国太阳能电池生产企业 2008 年第 4 季度减产和阶段性停产，销售停止。此外，汇率大幅度的变动，导致国内光伏组件的实际售价降低。虽然欧美的光伏组件价格变动不大，但剧烈的汇率波动，特别是欧元兑美元的大幅波动使国内厂家实际光伏组件价格大幅度下跌，给企业造成了较大的汇兑损失，并降低了产品利润空间。同时，出口退税受到地方政府额度的影响，时点滞后。

2008 年，前 2 个季度，国际钴原料价格上涨、高位震荡后又急剧下跌，使得国内整个钴酸锂市场遭受冲击，导致个旧圣比和实业有限公司上半年的生产负荷不饱满；进入第 4 季度，受美国次贷危机引发的全球性经济危机的影响，致使整个国际国内的二次电池市场遭受了严重的打击，直接影响了个旧圣比和实业有限公司的生产经营计划。

2008 年上半年，由于股市的持续下跌，使得云南南天电子信息产业股份有限公司的非公开定向增发 5 000

万股的工作面临困难；年末受金融危机的影响，产品发货量急速下降。

蓝宝石基片生产企业的产品销售以中国台湾地区、韩国市场为主，由于美元的贬值，导致运作成本增加，使得企业的经营受到影响。另外，由于蓝宝石基片的主要辅助材料（如钻石切割线）均需进口，进口关税的增长使得企业的成本激增。

软件业

2008年，在统计内的软件企业103家，实现主营业务收入28.3亿元，同比增长13.7%，软件业务收入合计25.0亿元，增长32.3%。其中，软件产品收入5.8亿元，增长65.7%；系统集成收入17.5亿元，增长29.6%；软件技术服务收入1.7亿元，增长41.7%；上缴税金0.95亿元，增长61.0%，实现利润总额1.94亿元，减少15.7%。

截至2008年底，云南省通过认证的软件企业有122家，其中国家规划布局内重点软件企业1家；通过登记的软件产品有370个；通过计算机系统集成的各种等级资质认证的企业合计61家，其中通过计算机系统集成一级资质认证的企业有1家，通过计算机系统集成二级资质认证的企业有6家，通过计算机系统集成三级资质认证的企业有19家，其余均为通过计算机系统集成四级资质认证的企业。

科技进步与应用

云南冶金集团昆冶研新材料股份有限公司 截至2008年底，该公司总投资29.5亿元，年产3 000吨多晶硅产业化项目已完成投资6.4亿元。预计，该项目将于2009年上半年建成投产，年销售收入将达到17.9亿元。这是迄今为止云南省电子信息产业投资最大的项目。

云南南天电子信息产业股份有限公司（南天信息000948） 该公司向国有资产经营公司、天元证券投资基金、华光锅炉股份有限公司等10家企业非公开发行股票5 000万股A股，募集资金净额为4.8亿元。上述募集资金将用于信息产品产能的扩建项目，自主软件研发、IT服务及软件外包项目，货币自动处理设备服务及运营项目和“E指通”无线销售终端运营项目。其中信息产品产能扩建项目和软件研发项目的建设期均为1年。信息产品产能扩建项目总投资2.55亿元。该项目达产后，将使PR系列存折打印机的生产能力扩建到15万台/年，BST系列自助服务终端的生产能力扩建到2.2万台/年，新增自助检票机生产能力4 000台/年，新增ATM自动柜员机生产能力3 000台/年。预计，在满负荷运转情况下，年销售收入将达到9.68亿元，投资回收期5.30年，投资利润率20.48%。软件研发项目总投资1.55亿元。货币自动处理设备项目，总投资1.19亿元，预计该项目达产后，将提供用于外包服务的ATM 1.35万台。目前，该公司独立运营的ATM数量是1 500台。

昆明船舶设备集团有限公司 该公司与英国狄根公司共同投资3 000万元，合资成立了昆明昆船罗根机场物流系统有限公司。

个旧圣比和实业有限公司 2008年3月，该公司的“年产500吨锂镍锰钴氧新型正极材料”项目开始启动。该项目总投资2 000万元（含流动资金），一期工程投入固定资产600万元，在7月底前完成，9月份进行项目整体工程的试车和产品试生产及试销。此外，该公司年产300吨新型尖晶石锰酸锂正极材料生产线已正式投入生产，产品已开始批量投放市场。天然鳞片状石墨气相包覆制备锂离子电池负极材料关键设备科技攻关工作已完成，达到预期效果。5月，在研发中心启动了模拟电池检测线的建设工作，检测线在7月底完成并投入使用。

云南天达光伏科技股份公司 2008年，该公司开始第2条25MW生产线的建设，并启动102厂房的建设；同时做好第3条生产线的基础准备工作，使太阳电池总产能达到90MW。

昆明阳光基业股份公司 该公司投资1 000万元与北京大学合作，成立了“云南阳光先锋工业炉窑节能工程有限公司”，在工业节能领域中推广“变压吸附制氧技术及其系列产品”，为高耗能窑炉提供先进的燃烧技术和产品；与深圳建筑科学研究院合作共同投资1 000万元，成立了“深圳市紫衡技术有限公司”，共同开拓建筑节能软件市场和绿色节能建筑市场；投资3 000万元与清华大学合作，建立清华—阳光工业节能减排研发中心，进行冶金、建材、化工等领域先进的能量回收与利用技术与工艺的研发。

电子产品进出口贸易

2008年，云南南天电子信息产业股份有限公司出口

PR存折打印机 12 376 台，实现软件外包业务收入 3 500 万元。云南天达光伏科技股份公司向欧洲光伏电池组件市场出口硅太阳能电池 14MW，是英国沃达丰公司的合格供应商，在西班牙瓦伦西亚举办的第二十三届欧洲光伏太阳能会议暨展览会，签署了 2009 年近 30MW 的销售合同意向。金峰软件（云南）有限公司实现软件业务出口收入 208 美元，同比增长 240%。

信息化应用与建设

2008 年，云南省出台了《关于加快推进云南省电子商务发展的意见》，启动了电子商务试点项目的建设。全省企业电子商务的应用领域不断拓宽，网上订购、网络支付、物流配送等电子商务应用支撑体系逐步建立。糖网、远程医疗等电子商务应用效益显现。

企业应用信息技术在改造传统产业、节能减排等方面取得了经济和社会效益。昆明阳光基业股份公司面向冶金、烟草、化工、建材等行业，提供完整的、具有先进性、系统性的“工业企业节能”、“建筑节能”、“软控系统”解决方案，在工业节能领域获得多项发明专利。2008 年，有 8 个项目被列入省市各级政府计划的节能减排项目中，承建的“越南公青水泥厂新型干法水泥生产线 4.5MW+18MW 纯低温余热电站项目”被省商务厅列为“走出去”发展战略专项。

“倍增计划”项目“曲靖重型机械制造有限公司敏捷制造技术应用”是以曲靖重型机械制造有限公司为主体，以敏捷制造技术理论为指导，采用 cPM 协同产品开发管理为基础，构建以 CAD/CAE/CAM/PDM 的集成为核心的敏捷设计信息集成网络，同时集成包括敏捷营销管理、敏捷生产管理、敏捷报价的主要核心业务系统。该项目实施后，实现销售收入增长 12%，利润总额增长 19%，上缴税金增长 24%，资产总额增长 16%。

热点

一是金融电子产品保持高速增长。云南南天电子信息产业股份有限公司在网络设备及前端系统方面具有竞争力，经过 3 年的开拓，其在全国的布局已完成。PR 系列存折打印机销量继续增长，BST 银行自助服务终端产品销量超过 1 万台。ATM 自动柜员机实现规模销售。云南莱克科技有限公司的主要产品磁条读写器产量超过 14 万台，密码键盘产量超过 13 万台，产品在全国的市场占有率约 10%。其主打产品 LKE2000 系列磁条读写器、LKE900 系列金融密码键盘已连续数年位居国内三大生产商之一。该公司自行研制开发的 LKE4777/LKE4778 设备使其成为中国银行总行选型认证通过的五大外设供应厂商之一。

二是光伏产业实现跨越式的增长。云南天达光伏科技股份公司完成了国家科技部光伏与建筑结合并网示范项目。全年实现销售收入 5.68 亿元，同比增长 115.3%。

三是半导体照明、税控收款机突破技术瓶颈，成为新的经济增长点。玉溪蓝晶科技有限公司解决了长期以来制约中国半导体照明产业发展的瓶颈问题，建成蓝宝石晶片基片生产线，蓝宝石基片的年产能超过 100 万片。2008 年，该公司规模化生产产量超过 40 万片，实现销售收入 3 000 多万元，产品主要销往中国台湾地区、韩国市场。2007 年，云南佳程防伪公司的税控收款机开始批量生产，产量 1.2 万台；2008 年产量约有 1 万台。

四是软件业骨干企业综合竞争实力增强。金峰软件（云南）有限公司是中美合资企业，主要从事软件外包服务，是 JReport 产品在全球最大的研发中心，使用 JReport 产品的客户有 IBM 公司、VISA 公司等，行业范围覆盖系统集成、通讯、医疗、顾问咨询、制造业和政府组织等。

昆船物流信息产业公司具有自主知识产权的物流管理软件取代了国外公司的软件，从而使其自动化物流进入了机场空港物流领域。2008 年，该公司签订自动化物流系统合同金额达到 8.5 亿元。

2008 年，云南南天股份有限公司分别与中国建设银行、中国邮政储蓄、中国银行等签署合同。全年软件业务收入增长 49.27%，软件外包业务收入约 3 500 万元；在非金融行业市场共签订合同金额约 1.6 亿元。

昆明利普机器视觉工程有限公司的嵌入式系列软件产品“数字视频车牌照自动识别系统”，广泛应用于高速公路收费系统、公路车辆智能监测记录系统、交警移动查车系统、超速违章取证系统等。

【统计数据】

表 1　2007 年云南省电子信息产业人员构成情况

企业类别	企业数（家）	年末从业人员总数（人）	人员构成				
			工程技术人员（人）	在总人数中所占比例（%）	管理人员（人）	在总人数中所占比例（%）	软件开发研究人员（人）
国有企业	4	720	182	25.3	124	17.2	55
国有独资企业	1	1 058	150	14.2	172	16.3	
股份合作企业	13	4 479	1 298	29.0	549	12.3	1 000
国有联营企业	23	8 325	1 807	21.7	1 259	15.1	1 649
三资企业	6	275			51	18.5	172

表 2　2006 年—2008 年云南省电子信息产业基本情况

项目名称	单位	2006 年	2007 年	2008 年
工业总产值（现行价）	万元	488 867	387 577	453 405
工业销售产值	万元	513 770	383 899	438 290
出口交货值	万元	19 129	32 891	51 867
其中：软件出口额	万元		86	1 489
工业增加值	万元	161 548	101 688	142 720
流动资产平均余额	万元	102 345	584 342	425 187
固定资产净值平均余额	万元	37 480	183 428	101 177
资产总计	万元	193 247	1 092 443	608 105
负债合计	万元	730 298	601 773	302 936
产品销售收入	万元	680 000	611 309	758 000
其中：软件产品销售收入	万元	202 955	188 269	232 701
税金总额	万元	21 000	14 000	21 137
利润总额	万元	31 901	45 000	37 152
应交所得税	万元	3 446	26 704	6 126
从业人员年末人数	人	17 332	12 547	12 058
从业人员工资总额	万元			111 969

表 3 2008 年云南省电子信息产业三资企业基本情况

项目名称	单位	2008 年	项目名称	单位	2008 年
工业总产值（现行价）	万元	403	负债合计	万元	528
工业销售产值	万元	288	产品销售收入	万元	2 078
出口交货值	万元	1 489	其中：软件产品销售收入	万元	1 571
其中：软件出口额	万元	1 489	税金总额	万元	74
工业增加值	万元	683	利润总额	万元	62
流动资产平均余额	万元	1 010	应交所得税	万元	34
固定资产净值平均余额	万元	109	从业人员年末人数	人	68
资产总计	万元	1 613	从业人员工资总额	万元	224

表 4 2006 年—2008 年云南省电子信息产业主要经济效益指标完成情况

项目名称	单位	2006 年	2007 年	2008 年
全员劳动生产率	元/人	92 983	99 409	128 599
流动资产周转率	%	1.0	1.1	1.1
产品销售率	%	108.7	99.1	96.7
总资产贡献率	%	5.2	4.6	5.6
资产保值增值率	%	173.0	132.9	145.0
资产负债率	%	88.6	56.1	49.8

表 5 2006 年—2008 年云南省电子信息产业三资企业主要经济效益指标完成情况

项目名称	单位	2006 年	2007 年	2008 年
全员劳动生产率	元/人	34 300.0	384 285.7	10 100.0
流动资产周转率	%	1.4	1.4	1.1
产品销售率	%	75.5	194.9	71.4
总资产贡献率	%	10.5	0.9	–4.4
资产保值增值率	%	262.0	118.0	126.5
资产负债率	%	80.8	3.6	

表6　2006年—2008年云南省主要电子信息产品产销量情况

产品名称	单位	产量			销量		
		2006年	2007年	2008年	2006年	2007年	2008年
计算机	万台	3.5	3.6	3.3	3.9	3.6	3.4
存折打印机	万台	7.0	9.5	9.9	7.0	9.5	9.1
银行自助终端	万台	0.3	0.6	1.3	0.3	0.6	1.2
硅太阳能电池	MW			17.3			14.8

表7　2007年—2008年云南省三资企业主要电子信息产品产销量情况

产品名称	单位	产量		销量	
		2007年	2008年	2007年	2008年
楼宇对讲机	万台	5.5	1.4	7.0	1.0

[撰稿：刘蓉　审稿：段洪]

陕　西　省

【综述】

2008年，陕西省电子信息产品制造业完成工业总产值332.7亿元，同比增长7.0%。其中，新产品产值72.5亿元，占总产值的21.8%，提高了3.1个百分点；实现工业增加值75.3亿元，增长7.6%，低于全国电子信息产品制造业工业增加值平均增速7.1个百分点；完成工业销售产值337.1亿元，增长9.4%，产销率达到101.3%。

主要产品：雷达设备产量242台套，销量237台套，分别减少49.6%和51.1%；通信设备产量405 614部，销量375 991部，分别减少22.7%和31.0%；彩色电视机产销1 394 002台，增长6.2%；电子测量仪器产量5 666部，销量5 490部，分别减少38.9%和35.4%；电子专用设备产量100 047台套，销量100 675台套，分别减少11.0%和13.9%；电子元件产量911 704.13万只，销量879 507.23万只，分别增长105.0%和110.1%；电子器件产量85 122.55万只，销量85 813.61万只，分别增长174.0%和164.5%；彩色显像管产量1 255万只，销量1 251万只，分别减少18.3%和17.6%；集成电路板产量60 999万块，销量61 541万块，分别增长7.98倍和6.40倍。

全年实现主营业务收入298.8亿元，同比增长16.6%，高于全国收入规模平均增速1.8个百分点，排全国第15位，比2007年后退1位，居西部地区第2位；实现利税总额17.8亿元，同比增长11.6%。其中，实现利润总额9.7亿元，增长5.3%；实现税金总额8.1亿元，增长19.1%；综合经济效益指数为121.59%，其中总资产贡献率达到5.14%，资本保值增值率达到111.88%，资产负债率达到58.10%，流动资产周转率达到1.25%，成本费用利润率达到3.28%，全员劳动生产率达到77 564.99元/人，产品销售率达到101.33%，销售利润率达到3.24%。

全年国有控股经济投资额为29.36亿元，增长82.8%，占总投资额的65.8%；集体控股经济投资额为0.90亿元，增长80%，占总投资额的2.0%；私人控股经济投资额为10.39亿元，增长11.1%，占总投资额的23.3%；外商控股经济投资额为3.96亿元，增长70.0%，占总投资额的8.9%。

2008年，陕西省电子信息产品制造业年末从业人员为97 127人，增长5.7%，增加5 171人。其中，工程技术人员24 065人，占总人数的24.9%；管理人员12 956

人，占总人数的 13.4%；硕士以上 1 269 人，占总人数的 1.3%；大学本科 23 323 人，占总人数的 24.2%；大专 25 686 人，占总人数的 26.6%。2008 年，从业人员劳动报酬 20.9 亿元，全年人均劳动报酬 21 524 元，减少 1 725 元，减少 7.4%。

全年能源消耗总量为 129.7 万吨标煤，万元工业增加值综合能耗为 1.7221 吨标煤，化学需氧排放量为 38.9 万吨，二氧化硫排放量为 1 501 吨。

2008 年，陕西省电子信息产品制造业发展特点如下：

一是受金融危机影响，产业发展呈现先扬后抑态势。2008 年前三季度，陕西省电子信息产品制造业快速发展，累计实现销售收入 231 亿元，同比增长 25.4%；实现工业增加值 61.1 亿元，增长 26.2%。但是从 10 月开始，金融危机对陕西省电子信息产品制造业的影响开始显现，10 月出现负增长，其后 2 个月，下滑速度加快。10 月、11 月、12 月工业增加值增速分别下降 4.3%、20.3%、70.3%。

二是投资规模加大，产业结构调整步伐加快。2008 年，陕西省电子信息产品制造业全年投资总额 44.61 亿元，同比增长 60.6%。其中，基本建设投资 23.76 亿元，增长 167.9%；技术改造投资 20.85 亿元，增长 10.3%。投资地区主要在西安市和咸阳市，投资重点在集成电路和太阳能光伏材料及其应用等领域。

三是以太阳能光伏为代表的新型产业高速发展，电子信息产品制造业增长点已具雏形。2008 年，以太阳能硅材料加工为主的电子材料实现收入 25.4 亿元，占制造业收入的 8.5%，同比增长 13.4%。陕西天宏硅材料有限责任公司、陕西华山半导体材料厂、西安骊晶电子技术有限公司、西安隆基硅技术有限公司、西安新盟电子科技有限公司的硅材料加工及西安理工大学工厂的单晶设备等的快速发展，为陕西省太阳能光伏产业发展打下基础。以美国美光科技股份有限公司、美国应用材料公司为代表的集成电路产业链从材料、设计、制造、封装、测试快速形成。彩虹集团公司玻璃基板已开始量产，咸阳偏转集团公司的驱动电路、西安康鸿信息技术股份有限公司的背光源、西安瑞联近代电子材料有限责任公司的液晶材料的不断发展，使陕西省平板显示器件产业链已现雏形。太阳能光伏、集成电路、新型平板显示产业链已初步形成陕西省电子信息产品制造业的新增长点。

四是西安市成为陕西省电子信息产业集聚地，其地位不断上升，引领作用增强。西安市除了原有军工整机、元器件行业稳步发展外，在软件产业、集成电路产业、光伏产业、半导体照明等方面也快速发展起来。2008 年，西安市电子信息产业收入 190.8 亿元，占全省电子信息产业收入的 63.9%，同比增长 26.7%，高于全行业增长速度的 10.1 个百分点（高于咸阳市 1.0%、宝鸡市 7.9%），对产业增长的贡献率达到 94.7%，拉动行业增长 15.7 个百分点。

五是国有企业，特别是彩虹集团公司对产业的发展仍保持稳定的支撑、拉动作用。民营等非公有制经济发展加快，对产业增长的拉动作用逐步提高。2008 年，国有及国有控股企业合计收入 171.2 亿元，占产业的 57.3%以上，同比增长 6.8%，拉动产业增长 4.3 个百分点。特别是彩虹集团公司受国家“家电下乡入户”、电视机整机生产厂家对彩色显像管需求增长的影响，实现收入 50.4 亿元，同比增长 11.1%，对产业增长的贡献为 11.9%，拉动行业 2.0 个百分点。民营等非公有制企业实现收入 52.6 亿元，实现利润总额 3.7 亿元，实现工业增加值 9.2 亿元，同比分别增长 54.0%、–5.2%、–0.9%，占产业的比重分别为 20.5%、38.1%、12.2%，权重比上年有提升，其收入增速高于产业 37.4 个百分点，拉动产业增长 7.2 个百分点。

电子产品进出口贸易

全年实现出口交货值 38.9 亿元，同比减少 7.4%。主要出口产品是：彩色显像管、荧光材料、电子元器件；主要出口国家和地区是：土耳其、俄罗斯、印度、日本、中国台湾地区、美国、芬兰、韩国等。

存在问题

一是产品结构不合理，新型电子产品少，传统电子产品多。电子器件制造行业在全省电子信息产品制造业中所占比重达到 31.1%，半导体器件、集成电路、光电子器件合计在电子器件制造行业中所占比重仅有 34.2%，而电真空器件（主要是彩色显像管）在电子器件制造行业中所占比重为 65.8%。以太阳能光伏为代表的电子专用材料行业规模偏小，对产业的贡献不大，有待加快发展。集成电路、新型元器件、计算机与网络等新兴重点产业领域处于空缺或中低水平。以平板显示器等为代表的新兴电子产品收入在全省电子信息产品制造业收入中所占比重不足10%。

二是各种经济形式发展不平衡，非公有制经济比重偏小。截至2008年底，全省电子信息产品制造业国有控股经济的经济收入占电子信息产业收入的57.3%，集体控股经济占2%，私人控股经济占13.7%，港、澳、台商控股经济占2.8%，外商控股经济占24.2%。

三是基础材料、元器件较多，系统集成度高、附加值高的整机产品偏少。雷达设备产业占电子信息产业的6.4%，通信设备产业占电子信息产业的13.5%，广播电视设备产业占电子信息产业的0.2%，电子计算机产业占电子信息产业的0.03%，家用视听设备产业占电子信息产业的3.4%。整机产品偏少，不利于产业链的形成和产业集聚。

四是投入不足，导致产业整体创新能力弱。2006年至2008年三年间，产业研发资金投入合计61.2亿元，年均投入为20.4亿元，占年收入的7.8%；技改资金合计投入57.8亿元，年均投入为19.3亿元，占年收入的7.4%。投入远低于全国电子信息产业年投入的平均水平。

五是龙头企业少，难以形成优势产业集群或产业链。陕西省电子信息产品制造业除彩虹集团公司对产业有过一定的带动作用外，其他企业规模普遍偏小、产品分散，致使产业不能在几个专业领域方向上形成突破，而彩虹集团公司目前正处于产品结构调整中，龙头企业的作用明显下降。

六是园区建设还不能为企业发展、产业聚集提供平台和环境。近年来，陕西省的园区除西安软件园、集成电路设计基地对全省相关产业发展有一定的引领作用外，其他园区，特别是咸阳（国家）显示器件园基本没有发挥作用。部分园区建设仍停留在形式上，为企业发展、产业聚集提供良好平台和环境的能力，与产业发展要求还有一定差距，对整个产业的辐射、带动、引领作用不够。

发展预测

2009年，一些出口份额较大的企业会受到国际金融危机的影响，部分电子产业的产值将有所下降，但全省电子信息产品制造产业总体将趋于平稳发展。考虑到美国美光科技股份有限公司的一期项目和二期项目的投产，将实现近25亿元的收入；陕西天虹硅材料有限责任公司的多晶硅材料部分投产，将实现收入10亿元；彩虹集团公司的玻璃基板项目投产，将新增收入3亿元；陕西电子信息集团的半导体照明芯片及封装等将新增收入约5亿元；西安隆基硅技术有限公司的硅材料加工将新增收入约5亿元等因素。预计，2009年，陕西省电子信息产品制造业将实现工业总产值375亿元，同比增长12.7%；实现工业销售产值368亿元，增长9.2%；实现主营业务收入340亿元，增长13.8%；实现工业增加值85亿元，增长12.9%；实现利税总额19.5亿元，同比增长9.6%。

对策与建议

一是加大投资，实施大项目带动战略和技术改造。抓住国家扩大内需，促进经济平稳较快增长的10项措施出台的机遇，筹措资金，推进太阳能光伏、半导体照明、集成电路、新型显示配套组件产业项目上规模，见成效；利用好国家增值税转型的政策，抓住国外尖端设备价格处于较低水平的契机，实施技术改造，提高产业技术工艺装备水平；加快产业结构调整，提升产业竞争能力。

二是加快发展太阳能光伏和半导体照明产业。抓住国际国内发展可再生能源的战略机遇，依托陕西省在太阳能光伏和半导体照明领域的技术和产业基础，做强做大太阳能光伏和半导体照明产业，出台加快全省太阳能光伏和半导体照明产业指导意见。依托陕西天宏硅材料有限公司等，加快发展多晶硅材料产业；依托西安隆基硅材料股份有限公司等，加快发展硅材料加工制备产业。依托中国电力投资集团公司西安太阳能有限公司、陕西电子信息集团有限公司、碧辟佳阳太阳能有限公司等，加快发展太阳能光伏电池、组件产业。引进大功率LED外延片和管芯生产项目，加快发展外延片、管芯、大功率封装、半导体照明应用、专用设备等为主体的半导体照明产业链；推进国家大功率半导体照明产业基地、西安太阳能光伏产业园、咸阳和榆林硅材料—光伏产业园；重点建设国家太阳能光伏、半导体照明产业相关研究中心，在高纯多晶硅、高效太阳能电池片、大功率LED外延片和管芯、MOCVD设备等领域实现技术突破。设立省太阳能光伏和半导体照明产业专项发展资金，力争在2010年，太阳能光伏和半导体照明的产业规模达到350亿元；在2012年，争取达到1 000亿元，建设规模达到1 000MW的太阳能光伏产业集群，多晶硅用量达到1万吨，培育规模超过100亿元的企业2~3家，超过50亿元的企业4~5家，超过10亿元的企业10家。

三是加快发展新型平板显示器件配套产业。以构建平板显示器组件产业链为重点，支持彩虹集团公司的产业结构调整，发展新型平板显示器件配套产业。2009年，在推进一期平板显示玻璃基板项目达产的同时，加快后续生产线的建设。同时，促其着手开发第6代、第7代液晶显示、等离子（TFT、PDP）显示用玻璃基板量产技术。到2010年，彩虹集团公司将实现收入超过100亿元；以彩虹集团公司为龙头，在西安瑞联近代电子材料有限责任公司、咸阳偏转集团公司、西安康鸿信息技术股份有限公司等核心企业的带动下，形成新型平板显示器件关键组件及材料配套能力50亿元的产业规模。

四是积极做好产业指导和服务工作，促进全省电子信息产品制造业又好又快发展。首先，重点抓好美国美光科技股份有限公司、美国应用材料公司、中兴通讯股份有限公司在陕西省项目建设服务工作，力争美光半导体（西安）有限责任公司在2009年实现收入25亿元；2010年，实现收入50亿元。其次，分析研究全国乃至全球电子信息产业发展趋势、产业政策等，注重全省电子信息产业发展的调查研究，针对新情况，提出发展意见和措施。定期发布产业动态信息，为行业发展做好指导和协调。第三，争取国家资金的支持，发挥省内电子配套资金的作用，引导社会资金对陕西省电子信息产业的投入；协调社会和政府各部门、产业园区等资源，为企业排忧解难，为产业的发展提供保障和支持。

【统计数据】

表 1　2008 年陕西省电子信息产品制造业人员构成情况

企业类别	企业数（家）	年末从业人员总数（人）	人员构成		
			工程技术人员（人）	管理人员（人）	硕士以上（人）
国有企业	22	40 142	6 631	5 338	477
有限责任公司	31	26 917	7 126	3 408	566
股份有限公司	6	3 061	268	524	19
私营企业	2	227	55	72	
港、澳、台合资经营企业	5	3 366	170	157	10
港、澳、台投资股份有限公司	1	568	135	78	18
外资企业	2	1 932	95	178	
外商投资股份有限公司	9	20 914	9 585	3 201	179
合计	78	97 127	24 065	12 956	1 269

表 2　2006 年—2008 年陕西省电子信息产业基本情况

项目名称	单位	2006 年	2007 年	2008 年
工业销售产值（现行价）	万元	2 677 013*	3 081 784*	3 370 898*
其中：出口交货值	万元	401 873	510 824	388 954
软件出口额	万美元	5 120	13 000	11 200
工业增加值（生产法）	万元	616 589*	703 513*	753 373*
从业人员年末人数	人	32 699	97 188	96 559
从业人员工资总额	万元	270 992	377 124	209 060

注：表内带 * 的数据不含软件业。

表3 2006年—2008年陕西省电子信息产业财务情况

项目名称	单位	2006年	2007年	2008年
流动资产合计	万元	1 917 810	2 332 563	2 411 518
固定资产合计	万元	1 117 945	1 259 491	1 458 085
资产合计	万元	3 486 790	4 020 431	4 453 356
流动负债合计	万元	1 710 886	1 992 071	2 111 447
负债合计	万元	2 071 667	2 352 448	2 587 207
所有者权益合计	万元	1 415 232	1 667 982	1 866 149
利润总额*	万元	129 059	191 979	96 842
应交所得税*	万元	25 838	72 545	14 328

注：表内带*指标含软件业。

表4 2006年—2008年陕西省电子信息产业主要经济效益指标完成情况

项目名称	单位	2006年	2007年	2008年
工业全员劳动生产率	元/人	67 829	750 078	77 565
流动资产周转率	%	1.2	1.1	1.3
工业产品销售率	%	94.2	99.0	101.3
总资产贡献率	%	2.9	5.2	5.1
资本增值保值率	%	136.1	114.4	111.9
资产负债率	%	59.4	58.5	58.1

注：表内数据不含软件业。

表5 2006年—2008年陕西省主要电子信息产品产销量情况

产品名称	单位	产量			销量		
		2006年	2007年	2008年	2006年	2007年	2008年
彩色显像管	万只	1 538	1 537	1 255	1 496	1 519	1 251
彩色电视机	万台	145	131	139	145	130	139
程控交换机	万线	32	6.4		35	8.1	
广播发射设备	部	173	739	40	212	580	38
行输出变压器	万只	283	342	146	299	342	174
偏转线圈	万只	2 115	1 490	1 206	2 135	1 517	1 229
偏转磁芯	万只	4 844			4 866		

续表

产品名称	单位	产量			销量		
		2006年	2007年	2008年	2006年	2007年	2008年
电子通用设备	台	283	419	248	250	440	193
电子元件	亿只	17	44	91	17	42	88
电子器件	亿只		1.1	8.5		1.2	8.6
中高压真空开关管	万只	19	46	56	17	46	53

注：表 1~表 5 数据来源陕西省电子信息产品制造业 2008 年年报材料。

[撰稿：陈静　审稿：许蒲生]

甘　肃　省

【综述】

2008 年，甘肃省电子信息产业实现工业总产值（现行价）18.96 亿元，同比增长 6.52%；实现主营业务收入 36.54 亿元，增长 15.49%，其中软件业 18.33 亿元，增长 26.33%；完成工业增加值 10.12 亿元，增长 20.62%，其中软件业 3.69 亿元，增长 30.39%；实现利润总额 3.06 亿元，增长 131.82%，其中软件业 1.68 亿元，增长 60%；实现税金总额 1.76 亿元，增长 15.03%，其中软件业 0.63 亿元，减少 13.7%。

2008 年，甘肃省电子信息行业国有企业有 3 家，国有独资公司有 1 家，集体企业有 1 家，股份合作企业有 3 家，三资企业有 2 家，其它企业有 61 家；年末从业人员总数 14 839 人，同比减少 1.81%，其中工程技术人员 3 788 人，管理人员 2 294 人；资产总计 54.6 亿元，减少 15.3%。

电子信息制造业

2008 年，甘肃省电子信息制造业完成技改措施项目投资额约 3 亿元，研发资金投入总额 1.2 亿元，完成项目 60 余项，研发新产品 400 多项。

企业以研发和生产为依托，以机构设置和技术人员调整为保障，以市场需求和科研项目为牵引，制定详实的技术发展与创新规划，在开发研制新品过程中，反复进行分析、论证，并在此基础上确定实施方案。因此，所开发的新产品具有竞争力。如：天水天光半导体公司研制的高亮度发光二极管（HB-LED）及大功率三极管等产品占据国内市场较大份额，产品等级由原来的 B 级、B1 级提高到航天 B 级、S1 级，电参数与国外同类产品保持一致，满足了国家重点工程的急需和市场的需求；华天微电子集团公司开发有市场竞争力的 DFN、MCP、WLCSP 等产品，使其技术达到国内领先水平，同时还开发出了智能传感器等产品；甘肃长风信息集团，采用亚临界萃取超临界精制技术深度开发蕃茄皮籽产业化等，取得经济效益；兰州瑞德集团的多线切割机和数控精密研磨机等处于国内领先地位；甘肃虹光电子公司的电真空器件，在 X 毫米同轴磁控管领域率先在国内取得突破性成果，打破了西方国家在此领域对中国实施的封锁禁运，成为国内为数不多的、可以批量生产满足整机要求的毫米波磁控管生产厂家之一；天水庆华电子科技公司开发 2YW101 型新型光电子产品；天水铁路电缆工厂开发中国急需的信号电缆、综合光电缆等。

主要产品产量　集成电路产量 30.71 亿块，同比减少 35.48%；无线电专用设备产量 632 台，减少 12.22%；综合电缆产量 10 496 公里，增长 26.56%；电真空器件产量 2.58 万只，增长 11.69%；波导元器件产量 1.54 万套，减少 30.32%。

2008 年，甘肃省电子信息产业发展的主要特点如下：

一是行业运行呈现年初平稳，年中初步增速，年末下滑的局面。年初，虽然中国南方地区出现冰雪灾害，但对甘肃省的电子信息产业发展影响不大，运行保持平稳态式；年中，产业经济初步出现增长，各项指标显示，比去年同期都有提高，呈现出良好的势头，但由于受到四川汶川大地震和国家财政政策的影响，特别是受到特种电子元器件订单下滑的影响，增长势头得到了抑制，随着美国次贷危机继续扩散蔓延，对甘肃省电子信息行业的影响越来越大，只有集成电路、系统集成和软件技术服务等部份小行业增长较快。

二是企业规模增大且骨干作用明显。2008 年，甘肃省电子信息制造业工业总产值超过亿元的企业有 5 家，它们的工业总产值、销售收入、增加值、利润总额等分别占制造业的 80%以上，特别是华天微电子集团公司贡献较大；10 家骨干软件企业的资产规模、主营业务收入、软件业务收入、增加值、利润总额、研发经费、从业人员、软件研发人员等分别占全省软件行业的 40%以上。

三是受到中国自然灾害频发、台海局势趋缓和整机生产计划调整等因素的影响，特种电子元器件订货大幅缩减。

四是市场拓展能力提高。兰州大成自动化工程有限公司利用自身在真空镀膜技术方面的优势，结合甘肃省在铜板等原材料方面的长项，进行有效合作，取得经济效益；兰州正远科技有限公司的“大型机场物流业务服务管理平台”（机场物流控制与管理信息系统），成功中标北京首都国际机场三号航站楼、上海浦东国际机场、广州白云国际机场等，同时开发出的地铁物流控制系统，在多个省、市中标；天水华天微电子集团公司在产品上档次的同时，保住市场份额。

五是随着金融危机的严重并逐渐蔓延，开始影响到 IT 市场并导致未来需求的下滑。上半年受影响相对较小，后两个月至明年受影响较大。如 1 月—10 月集成电路产量相比去年同期增长 20%，但全年的实际产量与去年同期相比增幅明显缩小。面对这一情况，企业一方面利用“行业协会”这个平台，加强交流与沟通，分工合作，共同研究开发适销对路的创新产品，提高产品质量，降低制造成本，保持市场竞争力。另一方面降低投资速度，修改原来大规模扩张计划，适当削减产量，以求稳步前行。

软件业

2008 年，甘肃省软件产业总体平稳发展。软件行业的综合经济效益指数为 262.73%，同比提高了 66.4 个百分点；总资产贡献率为 14.79%，提高了 13.94 个百分点；资本保值增长率为 112.35%，提高了 1.73 个百分点；流动资产周转率为 1.97%，提高了 29.56 个百分点；资产负债率为 39.11%；成本费用利润率为 10.12%；劳动生产率为 90 174 元/人，同比增加 7 384 元/人。2008 年，有 2 家计算机系统集成企业获得部、省级计算机系统信息系统工程监理资质。2008 年 6 月，甘肃万维公司顺利通过 CMMI3 级认证评估工作。

2008 年，甘肃省通过认定的软件企业共有 64 家（含计算机系统集成企业），其中内资企业有 62 家，外资企业有 2 家。在内资企业中，国有控股企业有 6 家，集体控股企业有 6 家，私人控股企业有 50 家。按行业划分，软件产品企业有 28 家，系统集成企业有 31 家，软件技术服务企业有 5 家。

全年甘肃省软件企业从业人数 4 137 人，其中软件研发人员 1 813 人，占总人数的 43.8%；管理人员 847 人，占总人数的 20.5%；在从业人员中大学本科以上有 2 923 人，占总人数的 70.7%。

科技进步与应用

2008 年，甘肃省电子信息行业注重研究与开发，增加研发投入的比重，不断提高自主创新能力，取得了新的成果。如：甘肃虹光公司通过与清华大学、西安交通大学、中国电子科技集团公司第十二研究所等科研院所进行产、学、研相结合，取得了大功率磁控管研制等多项技术成果，推动了微波电真空器件的新品科研工作，不仅填补了国内空白，而且对相关产业的技术升级具有价值。天水华天科技股份有限公司的“带腔体的光电封装技术”获得第三届（2008 年度）半导体创新产品和技术，“PQFP100L IC 堆叠集成电路封装”获得中国电子学会电子信息科学技术三等奖，“TSSOP 系列超薄微小型集成电路封装技术”、“LQFP176L 型高密度封装技术”和“JTM 系列电源变换器模块”被认定为甘肃省技术创新优秀产品。天水天光半导体有限责任公司的 ER3020 型宽带功率放大器等 8 项成果通过省级科技鉴定。兰州瑞德设备制造有限公司的 X61 1572L-1 型（24B）数控精密研磨机获得第三届（2008 年度）中国半导体创新产品和技术，甘肃省科学技术进步三等奖。甘肃紫光智能交通与控制技术有限公司的“交通综合业务平台”项目属于科技含量高、创新能力强的技术开发项目，通过研究开发已初步形成规模，现已得到了部分应用，该企业是国内唯一推出该平台的企业，并于 2008 年 5 月 19 日获得了软件著作权。甘肃信业科技有限责任公司所做的增值电信业务，于 2008 年底中国移动公司给予了高度评价及奖励。兰州大成自动化有限公司的“DLZ 系列大型快速等离子轰击清洁设备研究”项目获得中华全国工商科技进步二等奖，获得发明专利授权 2 项。甘肃同元信息系统技术有限责任公司的“藏文软件开发专项”和兰州科近真空冻干技术有限公司的“JDGP、JDGE 智能专家监控软件”分别获得 2008 年度中国电子学会电子信息科学技术二等奖和三等奖。

电子产品进出口贸易

2008 年，甘肃省电子信息行业进出口贸易出现大幅下滑，出口交货值超过 6 000 万元，同比大幅下滑。在出口企业中，只有天水华天电子集团出口交货值有所上升。由于受资金等因素的制约，企业在向外拓展市场时，主要依靠国外老客户推荐和国外销售网络。

信息产业基地建设

兰州高新技术产业开发区（以下简称兰州高新区）全年完成技工贸总收入 400 亿元，同比增长 60%，完成目标任务 300 亿元的 133.3%；实现工业增加值 68 亿元，增长 30.8%，完成目标任务 62 亿元的 109.9%；实现税收总额 9 亿元，增长 38.5%，完成目标任务 7.8 亿元的 115.4%；完成出口创汇 7 500 万美元，增长 20%，完成目标任务 7 500 万美元的 100%；完成固定资产投资 23 亿元，增长 9.5%，完成目标任务 23 亿元的 100%。

信息化应用与建设

2008 年，中国电信甘肃万维公司研发推广了“商企平台——中小企业综合信息应用平台”。它依托中国电信品牌、产品、服务、网络、渠道和客户资源优势，利用先进技术将众多 IT 软、硬件产品与电信的基础通信业务和增值业务相融合，为商业客户搭建了一个专业的、安全的、高效的电信级网络和服务平台，用户可通过租用、托管等方式解决商企客户信息化应用的需求，控制企业管理成本，加速企业信息化进程。该产品获得中国电信集团科技进步二等奖，并获得甘肃省地方政府的扶持和资助。目前，该平台已在甘肃、青海、西藏、新疆、陕西、宁夏等多个省份打开市场。此外，与中小企业综合信息服务平台开发的配套软件产品，如“数字商场”、“数字小区”、“电话看家”、“电脑保姆”等也取得销售业绩。

2008 年，甘肃省又有 5 个项目被列入全国电子信息技术应用“倍增计划”。

【统计数据】

表 1　2008 年甘肃省电子信息产业人员构成情况

企业类别	企业数（家）	年末从业人员总数（人）	人员构成					
			工程技术人员（人）	在总人数中所占比例（%）	管理人员（人）	在总人数中所占比例（%）	软件开发人员（人）	技术工人（人）
国有企业	3	2 492	1 863	74.6	326	13.1	292	771
国有独资企业	1	3 101	529	17.1	518	16.7	5	529
集体企业	1	71	57	80.3	13	18.3	57	
股份合作企业	3	543	108	19.9	262	48.3	108	
其他企业	61	12 012	2 521	21.0	1 722	14.3	1 271	1 348
三资企业	2	48	39	81.3	11	22.9	39	

表2　2006年—2008年甘肃省电子信息产业基本情况

项目名称	单位	2006年	2007年	2008年
工业总产值（现行价）	万元	219 400	178 000	189 586
工业销售产值	万元	225 800	171 900	183 421
其中：出口交货值	万元	72 100	6 700	6 119
软件出口额	万元			31
工业增加值	万元	85 500	83 900	101 211
流动资产平均余额	万元	324 400	297 200	323 455
固定资产净值平均余额	万元	135 000	116 500	113 327
资产总计	万元	584 100	645 000	546 462
负债合计	万元	365 600	346 000	270 792
产品销售收入	万元	365 000	316 400	365 401
其中：软件产品销售收入	万元	25 664	32 677	137 807
税金总额	万元	10 885	15 300	15 600
利润总额	万元	690	13 200	30 642
应交所得税	万元	140 000	4 000	3 748
从业人员年末人数	人	14 442	15 112	15 166
从业人员工资总额	万元	23 100	23 700	27 790

表3　2006年—2008年甘肃省电子信息产业三资企业基本情况

项目名称	单位	2006年	2007年	2008年
软件出口额	万元			31
工业增加值	万元	307	473	393
流动资产平均余额	万元	992	1 120	1 093
固定资产净值平均余额	万元	298	324	298
资产总计	万元	1 290	1 444	1 247
负债合计	万元	882.4	1 150	905
产品销售收入	万元	1 396	2 166	1 619
其中：软件产品销售收入	万元	1 396	2 166	1 619
税金总额	万元	34	117	41
利润总额	万元	98	140	47
应交所得税	万元		32	5
从业人员年末人数	人	94	93	48
从业人员工资总额	万元	120	165	136

表 4　2006 年—2008 年甘肃省电子信息产业主要经济效益指标完成情况

项目名称	单位	2006 年	2007 年	2008 年
全员劳动生产率	元/人	156 402	160 897	74 131.4
流动资产周转率	%	1.1	1.1	1.4
产品销售率	%	102.0	98.0	96.7
总资产贡献率	%	2.7	5.6	10.3
资产保值增值率	%	115.0	122.0	111.7
资产负债率	%	63.0	54.0	46.2

注：2006 年—2007 年全员劳动生产率不含软件企业。

表 5　2006 年—2008 年甘肃省电子信息产业三资企业主要经济效益指标完成情况

项目名称	单位	2006 年	2007 年	2008 年
全员劳动生产率	元/人	71 831	49 550	81 875
流动资产周转率	%	1.4	1.9	1.5
产品销售率	%	100.0	100.0	100.0
总资产贡献率	%	10.2	17.8	6.7
资产保值增值率	%	128.6	96.4	83.4
资产负债率	%	68.4	79.6	72.6

表 6　2006 年—2008 年甘肃省主要电子信息产品产销量情况

产品名称	单位	产量			销量		
		2006年	2007年	2008年	2006年	2007年	2008年
集成电路	万块	382 516	475 749	307 100	382 516	475 749	307 095
综合电缆	千米	320	8 293	10 496	320	8 258	1 164
电真空器件	万只	1.0	2.3	2.4	0.8	1.9	2.3
无线电专用设备	台	577	720	550	594	741	504
波导元器件	件/套	9 686	22 089	15 400	9 686	22 089	15 400

表 7　2006 年—2008 甘肃省三资企业主要电子信息产品产销量情况

产品名称	单位	产量			销量		
		2006年	2007年	2008年	2006年	2007年	2008年
软件咨询和供应	万元	172	186	240	172	186	240

注：表 1~表 7 数据来源于《甘肃省电子信息产业年报》。

[撰稿：武京生　审稿：张学仁]

青 海 省

【综述】

2008年，根据原国家信息产业发展政策和青海省委十一届三次、四次全委会确定的目标，按照建立六大支柱产业和五大基地的经济发展新要求，完成了《青海省电子材料产业发展指导意见》的修订工作，并起草了《关于贯彻落实电子信息产业调整和振兴规划的实施意见》，为青海省电子信息产业的发展规划提供了理论依据。为贯彻落实国务院《关于支持青海等藏区经济社会发展的若干意见》（国发 [2008] 34），加快推进青海省工业和信息化建设进程，促进工业化和信息化融合，起草了《关于进一步推进全省工业企业信息化建设和应用的指导意见》，并上报省政府转发。

2008年，青海省在电子政务建设、企业信息化建设、农村信息化建设等社会各领域都取得了发展，以应用为先导，加强信息资源开发和利用，加快信息基础设施建设，尤其是电子信息技术在社会各领域的广泛应用，进一步促进了青海省电子信息技术的应用和推动能力，为实现“十一五”电子信息产业发展目标奠定了良好的基础。

2008年，青海省在从事于电子信息技术服务的企业中，民营企业数量占到98%以上，主要从事信息技术的开发应用、电子产品的销售、网络服务及电子产品的维修及售后服务。外向型合作经济主要是青海省招商引资的合作企业，利用本省的资源优势，开发硅、铜、铝、锂等电子信息材料。

电子信息产业制造业

依托青海省资源优势，重点发展电子信息材料产业是青海省“十一五”规划纲要确定的重点发展产业之一。重点开发和生产晶体硅材料、铜箔、碳酸锂、镁、高纯铝、铝化成箔、碳酸锶等电子信息材料。2 000吨多晶硅、1 000吨单晶硅及硅切片项目顺利投产，太阳能光伏发电、锂电池等项目正在建设中。全省电子信息产业制造业正向集约化、规模化、专业化、基地化目标建设。青海省电子信息产业制造业的发展目标是：发展硅材料、太阳能等新兴的电子信息材料产业，抓好硅材料等项目建设，使硅材料、太阳能成为全省新的经济增长点和支柱产业。

软件业

2008年，青海省在取得国家支持的电子发展基金项目的研发成果基础上，拓宽应用领域，目前已广泛应用于基础教育、民族文化发展及各领域的信息技术应用和生态保护等方面，并取得了较好的经济效益和社会效益。在改革开放三十年电了信息产业发展成果展览上，青海省在软件产业中所取得的成绩，得到了工业和信息化部领导的肯定和支持。2008年，仅软件类一项，获得工业和信息化部电子发展基金支持100万元。

科技进步与应用

2008年，青海省按照“抓重点、抓特色，研发与应用相结合”的原则，利用先进的科学技术，提高电子信息材料产品的技术含量，提升产品在产业链中的高附加值。如：36/48对棒节能型多晶硅还原炉设备研发与产业化，高海拔地区铝化成箔的研制和产业化，锂的高提纯技术应用研究，硅材料的高尺寸硅晶圆的研发，高纯度铜箔开发等，正在向把高新技术应用到产品的开发与研究方向发展。

青海省软件企业研发的软件技术产品得到了广泛应用，他们利用所取得的专利技术和获奖成果对外拓展，如与外省企业合作共同开发了动漫网络游戏软件，填补了青海省动漫游戏领域的空白，进一步提升了青海省软件企业的研发水平。

信息化应用与建设

2008年，青海省信息化建设在省委、省政府的支持下，贯彻《青海省信息化建设管理规定》、《青海工业企业信息化发展纲要》、《青海电子政务建设规划(2004–2010 年)》、《青海电子商务发展规划》等一系列政策文件，本着以应用为先导，以开发促应用的原则，促进和提高了全省信息化建设水平，提升和推进了全省工业化与信息化的融合进程。在“两化”融合中，青海省坚持“企业为主、政府推动；注重应用、分类指导；技术创新、发挥优势；统筹兼顾、协调发展”的发展方式，组织实施一批具有行业带动作用的企业信息化示范工程，引导和支持重点区域、重点行业、重点企业的信息化建设，以重点项目和骨干企业为依托，发挥比较优势，积极运用信息技术改造和提升传统产业，把信息技术的应用与推进全省工业产品结构、生产技术、工艺流程、节能降耗结合起来。

2000 年—2008 年，青海省共向原信息产业部申报电子信息技术应用“倍增计划”项目 110 多个，取得国家资金支持 935 万元，项目涉及装备制造业、机械、盐化工、食品医药等领域，项目的建设提高了企业的生产管理水平，改善了工艺流程，提高了生产效率，降低了生产能耗。在获得国家资金支持的项目中，有 3 个项目获得了原信息产业部“倍增计划”优秀项目和示范工程。

[撰稿：李义奇　审稿：蒋青波]

宁夏回族自治区

【综述】

2008 年，宁夏回族自治区（以下简称宁夏）电子信息产业制造业纳入行业管理的企业有 4 家，从业人员年末总人数 1 295 人，拥有资产总额为 83 944 万元，企业年末所有者权益为 30 545 万元。

2008 年，宁夏隆基硅材料有限公司正式投产，其主要产品为单晶硅，全年完成工业总产值（现行价）7.09 亿元，生产单晶硅 288 吨、提纯硅 68 吨，实现销售收入 6.68 亿元，实现利润总额 1.06 亿元。该企业的建设投产，使宁夏电子信息制造业的产品结构有所改变，成为新的经济增长点。

全年纳入行业管理的 4 家企业合计完成工业总产值（现行价）85 282 万元，同比增长 1.82 倍；完成工业增加值 24 353 万元，增长 1.15 倍；实现产品销售收入 81 620 万元，增长 2 倍；盈亏相抵实现利润总额 7 271 万元，比 2007 年增加盈利 7 918 万元。其主要原因是新投产的宁夏隆基硅材料有限公司的产品利润率较高，实现利润较大；其他 3 家企业均为亏损，亏损额为 3 342 万元。

主要产品产量：电解电容器产量 3.8 亿只，增长 21%；频率控制和选择用元件产量 377 万只，减少 7.1%；真空电子器件材料镍基材料产量 392 吨，减少 24.8%；新增单晶硅产量 288 吨，提纯硅产量 68 吨。

【统计数据】

表 1　2008 年宁夏回族自治区电子信息产业人员构成情况

企业类别	企业数（家）	年末从业人员总数（人）	人员构成			
			工程技术人员（人）	在总人数中所占比例（%）	管理人员（人）	在总人数中所占比例（%）
股份有限公司	4	1 295	188	14.5	59	4.6

表 2　2006 年—2008 年宁夏回族自治区电子信息产业基本情况

项目名称	单位	2006 年	2007 年	2008 年
工业总产值（现行价）	万元	18 312	30 172	85 282
工业销售产值	万元	17 112	27 282	81 417
出口交货值	万元	1 543	2 482	2 126
工业增加值	万元	4 447	11 280	24 353
流动资产平均余额	万元	14 910	15 518	38 124
固定资产净值平均余额	万元	17 049	21 398	39 672
资产合计	万元	39 026	46 809	83 944
负债合计	万元	29 206	34 586	53 399
产品销售收入	万元	18 538	26 371	81 620
税金总额	万元	271	263	1 189
利润总额	万元	–546	–647	7 271
应交所得税	万元	21		
从业人员年末人数	人	1 408	1 430	1 295
从业人员工资总额	万元	1 867	3 063	3 000

表 3　2006 年—2008 年宁夏回族自治区电子信息产业主要经济效益指标完成情况

项目名称	单位	2006 年	2007 年	2008 年
全员劳动生产率	元/人	32 085	78 881	179 990
流动资金周转率	%	1.2	1.7	2.1
产品销售率	%	93.4	90.4	95.5
总资产贡献率	%	–0.5	–2.5	10.2
资本增值保值率	%	119.4	94.7	174.8
资产负债率	%	74.8	73.9	63.6

表 4　2006 年—2008 年宁夏回族自治区主要电子信息产品产销量情况

产品名称	单位	产量			销量		
		2006年	2007年	2008年	2006年	2007年	2008年
电容器	万只	20 133	31 435	37 981	21 584	31 435	40 703
滤波器	万只	325	406	377	315	324	392
镍带	公斤	686 000	521 000	392 000	691 000	519 000	354 000
单晶硅	公斤			288 000			288 000

注：表 1~表 4 数据来源宁夏回族自治区机械电子行业管理办公室。

[撰稿：康萍　审稿：林增慧]

新疆维吾尔自治区

【综述】

2008 年，新疆电子信息产业规模以上 114 家企业完成主营业务收入 42 亿元，同比增长 16%；实现利润总额 3.3 亿元，保持了 6 年持续增长的发展态势。

新疆电子信息行业固定资产投资稳步增长。全年完成固定资产投资 5.45 亿元，增长超过 50%。其中，完成基本建设投资 2.28 亿元，完成技改措施项目投资 3.17 万元。重点投资项目执行情况良好。其中，多晶硅一期 1 500 吨项目、环保型电子铝箔项目、电极箔项目、8 英寸 44MW（其中多晶 12MW、单晶 32MW）二期项目、医疗电子设备项目等已完成计划投资 80%以上。由于受国际金融危机的影响，电子材料等个别项目进程有所减缓。

新疆无线电监测网一期工程进入建设实施关键阶段，通过严格执行招投标制度完成了 2008 年 57 套设备，合计 3 900 万元的采购任务，节约项目资金近千万元。

信息产业持续较快发展。2008 年下半年以来，在全球金融危机、市场竞争加剧的形势下，新疆电子信息产业充分发挥特色，依托丰富的信息产品基础资源和电力能源的优势，练内功、调结构、挖潜力，保持了产业平衡发展。加快实施新疆众和股份有限公司 1.5 万吨电子铝箔、1.5 万吨非络酸高压电子铝箔技改项目，调整高附加值产品比重，带动了行业整体效益的提升；加快新技术、新设备和新工艺的引进，突破节能和环保等关键技术，促进了新疆新能源股份有限公司 44 兆瓦单晶硅、多晶硅片等项目按时完工和投入生产；高度重视利用新疆本地石英砂等矿产资源，协调有关部门大力支持新疆硅业公司 1 500 吨多晶硅原料技术改造项目早开工、早建设，促进了新疆资源优势向电子信息产业优势的转化。

电子信息产品制造业

新疆规模以上电子产品制造企业 7 家，完成工业总产值（现行价）15.4 亿元，同比减少 12%；实现工业增加值 4.5 亿元；实现利润总额 1.1 亿元。

软件业

新疆规模以上软件企业（包括软件开发、系统集成和软件服务）107 家完成主营业务收入 28 亿元，同比增长 40%。其中软件产品收入 2 亿元，系统集成收入 11 亿元，软件服务收入 2 亿元；实现工业增加值 5.3 亿元；实现利润总额 2.17 亿元。

新疆拥有一定规模和实力的系统集成企业有 238 家，其中取得国家二级、三级和四级计算机信息系统集成资质认证的企业有 13 家；通过认定的软件企业有 52 家，其中有 2 家企业为国家布局内重点软件企业；软件产品通过登记的有 178 件，软件著作权登记 27 件。

提升软件企业竞争实力。2008 年，新疆首批进行 CMMI 认证的新疆公众信息产业股份公司、新疆虹联软件有限责任公司、新疆西北星信息技术有限责任公司、新疆熙菱信息技术有限公司、新疆易新软件自动化技术有限公司 5 家软件企业已完成了 CMMI 认证工作，目前第一批实施 CMMI 认证软件企业有 2 家通过 QI 验收。同年，又启动 3 家软件企业实施第二批 CMMI 认证工作。

2008 年，共举办地方级项目经理培训班 3 期，有 459 人取得项目经理合格证书，累积达到 1 268 人。截至 2008 年底，新疆取得“国家级”资质的企业有 14 家。其中，获得二级资质企业的有 2 家、获得三级资质企业的有 5 家、获得四级资质企业的有 7 家；合计共计 213 人取得“国家级”计算机信息系统集成项目经理资质，其中项目经理有 198 人、高级项目经理有 15 人。

科技进步与应用

2008 年，新疆电子信息产品制造业企业投入研发费用 9 398 万元，占主营业务收入的 6%以上。

通过加大产品和技术创新，形成了一批具有自主创新特点的信息技术和产品。乌鲁木齐金丰收软件科技公司开发的团场棉花收购系统、团场职工一卡通管理系统，新疆瑞联软件有限公司开发的农民直补一卡通邮政接入系统，乌鲁木齐恒叶信息技术公司开发的农业灌溉用水及收费信息管理系统，新疆吉尔利数字技术公司开发的农田棉铃虫远程检测系统，新疆惠农园软件开发公司开发的农产品收购信息管理系统（棉籽版）等软件，已在新疆“三农”领域广泛应用并产生成效。

新疆西北星信息技术公司开发的政府信息公开管理平台、基础应用平台、政务协同系统和维哈柯文综合资源信息服务平台等，推动了政府信息公开，促进了政务协同，提高了行政效率。

新疆熙菱信息技术公司开发的网络审计与监控系统，新疆高德管理咨询公司开发的财务顾问专家系统，乌鲁木齐金维图文信息科技公司开发的跨平台金维地学信息处理研究系统，新疆盛华信息技术公司开发的录井信息随钻综合评价系统，新疆富克思生物技术发展公司开发的FODT药物分析系统，新疆电子研究所开发的中小矿业资源综合管理信息系统，新疆计算机应用研究所开发的医院信息系统、社区服务与综合管理信息系统等，已在新疆石油、地质、矿藏、金融、医疗、社区等领域示范应用。

2008年，新疆天科合达蓝光半导体有限公司与中国科学院合作，实施具有重大创新的新一代碳化硅半导体单体晶片（3万片）产业化项目，实现了替代进口和满足高附加值、高科技产品生产的需要。

开展申请国家电子发展基金工作。2008年，根据国家信息产业部电子产品发展基金申报工作安排，新疆共受理地方企业申报国家电子发展基金项目22个，经审查向工业和信息化部推荐符合2008年产业发展指南的有18个，总投资12 930万元。其中，新疆众和公司的集成电路靶材用高纯铝项目、新疆理化所的微型片式高精度NTC热敏电阻项目、新疆金中华通讯公司的双语教育及面向农村信息化经济型计算机项目合计获得国家资金支持300万元。

加强重点行业战略规划和政策研究。年内，组织国家信息化专家开展了“新疆发展多语种软件及外包服务业”战略研究与规划；完成了“新疆缩小数字鸿沟”战略研究课题；通过对新疆11个行业、近500家企业的深入调研，提出了《以信息技术改造和提升传统产业的指导意见》；围绕行业发展的重点、难点和群众关心的热点问题，开展大调研、大讨论，形成了一批有价值的调研报告、论文近60篇。

信息化应用与建设

信息基础设施建设 2008年，新疆通信光缆线路总长度达到16万公里，宽带业务接入端口超过116万个，基础电信运营企业互联网用户158万户，基本实现大、中城市光纤到路边、进社区，互联网普及率达到17%以上；固定电话和移动电话普及率分别为30.3部/百人和50.2部/百人，均居西部12省区前列，移动电话用户突破1 000万户。广播综合和电视综合人口覆盖率均达到93.5%。

农村信息基础设施建设明显加快。农村固定电话普及率为12部/百人，移动电话行政村覆盖率为94.70%，农村人口覆盖率为95%，乡镇宽带接入率为95.5%，行政村宽带接入率为51%。

2008年，完成了新疆《信息化促进条例（草案）》从第1稿到第6稿的起草、论证、意见征询等工作，现已正式列入新疆人大2009年立法计划。

农村信息化建设 2008年，新疆启动实施了“新农村百千万信息服务行动”，并在7个地州14个县市的146个乡镇进行试点，试点示范活动推进了县乡村三级农村综合信息服务体系的建设，在新疆922个乡镇（场）中，已有668个乡镇建立了网站（网页），农村党员干部现代远程教育终端接受站点已覆盖所有行政村。采取“信息大棚车”、专题学习班、讲座等多种形式，培训农村乡镇干部、农协会员、种养植大户、农村信息员和农民累计人数超过30万人次。

电子政务建设 完成了新疆公共突发事件应急平台体系建设总体规划及建设方案的制定；推动“百件实事网上办”活动，各地、州（市）政府网站在教育、医疗卫生、社会保障等5个重点领域为广大百姓提供100项惠民服务；推进信息资源的开发利用、业务协同和在线服务，启动实施了新疆“企业基础信息共享工程项目”、“县市级政府行政审批系统开发与应用示范”、“自治区县市级政府多语种协同电子政务应用系统”等电子政务应用试点示范项目。其中，精河县开展的“并联行政审批”、阜康市开展的“一站式办公”、疏勒县、阿图什市、墨玉县开展的“窗口行业双语电子政务”等试点示范均取得了成效。

企业信息化建设　企业信息化意识增强，应用信息技术改造传统产业的力度加大，信息化对提升企业经营管理能力和市场竞争力的作用显现。特别是中小企业应用信息技术的自觉性提高，有近 60%的规模以上企业建立了网络系统，有 40%的企业实施了资源计划系统（ERP）、管理信息系统（MIS）、供应链管理（SCM）和客户关系管理（CRM）。

“倍增计划”　2008 年，从 21 个申报项目中筛选出 9 个项目上报全国电子信息技术推广办公室，项目资金总额 19 012.4 万元，其中有 6 个项目已获得批准列入 2008 年电子信息技术应用项目计划，并为后期的项目及申请补贴做好项目储备。同年，新疆有 2 个项目获得工业和信息化部信息技术应用“倍增计划”120 万元经费补贴。其中，新疆博湖苇业股份有限公司的“管理与控制一体化建设工程”项目获得奖金支持 70 万元，新疆新能源股份有限公司的“单晶拉制生长炉及供电设备的谐波治理及无功补偿技术应用”项目获得资金支持 50 万元。

改造和提升传统产业　利用信息技术实现节能减排是“两化融合”的新亮点，也是 2008 年实施信息技术应用“倍增计划”的重点投向。围绕节能减排降耗和加速推进企业信息化的战略目标，重点在 50 家大中企业和骨干企业实施了 ERP、SCM、CRM 等，促进了优势企业实现产品研发信息化、生产装备数字化、生产过程智能化和营销服务网络化，企业综合能耗比下降幅度达到了 10%~30%。

网络与信息安全建设　为摸清新疆网络与信息安全的基本情况，确保重要信息系统的安全，经新疆主要领导批准同意，新疆信息产业厅会同机要局、保密局、公安厅、安全厅和质监局等部门，组织开展了对新疆 14 个地州市、86 个政府部门、4 个自治区直辖县级市共 104 个单位的网络信息安全专项检查。

针对此次专项检查中发现的突出问题，提出了加强和改进新疆网络信息安全工作的建议。新疆自治区主席努尔·白克力同志、党委常委宋爱荣同志分别做出批示，肯定了专项检查的成效，并对加强新疆网络信息安全工作提出了新的要求。按照批示精神，新疆信息产业厅就加强信息安全管理、等级保护、风险评估、信息安全培训工作及建立新疆全区异地容灾备分中心等提出建议，并向新疆自治区人民政府报送了《关于进一步加强自治区网络信息安全工作的意见》。

新疆专门设立了电子信息发展专项资金和农村信息化专项资金，各级政府和中小企业推进信息化的积极性越来越来高，信息化推进的氛围已经形成。

电子产品进出口贸易

2008 年，太阳能电池板和组件、电子材料、卫星地面接收天线、电视机等电子类产品全年出口交货值约 1.99 亿元。

【统计数据】

表 1　2006 年—2008 年新疆维吾尔自治区电子信息制造业主要经济指标完成情况

项目名称	单位	2006 年	2007 年	2008 年
工业总产值（现行价）	万元	102 316	161 343	154 705
工业增加值（现行价）	万元	28 609	42 757	44 588
销售产值（现行价）	万元	101 676	152 525	141 476
利润总额	万元	5 399	13 531	11 047
工业全员劳动生产率	元/人	112 106	158 712	104 568
工业产品销售率	%	99.4	94.5	91.5

表 2　2006 年—2008 年新疆维吾尔自治区软件业基本情况

项目名称	单位	2006 年	2007 年	2008 年
主营业务收入	万元	139 451	206 081	279 588
软件业务收入	万元	58 597	73 965	151 013
其中：软件产品销售收入	万元	13 369	10 564	20 352
系统集成收入	万元	35 107	53 083	107 195
软件技术服务收入	万元	9 334	9 825	22 192
工业增加值	万元	17 546	42 564	53 038
利润总额	万元	6 847	18 516	21 658
从业人员年末人数	人	4 373	5 846	6 876
从业人员工资总额	万元	10 561	16 097	17 786

表 3　2006 年—2008 年新疆维吾尔自治区电子信息产品产销量情况

产品名称	单位	产量			销量		
		2006年	2007年	2008年	2006年	2007年	2008年
太阳能发电装置	千瓦	507	283	350	507	283	350
IC卡电表	万只	18	16	18	18	16	18
电子铝箔	吨	8 972	11 233	11 964	8 972	10 010	10 178
硅单晶	千克	60 万片	42 067	51 703	60 万片	51 686	51 486
彩色电视机	万台			3.3			3.6
地面卫星接收天线	部		115 000	32 421		115 000	36 770
热敏电阻	万只		639	346		415	243

注：表 1~表 3 数据来源新疆维吾尔自治区信息产业厅。

[撰稿：赵生成　审稿：阿不力米提·马木提]

新疆生产建设兵团

【综述】

2008 年，新疆生产建设兵团（以下简称兵团）实现信息产业产值 23 亿元，其中通信业产值 15 亿元，计算机、软件与信息服务业产值 8 亿元。天富集团研发的碳化硅晶体生产规模不断扩大，使中国高端传导基础原材料在世界占有了一席之地。以碳化硅晶片为衬底制造的 LED 照明灯，在同样亮度下耗电量仅为普通白炽灯的 10%，用于景观照明可节能 70%。

汇通信息技术开发有限责任公司的合同管理系统、用电营销管理系统、用热营销管理系统，吉尔利数字技术有限责任公司的农田环境与土壤水份监控系统、远程水源井监控系统、网络化生态平衡施肥专家系统、农田棉铃虫远程监测系统、节水灌溉自动化控制系统、环保节能软启动器内嵌式控制系统，汇业信息技术有限责任公司的 ERP 管理系统、办公 OA 系统等一批自主研发的软件产品在新疆电力、农业和化工等领域得到广泛应用。

乌鲁木齐希望电子有限公司研发的三相异步电动机用高效智能相控节电器被列为全国工业领域节能减排电子信息技术应用推荐目录。该产品节电率在 20%左右。

信息基础设施建设

通信网络已覆盖团场、连队，电信运营商的光纤网络向基层连队延伸。"连连通电话、通广播电视"等惠民工程顺利实施。目前，团场家庭平均每百户拥有固定电话 83 部、移动电话 104 部，城镇家庭平均每百户拥有固定电话 83 部、移动电话 148 部。城镇家用电脑普及率每百户达到 51 台，连队光纤网络宽带通达率达到 77%。相对完备的广播电视传输网络已经形成，广播、电视覆盖率分别达到 94%和 97.4%，有线电视入户率达到 80%，用户达到 45 万户。部分边境和偏远团场、连队打电话和看电视难问题得到切实解决。农三师红旗农场、农六师北塔山牧场等团场的光缆铺设和移动电话基站建设完成，长期不通电话的状况得以解决。农三师托云牧场、农十四师一牧场等偏远团场通过设备优化升级，通话质量明显改善。扩大了新一代农村卫星电视接收系统试点范围，完成了农十二师一〇四团牧二场的试点安装工作，基层职工群众免费看了 60 余套高清数字电视节目。截至 2008 年底，共有 12 个师建成了城域网。

信息技术应用

农业领域　2008 年，全兵团高新节水灌溉面积达到 900 万亩，精量播种面积达到 668 万亩，机耕、机整、机播、中耕机械化水平 100%，农业综合机械化水平达到 85%，机采棉面积超过 116 万亩。团场综合信息管理系统和"农户一卡通"等平台在部分团场相继建成使用，提高了团场管理服务水平，促进了团务、连务公开。以各类信息服务平台为主要载体的农业综合信息服务体系初步形成，拓宽了职工获取信息的渠道，促进了职工增收和农业增效。

工业领域　目前，有 60%的企业采用了计算机辅助设计技术，有 30%的企业采用了计算机辅助制造技术，80%以上的企业实现了财务管理信息化，有 20%的企业实施了企业资源计划或计算机集成制造系统。新疆天业（集团）有限公司、新疆中基实业股份有限公司等企业加大信息技术在企业管理、生产等方面的应用，提高了经营管理水平和企业经济效益。新疆北疆红提葡萄产业发展有限责任公司被列为全国 24 家产品质量追溯项目试点单位之一，产品质量管理水平进一步提高。大黄山煤矿和农十师煤矿通过完善、升级煤矿安全生产监控管理系统的有关功能，确保了矿区生产安全。阿克苏新农乳业有限责任公司、新疆绿原糖业有限责任公司等 14 家企业被确定为兵团首批企业信息化软件应用试点单位。

服务业领域　交通物流、商贸流通、金融保险、信息服务、社区管理等行业信息化水平进一步提高，推动了传统服务业向现代服务业转型，加快了现代服务业发展。农七师客运公司实现了网络化管理，提高了客运运营效率。兵团农资公司拓展其内部信息管理平台的业务功能，实现了对新疆 13 个配销中心的采购、配送、销售等过程的集中管理，降低了库存，提高了效率。兵团医药有限责任公司通过完善其原有的医药物流信息化系统，提升了药品销售和配送能力。农十三师天元供销公司建成了 RFID 超高频棉花物流管理系统，实现了对棉花加工全程的质量跟踪监控。红星一场利用棉花网上交易平台以期货的形式完成了数千吨棉花交易，交易价格远远高于当时市场价格。

政务领域　以"金"字工程为代表的重点业务应用系统完成了阶段性建设任务，相继投入使用。"金盾"工程的人口信息、网上办案等系统上线运行，为维护社会稳定、服务职工群众发挥了作用。"金保"工程的社会保险、劳动力市场等系统支持了业务经办、公共服务、基金监管和管理决策，服务职工群众的能力显著增强。"金水"工程的防汛指挥、农田水情自动测报等系统，在防汛抗旱和水资源配置利用中发挥了重要作用。接入机关综合楼电子政务内网和专网系统的部门数量不断增加，极大推动了电子政务的发展。视频会议系统、公文无纸化传输平台和电子政务协同办公系统的广泛应用，提高了政令传送时效和工作效率，降低了行政成本。人口、法人单位、自然资源和空间地理、宏观经济等基础性和战略性数据库建设全面启动。"新疆生产建设兵团"门户网站、各师门户网站及部分机关部门政务网站通过完善在线服务功能，成为对外宣传的重要窗口和便民服务的主要平台。完成了2008年度政务网站绩效评估工作，“百件实事网上办”活动也取得阶段性成果。

社会领域 全国农村中小学现代远程教育工程顺利实施，大中小学普遍建立了校园网，校园“一卡通”的广泛应用，提高了对学生学习生活的管理水平。兵团、师医院的信息化水平提升，为患者提供从入诊到出院全程在线服务。社会治安监控系统在团场的全面推广，促进了平安城镇、平安团场建设。农一师与中国电信新疆分公司签订建设“数字一师阿拉尔市”框架协议，标志着农一师阿拉尔市数字城市建设全面启动。五家渠市积极筹划建设城市地理空间系统。石河子市开展了市民服务“一卡通”项目，红山街道社区信息化项目建设基本完成，方便了居民生活。

信息化培训领域 根据《关于在全兵团公务员中开展信息化与电子政务培训的通知》，举办了8期公务员信息化与电子政务培训班，共培训兵团、师机关公务员722人。信息技术专业人才“653工程”项目培训全面开展。按照培训计划，举办了兵团首期农业信息技术应用高级研修班和首期企业信息化高级研修班，培训信息技术人员近300人。组织了每年两次的全国计算机与软件专业技术资格考试和全国信息技术水平考试。各师（市）信息化培训力度加大，兵团、师党校和行政学院在各类干部培训班上开设了信息技术课程。各级各类职业技术学院面向社会开展信息技术培训工作。大中型企业普遍进行了信息化培训。大中专院校设立了计算机专业，中小学开展了信息技术普及教育。各类应试教育、职业教育和继续再教育工作广泛开展，促进了兵团全民信息能力的提升。

信息化宣传领域 信息化宣传力度加大，建立了兵团信息化工作系统信息报送体系和各师通讯员队伍，及时了解各师的信息化建设情况。完成了兵团信息化工作办公室门户网站的第2次改版；协调兵团日报、兵团电视台等有关媒体，加大兵团信息化发展成就的新闻宣传力度，协助制作了部分先进团场信息化建设的宣传材料；发挥《信息化通讯》的宣传作用，2008年共出刊16期，编辑“两化”融合、信息技术应用等各类文章60余篇；组团参加了工业和信息化部举办的“改革开放三十年电子信息产业成就展”，以“日臻完善的信息基础设施、广泛深入的信息技术应用，促进兵团屯垦戍边事业大发展”为主题，通过图片、模型、影像和实物展示等多种形式生动地展示了改革开放30年间，兵团推进农业、工业、政务和社会事业等领域信息技术应用，推动信息工程咨询、集成、监理等信息服务业发展，利用信息技术提升职工群众生活水平和生活质量，促进兵团经济社会又好又快发展的发展历程和取得的成绩。其中，农一师三团和塔水处展示的以信息技术为主导的六大精准农业技术应用、天富集团研发的第三代半导体材料—碳化硅晶体，代表了兵团在信息技术应用和信息产业基础原材料制造领域的发展水平，受到了展会关注。

信息化基础工作

政策研究 启动了《新疆生产建设兵团信息产业课题研究》、《新疆生产建设兵团农业信息技术标准研究》、《兵团信息化发展战略（2010-2020）研究》、《新疆生产建设兵团国民经济和社会信息化发展“十二五”专项规划研究》等兵团信息化战略规划及2008年重大课题研究工作；修改完善了《兵团加快屯垦戍边新型团场信息化建设的指导意见》、《兵团以信息技术改造传统工业指导意见》、《兵团信息化建设管理暂行办法》等规范性文件；草拟了《关于加快推进兵团中小企业信息化建设的意见》、《兵团电子政务总体规划》、《兵团电子政务建设实施方案》、《兵团电子政务网络传输骨干网建设方案》、《关于推进兵团电子政务建设的指导意见》和《兵团关于加快信息基础设施建设的意见》等一批规范性文件。

行业管理 完成了国家系统集成四级资质认证企业2家，批准信息系统集成准入级资质企业4家；开展了信息系统工程监理试点工作，一家试点企业获得全国统一的信息系统工程监理资质证书；完成了兵团软件行业协会的年检，开展了兵团软件企业认定工作和软件产品登记工作，有3家企业申报了软件产品登记并经过了中介机构的软件测评。

网络信息安全 以信息安全等级保护和风险评估等基础性工作为重点，开展了重要基础网络和信息系统安全定级工作，定级备案系统646个；印发了《关于进一步加强兵团网络信息安全保障工作的通知》；建立健全了网络管理、信息发布审核、应急处置等制度，强化了病毒检测、漏洞扫描、安全审计等技术防范措施；协同有关部门开展了垃圾电子邮件专项治理、网吧专项整治、打击淫秽色情网站等专项行动；推进了兵团机关综合楼电子政务安全系统等重大工程建设。在北京奥运会期间，采取措施确保了兵团辖区内的网络信息安全。在农八师开展的国家级基于互联网的信息安全试点工作已进入自评估及验收准备阶段。

【统计数据】

表 1　2006 年—2008 年新疆生产建设兵团信息化发展情况

项目名称	单位	2006年		2007年		2008年	
		城镇	农牧团场	城镇	农牧团场	城镇	农牧团场
固定电话	部/百户	84.3	83.0	89.8	83.0	83.0	83.0
移动电话	部/百户	146.6	67.0	172.4	89.0	148.0	104.0
广播覆盖率	%	94.0	94.0	93.1	93.1	94.0	94.0
电视覆盖率	%	96.0	96.0	96.9	96.9	97.4	97.4
家用电脑	台/百户	40.2		53.7		51.0	

注：数据来源于新疆生产建设兵团统计局。

[供稿：新疆生产建设兵团信息化工作办公室]

资料

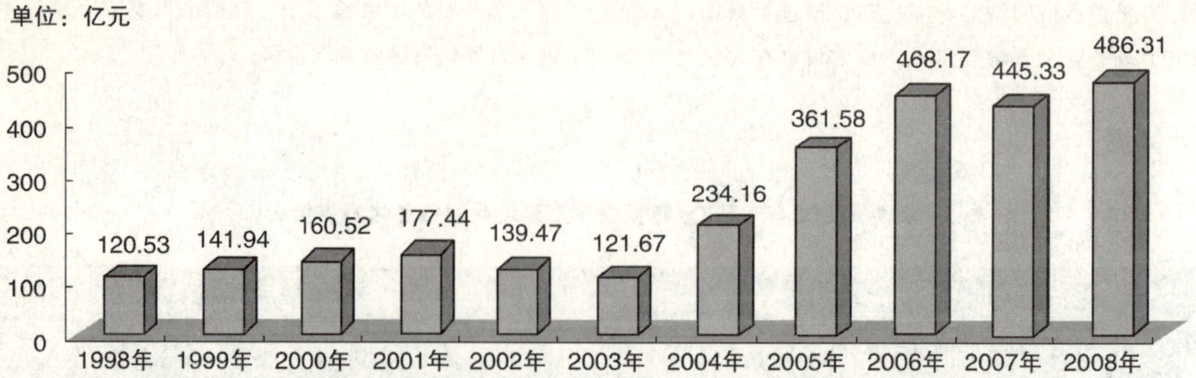

图1　1998年—2008年北京市电子信息产品制造业实现工业增加值情况

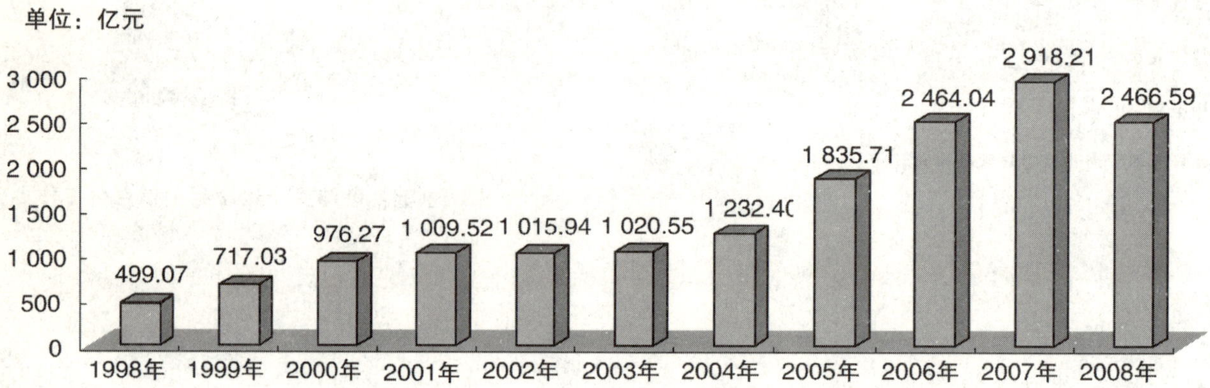

图2　1998年—2008年北京市电子信息产品制造业实现主营业务收入情况

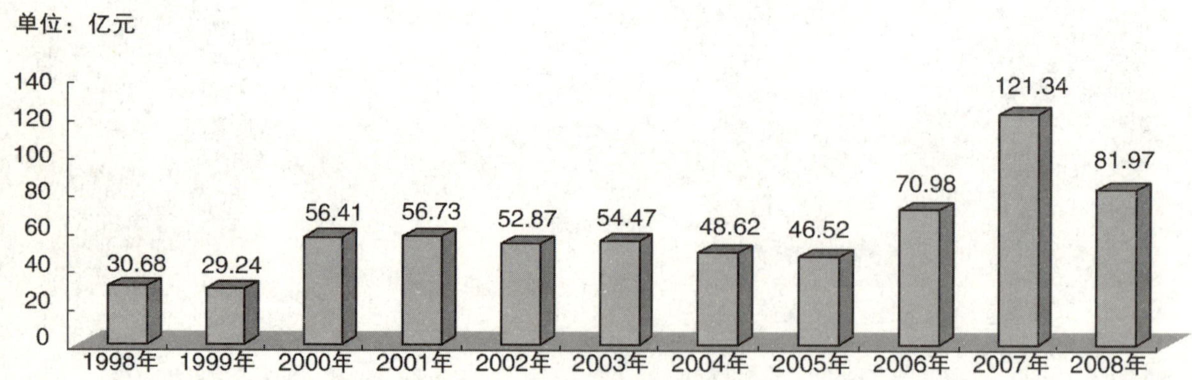

图3　1998年—2008年北京市电子信息产品制造业实现利润总额情况

表 1　1998 年—2008 年北京市电子信息产品制造业从业人员情况

单位：人

1998年	1999年	2000年	2001年	2002年	2003年	2004年	2005年	2006年	2007年	2008年
123 957	112 287	134 296	137 347	98 151	99 958	101 887	129 566	153 174	166 038	158 482

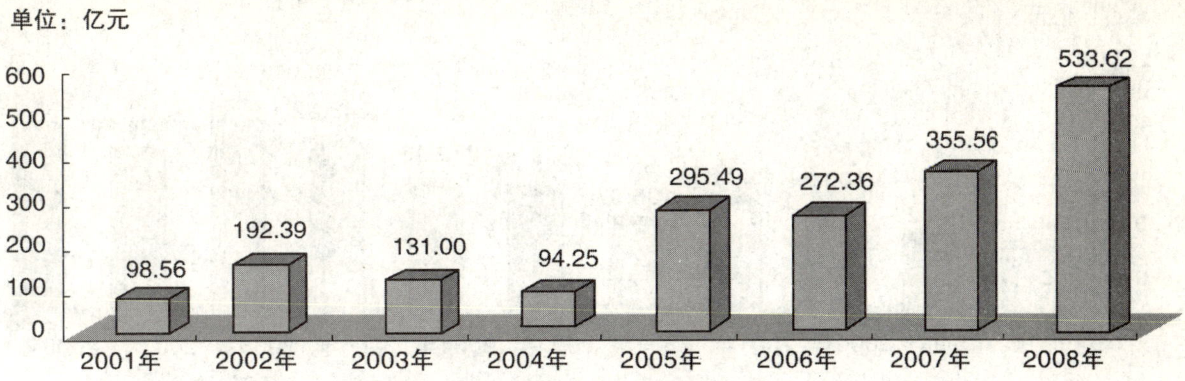

（2003 年的数据来源于北京市统计局）

图4　2001年—2008年北京市软件业实现工业增加值情况

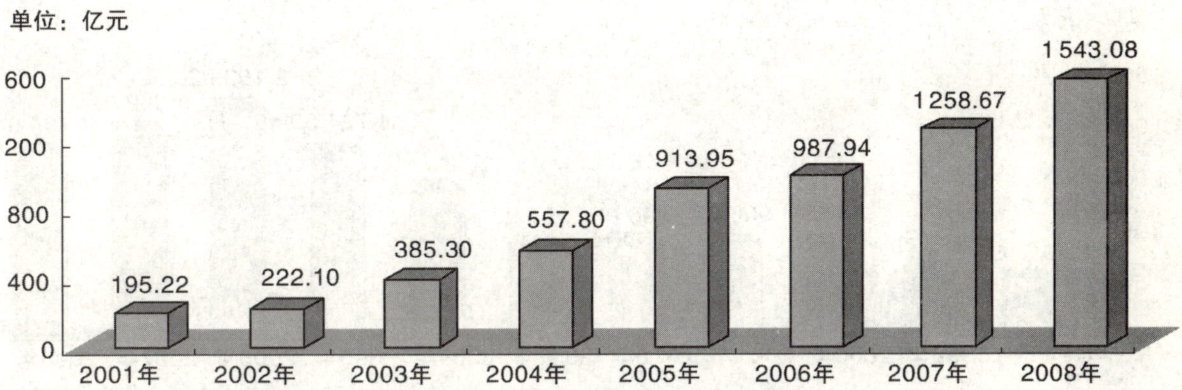

图5　2001年—2008年北京市软件业完成业务收入情况

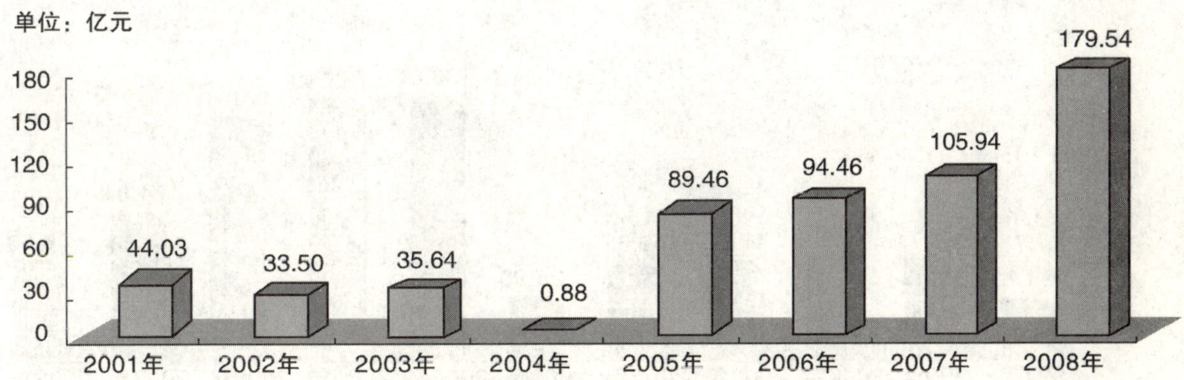

（2003 年的数据来源于北京市统计局）

图6　2001年—2008年北京市软件业完成利润总额情况

表 2　2001 年—2008 年北京市软件业从业人员情况

单位：人

2001年	2002年	2003年	2004年	2005年	2006年	2007年	2008年
84 813	91 882	121 000	153 908	164 362	192 000	256 075	251 410

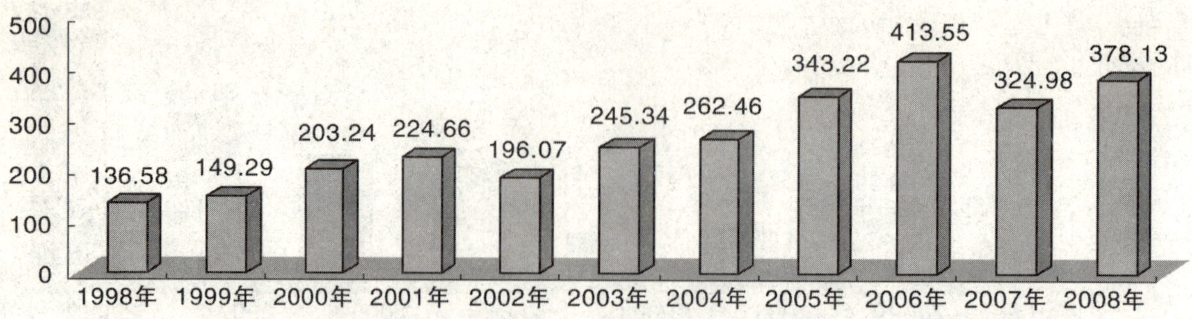

图7 1998年—2008年天津市电子信息产品制造业实现工业增加值情况

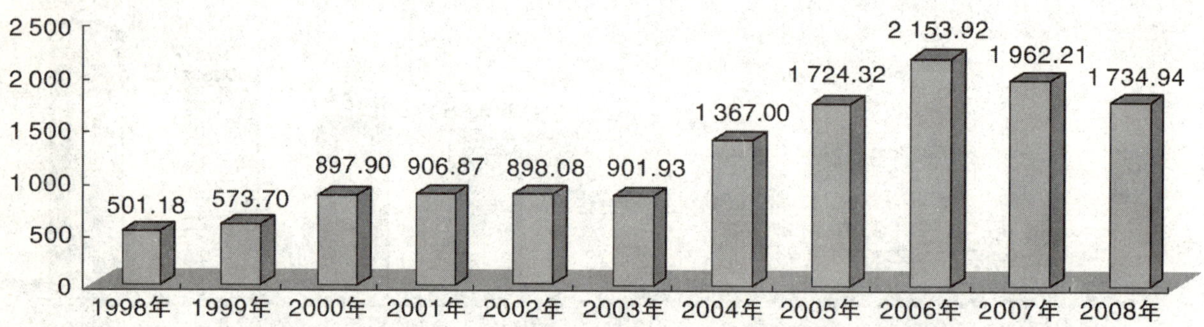

图8 1998年—2008年天津市电子信息产品制造业实现主营业务收入情况

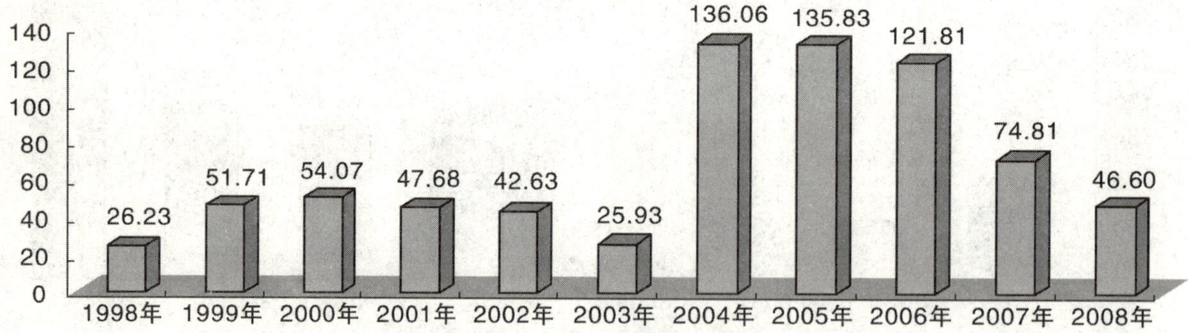

图9 1998年—2008年天津市电子信息产品制造业实现利润总额情况

表 3 1998 年—2008 年天津市电子信息产品制造业从业人员情况

单位：人

1998年	1999年	2000年	2001年	2002年	2003年	2004年	2005年	2006年	2007年	2008年
129 372	124 908	196 598	201 063	117 432	119 742	125 945	142 173	168 365	154 866	151 851

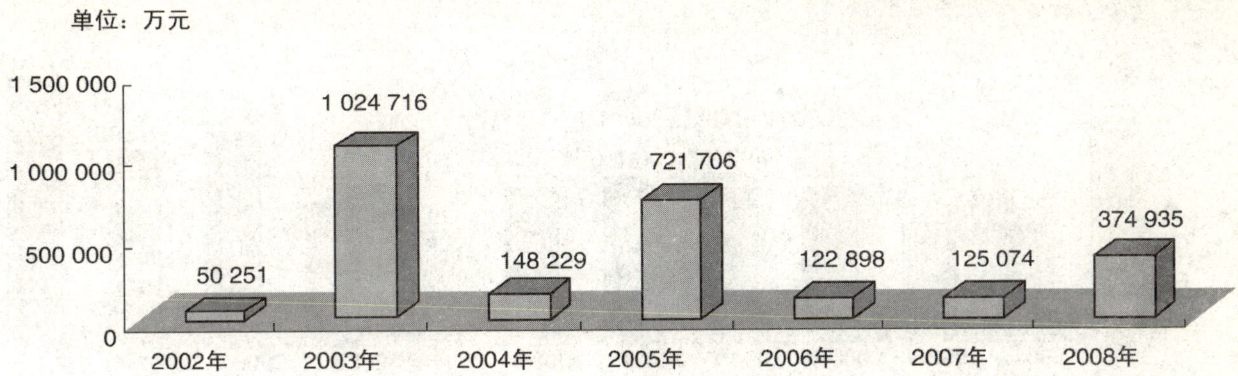

图10 2002年—2008年天津市软件业完成工业增加值情况

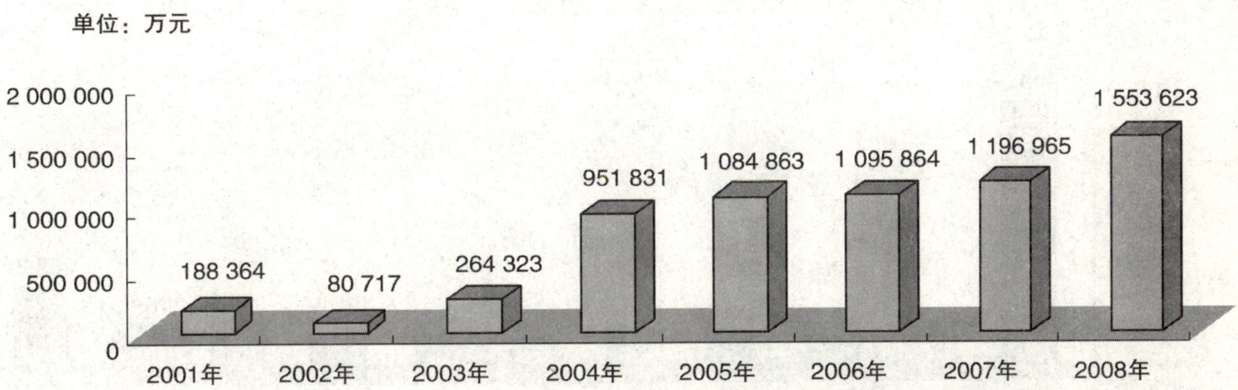

图11 2001年—2008年天津市软件业完成业务收入情况

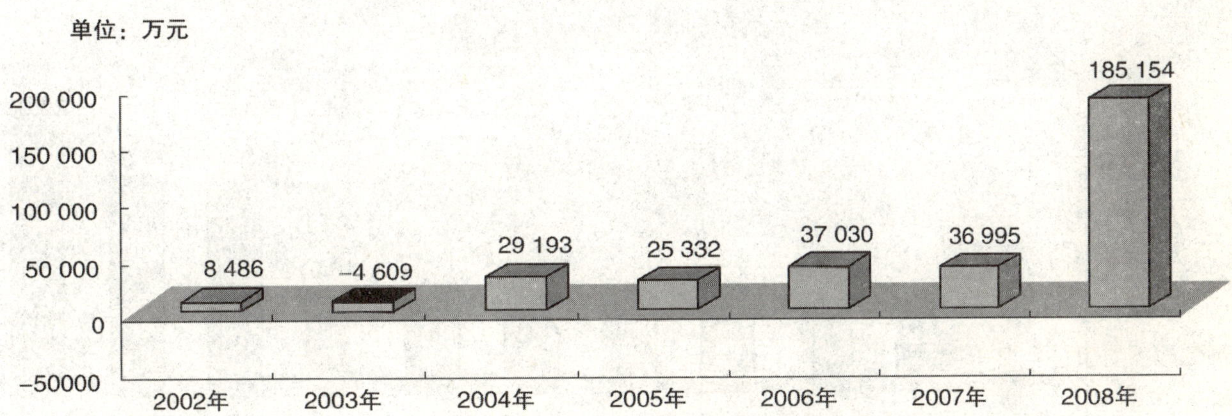

（2008 年统计数据在原有统计范围内增加了腾讯业务数据。）

图12 2002年—2008年天津市软件业完成利润总额情况

表 4 2001 年—2008 年天津市软件业从业人员情况

单位：人

2001年	2002年	2003年	2004年	2005年	2006年	2007年	2008年
8 201	6 438	19 228	13 164	11 586	13 455	16 849	23 523

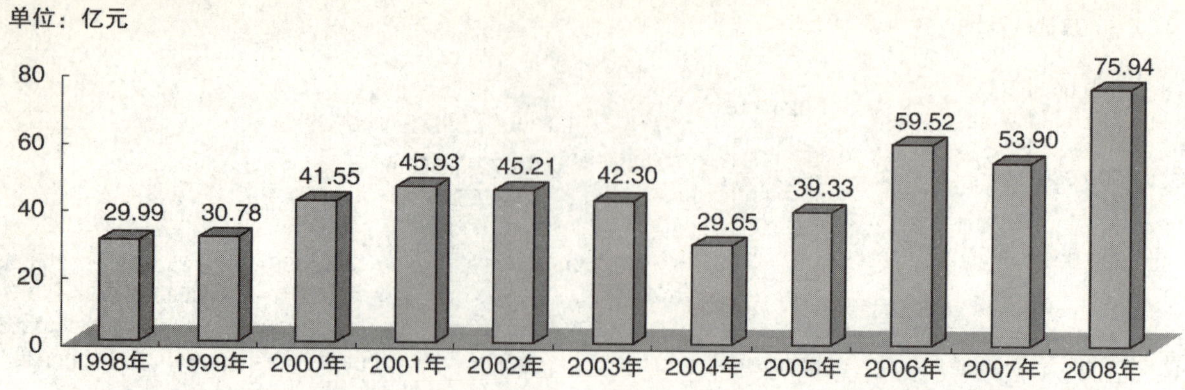

图13　1998年—2008年河北省电子信息产品制造业完成工业增加值情况

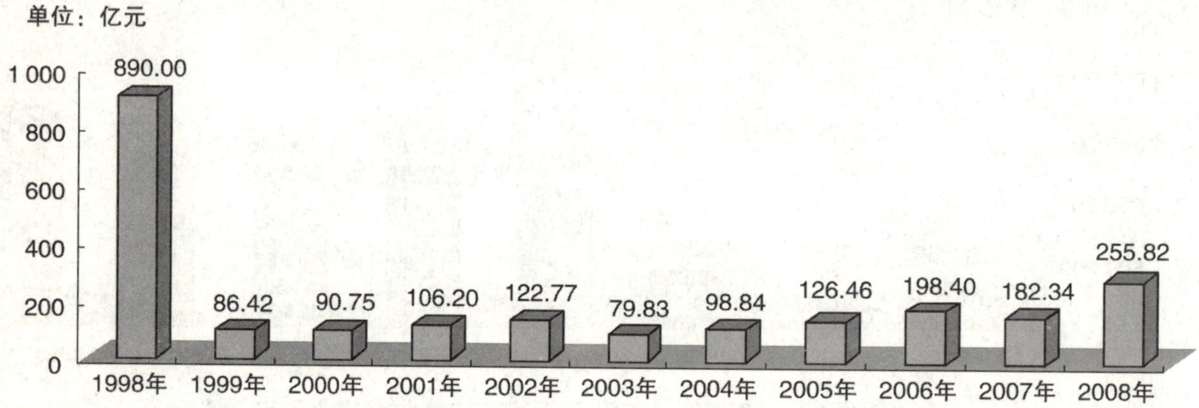

图14　1998年—2008年河北省电子信息产品制造业完成主营业务收入情况

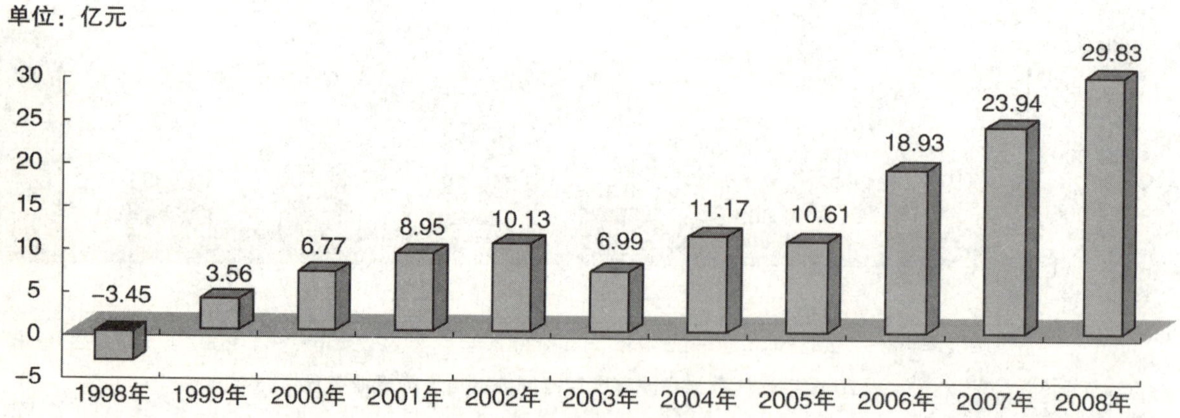

图15　1998年—2008年河北省电子信息产品制造业完成利润总额情况

表 5　1998 年—2008 年河北省电子信息产品制造业从业人员情况

单位：人

1998年	1999年	2000年	2001年	2002年	2003年	2004年	2005年	2006年	2007年	2008年
83 964	83 180	91 455	93 532	53 184	39 450	43 282	44 415	48 805	41 151	44 738

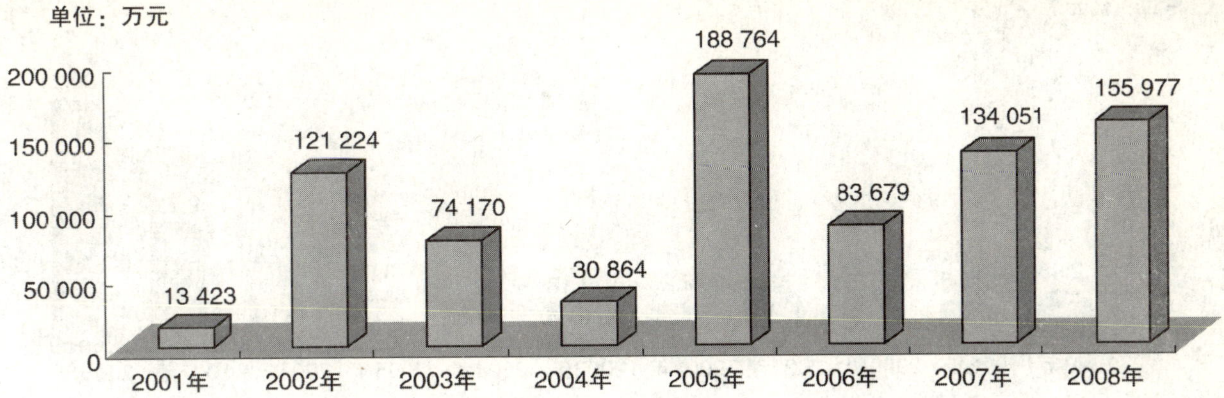

图16　2001年—2008年河北省软件业完成工业增加值情况

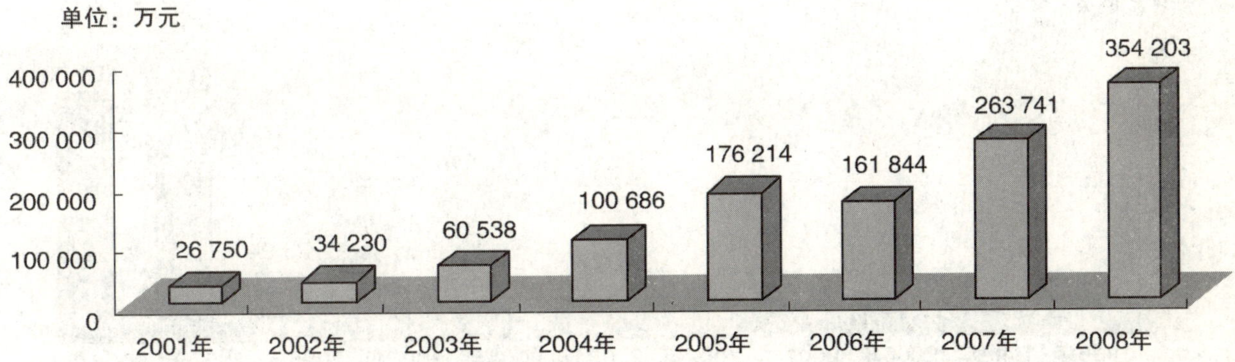

图17　2001年—2008年河北省软件业完成业务收入情况

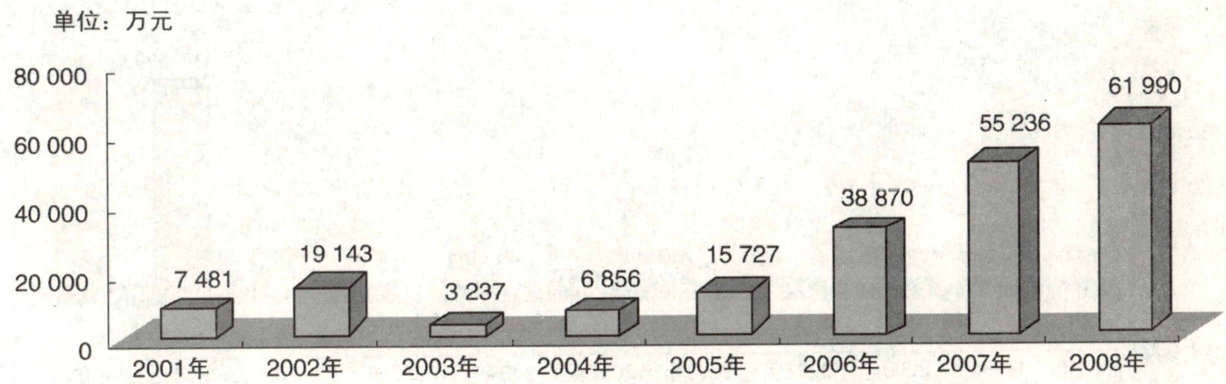

图18　2001年—2008年河北省软件业完成利润总额情况

表 6　2001 年—2008 年河北省软件业从业人员情况

单位：人

2001年	2002年	2003年	2004年	2005年	2006年	2007年	2008年
2 522	9 406	3 310	8 746	70 916	9 758	13 254	16 174

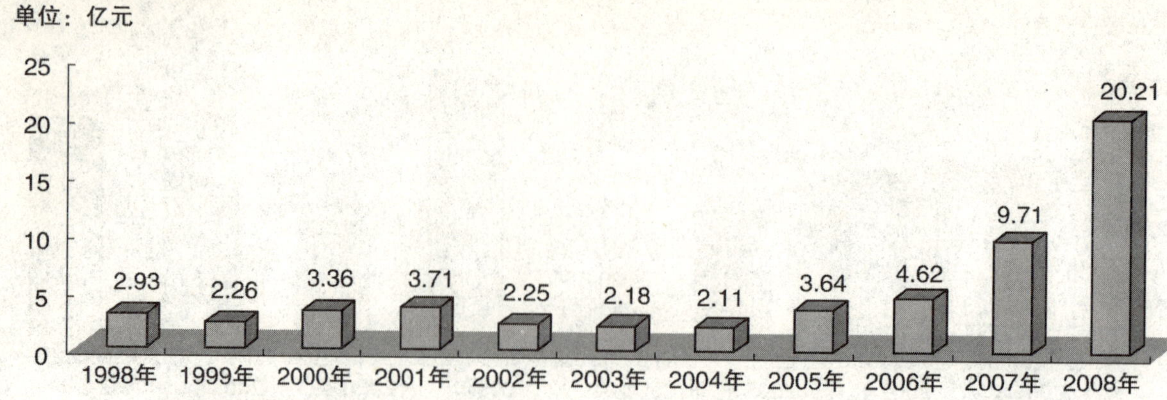

图19　1998年—2008年山西省电子信息产品制造业完成工业增加值情况

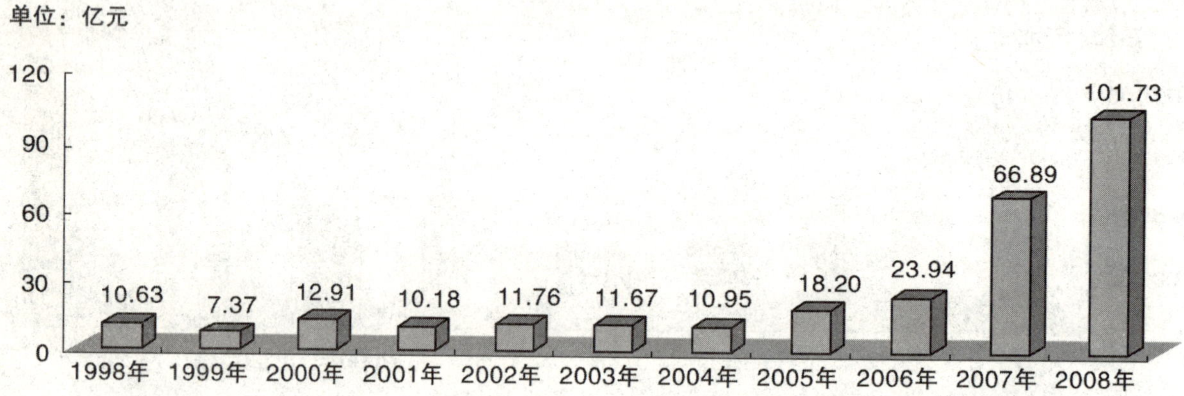

图20　1998年—2008年山西省电子信息产品制造业完成主营业务收入情况

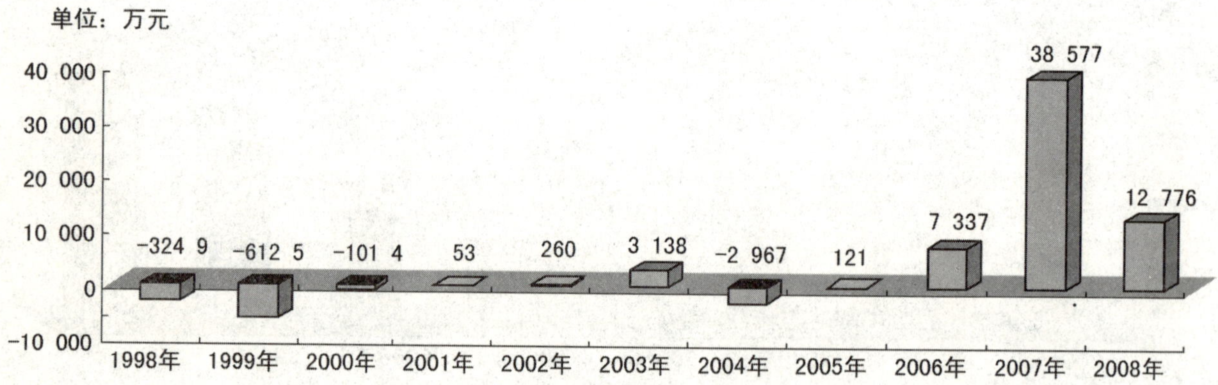

图21　1998年—2008年山西省电子信息产品制造业完成利润总额情况

表 7　1998 年—2008 年山西省电子信息产品制造业从业人员情况

单位：人

1998年	1999年	2000年	2001年	2002年	2003年	2004年	2005年	2006年	2007年	2008年
38 663	31 689	27 161	27 778	13 810	14 026	14 586	14 874	16 381	60 092	66 818

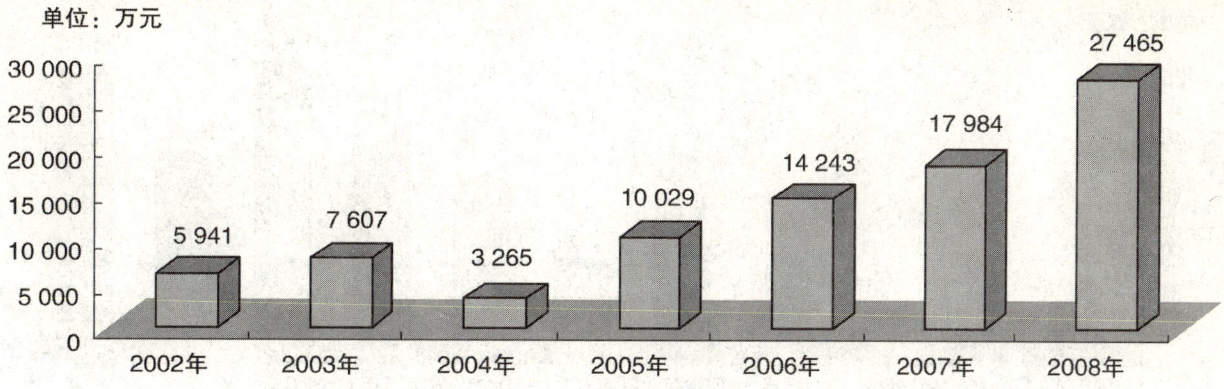

图22　2002年—2008年山西省软件业完成工业增加值情况

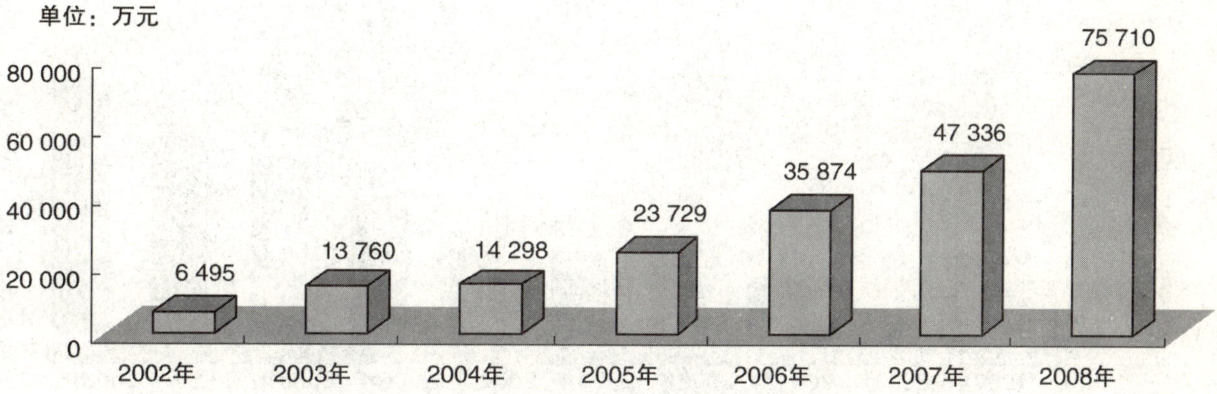

图23　2002年—2008年山西省软件业完成业务收入情况

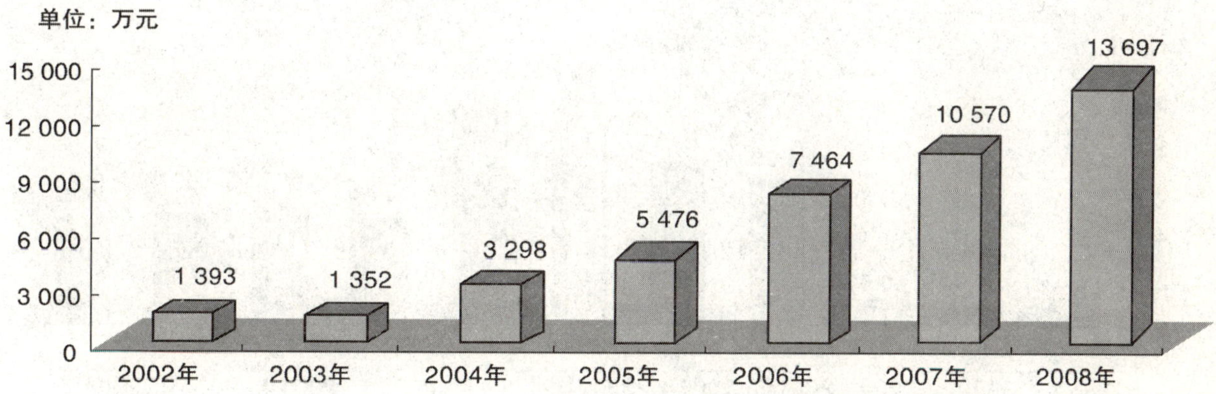

图24　2002年——2008年山西省软件业完成利润总额情况

表 8　2002 年—2008 年山西省软件业从业人员情况

单位：人

2002年	2003年	2004年	2005年	2006年	2007年	2008年
713	824	977	1 841	2 466	3 213	4 310

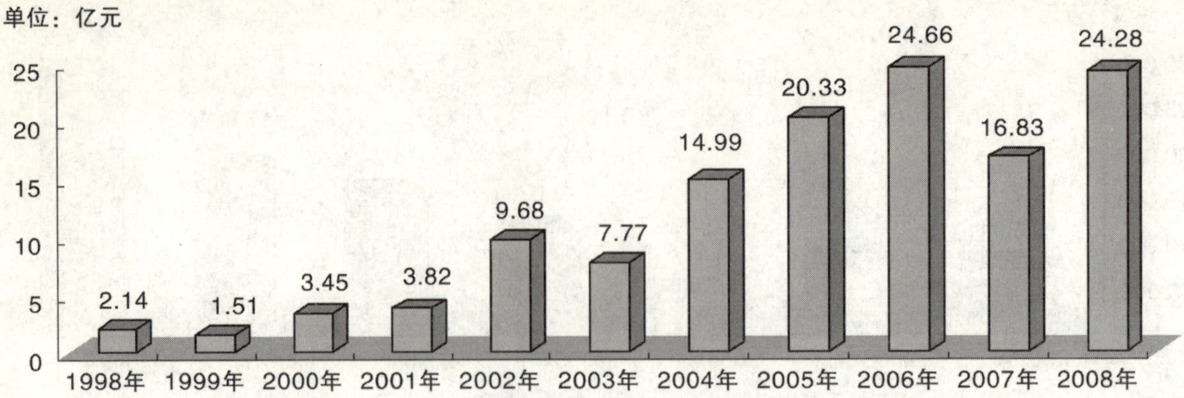

图25　1998年—2008年内蒙古自治区电子信息产品制造业完成工业增加值情况

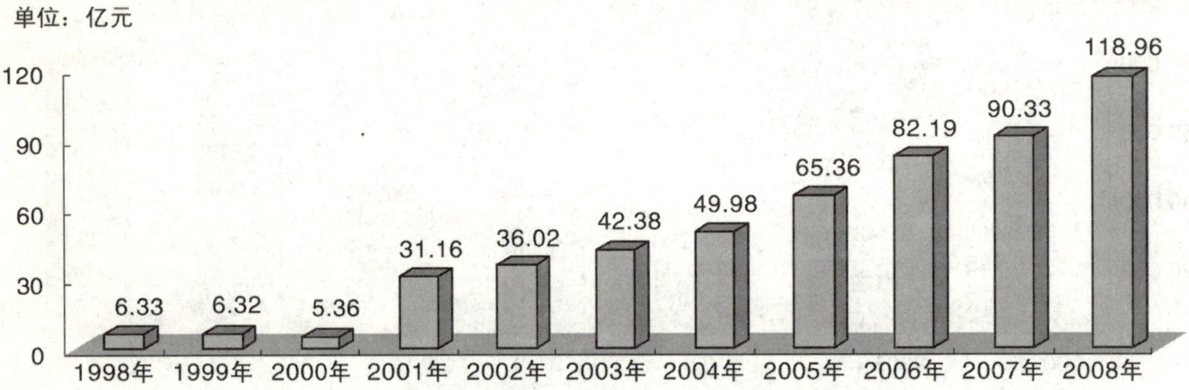

图26　1998年—2008年内蒙古自治区电子信息产品制造业完成主营业务收入情况

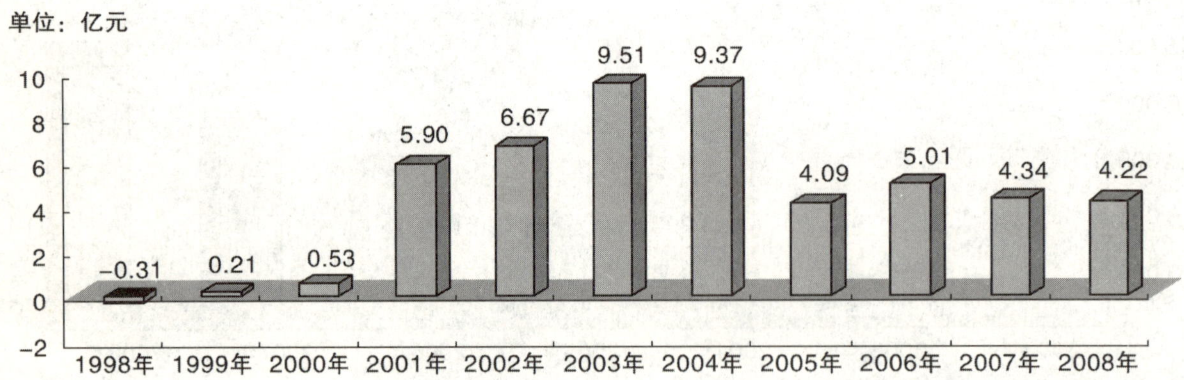

图27　1998年—2008年内蒙古自治区电子信息产品制造业完成利润总额情况

表9　1998年—2008年内蒙古自治区电子信息产品制造业从业人员情况

单位：人

1998年	1999年	2000年	2001年	2002年	2003年	2004年	2005年	2006年	2007年	2008年
11 867	6 994	4 980	5 093	6 618	5 533	5 704	7 929	8 028	5 881	6 334

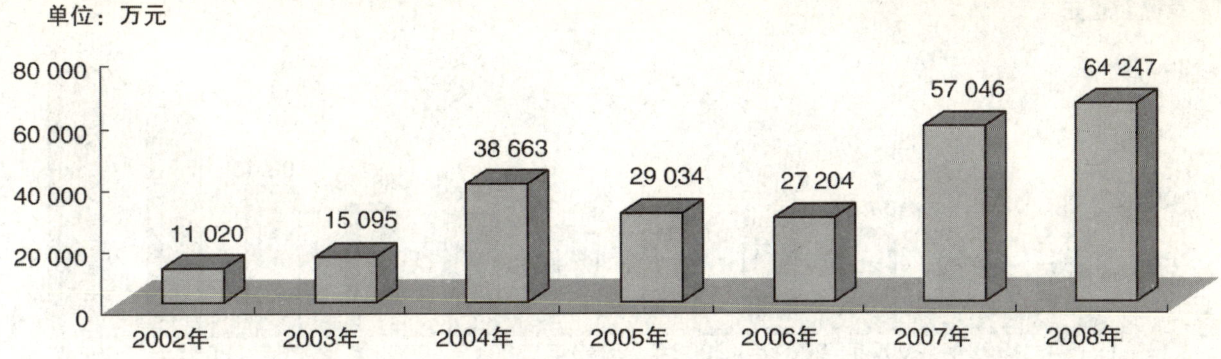

图28　2002年—2008年内蒙古自治区软件业完成工业增加值情况

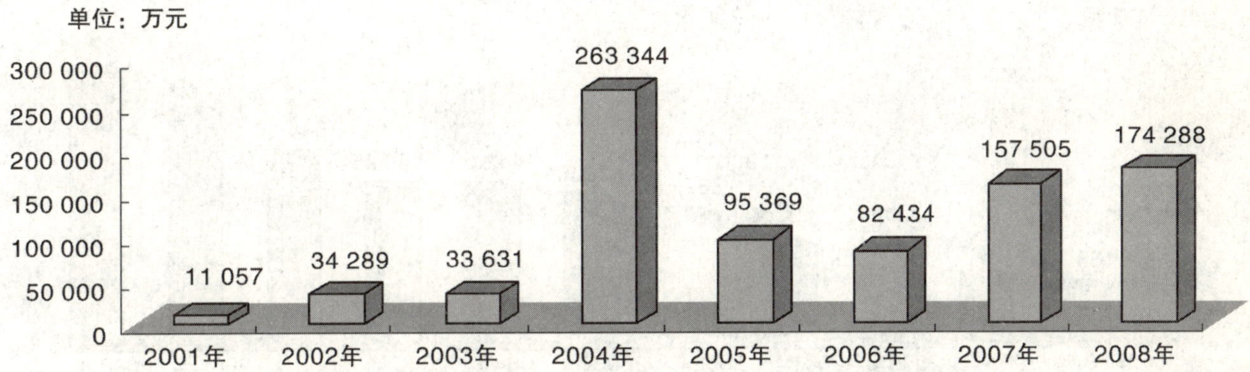

图29　2001年—2008年内蒙古自治区软件业完成业务收入情况

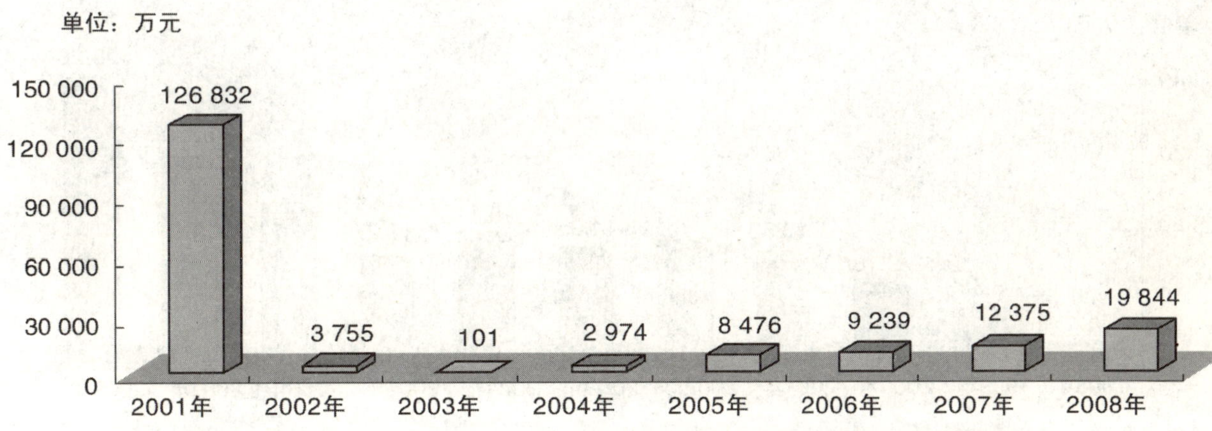

图30　2001年—2008年内蒙古自治区软件业完成利润总额情况

表 10　2001 年—2008 年内蒙古自治区软件业从业人员情况

单位：人

2001年	2002年	2003年	2004年	2005年	2006年	2007年	2008年
1 133	2 388	1 467	2 375	3 738	2 341	2 889	2 892

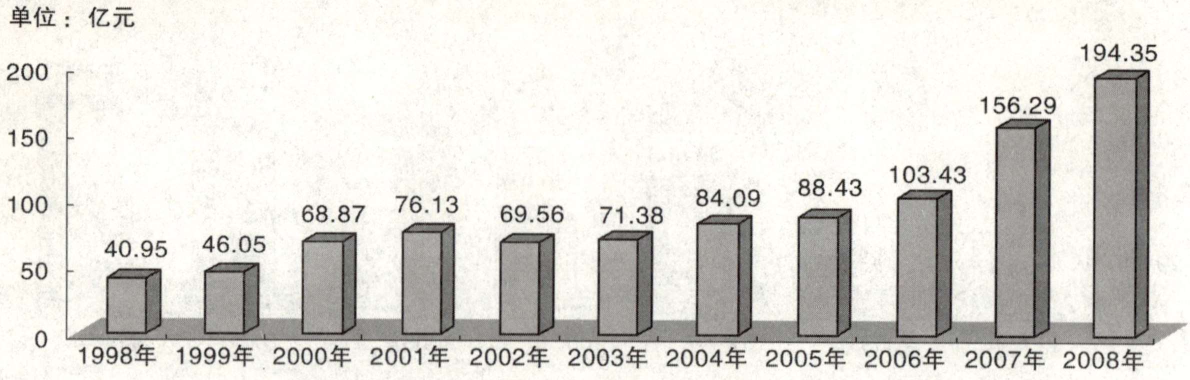

图31　1998年—2008年辽宁省电子信息产品制造业完成工业增加值情况

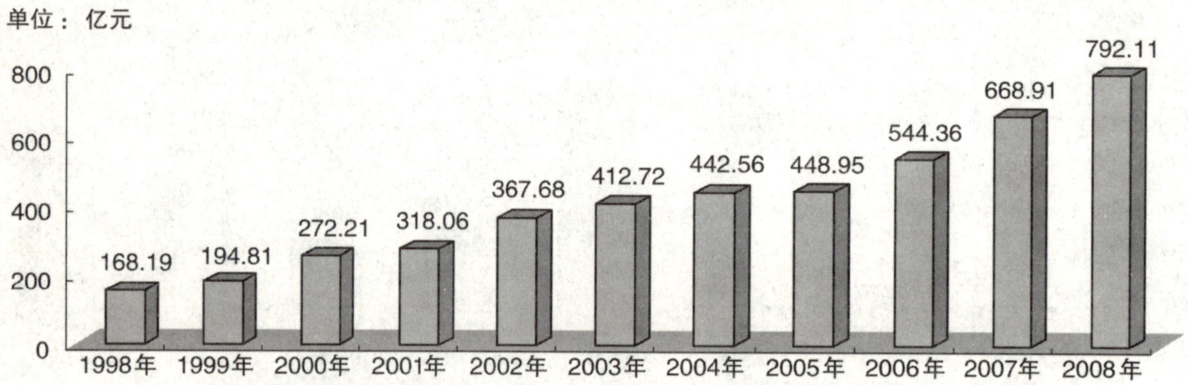

图32　1998年—2008年辽宁省电子信息产品制造业完成主营业务收入情况

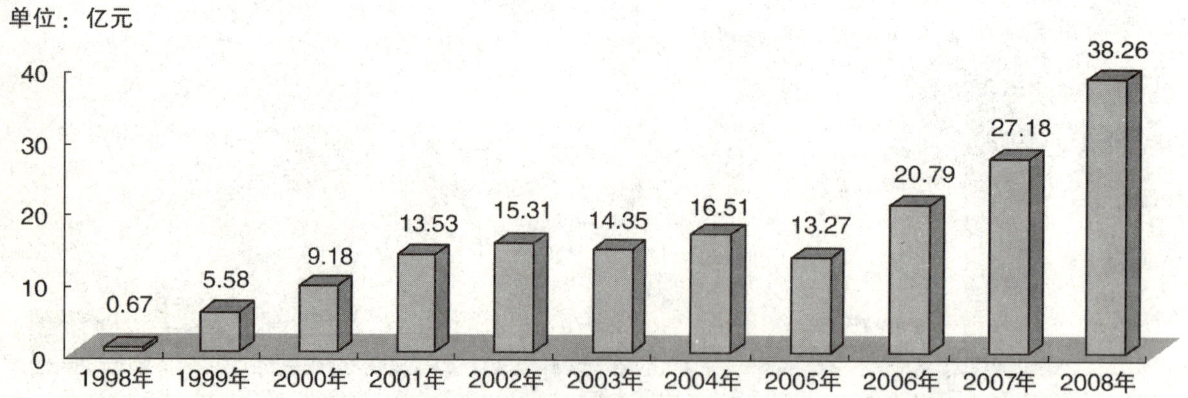

图33　1998年—2008年辽宁省电子信息产品制造业完成利润总额情况

表 11　1998 年—2008 年辽宁省电子信息产品制造业从业人员情况

单位：人

1998年	1999年	2000年	2001年	2002年	2003年	2004年	2005年	2006年	2007年	2008年
148 385	142 973	120 339	123 072	100 188	94 852	95 592	106 130	127 466	129 962	127 334

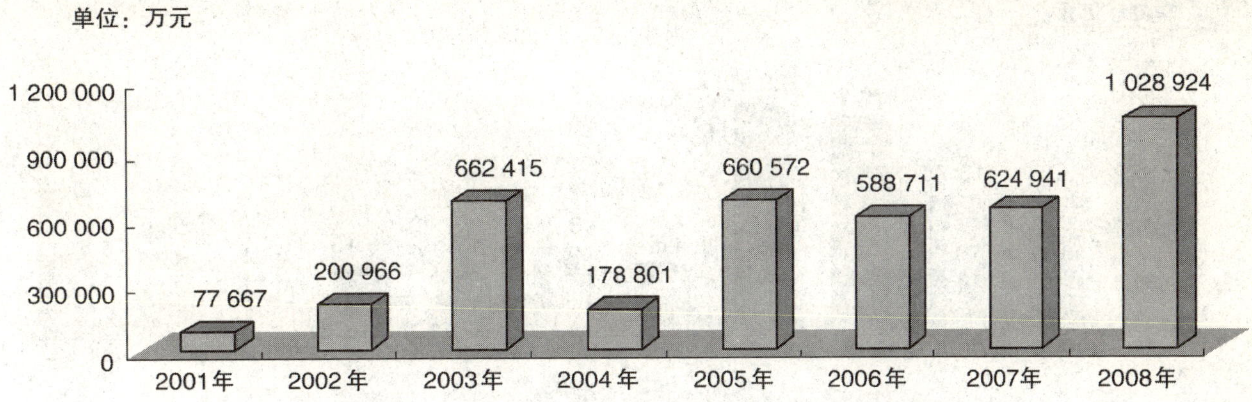

图34　2001年—2008年辽宁省软件业完成工业增加值情况

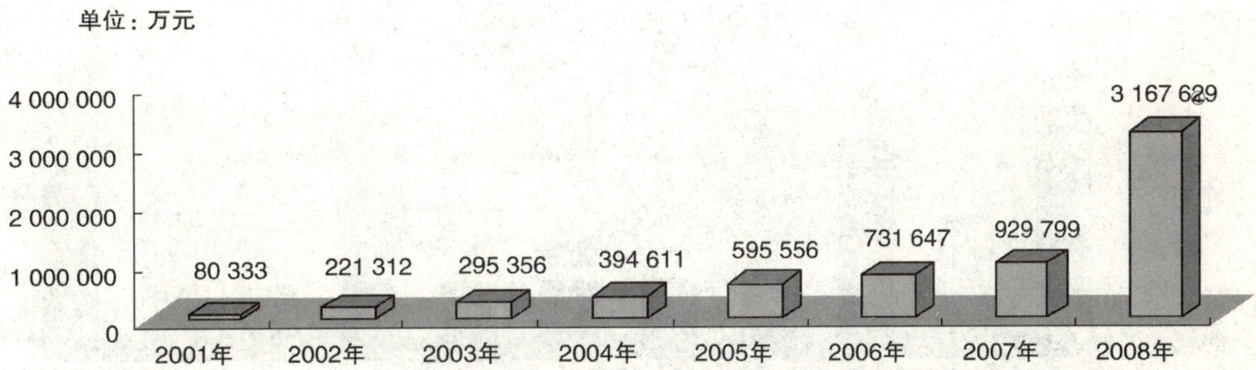

(2008 年辽宁省软件企业同比增加 70 多家)

图35　2001年—2008年辽宁省软件业完成业务收入情况

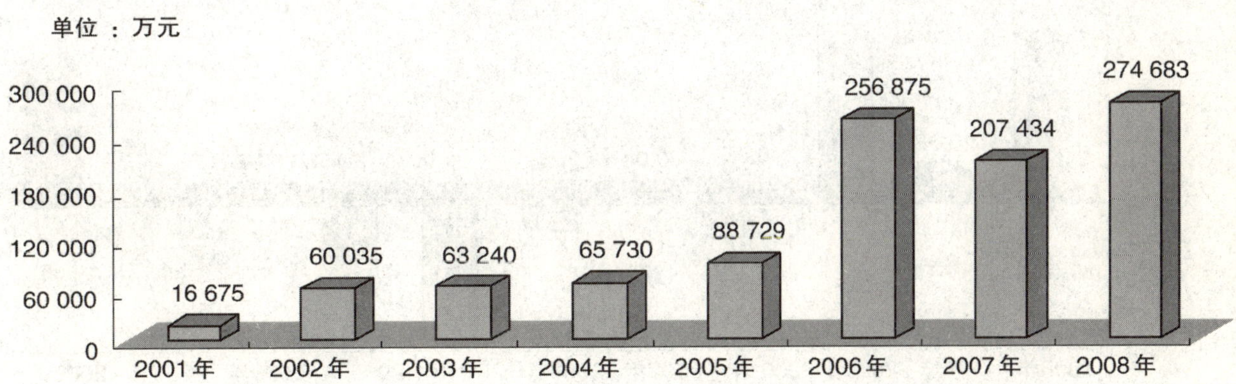

图36　2001年—2008年辽宁省软件业完成利润总额情况

表 12　2001 年—2008 年辽宁省软件业从业人员情况

单位：人

2001年	2002年	2003年	2004年	2005年	2006年	2007年	2008年
11 199	27 241	53 193	49 102	47 768	69 586	68 637	85 988

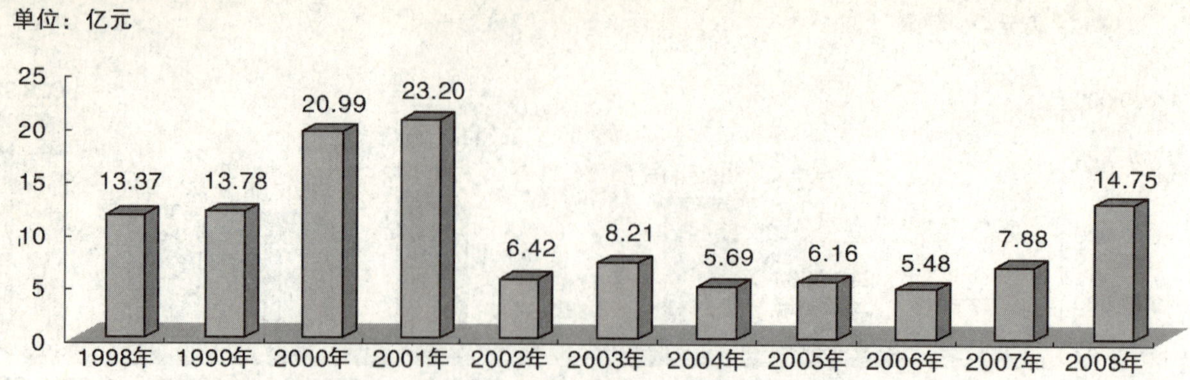

图37　1998年—2008年吉林省电子信息产品制造业完成工业增加值情况

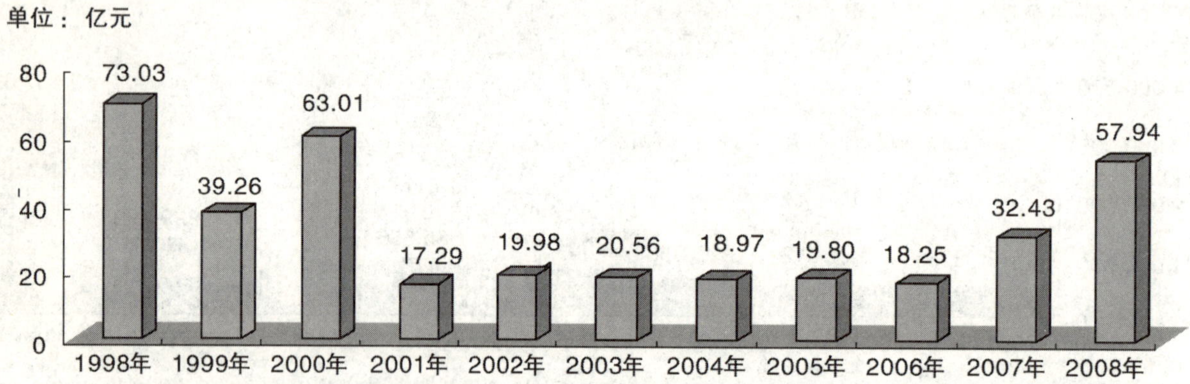

图38　1998年—2008年吉林省电子信息产品制造业完成主营业务收入情况

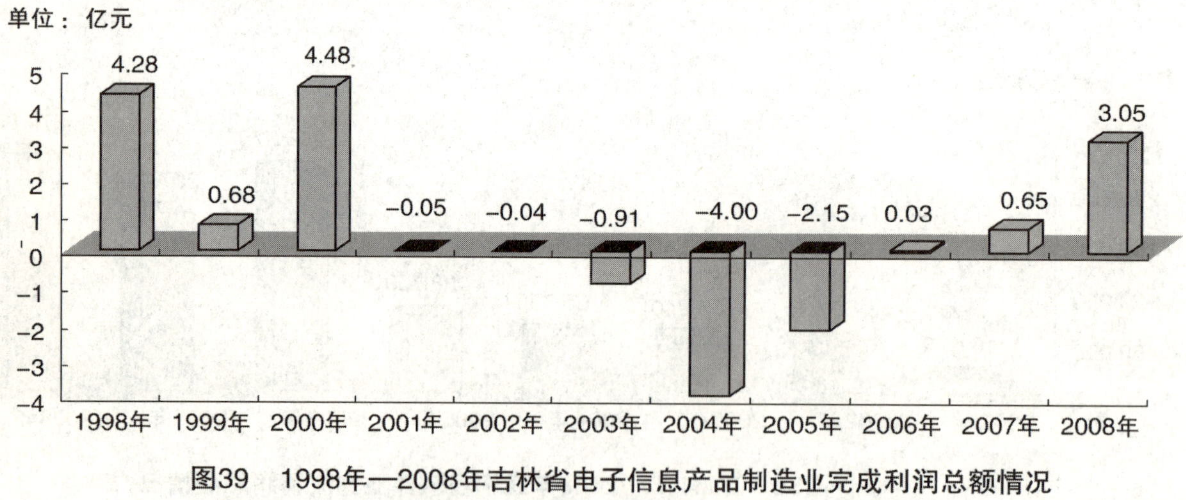

图39　1998年—2008年吉林省电子信息产品制造业完成利润总额情况

表13　1998年—2008年吉林省电子信息产品制造业从业人员情况

单位：人

1998年	1999年	2000年	2001年	2002年	2003年	2004年	2005年	2006年	2007年	2008年
39 592	36 725	41 741	42 689	20 524	14 983	12 157	13 427	12 049	16 169	12 449

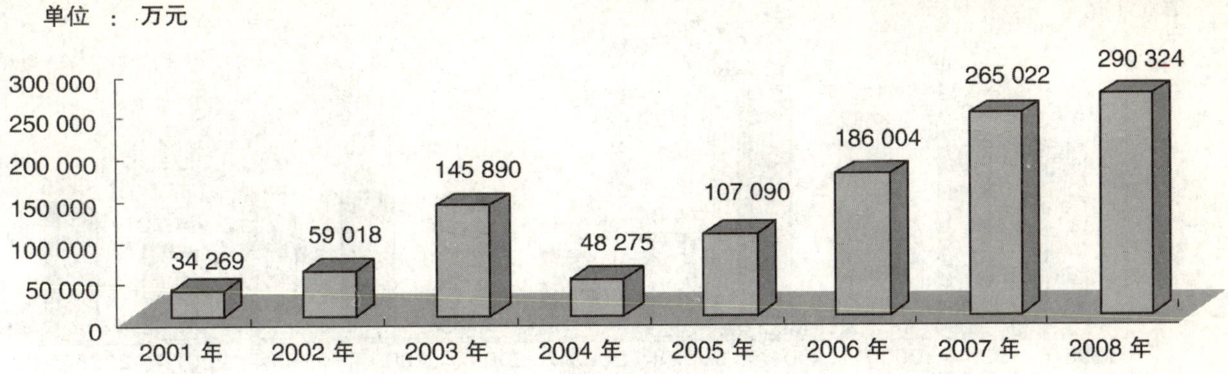

图40 2001年—2008年吉林省软件业完成工业增加值情况

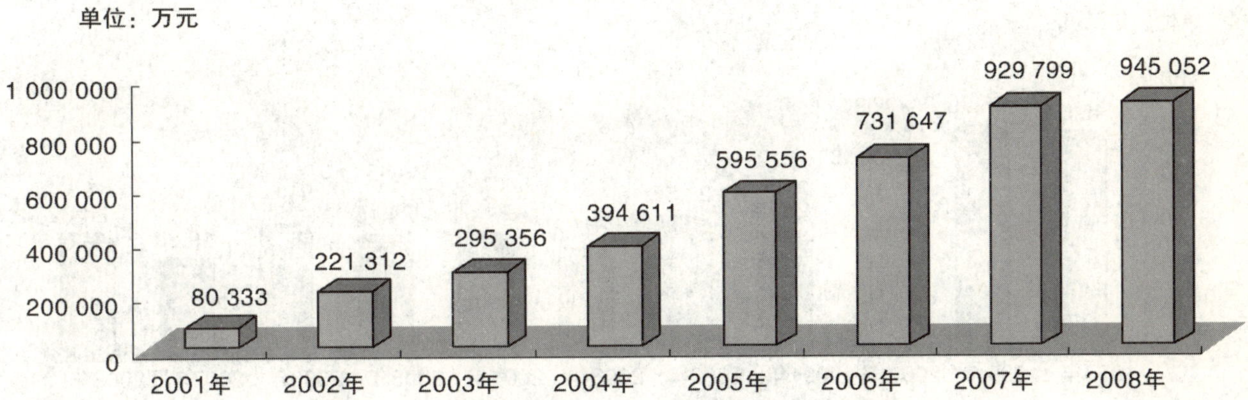

图41 2001年—2008年吉林省软件业完成业务收入情况

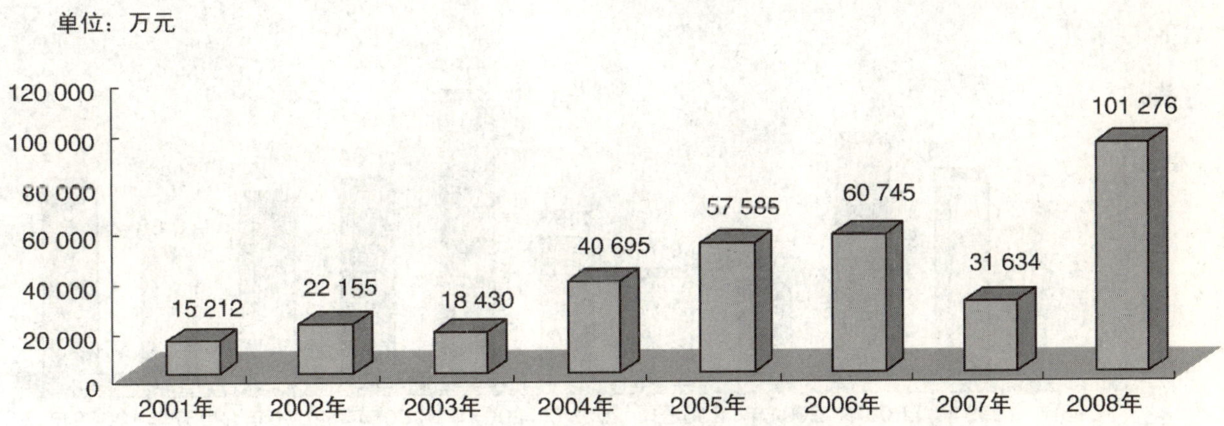

图42 2001年—2008年吉林省软件业完成利润总额情况

表 14 2001 年—2008 年吉林省软件业从业人员情况

单位：人

2001年	2002年	2003年	2004年	2005年	2006年	2007年	2008年
4 186	11 864	6 969	9 458	10 883	17 043	20 456	20 596

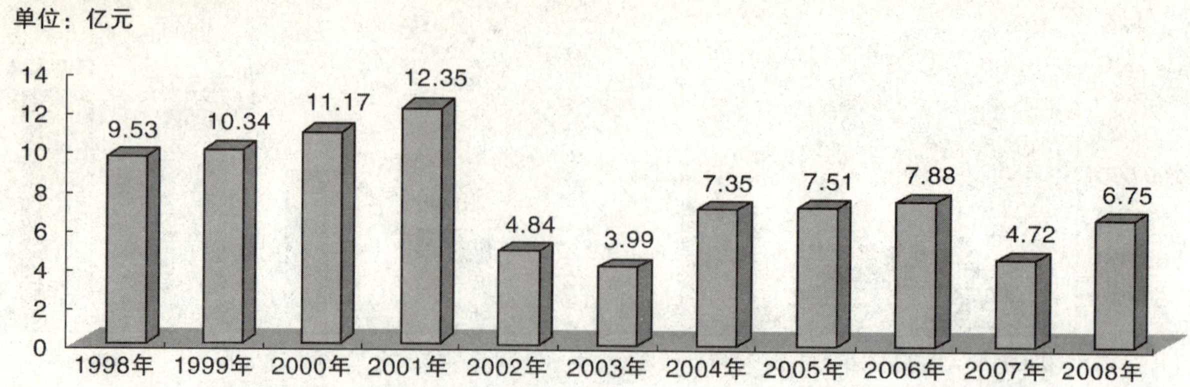

图43　1998年—2008年黑龙江省电子信息产品制造业完成工业增加值情况

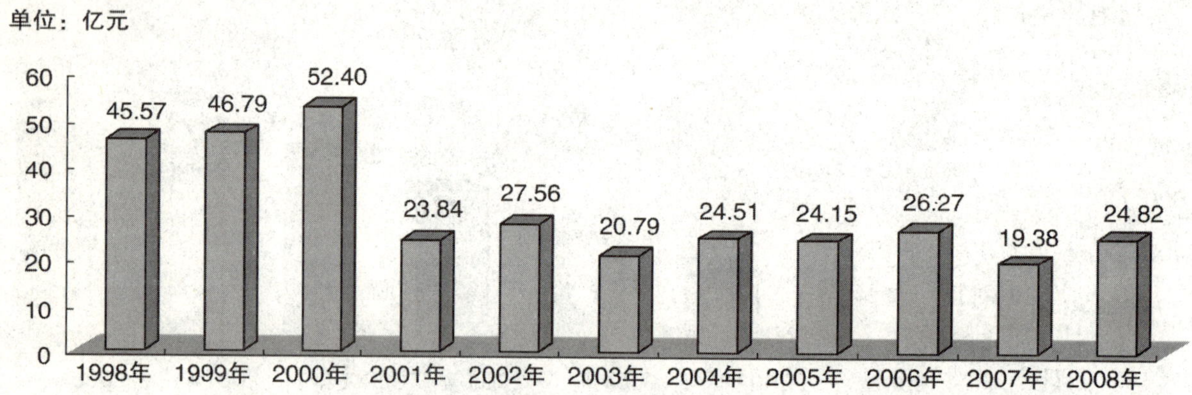

图44　1998年—2008年黑龙江省电子信息产品制造业完成主营业务收入情况

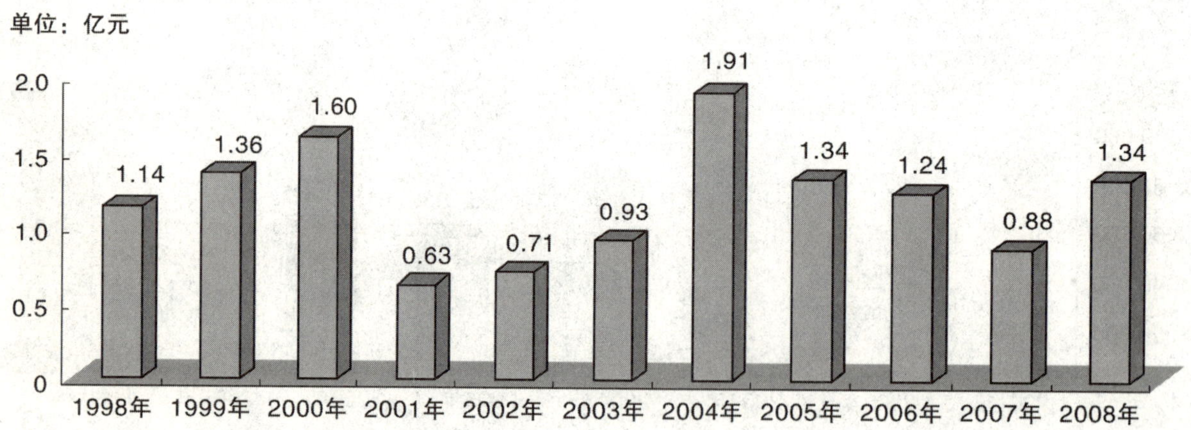

图45　1998年—2008年黑龙江省电子信息产品制造业完成利润总额情况

表 15　1998 年—2008 年黑龙江省电子信息产品制造业从业人员情况

单位：人

1998年	1999年	2000年	2001年	2002年	2003年	2004年	2005年	2006年	2007年	2008年
30 083	25 746	33 227	33 982	15 226	8 645	9 849	9 800	8 452	7 621	8 814

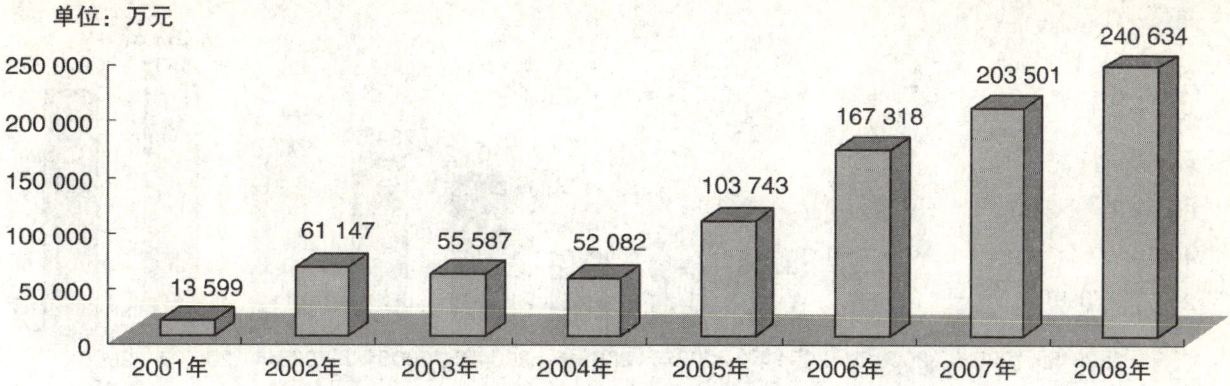

图46　2001年—2008年黑龙江省软件业完成工业增加值情况

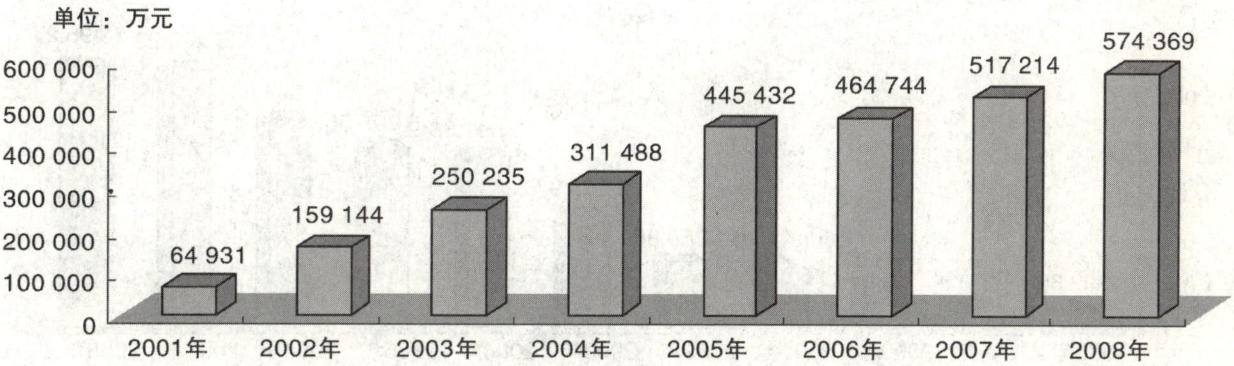

图47　2001年—2008年黑龙江省软件业完成业务收入情况

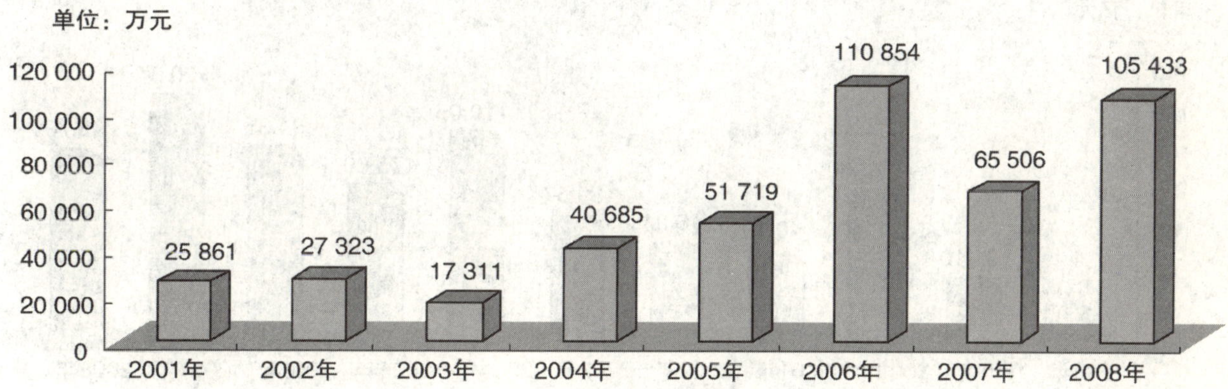

图48　2001年—2008年黑龙江省软件业完成利润总额情况

表 16　2001 年—2008 年黑龙江省软件业从业人员情况

单位：人

2001年	2002年	2003年	2004年	2005年	2006年	2007年	2008年
2 920	5 680	7 504	9 658	16 243	22 710	28 532	20 983

单位：亿元

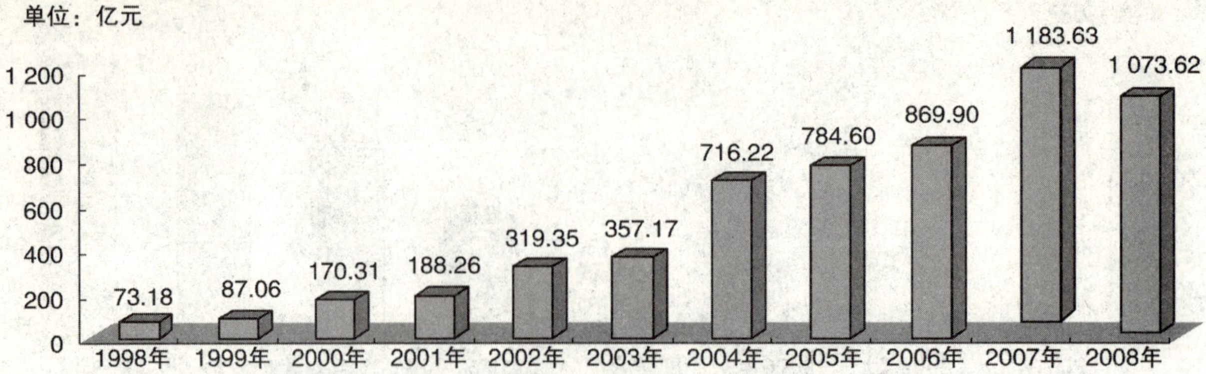

图49 1998年—2008年上海市电子信息产品制造业完成工业增加值情况

单位：亿元

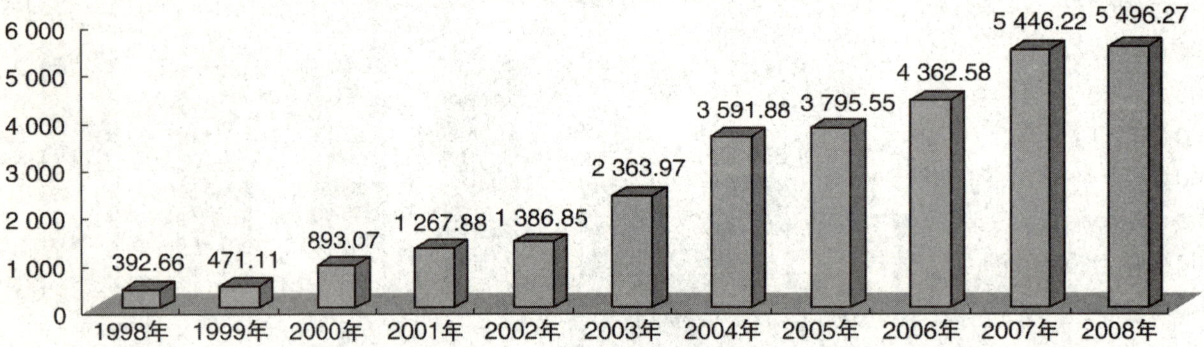

图50 1998年—2008年上海市电子信息产品制造业完成主营业务收入情况

单位：亿元

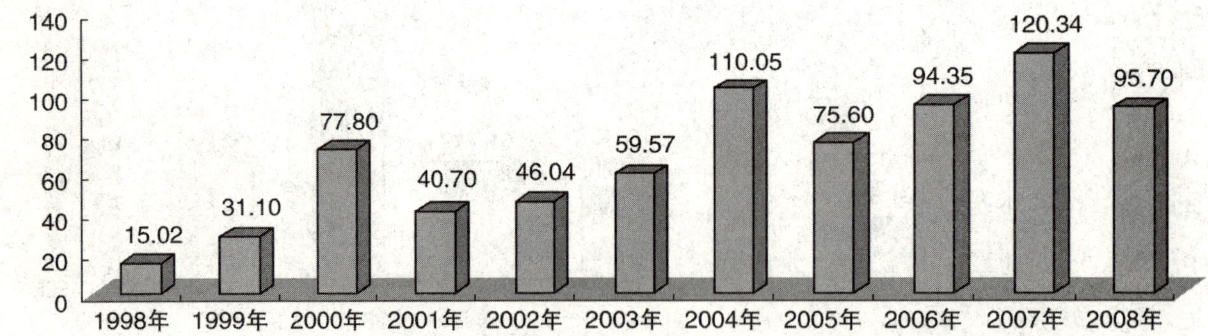

图51 1998年—2008年上海市电子信息产品制造业完成利润总额情况

表 17 1998 年—2008 年上海市电子信息产品制造业从业人员情况

单位：人

1998年	1999年	2000年	2001年	2002年	2003年	2004年	2005年	2006年	2007年	2008年
117 663	108 578	94 042	96 178	216 567	234 739	298 668	343 927	377 267	429 949	482 993

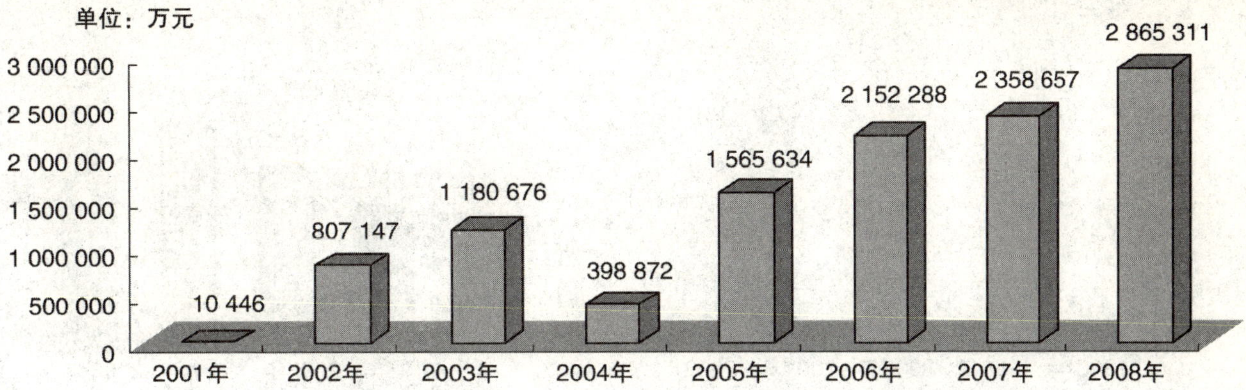

图52　2001年—2008年上海市软件业完成工业增加值情况

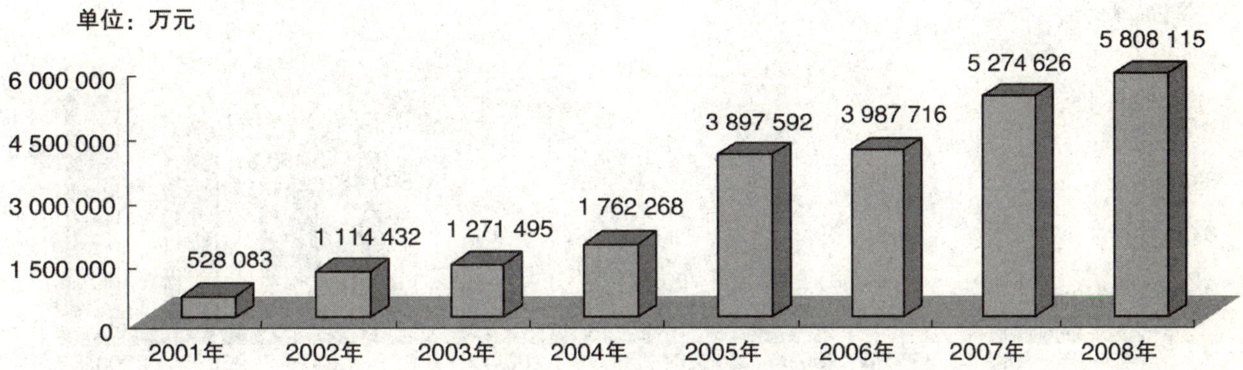

图53　2001年—2008年上海市软件业完成业务收入情况

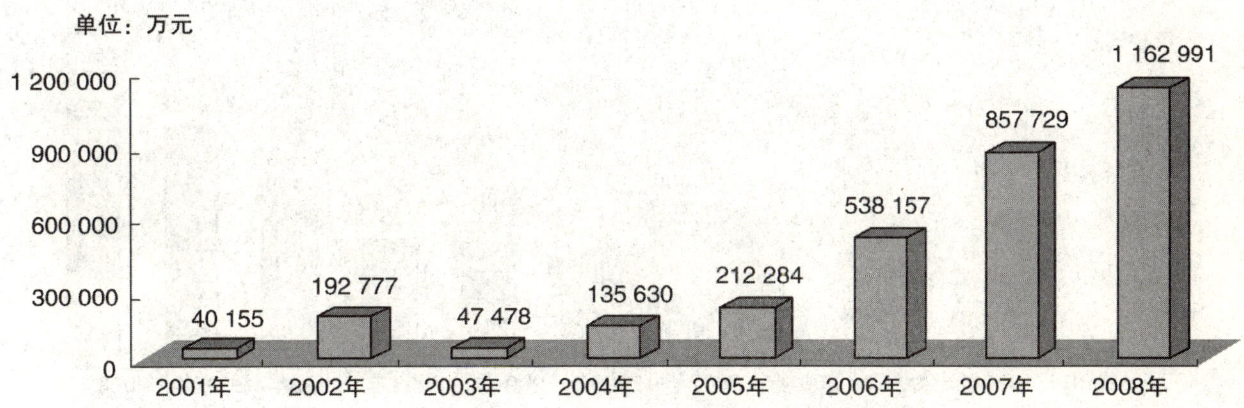

图54　2001年—2008年上海市软件业完成利润总额情况

表 18　2001 年—2008 年上海市软件业从业人员情况

单位：人

2001年	2002年	2003年	2004年	2005年	2006年	2007年	2008年
3 288	32 591	48 211	49 157	58 827	116 230	120 145	127 970

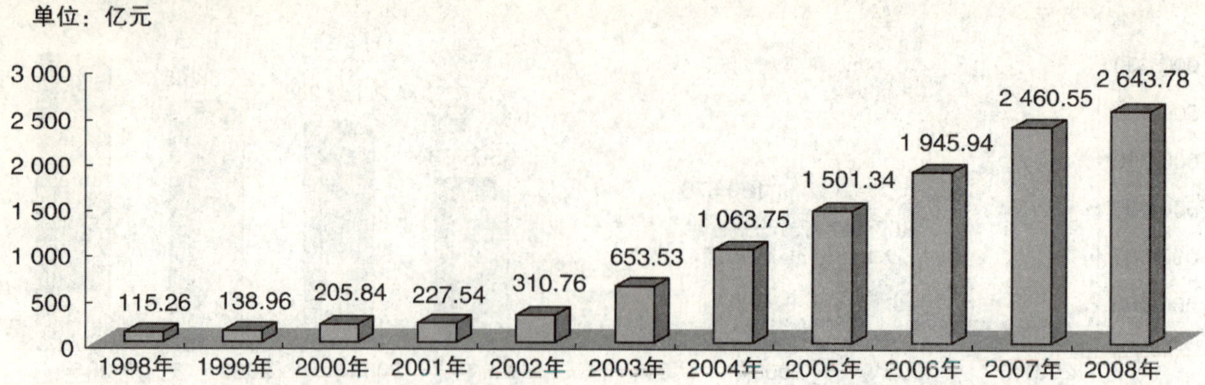

图55　1998年—2008年江苏省电子信息产品制造业完成工业增加值情况

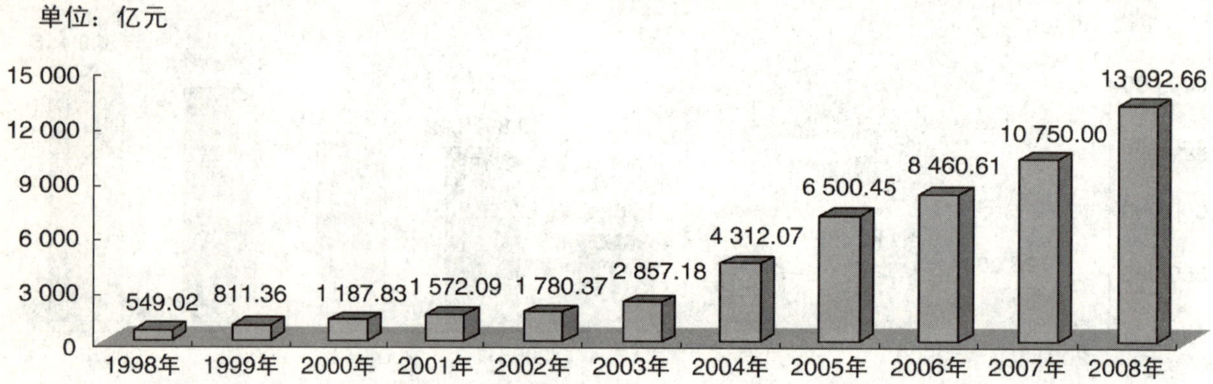

图56　1998年—2008年江苏省电子信息产品制造业完成主营业务收入情况

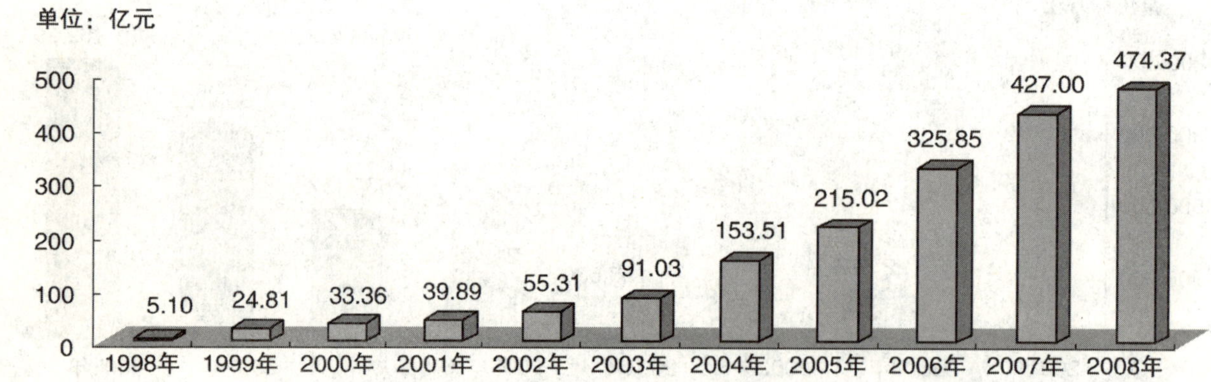

图57　1998年—2008年江苏省电子信息产品制造业完成利润总额情况

表 19　1998 年—2008 年江苏省电子信息产品制造业从业人员情况

单位：人

1998年	1999年	2000年	2001年	2002年	2003年	2004年	2005年	2006年	2007年	2008年
334 452	321 783	303 636	310 532	401 189	515 749	701 958	936 363	1 135 307	1 385 069	1 644 341

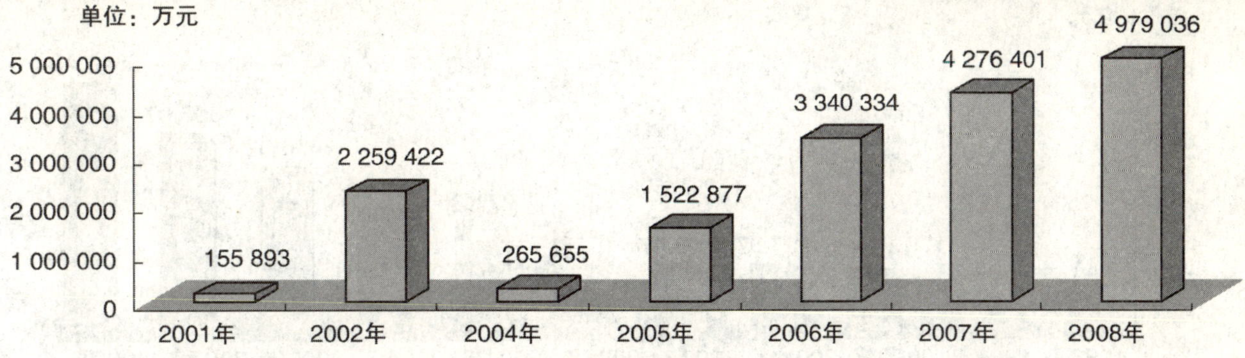

（2003 年数据暂缺）

图58　2001年—2008年江苏省软件业完成工业增加值情况

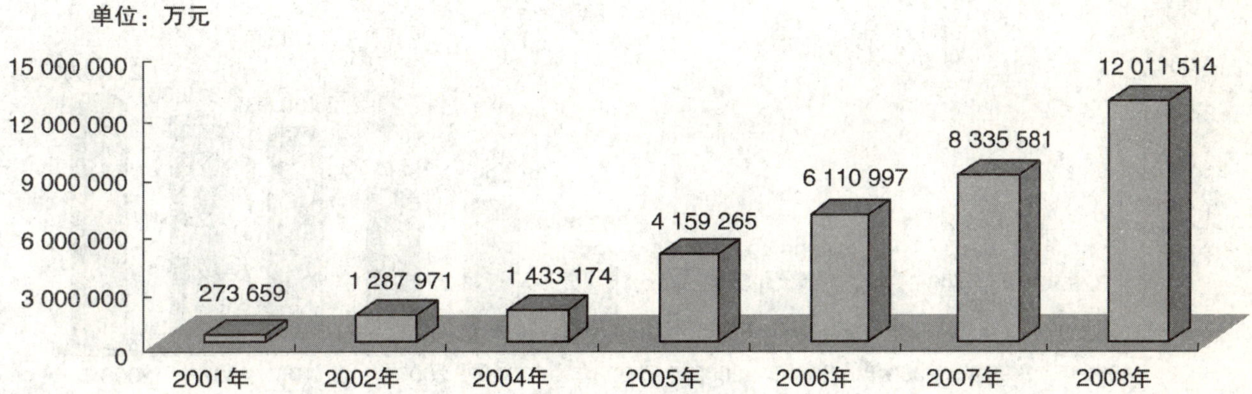

（2003 年数据暂缺）

图59　2001年—2008年江苏省软件业完成业务收入情况

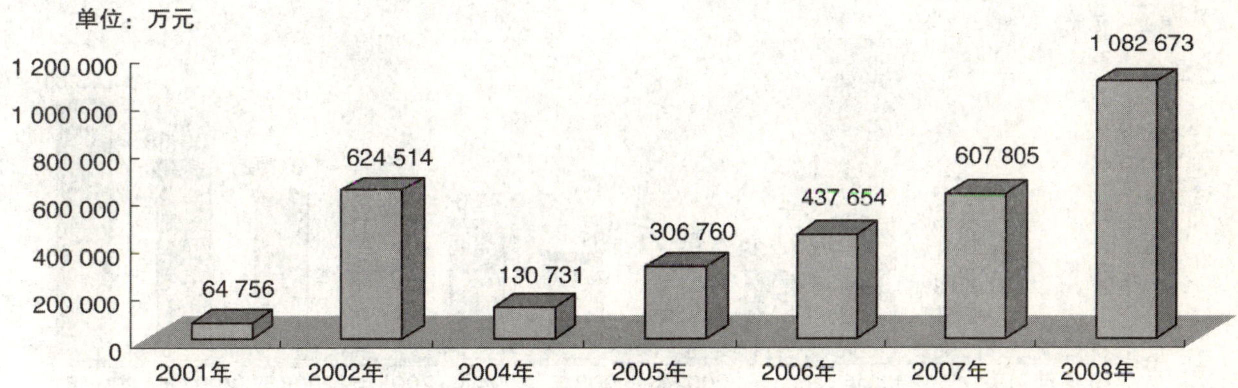

（2003 年数据暂缺）

图60　2001年—2008年江苏省软件业完成利润总额情况

表 20　2001 年—2008 年江苏省软件业从业人员情况

单位：人

2001年	2002年	2004年	2005年	2006年	2007年	2008年
11 506	110 558	45 694	143 313	225 984	255 866	173 509

（2003 年数据暂缺）

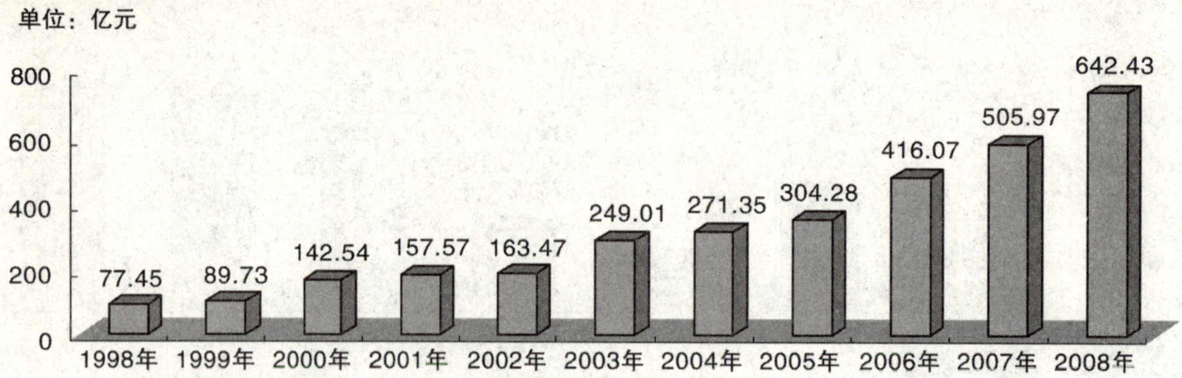

图61　1998年—2008年浙江省电子信息产品制造业完成工业增加值情况

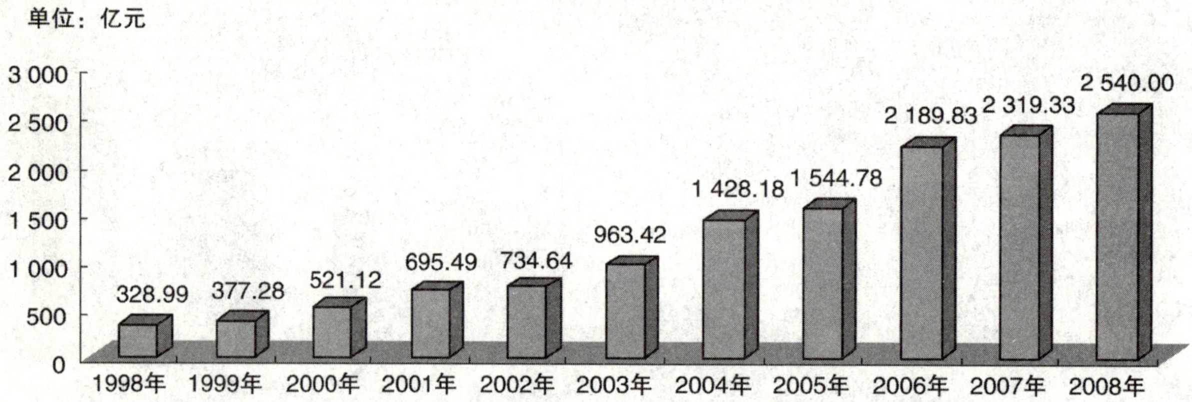

图62　1998年—2008年浙江省电子信息产品制造业完成主营业务收入情况

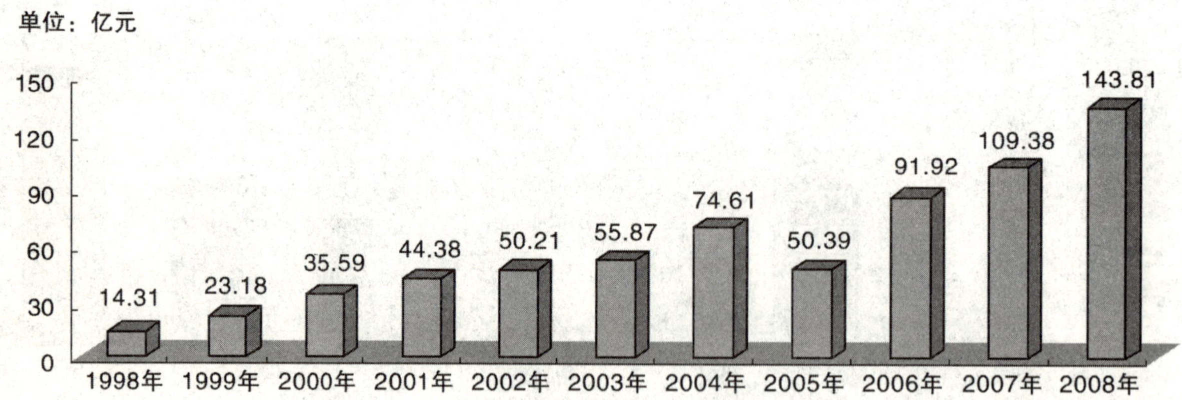

图63　1998年—2008年浙江省电子信息产品制造业完成利润总额情况

表 21　1998 年—2008 年浙江省电子信息产品制造业从业人员情况

单位：人

1998年	1999年	2000年	2001年	2002年	2003年	2004年	2005年	2006年	2007年	2008年
157 949	165 998	205 943	210 621	244 073	278 276	378 485	426 278	487 899	505 367	563 473

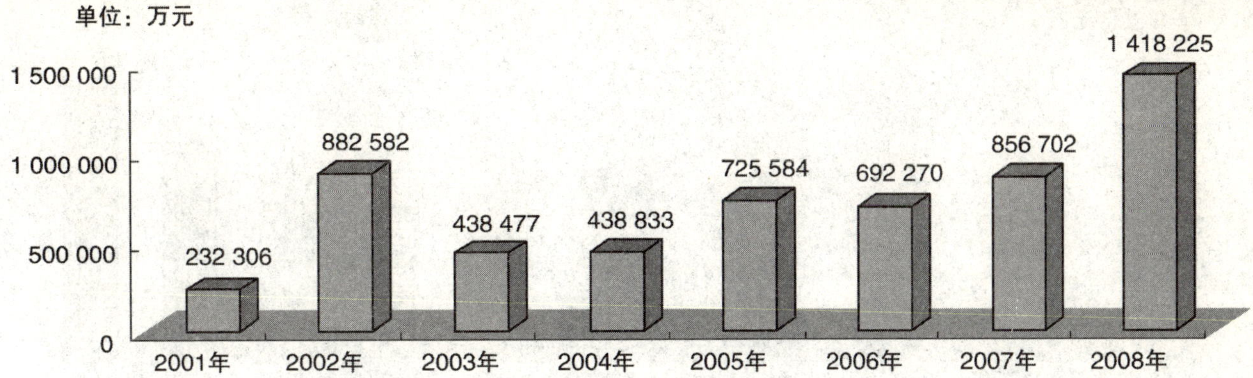

图64　2001年—2002年浙江省软件业完成工业增加值情况

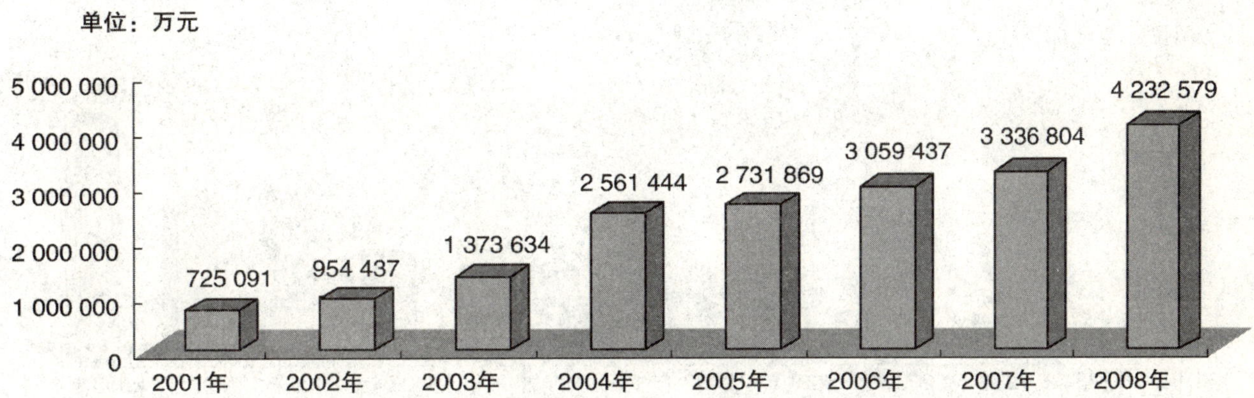

图65　2001年—2008年浙江省软件业完成业务收入情况

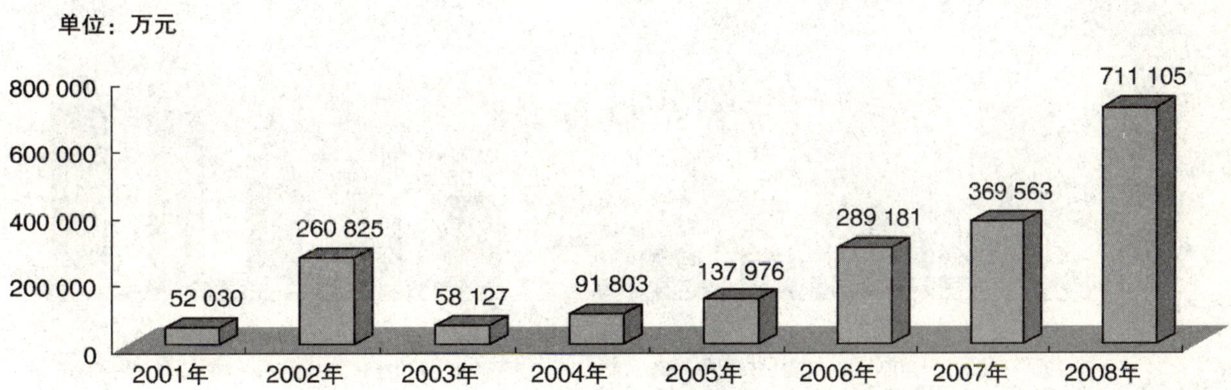

图66　2001年—2008年浙江省软件业完成利润总额情况

表 22　2001 年—2008 年浙江省软件业从业人员情况

单位：人

2001年	2002年	2003年	2004年	2005年	2006年	2007年	2008年
24 800	41 603	29 110	44 336	40 331	56 935	65 853	91 987

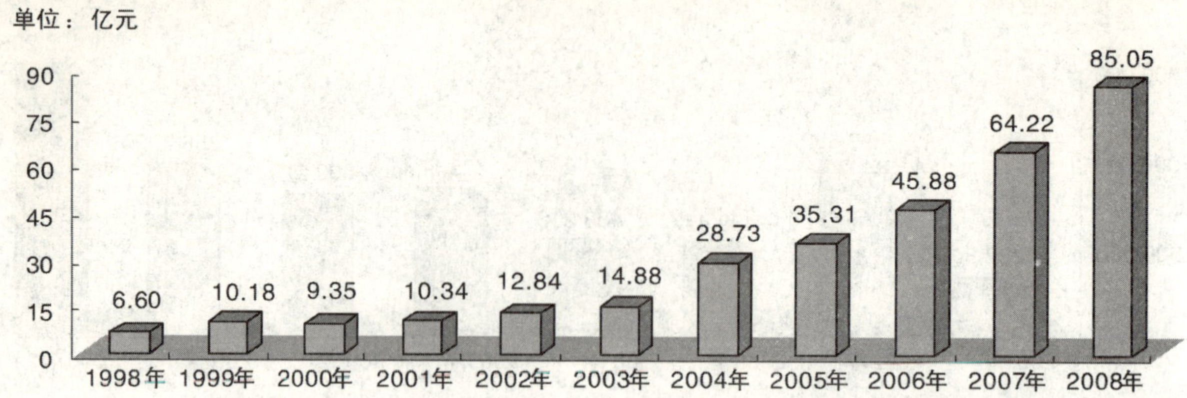

图67　1998年—2008年安徽省电子信息产品制造业完成工业增加值情况

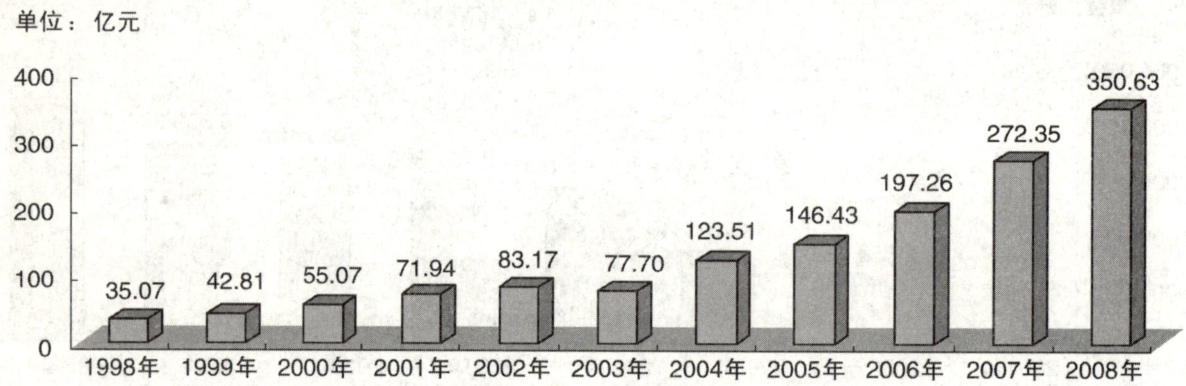

图68　1998年—2008年安徽省电子信息产品制造业完成主营业务收入情况

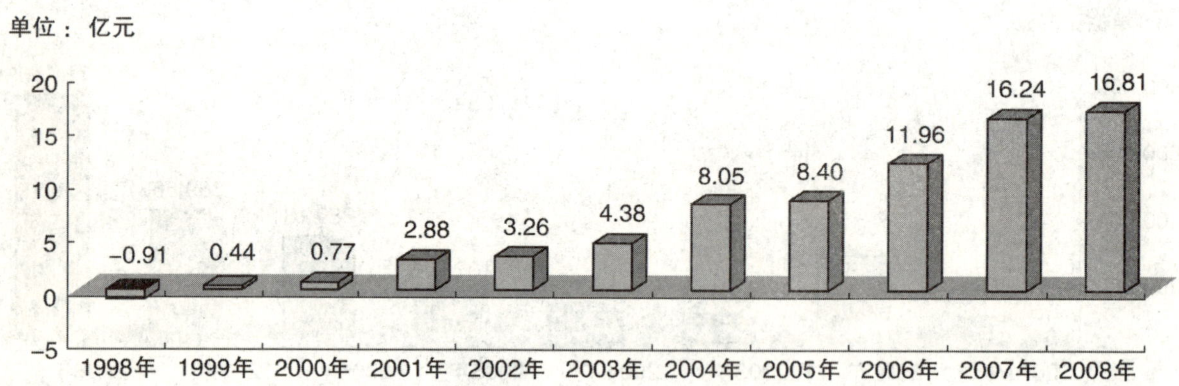

图69　1998年—2008年安徽省电子信息产品制造业完成利润总额情况

表 23　1998 年—2008 年安徽省电子信息产品制造业从业人员情况

单位：人

1998年	1999年	2000年	2001年	2002年	2003年	2004年	2005年	2006年	2007年	2008年
47 828	36 998	33 528	34 290	34 754	32 932	40 900	45 518	47 584	62 510	72 220

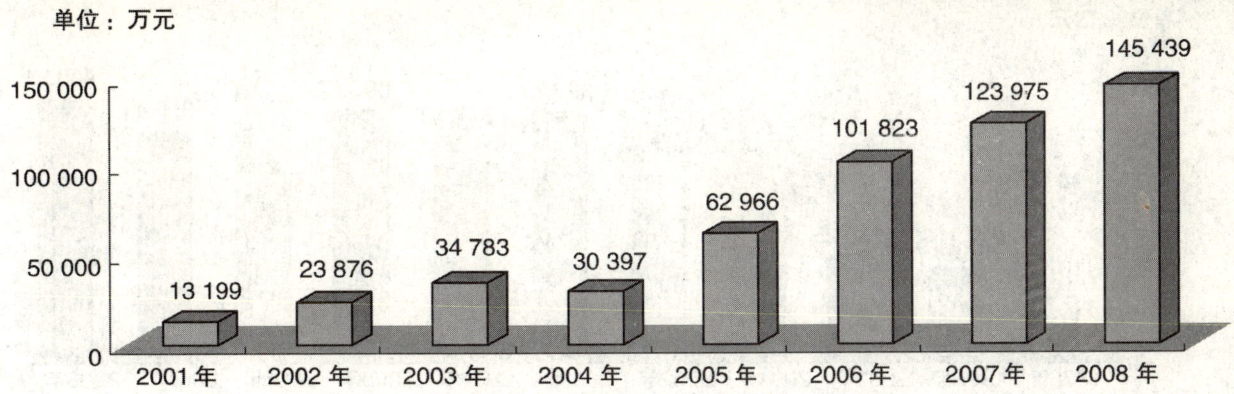

图70　2001年—2008年安徽省软件业完成工业增加值情况

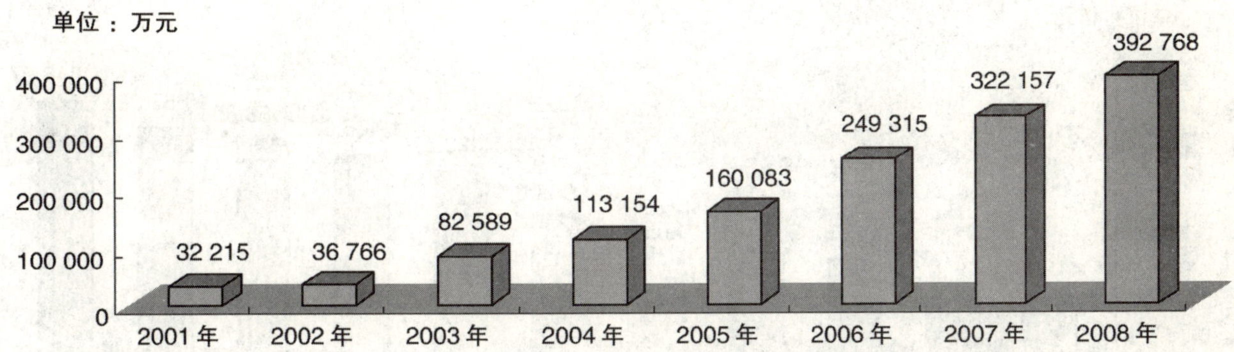

图71　2001年—2008年安徽省软件业完成业务收入情况

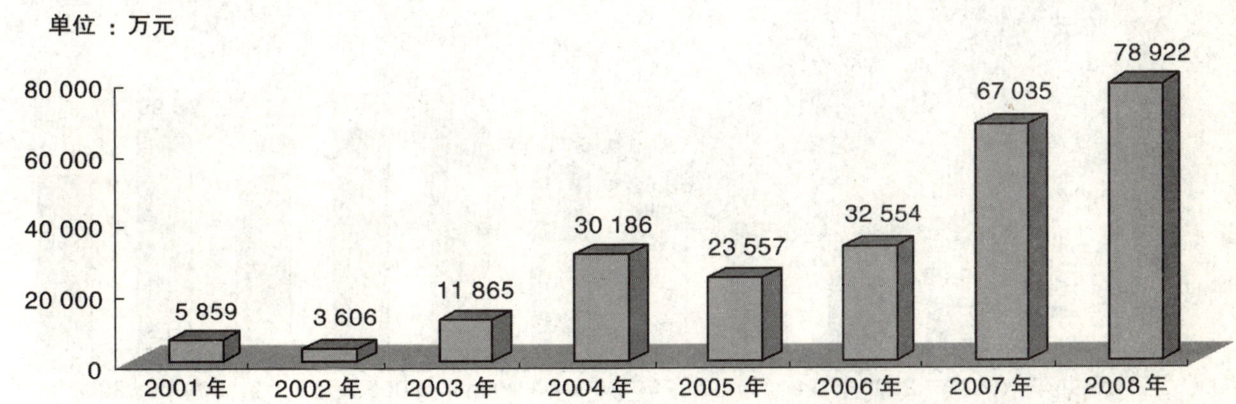

图72　2001年—2008年安徽省软件业完成利润总额情况

表 24　2001 年—2008 年安徽省软件业从业人员情况

单位：人

2001年	2002年	2003年	2004年	2005年	2006年	2007年	2008年
2 719	3 612	6 373	6 349	8 323	10 750	12 186	13 995

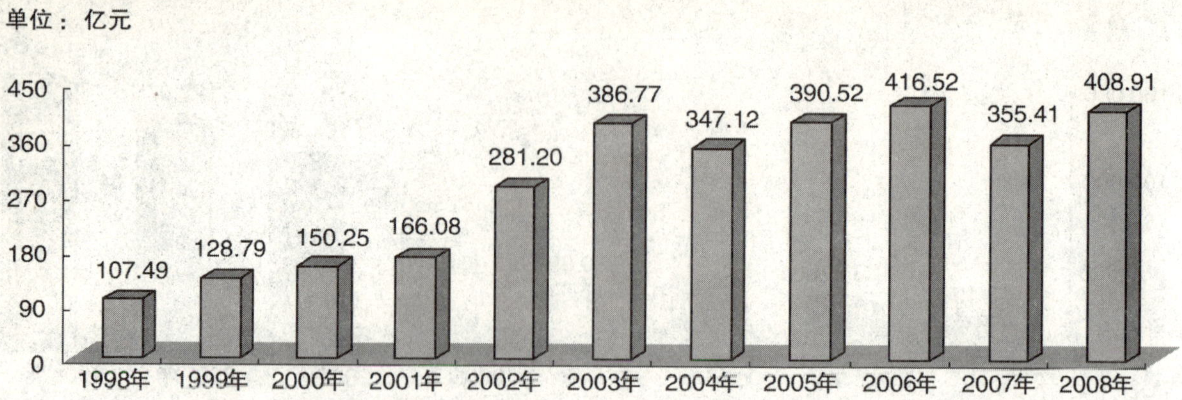

图73　1998年—2008年福建省电子信息产品制造业完成工业增加值情况

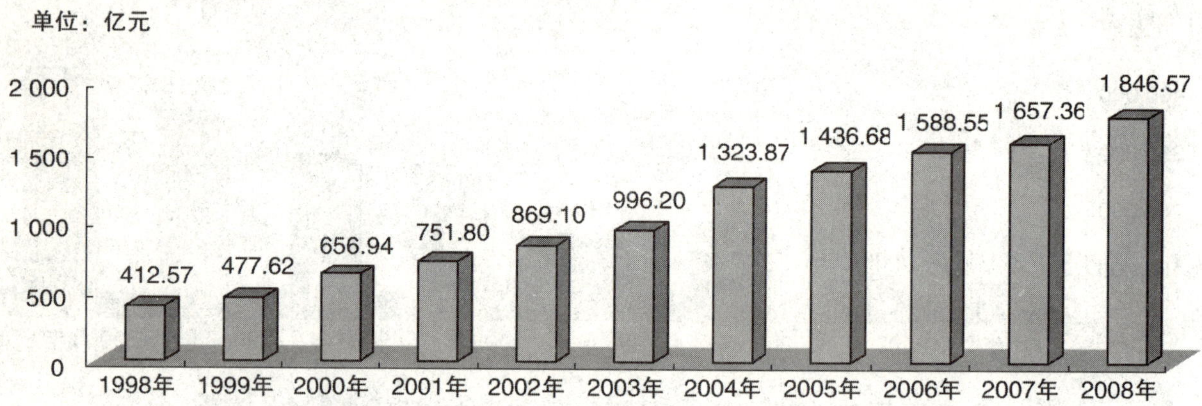

图74　1998年—2008年福建省电子信息产品制造业完成主营业务收入情况

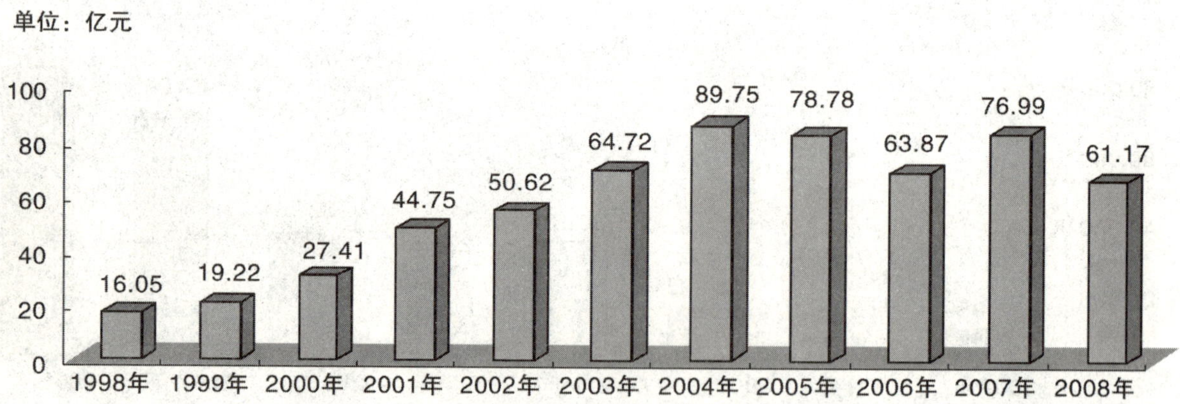

图75　1998年—2008年福建省电子信息产品制造业完成利润总额情况

表 25　1998 年—2008 年福建省电子信息产品制造业从业人员情况

单位：人

1998年	1999年	2000年	2001年	2002年	2003年	2004年	2005年	2006年	2007年	2008年
146 935	154 559	210 058	214 829	149 607	169 171	215 642	238 932	270 529	267 704	267 215

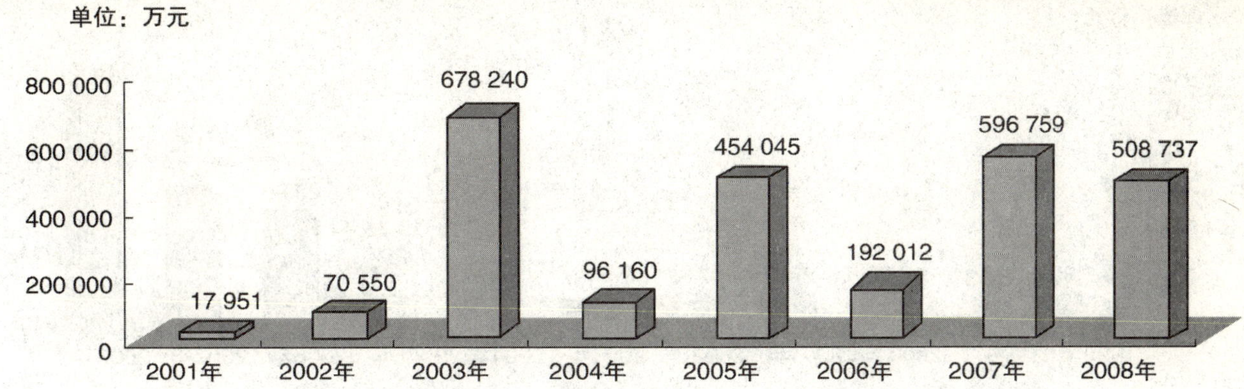

图76　2001年—2008年福建省软件业完成工业增加值情况

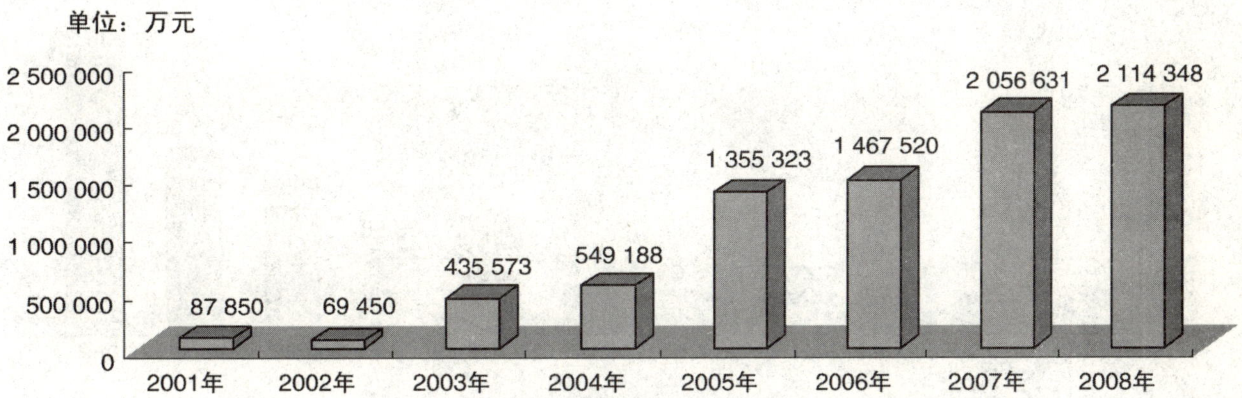

图77　2001年—2008年福建省软件业完成业务收入情况

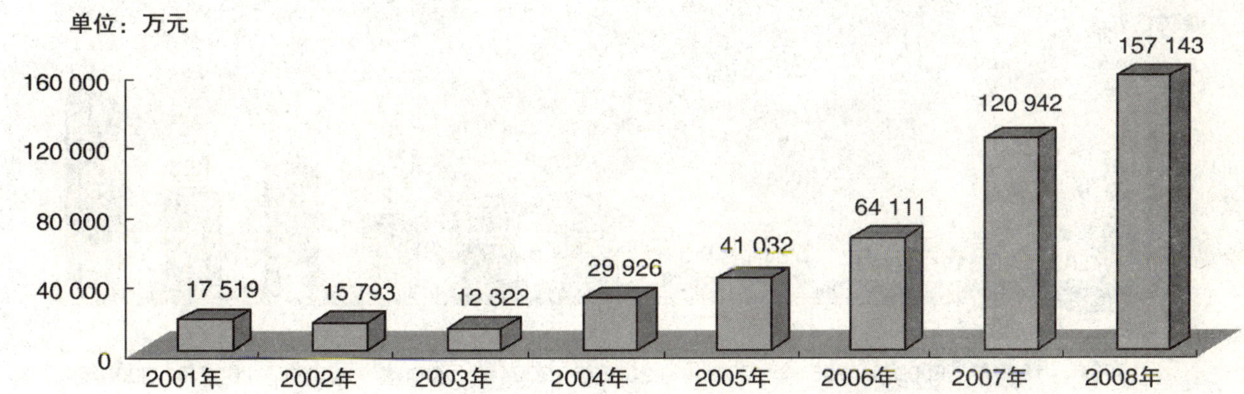

图78　2001年—2008年福建省软件业完成利润总额情况

表26　2001年—2008年福建省软件业从业人员情况

单位：人

2001年	2002年	2003年	2004年	2005年	2006年	2007年	2008年
4 734	4 484	32 448	25 366	19 955	21 174	27 450	36 455

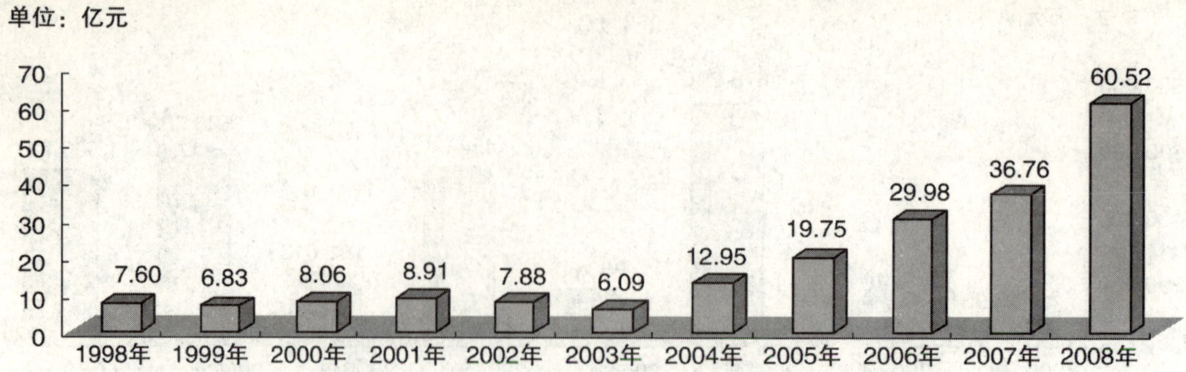

图79　1998年—2008年江西省电子信息产品制造业完成工业增加值情况

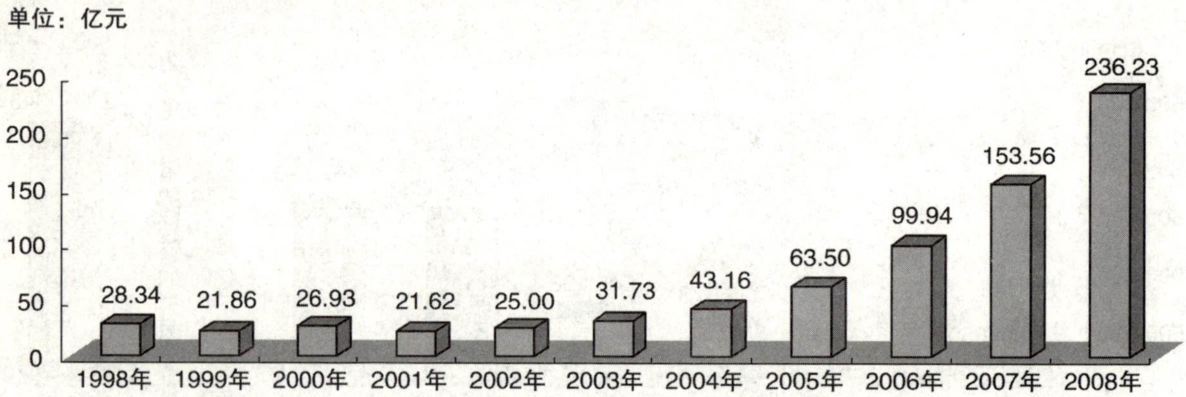

图80　1998年—2008年江西省电子信息产品制造业完成主营业务收入情况

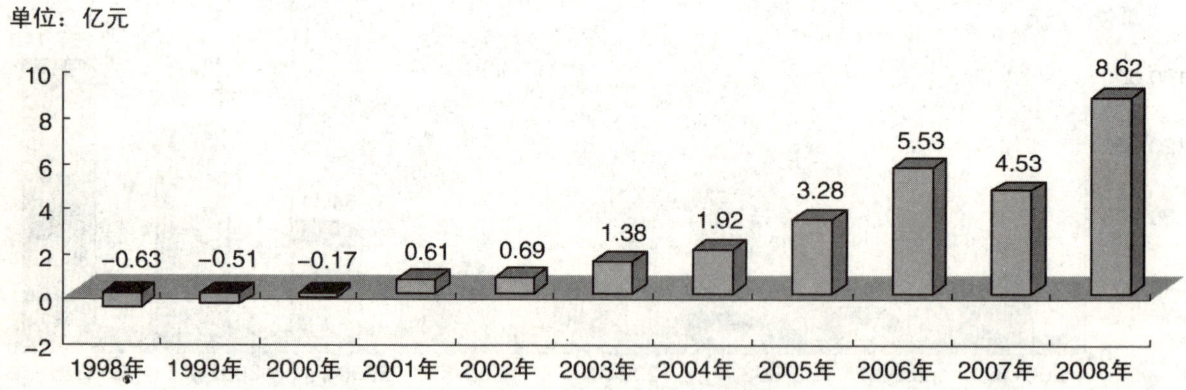

图81　1998年—2008年江西省电子信息产品制造业完成利润总额情况

表 27　1998 年—2008 年江西省电子信息产品制造业从业人员情况

单位：人

1998年	1999年	2000年	2001年	2002年	2003年	2004年	2005年	2006年	2007年	2008年
66 776	59 386	54 299	55 532	26 724	29 931	33 150	38 753	46 871	58 328	68 771

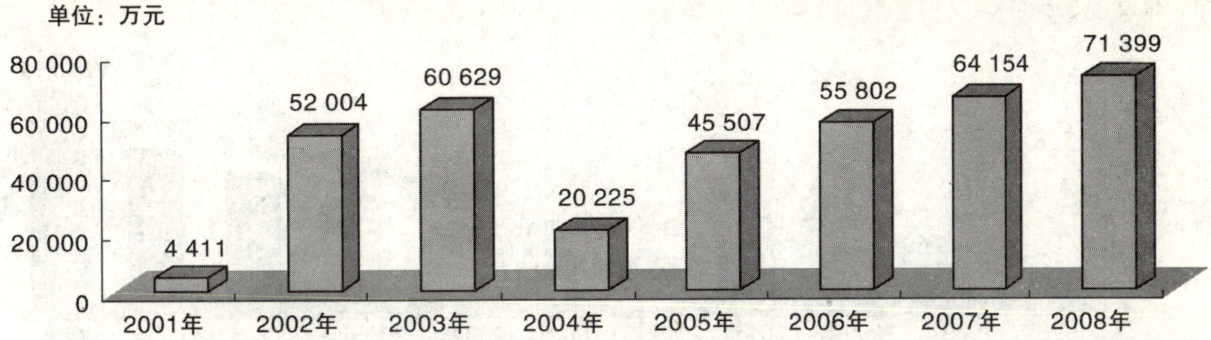

图82　2001年—2008年江西省软件业完成工业增加值情况

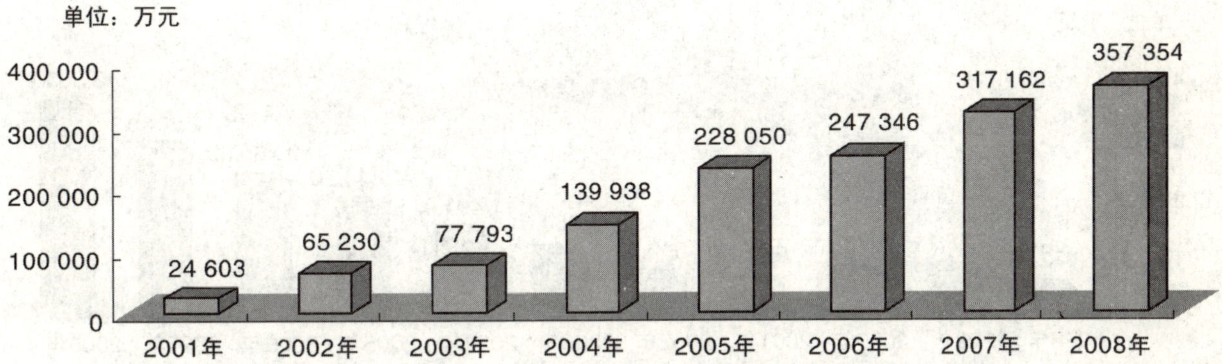

图83　2001年—2008年江西省软件业完成业务收入情况

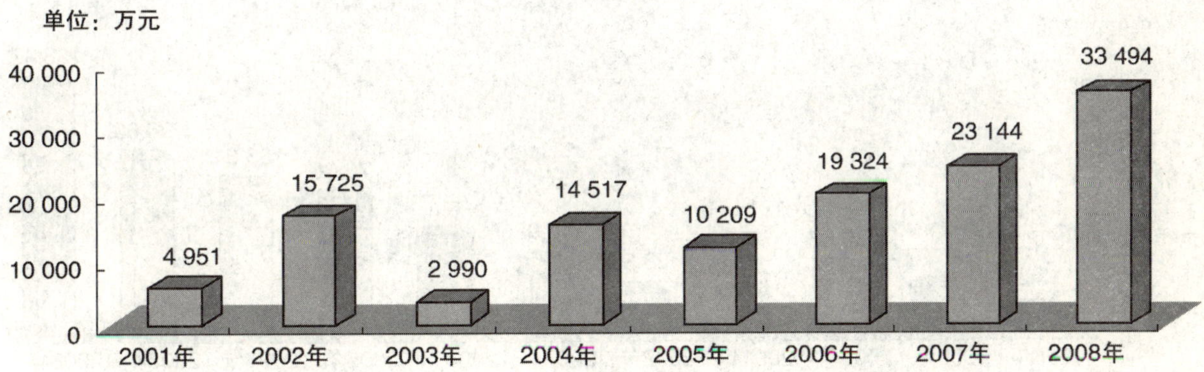

图84　2001年—2008年江西省软件业完成利润总额情况

表 28　2001 年—2008 年江西省软件业从业人员情况

单位：人

2001年	2002年	2003年	2004年	2005年	2006年	2007年	2008年
1 230	7 731	8 253	3 180	4 971	5 370	6 242	5 840

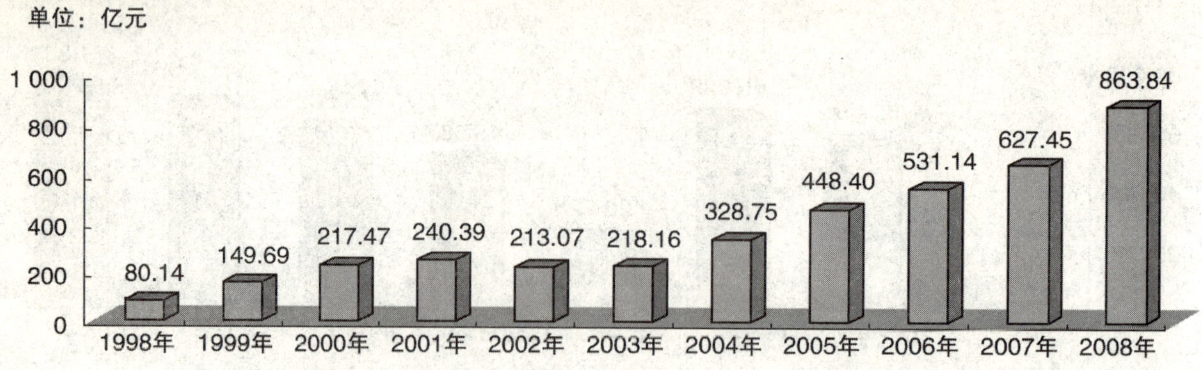

图85　1998年—2008年山东省电子信息产品制造业完成工业增加值情况

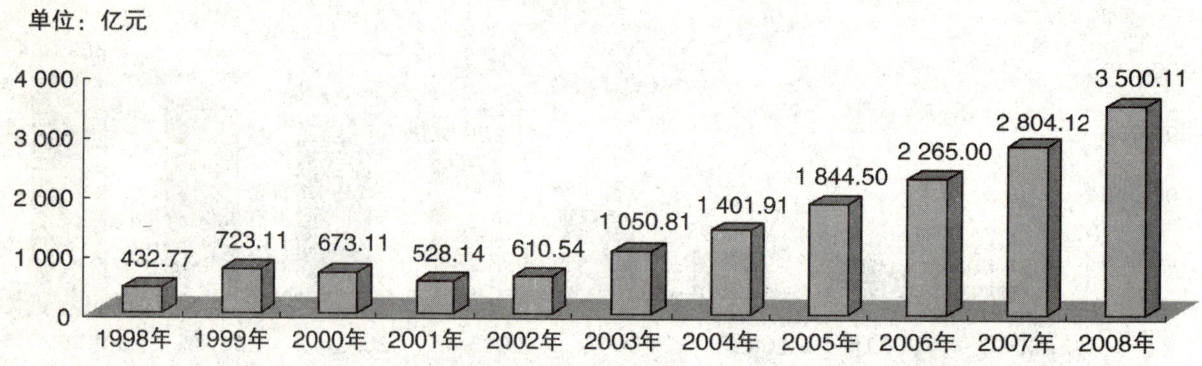

图86　1998年—2008年山东省电子信息产品制造业完成主营业务收入情况

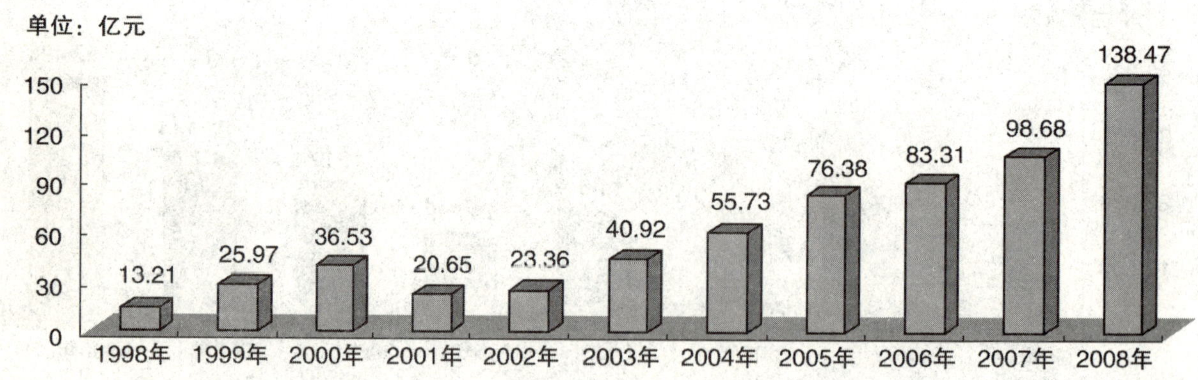

图87　1998年—2008年山东省电子信息产品制造业完成利润总额情况

表 29　1998 年—2008 年山东省电子信息产品制造业从业人员情况

单位：人

1998年	1999年	2000年	2001年	2002年	2003年	2004年	2005年	2006年	2007年	2008年
139 704	160 449	222 576	227 631	141 196	178 337	220 220	265 454	317 913	336 565	377 020

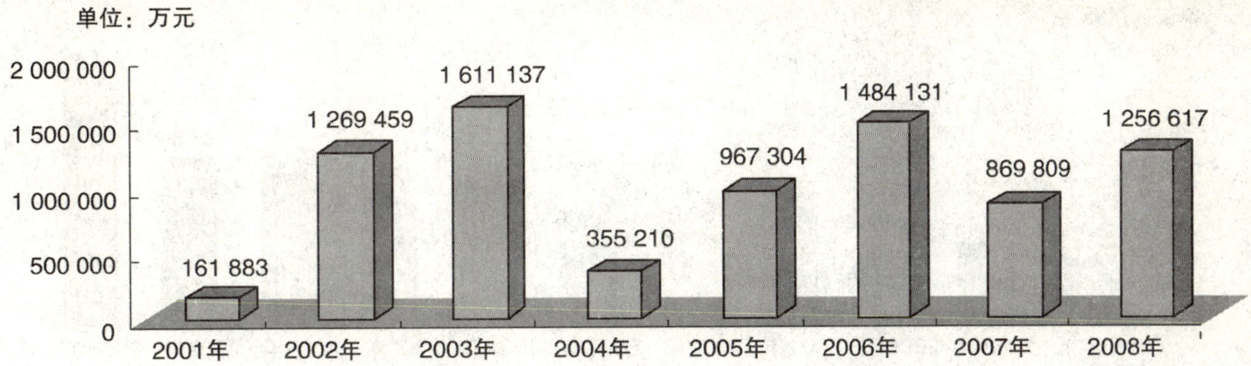

图88 2001年—2008年山东省软件业完成工业增加值情况

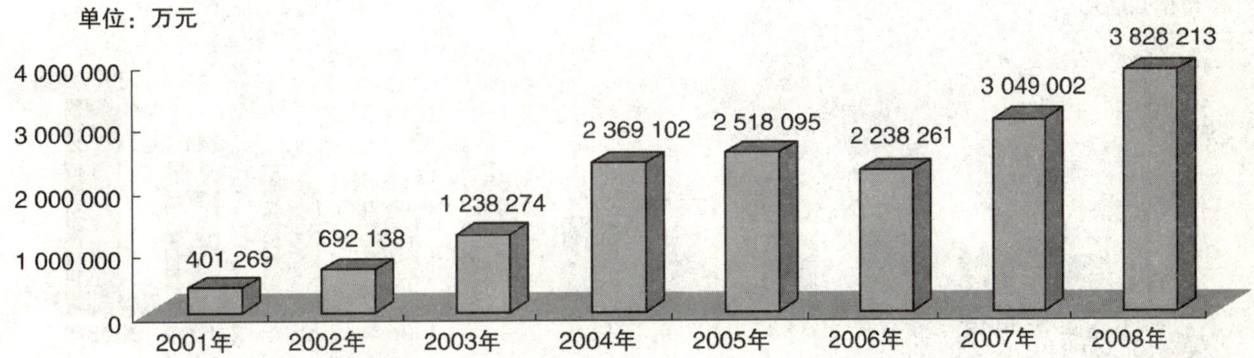

图89 2001年—2008年山东省软件业完成业务收入情况

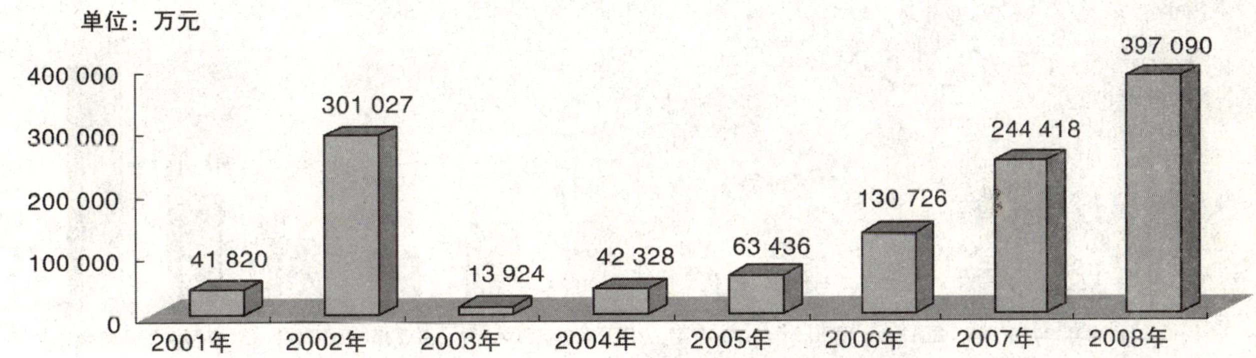

图90 2001年—2008年山东省软件业完成利润总额情况

表 30 2001 年—2008 年山东省软件业从业人员情况

单位：人

2001年	2002年	2003年	2004年	2005年	2006年	2007年	2008年
13 828	46 659	51 848	60 371	53 275	118 479	66 872	74 506

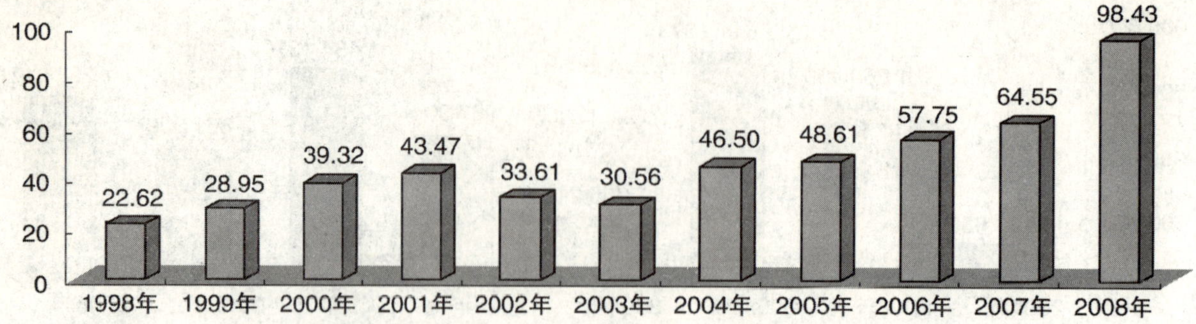

图91　1998年—2008年河南省电子信息产品制造业完成工业增加值情况

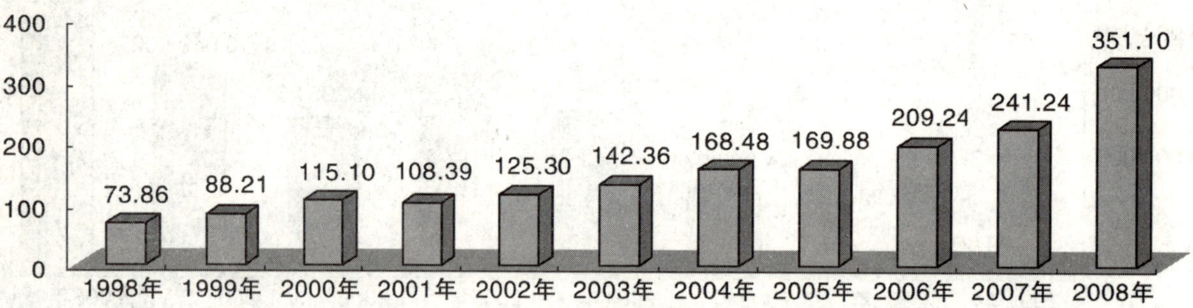

图92　1998年—2008年河南省电子信息产品制造业完成主营业务收入情况

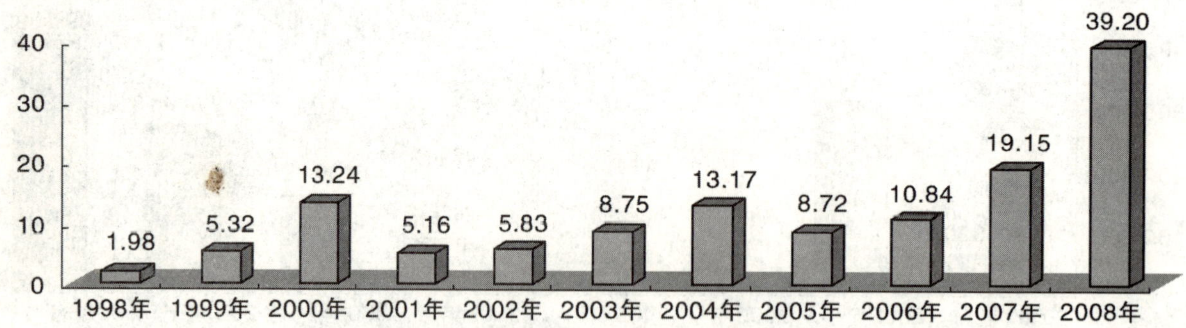

图93　1998年—2008年河南省电子信息产品制造业完成利润总额情况

表 31　1998 年—2008 年河南省电子信息产品制造业从业人员情况

单位：人

1998年	1999年	2000年	2001年	2002年	2003年	2004年	2005年	2006年	2007年	2008年
73 525	72 416	85 075	87 007	54 072	44 488	44 797	48 995	48 069	53 063	60 469

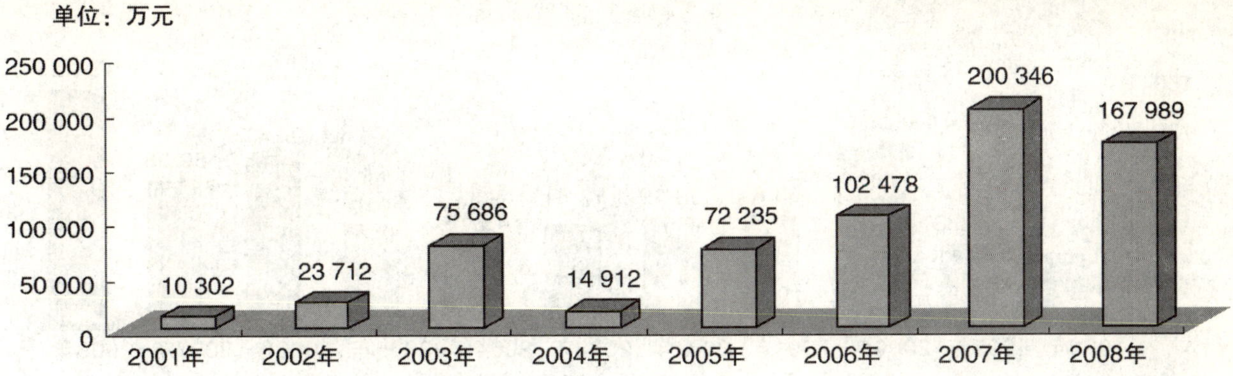

图94 2001年—2008年河南省软件业完成工业增加值情况

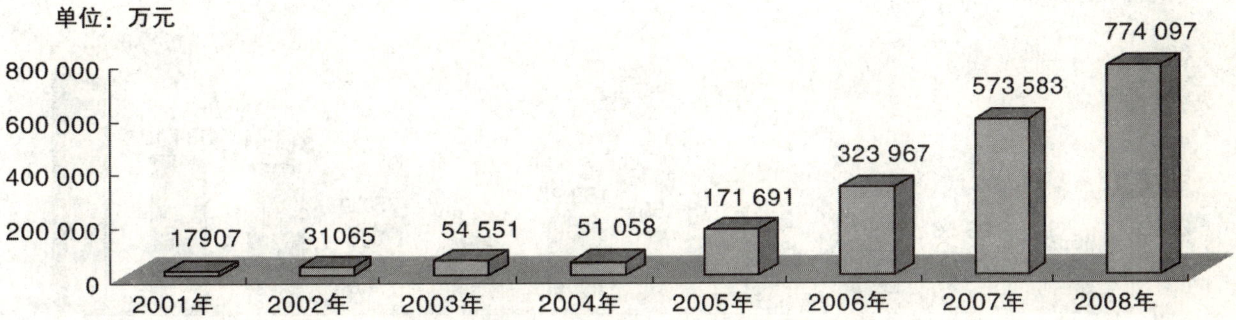

图95 2001年—2008年河南省软件业完成业务收入情况

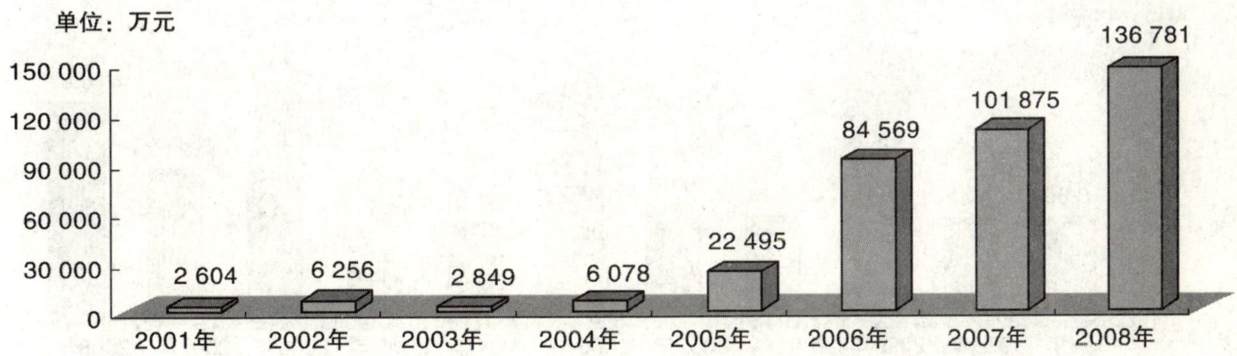

图96 2001年—2008年河南省软件业完成利润总额情况

表 32 2001 年—2008 年河南省软件业从业人员情况

单位：人

2001年	2002年	2003年	2004年	2005年	2006年	2007年	2008年
1 701	4 993	5 684	5 069	5 170	13 180	15 479	17 297

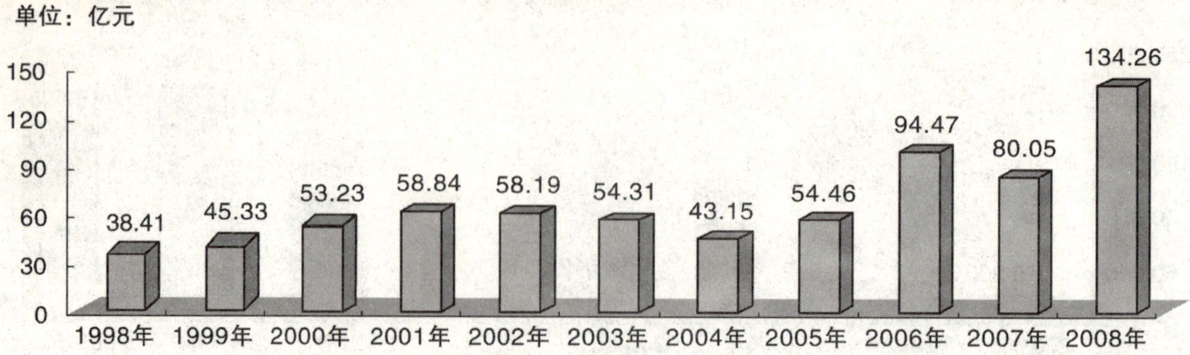

图97　1998年—2008年湖北省电子信息产品制造业完成工业增加值情况

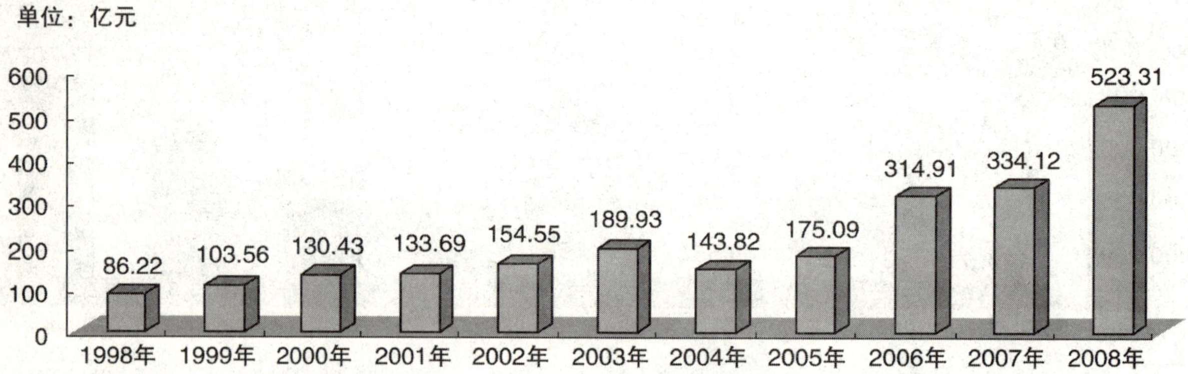

图98　1998年—2008年湖北省电子信息产品制造业完成主营业务收入情况

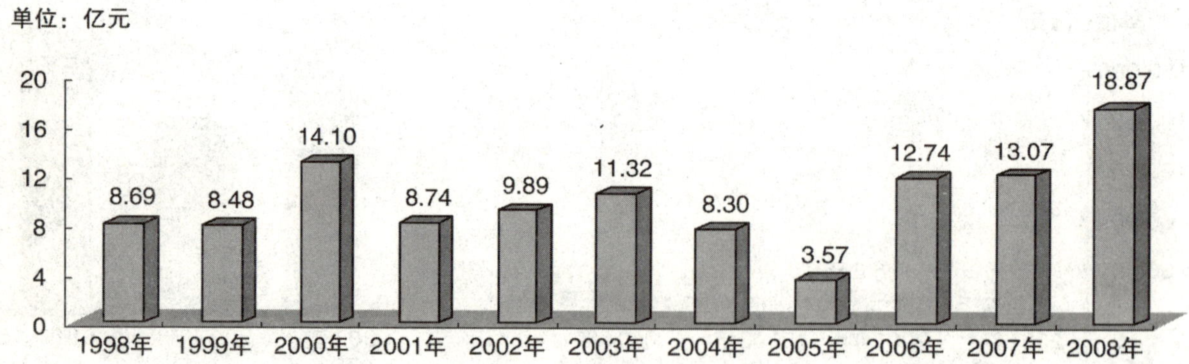

图99　1998年—2008年湖北省电子信息产品制造业完成利润总额情况

表 33　1998 年—2008 年湖北省电子信息产品制造业从业人员情况

单位：人

1998年	1999年	2000年	2001年	2002年	2003年	2004年	2005年	2006年	2007年	2008年
79 193	79 600	81 421	83 270	58 165	49 679	40 788	43 180	57 677	61 755	73 069

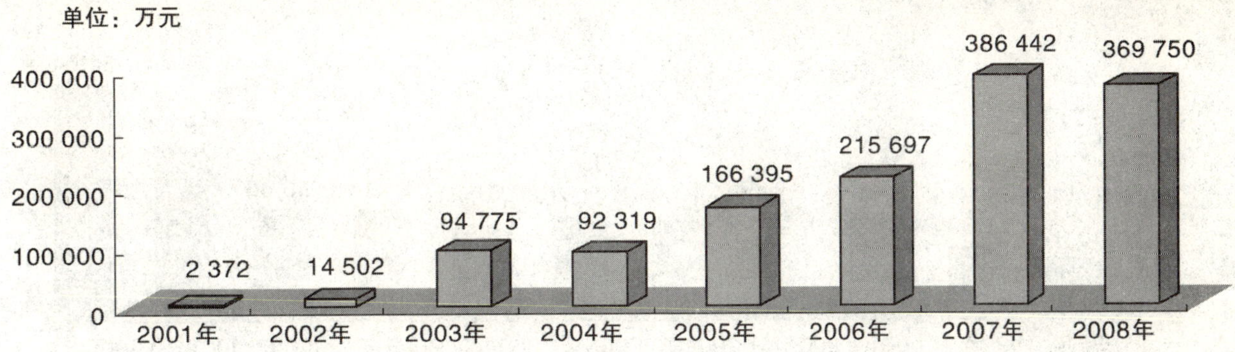

图100 2001年—2008年湖北省软件业完成工业增加值情况

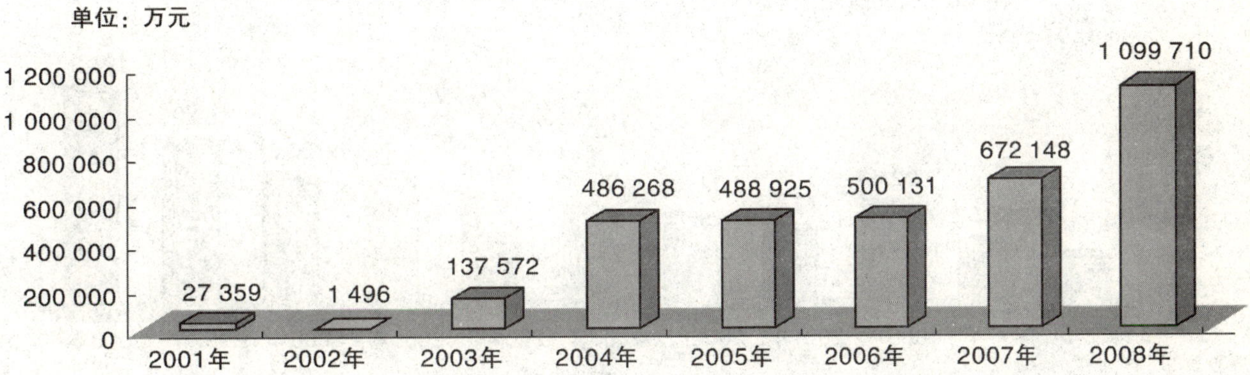

图101 2001年—2008年湖北省软件业完成业务收入情况

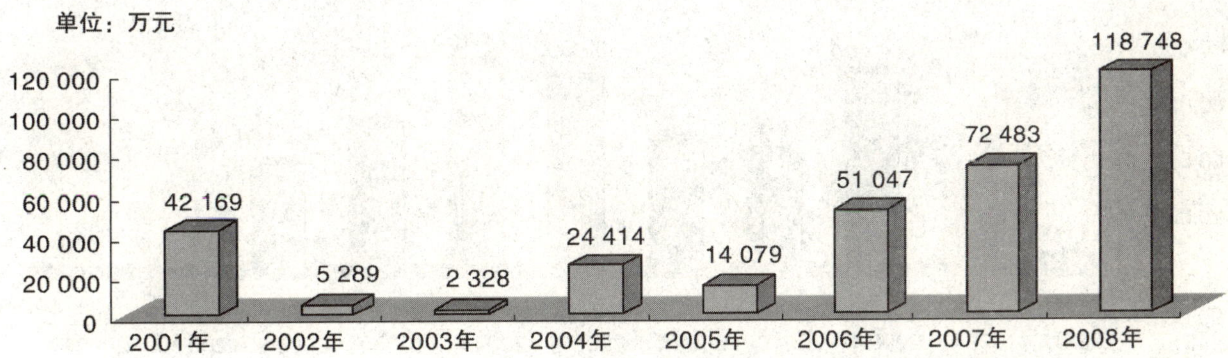

图102 2001年—2008年湖北省软件业完成利润总额情况

表 34 2001 年—2008 年湖北省软件业从业人员情况

单位：人

2001年	2002年	2003年	2004年	2005年	2006年	2007年	2008年
2 338	719	16 991	25 918	18 002	22 219	34 810	33 805

单位：亿元

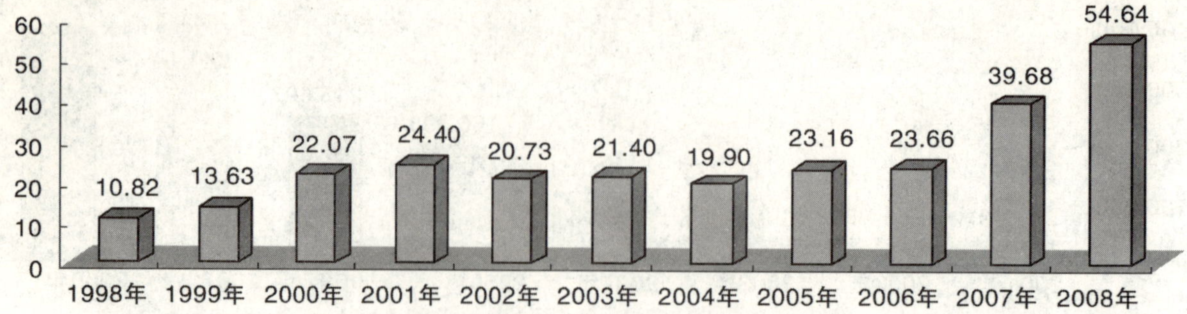

图103　1998年—2008年湖南省电子信息产品制造业完成工业增加值情况

单位：亿元

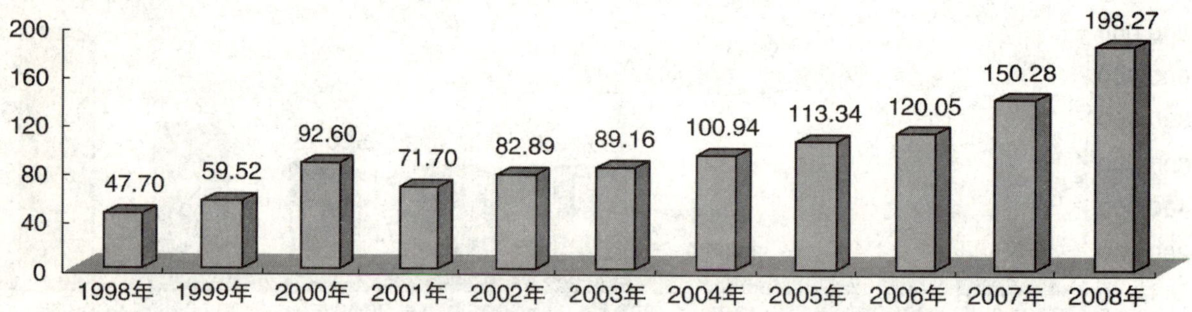

图104　1998年—2008年湖南省电子信息产品制造业完成主营业务收入情况

单位：万元

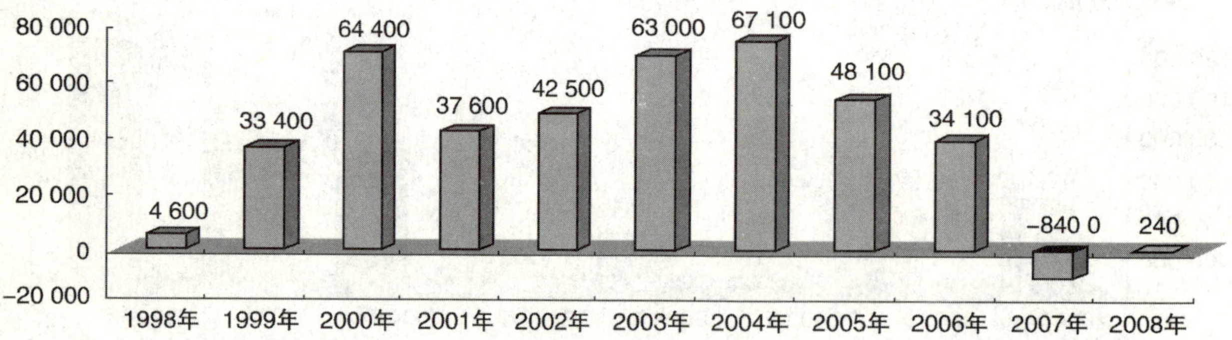

图105　1998年—2008年湖南省电子信息产品制造业完成利润总额情况

表 35　1998 年—2008 年湖南省电子信息产品制造业从业人员情况

单位：人

1998年	1999年	2000年	2001年	2002年	2003年	2004年	2005年	2006年	2007年	2008年
53 650	56 492	62 071	63 481	32 272	35 410	35 440	34 631	36 960	34 853	44 408

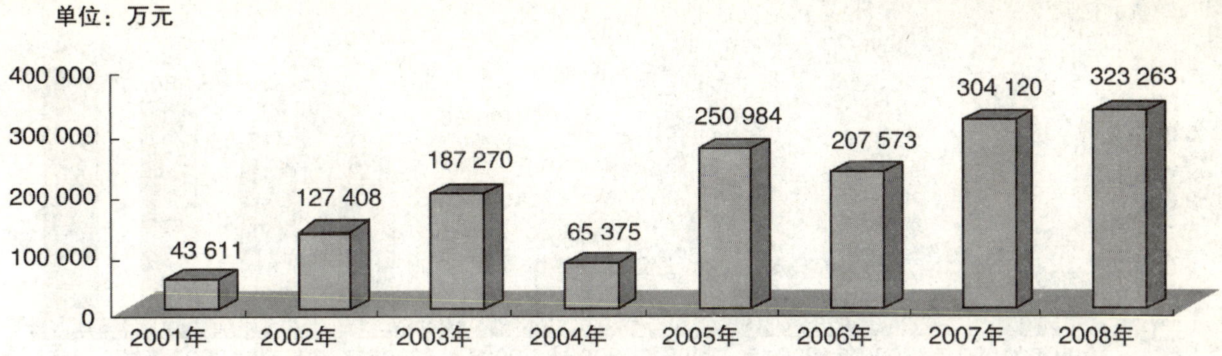

图106 2001年—2008年湖南省软件业完成工业增加值情况

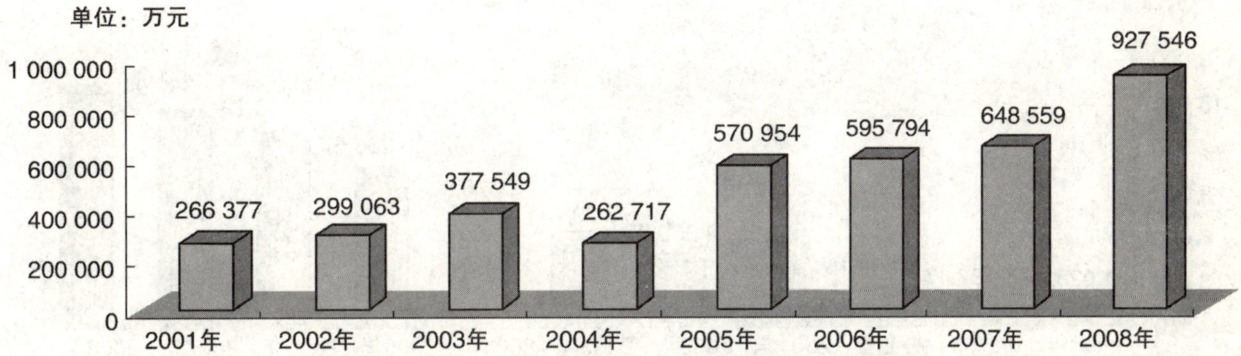

图107 2001年—2008年湖南省软件业完成业务收入情况

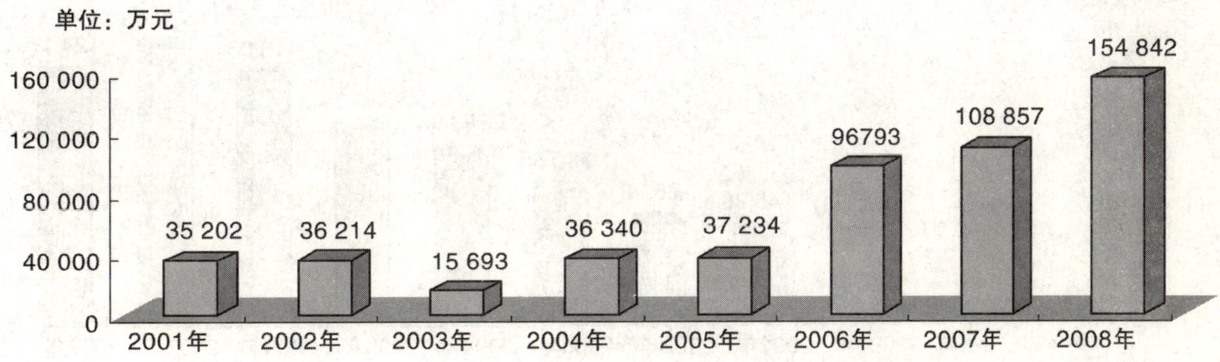

图108 2001年—2008年湖南省软件业完成利润总额情况

表 36 2001 年—2008 年湖南省软件业从业人员情况

单位：人

2001年	2002年	2003年	2004年	2005年	2006年	2007年	2008年
11 488	13 461	19 102	14 775	22 807	28 737	33 235	53 630

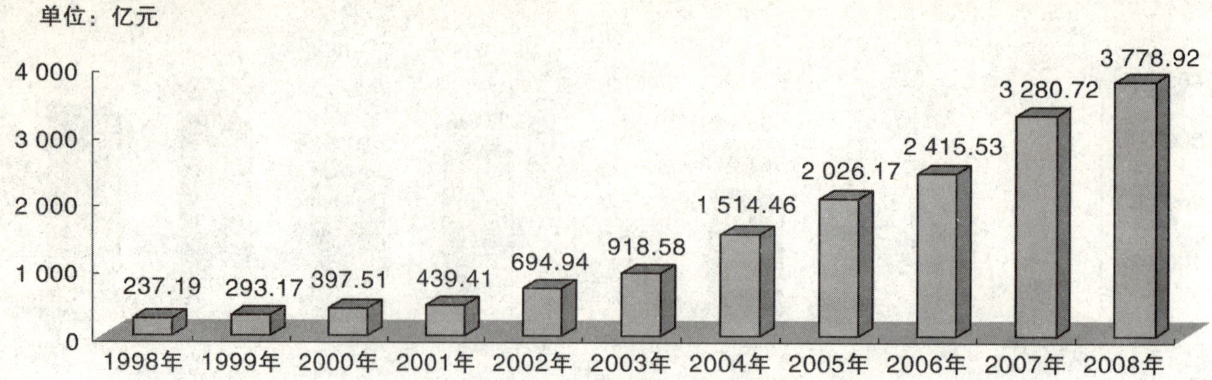

图109　1998年—2008年广东省电子信息产品制造业完成工业增加值情况

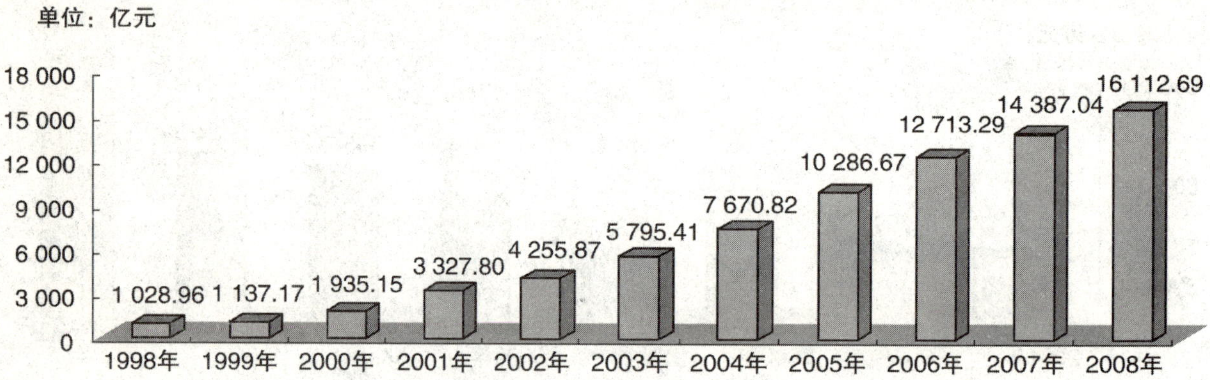

图110　1998年—2008年广东省电子信息产品制造业完成主营业务收入情况

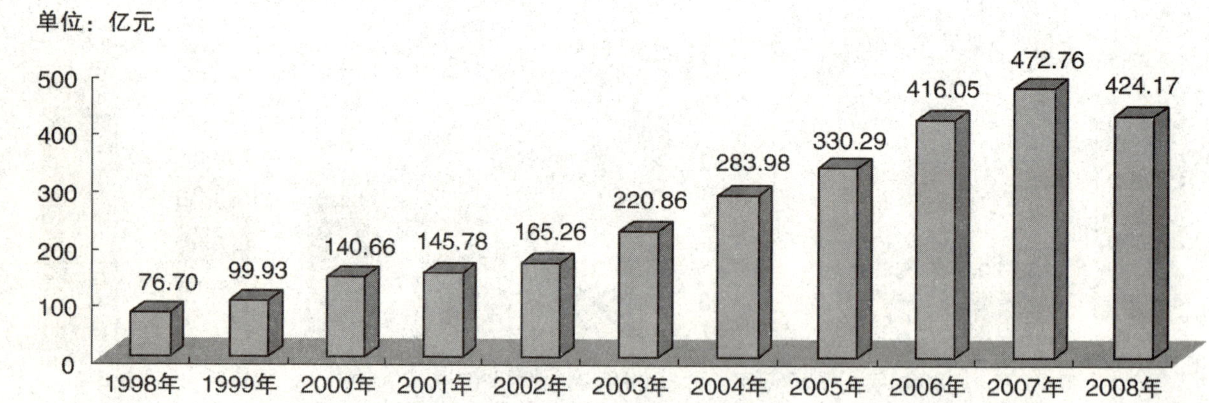

图111　1998年—2008年广东省电子信息产品制造业完成利润总额情况

表 37　1998 年—2008 年广东省电子信息产品制造业从业人员情况

单位：人

1998年	1999年	2000年	2001年	2002年	2003年	2004年	2005年	2006年	2007年	2008年
310 973	326 677	400 804	409 907	1 160 058	1 347 722	1 724 840	2 360 345	2 642 152	2 687 029	3 052 155

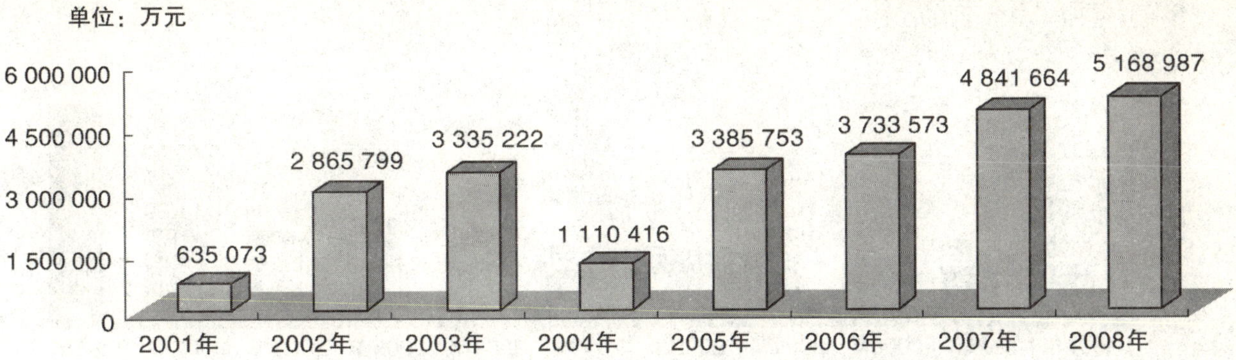

图112 2001年—2008年广东省软件业完成工业增加值情况

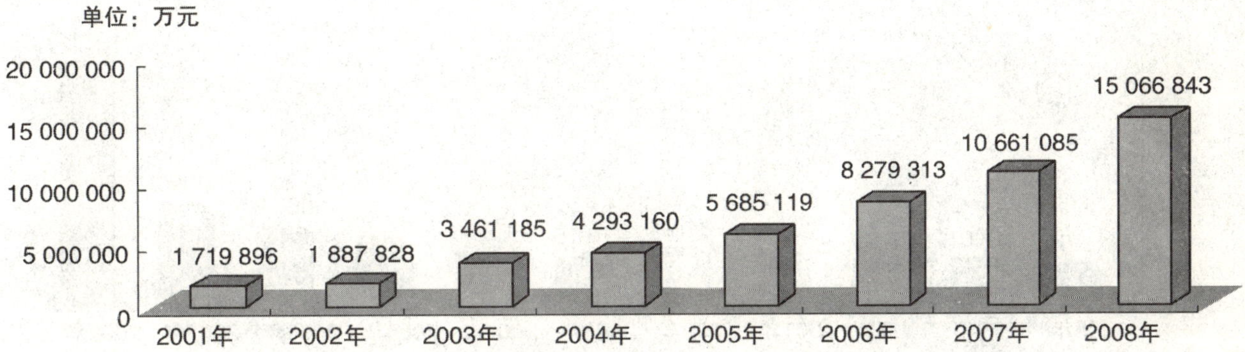

图113 2001年—2008年广东省软件业完成业务收入情况

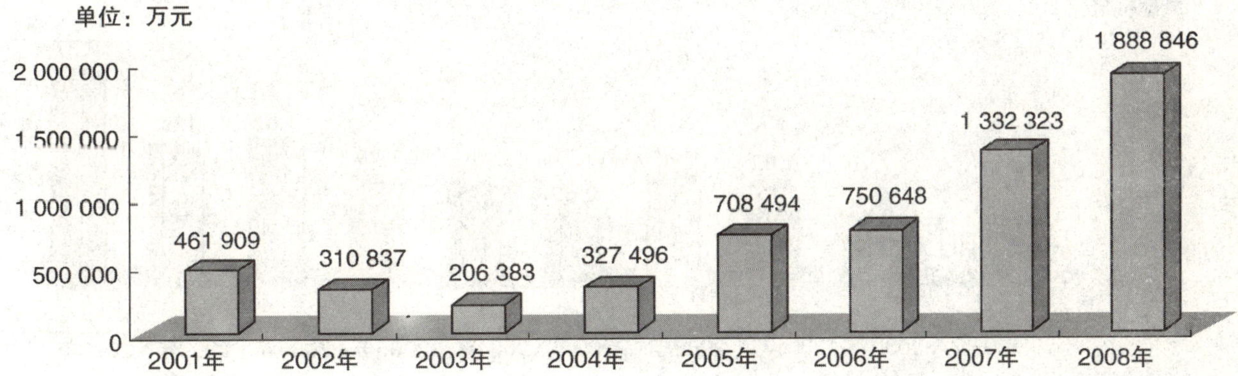

图114 2001年—2008年广东省软件业完成利润总额情况

表 38 2001 年—2008 年广东省软件业从业人员情况

单位：人

2001年	2002年	2003年	2004年	2005年	2006年	2007年	2008年
66 600	90 125	95 234	131 698	169 335	200 265	334 837	318 000

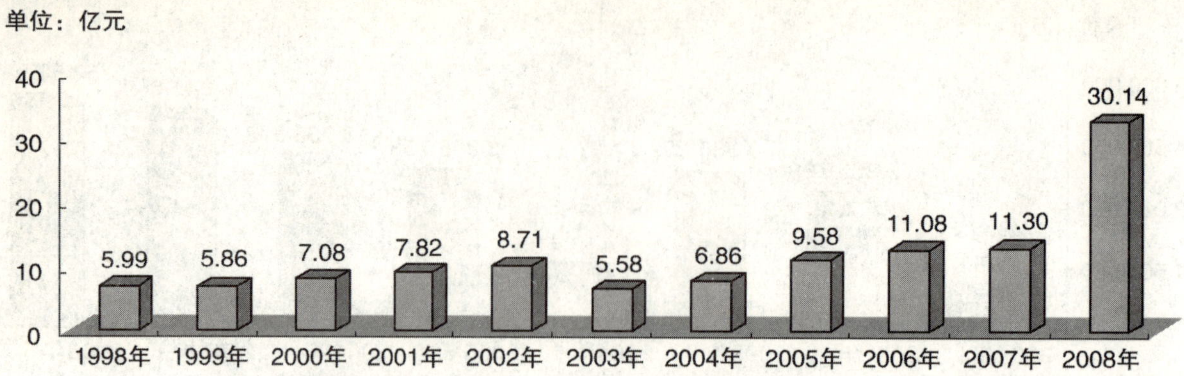

图115　1998年—2008年广西壮族自治区电子信息产品制造业完成工业增加值情况

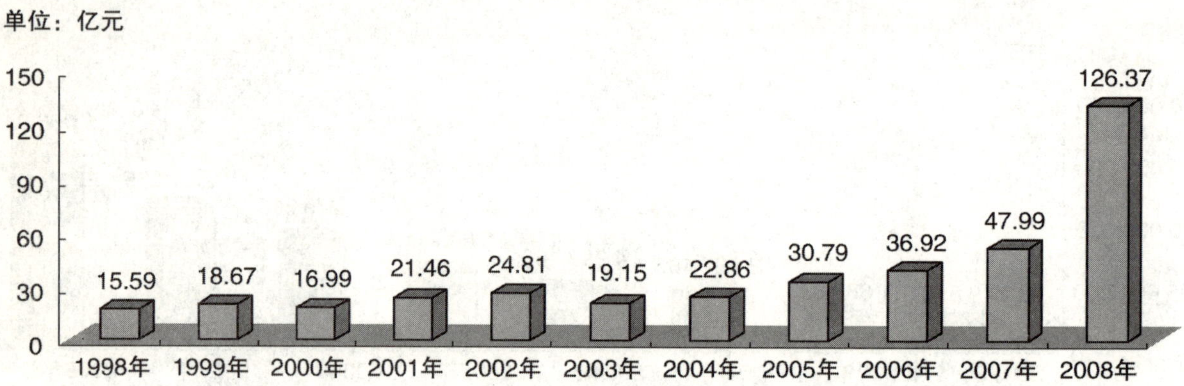

图116　1998年—2008年广西壮族自治区电子信息产品制造业完成主营业务收入情况

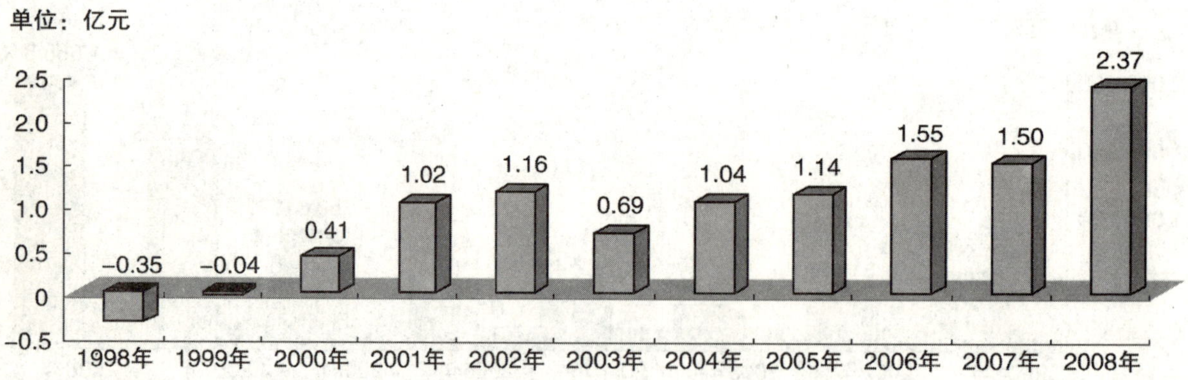

图117　1998年—2008年广西壮族自治区电子信息产品制造业完成利润总额情况

表 39　1998 年—2008 年广西壮族自治区电子信息产品制造业从业人员情况

单位：人

1998年	1999年	2000年	2001年	2002年	2003年	2004年	2005年	2006年	2007年	2008年
26 379	23 680	24 825	25 389	16 183	14 008	12 609	13 194	15 402	21 395	32 665

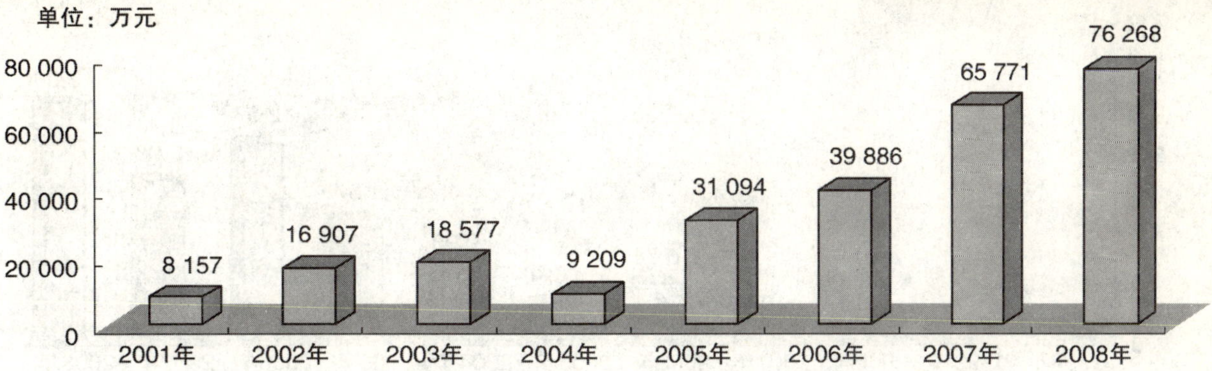

图118　2001年—2008年广西壮族自治区软件业完成工业增加值情况

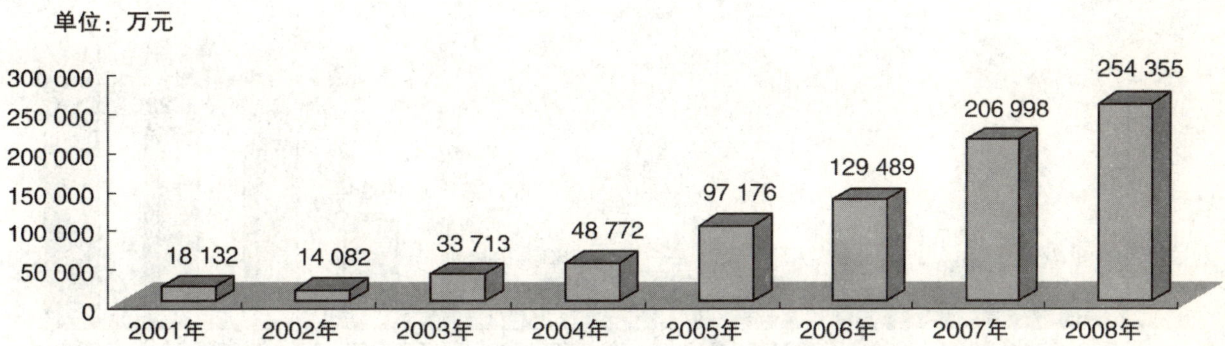

图119　2001年—2008年广西壮族自治区软件业完成业务收入情况

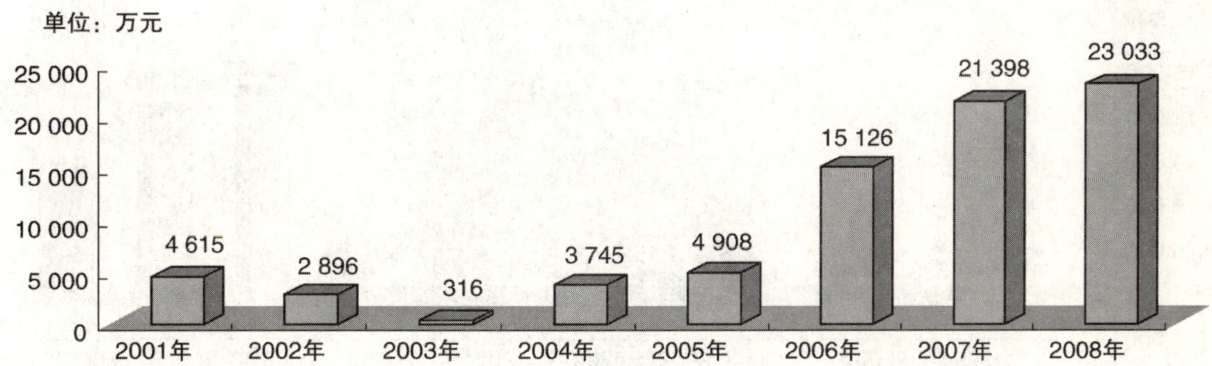

图120　2001年—2008年广西壮族自治区软件业完成利润总额情况

表 40　2001 年—2008 年广西壮族自治区软件业从业人员情况

单位：人

2001年	2002年	2003年	2004年	2005年	2006年	2007年	2008年
1 848	2 606	2 283	2 648	4 147	5 541	3 161	3 885

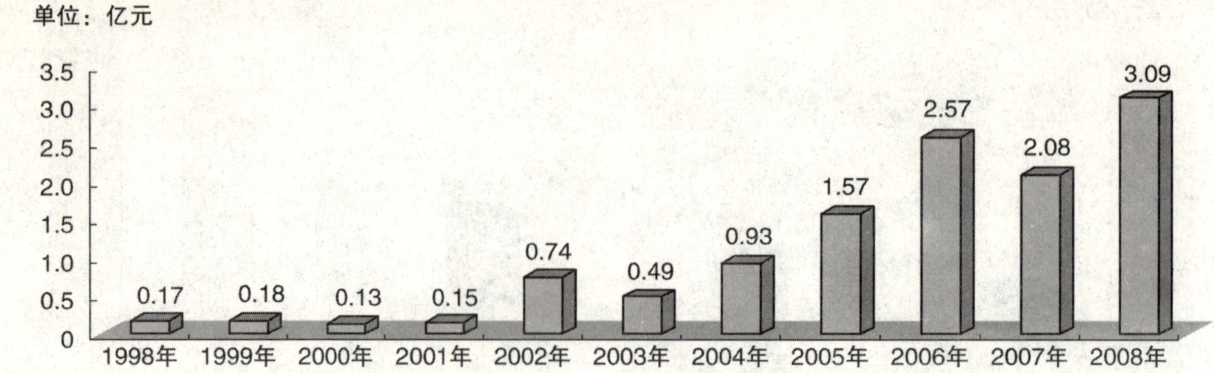

图121　1998年—2008年海南省电子信息产品制造业完成工业增加值情况

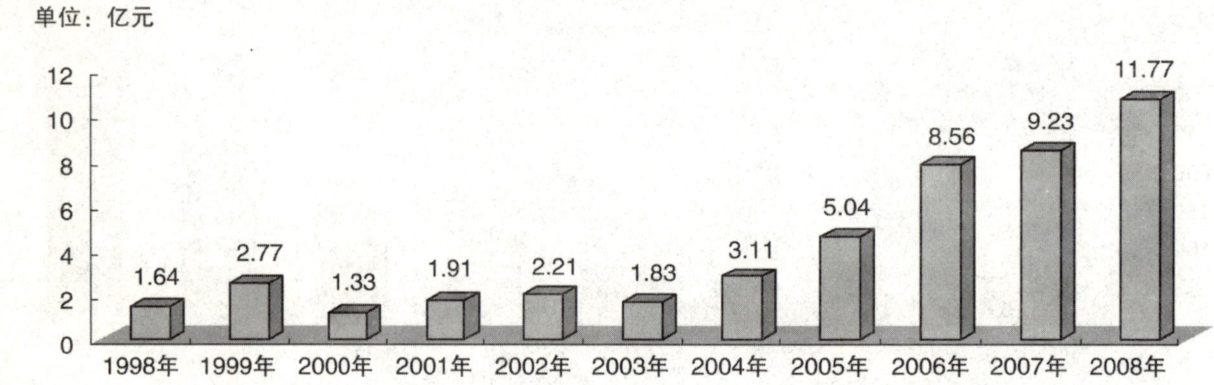

图122　1998年—2008年海南省电子信息产品制造业完成主营业务收入情况

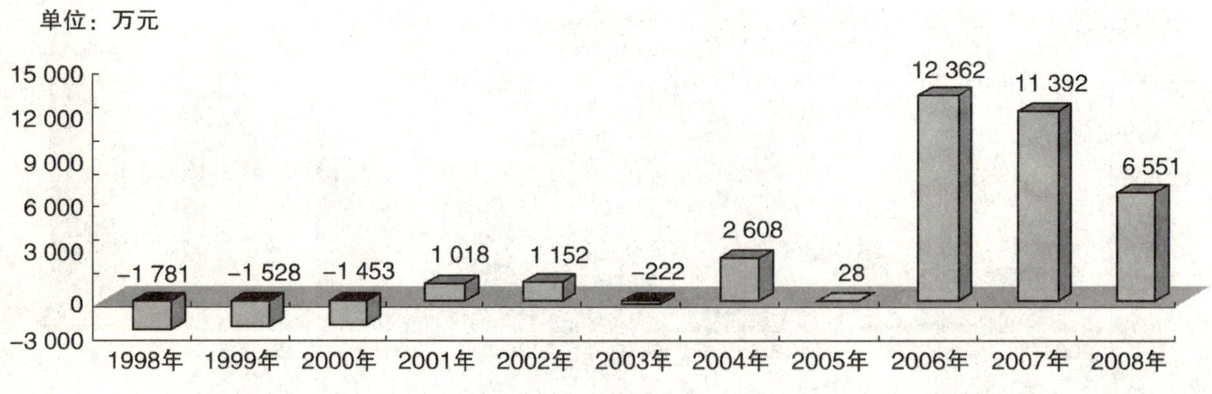

图123　1998年—2008年海南省电子信息产品制造业完成利润总额情况

表41　1998年—2008年海南省电子信息产品制造业从业人员情况

单位：人

1998年	1999年	2000年	2001年	2002年	2003年	2004年	2005年	2006年	2007年	2008年
2 677	2 407	2 713	2 774	1 135	1 177	984	1 646	2 099	1 750	2 288

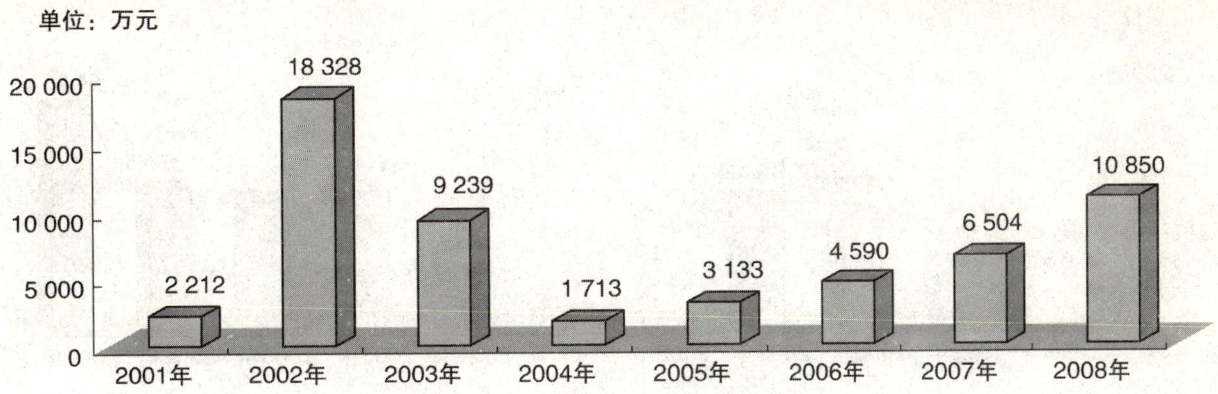

图124 2001年—2008年海南省软件业完成工业增加值情况

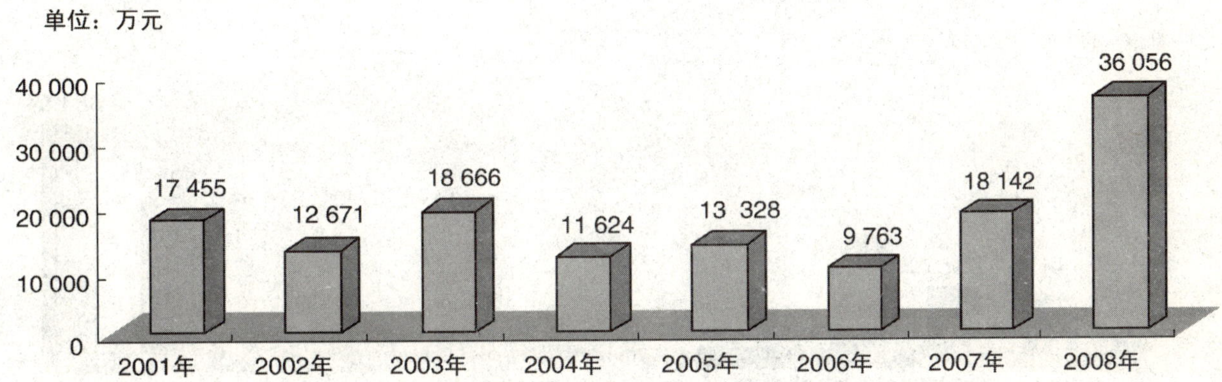

图125 2001年—2008年海南省软件业完成业务收入情况

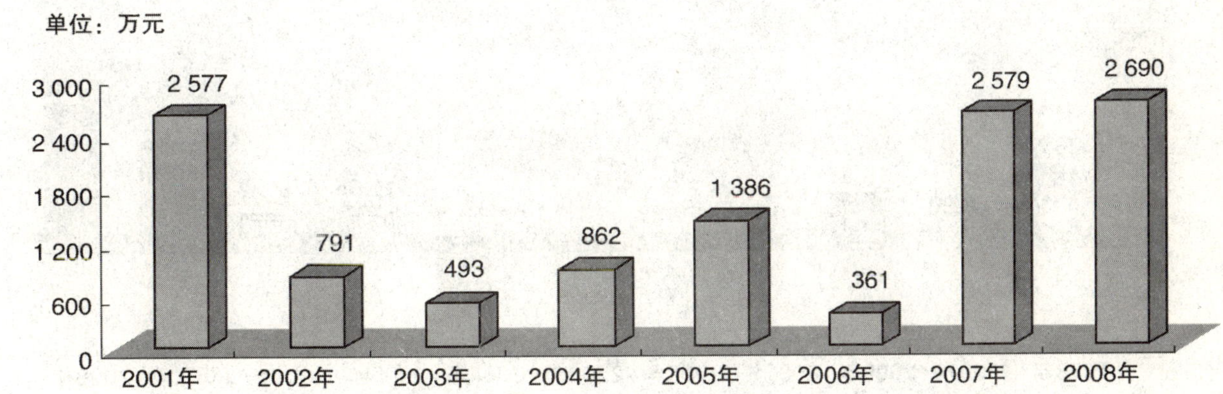

图126 2001年 —2008年海南省软件业完成利润总额情况

表 42 2001 年—2008 年海南省软件业从业人员情况

单位：人

2001年	2002年	2003年	2004年	2005年	2006年	2007年	2008年
1 023	974	1 314	881	909	958	1 407	1 744

单位：亿元

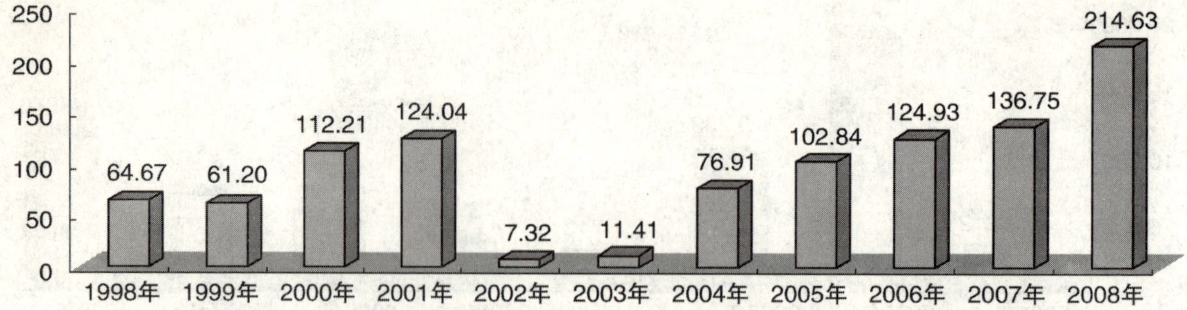

图127　1998年—2008年四川省电子信息产品制造业完成工业增加值情况

单位：亿元

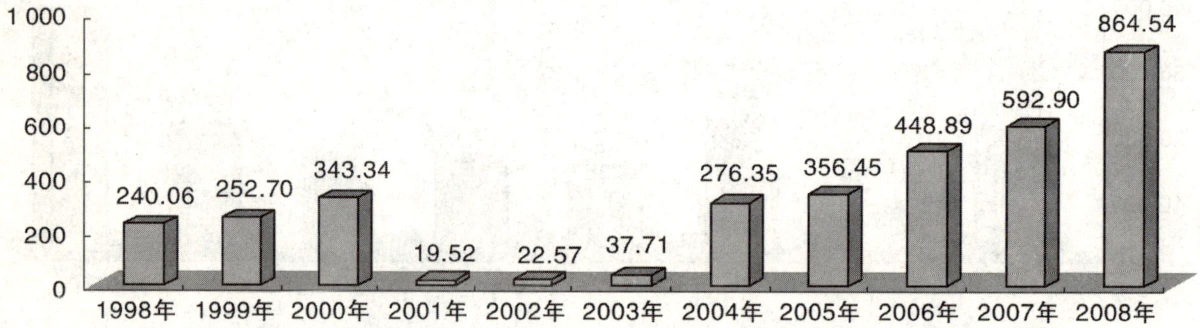

图128　1998年—2008年四川省电子信息产品制造业完成主营业务收入情况

单位：亿元

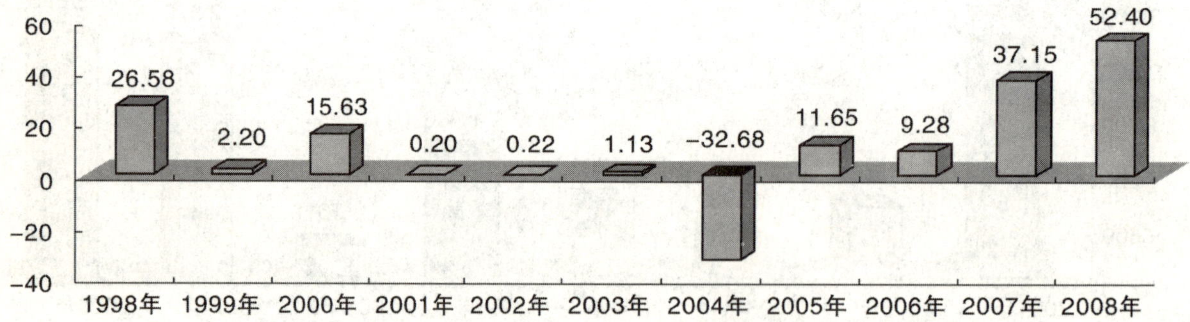

图129　1998年—2008年四川省电子信息产品制造业完成利润总额情况

表 43　1998 年—2008 年四川省电子信息产品制造业从业人员情况

单位：人

1998年	1999年	2000年	2001年	2002年	2003年	2004年	2005年	2006年	2007年	2008年
205 811	206 852	222 704	227 762	17 713	20 715	107 425	112 777	110 436	138 703	147 942

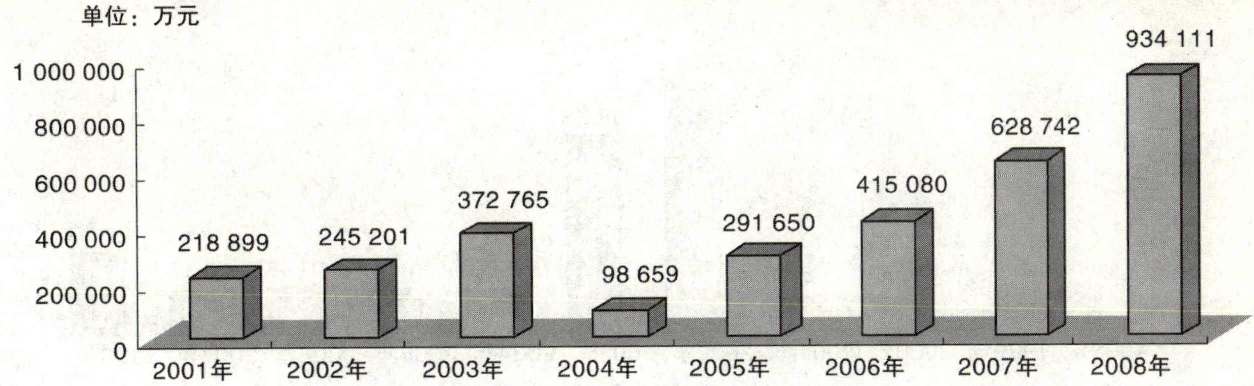

图130　2001年—2008年四川省软件业完成工业增加值情况

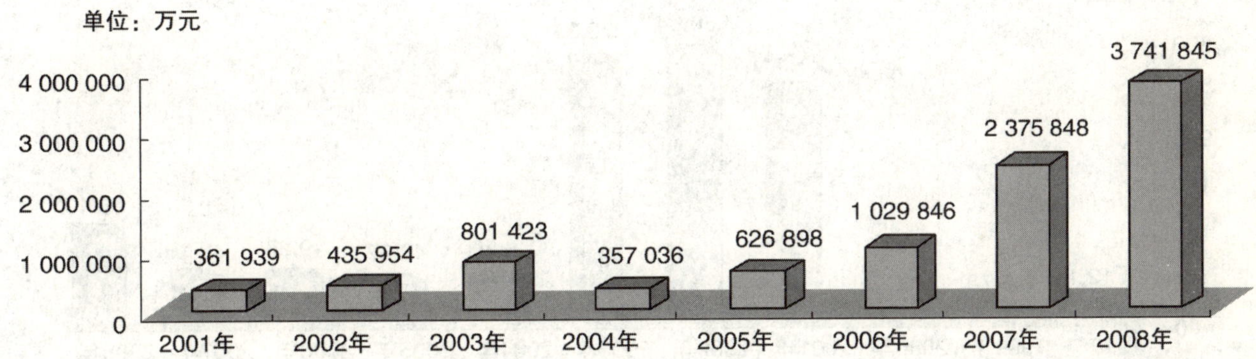

图131　2001年—2008年四川省软件业完成业务收入情况

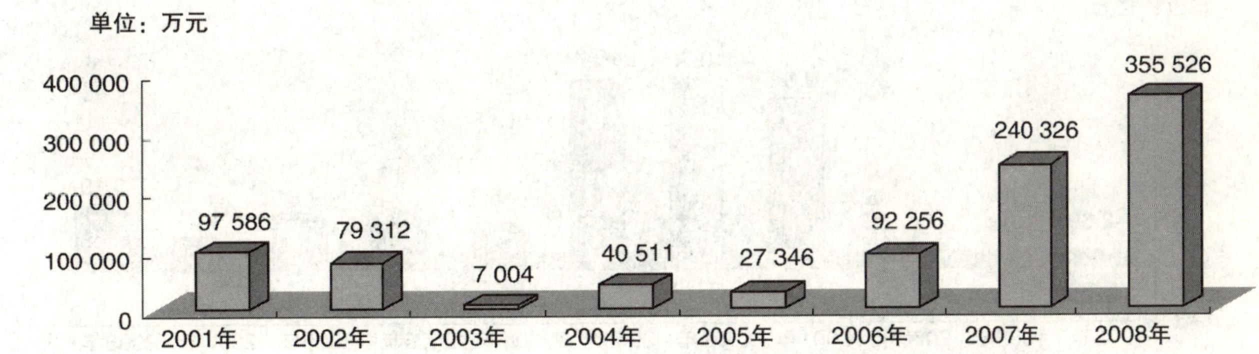

图132　2001年—2008年四川省软件业完成利润总额情况

表44　2001年—2008年四川省软件业从业人员情况

单位：人

2001年	2002年	2003年	2004年	2005年	2006年	2007年	2008年
12 634	14 518	20 535	32 671	25 631	34 648	48 303	77 271

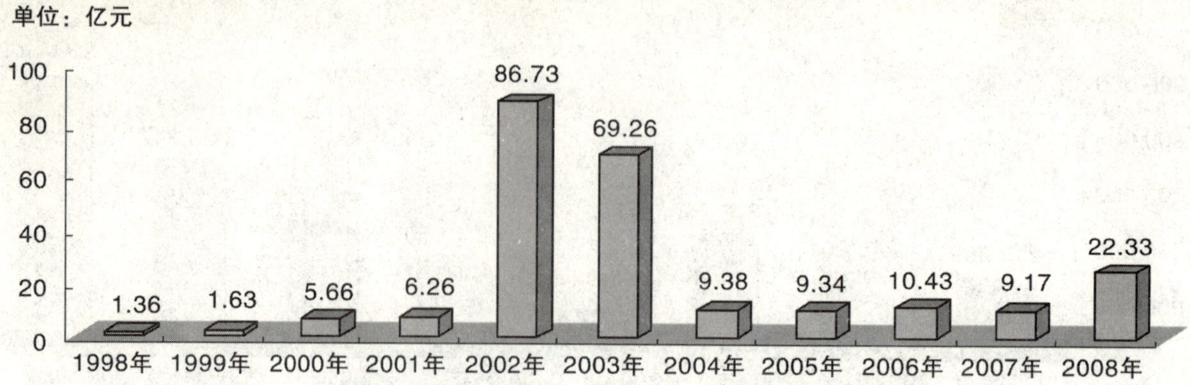

图133　1998年—2008年重庆市电子信息产品制造业完成工业增加值情况

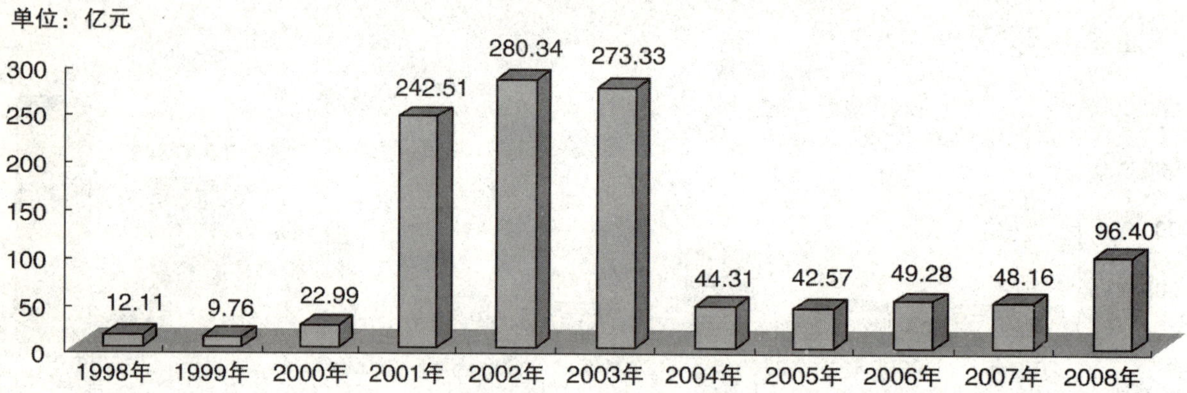

图134　1998年—2008年重庆市电子信息产品制造业完成主营业务收入情况

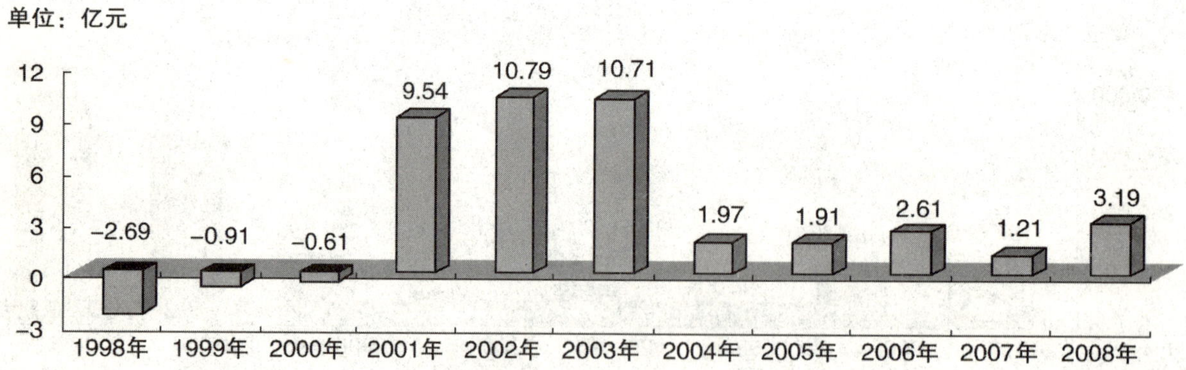

图135　1998年—2008年重庆市电子信息产品制造业完成利润总额情况

表45　1998年—2008年重庆市电子信息产品制造业从业人员情况

单位：人

1998年	1999年	2000年	2001年	2002年	2003年	2004年	2005年	2006年	2007年	2008年
29 559	19 698	32 506	33 244	114 340	101 494	17 432	15 911	18 679	17 613	22 401

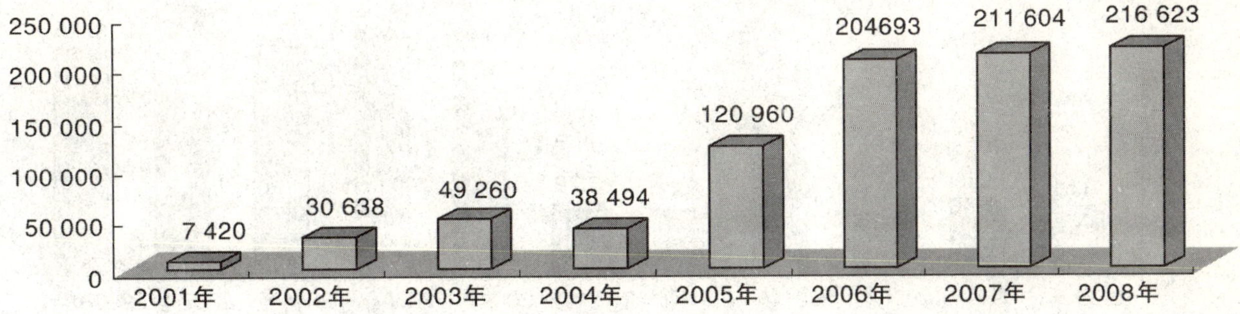

图136 2001年—2008年重庆市软件业完成工业增加值情况

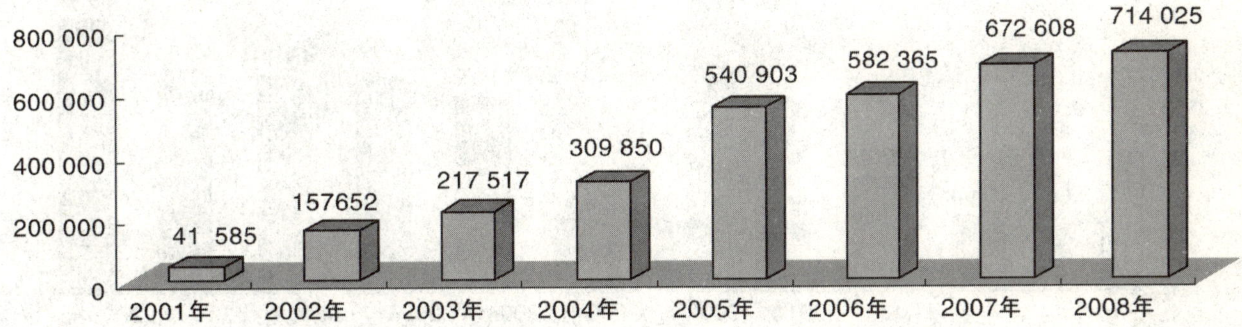

图137 2001年—2008年重庆市软件业完成业务收入情况

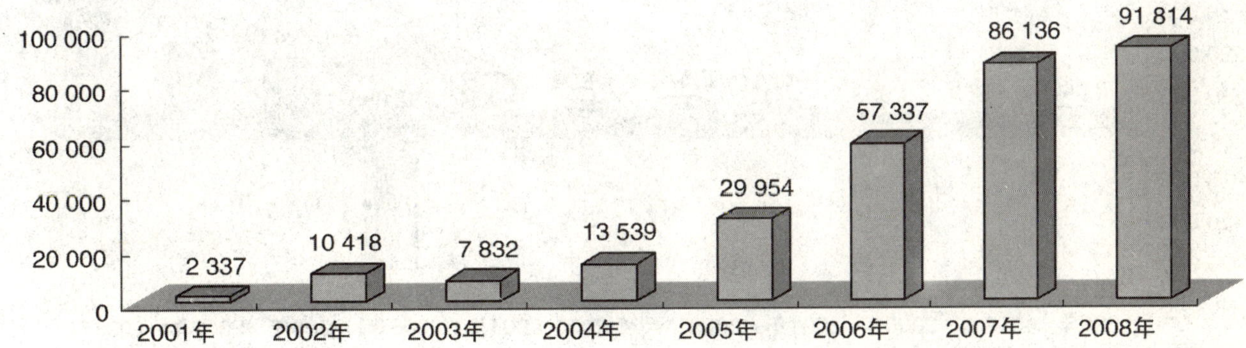

图138 2001年—2008年重庆市软件业完成利润总额情况

表 46 2001 年—2008 年重庆市软件业从业人员情况

单位：人

2001年	2002年	2003年	2004年	2005年	2006年	2007年	2008年
2 215	7 684	8 472	12 760	13 995	33 839	20 501	17 021

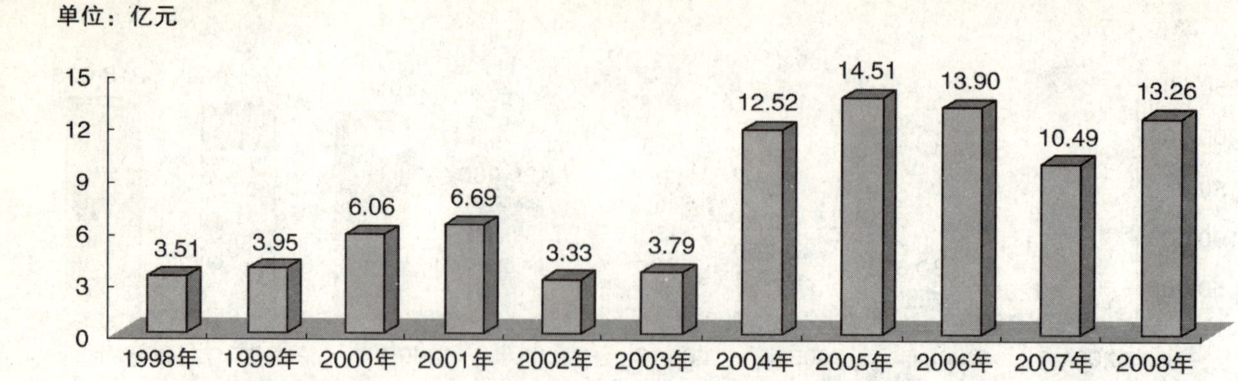

图139　1998年—2008年贵州省电子信息产品制造业完成工业增加值情况

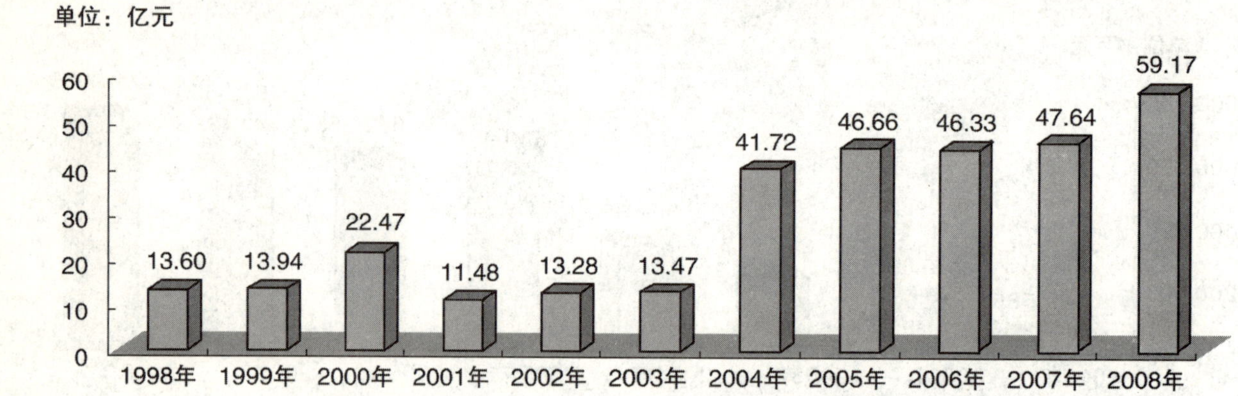

图140　1998年—2008年贵州省电子信息产品制造业完成主营业务收入情况

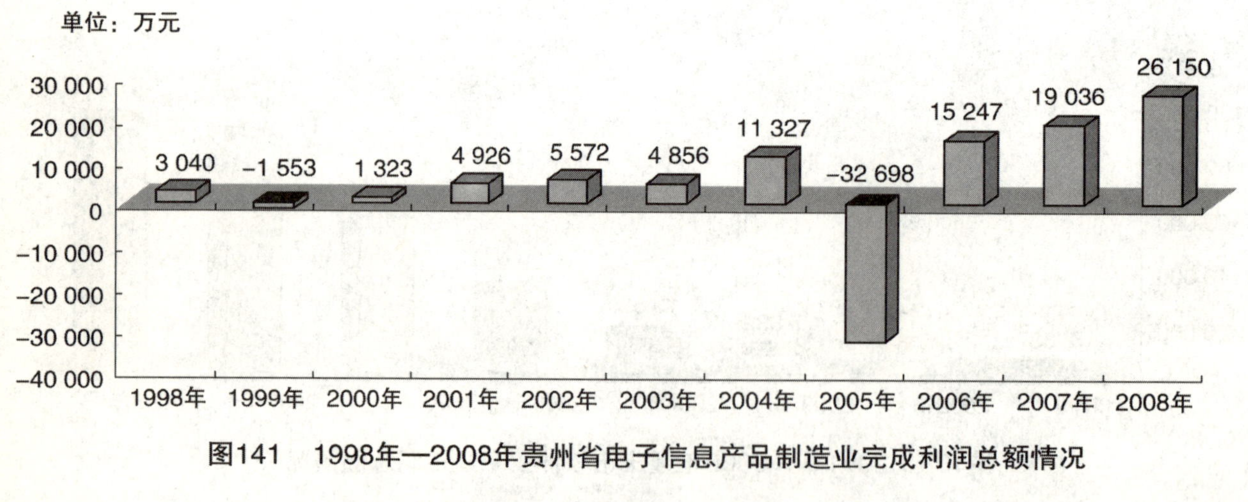

图141　1998年—2008年贵州省电子信息产品制造业完成利润总额情况

表 47　1998 年—2008 年贵州省电子信息产品制造业从业人员情况

单位：人

1998年	1999年	2000年	2001年	2002年	2003年	2004年	2005年	2006年	2007年	2008年
31 050	29 150	34 172	34 948	7 962	8 643	16 876	14 197	13 824	10 884	11 891

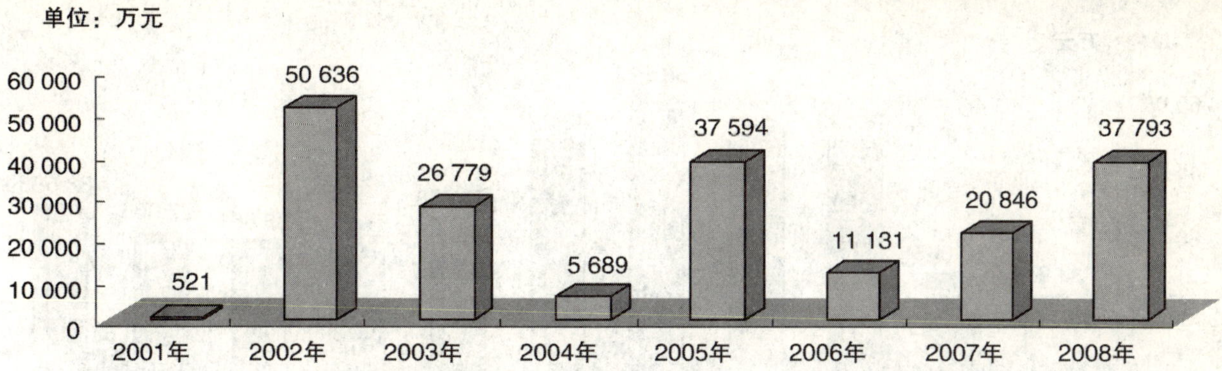

图142　2001年—2008年贵州省软件业完成工业增加值情况

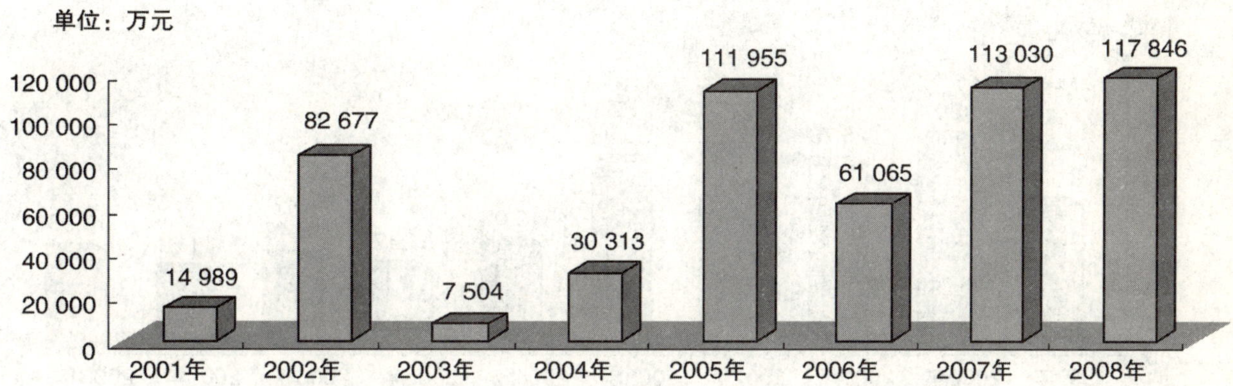

图143　2001年—2008年贵州省软件业完成业务收入情况

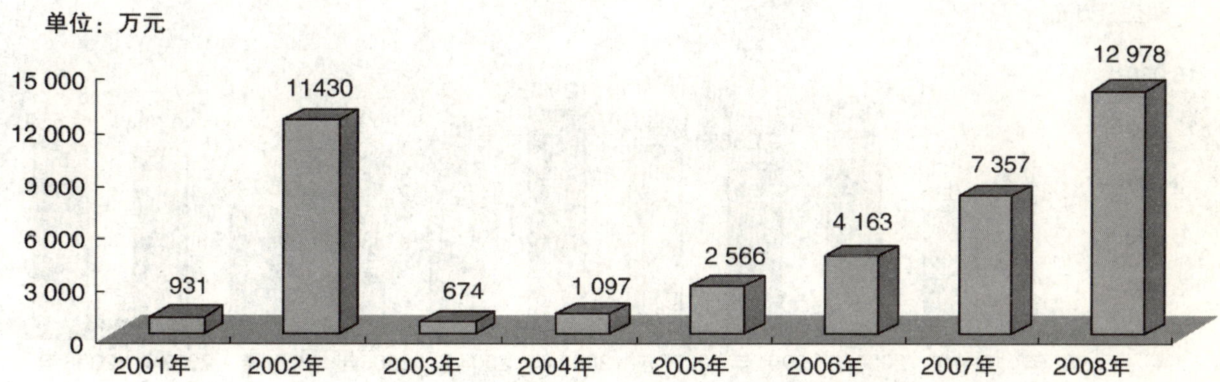

图144　2001年—2008年贵州省软件业完成利润总额情况

表 48　2001 年—2008 年贵州省软件业从业人员情况

单位：人

2001年	2002年	2003年	2004年	2005年	2006年	2007年	2008年
1 941	6 715	5 884	4 076	1 241	2 881	3 603	2 990

单位：万元

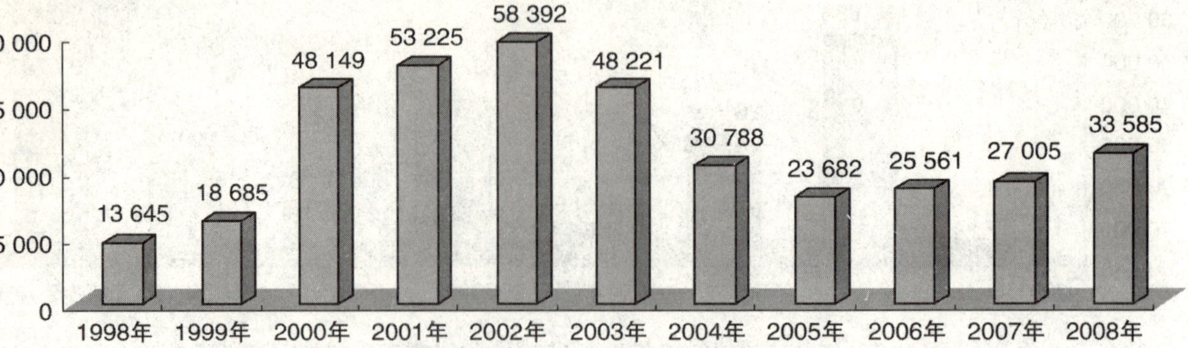

图145　1998年—2008年云南省电子信息产品制造业完成工业增加值情况

单位：亿元

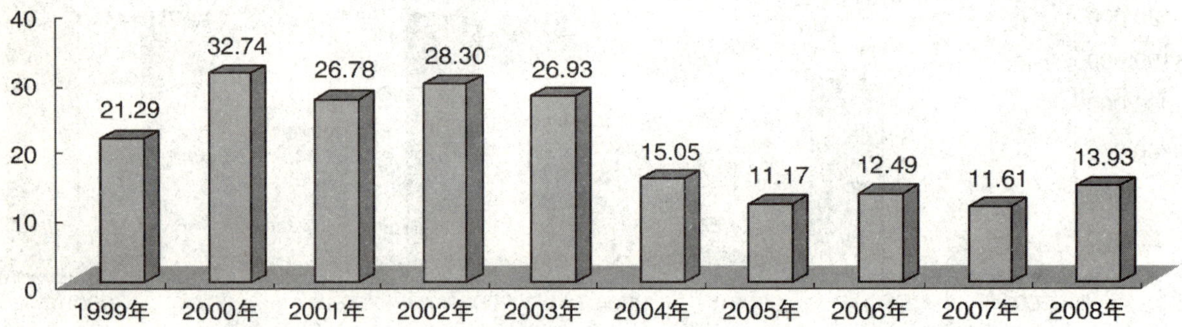

图146　1998年—2008年云南省电子信息产品制造业完成主营业务收入情况

单位：万元

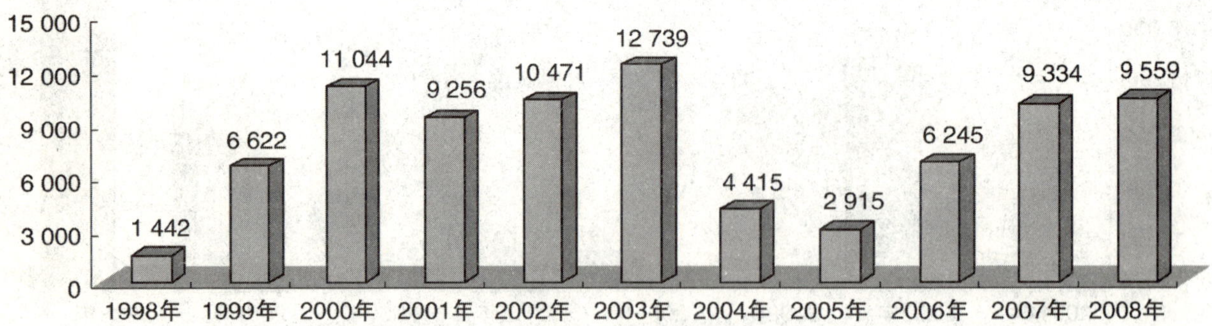

图147　1998年—2008年云南省电子信息产品制造业完成利润总额情况

表 49　1998 年—2008 年云南省电子信息产品制造业从业人员情况

单位：人

1998年	1999年	2000年	2001年	2002年	2003年	2004年	2005年	2006年	2007年	2008年
7 281	6 629	15 091	15 433	18 210	14 725	7 601	3 134	2 579	2 273	2 216

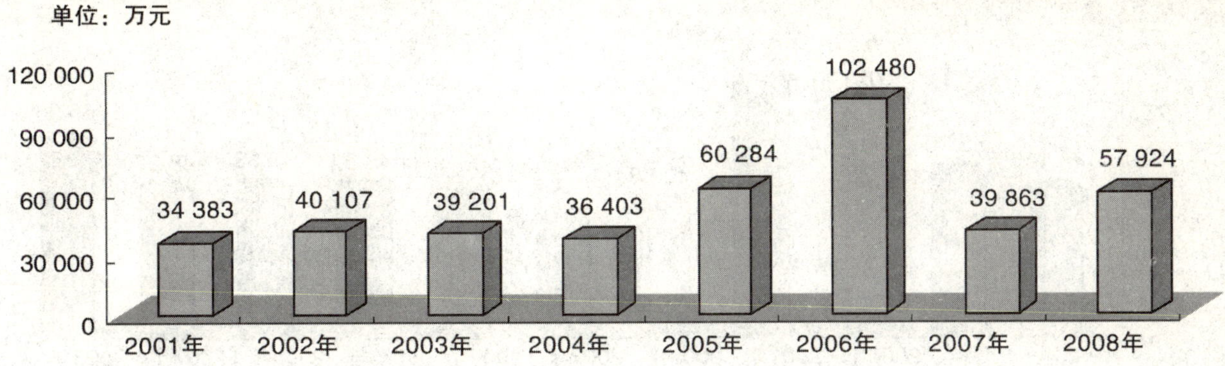

图148　2001年—2008年云南省软件业完成工业增加值情况

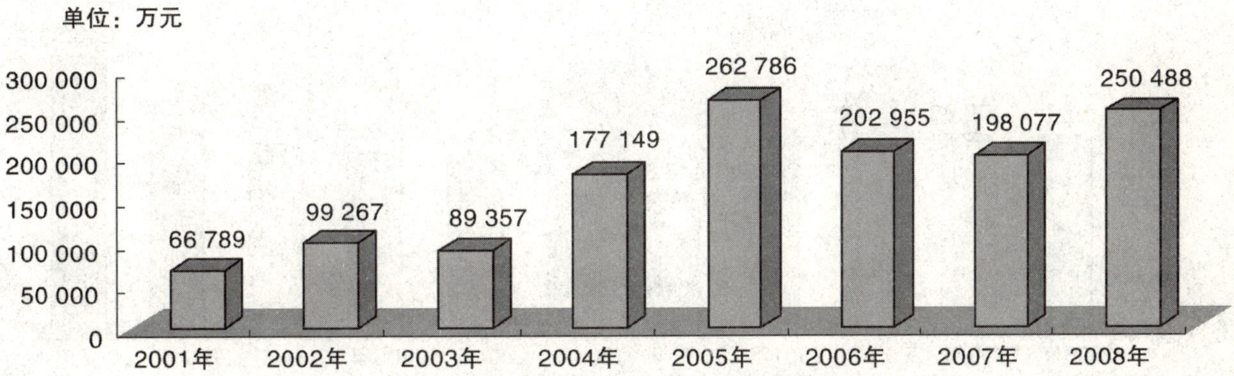

图149　2001年—2008年云南省软件业完成业务收入情况

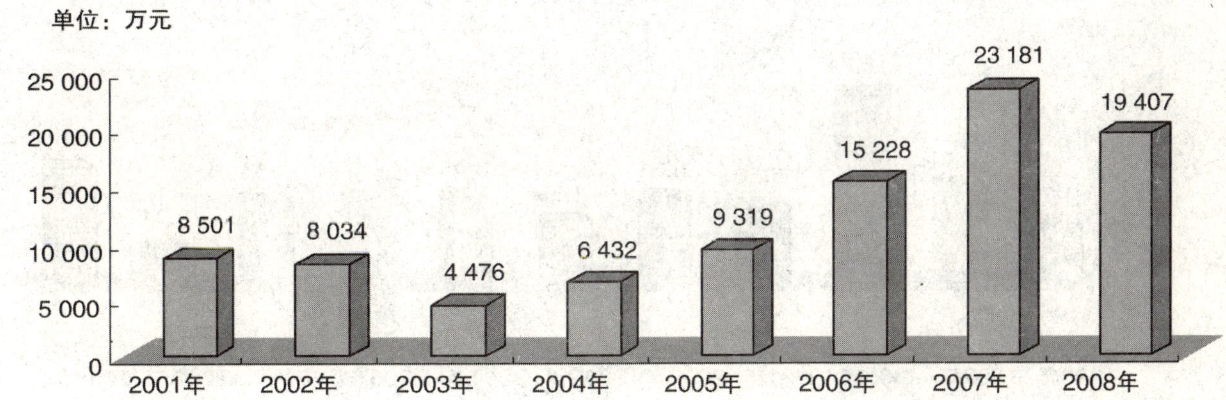

图150　2001年—2008年云南省软件业完成利润总额情况

表 50　2001 年—2008 年云南省软件业从业人员情况

单位：人

2001年	2002年	2003年	2004年	2005年	2006年	2007年	2008年
3 139	3 980	4 021	6 420	4 992	10 661	6 192	5 541

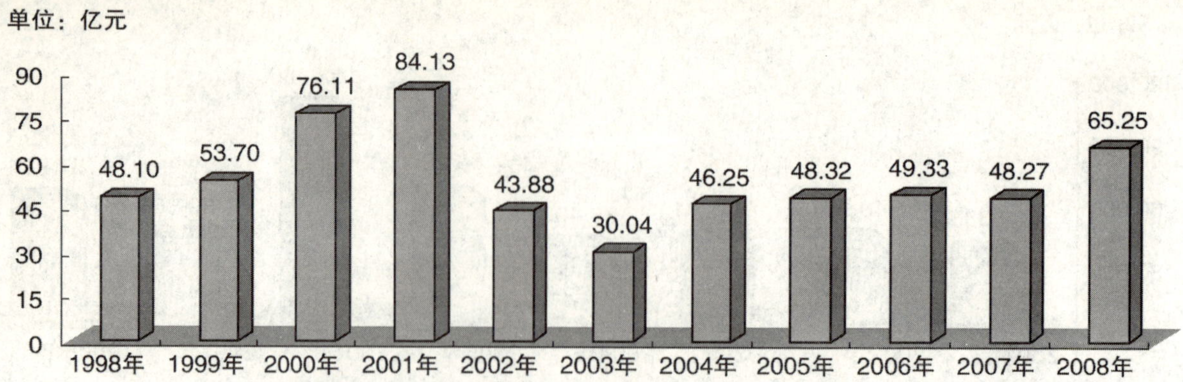

图151　1998年—2008年陕西省电子信息产品制造业完成工业增加值情况

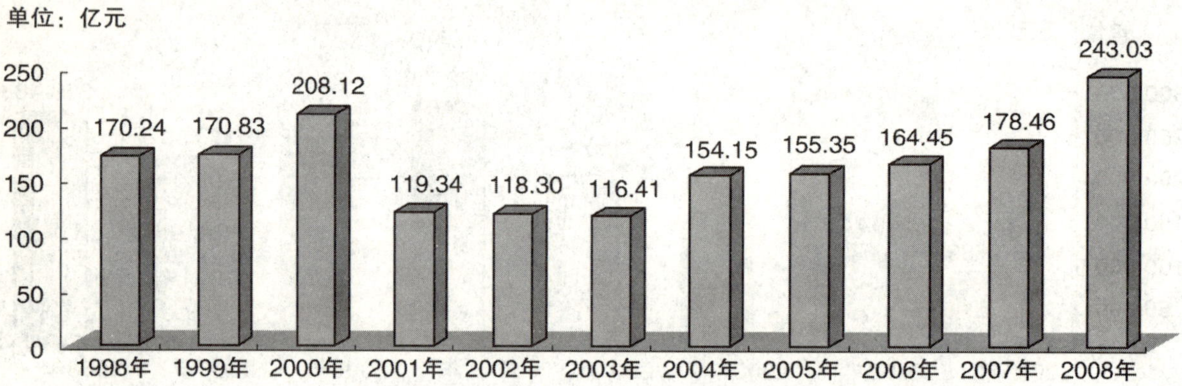

图152　1998年—2008年陕西省电子信息产品制造业完成主营业务收入情况

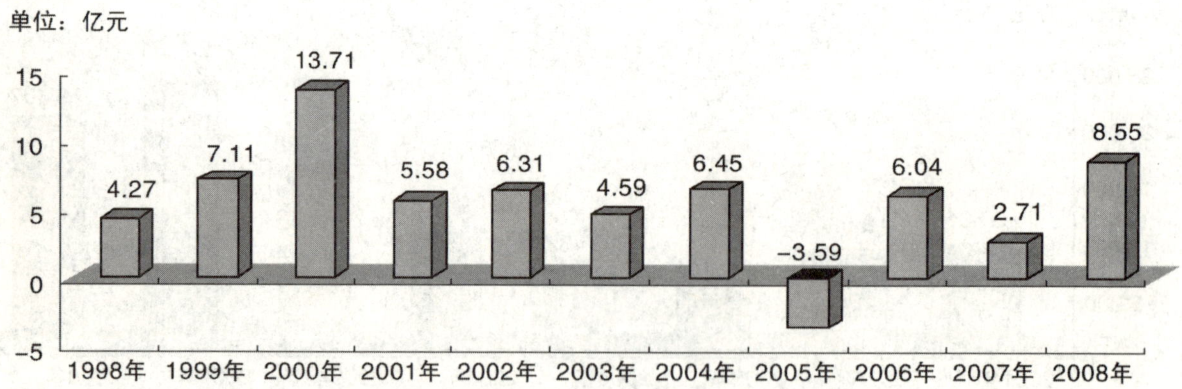

图153　1998年—2008年陕西省电子信息产品制造业完成利润总额情况

表51　1998年—2008年陕西省电子信息产品制造业从业人员情况

单位：人

1998年	1999年	2000年	2001年	2002年	2003年	2004年	2005年	2006年	2007年	2008年
143 437	146 923	175 596	179 584	68 800	68 510	76 231	74 625	72 478	74 364	71 986

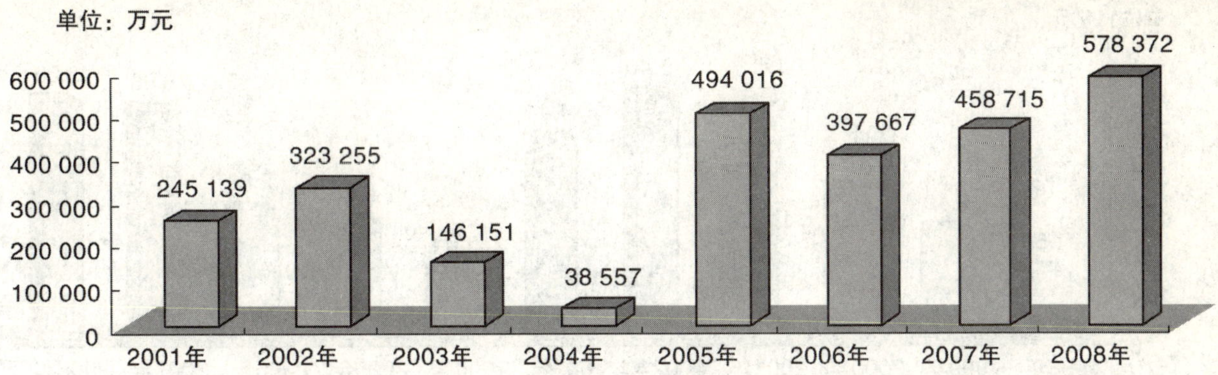

图154 2001年—2008年陕西省软件业完成工业增加值情况

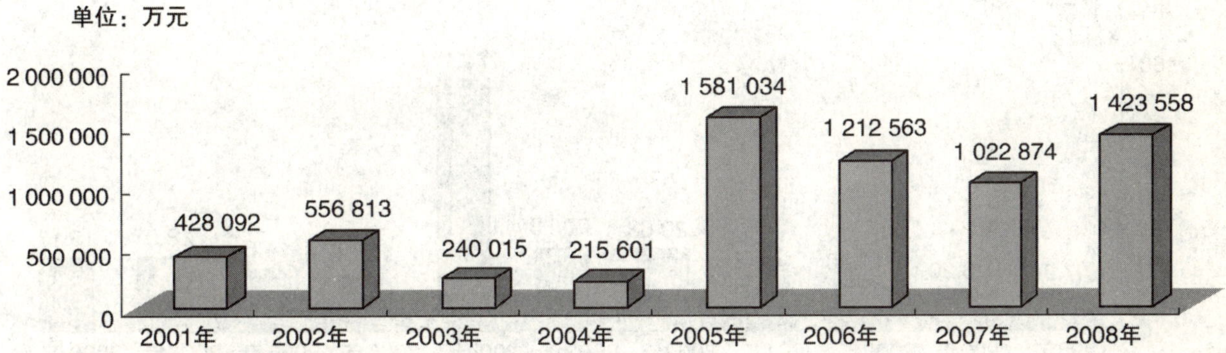

图155 2001年—2008年陕西省软件业完成业务收入情况

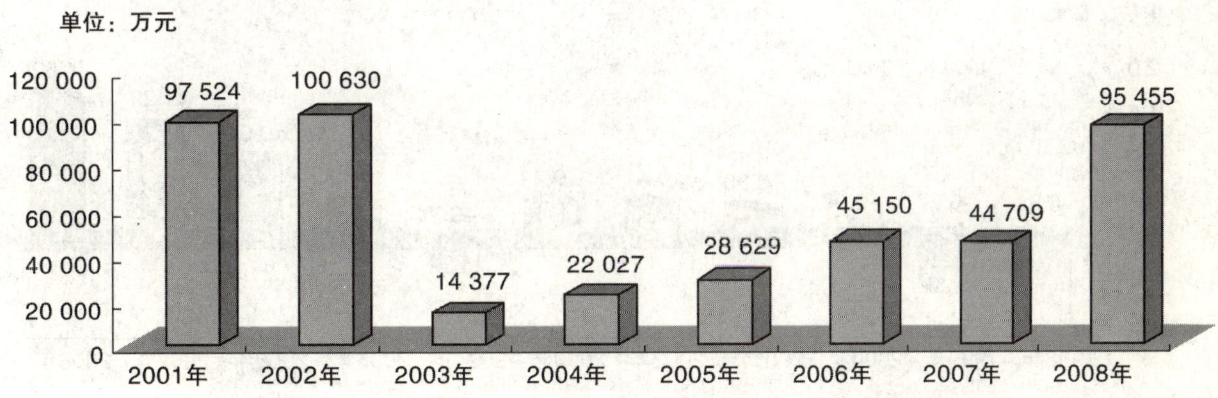

图156 2001年—2008年陕西省软件业完成利润总额情况

表 52 2001 年—2008 年陕西省软件业从业人员情况

单位：人

2001年	2002年	2003年	2004年	2005年	2006年	2007年	2008年
10 884	36 661	13 602	10 432	12 393	43 980	52 943	51 959

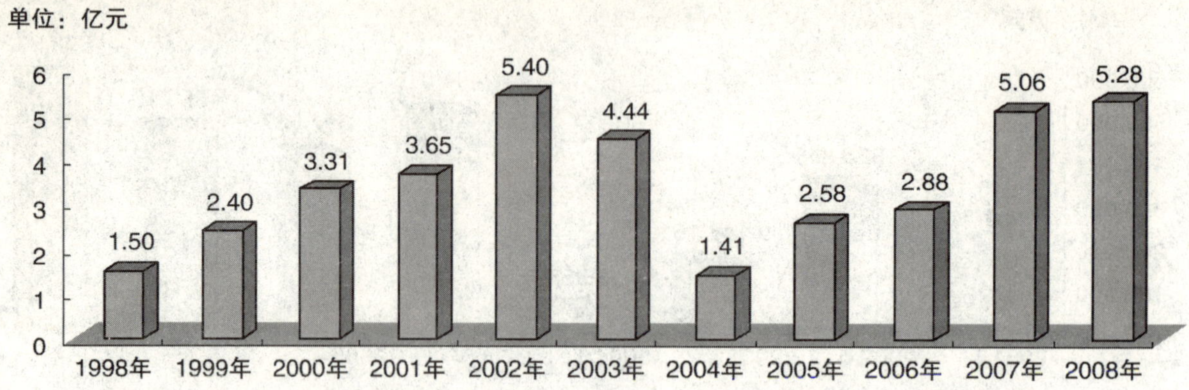

图157　1998年—2008年甘肃省电子信息产品制造业完成工业增加值情况

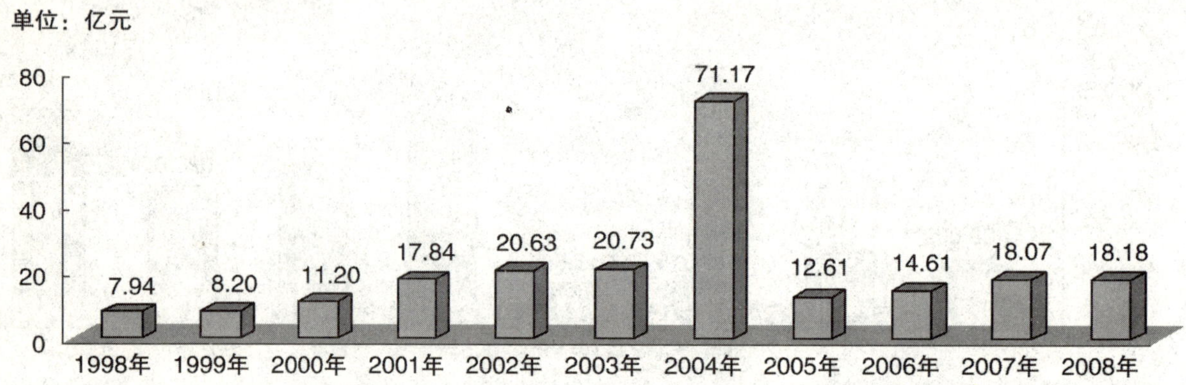

图158　1998年—2008年甘肃省电子信息产品制造业完成主营业务收入情况

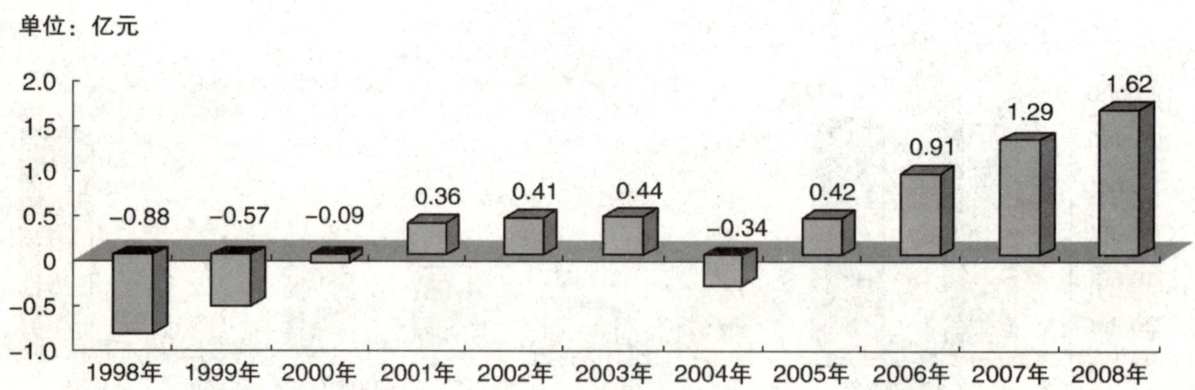

图159　1998年—2008年甘肃省电子信息产品制造业完成利润总额情况

表 53　1998 年—2008 年甘肃省电子信息产品制造业从业人员情况

单位：人

1998年	1999年	2000年	2001年	2002年	2003年	2004年	2005年	2006年	2007年	2008年
34 276	32 451	34 605	35 391	20 262	20 235	12 624	15 561	13 809	14 606	17 443

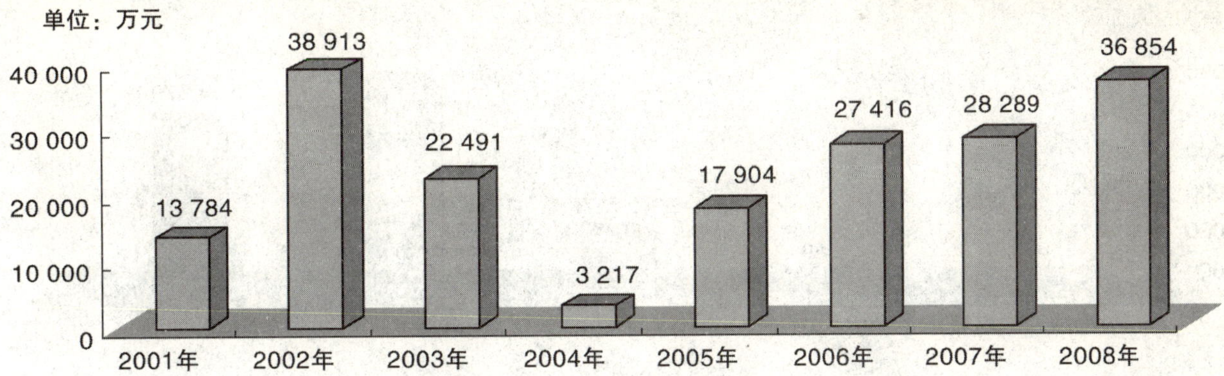

图160　2001年—2008年甘肃省软件业完成工业增加值情况

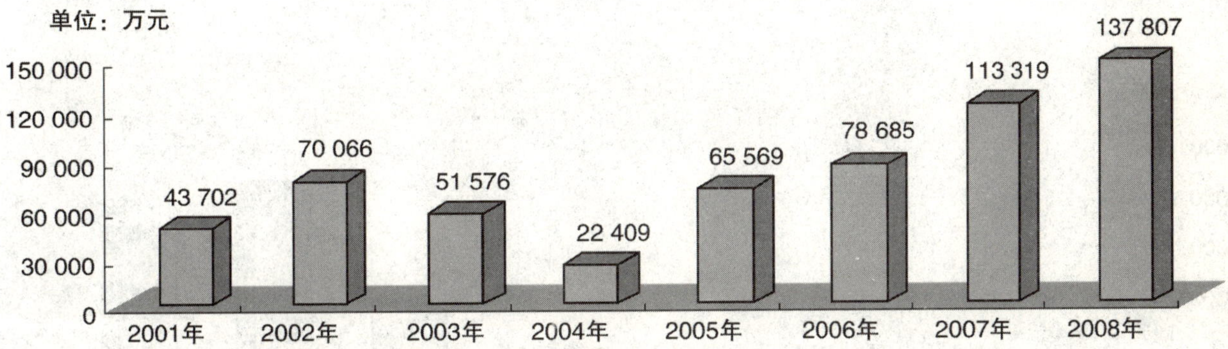

图161　2001年—2008年甘肃省软件业完成业务收入情况

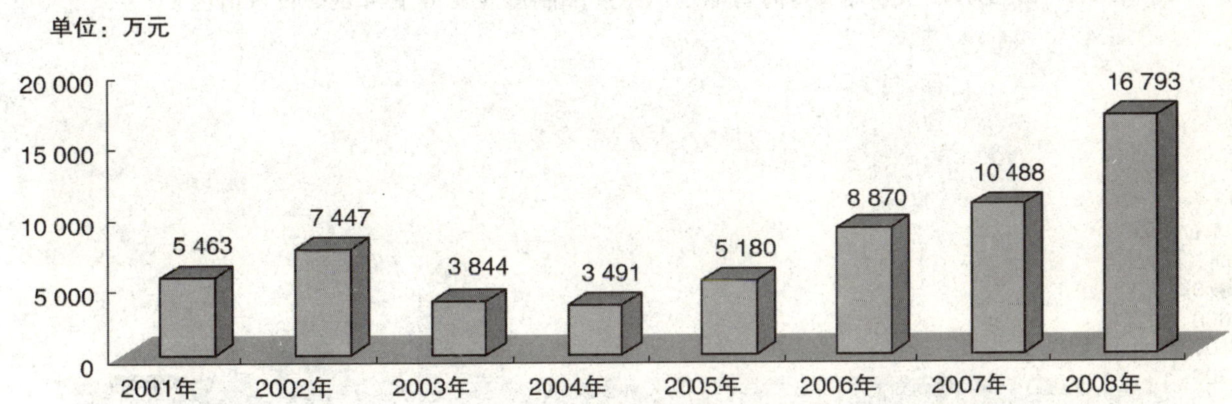

图162　2001年—2008年甘肃省软件业完成利润总额情况

表 54　2001 年—2008 年甘肃省软件业从业人员情况

单位：人

2001年	2002年	2003年	2004年	2005年	2006年	2007年	2008年
2 218	5 698	3 291	557	2 838	3 458	3 474	4 137

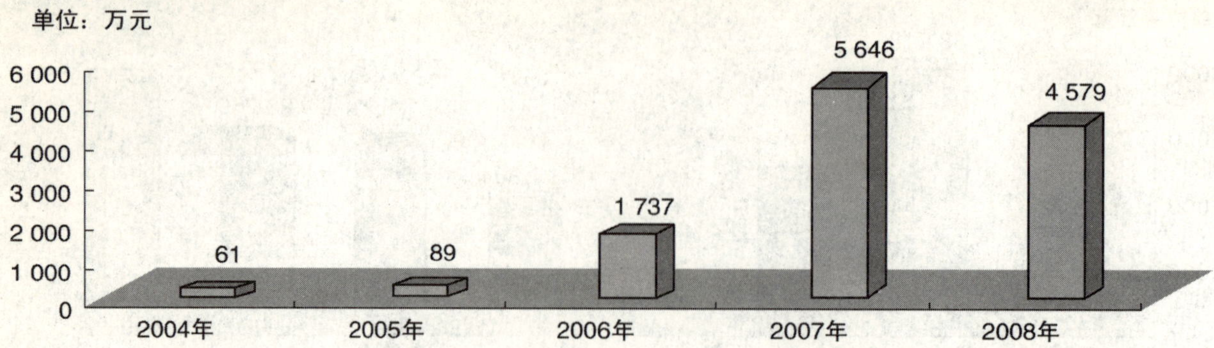

图163　2004年—2008年青海省电子信息产品制造业完成工业增加值情况

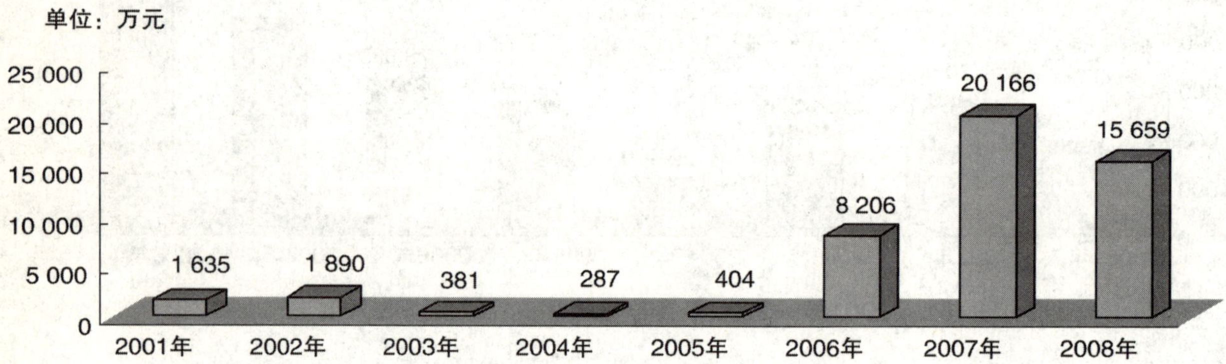

图164　2001年—2008年青海省电子信息产品制造业完成主营业务收入情况

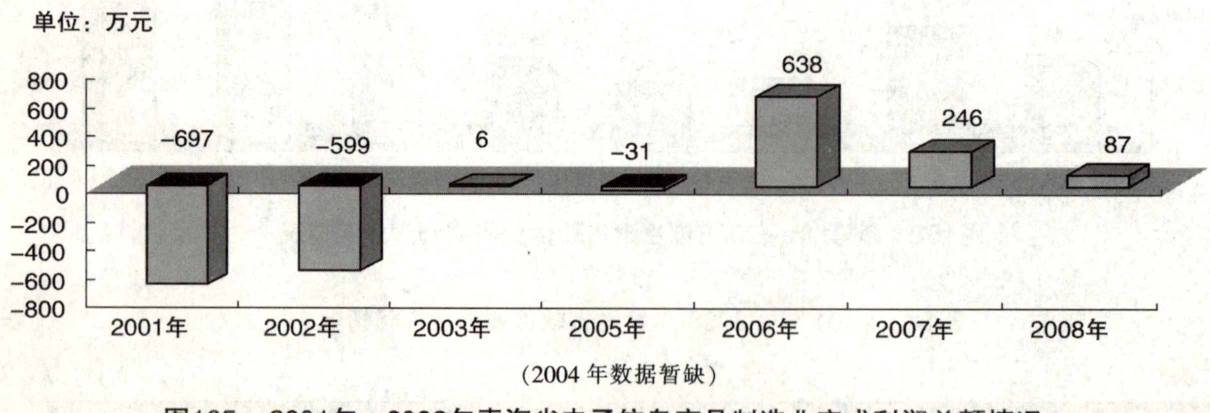

图165　2001年—2008年青海省电子信息产品制造业完成利润总额情况

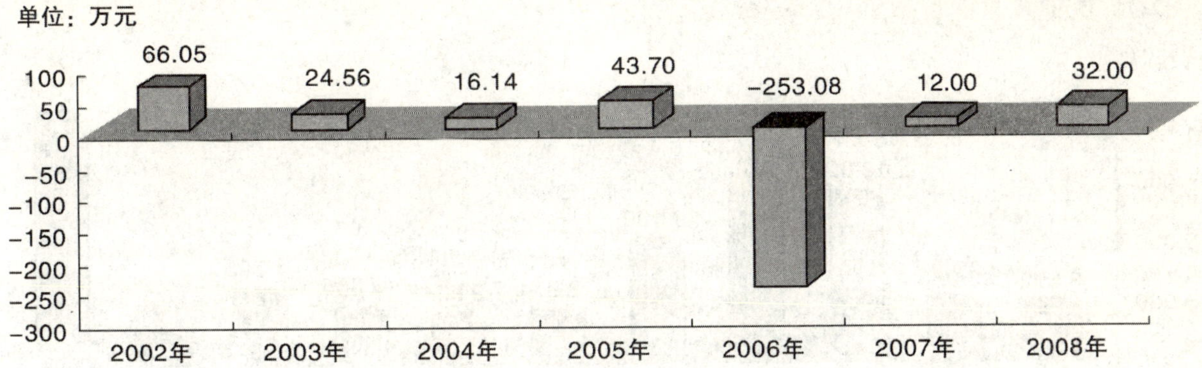

图166　2002年—2008年青海省电子信息产品制造业完成税金总额情况

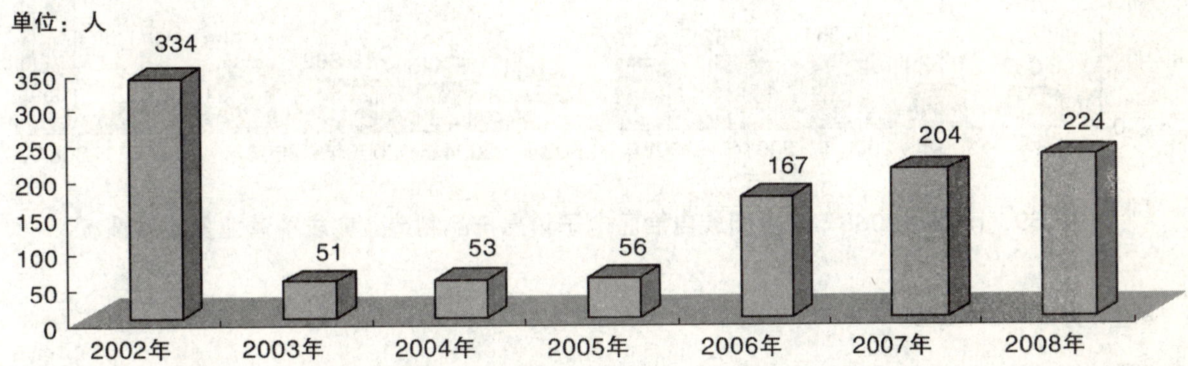

图167　2002年—2008年青海省电子信息产品制造业从业人员情况

表 55　2007 年—2008 年青海省电子信息产品制造业综合效益指数情况

单位：%

年份	企业数（个）	综合经济效益指数	总资产贡献率	资产保值增值率	资产负债率	流动资金周转率	工业成本费用利润率	全员劳动生产率	产品销售率
2007年	2	213.8	1.6	148.4	62.9	1.5	1.3	276 781.4	101.1
2008年	2	190.7	1.5	119.0	203.2	2.9	0.6	198 845.4	98.9

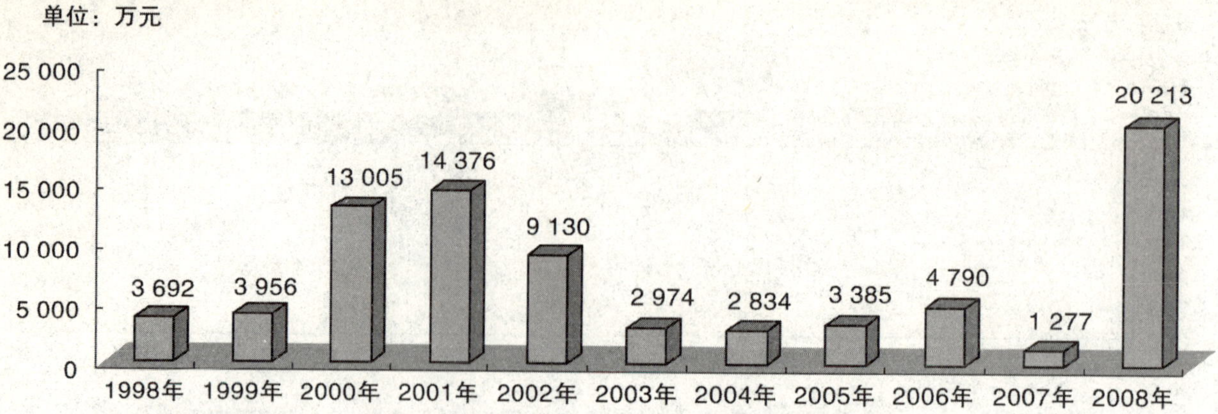

图168　1998年—2008年宁夏回族自治区电子信息产品制造业完成工业增加值情况

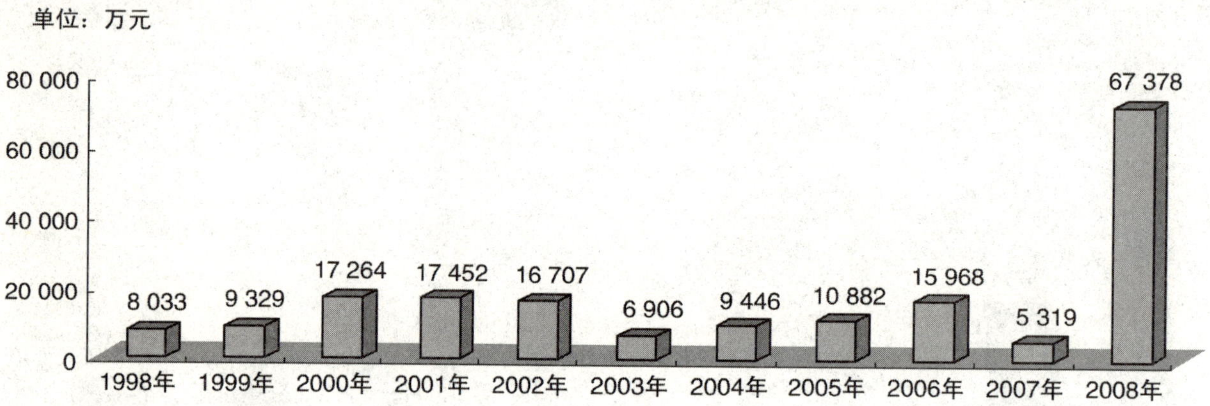

图169　1998—2008年宁夏回族自治区电子信息产品制造业完成主营业务收入情况

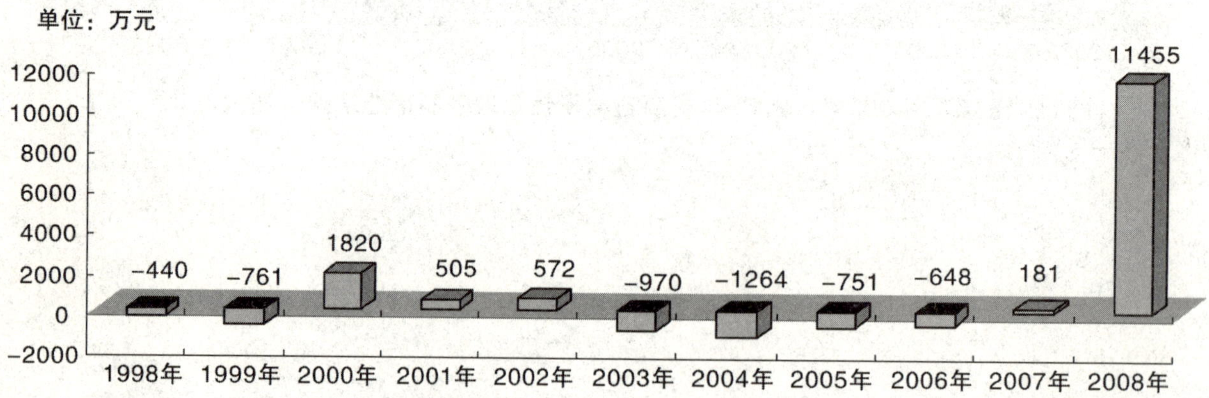

图170　1998年—2008年宁夏回族自治区电子信息产品制造业完成利润总额情况

表 56　1998 年—2008 年宁夏回族自治区电子信息产品制造业从业人员情况

单位：人

1998年	1999年	2000年	2001年	2002年	2003年	2004年	2005年	2006年	2007年	2008年
3 548	3 474	3 609	3 691	1 364	736	837	845	1 026	78	311

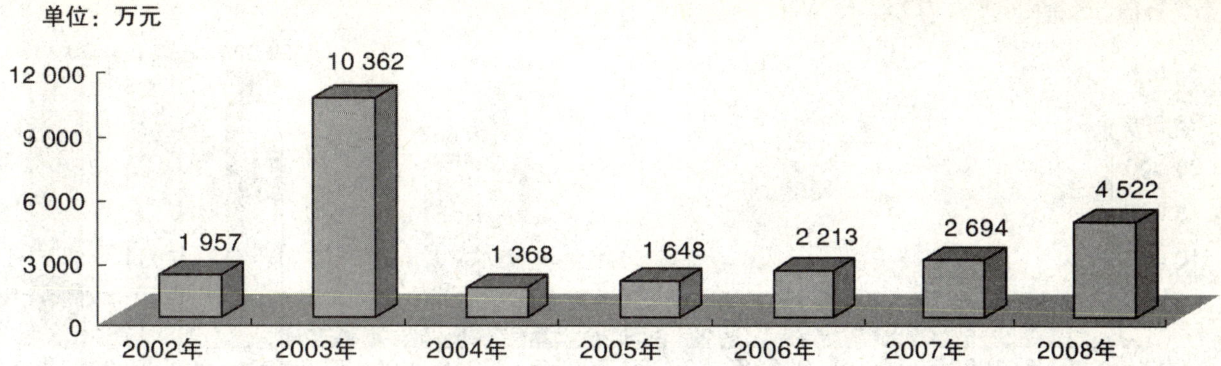

图171　2002年—2008年宁夏回族自治区软件业完成工业增加值情况

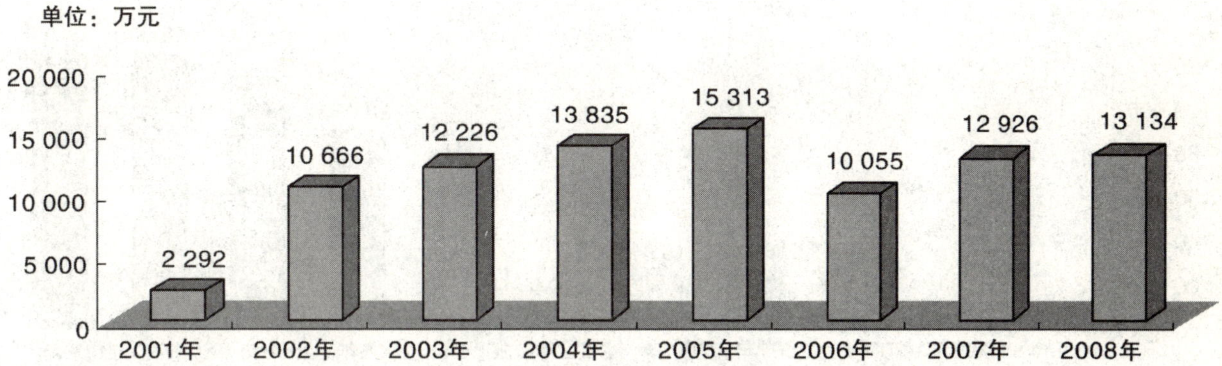

图172　2001年—2008年宁夏回族自治区软件业完成业务收入情况

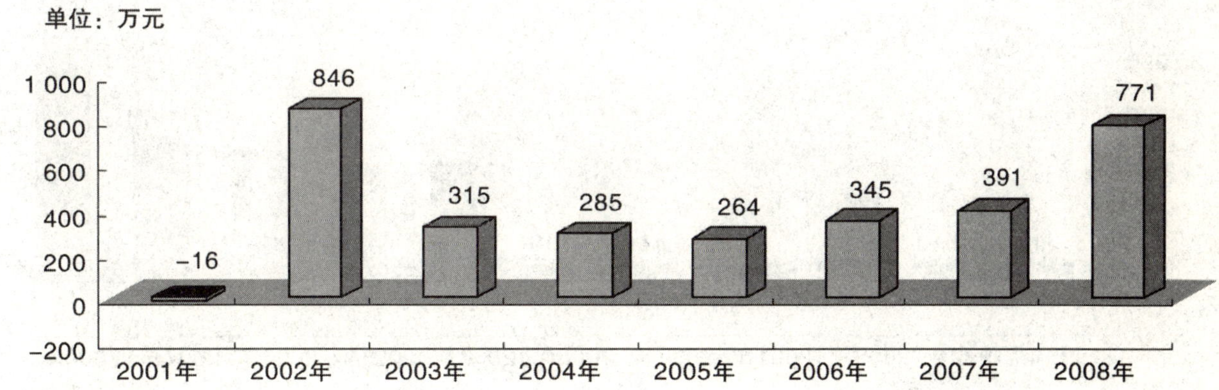

图173　2001年—2008年宁夏回族自治区软件业完成利润总额情况

表 57　2001 年—2008 年宁夏回族自治区软件业从业人员情况

单位：人

2001年	2002年	2003年	2004年	2005年	2006年	2007年	2008年
323	851	781	817	739	509	650	734

单位：万元

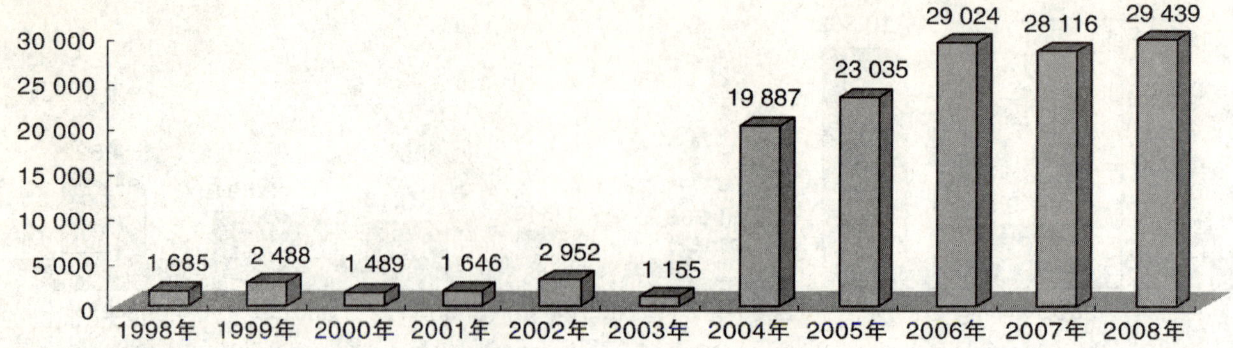

图174　1998年—2008年新疆维吾尔自治区电子信息产品制造业完成工业增加值情况

单位：万元

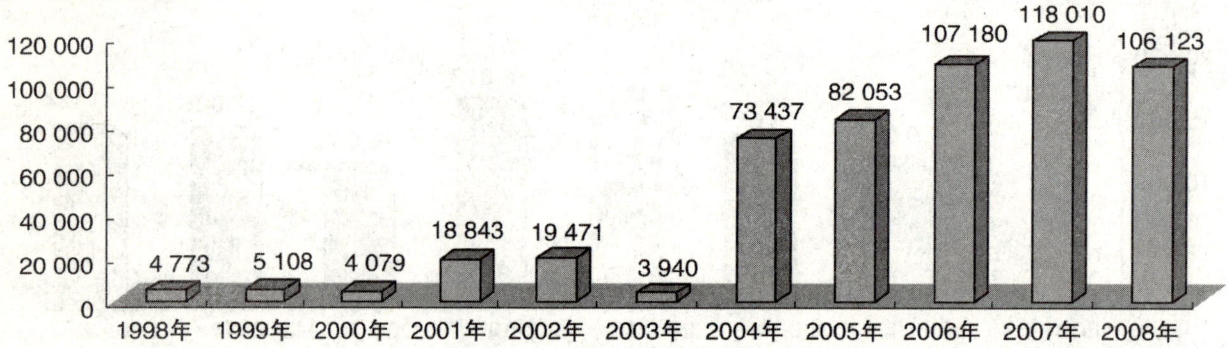

图175　1998年—2008年新疆维吾尔自治区电子信息产品制造业完成主营业务收入情况

单位：万元

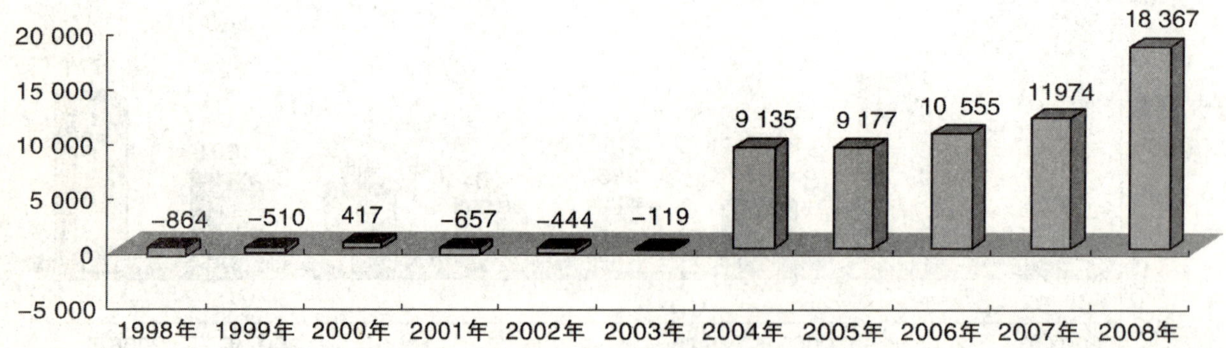

图176　1998年—2008年新疆维吾尔自治区电子信息产品制造业完成利润总额情况

表 58　1998 年—2008 年新疆维吾尔自治区电子信息产品制造业从业人员情况

单位：人

1998年	1999年	2000年	2001年	2002年	2003年	2004年	2005年	2006年	2007年	2008年
1 451	1 297	678	693	985	431	2 890	2 841	2 547	2 341	2 867

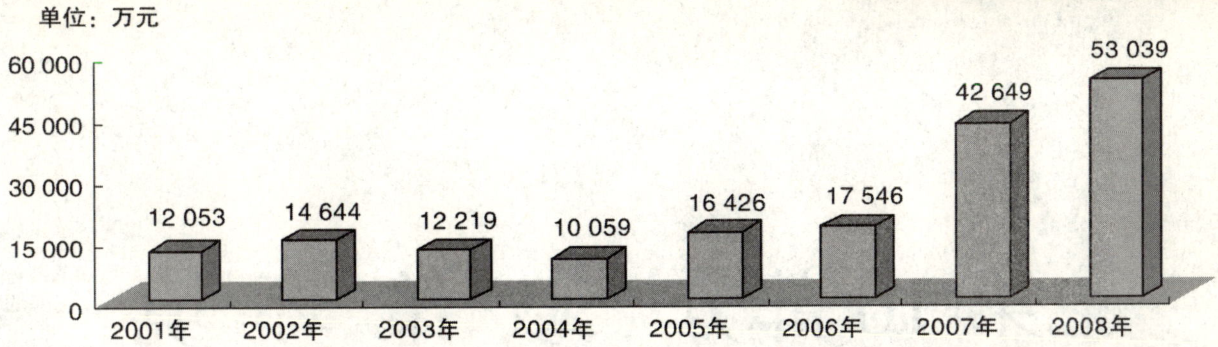

图177　2001年—2008年新疆维吾尔自治区软件业完成工业增加值情况

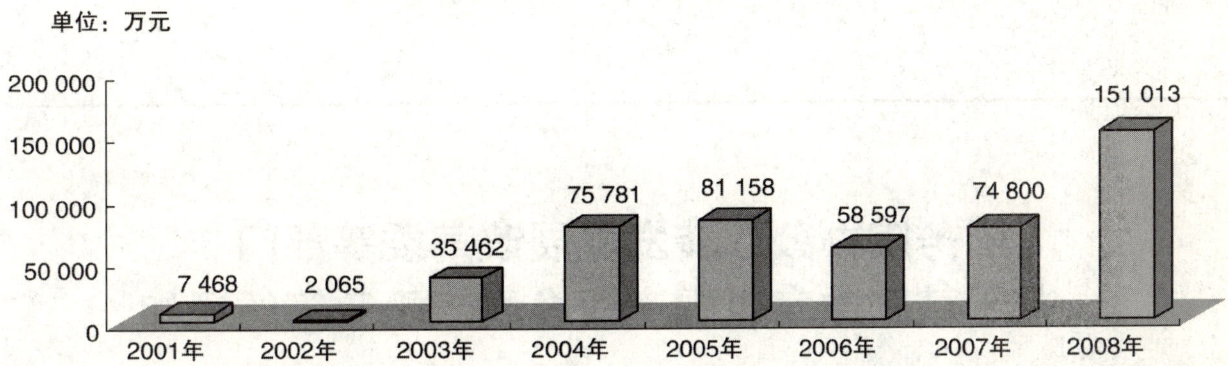

图178　2001年—2008年新疆维吾尔自治区软件业完成业务收入情况

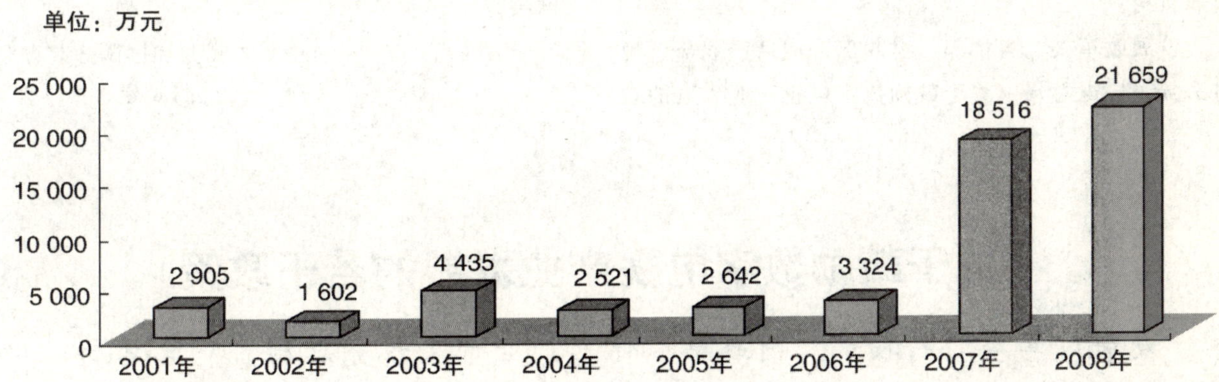

图179　2001年—2008年新疆维吾尔自治区软件业完成利润总额情况

表 59　2001 年—2008 年新疆维吾尔自治区软件业从业人员情况

单位：人

2001年	2002年	2003年	2004年	2005年	2006年	2007年	2008年
1 252	535	1 537	3 935	4 079	4 373	5 865	6 879

注：图 1~图 179、表 1~表 54、表 56~表 59 数据来源《电子信息产业改革开放 30 年统计资料》（1978-2007）、工业和信息化部运行监测协调局；表 55 数据来源 2007 年版《中国电子信息产业统计年鉴（综合篇）》、工业和信息化部运行监测协调局。

第10部分 政策环境

国务院办公厅转发发展改革委等部门关于鼓励数字电视产业发展若干政策的通知

各省、自治区、直辖市人民政府，国务院各部委、各直属机构：

发展改革委、科技部、财政部、信息产业部、税务总局、广电总局《关于鼓励数字电视产业发展的若干政策》已经国务院同意，现转发给你们，请认真贯彻执行。

中华人民共和国国务院办公厅

二〇〇八年一月一日

关于鼓励数字电视产业发展的若干政策

发展改革委　科技部　财政部　信息产业部　税务总局　广电总局

广播电视数字化是国民经济和社会信息化的重要组成部分，在坚持正确方向，确保文化和信息安全的前提下，为加快我国数字电视产业发展，丰富人民群众的精神和物质文化生活，培育国民经济新的增长点，制定以下政策：

一、明确发展目标

（一）以有线电视数字化为切入点，加快推广和普及数字电视广播，加强宽带通信网、数字电视网和下一代互联网等信息基础设施建设，推进“三网融合”，形成较为完整的数字电视产业链，实现数字电视技术研发、产品制造、传输与接入、用户服务相关产业协调发展。

（二）加快有线电视网络由模拟向数字化整体转换。2008年，通过数字高清晰度电视向世界播出北京奥运会节目；2010年，东部和中部地区县级以上城市、西部地区大部分县级以上城市的有线电视基本实现数字化；2015年，基本停止播出模拟信号电视节目。

（三）实现我国电视工业由模拟向数字的战略转变，2010年，数字电视机及相关产品年销售额达到2 500亿元，出口额达到100亿美元；2015年，力争使我国数字电视产业规模和技术水平位居世界前列，成为全球最大的数字电视整机和关键件开发和生产基地，实现由电视生产大国向数字电视产业强国的转变。

二、优化投融资环境

（四）发展改革委、信息产业部、广电总局负责组织实施数字电视专项工程，积极支持数字电视标准开发、关键产品产业化以及基础平台建设等重要项目。

（五）积极支持数字电视相关企业通过上市、发行债券、上市公司配股和增发新股等方式筹集资金，增加对数字电视产业的投入。

（六）鼓励金融机构在科学、审慎、风险可控的原则下，积极支持数字电视网络和基础平台建设，进一步为数字电视产业发展提供金融服务。

（七）国家投资的数字电视示范网建设，其有关工程建设和系统集成优先由国内企业承担，在同等性能价格比条件下优先采用国产设备和产品。

三、加强税收优惠支持

（八）对属于《外商投资产业指导目录》及《产业结构调整指导目录》范围内的数字电视领域投资项目，在投资总额内进口的自用设备和按照合同随设备进口的技术（含软件）及配套件、备件，除列入《外商投资项目不予免税的进口商品目录》和《国内投资项目不予免税的进口商品目录》的商品外，免征关税和进口环节增值税。

（九）2010年年底前，广播电视运营服务企业收取的有线数字电视基本收视维护费，经省级人民政府同意并报财政部、税务总局批准，免征营业税，期限最长不超过三年。

四、推动技术进步

（十）推动建立以企业为主体，产学研联合的数字电视技术创新体制，鼓励企业联合开发共性技术和关键技术，支持具有自主知识产权的数字电视技术和产品发展。加强数字电视标准化工作，积极参与国际标准制订。

（十一）充分利用国内外资源，在现有科研院所和企业基础上组建数字电视国家工程研究中心，加强数字电视产业关键共性技术开发，促进科技成果转化，为我国数字电视产业发展提供支撑和服务。国家有关科技计划和基金重点支持数字电视关键技术的研究开发及相关技术标准的研究制订。

（十二）积极发展地面数字电视，加强农村地区广播电视覆盖，大力推进广播电视网络的数字化升级改造，满足数字电视发展的需要。

（十三）鼓励境外有关研发机构和企业来华设立数字电视技术开发中心，并与国内研发机构和企业开展数字电视关键技术领域的合作。

（十四）有线数字电视接收终端（包括机顶盒和一体机）实行机卡分离技术体制（即数字电视接收终端与条件接收模块完全分离）。从2008年起，有线数字电视运营机构应按照机卡分离的技术体制开展数字电视业务，在境内销售的具备地面数字电视信号接收功能的数字电视机应符合国家标准要求。

（十五）数字电视传输等重要的国家标准应经适当规模试验验证。发展改革委、广电总局、信息产业部等部门应组织建设数字电视试验区，为试验、推广数字电视传输等重要的国家标准和机卡分离等重大技术提供条件。

（十六）统筹规划、合理安排、有效利用数字电视广播业务所需无线电频谱资源和卫星轨位资源，保障数字电视广播业务的健康发展。

五、加强市场培育和监管

（十七）转变广播电视运营方式，推进实施网台分离，形成适应数字化发展需要的广播电视运营机制。

（十八）积极推进电视节目制作数字化，进一步加强公益性电视服务，鼓励为用户提供专业化节目，充分发挥数字电视的信息服务功能。

（十九）加强业务监管，规范市场秩序，确保信息安全，维护用户权益。广电总局和信息产业部要按照职责分工，组织制定并监督执行相应的制度、标准和规范。广电总局要加强对数字电视节目制作、集成、播出等环节的监管，确保数字电视内容导向正确和播出安全。

(二十)为确保数字电视系统安全，鼓励采用以国内技术为主体的数字电视广播系统，已采用国外接收系统的应与国内产品同密。

(二十一)完善数字电视价格形成机制。有线数字电视基本收视维护费实行政府定价，增值业务服务费和数字电视付费节目收视费根据情况实行政府指导价或由有线电视运营机构自行确定，具体价格管理办法另行制订。

六、推进“三网融合”

(二十二)有关部门要加强宽带通信网、数字电视网和下一代互联网等信息网络资源的统筹规划和管理，促进网络和信息资源共享。

(二十三)在确保广播电视安全传输的前提下，建立和完善适应“三网融合”发展要求的运营服务机制。鼓励广播电视机构利用国家公用通信网和广播电视网等信息网络提供数字电视服务和增值电信业务。在符合国家有关投融资政策的前提下，支持包括国有电信企业在内的国有资本参与数字电视接入网络建设和电视接收端数字化改造。

七、强化知识产权保护

(二十四)有关执法机关应依照《中华人民共和国专利法》等法律法规，加大执法力度，严厉惩处数字电视设备制造、技术开发和应用等领域的知识产权侵权行为。

(二十五)充分发挥行业协会、商会和企业在制订产品标准工作中的重要作用，建立健全数字电视技术标准专利拥有人、软件著作权拥有人、设备制造商、内容服务商和网络运营商之间的知识产权许可机制。

本政策自发布之日起30日后实施，由发展改革委、科技部、财政部、信息产业部、税务总局、广电总局负责解释并共同推进贯彻落实。

国务院办公厅关于加快发展服务业若干政策措施的实施意见

国办发〔2008〕11号

各省、自治区、直辖市人民政府，国务院各部委、各直属机构：

为贯彻党中央、国务院关于加快服务业发展的要求和部署，落实《国务院关于加快发展服务业的若干意见》(国发〔2007〕7号)提出的政策措施，促进“十一五”时期服务业发展主要目标的实现和任务的完成，经国务院同意，现提出以下意见：

一、加强规划和产业政策引导

(一)抓紧制订或修订服务业发展规划。各地区要根据国家服务业发展主要目标，积极并实事求是地制订本地区服务业发展规划，提出发展目标、发展重点和保障措施。经济较发达的地区可以适当提高发展目标，有条件的大中城市要加快形成以服务经济为主的产业结构。各有关部门要抓紧制订或修订相关行业规划和专项规划，完善服务业发展规划体系。各地区、各有关部门都要把服务业发展任务分解落实到年度工作计划中。发展改革委要会同有关部门抓紧研究制订服务业发展考核体系，在条件具备时，定期公布全国和分地区服务业发展水平、结构等主要指标。

(二)尽快研究完善产业政策。发展改革委要会同有关部门依据国家产业结构调整的有关规定，抓紧细化、完善服务业发展指导目录，明确行业发展重点及支持方向；要根据服务业跨度大、领域广的实际，分门别类地调整和完善相关产业政策，认真清理限制产业分工、业务外包等影响服务业发展的不合理规定，逐步形成有利于服务业发展的产业政策体系。各地区要立足现有基础和比较优势，制订并细化本地区服务业发展指导目录，突出本地特色，并制定相应政策措施。

二、深化服务领域改革

（三）进一步放宽服务领域市场准入。工商行政管理部门对一般性服务业企业降低注册资本最低限额，除法律、行政法规和依法设立的行政许可另有规定的以外，一律降低到3万元人民币，并研究在营业场所、投资人资格、业务范围等方面适当放宽条件。对法律、行政法规和国务院决定未做规定的服务企业登记前置许可项目，各级工商行政管理机关一律停止执行。加大铁路、电信等垄断行业改革力度，进一步推进投资主体多元化，引入竞争机制。继续稳妥推进市政公用事业市场化改革，城市供水供热供气、公共交通、污水处理、垃圾处理等可以通过特许经营等方式委托企业经营。认真做好在全国范围内调整和放宽农村地区银行业金融机构市场准入政策的落实工作。教育、文化、广播电视、社会保障、医疗卫生、体育、建设等部门对本领域能够实行市场化经营的服务，抓紧研究提出放宽市场准入、鼓励社会力量增加供给的具体措施。

（四）加快推进国有服务企业改革。国资委要会同有关部门积极推动国有服务企业股份制改革和战略性重组，将服务业国有资本集中在重要公共产品和服务领域，鼓励中央服务企业和地方国有服务企业通过股权并购、股权置换、相互参股等方式进行重组，鼓励非公有制企业参与国有服务企业的改革、改组、改造。继续深化银行业改革，重点推进中国农业银行股份制改革和国家开发银行改革，强化中国农业银行、中国农业发展银行和中国邮政储蓄银行为“三农”服务的功能。

（五）推进生产经营性事业单位转企改制和政府机关、事业单位后勤服务社会化改革。主要从事生产经营活动的事业单位要转制为企业，条件成熟的尽快建立现代企业制度。中央编办会同财政部、人事部等部门抓紧制定和完善促进生产经营性事业单位转企改制的配套政策措施。各有关部门和单位要继续深化后勤体制改革，加快推进后勤管理职能和服务职能分开，实现后勤管理科学化、保障法制化、服务社会化。创新后勤服务社会化形式，引进竞争机制，逐步形成统一、开放、有序的后勤服务市场体系。对后勤服务机构改革后新进入的工作人员，应实行聘用制等新的用人机制。

三、提高服务领域对外开放水平

（六）稳步推进服务领域对外开放。发展改革委要会同有关部门认真落实新修订的《外商投资产业指导目录》，在优化结构、提高质量基础上扩大服务业利用外资规模。商务部要会同有关部门抓紧制订服务贸易中长期发展规划，推动有条件的地区和城市加快形成若干服务业外包中心；在中央外贸发展基金中安排专项资金，重点支持服务外包基地城市公共平台建设及企业发展。各类金融机构对符合条件的服务贸易给予货物贸易同等便利，改进服务贸易企业外汇管理，保证合理用汇。交通部要会同有关部门抓紧研究解决中资船舶悬挂方便旗经营问题，发展壮大国际航运船队。加快建设上海、天津、大连等国际航运中心，鼓励在其保税港区进行服务业对外开放创新试点。

（七）积极支持服务企业“走出去”。各有关部门要研究采取具体措施，为服务企业“走出去”和服务出口创造良好环境。对软件和服务外包等出口开辟进出境通关“绿色通道”，对中医药、中餐、汉语教育、文化、体育、对外承包工程等领域企业和专业人才“走出去”提供帮助，简化出入境手续，并纳入国家有关专项资金扶持范围。在严格控制风险的基础上，积极支持国内有条件的金融企业开展跨国经营，为我企业参与国际市场竞争提供金融服务。同时，要鼓励贸易、咨询、法律服务、知识产权服务、人力资源等企业积极为服务业“走出去”提供服务。

四、大力培育服务领域领军企业和知名品牌

（八）积极创新服务业组织结构。各地区、各有关部门要鼓励服务业规模化、网络化、品牌化经营，促进形成一批拥有自主知识产权和知名品牌、具有较强竞争力的服务业龙头企业。发展改革委等部门要支持设立专业化产业投资基金，主要从事服务业领域企业兼并重组，优化服务业企业结构。商务部等有关部门要加强商业网点规划调控，鼓励发展连锁经营、特许经营、电子商务、物流配送、专卖店、专业店等现代流通组织形式。除有特殊规定外，服务企业设立连锁经营门店可持总部出具的连锁经营相关文件和登记材料，直接到门店所在地工商行政管理机关申请办理登记和核准经营范围手续。鼓励软件和信息服务等现代服务业专业协会发展。

（九）加快实施品牌战略。大力支持企业开展自主品牌建设，鼓励企业注册和使用自主商标。鼓励流通企业与生产企业合作，实现服务品牌带动产品品牌推广、产品品牌带动服务品牌提升的良性互动发展。培育发展知名品牌，符合国家有关规定的，商务部等部门应将其纳入中央外贸发展基金等国家有关专项资金扶持范围。扶持中华老字号企业发展，在城市改造中，涉及中华老字号店铺原址动迁的，应在原地妥善安置或在适宜其发展的商圈内安置，并严格按国家有关规定给予补偿。

（十）鼓励服务领域技术创新。科技部要会同有关部门认真落实国家中长期科学和技术发展规划纲要，抓好现代服务业共性技术研究开发与应用示范重大项目。充分发挥国家相关产业化基地的作用，建立一批研发设计、信息咨询、产品测试等公共服务平台，建设一批技术研发中心和中介服务机构。财政部、发展改革委要研究提出具体意见，对服务领域重大技术引进项目及相关的技术改造提供贷款贴息支持，对引进项目的消化吸收再创新活动提供研发资助，在政府采购中优先支持采用国内自主开发的软件等信息服务，进一步扩大创业风险投资试点范围。探索开展知识产权质押融资，引导和鼓励社会资本投入知识产权交易活动，符合规定的可以享受创业投资机构的有关优惠政策。

五、加大服务领域资金投入力度

（十一）加大公共服务投入力度。进一步明确政府公共服务责任，健全公共财政体制，把更多财政资金投向公共服务领域，提高公共服务的覆盖面和社会满意水平。中央财政要继续增加社会保障、医疗卫生、教育、节能减排、住房保障等方面的支出，重点提高对农村、欠发达地区和城市中低收入居民的公共服务水平，支持医药卫生体制等重大改革。国家财政新增教育、卫生、文化等事业经费和固定资产投资主要用于农村，中央财政转移支付资金重点用于中西部地区，尽快使中西部地区基础设施和教育、卫生、文化等公共服务设施得到改善。调动地方发展服务业的积极性，中央和省级财政要通过转移支付等对服务经济发展较快但财政困难的地方给予支持。

（十二）加大财政对服务业发展的支持力度。中央财政和中央预算内投资继续安排服务业发展专项资金和服务业发展引导资金，并根据财政状况及服务业发展需要逐步增加，重点支持服务业关键领域、薄弱环节和提高自主创新能力，建立和完善农村服务体系。整合服务领域的财政扶持资金，综合运用贷款贴息、经费补助和奖励等多种方式支持服务业发展。中央预算内投资要加大对规划内重点服务业项目的投入，同等情况下优先支持服务业项目。地方政府也要根据需要安排服务业发展专项资金和引导资金，有条件的地方要扩大资金规模，支持服务业发展。

（十三）加大金融对服务业发展的支持力度。人民银行、金融监管机构等要引导和鼓励各类金融机构开发适应服务企业需要的金融产品，积极支持符合条件的服务业企业通过银行贷款、发行股票债券等多渠道筹措资金。逐步将收费权质押贷款范围扩大到供水、供热、环保等城市基础设施项目。修订和完善有关股票、债券发行的基本规则以及信息披露制度要充分考虑服务企业的特点。符合条件的服务企业集团设立财务公司等非银行金融机构可以优先得到批准。有关部门要进一步推动中小企业信用担保体系建设，积极搭建中小企业融资平台，国家中小企业发展专项资金和地方扶持中小企业发展资金要给予重点资助或贷款贴息补助。

六、优化服务业发展的政策环境

（十四）进一步扩大税收优惠政策。认真落实新的企业所得税法及其实施条例有关规定。支持服务企业产品研发，企业实际发生的研究开发费用可按有关政策规定享受所得税抵扣优惠。加快推进在苏州工业园区开展鼓励技术先进型服务企业发展所得税、营业税政策试点，积极扩大软件开发、信息技术、知识产权服务、工程咨询、技术推广、服务外包、现代物流等鼓励类生产性服务业发展的税收优惠政策试点。对企业从事农林牧渔服务业项目的所得免征、减征企业所得税；对科研单位和大专院校开展农业生产技术服务取得的收入，以及提供农业产前、产中、产后相关服务的企业，实行税收优惠政策；对农产品连锁经营试点实行企业所得税、增值税优惠政策。加大对自主创新、节能减排、资源节约利用等方面服务业的税收优惠力度。在服务业领域开展实行综合与分类相结合的个人所得税制度试点。对吸收就业多、资源消耗和污染排放低等服务类企业，按照其吸收就业人员数量给予补贴或所得税优惠。研究制订社区服务、家政服务、实物租赁、维修服务、便利连锁经营、废旧物资回收利用、中华老字号经营等服务业和出口文化教育产品等领域的税收优惠政策。财政部、税务总局要会同有关部门抓紧研究制订具体办法并组织实施。

（十五）实行有利于服务业发展的土地管理政策。各地区制订城市总体规划要充分考虑服务业发展的需要，中心城市要逐步迁出或关闭市区污染大、占地多等不适应城市功能定位的工业企业，退出的土地优先用于发展服务业。城市建设新居住区内，规划确定的商业、服务设施用地，不得改作他用。国土资源管理部门要加强和改进土地规划计划调控，年度土地供应要适当增加服务业发展用地。加强对服务业用地出让合同或划拨决定书的履约管理，保证政府供应的土地能够及时转化为服务业项目供地。积极支持以划拨方式取得土地的单位利用工业厂房、仓储用房、传统商业街等存量房产、土地资源兴办信息服务、研发设计、创意产业等现代服务业，土地用途和使用权人可暂不变更。

（十六）完善服务业价格、收费等政策。价格管理部门要进一步减少服务价格政府定价和指导价，完善价格形成机制，建立公开、透明的定价制度。除国家另有规定外，各地区要结合销售电价调整，于 2008 年底前基本实现商业用电价格与一般工业用电价格并轨，对列入国家鼓励类的服务业用水价格基本实现与工业用水价格同价。清理各类收费，取消和制止不合理收费项目。加强行政事业性收费、政府性基金的管理，各地区、各有关部门对有关收费项目及标准要按照规定公示并接受社会监督。除法律、行政法规或者国务院另有明确规定外，履行或代行政府职能，安装和维护与政府部门连网办理业务的计算机软件，不得收取任何费用。规范行业协会、商会收费行为。各地区要对从事农村客运服务以及岛屿、库区、湖区等乡镇渡口和客运经营等方便农民出行的运输行业，比照城市公交客运政策，给予政策支持。

（十七）加强服务业从业人员社会保障工作。劳动保障等部门要加快将服务业个体工商户、灵活就业人员、农民工纳入社会保险覆盖范围。尽快修订《失业保险条例》，完善失业保险制度，扩大参保范围。针对服务行业就业形式多样、流动性较强、农民工居多等特点，加快推进服务业企业参加医疗、工伤保险工作，切实维护服务业企业从业人员的社会保障权益。鼓励和引导企业为职工建立企业年金和补充医疗保险计划。规范企业年金管理方式，2008 年底前，将原行业或企业自行管理的企业年金业务，逐步移交给有资质的运营机构受托管理。

七、加强服务业基础工作

（十八）大力培养服务业人才。教育、科技、人事和劳动保障等部门要积极引导高等院校完善并加强与现代服务业发展相适应的学科专业建设，支持高等院校、职业院校、科研院所与有条件的服务业企业建立实习实训基地，鼓励建立服务人才培养基地，对国内外相关外包服务培训机构以独资或与高校、企业合作的形式成立培训机构给予审批便利。人事和劳动保障等部门要按照服务业发展需要，不断调整完善和规范职业资格和职称制度，尽快设置相应的服务业职业资格和职称。人事和劳动保障部门要鼓励各类就业服务机构发展，加快建设覆盖城乡的公共就业服务体系。

（十九）健全服务业标准体系和社会信用体系。质检总局要会同有关部门抓紧制订和修订物流、电信、邮政、快递、运输、旅游、体育、商贸、餐饮、社区服务等服务标准，继续推进国家级服务业标准化试点，鼓励和支持行业协会、服务企业积极参与标准化工作。人民银行、工商总局等有关部门要加快社会信用体系建设，推动政府部门依法共享公开的政府信息，并在就业、社会保障、市场监管、政府采购等公共服务中使用信用信息。

（二十）加强服务业统计工作。完善服务业统计联席会议制度，加强和协调各部门及行业协会的服务业统计工作。统计局要会同有关部门加快建立科学、统一、全面、协调的服务业统计调查制度和信息管理制度，完善服务业统计调查方法和指标体系，建立政府统计和行业统计互为补充的服务业统计调查体系，健全服务业信息发布制度。结合开展第二次全国经济普查，重点摸清我国服务业发展状况，为国家制定规划和政策提供依据。中央财政安排专项经费支持服务业统计，地方财政也要增加投入。

（二十一）加强服务业法制建设。法制办要会同有关部门积极推动制定和修订促进服务业发展法律、行政法规的相关工作，为服务业发展提供法制保障。

八、狠抓工作落实和督促检查

(二十二)抓紧制定具体配套政策措施。国务院各有关部门要按照国发〔2007〕7号文件和本意见要求,对已经明确的政策抓好落实,对需要制定具体配套政策措施的要抓紧研究制定,成熟一项,出台一项。要加强协调配合,及时研究解决服务业发展中出现的突出问题和矛盾,不断调整完善相关政策,推进服务业改革和发展。各地区也要抓紧制定出台相关配套政策措施。

(二十三)加强工作落实和督促检查。各地区、各部门要把发展服务业作为贯彻落实科学发展观、促进经济又好又快发展的重要工作任务,切实把中央确定的各项方针政策落到实处。全国服务业发展领导小组办公室要充分发挥总体协调作用,做好服务业发展目标落实与考核、政策措施制定等督促检查工作,及时向国务院报告工作进展情况。

国务院办公厅

二〇〇八年三月十三日

国务院关于印发2008年工作要点的通知

国发〔2008〕15号

国务院各部委、各直属机构:

《国务院2008年工作要点》已经2008年3月26日国务院第2次常务会议通过。现印发给你们,请认真贯彻落实。

2008年是全面贯彻党的十七大精神的第一年,也是本届政府的开局之年,改革发展任务繁重而艰巨。各部门、各单位要以对人民高度负责的精神,深入贯彻落实科学发展观,认真履行职责,立足全局,突出重点,抓住关键环节,着力解决经济社会发展中的突出矛盾,着力解决人民群众十分关切的问题。要切实加强调查研究,注意发现新情况,化解新矛盾,解决新问题,扎实做好各项工作,确保实现全年经济社会发展目标。

国务院

二〇〇八年三月二十九日

国务院2008年工作要点

根据党中央关于2008年工作部署和十一届全国人大一次会议精神,今年国务院工作总的要求是:高举中国特色社会主义伟大旗帜,以邓小平理论和"三个代表"重要思想为指导,深入贯彻落实科学发展观,更加重视加强和改善宏观调控,更加重视推进改革开放和自主创新,更加重视调整经济结构和提高发展质量,更加重视节约资源和保护环境,更加重视改善民生和促进社会和谐,推进社会主义经济建设、政治建设、文化建设、社会建设,加快全面建设小康社会进程。

一、搞好宏观调控,保持经济平稳较快发展

(一)加强和改善宏观调控。密切关注经济形势的发展变化,加强对经济社会发展中重大问题的分析研究,把握好宏观调控的节奏、重点和力度,加强经济运行调节,积极应对各种困难和风险,既要防止经济由偏

快转为过热，抑制通货膨胀，又要防止经济下滑，避免大的起落。在优化结构、提高效益、降低消耗、保护环境的基础上，努力完成今年国内生产总值增长8%左右；居民消费价格总水平涨幅控制在4.8%左右；城镇新增就业1000万人，城镇登记失业率控制在4.5%左右；国际收支状况有所改善等预期目标（发展改革委牵头）。

（二）继续实行稳健的财政政策。发挥财政促进结构调整和协调发展的重要作用，增加对薄弱环节、改善民生、深化改革等方面的支出，减少财政赤字和长期建设国债，增加中央预算内经常性建设投资。继续调整财政支出和政府投资结构，较大幅度地增加“三农”、社会保障、医疗卫生、教育、文化、节能减排和廉租住房建设等方面支出。抓好增收节支，依法加强税收征管，规范非税收入管理，控制一般性支出。改革政府投资管理方式，提高投资使用效益（财政部、发展改革委、税务总局负责）。

（三）实行从紧的货币政策。综合运用多种货币政策工具，加大对冲流动性力度，合理发挥利率杠杆调节作用，完善人民币汇率形成机制，增强汇率弹性。着力优化信贷结构，严格执行贷款条件。控制中长期贷款增长，严格控制对高耗能、高排放企业和产能过剩行业的贷款；完善担保、贴息等制度，加大对“三农”、服务业、中小企业、自主创新、节能环保和区域协调发展等方面的贷款支持。深化外汇管理体制改革，发展外汇市场。完善结售汇制度，加强跨境资本流动监管，稳步推进资本项目可兑换。拓展外汇储备使用渠道和方式（人民银行、银监会、外汇局等负责）。

（四）防止价格总水平过快上涨。增加有效供给，抑制不合理需求，保证市场供应和价格的基本稳定。严格控制粮食、化肥、煤炭等出口。坚决制止玉米深加工能力盲目扩张。加快健全储备体系，改进和完善储备调节和进出口调节方式，适当增加国内紧缺的重要消费品进口。把握好政府调价的时机和力度，防止出现轮番涨价。健全大宗农产品、初级产品供求和价格变动监测预警制度，做好市场供应和价格应急预案。加强市场和价格监管，抓好教育收费、医药价格、农资价格及涉农收费的监督检查，依法打击串通涨价、囤积居奇、哄抬物价等违法违规行为。完善和落实对低收入群众的补助办法，增加对生活困难群众和家庭经济困难学生的补贴。遏制生产资料尤其是农资价格过快上涨（发展改革委牵头）。

（五）做好低温雨雪冰冻灾害恢复重建工作。在统筹规划、科学论证的基础上，加快灾害毁坏基础设施、农业设施、森林资源和灾区倒房等恢复重建，加快灾后农业和林业生产恢复。加强煤电油运输协调工作，妥善安排受灾地区群众生活。加强电力、交通、通信等基础设施建设，提高防灾减灾能力特别是防范应对巨灾能力。认真总结低温雨雪冰冻灾害的经验教训。充分发挥保险在防损减灾和灾害事故处置中的重要作用（发展改革委牵头）。

二、加强农业基础建设，促进农业发展和农民增收

（六）大力发展粮食生产和保障农产品供给。切实稳定粮食种植面积，提高单产水平。加大对粮食主产区和种粮农民的扶持力度，实施粮食战略工程，加快建立粮食核心产区，全面提高粮食综合生产能力和供给保障能力。优化品种结构，促进各类重要农产品稳定增长。落实支持生猪、奶业、油料发展和扶持蛋鸡养殖的政策措施。积极发展畜牧水产业，扶持和促进规模化健康养殖。推进农业标准化生产，提高农产品质量安全水平（农业部、发展改革委、财政部等负责）。

（七）加强农业和农村基础设施建设。加快大中型和重点小型病险水库除险加固。搞好灌区改造和小型农田水利建设，大力发展节水灌溉。加大土地开发整理复垦力度，搞好中低产田改造，提高耕地质量，建设一批高标准农田。加强农村饮水、道路、电网、通信、文化等基础设施建设，改善农村人居环境。今年再解决3 200万农村人口的安全饮水问题，增加500万沼气用户，支持建设一批大中型沼气项目。落实大中型水库移民后期扶持政策，加大对库区和移民安置区基础设施建设的支持力度（发展改革委、水利部、农业部、国土资源部等负责）。

（八）拓宽农民增收渠道。加快发展高产优质高效生态安全农业，支持农业产业化经营和龙头企业发展。加强农村现代市场流通体系建设，壮大和提升农村二三产业，发展乡镇企业，增强县域经济实力。加强农村职业教育和技能培训，提高农民转移就业能力，发展劳务经济。加大扶贫开发力度，继续减少贫困人口（农业部、发展改革委、扶贫办等负责）。

（九）强化和完善农业支持政策。大力增加农业投入。增加粮食直补、农资综合直补。扩大良种补贴规模和范围。增加农机具购置补贴种类，提高补贴标准，农机具购置补贴覆盖到所有农业县。根据情况提高粮食最低收购价。调整耕地占用税使用方向，改革城市维护建设税使用办法，增加农村建设投入（财政部、发展改革委、农业部负责）。

（十）坚持最严格的耕地保护制度。加强基本农田保护，按土地利用总体规划和年度土地利用计划，从严审查调整各类规划的用地规模和标准，严格执行土地用途管制制度，依法严格管理农村集体和个人建设用地，坚决制止和查处违法违规占用耕地和林地行为（国土资源部牵头）。

（十一）完善农业科技推广和服务体系。加强农业科技创新和成果转化，强化以公益性为主的多元化农业技术推广服务。加快推进农业机械化。继续实施粮食丰产科技工程，加强良种、信息、农产品质量安全和防灾减灾体系建设，搞好动物疫病和植物病虫害防控。支持发展农业社会化服务。扩大测土配方施肥规模（农业部、科技部等负责）。

（十二）全面推进农村改革。加快推进农村综合改革，增加财政投入，化解农村义务教育“普九”债务。坚持农村基本经营制度，稳定和完善土地承包关系，健全土地承包经营权流转市场，有条件的地方可以发展多种形式的适度规模经营。建立健全村级组织运转经费保障机制，探索建立农村公益事业建设“一事一议”财政奖补制度。推进减轻农民水费负担综合改革试点。大力发展农民专业合作组织。全面推进集体林权制度改革（农村综合改革工作小组负责）。

三、推进经济结构调整，转变发展方式

（十三）调整投资和消费关系。合理控制固定资产投资规模，优化投资结构。严把土地、信贷闸门和市场准入标准，加强和规范新开工项目管理，严格执行项目新开工条件。坚决控制高耗能、高排放和产能过剩行业盲目投资和重复建设，提高限制发展行业的准入标准和项目资本金比例。坚决停建违法违规项目。从严控制新增建设用地特别是工业用地，今年土地利用计划总规模控制在去年水平。加强和改进对全社会各类投资活动的引导、调控和监管，加大对经济社会发展薄弱环节、重点领域和中西部地区的支持力度。进一步完善消费政策，拓宽服务消费领域，稳定居民消费预期，扩大即期消费。加快现代市场体系建设，大力发展现代流通，深入整顿和规范市场秩序（发展改革委、财政部、商务部、国土资源部、工商总局等负责）。

（十四）推进产业结构优化升级。推进信息化与工业化融合，着力发展高新技术产业，大力振兴装备制造业，改造和提升传统产业，加快发展服务业特别是现代服务业。继续实施新型显示器、宽带通信与网络、生物医药等重大高技术产业化专项。围绕大型清洁高效发电装备、高档数控机床和基础制造装备等关键领域，推进重大装备、关键零部件及元器件自主研发和国产化。加强地质工作，提高资源勘查开发水平。积极发展现代能源原材料产业和综合运输体系（发展改革委、工业和信息化部负责）。

（十五）认真落实国家中长期科学和技术发展规划纲要。全面启动和组织实施大型飞机、水体污染控制与治理、大型油气田及煤层气开发等国家重大专项。实施基础研究、高技术研究和科技支撑计划。着力突破新能源汽车、高速轨道交通、工农业节水等一批重大关键技术（科技部、发展改革委、工业和信息化部等负责）。

（十六）推进国家创新体系建设。重点建设一批国家实验室、国家工程中心、面向企业的创新支撑平台和企业技术中心，加强科技基础能力建设。深化科技管理体制改革，统筹和优化科技资源配置。加强创新型人才队伍建设。加大中央财政科技投入。完善和落实支持自主创新的政策，充分发挥企业作为技术创新主体的作用，鼓励、引导企业增加研发投入。推进产学研结合，培育创新型企业，健全和完善现代科研院所制度。充分发挥国家高新技术开发区的集聚、引领和辐射作用。加大政府采购对自主创新产品的支持力度。扩大创业风险投资试点范围（科技部、发展改革委、工业和信息化部等负责）。

（十七）实施国家知识产权战略。进一步加强专利法律法规体系建设。深入开展知识产权宏观管理工作。推进知识产权信息化和条件保障建设，提高专利审查综合能力。加强知识产权人才队伍建设，进一步推进知识产权国际合作与交流（知识产权局牵头）。

（十八）促进区域协调发展。深入推进西部大开发，开工建设一批重点工程，支持重点地区优先开发。

继续搞好天然林保护、防沙治沙、石漠化治理，落实退耕还林后续政策。组织实施东北地区振兴规划，支持先进装备制造业、现代农业发展和资源枯竭型地区经济转型。编制和实施促进中部崛起规划，落实并完善相关政策。鼓励东部地区率先发展，着力提升国际竞争力。进一步加大对革命老区、民族地区、边疆地区、贫困地区发展的扶持力度。制定并实施主体功能区规划和政策（发展改革委、财政部、扶贫办等负责）。

四、加大节能减排和环境保护力度，做好产品质量安全工作

（十九）加大节能减排和环境保护力度。落实电力、钢铁、水泥、煤炭、造纸等行业淘汰落后产能计划，建立落后产能淘汰退出机制，完善和落实关闭企业的配套政策措施，加强这些行业先进生产能力建设。抓好重点企业节能，加快十大重点节能工程实施进度。提高城镇污水处理能力，尽快在36个大城市率先实现污水全部收集和处理。适当提高排污费、污水处理费和垃圾处理费标准。完善和严格执行建筑标准，大力推进墙体材料革新和建筑节能。稳步推进城镇供热体制和市政公用事业改革。加大科技支撑力度，开发和推广节约、替代、循环利用资源和治理污染的先进适用技术，实施节能减排重大技术和示范工程。开发风能、太阳能等清洁、可再生能源。大力发展节能服务产业和环保产业。做好“三河三湖”、南水北调水源及沿线、三峡库区和松花江等重点流域水污染防治工作，实施渤海环境保护总体规划。提高重点流域污染物排放的国家标准。加强农村饮用水水源地保护，推进农村生活污染治理，严格控制农村地区工业污染，加强畜禽、水产养殖污染治理，控制农业面源污染。鼓励和支持发展循环经济，促进再生资源回收利用。全面推行清洁生产。保护和合理利用资源，严厉查处乱采滥挖矿产资源等违法违规行为。发展海洋经济。加强气象、地震、测绘基础研究和能力建设。实施应对气候变化国家方案，加强应对气候变化能力建设。完善能源资源节约和环境保护奖惩机制。执行节能减排统计、监测及考核制度，健全审计、监察体系，强化节能减排工作责任制（发展改革委、环境保护部牵头）。

（二十）大力推进节约集约用地。严格实行工业用地和经营性用地招标拍卖挂牌出让制度，全面落实工业用地最低价标准。加强土地储备管理，规范土地前期开发，依法查处闲置土地。健全建设用地标准体系，严格执行新修订的土地使用标准，修订城镇土地等别和划拨用地目录，开展土地集约利用潜力评价和考核。鼓励存量挖潜，探索建立节约集约用地激励机制。严格执行农村集体建设用地法律和政策，规范城乡建设用地增减挂钩试点，控制集体建设用地使用权流转范围。严肃查处“以租代征”土地违法违规行为（国土资源部牵头）。

（二十一）加强产品质量安全工作。完成食品、药品和其他消费品安全国家标准的制定修订工作，健全安全标准体系；加快制定修订涉及产品质量安全的法规，完善行政执法与刑事司法紧密衔接的机制，加大对违法违规企业的惩处力度。严格执行生产许可、强制认证、注册备案制度，严把市场准入关。提高涉及人身健康和安全产品的生产许可条件和市场准入门槛。加强食品、药品等重点监管工作，严把进出口商品质量关。认真落实产品质量安全责任制（卫生部、质检总局等负责）。

五、深化经济体制改革，提高对外开放水平

（二十二）推进国有企业改革。推动国有资本调整和国有企业重组。深化国有企业公司制股份制改革，完善公司法人治理结构。做好政策性关闭破产和主辅分离、辅业改制以及分离企业办社会职能工作，积极稳妥推进厂办大集体改革。深化垄断行业改革，加强政府监管和社会监督。严格规范国有企业改制和国有产权转让，防止国有资产流失，保障职工合法权益。推进集体企业改革，发展多种形式的集体经济、合作经济。落实鼓励、支持和引导个体私营等非公有制经济发展各项政策，解决市场准入和融资支持等方面的问题（国资委、工业和信息化部、财政部负责）。

（二十三）深化财税体制改革。改革预算制度，强化预算管理和监督。完善和规范财政转移支付制度，提高一般性转移支付规模和比例，加大公共服务领域投入。积极推进省以下财政体制改革。全面实施新的企业所得税法。改革资源税费制度，完善资源有偿使用制度和生态环境补偿机制。继续推进增值税转型改革试点，研究制订在全国范围内的实施方案。扩大国有资本经营

预算制度试点（财政部、税务总局、发展改革委负责）。

（二十四）加快金融体制改革。继续深化银行业改革，重点推进农业银行股份制改革和国家开发银行改革，研究进出口银行和农业发展银行改革问题。建立存款保险制度。加快农村金融改革，强化农业银行、农业发展银行和邮政储蓄银行为“三农”服务的功能，继续深化农村信用社改革，积极推进新型农村金融机构发展。优化资本市场结构，促进股票市场稳定健康发展，着力提高上市公司质量，维护公开、公平、公正的市场秩序，建立创业板市场，加快发展债券市场，稳步发展期货市场。深化保险业改革，积极扩大农业保险范围，做好政策性农业保险试点工作。依法严厉查处各种金融违法违规行为。切实防范和化解金融风险，维护金融稳定和安全。推进社会信用制度建设（人民银行、金融监管机构等负责）。

（二十五）加快转变外贸发展方式。优化出口结构，保持出口平稳增长，继续控制高耗能、高排放和资源性产品出口，鼓励自主知识产权和自主品牌产品出口，提高出口产品质量、档次及附加值。扩大服务出口，发展服务外包。积极扩大进口，重点增加先进技术设备、重要原材料和关键零部件及元器件进口。认真落实和完善出口退税、进出口关税和加工贸易政策。积极稳妥推进海关特殊监管区建设（商务部、财政部、发展改革委、海关总署等负责）。

（二十六）进一步做好利用外资工作。优化利用外资产业结构和地区布局，稳步推进服务业对外开放。继续鼓励外商投资高新技术、装备制造、新材料制造等产业以及节能环保领域，推动外资投向中西部地区和东北地区等老工业基地。进一步发挥国家级经济技术开发区在产业升级中的作用。限制或禁止高耗能、高排放和部分资源性外资项目，规范外资并购，加强监督管理。切实纠正招商引资中违法违规做法（商务部、发展改革委负责）。

（二十七）引导和规范企业发展对外投资合作。创新对外投资和合作方式，落实和完善支持企业“走出去”的政策措施，积极稳妥推进境外经贸合作区建设。提高对外工程承包和劳务合作水平。加强多双边和区域经济合作。继续推进自由贸易区谈判，认真落实已签署的协定。维护公平的国际贸易秩序（商务部、发展改革委负责）。

六、更加注重社会建设，着力保障和改善民生

（二十八）普遍实行免费义务教育。在试点基础上，从秋季起全面免除城市义务教育学杂费。继续增加农村义务教育公用经费，提高保障水平。适当提高农村家庭经济困难寄宿生生活费补助标准。认真落实保障经济困难家庭、进城务工人员子女平等接受义务教育的措施（教育部牵头）。

（二十九）大力发展职业教育。进一步扩大中等职业教育招生规模，提高高中阶段教育毛入学率。加大对职业教育的投入，加强职业教育基础能力建设。深化职业教育管理、办学、投入体制和教育教学改革，大力推进工学结合、校企合作的办学模式，广泛推行订单培养，完善弹性学习制度，培养高素质技能型人才。继续落实中等职业学校家庭经济困难学生资助政策（教育部牵头）。

（三十）提高高等教育质量。深入实施高等学校本科教学质量与教学改革工程，深化人才培养模式改革，加强教育教学的实践环节。优化学科专业结构，推进高水平大学和重点学科建设。相对稳定招生规模，普通高校招生增量继续向中西部地区倾斜（教育部牵头）。

（三十一）推进教育改革创新。全面实施素质教育，深化教学内容和方式、考试和招生制度、质量评价制度等改革，切实减轻中小学生课业负担。重视学前教育，关心特殊教育。发展远程教育和继续教育。继续做好师范生免费教育试点工作，加强教师队伍特别是农村教师队伍建设，完善和落实教师工资、津贴补贴制度。中央和地方财政要加大教育事业投入，进一步规范教育收费。鼓励和规范民办教育发展（教育部、财政部、人力资源和社会保障部负责）。

（三十二）加快建设覆盖城乡居民的医疗保障制度。扩大城镇职工基本医疗保险覆盖面，城镇居民基本医疗保险试点扩大到全国50%以上的城市。新型农村合作医疗制度全面覆盖全国农村居民，提高筹资标准和财政对参合农民的补助标准，加强经办管理能力建设和基金监管，巩固和完善制度。健全城乡医疗救助制度（人力资源和社会保障部、卫生部、民政部、财政部负责）。

（三十三）完善公共卫生和城乡医疗服务体系。抓

好重大疾病防治，落实扩大国家传染病免疫规划范围的政策措施，加大对艾滋病、结核病、血吸虫病等疾病患者免费救治力度。加强地方病、职业病、精神病防治。做好妇幼保健工作。在中西部地区农村实施住院分娩补助政策。健全公共卫生经费保障机制。健全农村三级卫生服务网络和城市社区医疗卫生服务体系。加大全科医护人员和乡村医生培养力度，鼓励高素质人才到基层服务。建立国家基本药物制度和药品供应保障体系。推进深化医药卫生体制改革工作，修改完善改革方案，制订相关配套政策措施。制订和实施扶持中医药和民族医药事业发展的措施（卫生部、发展改革委、财政部、人力资源和社会保障部等负责）。

（三十四）加强人口和计划生育工作。稳定现行生育政策和低生育水平，提高出生人口素质，综合治理出生人口性别比偏高问题。全面实施计划生育家庭特别扶助制度，扩大实施农村计划生育家庭奖励制度和少生快富工程范围，提高奖励扶助标准。加强流动人口计划生育服务管理（人口计生委牵头）。

（三十五）努力扩大就业。贯彻实施就业促进法和劳动合同法，实行积极的就业政策。加强就业和创业培训，鼓励自谋职业和自主创业，支持创办小型企业。加快建设城乡统一规范的人力资源市场，完善公共就业服务体系，促进形成城乡劳动者平等就业制度。加强高校毕业生就业指导和服务。完善就业援助制度，建立帮助零就业家庭解决就业困难的长效机制。督促各类企业同劳动者依法签订并履行劳动合同。加强劳动争议处理和劳动保障监察，严厉打击各种非法用工行为（人力资源和社会保障部、财政部、教育部负责）。

（三十六）增加城乡居民收入。深化收入分配制度改革，逐步提高居民收入在国民收入分配中的比重，提高劳动报酬在初次分配中的比重。多渠道增加农民收入，确保农民工工资按时足额发放，适当提高扶贫标准。建立企业职工工资正常增长和支付保障机制。推动企业建立工资集体协商制度，完善工资指导线制度，健全并落实最低工资制度。改革国有企业工资总额管理办法，加强对垄断行业企业工资监管。做好提高企业退休人员基本养老金水平工作。落实职工带薪年休假制度（发展改革委、财政部、人力资源和社会保障部、国资委负责）。

（三十七）完善社会保障体系。做好社会保险扩面和基金征缴工作，重点扩大农民工、非公有制经济组织就业人员、城镇灵活就业人员参加社会保险。解决关闭破产企业退休人员和困难企业职工参加基本医疗保险问题。完善社会统筹与个人账户相结合的企业职工基本养老保险制度，扩大做实养老保险个人账户试点，加快省级统筹步伐，制定全国统一的社会保险关系转续办法。规范发展企业年金制度。探索事业单位养老保险制度改革。制定适合农民工特点的养老保险办法。鼓励各地开展农村养老保险试点，健全对被征地农民的社会保障制度。加快完善失业、工伤、生育保险制度。采取多种方式充实社会保障基金，强化基金监管，确保基金安全，实现保值增值（人力资源和社会保障部、财政部等负责）。

（三十八）健全社会救助体系。完善城乡居民最低生活保障制度，建立与经济增长和物价水平相适应的救助标准调整机制。健全临时救助制度。积极发展社会福利事业。鼓励和支持慈善事业发展。做好优抚安置工作。加强防灾减灾救灾工作。重视发展老龄事业，切实保障妇女和未成年人权益，关心和支持残疾人事业，落实促进残疾人就业政策（民政部牵头）。

（三十九）抓紧建立住房保障体系。制定住房规划和政策，重点发展面向中低收入家庭的住房。健全廉租住房制度，加大投入力度，加快廉租住房建设，增加房源供给，加强经济适用住房的建设和管理，积极解决城市低收入群众住房困难。增加中低价位、中小套型普通商品住房供应，建立多渠道投融资机制，通过多种途径帮助中等收入家庭解决住房问题。积极改善农民工居住条件。大力发展省地节能环保型住宅，增加中小套型住房用地供给。完善住房公积金制度，依法加强住房公积金的监督管理。加强对房地产市场的调控和监管，规范和维护市场秩序，严格房地产企业市场准入和退出条件。依法查处闲置囤积土地、房源问题，严厉打击炒地炒房等违法违规行为。加强农村住房建设规划和管理，切实解决农村困难群众住房安全问题（住房和城乡建设部牵头）。

七、深化文化体制改革，推动文化大发展大繁荣

（四十）推进文化体制改革和文化事业发展。进一步落实和完善文化体制改革政策，推动文化创新，繁荣

文化市场，推进和谐文化建设。实施公民道德建设工程，建设社会主义核心价值体系。繁荣发展哲学社会科学，鼓励创作优秀精神文化产品。推进公共文化服务体系建设，加强社区和乡村文化设施建设。推进全国文化信息共享、广播电视村村通、农家书屋和农村电影放映工程。向社会免费开放具有公益性质的博物馆、纪念馆和全国爱国主义教育示范基地。加快乡镇综合文化站建设。加快文化产业基地和区域性特色文化产业群建设。加强网络文化建设和管理。坚持开展“扫黄打非”。加强民族文化遗产保护。加强中华优秀文化传统教育，推动其与时代精神的结合。扩大对外文化交流（文化部、广电总局、新闻出版总署等负责）。

（四十一）积极发展体育事业。加强城乡公共体育设施建设，广泛开展全民健身活动，不断提高竞技体育水平。扎实做好北京奥运会和残奥会各项筹办和组织工作，加强同国际奥委会和各国的密切合作，创造良好环境，确保成功举办一届有特色、高水平的体育盛会（体育总局、北京奥组委、中国残联负责）。

八、加强社会主义民主法制建设，促进社会公平正义

（四十二）加强民主制度建设。扩大人民民主，健全民主制度，丰富民主形式，拓宽民主渠道。发展基层民主，完善基层群众自治制度，扩大基层群众自治范围，推动城乡社区建设，深入推进政务公开、村务公开、厂务公开。加强社会组织建设，健全基层社会管理体制。发挥社会组织在扩大社会参与、反映群众诉求方面的积极作用，增强社会自治功能（民政部、法制办负责）。

（四十三）全面推进依法行政。加强改善民生、推进社会建设、节约能源资源、保护生态环境等方面的立法。制定与群众利益密切相关的行政法规、规章，原则上都要公布草案，向社会公开征求意见。合理界定和调整行政执法权限，全面落实行政执法责任制。健全市县政府依法行政制度。加强对行政事业性收费的规范管理，改革和完善司法、执法财政保障机制。加强法规、规章和规范性文件的备案审查工作。健全行政复议体制，完善行政补偿和行政赔偿制度。做好法律服务和法律援助工作。深入开展法制宣传教育（法制办、财政部、司法部等负责）。

（四十四）完善社会治安防控体系。加强社会治安综合治理，深入开展平安创建活动。改革和加强城乡社区警务工作。加强流动人口服务和管理。集中整治突出的治安问题和治安混乱地区，依法防范和打击违法犯罪活动，保障人民生命财产安全，确保社会大局稳定。高度警惕、严密防范、坚决打击“三股势力”、藏独势力以及境内外其他分裂势力的分裂渗透颠覆活动，确保北京奥运会顺利举办，为保持和促进改革发展稳定大局创造良好社会环境。加强国家安全工作（公安部、安全部负责）。

（四十五）切实维护群众合法权益。做好信访工作，完善信访制度，进一步落实信访工作责任制。深入开展矛盾纠纷排查化解工作，拓宽诉求表达渠道，健全社会矛盾调解机制，认真解决涉及群众切身利益的问题。依法规范信访工作行为和信访秩序。健全群众工作网络，创新工作机制，妥善处理人民内部矛盾（信访局牵头）。

（四十六）强化安全生产工作。加大源头治理力度，遏制重特大安全事故发生。巩固发展煤矿瓦斯治理和整顿关闭两个攻坚战成果，继续开展重点行业领域安全专项整治，防范打击非法违法建设、生产和经营行为。加强对各类安全事故隐患的排查和治理工作，健全重大隐患治理、重大危险源监控制度，完善预报、预警、预防和应急救援体系。发展安全生产责任保险。实施安全生产规划，落实科技兴安战略，加强安全教育和培训，提升重点行业安全生产水平。依法加强监管，严肃查处生产安全事故（安全监管总局牵头）。

九、加快行政管理体制改革，加强政府自身建设

（四十七）加快转变政府职能。健全政府职责体系，全面正确履行政府职能，努力建设服务型政府。在加强和改善经济调节、市场监管的同时，更加注重社会管理和公共服务，维护社会公正和社会秩序，促进基本公共服务均等化。重视发挥行业协会、商会和其他社会组织的作用（中央编办牵头）。

（四十八）深化政府机构改革。优化政府组织机构，探索实行职能有机统一的大部门体制，完善运行机制。组织实施国务院机构改革方案，做好部门“三定”工作，力争上半年完成。合理配置宏观调控部门职能，

调整和完善行业管理机制，加强社会管理和公共服务部门；界定部门分工和权限，理顺部门职责关系，健全部门间协调配合机制。精简和规范议事协调机构及其办事机构。加快推进事业单位分类改革。妥善处置机构变动部门和单位的经费和资产（中央编办、国管局、财政部等负责）。

（四十九）完善行政监督制度。加强行政权力监督，规范行政许可行为。强化政府层级监督，发挥监察、审计等专门监督的作用。推行行政问责制和政府绩效管理制度。严肃法纪政纪，坚决改变有令不行、有禁不止的现象。推行政务公开，健全政府信息发布制度，完善各类公开办事制度，提高政府工作透明度（监察部、审计署等负责）。

（五十）进一步加强应急管理工作。认真贯彻突发事件应对法，抓紧制订完善相关配套政策。建立健全应急管理体制，强化工作责任制，完善信息通报、预防预警、指挥协调、应急处置、舆论引导和社会动员机制。全面实施突发事件应急体系建设规划，加快应急平台、监测预警、应急队伍、物资保障等重点项目建设。加强对现代条件下自然灾害发生特点和规律的研究，推进城市乡村应对灾害体系建设。深化应急预案体系建设，建立应急管理能力及重大突发事件风险评估体系，加强灾害风险动态监管，进一步推进基层应急管理。制定促进相关技术和产业发展的扶持政策，加强应急管理培训和科普宣教工作，提高全社会预防和处置突发事件能力（国务院办公厅牵头）。

（五十一）加强廉政建设。推进惩治和预防腐败体系建设。解决权力过分集中和缺乏制约问题。加强制度建设，规范财政转移支付、土地和矿产资源开发等公共资源管理。加大环境保护、食品药品安全、安全生产、土地征收征用和房屋拆迁等专项治理力度，坚决纠正损害群众利益的不正之风。大力提倡艰苦奋斗，坚决制止奢侈浪费。严肃查处各类违法违纪案件，深入治理商业贿赂，依法严惩腐败分子（监察部牵头）。

（五十二）积极推进人事工作和人才队伍建设。实施人才强国战略，加快推进各类人才队伍建设，加强公务员队伍建设。深化公务员工资制度改革，继续做好规范公务员津贴补贴工作。深化职称制度改革，加强职业资格清理规范工作，加快推进事业单位收入分配制度改革（人力资源和社会保障部牵头）。

十、加强民族宗教侨务、港澳台、国防外交工作

（五十三）进一步做好民族、宗教、侨务工作。坚持和完善民族区域自治制度，大力实施少数民族事业发展规划，促进少数民族和民族地区经济社会发展。落实宗教事务条例，依法加强对宗教事务的管理，发挥宗教界人士和信教群众在促进经济社会发展中的积极作用。做好新时期侨务工作，落实促进华侨农场改革和发展的政策，发挥海外侨胞和归侨侨眷在祖国现代化建设与和平统一大业中的作用（国家民委、宗教局、侨办负责）。

（五十四）积极支持国防和军队建设。完善国防动员体系，增强国防动员能力。深入开展国防教育，增强全民国防观念。全面加强现代后勤建设，推进军队后勤保障社会化改革。深化退役军人安置制度改革，做好军队转业干部和退役士兵安置工作。开展拥军优属、拥政爱民活动，巩固军政军民团结（民政部、人力资源和社会保障部、国家国防动员委员会等负责）。

（五十五）加强港澳工作。坚定不移地贯彻“一国两制”、“港人治港”、“澳人治澳”、高度自治的方针，严格按照特别行政区基本法办事，全力支持香港、澳门两个特别行政区政府依法施政。进一步加强内地与香港、澳门两个特别行政区在经贸、环保、科技、教育、文化、卫生、体育等领域的交流与合作（港澳办牵头）。

（五十六）推进祖国和平统一进程。鼓励两岸同胞加强交往、增进共识，积极促进两岸经济文化交流，推动直接“三通”。实施和充实惠及广大台湾同胞的政策措施，支持海峡西岸和其他台商投资相对集中地区经济发展。争取在一个中国原则的基础上尽快恢复两岸协商谈判，解决两岸同胞关心的重大问题。坚决反对“台独”分裂活动（台办牵头）。

（五十七）积极开展全方位外交。维护国家主权、安全和发展利益，推动建设持久和平、共同繁荣的和谐世界。努力发展同发达国家的关系，全面深化同周边国家的睦邻友好关系，大力加强同发展中国家的团结合作，积极开展多边外交，推动重大热点问题和全球性问题的妥善解决，维护我国公民和法人在海外的合法权益（外交部牵头）。

国务院各部门和单位要根据本要点抓紧制订本部门和本单位的2008年工作要点，并报国务院备案。

国务院办公厅关于印发工业和信息化部主要职责内设机构和人员编制规定的通知

国办发〔2008〕72号

各省、自治区、直辖市人民政府，国务院各部委、各直属机构：

《工业和信息化部主要职责内设机构和人员编制规定》已经国务院批准，现予印发。

国务院办公厅

二〇〇八年七月十一日

工业和信息化部主要职责内设机构和人员编制规定

根据第十一届全国人民代表大会第一次会议批准的国务院机构改革方案和《国务院关于机构设置的通知》(国发〔2008〕11号)，设立工业和信息化部，为国务院组成部门。

一、职责调整

（一）将国家发展和改革委员会的工业行业管理和信息化有关职责划给工业和信息化部，具体包括：研究提出工业发展战略，拟订工业行业规划和产业政策并组织实施；指导工业行业技术法规和行业标准的拟订；按国务院规定权限，审批、核准国家规划内和年度计划规模内工业、通信业和信息化固定资产投资项目；高技术产业中涉及生物医药、新材料等的规划、政策和标准的拟订及组织实施；组织领导和协调振兴装备制造业，组织编制国家重大技术装备规划，协调相关政策；工业日常运行监测；工业、通信业的节能、资源综合利用和清洁生产促进工作；对中小企业的指导和扶持；国务院减轻企业负担部际联席会议的日常工作；国家履行《禁止化学武器公约》、稀土行业发展、盐业行政管理、国家医药储备管理的工作，管理国家烟草专卖局的职责。

（二）将原国防科学技术工业委员会除核电管理以外的职责划给工业和信息化部。其中组织协调武器装备科研生产的重大事项、保障军工核心能力建设等职责划给国家国防科技工业局。

（三）将原信息产业部的职责划给工业和信息化部。其中军工电子管理职责划给国家国防科技工业局。有关邮政管理职责划给国家邮政局，国家邮政局改由交通运输部管理。

（四）将原国务院信息化工作办公室的职责划给工业和信息化部。

（五）推进信息化和工业化融合，推进高新技术与传统工业改造结合，推进军民结合、寓军于民，促进工业由大变强，加快推进国家信息化建设。

二、主要职责

（一）提出新型工业化发展战略和政策，协调解决新型工业化进程中的重大问题，拟订并组织实施工业、通信业、信息化的发展规划，推进产业结构战略性调整和优化升级，推进信息化和工业化融合，推进军民结合、寓军于民的武器装备科研生产体系建设。

（二）制定并组织实施工业、通信业的行业规划、计划和产业政策，提出优化产业布局、结构的政策建议，起草相关法律法规草案，制定规章，拟订行业技术规范和标准并组织实施，指导行业质量管理工作。

（三）监测分析工业、通信业运行态势，统计并发布相关信息，进行预测预警和信息引导，协调解决行业运行发展中的有关问题并提出政策建议，负责工业、通信业应急管理、产业安全和国防动员有关工作。

（四）负责提出工业、通信业和信息化固定资产投资规模和方向（含利用外资和境外投资）、中央财政性建设资金安排的意见，按国务院规定权限审批、核准国家规划内和年度计划规模内固定资产投资项目。

（五）拟订高技术产业中涉及生物医药、新材料、航空航天、信息产业等的规划、政策和标准并组织实施，指导行业技术创新和技术进步，以先进适用技术改造提升传统产业，组织实施有关国家科技重大专项，推进相关科研成果产业化，推动软件业、信息服务业和新兴产业发展。

（六）承担振兴装备制造业组织协调的责任，组织拟订重大技术装备发展和自主创新规划、政策，依托国家重点工程建设协调有关重大专项的实施，推进重大技术装备国产化，指导引进重大技术装备的消化创新。

（七）拟订并组织实施工业、通信业的能源节约和资源综合利用、清洁生产促进政策，参与拟订能源节约和资源综合利用、清洁生产促进规划，组织协调相关重大示范工程和新产品、新技术、新设备、新材料的推广应用。

（八）推进工业、通信业体制改革和管理创新，提高行业综合素质和核心竞争力，指导相关行业加强安全生产管理。

（九）负责中小企业发展的宏观指导，会同有关部门拟订促进中小企业发展和非国有经济发展的相关政策和措施，协调解决有关重大问题。

（十）统筹推进国家信息化工作，组织制定相关政策并协调信息化建设中的重大问题，促进电信、广播电视和计算机网络融合，指导协调电子政务发展，推动跨行业、跨部门的互连互通和重要信息资源的开发利用、共享。

（十一）统筹规划公用通信网、互联网、专用通信网，依法监督管理电信与信息服务市场，会同有关部门制定电信业务资费政策和标准并监督实施，负责通信资源的分配管理及国际协调，推进电信普遍服务，保障重要通信。

（十二）统一配置和管理无线电频谱资源，依法监督管理无线电台（站），负责卫星轨道位置的协调和管理，协调处理军地间无线电管理相关事宜，负责无线电监测、检测、干扰查处，协调处理电磁干扰事宜，维护空中电波秩序，依法组织实施无线电管制。

（十三）承担通信网络安全及相关信息安全管理的责任，负责协调维护国家信息安全和国家信息安全保障体系建设，指导监督政府部门、重点行业的重要信息系统与基础信息网络的安全保障工作，协调处理网络与信息安全的重大事件。

（十四）开展工业、通信业和信息化的对外合作与交流，代表国家参加相关国际组织。

（十五）承办国务院交办的其他事项。

三、内设机构

根据上述职责，工业和信息化部设 24 个内设机构：

（一）办公厅。负责机关文电、信息、安全保卫、保密、信访等工作；负责机关日常工作的协调和督查；承担政务公开、新闻发布等工作。

（二）政策法规司。研究新型工业化的战略性问题；组织研究工业、通信业、信息化发展的战略，提出政策建议；组织起草工业、通信业和信息化法律法规草案和规章；负责机关有关规范性文件的合法性审核工作；承担相关行政复议、行政应诉工作；承担重要文件起草工作。

（三）规划司。组织拟订工业、通信业和信息化发展战略、规划；提出工业、通信业和信息化固定资产投资规模和方向（含利用外资和境外投资）、中央财政性建设资金安排的建议；承担固定资产投资审核的相关工作。

（四）财务司。编报部门预决算和管理资金的使用；组织实施内部审计和绩效检查；提出行业财税、价格、金融等政策建议；负责机关财务、资产管理等工作。

（五）产业政策司。组织拟订工业、通信业产业政策并监督执行，提出推进产业结构调整、工业与相关产业融合发展及管理创新的政策建议；拟订和修订产业结构调整目录的相关内容，参与投资项目审核；制定相关行业准入条件并组织实施，会同有关方面实施汽车、农药的准入管理事项。

（六）科技司。组织拟订并实施高技术产业中涉及生物医药、新材料、航空航天、信息产业等的规划、政策和标准；组织拟订行业技术规范和标准，指导行业质量管理工作；组织实施行业技术基础工作；组织重大产业化示范工程；组织实施有关国家科技重大专项，推动技术创新和产学研相结合。

（七）运行监测协调局。监测分析工业、通信业日常运行，分析国内外工业、通信业形势，统计并发布相关信息，进行预测预警和信息引导；协调解决行业运行发展中的有关问题；承担应急管理、产业安全和国防动员相关工作。

（八）中小企业司。承担中小企业发展的宏观指导，会同有关方面拟订促进中小企业发展和非国有经济发展的相关政策和措施；促进对外交流合作，推动建立完善服务体系，协调解决有关重大问题。

（九）节能与综合利用司。拟订并组织实施工业、通信业的能源节约和资源综合利用、清洁生产促进政策，参与拟订能源节约和资源综合利用、清洁生产促进规划和污染控制政策，组织协调相关重大示范工程和新产品、新技术、新设备、新材料的推广应用。

（十）安全生产司。指导工业、通信业加强安全生产管理，指导重点行业排查治理隐患，参与重特大安全生产事故的调查、处理；负责民爆器材的行业及生产、流通安全的监督管理。

（十一）原材料工业司（国家履行《禁止化学武器公约》工作办公室）。承担钢铁、有色、黄金、稀土、石化（不含炼油）、化工（不含煤制燃料和燃料乙醇）、建材等的行业管理工作；研究国内外原材料市场情况并提出建议；承担国家履行《禁止化学武器公约》的组织协调工作；承担农业化学物质行政保护有关工作。

（十二）装备工业司。承担通用机械、汽车、民用飞机、民用船舶、轨道交通机械制造业等的行业管理工作；提出重大技术装备发展和自主创新规划、政策建议并组织实施；依托国家重点工程建设协调有关重大专项的实施，推进重大技术装备国产化；指导引进重大技术装备的消化创新。

（十三）消费品工业司。承担轻工、纺织、食品、医药、家电等的行业管理工作；拟订卷烟、食盐和糖精的生产计划；承担盐业和国家储备盐行政管理、中药材生产扶持项目管理、国家药品储备管理工作。

（十四）军民结合推进司。提出军民两用技术双向转移、军民通用标准体系建设等军民结合发展规划，拟订相关政策并组织实施，推进相关体制改革。

（十五）电子信息司。承担电子信息产品制造的行业管理工作；组织协调重大系统装备、微电子等基础产品的开发与生产，组织协调国家有关重大工程项目所需配套装备、元器件、仪器和材料的国产化；促进电子信息技术推广应用。

（十六）软件服务业司。指导软件业发展；拟订并组织实施软件、系统集成及服务的技术规范和标准；推动软件公共服务体系建设；推进软件服务外包；指导、协调信息安全技术开发。

（十七）通信发展司。协调公用通信网、互联网、专用通信网的建设，促进网络资源共享；拟订网络技术发展政策；负责重要通信设施建设管理；监督管理通信建设市场；会同有关方面拟订电信业务资费政策和标准并监督实施。

（十八）电信管理局。依法对电信与信息服务实行监管，提出市场监管和开放政策；负责市场准入管理，监管服务质量；保障普遍服务，维护国家和用户利益；拟订电信网间互连互通与结算办法并监督执行；负责通信网码号、互联网域名、地址等资源的管理及国际协调；承担管理国家通信出入口局的工作；指挥协调救灾应急通信及其他重要通信，承担战备通信相关工作。

（十九）通信保障局。组织研究国家通信网络及相关信息安全问题并提出政策措施；协调管理电信网、互联网网络信息安全平台；组织开展网络环境和信息治理，配合处理网上有害信息；拟订电信网络安全防护政策并组织实施；负责网络安全应急管理和处置；负责特殊通信管理，拟订通信管制和网络管制政策措施；管理党政专用通信工作。

（二十）无线电管理局（国家无线电办公室）。编制无线电频谱规划；负责无线电频率的划分、分配与指配；依法监督管理无线电台（站）；负责卫星轨道位置协调和管理；协调处理军地间无线电管理相关事宜；负责无线电监测、检测、干扰查处，协调处理电磁干扰事宜，维护空中电波秩序；依法组织实施无线电管制；负责涉外无线电管理工作。

（二十一）信息化推进司。指导推进信息化工作，协调信息化建设中的重大问题，协助推进重大信息化工程；指导协调电子政务和电子商务发展，协调推动跨行业、跨部门的互连互通；推动重要信息资源的开发利用、共享；促进电信、广播电视和计算机网络融合；承办国家信息化领导小组的具体工作。

（二十二）信息安全协调司。协调国家信息安全保障体系建设；协调推进信息安全等级保护等基础性工作；指导监督政府部门、重点行业的重要信息系统与基础信息网络的安全保障工作；承担信息安全应急协调工作，协调处理重大事件。

（二十三）国际合作司（港澳台办公室）。承担对外和对港澳台合作与交流相关事务；负责外事工作。

（二十四）人事教育司。负责机关和直属单位的人事管理、机构编制、队伍建设等工作；管理直属高校。

机关党委　负责机关和在京直属单位的党群工作。

离退休干部局　负责机关离退休干部工作，指导直属单位的离退休干部工作。

四、人员编制

工业和信息化部机关行政编制为 731 名（含两委人员编制 13 名，援派机动编制 1 名，离退休干部工作人员编制 118 名）。其中：部长 1 名，副部长 4 名；司局级领导职数 103 名（含总工程师 2 名、总经济师 1 名，机关党委专职副书记 3 名，离退休干部局领导职数 7 名）。

五、其他事项

（一）工业和信息化部作为行业管理部门，主要是管规划、管政策、管标准，指导行业发展。要坚持政企分开的原则，不干预企业生产经营活动。充分发挥行业协会和社会中介组织的作用。

（二）工业和信息化部对外保留国家航天局、国家原子能机构牌子，代表国家参加国际航天组织、国际原子能机构及其他政府间国际组织和有关活动，履行有关职责。委托国家国防科技工业局承办国务院中央军委专门委员会的有关工作。

（三）炼油、煤制燃料和燃料乙醇的行业管理由国家能源局负责，其他石油化工和煤化工的行业管理由工业和信息化部负责。

（四）管理国家国防科技工业局、国家烟草专卖局。

（五）原信息产业部在 31 个省、自治区、直辖市设置的通信管理局划给工业和信息化部，实行垂直管理，行政编制 500 名。

（六）原信息产业部所属事业单位和原国防科学技术工业委员会的北京航空航天大学等 7 所直属高校，国家发展和改革委员会的中小企业对外合作协调中心、中国机电设备招标中心、中国机电设备成套服务中心由工业和信息化部管理。其他所属事业单位的设置、职责和编制事项另行规定。

六、附则

本规定由中央机构编制委员会办公室负责解释，其调整由中央机构编制委员会办公室按规定程序办理。

国务院办公厅转发发展改革委关于2008年深化经济体制改革工作意见的通知

国办发〔2008〕103号

各省、自治区、直辖市人民政府，国务院各部委、各直属机构：

发展改革委《关于2008年深化经济体制改革工作的意见》已经国务院同意，现转发给你们，请认真贯彻执行。

国务院办公厅

二〇〇八年七月二十二日

关于2008年深化经济体制改革工作的意见

发展改革委

根据党的十七大精神和中央经济工作会议要求，按照“十一五”规划关于经济体制改革的总体部署，现就2008年深化经济体制改革工作提出以下意见：

一、指导思想和基本原则

（一）指导思想。全面贯彻党的十七大精神，高举中国特色社会主义伟大旗帜，以邓小平理论和“三个代表”重要思想为指导，深入贯彻落实科学发展观，围绕转变经济发展方式，促进经济社会协调发展，进一步深化经济体制改革，完善社会主义市场经济体制，为推动科学发展、促进社会和谐提供强大动力和体制保障。

（二）基本原则。坚持社会主义市场经济改革方向，把坚持社会主义基本制度同发展市场经济结合起来。

坚持以改革促进科学发展，用改革的办法解决经济社会发展中的深层次矛盾和问题。

坚持以人为本，把实现好、维护好、发展好人民群众的切身利益作为推进改革的出发点和落脚点。

坚持实践探索与制度建设相结合，及时把行之有效的改革措施规范化、制度化和法制化。

坚持正确处理改革、发展与稳定的关系，切实把改革的力度、发展的速度和社会的可承受度统一起来。

二、2008年经济体制改革的重点任务

（一）加快行政管理体制改革。按照《国务院机构改革方案》要求，制定并落实“三定”规定，推进政府机构改革，建立权责一致、分工合理、决策科学、执行顺畅、监督有力的行政管理体制，切实转变政府职能（各有关部门负责）。指导和推进地方政府机构改革（中央编办牵头）。实行《政府信息公开条例》，健全政府信息发布制度，推行政务公开（国办牵头）。

（二）深化财税体制改革。深化财政体制改革。推进财税体制改革，研究制定改革方案；进一步理顺中央与地方的财力和事权关系，完善转移支付制度和省以下财政体制；深化预算制度改革，强化预算管理和监督；围绕推进基本公共服务均等化和主体功能区建设，完善

公共财政体系；创新各级财政支持义务教育、医疗卫生、公共文化、社会保障和住房保障的机制（财政部、发展改革委牵头）。

推进税收制度改革。实施新的企业所得税法，制定相关配套政策；推进资源税制度改革；研究建立综合与分类相结合的个人所得税制度；研究制定在全国范围内实施增值税转型改革的方案；研究推进房地产税制改革；研究开征环境保护税（财政部、税务总局牵头）。

（三）深化金融投资体制改革。深化金融企业改革。推进农业银行股份制改革和国家开发银行改革；研究制定进出口银行和农业发展银行改革方案；推动金融资产管理公司转型（人民银行、财政部负责）。

健全金融调控和金融监管体系。推进利率市场化改革，建立健全主要由市场供求决定的利率形成机制；深化人民币汇率形成机制改革，增强汇率弹性；建立健全跨境资本流动监管体制；完善反洗钱工作协调机制（人民银行牵头）。制定信贷征信管理条例，推进社会信用体系建设；制定出台存款保险条例（人民银行、法制办负责）。建立健全金融监管协调机制，建立完善金融控股公司和交叉性金融业务的监管制度（人民银行、财政部、银监会、证监会、保监会负责）。

加快推进投资体制改革。深入推进政府投资体制改革，尽快出台政府投资条例；健全中央预算内投资管理制度；及时修订调减投资核准目录；研究起草中央政府投资项目决策责任追究指导意见；开展中央预算内投资项目公示试点工作，加快推行代建制；完善企业投资项目核准制，规范备案管理（发展改革委牵头）。

（四）推进国有企业改革和非公有制经济发展。深化国有企业改革。加快中央企业调整重组步伐，推动重点行业企业布局结构调整和联合重组（国资委、发展改革委、工业和信息化部负责）。建立健全国有资本结构优化和战略性调整机制，促进国有资本向关系国家安全和国民经济命脉的重点行业、关键领域和基本公共服务领域转移（国资委、财政部、工业和信息化部负责）。研究落实航空工业体制改革方案，推进中国航空工业集团公司组建工作（工业和信息化部、国资委、发展改革委、财政部负责）。加快推动中央企业股份制改革，具备条件的实现整体上市或主营业务整体上市；扩大中央企业建立规范董事会试点的户数和范围，建立健全董事会运作的各项规章制度（国资委牵头）。

推进垄断行业和公用事业改革。加快推进铁路体制改革（发展改革委、铁道部负责）。研究提出盐业管理体制改革方案（发展改革委、工业和信息化部负责）。组织实施深化电信体制改革方案（工业和信息化部、发展改革委、财政部、国资委、证监会负责）。稳步实施电网企业主辅分离改革，完善区域电力市场建设，组织开展深化电力体制改革试点工作（发展改革委、国资委、电监会、能源局负责）。推进农村公路管理养护体制改革（交通运输部、发展改革委负责）。研究推进供水、供气、供热等市政公用事业体制改革（住房城乡建设部牵头）。深化农村水电体制改革，研究建立有利于农民受益的农村水电管理体制（水利部、能源局负责）。

促进非公有制经济发展。进一步制定完善并落实《国务院关于鼓励支持和引导个体私营等非公有制经济发展的若干意见》（国发〔2005〕3 号）相关配套政策，放宽和规范非公有制经济在市场准入、财政税收、信用担保和金融服务等方面的政策措施（工业和信息化部牵头）。

（五）推进要素市场建设。促进资本市场稳定健康发展。加强资本市场基础性制度建设；完善资本市场监管体制，加强监管队伍建设；积极发展公司债市场；优化市场结构，引导优质企业上市，进一步壮大主板市场，发展中小企业板市场，积极稳妥推进创业板市场建设（证监会牵头）。修订企业债券管理条例，扩大企业债券发行规模（发展改革委、法制办负责）。

规范发展土地市场。坚持最严格的耕地保护制度，建立中央地方的共同责任机制；规范和完善征地程序，完善征地补偿办法；健全土地划拨制度，积极探索实行国家机关办公用地、基础设施及各类社会事业用地有偿使用制度；完善经营性土地和工业用地出让制度；推进城镇建设用地增加与农村建设用地减少相挂钩、城镇建设用地增加规模与吸纳农村人口定居规模相挂钩的试点工作（国土资源部牵头）。加强农村土地承包经营权流转规范管理和服务，全面建立合同管理制度和流转备案制度（农业部牵头）。

建立统一规范的人力资源市场。整合人才市场和劳动力市场；做好《中华人民共和国就业促进法》和《中华人民共和国劳动合同法》实施工作，制定相关配套法规规章（人力资源社会保障部牵头）。积极稳妥推进户籍制度改革，调整户口迁移政策，允许符合条件的农村居民在城市落户（公安部牵头）。

（六）深化农村经济体制改革。深化农村综合改革。进一步扩大农村综合改革试点范围；出台清理化解乡村债务的指导性意见；开展化解农村义务教育“普九”债务试点；推进减轻农民水费负担综合改革试点（国务院农村综合改革工作小组牵头）。

推进农村金融改革和创新。积极稳妥推进农村地区金融机构准入政策试点工作；培育小额信贷组织，建立符合农村特点的担保机制（银监会、人民银行负责）。逐步扩大农业保险范围，做好政策性农业保险试点工作(保监会牵头)。

推动林业、农垦、水利体制改革。全面推进集体林权制度改革（林业局牵头）。研究提出进一步加快农垦改革与发展的意见（农业部牵头）。推进海南农垦管理体制改革（财政部牵头）。推进小型农田水利工程、农村水电工程设施产权制度改革，推进非经营性农村水利工程管理体制改革（水利部牵头）。

（七）建立健全资源节约和环境保护机制。健全资源环境价格形成机制。逐步完善成品油、天然气价格形成机制；落实差别电价、小火电降价、脱硫加价政策；完善促进可再生能源发展的电价机制；结合销售电价调整，基本实现商业与一般工业用电同价；开展节能发电调度试点（发展改革委、能源局负责）。完善污水处理收费和垃圾处理收费制度（发展改革委牵头）。制定出台水资源费征收使用管理办法（财政部牵头）。

建立健全资源有偿使用制度和生态环境补偿机制。全面推行探矿权采矿权有偿取得制度；完善矿山环境保护与治理的责任机制；改革资源收益分配制度，建立欠发达地区资源补偿机制（财政部、国土资源部、发展改革委负责）。推进建立跨省流域的生态补偿机制试点工作；开展火力发电厂二氧化硫排污权有偿使用和交易试点，在太湖流域开展主要水污染物排污权有偿使用和交易试点，探索建立环境有偿使用制度（财政部、环境保护部、发展改革委负责）。

健全节能减排体制机制。落实节能减排责任制；建立和完善节能减排措施公示制度；选择部分地区开展能耗总量控制试点；完善节能减排奖励制度；加快推行能效标识制度；建立并实施固定资产投资项目节能评估和审查制度；建立健全重大节能减排技术推广和应用机制；落实政府强制采购节能产品制度；开展环境污染责任保险试点（发展改革委、财政部、环境保护部等部门负责）。完善支持风电等可再生能源发展的政策措施(发展改革委、能源局负责)。

（八）加快社会体制改革。深化收入分配制度改革。择机出台深化收入分配制度改革有关指导意见（发展改革委牵头）。改革国有企业工资总额管理办法，加强对垄断行业企业工资监管；健全最低工资标准调整机制，建立企业职工工资正常增长机制和支付保障机制；指导各地完善工资保证金制度和工资支付重点监控制度；推行企业工资集体协商制度；颁布实施企业工资条例（人力资源社会保障部牵头）。深化机关事业单位工资收入分配制度改革（人力资源社会保障部、财政部负责）。

进一步完善社会保障制度。完善企业退休人员基本养老金正常调整机制；积极推进事业单位工作人员养老保险制度改革试点；继续开展农村社会养老保险试点；研究制定全国统一的社会保险关系转续办法；扩大城镇居民基本医疗保险试点范围；研究制定各项社会保险基金监管制度（人力资源社会保障部牵头）。继续完善农村最低生活保障制度（民政部牵头）。落实廉租住房和经济适用住房制度，完善住房公积金制度（住房城乡建设部牵头）。

加快推进医药卫生体制改革。出台深化医药卫生体制改革的意见及相关配套文件，适时启动试点工作（发展改革委、卫生部负责）。在全国农村全面推行新型农村合作医疗制度，提高筹资标准和保障水平（卫生部牵头）。

深化科技、教育、文化体制改革。落实国家中长期科学和技术发展规划纲要，完善支持自主创新的政策(科技部、发展改革委、财政部等部门负责)。研究起草国家中长期教育改革和发展规划纲要（教育部牵头）。进一步完善义务教育经费保障机制，认真落实保障家庭经济困难学生、进城务工人员随迁子女平等接受义务教育的措施（财政部、教育部负责）。深化职业技术教育投入、办学、管理体制和教育教学改革（教育部、人力资源社会保障部负责）。推进经营性文化单位转企改制，完善扶持公益性文化事业、发展文化产业、激励文化创新等方面的政策（文化部、广电总局、新闻出版总署负责）。研究制定鼓励社会力量兴办民办非企业单位促进民办社会事业健康发展的若干意见（发展改革委、民政部负责）。

（九）深化涉外经济体制改革。完善利用外资管理体制。简化外商投资审批程序，下放审批权限；贯彻实施新的外商投资产业指导目录，修订中西部地区外商投资优势产业目录；健全外资并购安全审查机制（发展改革委、商务部负责）。扩大服务外包鼓励政策的试点范围，完善促进服务外包产业发展的部际工作机制（商务部牵头）。

完善对外投资管理体制。鼓励银行、保险机构创新金融品种，发展境内外币债券市场，为对外投资合作提供信贷、保险等金融支持（人民银行、发展改革委、商务部、银监会等部门负责）。完善对外投资企业、对外承包工程和劳务合作等方面的监管制度（商务部牵头）。

三、认真做好2008年经济体制改革工作

（一）进一步解放思想，加大改革力度。改革开放已走过30年的历程，社会主义市场经济体制已初步建立，经济社会发展取得了举世瞩目的成就。但是，目前我国经济、政治、文化、社会等领域体制改革的任务仍很艰巨，改革仍处于攻坚阶段。各地区、各部门要充分认识深化经济体制改革的重要性和紧迫性，按照党的十七大精神，进一步解放思想，提高认识，以隆重纪念改革开放30周年为契机，在全社会统一思想、凝聚共识，形成强劲的改革动力和浓厚的改革氛围，进一步加大改革力度，力求今年在关系经济社会发展全局的重大体制改革方面取得突破性进展。

（二）做好指导协调，加强组织领导。发展改革部门要加强对经济体制改革的总体规划和统筹安排，并通过推动建立部门间统筹协调推进改革的工作机制，不断加强对各项改革方案制定和组织实施的指导与协调；要积极推进国家综合配套改革试验区的改革试点工作，为全国改革提供经验和借鉴。各地区、各部门要切实加强对改革工作的领导，对涉及面广、影响重大的改革，一把手要亲自抓，既要保证改革沿着正确的方向顺利推进，又要使各项改革任务落到实处。

（三）明确责任分工，认真督促落实。牵头部门要会同相关部门科学制定方案，明确实施步骤，强化改革责任。相关部门要结合自身职能，积极配合牵头部门做好有关工作。发展改革部门要采取多种形式，紧密跟踪、督促检查各项改革进展和落实情况，及时向国务院报告。各有关部门要定期向发展改革部门通报本部门改革进展情况。

国务院办公厅关于当前金融促进经济发展的若干意见

国办发〔2008〕126号

各省、自治区、直辖市人民政府，国务院各部委、各直属机构：

为应对国际金融危机的冲击，贯彻落实党中央、国务院关于进一步扩大内需、促进经济增长的十项措施，认真执行积极的财政政策和适度宽松的货币政策，加大金融支持力度，促进经济平稳较快发展，经国务院批准，提出如下意见：

一、落实适度宽松的货币政策，促进货币信贷稳定增长

（一）保持银行体系流动性充足，促进货币信贷稳定增长。根据经济社会发展需要，创造适度宽松的货币信贷环境，以高于GDP增长与物价上涨之和约3至4个百分点的增长幅度作为2009年货币供应总量目标，

争取全年广义货币供应量增长17%左右。密切监测流动性总量及分布变化，适当调减公开市场操作力度，停发3年期央行票据，降低1年期和3个月期央行票据发行频率。根据国内外形势适时适度调整货币政策操作。

（二）追加政策性银行2008年度贷款规模1 000亿元，鼓励商业银行发放中央投资项目配套贷款，力争2008年金融机构人民币贷款增加4万亿元以上。

（三）发挥市场在利率决定中的作用，提高经济自我调节能力。增强贷款利率下浮弹性，改进贴现利率形成机制，完善中央银行利率体系。按照主动性、可控性和渐进性原则，进一步完善人民币汇率形成机制，增强汇率弹性，保持人民币汇率在合理均衡水平上基本稳定。

二、加强和改进信贷服务，满足合理资金需求

（四）加强货币政策、信贷政策与产业政策的协调配合。坚持区别对待、有保有压原则，支持符合国家产业政策的产业发展。加大对民生工程、“三农”、重大工程建设、灾后重建、节能减排、科技创新、技术改造和兼并重组、区域协调发展的信贷支持。积极发展面向农户的小额信贷业务，增加扶贫贴息贷款投放规模。探索发展大学毕业生小额创业贷款业务。支持高新技术产业发展。同时，适当控制对一般加工业的贷款，限制对高耗能、高排放行业和产能过剩行业劣质企业的贷款。

（五）鼓励银行业金融机构在风险可控前提下，对基本面比较好、信用记录较好、有竞争力、有市场、有订单但暂时出现经营或财务困难的企业给予信贷支持。全面清理银行信贷政策、法规、办法和指引，根据当前特殊时期需要，对《贷款通则》等有关规定和要求做适当调整。

（六）支持中小企业发展。落实对中小企业融资担保、贴息等扶持政策，鼓励地方人民政府通过资本注入、风险补偿等多种方式增加对信用担保公司的支持。设立包括中央、地方财政出资和企业联合组建在内的多层次中小企业贷款担保基金和担保机构，提高金融机构中小企业贷款比重。对符合条件的中小企业信用担保机构免征营业税。

（七）鼓励金融机构开展出口信贷业务。将进出口银行的人民币出口卖方信贷优惠利率适用范围，扩大到具有自主知识产权、自主品牌和高附加值出口产品。允许金融机构开办人民币出口买方信贷业务。发挥出口信用保险在支持金融机构开展出口融资业务中的积极作用。

（八）加大对产业转移的信贷支持力度。支持金融机构创新发展针对产业转移的信贷产品和审贷模式，探索多种抵押担保方式。鼓励金融机构优先发放人民币贷款，支持国内过剩产能向境外转移。

（九）加大对农村金融政策支持力度，引导更多信贷资金投向农村。坚持农业银行为农服务方向，拓展农业发展银行支农领域，扩大邮政储蓄银行涉农业务范围，发挥农村信用社为农民服务的主力军作用。县域内银行业金融机构新吸收的存款，主要用于当地发放贷款。建立政府扶持、多方参与、市场运作的农村信贷担保机制。在扩大农村有效担保物范围基础上，积极探索发展农村多种形式担保的信贷产品。指导农村金融机构开展林权质押贷款业务。

（十）落实和出台有关信贷政策措施，支持居民首次购买普通自住房和改善型普通自住房。加大对城市低收入居民廉租房、经济适用房建设和棚户区改造的信贷支持。支持汽车消费信贷业务发展，拓宽汽车金融公司融资渠道。积极扩大农村消费信贷市场。

三、加快建设多层次资本市场体系，发挥市场的资源配置功能

（十一）采取有效措施，稳定股票市场运行，发挥资源配置功能。完善中小企业板市场各项制度，适时推出创业板，逐步完善有机联系的多层次资本市场体系。支持有条件的企业利用资本市场开展兼并重组，促进上市公司行业整合和产业升级，减少审批环节，提升市场效率，不断提高上市公司竞争力。

（十二）推动期货市场稳步发展，探索农产品期货服务“三农”的运作模式，尽快推出适应国民经济发展需要的钢材、稻谷等商品期货新品种。

（十三）扩大债券发行规模，积极发展企业债、公司债、短期融资券和中期票据等债务融资工具。优先安排与基础设施、民生工程、生态环境建设和灾后重建等相关的债券发行。积极鼓励参与国家重点建设项目的上市公司发行公司债券和可转换债券。稳步发展中小企业集合债券，开展中小企业短期融资券试点。推进上市商

业银行进入交易所债券市场试点。研究境外机构和企业在境内发行人民币债券，允许在内地有较多业务的香港企业或金融机构在港发行人民币债券。完善债券市场发行规则与监管标准。

四、发挥保险保障和融资功能，促进经济社会稳定运行

（十四）积极发展“三农”保险，进一步扩大农业保险覆盖范围，鼓励保险公司开发农业和农村小额保险及产品质量保险。稳步发展与住房、汽车消费等相关的保险。积极发展建工险、工程险等业务，为重大基础设施项目建设提供风险保障。做好灾后重建保险服务，支持灾区群众基本生活设施和公共服务基础设施恢复重建。研究开放短期出口信用保险市场，引入商业保险公司参与竞争，支持出口贸易。

（十五）发挥保险公司机构投资者作用和保险资金投融资功能，鼓励保险公司购买国债、金融债、企业债和公司债，引导保险公司以债权等方式投资交通、通信、能源等基础设施项目和农村基础设施项目。稳妥推进保险公司投资国有大型龙头企业股权，特别是关系国家战略的能源、资源等产业的龙头企业股权。

（十六）积极发展个人、团体养老等保险业务，鼓励和支持有条件企业通过商业保险建立多层次养老保障计划，研究对养老保险投保人给予延迟纳税等税收优惠。推动健康保险发展，支持相关保险机构投资医疗机构和养老实体。提高保险业参与新型农村合作医疗水平，发展适合农民需求的健康保险和意外伤害保险。

五、创新融资方式，拓宽企业融资渠道

（十七）允许商业银行对境内外企业发放并购贷款。研究完善企业并购税收政策，积极推动企业兼并重组。

（十八）开展房地产信托投资基金试点，拓宽房地产企业融资渠道。发挥债券市场避险功能，稳步推进债券市场交易工具和相关金融产品创新。开展项目收益债券试点。

（十九）加强对社会资金的鼓励和引导。拓宽民间投资领域，吸引更多社会资金参与政府鼓励项目，特别是灾后基础设施重建项目。出台股权投资基金管理办法，完善工商登记、机构投资者投资、证券登记和税收等相关政策，促进股权投资基金行业规范健康发展。按照中小企业促进法关于鼓励创业投资机构增加对中小企业投资的规定，落实和完善促进创业投资企业发展的税收优惠政策。

（二十）充分发挥农村信用社等金融机构支农主力军作用，扩大村镇银行等新型农村金融机构试点，扩大小额贷款公司试点，规范发展民间融资，建立多层次信贷供给市场。

（二十一）创新信用风险管理工具。在进一步规范发展信贷资产重组、转让市场的基础上，允许在银行间债券市场试点发展以中小企业贷款、涉农贷款、国家重点建设项目贷款等为标的资产的信用风险管理工具，适度分散信贷风险。

六、改进外汇管理，大力推动贸易投资便利化

（二十二）改进贸易收结汇与贸易活动真实性、一致性审核，便利企业特别是中小企业贸易融资。加快进出口核销制度改革，简化手续，实现贸易外汇管理向总量核查、非现场核查和主体监管转变。适当提高企业预收货款结汇比例，将一般企业预收货款结汇比例从 10%提高到 25%，对单笔金额较小的出口预收货款不纳入结汇额度管理。调整企业延期付款年度发生额规模，由原来不得超过企业上年度进口付汇额的 10%提高为 25%。简化企业申请比例结汇和临时额度的审批程序，缩短审批时间。允许更多符合条件的中外资企业集团实行外汇资金集中管理，提高资金使用效率。支持香港人民币业务发展，扩大人民币在周边贸易中的计价结算规模，降低对外经济活动的汇率风险。

七、加快金融服务现代化建设，全面提高金融服务水平

（二十三）进一步丰富支付工具体系，提高支付清算效率，加快资金周转速度。进一步增强现金供应的前瞻性，科学组织发行基金调拨，确保现金供应。配合实施积极财政政策，扩大国库集中支付涉农、救灾补贴等财政补助资金范围，实现民生工程、基础设施、生态环境建设和灾后重建所需资金直达最终收款人，确保各项财政支出资金及时安全拨付到位。优化进出口产品退税的国库业务流程，提高退税资金到账速度。加快征信体

系建设，继续推动中小企业和农村信用体系建设，进一步规范信贷市场和债券市场信用评级，为中小企业融资创造便利条件。

八、加大财税政策支持力度，增强金融业促进经济发展能力

（二十四）放宽金融机构对中小企业贷款和涉农贷款的呆账核销条件。授权金融机构对符合一定条件的中小企业贷款和涉农贷款进行重组和减免。借款人发生财务困难、无力及时足额偿还贷款本息的，在确保重组和减免后能如期偿还剩余债务的条件下，允许金融机构对债务进行展期或延期、减免表外利息后，进一步减免本金和表内利息。

（二十五）简化税务部门审核金融机构呆账核销手续和程序，加快审核进度，提高审核效率，促进金融机构及时化解不良资产，防止信贷收缩。涉农贷款和中小企业贷款税前全额拨备损失准备金。对农户小额贷款、农业担保和农业保险实施优惠政策，鼓励金融机构加大对“三农”的信贷支持力度。研究金融机构抵债资产处置税收政策。结合增值税转型完善融资租赁税收政策。

（二十六）发挥财政资金的杠杆作用，调动银行信贷资金支持经济增长。支持地方人民政府建立中小企业贷款风险补偿基金，对银行业金融机构中小企业贷款按增量给予适度的风险补偿。鼓励金融机构建立专门为中小企业提供信贷服务的部门，增加对中小企业的信贷投放。对符合条件的企业引进先进技术和产品更新换代等方面的外汇资金需求，通过进出口银行提供优惠利率进口信贷方式给予支持。

九、深化金融改革，加强风险管理，切实维护金融安全稳定

（二十七）完善国际金融危机监测及应对工作机制。密切监测国际金融危机发展动态，研究风险的可能传播途径，及时对危机发展趋势和影响进行跟踪和评估。高度关注国内金融市场流动性状况、金融机构流动性及资产负债变化。必要时启动应对预案，包括特别流动性支持、剥离不良资产、补充资本金、对银行负债业务进行担保等，确保金融安全稳定运行。

（二十八）完善金融监管体系。进一步加强中央银行与金融监管部门的沟通协调，加强功能监管、审慎监管，强化资本金约束和流动性管理，完善市场信息披露制度，努力防范各种金融风险。

（二十九）商业银行和其他金融机构要继续深化各项改革，完善公司治理，强化基础管理、内部控制和风险防范机制，理顺落实适度宽松货币政策的传导机制。正确处理好金融促进经济发展与防范金融风险的关系，在经济下行时避免盲目惜贷。切实提高金融促进经济发展的质量，防止低水平重复建设。

（三十）支持和鼓励地方人民政府为改善金融服务创造良好条件。地方人民政府应在保护银行债权、防止逃废银行债务、处置抵贷资产、合法有序进行破产清算等方面营造有利环境。继续推进地方金融机构改革，维护地方金融稳定，推动地方信用体系建设，培育诚实守信的社会信用文化，促进地方金融生态环境改善。

国务院办公厅
二〇〇八年十二月八日

国务院办公厅转发发展改革委等部门关于促进自主创新成果产业化若干政策的通知

国办发〔2008〕128 号

各省、自治区、直辖市人民政府，国务院各部委、各直属机构：

发展改革委、科技部、财政部、教育部、人民银行、税务总局、知识产权局、中科院、工程院《关于促进自主创新成果产业化的若干政策》已经国务院同意，现转发给你们，请认真贯彻执行。

国务院办公厅

二〇〇八年十二月十五日

关于促进自主创新成果产业化的若干政策

发展改革委　科技部　财政部　教育部

人民银行　税务总局　知识产权局　中科院　工程院

改革开放以来，我国自主创新成果产业化取得显著成绩，但也存在企业技术创新能力不强，自主创新成果转移机制不健全，工程化和系统集成能力薄弱，产业化资金难以筹措，配套政策措施不到位等突出问题。根据《国务院关于印发实施〈国家中长期科学和技术发展规划纲要（2006-2020 年）〉若干配套政策的通知》（国发〔2006〕6 号）要求，为加快推进自主创新成果产业化，提高产业核心竞争力，促进高新技术产业的发展，制定本政策。

一、培育企业自主创新成果产业化能力

（一）提高企业的技术开发和工程化集成能力。按照建立以企业为主体、市场为导向、产学研相结合的技术创新体系的总要求，支持企业与高等院校、科研机构以产学研结合等形式，共建国家工程（技术）研究中心、国家工程实验室、国家重点实验室等产业技术开发体系；支持国家认定的企业技术中心建设工程化试验设施。同时，积极发挥行业协会在自主创新成果产业化中的咨询、信息、桥梁等作用。

（二）启动实施自主创新成果产业化专项工程。国家在信息、生物、航空航天、新材料、先进能源、现代农业、先进制造、节能减排、海洋开发等重点领域，选择一批重大自主创新成果，实施自主创新成果产业化专项工程，给予适当的政策、资金等支持。发展改革委要会同有关部门抓紧制定具体办法，做好组织实施工作。各地区要结合当地实际，采取多种形式实施自主创新成果产业化项目。

（三）切实落实促进自主创新成果产业化的税收扶持政策。鼓励企业加大对自主创新成果产业化的研发投入，对新技术、新产品、新工艺等研发费用，按照有关税收法律和政策规定，在计算应纳税所得额时加计扣除。企业按照《当前优先发展的高技术产业化重点领域指南》实施的自主创新成果产业化项目，符合《产业结构调整指导目录》鼓励类条件的，按相关规定享受进口

税收优惠。

二、大力推动自主创新成果的转移

（四）完善自主创新成果发布机制。高等院校、科研机构以及其他单位使用财政资金开展研究开发的，要及时通过网络等形式，将有关自主创新项目以及知识产权、技术转移等情况向社会公开发布（国家法律法规规定不能公开的除外），有关公开发布的要求必须在项目合同中予以明确。要不断完善国防科技成果解密制度，适时发布具有民用产业化前景的自主创新成果。要充分利用各类知识产权交易市场发布知识产权信息。

（五）鼓励高等院校和科研机构向企业转移自主创新成果。发展改革、教育、科技、知识产权等部门要指导、支持高等院校、科研机构和企业，强化自主创新项目的筛选、评估和知识产权保护，完善技术转移机制，积极推动自主创新成果的转移和许可使用。鼓励企业间技术成果的转移。高等院校和科研机构技术转让所得，按照有关税收法律和政策规定享受企业所得税优惠。

（六）鼓励科研人员开展自主创新成果产业化活动。高等院校和科研机构在专业技术职务评聘中，要将科研人员开展自主创新成果产业化情况作为重要的评价内容，引导、支持科研人员积极投身于自主创新成果产业化活动。对在自主创新成果产业化工作中做出突出贡献的人员，应依据《中华人民共和国促进科技成果转化法》等法律法规给予奖励。

三、加大自主创新成果产业化投融资支持力度

（七）加大政府投入力度。各级人民政府要根据财力的增长情况，继续增加投入。主要通过无偿资助、贷款贴息、补助（引导）资金、保费补贴和创业风险投资等方式，加大对自主创新成果产业化的支持，加快自主创新成果的推广应用，提高自主创新成果产业化水平。

（八）加快发展创业风险投资。鼓励按照市场机制设立创业风险投资基金，引导社会资金流向创业风险投资领域，扶持承担自主创新成果产业化任务企业的设立与发展。发展改革和财政等部门要积极培育、发展创业风险投资，对高技术产业领域处于种子期、起步期的重点自主创新成果产业化项目予以支持。

（九）加大信贷支持力度。商业银行要根据国家产业政策和信贷政策，结合自身特点和业务需要，按照信贷原则，加大对自主创新成果产业化项目的信贷支持力度。加强担保机构等融资支撑平台建设，为自主创新成果产业化项目融资提供服务。

四、营造有利于自主创新成果产业化的良好环境

（十）积极推动自主创新成果转化为技术标准。国家标准化管理委员会要加强指导协调，加大对重大自主创新成果形成国家标准或行业标准的支持力度，建立完善技术标准转化机制。对具备条件的，要及时推进自主创新成果形成技术标准。

（十一）加快自主创新成果产业化市场环境建设。知识产权部门要会同有关部门完善知识产权许可、技术转移等制度和政策，加大保护知识产权的执法力度，健全知识产权保护体系。切实做好自主创新成果产业化的知识产权风险评估工作，确保核心技术获得专利保护。财政部门要进一步落实政府采购自主创新产品的各项制度。商务部门要研究制定促进自主创新成果产业化的对外贸易政策，支持自主创新产品和技术参与国际市场竞争。加快研究建立自主创新产品的风险化解机制，推动自主创新产品开拓市场。

（十二）建立健全自主创新成果产业化中介服务体系。科技、知识产权等中介服务机构要客观、科学评估自主创新成果产业化价值和市场前景，努力提供优良的技术咨询、技术服务和知识产权服务。加强自主创新成果信息平台建设，不断提升服务能力。

（十三）积极培育自主创新成果产业化人才队伍。加快技术经纪、技术推广和知识产权评估等方面的人才培养。积极推动事业单位与企业社会保障制度的衔接，促进高等院校、科研机构与企业之间人才的合理流动。鼓励海外留学人员、华人华侨回国开展自主创新成果产业化活动。

五、切实做好组织协调工作

（十四）加强自主创新成果产业化的引导和协调。发展改革委等部门要加强对自主创新成果产业化的总体规划和协调，定期发布《当前优先发展的高技术产业化重点领域指南》，及时发布自主创新成果产业化专项工程内容及进展情况，指导社会中介机构尽快建立自主创

新成果评价认证体系，做好自主创新成果及产业化信息统计和发布工作。有关部门、地方人民政府以及行业协会等要密切配合，形成工作合力。

（十五）抓紧制定完善具体落实措施。自主创新成果产业化事关经济发展方式转变和产业结构优化升级。各地区、各有关部门要高度重视，加强调查研究，结合实际抓紧制定和完善配套措施及具体办法，积极研究解决工作中遇到的问题。发展改革委要会同有关部门加强监督检查，确保各项政策措施落到实处。

国务院办公厅发布《关于搞活流通、扩大消费的意见》

国办发〔2008〕134 号

各省、自治区、直辖市人民政府，国务院各部委、各直属机构：

为贯彻落实中央经济工作会议精神，经国务院批准，现就搞活流通、扩大消费提出如下意见：

一、健全农村流通网络，拉动农村消费

（一）继续推进“万村千乡”市场工程。进一步扩大“万村千乡”市场工程农家店覆盖面，2009 年、2010 年再新建和改造一批农家店和农村商品配送中心。强化农村商品配送中心的商品采购、储存、加工、编配、调运、信息等功能，增加统一配送的商品品种，降低经营成本。推进“万村千乡”网络与供销、邮政、电信等网络的结合，提高农家店的综合服务功能。引导生产企业开发符合农民消费特点的产品，增加简包装、低成本、质量好的商品供给，进一步扩大农村消费。

（二）加快完善农产品流通网络。健全农业市场信息服务体系，强化信息引导和产销衔接，完善农产品运输绿色通道政策，降低农产品流通成本和损耗，着力解决农产品“卖难”问题，促进农民增收。继续实施“双百”市场工程和农产品批发市场升级改造工程，在重点销区和产区再新建或改造一批农产品批发市场和农贸市场，加强冷藏保鲜、卫生、质量安全可追溯、检验检测、物流等设施建设。积极推动“农超对接”，支持大型连锁超市、农产品流通企业与农产品专业合作社建立农产品直接采购基地，培育自有品牌，促进产销衔接。建设从鲜活农产品生产基地到超市的冷链系统、物流配送系统和快速检测系统，提高流通效率，保证产品质量和安全。

（三）完善农业生产资料流通体系。继续推进农业生产资料连锁经营，重点培育大型农业生产资料流通企业，加强农业生产资料现代物流设施建设，保障市场供应。加强农业生产资料市场调控和监管，促进市场竞争，降低流通成本，切实减轻农民负担。引导和鼓励农业生产资料流通企业为农民提供技术、农机具租赁等多样化服务。

（四）全面推进家电下乡工作。从 2009 年 2 月 1 日起，将家电下乡从 12 个省（区、市）推广到全国。同时，把摩托车、电脑、热水器（含太阳能、燃气、电力类）和空调等产品列入家电下乡政策补贴范围，由各省（区、市）根据当地需求从中选择增加部分补贴品种。地方人民政府要加强领导，精心组织，强化监管，确保下乡家电产品质量，搞好售后服务，严厉打击借家电下乡名义销售假冒伪劣产品行为，切实把家电下乡工作抓实抓好，扩大农民家电产品消费。

二、增强社区服务功能，扩大城市消费

（五）进一步完善城市社区便民服务设施。积极推进家政服务网络建设，鼓励大中城市依托大型服务企业建设家政服务网络中心，整合资源，提供安全便利的家政服务。实施标准化菜市场示范工程，在地级以上城市选择一批菜市场进行标准化改造，让城市居民便利消费、放心消费。倡导餐饮企业承担社会责任，开办早餐服务。鼓励餐饮龙头企业在地级以上城市发展主食加工配送中心，推进早餐经营规模化、规范化，为居民提供价廉物美、方便快捷、安全卫生的早餐服务。

（六）促进城市耐用品消费升级换代。正确处理扩

大消费与可持续消费的关系，引导社会形成科学消费、循环消费的模式。健全旧货流通网络，在城市社区建立旧货收购点和慈善捐助站，在大中城市及城乡结合部建立旧货交易市场，满足低收入家庭和贫困群体消费需要。支持龙头企业通过连锁经营等形式，新建和改造一批统一规范的社区废旧物品回收站点、专业化分拣中心和跨区域集散市场。鼓励生产和零售企业开展"收旧售新"、"以旧换新"业务，带动新产品销售和资源节约。

（七）积极促进汽车消费。完善汽车品牌销售管理办法，促进汽车消费稳定增长。支持二手车市场改造，倡导汽车品牌经销商开展新旧汽车置换业务，建立二手车信息平台，升级改造二手车交易市场。加大对汽车报废更新的资金扶持，提高补贴标准，增加补贴范围，加快淘汰"黄标车"，促进汽车更新换代。对报废汽车回收拆解企业升级改造给予必要的支持，提高回收的技术水平。

三、提高市场调控能力，维护市场稳定

（八）健全居民生活必需品储备机制。尚未建立生活必需品地方储备的地区要尽快建立，已经建立的要增加品种、扩大规模。加快完善地方成品粮油储备体系，地方政府特别是36个大中城市及粮油价格易波动地区，要建立地方成品粮油（含小包装粮油）应急储备制度，并确保10天以上的市场供应量。在加快中央储备糖库和储备冷库建设的同时，各地也要加快地方储备糖库和储备冷库的建设进度。探索建立商业代储制度，引导和鼓励企业保持适当库存水平。

（九）切实增强市场应急调控能力。完善城乡市场信息服务体系，加强市场监测，提高预测预警水平，增强调控的预见性。继续完善产销衔接、跨区调运、储备投放、进出口调剂等机制，增强应急保供的时效性和针对性。

四、促进流通企业发展，降低消费成本

（十）培育大型流通企业集团。通过股权置换、资产收购等方式，支持流通企业跨区域兼并重组，做大做强，尽快形成若干家有较强竞争力的大型流通企业和企业集团。支持流通企业加快创立自主品牌，发展销售和物流网络。鼓励流通企业发展连锁经营和电子商务等现代流通方式，形成统一规范管理、批量集中采购和及时快速配货的经营优势，降低企业经营成本和销售价格，让利于消费者，促进居民消费。

（十一）支持中小商贸企业发展。扶持和促进中小商贸企业发展，充分发挥其便利消费、稳定市场的作用。推动金融机构产品和服务方式创新，加大对符合条件的中小商贸企业融资支持力度。金融机构要根据商贸流通企业特点，制定差别化的授信条件，创新担保方式，通过动产、应收账款、仓单质押等方式，解决中小商贸企业贷款抵押问题；安排专项资金，支持符合条件的中小商贸企业发展。

（十二）实行商业与工业用电、用水同价政策。尽快落实对列入国家鼓励类的商业用电与工业用电同价政策，有条件的省份要在2009年内落实对列入国家鼓励类的商业用水与工业用水同价政策，切实减轻企业负担。

五、发展新型消费模式，促进消费升级

（十三）积极培育和发展新的消费热点。及时发布市场供求信息，引导企业调整产品结构，开发适销对路商品和服务，引导消费结构升级。拓展电子信息、通信产品、教育培训、家政服务、文化娱乐、体育健身、休闲旅游等消费。引导个性化、时尚化、品牌化消费，培育和发展定制类消费。开展"名品进名店"、"品牌产品下乡"等活动。推动特色商业街建设，扶持"老字号"的创新发展。配合安居工程建设，扩大和带动家具、家电、家纺、家饰等消费。

（十四）大力促进节假日和会展消费。利用节假日闲暇时间多、喜庆气氛浓、群众购买欲望强的特点，积极开展各类营销活动，扩大市场销售。2009年元旦、春节期间，在全国大中城市组织零售和服务企业开展"佳节购物季"活动。整合社会资源，因地制宜开展形式多样、内容丰富的消费促进活动。促进会展业发展，带动相关的住宿、餐饮、交通、通信等消费。

（十五）进一步促进银行卡使用。加强银商合作，提升电子结算水平，扩大银行卡使用范围，方便刷卡消费。完善对银行卡刷卡的配套支持政策，引导经营者采用银行卡结算，方便消费者使用银行卡支付。鼓励竞争，改善电子支付环境，进一步提高金融服务效率。

（十六）大力发展信用销售。积极推动国内贸易信用保险业务发展，促进和规范商业信用服务的发展，支持建立信用风险分担机制，有效防范信用风险，促进信

用销售发展，缓解企业资金周转压力。

六、切实改善市场环境，促进安全消费

（十七）狠抓流通企业食品安全。完善流通领域市场信息系统和监管公共服务平台，加强对流通企业食品质量安全的监管。加快“放心肉”监管体系建设，严厉打击私屠滥宰；加强对定点屠宰企业无害化处理的监控，建立肉品质量信息可追溯体系；选择 50 家大型、1 000 家左右中小型肉类生产企业进行标准化改造，切实提高肉品安全保障水平。各地也要加大投入力度，加快食品安全的监管体系建设。

（十八）加强市场监管，改善交易环境。积极推动市场诚信体系建设，严厉打击销售假冒伪劣商品、商业欺诈等各类违法违规行为，维护良好的市场秩序和交易环境，提振消费信心，促进安全消费。

（十九）加快建立统一开放竞争有序的市场体系。打破地区封锁，维护公平竞争，保障商品自由流通。规范零售企业经营行为，加快制定零售商供应商公平交易管理法规，推广商品购销合同示范文本，取消对供应商的不合理收费。引导零售企业规范促销行为。

七、加大财政资金投入，支持流通业发展

（二十）加大财政资金投入。中央财政 2009 年要增加农村物流服务体系发展专项资金和促进服务业发展专项资金规模，以后年度要继续加大投入。采取以奖代补和贴息方式，调动地方和社会投入积极性，支持农村流通体系和城市服务体系发展。具体由商务部会同财政部落实。

国务院办公厅

二〇〇八年十二月三十日

废弃电器电子产品回收处理管理条例

（2008 年 8 月 20 日国务院第 23 次常务会议通过，2009 年 2 月 25 日中华人民共和国国务院令第 551 号公布，自 2011 年 1 月 1 日起施行）

第一章　总则

第一条　为了规范废弃电器电子产品的回收处理活动，促进资源综合利用和循环经济发展，保护环境，保障人体健康，根据《中华人民共和国清洁生产促进法》和《中华人民共和国固体废物污染环境防治法》的有关规定，制定本条例。

第二条　本条例所称废弃电器电子产品的处理活动，是指将废弃电器电子产品进行拆解，从中提取物质作为原材料或者燃料，用改变废弃电器电子产品物理、化学特性的方法减少已产生的废弃电器电子产品数量，减少或者消除其危害成分，以及将其最终置于符合环境保护要求的填埋场的活动，不包括产品维修、翻新以及经维修、翻新后作为旧货再使用的活动。

第三条　列入《废弃电器电子产品处理目录》（以下简称《目录》）的废弃电器电子产品的回收处理及相关活动，适用本条例。

国务院资源综合利用主管部门会同国务院环境保护、工业信息产业等主管部门制定和调整《目录》，报国务院批准后实施。

第四条　国务院环境保护主管部门会同国务院资源综合利用、工业信息产业主管部门负责组织拟订废弃电器电子产品回收处理的政策措施并协调实施，负责废弃电器电子产品处理的监督管理工作。国务院商务主管部门负责废弃电器电子产品回收的管理工作。国务院财政、工商、质量监督、税务、海关等主管部门在各自职责范围内负责相关管理工作。

第五条　国家对废弃电器电子产品实行多渠道回收和集中处理制度。

第六条　国家对废弃电器电子产品处理实行资格许

可制度。设区的市级人民政府环境保护主管部门审批废弃电器电子产品处理企业（以下简称处理企业）资格。

第七条 国家建立废弃电器电子产品处理基金，用于废弃电器电子产品回收处理费用的补贴。电器电子产品生产者、进口电器电子产品的收货人或者其代理人应当按照规定履行废弃电器电子产品处理基金的缴纳义务。

废弃电器电子产品处理基金应当纳入预算管理，其征收、使用、管理的具体办法由国务院财政部门会同国务院环境保护、资源综合利用、工业信息产业主管部门制订，报国务院批准后施行。

制定废弃电器电子产品处理基金的征收标准和补贴标准，应当充分听取电器电子产品生产企业、处理企业、有关行业协会及专家的意见。

第八条 国家鼓励和支持废弃电器电子产品处理的科学研究、技术开发、相关技术标准的研究以及新技术、新工艺、新设备的示范、推广和应用。

第九条 属于国家禁止进口的废弃电器电子产品，不得进口。

第二章 相关方责任

第十条 电器电子产品生产者、进口电器电子产品的收货人或者其代理人生产、进口的电器电子产品应当符合国家有关电器电子产品污染控制的规定，采用有利于资源综合利用和无害化处理的设计方案，使用无毒无害或者低毒低害以及便于回收利用的材料。

电器电子产品上或者产品说明书中应当按照规定提供有关有毒有害物质含量、回收处理提示性说明等信息。

第十一条 国家鼓励电器电子产品生产者自行或者委托销售者、维修机构、售后服务机构、废弃电器电子产品回收经营者回收废弃电器电子产品。电器电子产品销售者、维修机构、售后服务机构应当在其营业场所显著位置标注废弃电器电子产品回收处理提示性信息。

回收的废弃电器电子产品应当由有废弃电器电子产品处理资格的处理企业处理。

第十二条 废弃电器电子产品回收经营者应当采取多种方式为电器电子产品使用者提供方便、快捷的回收服务。

废弃电器电子产品回收经营者对回收的废弃电器电子产品进行处理，应当依照本条例规定取得废弃电器电子产品处理资格；未取得处理资格的，应当将回收的废弃电器电子产品交有废弃电器电子产品处理资格的处理企业处理。

回收的电器电子产品经过修复后销售的，必须符合保障人体健康和人身、财产安全等国家技术规范的强制性要求，并在显著位置标识为旧货。具体管理办法由国务院商务主管部门制定。

第十三条 机关、团体、企事业单位将废弃电器电子产品交有废弃电器电子产品处理资格的处理企业处理的，依照国家有关规定办理资产核销手续。

处理涉及国家秘密的废弃电器电子产品，依照国家保密规定办理。

第十四条 国家鼓励处理企业与相关电器电子产品生产者、销售者以及废弃电器电子产品回收经营者等建立长期合作关系，回收处理废弃电器电子产品。

第十五条 处理废弃电器电子产品，应当符合国家有关资源综合利用、环境保护、劳动安全和保障人体健康的要求。

禁止采用国家明令淘汰的技术和工艺处理废弃电器电子产品。

第十六条 处理企业应当建立废弃电器电子产品处理的日常环境监测制度。

第十七条 处理企业应当建立废弃电器电子产品的数据信息管理系统，向所在地的设区的市级人民政府环境保护主管部门报送废弃电器电子产品处理的基本数据和有关情况。废弃电器电子产品处理的基本数据的保存期限不得少于3年。

第十八条 处理企业处理废弃电器电子产品，依照国家有关规定享受税收优惠。

第十九条 回收、贮存、运输、处理废弃电器电子产品的单位和个人，应当遵守国家有关环境保护和环境卫生管理的规定。

第三章 监督管理

第二十条 国务院资源综合利用、质量监督、环境保护、工业信息产业等主管部门，依照规定的职责制定废弃电器电子产品处理的相关政策和技术规范。

第二十一条 省级人民政府环境保护主管部门会同

同级资源综合利用、商务、工业信息产业主管部门编制本地区废弃电器电子产品处理发展规划，报国务院环境保护主管部门备案。

地方人民政府应当将废弃电器电子产品回收处理基础设施建设纳入城乡规划。

第二十二条　取得废弃电器电子产品处理资格，依照《中华人民共和国公司登记管理条例》等规定办理登记并在其经营范围中注明废弃电器电子产品处理的企业，方可从事废弃电器电子产品处理活动。

除本条例第三十四条规定外，禁止未取得废弃电器电子产品处理资格的单位和个人处理废弃电器电子产品。

第二十三条　申请废弃电器电子产品处理资格，应当具备下列条件：

（一）具备完善的废弃电器电子产品处理设施；

（二）具有对不能完全处理的废弃电器电子产品的妥善利用或者处置方案；

（三）具有与所处理的废弃电器电子产品相适应的分拣、包装以及其他设备；

（四）具有相关安全、质量和环境保护的专业技术人员。

第二十四条　申请废弃电器电子产品处理资格，应当向所在地的设区的市级人民政府环境保护主管部门提交书面申请，并提供相关证明材料。受理申请的环境保护主管部门应当自收到完整的申请材料之日起60日内完成审查，作出准予许可或者不予许可的决定。

第二十五条　县级以上地方人民政府环境保护主管部门应当通过书面核查和实地检查等方式，加强对废弃电器电子产品处理活动的监督检查。

第二十六条　任何单位和个人都有权对违反本条例规定的行为向有关部门检举。有关部门应当为检举人保密，并依法及时处理。

第四章　法律责任

第二十七条　违反本条例规定，电器电子产品生产者、进口电器电子产品的收货人或者其代理人生产、进口的电器电子产品上或者产品说明书中未按照规定提供有关有毒有害物质含量、回收处理提示性说明等信息的，由县级以上地方人民政府产品质量监督部门责令限期改正，处5万元以下的罚款。

第二十八条　违反本条例规定，未取得废弃电器电子产品处理资格擅自从事废弃电器电子产品处理活动的，由工商行政管理机关依照《无照经营查处取缔办法》的规定予以处罚。

环境保护主管部门查出的，由县级以上人民政府环境保护主管部门责令停业、关闭，没收违法所得，并处5万元以上50万元以下的罚款。

第二十九条　违反本条例规定，采用国家明令淘汰的技术和工艺处理废弃电器电子产品的，由县级以上人民政府环境保护主管部门责令限期改正；情节严重的，由设区的市级人民政府环境保护主管部门依法暂停直至撤销其废弃电器电子产品处理资格。

第三十条　处理废弃电器电子产品造成环境污染的，由县级以上人民政府环境保护主管部门按照固体废物污染环境防治的有关规定予以处罚。

第三十一条　违反本条例规定，处理企业未建立废弃电器电子产品的数据信息管理系统，未按规定报送基本数据和有关情况或者报送基本数据、有关情况不真实，或者未按规定期限保存基本数据的，由所在地的设区的市级人民政府环境保护主管部门责令限期改正，可以处5万元以下的罚款。

第三十二条　违反本条例规定，处理企业未建立日常环境监测制度或者未开展日常环境监测的，由县级以上人民政府环境保护主管部门责令限期改正，可以处5万元以下的罚款。

第三十三条　违反本条例规定，有关行政主管部门的工作人员滥用职权、玩忽职守、徇私舞弊，构成犯罪的，依法追究刑事责任；尚不构成犯罪的，依法给予处分。

第五章　附则

第三十四条　经省级人民政府批准，可以设立废弃电器电子产品集中处理场。废弃电器电子产品集中处理场应当具有完善的污染物集中处理设施，确保符合国家或者地方制定的污染物排放标准和固体废物污染环境防治技术标准，并应当遵守本条例的有关规定。

废弃电器电子产品集中处理场应当符合国家和当地工业区设置规划，与当地土地利用规划和城乡规划相协调，并应当加快实现产业升级。

第三十五条　本条例自2011年1月1日起施行。

国家环境保护总局第40号令
——电子废物污染环境防治管理办法

第一章 总则

第一条 为了防治电子废物污染环境，加强对电子废物的环境管理，根据《固体废物污染环境防治法》，制定本办法。

第二条 本办法适用于中华人民共和国境内拆解、利用、处置电子废物污染环境的防治。

产生、贮存电子废物污染环境的防治，也适用本办法；有关法律、行政法规另有规定的，从其规定。

电子类危险废物相关活动污染环境的防治，适用《固体废物污染环境防治法》有关危险废物管理的规定。

第三条 国家环境保护总局对全国电子废物污染环境防治工作实施监督管理。

县级以上地方人民政府环境保护行政主管部门对本行政区域内电子废物污染环境防治工作实施监督管理。

第四条 任何单位和个人都有保护环境的义务，并有权对造成电子废物污染环境的单位和个人进行控告和检举。

第二章 拆解、利用、处置的监督管理

第五条 新建、改建、扩建拆解、利用、处置电子废物的项目，建设单位（包括个体工商户）应当依据国家有关规定，向所在地设区的市级以上地方人民政府环境保护行政主管部门报批环境影响报告书或者环境影响报告表（以下统称环境影响评价文件）。

前款规定的环境影响评价文件，应当包括下列内容：

（一）建设项目概况；

（二）建设项目是否纳入地方电子废物拆解、利用、处置设施建设规划；

（三）选择的技术和工艺路线是否符合国家产业政策和电子废物拆解、利用、处置环境保护技术规范及管理要求，是否与所拆解、利用、处置的电子废物类别相适应；

（四）建设项目对环境可能造成影响的分析和预测；

（五）环境保护措施及其经济、技术论证；

（六）对建设项目实施环境监测的方案；

（七）对本项目不能完全拆解、利用或者处置的电子废物以及其他固体废物或者液态废物的妥善利用或者处置方案；

（八）环境影响评价结论。

第六条 建设项目竣工后，建设单位（包括个体工商户）应当向审批该建设项目环境影响评价文件的环境保护行政主管部门申请该建设项目需要采取的环境保护措施验收。

前款规定的环境保护措施验收，应当包括下列内容：

（一）配套建设的环境保护设施是否竣工；

（二）是否配备具有相关专业资质的技术人员，建立管理人员和操作人员培训制度和计划；

（三）是否建立电子废物经营情况记录簿制度；

（四）是否建立日常环境监测制度；

（五）是否落实不能完全拆解、利用或者处置的电子废物以及其他固体废物或者液态废物的妥善利用或者处置方案；

（六）是否具有与所处理的电子废物相适应的分类、包装、车辆以及其他收集设备；

（七）是否建立防范因火灾、爆炸、化学品泄漏等引发的突发环境污染事件的应急机制。

第七条 负责审批环境影响评价文件的县级以上人民政府环境保护行政主管部门应当及时将具备下列条件的单位（包括个体工商户），列入电子废物拆解利用处

置单位（包括个体工商户）临时名录，并予以公布：

（一）已依法办理工商登记手续，取得营业执照；

（二）建设项目的环境保护措施经环境保护行政主管部门验收合格。

负责审批环境影响评价文件的县级以上人民政府环境保护行政主管部门，对近三年内没有两次以上（含两次）违反环境保护法律、法规和没有本办法规定的下列违法行为的列入临时名录的单位（包括个体工商户），列入电子废物拆解、利用、处置单位（包括个体工商户）名录，予以公布并定期调整：

（一）超过国家或者地方规定的污染物排放标准排放污染物的；

（二）随意倾倒、堆放所产生的固体废物或液态废物的；

（三）将未完全拆解、利用或者处置的电子废物提供或者委托给列入名录且具有相应经营范围的拆解、利用、处置单位（包括个体工商户）以外的单位或者个人从事拆解、利用、处置活动的；

（四）环境监测数据、经营情况记录弄虚作假的。

近三年内有两次以上（含两次）违反环境保护法律、法规和本办法规定的本条第二款所列违法行为记录的，其单位法定代表人或者个体工商户经营者新设拆解、利用、处置电子废物的经营企业或者个体工商户的，不得列入名录。

名录（包括临时名录）应当载明单位（包括个体工商户）名称、单位法定代表人或者个体工商户经营者、住所、经营范围。

禁止任何个人和未列入名录（包括临时名录）的单位（包括个体工商户）从事拆解、利用、处置电子废物的活动。

第八条 建设电子废物集中拆解、利用、处置区的，应当严格规划，符合国家环境保护总局制定的有关技术规范的要求。

第九条 从事拆解、利用、处置电子废物活动的单位（包括个体工商户）应当按照环境保护措施验收的要求对污染物排放进行日常定期监测。

从事拆解、利用、处置电子废物活动的单位（包括个体工商户）应当按照电子废物经营情况记录簿制度的规定，如实记载每批电子废物的来源、类型、重量或者数量、收集（接收）、拆解、利用、贮存、处置的时间；运输者的名称和地址；未完全拆解、利用或者处置的电子废物以及固体废物或液态废物的种类、重量或者数量及去向等。

监测报告及经营情况记录簿应当保存三年。

第十条 从事拆解、利用、处置电子废物活动的单位（包括个体工商户），应当按照经验收合格的培训制度和计划进行培训。

第十一条 拆解、利用和处置电子废物，应当符合国家环境保护总局制定的有关电子废物污染防治的相关标准、技术规范和技术政策的要求。

禁止使用落后的技术、工艺和设备拆解、利用和处置电子废物。

禁止露天焚烧电子废物。

禁止使用冲天炉、简易反射炉等设备和简易酸浸工艺利用、处置电子废物。

禁止以直接填埋的方式处置电子废物。

拆解、利用、处置电子废物应当在专门作业场所进行。作业场所应当采取防雨、防地面渗漏的措施，并有收集泄漏液体的设施。拆解电子废物，应当首先将铅酸电池、镉镍电池、汞开关、阴极射线管、多氯联苯电容器、制冷剂等去除并分类收集、贮存、利用、处置。

贮存电子废物，应当采取防止因破碎或者其他原因导致电子废物中有毒有害物质泄漏的措施。破碎的阴极射线管应当贮存在有盖的容器内。电子废物贮存期限不得超过一年。

第十二条 县级以上人民政府环境保护行政主管部门有权要求拆解、利用、处置电子废物的单位定期报告电子废物经营活动情况。

县级以上人民政府环境保护行政主管部门应当通过书面核查和实地检查等方式进行监督检查，并将监督检查情况和处理结果予以记录，由监督检查人员签字后归档。监督抽查和监测一年不得少于一次。

县级以上人民政府环境保护行政主管部门发现有不符合环境保护措施验收合格时条件、情节轻微的，可以责令限期整改；经及时整改并未造成危害后果的，可以不予处罚。

第十三条 本办法施行前已经从事拆解、利用、处置电子废物活动的单位（包括个体工商户），具备下列条件的，可以自本办法施行之日起120日内，按照本办法的规定，向所在地设区的市级以上地方人民政府环境保护行政主管部门申请核准列入临时名录，并提供下列相关证明文件：

（一）已依法办理工商登记手续，取得营业执照；

（二）环境保护设施已经环境保护行政主管部门竣工验收合格；

（三）已经符合或者经过整改符合本办法规定的环境保护措施验收条件，能够达到电子废物拆解、利用、处置环境保护技术规范和管理要求；

（四）污染物排放及所产生固体废物或者液态废物的利用或者处置符合环境保护设施竣工验收时的要求。

设区的市级以上地方人民政府环境保护行政主管部门应当自受理申请之日起20个工作日内，对申请单位提交的证明材料进行审查，并对申请单位的经营设施进行现场核查，符合条件的，列入临时名录，并予以公告；不符合条件的，书面通知申请单位并说明理由。

列入临时名录经营期限满三年，并符合本办法第七条第二款所列条件的，列入名录。

第三章　相关方责任

第十四条　电子电器产品、电子电气设备的生产者应当依据国家有关法律、行政法规或者规章的规定，限制或者淘汰有毒有害物质在产品或者设备中的使用。

电子电器产品、电子电气设备的生产者、进口者和销售者，应当依据国家有关规定公开产品或者设备所含铅、汞、镉、六价铬、多溴联苯（PBB）、多溴二苯醚（PBDE）等有毒有害物质，以及不当利用或者处置可能对环境和人类健康影响的信息，产品或者设备废弃后以环境无害化方式利用或者处置的方法提示。

电子电器产品、电子电气设备的生产者、进口者和销售者，应当依据国家有关规定建立回收系统，回收废弃产品或者设备，并负责以环境无害化方式贮存、利用或者处置。

第十五条　有下列情形之一的，应当将电子废物提供或者委托给列入名录（包括临时名录）的具有相应经营范围的拆解、利用、处置单位（包括个体工商户）进行拆解、利用或者处置：

（一）产生工业电子废物的单位，未自行以环境无害化方式拆解、利用或者处置的；

（二）电子电器产品、电子电气设备生产者、销售者、进口者、使用者、翻新或者维修者、再制造者，废弃电子电器产品、电子电气设备的；

（三）拆解、利用、处置单位（包括个体工商户），不能完全拆解、利用或者处置电子废物的；

（四）有关行政主管部门在行政管理活动中，依法收缴的非法生产或者进口的电子电器产品、电子电气设备需要拆解、利用或者处置的。

第十六条　产生工业电子废物的单位，应当记录所产生工业电子废物的种类、重量或者数量、自行或者委托第三方贮存、拆解、利用、处置情况等；并依法向所在地县级以上地方人民政府环境保护行政主管部门提供电子废物的种类、产生量、流向、拆解、利用、贮存、处置等有关资料。

记录资料应当保存三年。

第十七条　以整机形式转移含铅酸电池、镉镍电池、汞开关、阴极射线管和多氯联苯电容器的废弃电子电器产品或者电子电气设备等电子类危险废物的，适用《固体废物污染环境防治法》第二十三条的规定。

转移过程中应当采取防止废弃电子电器产品或者电子电气设备破碎的措施。

第四章　罚则

第十八条　县级以上人民政府环境保护行政主管部门违反本办法规定，不依法履行监督管理职责的，由本级人民政府或者上级环境保护行政主管部门依法责令改正；对负有责任的主管人员和其他直接责任人员，依据国家有关规定给予行政处分；构成犯罪的，依法追究刑事责任。

第十九条　违反本办法规定，拒绝现场检查的，由县级以上人民政府环境保护行政主管部门依据《固体废物污染环境防治法》责令限期改正；拒不改正或者在检查时弄虚作假的，处2000元以上2万元以下的罚款；情节严重，但尚构不成刑事处罚的，并由公安机关依据《治安管理处罚法》处5日以上10日以下拘留；构成犯罪的，依法追究刑事责任。

第二十条　违反本办法规定，任何个人或者未列入名录（包括临时名录）的单位（包括个体工商户）从事拆解、利用、处置电子废物活动的，按照下列规定予以处罚：

（一）未获得环境保护措施验收合格的，由审批该建设项目环境影响评价文件的人民政府环境保护行政主管部门依据《建设项目环境保护管理条例》责令停止拆解、利用、处置电子废物活动，可以处10万元以下罚款；

（二）未取得营业执照的，由工商行政管理部门依据《无照经营查处取缔办法》依法予以取缔，没收专门用于从事无照经营的工具、设备、原材料、产品等财物，并处5万元以上50万元以下的罚款。

第二十一条　违反本办法规定，有下列行为之一的，由所在地县级以上人民政府环境保护行政主管部门责令限期整改，并处3万元以下罚款：

（一）将未完全拆解、利用或者处置的电子废物提供或者委托给列入名录（包括临时名录）且具有相应经营范围的拆解利用处置单位（包括个体工商户）以外的单位或者个人从事拆解、利用、处置活动的；

（二）拆解、利用和处置电子废物不符合有关电子废物污染防治的相关标准、技术规范和技术政策的要求，或者违反本办法规定的禁止性技术、工艺、设备要求的；

（三）贮存、拆解、利用、处置电子废物的作业场所不符合要求的；

（四）未按规定记录经营情况、日常环境监测数据、所产生工业电子废物的有关情况等，或者环境监测数据、经营情况记录弄虚作假的；

（五）未按培训制度和计划进行培训的；

（六）贮存电子废物超过一年的。

第二十二条　列入名录（包括临时名录）的单位（包括个体工商户）违反《固体废物污染环境防治法》等有关法律、行政法规规定，有下列行为之一的，依据有关法律、行政法规予以处罚：

（一）擅自关闭、闲置或者拆除污染防治设施、场所的；

（二）未采取无害化处置措施，随意倾倒、堆放所产生的固体废物或液态废物的；

（三）造成固体废物或液态废物扬散、流失、渗漏或者其他环境污染等环境违法行为的；

（四）不正常使用污染防治设施的。

有前款第一项、第二项、第三项行为的，分别依据《固体废物污染环境防治法》第六十八条规定，处以1万元以上10万元以下罚款；有前款第四项行为的，依据《水污染防治法》、《大气污染防治法》有关规定予以处罚。

第二十三条　列入名录（包括临时名录）的单位（包括个体工商户）违反《固体废物污染环境防治法》等有关法律、行政法规规定，有造成固体废物或液态废物严重污染环境的下列情形之一的，由所在地县级以上人民政府环境保护行政主管部门依据《固体废物污染环境防治法》和《国务院关于落实科学发展观加强环境保护的决定》的规定，责令限其在三个月内进行治理，限产限排，并不得建设增加污染物排放总量的项目；逾期未完成治理任务的，责令其在三个月内停产整治；逾期仍未完成治理任务的，报经本级人民政府批准关闭：

（一）危害生活饮用水水源的；

（二）造成地下水或者土壤重金属环境污染的；

（三）因危险废物扬散、流失、渗漏造成环境污染的；

（四）造成环境功能丧失无法恢复环境原状的；

（五）其他造成固体废物或者液态废物严重污染环境的情形。

第二十四条　县级以上人民政府环境保护行政主管部门发现有违反本办法的行为，依据有关法律、法规和本办法的规定应当由工商行政管理部门或者公安机关行使行政处罚权的，应当及时移送有关主管部门依法予以处罚。

第五章　附则

第二十五条　本办法中下列用语的含义：

（一）电子废物，是指废弃的电子电器产品、电子电气设备（以下简称产品或者设备）及其废弃零部件、元器件和国家环境保护总局会同有关部门规定纳入电子废物管理的物品、物质。包括工业生产活动中产生的报废产品或者设备、报废的半成品和下脚料，产品或者设备维修、翻新、再制造过程产生的报废品，日常生活或者为日常生活提供服务的活动中废弃的产品或者设备，以及法律法规禁止生产或者进口的产品或者设备。

（二）工业电子废物，是指在工业生产活动中产生的电子废物，包括维修、翻新和再制造工业单位以及拆解、利用、处置电子废物的单位（包括个体工商户），在生产活动及相关活动中产生的电子废物。

（三）电子类危险废物，是指列入国家危险废物名录或者根据国家规定的危险废物鉴别标准和鉴别方法认定的具有危险特性的电子废物。包括含铅酸电池、镉镍电池、汞开关、阴极射线管和多氯联苯电容器等的产品或者设备等。

（四）拆解，是指以利用、贮存或者处置为目的，通过人工或者机械的方式将电子废物进行拆卸、解体活动；不包括产品或者设备维修、翻新、再制造过程中的拆卸活动。

（五）利用，是指从电子废物中提取物质作为原材料或者燃料的活动，不包括对产品或者设备的维修、翻新和再制造。

第二十六条 本办法自2008年2月1日起施行。

注：《电子废物污染环境防治管理办法》于2007年9月7日经国家环境保护总局2007年第三次局务会议通过。自2008年2月1日起施行。

关于2008年扎实推进村通工程、发展农村信息服务的意见

信部电〔2008〕42号

各省、自治区、直辖市通信管理局，中国电信集团公司、中国网络通信集团公司、中国移动通信集团公司、中国联合通信有限公司、中国卫星通信集团公司、中国铁通集团有限公司：

2004年以来，信息产业部贯彻落实党中央、国务院关于构建和谐社会、统筹城乡发展、建设社会主义新农村的战略部署，组织6家基础电信企业在全国范围开展了声势浩大的村村通电话工程，累计投资300多亿元，为7.5万个行政村和2万个自然村新开通了电话，29个省份实现全部行政村通电话，行政村通电话率达到99.5%，乡镇通宽带率达到92%；建成服务“三农”的信息服务平台2千多个，涉农互联网站6000多个。农村通信和信息服务发展成效显著，为新农村建设发挥了积极作用。

2008年，信息产业部将深入贯彻落实党的十七大精神，以科学发展观引领村村通电话工程向纵深发展。在已取得的各项成就的基础上，结合当前新形势下建设新农村的新要求，在继续完善农村通信基础设施的同时，加大农村信息服务的推广应用力度，推动工程由“以建为主”到“建用并举”的转变，实现工程由量变到质变的跃升，促进农村通信发展和农村信息化建设迈上一个新台阶。

一、2008年村通工程主要目标和任务

（一）推进自然村村通工程，实现服务对象向更广人群的延伸：在行政村通电话目标基本实现的基础上，继续实施自然村的村通工程建设项目，进一步提高农村电话普及率和网络覆盖率，让更多的人民群众享受到信息沟通的方便快捷。

自然村的村通工程任务：落实“十一五”规划目标，加快建设步伐，年内计划为2.4万余个20户以上已通电自然村新开通电话，力争年底全国自然村村通率提高1个百分点（具体任务分配见附件）（编注：本书略）。

行政村的村通工程任务：全国尚有3 500余个无电话行政村位于藏川高原藏区，西藏、四川通信行业要以落实党的民族政策、缩小“数字鸿沟”为己任，按照“十一五”规划目标，逐步解决偏远地区广大农牧民的通电话问题（按计划西藏今年将为670个行政村新开通电话，由西藏移动公司和西藏电信公司各按55%、45%的比例承担任务）。

继续鼓励各地为生产建设兵团、农场林区、油田矿区等未在行政村编制之列的基层单位解决通电话问题。

（二）加快农村互联网建设，实现服务水准向更高层次的提升：在为广大农村建设电话网、提供基础话音

业务基础上，进一步发展农村互联网宽带接入，增加互联网数据服务功能，提升业务层次和网络质量，为农民享受更加现代先进的信息通信服务提供良好的网络服务支撑。

乡镇互联网建设任务：乡镇一级基本具备互联网上网接入条件，80%以上行政村具备拨号上网条件。力争年内实现“乡乡能上网”的“十一五”规划目标。

农村宽带建设任务：为全国 95%以上乡镇开通宽带，其中东、中部省份实现所有乡镇通宽带。

（三）着力发展农村信息服务，实现服务应用向更大范围的推广：充分利用和发挥村通工程建成网络的作用，狠抓应用和服务，进一步完善农村信息平台，加快推广涉农业务，加强农村特色信息内容和适用技术的开发应用。

基础电信企业要加快完善和推广现有农村信息平台和信息服务，不断开发新的涉农业务，年内力争在所有本地网上，开通针对农民的短信、互联网、电子邮箱、语音热线等经济实用的信息服务。

增值电信企业要转变观念、面向“三农”，积极会同各级政府和有关涉农单位，大力开发针对农村、贴近农民的信息内容，提供形式多样的特色业务应用。

设备厂商和研发部门要深入研究农村需求，进一步开发更多的物美价廉、经济实用的技术手段、网络设备和终端产品，使农民群众“用得起、用得好”，更好地服务于农民信息服务需求。

二、2008 年村通工程主要举措和要求

（一）多方协作形成合力，扎实推进村通工程各项工作。发展农村通信和信息服务是一项社会化大工程，电信行业要在各级党委政府领导下，联合社会各界力量，调动各方面积极性，围绕村通工程年度目标和任务，齐心协力抓好各项工作。部相关司局要各司其职，密切协作，精心组织，大力推进，加强现场督导，及时通报进度，保障工程的顺利进行。各地通信管理局应主动向地方党委政府汇报，加强当地村通工程的组织协调和任务落实，及时解决遇到的问题。电信企业要继续发扬顽强拼搏精神，采取得力措施和有效手段，确保各项年度任务的完成。

（二）合理安排新建项目，保建保通已建项目。各地在村通工程建设项目过程中，应围绕当地经济社会发展需要和农村建设规划，科学安排，逐步推进，务求实效。同时加强对已建成农村通信设施的运行维护，保障农村通信网络畅通，制定和完善农村通信和信息服务的优惠资费政策，采取措施引导和激励农民使用通信和信息服务业务。

（三）发挥基础电信企业优势，当好农村信息服务主力军。村通工程中设施建设是手段、服务应用是目的。六家基础电信运营企业要发挥网络资源、技术实力等方面优势，在农村信息服务领域中发挥基础性、主导性作用，重点推广普及一些效果好、有特色的适农信息服务如“农信通”、“信息田园”、“农村党员远程教育网”、“农业新时空”等。在加强农村信息服务开发推广的同时，要高度重视农村信息服务的管理和引导，认真探索农村信息服务站管理模式，要将“阳光绿色网络工程”深入农村，加强农村网络和信息安全管理，杜绝不良信息内容对农村的侵袭。

（四）发挥增值电信企业和行业组织力量，多方面推进农村信息服务。鼓励支持为数众多的增值电信企业和信息服务商加入农村信息服务大潮中，引导增值服务业开拓农村新市场，开发农民喜闻乐见的特色服务，为农村信息服务作贡献，为增值业务市场寻找新的增长空间。同时适时举办研讨会、交流总结会，开展示范试点项目、扶持一批特色项目，会同相关部门推进中国互联网络信息中心“乡乡有网站”项目，会同互联网协会农村信息服务工作委员会开展“农村信息扶贫论坛”等系列活动。

（五）注重宣传和引导，营造工程良好氛围。全行业应高度重视和进一步加强村通工程的对外宣传工作，创造良好的舆论环境，以树立行业良好形象，弘扬工程先进事迹，激励斗志，推广经验，引导各方积极参与。各省通信管理局和各电信企业、各行业媒体要以全国改革开放 30 周年成果回顾活动和举办奥运会为契机，举办丰富多彩的村通工程总结宣传活动，对外展示村通工程这一利国利民工程的成就和意义。

中华人民共和国信息产业部

二〇〇八年一月二十八日

关于发布2007年度国家规划布局内重点软件企业名单的通知

各省、自治区、直辖市及计划单列市发展改革委、信息产业主管部门、商务厅（局）、国家税务局、地方税务局：

为贯彻落实国务院颁布的《鼓励软件产业和集成电路产业发展的若干政策》（国发〔2000〕18号），鼓励并推动骨干和重点软件企业加快发展，根据《国家规划布局内重点软件企业认定管理办法》（发改高技〔2005〕2136号），经研究，国家发展改革委、信息产业部、商务部、国家税务总局联合审核认定了2007年度国家规划布局内重点软件企业（名单附后）（编注：名单见本书第3部分资料一），现予以公布。

根据《鼓励软件产业和集成电路产业发展的若干政策》（国发〔2000〕18号）的规定，国家规划布局内的重点软件企业当年未享受免税优惠的，减按10%的税率征收企业所得税，请税务部门认真贯彻执行。

附：2007年度国家规划布局内重点软件企业名单

国家发展改革委

信息产业部

商务部

税务总局

二〇〇八年二月二十六日

关于印发《国家电子信息产业基地和产业园认定管理办法》的通知

信部规〔2008〕117号

各省、自治区、直辖市信息产业主管部门，新疆生产建设兵团信息化工作办公室：

为贯彻落实《信息产业“十一五”规划》，进一步规范国家电子信息产业基地和产业园的申报、认定、考核及相关管理工作，依据《关于建设国家电子信息产业基地和产业园的意见》（信部规〔2003〕219号），结合产业发展实际，在广泛征求意见的基础上，我部修订了《国家电子信息产业基地和产业园认定管理办法（试行）》（信部规〔2003〕521号），现将修订后的《国家电子信息产业基地和产业园认定管理办法》印发给你们，请遵照执行。

各地应按照本办法的有关规定，组织做好本地区产业基地和产业园的申报工作，并配合我部对经认定的产业基地和产业园进行指导、管理与考核。同时，各地要积极做好相关配套政策措施的落实工作，统筹规划、合理配置资源，为产业基地和产业园的建设发展营造更加良好的环境。

中华人民共和国信息产业部

二〇〇八年三月四日

国家电子信息产业基地和产业园认定管理办法

第一章 总则

第一条 为进一步规范国家电子信息产业基地和产业园的申报、认定、审批、考核及相关管理工作，根据《关于建设国家电子信息产业基地和产业园的意见》（信部规〔2003〕219号）制定本办法。

第二条 国家电子信息产业基地（以下简称产业基地）是指电子信息产业规模大、科研开发能力强、骨干企业相对集中、产业链和配套服务体系较为完善的中心城市；国家电子信息产业园（以下简称产业园）是指电子信息产业中的某一专业领域水平和规模处于全国领先地位的产业聚集区。

第三条 产业基地和产业园的认定管理遵循公平、公正、公开和统筹规划、合理配置资源的原则，依照透明、规范的程序进行。

第二章 管理机构及其职责

第四条 信息产业部国家电子信息产业基地和产业园认定委员会（以下简称部认定委员会）负责产业基地和产业园的认定、审批、考核及相关管理工作。部认定委员会的日常工作由部综合规划司负责。

各省、自治区、直辖市信息产业主管部门负责组织本地区产业基地和产业园的申报工作，并配合信息产业部对经认定的产业基地和产业园进行指导和管理。

第三章 认定条件

第五条 产业基地以地市级以上中心城市为主体进行申报，其认定条件如下：

（一）电子信息产业增加值占全行业的比重在2%以上，主营业务收入超过1 000亿元。

（二）产业链相对完善，各类骨干企业规模和数量应至少符合以下五项标准中的四项：

1. 营业收入大于100亿元（含100亿元）的综合类(以整机产品为主）企业不少于2家；

2. 营业收入大于10亿元（含10亿元）的电子元器件企业不少于3家；

3. 营业收入大于5亿元（含5亿元）的集成电路设计及软件企业不少于2家；

4. 营业收入大于10亿元（含10亿元）的半导体与集成电路企业（含半导体分立器件、集成电路芯片制造、封装、测试）不少于1家；

5. 营业收入大于2亿元（含2亿元）的电子材料、电子设备仪器企业不少于2家。

（三）具有较强的自主创新能力。

1. 已建立服务于国家电子信息产业基地、专业特色突出的公共技术服务平台，初步具备为基地内企业提供共性技术服务、关键技术研究开发支持和软硬件测试验证环境的能力。

2. 拥有5家以上（含5家）经省级（含省级）以上有关部门批准或认定的研发机构，其中，经国家有关部门批准或认定的研发机构不少于2家。同时，拥有2家以上（含2家）投资额超过1 000万美元的外商投资研发中心。

（四）有比较完善的基础设施和配套服务体系。

（五）当地政府组织制定了较完善的电子信息产业基地建设发展三年滚动规划，并经省级以上信息产业主管部门论证通过。

（六）根据信息产业部《电子信息产业统计工作管理办法》，设立了统计人员或组成专门内设统计机构，并按照《电子信息产业统计报表制度》的要求，开展基地电子信息产业统计信息的采集和申报工作。

（七）有明确的信息产业归口管理部门，并已由地方信息产业主管部门或地方政府设立一定规模（不低于5 000万元/年）的专项资金，用于产业基地建设与发展。

第六条 产业园以纳入《中国开发区审核公告目

录》中的开发区为主体进行申报，其认定条件如下：

（一）电子信息产业园分为数字整机、核心基础产业和应用电子三类，其规模应符合以下标准：

1. 数字整机类产业园包括通信产业园、计算机与网络产品产业园、数字视听产业园及数字家用电子产品产业园，整机类产业园年主营业务收入应不低于300亿元。

2. 核心基础类产业园包括基础元器件产业园、显示器件产业园、光电子产业园、集成电路产业园，其中：

（1）基础元器件（含电子材料、仪器、设备等）产业园年主营业务收入应不低于30亿元；

（2）显示器件产业园年主营业务收入应不低于100亿元；

（3）光电子产业园年主营业务收入应不低于50亿元；

（4）集成电路产业园年主营业务收入应不低于80亿元。

3. 应用电子类产业园包括电力电子产业园、汽车电子产业园、医疗电子产业园、信息安全产业园，其中：

（1）电力电子、汽车电子、医疗电子产业园年主营业务收入应不低于30亿元；

(2)信息安全产业园年主营业务收入应不低于10亿元。

（二）集聚效应明显，区内基本形成以骨干企业为核心、上下游产业链较完善的产业配套体系。

（三）具有较强的自主创新能力。

1. 已建立服务于国家电子信息产业园区、专业特色突出的公共技术服务平台，初步具备为园区内企业提供共性技术服务、关键技术研究开发支持和软硬件测试验证环境的能力。

2. 研发机构建设应至少符合以下标准之一：

（1）建有1家以上（含1家）经国家有关部门批准或认定的研发机构；

（2）建有3家以上（含3家）经省有关部门批准或认定的研发机构；

（3）建有2家以上（含2家）投资额超过1 000万美元的外商投资研发中心。

（四）有明确的产业园管理机构，已纳入当地信息产业主管部门的行业管理，并已由产业园管理机构、地方信息产业主管部门或地方政府设立一定规模（不低于1 000万元/年）的专项资金，用于产业园建设与发展。

（五）园区组织制定了较完善的电子信息产业园建设发展三年滚动规划，并经省级信息产业主管部门论证通过。

（六）根据信息产业部《电子信息产业统计工作管理办法》，设立了统计人员或组成专门内设统计机构，并按照《电子信息产业统计报表制度》的要求，开展园区电子信息产业统计信息的采集和申报工作。

第四章　认定程序及申报材料

第七条　申报程序

（一）产业基地

产业基地的认定申请由地市级以上中心城市人民政府报省级信息产业主管部门，省级信息产业主管部门审查后报信息产业部。其中，直辖市人民政府可直接向信息产业部申报。

（二）产业园

产业园的认定申请由开发区管理机构报当地人民政府同意后，经省级信息产业主管部门审查后报信息产业部。

第八条　申报材料

（一）产业基地

申报材料包括：

1. 申报方所在省、自治区信息产业主管部门、直辖市人民政府的上报文件；

2.《国家电子信息产业基地申报表》；

3. 申报方电子信息产业基地建设发展三年滚动规划及省级以上信息产业主管部门组织的专家论证意见（原件）；

4. 申报方电子信息产业发展基本情况及有关附件，附件主要包括：达标骨干企业近三年财务报表，公共技术服务平台批复文件，国家级和省级研发机构的批复或认定文件，外商投资研发中心有关批复及证明文件；

5. 申报方所在地政府财政主管部门出具的专项资金落实情况的有关文件。

（二）产业园

申报材料包括：

1. 申报方所在省、自治区、直辖市信息产业主管部门的上报文件；

2.《国家电子信息产业园申报表》;

3. 申报方电子信息产业园建设发展三年滚动规划及省级信息产业主管部门组织的专家论证意见（原件）;

4. 申报方电子信息产业发展基本情况及有关附件，附件主要包括：骨干企业近三年财务报表，主要产品技术、规模处于国内领先水平的说明及证明文件，公共技术服务平台批复文件，国家级或省级研发机构的批复或认定文件，外商投资研发中心有关批复及证明文件;

5. 申报方所在地政府财政主管部门出具的专项资金落实情况的有关文件。

（三）申报材料中的有关数据以行业统计为准。

（四）上述申报材料要求提供原件三份及电子版。(《国家电子信息产业基地申报表》和《国家电子信息产业园申报表》另发，并可在 www.mii.gov.cn 网站下载)。

第九条 审核

部行业统计管理部门负责审核申报材料涉及的统计指标数据，部认定委员会组织有关专家根据认定条件对申报材料进行评估和必要的实地考察后形成评审意见，报部审核。

第十条 认定及授牌

信息产业部对符合条件的产业基地和产业园进行批复、授牌。

第五章 管理与考核

第十一条 经认定的国家电子信息产业基地和产业园名录及发展情况将在信息产业部政府网站公布，并适时更新。

第十二条 国家电子信息产业基地和产业园每年4月30日前将上一年度电子信息产业发展情况及需协调解决的问题通过省级信息产业主管部门报信息产业部综合规划司。产业基地和产业园的调查统计报表按照《电子信息产业统计工作管理办法》的要求，按时上报部行业统计管理部门。

第十三条 信息产业部在发展规划、招商引资、对外合作、吸引人才、项目安排等方面，对产业基地和产业园予以指导和支持。

第十四条 信息产业部对产业基地和产业园施行动态管理，依据管理办法和批复的建设发展目标每三年进行一次复核，对合格的产业基地和产业园予以确认批复，对不合格的产业基地和产业园撤销原认定文件并摘牌。

第十五条 对已经授牌的产业基地和产业园，如发现弄虚作假予以摘牌，并暂停所在省、自治区、直辖市下一年度的申报工作。

第六章 附则

第十六条 信息产业部将根据行业发展的实际情况，每三年对产业基地和产业园的认定管理办法作相应修订。

第十七条 本办法由信息产业部负责解释。

第十八条 本办法自发布之日起施行，信息产业部2003年发布的《国家电子信息产业基地和产业园认定管理办法（试行）》同时废止。

中华人民共和国工业和信息化部公告（2008年第6号）

为客观、公平、公正地制定电子信息产品污染控制管理重点管理目录，以目录管理方式禁止或限制在电子信息产品中使用有毒有害物质，制定《电子信息产品污染控制重点管理目录制定程序》（以下简称《制定程序》)。

《制定程序》已经电子信息产品污染控制部际工作协调机制领导小组研究通过，特此公告。

联系电话：010-66012909

工业和信息化部

二〇〇八年十月九日

电子信息产品污染控制重点管理目录制定程序

第一条 为贯彻实施《电子信息产品污染控制管理办法》（以下简称《管理办法》），以目录管理方式禁止或限制在电子信息产品中使用有毒有害物质，客观、公平、公正地制定电子信息产品污染控制管理重点管理目录，制定本程序。

第二条 按照《电子信息产品污染控制管理办法》的规定，电子信息产品污染控制重点管理目录（以下简称“重点管理目录”）由电子信息产品商品名称（涉及到进出口的应包含商品HS编码）、限制使用的有毒有害物质种类及其限制使用期限组成，并根据实际情况和科学技术发展水平的要求进行逐年调整，采取逐批次颁布的方式循序渐进逐步增加。

第三条 重点管理目录的制定过程采取政府主导、各利益相关方积极参与的公开、透明的方式。

第四条 工业和信息化部商发展改革委、环境保护部、商务部、海关总署、工商总局、质检总局编制、调整电子信息产品污染控制重点管理目录。工业和信息化部负责“重点管理目录”的制定组织工作。

第五条 确定产品进入重点管理目录应当遵循以下原则：

（一）选择产量较大，应用广泛，其含有的有毒有害物质对环境威胁、破坏大，对人体健康损害大的产品及材料；

（二）选择含有有毒有害物质被无毒无害物质或低毒低害物质替代技术上已没有障碍，经济上可行的产品；

（三）选择虽无法实现有毒有害物质替代，却可以满足有毒有害物质限量标准要求，且满足限量标准的产品生产在技术上已没有障碍，经济上是可行的产品。

（四）选择国际公约中明确规定因污染严重而被限制的产品。

（五）选择其他应该被列入重点管理目录管理的产品。

第六条 工业和信息化部建立电子信息产品污染控制专家数据库。专家由各相关政府部门、行业协会、企业等单位推荐，符合条件的，进入专家数据库。

第七条 重点管理目录建议名单由工业和信息化部商国家认证认可监督管理委员会（以下简称“认监委”）提出。

相关政府机构、行业协会可以根据本地区、本行业的具体情况，在广泛调研的基础上，向工业和信息化部提出列入重点管理目录中的产品名单建议（提交的材料包括重点管理目录建议名单和调研报告）。工业和信息化部将建议名单提交电子信息产品污染控制部际工作协调小组讨论，确定建议名单。

第八条 工业和信息化部负责组织成立电子信息产品污染控制重点管理目录专家咨询委员会（以下简称“专家咨询委员会”）。专家咨询委员会的任务是独立对拟进入电子信息产品污染控制重点管理的产品进行技术、经济、产品强制认证予以评估并开展相关工作。专家咨询委员会组成人员，由电子信息产品污染控制部际工作协调小组根据建议名单中产品所涉及的行业从专家数据库中遴选产生。

第九条 重点管理目录建议名单交由专家咨询委员会进行技术性、经济性及产品强制认证等相关内容评估。专家咨询委员会将评估报告提交工业和信息化部。

第十条 工业和信息化部根据专家咨询委员会评估报告，商认监委确定重点管理目录批次草案，并就重点管理目录批次草案内容在工业和信息化部网站上公开征求意见。征求意见的期限为一个月。对影响面广的重点产品，在业内组织听证。

第十一条 工业和信息化部根据征求的意见和建议，商认监委对重点管理目录进行修订。修订后的目录经部际工作协调小组讨论确定。在必要的情况下工业和信息化部可以将修订后的重点管理目录提交专家咨询委员会进行重新评估。

第十二条 工业和信息化部按照《管理办法》的规

定，商发展改革委、环境保护部、商务部、海关总署、工商总局、质检总局等部门，最终确定重点管理目录，并履行 WTO/TBT 通报义务。

第十三条 工业和信息化部组织专家咨询委员会对重点管理目录通报期间的评议意见进行研究，并由工业和信息化部商有关部门统一答复。

第十四条 WTO/TBT 通报程序结束后，由工业和信息化部商发展改革委、环境保护部、商务部、海关总署、工商总局、质检总局等部门公告电子信息产品污染控制重点管理目录。

第十五条 进入重点管理目录的产品实施有毒有害物质限制与禁止的实施时间与公告时间的间隔一般不少于六个月。对环境造成重大污染问题的相关产品，可临时采取控制措施。

第十六条 重点管理目录原则上每年补充、更新一次，因特殊需要，可以在不违反本程序规定的前提下，适时补充、更新。

关于印发《含有密码技术的信息产品政府采购规定》的通知

国密局联〔2008〕1 号

各省、自治区、直辖市密码管理局、科技厅（委）、公安厅（局）、国家安全厅（局）、财政厅（局）、信息产业主管部门、商务主管部门、保密局、信息化领导小组办公室，新疆生产建设兵团密码管理局、科技局、公安局、财务局、商务局、保密局、信息化领导小组办公室：

为规范含有密码技术的信息产品政府采购行为，维护国家信息安全，国家密码管理局、科学技术部、公安部、国家安全部、财政部、信息产业部、商务部、国家保密局、国务院信息化工作办公室联合制定了《含有密码技术的信息产品政府采购规定》。现印发给你们，请认真贯彻执行。

国家密码管理局　科学技术部
公　安　部　国家安全部
财　政　部　信息产业部
商　务　部　国家保密局
国务院信息化工作办公室

二〇〇八年一月八日

含有密码技术的信息产品政府采购规定

第一条 为保障国家信息安全，规范政府信息系统和涉及国家秘密的信息系统中含有密码技术的信息产品的采购行为，根据《中华人民共和国政府采购法》、《中华人民共和国保守国家秘密法》、《中华人民共和国国家安全法》、《商用密码管理条例》和相关法律法规，制定本规定。

第二条 本规定所称含有密码技术的信息产品，是指采用密码技术实现信息加解密、认证鉴别、授权管理、访问控制等安全功能的软件、硬件。

第三条 各级国家机关、事业单位和团体组织（以下统称采购人)，在政府信息系统和涉及国家秘密的信息系统中，使用财政性资金采购含有密码技术的信息产品的活动，适用本规定。

第四条 各级密码管理部门、财政部门、保密管理部门依照各自职责，对政府信息系统和涉及国家秘密的信息系统中含有密码技术的信息产品的采购实施监督管理。

各级人民政府其他有关部门依法履行与本规定政府采购活动有关的监督管理职责。

第五条 国家对含有密码技术的信息产品采购实行目录管理。

采购人采购含有密码技术的信息产品时，应当采购目录中的产品。

第六条 国家密码管理局会同科技部、公安部、国家安全部、财政部、信息产业部、商务部、国家保密局、国务院信息化工作办公室，确定含有密码技术的信息产品的具体范围。

财政部会同国家密码管理局在确定范围内制定含有密码技术的信息产品政府采购目录，在适当范围内公布并适时调整。

第七条 采购人应当在目录产品范围内，采用政府采购法律制度规定的采购方式确定中标或成交供应商，确保采购活动公平、公正和充分竞争。

采购人采购用于涉及国家秘密的信息系统的含有密码技术的信息产品及相关服务，应当通过具有涉密或者密码相关资质的企业采购。

第八条 确需采购未列入目录的含有密码技术的信息产品的，应当同时具备下列条件：（一）通过同级密码管理部门（机构）组织的需求合理性论证；（二）通过公安部、国家安全部、国家保密局、国家密码管理局联合指定的安全评估机构的安全评估；（三）通过国家密码管理局指定的检测机构的检测。

第九条 采购人或其委托的采购代理机构未按本规定要求采购的，由财政部门责令改正；拒不改正的，停止按预算支付资金，由其上级行政主管部门或者有关机关依法给予其直接负责的主管人员和其他直接责任人员处分。

第十条 其他使用财政性资金采购涉及国家安全的含有密码技术信息产品的，参照本规定执行。

第十一条 政府信息系统和涉及国家秘密的信息系统中装备密码产品的，应当按照国家有关密码管理规定执行。涉及信息安全保密产品采购的，按照国家相关管理规定执行。

第十二条 本规定自2008年3月1日起施行。

财政部　商务部关于支持承接国际服务外包业务发展相关财税政策的意见

财企〔2008〕32号

各省、自治区、直辖市、计划单列市财政厅（局）、商务主管部门，新疆生产建设兵团财务局、商务局：

根据《国务院关于加快发展服务业的若干意见》（国发〔2007〕7号），为大力支持我国承接国际服务外包业务又好又快发展，逐步形成一整套有利于我国承接国际服务外包业务发展的财税政策体系，提高我国服务业对外开放水平，现提出如下意见：

一、统一认识，积极支持承接国际服务外包业务发展。推动承接国际服务外包业务发展，有利于我国产业结构调整，加快转变贸易发展方式，扩大智力密集型高端服务产品的出口，提高对外贸易和利用外资的质量和水平。为此，各级财政、商务主管部门要抓住国际服务业加快转移的难得机遇，把鼓励发展服务贸易作为促进国民经济又好又快发展、提高开放型经济水平的重要内容，把支持积极承接国际服务外包作为扩大服务贸易的重点。积极制定切实有效的政策措施，支持服务外包企业参与国际竞争。

二、发挥公共财政职能，支持承接国际服务外包基地建设。按照《我国国民经济和社会发展第十一个五年规划纲要》中“建设若干服务业外包基地，有序承接国际服务业转移”的要求，各级财政、商务主管部门要根据本地实际，周密规划，科学认证，合理统筹安排资金，集中财力，抓紧建设具有国际水准的承接国际服务外包基地（包括示范园区）。科学界定财政资金支持的领域，支持服务外包基地城市（包括示范园区）有关公共服务平台、公共技术平台和公共培训平台的建设，完善服务外包综合配套设施的建设和投资环境，优化专业服务环境，逐步建立并完善支持服务外包产业发展的政策支撑体系。

中央财政对符合条件的承接国际服务外包基地城市（包括示范园区）的有关公共平台设备购置及运营费用，给予定额资金支持。中西部等地区国家经济技术开发区内的服务外包基础设施建设项目，可享受中央财政贷款贴息政策。各地在财力许可的范围内，可进一步加大对本地软件示范园区公共平台等基础设施建设的资金投入，为服务外包企业提供公共服务平台支撑。

三、鼓励和支持我国服务外包企业获取国际通行的资质认证，为鼓励国际服务外包企业加快发展，中央财政安排相应资金，对符合条件的服务外包企业取得的开发能力成熟度模型集成（CMMT）、开发能力成熟度模型（CMM）、人力资源成熟度模型（PCMM）、信息安全管理（IS027001/BS7799）、IT服务管理（IS020000）、服务提供商环境安全性（SAS70）等认证继续给予支持。各级财政、商务主管部门对国际服务外包企业相关认证的系列维护、升级，可研究相应的支持政策，也可进一步加大对服务外包企业获取上述各类认证的支持力度，或支持其他有利于服务外包企业发展的资质认证。

四、推动国际服务外包企业跨越式发展，要充分运用财政政策，大力支持服务外包企业开拓国际市场，积极搭建发包与接包商面对面的交流平台。中央财政对服务外包企业参加境外各类展览、国际推介等给予必要的资金支持。有条件的地方可选择国际发包量大的日、美、欧等国家和地区，举办承接国际服务外包的专项推介活动。

五、促进服务外包企业提高技术先进水平，承接高端国际外包业务。中央财政将在总结苏州工业园区技术先进型服务外包企业税收优惠试点经验的基础上，对国家确定的服务外包基地城市、服务外包示范区、以及列入商务部、财政部重点支持名录的服务外包企业，研究制定适当的税收扶持政策。

六、扶持服务外包企业做大做强。要深入研究，鼓励和支持服务外包企业并购境外中小服务外包企业，鼓励中小型服务外包企业通过联合、并购、重组，组建大型国际化服务外包企业。坚持“开放与共赢”的发展道路，努力完善服务外包产业的双向投资贸易政策，积极引入国外先进经验，在支持服务外包企业积极承接国际服务外包业务的同时，支持和兼顾企业全方位承接国内各类服务外包业务，着力培育一批高质量的服务外包企业。

七、大力支持承接国际服务外包的人才培训。充分发挥我国人力资源丰富的优势，抓紧培训一批适应服务外包市场需求的技能型人才，培养一批熟悉国际服务外包规则的开放型人才，造就一批具有服务外包创新能力的科研型人才，鼓励大学毕业生就业于服务外包企业，积极参与国际服务外包产业的转移和循环。

中央财政将重点支持承接国际服务外包企业的人才定制培训，对符合条件的承接国际服务外包企业，给予定额资金补助，以降低企业成本，减轻服务外包企业人才培训的资金压力。同时，积极研究支持承接国际服务外包企业高端人才赴境外实训的政策措施。

为鼓励社会培训机构培养承接国际服务外包业务的实用人才，中央财政将支持各类为承接国际服务外包企业所进行的实用型人才的培训，为提供服务外包实用人才并具备国家教育主管部门服务外包或软件培训资质的培训机构，给予定额奖励。

八、各级财政、商务主管部门要结合本地国际服务外包业务发展的实际情况和财力状况，制订相应的政策措施，推动本地区承接国际服务外包业务持续、协调、有序发展。

二〇〇八年二月十四日

关于做好2008年服务贸易工作的指导意见

大力发展服务贸易，对转变外贸增长方式、促进中国经济和社会协调发展具有重要意义。党中央、国务院高度重视发展服务贸易，胡锦涛总书记在党的十七大和中央经济工作会议上明确要求“大力发展服务贸易”，温家宝总理在中央经济工作会议上提出“努力扩大服务出口”。为促进服务贸易的发展，做好2008年的服务贸易工作，现提出指导意见如下：

一、充分认识发展服务贸易的重要意义

（一）服务贸易工作的总体要求是：全面贯彻党的十七大和中央经济工作会议精神，贯彻落实科学发展观，以《服务贸易发展“十一五”规划纲要》为指导，深入开展调查研究，不断创新工作方法，积极推进统计分析工作，加快建设促进体系，大力促进重点行业出口，实施品牌战略，推动服务贸易更好更快的发展，努力实现2008年全国服务贸易总额增长20%的目标。

（二）提高全社会对发展服务贸易重要意义的认识。深入贯彻落实党中央、国务院关于大力发展服务贸易的一系列指示精神，大力宣传发展服务贸易对于实现国民经济又好又快发展的重要意义，充分认识发展服务贸易对提升当地服务业发展水平的重大作用，提高各地区、各部门对发展服务贸易重要性和紧迫性的认识，把发展服务贸易作为商务工作的重点，形成共同关注服务贸易发展、大力支持服务贸易发展的良好氛围，推动中国服务贸易实现跨越式发展。

二、提高服务贸易促进协调水平

（三）充分发挥服务贸易跨部门联系机制的作用。发展服务贸易涉及国民经济的各个部门，必须按照科学发展观的要求，加强统筹协调。要加强服务贸易各相关部门的交流与合作，推动贯彻落实《服务贸易发展“十一五”规划纲要》。共同就服务贸易发展过程中出现的重大问题组织调研，推动落实各项扶持鼓励政策。要切实发挥各部门在中国服务贸易协会指导委员会中的作用，支持中国服务贸易协会发展壮大。在“中国服务贸易指南网”的建设中，要充分集成整合各部门的资源，实现各部门信息共享。

（四）健全地方服务贸易促进协调机制。地方各级商务主管部门要根据自身实际情况，在现有基础上，继续大力充实服务贸易工作机构的人员和工作职责。要加大工作力度，牵头成立由相关管理部门参加的服务贸易发展跨部门协调机制，加强各部门的协调沟通，形成各部门密切配合、政府和企业紧密联系的服务贸易促进协调机制和工作体系。

（五）充分发挥服务贸易发达地区的示范带动作用。在基础较好、条件成熟的长三角、珠三角、环渤海地区探索建立服务贸易示范区。

（六）提高服务贸易调查研究工作的水平。加强服务贸易理论研究，以及建立专业性研究机构的研究，与国际组织和国外服务贸易中介机构广泛建立联系，掌握国际国内服务贸易发展动态和趋势，为各级政府决策提供政策依据，为企业制定发展战略提供参考和帮助。商务部将就促进重点行业出口开展调研工作，请各地商务主管部门配合做好有关工作。

（七）加强服务贸易人才建设。落实和完善各项培养服务贸易人才的政策。加强职业培训和岗位技能培训，提高从业人员素质。积极实施“人才强商”工程，开展服务贸易人才培训，举办服务贸易综合知识、服务贸易统计等培训班，提高全国商务系统服务贸易工作人员和企业骨干的理论水平和业务工作能力。

三、完善服务贸易扶持政策措施

（八）研究制定服务贸易中长期发展规划。广泛调研，深入分析我国服务贸易的行业、区域特点，尤其是地方特色和比较优势，制定《服务贸易发展中长期规

划》。各地要结合本地实际情况研究制定本地的服务贸易发展中长期规划。

（九）研究制定扶持服务贸易发展的政策措施。会同有关部门研究制订加快发展我国服务贸易的若干意见，出台财税、金融、外汇、通关、商检、人员出入境等方面的支持政策，简化工作程序，为服务贸易企业发展创造条件。各地要研究出台适合本地服务贸易发展的政策措施，引导各类资源向有优势的服务贸易出口行业集中。

（十）培育重点出口企业。扶持服务贸易出口企业，培育出口品牌，根据不同行业和不同目标市场国家（地区）的特点，重点分析有比较优势行业的自主出口品牌现状，研究制定扶持和推介措施，提升服务层次和水平。打造一批主业突出、具有核心竞争力、能够发挥龙头骨干作用和参与国际竞争的服务贸易企业和企业集团。保护我国知名品牌在海外的合法权益，为自主出口品牌"走出去"提供法律和政策保障。

（十一）促进专业人士服务出口。研究制定政策措施，推动我国具有优势的行业发展专业人士服务出口。逐步放宽对服务贸易从业人员出入境管理，鼓励符合条件的人员到境外开拓市场，从事相关服务，尤其是为中国在境外公司及其分支机构、华人提供服务。

四、促进重点行业服务贸易发展

（十二）研究制定服务贸易出口指导目录。积极与有关部门合作，在制定技术进出口目录、文化出口重点企业和项目目录的基础上，有重点、分阶段、多形式地制定服务贸易重点行业出口目录。在继续扩大文化、技术贸易、软件和服务外包、旅游、运输服务、建筑服务等领域出口的同时，积极开拓金融保险、体育、广告、咨询等领域的出口，推动落实相关政策措施，培育服务贸易出口新的增长点。各地要结合本地的实际情况，研究制定本地的服务贸易出口指导目录，突出重点行业，抓住关键环节，促进服务贸易的发展。

（十三）开拓对外文化贸易。贯彻落实鼓励和支持文化产品和服务出口的若干政策，会同有关部门对列入国家文化出口重点企业和项目目录的企业给予扶持。集成各地文化优势资源和政策优势，建设若干个中国文化出口基地。鼓励和支持各地文化类骨干企业参加中外大型国际展会，组织有国际竞争力和出口潜力的文化企业和项目赴海外推介，促进企业开展国际交流与合作。

（十四）发展注册会计师服务出口。贯彻落实《关于支持会计师事务所扩大服务出口的若干意见》（商服贸发〔2007〕507号）。推动有关国家和地区的会计市场开放。鼓励和支持会计师事务所为中国各类型企业"走出去"提供专业服务。在中国香港服务贸易洽谈会上举办"会计服务合作圆桌会议"。在第二届中国服务贸易大会上举办会计师服务出口对口洽谈会。组织会计师事务所赴北非、西亚国家和地区开展宣传推介活动，积极开拓市场。

（十五）促进软件出口及服务外包。软件出口是服务外包发展的方向，要探索鼓励软件出口的政策措施，发展以软件为基础的信息服务出口和服务外包。进一步完善国家级软件出口基地建设，定期召开基地工作会议，增强中央与地方的沟通与交流，建立基地发展评估体系，指导基地做好软件出口和服务外包的促进工作，研究扶持基地发展的政策措施。资助软件及相关信息服务出口企业赴海外参展。积极促进动漫产品出口，对我国动漫产品出口进行全面研究，制定扶持动漫企业走出去的政策措施。

（十六）推动运输服务出口。深入研究中国运输服务贸易的现状和存在的问题，探索中国运输服务的发展方向，制定发展运输服务贸易的政策措施。鼓励中国企业更多地承运中国出口货物，提高运输服务能力和水平，减少运输服务逆差。通过谈判，为企业争取有利的运输服务市场准入条件。

（十七）开展中医药服务贸易试点建设工作。加快制定出台《关于促进落实中医药国际服务贸易发展的若干意见》，营造加快中医药国际服务贸易发展的宏观环境，建立符合国际规范的中医药服务贸易促进体系，推动中医药服务贸易健康发展。会同国家中医药管理局在国内设立中医药服务贸易试点基地，在试点经验成熟后逐步推广。

（十八）大力促进技术出口。研究技术出口促进政策，出台切实可行的技术出口鼓励措施，加强多双边技术交流和合作，推动优势技术出口。

五、加强服务贸易统计工作

（十九）健全服务贸易统计体系。贯彻落实《国际服务贸易统计制度》，结合国际服务贸易统计的最新进展与实践经验，在深入调研的基础上，不断完善中国服务贸易统计制度，适时出台《国际服务贸易统计管理办法》。加强与国际组织的联系，提高中国服务贸易统计的水平。加强与各部门在统计方面的合作，探索实施科学、规范的服务贸易统计调查方法。

（二十）开展重点行业和省市统计。强化分行业统计分析，完善文化贸易等专项统计，统筹技术进出口、软件出口和服务外包统计，定期发布软件出口、技术进出口和服务外包统计数据。开展分省市统计，定期向地方商务主管部门反馈服务贸易统计数据。各地商务主管部门要根据《国际服务贸易统计制度》报送附属机构服务贸易统计有关数据，加强统计分析，把握本地服务贸易发展动态，研究服务贸易发展对当地经济的影响。

（二十一）建立统计分析体系。开展服务贸易运行监测与分析，完善统计分析指标，把握服务贸易总体动态，关注附属机构服务贸易发展状况，研究服务贸易发展对国民经济的影响以及与相关产业的互动效应；开展双边服务贸易统计比较分析，把握国别（地区）市场状况。完善服务贸易统计数据库。做好《中国服务贸易发展报告》、《中国服务贸易统计》、《文化贸易统计快报》等的编撰工作，不定期发布服务贸易进出口分析报告、行业分析报告和国别（地区）市场分析报告等。

六、推进技术引进消化吸收再创新

（二十二）研究制定鼓励技术引进消化吸收再创新的政策措施。提高技术引进消化吸收再创新能力是增强我国自主创新能力，建设创新型国家的重要方面。要落实《关于鼓励技术引进和创新，促进转变外贸增长方式的若干意见》（商服贸发〔2006〕13号）。加强国内外调研，完善并落实《进口贴息资金管理暂行办法》，做好技术进口贴息项目的审核工作；推动《鼓励进口技术和产品目录》的调整和细化，提高目录的可操作性。给予国家鼓励的进口商品信贷支持，推动重点技术进口企业利用优惠贷款进口先进技术。研究建立消化吸收再创新专项资金，鼓励金融机构向企业提供优惠贷款。研究制定相关税收优惠政策，推荐消化吸收再创新项目参加科学技术奖励评审。建立技术引进消化吸收再创新公共信息服务平台。

（二十三）完善技术贸易管理。推动修订《中华人民共和国技术进出口管理条例》。抓紧修订《禁止进口限制进口技术管理办法》、《禁止出口限制出口技术管理办法》和《技术进出口合同登记管理办法》，下放限制进出口技术的核准权限，建立监督检查机制，完善自由进口技术合同的登记程序。根据《中韩技术交流合作谅解备忘录》，办好“第五届中韩技术展示暨洽谈会”。

七、健全服务贸易促进体系

（二十四）完善“中国服务贸易指南网”。丰富网站内容，完善项目和企业数据库，实现网上项目对接；增加网站语言，进行网络互动，实现与相关国际组织和机构的合作和交流。充实各地“服务贸易指南网”子站的内容，加快信息更新，完成地方专栏建设，实现网站互动交流。力争在较短的时间内把“中国服务贸易指南网”建成较为成熟的服务贸易公众信息服务平台。

（二十五）举办第二届中国服务贸易大会。在第一届中国服务贸易大会成功举办国际论坛、研讨会的基础上，进一步丰富大会内容，增加企业对口洽谈会，组织项目对接，举办服务贸易专业性展览展示。加强与世界贸易组织等国际组织的合作，扩大与国外服务贸易中介机构的联系，扩大大会的影响，逐步将中国服务贸易大会打造成在国际上有重大影响的中国服务贸易品牌展会。

（二十六）提升中国（深圳）国际文化产业博览交易会国际化水平。协助指导文博会国际文化馆的招商招展工作，努力吸引欧美客户参展参观。与相关国际组织合作，组织高峰论坛，扩大文博会国际影响力。加强与香港特区政府的合作，帮助办好香港展区，借助香港的优势共同推动中国文化走出去。各地要积极组织本地企业参展，参加高峰论坛，组织项目参加对口洽谈会。各驻外经商机构要帮助文博会开展海外招商推介工作，协助邀请海外客商参加文博会。

（二十七）继续办好大连软件交易会。借助大连的区位优势和服务业国际化优势，积极开展国际推介，树立国际声誉和影响力，为中国企业开拓国际服务贸易市场牵线搭桥。

（二十八）办好第二届中国香港国际服务贸易洽谈会。洽谈会采取展示、论坛（圆桌会议）和对口洽谈相结合等多种方式，包括服务贸易发展论坛、行业合作分论坛（圆桌会议）、地方重点领域分论坛（圆桌会议）以及企业对口洽谈等，涉及中医药服务贸易、会计服务、动漫产品和服务、文化贸易、工业设计、软件出口、服务外包、品牌设计和推广等多个领域。

（二十九）创新服务贸易促进方式。探讨设立服务贸易促进机构从事服务贸易推广和促进工作。促进机构应密切与企业和各服务业行业的联系，选择重点行业成立专家咨询委员会，在行业专家的指导下，依据不同行业特点，研究制定推广方案并组织实施。

八、加强服务贸易的国际交流与合作

（三十）加大服务贸易领域的开放力度。把握新一轮国际产业转移机遇，积极稳妥地扩大服务业开放，承接服务业转移，促进中国服务业产业结构调整和升级。引导外资合理有序流向服务贸易领域。着眼于提升我国服务业发展水平，分阶段、有重点地扩大服务贸易进口。着重引进境外先进的经营方式、先进适用技术、管理理念和经验。

（三十一）利用多边和区域渠道加强对重大问题的谈判和磋商。紧密结合我国服务业发展现状和实力，在多边贸易体制和区域贸易安排（特别是自由贸易区）谈判中，有针对性地制定“要价-出价”方案，全力争取我方权益，适当照顾对方关切。通过国际谈判，推动建立平等、自由的国际服务贸易体系。推动世界各国逐步放宽对服务贸易从业人员出入境限制。

（三十二）将服务贸易纳入双边经贸重点促进工作的范畴。对重点国别的服务贸易市场进行调研，拓展服务贸易促进渠道，深化服务贸易推广和促进工作，通报双边情况，为企业“走出去”提供服务。与美国、英国、日本等重点国家的服务贸易管理机构建立联系，组织好中国与欧盟在服务贸易领域的司级定期联系机制的相关工作，促进双方企业交流合作。

（三十三）深化内地与香港在服务贸易领域的合作。充分利用香港的优势，提升内地服务贸易的国际竞争力。实施与香港贸发局签署的服务贸易合作框架协议，在建立合作对话机制、实现信息共享、合作举办推广活动、从事专题政策研究和共同培养推广人才等方面加强与香港贸发局的合作。

九、充分发挥中国服务贸易协会作用

（三十四）扶持中国服务贸易协会发展壮大。充分发挥中国服务贸易协会作用，支持协会的工作。按照市场经济要求，整合行业资源，加强对外宣传，提升行业整体形象。积极扩大协会的影响，完善协会职能，加强协会和政府、协会和企业的联系，切实帮助企业解决面临的实际问题。依据服务贸易行业发展情况，选择条件成熟的行业，组建专业委员会。

（三十五）坚持协会市场化运作。塑造、推广中国服务贸易品牌形象，根据各地区位和行业优势，指导建立健全地方服务贸易民间自律、协调机制，与地方协会建立多种形式的联系，实现地区间资源共享、相互融合。承办好美国 Gartner 展会和第二届中国香港国际服务贸易洽谈会，以展会为契机，扩大协会影响，做好与国际知名服务贸易企业和组织的联系工作。

（三十六）积极为中国服务贸易企业提供服务。加强服务贸易培训工作，不定期举办服务贸易知识专题讲座，增强协会成员对发展服务贸易的认识，提高协会成员政策建议的水平，积极为我国参与多双边服务贸易谈判出谋划策。

商务部

二〇〇八年三月二十四日

商务部关于促进我国服务外包发展状况的报告

商资发〔2008〕130号

为落实《十一五规划纲要》关于“简历若干服务外包基地，有序承接国际服务业转移”和国务院《关于加快发展服务业的若干意见》（国发〔2007〕7号）的要求，紧紧围绕党的十七大关于“创新利用外资方式，优化利用外资结构，发挥利用外资在推动自主创新、产业升级、区域经济协调发展”的总体目标，切实转变贸易发展方式，提高利用外资的质量和水平，2006年起，商务部会同信息产业部、科技部、教育部、财政部实施了推动服务外包产业发展的“服务外包千百十工程”（以下简称“千百十工程”），取得积极成效。现将“千百十工程”进展情况及下一步重点工作报告如下：

一、“千百十工程”的目标和取得的成效

“千百十工程”的主要目标是：在“十一五”期间，在全国建成10个具有一定国际竞争力的服务外包基地城市，推动100家世界著名跨国公司将其一定规模的服务外包业务转移到中国，培育1 000家取得国际资质的大中型服务外包企业，创造有利条件，全方位承接国际（离岸）服务外包业务，力争5年内新增20~30万大学生就业，培训30~40万承接服务外包所需的实用人才，实现2010年服务外包出口额在2005年基础上翻两番。

“千百十工程”实施以来，得到了国务院领导的高度重视，各相关部委、地方人民政府的大力支持及跨国公司和服务外包企业的积极响应。“千百十工程”的实施，大大推进了我国服务外包产业的发展。据初步统计，截至2007年底，全国服务外包企业1 731家，就业人员超过10万人，取得各类国际资质认证的服务外包企业846家，2007年服务外包出口合同执行金额20.94亿美元，比2005年全年（9.6亿美元）增长118.13%。

二、推动“千百十工程”实施的政策措施

（一）建立部际合作协调机制

经协商一致，商务部会同信息产业部、科技部、教育部成立服务外包“千百十工程”部际合作协调机制，共同研究解决服务外包产业发展过程中出现的问题，制定支持政策，明确各部门工作目标和任务，推动“千百十工程”实施和服务外包发展。

（二）开展“中国服务外包基地城市”和“中国服务外包示范园区”的认定工作

为加快我国承接国际（离岸）服务外包业务发展，提高我国服务外包企业竞争力，商务部、信息产业部、科技部自2006年起选择一批中心城市和重点地区作为开展承接国际（离岸）服务外包的“基地城市”和“示范园区”，在宏观政策、规划设计、投资促进、综合协调等方面给予支持，对提升所在地区服务外包产业整体水平，起到了示范和带动作用。

截至2007年底，商务部会同信息产业部、科技部认定北京、天津、大连、上海、南京、杭州、合肥、济南、武汉、长沙、深圳、广州、成都、西安等14个城市为“中国服务外包基地城市”（以下简称“基地城市”），认定苏州工业园区、无锡太湖保护区、大庆服务外包产业园、南昌高新区共4个“中国服务外包示范区”（以下简称“示范区”）；天津经济技术开发区为中国服务外包培训中心。商务部、信息产业部、科技部与上述“基地城市”、“示范区”分别签署共建协议，支持其发展。

（三）制定并实施财政支持政策

2008年2月，财政部、商务部出台《关于支持承接国际服务外包业务发展相关财税政策的意见》（财企〔2008〕32号），在中央财政资金和税收政策方面重点支持我国承接国际服务外包基地建设、服务外包人才培

训、服务外包企业国际资质认证、促进服务外包产业跨越式发展。

在财政部等部门的大力支持下，商务部、科技部、信息产业部安排专项资金支持服务外包产业发展。

1. 商务部、财政部安排中央外贸发展基金用于“千百十工程”人才培训。2007年，全国21个省市的425家服务外包企业和54家培训机构约5万人将享受到近1.5亿元的中央财政培训资金支持。

2. 商务部、财政部使用中央外贸发展基金的“中小企业国际市场开拓基金”支持服务外包企业取得国际认证和开拓国际市场。

3. 信息产业部自2001年起每年利用电子发展基金支持软件与信息服务外包项目，2007年安排4 100万元支持中国服务外包基地城市，依据“资源共享、业务合作、优势互补、可持续发展”的思路，建设包括共性技术支持、知识产权服务、人才培训服务、国家公共品牌为主要内容的软件与信息服务外包公共支撑平台体系。

4. 商务部、财政部安排6 000万元中央外贸发展基金用于“基地城市”、“示范区”公共技术平台建设。

5. 科技部安排中小企业创新基金支持“基地城市”、“示范区”公共技术平台建设。

6. 商务部、财政部安排400万元用于公共信息平台建设。

7. 商务部、财政部安排知识产权保护专项资金用于“基地城市”与国家知识产权保护网工作。

（四）实施税收、劳动工时等政策试点

经国务院批准，财政部、科技部、商务部、税务总局、劳动保障部等部门在苏州工业园区进行税收、工时政策试点，对符合条件的服务外包企业（技术先进型现代服务企业）试行所得税减免、营业税减免、职工教育经费税前扣除，并实行特殊工时制等。

（五）加强产业政策指导

经国务院批准，新修订颁布的《外商投资产业指导名录》中，将服务外包列为鼓励类项目。此外，2006年底，科技部、商务部将服务外包列入《鼓励外商投资高新技术产品名录》，服务外包产业享有相应的鼓励政策。

（六）加大金融支持力度

商务部与中国出口信用保险公司共同合作，中国出口信用保险公司为“基地城市”、“示范区”和符合条件的服务外包企业提供包括信用管理、融资便利、风险保障、海外投资保险等支持。

（七）推动公共服务支撑平台建设，开通相关服务外包网站

由商务部牵头，中国国际投资促进会、“基地城市”、“示范区”共同建设，开通“中国服务外包网”。信息产业部指导软件与集成电路促进中心建立并开通了“国家软件与信息服务外包公共支撑平台”网站。上述网站作为重要的公共信息平台，大力宣传了我国服务外包政策和承接能力、全面介绍服务外包承接地和服务外包企业等信息，并为发包商和承接企业提供了项目对接平台。

（八）加强知识产权保护

商务部在基地城市和示范区建立知识产权投诉举报中心，与商务部建立的50个中心城市“知识产权保护网”连网，为承接国际服务外包业务打造良好的环境，并组织基地城市的服务外包示范区与所在城市的知识产权保护部门签署合作协议。

（九）地方出台配套政策

已认定的14个“基地城市”、4个“示范区”结合当地产业发展情况，出台地方配套鼓励政策，重庆、哈尔滨、青岛等其他城市也制定了鼓励措施。湖南省、杭州市和成都市还出台了专项财税配套政策用于支持本地方服务外包业务发展。

（十）做好投资促进工作

通过在中国国际投资贸易洽谈会、第十一届中国国际软件博览会等重大国际性会展活动期间，举办服务外包论坛和专题研讨会，发布《2007中国服务外包报告》、《2007中国软件与信息服务外包产业发展白皮书》建立基地城市综合评价体系，筹备设立中国服务外包研究中心等，加强服务外包发展宣传，并与国际知名的Gartner公司（同服务外包业务对接，IT研究与咨询的权威机构）合作，自今年起每年在中国举办一次“中国服务外包博览会”，由各基地城市轮流申办。中国国际投资促进会还与“基地城市”、“示范区”成立了“服务外包基地城市工作委员会”。

三、下一步重点工作

（一）加强并完善部际合作协调机制

我国服务外包发展尚属起步阶段，涉及面广，发展过程中存在着许多新的问题。为进一步推动服务外包产业发展，拟在已建立的4部委部际合作协调机制下，增加财政部、税务总局、劳动部作为成员单位。今后将根据服务外包产业发展需要，增加相关部门作为成员单位。服务外包部际合作协调机制办公室设在商务部，加强部门间的合作与协调，为各部门提供服务。

（二）全面落实各项政策措施，扩大政策试点范围

在各部门的共同努力下，出台了一系列政策措施，对促进服务外包产业发展起到了积极作用。为把政策落到实处，用足用好，商务部将会同有关部门抓紧细化落实相关政策，充分发挥政策效应。

在总结苏州工业园区技术先进型服务外包企业税收优惠和劳动工时试点经验的基础上，向国家确定的服务外包基地城市、服务外包示范区，以及列入商务部、财政部重点支持名录的服务外包企业进行推广；落实中西部等国家级经济技术开发区内的服务外包基础设施建设项目，享受中央财政贷款贴息的政策等。

（三）研究制定新政策

为提高服务外包企业的国际竞争力，针对国际服务外包企业特点，抓紧研究出台数据保密、知识产权保护、增值电信服务、外汇支持、人才培养和储备等鼓励政策，形成较为完整的政策支持体系。

商务部会同信息产业部研究出台关于外商投资电信增值服务、解决国际电信端口问题等电信管理政策；会同教育部、人事部、劳动部研究扩大服务外包就业，如人才招聘、从业人员资质认定等相关政策。

（四）加大财政资金支持力度

商务部将会同有关部门积极整合资源，继续研究出台财政专项资金支持政策，重点支持“基地城市”、“示范区”的公共服务、技术、培训、信息平台及综合配套设施建设，鼓励服务外包企业积极承接国际服务外包，做大做强。

（五）创新服务外包促进方式

有商务部会同相关部门举办年度“中国服务外包博览会”；在今年中部博览会期间，举办与跨国公司的签约仪式，促进其服务外包业务加速向中国转移；建立“中国服务外包研究中心”，加强服务外包基础研究，每年对外发布《中国服务外包发展报告》、《中国软件与信息服务外包产业发展白皮书》；共同推动设立以企业为主体的外包行业组织，研究组建“中国服务外包协会”，全力打造“中国服务”品牌，统筹规划，形成合力，积极有序地开展服务外包投资促进工作。

（六）编制发展规划，制定相关标准

鼓励各地方制定促进服务外包发展规划。商务部会同相关产业部委研究制定全国服务外包产业发展规划。研究制定服务外包产业的各项标准。

服务外包是现代高端服务业的重要组成部分，发展服务外包不仅有利于优化出口结构，转变贸易方式，提高吸收外资的质量和水平，同时将大大促进我国中心城市经济结构调整，缓解发展中遇到的能源、环境压力，解决大学生就业。为加快推进服务外包产业发展，商务部拟会同相关部门于2008年5月召开“全国服务外包工作座谈会”，认真分析全球和我国服务外包发展趋势，讨论继续支持服务外包产业发展的政策措施，交流经验，研究工作重点。

特此报告。

中华人民共和国商务部

二〇〇八年四月十日

财政部　商务部关于做好 2008 年度支持承接国际服务外包业务发展资金管理工作的通知

财企〔2008〕140 号

各省、自治区、直辖市、计划单列市财政厅（局）、商务主管部门，新疆生产建设兵团财务局、商务局：

为加快我国服务外包产业发展，支持服务外包企业做大做强，积极承接国际服务外包业务，促进贸易增长方式的转变，财政部、商务部安排专项资金，重点支持我国服务外包基地城市公共平台建设及企业发展，降低服务外包人才定制培训的成本。现就有关事项通知如下：

一、2008 年资金支持的领域和重点

（一）2008 年重点支持商务部会同工业和信息化部、科技部确定的“中国服务外包基地城市”、“中国服务外包示范园区”（以下简称服务外包承接地）的服务外包企业，以及符合第二条规定并且列入商务部重点服务外包企业名录的企业。

（二）鼓励提供各类适用承接国际服务外包人才的符合第二条规定的培训机构（含大专院校，以下简称培训机构）。

（三）支持服务外包承接地的相关公共服务平台设备购置及运营费用。

（四）支持服务外包企业取得国际通行的资质认证。

二、申请支持的企业和培训机构须具备的条件

（一）申请的服务外包企业必须符合下列条件：

1. 在中国境内注册的，具有企业法人资格，且依法备案登记的对外贸易经营者；

2. 近两年在进出口业务管理、财务管理、税收管理、外汇管理、海关管理等方面无违法行为；

3. 已与一家或多家服务外包发包商签订中长期提供服务外包业务合同，企业每年提供服务外包业务额不低于 150 万美元，其中向境外最终客户提供服务外包业务额占 70%以上；

4. 具有服务外包承接能力及服务外包市场开拓和项目管理人员，大学（含大专）毕业及以上学历员工占公司员工总数 70%以上。

（二）申请的培训机构必须符合下列条件：

1. 具有服务外包人才培训的从业资格；

2. 具有符合条件的场地、设施、专业教材和师资力量；

3. 具有为承接服务外包企业提供定制培训的经验；

4. 具有健全的财务制度和合格的财务管理人员；

5. 所申报的培训项目原则上为非盈利培训。

三、支持的标准和支持方式

（一）对符合条件的服务外包企业，从 2007 年 9 月 1 日起，每新录用 1 名大学本科（含大专）以上学历员工从事服务外包工作并签订 1 年以上《劳动合同》的，给予企业每人不超过 4 500 元的定额培训支持（定向用于上述人员的培训）。对被录用人员提前解除合同，并在原合同规定的一年期内，与其他服务外包企业或原企业签订新的《劳动合同》的，不再给予上述企业定额培训支持。

（二）对符合条件的服务外包培训机构，从 2007 年 9 月 1 日起，其培训的从事服务外包业务人才（大专以上学历），通过服务外包专业知识和技能培训考核，并与服务外包企业签订 1 年以上《劳动合同》的，给予培训机构每人不超过 500 元的定额培训支持。

（三）对 2007 年 9 月以后取得“中国服务外包基地城市/示范园区”称号的服务外包承接地有关公共服务平台设备购置及运营费用，给予定额支持，专项支持公共技术服务平台、公共信息服务平台和公共培训服务平台所需设备购置及运营费用。具体由各基地城市财政、商务主管部门制定资金专项使用管理办法，逐级上报财

政部、商务部备案后安排使用。

2007年享受公共服务平台建设财政资金支持的地方，应将本地区服务外包公共服务平台资金具体使用办法及2007年资金使用情况上报财政部和商务部。

（四）对符合条件的服务外包企业自2008年1月1日以来取得的开发能力成熟度模型集成（CMMI）、开发能力成熟度模型（CMM）、人力资源成熟度模型（PCMM）、信息安全管理（ISO27001/BS7799）、IT服务管理（ISO20000）、服务提供商环境安全性（SAS70）等相关认证及认证的系列维护、升级给予支持，每个企业每年最多可申报3个认证项目，每个项目不超过50万的资金支持。

四、资金的申请和拨付

（一）符合上述条件的服务外包企业和培训机构，可在2008年7月30日之前，向所在城市商务、财政主管部门提出培训资助申请，并登录www.fwwb.gov.cn（服务外包业务信息管理系统）网站进行填报。

1. 服务外包企业申请人才培训资金需提供下列材料：

(1)《服务外包人才培训资金补助申请表》（网站自动生成）；

（2）录用人员身份证明及大专以上学历证明复印件；

（3）被录用人员与服务外包企业签订的1年以上的《劳动合同》复印件。

2. 培训机构申请资金还需提供下述材料：

（1）有关部门提供的依法从业资质证明；

（2）每期项目的培训方案及课程安排；

（3）出具为服务外包企业提供定制培训的材料（含培训机构与服务外包企业签订的定制培训协议）；

（4）培训机构颁发被培训人员专业知识和技能培训考核合格证书复印件；

（5）被培训人员的培训费用缴费凭证复印件；

（6）每期培训项目成本、收费标准等明细情况。

3. 服务外包企业申请国际认证补助资金需提供下列材料：

（1）企业获得的国际资质认证证书复印件；

（2）企业与相关国际认证评估顾问公司签订的合同协议复印件；

（3）企业缴纳认证费用凭证的复印件。

4. 申请服务外包公共服务平台支持资金需提供如下材料：

（1）取得“中国服务外包基地城市/示范区”的批准文件；

（2）服务外包公共服务平台支持资金申请文件；

（3）本地区服务外包公共服务平台资金具体使用办法。

（二）经所在城市商务、财政主管部门联合会审并上报省级商务、财政主管部门。省级商务、财政主管部门应尽职审核，并在2008年9月30日前，将《2008年度服务外包企业录用人员汇总表》（网站自动生成）、《2008年度服务外包人才培训资助汇总表》（网站自动生成）和《2008年度服务外包企业申请国际认证补助资金汇总表》（网站自动生成）以及相关认证申报材料逐级上报至财政部、商务部。

（三）商务部会同财政部审核各地上报的申请后，确定支持金额。财政部于本年度内按照预算级次拨付各省级财政部门，由省级财政部门按照国库管理规定拨付至服务外包企业和培训机构。

五、各地财政、商务主管部门要切实加强资金的监督管理，确保资金及时到位。对承办企业报送的资金拨付申请等有关材料要妥善保管，以备核查。

六、严禁任何单位骗取、挪用或截留资金。对违反本通知规定的单位，财政部、商务部将全额收回资金，取消其以后年度申请资格，并按《财政违法行为处罚处分条例》（国务院令第427号）予以处理；情节严重或触犯国家法律的，依法追究相关人员或单位的责任。

各地在执行本通知规定过程中，应认真总结经验。发现问题，及时向财政部（企业司）、商务部（财务司、外资司）反映。

特此通知。

附件：

1. 服务外包人才培训资金补助申请表（编注：本书略）

2. 2008年度服务外包企业录用人才汇总表（编注：本书略）

3. 2008年度服务外包人才培训资助汇总表（编注：本书略）

4. 2008年度服务外包企业国际认证资助汇总表（编注：本书略）

二〇〇八年七月九日

国家电子政务工程建设项目管理暂行办法

国家发展和改革委员会第 55 号公告

第一章　总则

第一条　为全面加强国家电子政务工程建设项目管理，保证工程建设质量，提高投资效益，根据《国务院关于投资体制改革的决定》及相关规定，制定本办法。

第二条　本办法适用于使用中央财政性资金的国家电子政务工程建设项目（以下简称“电子政务项目”）。

第三条　本办法所称电子政务项目主要是指：国家统一电子政务网络、国家重点业务信息系统、国家基础信息库、国家电子政务网络与信息安全保障体系相关基础设施、国家电子政务标准化体系和电子政务相关支撑体系等建设项目。

电子政务项目建设应以政务信息资源开发利用为主线，以国家统一电子政务网络为依托，以提高应用水平、发挥系统效能为重点，深化电子政务应用，推动应用系统的互连互通、信息共享和业务协同，建设符合中国国情的电子政务体系，提高行政效率，降低行政成本，发挥电子政务对加强经济调节、市场监管和改善社会管理、公共服务的作用。

第四条　本办法所称项目建设单位是指中央政务部门和参与国家电子政务项目建设的地方政务部门。项目建设单位负责提出电子政务项目的申请，组织或参与电子政务项目的设计、建设和运行维护。

第五条　本办法所称项目审批部门是指国家发展改革委。项目审批部门负责国家电子政务建设规划的编制和电子政务项目的审批，会同有关部门对电子政务项目实施监督管理。

第二章　申报和审批管理

第六条　项目建设单位应依据中央和国务院的有关文件规定和国家电子政务建设规划，研究提出电子政务项目的立项申请。

第七条　电子政务项目原则上包括以下审批环节：项目建议书、可行性研究报告、初步设计方案和投资概算。对总投资在 3 000 万元以下及特殊情况的，可简化为审批项目可行性研究报告（代项目建议书）、初步设计方案和投资概算。

第八条　项目建设单位应按照《国家电子政务工程建设项目项目建议书编制要求》（附件一）（编注：本书略）的规定，组织编制项目建议书，报送项目审批部门。项目审批部门在征求相关部门意见，并委托有资格的咨询机构评估后审核批复，或报国务院审批后下达批复。项目建设单位在编制项目建议书阶段应专门组织项目需求分析，形成需求分析报告送项目审批部门组织专家提出咨询意见，作为编制项目建议书的参考。

第九条　项目建设单位应依据项目建议书批复，按照《国家电子政务工程建设项目可行性研究报告编制要求》（附件二）（编注：本书略）的规定，招标选定或委托具有相关专业甲级资质的工程咨询机构编制项目可行性研究报告，报送项目审批部门。项目审批部门委托有资格的咨询机构评估后审核批复，或报国务院审批后下达批复。

第十条　项目建设单位应依据项目审批部门对可行性研究报告的批复，按照《国家电子政务工程建设项目初步设计方案和投资概算报告编制要求》（附件三）（编注：本书略）的规定，招标选定或委托具有相关专业甲级资质的设计单位编制初步设计方案和投资概算报告，报送项目审批部门。项目审批部门委托专门评审机构评审后审核批复。

第十一条　中央和地方政务部门共建的电子政务项目，由中央政务部门牵头组织地方政务部门共同编制项目建议书，涉及地方的建设内容及投资规模，应征求地方发展改革部门的意见。项目审批部门整体批复项目建议书后，其项目可行性研究报告、初步设计方案和投资概算，由中央和地方政务部门分别编制，并报同级发展改革部门审批。地方发展改革部门应按照项目建议书批复要求审批地方政务部门提交的可行性研究报告，并事先征求中央政务部门的意见。地方发展改革部门在可行性研究报告、初步设计方案和投资概算审批方面有专门规定的，可参照地方规定执行。

第十二条 中央和地方共建的需要申请中央财政性资金补助的地方电子政务项目，应按照《中央预算内投资补助和贴息项目管理暂行办法》（国家发展和改革委员会令第31号）的规定，由地方政务部门组织编制资金申请报告，经地方发展改革部门审查并报项目审批部门审批。补助资金可根据项目建设进度一次或分次下达。

第十三条 项目审批部门对电子政务项目的项目建议书、可行性研究报告、初步设计方案和投资概算的批复文件是项目建设的主要依据。批复中核定的建设内容、规模、标准、总投资概算和其他控制指标原则上应严格遵守。

项目可行性研究报告的编制内容与项目建议书批复内容有重大变更的，应重新报批项目建议书。项目初步设计方案和投资概算报告的编制内容与项目可行性研究报告批复内容有重大变更或变更投资超出已批复总投资额度百分之十的，应重新报批可行性研究报告。项目初步设计方案和投资概算报告的编制内容与项目可行性研究报告批复内容有少量调整且其调整内容未超出已批复总投资额度百分之十的，需在提交项目初步设计方案和投资概算报告时以独立章节对调整部分进行定量补充说明。

第三章 建设管理

第十四条 项目建设单位应建立健全责任制，并严格执行招标投标、政府采购、工程监理、合同管理等制度。

第十五条 项目建设单位应确定项目实施机构和项目责任人，并建立健全项目管理制度。项目责任人应向项目审批部门报告项目建设过程中的设计变更、建设进度、概算控制等情况。项目建设单位主管领导应对项目建设进度、质量、资金管理及运行管理等负总责。

第十六条 电子政务项目采购货物、工程和服务应按照《中华人民共和国招标投标法》和《中华人民共和国政府采购法》的有关规定执行，并遵从优先采购本国货物、工程和服务的原则。

第十七条 项目建设单位应依法并依据可行性研究报告审批时核准的招标内容和招标方式组织招标采购，确定具有相应资质和能力的中标单位。项目建设单位与中标单位订立合同，并严格履行合同。

第十八条 电子政务项目实行工程监理制。项目建设单位应按照信息系统工程监理的有关规定，委托具有信息系统工程相应监理资质的工程监理单位，对项目建设进行工程监理。

第十九条 项目建设单位应于每年七月底和次年一月底前，向项目审批部门、财政部门报告项目上半年和全年建设进度和概预算执行情况。

第二十条 项目建设单位必须严格按照项目审批部门批复的初步设计方案和投资概算实施项目建设。如有特殊情况，主要建设内容或投资概算确需调整的，必须事先向项目审批部门提交调整报告，履行报批手续。对未经批准擅自进行重大设计变更而导致超概算的，项目审批部门不再受理事后调概申请。

第二十一条 项目建设过程中出现工程严重逾期、投资重大损失等问题，项目建设单位应及时向项目审批部门报告，项目审批部门依照有关规定可要求项目建设单位进行整改和暂停项目建设。

第四章 资金管理

第二十二条 项目建设单位在可行性研究报告批复后，可申请项目前期工作经费。项目前期工作经费主要用于开展应用需求分析、项目建议书、可行性研究、初步设计方案和投资概算的编制、专家咨询评审等工作。项目审批部门根据项目实际情况批准下达前期工作经费，前期工作经费计入项目总投资。

第二十三条 项目建设单位应在初步设计方案和投资概算获得批复及具备开工建设条件后，根据项目实施进度向项目审批部门提出年度资金使用计划申请，项目审批部门将其作为下达年度中央投资计划的依据。

初步设计方案和投资概算未获批复前，原则上不予下达项目建设资金。对确需提前安排资金的电子政务项目（如用于购地、购房、拆迁等），项目建设单位可在项目可行性研究报告批复后，向项目审批部门提出资金使用申请，说明要提前安排资金的原因及理由，经项目审批部门批准后，下达项目建设资金。

第二十四条 项目建设单位应严格按照财政管理的有关规定使用财政资金，专账管理、专款专用。

第五章 监督管理

第二十五条 项目建设单位应接受项目审批部门及有关部门的监督管理。

第二十六条 项目审批部门负责对电子政务项目进行稽察，主要监督检查在项目建设过程中，项目建设单位执行有关法律、法规和政策的情况，以及项目招标投标、工程质量、进度、资金使用和概算控制等情况。对稽察过程中发现有违反国家有关规定及批复要求的，项目审批部门可要求项目建设单位限期整改或遵照有关规定进行处理。对拒不整改或整改后仍不符合要求的，项目审批部门可对其进行通报批评、暂缓拨付建设资金、暂停项目建设、直至终止项目。

第二十七条 有关部门依法对电子政务项目建设中的采购情况、资金使用情况，以及是否符合国家有关规定等实施监督管理。

第二十八条 项目建设单位及相关部门应当协助稽察、审计等监督管理工作，如实提供建设项目有关的资料和情况，不得拒绝、隐匿、瞒报。

第六章 验收评价管理

第二十九条 电子政务项目建设实行验收和后评价制度。

第三十条 电子政务项目应遵循《国家电子政务工程建设项目验收工作大纲》（附件四，以下简称《验收工作大纲》）的相关规定开展验收工作。项目验收包括初步验收和竣工验收两个阶段。初步验收由项目建设单位按照《验收工作大纲》要求自行组织；竣工验收由项目审批部门或其组织成立的电子政务项目竣工验收委员会组织；对建设规模较小或建设内容较简单的电子政务项目，项目审批部门可委托项目建设单位组织验收。

第三十一条 项目建设单位应在完成项目建设任务后的半年内，组织完成建设项目的信息安全风险评估和初步验收工作。初步验收合格后，项目建设单位应向项目审批部门提交竣工验收申请报告，并将项目建设总结、初步验收报告、财务报告、审计报告和信息安全风险评估报告等文件作为附件一并上报。项目审批部门应适时组织竣工验收。项目建设单位未按期提出竣工验收申请的，应向项目审批部门提出延期验收申请。

第三十二条 项目审批部门根据电子政务项目验收后的运行情况，可适时组织专家或委托相关机构对建设项目的系统运行效率、使用效果等情况进行后评价。后评价认为建设项目未实现批复的建设目标或未达到预期效果的，项目建设单位要限期整改；对拒不整改或整改后仍不符合要求的，项目审批部门可对其进行通报批评。

第七章 运行管理

第三十三条 电子政务项目建成后的运行管理实行项目建设单位负责制。项目建设单位应确立项目运行机构，制定和完善相应的管理制度，加强日常运行和维护管理，落实运行维护费用。鼓励专业服务机构参与电子政务项目的运行和维护。

第三十四条 项目建设单位或其委托的专业机构应按照风险评估的相关规定，对建成项目进行信息安全风险评估，检验其网络和信息系统对安全环境变化的适应性及安全措施的有效性，保障信息安全目标的实现。

第八章 法律责任

第三十五条 相关部门、单位或个人违反国家有关规定，截留、挪用电子政务项目资金等，由有关部门按照《财政违法行为处罚处分条例》等相关规定予以惩处；构成犯罪的，移交有关部门依法追究刑事责任。

第三十六条 对违反本办法其他规定的或因管理不善、弄虚作假，造成严重超概算、质量低劣、损失浪费、安全事故或者其他责任事故的，项目审批部门可予以通报批评，并提请有关部门对负有直接责任的主管人员和其他责任人员依法给予处分；构成犯罪的，移交有关部门依法追究刑事责任。

第九章 附则

第三十七条 本办法由国家发展和改革委员会负责解释。

第三十八条 本办法自二〇〇七年九月一日起施行。

二〇〇七年八月十三日

关于全国推广家电下乡工作的通知

财建〔2008〕862号

各省、自治区、直辖市、计划单列市人民政府，新疆生产建设兵团：

根据当前经济形势，为扩大国内需求，改善民生，拉动消费带动生产，促进经济平稳较快增长，国务院决定在全国推广“家电下乡”。现将有关事项通知如下：

一、山东、青岛、河南、四川、内蒙古、辽宁、大连、黑龙江、安徽、湖北、湖南、广西、重庆、陕西等14个省（自治区、直辖市、计划单列市）已经国务院批准从2008年12月1日起实施。吉林、新疆、甘肃、青海、宁夏、西藏、北京、天津、河北、山西、上海、江苏、浙江、宁波、福建、厦门、海南、江西、广东、深圳、云南、贵州等22个省（自治区、直辖市、计划单列市）及新疆生产建设兵团从2009年2月1日起开展家电下乡工作。

二、家电下乡产品为彩电、冰箱、洗衣机、手机四类产品，按产品销售价格13%予以补贴。具体产品型号及承担家电下乡任务的流通企业通过招标方式产生。

三、考虑到地震灾区和边疆少数民族地区的财力比较困难，对地方负担的家电下乡补贴资金，中央财政将予以补助。具体办法另行通知。

四、请按财政部、商务部印发的有关文件规定，抓紧制定实施方案及相关管理办法，采取切实有效措施，扎实推进家电下乡工作。

财政部　商务部　工业和信息化部

二〇〇八年十一月二十八日

国家发展和改革委员会　工业和信息化部　财政部　海关总署　国家税务总局关于印发2008年度国家鼓励的集成电路企业名单的通知

发改高技〔2008〕3697号

各省、自治区、直辖市及计划单列市发展改革委、经贸委（经委）、信息产业主管部门、财政局、国家税务局、地方税务局，海关总署广东分署、天津特派办、上海特派办、各直属海关：

为贯彻落实集成电路产业政策，根据《国家鼓励的集成电路企业认定管理办法（试行）》（发改高技〔2005〕2136号），经研究，国家发展改革委、工业和信息化部、财政部、海关总署、国家税务总局联合开展了国家鼓励的集成电路企业认定工作，现予以公布（名单附后）。

认定企业中投资额超过80亿元人民币、线宽小于0.25微米、线宽小于0.8微米（含）的集成电路生产企业（见附表备注），可享受财政部、国家税务总局财税〔2008〕1号文件有关优惠政策。此前经认定已开始享受定期减免税优惠的，可自获利年度起，继续享受到期满为止。企业享受进口税收优惠政策等具体事宜按现行规定办理。

附表：2008 年国家鼓励的集成电路企业名单

（编注：名单见本书第 3 部分资料一）

国家发展和改革委员会　工业和信息化部

财政部　海关总署　国家税务总局

二〇〇八年十二月三十一日

福建省厦门市人民政府办公厅关于印发市经发局、科技局、财政局《贯彻落实省促进 LED 和太阳能光伏产业发展政策实施意见》的通知

各区人民政府，市直各委、办、局，各开发区管委会：

厦门市经济发展局、科技局、财政局制定的《贯彻落实省促进 LED 和太阳能光伏产业发展政策实施意见》已经市政府同意，现印发给你们，请予认真组织实施。

厦门市人民政府办公厅

二〇〇七年十二月十三日

厦门市贯彻落实省促进 LED 和太阳能光伏产业发展政策的实施意见

福建省人民政府办公厅以闽政办〔2007〕52 号文转发了福建省信息产业厅、发展改革委、经贸委、科技厅、建设厅制定的《福建省促进 LED 和太阳能光伏产业发展的实施意见（2007~2010 年）》（以下简称《省实施意见》）。《省实施意见》明确了我省 LED 和太阳能光伏产业的发展方向和战略目标，提出了发展思路和工作重点，制定了有关政策和措施。为进一步推动我市 LED 和太阳能光伏产业发展，提出贯彻意见如下：

一、LED 和光伏产业是我市经济发展的战略性产业

半导体发光二极管（简称 LED）是新一代的节能照明产品。目前，国际上 LED 技术发展迅速，预计不久将进入普通照明领域，市场前景巨大，作为“十一五”国家重大专项的半导体照明已经启动。在各类可再生能源中，太阳能以其储量的“无限性”、存在的普遍性、开发利用的清洁性、安全性以及逐渐显露出的经济性等优势，将成为人类理想的替代能源。国家发改委在 2004 年宣布，将投资 2 000 多亿元，在西部和沿海地区发展太阳能产业，到 2015 年停止生产电、燃气热水器。建设部规划到 2010 年全国家庭住宅太阳能热水器普及率要达到 20%~30%。

国家科技部确定我市为全国 5 个“国家半导体照明工程产业化基地”之一。绿色照明、推广高效节能照明系

统已列入“十一五”国家十大节能工程之中。大力促进LED和太阳能光伏产业的发展，不仅能形成厦门经济发展新的增长点，也是建设资源节约型社会、环境友好型社会所必需。因此，要将发展LED和太阳能光伏产业提到我市经济和社会可持续发展的战略高度，采取切实有效的措施，培育产业核心竞争力，赢得市场竞争的先机。

二、发展思路

以市场为导向，把政府的引导、扶持作用与市场基础性作用结合起来，发挥政府在营造环境、推动集成创新与应用方面的协调作用。通过培育产业规模化生产能力在全国的优势地位，以应用产品为龙头，外引内联带动下游产业的发展。在承接产业和技术转移的基础上培育自主创新开发能力，打造产业可持续发展能力。

三、发展目标

从现在开始到“十二五”，LED以发展普通照明和应用产品为主攻方向；太阳能光伏产业主要发展环保节能领域的应用产品。争取到“十二五”中期：我市LED产业从外延、封装到应用形成比较完整的产业链，LED产品质量和档次得到较大提高，在功率型红黄光、小功率及功率兰绿光和白光普通照明领域实现产业化；培育若干个规模居国内领先地位，具有国际竞争力的名优品牌和龙头骨干企业；形成两三个国家级、省级工程（技术）研究中心、检测认证中心和应用研究中心，掌握一批具有自主知识产权的核心技术，达到LED光转化效率100lm/W的产业化技术目标。落实省政府提出全省以厦门市为核心，辐射福州、漳州、泉州、龙岩，拓展到莆田、宁德、三明、南平等地区的产业布局，实现“海峡西岸半导体照明工程产业化基地”的战略目标。以太阳能电池及其应用产品制造为重点，通过招商引资和政策扶持，使太阳能光伏产业在我市得到较快发展。

四、重点发展领域

（一）LED

1. LED外延片与芯片制造。发挥现有企业在产业化方面已具备的比较优势，重点发展功率型高亮度红黄光、兰绿光外延片及芯片，并最终实现LED普通白光照明产业化。大力扶持LED基础材料的技术创新。

2. 成品封装。重点发展先进适用的封装技术和产品，包括贴片式封装、柔性基板式封装、白小芯片封装及功率型封装；组合模块；荧光粉及封装材料研究与生产。

3. 应用产品。重点发展两类，一是能同步拉动本地上游、中游产业发展的背光源、汽车照明、城市路灯照明、室内装饰灯等应用产品，实现规模化生产；二是及时发展普通照明产品，取得市场先机。

（二）太阳能光伏

建立硅片切割、太阳能电池生产能力。发展太阳能电池发电的配套产品，如二次电池、蓄电池、逆变器、光敏管、控制器等。

五、建立有效的工作机制

贯彻《国务院办公厅关于加快推进行业协会商会改革和发展的若干意见》（国办发〔2007〕36号）精神，在LED和太阳能光伏产业发展中充分发挥行业组织的作用，建立政府制定产业政策、行业组织组织实施、咨询机构为政府决策服务的工作机制：

市经发局、科技局负责研究制定本市发展LED和太阳能光伏产业的产业政策、科技政策，指导行业组织开展工作，协调行业组织、企业与政府相关职能部门的关系。市经发局负责帮助企业协调解决生产经营中遇到的需政府部门、社会服务性机构（银行、供电、供水等）解决的问题。

市政府各相关部门按照本实施意见的要求，在各自职能范围内开展扶持LED和太阳能光伏产业发展、知识产权保护等各项工作。

市光电子行业协会经授权协助政府部门开展行业相关管理工作。如组织制定以能效为核心的行业标准；推荐新产品、新技术开发项目；提出行业发展规划意见建议；研究制定专项技术规范等。

建立太阳能光伏产业专家组，进一步完善市LED产业专家组，为政府部门的决策、行业组织的工作和企业提供咨询服务，为产业发展思路、发展方向、发展战略、技术路线及产业化项目把脉，提供决策依据。

六、政策措施

（一）大力推进招商引资

根据LED产业发展趋势，瞄准国际先进技术，通过招商引资，努力引进高档外延芯片制造技术，争取在国内率先实现中高档芯片的规模化生产。

将太阳能光伏产业列为当前全市招商引资的重点，由市光电子行业协会负责拟定招商引资导向。

（二）加大财政资金支持力度

加大对 LED 和太阳能光伏产业的财政支持力度，由市科技经费给予 LED 和太阳能光伏产业倾斜支持，主要用于建设产业技术平台；支持重点产品、核心技术的产业化研究开发，以及对引进技术先进性的评估等。

（三）支持新建项目用地

对新建项目所需用地优先安排用地指标，但必须采用公开招拍挂方式出让，在招拍挂出让方案中设置产业类别、技术水平、投资强度等准入条件，以支持 LED 和太阳能光伏产业集聚发展。符合以上准入条件的工业企业增资扩建项目，项目情况及其出让价格经公示无重大异议的，可按协议出让方式供地。

（四）培育具有国际竞争力的优势企业

瞄准国际先进技术，在上、中、下游各选择若干个已具有较好基础、资产质量优良的企业，从资金、土地、人才引进等方面给予集中扶持，支持企业在发展规模经济中提高技术水平。

鼓励、扶持 LED 和太阳能光伏产业的企业通过中小板上市融资，进一步扩大产业规模，不断提高市场竞争力。

（五）建设产业研发中心

依托骨干企业，政府从资金、人才引进等方面给予扶持，建设应用技术、封装技术中心；通过产学研合作，建设芯片技术研发中心。

（六）组织协同发展

LED 上中下游生产技术关联度较高，需要上中下游企业协同解决。因此，要从以下 3 个方面入手，优化上中下游产业技术，推动产业链协调发展：

一是支持实施以应用产品为龙头，带动上游封装、芯片生产企业与其统一规格，扩大生产规模的技术改造项目。

二是推动封装企业生产技术同步发展，组织企业协同攻关。对各封装企业拥有的技术诀窍，由行业组织协调企业间互相转让。对应用先进封装技术所进行的技术改造，由行业组织对其先进性进行评估后向政府提出给予资金支持的建议。

三是组织企业联合技术攻关、集成技术创新以提高整体技术水平，实现 LED 光转化效率 2007 年达到 70lm/w、2008 年达到 80lm/w、2009 年达到 90lm/w、2010 年达到 100lm/w 的产业化技术目标。

（七）加强海峡两岸产业合作

以台交会为平台，以行业协会等民间组织为接口，组织海峡两岸光电产业对接会、研讨会和展览会等活动，加强两岸项目、技术、资金及人才的交流合作，促进台湾光电子业技术与产业转移。支持两岸行业组织联合制定产品技术标准、推荐先进技术转移等。

（八）推动全社会应用 LED 产品和太阳能光伏产品

一是推动 LED 产品在本地区手机、平板显示器（LCD 和 LCDTV）、汽车照明等领域里的应用。凡非 LED 产业链企业应用地产 LED 产品提升产品技术含量和档次等项目，符合科技项目申报条件的，可申请科技专项资金扶持。

二是政府采购支持产业发展。由市财政局、经发局、科技局、发改委、贸发局及时公布我市 LED 和太阳能光伏产品推荐采购目录及其技术指标、地产优质产品推荐目录，并推荐进入省政府采购目录和省营销联盟推荐目录。

在LED 普通白光照明产品进入市场的初期，通过政府采购，在全市行政机关及财政拨款的事业单位率先使用。

三是建立“绿色能源”应用示范工程，加大 LED 和太阳能光伏产品推广应用的宣传力度，不断提高社会各界的节能意识，推动太阳能产品的应用。

（九）造就适应产业发展的人才队伍

充分利用我市各项人才政策，有计划、有步骤地引进、培养和造就一批高素质人才，包括科研人才、工程技术人才、高级技工等。加强职业教育和培训，在本市专科学校中设立相关的专业，培养技术工人。

（十）加强行业组织建设

积极联系省有关部门，争取省光电子行业协会设址厦门，与市光电子协会合署办公，进一步发挥厦门在全省 LED 产业发展中的核心作用。市各有关职能部门要支持协会工作，为其创造良好的工作条件。

河北省高技术产业发展项目管理暂行办法

第一章　总则

第一条　为规范管理省高技术产业发展项目，促进高技术产业快速、健康发展，根据《中央预算内投资补助和贴息资金管理暂行办法》、《国家高技术产业发展项目管理暂行办法》、《河北省固定资产投资项目核准实施办法》和《河北省固定资产投资项目备案管理办法》有关规定，制定本办法。

第二条　本办法适用于以增强自主创新能力和促进高技术产业发展为主要任务，经国家和省发展改革委批复高技术产业发展项目资金申请报告，给予补贴资金支持的项目（以下简称国家和省批复高技术项目）。

第三条　本办法所称国家和省批复高技术项目包括：

（一）高技术产业化项目（以下简称产业化项目），是指以关键技术的工程化集成和示范为主要内容，或以规模化应用为目标的科技自主创新成果（包括自主知识产权、消化吸收创新、国内外联合开发的技术等）转化项目。

（二）重大技术装备研制和重大产业技术开发项目（以下简称研制开发项目），是指国家和省重点建设工程需要的重大技术装备研制项目和重点产业结构优化升级所急需的产业共性、关键技术研发项目。

（三）产业技术创新能力建设项目（以下简称创新能力建设项目），是指以突破产业发展的技术瓶颈、提高重大科技成果工程化、产业化研发及验证能力为目标的工程实验室建设项目、工程研究中心建设项目和以提高企业技术创新能力为目标的国家和省认定企业技术中心建设项目。

（四）高技术产业技术升级和结构调整项目（以下简称升级调整项目），是指以先进的技术、工艺和设备改造落后的生产条件为主要内容、以推进高技术产业扩大规模，促进产业结构优化升级和以信息化带动工业化、积极发展电子商务和企业信息化为目标的建设项目。

（五）国家和省批复的其他高技术项目。

第四条　本办法所称补贴资金包括投资补助和贷款贴息。投资补助是指国家和省发展改革委对符合条件的企业、事业单位投资项目给予的投资资金补助。贷款贴息是指国家和省发展改革委对符合条件、使用了中长期银行贷款的投资项目给予的贷款利息补贴。国家和省补贴资金均为无偿投入。

第二章　组织管理

第五条　省发展改革委是省批复高技术项目的组织部门，主要履行以下职责：

（一）研究提出省高技术产业发展规划和有关专项规划，研究提出相关产业的发展政策。

（二）研究确定省给予补贴资金支持的高技术产业发展项目的重点领域和重点任务。

（三）组织评审、批复省给予补贴资金支持的高技术产业发展项目资金申请报告。

（四）编制和下达年度省高技术产业发展项目计划。

（五）协调省批复高技术项目的实施工作，组织或委托项目的评估工作。

省发展改革委是国家批复高技术项目的主管部门，主要履行以下职责：

（六）按照国家发展改革委的公告或通知要求，组织对申请国家补贴资金的项目建设条件、招标内容等方面的审查，向国家发展改革委报送项目资金申请报告及有关材料。

（七）负责国家批复高技术项目的管理工作和项目实施中重大问题的协调、处理，督促项目管理部门协调项目单位按期完成项目建设任务，组织国家批复高技术项目总体目标的验收和中、后期评估工作。

（八）负责对国家批复高技术项目进行稽察和检查工作，并配合国家有关部门做好相关工作。

（九）负责每年将国家批复高技术项目执行情况汇总并报国家发展改革委。

（十）国家发展改革委和省政府要求的相关工作。

第六条 本办法所称的项目管理部门，是指省政府有关部门、设区市和扩权县（市）组织申报高技术产业发展项目的部门，主要履行以下职责：

（一）根据国家和省发展改革委高技术产业发展项目公告或通知要求，组织本部门、本地区高技术产业发展项目申请国家和省补贴资金的相关工作，对项目的建设条件、招标内容以及申报材料进行初审，负责向省发展改革委报送项目资金申请报告。

（二）负责国家和省批复高技术项目的管理工作，协调、处理项目实施中的问题，督促项目单位按期完成项目建设任务，并负责组织省批复高技术项目的验收工作。

（三）负责对省批复高技术项目进行稽察和检查工作，并配合国家和省有关部门做好相关工作。

（四）每年将本部门、本地区国家和省批复高技术项目执行情况汇总并报省发展改革委。

（五）省发展改革委要求的其他相关工作。

第七条 本办法所称项目单位，是指依照我国法律登记、注册，申请高技术产业发展项目国家和省补贴资金的企业或事业法人。项目单位应具有较好的经营管理水平，具备承担省以上高技术项目所需的技术开发能力、资金筹措和工程建设组织管理能力。项目单位主要履行以下职责：

（一）按照本办法和项目公告的要求，编制并向项目管理部门报送高技术产业发展项目国家和省补贴资金申请报告，并对申报材料的真实性负责。

（二）按照国家和省批复高技术项目确定的内容和要求组织实施项目。

（三）按要求向项目管理部门报告项目实施情况和资金落实情况，及时报告项目执行中出现的项目法人变更、项目总体目标调整等重大事项。

（四）对国家和省补贴资金要实行专账管理。

（五）接受国家和省发展改革委及各级财政、审计部门、项目管理部门以及上述部门委托的机构所进行的评估、稽察、审计和检查。

（六）项目总体目标达到后，及时按要求提出项目验收申请。

第三章 项目申报

第八条 省发展改革委根据国家《产业结构调整指导目录》、《河北省高技术产业发展专项规划》、《当前优先发展的高技术产业化重点领域指南》及其他相关专项规划和相关产业政策，发布年度省高技术产业发展项目公告或通知，明确省补贴资金支持项目的重点领域、重点任务、实施时间。

第九条 按有关规定经政府核准或备案的企业投资项目，应在核准或备案后提出省补贴资金申请。

按有关规定由地方政府审批的地方政府投资项目，应在可行性研究报告经有权审批单位批准后提出省补贴资金申请。

按照有关规定应报国务院或国家发展改革委审批、核准的项目，应在项目审批、核准后，提出省补贴资金申请。

第十条 申请省补贴资金的高技术产业发展项目应具备以下基本条件：

（一）符合省发展改革委项目公告或通知要求。

（二）符合国家产业政策和节能、降耗、环保、安全等要求，项目方案合理可行，具有较好的社会经济效益。

（三）应具有我国科技自主创新成果，知识产权归属明晰。

（四）项目单位必须具有较强的技术开发和项目实施能力，具有一定的资金筹措能力和较好的资信等级，资产负债率在合理范围内，项目已基本具备实施条件，项目所需资金已落实。

（五）建设项目应按本办法第九条完成审批、核准或备案，已基本具备开工建设条件，或已经开工建设但审批、核准或备案未超过两年，已通过项目用地预审或用地已经依法批准，具有环保以及其他相关许可文件。

第十一条 申请省补贴资金的高技术产业发展项目还应具备以下专项条件：

（一）产业化项目采用的科技成果应具有先进性和良好的推广应用价值、有关成果鉴定、权威机构出具的认证或技术检测报告等证明材料、必要的验证和生产许可；项目单位应具有较强的工程建设组织管理能力，具有开展相关产业化项目的生产、经营资格。

（二）研制开发项目的研制开发方案先进、可行，目标明确；项目单位应具有较强的技术创新和装备研制能力，具有前期相关领域的研发基础和研发队伍；重大技术装备研制项目应结合依托工程。

（三）创新能力建设项目中的工程实验室和工程研究中心项目单位须为已经省发展改革委批准组建，并完成相关组建工作，项目建设内容符合其发展方向和任务，建设方案合理。

（四）创新能力建设项目中的企业技术中心项目单位应为省认定企业技术中心所在企业，且在最近年度企业技术中心评价中达到合格以上；项目应能够支撑企业关键、核心技术的开发。

（五）升级调整项目应符合产业结构调整指导目录；项目单位具有良好的现代企业运行机制和较好的经营业绩；具有开展相关产品生产的资格，产品符合行业、国家和国际有关标准。

第十二条 项目单位申请省补贴资金的高技术产业发展项目，应按照省发展改革委年度公告或通知要求委托具有乙级以上资质的咨询机构编制资金申请报告，经项目管理部门初审后报省发展改革委。项目资金申请报告应包括以下主要内容：

（一）项目的意义和必要性。

（二）项目的技术基础，技术的先进性、关联性和示范性。

（三）项目建设内容及预期目标（产业化和升级调整项目：包括建设规模及产品方案、建设内容、预期目标和工程方案；研制开发项目：包括技术创新点、关键工艺技术路线、主要技术指标、预期主要产品产量及技术推广或产业化方案等；创新能力建设项目：包括基础条件、实施方案、预期目标、对提升自主创新能力预期发挥的作用等）。

（四）建设地点、建设工期、进度安排和项目招标内容。

（五）技术特点、工艺技术路线、设备选型及主要技术经济指标。

（六）环境污染防治、原材料供应及外部配套条件落实情况。

（七）节能措施、方案及效果分析。

（八）项目单位基本情况和财务状况、项目负责人基本情况。

（九）投资估算与资金筹措。

（十）项目经济效益和社会效益分析（包括项目内部收益率、投资利润率、投资回收期的计算和评估；项目风险分析和社会效益分析等）。

（十一）申请省补贴资金的主要理由和政策依据。

（十二）项目资金申请报告应根据具体情况附以下相关文件：

1. 政府投资项目的可行性研究报告批准文件或企业投资项目的核准或备案的批准文件。

2. 技术来源及技术先进性的有关证明文件。

3. 城市规划部门出具的城市规划选址意见（适用于城市规划区域内的投资项目）。

4. 国土资源部门出具的项目用地预审意见。

5. 环保部门出具的环境影响评价文件的审批意见。

6. 金融机构出具的贷款承诺，申请贴息的项目还须出具项目单位与有关金融机构签订的贷款协议或合同。

7. 项目单位对项目资金申请报告内容和附属文件真实性负责的声明。

8. 省发展改革委项目公告或通知要求提供的其他文件。

第四章 项目审核与批复

第十三条 项目管理部门接到项目单位报送的项目资金申请报告后，应根据第十条至第十一条的相关规定对项目资金申请报告进行初审，初审合格的连同初审意见一并报省发展改革委。

第十四条 省发展改革委收到项目资金申请报告后，认为申报材料不完备或不符合要求的，及时通知项目管理部门并由其组织项目单位在要求的时限内补充或完善相关材料。

对符合要求的项目资金申请报告，省发展改革委委托相关咨询机构或社会团体组织专家组，从以下几个方面进行评审：

（一）项目技术的先进性、适用性。

（二）项目对相关产业优化升级的带动和示范性作用。

（三）项目单位的经营能力和技术开发能力。

（四）项目的市场前景和经济效益。

（五）项目实施方案的可行性。

（六）省发展改革委项目公告或通知的其他要求。

第十五条 省发展改革委根据专家组评审意见，经对项目审查和综合平衡，拟定列入省年度财政预算的高技术产业发展项目。省发展改革委主要从以下方面对项目进行审查和综合平衡：

（一）符合省预算内资金的使用方向。

（二）符合项目公告或通知的有关要求。

（三）符合省补贴资金的安排原则。

（四）提交的相关文件齐备、有效。

（五）项目的主要建设（研发）条件基本落实。

（六）符合区域、领域均衡协调发展的原则。

（七）符合省发展改革委要求的其他条件。

第十六条 根据省人大常委会批准的年度财政预算，省发展改革委审查批复项目资金申请报告。项目资金申请报告的批复文件是下达省补贴资金和项目竣工验收的依据，应包括项目建设内容、项目总体目标、省补贴资金额度和资金使用方向。

对已经批复资金申请报告的项目，省发展改革委会同省财政厅按有关规定分批次下达省补贴资金。

第十七条 申报国家补贴资金的高技术产业发展项目。项目管理部门根据国家和省发展改革委通知要求组织筛选项目，按照规定时间将项目简要介绍材料报送省发展改革委。省发展改革委征求有关方面意见，经综合平衡后确定初选项目，并及时通知项目单位。项目单位要在规定时间内向省发展改革委报送具有相应资质的咨询机构编写的并经项目管理部门初审合格的项目资金申请报告，经省发展改革委审查后报送国家发展改革委。对国家发展改革委在项目资金申请报告评审过程中提出的要求，项目单位应及时做好相关工作。

经国家和省批复资金申请报告的高技术项目列入河北省高技术产业发展项目计划。

第五章　资金管理

第十八条 国家和省批复高技术项目的资金来源包括项目单位的自有资金、筹集的其他资金、银行贷款，以及国家和省补贴资金、部门或地方配套资金。项目资金原则上以项目单位自筹和银行贷款为主，国家和省采用资金补贴的方式予以适当支持。

第十九条 项目单位筹集的项目资本金或研发项目的自有资金不得低于项目新增投资的30%。项目资本金来源包括项目单位可用于项目的现金、发行股票筹集的资金、新老股东增资扩股资金、资产变现的资金等。

第二十条 国家和省补贴资金分为投资补助和贷款贴息补助两类。投资补助应根据项目的重要性、技术水平、风险程度以及产业发展、区域布局等情况，给予适当补助支持；贷款贴息资金数额不得超过项目建设期内银行中长期贷款利息。

第二十一条 省发展改革委根据项目资金申请报告的批复文件、项目建设进度和项目建设资金到位情况、以及项目管理部门提出的申请，依据省人大批准的年度财政预算，商省财政厅下达项目补贴资金。项目管理部门收到省下达补贴资金通知后，商同级财政部门按有关规定尽快将补贴资金下达到项目单位，并做好有关协调与管理工作。

第二十二条 国家和省补贴资金主要用于项目的研究开发、购置研究开发及工程化所需的仪器设备、改善工艺设备和测试条件、建设产业化或工程化验证成套装置和试验装置、建设必要的配套基础设施、购置必要的技术、软件等。

第二十三条 项目单位应参照相应的会计制度建立省高技术项目建设工程核算账簿。有生产经营活动的项目单位，必须将企业经营账与项目建设工程核算账分开设立。对国家和省补贴资金要专款专用，在基建工程核算账中应单独设立备查台账进行管理；任何部门和单位不得截留、挤占和挪用国家和省补贴资金。项目管理部门要对国家和省补贴资金加强监管，督促项目单位按照国家和省有关规定使用补贴资金。

第二十四条 项目单位的自筹资金应按计划及时足额投入。

第六章　项目实施与管理

第二十五条 国家和省批复的高技术项目单位依照有关法律法规的规定，负责项目的筹划、筹资、建设、运营等，并配合国家和省有关部门和项目管理部门做好对国家和省补贴资金使用的稽察、检查和审计工作。

第二十六条 项目管理部门根据国家和省对项目资金申请报告的批复和项目备案（核准）文件，对项目实施情况和补贴资金的使用情况等进行监管。

第二十七条 所有的国家和省批复高技术项目应按照国家和省有关招标投标的法律法规做好招标工作。其中，对于使用国家补贴资金500万元、省补贴资金200万元及以上的项目，要严格按照国家和省发展改革委核准的项目招标内容和有关招标投标的法律法规开展招标工作。

第二十八条 项目单位应按照项目管理部门要求报告项目进展情况。项目管理部门应在每年2月15日和8月15日以前，以正式文件向省发展改革委提交包括项目进度情况、存在的问题、解决问题的具体措施和处理意见等内容的项目进展情况报告。其中，国家高技术项目的进展情况，经省发展改革委审查、汇总后向国家发展改革委报告，并提出国家补贴资金的下达申请。

第二十九条 项目单位应按照资金申请报告批复的总体目标组织实施项目。

国家批复的高技术项目：在实施过程中，对于仅调整投资规模，调整幅度不超过10%（含10%）的，不需要审批，在项目验收时说明即可；对于主要建设内容和技术方案等没有发生重大变化，没有影响国家批复项目总体目标的，且调整投资规模幅度累计不超过30%的，项目单位提出申请，经管理部门审查报省发展改革委，由省发展改革委负责审批，并报国家发展改革委备案；对不能完成总体目标的项目，以及调整投资规模幅度累计超过30%的，由项目管理部门提出处理建议，经省发展改革委审查后报国家发展改革委审批。

省批复的高技术项目：在实施过程中，对于仅调整投资规模的项目，调整幅度不超过10%（含10%）的，不需要审批，在项目验收时说明即可；对于主要建设内容和技术方案等没有发生重大变化，没有影响省批复项目总体目标的，且调整投资规模幅度累计不超过30%的，项目单位提出申请，管理部门负责审批，并报省发展改革委备案；对不能完成总体目标的项目，以及调整投资规模幅度累计超过30%的，由项目管理部门提出处理建议，报省发展改革委审批。

第三十条 项目实施达到项目总体目标后，项目单位应及时向项目管理部门提出项目验收申请（项目验收办法另行制定）。

国家批复的高技术项目：项目管理部门收到项目验收申请后，应及时对项目进行考察初验。初验合格的向省发展改革委提出项目验收申请，由省发展改革委组织技术、经济专家和省有关部门相关人员对项目进行验收，并将验收结论报送国家发展改革委。项目单位要按国家有关规定妥善保管项目有关档案和验收材料。省发展改革委和项目管理部门要保存整套验收材料复印件。

省批复的高技术项目：项目管理部门收到项目验收申请后，要及时组织技术、经济专家和市有关部门相关人员对项目进行验收，必要时省发展改革委可派人督导验收工作。项目管理部门要及时将验收结论报送省发展改革委。项目单位要按有关规定妥善保管项目有关档案和验收材料。项目管理部门要保存整套验收材料复印件。

第三十一条 项目实施过程中和验收后，省发展改革委组织或委托有关中介机构或社会团体组织专家组对项目进行中期评估和后评估。

第三十二条 项目实施过程中取得的专利、著作权等知识产权权属，按照有关法律法规执行。

第三十三条 国家和省高技术项目补贴资金的财务处理，应按照财政拨款有关规定进行管理。

第三十四条 项目稽察、审计、监察和检查工作应按照有关法律法规和本管理办法进行。

第三十五条 国家和省高技术项目信息，除涉及国家秘密和国家安全，商业秘密和其他依法不适宜公开外，应当采取适当方式向社会公开。省发展改革委接受单位、个人对高技术项目在审批、建设过程中违法违规行为的举报，并按照有关规定予以查处。

第七章 监督管理和法律责任

第三十六条 对于按项目总体目标和项目内容按期完成、通过验收，取得突出成绩的项目单位，以及在项目组织和管理中工作表现出色、地方配套资金落实好的项目管理部门，省发展改革委将给予表彰，并在今后的高技术项目评选中，对受表彰的项目管理部门组织申报的项目同等条件下优先安排。

第三十七条 项目单位有下列行为之一的，省发展改革委应根据管理权限，建议国家发展改革委或直接责令其限期整改，核减、停止拨付或收回国家和省补贴资金，并可视情节轻重提请或移交有关机关依法追究有关责任人的行政或法律责任：

（一）提供虚假情况，骗取国家和省补贴资金的。

（二）转移、侵占或者挪用国家和省补贴资金的。

（三）擅自改变项目总体目标和主要建设内容的。

（四）无正当理由未按要求完成项目建设目标延期

两年未验收的。

（五）其他违反国家法律法规和本办法规定的行为。

第三十八条　项目主管部门、管理部门和评估、咨询等中介机构和社会团体及有关责任人在管理、评估、咨询、稽察、检查等过程中弄虚作假、玩忽职守、滥用职权、徇私舞弊、索贿受贿的，由有关部门依法追究有关单位和人员的责任；构成犯罪的，移交司法机关依法追究刑事责任。

第八章　附则

第三十九条　项目管理部门可根据本办法的总体原则，结合本地、本部门具体情况，制定相应的实施细则，并报省发展改革委备案。

第四十条　本办法自 2008 年 1 月 1 日起施行。原省发展计划委员会、省财政厅于 2001 年 5 月 25 日印发的《河北省高新技术产业化项目计划管理办法（试行）》同时废止。

关于印发《天津新技术产业园区加快软件与服务外包产业发展的鼓励办法》的通知

津园区管发〔2008〕3 号

各有关单位：

为了加快高新区软件与服务外包产业的发展，打造有竞争力的产业集群和创新集群，经 2007 年 12 月 5 日第 26 次主任办公会通过，现印发《天津新技术产业园区加快软件与服务外包产业发展的鼓励办法》，望遵照执行。

二〇〇八年一月十七日

天津新技术产业园区加快软件与服务外包产业发展的鼓励办法

第一章　总则

第一条　根据《天津市促进现代服务业发展若干意见》（津政发〔2007〕12 号），为加快天津新技术产业园区（以下简称高新区）软件与服务外包产业的发展，天津新技术产业园区管理委员会（以下简称管委会）特制定本办法。

第二条　管委会在自主创新资金中设立“鼓励软件与服务外包产业发展专项资金”（以下简称专项资金），自 2008 年起 5 年内，每年安排 2 亿元资金，重点支持高新区软件与服务外包产业的发展。本办法中所指的各种奖励、资助和补贴均在专项资金中列支。

第三条　高新区软件与服务外包产业重点发展的领域包括软件产品及服务、软件和服务外包、动漫及数字内容、IC 设计等。

第四条　本办法适用于在辖区内工商注册和税务登记，并属于本办法第三条重点发展领域的企业和机构。

第二章　鼓励政策

第五条　符合国家和天津市相关税收优惠政策条件的企业和机构，享受国家和天津市财税优惠政策；经过认定的其他企业和机构，按照其实际缴纳的所得税、营业税、房产税、增值税、城建税在高新区留成部分的额度，实行前五年全额奖励，后五年半额奖励的鼓励政策。

第六条　对于世界500强企业、国内外软件100强企业所设立的企业和机构，按照认定标准予以300万元至500万元的鼓励资金。

第七条　在软件园三期内购置自用办公用房的企业和机构，按照认定标准，予以最高1 000元/平方米的购房资金资助，享受资助的面积不超过2 000平方米。

第八条　在高新区内租赁办公用房的企业和机构，按照认定标准，租用面积1 000平方米以下的部分按20元/平方米/月的标准予以租赁资金资助，租用面积超出1 000平方米的部分按10元/平方米/月的标准予以租赁资金资助。以上房屋租赁资助期限为3年。

第九条　鼓励企业和机构建立大学生实训基地。对经认定的实训基地按核准的实训人数予以每人每月500元的实习补贴，最长不超过六个月。

第十条　对经认定的企业和机构，每新录用1名大专以上学历员工，从事软件与服务外包工作并签订《劳动合同》的，予以不超过4 500元培训费资助，定向用于上述人员的培训。

第十一条　对符合条件的软件与服务外包培训机构，为高新区企业和机构培训软件与服务外包人才（大专以上学历），按核准的培训人数予以每人不超过500元的培训资助。

第十二条　经认定的企业和机构中，年薪达到一定标准且连续任职满一年以上的高级人才，予以其在任职期间已缴纳的个人所得税高新区留成部分一定比例的奖励，最高为30万元。

第十三条　对经认定的企业和机构在海内外成功上市后予以奖励，最高不超过200万元。

第十四条　对经认定的企业和机构通过行业内并购方式，扩大了经营规模，整合了高新区内外其他软件和服务外包企业的资源，对其予以鼓励。

第十五条　经认定的企业和机构，对其所发生的国际专线费用予以一定比例的补贴，每年补贴金额不超过50万元。

第十六条　经认定的企业和机构，通过CMM系列认证、BS7799信息安全认证和ISO27001信息安全认证等国际认证的，根据认证费用实际发生额，予以一定比例的补贴。

第十七条　经认定的企业和机构，通过高新区贷款担保平台争取金融机构的流动资金贷款，经审核予以贴息支持，单个项目贴息金额不超过100万元。

第十八条　对经认定的企业和机构，获得国家级重大科技产业化项目和专项发展资金的予以等额配套资金支持，对获得市级重大科技产业化项目的予以50%配套资金支持。

第十九条　支持企业和机构开展产业发展研究和创新推动工作、搭建公共服务平台和技术支撑平台、联合攻关、技术联盟等活动，经审核予以一定的经费支持。

第二十条　经认定的企业和机构用于保护知识产权和打击专利侵权行为的费用支出，经审核予以一定比例的资金支持。

第三章　义务与责任

第二十一条　经认定的企业和机构应当按照国家最新统计标准，执行软件和服务外包行业的统计制度，加强软件和服务外包的统计分析。

第二十二条　对同一个项目已获得高新区其他鼓励办法配套资助的，不予以重复匹配；已获得高新区资助项目，而未能按时完成的企业和机构，不予以资助；申请资助项目中由区外单位承担的部分，不予以配套资助。

第二十三条　经认定的企业和机构应严格执行有关财务规章制度，合理安排和使用专项资金，专款专用，不得将专项资金用于其他用途。凡存在弄虚作假、虚报瞒报、套取专项资金的企业和机构，追回已拨专项资金，并依法追究其责任。

第二十四条　获得专项资金的企业和机构必须按项目进度和预定的经济技术指标组织实施，不得随意调整变更。

第二十五条　自主创新资金管理小组定期组织有关部门对获得专项资金支持的企业和机构进行监督、检查。

第四章　附则

第二十六条　符合本办法有关条款的企业和机构，同时符合高新区其他鼓励办法条件的，按照“从高不重复”的原则执行。对特殊类项目由管委会另行议定奖励措施。

第二十七条 高新区设立软件与服务外包产业发展促进会，组织推动产业集群和创新集群的各项活动。

第二十八条 软件与服务外包企业和机构的申请认定工作由管委会软件园管理中心负责。

第二十九条 软件与服务外包企业和机构的认定办法、专项资金申请和兑现程序另行制定实施细则。

第三十条 本办法由管委会负责解释。

第三十一条 本办法自发布之日起施行，有效期为五年。

福建省人民政府办公厅转发信息产业部、福建省人民政府关于加快海峡西岸经济区信息产业发展合作协议的通知

闽政办〔2008〕16号

各市、县（区）人民政府，省政府各部门、各直属机构，各大企业，各高等院校：

2008年1月26日，信息产业部、福建省人民政府在福州签署了《关于加快海峡西岸经济区信息产业发展的合作协议》，双方在加强信息产业发展战略研究和规划制定、推动信息产业结构优化升级、进一步完善信息基础设施建设、促进信息服务业发展、推动闽台信息产业交流与合作、共建信息产业创新体系、支持推进信息化建设、加强海峡西岸经济区无线电管理等方面，将进一步展开更为密切和全面的合作，共同推进建设海峡西岸信息产业强省和海峡西岸信息产业合作先行区目标的实现。

经省政府同意，现将《信息产业部、福建省人民政府关于加快海峡西岸经济区信息产业发展的合作协议》转发给你们，请结合实际，认真贯彻落实。有关情况和问题，请及时报送省信息产业厅。

福建省人民政府办公厅

二〇〇八年二月五日

信息产业部、福建省人民政府关于加快海峡西岸经济区信息产业发展的合作协议

（2008年1月26日在福州签署）

推动海峡西岸经济发展，是党中央、国务院立足全国发展大局做出的重大决策，是《国民经济和社会发展第十一个五年规划纲要》的重要内容。为贯彻党的十七大精神，落实《信息产业“十一五”规划》提出的“支持海峡西岸经济区信息产业发展”战略，充分发挥信息产业在海峡西岸经济区建设中的带动和促进作用，经福建省人民政府与信息产业部协商，达成如下合作协议：

一、合作目标

（一）建设海峡西岸信息产业强省。按照国家信息产业“十一五”规划和福建省建设海峡西岸经济区纲要

的部署，不断优化发展环境，着力提升自主创新能力，推动产业集聚和优化升级；继续完善信息基础设施，大力发展信息服务业；加快现代邮政业发展，加强无线电管理；深化信息技术推广应用，提高信息化支撑能力和服务水平；增强福建信息产业综合竞争力和可持续发展能力，将福建打造成为海峡西岸信息产业强省。

（二）建设海峡两岸信息产业合作先行区。发挥闽台历史渊源深厚，具有地缘相近、血缘相亲、文缘相承、商缘相连、法缘相循的“五缘”优势，不断深化闽台信息产业领域的交流合作。加强产业对接，探索合作新路，促进优势互补、资源共享，推动海峡两岸直接通邮通电，把海峡西岸经济区建设成为两岸信息产业合作的先行区。

二、合作内容

（三）加强信息产业发展战略研究和规划制定工作。联合开展海峡西岸信息产业发展的战略研究，指导海峡西岸信息产业规划编制，并将其纳入国家信息产业发展总体规划以及海峡西岸经济区总体战略，把福建省建设成为促进海峡两岸信息产业合作发展的重要基地。

（四）推动信息产业结构优化升级。福建省将信息产业作为重点扶持的主导产业，不断加大投入力度，推动省内促进集成电路设计、动漫、LED 等产业发展有关政策的实施。信息产业部支持福建省充分利用现有基础，重点发展消费电子、软件与集成电路设计、发光二极管、平板显示、基础元器件等特色优势产业，促进产业结构进一步优化升级。支持举办中国·海峡项目成果交易会，积极推荐与福建省信息产业链相配套的市场前景好、能形成规模效益的产学研项目的对接。

共同推动福建省的国家电子信息产业基地和产业园建设，落实地方配套资金和政策，加强规范管理。指导福州软件园、厦门软件园、福厦沿海软件及信息服务外包示范区建设，推动产业集聚式发展。支持建设福建国家级电子废弃物综合加工利用示范基地、海峡西岸半导体照明产业化及应用示范基地，推动节能降耗减排工作，大力发展循环经济。

（五）进一步完善信息基础设施建设。加快建制村信息服务站和邮站建设，大力支持“邮政进社区”，将电信服务、邮政等基础设施建设统一纳入城市规划，切实加强城镇居民楼房、住宅区的通信管线和邮政信报箱群（间）建设，继续推进“村村通电话”工程向自然村延伸，加强海峡西岸互联网接入能力建设，进一步完善通信基础设施网络布局，共同加大对党政专用通信、应急通信的投入力度，增强党政专用通信和应急通信保障能力。

共同推进电信和邮政普遍服务。积极推进建立普遍服务基金为主体的电信和邮政普遍服务长效机制，并在信息基础设施建设的选址、电力引入等方面给予支持，提高福建的普遍服务水平。

（六）促进信息服务业发展。支持信息通信新技术新业务的研发、推广和应用。鼓励各基础电信运营企业加强与增值电信经营企业、设备供应商、系统集成商、终端制造商等产业链上下游各环节的紧密合作，引导运营企业加快技术业务管理创新，大力发展增值电信服务业，不断扩展开放合作共赢的信息服务产业价值链。

福建省人民政府尽快出台促进信息服务业发展的实施意见，落实相关优惠扶持政策，从多个层面和环节提供配套支持，繁荣福建信息服务市场。积极培育农村信息服务市场。促进适用的新技术、新产品和新业务等在福建农村通信领域广泛应用。鼓励设备制造商、信息系统集成商、信息服务提供商等开发适农产品，提供适农信息服务业务。

（七）推动闽台信息产业交流与合作。充分利用福建的地理、文化和产业优势，加大指导和支持力度，促进闽台在发光二极管、平板显示、动漫、嵌入式软件、集成电路设计、软件服务外包等产业领域的对接，鼓励福建省承接台湾地区的产业转移。支持设立“海峡两岸信息产业合作试验区”，鼓励海峡两岸的软件、动漫和集成电路设计等企业在合作试验区内共建联合实验室，共同开展新产品、新技术、新设计等的研究开发。

鼓励闽台信息产业界在更广范围内、更深层次上加强交流与合作，支持设立“闽台信息产业合作交流促进中心”。支持举办“6·18 海峡信息技术应用展”等交流活动。促进闽台信息化服务商在纺织、轻工、水产、水果等福建传统优势行业开展信息化公共服务平台建设等方面的合作。

加快实现“两门”（厦门、金门）和“两马”（马尾、马祖）直接通邮通电。推动全面开办“两门”和“两马”信函、包裹、快递等业务，协调海关、检验检疫等相关口岸部门，做好“两门”和“两马”邮件通关工作。促进“两门”和“两马”间直达通信海缆建设，为海峡两岸提供更加便捷高效的通信服务，努力实现海峡两岸在更深层次上互补互动，更好地满足海峡两岸企业经贸、民众生活的需求。

（八）共建信息产业创新体系。福建省人民政府加大对信息产业自主创新的财政投入力度，信息产业部在项目安排和协调国家科研力量方面给予支持，共同推进海峡西岸信息产业自主创新基础能力建设。引导和扶持企业加强产业发展前瞻性问题的研究和共性、关键技术的研究开发及业务创新，支持服务于国家电子信息产业基地（园区）的公共技术与服务平台建设，提高海峡西岸经济区信息产业核心竞争力。鼓励信息产业部属科研机构在福建省设立分支机构或与福建省高校和企业共建实验室和研发机构，开展多种形式的产学研联合攻关，参与指导和扶持福建省企业技术开发、技术改造和重大引进项目的消化吸收与创新，促进科技成果产业化。

（九）支持推进信息化建设。加快福建省农业和农村信息化公共服务平台建设，共同推进福建省保障农村通信畅通工程、20户以上已通电自然村通电话工程、农村宽带建设工程、移动通信“三网惠三农”工程、农村信息机普及工程、农业和农村信息化教育培训工程、农业和农村信息技术推广工程、农村文化和党建资源共享工程、海上渔业安全应急工程、邮政“万村千乡市场工程”和“农家书屋工程”等试点进程。在继续建设上杭农村党员远程教育试点项目的基础上，努力将上杭建设成为全国农村信息化综合信息服务示范基地。加大支持力度，在福建省广播电视村村通工程中有线电视网难以覆盖的山区、海岛等地的乡村，率先推广新一代农村卫星电视接收系统，共同推动新一代农村卫星电视接收系统试点县项目建设。

加大海峡西岸电子政务、电子商务、企业信息化、社区信息化等的推广应用力度。支持福建省开展关于信息化与工业化融合发展的研究和实践，促进利用信息技术改造提升传统产业，积极推动信息技术应用“倍增计划”项目在福建省的试点和示范，推动福建省传统企业利用信息技术促进节能降耗减排。推动开展企业信息化建设标准、规范的研究和制定，以及企业信息化试点等工作。

（十）加强海峡西岸经济区无线电管理。支持实施《海峡西岸区域无线电管理“十一五”规划》，促进相关部门继续加大无线电频率占用费中央财政转移支付力度，加强海峡西岸无线电基础设施和技术装备建设。支持闽台无线电行业协会开展沟通协调，探索建立闽台无线电频率干扰协调机制，促进海峡两岸无线电频率相互覆盖和干扰问题的有效解决。

三、合作机制

（十一）双方同意成立海峡西岸经济区信息产业发展领导小组。组长由福建省人民政府省长、信息产业部部长共同担任，统筹协调合作活动，审议、决定重大相关事项。领导小组下设办公室，由信息产业部综合规划司、福建省信息产业厅、福建省发展与改革委员会、福建省政府台湾事务办公室、福建省通信管理局、福建省邮政管理局组成。日常事务由福建省信息产业厅承担。领导小组原则上每年召开一次会议，办公室根据领导小组会议意见推动具体工作开展。

本协议有效期五年，期满后双方另行商定。

本协议一式四份，双方各执两份，自签署之日起生效。

河南省信息化条例

（2008年5月31日河南省第十一届人民代表大会常务委员会第三次会议通过）

第一章 总则

第一条 为了加强信息化建设，规范信息化管理，促进经济和社会发展，根据有关法律、行政法规的规定，结合本省实际，制定本条例。

第二条 本省行政区域内的信息化规划与建设、信息资源开发利用、信息产业发展、信息技术推广应用、信息安全保障以及相关管理活动，适用本条例。

第三条 信息化建设应当坚持统筹规划、资源共享、科学发展、安全可靠的原则。

信息化建设应当避免盲目投资和重复建设。

第四条 县级以上人民政府应当将信息化建设纳入国民经济和社会发展规划，建立健全信息化工作领导协调机制，加强政策引导，推动现代信息科技开发和技术创新，鼓励信息化人才的培养和引进，开展信息化知识的宣传、普及与教育，推进信息化进程。

县级以上人民政府应当根据实际情况安排信息化发展资金，用于推动和引导信息化建设。鼓励企事业单位和个人加大对信息化发展资金的投入。

第五条 县级以上人民政府信息化主管部门负责本行政区域内信息化的指导、协调、管理工作。

县级以上人民政府发展改革、财政、公安、科技、通信、广播电视等有关部门应当在各自的职责范围内协同做好信息化工作。

第六条 鼓励和支持公民、法人和其他组织从事与信息化有关的科研、推广应用和服务等活动，其合法权益受法律保护。

第二章 信息化发展规划与建设

第七条 编制信息化发展规划，应当从实际出发，科学预测本行政区域经济和社会发展的需要，统筹协调，使信息化建设规模、建设水平同经济和社会发展水平相适应，与相关规划相衔接。

第八条 县级以上人民政府信息化主管部门应当会同有关部门根据上级信息化规划和本行政区域国民经济和社会发展规划，编制本行政区域信息化发展规划，报本级人民政府批准后实施。

第九条 县级以上人民政府信息化主管部门应当会同通信、广播电视、城市规划和建设等行政主管部门，根据本级信息化发展规划，编制本行政区域通信网、计算机网、广播电视网等公共信息基础设施建设规划，由同级人民政府将其纳入城乡规划。

其他有关部门应当根据本行政区域信息化发展规划编制本系统、本部门的信息化专项规划，报本级人民政府信息化主管部门备案。

新建、改建、扩建公共信息基础设施，应当符合规划要求，并与相关的公共信息基础设施互连互通。

第十条 使用或者部分使用财政性资金建设的信息化工程项目，投资主管部门在审批或核准前，应会同同级信息化主管部门组织专家对项目进行评审；信息化主管部门应根据规划提出意见。

非财政性资金投资建设的重大公共基础性信息化工程或信息安全工程，建设单位应当在依法办理建设相关手续后，报当地信息化主管部门备案。

第十一条 信息化工程建设依法实行项目法人负责制、工程监理制、招标投标制和质量负责制。

第十二条 从事计算机信息系统工程的设计、施工、监理的单位，应当按照国家规定取得相应的资质，并在其资质等级范围内开展业务。

计算机信息系统工程的建设单位，应当选择具有相应资质的单位设计、施工和监理。

第十三条 信息化工程项目竣工后，应当按照国家和省有关规定进行验收，验收合格的方可交付使用。

第十四条 信息化工程项目实行质量保修制度。承揽信息化工程的单位应当对信息化工程承担保修责任。

信息化工程的保修期自工程竣工验收合格之日起不得少于二年。

第十五条 县级以上人民政府信息化主管部门应当会同发展改革、财政、审计部门对信息化发展规划和使用财政性资金建设的信息化工程项目落实情况以及资金使用情况进行监督检查。

第三章 信息资源开发利用

第十六条 省人民政府信息化主管部门应当会同有关部门，制定和完善省信息资源开发标准和目录体系，引导信息资源的合理开发利用。

第十七条 县级以上人民政府应当建立和完善人口、法人单位、自然资源和空间地理、宏观经济等公共基础信息库。

第十八条 国家机关应当利用统一的电子政务网络平台和信息安全基础设施，建立健全政务信息交换机制，实现互连互通和资源共享。

第十九条 国家机关和社会公共服务单位应当建立业务信息资源库及应用系统，根据资源共享原则和交换制度向本级政务信息交换平台提供有关信息，并及时更新。

第二十条 信息资源开发利用应当保护知识产权、商业秘密和个人隐私。

公民、法人和其他组织有权向开发利用其信息的单位和个人了解相关情况，对不实的信息，有权要求修改或者清除。

第二十一条 下列信息，除法律、行政法规另有规定外，有关单位应当在该信息发生或者变更后二十个工作日内在政务公众信息网上发布，供单位和个人无偿查询：

（一）地方性法规、规章和其他规范性文件；

（二）国家机关的机构设置、职能、职责和办事程序；

（三）行政许可的事项、依据、条件、需要申请人注意的事项、数量、程序、期限、实施主体和结果；

（四）收费项目、标准和依据；

（五）依照法律、法规应当公开的其他政务信息。

第四章 信息产业发展

第二十二条 县级以上人民政府应当根据信息化发展需要，制定相关政策措施，引导和支持信息产业发展。

第二十三条 县级以上人民政府应当逐步建立和完善信息产业投资机制，培育和发展信息技术转让和知识产权交易市场，鼓励境内外企业、其他经济组织和个人投资信息产业。

第二十四条 县级以上人民政府应当鼓励和引导企业增加信息技术开发投人，对具有自主知识产权的信息技术和信息产品给予重点扶持。

第二十五条 从事电子信息产品设计、制造、软件开发的，应当按照《中华人民共和国标准化法》的有关规定组织生产和开发。

设计、制造电子信息产品，应当采用资源利用率高、易回收处理、有利于环保的材料、技术和工艺，严格控制电子信息产品中含有毒、有害物质或元素的使用。

第二十六条 从事电子信息产品制造、软件开发、信息服务的，享受有关优惠政策，具体办法由省人民政府制定。

第五章 信息技术推广应用

第二十七条 县级以上人民政府信息化主管部门应当组织编制信息技术推广应用指南，确定推广应用目标和重点领域，建立和完善推广应用体系，按照引进、推广应用先进成果和自主创新相结合的原则，组织实施重点推广应用项目。

省人民政府信息化主管部门应当定期向社会公布具有自主知识产权的电子信息产品及软件产品目录。

第二十八条 全省使用统一的电子政务网络。

各级国家机关的业务应用系统，凡不宜通过互联网实现的，应当依托全省统一的电子政务网络平台。已经建成的专用网络，应当按照规划和标准进行调整，接入全省统一的电子政务网络。

第二十九条 县级以上人民政府应当编制以中小企业为主的企业信息化发展指南，鼓励企业应用信息技术，促进技术进步和产业升级。

第三十条 县级以上人民政府应当制定具体的扶持政策和措施，鼓励、引导信息技术在农村推广应用，加强农村信息基础设施建设和农民信息化知识的培训，建立和完善农村信息服务体系，为农民提供信息服务。

第三十一条 交通、气象、环保、卫生防疫、社会保障和公用事业等社会公共服务单位应当准确、及时、全面地提供与群众生产生活相关的信息服务，逐步应用信息技术开展业务。

第三十二条 鼓励高等院校、信息技术专业协会、学会和其他具有信息技术推广应用服务能力的单位和个人，依法开展信息技术推广应用服务活动。

第三十三条 县级以上人民政府应当采取措施，推动企业和个人利用信息网络开展电子商务活动。

利用互联网从事经营活动的单位和个人应当在网站主页面公开经营主体信息、已取得相应许可的证明、服务规则和服务流程等相应信息。

第六章　信息安全保障

第三十四条 县级以上人民政府应当加强对信息安全保障工作的领导，建立信息安全应急处理协调机制，提高信息系统的安全防御能力和处理信息安全突发事件的能力。

信息化、公安、国家安全、保密、通信管理等部门应当按照国家和省有关规定，在各自职责范围内做好信息安全保障工作。

第三十五条 信息网络和信息系统的主管单位或者运行单位应当根据国家有关规定，确定本单位信息网络与信息系统的安全等级，并进行相应的安全系统建设。

信息网络与信息系统的安全系统必须采用依法认证认可的信息安全产品，并与信息网络与信息系统工程同时规划、同时设计、同时施工、同时投入使用，所需经费列入工程预算。

对涉及国家秘密的信息网络和信息系统应当按照国家有关规定做好保密工作。

第三十六条 国家机关和有关社会公共服务单位的信息网络、信息系统，应当由国家有关主管部门认可的信息安全测评机构进行安全性测评，测评合格的方可使用。测评机构应当对测评结果负责。

第三十七条 基础信息网络和重要信息系统的主管单位或者运行单位应当建立健全信息安全责任制，确定信息安全管理人员，建立信息安全管理制度，制定信息网络与信息安全应急预案，保证信息网络与信息系统安全运行。

第三十八条 利用信息网络制作、复制、发布、下载或者传播信息应当遵守国家有关规定。

第三十九条 任何单位和个人不得利用网络与信息系统从事危害国家安全，损害国家利益、公共利益和公民、法人或者其他组织的合法权益，危害信息网络和信息系统安全，以及散布、传播违法、有害信息等活动。

第七章　法律责任

第四十条 信息化主管部门和其他有关部门的工作人员在信息化监督管理工作中徇私舞弊、滥用职权、玩忽职守的，由其所在单位或者监察机关依法给予行政处分；构成犯罪的，依法追究刑事责任。

第四十一条 使用财政性资金建设计算机信息系统工程项目的单位，将工程项目发包给不具有相应资质单位的，由信息化主管部门责令改正；拒不改正或者造成其他严重后果的，由主管部门或者监察机关对负有责任的主管人员和其他直接责任人员依法给予行政处分；构成犯罪的，依法追究刑事责任。

第四十二条 违反本条例第十二条第二款规定，未取得相应资质从事计算机信息系统工程设计、施工或者监理的，由信息化主管部门责令改正，没收违法所得，并处违法所得一倍以上三倍以下的罚款；没有违法所得的，处二千元以上一万元以下的罚款。

第四十三条 违反本条例第二十条规定，在信息资源开发利用过程中，侵犯他人知识产权、商业秘密和个人隐私的，依法承担法律责任。

第四十四条 违反本条例第二十一条规定，有关单位未依法履行信息公开义务的，由主管部门责令改正；拒不改正的，对负有责任的主管人员和其他直接责任人员依法给予行政处分。

第四十五条 违反本条例第三十九条规定的，由国家安全、公安、保密、工商以及其他部门依法处理；构成犯罪的，依法追究刑事责任。

第八章　附则

第四十六条 本条例自 2008 年 10 月 1 日起施行。

福建省企业信息化工作联席会议办公室关于印发《福建省推进企业信息化的若干意见》的通知

闽信联办〔2008〕4 号

各有关单位：

我办牵头编制的《福建省推进企业信息化的若干意见》已经省政府同意，现将该意见印发给你们，请参照执行，共同推进我省企业信息化工作。

二〇〇八年六月十二日

福建省推进企业信息化的若干意见

为贯彻党的十七大精神，落实《海峡西岸经济区建设纲要》，进一步应用信息技术改造传统产业，加快我省企业信息化进程，促进信息化与工业化融合，特制定本意见。

一、鼓励工业企业充分应用信息技术提升核心竞争力。推动设计研发数字化、制造装备智能化、生产过程自动化、经营管理信息化和流通领域网络化在工业企业中的普及，促进先进制造业发展。大力推进制造业信息化建设，注重网络化、集成化技术和先进制造技术的应用，进一步带动福建省制造业企业的创新和升级，相关项目由省科技发展资金给予适当资助。

二、鼓励服务业企业充分应用信息技术提升服务效率，创新商业模式。推广电子识别、商业智能、电子支付、电子认证等手段在各类服务业态中的应用，促进现代服务业发展。

三、加快建立农业信息技术支撑体系。普及信息技术在农业生产、农产品市场流通和农产品安全监管中的应用，完善针对农民生产、生活的信息服务，促进农业现代化水平的提高。

四、根据财政部、国家税务总局关于企业技术创新有关企业所得税优惠政策的通知（财税〔2006〕88 号）精神，企业在信息化改造中发生的符合国家规定的研究开发费用，在按规定实行 100%扣除的基础上，允许再按当年实际发生额的 50%在企业所得税税前加计扣除。企业年度实际发生的技术开发费用当年不足抵扣的部分，五年内可在企业所得税应纳税所得额中结转抵扣。企业在信息化改造中用于研究开发的仪器和设备，单位价值在 30 万元以下的可一次或分次计入成本费用，在企业所得税税前扣除，其中达到固定资产标准的应单独管理，不再提取折旧；单位价值在 30 万元以上的，允许采用双倍余额递减法或年数总和法实行加速折旧。

五、鼓励专业机构为企业信息化提供服务。强化信息化指标测评、软件评测、电子商务安全、数字认证、信息安全测评、信息系统工程监理等专业机构对企业信息化工程建设提供的服务功能；与企业信息化有关的技术转让、技术开发和与之相关的技术咨询、技术服务获得的收入，可按规定免征营业税。

六、鼓励传统产业企业的软件开发部门转向产业化发展，从原企业剥离出来，成为独立法人实体，为本行业的信息化改造提供服务。符合软件企业、高新技术企业标准的，经认定后，可按规定享受软件企业、高新技术企业的相关优惠政策；符合系统集成资质认证条件的，予以优先认证；承担本行业信息化改造重点项目的，由省软件开发资金、省企业信息化专项资金给予适当资助。

七、鼓励传统产业企业与软件企业合作，重点开发嵌入式软件和大型行业应用软件。传统产业企业和本省软件企业合作开发的对本行业信息化改造有较大促进作用的软件项目，由省技改资金、省软件开发资金给予适当资助。

八、加强支撑企业信息化的公共服务平台建设。鼓励并支持基础电信运营商和信息化服务商及软件企业合作建设面向中小企业的综合性、行业性和专业性的信息化公共服务平台；加快推进重点产业集群信息化平台建设，鼓励以大企业为主导的供应链整合与协同，推进行业电子商务平台发展。

九、鼓励中小企业应用公共服务平台。通过减免上网费用、减免软件租赁费用等方式，鼓励一批中小企业率先应用公共服务平台，并逐步推广其应用经验，促进更多的中小企业主动进入公共服务平台。

十、加强闽台信息服务业的交流与合作，鼓励台湾信息化服务商与福建企业对接、合作，共同开拓市场。推动设立海峡两岸企业信息化合作联盟，建立两岸信息技术交流协作机制，继续落实《闽台纺织产业信息化战略合作协议书》。

十一、加强企业信息化的标准制定工作。组织制定企业信息化公共服务平台通用规范，相关标准规范研究项目，由省企业信息化专项资金给予适当资助。

十二、加强企业信息化指标评测工作。将本省企业信息化实施情况的统计内容逐步纳入省企业信息化指标评测体系，并定期向社会发布。

十三、加强企业信息化培训工作。在信息产业领域积极实施《2007—2010年福建省干部教育培训规划》，对党政干部、企业经营管理人员、专业技术人员进行企业信息化知识培训，大力推进信息专业技术人员继续教育，加强培训机构认证管理，支持组建企业信息化培训服务队伍。继续举办企业信息化方面的高级研修班，并将其列入全省高研示范班计划，由省人事厅给予适当的经费资助。

十四、加强企业信息化宣传工作。结合重大活动和重点工作，组织、引导各类媒体进行形式多样的宣传活动，营造浓厚的企业信息化建设氛围。通过新闻宣传、经验上网、专题培训、现场交流等各种形式，大力宣传和推广企业信息化的先进经验。支持信息化服务商通过宣传推介、专题论坛、成果展示、巡回培训、现场体验等活动，将信息化讲座、培训和应用深入到县、镇一级基层。相关活动由省企业信息化专项资金、省科技发展资金、省技改资金给予适当资助。

十五、加强政府部门对企业的信息化服务工作。政府部门在电子政务建设中，要加强企业基础信息共享工作，制定与企业的接口规范，方便企业办理相应业务。此项工作列入机关效能建设和绩效考评范围。

十六、强化企业信息化工作的组织领导。进一步落实省企业信息化工作联席会议制度，项目建设方向由省企业信息化工作联席会议研究确定，由联席会议办公室负责协调，项目资金管理、项目跟踪管理由各部门负责。各设区市、县（区）要成立相应的工作机构，有关主管部门有专人负责，制定发展规划，强化组织指导，加强项目协调。

十七、加强企业首席信息主管（CIO）制度建设，鼓励企业设立CIO岗位，对制定CIO制度、设立CIO岗位的企业，并在企业信息化建设中业绩突出的CIO及其带领的团队予以表彰，由省企业信息化专项资金给予适当奖励。

本意见由省企业信息化工作联席会议办公室会同相关部门负责解释。

福建省企业信息化工作联席会议办公室关于印发《2008–2010 年福建省企业信息化行动方案》的通知

闽信联办〔2008〕5 号

各有关单位：

我办牵头编制的《2008–2010 年福建省企业信息化行动方案》已经省政府同意，现将该方案印发给你们，请参照该行动方案安排相关工作，共同推进我省企业信息化工作。

二〇〇八年六月十二日

2008–2010 年福建省企业信息化行动方案

为贯彻落实《海峡西岸经济区建设纲要》和《信息产业部、福建省人民政府关于加快海峡西岸经济区信息产业发展的合作协议》，加速全省企业信息化进程，提高我省企业的核心竞争力，推进我省经济又好又快发展，特制定本方案。

一、现状分析

近年来，尤其是 2004 年省企业信息化工作联席会议制度建立以来，我省进一步加大了对企业信息化工作的组织协调力度，省企业信息化工作联席会议各成员单位认真组织实施应用信息技术改造传统产业工作，全省企业信息化工作稳步推进，成效显著。

（一）企业信息化基础条件逐步完善

一是信息化传输网络逐步完善。全省基本建成一个结构完整、技术先进、门类齐全、高速率、大容量、遍布全省城乡的基础传输网络，具有视频、语音、图像、数据等综合信息的传输能力。目前全省电信用户总数达到 3 291 万户，其中，固定电话、移动电话用户分别达到 1 482 万户和 1 809 万户，普及率分别为 41.65% 和 50.84%。互联网持续快速发展，数据业务用户达 876 万户，全省互联网网站总数、网民总数、域名总数均进入全国前列。93.0% 的企业有网络出口，30% 的企业建立了内部局域网。

二是信息化推进队伍不断壮大。已经形成了一批整合了众多软件产品，融合了各成功企业信息化建设经验的企业信息化解决方案；一批能充分把握企业信息化应用需求，善于学习、引进、消化、吸收国际先进技术，并能结合国情进行自主研发的软件提供商；一批能为企业用户提供全方位的信息化解决方案，帮助企业整体规划，分步实施，全面提升企业核心竞争力的信息化服务商。

三是信息化应用层次和范围不断扩大。与前几年相比，企业信息化的应用逐步从单项应用向综合应用过渡，技术应用也逐步转向集成与综合，数据共享度有较大的提高。应用范围不断扩大，中、小企业、个体工商户的信息化应用意识有较大提升，移动电子商务、电子商务、网络传真、企业邮箱、短信群发等更多、更便利的信息化小产品在更多的企业中得到广泛应用，取得明显的效益。

（二）企业信息化公共服务平台建设项目已初步发挥作用

前些年我省重点扶持实施上百家企业信息化示范工程，发挥了典型示范以点带面效应。随着信息化进程不断向纵深推进，示范项目的作用逐步减弱，公共服务平台建设模式逐步为企业、社会所认识和接受。近两年来省企业信息化工作联席会议各成员单位重点推进一批能为广大中小企业提供信息化普遍服务的公共服务平台建设，达到了“扶持一个，带动一批”的明显成效。“数字福建”中小企业信息化平台——商务领航发展迅速，至2007年底，全省使用商务领航的中小企业6万多家，占全省20多万家中小企业的30%，在平台上运行的有一定规模的信息化应用产品已有30多种；福大自动化公司协同上游300多家工控行业制造商为全国2万多家企业提供全方位的工业自动化、电子商务和管理信息化服务，效益显著；福建医药电子商务平台已为287家医疗机构和242家药品配送企业的信息系统实现了对接，完成网上药品采购额58亿元；福建省塑料管道行业信息化公共服务平台、福建省陶瓷产业集群信息化服务平台、厦门德茂信息技术公司承担的制造业信息化公共服务平台等项目也取得明显效果。

（三）电信运营商主动融入企业信息化建设

各电信运营商主动融入、主动对接、主动服务海西信息化建设，信息服务的领域由传统个人话音服务不断向为企业提供综合化、宽带化、多媒体的数字数据通信服务拓展。如：福建移动已为全省超过300万个用户提供“银信通”业务，为近4万家企业提供“企信通”行业信息化应用，为2万多家物流企业提供“物流通”终端定位服务；福建电信通过“商务领航”为6万多家中小企业提供信息化服务，提升中小企业信息化应用水平；福建联通大力建设福建省企业信息化无线综合服务平台、“宝视通”电视会议系统、“平安信息化”安全生产信息化应用项目，不断拓展行业信息化应用领域；福建网通建成了企业信息化支撑平台，为广大企业客户提供数据以及信息化应用服务；福建铁通以“商务新动力”客户品牌为核心，积极助力中小企业信息化，目前已发展用户500多家；福建卫通大力推进卫星综合信息服务平台运用，实现了卫星导航定位监控平台与省交通厅大平台的连网对接。

（四）闽台企业信息化项目对接取得实质性突破

据初步统计，全省已有20多家台资信息化服务商落户厦门、福州等地。通过闽台两岸软件行业协会牵头，2006年签署了《闽台纺织产业信息化战略合作协议书》，一批企业信息化服务项目正在逐步推进。如，台湾汉门与福州易达信联合创办了福建汉易软件科技有限公司，主要从事纺织行业信息化平台建设，首批在长乐市15家纺织企业进行的信息化改造顺利进行，实施效果明显。

（五）企业信息化基础性工作进一步推进

一是制定了《福建省企业信息化“十一五”规划》、《福建省制造业信息化科技示范工程“十一五”规划》和《福建省电子商务“十一五”发展规划》等一系列文件，在规划、政策、资金等方面为全省推进企业信息化提供了有力的支持；二是开展了信息系统工程建设资质认定和建设监理资质认定工作；三是通过各级党校、行政学院、专业公司、各类教育培训机构，采用培训班、专题讲座、自学考试等形式，对公务员、专业技术人员以及企业经营管理人员进行信息化知识培训，受训人数达10万多人次；四是相继举办了“福建省企业信息化宣传月”、“信息化助力海西经济区建设高峰论坛”、“信息化解决方案巡回交流推介会”等一系列活动，评选表彰了一批“福建省首届企业信息化优秀服务商”和“福建省首届优秀信息主管（CIO）”，并组织境内外各类媒体广泛宣传推广企业信息化的典型经验，产生了广泛的影响。

总的看来，近年来我省企业信息化已有长足的发展，但问题和困难仍然不少。一方面是企业信息化水平总体仍然偏低，不同类型企业之间的信息化发展水平差距比较明显。多数大企业尤其是外资、台资和国有大企业，信息化程度较高。但受限于认识、资金和人才瓶颈，广大中小企业和个体经营户的信息化应用程度仍然较低。另一方面是各部门的企业信息化推进力量还需进一步融合，政府主管部门、行业协会、电信运营商、信息化服务商、软件提供商等方面的优势有待进一步结合，工作合力有待进一步增强。

二、目标任务

今后三年，我省企业信息化的工作目标为：

建设海峡西岸“两化”融合的先行区。加快推进两方面的融合：一是加快信息技术与工业企业、农业企业和服务业企业的融合，推动经济发展方式显著转变；二是充分发挥省企业信息化工作联席会议的协调作用，进一步加强信息产品制造商、软件提供商、信息化服务商、基础电信运营商以及行业协会等信息化推进力量的有效融合，形成合力，共同加快推进企业信息化进程；三是加快推进各种信息技术和信息系统的融合，促进电信网、广电网、互联网的融合与综合应用，减少设备与网络的重复投资，提升系统的集成度，促进企业信息化与电子政务、社会信息化项目的融合，发挥规模效益。

企业信息化总体水平进入全国先进行列。参照国家信息化测评中心发布的中国企业信息化指标体系进行衡量，全省企业信息化指数在 2005 年 32 分的基础上，争取 2010 年底达到 60 分，比 2005 年增长一倍左右。

有效推进闽台信息服务业的合作交流。通过各种方式，举办形式多样的交流对接活动。充分发挥闽台两地的“五缘”优势，争取成立海峡两岸企业信息化合作联盟，建立两岸企业信息化交流协作机制，有效推进两岸企业信息化合作交流和信息服务项目对接。

初步建立起加快企业信息化发展的服务支撑体系。促进各类服务机构联动服务，基本建立起适应我省信息化与工业化融合发展需要的企业信息化服务支撑体系，培育一批有一定规模和实力的信息化服务商，培养一批既懂经营管理又懂现代信息技术的复合型人才和能有效推进企业信息化进程的 CIO 队伍。

主要任务是：

第一，推进信息技术在产品创新中的应用。推广应用计算机辅助设计与新产品开发技术（CAD/CAM/CAE/CAPP/PLM 等），实现企业基础数据共享共用和产品协同设计，提高设计效率和质量，增强产品竞争力。

第二，推进信息技术在管理创新中的应用。大力推进 CRM/SCM/DRP/ERP/URP 等信息管理系统的应用，推动企业管理和业务模式的重组与优化，加大互联网营销力度，推进电子商务升级应用，增强企业市场竞争实力。

第三，推进信息技术在传统工业改造升级中的应用。利用信息技术加快改造机械制造、纺织服装、轻工食品等本省优势传统产业，推广应用嵌入式软件，实现制造装备数字化和生产经营过程信息化，提高产品的信息技术含量，提升传统产业生产自动化水平。

第四，推进信息技术在节能降耗和安全清洁生产中的应用。围绕节能减排，重点在煤炭、冶金、建材、陶瓷等高耗能行业、高危行业中推进生产设备数字化和智能化，实现实时监测和调控，提高生产精确度和资源利用率，提升安全生产水平；减少资源浪费和污染物排放，促进资源节约型和环境友好型社会发展。

第五，推进信息技术在传统服务业和新农村建设中的应用。推进信息技术在服务业中的应用，加快服务业信息化的发展，尤其要大力推进 B2C、B2B、C2C、B2G、G2C、G2B 的应用，提高流通效率，降低交易成本。推进信息技术在“三农”企业中的应用，更好地促进社会主义新农村建设。

三、工作重点

加快信息化推进力量的融合，大力促进各类企业信息化服务机构开展联动服务，以全省 20 多万中小企业和 130 多万个体经营户为主要对象，充分发挥信息产品制造商、软件提供商、信息化服务商、基础电信运营商的各自优势，鼓励采用 ASP（应用服务提供）或 SaaS（软件即服务）方式，共同推进各类综合性、行业性和专业性企业信息化公共服务平台建设，实现“扶持一个，带动一片”，以加快全省企业信息化进程。重点鼓励扶持以下三类项目：

（一）支持综合性企业信息化公共服务平台建设

按照《数字福建“十一五”专项规划》确定的“企业信息化应用工程”的有关要求，继续推进“数字福建”中小企业信息化公共服务平台建设，增加信息化应用产品，加强推广队伍建设，提供更优质的信息化服务。同时，推进其他电信运营商与信息化服务商的合作，或由有实力的信息化服务商牵头运作，争取再联合建设一两个综合性、规模大、有影响的企业信息化公共服务平台，形成“互动互补”的格局。初步计划继续重点推进的项目：省电信公司承建的“数字福建”中小企业信息化平台，省移动公司承建的“企业动力”福建企业移动信息化平台和省联通公司承建的福建省视讯综合应用平台（福建省企业信息化无线综合服务平台）等（由省企业信息化联席会议办公室牵头，省信息产业厅、省通信管理局等部门负责）。

（二）支持行业性企业信息化公共服务平台建设

根据我省优势传统行业对信息化的需求，扶持建设一批工业和服务业类行业性的信息化公共服务平台。尤其要立足产业集群，支持一批以产业园区（基地）、行业技术开发基地或龙头企业为依托的行业性公共服务平台建设。争取在条件成熟的每个工业和传统服务业行业扶持建设一两个面向全行业提供专业化普遍服务的企业信息化公共服务平台。初步计划继续重点推进的项目：福建省煤炭企业信息化公共服务平台、福建省陶瓷行业信息化公共服务平台、福建省食品加工信息化公共服务平台、福建省鞋业集群信息化公共服务平台、福建省建设行业信息化公共服务平台、福建省台资企业信息化公共服务平台、福建省农业农资信息化公共服务平台、福建省医药行业信息化公共服务平台等项目（由省经贸委、科技厅和省信息产业厅分别安排扶持和负责推进））。

（三）支持专业性企业信息化公共服务平台建设

推进第三方电子商务平台发展，扶持有线电子商务、移动电子商务建设与应用，完善电子商务支付网关、安全认证建设。加强物流信息空间信息共享应用，促进“铁海公航”物流信息的无障碍交换与传输，推进各类电子商务平台与物流业的有效对接以及我省物流信息平台与中西部的连接。加大投资贸易、项目交易、名品防伪、企业征信、国际贸易、网络安全监控管理、供应链管理等专业性的企业信息化公共平台，初步计划继续重点推进的项目：福建省电子商务公共服务平台、海峡西岸网上贸易电子商务平台、福建省可视化应用协同和内控管理服务平台、福建省企业移动电子商务公共服务平台、福建省分销信息化公共服务平台、福建省供应链信息化公共服务平台和福建省企业信息系统IT资源公共服务平台（由省经贸委、省信息产业厅和省通信管理局分别扶持和推进）。

四、主要措施

（一）加强组织领导和分工合作

政府层面。加强省企业信息化工作联席会议制度建设，充分发挥省直各部门在推进企业信息化建设方面的主动性和积极性，进一步整合资金、政策等各类行政资源，实现更有效的分工合作。推动市县设立相应的企业信息化工作部门，充实工作力量。

行业层面。培育和引导公益性信息技术服务机构，积极发挥企业信息化联盟、信息协会、顾问咨询、工程监理等中介组织的作用，加强行业自律和行业公共服务工作。

企业层面。鼓励企业制定信息化发展规划，建立企业信息主管（CIO）制度，发挥CIO在信息化中的策划引导和组织实施作用。

（二）加强政策引导和资金扶持

积极开展相关研究工作，建立较为完善的中小企业信息化税收、财政、金融等政策和资金扶持体系，考虑为中小企业信息化建设提供进一步的信贷担保、贷款优惠、资金支持和税收优惠，营造良好的企业信息化发展法律环境，促进和规范全省企业信息化建设。规范公共服务平台的建设标准和服务标准，界定应用平台可能产生的各种问题和相关责任，减轻中小企业的安全顾虑，增强对公共服务平台的认同和信任。

各部门在项目扶持上，要加强分工合作、信息互通，防止重复扶持，提高扶持效率。在财政性扶持资金使用上，要坚持有效性与公平性相结合的原则。能进行招投标的项目，尽可能实行招投标，并切实增强可操作性。各单位安排的项目应符合本方案提出的方向要求。全省性的重大企业信息化公共建设项目可由几个单位联合进行资金拼盘，经省企业信息化工作联席会议协调后由联席会议办公室牵头进行统一招标。招投标对象，既要扶持本地的优秀信息化服务商或有实力的企业用户，也要积极鼓励、吸引省外、国外有实力的信息化服务商落户我省，参与我省企业信息化建设。支持闽台企业信息化服务商对接，促进两岸企业信息化的有效交流与合作。

（三）加强市场规范和制度建设

大力推进CIO制度建设。省人事厅会同省信息产业厅研究推出建立CIO制度的有关文件，通过政府部门的引导和鼓励，促进有条件的单位建立信息化部门、设立CIO职务、开展CIO制度建设、推进CIO职业化。通过推进CIO制度建设，建立一支具有福建特色的CIO人才队伍，加强企业信息化规划、管理，切实帮助企业提升经济效益和管理水平，并逐步把CIO制度建设纳入法制化管理的轨道。

研究制定企业信息化建设标准和服务规范。在充分应用国家标准的基础上，围绕项目建设、技术创新和产业发展的需要，逐步建立起适应本省实践需要的信息化标准体系。当前，要研究制定企业信息化公共服务平台建设标准和服务标准规范，加强平台建设与运行的监督和规范。

继续开展信息系统工程建设市场规范工作。研究出台《福建省信息系统工程建设市场监管办法》及配套文件，加强企业信息化与电子政务信息标准接口制定工作，进一步做好信息系统工程监理工作，规范信息化建设市场。

（四）加强指标评测和咨询服务

继续开展福建省企业信息化指标评测工作。在 2005 年测评的基础上，按照“福建省企业信息化基本指标体系”，对全省企业信息化现状与需求，从行业和区域两方面，进行全面的调查和评测，并向社会公布。

深入开展企业信息化咨询服务。由省企业信息化工作联席会议办公室牵头，通过行业协会和信息化服务商，组织经验丰富的专家团队，设立咨询服务热线、网站专栏、专用电子邮箱等，为中小企业信息化项目的建设和运行提供有关信息化建设咨询和投诉处理等服务。在此基础上，逐步整合有效资源，构建中小企业信息化服务体系。

（五）加强人才培养和队伍建设

一是继续推动各级党校、行政院校对公务员进行企业信息化知识培训；利用高等院校、科研院所、IT 企业、咨询中介等培训力量，对专业技术人员和企业经营者进行不同层次的信息化经验交流和技术知识培训。

二是充分调动行业协会、信息化服务提供商的积极性，推荐一批适用于指导中小企业信息化建设的基础教材，认定一批有良好信誉的信息化培训机构为“企业信息化培训基地”。支持网上远程培训，鼓励更多的中小企业上网自助培训。

三是支持组建培训服务队伍。建立和完善培训服务队伍和技术服务队伍，加大信息化咨询师的培训及队伍建设，逐步建立信息化咨询师的认证体系。

（六）加强信息交流和宣传推广

一是建立全省企业信息化工作信息交流机制，省企业信息化工作联席会议各成员单位每年向联席会议办公室提供一份企业信息化工作总结和新一年的工作计划，各成员单位确定的重大企业信息化项目进度情况应随时互相通报，下达企业信息化项目资金计划应互相报送。

二是大力宣传和推广先进企业的经验，推介优秀服务商和优秀信息化方案和产品，积极开展企业信息化成果展示、研讨、论坛等活动，促进交流与合作。

三是充分发挥各类媒体的作用，结合重大活动和重点工作，组织、引导各类媒体进行形式多样的宣传活动，营造浓厚的企业信息化建设氛围。

贵州省人民政府关于加快全省农业和农村信息化建设的意见

黔府发〔2008〕16 号

各自治州、市人民政府，各地区行署，各县（自治县、市、市辖区、特区）人民政府，省政府各部门、各直属机构：

省委、省政府高度重视农业和农村信息化工作。近年来，全省农业和农村信息化工作取得新进展。但由于基础薄弱，欠账较多等问题，农业和农村信息化建设仍不适应发展的需要，亟待进一步加强。为加强农业和农村信息化建设，提出以下意见：

一、进一步明确工作思路和目标

（一）工作思路。全面贯彻落实党的十七大精神，坚持因地制宜、量力而行、引导扶持、分类指导、典型引路的原则推进农业和农村信息化工作。围绕改善农民基本生产生活条件、拓宽农民基本增收门路、提高农民基本素质和新农村建设等任务，积极推进农业和农村信息化建设。按照求实效、重服务、广覆盖、多模式的要求，共建平台，共享资源，健全农业和农村信息服务体系。充分开发、利用和整合涉农信息资源，积极探索信息服务进村入户的途径和办法，健全农业和农村信息收集和发布制度，为农民和企业提供及时有效的服务。强化面向农村的广播电视、通信和邮政等信息服务，在全省推广资费优惠的农业公益性服务电话。进一步增强政府对农业生产、资源调配、市场监管和社会服务的能力。

（二）工作目标。力争到“十一五”末，基本构建起适应社会主义新农村建设要求的信息化支撑体系。建成较为完备的农村信息化基础设施，通信服务、广播电视“村村通”工程向深层次推进；加快农村党员干部现代远程教育、农村中小学现代远程教育、“金农工程”、农经网、农村综合信息服务平台建设、农村文化信息共享等建设，鼓励支持涉农部门和社会力量参与农业信息化建设，开发农村、农民需要的信息资源和远程教育课件；以组建“12316”三农服务热线、专家座席平台建设为基础，采取“政府主导、市场运作”的方式，联合各涉农信息平台资源，促进涉农信息资源整合与共享。加强农村信息员和专家服务队伍建设，提高服务能力；完善邮政服务体系建设，提高邮政服务能力和服务水平；大力发展各类适农信息产品，加强信息技术在农业和农村的推广应用，促进农业现代化建设和农村经济社会发展。

二、加强农业和农村信息化建设的重点任务

（一）大力加强农村信息基础设施建设。加快农村信息基础设施建设，不断完善农村通信基础设施和覆盖城乡的高速传输网络。在全面实现乡镇通宽带的基础上，逐步将宽带向行政村推进。进一步完善省、市（州、地）广电长途光缆干线传输网的覆盖。通过实施农村通信和广播电视“村村通’’工程，提高农村电话普及率和广播电视人口覆盖率。进一步实现电话覆盖向自然村延伸，实施20户以上自然村寨通电话工程，到2010年完成1 100个已通电自然村通电话任务。实施20户以上自然村农村卫星广播电视收转站建设工程，完成8.9万个20户以上自然村广播电视接收站建设任务。完成全省94个无线广播电视转播台（站）建设和改造，扩大覆盖范围，增加发射功率，延长发射时间，让无线覆盖范围的群众能无偿收看4套以上电视节目和收听两套以上广播节目。采用大功率直播卫星技术，逐步增加广播电视节目套数和服务的功能。建设移动多媒体，开通车载和手机广播电视。

利用和完善已建成的网络平台，建设省、地、县、乡四级连网的信息网络。整合省内涉农网站的资源，建设全省涉农信息资源共享平台，形成由涉农部门、广播电视传媒、农业科研教育机构和通信运营商广泛参与的新农村普遍服务共享有效机制。同时，逐步建立健全覆盖全省农业和农村的综合信息服务体系。继续完善和健全省级、地（州、市）级信息服务平台、县（市、区）级农业服务中心以及各级农村信息服务机构，逐步形成农业和农村综合信息服务网站群，形成统一的省、地、县、乡、村农业和农村综合信息服务体系。

进一步加强农村党员干部现代远程教育工程建设，扩大终端站点上网率，加强辅导教学管理平台建设，确保完成中央远程办部署的建设任务。加快文化信息资源共享工程的实施，重点加强省、市（州、地)、县分中心建设，逐步建立乡镇和村基层点，充分发挥其在服务农村精神文明建设，传承和发展我省地方文化，培养学习型农民，构建学习型新农村中的作用。

（二）加快农业和农村信息资源建设。加快现有基础信息的收集和整理，积极开发各类涉农信息资源以及农村人口基础数据等涉农信息，充实农业和农村信息资源数据库。进一步构建和规范农业信息采集、处理、存储、发布和使用的标准。通过实施“金农工程”，建立省级农业数据中心和省级粮食数据中心。建设包括农产品监测预警系统、农产品和农业生产资料监管系统、农村市场供求和农产品批发市场价格信息系统和农业科技信息联合服务系统，为贵州涉农信息资源共享平台提供更多的数据信息支撑。继续抓好农村党员远程教育课件的制作工作，开发更多针对性强、有特点的、能切实为解决“三农”问题提供帮助和服务的课件。通过实施“三电合一”（电脑、电话、电视）工程，以政府引导和市场化运作等方式推动各类涉农信息及其相关知识的收集、处理、传播与利用体系建设。各涉农部门要特别加强各类信息资源的开发和应用，积极创造条件，建立和完善农业和农村信息资源数据库群，进一步整合涉农信息资源，因地制宜，突出特色，提高信息的实效性和针对性，丰富信息内容，确保信息服务质量和服务效果。

（三）提升农业和农村信息服务的能力。强化面向

农村的广播电视、通信、邮政等信息服务。在认真总结试点经验的基础上，继续大力推广“三电合一”农业综合信息服务模式，提高农业信息的实效性、覆盖面和服务入户率。结合“农村党员干部现代远程教育工程”、“金农工程”、“信息进村入户到企工程”、“农村综合信息服务平台试点工程”、“12316”三农服务热线、“农村信息超市”、“农产品市场动态电子屏联播系统建设工程”、“文化信息资源共享工程”，“新农村致富热线”声讯服务台建设、“贵州农业科技 110 语音咨询系统”以及电话语音系统、电视节目制作系统等项目的实施，整合好现有的信息传输资源、信息资源、信息系统资源和人力资源等软硬件资源。通过网络、电视、广播、移动多媒体（车载和手机广播、电视）、电话声讯、手机短信、电子屏、信息大篷车、农村邮政网点、报刊发布等载体传播信息，全方位为“三农”服务。逐步建立农产品电子商务服务体系，推动涉农企业之间、涉农企业与消费者之间电子商务系统的建设和应用，提高涉农企业及农户了解、适应现代市场环境的能力。进一步扩大新型农村合作医疗信息化管理覆盖面，建立覆盖农村合作医疗试点县的全省联网的信息管理系统，将农村合作医疗政策、制度、服务体系和参合农民健康档案全面纳入信息化管理。并逐步启动农村计划免疫等农村卫生信息化服务工作。

（四）加大涉农信息技术的研发、推广和应用。加大对各类涉农信息产品以及数字农业、精确农业的研究开发力度，推广信息技术在农村教育、科技、文化、医疗、卫生、社会保障和社会治安等公共事业中的应用。在推进农村合作医疗信息化管理的同时，要加快开发应用“智能化农业专家服务系统”、“农村劳动力转移信息服务系统”、“农产品电子商务服务系统”、“乡土人才远程培训服务系统”、“乡村旅游信息服务系统”以及各类围绕新农村建设所需的软件系统和产品。电子信息产品制造业要注重开发生产农业、农村需要的信息产品，为新农村建设提供技术支撑和服务。要利用卫星、网络通信、3S（GIS 地理信息系统、GPS 卫星定位系统、RS 遥感技术）、数据库、多媒体等现代信息技术以及现代农业科技、经济知识，建成我省农业资源信息数据库及其应用服务系统。建成比较完善的农产品市场、农产品质量、农产品监测、预测信息系统和农业区划、种子质量监测认证、植物保护监测、土壤肥料监测、动物防疫监测、农业科技教育、专家咨询和农业法规监察等信息化服务体系，实现农业信息资源的充分共享。积极为政府、农业管理部门、农业科技工作者，以及广大农民提供农产品产前、产中、产后决策信息服务，引导农村适时进行产业结构调整；努力向农户、农业龙头企业、农产品生产基地、农产品市场和各类中介服务组织提供农、林、牧、副、渔业科技及产供销信息服务。

（五）积极发展农村信息员队伍。加强农村信息员的培训和队伍建设。重点在龙头企业、农民专业合作经济组织、农村经纪人、种（养）大户、农村教师和村组干部中培训发展农村信息员。按照“一站服务、充实人员、管理规范、更新知识、提高水平、服务有效”的原则，切实加强农村信息机构和队伍建设。到 2010 年，建立健全省、市（州、地）、县（市、区）、乡（镇）各级信息服务机构，经过培训考核，建立一支 10 000 人以上的农村信息员队伍。充分发挥农村信息员的中介作用，为广大农民提供信息服务，有效解决农村信息服务“最后一公里”问题。

三、加强农业和农村信息化建设工作的保障措施

（一）加大宣传和政策扶持力度。各地、各部门要认真贯彻《中共贵州省委贵州省人民政府关于推进社会主义新农村建设的实施意见》（黔党发〔2006〕1 号），结合“十一五”发展规划，研究制定支持农业和农村信息化发展的优惠政策，加强农业和农村信息化宣传工作，形成全社会关心支持农业和农村信息化的良好氛围，要加大对农村通信、广播电视宣传和政策的扶持力度。

（二）建立健全工作机制。各级政府要把推进农业和农村信息化纳入当地经济社会发展规划，列入重要议事日程，切实加强组织领导。省信息化领导小组负责推进农业和农村信息化工作的组织领导，省信息化领导小组办公室要做好规划管理、政策研究、组织协调和指导监督等工作。各地要建立健全农业和农村信息化领导协调机制，各级农业、林业、发展改革、财政、水利、气象、信息产业、科技、教育、广播电视、人口计生、公安、国家安全、保密等相关部门和组织要认真履行职责，形成各负其责、相互配合的工作机制。财政部门负责统筹财力，保障重点，并切实监督农业和农村信息化资金的使用效益。通信、广播电视部门负责加快完善农

业和农村信息化基础设施建设。各级各部门要加大对盗窃农业和农村信息化基础设施的打击力度。要把农业和农村信息化重点任务列入各有关部门的工作目标，严格考核。

（三）加大资金投入力度。各级政府要加大投入力度，对农业和农村信息化建设进行科学规划，充分优化、整合现有资源，支持重点工程和项目以及信息服务平台建设、信息技术推广应用、信息化培训、资源建设和信息系统运行维护等。鼓励社会投入，形成多元化农业和农村信息化融资体制。“十一五”期间，省财政安排的应用技术研究与开发、高科技产业投资、信息技术推广应用等资金，要对农业和农村信息化给予倾斜。

（四）加强农村信息化教育和培训。要将农业和农村信息化人才培养列入信息化培训总体规划，有步骤、分阶段地推进实施。重点抓好对农村信息员队伍的培训工作，提高其信息采集、分析、整理、发布以及国家安全、保密意识的能力，尽快建立一支结构合理、素质较高、服务优良的农村信息员队伍。采用多种教育、培训方式和途径，培养农业和农村信息化高级实用人才和农业信息技术应用专业人才。建立农业和农村信息化专家咨询队伍，为农业和农村信息化重大建设工程及信息资源开发利用提供技术咨询，为农业和农村信息化人才培训提供智力支持。鼓励引导农业和农村信息化研发企业开展面向农村的信息技术培训。

（五）规范农业和农村信息化建设管理。各地、各部门在推进农业和农村信息化建设过程中，要结合实际、因地制宜，坚持硬件建设和软件建设并举，制定具体管理办法，明确各级信息服务机构职责、服务内容与建设标准，健全岗位责任制，依法管理农业和农村信息网络建设、信息发布和信息服务。要按照《中华人民共和国政府信息公开条例》的要求，建立健全农业和农村经济信息披露发布制度，实行信息采集、会商、分析预测和对外发布的规范化管理。加强对信息服务平台的管理和维护，保障运行安全。切实把好信息源头关，杜绝虚假、不健康信息和涉密信息上网，确保信息的准确性和安全性。要及时更新网上信息，丰富信息内容，提高信息质量，防止不良信息、垃圾信息和错误信息对“三农”产生不良后果现象的发生，切实起到指导农业生产和提供决策参考的作用。运用市场机制，广泛开展社会化信息服务，增强农业信息服务业的活力，推进农业和农村信息服务业的发展。

（六）加强分类指导。农业和农村信息化是惠及广大农民的系统工程，工作涉及面广，任务复杂而艰巨，需要整合资源、汇聚力量，积极务实地推进。省信息化领导小组要加强协调和引导，避免一哄而上，重复建设。要加强规划和分类指导，坚持从实际出发，试点先行，逐步推开。要重实际、讲实用、求实效，强调边建设、边管理、边使用、边总结，通过抓试点，不断发现问题和解决问题，不断探索和积累经验。在试点成功的基础上，加大推广应用的力度。

（七）建立创新机制和长效运行机制。鼓励和支持社会力量投入农业和农村信息化建设，特别是广电、通信、电子信息装备制造和软件开发等行业，要着力探索服务新方式，拓展业务领域，扩大农村信息服务网络，在提供信息服务的同时，获得较好的经济效益。推进农业和农村信息化建设，建立运行、维护、服务的长效机制，实施资源整合与共享。各地、各部门应在政府主导下，采用市场化的建设和运作方式，积极与运营商、企业进行合作，调动各方积极性，共同建设，互利共赢，建立起长效机制，确保农业和农村信息化建设的顺利实施。

二〇〇八年八月二十五日

山东省人民政府关于大力发展信息产业推进信息化与工业化融合的意见

鲁政发〔2008〕85 号

各市人民政府，各县（市、区）人民政府，省政府各部门、各直属机构，各大企业，各高等院校：

为深入贯彻落实党的十七大精神，大力发展信息产业，推进信息化与工业化融合，促进我省经济结构调整和发展方式转变，加快经济文化强省建设，现提出如下意见。

一、充分认识大力发展信息产业、推进信息化与工业化融合的重要意义

省委、省政府高度重视信息产业与信息化工作，始终将其作为覆盖现代化建设全局的战略举措来抓，信息产业发展和信息化建设取得了显著成效。信息网络不断完善，已覆盖所有城乡，成为支撑经济社会发展的重要基础设施；信息产业发展成为重要支柱产业，年均增速30%以上，2007 年实现规模以上主营业务收入 5 161 亿元，占全省规模以上工业主营业务收入的 10.4%；信息技术在经济、政治、文化、社会各领域广泛应用，传统产业改造成效显著，电子商务迅速发展，电子政务稳步推进，社会信息化步伐不断加快。但是，对照党的十七大和科学发展观的要求，对照信息化面临的新形势、新任务和信息化与工业化融合的新要求，我省信息产业与信息化发展仍存在较大差距。主要是：自主创新能力有待进一步提高，产业发展需要进一步加快；信息技术的应用还不够广泛，网络与信息开发利用和资源整合还需要进一步加大力度；社会化投入比例偏低，法规体系建设相对滞后等。

认真贯彻落实党的十七大精神，积极大力发展信息产业，推进信息化与工业化融合，有利于提高自主创新能力，构建以高新技术为主导的现代产业体系，调整优化经济结构；有利于推动经济发展方式从粗放型向集约型转变，走科技含量高、经济效益好、资源消耗低、环境污染少、安全有保障、人力资源优势新型工业化道路；有利于发挥信息化对政治建设、文化建设、社会建设的推动作用，强化社会管理和公共服务，规范繁荣网络文化，改善民生，加快构建和谐社会。

各级、各部门要进一步提高对大力发展信息产业、推进信息化与工业化融合重要意义的认识，切实增强责任感和紧迫感，把信息产业和信息化工作放到更加重要的战略位置，科学谋划，率先发展，取得新的更大成绩。

二、指导思想、发展原则和发展目标

（一）指导思想

以党的十七大精神为指导，深入贯彻落实科学发展观，以打造信息化强省为目标，以体制、机制、技术创新为动力，以调整经济结构和转变经济发展方式为主线，大力发展电子信息产品制造业、软件业和信息服务业，深入推进信息化与工业化融合，加快政府和社会信息化进程，努力推动经济社会又好又快发展，为建设经济文化强省做出积极贡献。

（二）发展原则

1. 政府引导，市场调节。加强政府规划与政策引导，有计划、有步骤地推进信息产业发展和信息化建设。积极运用市场调节机制，以需求为导向，以企业为主体，发挥好市场对信息产业和信息化资源的基础性配置作用。

2. 因地制宜，培植特色。结合“一体两翼”区域发展思路，发挥区位优势、资源优势和既有信息产业与信息化基础优势，培植优势产业，培育信息化典型示范，以点带面，逐步推广。

3. 自主创新，扩大开放。加强自主创新能力建设，力争掌握核心和关键信息技术，增强信息产业竞争力，

提高信息化技术水平。扩大对外交流与合作，积极引进国外先进技术和高端人才，加快引进消化吸收再创新，促进我省信息产业和信息化发展。

4. 以用兴业，融合发展。坚持建设与应用相结合，以信息产业发展支撑信息化建设，以信息化建设带动信息产业发展，构建信息产业与信息化相互依存、相互促进的发展新格局。

5. 突出重点，加大扶持。抓住重点区域、重点产业、重点项目和重点企业，完善财税政策，健全投融资机制，吸引社会化投入，加快推动信息产业和信息化发展。

（三）发展目标

到 2010 年，信息产业年均增长 25%，总体规模力争达到 10 000 亿元，其中电子信息产品制造业实现销售收入 8 000 亿元，出口 280 亿美元；软件业实现销售收入 1 000 亿元，出口与服务外包 10 亿美元；信息传输及其他信息服务业实现销售收入 1 000 亿元。关键技术创新取得重大突破，形成一批拥有自主知识产权、自有品牌和国际竞争力的优势企业。信息基础设施趋于完善，第三代移动通信网络、下一代互联网、数字电视网络基本建成，信息网络技术与服务水平进一步提高。信息技术应用广度和深度显著提升，经济、政治、文化、社会各领域信息化达到国内领先水平。到 2015 年，我省信息产业经济总量达到 25 000 亿元，整体实力进一步增强。信息化与工业化深入融合，基本实现由信息化大省向信息化强省的转变。

三、重点任务

（一）大力发展电子信息产品制造业

1. 加快发展计算机和通信设备产业。跟踪多核处理、虚拟化等技术发展趋势，加强自主创新，大力发展高性能计算机、服务器等具有自主知识产权产品。积极承接国际计算机整机和零部件加工产业转移，并加快扩大外围设备生产规模。抓住第三代移动通信网络和下一代互联网建设机遇，推动新一代网络设备、基站和终端设备的研发生产。

2. 巩固发展信息家电产业。以计算机、通讯和消费电子产品融合为契机，加快提升传统家电数字化、智能化和网络化水平。重点发展数字音视频等消费类产品，加快构建以平板显示为核心的数字电视产业链，推动 TFT-LCD（薄膜晶体管液晶）及 PDP（等离子）显示面板及模组的自主生产，提高关键零部件的配套能力。

3. 加快发展集成电路产业。重点发展集成电路设计，争取在 CPU（中央处理器）、DSP（数字信号处理器）、MCU（微控制器）、移动通信芯片等关键领域取得突破并拥有自主知识产权。加快建设大尺寸集成电路芯片制造生产线，逐步完善半导体材料、封装、测试等集成电路产业链基础环节。

4. 完善发展 RFID（无线射频识别）产业。加快突破 RFID 芯片设计与制造、天线设计与制造、读写器设计、软件设计、应用开发等关键技术，推动 RFID 创新体系建设和产业链形成。鼓励 RFID 技术在公共安全、物品跟踪、现代物流等领域的推广应用。

5. 优化发展应用电子产业。立足我省制造业优势，重点围绕汽车电子、医疗电子、机床电子、船舶电子、工业自动化控制等领域，加强技术研发和产业化，提高对重大装备的配套能力，拉长工业产品制造业产业链。

6. 培育发展光电子、半导体照明、光伏电池等新兴产业。发挥我省优势，加快推动碳化硅衬底材料、蓝绿光外延、大功率激光器与半导体白光照明、背光源等技术攻关和产业化。积极推动硅光伏电池、太阳能电池组件、太阳能蓄能电池发展，大力发展薄膜半导体电池制造，形成新的产业优势。

7. 积极发展新型电子材料、电子元器件等基础产业。加大基础技术研究和产品工艺技术开发，加快在晶体材料、磁性材料、液晶材料、电子功能陶瓷材料、纳米材料、集成电路及电路板应用材料等基础材料领域，在新型片式元器件、敏感元件与传感器、光电子器件、电力电子器件、电声器件等新型电子元器件领域，形成特色和优势。

8. 努力发展节能环保技术与产品。完善节能产品标准体系，加快研发动力节能、建筑节能、交通节能、露天照明节能、计算机和通信机房节能等技术，加强电子信息产品生态用能设计。推动发展环保型电子材料和电子元器件，建立电子电器产品回收利用和污染防控体系，发展循环经济，建设绿色产业。

（二）大力发展软件产业

1. 加快发展嵌入式软件。重点围绕信息家电、计算机设备、通信与网络产品、机械制造、工业控制等机电产品领域，研发推广基于不同操作系统、多处理器的嵌入式软件产品，将其培植成为我省软件产业的重要支柱产业。

2. 大力发展应用软件。围绕电子政务、电子商务、城市信息化、社会信息化和工业、农业、服务业等各个领域，发展应用软件，鼓励集成创新和建立产业联盟，鼓励企业间多种形式的合资合作，做大做强应用软件。

3. 促进软件服务外包发展。着力推进软件标准化、商品化、国际化进程，鼓励企业通过能力成熟度模型（CMMI）认证。积极发展面向国际市场的软件或模块定制加工、数据和技术服务等，主动承接国际软件服务外包，重点提升日韩、突破欧美。加快软件服务外包绿色通道、综合服务平台、人才培训平台、中外桥梁工程师人才基地建设，重点发展齐鲁软件园、服务外包城市、软件出口创新基地等软件出口园区。

4. 培育发展数字动漫、影视与游戏产业。支持民族原创、健康向上的动漫、影视、游戏产品的创作和研发，培育壮大一批数字娱乐企业，打造具有山东文化特色和国际影响力的知名品牌。支持鼓励济南、青岛、烟台及其他有条件的市发展数字动漫、影视与游戏产业，争取培育成为全国重要的产业集聚中心。

5. 强化基础软件和集成电路设计。重点突破基础软件，积极发展基于开源代码的操作系统、数据库、中间件、信息安全等具有自主知识产权的基础软件产品。加快建立集成电路设计法人资格和企业资格认证体系，推动科研、生产、应用、服务联合体建设，促进一批集成电路设计企业发展。加快建设面向社会服务的集成电路公共设计平台、人才交流与培训平台，构筑有利于发展的支撑体系和环境，积极引进高端人才，加强国际合作，提升设计能力，壮大设计队伍。

（三）大力发展信息服务业

1. 优化提升信息传输服务业。继续发展电信和广播电视传输等基础性信息传输服务，重点推进有线宽带网建设，加快普及数字广播电视业务。大力发展第三代移动通信、下一代互联网等新一代信息传输服务业，抢占行业发展制高点，带动通信设备、信息终端产业发展。重点发展电信增值服务、互联网增值服务，通过技术与业务创新，积极开发面向大众和企业的增值服务业务。

2. 突出发展数字内容服务业。大力发展面向新闻出版、广播影视、文化体育、医疗卫生、科技教育等公共文化领域的数字内容产品，弘扬优秀传统文化，倡导科学精神，壮大网络文化产业。依托制造业优势，以数字化工业设计、数字化视觉设计等为重点，积极发展数字设计创意服务业。加强政务及公益性信息资源的开发建设和增值服务，推进商业性信息资源开发利用，繁荣数字内容服务市场。

3. 做大做强计算机服务业。加快发展网络数据中心、信息系统运维外包服务中心、信息安全外包服务中心、服务呼叫中心等，积极推动系统集成、工程监理、项目咨询、安全评测、专业培训、电子认证服务等行业发展。

4. 大力发展服务业信息化和电子商务。重点推广信息技术在商贸流通领域的应用，整合交通、港口、海关、工商、税务、银行等相关部门的物流信息资源，建设公共物流信息平台，形成较完善的物流信息化体系。推进金融信息服务业发展，建设安全、快捷、方便的在线支付服务平台，促进电子支付业务发展。进一步加强电子商务规则、标准和地方性法规政策的研究制定工作，完善数字证书安全认证体系，建立电子商务交易应用平台，积极推进企业、区域的电子商务应用。

5. 积极培育农业农村信息服务市场。围绕农业生产、农产品流通、农村医疗卫生、文化教育、村务管理等领域，通过政府引导和企业参与，完善农村信息化综合服务平台，整合涉农信息资源，推进信息服务进村入户。落实国家有关面向农村的通信服务资费优惠政策，积极组织开发面向农村市场的质优价廉的信息技术和信息服务产品，加快推动社会主义新农村建设。

（四）大力推进工业和企业信息化

1. 深入推进装备类制造业信息化。加强对装备类制造业企业产品设计、生产流程的信息技术再造，扩展成套设备及组合加工设备性能，加快设备升级。立足我省优势，重点选择机械、汽车、船舶、医疗器械等企业，优先发展数字化、智能化的数控设备、数控加工中心、精密医疗设备、高端电子设备仪器等机电一体化产品，提升装备制造业的技术水平，提高产品附加值和赢利能力，增强装备制造产业的核心竞争力。

2. 加强基础类制造业信息化。围绕建材、石化、冶金、造纸、煤炭、电力等高能耗、高污染行业，广泛应用 ERP（企业资源计划）、DCS（集散控制系统）、变频控制及在线检测等技术，实现企业运营管理的网络化、智能化和集成化，提高产品生产的自动化和精密化，有效降低基础类制造业企业资源、能源消耗和污染排放。加快传统技术、设备、工艺、安全控制系统、分布式操作系统等的集成，提高生产测量检测的准确度和信息传输的实时性，有效保证安全生产。大力推进信息技术在环保产业的应用，重点在水、空气等污染防治关键技术和成套设备、固体废弃物处理和综合利用设备、噪声振动控制设备、环保监测仪器等方面提高信息技术水平。

3. 大力发展消费类制造业信息化。在食品医药行业，重点推广应用自动化生产设备和自动化生产线，实现发酵罐计算机控制、生产工艺控制，全面提升食品卫生和药品安全的检测、控制水平。在服装纺织行业，加强产品设计、加工和企业管理、营销等方面进行信息技术改造，运用计算机集成制造系统（CIMS），提高服装生产小批量、多品种、个性化生产的能力和纺织工艺的控制精度。在家电行业，重点推广应用光机电一体化技术、现场总线技术及变频节能技术，开发、生产智能化家电产品和家居集成高端产品。

（五）大力促进政府和社会信息化

1. 加强政务网络与信息系统建设。加强省市县（市、区）三级政府网站建设，不断提升政府网站信息公开、在线办事、公共参与功能。整合省市县（市、区）三级政务骨干传输网，实现对政务网络的集约化管理与利用。深化基础信息数据库建设与应用，出台政务信息资源共享管理办法，逐步建设省级政务信息资源交换共享平台，推动跨部门信息共享与业务协同。继续完善“十四金”工程，加快推动安全生产监管、突发事件应急指挥、行政审批电子监察、食品药品质量监管、环境污染监控等重点业务系统建设。

2. 努力提高社会信息化水平。重点加快文化、教育、卫生、劳动就业、社会保障、公共安全等公共领域的信息化步伐，逐步推进相关部门信息系统互连互通。推动数字城市、数字社区、农村信息服务站建设，为公众提供便利的文化娱乐、电子商务、网上教育等服务。以公共交通、公用事业缴费、小额消费支付等领域为突破，积极整合卫生医疗、民政事务、社会保障等公共服务功能，加快建设城市“一卡通”平台，逐步完善互连互通、覆盖全省的“一卡通”服务体系。

3. 加强网络与信息安全保障。坚持“谁主管谁负责、谁运营谁负责、谁使用谁负责”的原则，落实网络与信息安全规章制度，完善网络与信息安全基础设施，健全网络信任体系和应急处置机制，全面推行风险评估和等级保护，切实增强基础网络和重要信息系统的安全防护能力。进一步完善无线电管理基础设施，加强集中统一管理，科学配置和有效利用无线频率资源，提高无线电干扰查处能力，维护空中电波秩序，健全国家安全和重大任务保障的应急预案与协调机制，保证各种无线电业务的正常开展。

四、保障措施

（一）加强组织领导。省信息化工作领导小组统一协调部署全省信息产业发展、信息化与工业化融合工作，省发展改革委、经贸委、科技厅、信息产业厅、外经贸厅等部门按职责分工负责具体组织实施。各级政府都要加强对信息产业和信息化工作的领导，健全组织机构，明确任务目标，科学统筹规划，完善政策措施，努力开创发展新局面。要充分发挥各方面积极性，引导行业协会、中介组织、高校科研院所和各行业企业广泛参与，努力形成全社会共同发展信息产业、推进信息化与工业化融合的良好格局。

（二）加大政策和资金支持力度。完善信息产业发展、信息化与工业化融合的投融资政策，强化投融资激励和约束机制，形成以政府投入为引导、企业投入为主体、其他投入为补充的长效投融资机制。各级发展改革、经贸、科技、财政、信息产业等部门要合理调配利用各项扶持资金，支持有关信息产业发展、信息化与工业化融合的重大项目。各级政府要建立必要的信息产业专项资金，纳入同级财政预算，引导推动信息产业和信息化发展。完善落实奖励政策，对列入省级（含省级）以上的技术中心、工程中心、设计中心和重点实验室，对列入国家规划布局内的软件企业、进入全国百强的电子信息企业和软件企业，所在地政府或园区应给予适当的配套或奖励资金。对引进重大项目、完成招商引资目标、做出突出贡献的招商引资人员、社会人员和中介机构，实行奖励。实施政府采购与补贴政策，将我省具有自主知识产权的省级以上名牌电子信息产品及软件产品纳入政府采购推荐目录，在同等条件下优先采购；对我省自主开发的、经审定在节能降耗、减少污染、提高效率和效益等方面具有显著成效，并具有重大推广应用前景的电子信息系统、产品和技术，可由政府采购或补贴，逐步在全省推广应用。

（三）加快基础支撑体系建设。加快构建覆盖广泛、安全可靠、支撑宽带多媒体以及融合业务的综合信息基础设施，进一步提高基础网络特别是宽带接入网络的覆盖率，为信息产业和信息化发展提供有效支撑。强化信息产业基地园区建设，重点扶持齐鲁软件园、中国信息通信国际创新园（CIIIC）、青岛电子信息产业基地等国家级产业园区发展，鼓励计算机、通信、集成电路、光电子与半导体照明、太阳能电池、数字动漫、信息服务业等基地园区建设，促进人才、技术、资本和企业聚集，拉长产业链条，发展产业集群。

（四）加强技术创新和对外开放。加大对信息技术创新的扶持力度，重点加强技术中心、研究中心、实验室、产业联盟建设，每年扶持一批技术创新的重点领域和项目，推动产学研联合，提高自主发展能力，降低对外技术依存度。鼓励企业参与国际、国内、行业等各类标准制定，对于取得重大发明和加入国际化标准组织及承担国家标准化研究课题的给予奖励。加强知识产权保护，推广软件正版化，严厉打击侵犯知识产权的违法行为。积极开展对外交流与合作，加大信息产业招商引资力度，针对重点招商领域和方向，实施重点突破；积极扩大产品出口，支持企业在境外上市，设立研发中心、生产基地和发展机构，进行国际间的联合、兼并和重组，提高我省信息产业和信息化发展的国际化水平。

（五）强化人才队伍建设。完善人才培养、引进、使用和激励机制，依托各类园区基地和重大项目，吸引和培养高端人才与创新团队。加快信息产业和信息化人才职业化进程，完善职业资格考试和认证制度，逐步在政府部门和国有大中型企业推行CIO（首席信息官）制度。完善信息产业和信息化培训体系，鼓励高等院校、行业协会、中介机构和重点企业面向市场需求，推进与行业应用结合的信息技术教育，培养实用性人才。各级信息产业、教育、科技、人事、劳动保障等部门要有计划、有重点地开展党政领导干部、企业负责人、专业技术人员和高级技工培训，提高管理人员与从业人员的专业知识和信息化知识水平。对在电子信息产业园区内创办并经认定的人才实训基地，由园区或地方政府按照实训人数给予一定数额的补贴。

（六）营造良好发展环境。完善法律法规体系，深入抓好《山东省信息化促进条例》的贯彻落实，尽快出台软件产业发展促进条例等有关配套法规，提高信息产业和信息化的规范化发展水平。加强工作绩效评估，省信息产业厅和省统计局要进一步完善信息产业和信息化统计指标体系，建立健全量化考核标准，并纳入各级各部门综合评价和年度考核体系。加大信息产业和信息化宣传，重点面向支柱产业企业、信息化与工业化融合试点示范，及时总结推广技术成果和成功经验。积极开展信息知识普及活动，努力提高全民的信息化素质，形成全社会普遍认同和积极参与信息化建设的良好氛围。

二〇〇八年九月一日

福州市人民政府关于印发福州市2008—2012年服务外包产业中远期发展规划的通知

榕政综〔2008〕200号

各县（市）区人民政府，市直各委、办、局（公司）：

《福州市2008-2012年服务外包产业中远期发展规划》已经市政府常务会议研究通过，现予以印发，请认真结合实际，遵照执行。

二〇〇八年十月二十一日

福州市2008-2012年服务外包产业中远期发展规划

服务外包产业是一个正在迅猛发展、潜力巨大的新兴产业，是当前国际产业转移的新趋势。为抓住发展机遇，有序推进福州市服务外包产业快速发展，加快转变福州利用外资经济发展方式，特制定本规划。

一、发展背景

服务外包是指企业将其非核心的业务外包出去，利用外部优秀的专业化团队承接其业务，从而达到降低成本、提高效率、增强企业核心竞争力和对环境应变能力的一种管理模式。主要包括信息技术外包（ITO）和商业流程外包（BPO）。

国际服务外包市场兴起于20世纪80年代，90年代中后期开始迅猛发展进入成长阶段，进入21世纪市场规模迅速扩大进入高速发展时期。2006年国际服务外包总量为3 980亿美元。根据联合国贸发会议估计，未来5~10年国际服务外包市场将以30%~40%的速度递增。美国、欧盟和日本等发达国家致力于发展核心技术，将以软件开发和数据加工为代表的智力知识产业中的非核心业务，外包给发展中国家。

面对全球新一轮产业转移趋势，我国高度重视发展服务外包产业。国家“十一五”规划纲要明确提出：“鼓励外资参与软件开发、跨境外包、物流服务等。建设若干服务业外包基地，有序承接国际服务业转移。”商务部于2006年开始实施服务外包“千百十工程”，选择一批中心城市作为开展离岸服务外包业务的基地城市，在三到五年内建设10个中国承接离岸服务外包业务的基地，推动100家跨国公司将其一定规模外包业务转移到中国，并培养1000家承接离岸服务外包业务的大中型企业，全方位接纳离岸服务外包业务。

因此，抓住国家推进服务外包产业发展的良好机遇，积极承接离岸服务外包，把服务外包产业做大做强，对优化福州经济结构，转变经济发展方式，全面提升海西省会中心城市综合服务功能和增强新一轮产业发展的核心竞争力具有重要意义。

二、发展现状

福州市服务外包产业发端于软件研发、动漫设计等领域，正逐步向信息技术外包和业务流程外包扩展，近年来发展态势良好。

1. 福州软件园高速发展，成为服务外包发展的重要基地。软件园区已建成1.68平方公里，建筑面积近100万平方米，是福建省规模最大的软件园。近几年软件产业保持了年平均30%的增长速度，软件出口保持了年平均50%以上的增长速度。2007年软件技术服务总额达到97.1亿元，纯软件出口从2001年的300多万美元发展到2007年的近4 000万美元，软件及软件外包产品行销到10多个国家。园内现有软件企业278家，共有员工15 000多人，软件开发人员达到7 000人。其中，产值超过亿元的企业20家、产值达千万元的企业27家、上市公司5家，软件出口超过500万美元的2家。园区拥有自主知识产权400余项，软件产业集聚效应初步体现，成为目前全市信息技术外包的主要基地，并奠定了全市服务外包产业发展的基础。

2. 信息技术外包（ITO）初具规模，商业流程外包（BPO）正在兴起。2007年，全市软件和软件离岸服务外包业务额约4 500万美元，比上年增长50%，形成了以福富软件、网龙、瑞芯和福昕等为代表的软件外包企业，主要外包业务来自日本市场，占80%。省信息产业厅、省外经贸厅、福州市政府联合成立的福建软件国际合作联盟，汇集当地信息服务骨干企业60余家，软件研发人员超过6 000人，协力推进福州软件的国际合作，通过联盟平台，已在英国、日本设立办事机构，并计划在新加坡、美国设立交流窗口。已开启对香港、日本和美国等市场的软件外包业务，主要包括嵌入式软件开发、动漫创意设计、网络技术和系统集成、集成电路设计等。同时，福州集聚了全省教育、科研、人才、资金、技术、信息、文化等优势资源，发展商业流程外包基础良好，商业流程外包正在兴起，未来发展潜力很大。

三、发展优势

福州市作为海西省会中心城市，具有临海，近台，腹地广阔，经济承载力强，教育、科技资源集中等特点，是我国主要侨乡和大陆对台经贸交往的重要基地，外向型经济表现活跃，国际投资和合作环境良好，发展服务外包有以下明显优势：

1. 具有聚集的服务外包产业基地。承接离岸服务外包业务主要是以信息技术外包（ITO）为主。福州拥有国家级高新技术产业开发区——福州市科技园区、国家火炬软件产业基地——福州软件园，以及福州经济技术开发区——中国唯一集国家级开发区、保税区、台商投资区、科技园区和出口加工区于一体的对外开放区域，发展服务外包产业具备良好的载体支撑。拥有江阴、罗源两大深水港，和长乐国际空港，发展离岸服务外包的交通基础设施便利。服务外包企业聚集园区和良好的海港、空港条件有利于大规模承接离岸服务外包业务。

2. 具有龙头企业带动。福建富士通信息软件有限公司是福州承接离岸服务外包业务的龙头企业。2006年和2007年软件出口分别达到605万美元和944万美元，荣获“国家杰出软件外包服务贡献奖”（全国仅有10家企业获得这一殊荣）。网龙公司作为中国网络游戏的领跑者，以游戏软件的开发、运营为抓手，在自主开发大型网络游戏的同时，承接国内外知名企业的游戏开发及后台服务，在国际动漫业界也享有盛誉。位于福州经济技术开发区的国脉科技公司，把“创建中国一流的电信网络技术支撑服务基地”作为自己的发展目标，在业内率先提出了产品化的第三方服务概念，并与美国Packet Design Inc.签订框架协议，双方在中国区达成战略联盟，为Packet Design产品在中国范围内提供系统集成、技术支持及维护、认证培训、应用研发等技术外包服务。

3. 具有稳定的人才队伍和相对完善的人才培养体系。拥有福州大学、福建师大、福建农林大学、中科院物构所等数十所高等院校和科研院所，集聚了全省主要教育、科研资源，人力资源储备充足，各层次服务外包人才培养体系相对完善。可依托福州大学等高校的数学与计算机学院、软件学院，联合福建软件企业的内部培训体系，引进国际专家建立面向中高级人才培养的专业化人才培训平台，培养有针对性的人才。而且福州籍海外华侨、华人多达300余万人，厚实的海外华侨华人人才资源优势，为福州承接离岸服务外包提供了重要的“闽商”基础。

4. 具有毗邻台湾的独特区位、人文优势。福州与台湾仅一水之隔，具有地缘近、血缘亲、文缘深、商缘广、法缘久的“五缘”优势。台湾科技实力雄厚、人才资源丰富，服务外包产业发达。福州可充分发挥对台突出优势，积极引进台湾服务外包企业和大力承接台湾服务外包产业转移，开展两岸产业合作对接，实现双赢。

四、指导思想

坚持以邓小平理论和“三个代表”重要思想为指导，全面贯彻落实科学发展观，紧紧围绕海西“两个先行区”建设，切实抓住新一轮国际服务业加速转移的机遇，积极利用国家鼓励服务外包发展的政策，将服务外包作为发展现代服务业的重点进行培育。依托福州软件园、福州经济技术开发区，打造服务外包示范园区。以承接国际离岸服务外包为主，大力培育具有自主知识产权、自主品牌、高增值服务能力的离岸服务外包企业，聚集具有国际视野和拓展国际市场能力的服务外包高端人才，有序推进服务外包与其他产业融合互动，积极探索“国外发包、台湾接单、福州服务”的承接模式，努力将福州建设成为榕台服务产业合作对接，与国际服务外包接轨的产业集聚区和重要承接地。

五、发展原则

1. 坚持科学发展原则。认真研究服务外包产业发展规律，探索符合福州实际、与国际经济接轨的服务外包产业发展路子。

2. 坚持市场主导原则。鼓励和引导服务外包通过企业联盟，扩大服务外包企业在国内外的影响，提高服务外包企业的国际竞争力。积极创造条件，引导和组织服务外包企业开拓市场、流程再造，承接国际市场离岸服务外包业务。

3. 坚持重点突破原则。抓住重点区域、重点领域、重点企业，通过政府引导扶持资金和优惠政策的支持，推动服务外包突破性发展，尽快培育一批龙头企业和产业集群。

4. 坚持以人为本原则。树立人力资源优势是服务外包竞争的核心理念，把重视专业人才的引进、培养与开发，作为加快服务外包的核心环节抓紧抓好。

六、发展目标

1. 总体目标：把服务外包产业作为福州发展现代服务业的重点之一，发挥福州区位优势，打造海西省会中心城市特色服务外包，建设福州软件园和福州经济技术开发区两大示范园区，培养和提供各类服务外包专业人才，不断提高大中专毕业生在服务外包领域的就业比重；积极引进国际服务外包企业的先进管理理念、经营方式、组织形式和高端人才，不断提升服务外包水平、质量、效益；力争到2012年吸引30家以上世界跨国公司将其服务外包业务转移到福州，培育300家以上承接国际国内服务外包的重点企业，实现服务外包业务总额、出口额比2007年翻两番以上。

2. 分阶段目标：

第一阶段，到2008年，打造福州软件园和福州经济技术开发区为主的服务外包示范园区，吸引50家以上具备一定规模的从事承接服务外包业务的企业进入园区，全力争创“中国服务外包基地城市”。

第二阶段，到2010年，培育100家具有一定规模，能承接国际、国内服务外包的重点企业，其中规模企业（800人以上）15家，大型企业（3 000人以上）5家，入园企业数达到300家。吸引10家以上世界知名跨国公司将其一定规模的服务外包业务转移到福州。

第三阶段，到2012年，培育300家具有一定规模，能承接国际国内服务外包的重点企业，其中规模企业（800人以上）20家，大型企业（3 000人以上）8家，入园企业数达到500家。吸引30家以上世界知名跨国公司将其一定规模的服务外包业务转移到福州。

七、发展重点

以占领高端服务外包市场为方向，以提升服务外包规模、层次和竞争力为目的，主动承接跨国公司的离岸服务外包，重点发展以下具有比较优势的服务外包领域：

1. 信息技术外包。主要包括计算机软件设计、与设备相关的嵌入式软件设计、网络增值服务及与游戏相关的软件设计等；同时发展软件与系统集成、应用系统设计/开发/维护、系统支持/恢复等。

2. 创意设计外包。主要包括动漫创意、网络游戏创意、会展创意、广告创意、建筑装饰创意、景观艺术创意等。

3. 物流服务外包。主要包括以国际中转、国际采购、国际分拨和国际配送等为主的国际供应链管理服务。

4. 业务流程外包。主要包括金融后台服务、财务管理服务、市场营销服务、人力资源管理服务等。

八、保障措施

1. 加强组织领导，为服务外包发展创造优质环境。

成立福州市促进服务外包发展领导小组和办事机构，配备专职人员，负责推进全市服务外包工作。建立政府引导促进、行业自律监督、企业守法经营的运行模式。制定和完善促进服务外包发展的政策规章，建立健全行业标准，规范市场秩序，提高服务质量。引导服务外包企业建立行业协会，开展信息咨询、市场拓展、人才培训等工作。设立福州市保护知识产权举报投诉服务中心和举报投诉热线，加大服务外包知识产权保护力度，帮助和引导服务外包企业建立知识产权管理制度，为服务外包企业创造良好的经营环境。建立服务外包信息网，搭建服务外包交流平台，加强对服务外包的研究，及时了解服务外包企业需求。利用政府网站、电视、广播等各类媒体为服务外包企业提供高效的信息服务。研究建立服务外包统计指标体系，逐步实施服务外包统计制度，为国家和福州市服务外包发展提供可靠的决策依据。

2. 统筹规划、整合资源，高起点打造服务外包示范园区。

全力争创“中国服务外包基地城市”，精心选择福州软件园、福州经济技术开发区等若干区域，率先规划建设一批服务外包产业示范园区，形成服务外包产业的发展集聚区和特色产业区。积极引进规划设计战略合作伙伴、开发建设战略合作伙伴、管理经营战略合作伙伴，统筹规划、整合资源，努力把福州软件园、福州经济技术开发区建成特色优势明显、产业高度集聚、生态环境优美、配套设施完备，国内一流并具有重要国际影响的服务外包品牌示范园区。充分发挥示范园区的聚集效应和带动作用，打造集研发、生产、服务应用为一体，特色鲜明的产业体系，逐步形成规模优势、成果优势、技术优势、示范引导辐射带动周边地区甚至更大范围的产业发展。

设立服务外包产业专项发展基金。重点用于支持服务外包产业示范园区建设，支持构建服务外包技术平台和公共服务平台，支持服务外包企业开展人才培训服务、企业资质认证、海外市场拓展和流程再造，支持服务外包企业开展技术研发与自身建设，支持入驻服务外包示范园区的国内外著名服务业企业总部、研发中心、培训机构等购买或租赁自用办公用房。

加强服务外包产业专题招商。采取全市联动方式，瞄准重点地区、重点产业、重点企业，开展专题招商活动，积极引进日本、韩国、欧美、印度等地区软件和服务外包企业进入园区。加快引入一批合资合作服务外包龙头企业，采取合资或并购形式，吸引跨国公司在福州建立离岸服务接包企业，承接跨国公司内部的全球服务外包业务或跨国公司中国子公司的外包业务。加快引入一批国内服务外包龙头企业入驻园区，尽快使示范园区上规模、上层次，形成集聚效应。

深化服务外包领域的闽台港澳合作。进一步发挥近台优势，全方位加强榕台在服务外包领域的合作，主动承接台湾服务外包转移，鼓励台湾知名大企业集团在榕设立地区总部、研发中心、采购中心、营销中心等，联手建设福州软件园、福州经济技术开发区两个示范区，力争在物流、信息、金融、创意等服务领域合作有新突破。积极引进台湾服务外包高端人才和先进运作模式，创新服务外包发展模式、路径、机制，推动榕台合作由外部分工协作向内部功能互补转变，促进福州服务外包产业的全面提升。借助内地与港澳建立的更紧密经贸关系安排机制，不断提升榕港、榕澳在服务外包领域合作的层次和水平。

3. 扶持服务外包企业做大做强，增强国际竞争力。

出台优惠政策扶持服务外包产业发展。进一步放宽市场准入，对从事服务外包的企业给予前置审批和工商登记便利。凡符合土地利用总体规划、城镇建设规划、国家产业政策和供地政策的服务外包项目，优先安排土地利用年度计划，优先办理农用地转（征）用报批手续。对世界 500 强企业、世界知名品牌服务企业和跨国采购中心在榕投资项目，在符合城市总体规划的前提下，尽量满足投资商的第一选址要求，优先供地。支持服务外包企业争取商务部扶持出口型企业研发资金、中小企业开拓国际市场资金。调整优化外贸扶持专项资金和服务业发展资金支出结构，逐年提高支持服务外包企业发展的资金比例。

鼓励服务外包企业拥有自主知识产权。将符合条件的服务外包企业列为福州市知识产权试点、示范企业，并给予相应的支持；将服务外包业务中取得重大社会或经济效益的知识产权项目列入政府奖励范畴，以激励企业自主创新。鼓励企业实施品牌战略。对服务外包企业开展自主品牌建设、培育发展出口名牌，符合国家及省市有关规定的，给予奖励；对已形成规模、具有一定知名度的现有外包企业品牌，给予保护。

改善服务外包企业投融资条件。支持大中型服务外包企业的资产重组、收购兼并和海内外上市，鼓励银行向服务外包出口企业发放流动资金贷款，鼓励外资和民间资本以多种形式投入服务外包领域。支持企业拓展海内外市场，积极组织外包企业参加国内外各类专项会展，大力开展国内外宣传和推介，建立境外接包网络。

鼓励服务外包企业积极开展国际认证。大力普及服务外包国际认证知识，鼓励和引导服务外包企业积极申请相关国际认证或认证升级。积极鼓励服务外包国际认证机构落户福州，为服务外包企业提供就近便利服务。定期召开服务外包国际认证推介会，为国际认证机构和本地服务外包企业牵线搭桥，加快认证推进速度。重点推进企业开展开发能力成熟度模型集成（CMMI）认证、开发能力成熟度模型（CMM）认证、信息安全管理（ISO27001/BS7799）认证等国际认证，积极鼓励企业开展人力资源成熟度模型（PCMM）认证、IT 服务管理（ISO20000）认证、服务提供商环境安全性（SAS70）认证等国际认证。

成立“福州市服务外包企业联盟”，负责为全市服务外包企业提供行业服务、专业指导和协调监管。具体包括：进行行业动态分析和预测，为政府决策提供依据；代表企业利益参与政府有关政策的制定；组织和组团参加行业会议和展会；帮助服务外包供应商建立自己的可靠度和信誉度，建立企业信誉档案，评定企业信用等级；创建福州服务外包网站，对外宣传福州服务外包整体形象，介绍福州服务外包产业基本情况和重点企业业务优势；充分发挥行业协会在组织协调、标准制定、规范自律等方面的积极作用。

4. 加强教育培训，大力培养和引进服务外包人才。

加快高校服务外包相关学科建设。发挥福州高校、专家集聚的优势，整合相关学科资源，设立服务外包研究方向。高校相关专业的课程设置要加大服务外包知识讲授的比重，加强服务外包技能的训练。加快建设国际贸易、国际金融、企业管理、设计艺术、计算机软件开发与应用、医药、外语等一批高水平学科，为服务外包产业提供智力支持。

建设服务外包培训基地。在地方政府财政专项资金中安排服务外包人才培训配套资金用于培训服务外包实用人才。拓展福州市人才发展资金的使用功能，支持建立校企结合的服务外包人才综合培训和实验基地。充分利用和提升现有公共实训基地，培养服务外包企业急需的实用技能型和创业型人才。吸引、鼓励国际知名培训机构和大型企业在福州开展服务外包培训，重点培养研发、管理、市场开拓和面向日、韩、欧、美的中高级人才。

鼓励开展多种方式的服务外包人才培训。支持企业开展新员工岗前培训及人才定制、人才资质、国际认证、相关法律、行业标准和知识产权的培训。将大学生就业工程与服务外包发展规划目标有机结合，采取有效措施鼓励大学生参加服务外包培训项目，参与服务外包企业假期实习和勤工俭学项目，促进大学生就业。支持校企结合的服务外包人才培训和实习项目，经市有关部门认定后，对应届大学毕业生和尚未就业的大学生参加服务外包培训，给予一定补贴。

吸引服务外包高层次人才来榕工作和创业。将服务外包相关专业高层次人才列入我市年度紧缺急需人才引进指导目录，在子女入学（入托）、住房、医疗保险、户籍管理、个人所得税等方面享受我市引进人才的相关优惠政策。支持服务外包相关产业开展高层次、宽领域、多渠道的国际人才交流与合作。优先选送服务外包相关专业优秀中青年专业技术人才赴国外培训或到著名院校、科研院所、国家重点实验室的院士、专家身边访学活动。高层次人才来榕创办服务外包企业，可申请项目启动经费支持和金融机构贴息贷款。鼓励和扶持海外留学归国人员在榕创办服务外包企业，每年从海外留学人员新创办的企业中选出若干优秀创业项目给予扶持。服务外包等部门聘用的具有大学本科及以上学历或中级及以上专业技术职称的，或其研究成果获国家专利并被采用的，或用人单位紧缺急需、在某一行业（领域）具有特殊技能人才，在职称评审（考试）、人才奖励、科技成果转化、社会保险、公积金缴存、子女入托入学、购房购车、税收等方面，享受本市规定的优惠政策。充分发挥人才中介机构的作用，积极为服务外包人才提供人事代理、人才派遣、人才测评、人才推荐、猎头服务与人力资源管理咨询等服务。

福州市人民政府关于印发福州市促进服务外包产业发展若干意见的通知

榕政综〔2008〕210号

各县（市）区人民政府，市直各委、办、局（公司）：

《福州市促进服务外包产业发展若干意见》已经市政府常务会议研究通过，现印发给你们，请认真贯彻执行。

福州市政府

福州市促进服务外包产业发展的若干意见

服务外包产业是当今世界正在兴起的知识密集型、高附加值新兴产业。为促进我市服务外包产业发展，提升我市利用外资水平和层次，调整生产性服务业结构，现就促进我市服务外包产业发展提出如下意见：

一、工作目标和重点

（一）服务外包产业发展的工作目标。把服务外包产业作为“十一五”期间我市现代服务业发展的重点，积极促进和发展服务外包产业，主动与国际高端产业经济对接，籍此提升我市传统产业能级，大力打造一批具有自主知识产权、自主品牌、高增值服务能力的服务外包企业。以占领高端服务外包市场为方向，以提升服务外包规模、层次和竞争力为目的，着重发展国际离岸服务外包业务，努力将我市建设成为发展环境优良、企业和人才集聚度较高、国际竞争力较强的国家级服务外包基地城市。

（二）服务外包产业发展的重点和领域。服务外包广泛应用于IT服务、人力资源管理、金融、财务、市场营销、研发、创意设计、物流中转等众多领域，我市发展服务外包产业应立足主动承接跨国公司的离岸服务外包，鼓励和培育本土服务外包企业发展壮大，使之成为国际离岸服务外包总承接商和对内总发包商。着力发展以下具有比较优势的服务外包：

1. 创意设计外包；
2. 物流服务外包；
3. 信息技术外包；
4. 流程再造外包。

（三）突出榕台在服务外包领域的合作。突出我市对台区位和海峡西岸省会中心城市的综合优势，力争使我市在榕台物流、信息、金融等服务领域合作实现新突破。主动承接台湾服务外包转移，鼓励台湾知名大企业集团在我市设立地区总部、研发中心、采购中心、营销中心等。积极争取台湾银行代表处落户福州或选择一家福州银行引进台湾银行投资参股等形式，探索闽台两岸金融交流与金融服务外包合作发展方式。联手建设海峡西岸服务外包示范区和服务外包基地。

二、多层次打造承接服务外包载体

（四）充分利用和发挥我市各类各级开发区（园区）的政策优势，学习借鉴先进地区发展经验，按照国际标准建设硬件基础设施，打造承接国际服务外包的示范基地，积极创建国家级服务外包示范区。

（五）形成多层次、各具特色的服务外包产业集聚区。福州经济技术开发区和融侨经济技术开发区重点发展商务流程外包、研发设计外包及后台服务外包等；福州科技园、软件园重点发展软件开发、研发设计、动漫制作等软件服务外包，提升服务外包能级；四城区重点发展承接研发中心、总部企业、金融财务管理、法律、教育服务等为内容的服务外包业务。

三、明确服务外包政策及资金扶持导向

（六）建立服务外包发展专项扶持资金。设立福州市服务外包专项扶持资金。至2012年，市财政每年安排专项扶持资金用于服务外包产业发展，列入当年财政预算，据实列支，其中包括不低于1:1比例资金，与中央和省扶持资金配套用于服务外包国际市场开拓、企业资金支持、专业人才培训、软件出口、资质认证、企业科技研发中心建设、产学研合作及与服务外包相关配套服务和特定环境改善等。

（七）享受鼓励扶持的离岸服务外包企业须具备以下条件：

1. 依法成立的企业法人。企业近两年在进出口管理、财务管理、工商管理、税务管理、外汇管理、海关管理、知识产权管理等方面无违法行为，企业业务稳定

增长；

2. 符合我市服务外包产业鼓励发展方向；

3. 企业中具备大专以上学历的员工占企业职工总数70%以上；

4. 企业年离岸服务外包业务收入在30万美元以上；

5. 离岸服务外包收入不低于公司当年总收入的70%。

服务外包企业申请资金资助时，对同一事项可从优选择，但不得重复享受；服务外包企业在享受该项扶持政策与我市其他扶持政策时依照就高不就低原则，同一事项不得二次进行申请补助。

（八）鼓励服务外包企业实施品牌战略。对开展自主出口品牌建设、培育出口名牌的服务外包企业，可给予享受我市《关于进一步实施品牌战略、提高福州产品市场竞争力的若干意见》有关优惠政策。支持企业争创国家级品牌，对服务外包出口达到一定规模并获得国家、省名牌和驰名商标称号的企业给予一定奖励，对获得“中国优秀软件产品”称号的一次性给予5万元人民币奖励。

（九）鼓励服务外包企业申请CMMI/CMM认证等国际资质认证。对当年获得CMMI/CMM二级以上认证或认证升级的企业，按照《福州市人民政府关于扶持福州软件园发展的若干规定》文件规定，一次性给予每项认证10万元人民币补助。对通过PCMM、ISO27001/BS7799、ISO20000、SAS70等认证的企业，参照上述标准给予补助。

（十）支持服务外包企业进行技术改造，提高企业承接服务外包的能力和水平。对服务外包企业技术改造项目，按照《中共福州市委福州市人民政府关于扶持软件产业发展的若干规定》文件规定，由市产业技术进步资金给予贷款贴息。

（十一）服务外包企业研究开发新产品、新技术、新工艺所发生的研发费用，未形成无形资产的计入当期损益，在按规定据实扣除的基础上，按研究研发费用的50%加计扣除；形成无形资产的，按无形资产成本的150%摊销。服务外包企业为完成特定服务外包项目，聘请海外留学人员和国内享受政府特殊津贴专家所支付的咨询费、劳务费可计入成本。

（十二）对于服务外包企业年软件出口额达50万美元（含50万美元）以上不足500万美元的，一次性奖励20万元人民币；年出口额500万美元（含500万美元）以上的，一次性奖励50万元人民币。

（十三）对行业科技中介和服务外包企业创建研发中心（技术中心）、公共服务平台，并经国家、省认定的，按照《福州市鼓励扶持动漫游戏产业发展的若干政策（试行）》文件规定，分别给予100万元人民币、50万元人民币的项目资助。

（十四）服务外包企业被认为高新技术企业的，按照国家有关规定按15%的税率征收企业所得税；对企业购进的软件，凡符合固定资产或无形资产确定条件的，可以按照固定资产或无形资产进行核算，经主管税务部门核准，其折旧或摊销年限可以适当缩短，最短可为二年。

（十五）服务外包企业承接离岸服务外包业务取得的收入视同服务产品出口；对缴纳增值税的服务贸易出口企业，按国家规定享受出口退（免）税政策。经外汇管理部门批准，放宽对服务外包企业的经常项目外汇账户的管理，其外汇收入可全额留存；外汇资金不足时，可根据实际需要提前购汇存入经常项目外汇账户。

（十六）支持服务外包企业开拓国际市场。对服务外包企业参加国际招商推介会和专业展会，给予费用资助，补助金额原则上不超过参展费用的50%；对服务外包企业设立海外办事机构给予补贴（如租赁海外办公场所，聘用当地专家等）。利用现有各种海外渠道，特别是发挥海外华人、境外留学生的作用，建立境外接包网络。

（十七）对服务外包总部机构或企业高级管理人员住房及购车提供优惠及适当补助。对新入驻服务外包企业的高级管理人员（连续两年缴纳个人所得税9万元人民币以上人员）第一次在福州购买住房、轿车的费用，从其缴纳的个人收入所得税地方留成部分返还50%作为购房及购车补贴，补助时限最长不超过五年。

（十八）对符合《福州市人民政府关于鼓励境内外企业在福州设立地区总部的若干规定》条件、在本市新设立的总部机构和企业，并在市政府规划的总部经济集中区内购买办公用房或在写字楼内租赁自用办公用房的，按照《福州市鼓励境内外企业在福州设立地区总部的若干规定（试行）》文件规定给予补贴。

（十九）服务外包企业因转让专利技术和非专利技术的所有权而发生的销售计算机软件的业务，不征收增值税。

（二十）服务外包企业的软件产品出口后，凡出口退税率未达到征税率的，报经国家税务总局核准，可按征税率办理退税。

（二十一）鼓励服务外包企业积极争取境外知识产权保护。对服务外包企业在境外成功申请知识产权保护的，按照《福州市扶持和培育自主知识产权奖励办法》（榕政综〔2008〕63 号）给予一定奖励。

四、给予服务外包企业规划用地便利

（二十二）凡符合城市规划及土地利用总体规划、城镇建设规划、国家产业政策和供地政策的服务外包项目，优先安排土地利用年度计划，优先办理农用地转（征）用报批手续。对大型服务外包项目，经市政府批准后，可采取“一次规划、分期出让、分期发证”的方式供地。对世界 500 强企业、世界知名品牌服务企业和跨国采购中心在榕投资项目，在符合城市规划的前提下，满足投资商第一选址要求，优先供地。

（二十三）对经依法批准开发利用国有荒山、荒滩用于建设服务外包项目的，暂免征收土地使用税。服务外包企业依法取得的工矿仓储用地，在符合规划、不改变用途的前提下，提高土地利用率和增加容积率的，不再增收土地价款。

（二十四）经认定符合规定条件的服务外包企业，可在我市规划范围申请建设研发中心、企业总部，其所需建设用地，以挂牌方式出让。经批准，企业利用自有工业用地建设研发中心、企业总部的，应按规定补缴相应的土地出让金。

五、优化服务外包企业发展环境

（二十五）降低服务外包企业准入门槛。对从事服务外包的企业在准入审批和工商登记时，给予审批和登记的便利。审批部门要简化审批程序，加快审批速度，最大限度方便企业。放宽从事服务外包的中外合资、合作企业中方股东主体资格限制。允许中国公民与外国公司、企业、其他经济组织或个人共同申办中外合资或中外合作服务外包企业。

（二十六）加大人才培训力度，构建完善的人才保障体系。支持并鼓励有资质的单位在我市开展多种形式的服务外包人才培训活动，鼓励跨国公司和国内外培训机构按照国家规定引进先进的人才培训理念和模式。借鉴国外先进的软件人才培训和服务模式，参照国际惯例建立软件人才评估标准，建立人才信息和交流平台，构建服务外包专业人才培训体系。

对纳入国家批准的培训计划中的各类培训，按照国家对我市人才培训支持资金金额，以不低于 1∶1 比例安排配套资金给予资助。

人才培训资助的标准是：对大学应届毕业生和尚未就业的大学生技能培训一次性给予不超过培训费用 80%的资助；对服务外包企业新入职员工岗前业务技能培训一次性给予培训费用 50%的资助。资助资金直接补助到培训项目的管理和承办单位。

（二十七）服务外包企业实行灵活的工时和薪酬制度。服务外包企业因生产经营特点不能实行标准工时工作制的，经由企业与企业工会和职工协商同意后报劳动保障行政部门审批。在确保员工休息、休假权利和依法支付员工合理加班费用的前提下，可以实行不定时工作制和综合计算工时工作制。

（二十八）建立服务外包统计指标体系。根据国家最新统计标准，通过利用外汇账户系统等手段，结合本地实际，建立反映服务外包发展特点的科学合理的统计指标体系，并试行服务外包统计制度。加强服务外包发展的趋势分析，为服务外包企业提供市场信息服务。

本意见自发布之日起执行。未尽事宜，按法律、法规、规章及相关的规定执行。

二〇〇八年十一月九日

大连市人民政府办公厅关于印发大连市进一步促进软件和服务外包产业发展若干规定的通知

大政办发〔2008〕183号

各区、市、县人民政府，市政府各委办局、各直属机构，各有关单位：

经市政府同意，现将《大连市进一步促进软件和服务外包产业发展的若干规定》印发给你们，请认真贯彻执行。

二〇〇八年十一月二十一日

大连市进一步促进软件和服务外包产业发展的若干规定

第一章　总则

第一条　为促进我市软件和服务外包产业的进一步发展，营造国内最佳的产业发展环境，形成企业和人才集聚、自主创新与国际合作并举的良好局面，创建全球软件和服务外包新领军城市，在软件和服务外包领域争做“中国第一、世界第一”，依据国家有关政策，特制定本规定。

第二条　本规定适用于在我市从事软件和服务外包业务（含软件开发、软件技术服务、系统集成、业务流程外包、集成电路设计、动漫游戏开发、工业设计和管理、互联网增值业务等）的企业（以下简称企业）、信息技术人才职业教育培训机构（以下简称培训机构）以及专业从事软件和服务外包产业园区投资运营管理的企业（以下简称园区企业）。

第三条　软件和集成电路设计企业的认定，按照国家有关规定执行。其他企业、培训机构以及园区企业的认定，由市信息产业局会同相关部门制定统一认定标准，企业、培训机构和园区企业注册经营纳税地所在的区市县政府和先导区管委会按照统一标准予以认定，报市信息产业局审核备案。

第四条　市政府设立软件和服务外包专项资金（以下简称市专项资金）支持产业发展，与国家部委、省政府相关扶持资金形成配套。专项资金的设立、申请、审批、使用和监督等具体管理办法由市财政局会同市信息产业局另行制定。其他部门与此相关的资金优先支持上述企业、培训机构和园区企业，各区市县政府和先导区管委会要安排专项资金用于支持本区域软件和服务外包产业发展。

第二章　人才吸引与培养

第五条　对软件和服务外包高级人才给予奖励，对企业缴纳员工各类社会保险费给予政策扶持。

（一）软件和服务外包高级人才是指在企业、培训机构和园区企业中属于业务骨干、被连续聘用1年以上、年薪6万元以上的技术人员和管理人员。具体认定标准由市信息产业局会同相关部门根据全市产业发展状况制定并作出适时调整。

（二）软件和服务外包高级人才奖励标准由各区市

县政府和先导区管委会按照其本人在企业、培训机构和园区企业的连续工作年限、年薪额度以及该企业、培训机构和园区企业的当年业绩审核确定。各区市县政府和先导区管委会指定下属有关部门负责具体组织实施工作。

（三）软件和服务外包高级人才奖励资金由各区市县政府和先导区管委会根据本区域产业状况安排专项资金，市财政根据各区市县政府和先导区管委会实际奖励情况，通过市专项资金给予相应支持。

第六条 对本规定实施后企业自国外和外地聘请首次来本市工作的高级技术和管理人员（年薪25万元以上，在企业连续工作1年以上），给予一次性安家补贴3万元。补贴资金由市财政通过市专项资金安排50%，企业注册经营纳税地所在的区市县（先导区）财政安排50%。

第七条 编制并落实好旅顺南路软件产业带等软件和服务外包产业发展集聚区的中小学校布局规划，建设软件人才子弟学校，保证软件和服务外包从业人员子女及附近适龄儿童就近入学。

第八条 各区市县政府和先导区管委会要依据本区域产业发展状况，加快软件工程师公寓建设，为软件和服务外包从业人员提供周转租用住房服务。旅顺南路软件产业带等软件和服务外包产业发展集聚区内的新建商品住宅项目，须将建筑面积的10%限价售与软件和服务外包从业人员，并在土地招拍挂中列入此条件。在本市连续工作3年以上的从业人员以及在同一单位连续工作年限较长者在同等条件下优先选购。

第九条 企业与大中专院校、培训机构开展人才培训、课程引进以及师资培训和引进等合作，由市专项资金根据项目实际情况给予不超过实际发生费用50%的补贴。重点鼓励中高级人才培训，特别是高技能人才的培训。

第十条 对符合条件的服务外包企业，每新录用1名大学生（含大专以上学历）员工从事服务外包工作并签订1年以上劳动合同的，给予企业每人不超过4 500元的定额培训支持（定向用于上述人员的培训）。

对被录用人员提前解除合同，并在原合同规定的1年期内，与其他服务外包企业或原企业签订新的劳动合同的，不再给予上述企业定额培训支持。

第十一条 对符合条件的培训机构，其培训的从事软件和服务外包业务的人才（大专以上学历），通过相关专业知识和技能培训考核，并与从事软件和服务外包业务的企业签订1年以上劳动合同的，给予培训机构每人不超过500元的定额培训支持。

第三章 企业奖励

第十二条 参照软件产品（包括软件产品出口）享受的优惠政策，对未享受到相关优惠政策的企业，按照其营业收入的1%（软件产品出口收入按3%）给予奖励，奖励资金由市财政和企业注册经营纳税地所在的区市县（先导区）财政按照现行财政体制市县两级共享收入的分成比例承担。各区市县政府和先导区管委会可以根据本区域产业状况，参照本规定制定进一步的奖励标准。

第十三条 跨国公司在本市设立地区总部和法人单位，由其注册经营纳税地所在的区市县（先导区）财政参照其利润总额形成的区级财力部分，给予100%奖励。

第十四条 本地员工规模在500人以上的企业，年员工数量增长超过20%（含20%），按比上年（最高年份）增长人数以每人3 000元标准给予奖励。奖励资金由市财政通过市专项资金安排30%，企业注册经营纳税地所在的区市县（先导区）财政安排70%。

第十五条 年销售额超过4 000万元以上的企业，参照其当年实现的增加值、营业收入、利润总额形成的地方财力比上年（最高年份）增量部分，市财政和企业注册经营纳税地所在的区市县（先导区）财政分别按其留成的100%给予奖励，市财政奖励资金通过市专项资金安排。

第十二条、第十三条、第十五条在实施过程中遇交叉享受优惠政策时，扣除交叉优惠部分；第十四条、第十五条在实施过程中，同一企业同一年内可以从优但不重复享受。

第十六条 企业、培训机构和园区企业在境内外成功设立分支机构、收购其他企业和培训机构的，以及传统行业企业将信息部门单独剥离、成立独立软件和信息服务企业的，按其投资和运营情况，由市专项资金给予不超过30万元的奖励。

第十七条 对企业具有突破性的自主创新成果（如获得国家、省、市科技进步奖并形成销售收入的项目或产品，获得国家、省、市名牌或驰名商标的产品，中标国内外重大信息化建设项目的产品)，由市专项资金参照其销售收入给予不超过50万元的奖励。

第十八条 企业申请专利和集成电路布图设计的资助，按照《大连市专利和集成电路布图设计申请资助管理办法》（大政发〔2007〕118号文件印发）给予资助。

第十九条 对研制并获准颁布国际、国家、行业和地方标准的企业，由市专项资金给予不超过100万元的奖励。

第二十条 经认定的园区企业，由其注册经营纳税地所在的区市县政府和先导区管委会安排专项资金给予补贴，补贴资金用于降低房租成本等面向区内企业的公共服务。

第二十一条 对软件和服务外包有关公共服务平台的设备购置和运营费用给予定额支持。设备购置补助比例一般不超过实际设备购置费用总额的50%，单个项目补助一般不超过100万元；运营费用补助比例一般不超过实际运营费用总额的20%，单个项目补助一般不超过50万元。

第四章　鼓励投融资

第二十二条 企业或培训机构向金融机构获取的用于主营业务的贷款，按照中国人民银行公布的基准利率，由市专项资金给予不超过贷款利息30%的补贴。

第二十三条 企业或培训机构进行境内外上市活动，按照《企业上市补贴专项资金管理暂行办法》（大财企〔2008〕58号）给予补贴。

第二十四条 担保机构为企业或培训机构提供融资担保服务，按照《大连市民营企业和中小企业信用担保奖励资金管理暂行办法》（大财企〔2005〕476号）规定的最高标准给予奖励。

第二十五条 企业或培训机构取得风险投资，视其运营状况，由市专项资金给予不超过风险投资总额10%的奖励。

第五章　信誉体系建设

第二十六条 对参与政府组织的正版软件集体采购的中小企业和培训机构，由市专项资金给予不超过50%的补贴。

第二十七条 对通过软件开发能力成熟度模型集成（CMMI）和人力资源成熟度模型（PCMM）等评估，信息安全管理（ISO27001）、IT服务管理（ISO20000）等认证，服务提供商环境安全性（SAS70）等审计的企业，由市专项资金给予不超过评估、认证、审计费用50%的补贴。

第二十八条 积极推行《个人信息安全保护规范》标准及其评价制度，由市专项资金全额补贴企业开展评价工作。企业如违犯规范并造成后果，将暂停其享受本规定项下所有政策的权利。

第二十九条 加强软件和服务外包领域的知识产权保护。企业、培训机构和园区企业发生侵权的违法行为，取消其享受本规定项下所有政策的权利。

第三十条 加强企业、培训机构、园区企业用工规范和员工职业道德培养，对出现不正当用工行为的企业、培训机构和园区企业以及不遵守劳动合同、违反职业道德的员工，取消其享受本规定项下所有政策的权利。

第六章　附则

第三十一条 本规定中各项扶持政策依照企业当年对地方财政的贡献兑现资助。5年内对企业的综合资助额度原则上以5年内该企业对地方财政贡献增量部分的总额为限。

第三十二条 本规定自2009年1月1日起施行，有效期5年，由市信息产业局会同市财政局解释。

福州市专利保护与促进若干规定

（2008年10月30日福州市第十三届人民代表大会常务委员会第十四次会议通过，2008年12月2日福建省第十一届人民代表大会常务委员会第六次会议批准）

第一条 为鼓励和保护发明创造及其推广应用，促进科技进步和自主创新，培育自主专利技术，根据《中华人民共和国专利法》、《福建省专利保护条例》等法律法规，结合本市实际，制定本规定。

第二条 本规定适用于本市行政区域内的专利保护与促进工作。

第三条 市、县（市、区）人民政府应当建立健全专利保护与促进工作机制、专利工作考核指标体系，加大专利事业投入，促进专利实施和产业化。

第四条 市、县（市、区）人民政府管理专利工作的部门负责辖区内的专利保护与促进工作，组织实施本规定。

科技、发展和改革、财政、人事、工商、质量技术监督等行政管理部门，应当按照各自职责，协同做好专利保护与促进工作。

第五条 市管理专利工作的部门应当建立专利展示交易中心、专利信息网络、公共阅览室等专利公共服务平台，为社会提供专利政策法规、专利检索、技术交易等专利信息服务，促进专利信息的开发与利用。市管理专利工作的部门应当加强对专利中介机构的培育、指导与监督，规范专利中介机构的服务。

第六条 市管理专利工作的部门应当加强对企事业单位专利工作的指导，帮助企事业单位制定和实施专利战略、培养培训专利人才。

第七条 市人民政府设立知识产权专项资金，主要用于奖励被授予发明专利权的单位和个人、专利获奖项目、知识产权试点示范企业，促进专利技术实施与产业化，资助专利申请，以及用于知识产权保护、宣传培训与战略研究等。市人民政府设立福州市专利奖，每两年评选一次，对在本市进行发明创造和实施，为促进本市经济和社会发展做出突出贡献的单位和个人予以奖励。市人民政府对被授予发明专利权的专利发明人予以奖励，发明专利的奖金数额和奖励方法由市人民政府规定。

第八条 鼓励企业拥有自主专利技术，政府财政资金优先扶持发明专利及核心专利技术在本市的实施和产业化。鼓励和引导专利权人依法采取专利权入股、质押、转让、许可等方式实现专利的市场价值。

第九条 市、县（市、区）人民政府财政资金资助为主的项目所产生的专利，权属归项目承担单位所有，政府主管部门与项目承担单位另有约定的除外。

第十条 获得发明专利权和建立专利管理制度，应当作为评审、认定下列事项的依据：

（一）推荐或者授予反映企事业单位创新能力的荣誉称号；

（二）认定各类技术中心；

（三）政府财政资金扶持的专利科技研发项目；

（四）评审涉及专利项目的科技奖励。

获得国家和省、市级专利奖的专利，发明人或者设计人可以破格申报相关专业技术职务任职资格。

第十一条 政府投资的重大技术引进、技术改造、研究开发项目涉及专利权的，项目申报人应当提供发明专利授权证书或者专利权评价报告。处置国有资产涉及专利资产产权变动的，应当依法进行专利资产评估。

第十二条 有下列情形之一的，当事人可以申请市管理专利工作的部门免费提供专利是否有效的信息：

（一）以专利权作价出资的；

（二）进行专利资产评估的；

（三）技术或者产品进口涉及专利权的；

（四）技术或者产品出口涉及进口国家或者地区专利权的；

（五）设立企业、申报科技计划项目中涉及专利权的；

（六）举办各类技术与产品展览会、展示会、推广会、交易会涉及专利权的；

（七）其他需要提供专利是否有效信息的情形。

第十三条 政府采购应当在同等条件下优先选择具有自主专利技术的产品。

第十四条 未经专利权人许可实施其专利，引起侵权纠纷的，由当事人协商解决；当事人不愿协商或者协商不成的，专利权人或者利害关系人可以请求市管理专利工作的部门调解或者处理，也可以向人民法院起诉。

第十五条 市管理专利工作的部门应当依法处理专利侵权纠纷，依法查处假冒他人专利、冒充专利、非法实施他人专利或者为假冒他人专利、冒充专利、非法实施他人专利提供便利条件等专利违法行为。

第十六条 在处理专利侵权纠纷过程中，市管理专利工作的部门可以根据需要或者当事人的申请，委托专利技术鉴定咨询委员会对专利技术进行鉴定。专利技术鉴定咨询委员会由有关专家组成。

第十七条 市管理专利工作的部门处理专利侵权纠纷案件时，专利侵权纠纷案件被请求人以专利权无效为由请求中止案件处理的，应当在答辩期内提出书面申请，并自答辩期届满之日起四十五日内提交专利复审委员会受理专利权无效宣告请求的通知书及有关证据副本。被请求人依法提交专利复审委员会受理通知书及有关证据副本的，市管理专利工作的部门应当自其提交之日起十日内作出是否中止处理的决定，并书面通知当事人。

第十八条 市人民政府应当建立涉外专利纠纷的协调机制。企事业单位发生涉外专利纠纷时，可以向市管理专利工作的部门报告，市管理专利工作的部门应当及时协调。

第十九条 市管理专利工作的部门作出认定侵权成立的处理决定或者人民法院作出认定侵权成立的判决生效之后，被请求人就同一专利权再次作出相同类型的侵权行为，专利权人或者利害关系人请求处理的，市管理专利工作的部门可以直接作出责令侵权人立即停止侵权行为的处理决定并予公告，侵权人不停止侵权行为的，由市管理专利工作的部门依法处以罚款。

第二十条 市管理专利工作的部门在依法处理专利侵权纠纷或者查处专利违法行为时，可以对有证据证明侵犯他人专利权的产品或者实施侵权行为的专用设备、模具等予以查封或者扣押，对可能灭失或者被销毁、被转移的有关违法物品予以登记保存。

第二十一条 市管理专利工作部门的工作人员玩忽职守、滥用职权、徇私舞弊的，由有关主管部门依法给予处分；构成犯罪的，依法追究刑事责任。

第二十二条 本规定自 2009 年 1 月 1 日起施行。

第11部分 大 事 记

2008年电子信息产业大事记

1月

1日 国家发展和改革委员会、科学技术部、财政部、信息产业部、国家税务总局、国家广播电影电视总局等六部委联合发布了《关于鼓励数字电视产业发展的若干政策》。该政策明确指出要支持数字电视相关企业通过上市、发行债券、上市公司配股和增发新股等方式筹集资金，增加对数字电视产业的投入。

8日 中共中央、国务院在北京市举行国家科学技术奖励大会。信息产业多项技术成果分别获得2007年度国家科学技术进步奖、国家自然科学奖、国家技术发明奖。

10日 国务院信息化工作办公室主任、信息产业部部长王旭东，国务院信息化工作办公室副主任陈大卫和新疆维吾尔自治区代主席努尔·白克力在乌鲁木齐市共同签署了信息产业部、国务院信息化工作办公室与新疆维吾尔自治区人民政府《关于加快新疆信息产业发展和信息化建设合作协议》。这是信息产业部、国务院信息化工作办公室深入贯彻落实"十七大"精神和《国务院关于进一步促进新疆经济社会发展的若干意见》，加快新疆信息产业发展，促进新疆信息化建设的重要举措。

11日 由国务院信息化工作办公室主办、中国软件评测中心承办的"第六届中国政府网站绩效评估结果发布暨经验交流会"在北京市举行。国务院信息化工作办公室副主任杨学山、商务部副部长廖晓淇等出席会议。根据中国软件评测中心的调查评估结果，2007年，国务院部委网站绩效排名列前十位的是商务部、农业部、科学技术部、信息产业部等。北京市、上海市分列省级政府网站绩效排名前两位；广州市、深圳市分列地市级政府网站绩效排名前两位。

11日—12日 信息产业部在福建省漳州市召开

"新一代农村卫星电视接收系统试点建设总结会"，探索利用技术手段做好监管与服务，推动更多、更好的信息产业发展成果惠及广大人民群众。信息产业部副部长娄勤俭出席会议并讲话。国家发展和改革委员会、国家广播电影电视总局、国务院法制办公室等有关部门的负责同志参加了会议。

15日—17日　"中部六省暨东北三省信息产业厅厅长座谈会"在黑龙江省哈尔滨市举行。信息产业部副部长娄勤俭、黑龙江省副省长刘海生出席了会议。会上，娄副部长就如何利用对俄合作平台，促进区域合作、承接产业转移做出指示并提出具体要求。

21日　"江苏省信息产业发展座谈会"在南京市召开。江苏省2007年信息产业销售收入突破1万亿元，信息产业部致信祝贺。江苏省副省长张桃林出席会议并讲话。

23日　"2008年中国电子信息产品市场论坛"在北京市召开，由信息产业部经济体制改革与经济运行司和中国电子商会共同主办。信息产业部副部长娄勤俭出席会议并讲话。

24日　"深入学习贯彻党的十七大精神　大力推进信息化与工业化融合研讨会"在北京市举行。该研讨会由国务院信息化工作办公室、国家发展和改革委员会、信息产业部、求是杂志社、国家信息化专家咨询委员会共同主办，国务院信息化工作办公室主任、信息产业部部长王旭东出席研讨会并讲话。国务院信息化工作办公室副主任陈大卫、信息产业部副部长苟仲文、国家信息化专家咨询委员会主任曲维枝、国务院信息化工作办公室副主任杨学山出席会议。会议主题是：认真贯彻党的十七大精神，全面落实科学发展观，深刻认识信息化发展的新形势新任务，深入研讨大力推进信息化与工业化融合的重大理论和实践问题；加快转变经济发展方式，推动产业结构优化升级，实现国民经济又好又快的发展。

26日　信息产业部与福建省人民政府在福州市签署了《关于加快海峡西岸经济区信息产业发展的合作协议》。这是信息产业部、福建省人民政府贯彻党的十七大精神，落实《信息产业"十一五"规划》提出的"支持海峡西岸经济区信息产业发展"战略的重要举措。双方表示：将发挥信息产业在海峡西岸经济区建设中的带动和促进作用，共同建设海峡西岸信息产业强省，建设海峡两岸信息产业合作的先行区。

29日　深圳市人民政府和中芯国际集成电路制造有限公司在深圳市召开新闻发布会，正式对外宣布中芯国际集成电路制造有限公司在深圳市建设集成电路芯片生产线项目。中芯国际集成电路制造有限公司将在深圳市注册成立具有独立法人资格的中芯国际集成电路制造(深圳)有限公司，分步建设包括集成电路技术研究开发中心、一条8英寸和一条12英寸晶圆生产线。

1月　信息产业部正式发布五项"十一五"专项规划，即：《集成电路产业"十一五"专项规划》、《软件产业"十一五"专项规划》、《电子基础材料和关键元器件"十一五"专项规划》、《电子专用设备和仪器"十一五"专项规划》、《信息技术改造提升传统产业"十一五"专项规划》。上述专项规划不仅回顾了该领域在"十五"期间所取得的成绩和存在的问题，同时分析了"十一五"期间所面临的机遇、挑战和技术发展趋势，还提出"十一五"期间的发展思路与目标、重点任务以及政策措施等。

2月

28日　北京市工业促进局主持召开北京电子信息产业2008首批重大项目签约仪式。信息产业部副部长娄勤俭、北京市副市长陆昊以及相关开发区及项目投资方代表出席签约仪式。此次共签约6个项目，总投资额为10.24亿美元。预计，上述项目建成投产后可新增销售收入233亿元。

28日—29日　"2008中国半导体市场年会"在上海市召开。该年会由中国半导体行业协会、中国电子信息产业发展研究院、上海市集成电路行业协会共同主办。此次会议颁发了"2007年中国半导体创新产品和技术项目"奖。

3月

4 日 信息产业部正式发布《国家电子信息产业基地和产业园认定管理办法》。

5 日 第十一届全国人民代表大会第一次会议在人民大会堂开幕。国务院总理温家宝代表国务院向大会作政府工作报告。工作报告共分为两大部分：过去五年工作回顾；2008 年主要任务。温家宝总理在所作政府工作报告中指出，要坚持走中国特色新型工业化道路，推进信息化与工业化融合。

11 日 国家发展和改革委员会、国务院信息化工作办公室、科学技术部、信息产业部、商务部、中国人民银行、国家税务总局、国家统计局联合发布《关于印发强化服务，促进中小企业信息化意见的通知》，要求各地结合本地实际，强化政府对中小企业信息化的公共服务，完善中小企业信息化社会服务体系。

12 日 为贯彻落实《信息产业部、江苏省人民政府关于共同推动南京市软件产业发展的合作备忘录》，深化部省市合作，推动南京市软件产业发展工作，信息产业部、江苏省人民政府、南京市人民政府在北京召开了"共同推动南京市软件产业发展工作会商会"。信息产业部娄勤俭副部长、江苏省人民政府张桃林副省长出席会议并讲话。

15 日—17 日 十一届全国人大一次会议第五次全体会议通过国务院机构改革方案，确定组建工业和信息化部。十一届全国人大一次会议第七次全体会议决定新一届国务院各部部长人选，李毅中任工业和信息化部部长。

国务院机构改革方案确定，组建工业和信息化部。将国家发展和改革委员会的工业行业管理有关职责，国防科学技术工业委员会核电管理以外的职责，信息产业部和国务院信息化工作办公室的职责，整合划入工业和信息化部。组建国家国防科技工业局，由工业和信息化部管理。国家烟草专卖局改由工业和信息化部管理。不再保留国防科学技术工业委员会、信息产业部、国务院信息化工作办公室。

26 日 京东方科技集团股份有限公司的 TFT-LCD（薄膜晶体管液晶显示）4.5 代生产线开工仪式在四川省成都市高新西区举行。成都 4.5 代线是京东方科技集团股份有限公司继成功运行北京 5 代线后投资国内的第二条 TFT-LCD 生产线。该项目总投资 31 亿元。预计 2009 年投产。

3 月 根据《国民经济和社会发展第十一个五年规划纲要》和《高技术产业发展"十一五"规划》，为促进全国高技术产业集聚，辐射带动区域经济发展，国家发展和改革委员会决定在高技术产业发展具有优势和特色的地区，建设 6 个综合性国家高技术产业基地和 24 个行业性国家高技术产业基地。

3 月 财政部、国家税务总局下发《关于企业所得税若干优惠政策的通知》。该《通知》提出了对软件和集成电路产业发展的优惠政策。

4月

1 日—4 日 "第六届中国国际国防电子展览会"在北京市举行。本届展览会由中国电子进出口总公司、中电科技国际贸易有限公司和北京鑫隆电子新技术公司联合主办。

8 日 "国家金卡工程 IC 卡产品信息安全测评中心成立大会"在北京市举行。该中心由国家金卡工程协调领导小组办公室授权信息产业部计算机安全技术检测中心组建成立，是从事 IC 卡产品信息安全测评的专业机构。

18 日 "2008 中国电子技术年会"在北京市举行。该年会由工业和信息化部、科学技术部、中国科学技术协会指导，中国电子学会和中国电子报社共同主办。中国电子学会理事长吴基传、工业和信息化部副部长娄勤俭出席了会议。本次大会的主题是"科学技术是第一生产力"。

18 日 由中国电子商务协会主办的"第十一届中国国际电子商务大会暨中国网上支付十周年回顾"在北

京市举行。工业和信息化部副部长杨学山、商务部副部长蒋耀平等出席会议并发表讲话。

21 日　中国电子节能协会废旧电子产品综合利用工作委员会和中国电子质量管理协会共同发起的“中国绿 E 行动”在北京市启动。该活动旨在通过一系列的活动，为今后出台中国有关电子废弃物的相关法律、技术、标准、规范等提供支撑，探索和实践适合中国国情的废旧电子产品回收和处理模式，在消费者中倡导绿色回收理念。

23 日　国务院总理温家宝主持召开国务院常务会议，审议并原则通过了《证券公司监督管理条例（草案）》、《证券公司风险处置条例（草案）》和两个国家科技重大专项实施方案。会议指出，“核心电子器件、高端通用芯片及基础软件产品”和“极大规模集成电路制造装备及成套工艺”两个国家科技重大专项，是 21 世纪信息战略高技术的发展重点。

25 日—28 日　“第六届中国光谷国际光电子博览会暨论坛”在武汉东湖高新区科技会展中心举行。本届博览会由工业和信息化部、科学技术部、国家发展和改革委员会、教育部、国家知识产权局、中国科学院、中国工程院等国家七部门和湖北省人民政府共同主办。工业和信息化部副部长苗圩出席开幕式，并在由工业和信息化部主办的“中国光电子产业高端峰会”上致辞。

26 日　由北京大学主办的“中国制造业信息化高峰论坛”在北京市召开。工业和信息化部副部长杨学山出席论坛，并强调要加快推动制造业信息化。

28 日　四川虹视显示技术有限公司的 OLED（有机发光二极管）项目开工仪式在四川省成都高新西区举行。该项目总投资 7.05 亿元，将建中国首条具有自主知识产权和核心技术的完整的 OLED 屏生产线。

4 月　国家金卡工程协调领导小组印发《国家金卡工程全国 IC 卡应用（2008—2013 年）发展规划》。该《规划》指出了 2008—2013 年金卡工程的发展目标、主要任务与发展重点，并对重点领域 IC 卡的应用提出具体要求。

5 月

8 日　北京奥运圣火第一次登上 8844.43 米珠穆朗玛峰峰顶。首张奥运圣火珠峰传递照片通过中国移动通信集团公司 GPRS 网络从地球之巅传回，并向全球发布。

8 日　“全国电工电子产品与系统的环境标准化技术委员会（SAC/TC297）成立大会暨第一次全体会议”在北京市召开。SAC/TC297 主要对口国际电工委员会电工电子产品与系统的环境标准化技术委员会（IEC/TC111），开展电工电子产品与系统的环境保护及可回收利用等领域的标准化工作。SAC/TC297 下设的材料声明（SC1）、环境设计（SC2）、有害物质检测方法（SC3）和回收利用（SC4）四个分技术委员会同时成立。

9 日　“中国高性能计算机标准工作委员会第三次工作会议暨中国高性能计算机节能标准推动工作会议”在上海市举行，来自工业和信息化部、中国电子工业标准化技术协会、中国电子技术标准化研究所、上海市信息化委员会、上海交通大学及高性能计算机标准工作委员会等多家会员单位的领导和专家代表出席会议。

12 日　四川省汶川县发生 8.0 级地震灾害，党中央、国务院高度重视，迅速进行抗震救灾部署。工业和信息化部成立以李毅中部长为组长，奚国华、苗圩、欧新黔副部长为副组长的抗震救灾应急指挥领导小组。李毅中部长于 12 日晚赶赴灾区指挥现场救灾通信保障工作。奚国华副部长、苗圩副部长于 12 日晚紧急召开抗震救灾领导小组全体会议，传达党中央、国务院抗震救灾有关精神，全面部署抗震救灾通信保障工作，并连夜下发了关于《应对汶川地震灾害、全力抢通灾区通信》的紧急通知。

19 日—21 日　国务院发布公告：为表达全国各族人民对四川汶川大地震遇难同胞的深切哀悼，5 月 19 日至 21 日为全国哀悼日。5 月 19 日 14 时 28 分起，全国人民默哀 3 分钟，汽车、火车、轮船鸣笛，防空警报鸣响。坚守在工作岗位上的全国工业和信息化系统广大干部职工同全国各族人民一起向四川汶川特大地震遇难同胞默哀。

20 日 “第 43 届世界通信大会”在北京市开幕。大会主席吴基传，大会联席主席、工业和信息化部副部长娄勤俭出席开幕式并发表讲话。这是世界通信大会自 1965 年创办以来首次在发展中国家举办。

21 日 工业和信息化部副部长苗圩到位于四川省地震重灾区的都江堰市的中国电子科技集团公司第 29 研究所都江堰分所指导抗震救灾工作。

20 日—25 日 “第十一届中国北京国际科技产业博览会”在北京市举行，由科学技术部、商务部、教育部、工业和信息化部、中国国际贸易促进委员会、国家知识产权局和北京市政府共同主办。本届科博会以“科技奥运与科技创新”为主题。科技部部长万钢作主题报告，北京市市长郭金龙出席并致辞，工业和信息化部副部长娄勤俭主持主题报告会。

26 日 为让抗震救灾前线官兵收听收看党中央、国务院、中央军委的声音以及全国人民齐心救灾的电视节目，工业和信息化部向解放军总政治部文化总站赠送 600套新一代卫星电视接收设备和配套的 600 台 29 英寸彩色电视机。工业和信息化部副部长娄勤俭以及解放军总政治部的有关领导出席捐赠仪式。

28 日 工业和信息化部副部长苗圩到位于四川省地震灾区的绵阳市的四川长虹电子集团有限公司、九洲电器集团有限责任公司等重点电子企业进行调研。

29 日 由工业和信息化部组织的生产恢复联合调研组与四川省经济委员会、省信息产业厅、地市州经济委员会等部门的同志一起混合编组，分别奔赴绵阳市、成都市、广元市、德阳市、雅安市等 5 个重灾地市企业开展调查研究工作。

30 日 工业和信息化部副部长苗圩到四川省成都现代工业港、都江堰川苏科技园等工业园区进行专题调研，并实地考察了拉法基水泥有限公司、成都客车有限公司、成都蓝光水业有限公司等企业和郫县受灾群众安置点。

5 月 科学技术部公布了国家火炬计划优先发展技术领域，其中涉及电子与信息领域的内容是：重点支持新一代高速宽带信息网络技术、高速网络产品、接入网系统设备、新型数字移动通信技术、移动通信设备；软件工程及系统软件技术、面向行业的重点计算机应用系统和产品、计算机与信息安全系统及产品、网络应用软件平台；多媒体；信息终端、新型显示器件、数字化电子产品；大规模集成电路和各种专用芯片、新型电子元器件；数字化智能化专用工艺设备和电子测量仪器；信息技术服务业等。

5 月 由东南大学提出的荫罩式等离子（PDP）专利技术方案，经过政产学研全面合作和两年的产业孵化，在江苏省南京高新区内的南京华显高科有限公司取得突破性进展。基于这一自主知识产权技术的国产 42 英寸荫罩式全彩色高清晰度 PDP 电视，通过了江苏省省级鉴定委员会的鉴定。

5 月 富通集团开发的弯曲不敏感光纤预制棒科技成果在浙江省富阳市通过由工业和信息化部主持的专家鉴定。该技术和产品是中国光纤光缆领域一项高技术成果，属国内首创。达到了国际先进水平，适应了光纤到户系统和网络发展的需求。

6月

3 日 中共中央政治局委员、国务院副总理张德江在国务院国有资产监督管理委员会主任李荣融、国务院副秘书长王勇、工业和信息化部副部长苗圩，以及四川省省委常委、省国有资产监督管理委员会书记王少雄、四川省副省长李成云的陪同下，来到设在成都的中国移动抗震抢险前线指挥部视察并指导通信行业抗震救灾工作。

3 日 国家金卡工程协调领导小组办公室在北京市举行了以“改善民生、普惠大众、构建和谐社会”为主题的国家金卡工程应用成果报告会。国家金卡工程协调领导小组成员兼办公室主任张琪主持会议。国家金卡工程协调领导小组首任组长、全国政协原副主席胡启立，国家金卡工程协调领导小组第二任组长、原信息产业部部长吴基传，国家金卡工程协调领导小组成员、工业和信息化部副部长娄勤俭以及中国人民银行、解放军总后勤部、科学技术部、公安部等有关领导出席会议。

6日 科大讯飞语音产业基地暨美亚光电产业园奠基仪式在安徽省合肥国家科技创新型试点市示范区举行。安徽省委书记王金山，省委常委、合肥市委书记孙金龙，省人大副主任郭万清，中科院党组成员、中国科技大学党委书记郭传杰，省委秘书长张世平等领导出席奠基仪式。

12日 由工业和信息化部、国家发展和改革委员会、科学技术部和北京市人民政府联合主办的“2008第十二届中国国际软件博览会开幕式暨软件产业创新与融合高峰论坛”在北京市举行。工业和信息化部副部长娄勤俭、科学技术部副部长曹健林等领导出席开幕式并讲话。

13日 中共中央、国务院在北京市召开省区市和中央部门主要负责同志会议。中共中央总书记、国家主席、中央军委主席胡锦涛在会上发表讲话，全面分析当前形势，提出了做好抗震救灾和恢复重建、推动经济社会又好又快发展、筹办北京奥运会等工作的总体要求和主要任务。中共中央政治局常委、国务院总理温家宝在讲话中通报了前一阶段抗震救灾工作情况和当前经济形势，对地震灾后恢复重建对口支援、保持经济发展良好势头等工作作了具体部署。

13日 成都高新区天府新城项目签约仪式在成都市举行。北京金山数字娱乐科技有限公司、深圳市金证科技股份有限公司、北京博彦科技公司等13家企业与成都高新区管委会签署了项目合作协议和意向书。成都高新区党工委书记敬刚、主任韩春林等出席了签约仪式。

16日 工业和信息化部召开机关全体干部和在京直属单位负责人会议，传达学习中共中央、国务院召开的省、区、市和中央部门主要负责同志会议精神。工业和信息化部部长李毅中，副部长奚国华、苗圩、陈求发、娄勤俭、欧新黔、杨学山，部党组成员、驻部纪检组组长郭炎炎，部党组成员、国家烟草专卖局局长姜成康，部党组成员陈小筑出席会议。李毅中部长发表讲话，结合工业和信息化部的实际，对贯彻落实会议精神作出重要部署，并提出8个方面的要求。苗圩和欧新黔副部长分别传达了胡锦涛总书记和温家宝总理在省、区、市和中央部门主要负责同志会议上的讲话精神，会议由奚国华副部长主持。

18日 中国电子科技集团公司重庆电子元器件基础研发条件建设项目暨中国电子科技集团公司重庆产业园在重庆西永微电子产业园区破土动工。工业和信息化部副部长、国家国防科技工业局局长陈求发，重庆市政府常务副市长黄奇帆及中国电子科技集团公司总经理王志刚出席开工典礼。

18日—20日 “第六届中国·海峡项目成果交易会”在福建省福州市举行。本届交易会由科学技术部、建设部、教育部、工业和信息化部、全国总工会、团中央、中国科学院、中国工程院、国家外国专家局等14个部门与福建省人民政府联合主办。工业和信息化部副部长娄勤俭出席开幕仪式，并参观工业和信息化部项目成果展馆。

19日—22日 “第六届中国国际软件和信息服务交易会”在大连市举行。本届交易会由商务部、工业和信息化部、教育部、科学技术部、中国国际贸易促进委员会和辽宁省人民政府共同主办，大连市人民政府承办。该交易会主题为“软件，引领数字融合”。工业和信息化部副部长杨学山、科学技术部副部长曹健林、商务部部长助理王超、辽宁省副省长刘国强等领导出席开幕式并讲话。

21日 中芯国际集成电路制造(深圳)有限公司的8英寸、12英寸集成电路芯片项目在深圳市大工业区奠基。该项目一期工程投资15.8亿美元，建设包括集成电路技术研究开发中心和1条8英寸、1条12英寸芯片生产线在内的集成电路前工序研发生产基地，12英寸芯片生产线中将导入IBM公司授权使用的先进工艺技术。

28 日 国内首款自主研发、拥有完全自主知识产权的 GSM-R（铁路移动通信系统标准）手持终端在北京市正式发布。工业和信息化部副部长娄勤俭，国家信息化专家咨询委员会主任、中国电子商会会长曲维枝，铁道部总调度长徐啸明等出席发布会。

29 日 在原信息产业部所在地北京西长安街和万寿路两个办公地点，历经 10 年的信息产业部牌匾撤下，同时更换为工业和信息化部新匾。

30 日 为了贯彻中央召开的省、区、市和中央部门主要负责同志会议精神，落实胡锦涛总书记、温家宝总理的重要指示，中共中央政治局委员、国务院副总理张德江在四川省成都市主持召开“地震灾区恢复工业生产和扩大就业座谈会”并讲话。

30 日 国家发展和改革委员会、国家广播电影电视总局全面启动全国 20 户以上已通电自然村“村村通”广播电视工程建设。计划在 2010 年底前完成“十一五”“村村通”工程建设任务，解决边远地区“村村通”广播电视问题。

7月

2 日 工业和信息化部召开全国工业和信息化工作电视电话会议，传达工业和信息化部主要职责、机构设置的有关情况，部署下半年工作。工业和信息化部部长、党组书记李毅中，副部长、党组副书记奚国华、苗圩，副部长、党组成员、国家国防科技工业局局长陈求发，副部长、党组成员娄勤俭、欧新黔、杨学山，党组成员、国家烟草专卖局局长姜成康，党组成员陈小筑出席会议。李毅中部长发表讲话，会议由奚国华副部长主持。

2 日 大唐电信科技产业集团与国内 17 所高校、院所在北京市就无线移动通信领域的合作事项签订合作协议，确立战略合作伙伴关系。工业和信息化部副部长娄勤俭出席签约仪式并讲话。大唐电信集团董事长真才基以及各高校、院所领导出席签约仪式。

10 日—13 日 “2008 中国国际消费电子博览会”在山东省青岛市举办，由商务部、工业和信息化部、科学技术部和山东省人民政府共同主办，美国消费电子协会海外主办，青岛市人民政府和中国电子商会共同承办。本届博览会以“自由连接”为主题，参展企业 502 家，400 多家采购商到会。

11 日 国务院办公厅印发《工业和信息化部主要职责内设机构和人员编制规定》（以下简称《规定》）。《规定》对工业和信息化部的职责调整作了说明，并明确工业和信息化部的 15 项主要职责、内设机构以及人员编制等。

12 日 TD-SCDMA 产业联盟再次扩编：中国移动通信集团公司、中国邮电器材集团公司、武汉多普达通讯有限公司、联发科技股份有限公司、网讯信息技术（福建）有限公司、杭州东信北邮信息技术有限公司、闻泰企业集团有限公司、北京创原天地科技有限公司、杰脉通信技术（上海）有限公司、芯通科技（成都）有限公司等 10 家企业正式加入 TD-SCDMA 产业联盟。至此，TD-SCDMA 产业联盟成员企业包括从生产到市场的各个产业环节。

22 日 深圳天马微电子股份有限公司与成都工业投资集团、成都高新投资集团共同成立合资公司——成都天马微电子有限公司，在四川省成都市高新区兴建第二条 4.5 代 TFT-LCD（薄膜晶体管液晶）生产线，该生产线总投资额达 30 亿元。

25 日 “聚集台商——重庆 IT 特别行动”启动仪式在重庆市举行。工业和信息化部副部长娄勤俭出席仪式并讲话。

28 日 由“闪联”标准工作组提交的闪联标准提案正式通过日内瓦 ISO/IEC（国际标准化组织/国际电工委员会）最后一轮形式投票，完成了 ISO 全部投票流程，以 96%的支持率高票通过，被正式接纳为 ISO/IEC 国际标准，成为第一个来自中国的 ISO/IEC 国际标准，填补了中国信息产业在 ISO/IEC 领域的空白。

28 日 中国首款 TD-SCDMA（时分同步的码分多

址技术）数字电视手机在北京市正式发布，工业和信息化部副部长娄勤俭出席首发仪式并讲话。

29日 工业和信息化部部长李毅中、党组成员陈小筑在部有关司局领导的陪同下前往北京航空航天大学和北京理工大学，现场考察两所高校的奥运场馆运行管理和比赛项目的筹备情况。

8月

1日 北京奥运会合作伙伴和无线通信服务商中国移动通信集团公司在奥林匹克主新闻中心（MPC）宣布：中国移动通信集团公司将为本届奥运会提供形式多样、内容丰富的新技术、新业务、新服务，中国提出的全球三大3G标准之一的TD-SCDMA将首次服务奥运会，将在奥运史上第一次通过手机开展奥运会比赛视频直播商用服务，成立奥运会历史上规模最大的通信服务团队。

5日 工业和信息化部下发关于司局领导的任职通知。

7日 南京华显高科有限公司将具有完全自主知识产权的20台熊猫牌高清等离子电视机捐赠给北京奥组委。

8日 应2008北京国际新闻中心的邀请，工业和信息化部运行监测协调局局长朱宏任、装备工业司司长张相木、电子信息司司长肖华、产业政策司副司长侯世国在2008北京国际新闻中心就“经济全球化与中国制造业”回答中外记者的提问。

16日 华为技术有限公司重庆研发中心成立。华为技术有限公司将把重庆市作为重要的研发和生产基地，将提高重庆市软件研发及服务外包水平，提升电子产品制造能力，协助重庆市发展成为中国重要的电子产品制造和服务外包基地城市。重庆市市长王鸿举、华为技术有限公司总裁任正非共同为该中心揭牌。

20日 国务院总理温家宝主持召开国务院常务会议，审议并原则通过《废弃电器电子产品回收处理管理条例（草案）》。

28日 厦门市人民政府与中国移动通信集团福建有限公司签订合作备忘录，双方将合作共建厦门“无线城市”，由厦门市信息产业局和中国移动集团福建有限公司厦门分公司负责具体落实。这是全国首个利用TD-SCDMA/HSDPA（时分同步码分多址）作为主要网络基础建设的“无线城市”。

28日 工业和信息化部部长李毅中，副部长、国防科技工业局局长（兼）陈求发，党组成员、人事教育司司长（兼）陈小筑等领导会见北京航空航天大学、北京理工大学、哈尔滨工业大学、哈尔滨工程大学、南京航空航天大学、南京理工大学、西北工业大学等7所高校书记及校长。7所高校是原国防科学技术工业委员会所属高校，在此次国务院机构调整中划归工业和信息化部管理。

8月 由常州华盛天龙机械有限公司依托清华大学项目技术研制生产的中国首台光伏多晶硅浇铸设备“DZF260型多晶硅浇铸炉”在江苏省问世。

9月

3日 宁夏回族自治区国家级新农村信息化省域试点在银川市通过国家信息化专家咨询委员会专家组验收。工业和信息化部副部长杨学山出席总结表彰会，并授予宁夏“国家级社会主义新农村信息化工作省域示范”牌匾。

5日 “2008年中国软件业收入前百家企业发布暨中国软件创新融合发展研讨会”在山东省济南市召开。工业和信息化部副部长娄勤俭，山东省省委常委、副省长王军民出席会议并致辞。会议发布了2008年中国软件业收入前百家企业，华为技术有限公司、中兴通讯股份有限公司、海尔集团公司排名前三位。软件业收入前百家企业的排序，是在原信息产业部和国家统计局联合统计的全国软件产业统计年报数据的基础上，按照企业完成的软件业务收入排定的。

5日—7日 “第四届中国（济南）国际信息技术博

览会暨第五届科技成果与专利技术展示交易会”在山东省济南市召开。大会由联合国亚洲及太平洋经济社会委员会、工业和信息化部、科学技术部、中国工程院、山东省人民政府联合主办，主题是“创新、融合、发展——绿色 IT 与产业升级”。全国政协副主席、科学技术部部长万钢，工业和信息化部副部长娄勤俭，山东省省委副书记、省长姜大明等领导出席开幕式。

9 日 工业和信息化部副部长娄勤俭会见台湾工业技术研究院董事长史钦泰一行，就进一步加强两岸产业科技交流与合作等交换了意见。

11 日 为帮助解决中小企业在发展中面临的困难和问题，中央财政明确六大政策，安排中小企业专项资金 35.1 亿元。

12 日 京东方科技集团股份有限公司与合肥市人民政府、合肥鑫城国有资产经营有限公司、合肥市建设投资控股（集团）有限公司在安徽省合肥市签署了《合肥薄膜晶体管液晶显示器件（TFT-LCD）6 代线项目投资框架协议》。京东方科技集团有限公司第 6 代 TFT-LCD 生产线项目是中国内地首条第 6 代 TFT-LCD 生产线。项目计划总投资 175 亿元人民币。

22 日—25 日 “第五届中国国际中小企业博览会暨中韩中小企业博览会”在广东省广州市举行。本届中博会的主宾国是韩国，由中国工业和信息化部、国家发展和改革委员会、财政部、商务部、国家工商行政管理总局、中国银行业监督管理委员会、广东省人民政府和韩国知识经济部、韩国外交通商部、韩国中小企业厅联合主办。中共中央政治局委员、国务院副总理张德江出席开幕式并宣布中博会开幕。工业和信息化部副部长欧新黔、韩国中小企业厅厅长洪锡禹、广东省省长黄华华出席开幕式并致辞。

23 日 工业和信息化部在广东省广州市举办汶川地震灾区中小企业投资项目推介会，四川省、陕西省和甘肃省的中小企业局介绍了当地灾后重建规划、投资环境和优惠政策，并推介了灾区中小企业投资项目。工业和信息化部副部长欧新黔、陕西省人大常委会副主任黄炜、甘肃省副省长泽巴足到会并讲话。

23 日 江苏软件和信息服务外包国际通信专用通道开通仪式在江苏软件园徐庄基地举行。工业和信息化部副部长奚国华出席开通仪式。

23 日—25 日 “2008 中国互联网大会”在江苏省南京市召开。该会由工业和信息化部等部委指导、中国互联网协会主办。中共中央政治局委员、国务院副总理张德江致信祝贺。工业和信息化部副部长奚国华发表主旨报告。

24 日 “第四届中国（南京）国际软件产品博览会”在江苏省南京市召开。江苏省省委书记梁保华、省长罗志军，工业和信息化部副部长奚国华，南京市市委书记朱善璐等领导出席开幕式。

28 日 神舟七号载人飞船返回舱 17 时 37 分安全着陆，神舟七号载人航天飞行任务圆满完成。神舟七号载人飞船返回舱成功着陆后，中共中央政治局常委、国务院总理温家宝宣读中共中央、国务院、中央军委贺电。工业和信息化部暨国防科技工业局致信祝贺神舟七号载人航天飞行任务圆满完成。

10月

7 日 工业和信息化部同意呼（呼和浩特）包（包头）鄂（鄂尔多斯）地区为国家级信息化和工业化融合创新试验区。这是工业和信息化部批准的第一个国家级信息化和工业化融合试验区。

8 日 中共中央、国务院、中央军委在人民大会堂举行全国抗震救灾总结表彰大会。中共中央总书记、国家主席、中央军委主席胡锦涛在会上发表讲话。李克强宣读《中共中央、国务院、中央军委关于表彰全国抗震救灾英雄集体和抗震救灾模范的决定》。中国移动通信集团公司四川有限公司被评为全国抗震救灾英雄集体；工业和信息化系统多位抗震救灾模范受表彰。

8 日 清华大学和维信诺公司在江苏省昆山高新区

举行“中国大陆第一条OLED (有机发光显示技术) 大规模生产线”投产仪式。这是中国在显示产业领域第一次依靠自主掌握的技术实现大规模生产。

8日 工业和信息化部副部长苗圩主持会议，研究部署工业和信息化部“十一五”期间工业、通信业和信息化专项规划的中期评估工作。

9日 工业和信息化部以公告形式正式发布《电子信息产品污染控制重点管理目录制定程序》。

11日—17日 “第10届中国国际高新技术成果交易会”（以下简称高交会）在深圳市召开。本届高交会由商务部、科学技术部、工业和信息化部、国家发展和改革委员会、教育部、人力资源和社会保障部、国家知识产权局、中国科学院、中国工程院和深圳市政府等共同主办，以“科技改善民生、创新改变世界”为主题。工业和信息化部副部长娄勤俭出席高交会部长论坛并讲话。

13日 工业和信息化部召开党组会议，传达学习十七届三中全会精神，并结合工作实际研究制定贯彻会议精神的思路和措施。

15日—16日 “3G在中国”2008全球高层论坛在北京市举行。工业和信息化部副部长娄勤俭出席论坛并讲话。

21日 “2008中国国际信息通信展览会”在北京新国际展览中心开幕。此次展览会呈现出通信业的新气象：一是TD-SCDMA (时分同步码分多址) 成为展会焦点，二是LTE (长期技术演进) 已成各大设备商比拼技术实力的最好载体之一，三是全业务竞争显露端倪。

22日 工业和信息化部召开所属高校座谈会。中共中央政治局委员、国务院副总理张德江出席座谈会并讲话。工业和信息化部部长李毅中、副部长奚国华、中纪委驻部纪检组组长郭炎炎、部党组成员陈小筑出席会议。7所部属高校的书记、校长及教师代表，部有关司局的负责人参加座谈会。

23日 工业和信息化部、国务院国有资产监督管理委员会在北京市召开工业行业协会负责人座谈会。会议由工业和信息化部副部长苗圩主持，工业和信息化部部长李毅中、国务院国有资产监督管理委员会副主任黄丹华分别讲话。

24日 “光纤接入 (FTTx) 产业联盟成立大会暨高层峰会”在北京市举行。工业和信息化部副部长娄勤俭出席成立大会并讲话。

28日 由中国工业经济联合会等单位主办的“第三届世界工商协会论坛（WICO论坛）”在北京市召开。中共中央政治局委员、国务院副总理张德江出席开幕式并发表讲话。工业和信息化部部长李毅中、国家发展和改革委员会副主任刘铁男等领导人出席论坛。论坛开幕式由中国工业经济联合会会长、中国工程院院长徐匡迪主持。

28日 由工业和信息化部主办，四川省、陕西省、甘肃省共同协办的汶川地震灾区中小企业投资项目洽谈会在四川省成都市举行。工业和信息化部副部长苗圩出席并讲话。

28日—11月1日 中共中央政治局委员、国务院副总理张德江在国务院副秘书长张勇、工业和信息化部部长李毅中、人力资源社会保障部副部长杨志明等领导的陪同下，就中小企业发展问题进行调研，先后考察了苏州、无锡、常州和南京等地的中小企业、非公有制企业、三资企业，考察了苏州工业园区和江苏软件园，先后三次主持召开座谈会，了解情况和听取意见建议。

10月 “闪联”标准工作组又一项国际标准提案《闪联基础协议标准》正式通过ISO/IEC第一联合技术委员会信息技术设备互连分技术委员会最终委员会草案(FCD) 投票，成为最终草案国际标准（FDIS）。这标志着中国闪联标准体系在ISO/IEC中被全面接纳。

11月

4日 由中国电子工业标准化技术协会文档库技术

标准工作委员会制定的电子文档领域的读写接口标准——UOML（非结构化操作置标语言）标准被正式批准成为OASIS（结构化信息标准促进组织）标准，这是中国首个得到国际产业界和市场认可的软件国际标准。

4日—8日 “2008中国国际工业博览会”在上海市举办。中共中央政治局委员、国务院副总理张德江发来贺信。工业和信息化部副部长奚国华出席开幕式并视察“信息与通信技术应用展”等展区。工业和信息化部副部长苗圩在“中国国际节能环保论坛”发表主题演讲，并为中国首个以节能环保为主题的生产性服务功能区揭牌。

6日 工业和信息化部在北京市召开江泽民同志《新时期我国信息技术产业的发展》文章发表座谈会。中共中央政治局委员、国务院副总理张德江出席座谈会并讲话。全国人大常委会副委员长、中国科学院院长路甬祥，全国政协副主席、科学技术部部长万刚，原全国政协副主席、中国工程院院长徐匡迪等出席座谈会并发言。工业和信息化部部长李毅中主持会议并发言。

6日—7日 工业和信息化部在上海市召开了“全国工业节能与综合利用工作会议”。工业和信息化部副部长苗圩出席会议并作题为《全面贯彻落实科学发展观，开创工业节能减排工作新局面》的专题报告。

10日—12日 主题为“跨越·融合·新征程”的改革开放30年电子信息产业成就展在北京海淀展览馆举办。本次成就展由工业和信息化部主办，是贯彻落实中央关于做好纪念改革开放30周年总结宣传工作精神的一次重要活动。工业和信息化部副部长娄勤俭，部党组成员陈小筑出席了开幕式，娄勤俭副部长致开幕辞。胡启立、钱敏、张挺、张学东、吴基传、曲维枝、王金城、俞忠钰等主管电子信息产业的历任老领导应邀出席开幕式并参观展览。

10日 “改革开放30年中国电子信息产业发展报告会”在北京市举行。会议由工业和信息化部主办，中国电子信息产业发展研究院协办。工业和信息化部副部长娄勤俭作主题报告。

10日 第22届中国电子信息百强企业正式揭晓。该届百强企业是经企业申报、地方行业主管部门推荐和原信息产业部审核，依据企业2007年经营业绩指标综合评价排定的。从企业规模看，联想控股有限公司居首位，2007年营业收入总额为1 462亿元；从利润总额和研发经费两项指标看，华为技术有限公司均居首位，分别为55亿元和71亿元；按照综合指标体系排序（包括规模、效益、创新等），华为技术有限公司综合实力居首位，其次是海尔集团公司，第三位是北大方正集团有限公司。

16日 经北京市人民政府申请、工业和信息化部核准批复，由北京市财政出资15亿元的全国首家地方出资政策性省级再担保公司——北京市中小企业信用再担保有限责任公司在北京市成立。北京市市长郭金龙为公司揭牌，工业和信息化部副部长欧新黔、北京市常务副市长吉林到会致辞。

18日 商务部、工业和信息化部、科学技术部与四川省政府、成都市政府举行中国服务外包基地城市共建协议签字仪式。根据协议内容，商务部、工业和信息化部、科学技术部认定成都市为“中国服务外包基地城市”。

20日 “第十届信息技术领域专利态势发布会”在北京市召开。工业和信息化部发布《2008年信息技术领域专利态势分析报告》。工业和信息化部副部长娄勤俭出席会议并讲话。

22日 “2008中国百名IT青年精英论坛”在山东省济南市举办。该论坛由共青团中央、工业和信息化部、山东省人民政府、中华全国青年联合会、济南市人民政府共同主办。工业和信息化部副部长娄勤俭，团中央书记处常务书记、中华全国青年联合会主席杨岳，山东省副省长李兆前在开幕式上致辞。

25日—26日 工业和信息化部运行监测协调局召开彩电、软件、通信、计算机四个行业的重点企业座谈会。会议就当前行业运行状况与问题、金融危机影响与对策、下一步形势与政策建议等与重点企业和行业协会进行交流。

28日　工业和信息化部与中国工程院在北京市签署合作协议，双方将在工业和信息化战略政策咨询、关键技术支撑、开展科技交流活动等方面开展合作。工业和信息化部副部长苗圩，中国工程院常务副院长潘云鹤、副院长邬贺铨等领导出席签字仪式。

28日　“第二届电子信息产业标准推动会”在北京市举行。工业和信息化部副部长娄勤俭到会并致辞。

29日　“中国航天科技集团公司—哈尔滨工业大学联合技术创新中心成立暨揭牌仪式”在哈尔滨工业大学科学园国际会议中心举行。工业和信息化部副部长娄勤俭出席仪式并讲话。

30日　财政部、商务部、工业和信息化部联合在北京市召开“全国推广家电下乡工作会议”，部署在全国推广家电下乡工作。财政部副部长张少春、商务部副部长傅自应、工业和信息化部副部长娄勤俭出席会议并讲话。

12月

1日　“第七届中小企业融资论坛”在深圳市举行，由工业和信息化部、国家发展和改革委员会、科学技术部、深圳市人民政府和深圳证券交易所联合主办。论坛的主题是“服务实体经济和全球金融危机下的中小企业融资”。论坛印发工业和信息化部副部长欧新黔《坚定信心，积极应对，促进中小企业又好又快发展》的书面讲话。

2日—3日　“2008中国信息化推进大会暨国家信息化专家论坛”在湖南省长沙市举行。中共中央政治局委员、国务院副总理张德江致信祝贺论坛召开。工业和信息化部部长李毅中向论坛致信祝贺。工业和信息化部副部长奚国华出席会议并讲话。

3日　“中国下一代互联网示范工程阶段总结和成果汇报大会”在北京市召开。中国下一代互联网研究与产业化获得重大突破：现已建成包括6个核心网络、22个城市59个节点以及北京市和上海市两个国际交换中心网络、273个驻地网的IPv6示范网络。

5日　“2008中国信息产业经济年会”在北京市举行。工业和信息化部副部长娄勤俭出席了当晚举行的“成功企业家之夜”并致辞。

5日　“平板电视结构标准研讨会”在广东省广州市举行。该研讨会由中国电子工业标准化技术协会主办。

5日　由工业和信息化部举办的软件服务业工作座谈会在辽宁省沈阳市举行。全国有23个省、市主管软件服务业的厅、局领导参加会议并发言。

8日　工业和信息化部办公厅召开新闻出版座谈会。来自部属新闻出版单位的社长、总编70余人参会。

9日　工业和信息化部召开部分省市电子信息产业经济运行座谈会。工业和信息化部副部长娄勤俭出席会议并讲话。部相关司局、各地信息产业主管部门、部相关直属单位及行业协会领导出席会议。

11日　工业和信息化部在北京市召开传达中央经济工作会议精神干部大会。工业和信息化部党组书记、部长李毅中介绍中央经济工作会议情况，传达胡锦涛总书记和温家宝总理在中央经济工作会议上的讲话精神。

12日　国务院新闻办公室举行新闻发布会，工业和信息化部部长李毅中介绍了促进工业平稳健康发展等方面的情况，并回答了记者们提出的关于中小企业融资，工业企业技术改造，3G牌照发放，汽车业、钢铁业发展以及工业和信息化部落实国务院机构改革的进展等方面的问题。

12日　工业和信息化部、江苏省人民政府、南京市人民政府在南京市召开共同推动南京市软件产业发展第三次工作会商会。工业和信息化部副部长娄勤俭出席会议，并为国家软件与集成电路公共服务平台南方中心和江苏软件产业服务中心揭牌。

16日　“2008年度（第六届）中国游戏行业年会”

在北京人民大会堂召开。工业和信息化部副部长娄勤俭出席会议并讲话。

16 日 国际标准组织 AIM Global (全球自动识别和移动技术协会) 正式批准中国矽感科技公司的网格矩阵码 (简称 GM 码) 二维条码为国际标准。这是中国所取得的第一个条码行业的国际码制技术标准，填补了中国在该领域的空白。

18 日 “中国对外开放 30 周年回顾展”在北京市举办。回顾展分开放历程、行业开放、地方开放、领域开放和互利共赢五个主题展馆。以“走中国特色新型工业化道路”为主题的工业和信息化部展区，在行业开放馆展出。

18 日 “第二届 CNGI 工程技术论坛暨移动互联网国际研讨会”在北京市举行。工业和信息化部副部长奚国华出席论坛并讲话。

19 日—20 日 “全国工业和信息化工作会议”在北京市召开。这次会议是工业和信息化部成立后召开的第一次工作会议。中共中央政治局委员、国务院副总理张德江出席会议并讲话。工业和信息化部部长李毅中在会上作题为《应对困难和挑战，确保平稳较快发展，坚定不移走中国特色新型工业化道路》的报告。出席会议的部领导有副部长、党组副书记奚国华、苗圩，副部长、国家国防科工局局长陈求发，副部长娄勤俭、欧新黔、杨学山，部党组成员、中纪委驻部纪检组组长郭炎炎，部党组成员、国家烟草专卖局局长姜成康，部党组成员陈小筑。

24 日 工业和信息化部召开“2008 年 (第八届) 信息产业重大技术发明评选结果发布会”，中国移动数据业务网络大型综合测控支撑若干关键技术等 8 项技术成果入选本届信息产业重大技术发明。工业和信息化部副部长娄勤俭出席会议并讲话。

28 日 工业和信息化部、科学技术部、财政部和北京市政府在北京人民大会堂联合主办“星光中国芯工程十年成果与展望报告会”。中共中央政治局常委李长春致信祝贺。工业和信息化部副部长娄勤俭、科学技术部副部长杜占元、财政部副部长丁学东、北京市副市长苟仲文等领导出席会议。

31 日 国务院常务会议研究同意启动第三代移动通信 (3G) 牌照发放工作，明确工业和信息化部按照程序做好相关工作。

第12部分 附 录

附录A

美 国

【综述】

由于金融危机的影响，2008年第四季度美国经济同比降低6.3%，2008年美国GDP增长1.2%，预计2009年美国GDP增长率为-3.2%，2009年前两个季度美国经济将大幅下滑。预计随着经济刺激计划的实施以及工业企业库存调整影响的降低，2009年下半年美国经济将开始复苏。2006年—2009年美国GDP增长情况见图1。

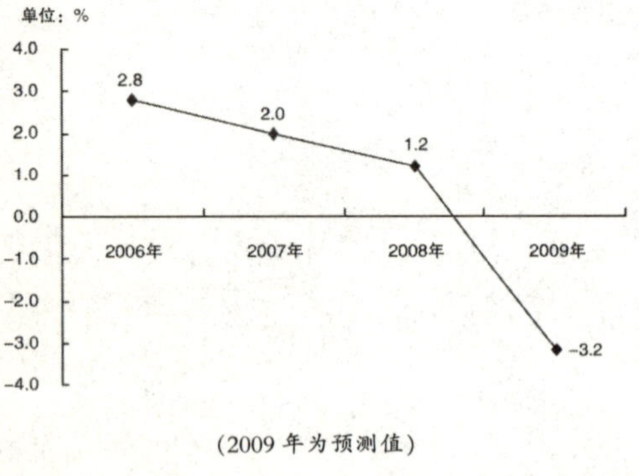

图1 2006年—2009年美国GDP增长情况

电子产品进出口情况

2006年，美国电子产品进出口总额为377 241百万美元；2007年，电子产品进出口总额为408 866百万美元，同比增长8.4%。2006年和2007年，美国电子产品进出口贸易均呈逆差，逆差额分别为117 199百万美元和121 366百万美元。

1.进口情况

2006年，美国电子产品进口额为247 220百万美元。其中，电子数据处理设备居于首位，进口额为89 304百万美元，占进口总额的36.1%；其次是电子元器件产品，进口额为42 026百万美元，占进口总额的17.0%。

2007年，美国电子产品进口额为265 116百万美元，同比增长7.2%。其中，电子数据处理设备居于首位，进口额为92 008百万美元，占进口总额的34.7%；其次是电子元器件产品，进口额为45 197百万美元，占进口总额的17.0%。2007年美国各类电子产品进口份额情况见图2。

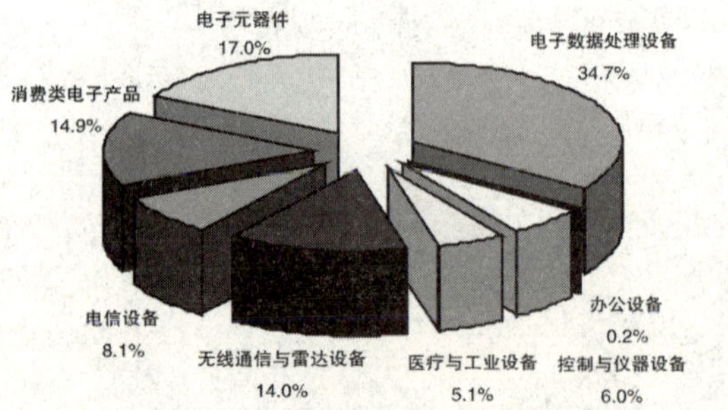

图2 2007年美国各类电子产品进口份额情况

2.出口情况

2006 年，美国电子产品出口额为 130 021 百万美元。其中，电子数据处理设备居于首位，出口额为 40 202 百万美元，占出口总额的 30.9%；其次是电子元器件，出口额为 34 043 百万美元，占出口总额的26.2%。

2007 年，美国电子产品出口额为 143 750 百万美元，同比增长 10.56%。其中，电子元器件居于首位，出口额为 39 837 百万美元，占出口总额的 27.7%；其次是电子数据处理设备，出口额为 39 494 百万美元，占出口总额的 27.5%。2007 年美国各类电子产品出口份额情况见图 3。

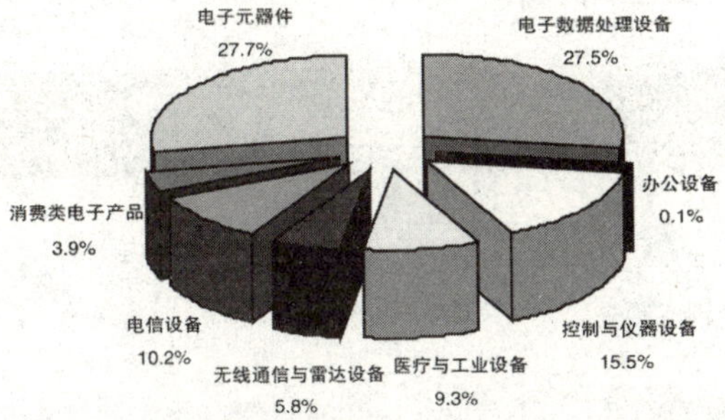

图 3　2007 年美国各类电子产品出口份额情况

电子产品产值情况

2007 年，美国电子产品产值为 284 151 百万美元。其中，无线通信与雷达设备位居首位，产值为 74 389 百万美元，占产值总额的 26.2%；其次是电子元器件，产值为 62 301 百万美元，占产值总额的 21.9%；第三是电子数据处理设备，产值为 55 641 百万美元，占产值总额的 19.6%。

2008 年，美国电子产品产值为 276 144 百万美元，同比增长率为-2.8%。其中，无线通信与雷达设备位居首位，产值为 74 389 百万美元，占产值总额的 26.9%；其次是电子元器件，产值为 57 870 百万美元，占产值总额的 21.0%；第三是电子数据处理设备，产值为 54 528 百万美元，占产值总额的 19.7%。2008 年美国各类电子产品产值份额情况如图 4。2006 年—2009 年美国电子产品产值情况见图 5。

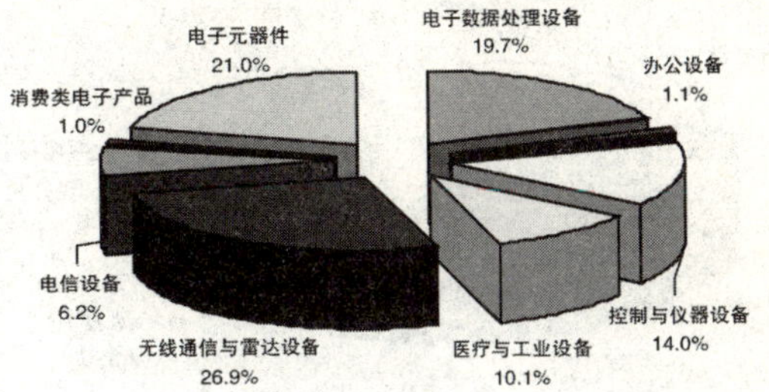

图 4　2008 年美国各类电子产品产值份额情况

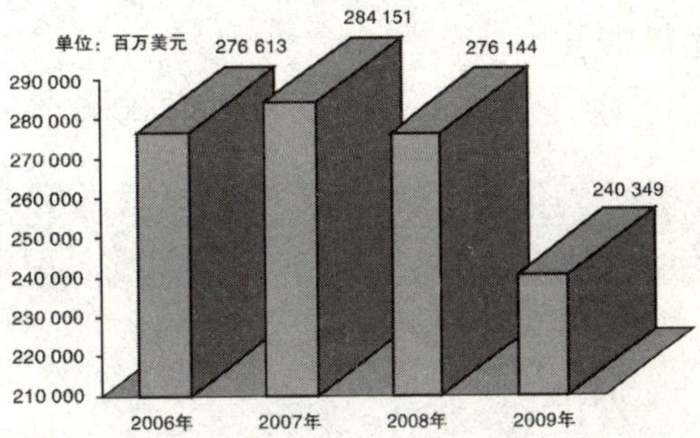

(2009 年为预测值)

图 5　2006 年—2009 年美国电子产品产值情况

电子产品市场情况

2007 年，美国电子产品市场额为 405 517 百万美元。其中，电子数据处理设备居于首位，市场额为 108 155 百万美元，占市场总额的 26.7%；其次是无线通信与雷达设备，市场额为 103 048 百万美元，占市场总额的 25.4%；第三是电子元器件，市场额为 67 661 百万美元，占市场总额的 16.7%。

2008 年，美国电子产品市场额为 409 644 百万美元，同比增长 1.0%。其中，电子数据处理设备居于首位，市场额为 109 777 百万美元，占市场总额的 26.8%；其次是无线通信与雷达设备，市场额为 108 200 百万美元，占市场总额的 26.4%；第三是电子元器件，市场额为 64 895 百万美元，占市场总额的 15.8%。2008 年美国各类电子产品市场份额情况如图 6。2006 年—2009 年美国电子产品市场情况见图 7。

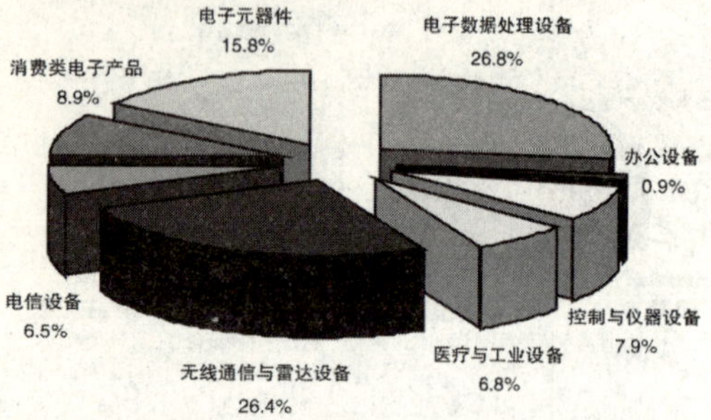

图 6　2008 年美国各类电子产品市场份额情况

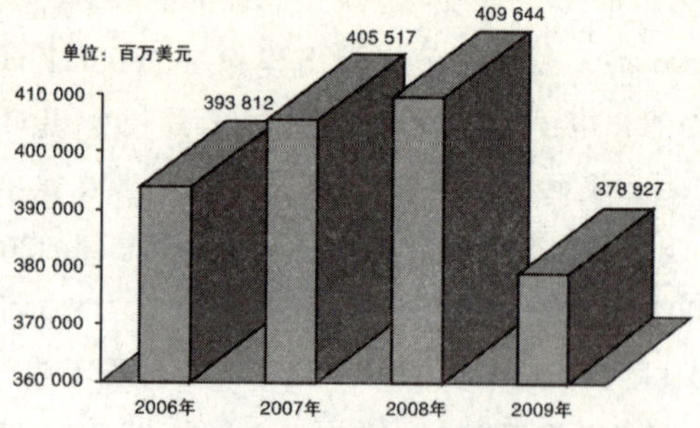

（2009 年为预测值）

图 7　2006 年~2009 年美国电子产品市场情况

【统计数据】

表 1　2006 年—2007 年美国电子产品进口情况

单位：百万美元

	2006年	2007年
电子数据处理设备	89 304	92 008
办公设备	493	480
控制与仪器设备	14 193	15 929
医疗与工业设备	12 479	13 610
无线通信与雷达设备	31 449	37 004
电信设备	18 930	21 452
消费类电子产品	38 346	39 436
电子元器件	42 026	45 197
总计	247 220	265 116

数据来源：《The Yearbook of World Electronics Data 2009》

表 2　2006 年—2007 年美国电子产品出口情况

单位：百万美元

	2006年	2007年
电子数据处理设备	40 202	39 494
办公设备	313	206
控制与仪器设备	20 537	22 261
医疗与工业设备	11 847	13 396
无线通信与雷达设备	6 305	8 345
电信设备	11 041	14 624
消费类电子产品	5 733	5 587
电子元器件	34 043	39 837
总计	130 021	143 750

数据来源：《The Yearbook of World Electronics Data 2009》。

表 3 2006 年—2009 年美国电子产品产值情况

单位：百万美元

	2006年	2007年	2008年	2009年
电子数据处理设备	55 617	55 641	54 528	44 713
办公设备	3 500	3 290	3 126	2 813
控制与仪器设备	37 386	38 375	38 759	34 883
医疗与工业设备	25 835	27 174	27 854	27 207
无线通信与雷达设备	68 786	74 389	74 389	66 950
电信设备	18 366	20 124	17 105	14 540
消费类电子产品	4 577	2 857	2 513	2 141
电子元器件	62 546	62 301	57 870	47 102
总计	276 613	284 151	276 144	240 349

数据来源:《The Yearbook of World Electronics Data 2009》。

注:2009 年为预测值;由于四舍五入,各项值累加与总计值有可能存在误差。

表 4 2006 年—2009 年美国电子产品市场情况

单位：百万美元

	2006年	2007年	2008年	2009年
电子数据处理设备	104 719	108 155	109 777	104 288
办公设备	3 680	3 564	3 475	3 336
控制与仪器设备	31 042	32 043	32 460	30 837
医疗与工业设备	26 467	27 388	27 944	27 788
无线通信与雷达设备	93 930	103 048	108 200	100 085
电信设备	26 255	26 952	26 467	23 821
消费类电子产品	37 190	36 706	36 425	35 164
电子元器件	70 529	67 661	64 895	53 607
总计	393 812	405 517	409 644	378 927

数据来源:《The Yearbook of World Electronics Data 2009》。

注:2009 年为预测值;由于四舍五入,各项值累加与总计值有可能存在误差。

加 拿 大

【综述】

2008 年第四季度加拿大 GDP 为 0.5%，较上一年下降了 2.2 个百分点。2008 年第四季度，加拿大进出口达到了 26 年来的最大降幅。房地产市场的萎缩使固定资产投资降低，公司利润下降，高利率则使经济扩张计划推迟。根据预测，受经济低迷以及就业率下滑的影响，2009 年商品价格通货膨胀率将达到 0.7%。

根据 EIU（经济学人信息中心）的预测，2009 年加拿大 GDP 将同比下降 2.2%。2006 年—2009 年加拿大 GDP 增长情况见图 1。

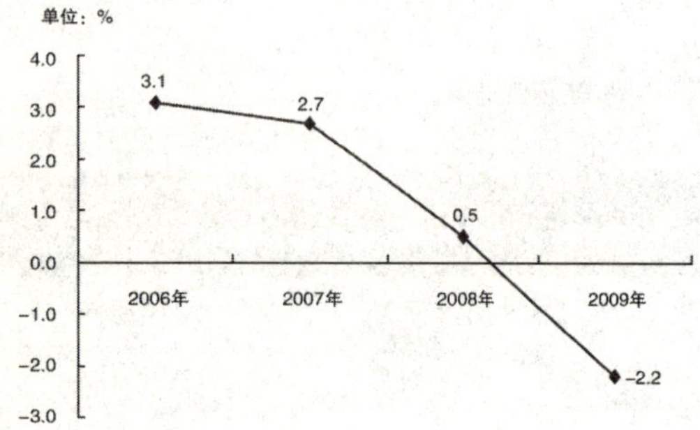

(2009 年为预测值)

图 1　2006 年—2009 年加拿大 GDP 增长情况

电子产品进出口情况

2006 年，加拿大电子产品进出口总额为 51 848 百万美元；2007 年，电子产品进出口总额为 31 806 百万美元，同比降低 38.7%。2006 年和 2007 年，加拿大电子产品进出口贸易均呈逆差，逆差额分别为 19 248 百万美元和 960 百万美元。

1.进口情况

2006 年，加拿大电子产品进口额为 35 548 百万美元。其中，电子数据处理设备居于首位，进口额为 11 808 百万美元，占进口总额的 33.2%；其次是电子元器件，进口额为 6 861 百万美元，占进口总额的 19.3%。

2007 年，加拿大电子产品进口额为 16 383 百万美元，同比下降 53.9%。其中，电信设备居于首位，进口额为 3 505 百万美元，占进口总额的 21.4%；其次是电子元器件，进口额为 3 428 百万美元，占进口总额的 20.9%。2007 年加拿大各类电子产品进口份额情况见图 2。

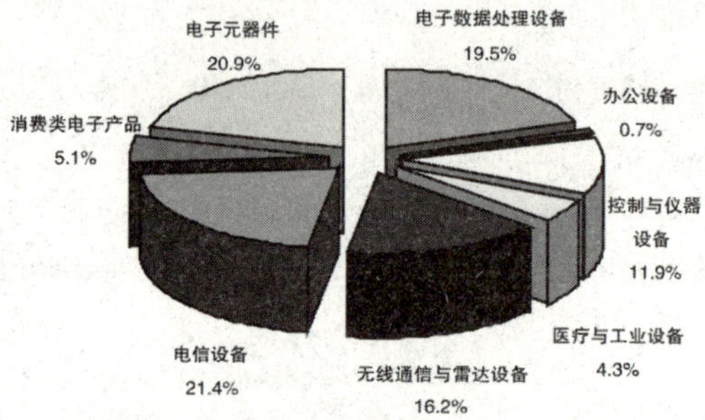

图 2　2007 年加拿大各类电子产品进口份额情况

2.出口情况

2006 年，加拿大电子产品出口额为 16 300 百万美元。其中，电子数据处理设备居于首位，出口额为 3 426 百万美元，占出口总额的 21.0%；其次是电子元器件，出口额为 3 258 百万美元，占出口总额的 20.0%。

2007 年，加拿大电子产品出口额为 15 423 百万美元，同比下降 5.4%。其中，电子元器件居于首位，出口额为 3 649 百万美元，占出口总额的 23.7%；其次是电子数据处理设备，出口额为 3 187 百万美元，占出口总额的 20.7%。2007 年加拿大各类电子产品出口份额情况见图 3。

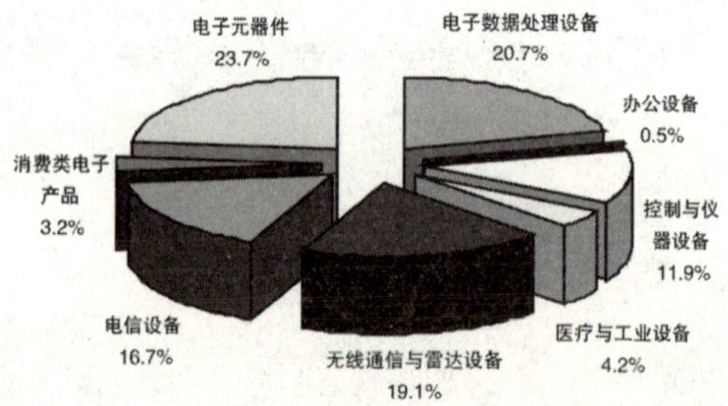

图 3　2007 年加拿大各类电子产品出口份额情况

电子产品产值情况

2007 年，加拿大电子产品产值为 12 761 百万美元。其中，无线通信与雷达设备位居首位，产值为 3 738 百万美元，占产值总额的 29.3%；其次是电信设备，产值为 2 460 百万美元，占产值总额的 19.3%；第三是电子数据处理设备，产值为 2 379 百万美元，占产值总额的 18.6%。

2008 年，加拿大电子产品产值为 12 055 百万美元，同比 2007 年降低了 5.5%。其中，无线通信与雷达设备位居首位，产值为 3 551 百万美元，占产值总额的 29.5%；其次是电信设备，产值为 2 214 百万美元，占产值总额的 18.4%；第三是控制与仪器设备，产值为 2 107 百万美元，占产值总额的 17.5%。2008 年加拿大各类电子产品产值份额情况见图 4。2006 年—2009 年加拿大电子产品产值情况见图 5。

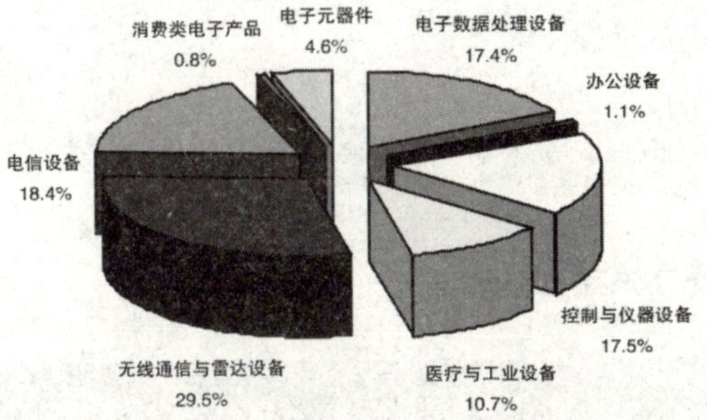

图 4 2008 年加拿大各类电子产品产值份额情况

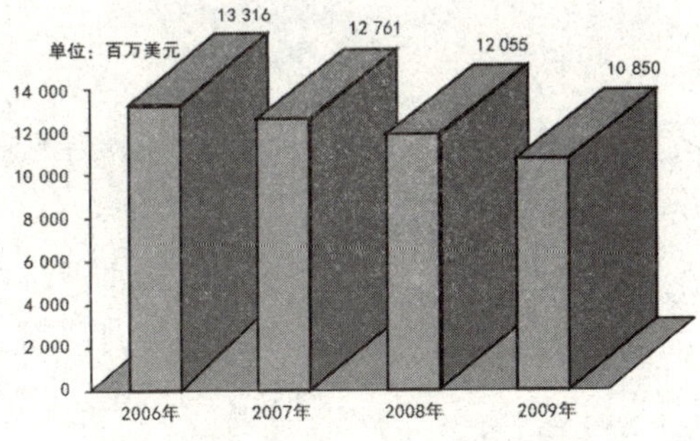

(2009 年为预测值)

图 5 2006 年—2009 年加拿大电子产品产值情况

电子产品市场情况

2007 年，加拿大电子产品市场额为 33 756 百万美元。其中，电子数据处理设备位居首位，市场额为 11 412 百万美元，占市场总额的 33.8%；其次是消费类电子产品，市场额为 5 136 百万美元，占市场总额的 15.2%；第三是无线通信与雷达设备，市场额为 4 750 百万美元，占市场总额的 14.1%。

2008 年，加拿大电子产品市场额为 32 981 百万美元，同比下降 2.3%。其中，电子数据处理设备居于首位，市场份额为 10 956 百万美元，占市场总额的 33.2%；其次是消费类电子产品，市场额为 5 036 百万美元，占市场总额的 15.3%；第三是无线通信与雷达设备，市场额为 4 821 百万美元，占市场总额的 14.6%。2008 年加拿大各类电子产品市场份额情况如图 6。2006 年—2009 年加拿大电子产品市场情况见图 7。

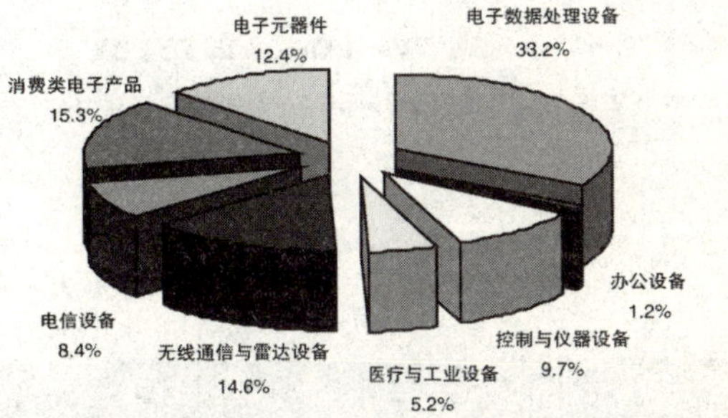

图 6 2008 年加拿大各类电子产品市场份额情况

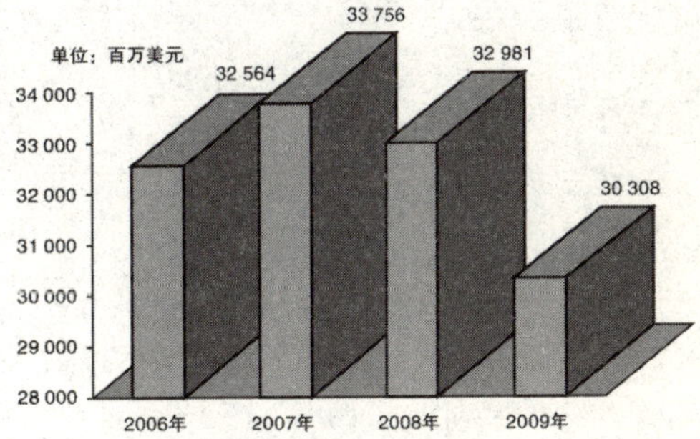

(2009 年为预测值)

图 7 2006 年—2009 年加拿大电子产品市场情况

【统计数据】

表1　2006年—2007年加拿大电子产品进口情况

单位：百万美元

	2006年	2007年
电子数据处理设备	11 808	3 199
办公设备	307	109
控制与仪器设备	3 524	1 946
医疗与工业设备	1 001	700
无线通信与雷达设备	3 845	2 657
电信设备	2 742	3 505
消费类电子产品	5 460	839
电子元器件	6 861	3 428
总计	35 548	16 383

数据来源:《The Yearbook of World Electronics Data 2009》。

注:由于四舍五入,各项值累加与总计值有可能存在误差。

表2　2006年—2007年加拿大电子产品出口情况

单位：百万美元

	2006年	2007年
电子数据处理设备	3 426	3 187
办公设备	117	80
控制与仪器设备	2 061	1 840
医疗与工业设备	761	648
无线通信与雷达设备	3 276	2 941
电信设备	2 748	2 580
消费类电子产品	654	497
电子元器件	3 258	3 649
总计	16 300	15 423

数据来源:《The Yearbook of World Electronics Data 2009》。

注:由于四舍五入,各项值累加与总计值有可能存在误差。

表 3 2006 年—2009 年加拿大电子产品产值情况

单位：百万美元

	2006年	2007年	2008年	2009年
电子数据处理设备	2 889	2 379	2 093	1 695
办公设备	181	145	127	108
控制与仪器设备	1 947	2 056	2 107	2 044
医疗与工业设备	1 279	1 290	1 311	1 285
无线通信与雷达设备	3 717	3 738	3 551	3 232
电信设备	2 588	2 460	2 214	1 882
消费类电子产品	113	106	91	78
电子元器件	601	588	560	525
总计	13 316	12 761	12 055	10 850

数据来源:《The Yearbook of World Electronics Data 2009》。

注:2009 年为预测值;由于四舍五入,各项值累加与总计值有可能存在误差。

表 4 2006 年—2009 年加拿大电子产品市场情况

单位：百万美元

	2006年	2007年	2008年	2009年
电子数据处理设备	11 272	11 412	10 956	9 860
办公设备	372	387	383	364
控制与仪器设备	3 410	3 364	3 196	3 004
医疗与工业设备	1 519	1 697	1 742	1 716
无线通信与雷达设备	4 286	4 750	4 821	4 242
电信设备	2 583	2 746	2 757	2 647
消费类电子产品	4 919	5 136	5 036	4 854
电子元器件	4 204	4 264	4 091	3 620
总计	32 564	33 756	32 981	30 308

数据来源:《The Yearbook of World Electronics Data 2009》。

注:2009 年为预测值;由于四舍五入,各项值累加与总计值有可能存在误差。

英　国

【综述】

受经济衰退进一步加深的影响，2008 年第四季度英国经济严重下滑，固定资产投资的急剧下降是 GDP 下滑的重要原因。国内需求明显下降、货币政策收紧、房价下滑以及出口萎缩将使 2009 年英国经济增长进一步下滑，据预测，2009 年英国 GDP 将下降 2.8%。

2008 年，英国失业率达到了 5.7%，预计 2009 年将达到 8.2%，2010 年随着经济形式的逐渐好转，失业率将回升到 8.1%。对金融服务的过度依赖、过高的个人负债率以及脆弱的财政体系是英国经济下滑的重要原因。2006 年—2009 年英国 GDP 增长情况见图 1。

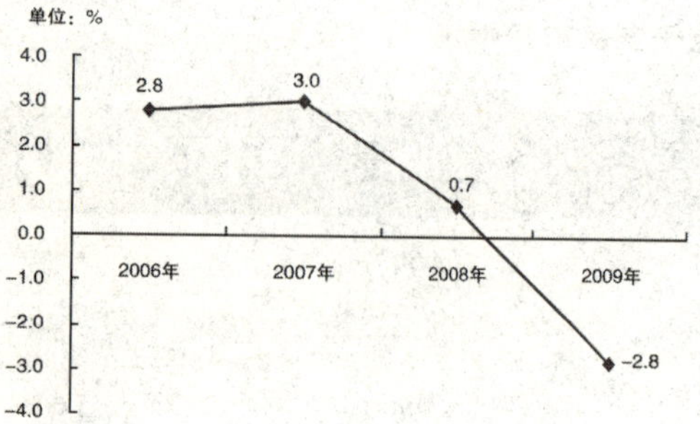

（2009 年为预测值）

图 1　2006 年—2009 年英国 GDP 增长情况

电子产品进出口情况

2006 年，英国电子产品进出口总额为 125 228 百万美元，2007 年，电子产品进出口总额为 117 026 百万美元，同比下降 6.6%。2006 年和 2007 年，英国电子产品进出口贸易仍保持逆差态势，逆差额分别为 25 332 百万美元和 29 762 百万美元。

1.进口情况

2006 年，英国电子产品进口额为 75 280 百万美元。其中，电子数据处理设备居于首位，进口额为 27 583 百万美元，占进口总额的 36.6%；其次是无线通信与雷达设备，进口额为 13 752 百万美元，占进口总额的 18.3%。

2007 年，英国电子产品进口额为 73 394 百万美元，比 2006 年降低 2.5%。其中，电子数据处理设备居于首位，进口额为 28 890 百万美元，占进口总额的 39.4%；其次是消费类电子产品，进口额为 10 616 百万美元，占进口总额的 14.5%。2007 年英国各类电子产品进口份额情况见图 2。

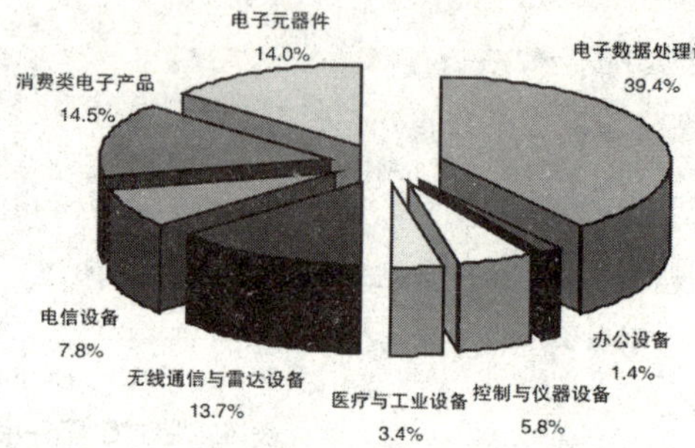

图 2　2007 年英国各类电子产品进口份额情况

2.出口情况

2006 年，英国电子产品出口额为 49 948 百万美元。其中，电子数据处理设备居于首位，出口额为 13 741 百万美元，占出口总额的 27.5%；其次是无线通信与雷达设备，出口额为 11 596 百万美元，占出口总额的 23.2%。

2007 年，英国电子产品出口额为 43 632 百万美元，比 2006 年降低 12.6%。其中，电子数据处理设备居于首位，出口额为 12 552 百万美元，占出口总额的 28.8%；其次是电子元器件，出口额为 8 772 百万美元，占出口总额的 20.1%。2007 年英国各类电子产品出口份额情况见图 3。

电子产品产值情况

2007 年，英国电子产品产值为 32244 百万美元。其中，无线通信与雷达设备居于首位，产值为 10 254 百万美元，占产值总额的 31.8%；其次是电子元器件，产值为 7 046 百万美元，占产值总额的 21.9%；第三是控制与仪器设备，产值为 6 246 百万美元，占产值总额的 29.4%。

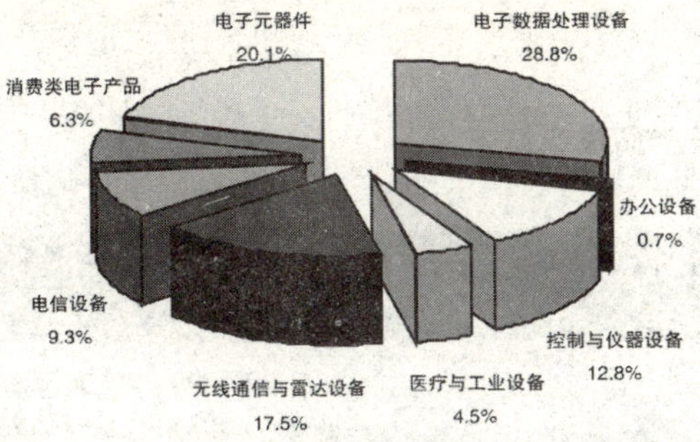

图 3　2007 年英国各类电子产品出口份额情况

2008 年，英国电子产品产值为 28 375 百万美元，比 2007 年降低了 12.0%。其中，无线通信与雷达设备居于首位，产值为 9 637 百万美元，占产值总额的 34.0%；其次是控制与仪器设备，产值为 5 841 百万美元，占产值总额的 20.6%；第三是电子元器件，产值为 5 767 百万美元，占产值总额的 20.3%。2008 年英国各类电子产品产值份额情况如图 4。2006 年—2009 年英国电子产品产值情况见图 5。

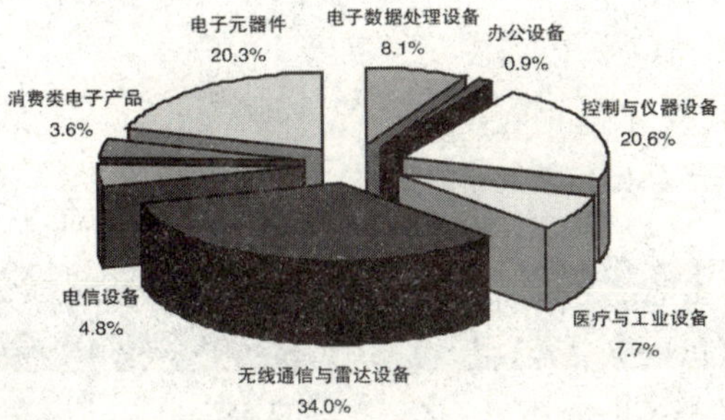

图 4　2008 年英国各类电子产品产值份额情况

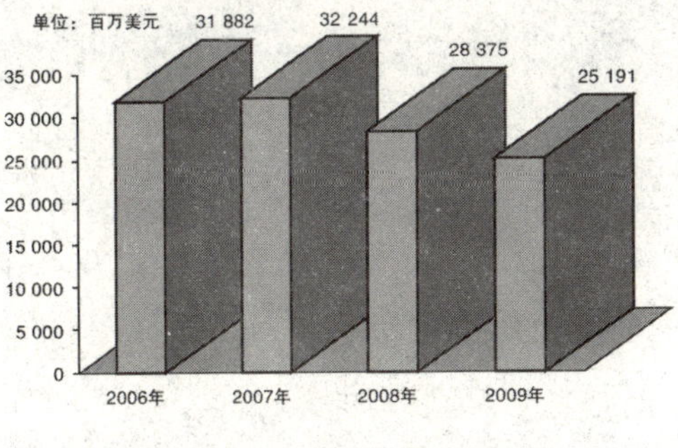

（2009 年为预测值）

图 5　2006 年—2009 年英国电子产品产值情况

电子产品市场情况

2007 年，英国电子产品市场额为 62 006 百万美元。其中，电子数据处理设备居于首位，市场额为 19 444 百万美元，占市场总额的 31.4%；其次是无线通信与雷达设备，市场额为 12 676 百万美元，占市场总额的 20.4%；第三是消费类电子产品，市场额为 9 154 百万美元，占市场总额的 14.8%。

2008 年，英国电子产品市场额为 56 855 百万美元，比 2007 年降低 8.3%。其中，电子数据处理设备居于首位，市场额为 17 914 百万美元，占市场总额的 31.5%；其次是无线通信与雷达设备，市场额为 11 878 百万美元，占市场总额的 20.9%；第三是消费类电子产品，市场额为 8 252 百万美元，占市场总额的 14.5%。2008 年英国各类电子产品市场份额情况如图 6。2006 年—2009 年英国电子产品市场情况见图 7。

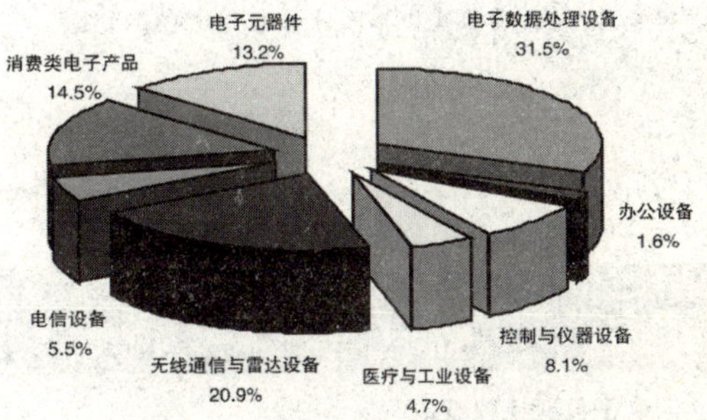

图 6　2008 年英国各类电子产品市场份额情况

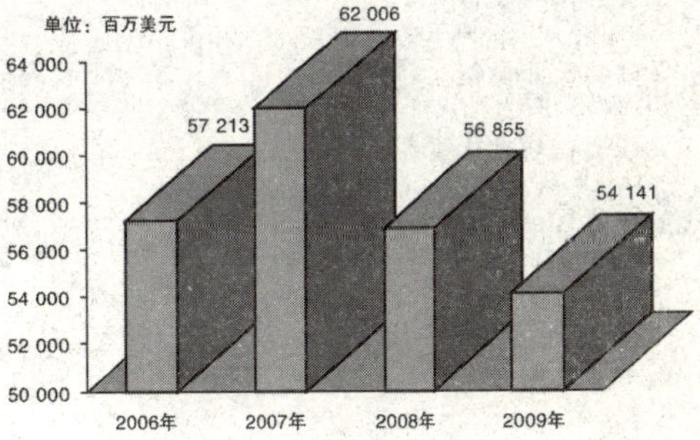

（2009 年为预测值）

图 7　2006 年—2009 年英国电子产品市场情况

【统计数据】

表1 2006年—2007年英国电子产品进口情况

单位：百万美元

	2006年	2007年
电子数据处理设备	27 583	28 890
办公设备	789	992
控制与仪器设备	4 011	4 238
医疗与工业设备	2 357	2 496
无线通信与雷达设备	13 752	10 078
电信设备	5 135	5 752
消费类电子产品	10 506	10 616
电子元器件	11 147	10 332
总计	75 280	73 394

数据来源:《The Yearbook of World Electronics Data 2009》。

注:由于四舍五入,各项值累加与总计值有可能存在误差。

表2 2006年—2007年英国电子产品出口情况

单位：百万美元

	2006年	2007年
电子数据处理设备	13 741	12 552
办公设备	231	324
控制与仪器设备	5 278	5 578
医疗与工业设备	1 843	1 958
无线通信与雷达设备	11 596	7 656
电信设备	3 546	4 052
消费类电子产品	3 739	2 740
电子元器件	9 975	8 772
总计	49 948	43 632

数据来源:《The Yearbook of World Electronics Data 2009》。

注:由于四舍五入,各项值累加与总计值有可能存在误差。

表 3　2006 年—2009 年英国电子产品产值情况

单位：百万美元

	2006年	2007年	2008年	2009年
电子数据处理设备	4 407	3 106	2 301	1 726
办公设备	330	316	264	237
控制与仪器设备	5 722	6 246	5 841	5 257
医疗与工业设备	2 167	2 374	2 187	2 115
无线通信与雷达设备	9 209	10 254	9 637	8 962
电信设备	1 520	1 624	1 353	1 164
消费类电子产品	1 395	1 278	1 025	793
电子元器件	7 131	7 046	5 767	4 937
总计	31 882	32 244	28 375	25 191

数据来源：《The Yearbook of World Electronics Data 2009》。

注：2009 年为预测值；由于四舍五入，各项值累加与总计值有可能存在误差。

表 4　2006 年—2009 年英国电子产品市场情况

单位：百万美元

	2006年	2007年	2008年	2009年
电子数据处理设备	18 250	19 444	17 914	17 376
办公设备	887	984	920	902
控制与仪器设备	4 456	4 906	4 606	4 491
医疗与工业设备	2 681	2 912	2 687	2 626
无线通信与雷达设备	11 365	12 676	11 878	11 522
电信设备	3 109	3 324	3 093	3 000
消费类电子产品	8 161	9 154	8 252	7 890
电子元器件	8 304	8 606	7 505	6 334
总计	57 213	62 006	56 855	54 141

数据来源：《The Yearbook of World Electronics Data 2009》。

注：2009 年为预测值；由于四舍五入，各项值累加与总计值有可能存在误差。

法　国

【综述】

2008 年，法国 GDP 增长率为 0.7%，比 2007 年 2.2%的增长率有所下降。受信贷条件紧缩、房价下滑、国内消费市场疲软以及出口需求下滑的影响，预计 2009 年法国经济情况不容乐观，GDP 将降至-1.8%左右。2006 年—2009 法国 GDP 增长情况见图 1。

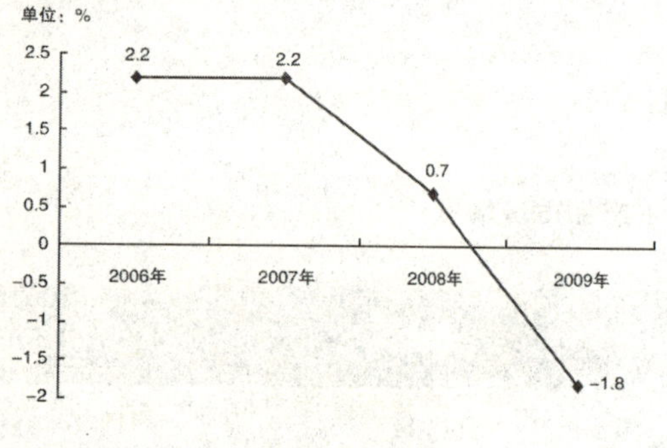

(2009 年为预测值)

图 1　2006 年—2009 年法国 GDP 增长情况

电子产品进出口情况

2006 年，法国电子产品进出口总额为 90 688 百万美元。2007 年，电子产品进出口总额为 94 097 百万美元，比 2006 年增长 3.8%。2006 年和 2007 年，法国电子产品进出口贸易均呈逆差，逆差额分别为 10 170 百万美元和 11 791 百万美元。

1.进口情况

2006 年，法国电子产品进口额为 50 429 百万美元。其中，电子数据处理设备居于首位，进口额为 16 639 百万美元，占进口总额的 33.0%；其次是电子元器件，进口额为 9 633 百万美元，占进口总额的 19.1%。

2007 年，法国电子产品进口额为 52 944 百万美元，比 2006 年增长 5.0%。其中，电子数据处理设备居于首位，进口额为 17 448 百万美元，占进口总额的 33.0%；其次是电子元器件，进口额为 10 543 百万美元，占进口总额的 19.9%。2007 年法国各类电子产品进口份额情况见图 2。

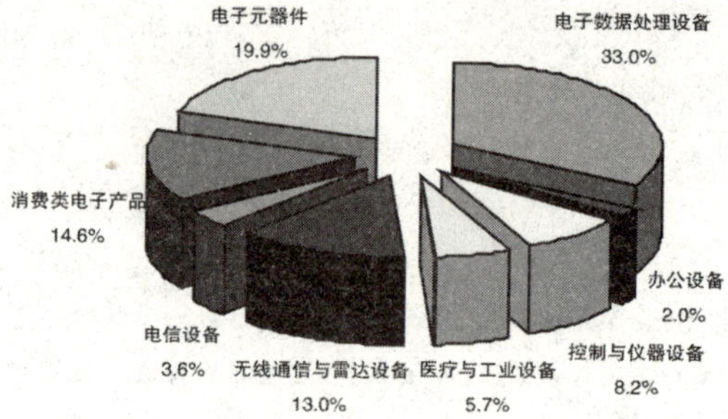

图 2　2007 年法国各类电子产品进口份额情况

2.出口情况

2006 年，法国电子产品出口额为 40 259 百万美元。其中，无线通信与雷达设备居于首位，出口额为 12 487 百万美元，占出口总额的 31.0%；其次是电子元器件，出口额为 8 413 百万美元，占出口总额的 20.9%。

2007 年，法国电子产品出口额为 41 153 百万美元，比 2006 年增长 2.2%。其中，无线通信与雷达设备居于首位，出口额为 12 295 百万美元，占出口总额的 29.9%；其次是电子元器件，出口额为 9 458 百万美元，占出口总额的 23.0%。2007 年法国各类电子产品出口份额情况见图 3。

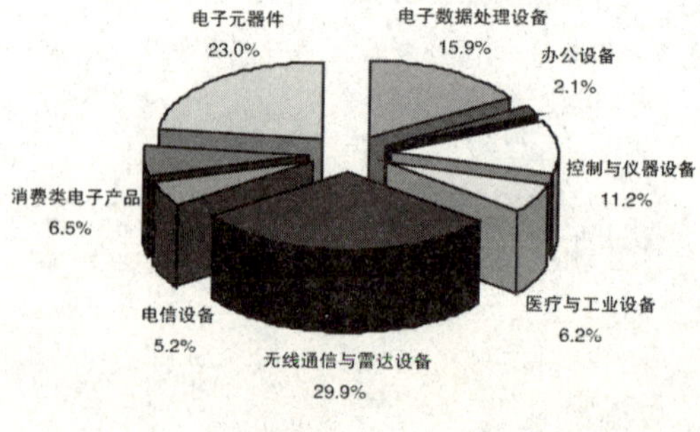

图 3　2007 年法国各类电子产品出口份额情况

电子产品产值情况

2007 年，法国电子产品产值为 33 586 百万美元，比 2006 年增加 6.3%。其中，无线通信与雷达设备居于首位，产值为 13 466 百万美元，占产值总额的 40.1%；其次是电子元器件，产值为 6 884 百万美元，占产值总额的 20.5%；第三是控制与仪器设备，产值为 3 941 百万美元，占产值总额的 11.7%。

2008 年，法国电子产品产值为 34 398 百万美元，比 2007 年增长 2.4%。其中，无线通信与雷达设备居于首位，产值为 13 733 百万美元，占产值总额的 39.9%；其次是电子元器件，产值为 7 132 百万美元，占产值总额的 20.7%；第三是控制与仪器设备，产值为 4 358 百万美元，占产值总额的 12.7%。2008 年法国各类电子产品产值份额情况如图 4。2006 年—2009 年法国电子产品产值情况见图 5。

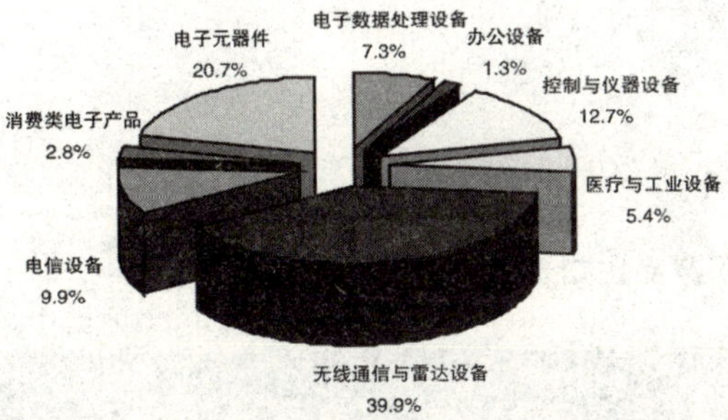

图 4　2008 年法国各类电子产品产值份额情况

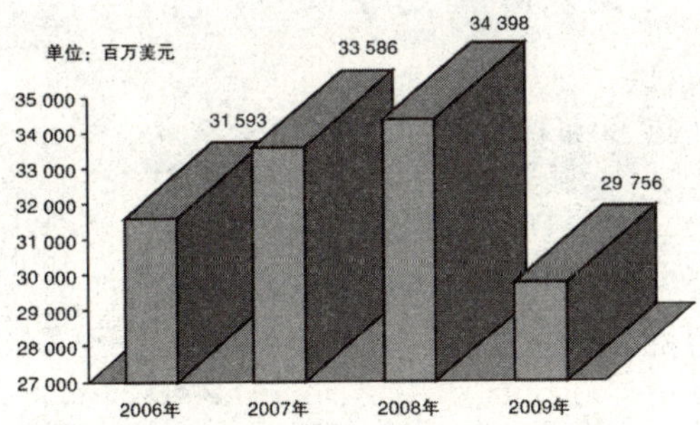

(2009 年为预测值)

图 5　2006 年—2009 年法国电子产品产值情况

电子产品市场情况

2007 年，法国电子产品市场额为 45 377 百万美元，同比增长 8.6%。其中，电子数据处理设备居于首位，市场额为 13 815 百万美元，占市场总额的 30.4%；其次是无线通信与雷达设备，市场额为 8 062 百万美元，占市场总额的 17.8%；第三是电子元器件，市场额为 7 968 百万美元，占市场总额的 17.6%。

2008 年，法国电子产品市场额为 48 588 百万美元，比 2007 年增长 7.1%。其中，电子数据处理设备居于首位，市场额为 14 683 百万美元，占市场总额的 30.2%；其次是无线通信与雷达设备，市场额为 8 802 百万美元，占市场总额的 18.1%；第三是电子元器件，市场额为 8 370 百万美元，约占市场总额的 17.2%。2008 年法国各类电子产品市场份额情况如图 6。2006 年—2009 年法国电子产品市场情况见图 7。

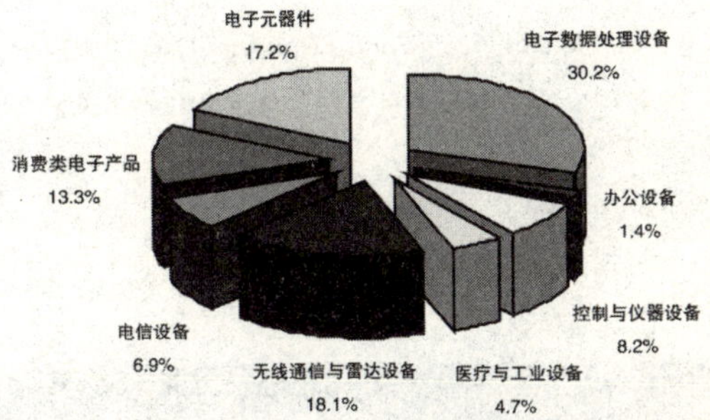

图 6　2008 年法国各类电子产品市场份额情况

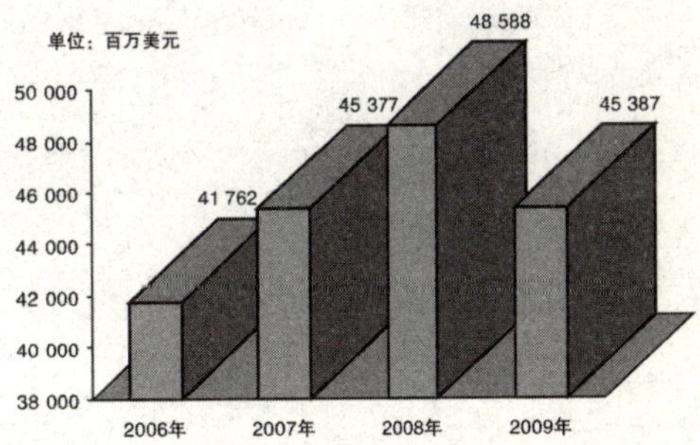

(2009 年为预测值)

图 7　2006 年—2009 年法国电子产品市场情况

【统计数据】

表 1　2006 年—2007 年法国电子产品进口情况

单位：百万美元

	2006年	2007年
电子数据处理设备	16 639	17 448
办公设备	768	1 082
控制与仪器设备	3 843	4 333
医疗与工业设备	2 942	2 997
无线通信与雷达设备	7 287	6 890
电信设备	2 035	1 932
消费类电子产品	7 281	7 719
电子元器件	9 633	10 543
总计	50 429	52 944

数据来源：《The Yearbook of World Electronics Data 2009》。

注：由于四舍五入，各项值累加与总计值有可能存在误差。

表 2　2006 年—2007 年法国电子产品出口情况

单位：百万美元

	2006年	2007年
电子数据处理设备	7 239	6 551
办公设备	557	855
控制与仪器设备	3 908	4 619
医疗与工业设备	2 491	2 564
无线通信与雷达设备	12 487	12 295
电信设备	2 147	2 140
消费类电子产品	3 018	2 673
电子元器件	8 413	9 458
总计	40 259	41 153

数据来源：《The Yearbook of World Electronics Data 2009》。

注：由于四舍五入，各项值累加与总计值有可能存在误差。

表 3　2006 年—2009 年法国电子产品产值情况

单位：百万美元

	2006年	2007年	2008年	2009年
电子数据处理设备	3 392	2 918	2 506	1 804
办公设备	385	425	456	433
控制与仪器设备	3 387	3 941	4 358	4 140
医疗与工业设备	1 492	1 674	1 851	1 860
无线通信与雷达设备	12 481	13 466	13 733	11 673
电信设备	3 009	3 293	3 394	2 885
消费类电子产品	1 143	986	969	806
电子元器件	6 303	6 884	7 132	6 155
总计	31 593	33 586	34 398	29 756

数据来源：《The Yearbook of World Electronics Data 2009》。

注：2009 年为预测值；由于四舍五入，各项值累加与总计值有可能存在误差。

表 4　2006 年—2009 年法国电子产品市场情况

单位：百万美元

	2006年	2007年	2008年	2009年
电子数据处理设备	12 792	13 815	14 683	14 242
办公设备	596	652	693	658
控制与仪器设备	3 323	3 655	3 971	3 812
医疗与工业设备	1 943	2 107	2 276	2 228
无线通信与雷达设备	7 281	8 062	8 802	8 097
电信设备	2 897	3 085	3 345	3 178
消费类电子产品	5 406	6 033	6 450	6 095
电子元器件	7 523	7 968	8 370	7 077
总计	41 762	45 377	48 588	45 387

数据来源：《The Yearbook of World Electronics Data 2009》。

注：2009 年为预测值；由于四舍五入，各项值累加与总计值有可能存在误差。

德 国

【综述】

由于出口的下降，2008 年德国 GDP 增长速度明显减慢，第三季度德国进入经济衰退期。2008 年上半年，个人消费品产值受高通货膨胀影响较为严重，但随着下半年能源和日用品价格的下降，这一情况有所缓解。尽管第四季度经济情况进一步恶化，但德国 2008 年全年 GDP仍有 1.3%的增长。预计 2009 年德国 GDP 增长率为–2.3%，这将对产品出口产生显著影响。2006 年—2009 年德国 GDP 增长情况如图 1 所示。

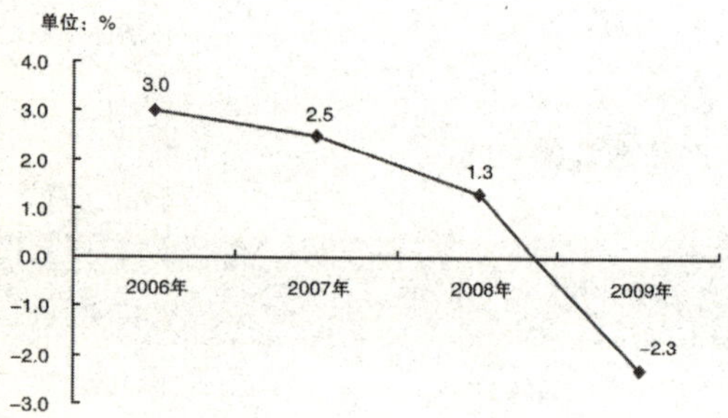

(2009 年为预测值)

图 1　2006 年—2009 年德国 GDP 增长情况

电子产品进出口情况

2006 年，德国电子产品进出口总额为 218 777 百万美元；2007 年，电子产品进出口总额为 233 460 百万美元，比 2006 年增长 6.7%。2006 年和 2007 年，德国电子产品进出口贸易均呈逆差，逆差额分别为 4 737 百万美元和 8 134 百万美元。

1.进口情况

2006 年，德国电子产品进口额为 111 757 百万美元。其中，电子数据处理设备居于首位，进口额为 36 672 百万美元，占进口总额的 32.8%；其次是电子元器件，进口额为 30 202 百万美元，占进口总额的 27.0%。

2007 年，德国电子产品进口额为 120 797 百万美元，比 2006 年增长 8.1%。其中，电子数据处理设备居于首位，进口额为 40 140 百万美元，占进口总额的 33.2%；其次是电子元器件，进口额为 35 938 百万美元，占进口总额的 29.8%。2007 年德国进口各类电子产品份额情况见图 2。

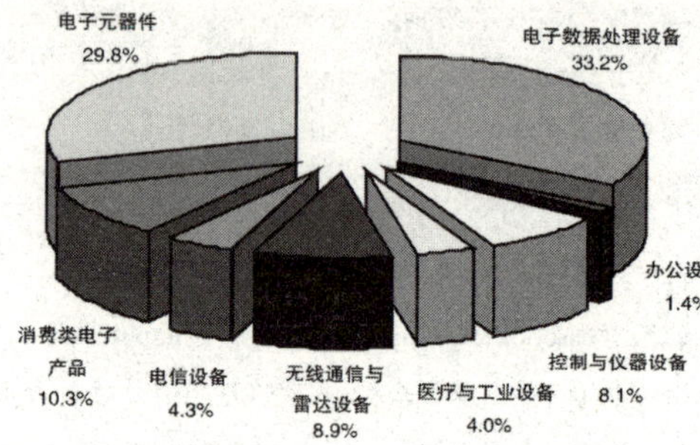

图 2　2007 年德国进口电子产品所占份额情况

2.出口情况

2006 年，德国电子产品出口额为 107 020 百万美元，比 2005 年增长 15.4%。其中，电子元器件居于首位，出口额为 27 229 百万美元，占出口总额的 25.4%；其次是电子数据处理设备，出口额为 24 320 百万美元，占出口总额的 24.7%。

2007 年，德国电子产品出口额为 112 663 百万美元，同比增长 5.3%。其中，电子元器件居于首位，出口额为 33 119 百万美元，占出口总额的 29.4%；其次是电子数据处理设备，出口额为 27 008 百万美元，占出口总额的 24.0%。2007 年德国各类电子产品出口份额情况见图 3。

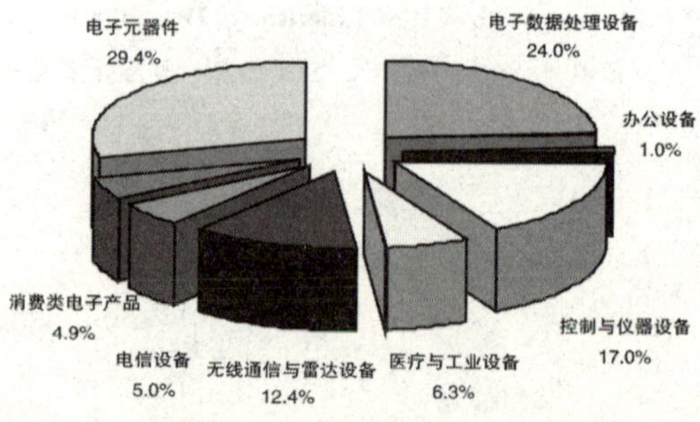

图 3　2007 年德国出口电子产品所占份额情况

电子产品产值情况

2007年，德国电子产品产值为78 812百万美元。其中，电子元器件居于首位，产值为22 685百万美元，占产值总额的28.8%；其次是控制与仪器设备，产值为20 373百万美元，占产值总额的25.9%；第三是电子数据处理设备，产值为12 567百万美元，占产值总额的15.9%。

2008年，德国电子产品产值为82 476百万美元，比2007年增长4.6%。其中，电子元器件居于首位，产值为24 694百万美元，占产值总额的29.9%；其次是控制与仪器设备，产值为22 308百万美元，占产值总额的27.0%；第三是电子数据处理设备，产值为12 277百万美元，占产值总额的14.9%。2008年德国各类电子产品产值份额情况如图4。2006年—2009年德国电子产品产值情况见图5。

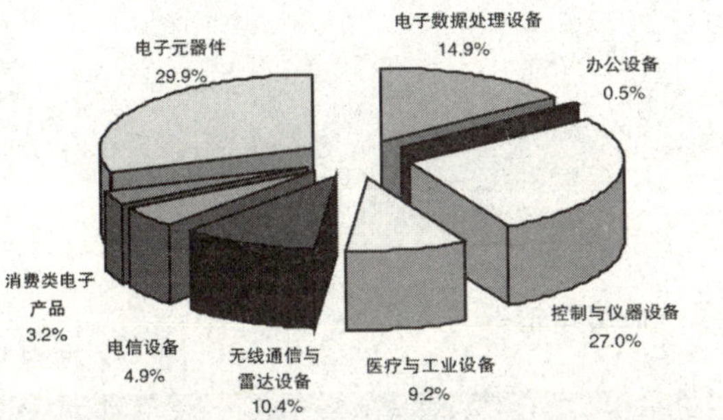

图4 2008年德国各类电子产品产值份额情况

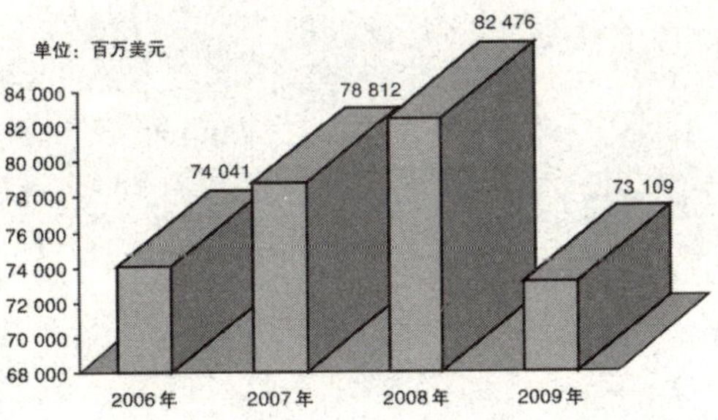

(2009年为预测值)

图5 2006年~2009年德国电子产品产值情况

电子产品市场情况

2007年，德国电子产品市场额为86 947百万美元，同比增长10.4%。其中，电子数据处理设备居于首位，市场额为25 699百万美元，占市场总额的29.6%；其次是电子元器件，市场额为25 504百万美元，占市场总额的29.3%；第三是控制与仪器设备，市场额为10 993百万美元，占市场总额的12.6%。

2008年，德国电子产品市场额为93 403百万美元，比2007年增长7.4%。其中，电子数据处理设备居于首位，市场额为27 588百万美元，占市场总额的29.5%；其次是电子元器件，市场额为27 149百万美元，占市场总额的29.1%；第三是控制与仪器设备，市场额为12 014百万美元，占市场总额的12.9%。2008年德国各类电子产品市场份额情况如图6。2006年—2009年德国电子产品市场情况见图7。

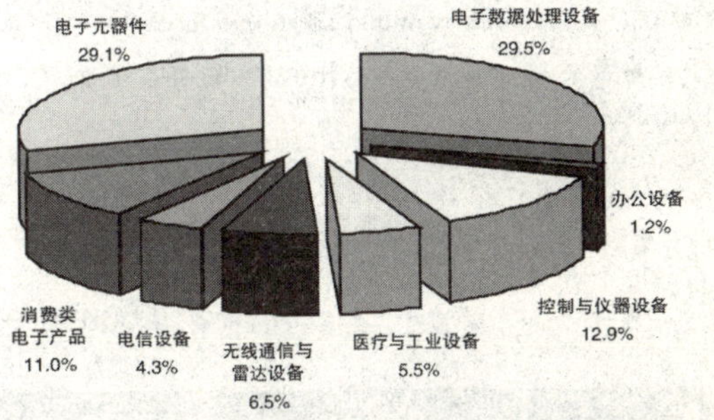

图6 2008年德国各类电子产品市场份额情况

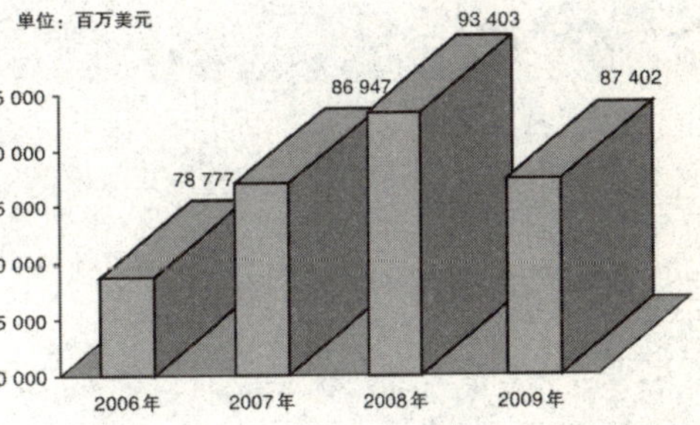

(2009年为预测值)

图7 2006年—2009年德国电子产品市场情况

【统计数据】

表 1　2006 年—2007 年德国电子产品进口情况

单位：百万美元

	2006年	2007年
电子数据处理设备	36 672	40 140
办公设备	1 238	1 736
控制与仪器设备	7 797	9 781
医疗与工业设备	5 119	4 877
无线通信与雷达设备	14 387	10 714
电信设备	4 195	5 145
消费类电子产品	12 147	12 467
电子元器件	30 202	35 938
总计	111 757	120 797

数据来源：《The Yearbook of World Electronics Data 2009》。

注：由于四舍五入，各项值累加与总计值有可能存在误差。

表 2　2006 年—2007 年德国电子产品出口情况

单位：百万美元

	2006年	2007年
电子数据处理设备	24 320	27 008
办公设备	797	1 171
控制与仪器设备	16 103	19 160
医疗与工业设备	6 844	7 086
无线通信与雷达设备	20 701	13 921
电信设备	5 256	5 721
消费类电子产品	5 770	5 477
电子元器件	27 229	33 119
总计	107 020	112 663

数据来源：《The Yearbook of World Electronics Data 2009》。

注：由于四舍五入，各项值累加与总计值有可能存在误差。

表 3 2006 年—2009 年德国电子产品产值情况

单位：百万美元

	2006年	2007年	2008年	2009年
电子数据处理设备	11 814	12 567	12 277	10 067
办公设备	491	464	449	404
控制与仪器设备	17 944	20 373	22 308	20 970
医疗与工业设备	6 024	6 922	7 604	7 525
无线通信与雷达设备	11 467	8 859	8 559	6 847
电信设备	4 647	4 392	4 008	3 286
消费类电子产品	2 197	2 551	2 578	2 233
电子元器件	19 456	22 685	24 694	21 777
总计	74 041	78 812	82 476	73 109

数据来源:《The Yearbook of World Electronics Data 2009》。

注:2009 年为预测值;由于四舍五入,各项值累加与总计值有可能存在误差。

表 4 2006 年—2009 年德国电子产品市场情况

单位：百万美元

	2006年	2007年	2008年	2009年
电子数据处理设备	24 166	25 699	27 588	26 623
办公设备	932	1 029	1 093	1 039
控制与仪器设备	9 639	10 993	12 014	11 653
医疗与工业设备	4 299	4 714	5 130	4 996
无线通信与雷达设备	5 153	5 652	6 116	5 627
电信设备	3 586	3 816	4 056	3 853
消费类电子产品	8 575	9 541	10 256	9 698
电子元器件	22 428	25 504	27 149	23 912
总计	78 777	86 947	93 403	87 402

数据来源:《The Yearbook of World Electronics Data 2009》。

注:2009 年为预测值;由于四舍五入,各项值累加与总计值有可能存在误差。

澳大利亚

【综述】

受全球经济萎缩的影响，2008 年澳大利亚经济出现了八年来的首度下滑。澳大利亚为资源出口依赖型大国，2008 年澳大利亚经济呈现两个明显特征，一是全球经济衰退打压了大宗商品价格，二是全球信贷危机已大大影响了澳大利亚获得资金的便利性。2008 年澳大利亚 GDP 增长率为 2.1%，较 2007 年下降 1.9 个百分点。据 EIU（经济学人信息中心）预测，由于全球性金融危机引发的贸易额下降，澳大利亚 2009 年 GDP 将同比下降 1.2%，随着全球经济的逐渐回暖，2010 年澳大利亚 GDP 将同比上升 0.5%。由于信贷的缩减，2009 年私人投资将同比降低 1.7%，2010 年将同比降低 0.8%，消费者信心指数也将持续走低。2006 年—2009 年澳大利亚 GDP 增长情况见图 1。

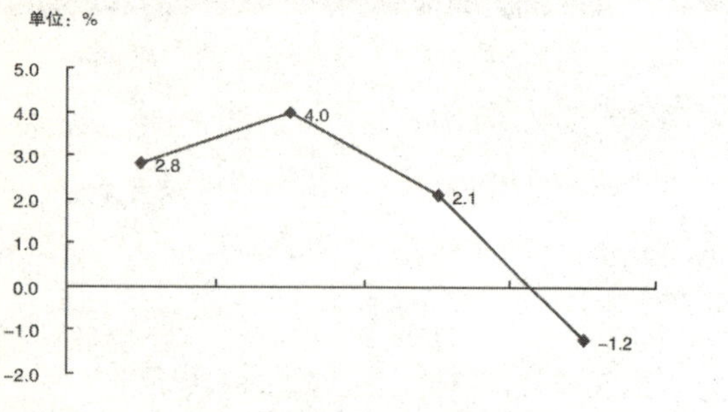

（2009 年为预测值）

图 1　2006 年—2009 年澳大利亚 GDP 增长情况

澳大利亚的电子市场较为独立，规模也较小，其电子信息行业国际化程度较低。在澳大利亚，电子信息行业多为私有化管理体制，且大部分集中在新南威尔士和维多利亚。近年来，澳大利亚政府为发展电子信息产业出台了多项政策，据预测，到 2012 年澳大利亚的电子信息产业将成为带动澳大利亚经济复苏的重要力量。

电子产品进出口情况

2006 年，澳大利亚电子产品进出口总额为 19 569 百万美元；2007 年，电子产品进出口总额为 21 925 百万美元，同比增长 12.0%。2006 年和 2007 年，澳大利亚电子产品进出口贸易均呈逆差，逆差额分别为 14 653 百万美元和 16 447 百万美元。

1.进口情况

2006 年，澳大利亚电子产品进口额为 17 111 百万美元。其中，电子数据处理设备居于首位，进口额为 6 250 百万美元，占进口总额的 36.5%；其次是消费类电子产品，进口额为 3 285 百万美元，占进口总额的 19.2%。

2007 年，澳大利亚电子产品进口额为 19 186 百万美元，同比增长 12.1%。其中，电子数据处理设备居于首位，进口额为 6 858 百万美元，占进口总额的 35.7%；其次是消费类电子产品，进口额为 3 636 百万美元，占进口总额的 19.0%。2007 年澳大利亚各类电子产品进口份额情况见图 2。

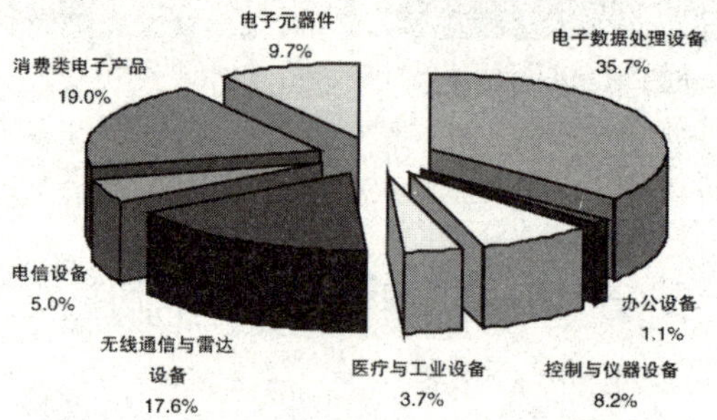

图 2　2007 年澳大利亚各类电子产品进口份额情况

2.出口情况

2006 年，澳大利亚电子产品出口额为 2 458 百万美元。其中，电子数据处理设备居于首位，出口额为 759 百万美元，占出口总额的 30.9%；其次是控制与仪器设备，出口额为 413 百万美元，占出口总额的 16.8%。

2007 年，澳大利亚电子产品出口额为 2 739 百万美元，同比增长 11.4%。其中，电子数据处理设备居于首位，出口额为 839 百万美元，占出口总额的 30.6%；其次是控制与仪器设备，出口额为 490 百万美元，占出口总额的 17.9%。2007 年澳大利亚各类电子产品出口份额情况见图 3。

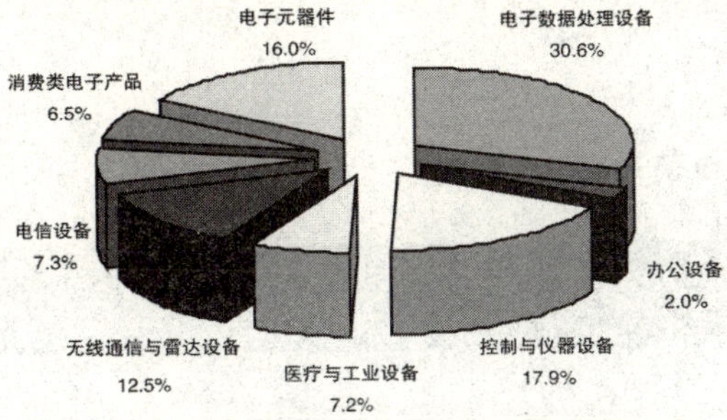

图 3　2007 年澳大利亚各类电子产品出口份额情况

电子产品产值情况

2007 年，澳大利亚电子产品产值为 4 924 百万美元。其中，电子数据处理设备位居首位，产值为 1 208 百万美元，占产值总额的 24.5%；其次是无线通信与雷达设备，产值为 1 017 百万美元，占产值总额的 20.7%；第三是控制欲仪器设备，产值为 900 百万美元，占市场总额的 18.3%。

2008 年，澳大利亚电子产品产值为 4 851 百万美元，同比 2007 年降低了 1.5%。其中，电子数据处理设备居于首位，产值为 1 184 百万美元，占产值总额的 24.4%；其次是无线通信与雷达设备，产值为 996 百万美元，占产值总额的 20.5%；第三是控制与仪器设备，产值为 909 百万美元，占产值总额的 18.7%。2008 年澳大利亚各类电子产品产值份额情况如图 4。2006 年—2009 年澳大利亚电子产品产值情况见图 5。

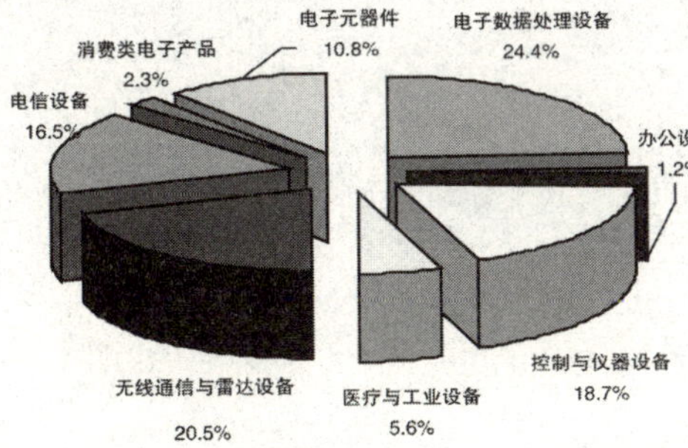

图 4　2008 年澳大利亚各类电子产品产值份额情况

电子产品市场情况

2007 年，澳大利亚电子产品市场额为 21 371 百万美元。其中，电子数据处理设备位居首位，市场额为 7 227 百万美元，占市场总额的 33.8%；其次是无线通信与雷达设备，市场额为 4 043 百万美元，占市场总额的 18.9%；第三是消费类电子产品，市场额为 3 577 百万美元，占市场总额的 16.7%。

2008 年，澳大利亚电子产品市场额为 21 436 百万美元，同比增长 0.3%。其中，电子数据处理设备居于首位，市场额为 7 154 百万美元，占市场总额的 33.4%；其次是无线通信与雷达设备，市场额为 4 123 百万美元，占市场总额的 19.2%；第三是消费类电子产品，市场额为 3 569 百万美元，占市场总额的 16.6%。2008 年澳大利亚各类电子产品市场份额情况如图 6。2006 年—2009 年澳大利亚电子产品市场情况见图 7。

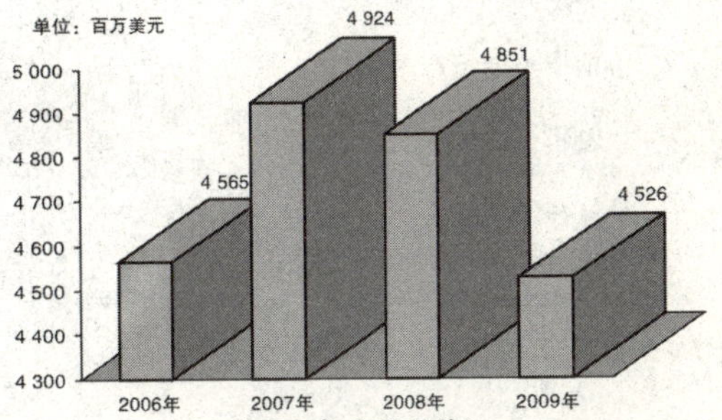

(2009 年为预测值)

图 5　2006 年—2009 年澳大利亚电子产品产值情况

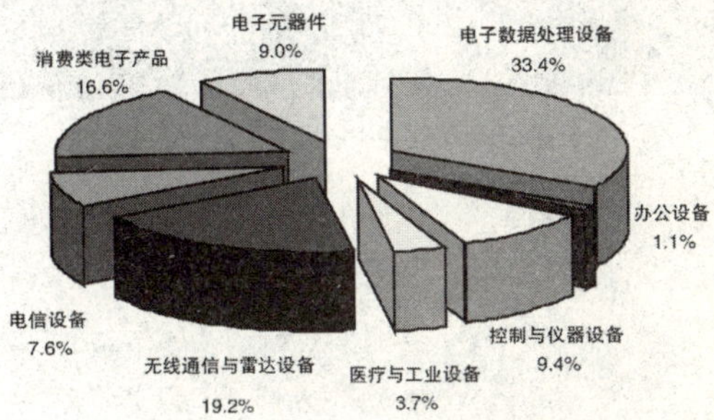

图 6　2008 年澳大利亚各类电子产品市场份额情况

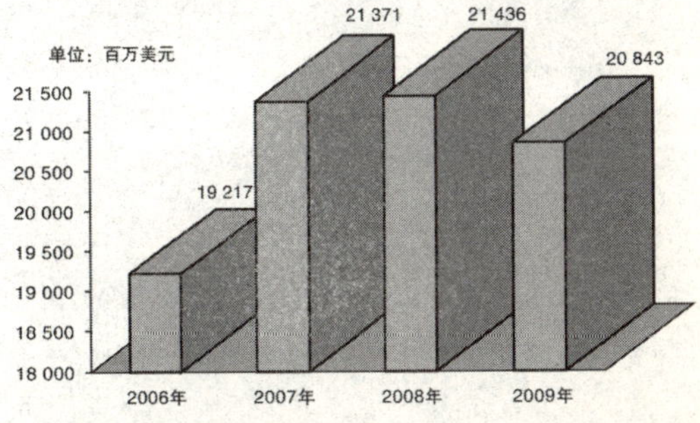

(2009 年为预测值)

图 7　2006 年—2009 年澳大利亚电子产品市场情况

【统计数据】

表1 2006年—2007年澳大利亚电子产品进口情况

单位：百万美元

产品名称	2006年	2007年
电子数据处理设备	6 250	6 858
办公设备	192	215
控制与仪器设备	1 374	1 568
医疗与工业设备	659	708
无线通信与雷达设备	2 959	3 368
通信设备	717	975
消费类电子产品	3 285	3 636
电子元器件	1 675	1 860
总计	17 111	19 186

数据来源:《The Yearbook of World Electronics Data 2009》。

注:由于四舍五入,各项值累加与总计值有可能存在误差。

表2 2006年—2007年澳大利亚电子产品出口情况

单位：百万美元

产品名称	2006年	2007年
电子数据处理设备	759	839
办公设备	57	55
控制与仪器设备	413	490
医疗与工业设备	238	198
无线通信与雷达设备	363	342
通信设备	111	199
消费类电子产品	163	180
电子元器件	354	437
总计	2 458	2 739

数据来源:《The Yearbook of World Electronics Data 2009》。

注:由于四舍五入,各项值累加与总计值有可能存在误差。

表3 2006年—2009年澳大利亚电子产品产值情况

单位：百万美元

产品名称	2006年	2007年	2008年	2009年
电子数据处理设备	1 128	1 208	1 184	1 089
办公设备	68	63	56	51
控制与仪器设备	782	900	909	882
医疗与工业设备	256	264	270	263
无线通信与雷达设备	925	1 017	996	917
通信设备	827	833	800	720
消费类电子产品	135	121	114	108
电子元器件	444	518	522	497
总计	4 565	4 924	4 851	4 526

数据来源：《The Yearbook of World Electronics Data 2009》。

注：2009年为预测值；由于四舍五入，各项值累加与总计值有可能存在误差。

表4 2006年—2009年澳大利亚电子产品市场情况

单位：百万美元

产品名称	2006年	2007年	2008年	2009年
电子数据处理设备	6 618	7 227	7 154	6 940
办公设备	202	223	218	212
控制与仪器设备	1 743	1 978	2 021	1 981
医疗与工业设备	677	775	792	788
无线通信与雷达设备	3 521	4 043	4 123	4 041
通信设备	1 433	1 609	1 633	1 584
消费类电子产品	3 257	3 577	3 569	3 504
电子元器件	1 765	1 941	1 925	1 794
总计	19 217	21 371	21 436	20 843

数据来源：《The Yearbook of World Electronics Data 2009》。

注：2009年为预测值；由于四舍五入，各项值累加与总计值有可能存在误差。

日　本

【综述】

2008 年，受国际油价剧烈动荡和严重金融危机影响，主要靠外需拉动的日本经济因海外需求锐减而遭受沉重打击，一系列不利的经济数据反映出经济的颓势，2008 年日本 GDP 增长率由 2007 年的 2.4%急剧下降到 0.7%。据《世界电子数据年鉴 2009》预测，2009 年日本出口将会大幅下滑，设备投资也将大幅减少，受其影响，日本 GDP 将出现-6.4%的负增长，这反映了日本经济在面临严峻的挑战。

全球性衰退将对日本产生长期影响，多家预测机构预测日本经济触底反弹要等到 2009 年第 4 季度。各国实施的经济刺激计划的规模和时间将左右 2009 年度以后的日本经济走势。日本银行此前认为由于海外经济和市场环境的改善，日本经济将于 2009 财年后半段以后出现恢复，但如果企业经济信心的低迷和设备投资减幅超出预想，其描绘的经济恢复局面将被迫修改，金融政策运营的难度也将增大。2006 年—2009 年日本 GDP 增长情况如图 1 所示。

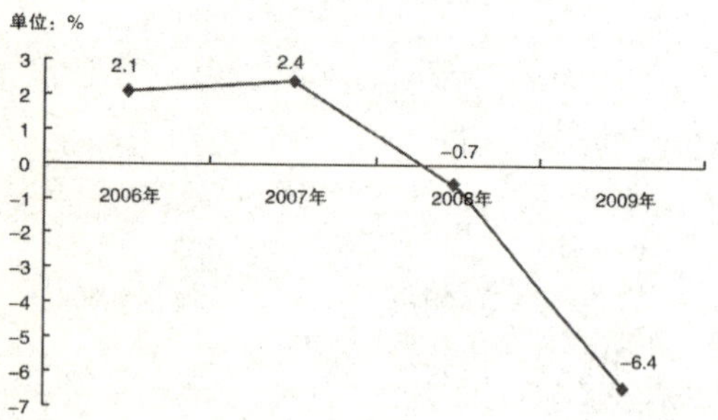

（2009 年为预测值）

图 1　2006 年—2009 年日本 GDP 增长情况

电子产品进出口情况

2006 年，日本电子产品进出口总额为 208 862 百万美元；2007 年，电子产品进出口总额为 205 179 百万美元，同比下降 1.8%。2006 年和 2007 年，日本电子产品进出口贸易均呈顺差，顺差额分别为 40 086 百万美元和 41 375 百万美元。

1.进口情况

2006 年，日本电子产品进口额为 84 388 百万美元。其中，电子元器件居于首位，进口额为 34 345 百万美元，占进口总额的 40.7%；其次是电子数据处理设备，进口额为 25457 百万美元，占进口总额的 30.2%。

2007 年，日本电子产品进口额为 81 902 百万美元，同比下降 2.9%。其中，电子元器件居于首位，进口额为 34 186 百万美元，占进口总额的 41.7%；其次是电子数据处理设备，进口额为 24 329 百万美元，占进口总额的 29.7%。2007 年日本各类电子产品进口份额情况见图 2。

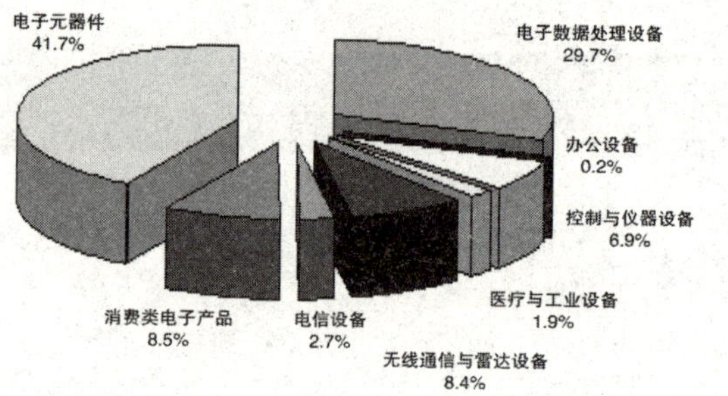

图 2　2007 年日本各类电子产品进口份额情况

2.出口情况

2006 年，日本电子产品出口额为 124 474 百万美元。其中，电子元器件居于首位，出口额为 57 362 百万美元，占出口总额的 46.1%；其次是电子数据处理设备，出口额为 21 629 百万美元，占出口总额的 17.4%。

2007 年，日本电子产品出口额为 123 277 百万美元，同比减少 1%。其中，电子元器件居于首位，出口额为 57 861 百万美元，占出口总额的 46.9%；其次是电子数据处理设备，出口额为 20 951 百万美元，占出口总额的 17.0%。2007 年日本各类电子产品出口份额情况见图 3。

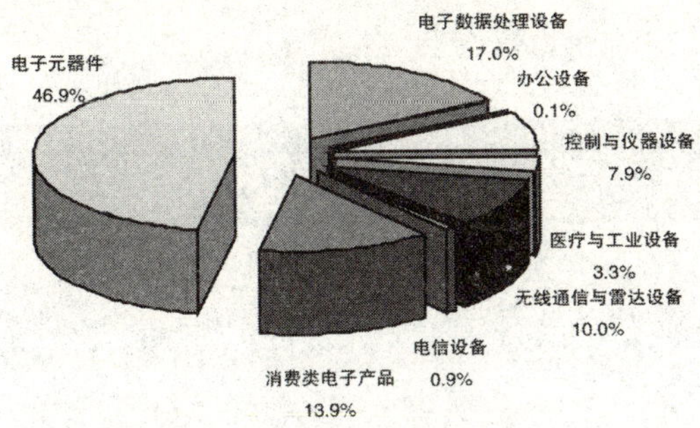

图 3 2007 年日本各类电子产品出口份额情况

电子产品产值情况

2007 年，日本电子产品产值为 187 530 百万美元。其中，电子元器件位居首位，产值为 85 314 百万美元，占产值总额的 45.5%；其次是电子数据处理设备，产值为 30 340 百万美元，占产值总额的 16.2%；第三是无线通信与雷达设备，产值为 28 514 百万美元，占市场总额的 15.2%。

2008 年，日本电子产品产值为 203 688 百万美元，比 2007 年增加了 8.6%。其中，电子元器件位居首位，产值为 91 930 百万美元，占产值总额的 45.1%；其次是电子数据处理设备，产值为 33 150 百万美元，占产值总额的 16.3%；第三是无线通信与雷达设备，产值为 28 560 百万美元，占市场总额的 14.0%。2008 年日本各类电子产品产值份额情况如图 4。2006 年—2008 年日本电子产品产值情况见图 5。

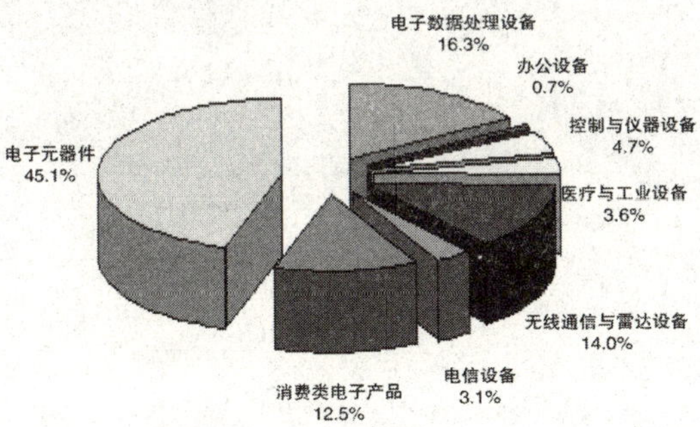

图 4 2008 年日本各类电子产品产值份额情况

电子产品市场情况

2007 年，日本电子产品市场额为 145 154 百万美元。其中，电子元器件位居首位，市场额为 61 638 百万美元，占市场总额的 42.5%；其次是电子数据处理设备，市场额为 33 718 百万美元，占市场总额的 23.2%；第三是无线通信与雷达设备，市场额为 23 081 百万美元，占市场总额的 15.9%。

2008 年，日本电子产品市场额为 160 395 百万美元，同比增长 10.5%。其中，电子元器件居于首位，市场额为 66 139 百万美元，占市场总额的 41.2%；其次是电子数据处理设备，市场额为 37 226 百万美元，占市场总额的 23.2%；第三是无线通信与雷达设备，市场额为 25 745 百万美元，占市场总额的 16.1%。2008 年日本各类电子产品市场份额情况如图 6。2006 年—2009 年日本电子产品市场情况见图 7。

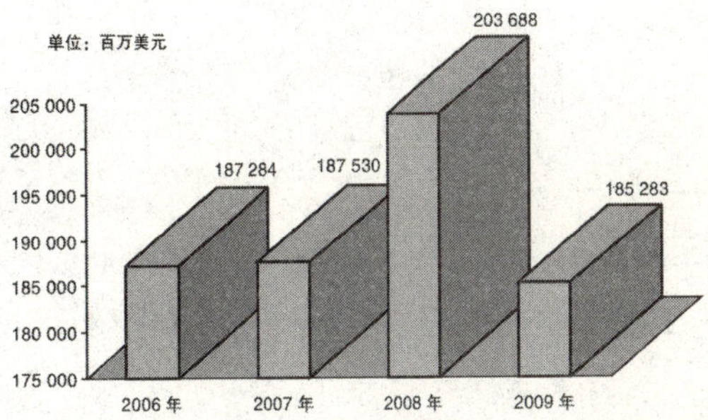

(2009 年为预测值)

图 5 2006 年—2009 年日本电子产品产值情况

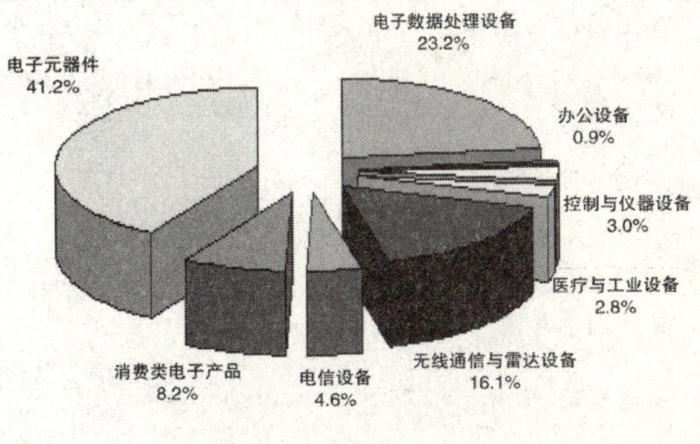

图 6 2008 年日本各类电子产品市场份额情况

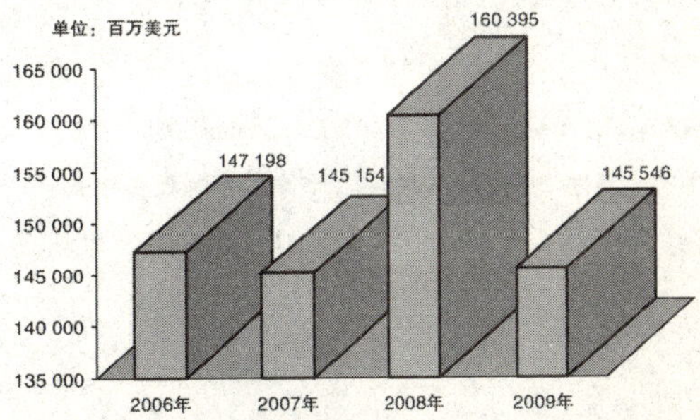

(2009 年为预测值)

图 7 2006 年—2009 年日本电子产品市场情况

【统计数据】

表 1　2006 年—2007 年日本电子产品进口情况

单位：百万美元

	2006年	2007年
电子数据处理设备	25 457	24 329
办公设备	198	161
控制与仪器设备	5 681	5 645
医疗与工业设备	1 759	1 596
无线通信与雷达设备	7 586	6 902
电信设备	2 267	2 156
消费类电子产品	7 095	6 927
电子元器件	34 345	34 186
总计	84 388	81 902

数据来源：《The Yearbook of World Electronics Data 2009》。

注：由于四舍五入，各项值累加与总计值有可能存在误差。

表 2　2006 年—2007 年日本电子产品出口情况

单位：百万美元

	2006年	2007年
电子数据处理设备	21 629	20 951
办公设备	112	93
控制与仪器设备	9 802	9 754
医疗与工业设备	3 948	4 024
无线通信与雷达设备	13 353	12 334
电信设备	1 483	1 163
消费类电子产品	16 784	17 097
电子元器件	57 362	57 861
总计	124 474	123 277

数据来源：《The Yearbook of World Electronics Data 2009》。

注：由于四舍五入，各项值累加与总计值有可能存在误差。

表3 2006年—2009年日本电子产品产值情况

单位：百万美元

	2006年	2007年	2008年	2009年
电子数据处理设备	31 586	30 340	33 150	30 167
办公设备	1 388	1 324	1 462	1 345
控制与仪器设备	8 681	8 455	9 431	8 865
医疗与工业设备	6 302	6 469	7 419	7 218
无线通信与雷达设备	28 793	28 514	28 560	23 419
电信设备	6 078	5 569	6 338	5 578
消费类电子产品	20 905	21 545	25 398	25 639
电子元器件	83 552	85 314	91 930	83 153
总计	187 284	187 530	203 688	185 283

数据来源:《The Yearbook of World Electronics Data 2009》。

注:2009年为预测值;由于四舍五入,各项值累加与总计值有可能存在误差。

表4 2006年—2009年日本电子产品市场情况

单位：百万美元

	2006年	2007年	2008年	2009年
电子数据处理设备	35 414	33 718	37 226	33 875
办公设备	1 474	1 382	1 521	1 430
控制与仪器设备	4 560	4 346	4 798	4 559
医疗与工业设备	4 112	4 041	4 563	4 416
无线通信与雷达设备	23 026	23 081	25 745	23 171
电信设备	6 862	6 562	7 319	6 734
消费类电子产品	11 216	11 385	13 083	12 823
电子元器件	60 534	61 638	66 139	58 539
总计	147 198	145 154	160 395	145 546

数据来源:《The Yearbook of World Electronics Data 2009》。

注:2009年为预测值;由于四舍五入,各项值累加与总计值有可能存在误差。

韩　国

【综述】

由于受到世界金融危机等因素的影响，2008 年经济对外依赖性较高的韩国 GDP 增长率较上年下降 2.8 个百分点，为 2.3%。据《世界电子数据年鉴（2009）》显示，2009 年韩国 GDP 将呈现–10%的负增长，预计 2010 年将会有所改善，实现–0.1%的负增长。2006 年—2009 年韩国 GDP 增长情况见图 1。

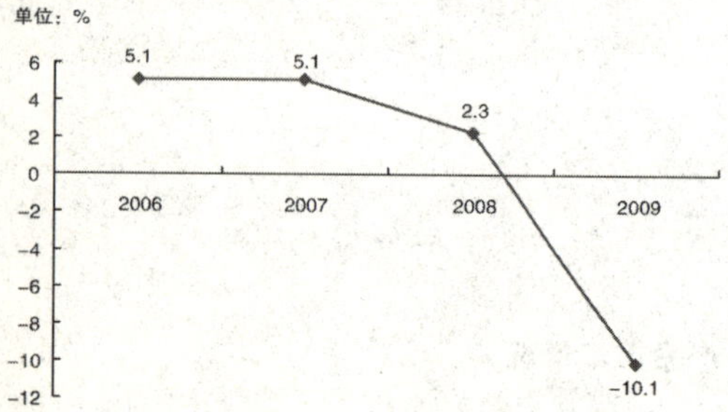

（2009 年为预测值）

图 1　2006 年—2009 年韩国 GDP 发展态势

电子产品进出口情况

2006 年，韩国电子产品进出口总额为 118 185 百万美元；2007 年，电子产品进出口总额为 122 496 百万美元，同比增长 3.65%。2006 年和 2007 年，韩国电子产品进出口贸易均呈顺差，顺差额分别为 51 477 百万美元和 53 634 百万美元。

1.进口情况

2006 年，韩国电子产品进口额为 33 354 百万美元。其中，电子元器件居于首位，进口额为 12 486 百万美元，占进口总额的 37.4%；其次是电子数据处理设备，进口额为 7 646 百万美元，占进口总额的 22.9%。

2007 年，韩国电子产品进口额为 34 431 百万美元，同比增长 3.2%。其中，电子元器件居于首位，进口额为 12 755 百万美元，占进口总额的 37%；其次是电子数据处理设备，进口额为 8 469 百万美元，占进口总额的 24.6%。2007 年韩国各类电子产品进口份额情况见图 2。

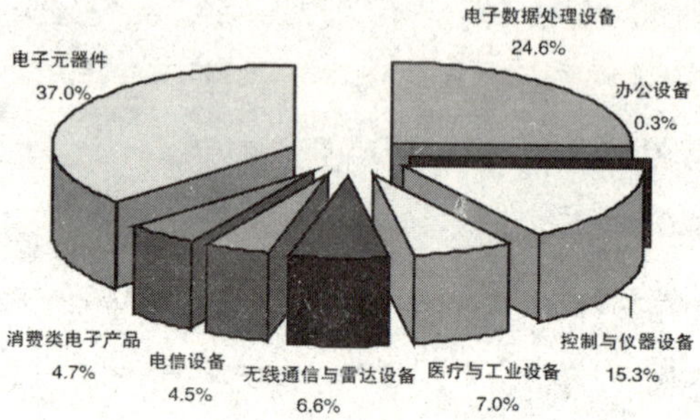

图 2　2007 年韩国各类电子产品进口份额情况

2.出口情况

2006 年，韩国电子产品出口额为 84 831 百万美元。其中，电子元器件居于首位，出口额为 33 300 百万美元，占出口总额的 39.3%；其次是无线通信与雷达设备，出口额为 24 730 百万美元，占出口总额的 29.2%。

2007 年，韩国电子产品出口额为 88 065 百万美元，同比增长 3.8%。其中，电子元器件居于首位，出口额为 36 058 百万美元，占出口总额的 40.9%；无线通信与雷达设备继续保持第二位，为 25 678 百万美元，占出口总额的 29.2%。2007 年韩国各类电子产品出口份额情况见图 3。

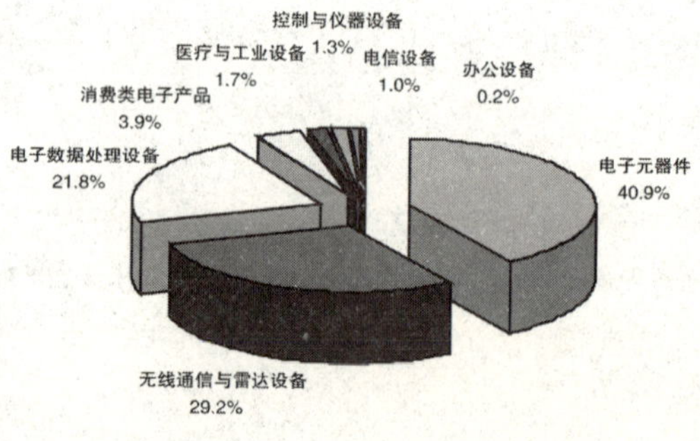

图 3　2007 年韩国各类电子产品出口份额情况

电子产品产值情况

2007 年，韩国电子产品产值为 101 654 百万美元。其中，电子元器件位居首位，产值为 48 084 百万美元，占产值总额的 47.3%；其次是无线通信与雷达设备，产值为 28 970 百万美元，占产值总额的 28.5%；第三是电子数据处理设备，产值为 16 800 百万美元，占市场总额的 16.5%。

2008 年，韩国电子产品产值 99 535 百万美元，同比下降 2.1%。其中，电子元器件居于首位，产值为45 706 百万美元，占产值总额的 45.9%；其次是无线通信与雷达设备，产值为 30 129 百万美元，占产值总额的 30.3%；第三是电子数据处理设备，产值为 15 960 百万美元，占产值总额的 16%。2008 年韩国各类电子产品产值份额情况如图 4。2006 年—2009 年韩国电子产品产值情况见图 5。

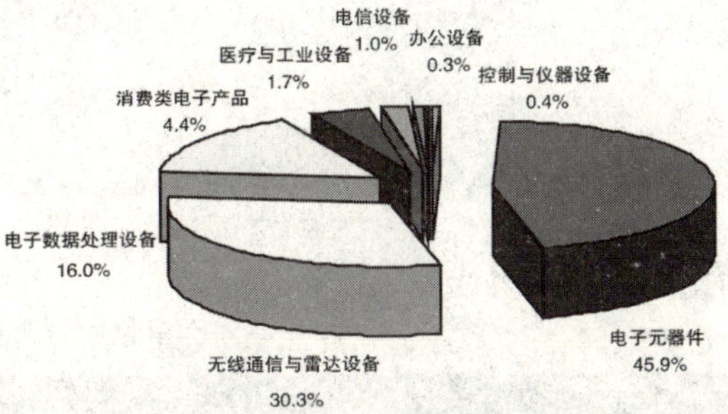

图 4　2008 年韩国各类电子产品产值份额情况

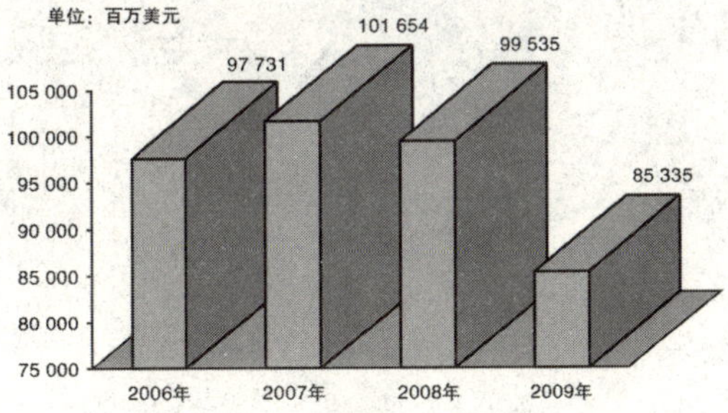

(2009 年为预测值)

图 5　2006 年—2009 年韩国电子产品产值情况

电子产品市场情况

2007 年，韩国电子产品市场额为 48 020 百万美元。其中，电子元器件位居首位，市场额为 24 781 百万美元，占市场总额的 51.6%；其次是电子数据处理设备，市场额为 6 094 百万美元，占市场总额的 12.7%；第三是无线通信与雷达设备，市场额为 5 576 百万美元，占市场总额的 12%。

2008 年，韩国电子产品市场额为 48 367 百万美元，同比增长 0.7%。其中，电子元器件居于首位，市场额为 24 738 百万美元，占市场总额的 51.1%；其次是电子数据处理设备，市场额为 5 972 百万美元，占市场总额的 12.3%；第三是无线通信与雷达设备，市场额为 5 799 百万美元，占市场总额的 12%。2008 年韩国各类电子产品市场份额情况如图 6。2006 年—2009 年韩国电子产品市场情况见图 7。

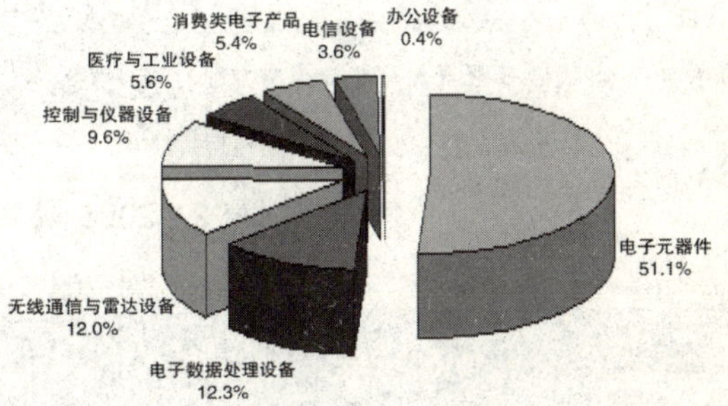

图 6　2008 年韩国各类电子产品市场份额情况

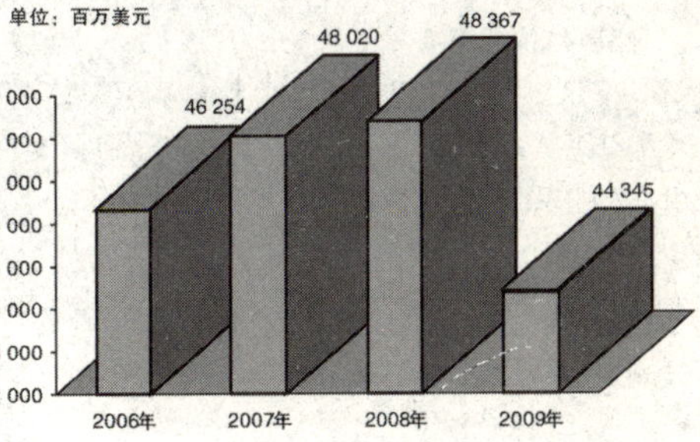

(2009 年为预测值)

图 7　2006 年—2009 年韩国电子产品市场情况

【统计数据】

表 1　2006 年—2007 年韩国电子产品进口情况

单位：百万美元

	2006年	2007年
电子数据处理设备	7 646	8 469
办公设备	89	97
控制与仪器设备	5 200	5 278
医疗与工业设备	2 247	2 397
无线通信与雷达设备	2 699	2 284
电信设备	1 461	1 538
消费类电子产品	1 526	1 613
电子元器件	12 486	12 755
总计	33 354	34 431

数据来源：《The yearbook of world electronics data 2009》。

注：由于四舍五入，各项值累加与总计值有可能存在误差。

表 2　2006 年—2007 年韩国电子产品出口情况

单位：百万美元

	2006年	2007年
电子数据处理设备	19 034	19 175
办公设备	211	208
控制与仪器设备	1 109	1 139
医疗与工业设备	1 594	1 521
无线通信与雷达设备	24 730	25 678
电信设备	915	859
消费类电子产品	3 938	3 427
电子元器件	33 300	36 058
总计	84 831	88 065

数据来源：《The yearbook of world electronics data 2009》。

注：由于四舍五入，各项值累加与总计值有可能存在误差。

表 3 2006 年—2009 年韩国电子产品产值情况

单位：百万美元

	2006年	2007年	2008年	2009年
电子数据处理设备	17 100	16 800	15 960	14 045
办公设备	295	285	271	238
控制与仪器设备	350	425	438	416
医疗与工业设备	1 825	1 725	1 707	1 604
无线通信与雷达设备	27 280	28 970	30 129	26 513
电信设备	1 067	1 008	958	843
消费类电子产品	4 923	4 357	4 367	4 360
电子元器件	44 891	48 084	45 706	37 316
总计	97 731	101 654	99 535	85 335

数据来源：《The yearbook of world electronics data 2009》。

注：2009 年为预测值；由于四舍五入，各项值累加与总计值有可能存在误差。

表 4 2006 年—2009 年韩国电子产品市场情况

单位：百万美元

	2006年	2007年	2008年	2009年
电子数据处理设备	5 712	6 094	5 972	5 674
办公设备	173	174	175	171
控制与仪器设备	4 441	4 564	4 655	4 423
医疗与工业设备	2 478	2 601	2 690	2 657
无线通信与雷达设备	5 249	5 576	5 799	5 741
电信设备	1 613	1 687	1 738	1 668
消费类电子产品	2 511	2 543	2 601	2 616
电子元器件	24 077	24 781	24 738	21 396
总计	46 254	48 020	48 367	44 345

数据来源：《The yearbook of world electronics data 2009》。

注：2009 年为预测值；由于四舍五入，各项值累加与总计值有可能存在误差。

印　度

【综述】

2008年，印度经济受世界金融危机影响，出口大幅下滑，金融市场剧烈动荡，实体经济遭受打击。但与其他亚洲经济体不同的是，印度对外贸的依赖性较小，这使得印度受目前世界范围内经济衰退的影响较其他国家小。2008年印度GDP增长率为6.0%，较上年下滑3.1个百分点。预计2009年印度GDP同比增速为5.0%，较2008年下降一个百分点，随着全球经济的逐渐复苏，预计2010年印度GDP同比增速将上升到6.4%。

受全球经济危机影响，2009年印度电子信息产业增速将下滑，但全年仍将保持6.1%的同比增速，较2008年的9.2%下降3.1个百分点。长远来看，由于印度国内市场快速扩展以及外资增加和制度环境逐步完善的推动，印度经济将持续快速增长。2006年—2009年印度GDP增长情况见图1。

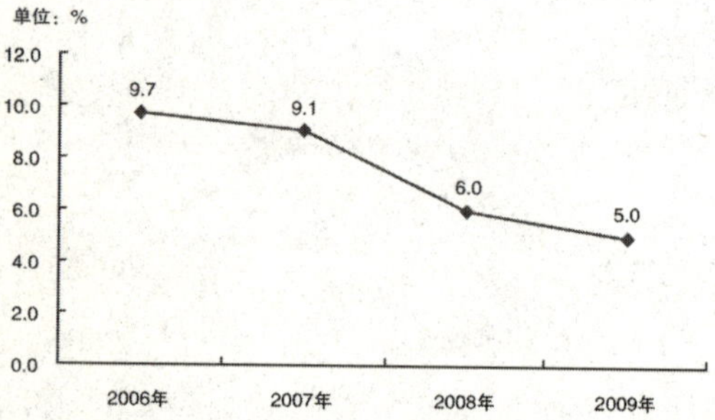

（2009年为预测值）

图1　2006年—2009年印度GDP增长情况

电子产品进出口情况

2006年，印度电子产品进出口总额为13 891百万美元；2007年，电子产品进出口总额为15 377百万美元，同比增长10.7%。2006年和2007年，印度电子产品进出口贸易均呈逆差，逆差额分别为10 769百万美元和11 981百万美元。

1.进口情况

2006年，印度电子产品进口额为12 330百万美元。其中，无线通信与雷达设备居于首位，进口额为4 129百万美元，占进口总额的33.5%；其次是电子数据处理设备，进口额为3 980百万美元，占进口总额的32.3%。

2007年，印度电子产品进口额为13 679百万美元，同比增长10.9%。其中，无线通信与雷达设备居于首位，进口额为4 307百万美元，占进口总额的31.5%；其次是电子数据处理设备，进口额为4 075百万美元，占进口总额的29.8%。2007年印度各类电子产品进口份额情况见图2。

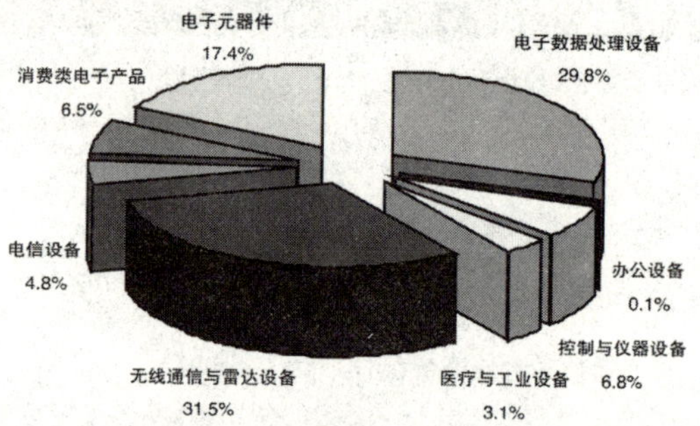

图2　2007年印度各类电子产品进口份额情况

2.出口情况

2006年，印度电子产品出口额为1 561百万美元。其中，电子元器件居于首位，出口额为498百万美元，占出口总额的31.9%；其次是电子数据处理设备，出口额为372百万美元，占出口总额的23.8%。

2007年，印度电子产品出口额为1 698百万美元，同比增长8.8%。其中，电子元器件居于首位，出口额为595百万美元，占出口总额的35.0%；其次是电子数据处理设备，出口额为347百万美元，占出口总额的20.4%。2007年印度各类电子产品出口份额情况见图3。

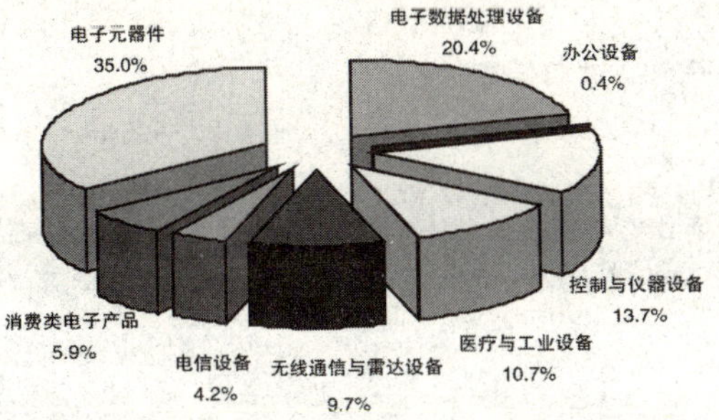

图 3　2007 年印度各类电子产品出口份额情况

电子产品产值情况

2007 年，印度电子产品产值为 16 090 百万美元。其中，消费类电子产品位居首位，产值为 3 792 百万美元，占产值总额的 23.6%；其次是电子数据处理设备，产值为 3 744 百万美元，占产值总额的 23.3%；第三是无线通信与雷达设备，产值为 3 382 百万美元，占产值总额的 21.0%。

2008 年，印度电子产品产值为 16 608 百万美元，同比增长了 3.2%。其中，电子数据处理设备位居首位，产值为 4 070 百万美元，占产值总额的 24.5%；其次是消费类电子产品，产值为 3 678 百万美元，占产值总额的 22.1%；第三是无线通信与雷达设备，产值为 3 644 百万美元，占产值总额的 21.9%。2008 年印度各类电子产品产值份额情况如图 4，2006 年—2009 年印度电子产品产值情况见图 5。

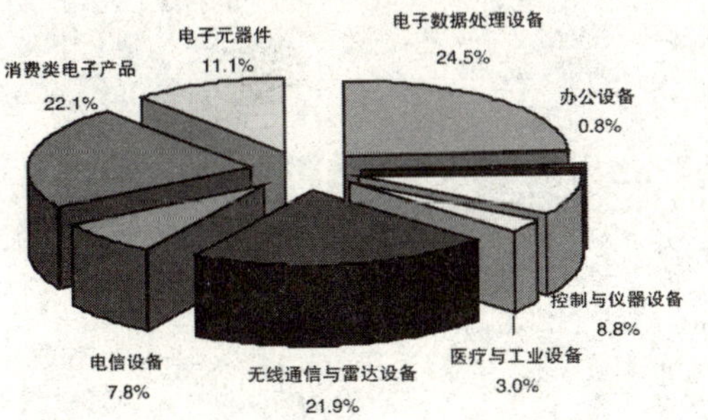

图 4　2008 年印度各类电子产品产值份额情况

电子产品市场情况

2007 年，印度电子产品市场额为 28 071 百万美元。其中，无线通信与雷达设备位居首位，市场额为 7 523 百万美元，占市场总额的 26.8%；其次是电子数据处理设备，市场份额为 7 473 百万美元，占市场总额的 26.6%；第三是消费类电子产品，市场额为 4 583 百万美元，占市场总额的 16.3%。

2008 年，印度电子产品市场额为 28 545 百万美元，同比增长 1.7%。其中，电子数据处理设备位居首位，市场额为 7 558 百万美元，占市场总额的 26.5%；其次是无线通信与雷达设备，市场额为 7 466 百万美元，占市场总额的 26.2%；第三是消费类电子产品，市场额为 4 686 百万美元，占市场总额的 16.4%。2008 年印度各类电子产品市场份额情况如图 6。2006 年—2009 年印度电子产品市场情况见图 7。

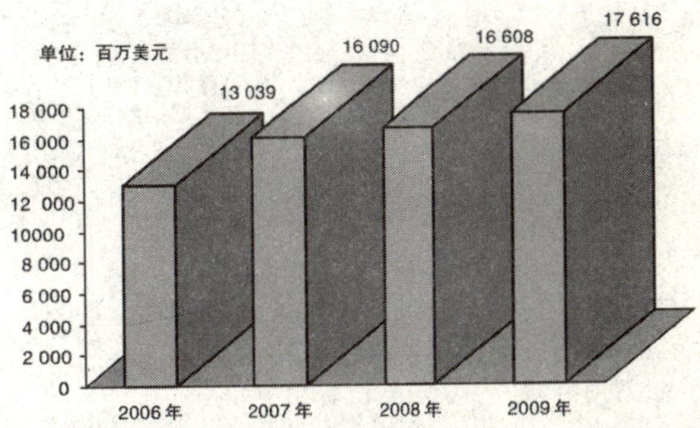

(2009 年为预测值)

图 5　2006 年—2009 年印度电子产品产值情况

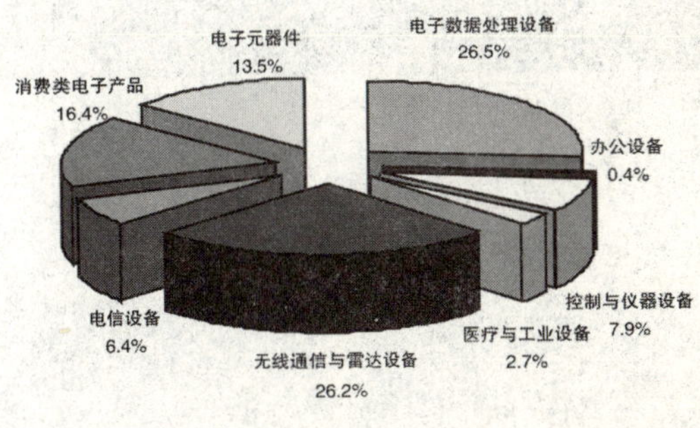

图 6　2008 年印度各类电子产品市场份额情况

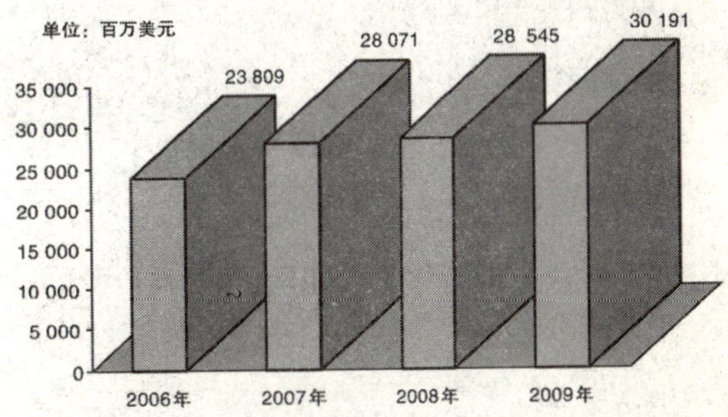

(2009 年为预测值)

图 7　2006 年—2009 年印度电子产品市场情况

【统计数据】

表 1　2006 年—2007 年印度电子产品进口情况

单位：百万美元

	2006年	2007年
电子数据处理设备	3 980	4 075
办公设备	28	17
控制与仪器设备	767	932
医疗与工业设备	393	429
无线通信与雷达设备	4 129	4 307
电信设备	590	648
消费类电子产品	520	891
电子元器件	1 922	2 380
总计	12 330	13 679

数据来源：《The Yearbook of World Electronics Data 2009》。

注：由于四舍五入，各项值累加与总计值有可能存在误差。

表 2　2006 年—2007 年印度电子产品出口情况

单位：百万美元

	2006年	2007年
电子数据处理设备	372	347
办公设备	4	6
控制与仪器设备	184	233
医疗与工业设备	204	181
无线通信与雷达设备	138	165
电信设备	53	70
消费类电子产品	108	100
电子元器件	498	595
总计	1 561	1 698

数据来源：《The Yearbook of World Electronics Data 2009》。

注：由于四舍五入，各项值累加与总计值有可能存在误差。

表3 2006年—2009年印度国电子产品产值情况

单位：百万美元

	2006年	2007年	2008年	2009年
电子数据处理设备	2 759	3 744	4 070	4 416
办公设备	93	121	126	131
控制与仪器设备	1 104	1 389	1 457	1 566
医疗与工业设备	369	471	498	537
无线通信与雷达设备	2 533	3 382	3 644	3 990
电信设备	1 079	1 280	1 295	1 359
消费类电子产品	3 405	3 792	3 678	3 743
电子元器件	1 697	1 911	1 841	1 874
总计	13 039	16 090	16 608	17 616

数据来源:《The Yearbook of World Electronics Data 2009》。

注:2009年为预测值;由于四舍五入,各项值累加与总计值有可能存在误差。

表4 2006年—2009年印度电子产品市场情况

单位：百万美元

	2006年	2007年	2008年	2009年
电子数据处理设备	6 368	7 473	7 558	8 011
办公设备	116	131	128	131
控制与仪器设备	1 687	2 088	2 250	2 407
医疗与工业设备	559	719	765	818
无线通信与雷达设备	6 523	7 523	7 466	7 840
电信设备	1 617	1 858	1 844	1 899
消费类电子产品	3 818	4 583	4 686	4 998
电子元器件	3 121	3 696	3 848	4 087
总计	23 809	28 071	28 545	30 191

数据来源:《The Yearbook of World Electronics Data 2009》。

注:2009年为预测值;由于四舍五入,各项值累加与总计值有可能存在误差。

新　加　坡

【综述】

2008 年，全球经济放缓对新加坡的出口、旅游和整体经济均产生了不利影响，尽管 2008 年新加坡还未出现大范围的失业现象，但预计更多公司将缩减规模。2008 年新加坡 GDP 增长速度由 2007 年的 7.8%急剧下降到 1.2%。由于全球经济衰退对新加坡出口产生的消极影响，预计 2009 年新加坡整体经济形势将维持低位运行。

根据 EIU（经济信息人中心）预测，2009 年新加坡商品和服务出口将同比下降 20.5%，从而引发 GDP 同比下滑 8.8%。预计 2009 通货膨胀率将由 2008 年的 6.5%下降到 0.1%。2006 年—2009 年新加坡国内生产总值增长情况见图 1。

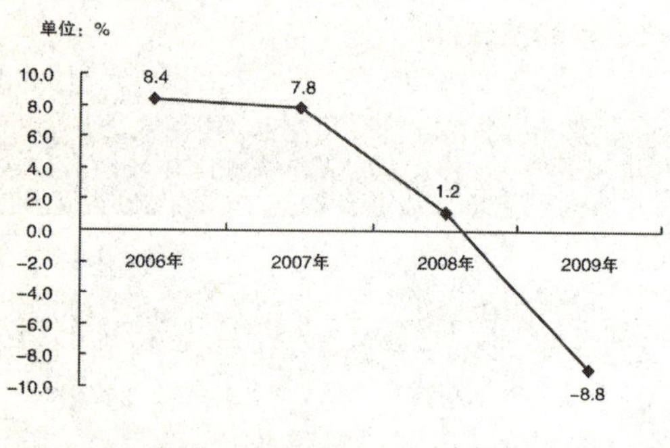

图 1　2006 年—2009 年新加坡 GDP 增长情况

电子产品进出口情况

2006 年，新加坡电子产品进出口总额为 202 832 百万美元；2007 年，电子产品进出口总额为 215 060 百万美元，同比增长 6.0%。2006 年和 2007 年，新加坡电子产品进出口贸易均呈顺差，顺差额分别为 26 194 百万美元和 26 624 百万美元。

1.进口情况

2006 年，新加坡电子产品进口额为 88 319 百万美元。其中，电子元器件居于首位，进口额为 54 662 百万美元，占进口总额的 61.9%；其次是电子数据处理设备，进口额为 18 724 百万美元，占进口总额的 21.2%。

2007 年，新加坡电子产品进口额为 94 218 百万美元，同比增长 6.7%。其中，电子元器件居于首位，进口额为 57 441 百万美元，占进口总额的 61.0%；其次是电子数据处理设备，进口额为 19 354 百万美元，占进口总额的 20.5%。2007 年新加坡各类电子产品进口份额情况见图 2。

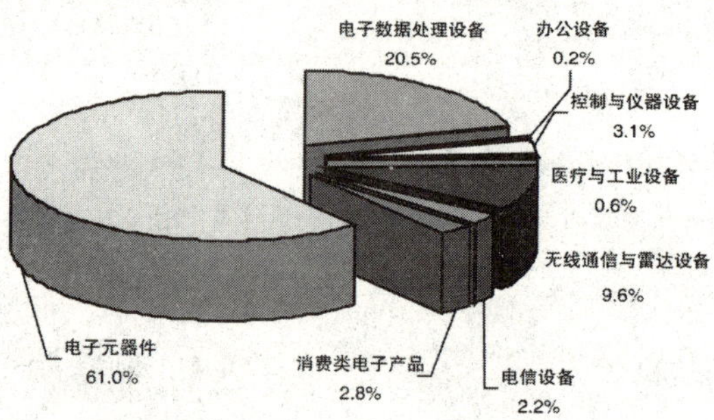

图 2　2007 年新加坡各类电子产品进口份额情况

2.出口情况

2006 年，新加坡电子产品出口额为 114 513 百万美元。其中，电子元器件居于首位，出口额为 70 549 百万美元，占出口总额的 61.6%；其次是电子数据处理设备，出口额为 27 906 百万美元，占出口总额的 24.4%。

2007 年，新加坡电子产品出口额为 120 842 百万美元，同比增长 5.5%。其中，电子元器件居于首位，出口额为 76 220 百万美元，占出口总额的 63.1%；其次是电子数据处理设备，出口额为 26 534 百万美元，占出口总额的 22.0%。2007 年新加坡各类电子产品出口份额情况见图 3。

电子产品产值情况

2007 年，新加坡电子产品产值为 53 128 百万美元。其中，电子元器件位居首位，产值为 30 251 百万美元，占产值总额的 56.9%；其次是电子数据处理设备，产值

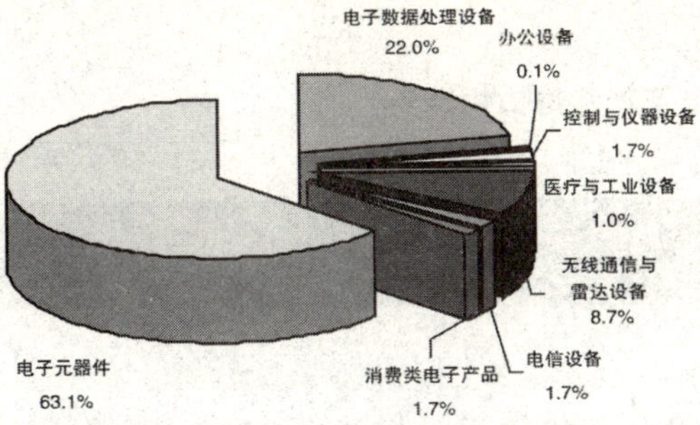

图 3 2007 年新加坡各类电子产品出口份额情况

为 15 828 百万美元，占产值总额的 29.8%；第三是无线通信与雷达设备，产值为 3 642 百万美元，占产值总额的 6.9%。

2008 年，新加坡电子产品产值为 51 763 百万美元，同比下降 2.6%。其中，电子元器件居于首位，产值为 29 589 百万美元，占产值的 57.2%；其次是电子数据处理设备，产值为 15 148 百万美元，占产值总额的 29.3%；第三是无线通信与雷达设备，产值为 3 540 百万美元，占产值总额的 6.8%。2008 年新加坡各类电子产品产值份额情况如图 4。2006 年—2009 年新加坡电子产品产值情况见图 5。

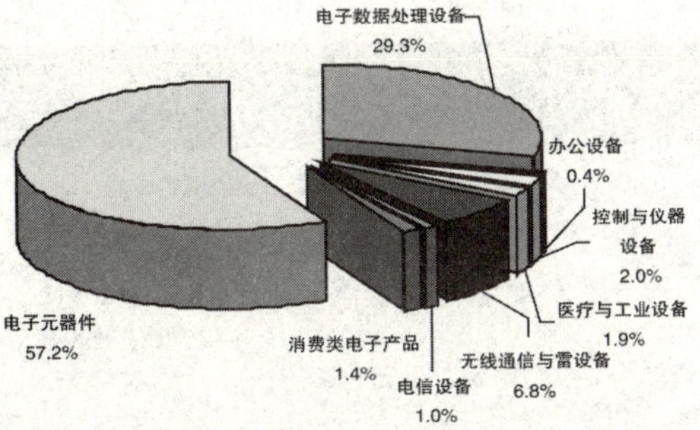

图 4 2008 年新加坡各类电子产品产值份额情况

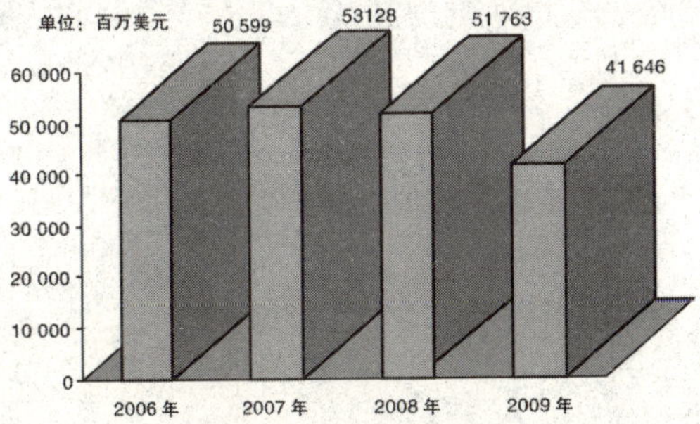

(2009 年为预测值)

图 5 2006 年—2009 年新加坡电子产品产值情况

电子产品市场情况

2007 年，新加坡电子产品市场额为 26 504 百万美元。其中，电子元器件位居首位，市场额为 11 473 百万美元，占市场总额的 43.3%；其次是电子数据处理设备，市场额为 8 648 百万美元，占市场总额的 32.6%；第三是无线通信与雷达设备，市场额为 2 185 百万美元，占市场总额的 8.2%。

2008 年，新加坡电子产品市场额为 28 124 百万美元，同比增长 6.1%。其中，电子元器件居于首位，市场额为 11 507 百万美元，占市场总额的 40.9%；其次是电子数据处理设备，市场额为 9 564 百万美元，占市场总额的 34.0%；第三是无线通信与雷达设备，市场额为 2 439 百万美元，占市场总额的 8.7%。2008 年新加坡各类电子产品市场份额情况如图 6。2006 年—2009 年新加坡电子产品市场情况见图 7。

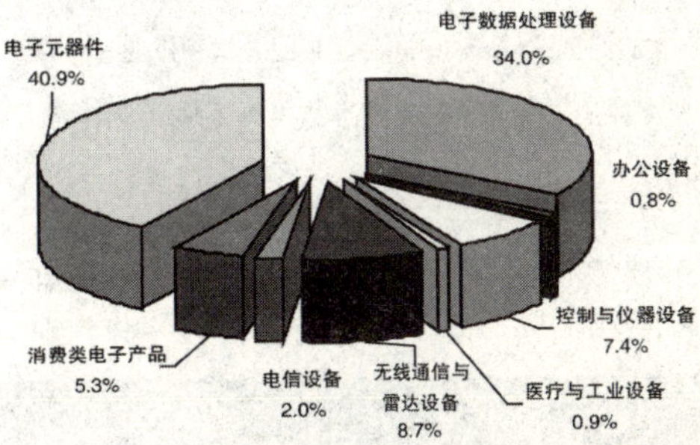

图 6 2008 年新加坡各类电子产品市场份额情况

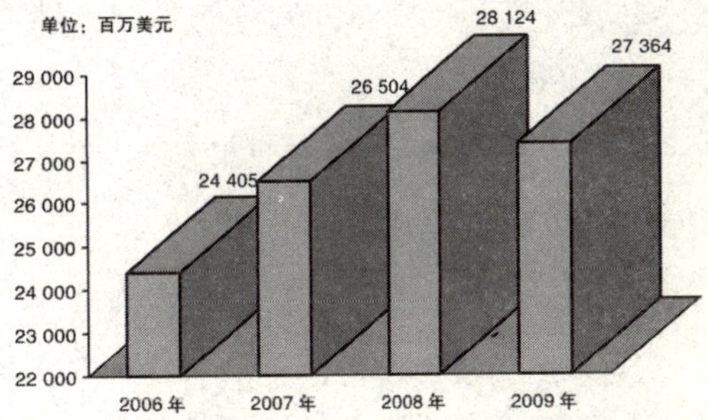

(2009 年为预测值)

图 7 2006 年—2009 年新加坡电子产品市场情况

【统计数据】

表1　2006年—2007年新加坡电子产品进口情况

单位：百万美元

	2006年	2007年
电子数据处理设备	18 724	19 354
办公设备	156	186
控制与仪器设备	2 787	2 961
医疗与工业设备	525	587
无线通信与雷达设备	7 104	9 041
电信设备	1 613	1 980
消费类电子产品	2 748	2 667
电子元器件	54 662	57 441
总计	88 319	94 218

数据来源:《The Yearbook of World Electronics Data 2009》。

注:由于四舍五入,各项值累加与总计值有可能存在误差。

表2　2006年—2007年新加坡电子产品出口情况

单位：百万美元

	2006年	2007年
电子数据处理设备	27 906	26 534
办公设备	155	155
控制与仪器设备	1 847	2 066
医疗与工业设备	1 247	1 253
无线通信与雷达设备	8 829	10 499
电信设备	1 677	2 008
消费类电子产品	2 303	2 108
电子元器件	70 549	76 220
总计	114 513	120 842

数据来源:《The Yearbook of World Electronics Data 2009》。

注:由于四舍五入,各项值累加与总计值有可能存在误差。

表 3 2006 年—2009 年新加坡电子产品产值情况

单位：百万美元

	2006年	2007年	2008年	2009年
电子数据处理设备	17 186	15 828	15 148	12 421
办公设备	214	199	190	167
控制与仪器设备	786	993	1 035	952
医疗与工业设备	903	901	962	929
无线通信与雷达设备	3 711	3 642	3 540	3 009
电信设备	531	533	510	434
消费类电子产品	809	781	789	737
电子元器件	26 460	30 251	29 589	22 996
总计	50 599	53 128	51 763	41 646

数据来源：《The Yearbook of World Electronics Data 2009》。

注：2009 年为预测值；由于四舍五入，各项值累加与总计值有可能存在误差。

表 4 2006 年—2009 年新加坡电子产品市场情况

单位：百万美元

	2006年	2007年	2008年	2009年
电子数据处理设备	8 003	8 648	9 564	9 947
办公设备	214	230	239	242
控制与仪器设备	1 727	1 888	2 088	2 172
医疗与工业设备	181	234	262	272
无线通信与雷达设备	1 986	2 185	2 439	2 561
电信设备	468	505	559	581
消费类电子产品	1 254	1 340	1 465	1 493
电子元器件	10 572	11 473	11 507	10 096
总计	24 405	26 504	28 124	27 364

数据来源：《The Yearbook of World Electronics Data 2009》。

注：2009 年为预测值；由于四舍五入，各项值累加与总计值有可能存在误差。

附录 B

中国香港特别行政区

【综述】

2008 年，由于全球经济低迷，金融危机的蔓延，使中国香港特别行政区经济受到冲击，特别是 9 月以后，香港经济呈现加速下滑趋势，但纵观全年经济仍维持正增长率，以当时市价计算的本地生产总值为 16 785 亿港元，同比 2007 年增长 3.9%，人均本地生产总值为 24.05 万港元，连续第四年保持增长态势。

在 CEPA（内地与香港更紧密经贸关系安排）政策的带动下，自 2002 年起，香港经济开始走向复苏，2002 年—2007 年，香港 GDP 年均增长率超过 6%，2008 年上半年香港经济仍保持 5.8%的增长。然而，下半年爆发的全球金融危机使香港经济急转直下，三季度按年实质增长减慢至 1.5%，四季度更是衰退到 2.6%。金融危机的影响从金融业迅速转向实体经济，企业出现经营困难，市民消费信心受挫。失业率也在半年间攀升了 4 个百分点。预计 2009 年，香港经济仍会出现负增长。2006年—2009 年中国香港特别行政区 GDP 增长情况如图 1 所示。

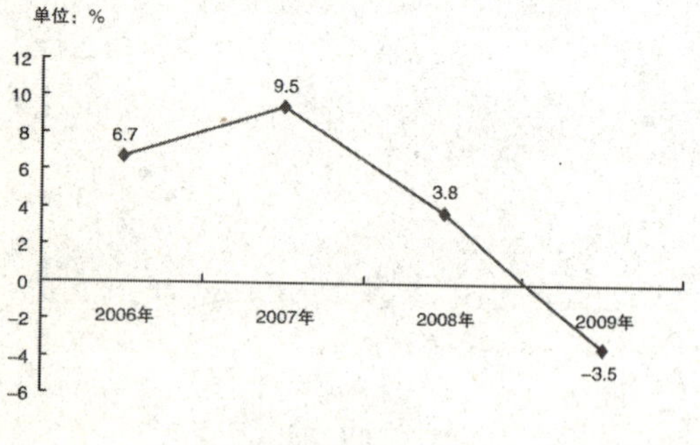

(2009 年为预测值)

图 1　2006 年—2009 年中国香港特别行政区 GDP 增长情况

据香港政府统计处统计，2008 年香港商品贸易总额为 58 494 亿港元，同比增长 5.2%。其中，进口额为 30 253 亿港元，同比增长 5.5%；出口额为 908 亿港元，同比下降 16.8%；转口额为 27 334 亿港元，同比增长 6.0%；整体出口额为 28 242 亿港元，同比增长 5.1%；贸易逆差 2 011 亿港元。

电子产品进出口情况

2006 年，香港电子产品进出口总额为 272 952 百万美元；2007 年，电子产品进出口总额为 301 736 百万美元，同比增长 10.5%。2006 年和 2007 年，香港电子产品进出口贸易均呈逆差，逆差额分别为 5 064 百万美元和 5 506 百万美元。

1.进口情况

2006 年，香港电子产品进口额为 139 008 百万美元。其中，电子元器件居于首位，进口额为 68 049 百万美元，占进口总额的 49%；其次是电子数据处理设备，进口额为 33 154 百万美元，占进口总额的 23.9%。

2007 年，香港电子产品进口额为 153 621 百万美元，同比增长 10.5%。其中，电子元器件居于首位，进口额为 81 836 百万美元，占进口总额的 53.3%；其次是电子数据处理设备，进口额为 35 102 百万美元，占进口总额的 22.8%。2007 年香港各类电子产品进口份额情况见图 2。

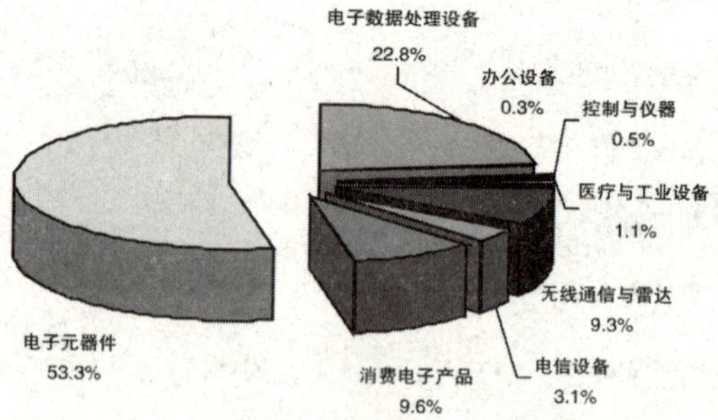

图 2　2007 年香港各类电子产品进口份额情况

2.出口情况

2006 年，香港电子产品出口额为 133 944 百万美元。其中，电子元器件居于首位，出口额为 67 507 百万美元，占出口总额的 50.4%；其次是电子数据处理设备，出口额为 29 252 百万美元，占出口总额的 21.8%。

2007 年，香港电子产品出口额为 148 115 百万美元，同比增长 10.5%。其中，电子元器件居于首位，出口额为 81 397 百万美元，占出口总额的 55.0%；其次是电子数据处理设备，出口额为 30 948 百万美元，占出口总额的 21.1%。2007 年香港各类电子产品出口份额情况见图 3。

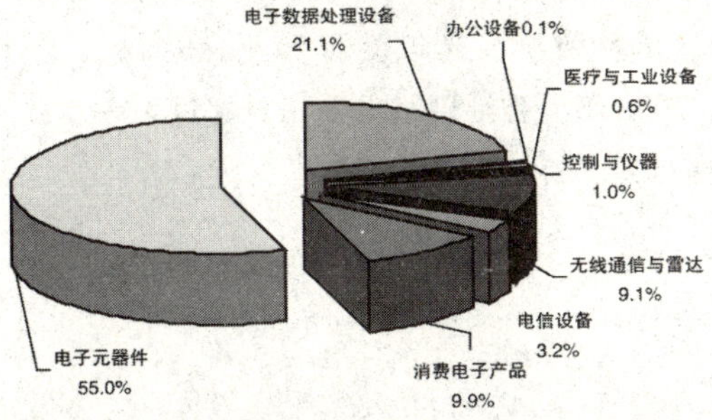

图 3 2007 年香港各类电子产品出口份额情况

电子产品产值情况

2007 年，香港电子产品产值为 2 909 百万美元。其中，电子元器件位居首位，产值为 932 百万美元，占产值总额的 32%；其次是消费类电子产品，产值为 850 百万美元，占产值总额的 29.2%；第三是电子数据处理设备，产值为 353 百万美元，占市场总额的 12.1%。

2008 年，香港电子产品产值为 2 654 百万美元，同比 2007 年下降了 8.8%。其中，电子元器件居于首位，产值为 885 百万美元，占产值总额的 33.4%；其次是消费类电子产品，产值为 763 百万美元，占产值总额的 28.8%；第三是电子数据处理设备，产值为 289 百万美元，占产值总额的 11.1%。2008 年香港各类电子产品产值份额情况如图 4。2006 年—2009 年香港电子产品产值情况见图 5。

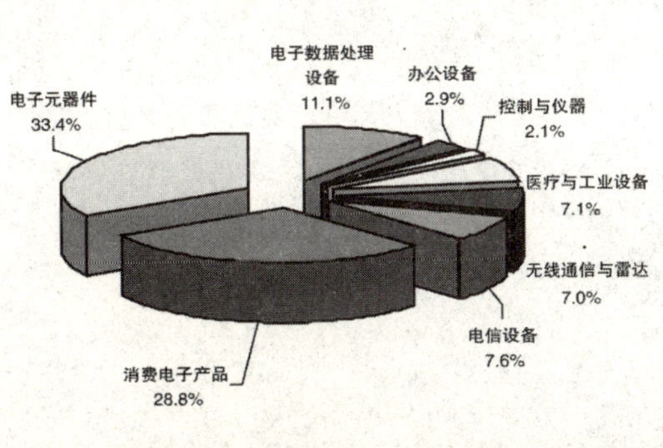

图 4 2008 年香港各类电子产品产值份额情况

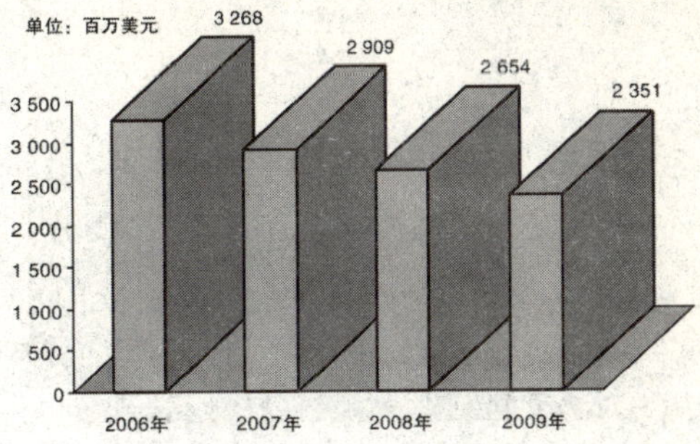

(2009 年为预测值)

图 5 2006 年~2009 年香港电子产品产值情况

电子产品市场情况

2007 年，香港电子产品市场额为 8 416 百万美元。其中，电子数据处理设备位居首位，市场额为 4 506 百万美元，占市场总额的 53.5%；其次是电子元器件，市场额为 1 372 百万美元，占市场总额的 16.3%；第三是无线通信与雷达设备，市场额为 895 百万美元，占市场总额的 10.6%。

2008 年，香港电子产品市场额为 8 518 百万美元，同比增长 1.2%。其中，电子数据处理设备居于首位，市场额为 4 692 百万美元，占市场总额的 55.1%；其次是电子元器件，市场额为 1 232 百万美元，占市场总额的 14.5%；第三是无线通信与雷达设备，市场额为 927 百万美元，占市场总额的 10.9%。2008 年香港各类电子产品市场份额情况如图 6。2006 年—2009 年香港电子产品市场情况见图 7。

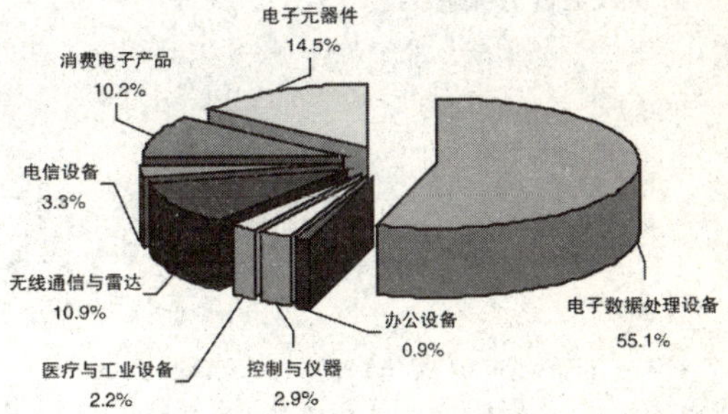

图 6 2008 年香港各类电子产品市场份额情况

信息化发展情况

据世界经济论坛发布的 2008 至 2009 年度《全球信息技术报告》，香港的“网络化准备指数”（Networked

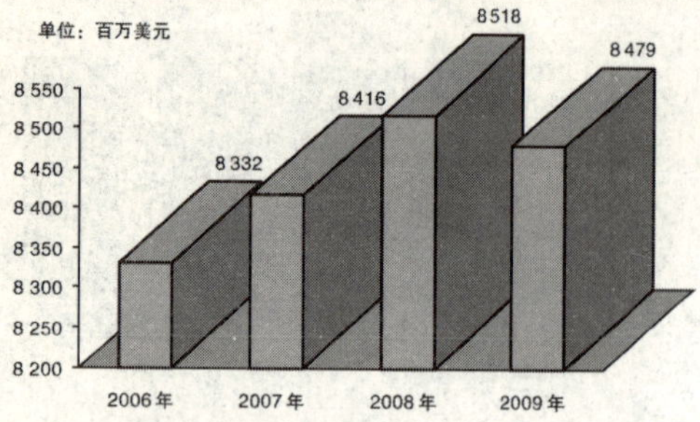

（2009 年为预测值）

图 7　2006 年—2009 年香港电子产品市场情况

Readiness Index，简称 NRI）为 5.3，世界排名第 12 位，比 2007 年下降 1 位。

香港是世界上移动电话普及率最高的地区。据香港电讯管理局统计，2007 年，香港移动电话总数为 1058 万，2008 年达到 1137 万，同比增长 7.5%。手机普及率已经达到 162%，远远超过美国、英国和日本。在移动电话用户中，3G 和 3.5G 用户达到 281 万。

香港是世界宽带普及率最高点地区之一。2008 年，香港宽带用户数为 195 万，住宅住户的宽带普及率达到 77.7%。在国际上，香港也是光纤到户技术应用领先的地区，光纤到户、光纤到楼和小区网络普及率超过 20%。2008 年，香港网络电视用户超过 108 万，住宅普及率居世界之首。

【统计数据】

表 1　2006 年—2007 年香港电子产品进口情况

单位：百万美元

产品名称	2006年	2007年
电子数据处理设备	33 154	35 102
办公设备	387	416
控制与仪器设备	2 038	1 662
医疗与工业设备	706	896
无线通信与雷达设备	14 769	14 236
通信设备	4 645	4 796
消费类电子产品	15 262	14 678
电子元器件	68 049	81 836
总计	139 008	153 621

数据来源：《The Yearbook of World Electronics Data 2009》。

注：由于四舍五入，各项值累加与总计值有可能存在误差。

表 2　2006 年—2007 年香港电子产品出口情况

单位：百万美元

产品名称	2006年	2007年
电子数据处理设备	29 252	30 948
办公设备	435	434
控制与仪器设备	1 842	1 468
医疗与工业设备	749	911
无线通信与雷达设备	14 134	13 542
通信设备	4 631	4 741
消费类电子产品	15 395	14 673
电子元器件	67 507	81 397
总计	133 944	148 115

数据来源：《The Yearbook of World Electronics Data 2009》。

注：由于四舍五入，各项值累加与总计值有可能存在误差。

表 3　2006 年—2009 年香港电子产品产值情况

单位：百万美元

产品名称	2006年	2007年	2008年	2009年
电子数据处理设备	450	353	289	232
办公设备	125	96	77	62
控制与仪器设备	61	58	55	51
医疗与工业设备	216	196	188	177
无线通信与雷达设备	215	201	193	184
通信设备	257	224	202	172
消费类电子产品	968	850	763	666
电子元器件	976	932	885	808
总计	3 268	2 909	2 654	2 351

数据来源：《The Yearbook of World Electronics Data 2009》。

注：2009 年为预测值；由于四舍五入，各项值累加与总计值有可能存在误差。

表 4　2006 年—2009 年香港电子产品市场情况

单位：百万美元

产品名称	2006年	2007年	2008年	2009年
电子数据处理设备	4 352	4 506	4 692	4 810
办公设备	77	78	79	78
控制与仪器设备	257	251	246	239
医疗与工业设备	173	180	188	193
无线通信与雷达设备	850	895	927	937
通信设备	271	279	285	280
消费类电子产品	835	855	867	866
电子元器件	1 517	1 372	1 232	1 076
总计	8 332	8 416	8 518	8 479

数据来源:《The Yearbook of World Electronics Data 2009》。

注:2009 年为预测值;由于四舍五入,各项值累加与总计值有可能存在误差。

中国台湾地区

【综述】

2008 年，在世界经济低迷，金融危机席卷全球的大背景下，我国台湾地区经济也受到极大冲击。根据台湾地区“行政院主计处”公布的数据，2008 年，台湾地区 GDP 为 13.09 万亿新台币，经济增长率为 0.06%。外贸出口是台湾经济的主导，受到国际金融危机影响，台湾外贸和内需均出现衰退，因此，2008 年，台湾经济由过去一向“内冷外热”开始进入“内外皆冷”的局面。预计 2009 年，台湾地区 GDP 增长率将为–4.3%。2006 年—2009 年台湾地区 GDP 增长情况见图 1。

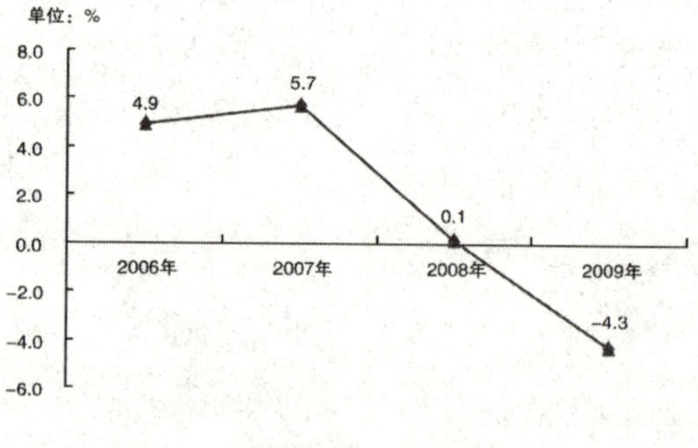

(2009 年为预测值)

图 1　2006 年—2009 年台湾地区 GDP 增长情况

电子产品进出口情况

2006 年，台湾地区电子产品进出口总额为 113 787 百万美元；2007 年，电子产品进出口总额为 117 366 百万美元，同比增长 3.1%。2006 年和 2007 年，台湾地区电子产品进出口贸易均呈顺差，顺差额分别为 20 165 百万美元和 24 894 百万美元。

1.进口情况

2006 年，台湾地区电子产品进口额为 46 811 百万美元。其中，电子元器件居于首位，进口额为 34 942 百万美元，占进口总额的74.6%；其次是电子数据处理设备，进口额为4 564百万美元，占进口总额的9.7%。

2007年，台湾地区电子产品进口额为46 236百万美元，同比下降1.2%。其中，电子元器件居于首位，进口额为34 099百万美元，占进口总额的73.7%；其次是电子数据处理设备，进口额为4 895百万美元，占进口总额的10.6%。

2007年台湾地区各类电子产品进口份额情况见图2。

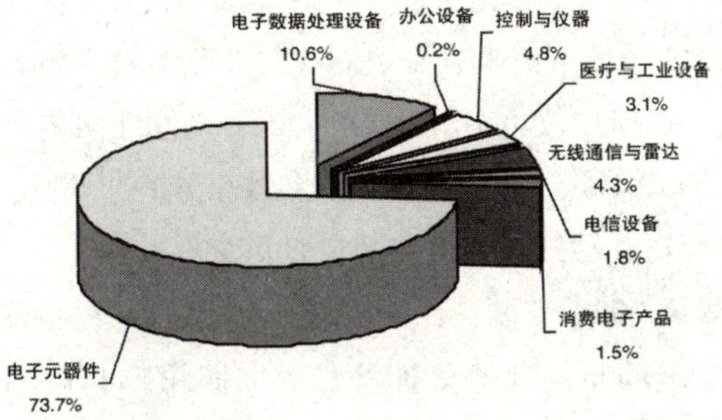

图2 2007年台湾地区各类电子产品进口份额情况

2.出口情况

2006年，台湾地区电子产品出口额为66 976百万美元。其中，电子元器件居于首位，出口额为44 661百万美元，占出口总额的66.7%；其次是电子数据处理设备，出口额为5 362百万美元，占出口总额的8.0%。

2007年，台湾地区电子产品出口额为71 130百万美元，同比增长6.2%。其中，电子元器件居于首位，出口额为47 283百万美元，占出口总额的66.5%；其次是电子数据处理设备，出口额为5 021百万美元，占出口总额的7.1%。2007年台湾地区各类电子产品出口份额情况见图3。

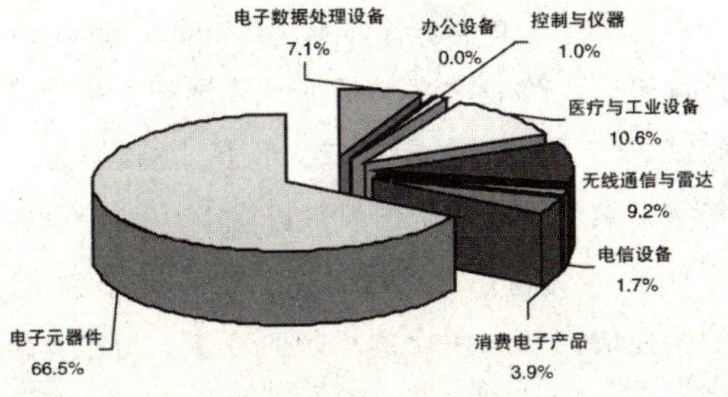

图3 2007年台湾地区各类电子产品出口份额情况

电子产品产值情况

2007年，台湾地区电子产品产值为49 274百万美元。其中，电子元器件位居首位，产值为28 271百万美元，占产值总额的57.3%；其次是医疗与工业设备，产值为6 599百万美元，占产值总额的13.4%；第三是无线通信与雷达设备，产值为6 383百万美元，占产值总额的13.0%。

2008年，台湾地区电子产品产值为50 718百万美元，同比增长了2.93%。其中，电子元器件位居首位，产值为29 281百万美元，占产值总额的57.7%；其次是无线通信与雷达设备，产值为7 690百万美元，占产值总额的15.2%；第三是医疗与工业设备，产值为6 532百万美元，占产值总额的12.9%。2008年台湾地区各类电子产品产值份额情况如图4。2006年—2009年台湾地区电子产品产值情况见图5。

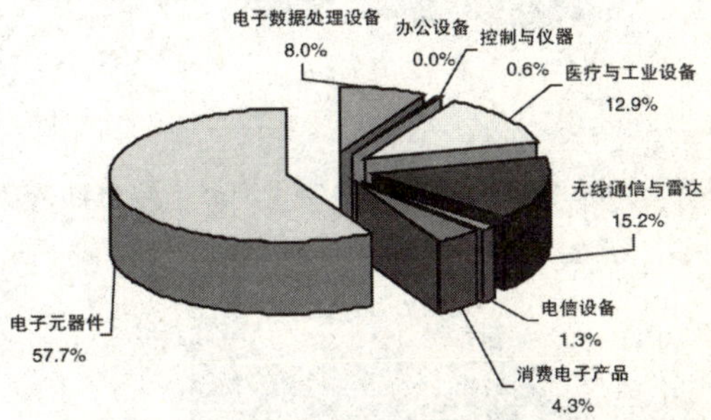

图4 2008年台湾地区各类电子产品产值份额情况

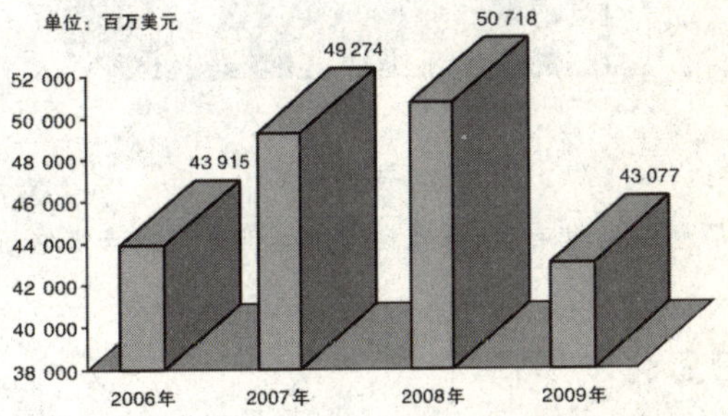

(2009年为预测值)

图5 2006年—2009年台湾地区电子产品产值情况

电子产品市场情况

2007年，台湾地区电子产品市场额为24 380百万美元。其中，电子元器件位居首位，市场额为15 032百万美元，占市场总额的61.7%；其次是电子数据处理设备，市场额为 4 130 百万美元，占市场总额的 16.9%；第三是控制与仪器设备，市场额为 1 830 百万美元，占市场总额的 7.5%。

2008 年，台湾地区电子产品市场额为 24 352 百万美元，同比下降 0.1%。其中，电子元器件居于首位，市场额为 14 538 百万美元，占市场总额的 59.7%；其次是电子数据处理设备，市场额为 4 440 百万美元，占市场总额的 18.2%；第三是无线通信与雷达设备，市场额为 1 924 百万美元，占市场总额的 7.9%。2008 年台湾地区各类电子产品市场份额情况如图 6。2006 年—2009 年台湾地区电子产品市场情况见图 7。

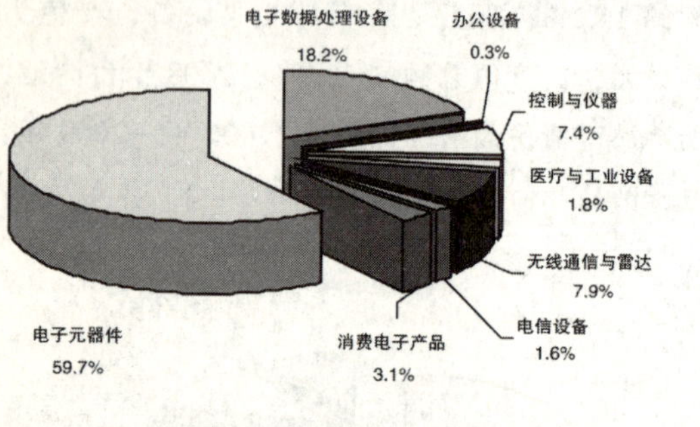

图 6　2008 年台湾地区各类电子产品市场份额情况

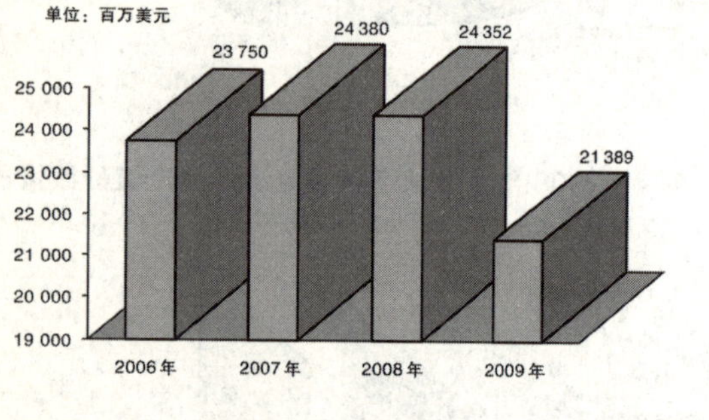

（2009 年为预测值）

图 7　2006 年—2009 年台湾地区电子产品市场情况

信息化发展情况

据世界经济论坛发布的 2008 至 2009 年度《全球信息技术报告》，台湾地区的“网络化准备指数”（NRI）世界排名第 13 位，比 2007 年上升了 4 位。台湾地区的信息化程度在亚洲位于新加坡、韩国和中国香港特别行政区之后，但与韩国和中国香港排名分别相差差 1 位和 2 位。

根据台湾地区资策会 FIND 的最新调查结果，截至 2008 年底，台湾地区经常上网人口突破千万大关，达 1 046 万人，比 2007 年底增加 43 万人，增长率为 4.2%；互联网普及率为 45%，比 2007 年底提高了 1 个百分点。经常上网用户中，有线宽带互联网用户达 485 万户，电话拨号上网用户为 67 万户，学术互联网（TANet）用户为 448 万人，移动互联网用户为 1 530 万户。①

截至 2008 年底，移动互联网用户数达 1530 万户，较 2007 年增加了 346 万户，同比增长 29.2%。移动互联网用户的增长主要来自于 PHS 和 3G 数据用户的大幅度增加，3G 用户数为 1 078 万户，占移动互联网用户的比重达到 70.4%。GPRS 用户数为 306 万户，同比减少 20.3%，占移动互联网用户的比重为 20%。

截至 2008 年底，台湾有线宽带用户（包括 xDSL、Cable Modem、固接专线或光纤上网用户）为 485 万户，其中 xDSL 用户数为 314 万户，占整个有线宽带用户的 65%；Cable Modem 用户数达 64 万户；由于光缆网络本身的速度与特性，加之 2008 年业者的积极推广与资费降低，台湾地区光缆用户增长迅猛，从 2007 年底的 55 万户大幅跃升至 2008 年底的 107 万户，已成为台湾地区目前宽带市场最活跃的连网方式。

据资策会 FIND 的最新调查结果，台湾地区商用网络账号总数②于 2008 年底达到 2 083 万户，较 2007 年底增加 358 万户，同比增长 20.8%。商用网络账号数的增长主要来自于移动网络用户的大幅增长，移动网络账号数占商用网络账号数的 74%，比 2007 年底增加了 5 个百分点；xDSL 用户数占 15%；光纤用户数占 5%；拨号上网用户和 Cable Modem 上网用户数各占 3%。

2008 年，台湾企业在信息化方面的投资大多维持在 2007 年水平，据资策会 FIND 的最新调查，2008 年，企业维持投资水平的占 56.3%，表示增加投资的占 21.7%，减少投资的占 7.8%。台湾地区企业连网率、宽带普及率在 2002、2003 年的增长幅度较大，从 2004 年起，增长逐渐趋缓，表明企业网络的发展已达到饱和阶段。2008 年整个企业连网率达到 84.2%，宽带普及率为 83.3%。大中型企业的网络应用比例均超过 9 成，分别达 93.0%

① 经常上网人口数是将上述各个联机方式用户数经过加权运算，扣除低用度用户、一人多账号与多人一账号等重复值后的数值。

② 商用网络账号数包括通过电话拨接、xDSL、Cable Modem、固接专线、ISDN、光纤上网用户与移动网络用户，不含学术（TANet）及政府网络用户。

和 99.3%，小型企业网络应用比例较低，为 69.6%。

2008 年，台湾地区家庭计算机普及率为 82.9%，比 2007 年提高了 3.5 个百分点。在拥有计算机家庭中，平均每户拥有 2 台计算机。家庭连网普及率为 76.1%，比 2007 年的 71.3%略微上升。家庭连网方式上，ADSL 仍为主要的连网方式，以 ADSL 方式连网的家庭占连网家庭总数的比重为 79.2%；其次为光纤上网，占 8.8%，Cable　Modem 连接的比重占 7.2%；付费电话拨号连接占 3%。与 2007 年相比，光缆连网增长 6.3%，增长较为明显。

【统计数据】

表 1　2006 年—2007 年台湾地区电子产品进口情况

单位：百万美元

	2006年	2007年
电子数据处理设备	4 564	4 895
办公设备	73	71
控制与仪器设备	2 257	2 243
医疗与工业设备	1 334	1 423
无线通信与雷达设备	2 040	1 989
电信设备	977	824
消费类电子产品	623	693
电子元器件	34 942	34 099
总计	46 811	46 236

注：由于四舍五入，各项值累加与总计值有可能存在误差。

数据来源：《The Yearbook of World Electronics Data 2009》。

表 2　2006 年—2007 年台湾地区电子产品出口情况

单位：百万美元

	2006年	2007年
电子数据处理设备	5 362	5 021
办公设备	25	22
控制与仪器设备	633	687
医疗与工业设备	5 487	7 568
无线通信与雷达设备	6 407	6 575
电信设备	1 413	1 177
消费类电子产品	2 987	2 797
电子元器件	44 661	47 283
总计	66 976	71 130

注：由于四舍五入，各项值累加与总计值有可能存在误差。

数据来源：《The Yearbook of World Electronics Data 2009》。

表 3 2006 年—2009 年台湾地区电子产品产值情况

单位：百万美元

	2006年	2007年	2008年	2009年
电子数据处理设备	4 824	4 255	4 035	3 430
办公设备	17	14	16	14
控制与仪器设备	215	274	316	310
医疗与工业设备	4 613	6 599	6 532	5 763
无线通信与雷达设备	6 135	6 383	7 690	7 305
电信设备	828	729	665	565
消费类电子产品	3 044	2 803	2 184	1 976
电子元器件	24 239	28 217	29 281	23 715
总计	43 915	49 274	50 718	43 077

注:2009 年为预测值;由于四舍五入,各项值累加与总计值有可能存在误差。

数据来源:《The Yearbook of World Electronics Data 2009》。

表 4 2006 年—2009 年台湾地区电子产品市场情况

单位：百万美元

	2006年	2007年	2008年	2009年
电子数据处理设备	4 025	4 130	4 440	4 307
办公设备	66	63	62	60
控制与仪器设备	1 838	1 830	1 793	1 578
医疗与工业设备	460	454	447	432
无线通信与雷达设备	1 769	1 796	1 924	1 828
电信设备	392	377	402	385
消费类电子产品	680	699	747	744
电子元器件	14 520	15 032	14 538	12 055
总计	23 750	24 380	24 352	21 389

注:2009 年为预测值;由于四舍五入,各项值累加与总计值有可能存在误差。

数据来源:《The Yearbook of World Electronics Data 2009》。

[供稿:工业和信息化部 电子科学技术情报研究所]

反侵权盗版声明

电子工业出版社依法对本作品享有专有出版权。任何未经权利人书面许可，复制、销售或通过信息网络传播本作品的行为；歪曲、篡改、剽窃本作品的行为，均违反《中华人民共和国著作权法》，其行为人应承担相应的民事责任和行政责任，构成犯罪的，将被依法追究刑事责任。

为了维护市场秩序，保护权利人的合法权益，我社将依法查处和打击侵权盗版的单位和个人。欢迎社会各界人士积极举报侵权盗版行为，本社将奖励举报有功人员，并保证举报人的信息不被泄露。

举报电话：（010）88254396；（010）88258888

传　　真：（010）88254397

E-mail　：dbqq@phei.com.cn

通信地址：北京市万寿路 173 信箱

电子工业出版社总编办公室

邮　　编：100036